Pergi ke hulu buah rambutan,
Sayang durian tiada berbunga;
Sesal dahulu jadi pendapatan,
Sesal kemudian tiada guna.

시골에서 람부탄 열매 얻지만,
두리안은 꽃이 없어 아쉽네;
먼저 후회는 소득이 있지만,
나중 후회는 소용이 없네.

Kamus Praktikal Bahasa
Melayu · Indonesia-Korea

머 리 말

"구슬이 서 말이라도 꿰어야 보배"라는 우리말 속담이 있다.

사전 속에 수록되어 있는 수많은 낱말들은 그 하나하나가 모두 다 관련 언어와 문화를 상징하는 몹시도 소중한 구슬들과 다름없다.

이 사전은 사전 이용자들에게 사전 속 낱말들의 보배로운 가치를 실감할 수 있도록 편찬되었다. 실제 이 사전에 수록된 어근은 2,060 항목이고 이를 중심으로 등재된 표제어의 수는 9,740 항목에 불과하지만 수록된 표제어들은 초급 말레이-인도네시아어 언어 학습과 교육 현장에서 꼭 필요한 실용 어휘들을 중심으로 선별하였다. 문화적 맥락과 관련된 어근을 중심으로 파생어 및 관용어 그리고 속담들을 일목요연하게 정리하여 한눈에 볼 수 있도록 구성한 것은 본 사전의 가장 큰 장점이라고 할 수 있다. 특히 속담 및 관용어구의 뜻을 될 수 있는 한 자연스러운 우리말로 옮겨 색인을 통해 쉽게 관련 어구들을 찾아볼 수 있도록 하였다. 우리말 어휘에 대응하는 말레이-인도네시아어의 어구들을 쉽게 찾아볼 수 있도록 한 것은 사전 이용자들의 어휘력 향상에 큰 도움이 될 수 있을 것이다. 더불어 말레이-인도네시아어 학습자들이 사전을 이용할 때마다 필수적으로 경험하게 되는 통역과 번역의 문제에 대한 유용한 길잡이가 될 것으로 사료된다.

말레이-인도네시아어가 우리나라의 대학에서 공식적으로 교육되기 시작한 지도 올해로 벌써 45년 가까이 되어간다. 그러나 그 동안 국내에서 말레이어와 인도네시아어의 언어적 차이에 관해 심도 있는 논의가 부진했을 뿐만 아니라 더불어 양 언어의 차이를 구별해 놓은 사전이 출판된 적도 없었다. 본 사전에서는 표제어를 통해 국내 최초로 말레이어와 인도네시아어의 어휘적 차이를 구별해 놓았다. 미진하나마 본 사전이 말레이-인도네시아어 학습자들뿐만 아니라 한국어를 배우고자 하는 말레이-인도네시아어 사용자들에게도 친근한 참고서가 되기를 바랄 뿐이다.

끝으로 본 사전이 편찬되는데 도움을 아끼지 않으신 서울대학교 인문학 연구원의 최운호 박사님과 서울대학교 언어학과 석사과정에 재학 중인 이주영 군, 그리고 한국외국어대학교 출판부 관계자 여러분의 노고에 감사를 드린다.

2008년 3월
전 태 현

일러두기

본 사전은 언어와 문화 간 연관성을 밝혀주는 어휘자료를 제공한다. 따라서 본 사전은 이용자들에게 어휘가 고립된 언어단위가 아니라 문화적 맥락을 함축하고 있는 문화적 기호라는 사실을 알려준다. 이를 위해 본 사전은 기존의 보통 사전들에 수록되어 있는 고정된 단어의 뜻을 뛰어넘는 문맥적 의미와 관용적인 의미를 제시한다. 특히 본 사전 속에 수록된 관용어구들은 문맥적 의미를 생생히 담아내기 위해 의역되었다. 속담의 경우도 직역대신 우리말 대응형을 직접 제시하여, 실제 생활 회화에서 적극 활용할 수 있도록 하였다.

이러한 장점을 지닌 본 사전을 최대한 활용하기 위해서는 다음과 같은 말레이-인도네시아어의 구조적 특징에 관한 이해가 필요하다.

1. 말레이-인도네시아어의 정의

말레이어(Malay)는 선사시대부터 말레이 제도의 중요한 언어였으며, 문자사용 이전부터 수천 년간 구비전승에 의해 말레이 세계의 문화 창달에 중요한 기능을 담당하였다. 여기에서 '말레이'란 명칭은 인종, 문화, 지리 그리고 언어 분야에서 광범위하게 사용되는 영어에서 유래된 용어이다. 오늘날 말레이라는 명칭은 세계 최대 도서국가인 인도네시아 공화국과 그 인접 국가인 싱가포르, 말레이시아, 그리고 브루네이 왕국에서 국어 및 공식어로 사용하는 말레이어(Malay language)를 모두 포함하는 언어를 지칭하는 용어이다. 말레이어의 본디 이름은 믈라유어(Bahasa Melayu)이다. 그러나 믈라유어란 명칭보다는 말레이어란 명칭이 국내외를 막론하고 두루 쓰인다.

말레이어란 명칭이 인도네시아 공화국에서 인도네시아어(Bahasa Indonesia)로 공식적으로 개명된 것은 1928년의 일이다. 이후 인도네시아군도 거의 전역에서 통용어 lingua franca로 자리 잡은 말레이어를 1945년 인도네시아 공화국의 헌법에 국어로 명시하였다. 오늘날 인도네시아 내에서 인도네시아어란 명칭을 말레이어란 이름으로 바꾸어 부르는 경우는 전문적인 분야를 제외하고는 많지가 않다. 반면에 싱가포르 공화국과 브루나이 왕국에서는 현재까지도 말레이어란 명칭을 자국어의 공식 명칭으로 사용하고 있다.

한편 말레이시아어(Bahasa Malaysia)란 용어는 1957년 독립한 말레이시아 정부가 1969년 5월 13일 일어난 종족간 유혈 사태이후 말레이시아 국민들의 화합과 단결을 위해 말레이어란 명칭을 대신하여 정책적으로 만든 것이다.

때문에 말레이시아 국내에서 조차 말레이시아어와 말레이어의 용어 사용상 간혹 혼동을 빚는 경우도 있다. 이 때문에 말레이어, 말레이시아어, 그리고 인도네시아어간의 혼동이 발생하고 있으며 학계에서조차 이를 명확히 구분하지 못하는 경우가 흔하다. 그래서 말레이시아 식자층 중에는 상기 두 가지 용어대신에 아예 말레이어를 바하사 커방사안 (Bahasa Kebangsaan, 언어 + 민족 = 민족어/국어)으로 부르는 경우도 있다. 이는 말레이어의 오랜 전통성과 무관하지 않다. 말레이어는 본디 말라카해협을 중심으로 수마트라 섬 동부 해안지역과 말레이 반도 서부 해안지역, 그리고 칼리만탄 섬 북서부 지역으로 이어지는 해안 및 그 내륙지방(아래 그림 참조)에서 사용되던 한 가지 방언의 명칭이었다.

상기 그림의 원모양으로 표시된 곳의 한 지역 방언이었던 말레이어가 역사적 발전 과정을 거쳐 현재는 인구 2억 명이 훨씬 넘는 세계 최대 도서 국가인 인도네시아 공화국은 물론 인접 국가- 말레이시아 연방, 싱가포르 공화국 그리고 브루네이 왕국-들의 국어로 사용되고 있다. 이들 국가에서 각각 국어로 삼고 있는 언어들은 다름 아닌 말레이어의 변종들이다. 예를 들면, 인도네시아 공화국의 국어 인도네시아어 (Bahasa Indonesia)는 인도네시아의 말레이어(Indonesian Malay)이며, 말레이시아 연방의 국어인 말레이시아어(Bahasa Malaysia)는 말레이시아의 말레이어(Malaysian Malay) 이다.

뿐만 아니라 말레이어는 말레이시아 각지에 분포되어 있는 각 방언들- 클란탄 Kelantan, 느그리 슴빌란 Negeri Sembilan, 조호르 Johor, 페락 Perak, 크다 Kedah, 사바 Sabah, 사라왁 Sarawak, 트렝가누 Terengganu, 파항 Pahang-의 통칭이기도 하다. 이와 같이 말레이어라는 용어는 그 사용범위가 워낙 넓고 다양하다.

언어학적 관점에서 말레이어는 세계 최대 어족인 오스트로네시아어족 (Austronesian) 중 서부오스트로네시아어파에 속하며 이 어족에 속하는 여러 언어 중에서 분포지역이 매우 광범위한 편이다. 그 언어의 사용인구수 또한 세계 6,700여종의 언어들 중에서 네 번째로 많다. 따라서 말레이어는 지역적,

사회적, 문화적으로 다양한 변종들이 존재한다.

2. 말레이-인도네시아어의 전통

말레이-인도네시아어는 다음과 같은 언어외적(extralinguistic) 요인 때문에 전통적으로 동남아시아의 말레이반도, 인도네시아군도 및 필리핀 제도의 각 지역(이하 말레이군도)에서 지방 주민간의 상호 접촉시 의사소통을 위한 공통의 언어 (lingua franca)로서 발전할 수 있었다.

첫째, 말레이문화 발전의 온상인 말라카 해협은 예로부터 동서 교통 연결의 중심지였다. 이러한 지정학적인 이점에다가 이 지역을 중심으로 발흥했던 고대의 강력한 말레이왕국들- 스리위자야 Sriwijaya, 말라카 Malaka, 아체 Aceh-의 활발한 해상활동에 힘입어 말레이어가 말레이반도 및 인도네시아군도와 그 주변지역에 널리 확산될 수 있었다.

둘째, 말레이 문화 발전의 주체였던 말레이인들은 기질적으로 해안을 따라 문화권을 확산시키는 해양인(orang laut)들이었다. 따라서 말레이어는 동남아의 여러 지역에 보급될 수 있었다.

셋째, 불교, 이슬람교, 그리고 기독교 등 각종 종교적 영향도 말레이어의 확산에 영향을 주었다.

이렇듯 다언어분포(multi-lingual) 지역인 말레이군도 내에서 전통적으로 말레이어가 상위 혹은 우위언어(upper or dominant language)로서의 중요한 기능을 수행할 수 있었다.

그러나 말레이어의 역사적인 발전 및 확산과정을 정확히 밝혀주는 증빙자료는 많지 않다. 왜냐하면 문자언어로 기록된 문헌 자료들이 없기 때문이다. 다만 고대 말레이어(Old Malay)에 관한 제한된 자료들이 문자비로 남아있어 그것들을 바탕으로 말레이-인도네시아어의 통시적 역사와 그 전통성을 추정할 따름이다. 학계에서는 인도네시아의 수마트라섬 여기저기에서 발견된 문자비들의 기록을 통해 말레이어가 전통적으로 동남아시아 지역의 통용어 (lingua franca)의 기능을 담당해 왔을 것으로 추측한다.

역설적이지만 앞에서 열거한 말레이 명칭을 둘러싼 여러 문제들은 이런 말레이어의 언어적-문화적 전통을 반증한다고 할 수 있다.

3. 말레이어/말레이시아어와 인도네시아어의 알파벳

최근 들어 말레이시아의 말레이어(말레이시아어)와 인도네시아의 말레이어(인도네시아어)는 동일한 언어로 간주될 수 없을 정도의 급속한 언어분화과정을 겪고 있다. 극단적인 예로 서구 식민지 시대 때 유입된 로마자 알파벳의 이름조차 아래와 같이 차이가 난다.

철자	발음		비고
	인도네시아	말레이시아	
a	아	에이	
b	베	비	
c	체	씨	
d	데	디	
e	에	이	
f	에프	에프	
g	게	지	
h	하	헤이취	
i	이	아이	
j	제	제이	
k	까	케이	
l	엘	엘	
m	엠	엠	
n	엔	엔	
o	오	오	
p	뻬	피	
q	끼	큐	
r	에르	알	
s	에스	에스	
t	떼	티	
u	우	유	
v	페	브이	
w	웨	더블류	
x	엑스	엑스	
y	예	와이	
z	젯	젯	

뿐만 아니라 말레이어에서 분화된 말레이시아어와 인도네시아어는 어휘적 측면에서도 많은 차이점을 가진다. 다음이 몇 가지 예이다.

의미	말레이어/말레이시아어	인도네시아어
1) 차이	beza	beda
2) 신비로운	ghaib	gaib
3) 날짜	khabar	kabar
4) 동물	haiwan	hewan
5) 바다 게	ketam	kepiting
6) 핵	nuklir	nuklear
7) 축구	bola sepak	sepak bola

상기 예에서 자음 1) z : d, 2) gh : g, 3) kh : k 와 모음 4) ai : e는 양국 표준철자법에 따른 표기상의 차이를 보여주고, 5)의 경우는 동일한 지시대상이 전혀 다른 어휘로 표현된 경우를 보여준다. 6)의 경우는 외래어 표기법의 차이를 보여주며, 7)은 양국어의 어순이 완전히 뒤바뀐 합성어(bola sepak : sepak bola, 볼+차다 : 차다+볼)의 예이다. 그럼에도 불구하고 말레이어(말레이시아어)와 인도네시아어는 구조적으로 근본적인 차이는 없다. 따라서 말레이어와 인도네시아어의 역사성과 전통성을 보다 쉽게 이해하기 위해서라도 두 언어를 하나로 묶어 말레이-인도네시아어(약칭 마인어)란 용어로 통칭하는 것이 훨씬 효과적인 학습 방안이 될 수 있다. 결론적으로 본 사전에서 사용하는 말레이-인도네시아어란 용어는 외국어 교육의 실용적인 목적에서 창안해 낸 용어임을 알아 둘 필요가 있다.

4. 말레이-인도네시아어 단어의 기본 구조

말레이-인도네시아어는 우리말과 마찬가지로 교착어(agglutinative language)에 속한다. 다만 우리말처럼 형태론적 교착성이 복잡하지는 않다. 다음의 단어형성법을 통해 그와 같은 특징을 알 수 있다.

4.1. 접사와 단어

말레이-인도네시아어의 단일어(예를 들면 동사와 형용사)는 우리말의 용언과는 달리 문장의 성격에 따른 끝바꿈(활용)이 표시되지 않는다. 다음의 예에서 형용사 kecil (작다)와 동사 makan(먹다)은 문법적인 관계에 따라서 아래와 같은 우리말의 활용형과 동일한 형식으로 쓰인다.

한편 말레이-인도네시아어의 단어형성법은 주로 실질형태소와 형식형태

	-다	kecil		-다	makan
	-으냐	kecil		-느냐	makan
작	-고	kecil	먹	-고	makan
	-아	kecil		-어	makan
	-은	kecil		-은	makan
	-기	kecil		-기	makan

소가 결합된 파생법(派生法)과 실질형태소들만의 결합으로 이루어진 합성법(合成法)으로 이루어진다.

1) 파생법

makanan

makan+an

먹다 + (접미사 -an) ☞ 음식/먹거리

berlayar

ber + layar

(접두사 ber-) + 돛 ☞ 항해하다/돛을 올리다

kesehatan

ke + sehat + an

(양분접사 ke-an) + 건강한 ☞ 건강/위생

2) 합성법

kaki tangan

다리/발 + 손 ☞ 직원

sepak bola

차다 + 볼 ☞ 축구

ibu kota

어머니 + 도시 ☞ 수도

상기 예 1)에서 단어를 파생시키는 문법적 기능을 하는 '-an' 'ber-' 그리고 'ke-an' 등과 같은 형태소를 형식 형태소 또는 문법 형태소라고 한다. 이와 같은 형태소를 흔히 접사 affix라고도 부른다. 접사란 단어형성에 있어서 근간이 되는 어근 root의 처음, 끝, 중간 또는 양쪽에 한 개 이상 복합적으로 통합될 수 있는 의존형태소 bound morpheme를 말한다. 말레이-인도네시아어 접사통합의 특징 중에서 가장 두드러진 것은 양분접사통합법이다.

3) 양분접사

파생법에서 제시된 파생어 kesehatan (건강/위생)은 다음과 같은 절차를 밟아 형성된 단어이다. 이때 접사 ke-an은 접두사 ke-와 접미사 -an 처럼 두 개의 접사가 결합된 형식이 아니라 그 전체가 하나의 단위이다. 어근 sehat (건강한)의 양쪽에 나뉘어 동시에 결합되어 한 가지의 문법적 기능을 담당하는 하나의 접사이다. 이러한 부류의 접사들을 양분접사 confix/circumfix라고 부른다.

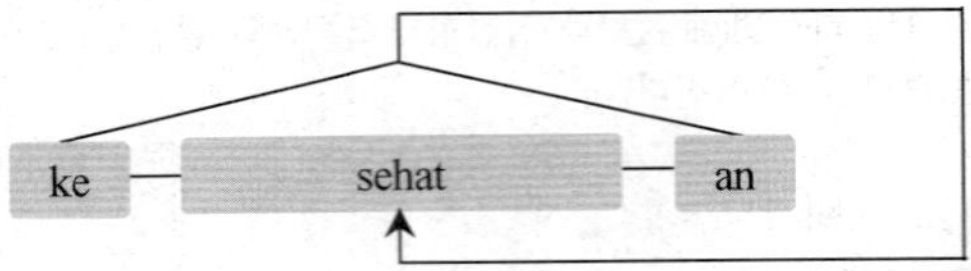

다음은 어근 kawin (결혼하다)에 통합된 양분접사 per-an의 예이다. 접사 per-an 도 접사 ke-an과 마찬가지로 양분접사의 일종이다.

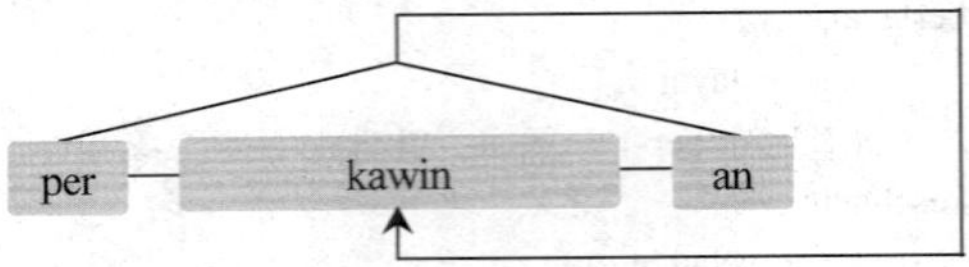

말레이-인도네시아어의 접사에는 지금까지 알아본 접두사, 접미사, 양분접사 이외에도 어근의 중간에 통합되는 접요사(또는 접중사)가 있다. 하지만, 접요사는 현대 언어에서 생산성이 매우 낮다.

4) 접요사/접중사

g-er-igi
gigi + er
이빨 + (접요사 -er-) ☞ 뾰족뾰족한
g-el-etar
getar + el
떨다 + (접요사 -el-) ☞ 덜덜거리는

4.2. 접사통합과 이형태

말레이-인도네시아어의 어근에 접사가 통합될 때, 어근과 접사의 형태가 바뀌는 경우가 있다.

1) belajar 공부하다
   beternak 가축을 치다
   berdarah 피가 흐르다
2) melihat 보다
   membaca 읽다
   mendengar 듣다
   mengikut 좇다/따르다
   memukul 때리다/치다
   menulis 쓰다/기록하다
   menyapu 닦다/쓸다

예 1)과 2)에 제시된 단어들은 어근에 접두사가 부가된 것들이다. 각 단어를 구성하는 형태소를 분석해 보면 다음과 같다.

1) bel-ajar
   접두사 bel- + 어근 (ajar 공부) ☞ 공부하다
   be-ternak 가축을 치다
   접두사 be- + 어근 (ternak 가축) ☞ 가축을 치다/가축을 기르다
   ber-darah 피가 흐르다
   접두사 ber- + 어근 (darah 피) ☞ 피가 흐르다/피가 나오다

2) me-lihat
   접두사 me- + 어근 (lihat 보다) ☞ 보다
   mem-baca
   접두사 mem- + 어근 (baca 읽다) ☞ 읽다/독서하다
   men-dengar
   접두사 men- + 어근 (dengar 듣다) ☞ 듣다
   meng-ikut
   접두사 meng- + 어근 (ikut 좇다/따르다) ☞ 좇다/따르다
   mem-(p)ukul
   접두사 mem- + 어근 (pukul 때리다/치다) ☞ 때리다/치다
   men-(t)ulis
   접두사 men- + 어근 (tulis 쓰다/기록하다) ☞ 쓰다/기록하다
   meny-(s)apu
   접두사 meny- + 어근 (sapu 닦다/쓸다) ☞ 닦다/쓸다

상기 예 1)과 2)에서 보는 바와 같이 접사가 어근의 첫 음소 또는 어근의 형태에 영향을 받아 여러 가지 이형태 allomorph로 나타나거나 접사와의 결합에 의해 어근의 모습자체가 변화되어 나타나는 경우가 있다. 예 1)와 같이 접두사 bel-, be-, ber-의 이형태는 이화현상의 결과이며 예 2)의 접두사 mem-, men-, meng-, meny- 등의 이형태는 비음화의 결과이다. 이화와 비음화는 접사통합시 이형태를 발생시키는 말레이-인도네시아어의 대표적인 음운변이 현상이다. 이와 같이 형태소와 형태소가 결합될 때 일어나는 음운의 변이를 형태 음운론적 교체라 한다. 말레이-인도네시아어의 형태 음운론적 교체의 대표적인 사례는 접두사 me-가 어근과 결합할 때 어근의 첫 음소의 종류에 따라서 나타나는 다음과 같은 비음화(nasalization)의 경우이다.

〈표〉 말레이-인도네시아어 접두사 me-의 비음화 요약표

이 형 태	비 음	비음의 철자	어근의 첫음소를 나타내는 자소	접사통합시 탈락되는 자음
me-/pe-	Ø	없음	l, r, y, w, m, n, ng, ny	없음
mem-/pem-	m	m	b, p, f, v	/p/ 탈락
men-/pen-	n	n	c, d, t, j, sy, z	/t/ 〃
meng-/peng-	ŋ	ng	a, i, u, e, o, g, k, h, kh	/k/ 〃
meny-/peny	ň	ny	s	/s/ 〃

표에 정리된 어근의 첫 음소의 비음화 사례들을 각각 제시하면 다음과 같다.

1) 접두사 me-

lata 넝쿨, 덩굴 me-lata ☞ melata 넝쿨지다, 덩굴지다
rasa 느낌, 기분 me-rasa ☞ merasa 느끼다
yakin 확신, 믿음 me-yakin + i ☞ meyakini 확신하다
warna 색 me-warna + i ☞ mewarnai 색칠하다
mohon 청원하다 me-mohon ☞ memohon 간청하다/요청하다
naik 오르다 me-naik + kan ☞ menaikkan 올리다/높이 들다
ngeong (고양이의) 야옹소리 me-ngeong ☞ mengeong (고양이가) 야옹거리다
nyanyi 노래 me-nyanyi ☞ menyanyi 노래하다

2) 접두사 mem-

batu 돌/바위 mem-batu ☞ membatu 돌처럼 단단해 지다
pasang 설치하다 mem-pasang ☞ memasang 설치하다/달다
firasat 예감 mem-firasat + kan ☞ memfirasatkan 예감하다
veto 거부권 mem-veto ☞ memveto 거부권을 행사하다/거부하다

3) 접두사 men-

cacar 천연두 men-cacar ☞ mencacar 천연두 면역접종을 하다
datang 오다 men-datang + kan ☞ mendatangkan 들여오다
jauh 먼, 멀리 men-jauh + kan ☞ menjauhkan 멀리하다
tembok 성벽, 담 men-tembok ☞ menembok 성벽/담(벽)을 쌓다
tambah 보태다 men-tambah ☞ menambah 더하다/보태다
syukur 축복 men-syukur + i ☞ mensyukuri 축복하다
ziarah 참배/순례 men-ziarah + i ☞ menziarahi 참배하다/순례하다

4) 접두사 meng-

asam 신맛 meng-asam + i ☞ mengasami 신맛이 나게 하다
ikat 띠/끈 meng-ikat ☞ mengikat 동여매다
ukir 조각 meng-ukir ☞ mengukir 조각하다
ekor 꼬리 meng-ekor ☞ mengekor 뒤를 졸졸 쫓아다니다
empang 둑/제방 meng-empang ☞ mengempang 둑을 쌓다/제방을 만들다
olah 행위, 방법 meng-olah ☞ mengolah 제조하다, 제작하다
galang 버팀목/지주 meng-galang ☞ menggalang 버팀목을 대다
hening 맑은, 투명한 meng-hening + kan ☞ mengheningkan 정화하다
kawal 감시, 통제 meng-kawal ☞ mengawal 감시하다, 통제하다
khawatir 걱정 meng-khawatir + i ☞ mengkhawatiri 두려워하다

5) 접두사 meny-

surat 편지 meny-surat ☞ menyurat 편지하다/편지를 보내다

상기 2) 3), 4), 5)에서 보는 바와 같이 말레이-인도네시아어의 비음화 nasalization는 접두사 me-가 어근과 통합될 때 일어나는 일종의 동화현상이다. 이때 어근의 첫 음소가 /p/, /t/, /k/, /s/ 이면 비음화 과정에서 그 음소들이 다음과 같이 탈락된다.

가) pasang 설치하다 mem-(p)asang ☞ memasang 설치하다/달다
putar 회전하다 mem-(p)utar ☞ memutar 돌다/회전하다
나) tambah 보태다 men-(t)ambah ☞ menambah 더하다/보태다
tolak 밀다/빼다 men-(t)olak ☞ menolak 떠밀다/거절하다/빼다
다) kaca 거울 meng-(k)aca ☞ mengaca 거울을 보다/거울에 비추다
kunci 자물쇠 meng-(k)unci ☞ mengunci 잠그다
라) sabung (동물의) 싸움 meny-(s)abung ☞ menyabung 싸움을 붙이다
surat 편지 meny-(s)urat ☞ menyurat 편지하다/편지를 보내다

상기 네 개의 자음을 제외한 나머지 경우에는 접두사 me-가 2), 3), 4), 5)의 경우와 같이 비음화의 과정만 겪기 때문에 mem-, men-, meng-, meny-의 이형태로 각각 나타난다.

4.3. 파생법의 유형

말레이-인도네시아어의 파생법은 접사가 통합되는 자리에 따라 다음과 같이 접두파생법, 접미파생법, 양분파생법 그리고 접요파생법 등 네 가지로 구분할 수 있다.

1) 접두파생법

anak 아이 ber-anak ☞ beranak 출산하다
ambil 얻다 di-ambil ☞ diambil 빼앗기다
hendak 원하다 ke-hendak ☞ kehendak 희망, 바램
tawa 웃다 ke-tawa ☞ ketawa 웃다
lawan 상대, 적 me-lawan ☞ melawan 대항하다
kuning 노랑 meng-kuning ☞ menguning 노랗게 되다/노래지다
tua 늙은 mer-tua ☞ mertua 장인, 장모/시부모
diam 조용한 pen-diam ☞ pendiam 말이 없는 사람, 과묵한
besar 큰 per-besar ☞ perbesar 확대시키다

2) 접미파생법

basah 젖다 basah-i ☞ basahi 적시다
cari 찾다 cari-kan ☞ carikan 찾아주다
besar 큰 besar-nya ☞ besarnya 크기
makan 먹다 makan-an ☞ makanan 음식

3) 접요파생법

gunung 산 g-em-unung ☞ gemunung 산(들)
gigi 이(빨) g-er-igi ☞ gerigi 뾰족뾰족한
tapak 바닥 t-el-apak ☞ telapak (손발 따위의) 바닥

4) 양분파생법

bangsa 민족 ke-bangsa-an ☞ kebangsaan 민족
copet 소매치기 ke-copet-an ☞ kecopetan 소매치기 당하다
dingin 추운 ke-dingin-an ☞ kedinginan 추위(를) 타다
kerja 일 pe-kerja-an ☞ pekerjaan 직업
ajar 가르치다 pel-ajar-an ☞ pelajaran 학파
lihat 보다 peng-lihat-an ☞ penglihatan 시력
hari 하루, 낮 se-hari-hari-an ☞ sehari-harian 종일토록
dapat 할 수 있는 se-dapat-nya☞ sedapatnya 가능한 한
banyak 많은 se-banyak-banyak-nya ☞ sebanyak-banyaknya 되도록 많이

말레이-인도네시아어의 접사통합은 4)의 sehari-harian '종일토록'과 sebanyak-banyaknya '되도록 많이'의 예처럼 어근의 반복형에 부가되는 경우가 흔하다. 뿐만 아니라 통사적인 기능에 맞게 어근을 중심으로 여러 종류의 접사가 복합적으로 통합되는 것이 상례이다. 즉, 말레이-인도네시아어에는 접두사, 접미사, 양분접사, 그리고 접요사가 서로 어우러져 결합하는

형태가 매우 다양하게 존재한다.

asam	신맛	meng-asam + i ☞ mengasami 신맛이 나게 하다
datang	오다	men-datang + kan ☞ mendatangkan 들여오다
jajah	지배하다	men + j-el-ajah + i ☞ menjelajahi 사방팔방으로 돌아다니다
kuat	힘센	ber + ke-kuat-an ☞ berkekuatan 힘(역량)이 있는

상기 예는 어근 asam '신맛', datang '오다', jajah '지배하다', kuat '힘센'에 각각 접두사 (meng-, men-), 접미사 (-i), 접요사(-el-), 그리고 양분접사 (ke-an)가 결합되어 단어가 형성된 것을 보여준다. 이와 같이 두 가지 이상의 접사들이 결합된 것을 복합접사라고 한다. 이와 같은 복합접사들은 말레이-인도네시아어의 단어들이 다른 단어들과 상호 연관관계가 있음을 나타내는 중요한 표시이다.

5. 말레이-인도네시아어의 단어와 문화

언어와 문화는 상호 연관성이 있다. 그러한 연관성을 보여주는 대표적인 언어 자료가 바로 속담이다. 왜냐하면 속담을 통해 관련 언어 사용자들의 문화적 담화를 속속들이 한 눈에 알 수 있기 때문이다.

사전이용자들은 본 사전 속에 수록된 말레이-인도네시아어 세계의 속담들을 통해 그 속에 동원된 단어들이 얼마나 중요한 문화적 맥락을 담고 있는지를 알 수 있을 것이다.

5.1. 속담과 빤뚠(4행시)

민속학의 관점에서 보면 말레이-인도네시아어의 단어는 말레이 세계의 역사와 문화를 담아내는 그릇이다. 그 중에서도 속담은 구비 민속전승 문학의 한 장르로서 언어 사용자들의 지혜를 찾아 볼 수 있는 귀중한 자료이다.

구비전승의 관점에서 말레이-인도네시아어 세계의 속담들은 말레이인들의 구비전통의 한 가지인 빤뚠 Pantun에 그 기원이 있다. 말레이 빤뚠은 "미지의 시대로부터 전해 내려오는 말레이인들 고유의 구비전통"(Winstedt, 1991: 5-6)의 한 장르이다. 빤뚠은 아랍문자를 차용하여 쓰기 훨씬 이전부터 말레이인들의 문화 속에 전해내려 오던 구비전통이었다.

흔히 빤뚠을 전통 4행시라고 부르지만 실제 빤뚠의 본질은 수수께끼의 일종이다. 일반적으로 알려진 4행의 전형적인 형식이외에도 2행, 6행, 8행 심지어 12행으로 구성된 것도 있다. 율격(metrical)의 관점에서 보면 빤뚠의 각 행은 음절마다 음보(foot)를 지닌 8-12개의 음절로 구성된다. 그리고 말레이 빤뚠의 율격은 음절강세에 바탕을 두고 있다. 일반적으로 말레이어의 음절강세는 모음발성 지속시간의 증가로 결정되며 단어의 끝에서 두 번째 음절에 강세가 나타난다. 그러니까 말레이 빤뚠의 리듬은 음절강세를 결정하는 모음의 장단에 따라 만들어 진다.

가장 일반적인 각운(rhyme)은 ABAB이지만 AAAA의 형식도 가끔 나타난다. 빤뚠의 각행은 보통 4개의 실사 (content words)단어로 구성되는데 경우에 따라서는 한두 개의 허사(function words)가 동원되는 경우도 있다. 일반적으로 4행으로 구성되는 빤뚠의 첫 번째 두 행은 각운을 맞추기 위한 꾸밈절이고 나머지 두 행에 핵심 메시지가 들어 있다(Anwar Ridhwan, 2002:707). 예를 들면,

Pergi ke hulu buah rambutan,
Sayang durian tiada berbunga;
Sesal dahulu jadi pendapatan,
Sesal kemudian tiada guna.
시골에서 람부탄 열매 얻지만,
두리안은 꽃이 없어 아쉽네;
먼저 후회는 소득이 있지만,
나중 후회는 소용이 없네.

상기 4행기에서 1행의 마지막 단어인 rambutan과 3행의 마지막 단어 pendapatan, 그리고 2행의 마지막 단어인 berbunga와 4행의 마지막 단어 guna를 비교해 보면 [-an]과 [-a]로 각각 운이 일치하는 것을 알 수 있다. 즉 ABAB의 각운규칙을 따르고 있다. 이러한 빤뚠의 꾸밈절을 제거하고 나머지 두 행의 핵심 내용만 따로 떼어 놓으면 속담과 다를 바가 없다. 다음은 말레이-인도네시아어 언중들이 가장 많이 사용하는 속담인데 한두 군데를 제외하고는 상기 빤뚠의 마지막 2행과 같은 형식이다. 오늘날 일상생활 속에서 언중들이 흔히 쓰는 다음과 같은 속담은 앞에서 설명한 빤뚠에서 생긴 것이다.

	sesal	dahulu	pendapatan,	sesal	kemudian	tiada	berguna
단어분석	후회하다	먼저	소득	후회하다	나중	아닌	소용있는

(직역: 먼저 후회하면 소득이 있고, 나중에 후회하면 아무 소용이 없다)
속담의 뜻: *유비무환*, 우리말 대응형: *젊어서 고생은 사서도 한다*

본 사전에는 상기 예와 같은 단어분석이나 직역의 과정을 통해 속담의 뜻을 제시하는 번거로운 과정을 생략하고 아래의 예와 같이 우리말 대응형(*젊어서 고생은 사서도 한다*)을 찾아 직접 제시하였다.

SESAL 죄스러운 마음, 후회
bersesal hati 죄스럽다, 후회스럽다
sesal dahulu pendapatan, sesal kemudian tiada berguna 유비무환, 젊어서 고생은 사서도 한다

뿐만 아니라 '유비무환'과 같은 한자성어와 '젊어서 고생은 사서도 한다'와 같은 우리말 속담 표현이 담고 있는 뜻을 말레이-인도네시아어로 옮기고자 할 때 유용하도록 우리말 색인을 다음과 같이 달아 놓았다.

유비무환
(SESAL) sesal dahulu pendapatan, sesal kemudian tiada berguna 유비무환

고생
(BAKAR) membakar air 헛고생
(DARAH) minta darah pada dabung 헛고생
(EMPAS/HEMPAS) empas tulang empat kerat 온갖 고생을 다하다
(GANTANG) menggantang anak ayam 헛고생하다
(HANGUS) hangus tiada api 죽을 고생하는
(HANGUS) karam tiada berair 죽을 고생하는
(HUJAN) berhujan berpanas 노숙자로 온갖 고생을 다하다
(LAUT) tak ada laut yang tidak berombak 고생 끝에 낙이다
(PELUH) berpeluh darah 온갖 고생을 다하다
(PELUH) peluh darah 온갖 고생을 다하다
(RAJUT) merajut badan 사서 고생하다
(RUGI) jerih menentang boleh 고생 끝에 낙이 있다
(RUGI) rugi menentang laba 고생 끝에 낙이 있다
(SAKIT) bersakit-sakit dahulu, bersenang-senang kemudian 고생 끝에 낙이 있다
(SAKIT) bersakit-sakit 온갖 고생을 다하다
(SAKIT) bersenang-senang kemudian 고생 끝에 낙이 온다
(SEDAP) sedap dahulu pahit kemudian 고생 끝에 낙이 온다
(SESAL) sesal dahulu pendapatan, sesal kemudian tiada berguna 젊어서 고생은 사서도 한다
(SUSAH) menyusahkan diri 고생하다
(TABUHAN/TEBUAN) menjolok sarang tabuhan 사서 고생을 하다
(TERANG) teduh hujan 고생 끝에 낙이 온다
(TERANG) terang kabut 고생 끝에 낙이 온다

상기 예에서 괄호는 어근 형식을 표시하며, 상기 예는 사전 속의 어근 표제어 sesal '죄스러운 마음, 후회'의 뜻을 찾으면 관련 속담(sesal dahulu pendapatan, sesal kemudian tiada berguna)을 찾을 수 있고, 동시에 우리말 핵심어휘 '유비무환'과 '고생'을 통해 사전 속 말레이-인도네시아어의 관련 표현들의 총집합을 일목요연하게 볼 수 있다. 이로써 출발어와 목표어의 속담에 동원되는 단어들의 상이성과 문화적 의미를 동시에 이해하도록 유도하였다.

5.2. 말레이-인도네시아어 속담과 은유

속담은 본질적으로 은유를 바탕으로 한다(Ismet and Rebecca, 2003:42). 따라서 속담의 의미를 파악하기 위해서는 속담 속에 내재된 은유를 만들어 내는 문화적 맥락에 관한 이해가 필수적이다.

다음에 제시된 관용구(속담)들은 말레이어 속에 용해된 문화적 맥락이 얼마나 복잡하게 얽혀 있는지를 보여준다.

darah putih (하얀 피: 귀족출신, 귀족혈통)
panjang mata (긴 눈: 바람둥이 여자, 요망한)

상기 속담은 구성성분 darah (피)와 mata (눈)가 각각 '색깔'과 '모양'을 지시하는 또 다른 구성성분 putih (흰색의)와 panjang (긴)과 결합하여 이루어진 것이다. 이때 각각의 구성성분들 중에서 putih '흰색'은 '고귀한'이란 개념, 한편 panjang '긴 것'은 '부정한'이란 개념과 관련이 있다는 뜻풀이를 통해서야 비로소 속담의 본뜻을 유추할 수 있다. 즉, 각각의 속담 속에는 '흰색은 고귀한 것이다'와 '긴 것은 나쁜 것이다'라는 은유가 내재되어 있다는 것을 확인할 수 있다. 이러한 은유는 말레이-인도네시아어 사용자들의 전통적, 문화적 맥락에 바탕을 둔 것이다. 즉, 상기 속담들은 말레이-인도네시아어 언어 사용자들/속담 사용자들의 생각을 표현하는 방법으로서 뿐만 아니라 자연 세계의 사물에 대한 사고의 표현 방법인 것이다.

다음 속담의 예를 살펴보면 말레이-인도네시아어 사용자들이 자연과 사회를 어떻게 언어적으로 표현했는지 알 수 있다. 각 속담 속에는 < >안의 내용과 같은 은유가 들어 있다.

1) 자연

beroleh lumpur di tempat kering 마른 땅에서 진창 만나다. (뒤로 넘어져도 코가 깨지는 격) <진창은 불행>

masak malam, mentah pagi 밤에는 익고 아침에는 떫고. (변덕이 죽 끓는 듯하다) <밤은 완성>/<아침은 미완성>

2) 식물

ada rotan ada duri 등나무가 있으면 가시가 있다. (꽃가마 속에도 근심이 있다) <등나무는 행복>/<가시는 근심>

tunggu durian runtuh 두리안 떨어지는 것을 기다리다. (감나무 밑에서 입만 벌리고 있다) <두리안열매는 행운>

3) 신체

minta betis, dapat paha 종아리 요구하다 허벅지 얻는다. (아닌 밤중에 찰시루떡) <허벅지는 소득>

belum bergigi hendak mengunyah 이빨도 나지 않았는데 씹을 생각부터 한다. (떡줄 사람은 생각도 않는데 김칫국부터 마신다) <이빨은 능력>

4) 동물

pijat-pijat menjadi kura-kura 빈대가 거북이 된다. (개천에서 용

났다) <빈대는 실패>/<거북은 성공>

gajah berjuang sama gajah, kancil mati di tengah-tengah 코끼리들이 싸우는 틈에서 사슴이 죽는다. (고래 싸움에 새우등 터진다) <코끼리는 강자>/<(자바애기)사슴은 약자>

5) 사물

seperti gunting makan di ujung 가위가 끄트머리 잘라먹듯. (가랑비에 옷 젖는 줄 모르다) <가위는 위험한 것>

kata periuk, belanga hitam. 가마솥이 질그릇보고 검다한다. (똥 묻은 개가 겨 묻은 개 나무란다) <가마솥은 검은 것>

상기 예와 같은 은유적 표현이 내재된 속담들을 통해 사전이용자들은 언어의 보편성을 이해하게 될 것이다. 이러한 보편성은 우리말 속담 “우물 안 개구리”의 말레이어 대응형을 통해 확인할 수 있다.

Katak di bawah tempurung 야자 껍질 밑의 개구리. (우물 안 개구리)

언어적·문화적으로 연관이 없는 한국어와 말레이어간에 나타난 상기 두 속담의 유사성은 흥미롭다. 그러나 여기에서 관심을 두어야 할 것은 각 속담에 동원된 각 언어 사회 속의 언어 재료이다. 예를 들면, “식견이나 견문이 부족한 사람”을 일컫는 데 동원된 ‘개구리’와 katak <개구리>의 동일성보다는 ‘우물’과 tempurung <야자껍질>의 이질성에 더욱 주목할 필요가 있다. 왜냐하면 사전이용자들은 상기 속담에 동원된 <우물>과 <야자껍질>의 비교를 통해 말레이-인도네시아어 사용자들의 자연세계를 이해할 수 있기 때문이다. 이때 사전이용자들에게 필요한 것은 속담에 동원된 단어 tempurung의 다음과 같은 의미 내용이다.

TEMPURUNG (야자열매) 껍질, (야자 껍질을 반으로 갈라 만든) 물바가지
tempurung betina 반으로 가른 야자열매 껍질의 밑 쪽
tempurung jantan 반으로 가른 야자 껍질의 윗 쪽
tempurung kepala, tempurung otak 두개골, 머리뼈
tempurung lutut 슬개골, 종지뼈

이러한 단어 찾기 과정을 통해 본 사전사용자들은 말레이-인도네시아어 원어민들의 언어 사회와 자연 환경을 비롯한 여러 가지 언어 외적 요소, 즉 넓은 의미의 문화적 맥락을 스스로 파악할 수 있다. 이를 위해 본 사전에서는 말레이-인도네시아어 속담들의 우리말 대응형을 직접 제시하여 쌍방의 언어적-문화적 차이를 관찰하고 이해하는데 도움이 되도록 하였다.

6. 마무리

전통적으로 사전 편찬은 어휘의 의미를 정의하고 기술하는데 주안점을 두었다. 그 결과 대부분의 사전들은 고정된 의미를 제공하는 참고서의 기능에서 벗어날 수 없었다. 이러한 한계를 극복하기 위해 편찬된 본 사전은 번역과 사전 편찬의 문제에 깊은 관심을 가지고 고민한 결과물이다. 비록 제한된 시공간의 한계로 인해 극복하지 못한 수많은 숙제가 남아있지만 단어가 언어 사용자들의 현실세계를 비춰주는 힘의 근원이라는 주장을 펴기 위한 기초 작업을 끝냈다는 점에서 의의가 있다고 하겠다. 특히 본 사전에 수록된 우리말 색인은 말레이-인도네시아어 학습자들뿐만 아니라 한국어를 보다 깊이 배우고자하는 말레이-인도네시아어 원어민들에게도 유용한 또 하나의 이중어 사전이 될 수 있을 것이다. 한 가지 예를 들면, 우리말 속담 '우물 안 개구리'와 관련된 여러 가지 어구들을 다음과 같은 우리말 색인의 표제어 <우물>을 통해 쉽게 찾아볼 수 있다.

우물
(JAGO) jago kandang 우물 안 개구리
(KATAK) katak di bawah tempurung 우물 안 개구리
(MATA) mata air 우물
(PASAK) pasak kampung 우물 안 개구리
PERIGI 우물
(PERIGI) perigi buta 마른 우물
(SAKSI) bersaksi ke lutut 우물가서 숭늉 찾는다
(SEPERTI) seperti katak di bawah tempurung 우물 안 개구리
SUMUR 우물
(SUMUR) sumur buta 물이 말라 버린 우물
(SUMUR) sumur mati 물이 말라 버린 우물

오늘날 지구상에는 그들의 언어를 현실을 지배하는 실질적인 힘의 원천으로 신봉하는 사람들이 다수 존재한다. 그 사람들은 때로 그와 같은 언어의 힘을 바탕으로 주술행위와 같은 문화적 전통을 만들어 낸다. 말레이-인도네시아어 언어 사회의 경우도 마찬가지이다. 본 사전에 수록된 언어 단위들은 그 자체로 고립되어 존재하는 것이 아니라, 수천 년간 이어져 내려 온 말레이-인도네시아어 언어사회의 문화적 맥락이 응축된 구비전승 자료로 존재한다는 것을 증명하고 있다. 이는 본 사전의 언어 자료들이 단순한 어휘적 의미뿐만 아니라 언어사용자의 인식과 관련된 문화적 맥락, 역사적 환경, 가치관, 윤리관 등과 같은 언어 외적인 요인들을 내포하고 있다는 것을 의미한다. 본 사전에 수록된 언어 자료들은 추상적이고 고립된 의미작용의 코드라기보다는 오히려 자연적, 우주적인 세계와 통합된 생리적인 힘을 지닌 말레이 민속전승의 유산이라고 할 수 있다. 이러한 관점에서 본 사전은 말레이-인도네시아어 사용 지역의 언어와 문화를 교육하고 학습하는데 유용한 참고서가 될 것으로 사료된다.

참 고 문 헌

안영호. (1988). 『현대 인도네시아어-한국어 사전』 서울: 한국외국어대학교 출판부.

전태현. (1994). "인도네시아어 관용표현에 관한 연구-속담을 중심으로-", 『논문집』 제27집. 267-287. 서울: 한국외국어대학교 출판부.

전태현. (1999). "한국어와 말레이어간 번역의 제문제", 『외국문학연구』 제5호. 282-303. 외국문학연구소: 한국외국어대학교.

전태현. (2003). "사전편찬과 번역-인도네시아어-한국어, 한국어-인도네시아어 사전의 사례-", 『한국 사전학』 제2호. 163-190. 서울: 한국사전학회.

전태현. (2005). "말레이어 속담에 관한 연구", 『외국어교육연구논집』 제22호. 99-119. 서울: 한국외국어대학교 외국어교육연구소.

전태현. (2006). "말레이어 신체어의 의미변화에 관한 연구", 『외국어교육연구논집』 제20권 2호. 123-145. 서울: 한국외국어대학교 외국어교육연구소.

전태현·목정수. (2005). "인도네시아어 피동구문연구: 대조유형론적 관점에서", 『이중언어학』 제27호. 161-184. 서울: 이중언어학회.

정영림. (1998). 『한국어-인도네시아어 사전』 서울: 한국외국어대학교 출판부.

Abdul Chaer. (1984). *Kamus Idiom Bahasa Indonesia*. Flores: Nusa Indah.

Ainon Mohd. Abdullah Hassan. (2008). *Teori dan Teknik Terjemahan*. Edisi Kemas Kini. PTS Professional Publishing Sdn. Bhd. Institut Terjemahan Negara Malaysia Berhad.

Ainon Mohd. Abdullah Hassan. (2006). *Koleksi Terindah Peribahasa Melayu (Edisi Kemas Kini)*. PTS Publication & Distributors. Snd. Bhd.

Anwar Ridhwan. (ed.) (2002). *Kurik Kundi Merah Saga, Kumpulan Pantun Lisan Melayu*. Kuala Lumpur: Dewan Bahasa dan Pustaka.

Asmah Haji Omar. (2000). *Oxford Fajar advanced learner's English-Malay Dictionary, A S Hornby*. Shah Alam: Penerbit Fajar Bakti.

Asmah Haji Omar. (2004). *Muafakat Bahasa: Sejarah MABIM/MABBIM sebagai Pembina Bahasa*. Kuala Lumpur: Dewan Bahasa dan Pustaka.

Chun Tai Hyun. (2007). "Penterjemahan Nama Haiwan dan Tumbuh-tumbuhan dalam Perkamusan Dwibahasa Melayu-Korea" dalam Abdullah Hassan (ed). *Membina Kepustakaan dalam Bahasa Melayu, Enriching the Repository of Knowledge in Malay* Kertas kerja Persidangan penterjemahan Antarabangsa Ke-11, Kuala Lumpur,

Malaysia, 21-23 November 2007. 550-562. PTS Publications & Distributors Sdn. Bhd. dan Institut Terjemahan Negara Malaysia Berhad.

Eko Endarmoko. (2006). Jakarta : *Tesaurus Bahasa Indonesia.* Penerbit PT. Gramedia Pustaka Utama.

Hajah Noresah bt. Baharom (ed.) (2005). *Kamus Dewan, Edisi Keempat, Cetakan Pertama*. Kuala Lumpur: Dewan Bahasa & Pustaka.

Haji Zainal Abidin Safarwan. (1995) *Kamus Besar Bahasa Melayu Utusan.* Kuala Lumpur: Utusan Publication & Distributors Sdn Bhd.

Hasan Alwi (ed.) (2001). *Kamus Besar Bahasa Indonesia Edisi Ketiga.* Jakarta: Balai Pustaka.

Ismet Fanany and Rebecca Fanany. (2003). *Wisdom of the Malay Proverbs*. Kuala Lumpur: Dewan Bahasa dan Pustaka.

Winstedt, R. O. (1991). *A History of Classical Malay Literature*, Yusof A. Talib. (ed.) Malaysian Branch of the Royal Asiatic Society Reprint No. 12. Petaling Jaya: Eagle Trading Sd. Bhd.

일러두기 요약

이 사전에는 인도네시아어와 말레이어가 동시에 표제어로 등재되어 있다. 이 두 언어는 1) 철자, 2) 발음, 3) 어휘의 선택 등에서 적지 않은 차이를 보인다. 이 가운데 가장 두드러진 점은 다음의 예에서 보듯이 철자의 차이에 있다.

인도네시아어	말레이어
mau	mahu
antar	hantar
beda	beza
gaib	ghaib
kabar	khabar
surga	syurga
uang	wang
hewan	haiwan

상기 예들 중에서 인도네시아어의 beda와 말레이어의 beza는 '다름, 차이'라는 뜻을 지니고 있는데, 이러한 차이의 구별을 위하여 이 사전에서는 BEDA/BEZA를 동일한 표제어 항목으로 등재하고, 각각의 하위표제어들은 BEDA/BEZA 표제항 아래에 기술하고 있다. 아래에 제시된 것처럼, berbeda-beda는 인도네시아어, berbeza-beza는 말레이어이지만 같은 의미를 지니고 있어 함께 설명하였다.

BEDA/BEZA 다름, 차이
berbeda-beda, berbeza-beza 각각 다른, 서로 다른
berbeda tabiat 성격이 다른

한국어-마인어 색인은 말레이-인도네시아어의 뜻풀이에 동원된 한국어 가운데 핵심 어근들을 대상으로 색인을 한 것이다. 품사의 분류가 불분명한 말레이-인도네시아어의 구조적 특징을 감안하여 한국어의 주요 어근을 중심으로 말레이-인도네시아어의 대응형을 제시하였다. 다음은 한국어 표제항 '화'와 관련된 말레이-인도네시아어 대응형의 일부이다.

화

(AMBIL) ambil marah 화가 나다
(ASAH) mengasah hati 화나게 하다
(BAKAR) membakar hati 화를 돋우다
(BAWANG) makan bawang (속으로) 잔뜩 화가 난
(BURU) terburu nafsu 화를 못 참는
(CUPING) rasa pedih cuping telinga 몹시 화난
(DARAH) berdarah dingin 화를 잘 내지 않는
(DARAH) berdarah panas 화를 잘 내는
(DARAH) darah naik ke kepala 화나다
(DARAH) darah panas 화를 잘 내는
(DARAH) darahnya mendidih 몹시 화가 난
(DIDIH) mendidih darahnya 몹시 화난
(GELAP) gelap pikiran 화가 나서 제정신이 아닌
(GELEGAK) menggelegak darah 화가 치밀다
(HANGUS) hangus hati 매우 화난
(HATI) hangat hati 매우 화난
(HATI) hatinya panas 화나다
(HATI) panas hati 화난
(HATI) sempit hati 화를 잘 내는

위 예에서, '(AMBIL) ambil marah 화가 나다'라는 것은, 표제어 AMBIL 항목의 하위표제어로 실린 ambil marah가 '화가 나다'라는 뜻이라는 것을 말한다. 즉, 괄호 안에 든 (AMBIL)은 이 사전에 수록된 표제어 어근이며, 이 표현에 사용된 ambil marah의 의미 '화가 나다'는 표제어 AMBIL과 관련된 것임을 표시한다. 실제 표제어 AMBIL은 '얻다'라는 뜻을 지니는 단어임을 감안하면 본 사전의 한국어 색인은 말레이-인도네시아어 학습과 활용의 필수 지침 자료임을 보여 준다.

끝으로 이 사전에 수록된 말레이-인도네시아어 속담들은 의역을 통해 대응되는 한국어 속담을 제시하였다. 따라서 이 사전에 수록된 속담 찾기는 사전이용자들이 말레이-인도네시아어의 문화적 맥락을 이해하는데 유용한 길잡이가 될 것이다.

A

ABA/ABAH 아버지, 아빠
anak aba, cucu andung 금지옥엽
ABAD 시대, 시기, 영원
abad alabid 영원히, 영구히
abad keemasan 전성시대, 전성기
abad komputer 컴퓨터시대
abad pertengahan 중세기
ABAI 무관심한, 부주의한
pengabai 무신경한 사람
tidak terabaikan 홀으로 볼 수 없는, 경시될 수 없는
ABANG 형, 형님, 손윗사람
abang becak 베착꾼
abang sayur 야채장수
ABU 재, 먼지
abu rokok 파괴되어 흔적도 없이 사라진
mengabui mata 속이다, 기만하다
ACUH 관심을 보이다, 돌보다
acuh tak acuh 본체만체하는, 본척만척하는; 의욕이 없는
ADA 있다, 소유하다
ada apa-apanya 꿍꿍이속; 대가가 있는
ada baunya 기미(낌새)가 있는
ada buntutnya 계속되는, 다른 사건이 연이어지는
ada-ada saja 항상 볼일이 있는
ada-adanya 설마 그럴 리가, 아무리 그런 일이 (있을 수 있는가)
ada ekornya 계속되는, 다른 사건이 연이어지는
ada hajat 잔치가 열리다
ada main 음모를 꾸미는
berada di awang-awang 매우 기쁜
berada di atas angin 운이 좋은, 행운의
berada di luar garis ~축에 못 끼는, 소외된
berada di persimpangan jalan 주저하는, 망설이는; 기로에 선
ADAB 예의, 예절
adab makan 식사 예의
tinggi adabnya 아주 예의 바른, 매우 공손한
ADIK 동생
adik bungsu 막내 동생
adik ipar 매제, 처남, 처제
adik seibu seayah 친형제
adik sepupu 사촌동생
adik-beradik 형제지간(처럼 행동하다)

beradik-berkakak 형제지간, 형제자매처럼
ADIL 공정한, 공평한
adil saksama 공명정대한

ADU 다투다, 경쟁하다, 잠들다
beradu ayam 닭싸움을 시키다
beradu kening 길에서 마주치다, 만나다
beradu lari 달리기 시합하다
beradu lengan 힘겨루기를 하다
beradu mata 눈이 마주치다, 쳐다보다
beradu mulut 큰소리로 입씨름하다
beradu pandang (우연히) 시선이 서로 마주치다
beradu pantat 서로 등을 돌리다
mangkat beradu 서거하다, 영면하다, 돌아가시다
mengadu buku jari, mengadu buku lima, mengadu buku tangan 주먹질하며 싸우다
mengadu buku lidah 논쟁을 벌이다, 말다툼하다
mengadu domba 이간질하다
mengadu lidah 말다툼하다, 논쟁하다
mengadu nasib 출세를 노리다
mengadu tuah 출세를 노리다
mengadu ujung jarum 어렵게 생계를 꾸리다
mengadu ujung penjahit 어렵게 생계를 꾸리다; 교제를 시작하다, 대면하다
mengadu untung 출세를 노리다
mengadu urat leher 큰소리로 말다툼하다
peraduan (왕의) 침소
AGAN 의도
mati agan 돌연사, 횡사; 자살
AGUNG 위대한, 중요한
jaksa agung 검찰총장
tamu agung 귀빈
mengagungkan diri 자랑하다, 뽐내다; 자만하다
keagungan Tuhan 신의 위대함
AHLI 전문가, 구성원
ahli famili 친척, 가족
ahli kubur 이미 죽은 사람, 고인
ahli negeri 국민
ahli rumah 가족
ahli bertimbang tunai 재치가 있는 사람, 임기응변이 능한 사람
ahli waris 유산 상속자
AIR 물, 즙, 액
air api 염산
air batu 얼음
air belanda 탄산음료
air besar 홍수; 대변 (똥)
air di daun talas 변덕이 심한, 이랬다 저랬다 하는
air keras, air api 염산
air lebah 꿀
air ledeng 수도(물)
air liur 침
air mani 정액
air mandi 습관
air mata buaya 악어의 눈물, 위선의 눈물

air digenggam tidak tiris 구두쇠의, 인색한
air melata 폭포
air muka 안색, 얼굴
air mukanya keruh 우울해 보이는, 언짢은
air mukanya berminyak 명랑한, 희색의
air pembasuh kaki 싸구려
air sembilan (시체를) 염습할 때 쓰는 물
air sembahyang 무슬림들이 기도드리기 전 몸을 닦는데 쓰는 물
air seni 오줌 누다
air kaldu 고깃국
air pembersih 로션, 화장수
air terjun 폭포
berair kerongkongan 먹을 복이 있는
berair mata darah 강요하다, 억지를 부리다
buang air besar 대변보다
buang air kecil 소변보다
mengairi sawah orang 다른 사람에게 자선을 베풀다

AJAL 목숨, 운명, 수명
ajal samar (재앙으로 죽는) 변사
ajalnya sampai 사망하다, 죽다

AJAR 가르침, 교육, 지도
ajar buaya berenang 공자 앞에서 문자 쓴다
ajaran orang tua-tua 속담
berajar 교양 있는, 예의범절이 있는
belajar 배우다, 공부하다
mengajar 가르치다, 교육하다
pelajar 학생, 학습자
pengajar 교사, 교육자

AJUK 재다, 헤아리다
mengajuk hati 마음을 떠보다

AKAD 계약, 약속
akad bawah tangan 비밀계약
akad nikah 성혼서약

AKAL 사고력, 지혜, 계략
akal budi 이성, 건전한 생각
akal bulus 교활한 속임수
akal dua jengkal 어리석은, 평등의식이 있는
akal ubi, akal bulus 교활한 속임수
akal geladak 사악한 속임수
akal kancil 영악한 속임수; 매우 교활하고 영리한 (사람)
akal keling 교활한
akal labah-labah (남을) 잘 속이는, 교활하고 부정한
akal melintas 영감
akal melintas 갑자기 떠오른 생각 (의견)
akal orang keling, akal keling 간계, 계략
akal pendek 어리석은, 바보스런
akal sehat 이성, 건전한 생각
akal sejengkal 어리석은, 우월의식이 있는
akal tiga jengkal 열등의식이 있는
akalnya kepintasan 속임수가 발각되다
akalnya kurang sempurna 정신이 약간 이상한, 약간 미친
berakal bengkok 교활한, 믿을 수 없는
berakal kancil 매우 교활한

berakal ubi 영리하지 못한
habis akal 묘책을 잃다, 당황하다
kurang akal 사려가 깊지 못한, 어리석은
panjang akal 사려 깊은, 현명한
tahu akal 심사숙고하는

AKAR 뿌리
akar melata (돈, 빚 따위가) 점점 더 많이 늘어나는
berurat akar 터를 잡다, 뿌리를 내리다
mengakar tunggang (위치 또는 지위가) 견고해 지다

AKBAR 위대한
Allahu akbar 위대한 신

AKHBAR 뉴스, 기사, 신문
akhbar tempatan 국내 신문

AKHIR 끝, 마지막, 최후
akhir-akhir ini 요즘, 최근에
akhir pekan, akhir minggu 주말
berakhir pekan 주말을 보내다
akhir zaman 종말의 시대, 최후의 심판일
pada akhir ini 요즘, 최근에

AKUAN 고백
harimau akuan 허풍장이
akuan yang kedua 둘도 없는 친구

ALAM 자연, 천연, 세계
alam banyak 경험이 많은
alam akhirat 저승
alam fana 속세, 이승
alam raya 온 세상
syah alam 세상의 통치자
alam semesta 우주
alam sekeliling 주변세계, 주변지역
pengalaman manis 좋은 경험, 기분 좋은 경험
pengalaman pahit 쓴 경험

ALAMAT 주소
si alamat 수취인
dengan alamat, d/a ~씨 댁(방)

ALANG 어중간한, 두루뭉술한
alang kepalang 모자라는, 미흡한
bukan alang kepalang 대단한, 굉장한

ALAS 받침, 바탕, 기초
alas cakap 머리말, 수고비
alas kaki 신발
alas kata 서문, 머리말
alas kubur 희생양
alasan yang diada-adakan 속임수
alas perut 조반, 아침 식사
mengalas perut 아침을 먹다, 아침 식사
alasan kusir 핑계, 변명

ALAT 도구, 용품
alat besar 대형기계
alat hubungan semesta 매스미디어
alat kantor 사무기
alat kebesaran 국가 의식에 사용되는 물건
alat lauk 축하 행사와 같은 형태의

alat negara, alat kekuasaan 경찰, 군대
alat pembayaran luar negeri 외환
alat pembayaran 통화
alat pencernaan 소화기관
alat perang 병기
alat vital 생식기
alat-alat tulis kantor 사무용품
alat-alat tulis sekolah 학용품

ALHAMDULILLAH 알함둘릴라 (무슬림들이 다행과 감사를 표현하는 말)
alhamdulillah, alhamdulillahi 신을 찬양하라, 신을 찬양합시다; 감사하다, 감사합니다

ALIF 알리프 (아랍문자 및 자위문자의 첫 글자)
tegak seperti alif 곧추서다, 꼿꼿이 서다

ALIH 바꾸다, 이전하다, 옮기다
beralih akal 생각을 바꾸다; 미친, 온전치 못한 생각
beralih haluan 관점을 바꾸다, 정책방향을 바꾸다
mengambil alih 접수하다, 빼앗다
mengalih langkah 계획을 바꾸다
beralih muka 변장하다; 외면하다, 시선을 돌리다

ALUR 개천, 홈, 협곡
alur tengkuk 목구멍
aluran air 도랑

ALLAH 신, 알라, 창조주
Allah subhanahu wa taala 최고의 신을 찬양하라
Allahu akbar 위대한 신
Allahuma 오, 신이시여!

AMAL 봉사, 선행
amal hamba (이슬람 신자들의) 기도
beramal 자선을 베풀다
mengamalkan 실천하다; 습관화하다, 몸에 배게 만들다

AMAN 평온한
aman dan sentosa 아주 평온한
aman hati 평온한, 걱정이 없는
aman sejahtera 평온한
pasak aman 안전장치

AMARAH 분노, 격노
tidak dapat menahan nafsu amarah 분노를 참지 못하다

AMBANG 문지방
di ambang kubur 임종이 가까운
di ambang pintu 코앞에 닥친, ~할 때가 다 된

AMBAR 맛없는
ambar hati 낙담한, 기가 죽은
ambar kuning (보석의 일종) 호박
batu ambar, ambar kuning 호박

AMBIL 얻다
ambil angin 바람을 쐬다
ambil bagian 동참하다
ambil berat 중요하게 여기다
ambil contoh 예를 들다
ambil di hati 가슴에 새기다
ambil gampang 대수롭지 않게 여기다
ambil hati 마음을 빼앗다, 마음을 사로잡다, 꾀다
ambil marah 화가 나다, 노하다

A

ambil muka 아첨하다, 아첨을 떨다; 일하는 시늉만 내다
ambil pusing 걱정하다, 고민하다
ambil tahu 알아채다
mengambil alih 새로 들어서 장악하다
mengambil angin 산보하다
mengambil bagian 동참하다
mengambil berat 신경을 쓰다, 주목하다
mengambil bungkal kurang (남의 말 때문에) 속이 상하다
mengambil buruk 좋지 않게 추측하다, 잘못된 생각
mengambil di hati 토라지다, 실망하다
mengambil hati 꾀다, 마음을 사로잡다
mengambil ibarat 본을 따르다, 귀감으로 삼다
mengambil jalan damai 화해하다, 합의하다
mengambil jalan tengah 편들지 않다, 중립을 지키다
mengambil ke hati 토라지다, 실망하다
mengambil kesempatan 기회를 잡다
mengambil langkah seribu 도망가다, 빨리 내빼다
mengambil langkah 행동을 개시하다
mengambil muka 아첨하다
mengambil nama 유명해지다
mengambil napas dalam-dalam 심호흡을 하다
mengambil napas panjang 한숨 쉬다, 한탄하다
mengambil napas penghabisan 사망하다, 죽다
mengambil napas 호흡하다
mengambil panjang 시비곡절을 따지다, (남의) 잘못을 용서하지 않다
mengambil pusing 유의하다, 주의를 기울이다
mengambil upah 징수하다

AMPAI 걸다
ampai sayap 구걸하다
ampai tinju 서로 치고 받고 싸우다
terampai jemur 아침 8시쯤의 시각

AMPLOP 봉투
amplop kosong 빈 월급봉투
amplop tebal 큰 액수의 뇌물

AMPU 받치다, 버티다
ampu kaki 엄지발가락
ampu tangan 엄지손가락

AMUK 미친
mengamuk dengan membabi buta 미친 듯이 날뛰다
beramuk pikiran 당황하는, 머리가 복잡한

ANAK 아이, 자식
anak (cucu) Adam 인류
anak air 작은 강, 도랑
anak ajaib 천재
anak alang 세 번째 낳은 자식, 셋째 아이
anak baju 속옷
anak bangsawan 희극배우
anak bawang(an) 후보 (선수)
anak bedil 탄환, 총알
anak belasan 10대 청소년
anak bersagar 병치레가 잦은 아이
anak bini 처자식
anak buah 가족 (구성원); (군대의) 부하, 병사; 직원, 종업원

anak bukit 언덕배기
anak bulan 변덕스런 사람
anak bungsu 막내둥이
anak cucu 후손, 자손
anak dagang 외국인, 외지인, 나그네
anak dapat 길에서 주워 온 자식
anak dara sunti 사춘기의 소녀
anak dara 신부
anak dayung 뱃사공
anak duit 이자
anak emas 편애를 받는 사람
anak gadis 미혼여성, 처녀
anak gahara (왕비가 나은) 왕손
anak gampang 사생아
anak gawang 후보 (선수)
anak gugur 산달 이전에 태어난 아이
anak hitam 8번째 자식
anak ingusan 아직 성인이 아닌, 아직 경험이 없는
anak istri 처자식, 가족
anak jari 새끼손가락
anak jentera 수레바퀴의 살
anak judul (책의) 부제, 소제목
anak kalimat 글의 단락을 세는 단위, 절
anak kapal 선원
anak kemarin dulu 경험이 없는
anak kemarin 경험이 없는, 견문이 넓지 않은
anak kencing 사생아
anak kolong (군인 막사에서 태어나서 자란) 사생아
anak lidah 목젖
anak limpa 쓸개주머니
anak lumpang (나무로 된) 절구공이
anak mas, anak emas 편애를 받는 사람
anak mata 눈동자
anak meja 책상 서랍
anak merah 갓난아이
anak muda 6번째 자식
anak negeri 백성
anak obat 환자, 병치레가 잦은 사람
anak orang 남의 자식
anak panas (불행을 가져온다고 여겨지는) 저주받은 아이
anak pandak 5번째 자식
anak panjang 4번째 자식
anak pisang 외가에서 부양하는 전처의 자식; (부계의 측에서 보면) 외삼촌의 자식
anak putih 7번째 자식
anak rambut 머리카락, 가는 머리털
anak saku 작은 주머니
anak semang 남의집살이(를 하는 사람); (채무 변제를 위해) 남의 일을 하는 사람; (점포의) 점원
anak sulung 장자, 맏아들
anak sumbang 사생아
anak sungai 작은 강, 지류
anak tangan 손가락

anak tangga 사다리의 단, 계단
anak tanggung 청년
anak taruhan 금지옥엽, 아주 귀한 자식
anak telinga 귀여운 자손
anak uang 이자
anak kembar 쌍둥이
beranak bercucu 대대손손
anak merah 갓 태어난 아이
menganak sungai (눈물 따위가) 줄줄 흐르다
menganakemaskan 금지옥엽처럼 사랑하다
menganakkan uang 고리대금업을 하다

ANEH 이상한
aneh bin ajaib 보통이 아닌, 괴이한

ANGAN-ANGAN 공상, 망상, 이상
angan-angan hati 양심
dimabuk angan-angan 공상에 사로잡히다
sakit angan-angan 미친
angan-angan mengikat tubuh 이상이 너무 높아 고민에 빠지다

ANGGAP 여기다
anggapan umum 여론
dianggap angin 무시하다, 주목하지 않다
dianggap bayang-bayang 무의미하게 여기다
menganggap enteng 가볍게 (하찮게) 생각하다
menganggap sepi 무시하다, 업신여기다
pada anggapannya 생각컨데

ANGGAR 칼싸움
beranggar lidah 말싸움하다, 입씨름하다
beranggar pena (신문지상을 통해) 논쟁하다, 겨루다
beranggar pikiran 토론하다, 논쟁하다

ANGGUK 끄덕이다
menganggukkan kepala 동의하다

ANGIN 바람
angin badai 태풍
angin baik 좋은 기회
angin buruk 방귀
angin duduk 중풍환자
angin ekor duyung 여러 방향에서 불어오는 바람
angin gila 일정한 방향이 없는 변화성 바람
angin kelambu menunggal 비를 가져오는 북풍
angin kepala 동해 북풍
angin lalu 소문
angin langkisau, angin puyuh, angin beliung 회오리바람
angin lepas 매우 세게 부는 바람
angin mati 맞바람, 역풍
angin paksa (항해하기에 좋은) 순풍
angin puting beliung 회오리바람
angin puyuh 회오리바람
angin ribut 태풍, 폭풍
angin salah 거친 바람
angin sebelah 세지 않은 북풍
angin sepoi-sepoi 산들바람
angin tenggara mandi 세찬 바람
angin timba ruang 배 측면에서 부는 거센 바람

angin turutan 배 방향과 같이 부는 바람
atas angin (바람의 근원지인) 인도, 이란, 아랍 및 유럽의 각국들; 외국의
berangin kabar 소식이 전해진
cakap angin 소문
di bawah angin 바람이 불어 가는 쪽
kabar angin 소문
kantor angin 기상대
kereta angin 자전거
masuk angin 몸살이 나다
mata angin 풍향
terangin ke luar 세상에 드러난, 알려진
terangin-angin ke telinga 이미 알려진, 소문이 퍼진

ANGKASA 하늘, 상천, 대기층
angkasa luar 우주, 외계
angkasawan 우주인, (남성) 우주 비행사
angkasawati 우주인, (여성) 우주 비행사
pesawat angkasa luar 우주선

ANGKAT (쳐)들다
angkat besi 역도
angkat bicara 연설(강연)을 시작하다
angkat hakim 판결, 기소
angkat kaki 도망하다
angkat kening 눈살을 찌푸리다
angkat rumput 풀을 뽑다
angkat senjata 거총; 무장하다
angkat suara 말을 시작하다
angkat tangan 항복하다; 책임을 회피하다
angkat topi 존경을 표하다
berangkat ke negeri cacing 죽다, 세상을 떠나다
mengangkat alis 놀라다, 경악하다
mengangkat anak 양자를 보내다
mengangkat bahu 모른다는 뜻을 표시하다
mengangkat diri 거만한
mengangkat ekor 달리다, 빨리 가다
mengangkat gelas 건배하다
mengangkat hidung 건방진, 잘난 체 하는; 자화자찬하는
mengangkat kening 놀라다, 경이롭다
mengangkat langkah seribu 줄행랑치다
mengangkat makanan 음식을 진상하다
mengangkat mata 응시하다
mengangkat pundak 모른다는 뜻을 표시하다
mengangkat sembah 경의를 표하다
mengangkat senjata 대항을 위해 무장하다
mengangkat suara 말하다, 강연하다; 노래하다
mengangkat sumpah 선서하다, 맹세하다
terangkat kening 아침 8시 경

ANGKUH 건방진, 거만한
angkuh terbawa, tampan tertinggal 겉과 속이 다른 사람; 겉치장을 좋아하는 사람을 놀리는 말
sikap angkuh 거만한 태도

ANGSUR/ANSUR 천천히, 조금씩 (움직이다)
berangsur sembuh, beransur sembuh (병세가) 차츰 호전되다

mengangsur utang, mengansur hutang 빚을 조금씩 갚다, 채무를 조금씩 변제하다

A

ANJING 개
anjing beranak enam 깡마른, 매우 여윈
anjing geladak 들개; 범죄자, 도둑
anjing kampung 똥개, 잡종개
seperti anjing dengan kucing 견원지간, 상극
anjing laut, singa laut 바다사자
anjing tanah 땅강아지
anjing terpanggang ekor 엄청난 어려움을 겪다
saudara anjing 배다른 형제

ANJUR 돌출하다
menganjur surut 철수하다
menganjur langkah 일을 시작하다

ANTAH 왕겨
antah lemukut 사회에서 쓸모없는 인간; 좋지 않은 물건
negeri antah berantah 환상의 세계, 유토피아

ANTAR/HANTAR 동반하다
antar waktu 임시의, 중간의
mengantar sirih (결혼식 전에 신부 측에) 혼숫감을 전달하다
mengantarkan sirih pinang 청혼하다, 처녀에게 구혼하다
mengantarkan nyawa 목숨을 걸다
pengantar kata 서언, 머리말
pengantar koran 신문배달부
pengantar surat 우편배달부

ANTUK 충돌하다
terantuk dompet 예상치 못한 행운을 얻다

ANYIR/HANYIR 비린내
bau anyir darah 피비린내

APA 무엇
apa akal 과연 어찌해야 하나
apa boleh buat 무슨 뾰족한 수가 있는가?
apa daya 능력이 없는, 힘이 없는
apa hendak dikata 할 수 없다
apa saja 무엇이든, 아무거나; 아무것도
apa-apanya 무엇인가
tidak apa-apa 전혀 ~하지 않다, 아무렇지 않다; 괜찮다
tidak jadi apa 괜찮다
tidak mengapa 전혀 ~하지 않다

API 불
api berahi 욕망, 욕정
api cinta 사랑의 불꽃, 애정
api-api 성냥; 반딧불
seperti api dengan asap 긴밀한 관계, 바늘 가는 데 실 간다
mengapi-apikan 선동하다, 부추기다
api unggun 모닥불

APARAT 도구, 기관(원), 시설
aparat keamanan 치안요원, 군경요원

ARAH 방향, 목표
arah angin bertiup 방위, 방향
bercakap tidak tentu arah 횡설수설하다

ARAK 행진, 행렬
berarak ke tebing 항상 불안한

ARAL 방해
aral gendela, aral melintang 예상치 못한 장애물
aral melintang 예상치 못한 장애물
ARANG 숯
arang di dahi 창피스런, 수모의
arang di kening 창피한, 수치스러운
arang di muka, arang di kening 창피한, 수치스러운
asam arang 탄산가스
arang para 그을음, 매연
patah arang 돌이킬수 없는, 고칠 수 없는
ARNAB 토끼
arnab gunung 북극토끼, 눈토끼
ARUS (물의) 흐름, 조류
arus bolak balik 교류
arus listrik 전류
arus olak 소용돌이
arus searah 직류
ASA 희망, 꿈, 뜻
asa-asaan 간절히 바라는, 고대하는
putus asa 절망하다, 낙망하다
ASAH 갈다, 연마하다
mengasah budi 인격을 도야하다
mengasah hati 화나게 하다
mengasah otak 지능을 발달시키다
mengasah bakat 소질을 개발하다
mengasah pikiran 사고력을 키우다
ASAL 기원, 출처
usul menunjukkan asal 될성부른 나무는 떡잎부터 알아본다
asal kata 어근, 어간
asal mula 시초, 태초
asal usul 족보, 기원
asal ada kecil pun jadi 양반 가문 출신의
asal saja 건성의, 형식적인; ~의 조건이라면, ~이라면
ASAM 신맛, 시큼한, 산성의
asam garam kehidupan 인생경험
kurang asam 몰상식한
mengasami hati 마음에 상처를 주다, 감정을 상하게 하다
susah seasam segaram 결점이 없는, 흠이 없는; 일치하는, 동의하는
tahu asam garamnya 산전수전 다 겪은
ASAP 연기, 가스
air asap 수증기
berasap dapurnya 풍족한, 잘 사는
berasap hidungnya 고진감래
asap tangis, asap air mata 최루가스
daging asap 훈제육
tabir asap 연막
ASIN 짠, 소금기가 있는, 소금에 절인
asin garam 근심걱정
asin garam kehidupan 삶의 근심걱정이 많은
asin mulut 빈말하지 않는, 약속을 꼭 지키는
ASING 다른, 외국의
asing-asing 각각, 저마다
asing padang asing belalang, asing lubuk asing ikannya 각 지방마다

풍속이 다르게 마련; 사람들은 저마다 생각이 다르게 마련
asing sekali 아주 이상한

ASLI 진짜, 본래의, 원조의
orang asli 원주민
karangan asli 원문
kata asli 토착어
naskah asli 원문서
penduduk asli 원주민
sifat asli 천성
ASRAMA 기숙사
asrama campuran 남녀 공용 기숙사
asrama pordeo, hotel pordeo 교도소, 형무소
ASSALAMUALAIKUM 앗살라무알라이쿰 (무슬림들이 건네는 인사말)
alaikum 당신들께, 당신 모두를 위해
alaikum salam, alaikum assalam 평안하시길 (기원합니다)
assalamualaikum 신의 가호가 깃들기를 (기원합니다), 평안하시길 (기원합니다)
ATAP 지붕
atap langit 노천, 야외
atap seng 함석지붕
beratap langit 노천에서, 한데; 매우 가난한
beratap seng 머리가 희어진, 늙은
ATAS 위, 높은 곳, 상부
atas angin 선진국
atas sungai 강 상류
AWAK 몸, 육체, 너 (2인칭 대명사), 자기 자신
berawak 너라고 부르다
awak buruk disangka bagus 허울은 좋은데 행실이 좋지 않은
awak kapal 승무원
awak hendak ke hilir, dia sudah hanyut 뛰는 놈 위에 나는 놈 있다
AWAN 구름
awan hitam 불길한 징조
awan mendung 비구름
AWANG/AWANG-AWANG 하늘, 공중
hidup di awang-awang 행복한 삶, 풍족한 삶
masih di awang-awang 아직 불확실한, 미정의
AYAM 닭
ayam aduan 싸움닭
ayam babon 알 낳는 닭
ayam belanda 칠면조
ayam bertelur di padi 풍족한
ayam hutan 야계
ayam itik 양계, 가금
ayam jago 용사, 영웅
ayam kampung 겁쟁이; 시골닭, 토종닭
ayam sabung(an) 싸움닭
ayam sayur 겁쟁이
ayam potong(an) 육계, 고기닭
ayam termakan rambut 신경이 과민한, 침착하지 않은
ayam teruna 수평아리
ayam-ayaman 풍향계
mati ayam 개죽음하다
merdeka ayam 자유로운

AYU 아리따운, 고운
gadis ayu 어여쁜 처녀
pagar ayu (신랑, 신부의) 들러리
AYUN 흔들거리다, 진동하다
seayun sebuaian 견해가 일치하는, 생각이 같은
mengayun langkah 발걸음을 내딛다; 시작하다

B

BABI 돼지
babi asap 베이컨
babi hutan 멧돼지
babi bodoh, babi janggut 수염멧돼지
babi laut 바다소, 해우
babi lu (욕설) 돼지 같은 놈
gila babi, sawan babi 간질
membabi buta 무모한 짓을 하다, 닥치는 대로 행동하다
membabi jalang 간음하다, 간통하다
BACAR 수다스러운
bacar mulut 수다쟁이
BADAK 코뿔소
badak makan anak 자기자식 잡아먹기
badak sungai, kuda nil 하마
berkulit badak 무감각한
BADAN 몸, 육체, 기구, 위원회
badan Adam 인간의 몸
badan hukum 법인
berbadan dua 임신하다
badan penasihat 자문위원회
BAHAN 원료, 재료
bahan bakar 연료
bahan baku 원자재
bahan hidup 양식, 식량
bahan mentah 원료
bahan pakaian 옷감
bahan pokok 생필품
bahan tahan api 방화물질
BAHARI 고대의, 예쁜, 바다(의)
ilmu bahari 항해술
puteri bahari 예쁜 처녀
zaman bahari 고대 시대
BAHASA 말, 언어, 예의
bahasa dalam 궁중어
bahasa halus 겸양어, 존대어
bahasa hantu (신이 내린 사람들이 행하는) 뜻을 알 수 없는 말, 은어
bahasa kebangsaan 국어, 민족어
bahasa pasaran 속어
bahasa pengantar 매개어
gila-gila bahasa 정신이 나간, 미친

bahasa kedua 제 2 언어
kurang bahasa 예의가 바르지 못한
tak tahu bahasa 예의범절을 모르는

BAHAYA 위험, 재앙, 사고
bahaya api 화재 사고
bahaya maut 사망 사고

BAIK 좋은
baik budi 선행
baik hati 마음씨 좋은
baik pasarannya 인기가 있는, 평판이 좋은
baik buruknya 좋고 나쁨
berbaik hati 자선을 베풀다

BAJA 거름
baja kandang 가축의 분뇨로 만든 거름

BAJI 쐐기
baji dahan membelah dahan 믿는 도끼에 발등 찍힌다

BAJING 다람쥐
bajing luncat 소매치기

BAJU 옷옷
baju besi 갑옷
baju biru 범죄자, 죄인
baju blus 블라우스
baju tidur 잠옷
baju dalam 속옷, 러닝셔츠
baju hijau 군인
baju pelampung 구명재킷
baju jas 코트
baju jadi 기성복
baju hujan 비옷, 우의
baju kurung 바주쿠룽 (앞부분이 터지지 않은 말레이인 고유의 웃옷)
baju mandi 욕실에서 입는 옷, 수영복
baju monyet (어린이) 멜빵바지, 작업용 멜빵바지
berbaju hitam 애도하다

BAJUL 도둑
bajul buntung 바람둥이 남자

BAK ~처럼, ~같이 (비유적 표현을 표시하는 기능어)
bak anjing tersepit 배은망덕한
bak ayam pulang ke pautan 부끄러운 줄 모르는
bak cetus api 일사천리
bak manik putus tali 하염없이 흐르는 서러운 눈물
bak rasa ubi pula gadung 냉수 먹고 갈비 트림한다

BAKA/BAQA 영원한, 영겁의
alam baka 영원의 세계

BAKAR 타다
bakar tidak berapi 거짓사랑
bakar tidak berbau 뒷구멍으로 호박씨 까기
kayu bakar 장작
kebakar janggut 당황하여 어쩔줄 모르는
luka bakar 화상
membakar air 불가능한 일, 헛고생
membakar hati 화를 돋우다
membakar semangat 용기를 북돋우다
minyak bakar 연료

BAKTI 봉사, 선행
bakti ikhlas 헌신
membaktikan harta 재산을 헌납하다
BAKU 표준, 상호
bahan baku 원자재
bahasa baku 표준어
guru baku 정식교사
harga baku 정가
baku pukul 서로 치고받다
BALA 군대
bala bantuan 지원군
bala keselamatan 구세군
bala seribu 마력, 마법
bala tentera 군대
BALAI 홀, 건물
balai kota 시청
balai desa 마을회관
balai dagang 상공회의소
balai benih 온실
balai budaya 문화원
balai sidang 회의실
BALAS 응답하다, 대답하다
balas bidan (산파의 노고를 위해) 고사를 지내다
balas jasa 은혜를 갚다
membalas budi 보답하다
membalas guna 보답하다
BALIK 반대쪽, 뒤, 역으로
balik adab 예의를 모르는, 불손한
balik belah 거꾸로 된
balik bokong 뒤집힘, 역전
balik dagang 적 쪽에 가담하다, 배반하다
balik kerak (전처와의) 재혼, 재결합
balik mata 수수방관하다
balik nama 명의를 바꾸다
balik sadar 의식을 되찾다
berbalik akal 미친
berbalik hati 전향하다
berbalik pulang 돌아가다, 귀가하다
berbalik kata 자백을 번복하다
berbalik muka 안면을 바꾸다, 변절하다
membalik belakang 배반하다, 변절하다
membalikkan punggung 외면하다
membalik-balik kaji 해묵은 사건을 다시 캐내다
membalikkan senjata 배반하다, 이적행위를 하다
terbalik kalang 해결방안을 찾지 못하다; 견해를 달리하다
terbalik lidah 논점이 불분명한, 말을 자주 바꾸는
terbalik mata orang 마술을 부리다
terbalik mata 학수고대
BALING-BALING 바람개비, 프로펠러
baling-baling angin 선풍기
baling-baling di atas bukit 확고한 신념이 없는
BALOK/BALAK 통나무, 통목
kayu balok 통나무

BALUT 싸개, 보자기, 붕대
membalut luka 상처를 붕대로 감다
tinggal jangat pembalut tulang, tinggal kulit pembalut tulang 피골이 상접한, 깡마른
BAMBU 대(나무)
bambu besar 왕대
bambu runcing 죽창, 대창
BANDAR 개울, 도랑, 항구 (도시)
membandarkan air ke bukit 헛수고
membandarkan air ke sawah 헛수고
bandar udara 공항
BANDOT 숫염소, 호색한
bandot tua (나이 먹은) 호색한
BANGKAI 시체, 송장
bangkai bernyawa 뼈가 앙상한, 송장같이 깡마른
menjemur bangkai ke atas bukit 제 얼굴에 침 뱉기
BANGKIT 일어나다
bangkit hati 용기가 생기다
pembangkit tenaga listrik 발전기
BANGUN (잠이) 깨다
bangun dari tidurnya 깨닫다
bangun muka 얼굴모습
bangunan militer 군사시설
berbangun liar 무허가 건물이 들어서다
BANJIR 홍수
banjir darah (전쟁으로) 피바다가 되다
BANTAL 베개
bantal guling, bantal peluk 죽부인
tikar bantal 침구
sampul bantal 베갯잇
berbantal lengan 노숙하다; 동침하다
berbantal tanah 죽다, 잠들다
BANTING 들소, 세게 치다, 힘껏 때리다
banting harga 헐값에 팔다
banting setir 급선회하다, 방향을 급히 바꾸다
membanting tulang 뼈 빠지게 일하다
pembantingan harga 헐값거래
tanduk banting, tanduk banteng 들소의 뿔
BANYAK 많은, 다수, 총계
banyak duit 부유한
banyak kali 자주
banyak makan garam 경험 많은
banyak mata 호색한, 여자를 밝히는
banyak minyaknya 지식이 많은; 재산이 많은
banyak mulut 말이 많은, 잔소리를 잘하는
banyak sedikitnya 총계, 수량; 한도, 정도
banyak tingkah 번덕스러운; 못돼먹은, 못살게 구는
berbanyak hati 주저하다
sebanyak bintang di langit 무수히 많은
perbanyakan dan pembagian 곱셈과 나눗셈
BAPAK/BAPA 아버지
bapak ayam 비정한 아버지
bapak-bapak dan ibu-ibu sekalian (경애하는) 신사 숙녀 여러분

bapak besar 고위층
bapak cilik, bapak muda 작은아버지
bapak mertua 장인
bapak gede 큰아버지

BARA 숯, 숯불
bara api 활활 타는 숯불
jejak-jejak bara 거의 다 끝난, 거의 다다른

BARANG 물건, 아무, 어느
barang andalan 저당물, 담보물
barang sekali pakai 일회용품
barang bergerak 동산
barang tiruan 모조품, 유사품
barang bila 언제나
barang di mana 어디든지
barang diam, barang tetap 부동산
barang gelap 밀수품, 금수품
barang kemas (금반지, 금목걸이 따위의) 귀금속 장식품
barang rampokan 약탈품
barang mewah 사치품
barang orang 누구든지
barang kerajinan 수공예품
barang sedikit 조금, 다소
barang sesuatu 무엇이든지
barang siapa 누구든지
barang jadi 완제품
barang bukti 물적 증거
barang tentu 분명한 사실
barang tetap 부동산
barang sitaan 압수품

BARAT 서(쪽), 서녘, 유럽(의)
bangsa barat 유럽인, 서방인
barat daya 남서(쪽), 서남(쪽)
barat laut 북서(쪽), 서북(쪽)

BARIS 줄, 열
barisan kehormatan 의장대
barisan pengawal 경호대
barisan belakang 후방부대
barisan depan 전방부대

BARU 새로운, 처음의, 방금
tahun baru 신년
baru saja 방금
mahasiswa baru (대학) 신입생
baru-baru ini 최근에
baru melek 비로소 깨닫다, 비로소 눈을 뜨다

BARUT 붕대, 보자기, 포대기
barut gantung 아기 포대기
membarut muka 낯부끄러운 일을 행하다

BASAH 젖은, 습기가 있는
basah kuyup, basah lecap 흠뻑 젖은
membasahi kerongkongan 목을 축이다, 갈증을 해소하다; 맛있게 먹다
pakaian basahan 작업복

BASI 상한, 쉰, 지나간

cerita yang sudah basi 이미 지나간 이야기
nasi basi 쉰밥

BASUH 씻다, 빨다
pembasuh balai 소송비용
basuh lantai 산후 40일 기념 목욕 의식
pembasuh meja 소송비용
membasuh muka dengan air liur 부끄러움을 당하다, 자신의 잘못을 과장하다
pembasuh mulut 후식, 디저트
membasuh najis 불명예를 씻다
pembasuh tangan 품삯

BATA 벽돌 (모양의 사물)
bata emas 사각형 모양의 금괴

BATANG 줄기, 시체
batang air 강줄기
batang api-api 성냥개비
batang hari 강의 본줄기; 정오
batang hidung 콧대; (사람의) 존재
batang kaki 다리
batang kayu 나무줄기
batang tubuh 몸통; 자신, 개인의, 사적인
sebatang kacang, sebatang kara 형제나 친척이 없는, 혈혈단신

BATIK 바틱 (말레이 세계의 전통 염색기법 및 그 천)
batik cap, batik cetak 인쇄 바틱
batik tulisan, batik tangan 수공 바틱
laksana batik lasam 구관이 명관이다

BATIN 마음, 정신, 내면
lahir batin 물심양면

BATU 바위, 돌
batu air, batu kali 자갈, 조약돌
batu api 부싯돌; 선동자
batu bara, batu arang 석탄
batu bata 벽돌
batu berani 자석
batu bersurat 문자비
batu besi 화강암
batu dasar 초석; 기반암
batu dapur 재받이 돌, 노석
batu giling 맷돌
batu hati 용기, 욕망
batu kali 자갈
batu kapur 석회석
batu karang 산호
batu kepala 두개골
batu nisan, batu kubur 비석
batu endapan 퇴적암
batu pelinggam 대리석
batu gamping 석회석
batu pertama 초석
batu pasir 사암
batu cadas 막돌, 잡석
batu ginjal 신장결석
batu timbang 추

batu merah, batu tembok 벽돌
batu ubin 타일
batu giok 비취, 옥
membatu hatinya 욕망이 강한, 의욕이 넘치는; 인정사정 보지 않는, 잔인한
membatu runtuh 우레와 같은 환호소리가 나는

BATUK 기침
batuk kecil 헛기침
batuk kering 마른기침
batuk lelah 천식
batuk rejan 백일해
batuk-batuk kambing 헛기침하다

BAU 냄새
bau bawang 경험이 부족한
bau kencur 애송이 같은
bau-bau sungut saja 아무 쓸모없는

BAWA 가져가다, 가져오다
membawa adat, membawa bendera merah, membawa bulan 월경하다
membawa alamat 암시하다
membawa agama 신앙생활을 하다
membawa berat 임신하다
membawa bulat 의견이 일치하다
membawa bekas ~로 끝나다
membawa diri 떠나다, 길을 나서다; 적응하다, 어울리다
membawa duduk 앉을 자리를 권하다
membawa gelak 웃기다
membawa jalan 길을 안내하다, 인도하다
membawa halnya 돈 벌러 돌아다니다
membawa hati 속이 상하다; ~에게 속마음을 털어놓다
membawa iman 신앙생활을 하다
membawa kain kotor 월경하다
membawa kaki 정처없이 가다
membawa maut 죽음에 이르게 만들다, 사망시키다
membawa kaleng 구걸하다
membawa laku 적응하다, 어울리다
membawa ke liang kubur 무덤까지 가져가다
membawa lagu 노래하다
membawa ke air 할례를 받도록 하다; 목욕시키다
membawa lidah 걸식하다
membawa masuk hati 속이 상하다
membawa mati 사망시키다
dibawa mati 죽을 때까지 지니다
membawa mulut, membawa perut (잔치에) 빈손으로 오다; 걸식하다
membawa makna 의도를 내포하다
membawa nama baik 명예를 지키다
membawa nama buruk 명예를 실추시키다
membawa nasib 일자리를 찾아 객지로 떠돌다
membawa nyawa 피신하다
membawa perut (잔치에) 빈손으로 오다; 걸식하다
membawa rebah 실패하다
membawa sial 불행을 초래하다
membawa suara 의견을 내놓다
pembawa suara 대변인

membawa tempurung 동냥하다
membawa untung 복을 주다; 출세를 위해 떠나다, 직업을 구하러 떠나다
terbawa arus 휩쓸리다
BAWAH 밑, 아래, 하부
di bawah angin 불운한 상황; 인도의 동부지역, 바람의 근원지
di bawah bendera 보호 밑에 있는
di bawah harga 정찰가 이하의
di bawah langit 노천에서, 한데에서
di bawah ketiak 남한테 의존해서
di bawah tanah 비밀리에
di bawah tangan 비밀리에
di bawah umur 미성년의
BAWANG 파, 양파
bawang cina 파
bawang merah 양파
bawang putih 마늘
makan bawang (속으로) 잔뜩 화가 난
BAYAM 비름, 새비름, 시금치
bayam goreng 비름 튀김, 시금치 튀김
BAYANG/BAYANG-BAYANG 그늘, 그림자, 환상
bayang kata 비유하다, 빗대어 말하다
bayang-bayang disangka tubuh 허황된 꿈; 여자의 유혹에 놀아난 남자
bayang-bayang sepanjang badan 분수에 맞는 일
di bayang kata 비유
BAYAR 지불하다
membayar dengan darah 희생하다
membayar janji 약속을 지키다
membayar di muka 선금을 내다
membayar nyawa 희생하다
BAYI 갓난아기, 갓난아이
bayi merah 신생아
bayi tabung uji 시험관아기
BAYU (거센) 바람
negeri di bawah bayu 말레이시아 사바(Sabah)주의 별칭
BEASISWA/BIASISWA 장학금
yayasan beasiswa 장학 재단
BEBAS 자유로운
bebas bidan 산후 40일 기념잔치
bebas becak 베착의 통행이 금지된 (지역)
BEDA/BEZA 다름, 차이
berbeda-beda, berbeza-beza 각각 다른, 서로 다른
berbeda tabiat 성격이 다른
BEDIL (구식) 병기, 총, 소총
bedil besar 대포
bedil buluh 엄포, 위협
menjual bedil kepada lawan 제 무덤 제가 파기
obat bedil, ubat bedil 탄약
BEKAL 식량
membekal budak lari 두 배로 손해를 끼치다
BEKAS 자국, 흔적
bekas badan, bekas tubuh 몸의 상처

membekas ke luar 보이다, 티가 역력하다
bekas tangan 수공예품; 타격, 때려 침
bekas tubuh 헌 옷
BEKU 얼어붙은, 굳은
beku hati 기분이 언짢은; ~할 마음이 없는
beku otak 우둔한, 이해력이 부족한
B
BEKUK 구부리다, 체포하다
membekuk batang leher 체포하다
BELACAN (새우가 주재료인 약간 역한 냄새가 나는) 조미식품
monyet kena belacan 안절부절 어쩔 줄을 모르는
BELAH (갈라진) 틈, 금
membelah benak 몹시 아픈; 머리에 고열이 나는
kedua belah pihak 양측, 양자
belah hancur 사분오열
kedua belah tangan 두 손
membelah bumi 난리법석
belahlah dadaku 나를 믿어라
seperti pinang belahan dua 꼭 같은, 일치하는
belahan hati 애인
menyebelahkan hati 골고루 사랑하다, 사랑을 고르게 분배하다
belahan jiwa 애인
belah ketupat 마름모꼴
sebelah mata 눈곱만큼, 아주 조금
BELAKANG 뒤, 뒤쪽, 등
di belakang layar 비밀 협상; 비밀리에 모의하다
ke belakang 화장실에 가다, 뒷간에 가다
BELALANG 메뚜기
bagai mencari belalang atas akar 잔솔밭에서 바늘 찾기
belalang dapat menuai 횡재하다
belalang padi 벼메뚜기
BELANDA 네덜란드
belanda tiga suku (화란 식민시대에) 화란국적을 가진 인도네시아인
BELANG 얼룩, 반점, 흠이 있는
berbelang-belang 얼룩덜룩한
menunjukkan belangnya 정체를 드러내다; 권력을 과시하다
BELANGA 질그릇 냄비
belanga besar 큰 질그릇 냄비
belanga kurang, periuk yang melebih-lebih 꿩 대신 닭
BELANJA 지출, 비용
belanja angus 신랑 측이 결혼식 비용으로 신부 측에게 주는 돈
belanja mati 일정한 소득 및 봉급
belanja tetek 장모될 사람에게 주는 돈
BELANTARA 광활한, 밀림
belantara rimba 울창한 밀림
BELAS 동정, 연민, 10의 (11부터 19까지 세는 단위)
belas kasihan 자비, 은총
dua belas 12
lima belas 15
sembilan belas 19
BELI 사다, 구매하다
membeli kerbau bertuntun 생면부지의 처녀와 결혼하다
membeli kerbau di padang 사전에 물건을 보지 않고 사다
membeli kucing dalam karung 생면부지의 처녀와 결혼하다; 사전에

물건을 보지 않고 사다
BELIT 꼬다, 휘감다
berbelit-belit 비비 꼬인, 비비 틀린; 종잡을 수 없는, 남을 속이는
putar belit 속임수, 술수
BELIUNG (손)도끼, 자귀, 까뀌
beliung yang besar ayun, kecil makanannya 큰소리만 치고 소득은 없는 (사람)
mengayun beliung 도끼질하다
BELENGGU 쇠고랑, 수갑
membelenggu hati 마음을 사로잡다, 매료되다
BELIA 젊은, 젊은이, 총각
muda belia 매우 젊은; 청소년, 젊은이
BELOK 구비, 곡선
berbelok pikiran 견해가 바뀌다, 생각이 바뀌다
membelokkan hati 올바른 충고를 하다
BELUKAR 덤불, 수풀
belukar sudah menjadi rimba 엎지른 물, 쏘아 놓은 살
BELUM 아직 ~하지 않은
belum berakal 어른스런 판단을 못하는
belum terangkat 아침 7시가 채 안된 (시각)
belum berbau telunjukku 일어나서는 안될, 그럴 수가
belum kering keringat di badan 피로가 가시지 않은
sebelum kering keringat di badan 즉시, 급히
belum dipanjat asap kemenyan 아직 미혼인
belum tertutup 아직 기회가 남아있는
belum seujung kuku 아주 조금의
belum masak 아직 햇병아리의, 아직 경험이 부족한
belum terbang lalat 아직 날이 밝지도 않은
BELUT 뱀장어
belut kena getah 원숭이도 나무에서 떨어진다
belut laut 바다뱀장어
BENAK 골수, 두뇌, 둔한, 희미한
berbenak ke empu kaki 공처가, 엄처시하
benak hati 우둔한 (사람), 골통(의)
BENAM 잠기다, 사라지다
berbenam diri 숨기다, 칩거하다
matahari terbenam 해가 저무는 (때)
BENANG 실
benang raja 무지개
BENAR 올바른, 공정한
kebenaran di ujung lidah 정의가 없는
BENCANA 사고, 재난
bencana alam 자연재해
BENDAR 논두렁
berbendar langit (논에) 빗물을 대다; 남에게 생계를 의존하는
BENDERA 기, 깃발
bendera batik 공처가, 엄처시하
bendera merah 용감히 저항하는 집단
bendera putri bertudung 좋은 징조
BENDUL 횡목, 문지방, 대들보
bendul jendela 창문틀
bendul pintu 문지방
BENIH 씨, 씨앗, 종자

benih jantan 정자
benih penyakit 병원균
benih yang baik tidak memilih tanah 될성부른 나무는 떡잎부터 알아본다
BENGKAK 붓다, 부풀다
bengkak kening 악명 높은

BENGKOK 꼬부라진, 굽은
bengkok akal 믿을 수 없는
bengkok hati 정직하지 않은, 부정직한
bengkok kata 말을 실수하다
BENSIN/BENZIN 벤진, 휘발유, 가솔린
bensin alam 천연가솔린
bensin cuci 드라이클리닝용 벤진
BENTANG 펼치다
membentangkan sayap 영향력을 넓히다; 사업을 확장하다
BERAHI 깊은 사랑
berahi hati 사랑을 쏟다
BERAK 똥, 변
berak-berak 설사
berak darah 이질
BERANI 용감한
berani cadang 만용, 무모한 용기
berani hilang tak hilang, berani mati tak mati 진정으로 용기있는 자는 신이 돕는다
berani lalat 만용, 용감한 체 하다
berani mati 죽을 각오를 하다
berani sumpah 맹세코, 기필코
berani udang 망설이다, 겁내는
malu berani, mati takut 겁쟁이
BERAS 쌀
beras basah, beras lembab 아무 쓸모없는
beras cerah, beras sosoh 정미한 쌀
beras dagang 수입쌀
beras belanda 보리쌀
beras meja 백미
beras ketan, beras pulut 찹쌀
beras pulut 찹쌀
beras giling 기계로 정미한 쌀
induk beras 아내, 집사람
BERAT 무거운
berat akal 어리석은
berat bibir 말이 없는
berat ekor 게으른
berat hati 주저하는, 망설이는; 차마 못하는; 장담컨대
berat jenis 비중
berat kaki 게으른
berat kepala 우둔한
berat lidah 말이 없는, 과묵한; 말주변이 없는
berat mata 졸리운
berat mulut 말이 없는, 과묵한; 말주변이 없는
berat otak 고민하는
berat pada mata 존경하는
berat perut 복이 많은, 운이 좋은

berat pinggul 게으름뱅이
berat rezeki 생계를 유지하기 어려운, 먹고살기 힘든
berat sama dipikul, ringan sama dijinjing 동고동락, 백지장도 맞들면 낫다
berat sebelah 공정치 못한, ~의 편을 드는; 균형 잡히지 않은
berat siku 게으른
berat tangan 게으른; 인색한
memberatkan pikiran 마음을 괴롭히다, 고민하게 만들다

BERI 주다
memberi aib 대중 앞에서 욕을 당하다
memberi pelajaran 사랑의 매를 때리다
memberi bekas 도움을 주다
memberi berkat 도움을 주다
memberi dahsyat 협박하다, 위협하다
memberi gula 기쁨을 주다
memberi hati 비위를 맞추다, 아첨하다; 용기를 북돋우다
memberi kepalan 때리다
memberi malu 창피를 주다
memberi muka 아첨하다
memberi bertali panjang (될수 있는 한) 자유를 주다
memberi telinga 듣다
memberi rebah 실패시키다
memberi rezeki 복을 주다
memberi suara 투표하다

BERITA 소식
berita burung, kabar burung 헛소문
berita dengkul 헛소문
berita kilat 고시, 공고
berita lutut 황당무계한 소식
berita udara 일기예보

BERSIH 깨끗한
bersih hati 신성한, 결점이 없는
membersihkan diri (자신을) 정화하다, 깨끗하게 만들다
membersihkan hati 마음을 정화하다
membersihkan mulut, mencuci mulut 후식을 먹다, 디저트를 먹다
membersihkan nama 명예를 회복하다
membersihkan tangan 손을 씻다, (악행을) 그만두다

BESAN 사돈
besan sebantal (양자, 양녀와 친자식 또는 양자, 양녀간에 혼인을 시켜) 부부지간이 사돈 관계가 되다

BESAR 큰
air besar 홍수
berbesar hati 즐거워하다, 기뻐하다; 거만하다, 오만하다
besar cakap 허풍 잘 떠는; 거만한, 오만한
besar cita 황홀, 환희
besar gabuk 어리석은
besar hati 즐거운, 기쁜; 거만한, 오만한; 너그러운, 아량이 넓은
besar hidung 거만한, 오만한
besar kalang 겁쟁이
besar akal 영리한, 지혜로운
besar kepala 거만한, 오만한; 완고한, 고집이 센
besar lambung 대식가, 게걸스러운
besar lengan 힘센, 권력이 있는

besar mulut 잘난 체 하는, 말이 많은
besar perkataan 뽐내는, 자랑하는
besar perut 대식가, 게걸스러운; 욕심이 많은, 탐욕스러운; 임신한
besar panjang 성인, 어른
buang air besar 대변을 보다, 똥을 누다
buang air kecil 소변을 보다, 오줌을 누다
membesarkan diri 거만한, 오만한
membesarkan hati 격려하다, 의욕을 북돋우다
memperbesar kerak nasi 쓸데없는 일을 벌리다, 불필요한 수량을 늘리다
orang besar 고위층, 거물
sebesar gajah 거대한, 아주 큰
sebesar labah-labah 계략이 뛰어난, 속임수에 능한
sebesar tahi kuku 손톱만큼, 눈곱만큼

BESI 철, 쇠
besi berani 자석
besi baik tiada berkarat 선행은 오래도록 기억되기 마련이다
besi putih 함석, 양철; 주석
besi kawi 신통력, 마력
besi tua 쓸모없는

BETINA 암컷, 암놈
embun betina 잔이슬
baik jadi ayam betina supaya selamat 만용은 금물

BETIS 종아리
betis seperti perut padi 예쁘게 생긴 종아리

BETUL 정확한, 틀림없는
betul hati 정직한

BETUNG 대나무
betung seruas 매우 정직한

BIAK 비옥한, 기름진
berbiak kembang, berkembang biak 번식하다
ikan biakan 양어

BIANG 어미, 원종, 우두머리
biang ayam 어미 닭
biang cuka 빙초산
biang jari, biang tangan 엄지손가락
biang-biang kain 기억이 가물가물한
biang keladi 주모자; 토란
biang keringat 땀띠
biang lebah 여왕벌
biang roti 효모
biang tangan 엄지손가락

BIAWAK 왕도마뱀
mendukung biawak hidup 매우 힘든 일을 수행하다, 힘겹게 처자식을 부양하다

BIAYA 비용
biaya hidup 생활비

BIBIR 입술
berbibir di bibir orang 남이 말한대로 행하다
berbibir tebal 과묵한
berbibir tipis 입이 가벼운
bibir bergetah (사람을) 꾀는데 재주가 있는
bibir diretak panas 쓸모없는 충고

bibir hutan 숲의 가장자리
bibir mata 눈꺼풀
bibir sumbing 언청이
di bibir mata 아주 가까운, 코앞에 있는
getah bibir (말이) 청산유수인
hanya di bibir, hanya di mulut 한낱 말 뿐인
tinggal menghapus bibir 소득이 없는, 실망스러운 결과
menjilat bibir 갈망하는; 심사숙고하는
panjang bibir 말이 많은; 이간질을 잘하는
tebal bibir 과묵한
tipis bibir 입심 좋은; 싸우기 좋아하는
BICARA 말하다
bicara empat mata 양자 간 비밀회담
BIDANG 평면, 영역, 분야
bidang datar 평면
sawah tiga bidang 세 필지의 논
bidang penelitian 연구 분야
BIDUK 거룻배, 작은 배
berbiduk ke hilir 땅 짚고 헤엄치기
BIJI 씨, 종자
biji mata 눈알; 애인
biji ratap 눈물방울
biji benih 종자
tertanam di biji hampa 헛고생
BILANG 말하다
membilang langkah orang 남의 잘못을 트집잡다
BIMBANG 걱정하는, 불안한
bimbang hati 걱정하는, 안심이 안 되는
BINI 처, 아내
bini gelap 내연녀
bini muda 작은 마누라, 첩
BINTANG 별
bintang berasap 혜성
bintang babi 금성
bintang berekor, bintang berasap 혜성
bintang gelap 불행한, 운수가 사나운
berbintang gelap 운수가 사납다
bintangnya mengabur 운수가 사납다, 운이 나쁘다
bintang hati 애인
bintang bulan 초승달과 별 (이슬람의 상징)
bintang lapangan hijau 축구 영웅
berbintang naik 행운의
bintang terang 행운
berbintang terang 운수가 대통하다, 운이 좋다
bintang layar putih 영화배우
bintang laut 불가사리
BIOLA 바이올린
berbiola 바이올린을 소유하다; 바이올린을 연주하다
BIRAS 동서(지간), 형제의 아내끼리의 관계, 자매의 남편끼리의 관계
berbiras 동서 관계를 맺다
BISA ~할 수 있는
mana bisa 불가능한
BISIK 속삭이다

berbisik-bisik 은밀하게, 조용히
BIUS 마취된, 인사불성의
obat bius 마취제
BISU 벙어리
bisu tuli 농아, 우둔한
bisu seribu bahasa 침묵으로 일관하는, 말 한마디 없는
BOBOT 중량, 가치
bobot atom 원자량
berbobot 가치가 있는, 무게가 있는
BOCAH 아동, 어린이, 소년
bocah prasekolah 취학 전 아동
bocah belasan tahun 10대 청소년
BODOH 아둔한, 무식한
bodoh alang 어수룩한, 좀 바보 같은
bodoh sepat, bodoh-bodoh sepat 어리석은 체 하는
bodoh sombong 어리석고도 뻣뻣한
BOGEL/BUGIL 맨몸의, 알몸의
tari bogel 나체 춤
BOHONG 거짓, 허위, 가짜
perkawinan bohong-bohongan 가짜 결혼
BOLA 볼, 공
bola bumi 지구
bola laki-laki 불알
bola lampu 전구
bola bopeng 골프공
bola kaki, sepak bola 축구 (경기)
bola langit 태양, 달
bola voli pantai 비치볼 (경기)
BOLONG 구멍이 난, 구멍이 뚫린
siang hari bolong 대낮, 백주
BOM 폭탄
bom asap 연막탄
BOMOH 주술사, 전문가, 민간요법사
bomoh mencari orang sakit 자진하여 나서는 사람
BONGKAR (닻을) 올리다, (짐을) 부리다
bongkar sauh (배가) 출발하다
BONGKONG 우둔한, 멍청한
mati bongkong 개죽음(하다), 헛된 죽음
BOTOL (액체를 담는) 병
botol air panas 보온병
botol minuman 음료수 병
BUAH 열매
air buah 주스
buah baju 단추
buah betis 장딴지
buah bibir 화제
buah cakap 화제
buah manis berulat di dalamnya 교언영색, 표리부동한
buah dada 젖가슴
buah geli 신장, 콩팥
buah hati 애인
buah hati cahaya mata 금지옥엽 같은 자식
buah hidup 싱싱한 과일

buah gembar-gembor 허풍, 큰소리
buah mata 애인
buah mulut 화제
buah kalengan 과일통조림
buah pantat 궁둥이
buah pembicaraan 대화의 주제
buah karya (문학) 작품
buah pendapat 의견의 요지
buah percakapan 대화의 주제; 대화의 성과
buah pikiran 의견, 생각
buah pinggang, buah punggung 신장, 콩팥
buah ratap 통곡할 때 중얼거리는 말
buah perbuatan baik 보상, 보답
buah tangan 작업성과; 선물, 위문품
buah pelajaran 학과목; 학업성과
buah undi 주사위
BUAL 허풍 (떨다), 거짓말, (물 따위가) 부글거리는 (소리)
berbual-bual kosong 헛소리를 지껄이다, 쓸데없는 이야기를 늘어놓다
berbual-bual 여담을 나누다, 농담을 주고받다; (물 따위가) 부글거리다
BUANG 버리다, 던지다
buang air besar 대변보다
buang air darah 이질에 걸리다
buang air kecil 오줌 누다
buang air 배변하다
buang aksi 뽐내다, 폼 재다
buang angin 방귀를 뀌다
buang belakang 도망가다; 알고 싶어 하지 않다
buang agama 신앙을 버리다
buang hamil 낙태시키다
buang langkah 도망하다; 뒷걸음치다
buang masa 시간을 낭비하다
membuang-buang 낭비하다
air buangan 하수
membuang arang di kening 불명예를 씻다
pembuangan 귀양, 유배; 귀양지, 유배지
membuang baka 가문을 더럽히다; 관습을 어기다
membuang kerja 해고하다
membuang diri 은둔하다; 도망하다; 자살하다
membuang garam ke laut 헛고생하다
membuang hidup 유배하다, 귀양을 보내다
membuang lambai 손을 흔들다
membuang malu 복수하다; 오명을 씻다
membuang mata 바라보다
membuang muka 외면하다
membuang mulut 얼버무리다, 말꼬리를 흐리다
membuang najis 오명을 씻다
membuang nama 명예를 더럽히다
membuang nyawa 죽다; 목숨을 걸다
membuang dadu 주사위를 던지다
membuang sauh 정박하다, 닻을 내리다
membuang sial 액때움을 하다
membuang sifat 불구로 만들다
membuang sikap, membuang tingkah 뽐내다

membuang tabiat 보통 때와는 다른 행동을 보이다, 특이한 행동을 하다
membuang tangan 주먹을 휘두르다
membuang langkah 방문하다
membuang-buang nyawa 개죽음하다, 비참하게 죽다
terbuang sisir 편안해 지다, 마음이 놓이다, 기쁘다

BUAT ~하다, 만들다
berbuat baik 선행을 행하다
berbuat jahat 악행을 행하다
perbuatan baik 선행
pembuatan kapal perang 전함제조
membuat-buat ~인척 하다, ~인체 하다
membuat bodoh 바보인 척 하다
BUAYA 악어
buaya darat 바람둥이; 악당
membuaya 바람둥이가 되다, 악행을 일삼다
BUBUK 가루, 나무좀
bubuk kayu manis 계핏가루
dimakan bubuk 나무좀이 들다
BUBUR 죽
bubur ayam 닭죽
nasi sudah jadi bubur 엎질러진 물
bubur kacang ijo 녹두죽
BUDI 마음, 품성
budi bahasa 예의범절
budi baik 선행, 자선
budi bicara 말씨, 말투
budi daya 양식
budi pekerti 특성, 성품
membudidayakan 양식하다, 길러서 번식시키다
sebudi akal 있는 힘을 다해, 전력을 다해
berbudi bahasa 예의가 바른, 점잖은
BUGIL/BOGEL 옷을 입지 않은, 나체의
tari bugil 나체 춤
BUIH (물)거품
buih mulut 입에 생긴 거품
berbuih mulut 많은 충고를 했지만 아무 소용없는
BUJANG 독신, 독신녀, 독신남
bujang bercerai 이혼녀
bujang jolong berkeris 건방진
bujang talang 자식 없는 과부; 자식 없는 홀아비
bujang jalang 창녀
BUJUK 구슬림, 꾐, 애무
membujuk-bujuk 구슬리다, 꼬이다; 애무하다
bujuk rayu 꾐, 유혹
bujukan setan 악마의 꾐, 악마의 유혹
BUJUR 길이, 세로, 평방
bujur panjang 직사각형
bujur sangkar 정사각형
garis bujur 경선, 자오선
garis bujur timur 동경
garis bujur barat 서경
bujur sirih 타원형

B

BUKA 넓이, 너비, 열다, 개시하다
buka mulut 입을 열다, 말하다
buka puasa (무슬림들이 단식절에) 하루의 금식을 끝내고 식사를 시작하다
membuka bicara 말문을 열다
membuka buku, membuka kartu (은행) 계좌를 개설하다; 비밀을 털어놓다
membuka faal 예언하다, 점을 치다
membuka hati 의욕을 돋우다
membuka jalan 길을 열다; 개척하다, 개발하다
membuka kartu 비밀을 털어놓다
membuka kata 입을 떼기 시작하다, 말을 시작하다
membuka mata 눈을 뜨다, 깨닫다, 인식하다
membuka dada 비밀을 모두 실토하다
membuka pintu hatinya 인식하다
membuka pintu 문호를 개방하다, 기회를 주다
membuka suara 의견을 말하다
terbuka tangan 자비로운
membuka telinga 경청하다, 주목하다
membuka warna 비밀을 폭로하다
buka otak 이해심이 많은
buka praktek (의사가) 개업하다
terbuka hatinya ~할 마음이 생긴
pembuka mulut 말머리, 말의 첫머리
membuka selera 입맛을 돋우다, 식욕이 생기게 하다
terbuka matanya 눈을 뜨게 된, 깨닫게 된
terbuka mulutnya 입이 딱 벌어진, 놀란
buka kulit, ambil isi 허심탄회한 회담
buka langkah seribu 줄행랑을 치다, 도망치다

BUKAN ~아닌, ~아니다
bukan buatan, bukan main 중대한, 비상한; 여간 아닌, 보통이 아닌
bukan main 중대한; 여간 아닌, 보통이 아닌
bukan-bukan 불가능한; 헛된, 거짓의
bukan tidak ~아닌 것이 아니다 (이중부정), 사실은 ~이다

BUKIT 언덕, 구릉
anak bukit 조그만 언덕
bukit jadi paya 오르막이 있으면 내리막이 있다, 달도 차면 기운다
bukit pasir 모래언덕

BUKTI 증거
bukti diri 신분증명서
bukti garansi 보증서
bukti pembayaran 지불증명서

BUKU 책, 마디, 관절
bertemu ruas dengan buku 원앙이 녹수를 만난 격, 의좋은 부부
buku acara 일정, 예정
buku alamat 주소록
buku besar, buku kas (회계)원장, 장부
buku referensi 참고서
buku kas 원장, 장부
buku resepsi, buku tamu 방명록
buku tabungan, buku simpanan (저금) 통장
buku jari 손가락 마디; 발가락 마디
buku lima 주먹

buku sendi 마디
buku lali, mata kaki 발목
membuku dalam dada 성가신
orang bertemu buku 트집쟁이, 사교성이 없는 사람
tidak masuk buku 고려하지 않는, 계산에서 빠진
buku silsilah 족보
mengadu buku jari 주먹질하며 싸우다

BULAN 달, 월
berbulan madu 신혼여행을 가다
bulan bintang 초승달과 별 (이슬람의 상징)
bulan datang, bulan mendatang 다음달, 내달
bulan haji (이슬람력으로) 12번째 달, 12월
bulan sabit 초생달
bulan susut, bulan tua 그믐(달)
bulan disaput awan 창백한, 희뿌연
bulan kesiangan 한낮에 뜬 달, 창백한
bulan gelap, bulan mati 달이 없어 어두운 밤; 불행한
bulan jatuh ke riba 큰 행운을 얻다, 횡재하다
bulan mati 달이 없어 어두운 밤; 불행한
bulan muda 초승(달), 월초
bulan naik 돈이 생기는, 복이 굴러 들어오는
bulan tua 돈이 떨어진, 운이 다한; 그믐(달)
bulan puasa (이슬람력으로) 9번째 달, 단식월
kejatuhan bulan 횡재(하다)
bulan dipagar bintang 아주 잘 어울리는; 군계일학
bagai bulan akan habis 촛불처럼 꺼져가는, 서서히 몰락하는
datang bulan 월경(하다)
terang bagai bulan 명명백백한, 아주 확실한

BULAT 원, 둥근, 만장일치의
bulat hati 솔직한; 단호한; 동의하다
bulat bujur 타원형(의)
bulat buluh, bulat torak 원기둥모양(의)
bulat cekung 오목한
bulat cembung 볼록한
bulat pipih 동글납작한
bulat kata di mufakat 회의의 결론
bulat kata 동의하다
bulat tekad 견해가 확고한
membulatkan pikiran 주목하다
membulatkan hati 각오하다
membulatkan mufakat 합의하다

BULU 털, 깃, 보풀
bulu roma 몸의 잔털, 솜털
bulu tengkuk, bulu kuduk 목덜미의 털
bulu tangkis 배드민턴
membului 털을 뽑다
berbulu mata melihat 보기 싫어하다, 증오하다
berganti bulu 털갈이를 하다; 생각을 바꾸다
bulu ayam 닭털; 닭털로 만든 먼지떨이
bulu bumbu (엄지손과 발에 난) 솜털
bulu babi 돼지털; 성게
bulu dahi 눈썹
bulu jagung, bulu kalong 솜털

bulu kapas 잔털
bulu kening 눈썹
bulu kemaluan 음부의 털, 치부의 털
bulu sua, bulu tengkuk 목덜미의 털
BULUH 대나무
buluh dibakar 목청이 크고 말이 빠른
buluh perindu 대나무 피리
buluh-buluh, pembuluh (대나무처럼 생긴) 관, 파이프
menebus buluh serumpun 온 집안 망신을 시키다
pembuluh balik 정맥
pembuluh darah 혈관
pembuluh nadi 동맥
BUMBU 향료, 조미료
berbumbu 향료(조미료)가 들어간, 향료(조미료)를 넣은
membumbui 향료(조미료)를 넣다
BUMI 땅, 지구
bumi berputar zaman beredar 세월무상
bumi hangus 초토화된 (땅)
mengebumikan 매장하다, 땅에 묻다
bumi istana 고국, 고향
bumi putra 토착인, 원주민
BUNGA 꽃, 이자
bunga laut 산호
bunga api 불꽃, 화염
bunga bahasa (속담 따위의) 관용어, 미사여구
bunga es 서리
bunga bibir 감언이설; 화젯거리
bunga dipersunting 기혼녀, 결혼한 여자
bunga kuku 속손톱, 손톱 밑의 하얀 반달 모양, 반달
bunga sepatu 무궁화꽃
bunga latar 매춘부
bunga betina 암술
bunga jantan 수술
bunga mulut 화젯거리
bunga rampai 명작선집
bunga raya 무궁화꽃; 매춘부
berbunga 꽃모양이 있는, 꽃으로 장식된; 이자가 붙는
membunga 꽃과 비슷한, 꽃모양의; 이자를 주다
membungakan 이자놀이를 하다, 이자를 붙여 돈을 꾸어주다
membungai 꽃으로 장식하다
bunga uang 이자
musim bunga, musim semi 봄
BUNGKAL 덩어리, 금의 측량단위
bungkal yang betul 공정한 판결
BUNGKUK/BONGKOK 굽은, 휜
bungkuk baru betul 벼락부자의 몰지각한 행동
bungkuk udang 등이 꾸부정한
udang tak tahu bungkuknya 자신의 허물을 모르는
membungkuk-bungkuk 굽실거리다
BUNGKUS 꾸러미, 뭉치, 포장
besar bungkus tak berisi 텅 빈 강정, 능력 없이 큰소리만 치는 사람
bungkus bingkis 여러 꾸러미의 물건
membungkus mayat dengan kain kafan 숨기다, 비밀로 덮어두다

B

B

BUNGUR/BONGOR 배롱나무
merah bungur 보라색
BUNTAL 부풀은, 배가 나온, 복어
bagai buntal kembung 어리석고 건방진
BUNTAK 둥근
buntak bayang-bayang 정확한 정오
BUNTANG (눈을) 부릅뜨다, 내팽개쳐진
membuntangkan (눈을) 부릅뜨다; 펼치다
BUNTAR 둥근
buntar bayang-bayang 한낮
buntar membayang 한낮
BUNTING 임신한, 알이 밴
bunting bantang, bunting sarat 만삭의
bunting kerbau 임신 9개월이 넘은
bunting jolong 첫 임신
bunting besar, bunting bantang 만삭의
bunting padi 종아리가 예쁜 (여자)
BUNTU 막힌, 닫힌
buntu hati 감정이 없는
buntu pikiran 묘책이 없는, 생각이 안 나는; 합의점을 찾지 못한
BUNTUT 끝, 꼬리
buntut kuda 댕기머리, 포니테일
berbuntut kuda 댕기머리를 하다
sup buntut 쇠꼬리탕
BUNYI 소리
bunyi cina karam 아주 시끄러운 (소리)
bunyi perempuan di air 왁자지껄하는 (소리)
bunyi-bunyian 악기
bunyi letupan 파열음
BURU 추적, 사냥
berburu babi di tikar 도박하다
terburu nafsu 성질을 못이기는, 화를 못 참는
memburu waktu 시간에 맞추다
diburu utang 빚 독촉을 받다
buru-buru 서두르는, 황급히
memburu-buru 시간에 쫓기다
BURUH 노동자, 근로자
buruh tambang 탄광 근로자
buruh lepas 임시 근로자
buruhan 임금, 품삯
buruh terampil 숙련근로자
BURUK 나쁜, 낡은, 썩은
buruk ambil 공정치 못한; 오해하다
buruk hati 사악한
buruk mulut 상스러운, 야한
buruk perut 대식가의, 식탐이 있는; 병치레가 잦은
buruk pinta 불운한, 재수가 없는
buruk sangka 오해하다
buruk selara 탐욕스러운, 욕심이 많은
buruk gizi 영양실조, 영양불량
memburuk-burukkan (남의) 험담을 늘어놓다
BURUNG 새, 조류, 음경
satu sangkar dua burung 짝사랑

kuat burung karena sayap 굼벵이도 구르는 재주가 있다
burung terbang dipipis lada 떡 줄 사람은 생각도 않는데 김칫국부터 마신다
burung mina 앵무새
burung angin ribut 신천홍
burung babi 무수리
burung badak 무소새
burung hantu 올빼미
burung dara, merpati 비둘기
burung dara laut 제비갈매기류
burung gereja 참새
burung hantu bertanduk 부엉이
burung layang-layang 제비
burung murai 까치
burung merak 공작
burung puyuh 메추라기
burung pegar 꿩
burung pelatuk 딱따구리
burung nasar 독수리
burung kakaktua 머코앵무새
burung camar 갈매기
burung wilis (남자의) 성기, 음경
burung-burungan 모형 새, 장난감 새; 풍향계
burung udang 물총새
burung undan 펠리컨
burung unta 타조
flu burung 조류독감
burung punai 비둘기

BUSUK 썩은, 나쁜
busuk budi 예의범절이 없는, 상스러운
busuk-busuk embacang 보기엔 좋지 않지만 실제는 다른
busuk hati 사악한
busuk mulut (입에서) 악취가 나는; 상소리를 잘하는 (사람), 욕쟁이
busuk tangan (남의 물건을) 훔치는, 손버릇이 나쁜
busuk tak tahu dibaunya 자신의 허물을 모르는

BUSUNG 부풀은, 불룩한
busung 배에 물이 차는 병
busung darah 월경불순으로 생기는 부종
membusungkan dada 자만하다

BUSUR/BUSAR 활
anak busur 화살
membusur 활처럼 휜, 둥글게 굽은; 활을 쏘다; 솜을 타다
tali busur 활시위

BUTA 눈먼, 장님의, 무식한
buta ayam 근시의; 늦저녁에 시력이 떨어지는, 늦저녁
buta baru melihat 벼락출세하여 안하무인의
buta belakang 눈뜬장님
buta hati 잔인한; 무식한
buta huruf 문맹의
buta kayu 낫 놓고 기역 자도 모르는
gaji buta 실업수당
buta malam 밤눈이 어두운, 야맹증의
buta perut 지혜롭지 못한 (사람); 먹보

malam buta 칠흑같이 어두운 밤
pagi-pagi buta 꼭두새벽
buta komputer 컴맹, 컴퓨터를 이용하지 못하는 (사람)
buta tuli 농아(의), 보지도 듣지도 못하는 (사람)
buta warna 색맹; 좋은 것과 나쁜 것을 구별하지 못하는
membuta tuli 무모한 행동을 하다
membutakan mata 눈감아 주다, 알고도 모른 척하다

BUYUNG 사발, 단지
mak buyung 임산부, 임신한 여자

C

CABAI 고추
cabai jawa 매운 고추
cabai merah 붉은 고추
cabai rawit 작지만 아주 매운 고추; 작지만 용감한
CABANG 가지, 지점, 지사
bercabang hati 마음의 갈피를 못 잡다
bercabang ingatannya 생각이 많은, 머리가 복잡한
bercabang lidah 한 입으로 두말하는
bercabang pikiran 망설이다
cabang atas 상류계급, 고위층
kantor cabang 지사, 지점
CABAR 겁먹은, 소심한, 도전하다, 시험하다
cabar hati 낙담한, 용기를 잃은
mencabarkan hati 낙담시키다, 용기를 잃게 만들다
tercabar 도전받다
pencabar 도전자
CABIK (천, 종이를) 찢다
cabik-cabik bulu ayam, carik-carik bulu ayam 칼로 물 베기
mencabik baju di dada (자신의) 치부를 들어내다
mencabik mulut 통곡하다, 소리 지르다
mencabik-cabik (천을) 북북 찢다
CABIR (천, 종이를) 세로로 찢다
cabar-cabir 갈기갈기 찢다, 죽죽 찢다
CABUL 상스러운, 지저분한, 음란한
cabul mulut 상말, 막말
perempuan cabul 창녀
CABUT 잡아당기다, 뽑다
mencabut gigi 이를 뽑다
mencabut diri 사표 내다, 사퇴하다
mencabut lari 도망치다
mencabut nyawa 목숨을 빼앗다, 죽이다
mencabut untung 복을 받다, 복이 굴러들다
tercabut di kartu mati 운이 없는
tercabut pada kertas mati 운이 없는
CACAH 문신, (고기 따위를) 저미다, 수
cacah lubang 미싱구멍 넣기, 천공 넣기
pencacah lubang 펀치, 천공기
mencacah daging (고기를) 저미다
pencacah jiwa 인구조사원
CACAK 우뚝 선

mencacak tonggak 우뚝 서다
mencacak lari 황급히, 서둘러
CACAR 천연두, 마마
cacar air, cacar jeluntung 수두
cacar sapi 우두
mencacar 천연두 면역접종을 하다
cacar monyet 원두
pencacaran 천연두 면역접종
CACAT 불구(의)
cacat akal 미친, 정신이상의
cacat tubuh 신체불구의
CACI 비난, 욕설, 치욕
bercaci-cacian 서로 욕설을 퍼붓다
mencaci maki 욕하다, 헐뜯다
CACING 벌레
cacing hati 간흡충
cacing jantung 심장사상충
cacing cambuk 편충
cacing gelang 회충
cacing kermi, cacing kerawit 요충
penyakit cacing gelang 회충증, 회충병
cacing pipih, cacing pita 촌충
cacing tanah 지렁이
cacing tambang 십이지장충
obat cacing 구충제
cacing telah menjadi naga 개천에서 용 났다
cacing gila 쏘다니기 좋아하는 여자, 바람난 여자
cacing kepanasan 안절부절 못하는, 늘 불안해하는
cacing hendak menjadi naga 뱁새가 황새걸음, 분수에 맞지 않는 행동
cacing naik ke mata 도가 지나친 행동
CAGAK 가지, 버팀대, 지지
cagak hidup 부양비
cagak jalan 삼거리
cagak kamera 카메라 삼각대
tulang bercagak 광대뼈
CAHAYA 광채, 빛
cahaya yang memancar di langit 번개
cahaya hidup 복덩이, 삶의 희망
cahaya iman 신에 대한 믿음의 표시
cahaya mata 눈빛, 안색; 금지옥엽 같은 자식, 애인
cahaya muka 얼굴, 낯; 안색, 표정
CAIR 액체의, 녹은
cair otak 영리한, 머리가 좋은
CAKAK 싸움
cakak sudah, silat teringat 소 잃고 외양간 고친다
CAK 참새
cak raya 베짜는 새
CAKAP 말, 이야기
cakap angin 허풍, 헛소리
cakap besar 헛소리, 미덥지 않은 말; 거만한, 잘난 체하는 (사람); 허풍이 심한 (사람); 과장하다
cakap belakang 욕하다, 헐뜯다

cakap berlapik, cakap manis 공손한 말
cakap mulut 구어; 독백하다, 혼자 중얼거리다
bercakap kuat 말이 많은, 수다스러운

CAKAR (조류의) 발과 발톱, (맹수의) 발톱
mencakar 발톱으로 후비다, 파헤치다
cakar ayam 악필
cakar-balar 여기저기 할퀸 자국
bercakar-cakaran 서로 할퀴다, 서로 뒤엉켜 싸우다
cakar langit, pencakar langit 고층빌딩

CALIT 줄, 선, 흠
mencalitkan arang ke muka (남에게) 모욕을 주다

CAMPAK 내던지다, 팽개치다
campak batu keluar 가정에는 소홀하고 바깥에만 신경 쓰는
campak batu 영원히 떠나다
campak sebelah 무관심한, 신경을 쓰지 않는
campak jatuh 곤두박질친

CAMPUR 섞다, 혼합하다
campur aduk, campur baur 뒤섞인, 엉망진창인
campur kasih 서로 사랑하다
campur bicara, campur mulut 대화에 끼어들다, 참견하다
campur gaul 뒤섞인; 교제하다, 사귀다
campur rata 골고루 섞은
campur tangan 참견하다, 끼어들다; (범죄를) 공모하다
mencampuradukkan, mencampurbaurkan 혼합하다, 뒤섞다
campur kaya (결혼 후 부부가 함께 모은) 공동재산

CANANG 작은 징
canang besar 징
canang kecil 꽹과리
memukul canang ke luar kota 소문을 퍼뜨리다

CANGAK 우러러보다
tercangak-cangak 두리번거리다

CANGKAT 언덕, 구릉
cangkat sama didaki, lurah sama dituruni 동고동락

CANGKIR 잔
cangkir piring 잔과 접시; 자기제품, 자기류

CANGKUL 괭이
cangkul angin 놈팡이
menjual tangkai cangkul sekah 미덥지 않은 말

CANTIK 아름다운, 매력적인
si cantik manis 아름다운 처녀
cantik molek 매우 아름다운
salon kecantikan 미용실
bercantik-cantik 화장하다

CANTUM 아물다, 붙다
cabik-cabik bulu ayam, lama-lama bercantum pula 칼로 물 베기
tercantum dalam hati 가슴에 아로 새긴

CAPUNG 잠자리
pesawat capung 잠자리비행기, 헬리콥터

CARA 방법, 방식
secara ~로서, ~의 방식으로
cara mengajar 교수법
cara menulis 필체
secara laki-laki 남자로서

secara kejam 잔인하게
secara damai 평화적으로
secara pintu terbuka 공개적으로
secara umum 일반적으로
cara Bali 발리식, 발리풍
secara sepihak 일방적으로

CARAK 빨아먹다
mencarak benak 폭리를 취하다

CARI 찾다
mencari akal 애쓰다, 노력하다
mencari kutu 조사하다, 수사하다
mencari hindu 친인척을 찾다
mencari ilmu 학문을 닦다
mencari gara-gara 트집 잡다, 시비 걸다
mencari helah 핑계를 대다
mencari jalan 길을 찾다, 방안을 모색하다
mencari jejak di air 헛고생을 하다
mencari kutu dalam ijuk 아주 어려운 일
mencari lantai terjungkat 남의 허물을 탓하다
mencari makan, mencari uang 밥벌이하다
mencari muka 아첨하다, 알랑거리다
mencari nafkah, mencari rezeki 밥벌이하다
mencari nama 명예를 좇다
mencari lawan 시비 걸다
mencari silang 시비 걸다
mencari umbut dalam batu 불가능한 일

CARIK (종이를) 찢다, 뜯다
secarik kertas 한 쪽의 종이, 종이 한 쪽

CARUT 더러운, 음란한
carut marut 온갖 욕설
bercarut bungkang 욕설을 퍼붓다
mencarut-carut 욕설을 퍼붓다

CAT 물감, 페인트
cat air 수채화물감
cat kuku 손발톱 착색제
cat batik 바틱염료
cat bibir 립스틱
cat minyak 유화물감

CATAT 기록하다, 적다
catatan bawah, catatan kaki 각주
catatan rapat 회의록

CATUT 족집게, 핀셋
catut umur 나이를 속이다, 나이를 깎다

CAWAK 오목한 자리, 움푹 팬 곳, 골
cawak pipi, lesung pipi 보조개

CAWAN 사발, 잔
cawan pinggan 자기제품, 자기류

CEBOL 유난히 키가 작은, 난쟁이
si cebol 난쟁이
si cebol rindukan bulan, si cebol hendak mencapai bulan 불가능한 일

CEBUR 첨벙, 풍덩, 찰싹, 철썩
menceburkan diri 뛰어들다, 투신하다

cebar-cebur 찰싹찰싹, 철썩철썩
CECAH 건드리다, 스치다
sejak mencecah bumi 어릴 적부터
sececah mata 눈 깜짝할 사이, 한 순간
CEDERA 상처가 난, 결함이 있는
kena cedera (적의) 기습을 받다; 부상을 당하다
CEK 수표
cek blangko 백지수표
cek terjamin 보증수표
CEKAK (엄지손가락 끝과 다른 손가락 끝이 닿아 만든) 원의 둘레
bercekak pinggang 거만한 자세를 취한
pinggang secekak jari manis 개미허리 (같은)
CEKAL 끈질긴, 불굴의
cekal hati 끈질긴, 불굴의
mencekalkan hati 작심하다, 마음을 단단히 먹다
CEKARAU 수초
cekarau besar 수다쟁이
CEKIK (목을) 죄다, 옥죄다
mencekik darah 바가지를 씌우다, 폭리를 취하다
mencekik leher 목을 옥죄다; 바가지를 씌우다, 폭리를 취하다
CEKUNG 움푹 들어간, 옴폭 팬, 오목한
cekung matanya 눈이 움푹 들어간
lensa cekung 오목렌즈
CELAK (여성용) 눈썹 화장품
celak mata, sipat mata 아이라이너 (눈의 윤곽을 그리는 화장품)
CELAKA 불행한, 불운, 사고
kecelakaan, kemalangan 사고, 불행
kecelakaan lalu lintas 교통사고
celaka tiga belas 아주 불운한, 몹시 사나운 운수
CELANA/SELUAR 바지
celana monyet, celana kodok 멜빵바지
celana dalam 속바지, 팬티
celana pangsi 통바지
celana pendek 반바지
CEMAR 더러운, 불결한
bercemar duli 납시다, 듭시다
bercemar kain 월경하다
bercemar kaki ~로 가다, 방문하다, 납시다
mencemarkan kaki 방문하다, 듭시다
mencemarkan tangan 헛손질하다, 헛수고하다
mencemarkan nama 명예를 더럽히다
tercemar kening, tercemar muka 욕보다
pencemaran udara 대기오염
tercemar kain 월경 중인
pencemaran lingkungan 환경오염
CEMAS 불안한, 걱정하는
cemas-cemas 거의, 하마터면
cemas hati 불안에 떠는, 걱정이 많은
CEMBUNG 볼록한, 불거진
lensa cembung 볼록렌즈
CEMBURU 질투하는, 시샘하는
cemburu buta 지나친 질투심, 지나치게 시샘하는
CEMETI 채찍

cemeti dewa, cemeti malaikat 번개
CEMPALA 무례한, 뻔뻔한
cempala mulut 주둥이를 함부로 놀리는, 입이 싼
cempala tangan 걸핏하면 손찌검을 하는, 손찌검이 심한
CEMPLUNG/CEMPELUNG 물속에 첨벙 뛰어들다
mencemplungkan diri 투신하다, 몸담다
CEMPUNG 첨벙
mencempungkan diri 투신하다, 몸담다
CENCANG 저미다, 얇게 썰다
mencencang 토막 내다, 토막 치다; 잔악하게 토막을 쳐 살해하다
mencencang air 헛수고, 헛된 일
tangan mencencang bahu memikul 자업자득
CENDANA 백단향
cendana kering 향기를 잃은 백단향; 쓸모없는 인간
sudah gaharu cendana pula 시치미를 떼는, 모르는 체 하는
cendana janggi 붉은 백단향나무
CENDAWAN/JAMUR 버섯
sebagai cendawan dibasuh 핏기가 가신, 창백한
sebagai cendawan tumbuh 우후죽순
CENDEKIA 지혜로운, 영리한
cerdik cendekia 지식층, 학식이 있는
cendekiawan 지식인, 식자층
CENDERA 달, 신
cendera mata 선물, 기념품; 애인
CENDERUNG 비스듬한, 기울어진
cenderung hati 마음이 쏠린, ~의 편을 드는
kecenderungan 경향, 쏠림
CENGKAM 움켜쥠
cengkam kera 독 안에 든 쥐 신세
mencengkamkan kuku 침략의 손길을 뻗치다
CENGKUNG 옴폭 팬, 움푹 꺼진, 움푹 들어간
mata cengkung 오목눈
pipi yang cengkung 움푹 꺼진 뺨
CEPAT 빠른, 날렵한
cepat darah 성급한
cepat hati 쉽게 감정이 상하는
cepat kaki ringan tangan, cepat kaki 바지런한
cepat lidah, cepat mulut 말씨가 험한; 주둥이를 함부로 놀리는
cepat mulut 무례한, 무엄한; 성급한, 조급한
cepat tangan 도벽이 있는, 손버릇이 나쁜
kecepatan 속도, 속력; 너무 빠른
secepat kilat 번개같이 빠르게
CERAI 헤어지다, 이혼하다
bercerai kain 별거하다; 별거 중인 부부
bercerai kasih 애정에 금가다
cerai hidup 별거
cerai berai 산산이 흩어진
cerai susu 젖을 떼다
cerai mati, cerai tembilang 사별
CERDIK 영리한
cerdik pandai, cerdik cendekia 지식층, 학식이 있는
cerdik membilang kawan 사리사욕만 채우는 사람
cerdik buruk, cerdik busuk 사기꾼 기질이 있는, 남을 속이기 좋아하는

CERITA 이야기
cerita angin lalu 풍문
cerita bersambung 연재소설
cerita burung 뜬소문, 유언비어
cerita nyata 실화
cerita pendek 단편소설
jadi ceritaan orang 구설수에 오르다
cerita ibarat 우화
CERMAT 주도면밀한, 알뜰한
mencermatkan uang 돈을 절약하다
CERMIN 거울
bercermin bangkai 욕보다
bercermin di air keruh 나쁜 행동을 본받다
bercermin diri 반성하다
cermin cekung 오목거울
cermin cembung 볼록거울
buruk muka cermin dibelah 서툰 목수가 연장만 탓한다
cermin hidup 귀감, 본보기
cermin mata, kacamata 안경
bercermin, becermin 교훈을 얻다; 성찰하다
CERNA 소화하다, 이해하다
mencernakan 소화시키다; 명심하다
CEROBOH 무례한, 야만적인
kecerobohan 경솔함; 무례함
CERUK 구석, 후미진 곳
di seluruh ceruk rantau 방방곡곡에
ceruk-menceruk 구석구석 찾다
CERUT 쪼그라지다, 오그라들다
cerut perut 배를 주리다, 배를 곯다
mencerut leher 목을 조르다
CETAK 찍다, 인쇄하다
bercetak miring 이탤릭체 활자로 인쇄된
bidang cetak-mencetak 출판 분야
percetakan 출판사, 인쇄소
pencetakan 출판, 인쇄
mencetak gol 골을 넣다
mencetak untung 돈을 벌다
pencetak 출판인, 인쇄공; 인쇄기
CETEK 얕은, 단천한
cetek pengetahuannya 지식이 단천한
CETUS 쇠를 바위에 가는 소리
bak cetus api 일사천리의, 거침없는
cetus api 부싯돌
cetusan api 불꽃, 화염
mencetus api 불붙이다; 싸움을 붙이다
CIAP 병아리 울음소리
seciap bagai ayam, sedencing bagai besi 동고동락, 일심동체
ciap miap 삐악삐악 소리
CIKAL 야자수 묘목
cikal bakal 시조, 조상
CINA 중국
cina buta 이슬람 사회에서 이혼녀의 재결합을 위해 돈을 받고 형식적인 결혼을 해 주는 남자

seperti cina karam 떠들썩한, 몹시 시끄러운
CINCIN 가락지, 반지
cincin tanda 약혼반지
seperti cincin dengan permata 천생연분, 아름답고 금실 좋은 부부 한 쌍
CINTA 사랑, 애정, 정열
bercinta-cintaan 연애하다
cinta monyet 풋사랑
cinta segi tiga 삼각관계
C
CIRIT 설사, 똥, 찌꺼기
cirit bintang 유성, 별똥별
cirit-birit 설사
menciritkan tunjang 출산하다
CITA 감각, 생각, 이상
cita rasa 맛
cita-cita 이상, 포부
CIUM 입맞춤, 키스
mencium jejak 단서를 찾아내다
mencium tanah (앞으로) 넘어지다
mencium telapak kaki 항복하다
mencium telapak tangan 반성하다; 항복하다
penciumannya tajam 수사능력이 탁월한
tercium baunya 비밀을 알아챈, 냄새를 맡은
CIUT 비좁은, 소심한
ciut hati 겁이 많은
semakin menciut 점점 더 위축되다
COCOK 알맞은, 합당한, 꼬챙이
bercocok tanah 땅을 일구다, 개간하다
bercocok tanam 경작하다
mencocok mata, mencolok mata 눈에 띄는
tercocok hidung, tercocok mata 사기를 당하다
mencocok-cocok 자꾸 쑤셔대다
COCOR (오리의) 부리
cocor merah 창녀, 매춘부
COLOK 뚜렷한, 염색(하다), 횃불
mencolok mata 눈에 띄는, 확실한; 창피를 주다, 속상하게 만들다
CONDONG 기울어진
condong akan menimpa 아주 위험한 행동
condong hati ~을 좋아하다, ~을 바라다
condong ingatan 약간 미친, 정신 나간
condong ke barat 해가 기울다, 날이 저물다
CONGAK 우러러보다, 암산
mencongak 고개를 쳐들다; 암산하다
mencongak rupa kerbau jantan kemudian 오만방자한 태도
seperti padi hampa, kepalanya mencongak 빈 수레가 더 요란하다
CONTENG 줄, 선, 흠
menconteng arang di muka 창피를 주다, 망신을 주다
CORENG 줄, 선
coreng moreng 줄무늬가 가득한
mencoreng arang di kening, mencoreng arang di muka 창피를 주다, 망신을 주다
CORAT 줄, 선
corat-coret 낙서

COTOK 부리
salah cotok melantingkan 사필귀정
CUACA 날씨
ramalan cuaca 일기예보
CUBIT 꼬집다
siapa kena cubit, dialah yang berasa sakit 자업자득
CUCI 씻다
cuci darah 혈액투석
cuci mata 눈요기 하다; 세수하다
cuci mulut 디저트를 먹다, 후식을 먹다
cuci perut 장 청소, 장 세척; 위 세척제, 설사약
mencuci film 필름을 현상하다
mencuci otak 세뇌하다
mencuci tangan 손을 씻다; (범죄에) 가담하지 않다
pencuci mulut 디저트, 후식
CUCU 손자, 손녀
anak cucu 후손, 자손
cucu-cicit 후손, 자손
beranak bercucu 대대손손
CUCUK/COCOK 꼬챙이, 꼬치, 쑤시개
cucuk rambut (머리) 비녀
cucuk hidung (소의) 코뚜레, 쇠코뚜레
bercucuk tanam, bercocok tanam 농사를 짓다
CUCUP 빨다
mencucup benak 남의 재물을 악도하게 빼앗다, 착취하다
CUCUR 줄줄 흐르다
cucuran atap 처마
mencucurkan air mata 눈물을 줄줄 흘리다, 슬피 울다
mencucurkan keringat, mencucurkan peluh 열심히 일하다
cucuran air mata 눈물방울, 울음
CUKA 식초
cuka belanda 화학식초
minum cuka pagi hari 우거지상, 잔뜩 찌푸린 얼굴
CUKUP 충분한
cukup bulan 산달, 해산할 달; 월말, 봉급날
ketidakcukupan 불충분한
secukup hidup 입에 풀칠하는, 근근이 먹고사는
cukup umur 성인이 된, 나이가 찬
cukupan saja 알맞은
CUKUR 면도, 면도칼
dicukur gundul 완패하다
mencukur kepala 집안 망신을 시키다
CULIK 유괴, 유괴범
penculik bayi 영아유괴범
CUMA 단지, 다만
cuma-cuma, percuma 헛된, 쓸모없는; 무료의, 공짜의
cuma mencemarkan tangan 운이 없는, 쓸모 없는
CUMBU 아첨, 농담
bercumbu-cumbuan 서로 구애하다
cumbuan 감언이설
CUMI-CUMI 오징어, 어중이떠중이
cumi-cumi raksasa 대왕오징어
CUNGKIL 후비다

mencungkil kuman dengan alu 헛된 일을 하다; 낭비하다

CUPAK 추박, (야자열매 껍질로 만든) 쌀바가지

cupak asli 전통 관습

cupak hanyut 곤궁한 삶

CUPING 귓불

rasa pedih cuping telinga 몹시 화난

CURI 훔치다

mencuri hati 남의 마음을 사다

mencuri bongkar (남의 재물을) 털다

mencuri pandang 훔쳐보다

mencuri tulang 꾀부리다, 눈을 피해 빈둥거리다

curi-curi 은밀히

CUTI 휴가, 방학

cuti panjang 긴 휴가; 퇴직시키다

cuti melahirkan 출산휴가

D

DABIK 치다, 두드리다
mendabik dada 허세를 부리다
mendabik dada parang 계란으로 바위치기
DABUNG 이를 날카롭게 갈다
gadis belum berdabung 나어린 처녀
DADA 가슴
berdada lapang 차분한
berdada sempit 성미가 급한
buah dada 젖가슴
dada ayam 새가슴
dada burung, dada ayam, dada manuk 새가슴
dada lega 기분 좋은, 편안한
dada menampi 숨을 헐떡이다
dadanya lapang 차분한
dadanya sempit 성미가 급한
DADAH 약, 마약
penagih dadah 마약 중독자
DADAK 갑자기
mendadak sontak 별안간, 갑자기
DADIH 응유, 응고된 우유
dadih darah 응혈
dadih kering 버터
mengajar orang tua makan dadih 번데기 앞에서 주름잡기
DADU 주사위, 분홍(빛)
bunga raya dadu 분홍빛 무궁화꽃
melempar dadu 주사위를 던지다
DAERAH 영토, 지역, 자리
daerah artikulasi 조음점
daerah basah 돈이 생기는 자리
daerah hawa dingin 한대지역
daerah hawa panas 열대지역
daerah hawa sedang 온대지역
daerah hitam 우범지대
daerah kumuh 빈민가
daerah lampu merah 홍등가, 매춘 지역
daerah operasi 작전지역
daerah rawan 위험지대
daerah swatantra 자치지구
DAFTAR 목록, 표
daftar darab, daftar kali-kalian 구구표

daftar gaji 월급명세서
daftar hitam 블랙리스트
daftar makanan 메뉴, 차림표
daftar pustaka 도서목록
daftar tunggu 대기자 명단
mendaftarhitamkan 블랙리스트에 올리다
DAGANG 무역, 거래
dagang piatu 외국인; 친인척이 없는 사람
dagang sapi, politik dagang sapi 정치적 흥정
dagangan keluar 수출품
dagangan masuk 수입품
orang dagang 외국인
pedagang kaki lima 노점상
pedagang perantara 중개상
DAGING 고기, 육체
daging basah 생고기
daging darah 친자식, 혈육
daging kain (직물)원단
daging kancing 힘줄
daging lebih 편도선(염); 남자의 생식기
daging menempel 사마귀
daging menimbun 뚱뚱한
daging tumbuh 종양
duri dalam daging 골통, 골칫덩어리
mendaging ayam 아주 잘 익은
DAGU 턱
dagunya lebah bergantung 예쁜 턱
DAHAGA 목마른, 갈증이 나는
orang dahaga diberi air 목마른 자에게 물을 주는 격
DAHAN 나뭇가지
dahan pembaji batang 믿는 도끼에 발등 찍힌다
DAHI 이마
dahi sehari bulan 예쁜 이마
DAHSYAT 소름끼치는, 무서운
mendahsyatkan hati 겁주다; 깜짝 놀라게 하다
DAHULU 전에는, 이전에는
dahulu kala 옛날에
berdahulu-dahuluan 선두다툼을 하다
kata pendahuluan 머리말
mendahului kita 죽다, 사망하다
DAKI 때, 먼지
daki dunia 돈, 재물
DAKWA 고소, 고발
kena dakwa 피소되다, 고소당하다
pendakwa raya 검사, 검찰관
terdakwa 피고소인
DAKWAT (낙지의) 먹물, 잉크
dakwat merah 붉은 색 잉크
bagai dakwat dengan kertas 바늘 가는 데 실 간다
alang-alang berdakwat biarlah hitam 쇠뿔도 단김에 빼랬다
DALAM 안, 속
bahasa dalam 궁중어
dalam berat 임신 중인

dalam dua tengah tiga 망설이는; 부정직한
dalam dua 임신 중인
dalam idah 재혼금지 기간 중에 있는
dalam janji 가약을 맺은
dalam keadaan begitu 임신 중인
dalam kekeringan 형편이 어려운, 돈이 궁한
dalam telangkai 혼약을 맺은
kilat di dalam kilau 언중유골

DAMAI 안전한, 평온한, 평화의
hidup damai 평온한 삶
rundingan damai 평화회담

DAPAT 할 수 있는, 능력 있는
dapat angin 기회를 얻은
dapat dihitung dengan jari (수량이) 극히 적은
dapat hati 기뻐하다; 고무되다; 귀염을 받다
dapat menaruh muka 뻔뻔한
dapat muka 체면치레
kedapatan budi 속셈을 알아내다
mendapat angin 기회를 얻다
mendapat bulan 월경하다
mendapat cabai rawit 심하게 꾸중 듣다, 심하게 야단맞다
mendapat durian runtah 행운을 얻다
mendapat hayatnya 스스로 체득하다
mendapat hidung panjang 창피를 당하다
mendapat kain cemar, mendapat kain kotor 월경하다
mendapat kopi keras 꾸중을 듣다
mendapat nama 유명해지다
mendapat panjang hidung 창피를 당하다
mendapat pikiran 묘책을 짜내다
mendapat pisang berkubak 행운이 굴러들다, 손쉽게 돈을 벌다
mendapat rezeki 식량을 얻다; 행운을 얻다
mendapat suara keras 꾸지람을 듣다
mendapat suara 선출되다
pendapatan bersih 소득, 수입
pendapatan kotor 총수입, 소득 총액
pendapatan rata-rata 평균수입, 평균소득
sedapat mungkin 가능한 한, 될 수 있는 한

DAPUR 부엌, 취사장
dapur berita 신문편집실
dapur elektrik 전기난로
dapur susu 젖가슴 아래부위
dapur tidak berasap, dapur tidak berkepul 몹시 가난한
dapur umum 공동취사장

DARA 소녀, 처녀, 아직 젊은
bagai anak dara sudah berlaki 부끄러움을 모르는, 뻔뻔한
dara tua 노처녀

DARAH 피, 혈액
berdarah bali 겁쟁이, 겁보
berdarah biru 귀족혈통(의)
berdarah campuran 혼혈의
berdarah dingin 차분한 성격의, 화를 잘 내지 않는; 잔인한, 냉혹한
berdarah jernih 귀족혈통 출신
berdarah keruh 혈통이 불확실한

berdarah merah 용감무쌍한 (사람); 영웅, 투사
berdarah pahit 초자연적인, 신비한 힘을 지닌
berdarah panas 성미가 급한, 화를 잘 내는
berdarah putih 귀족혈통(의)
darah daging 자식, 피붙이
darah hidup 선혈
darah lintah, darah ikan 검붉은 (색); (커피가) 진한
darah mati 응혈
darah menampi 두근거리다
darah mendidih 격분하다, 격노하다
darah muda 혈기가 넘치는, 혈기가 왕성한; 경험이 부족한, 미숙한
darah nifas 산후출혈
darah naik ke kepala 화나다
darah panas 성미가 급한, 화를 잘 내는
darah setampuk pinang 풋내기의, 햇병아리의
darahnya mendidih 몹시 화가 난
mendarah daging (몸에) 배다, 습관이 되다
minta darah pada dabung 남의 집 제사에 절하기, 헛고생

DARAT 육지, 땅
darat-darau 고지
seperti orang darat jolong menurun 어리둥절해 하는, 어쩔 줄 모르는

DARI ~로부터
dari hati ke hati 정직하게, 허심탄회하게
dari tangan pertama 처음부터
dari ujung kaki sampai ke ujung rambut 전체, 온통
sedari dulu 옛적부터
sedari kecil 어릴 적부터

DARURAT 사고, 위기
keadaan darurat 위기 상황, 응급 상황
ruang gawat darurat 응급실
pintu darurat 비상구

DATANG 오다, 닿다
berdatang sembah 알현하다
datang akal 생각이 떠오르다
datang angin 묘한 감정이 생기다
datang bulan, kedatangan bulan 월경
datang-datang 갑자기, 불현듯
datang dewasa, datang masa 성인(의)
datang hati 마음이 생기다; 용기가 나다
datang kotor, datang bulan 월경
datang tanpa membawa makan, membawa perut 빈손으로 잔치에 오다
mendatangkan laba 이익을 내다
mendatangkan tangan 벌하다

DAUN 잎사귀, 잎
bentuk daun 엽형
daun-daun kering 쓰레기
daun kaki 최하급
daun keladi dimandikan 쇠귀에 경 읽기
daun kunyit 쓸모없는
daun mengekalkan pohonnya 될성부른 나무는 떡잎부터 알아본다
daun lindung, daun penutup 꽃받침
daun majemuk 복엽

daun muda 아름다운 여인
daun nipah dikatakan daun labu 아는 길도 물어 가라
daun padi 비수, 단도
daun pintu 문짝
daun rampas 허수아비, 부하
daun telinga 귓바퀴
daun terap 허풍선이
mendaun kayu 무수히 많은
mendaun kunyit 전혀 쓸모없는
DAWAI 철사, 철선
dawai duri 가시철사, 가시줄
DAYA 힘, 노력, 능력
daya batin 정신력
daya saing 경쟁력
daya tahan 내구력
berdaya upaya 전력을 다하다
DAYUNG 노, 페달
anak dayung, pendayung 노 젓는 사람
berdayung ke hilir 땅 짚고 헤엄치기
berdayung ke hulu 까다로운 일
dayung mayung 여러 종류의 노
dayung peminggang 뱃전 한 가운데에 달린 노
dayung sepeda 자전거 페달
sekali merengkuh dayung, dua tiga pulau terlampau 일석이조
DEBAR 심장박동 소리
berdebar-debar hati 소름이 끼치는, 등골이 오싹해 지는
debaran hati, debaran jantung 근심스러운, 불안한
DEBAT 논쟁, 토론
debat kusir 공리공론
debat terbuka 공개토론
perdebatan hangat 열띤 토론
DEDAK 겨
makan dedak 아주 가난한
bagai api makan dalam dedak 새침데기 골로 빠진다
minta dedak kepada orang mengubik 남의 집 제사에 절하기
DEGUP 물체가 땅에 떨어지는 소리, 심장박동 소리
degupan hati 예감
DEKAP 껴안다, 포옹하다, 가까운
berdekap tangan, berdekap tubuh 손을 놓다, 일을 전혀 안하다
DEKAT 가까운, 인접한, 친한
dekat-dekat 서로 가까운, 서로 친한
dekat rezekinya 복 많은
DEMAM 열
demam denggi 뎅기열
demam denggi berdarah 뎅기출혈열
demam merah 선홍열
demam panggung 무대공포증
demam puyuh 미열
demam-demam puyuh 꾀병
DENDA 벌금
denda damai 범칙금 대신 주는 뇌물
mendenda 벌금을 부과하다
DENDAM 원한, 적의, 질투

berdendam-dendaman 서로 앙심을 품다
dendam benci, dendam kasemat, dendam kesumat 앙심
dendam berahi 욕정에 사로잡힌 사랑
dendam hati 복수심에 불타는
DENDANG 흥얼거리다, 흥얼대다, 읊다
berdendang-dendang 흥얼흥얼 콧노래를 부르다
mendendang pantun 판툰(말레이 전통 4행시)을 읊다
DENGAR 듣다
dengar baik-baik 귀를 기울이다, 경청하다
dengar-dengar angin 소문에 따르면, 귀동냥한 바에 따르면
dengar-dengaran 남의 말을 잘 믿는; (무슨 소리가) 들리는 것 같은
DENGKI 질투, 시샘
dengki hati 질투하는, 시샘하는, 강샘하는
dengki-mendengki 서로 시샘하는
pendengki 질투장이
DENGKUL 무릎, 거짓(의), 텅 빈
saksi dengkul 위증
DEPAN 앞, 전방
di depan hidung, di depan mata 코앞(의), 아주 가까운
garis depan 전방
hari depan, masa depan 미래
DERAS 빠른, 세찬
deras datang dalam kena 아무리 바빠도 바늘허리에 매어 못 쓴다
deras seperti anak panah 화살과 같이 빠른
DESA 마을, 촌, 동네
pulang ke desa 시골로 내려가다
DETAK 박동, 진동
detak hati 예감
detak jantung 심장박동
berdetak hati 가슴이 철렁 내려앉다, 매우 놀라다
DETIK 초바늘 소리, 맥박 소리
beberapa detik 몇 초(간)
detik jantung 심장박동
detik-detak 뉴스, 소식
DETUS (폭죽이) 탁탁 터지는 소리
berdetus hati 의심되는, 미심쩍은
detus-detus 폭죽이 연달아 터지는 소리
DIAM 조용한, 말없는, 살다, 거주하다
berdiam diri 침묵을 지키다
diam-diam 은밀히, 남몰래
diam dalam seribu bahasa 입 벙긋도 하지 않다, 입을 다물다
DIANG (불을) 쬐다, 쪼이다
berdiang di abu dingin 헛수고, 헛일
DIDIH 끓다
mendidih darahnya 몹시 화난, 피가 끓는
DINGIN 추운, 차가운
dingin hingga tulang, dingin tertulang 살을 에는 듯한 추위, 몹시 추운
tangan dingin 복 많은
dingin hati 이성적인, 냉정한
mendinginkan hati 썰렁하게 만들다; 마음을 가라앉히다
dingin kepala 냉정한, 침착한
dingin tangan 복 많은

D

musim dingin, musim sejuk 겨울
DIRI 자신, 자기
berdiri bulu kuduk, berdiri bulu roma, berdiri bulu tengkuk 소름끼치는, 무시무시한
berdiri di belakang 지지하다, 후원하다
berdiri di belakang layar 배후조정하다
berdiri di persimpangan jalan 주저하는, 망설이는
berdiri sama tegak 평등한
berdiri sama tengah 중립의
berdiri sendiri 자립의
berpendirian datar 공정한
mendirikan benang basah 불가능한 일을 하다
pendirian 설립; 견해, 신념
DOMBA 양
domba anakan 새끼 양
DOMPET 지갑
dompetnya kempes 돈이 떨어진
DONDANG 그네, 요람
dondang sayang 남녀 한 쌍이 번갈아가며 흥겹고 정겹게 부르는 말레이 민요
berdondang sayang 돈당사양노래를 부르다; 마음대로 행하다
DONGAK 쳐들다, 우러르다
mendongak kepala 머리를 쳐들다, 고개를 쳐들다
DORONG 밀다, 재촉하다
terdorong lidah, terdorong mulut 막말을 함부로 하는
DUA 둘 (하나에 1을 더한 수), 2
dua tengah tiga 부정직한, 음흉한
mendua hati 주저하다, 망설이다
menduai laki (여성이) 간통하다, 외간 남자와 놀아나다
menduakan hati 주저하게 만들다, 망설이게 만들다
DUDUK 앉다
belum duduk belunjur dulu 떡 줄 사람은 생각도 않는데 김칫국부터 마신다
duduk bersimpuh 무릎을 꿇고 앉다
duduk bertinggung 쪼그려 앉다
duduk menukuk 머리를 조아리고 앉다
duduk perkara 사건의 경위
duduk perut 임신한
duduk tegak 불안한
DUIT 돈
duit kecil 잔돈
duit kopi, duit rokok 뇌물
DUKA 슬픔, 서러움, 비애
berdukacita 애도하다, 조의를 표하다
duka hati 슬픈, 서러운
DUKUN 말레이 토속신앙요법 치료사
dukun beranak 말레이 토속신앙요법 산파
DUKUNG (등에) 업다
mendukung biawak hidup 골칫거리 처자식을 거느린
DULANG 나무쟁반, 소반, 받침
dulang alas 음식소반, 음식 받침
bagai dulang dengan tudung saji 아름답고 금실 좋은 부부 한 쌍
DULI 먼지, 왕, 발

bercemar duli (왕께서) 납시다, 행차하시다
mata duli 발목

DUNIA 세계
dunia kanak-kanak 어린이 세계
dunia hitam 암흑세계
dunia masih lebar 희망이 남아있는

DURI 가시, 골칫거리
berduri-duri 가시가 많은; 어려움이 많은
duri bunga mawar 장미꽃의 가시
duri dalam daging 항상 거추장스러운, 마음에 걸리는
menduri 가시 같은, 날카로운
menduri hati 마음이 아픈

DUSTA 거짓말, 사기, 허위
dusta semata-mata 새빨간 거짓말
mendusta 거짓말하다

E

EBAN 내팽개치다, 내던지다
sudah dieban, dihela pula 엎친 데 덮친다
ECEK 체, 척
ecek-ecek 체하는, 척하는
ECER 찔끔찔끔 흘리다, 소매(거래)
niaga eceran 소매 (장사)
pengecer 소매상
EDAR 돌다, 돌아다니다
bintang beredar 행성
edaran, garis edar 궤도
peredaran dunia 시대의 변천
peredaran darah 혈액순환
surat edaran 회람
zaman beredar musim berubah 무상, 덧없음
EJEK 놀리다, 조롱하다
ejekan 놀림, 조롱
nama ejekan 별명
EKOR 꼬리, 마리, 끝
bagai lintah dipotong ekor 아주 합당한
ekor angin 갯질경이
ekor kuda 말총머리; 속새
ekor mata 눈초리
ekor pedang 칼꼬리 송사리
ekor peristiwa 사건의 연속
ekor pipi 아랫볼
hendak meluruskan ekor anjing 세살 버릇 여든까지 간다
mengekor pikiran orang 줏대 없는, 남의 말만 듣는
murai ekor gading 별삼광조
tiada tentu ekor kepala 뚱뚱하고 못생긴
ELAK 피하다, 비켜나다
mengelakkan diri 피신하다
tidak dapat dielakkan 피할 수 없는
ELANG 매, 수리, 솔개
elang bangkai 이집트 대머리수리
elang hitam 검독수리
elang putih 검은죽지 솔개
seperti elang menyongsong angin 용감무쌍한, 적을 두려워하지 않는
ELOK 멋진, 예쁜, 좋은
elok bahasa 예의가 바른
elok buruknya 좋고 나쁨

elok-elok cukup 꼭 알맞은, 적절한
elok rupanya 미모, 아름다운 모습
ELUS 쓰다듬다
mengelus dada 가슴을 쓸어내리다, 감정을 억누르다
EMAS 금, 황금, 돈
emas biru 시멘트
emas hitam 사철; 아스팔트; 석탄
emas juita 애인
emas kawin 결혼지참금
emas perak 재산
emas putih 백금
emas sepuluh mutu 순금
emas tempaan 애인; 꽃다운 여인
emas tua 순도가 높은 금
kena emas 뇌물을 먹다
utang emas dapat dibayar, hutang budi dibawa mati 은혜는 죽어서도 다 갚을 수 없는 것
EMBACANG 망고의 일종 (과일)
busuk-busuk embacang, embacang buruk kulit 실속 있는, 내실 있는
menyimpan embacang busuk 공공연한 비밀
EMBUN 이슬
embun asap 밤이슬
embun belum kering lagi 이른 아침
embun betina, embun rintik 작은 이슬 (방울), 잔이슬
embun di ujung rumput 덧없는, 무상한
embun jantan, embun lebat 큰 이슬 (방울)
embun pagi 아침안개
seperti embun di atas daun 불안한, 흔들리는, 줏대가 약한
EMPANG 둑, 제방
empang-empang 정신 나간, 얼이 빠진
empang sampai ke seberang, dinding sampai ke langit 돌이킬 수 없는 파경; 중차대한 일
EMPAS/HEMPAS 던지다, 후려치다, 때리다
empas kepala ke batu 헛고생하다, 헛수고하다
empas tulang, berisi perut 부지런해야 먹을 것을 얻는다
empas tulang empat kerat 온갖 고생을 다하다
EMPAT 넷, 4
empat bintang 별넷, 대장
empat mata 양자회담
empat penjuru alam 사방팔방, 온 천지
empat persegi 정사각형
empat persegi panjang 직사각형
EMPEDU/HEMPEDU 쓸개, 담, 악담, 몹쓸 말
empedu lekai di hati 일심동체
memuntahkan empedu 악담을 퍼붓다, 악담을 늘어놓다
EMPU 주인, 우두머리
empu jari 엄지손가락
empuan, perempuan 여자, 여성
EMPUK 부드러운, 연한
kursi empuk 편한 자리, 좋은 자리
ENAK 맛있는
enak badan 건강한
enak hati 즐거운, 기쁜

enak tidur 단잠을 자는
seenak-enaknya saja 뜻대로, 기분대로
ENAM 여섯, 6
enam bulan 반년
enam persegi 육각형
ENAU 사탕야자, 이기주의자
enau dalam belukar 제 살길만 찾는
enau sebatang, dua sigainya 사공이 많으면 배가 산으로 올라간다
ENGGANG 코뿔새
enggang lalu lanting patah 오비이락
pipit meminang anak enggang 뱁새가 황새걸음 한다
pipit sama pipit, enggang sama enggang 유유상종
ENTENG 가벼운, 용이한
anggap enteng 경시하다, 가벼이 여기다
enteng bibir 발음이 좋은, 말을 금방 배우는
enteng jodoh 배필을 쉽게 구하는
enteng kaki 싸돌아다니기를 좋아하는
enteng lidah 욕을 잘하는, 입이 거친
enteng mata 눈이 좋은, 잃어버린 물건을 금방 찾는
enteng mulut 험담을 좋아하는
enteng tangan 때리기를 좋아하는
ERAM 알을 품다
mengerami telur orang 아이 밴 여자와 결혼하다
selama enggang mengeram 아주 오랜 기간
ERAT 견고한, 가까운, 친한
erat-erat 단단히, 긴밀히
mempererat ikat pinggang 만반의 준비를 갖춘
ERENG 경사진, 뒤틀린, 미친
ereng gendeng 미풍양속에 어긋나는 일
tidur mengereng 옆으로 누워 자는
ESOK 내일, 앞날, 나중
esok-esok, esok hari 앞날, 미래
esok lusa 점차, 날이 갈수록; 나중

F

FAJAR 새벽
fajar menyingsing, fajar merekah 동이 트다; 희망이 보이다
fajar kizib 동트기 직전, 서광
fajar sidik 꼭두새벽, 첫새벽
FANA 찰나의, 현세의
dunia yang fana 현세, 지금 이 세상
FASIH 유창한, 능변의, 입심 좋은
fasih lidah 능변의, 입심 좋은
FILM 필름
film biru 성인영화, 포르노 영화
film bisu 무성영화
film bicara 유성영화
film berwarna 총천연색 영화
FIRASAT 예감, 인상
firasat buruk 불길한 예감
memfirasatkan 예감하다, 점치다
FITNAH 중상, 모략
memfitnah 중상하다, 헐뜯다
FOTOKOPI 복사, 사본
memfotokopi surat 편지를 복사하다
FOYA 탕진하는, 향락에 빠진
berfoya-foya 향락에 빠지다, 재물을 탕진하다

G

GABAH 벼의 열매, 나락
gabah hampa 벼쭉정이, 알맹이가 들지 않은 벼 이삭
GABUK 속이 빈, 알맹이가 없는
padi gabuk 쭉정이 벼
GABUS 가물치
telur gabus 단과자의 일종
GADAI 담보, 보증
gadai gelap 불법담보
gadai terdorong kepada Cina 엎지른 물, 쏘아 놓은 살
gadaian 저당물
pegadaian, rumah gadai 전당포
tergadai kepala 매우 수치스러운
GADIS 숙녀, 소녀, 처녀
gadis sudah berlaki 방정맞은
gadis tua 노처녀
kegadis-gadisan 처녀 같은, 앳된
GADUH 소란, 난리
gaduh hati 항상 불안한, 안절부절 못하는
GADUNG 독성이 있는 마의 일종
mabuk gadung 마에 중독된; 사랑에 홀린, 사랑에 빠진
intan gadungan 가짜 다이아몬드
wartawan gadungan 가짜기자
GAGAH 용감한, 힘센
bergagah-gagahan 서로 힘을 겨루다
gagah berani, gagah perkasa 용감무쌍한
menggagah pinggang 허리춤에 손을 얹고 으스대다
menggagahi gadis di bawah umur 미성년의 소녀를 성폭행하다
menggagahkan diri 용기를 내다
GAGAK 까마귀
gagak paruh besar 큰부리까마귀
gagak bersuara murai 굼벵이도 구르는 재주가 있다
ketika gagak putih bangau hitam 옛날 옛적에
selama gagak hitam 영원한
GAHARU 침향목
gaharu dibakar kemenyan berbau 환심을 사다
seperti buku gaharu 준비된 사람, 기회를 놓치지 않는 사람
GAIB/GHAIB 불가사의한, 마력의
ilmu gaib 마술; 신비주의
kuasa gaib 마력, 불가사의한 힘
GAJAH 코끼리

badak gajah 큰 코뿔소
gajah-gajahan 상피병
gajah berjuang sama gajah, kancil mati di tengah-tengah 고래 싸움에 새우등 터진다
gajah laut 해마, 물개
gajah guling 올린머리 장식용 2줄의 재스민 꽃
gajah ladang 길들인 코끼리
gajah mati karena gadingnya 자신의 능력 때문에 오히려 손해 보는
gajah mina 바다코끼리
gajah seekor gembala dua 두 집 살림하는 여자
nyamuk gajah 왕모기
seperti gajah masuk kampung 제멋대로 행동하는, 천방지축의

GAJI 임금, 월급
gaji bersih 실질급여
gaji bulanan 월급
gajian harian 일당
gaji kotor 총급여
gaji tahunan 연봉
gaji terendah 최저임금
kenaikan gaji 급여인상, 임금인상
makan gaji 봉급생활자로 일하다; 봉급, 월급
orang gajian 종업원, 직원

GALA 송진
gala lembut 타르
tiada bergala lagi 부러진, 붙지 않는

G

GALAH 막대기, 장대
bagai galah dijual 가산을 탕진한
bagai galah di tengah arus 매우 떨리는, 늘 불안한
galah pancang 상앗대, 삿대
sepenggalah 장대높이 만큼; 오전 7-8시 사이
tinggi menggalah 하늘을 찌르게 높은, 아주 높은

GALANG 대들보, 버팀대
bergalang tanah 죽다
galang kepala 베개
galang perahu (선박 정박용) 받침목
galangan kapal 조선소
menggalang batang leher 목숨을 걸다
penggalang masyarakat 사회의 기둥

GALI 파다, 채굴하다, 조사하다
diam penggali berkarat 녹슨 지식
barang galian 채광물
gali lubang tutup lubang 빚 돌려막기
menggali lubang 빌리다; 범죄를 저지르다
menggali-gali perkara lama 옛일을 들추어내다
penggalian kesan-kesan lama 유적 발굴

GAMBAR 그림, 사진
gambar bumi 지도
gambar cetak biru 청사진
gambar coret pensil 연필 스케치
gambar hidup 영화
gambar penampang 단면도
gambar rancangan 설계도
gambar sampul 표지그림

gambar telanjang 나체화
gambar tempel 포스터
tak tergambarkan 형언할 수 없는
tukang gambar 화가

GAMBIR 감비르 (꼭두서니과의 약용 덩굴식물)
daun gambir 감비르 잎사귀

GANDENG 손잡은, 인접한
gandeng menteng 늘 붙어다니는, 단짝의
bergandengan tangan 협동하다, 서로 돕다

GANGGU 괴롭히다, 성가시게 굴다, 방해하다
mengganggu gugat 문제를 일으키다, 고발하다
mengganggu hati, mengganggu pikiran 속상하게 만들다
terganggu kesehatan 병에 걸린
terganggu otak 미친
terganggu pikiran 정신 나간

GANJAL 쐐기, 버팀목, 받침
terganjal lidah 입 벙긋도 못하는, 아무 말도 못하는

GANTANG 간탕 (쌀 측량단위로 한 추박의 네 배, 4.54리터)
menggantang anak ayam 헛고생하다
menggantang asap 공상하다
mengisi gantang pesuk 헛수고하다
melukut di tepi gantang 사소한 일
secupak tak jadi segantang 돌이킬 수 없는 일

GANTI 바꾸다, 교체하다, 갈다
berganti bulu 태도를 바꾸다
berganti haluan 노선을 바꾸다
berganti lapik 홀아비가 재혼하다
berganti tangan 주인이 바뀌다
ganti rugi 손해 배상
ganti tikar 사망한 아내의 친인척과 결혼하다
mengganti lapik 상처 후 즉시 재혼하다
pengganti air susu ibu 모유대체식품
penggantian pemerintahan 개각
pergantian kulit 털갈이
patah tumbuh hilang berganti 빈자리는 채워지게 마련
silih berganti 번갈아, 교대로

GANTUNG 매달다, 걸다
bergantung di rambut sehelai 일촉즉발의 상황
bergantung di ujung rambut 실낱같은 희망을 안고
bergantung pada akar lapuk 썩은 동아줄에 매달리기
gantung diri 목매달다
gantung jiwa 애인
gantung kerja 해고(하다)
hukuman gantung 교수형
menggantungkan hati ~에게 희망을 걸다, ~에게 정을 주다
menggantungkan nasib 운명을 맡기다
menghukum gantung 교수형을 내리다
tergantung tidak bertali 버림받은 아내

GARAM 소금
garam batu 돌소금
garam halus 고운 소금
garam jatuh di air 이해력이 빠른
garam kami tidak asin padanya 충고를 듣지 않는

garam kasar 굵은 소금
garam laut 바다소금
garam makan 식용소금
garam pembicaraan 대화의 맛
garam penghidupan 삶의 경험
ladang garam 염전
membuang garam ke laut 헛된 짓
sebagai garam dengan asam 천생연분

GARIS 선, 줄, 금
garis akhir 결승선
garis balik selatan 남회귀선
garis balik utara 북회귀선
garis belakang 후방
garis besar 개요, 아우트라인; 원칙, 기본
garis cacah lubang 천공절취선
garis cacak, garis tegak 수직선
garis depan 전방
garis-garis besar haluan negara 국가정책기조
garis hidup 운명
garis ibu 모계의
garis khatulistiwa 적도선
garis lintang 위도(선)
garis miring 사선
garis sejajar, garis selari 평행선
garis singgung 접선
garis sudut-menyudut 대각선
garis tengah 지름
garis wajah 얼굴 형태
menggarisbawahi 강조하다

GAPIL 참견하기 좋아하는, 트집 잡기 좋아하는
gapil mulut, mulut gapil 험담을 일삼는
gapil tangan 참견을 일삼는

GARUK 긁다
menggaruk-garuk kepala 난처한 입장이 되다
menggaruk-garuk kepala yang tidak gatal 실망스러운, 서글픈; 헛수고 (하다)

GATAL 가려운
gatal gusi 입맛이 당기는
gatal kaki 쏘다니기 좋아하는
gatal mata 여자를 밝히는 남자; 비밀리에 남자를 밝히는 여자
gatal mulut 수다스러운
gatal tangan 때리기 좋아하는; 쓸데없이 장난치기를 좋아하는
gatal telinga 귀에 거슬리는
gatal-gatal tangan 손이 근질거리는, 때리기 좋아하는
kini gatal besok digaruk 때늦은 도움
lain gatal lain digaruk 동문서답

GAWAT 위급한, 위기의
gawat darurat 응급상황의, 아주 위급한
gawat ekonomi 경제적 위기

GAYA 태도, 모양, 힘
biar kurang garang, asal lebih gaya 실속 있는
gaya bahasa 말씨, 문체
gaya bebas 자유형

gaya berat, gaya bobot 중력
gaya dolfin, gaya kupu-kupu 접영
gaya-gayanya ~처럼, ~같이
gaya ganti 계영
gaya pancargas 추진력
gaya pegas 탄력
gaya tarik 매력
GAYUNG 물바가지, (무기로 사용하는) 막대기, 타격
menggayung 바가지로 물을 푸다; (상대를) 가격하다, (상대를) 치다
gayung bersambut, kata berjawab 맞대응
gayung tua, gayung memutus 어르신의 말씀이 진리이다
GEDUNG 건물
gedung bicara 법원
Gedung Biru 청와대
gedung pencakar langit 고층빌딩
Gedung Putih 백악관
GEGAR 진동, 흔들림
gegar budaya 문화 쇼크, 문화충격
GELADAK 갑판, 악한
anjing geladak 들개
perempuan geladak 창녀, 매춘부
GELAK 웃음(소리)
bagai tergelak sedang kematian 죽을상, 죽을 지경
gelak manis 미소
gelak nabi 비웃음, 조소
gelak senyum 싱긋 웃음
gelak setan 큰소리 웃음
gelak sumbing 쓴웃음
gelak tertawa 함박웃음
GELANG 팔찌, 발찌, 가락지
bagai menambah gelang bini 단조로운, 색다른 맛이 없는
gelang besi 수갑
gelang kaki 발찌
gelang kunci 열쇠걸이
gelang pertumbuhan, gelang tahunan 나이테
gelang raya 유공충
gelang tanah 지렁이
gelang tangan 팔찌
pergelangan kaki 발목
pergelangan tangan 팔목
GELANGGANG 경기장, 무대, 마당
bergelanggang di mata orang banyak 명명백백한, 아주 확실한
gelanggang buku 책 박람회
gelanggang bulan 달무리
gelanggang dagang 무역박람회
gelanggang mata 눈 주위의 검은 그림자
gelanggang matahari 햇무리
gelanggang remaja 청소년 회관
gelanggang susu (유방의) 젖꽃판
GELAP 어두운, 캄캄한, 불법의
barang gelap 밀수품
gelap bintangnya 불운한, 재수 없는
gelap buta, gelap gulita 칠흑같이 어두운

G

gelap-gelapan 암암리에, 남몰래
gelap hati 악의 구렁텅이에 빠지다
gelap katup 아주 깜깜한
gelap mata 눈에 보이는 것이 없는, 미친 듯이 날뛰는
gelap otak 어리석은
gelap pemandangan 의식을 잃은
gelap pendengaran 깜깜 무소식의
gelap pikiran 화가 나서 제정신이 아닌
kegelap-gelapan 어둑어둑한, 침침한
pasar gelap 암시장
GELEGAK 끓다, 소용돌이치다
menggelegak darah 화가 치밀다
GELEGAR 천둥소리
gelegar buluh 말은 많으나 실속이 없는; 거만한
GELENG (머리를) 좌우로 흔들다, 젓다
geleng seperti si patung kenyang 으스대며 걷다
menggelengkan kepala 부인하다
GELI 우스운, 간지러운
buah geli 콩팥
geli geram 약오르는; 소름끼치는
geli hati 웃기는, 배꼽을 빼는
menggeli induk ayam 용기를 북돋우다
penggeli hati 농담, 익살
GELINCIR 미끄러지다, 탈선하다
gelinciran (지진의) 단층운동
tergelincir lidah 실언하다
GELORA 격랑, 높은 파도
gelora hati 정열
gelora semangat 환희
laut gelora 격정
musim gelora 태풍이 오는 계절
GEMBUNG 부풀다, 붓다
bergembung dada 자랑스러운
menggembungkan dada 자만하다
GENAP 가득한, 완전한, 짝수의
dibilang genap, dipagar ganjil 빛 좋은 개살구, 실속 없는
genap bulannya 막달 차다
genap hitungannya 임종에 이르다
masuk tak genap, keluar tak ganjil 아무짝에도 쓸모없는
GENCAT 중단되다, 막히다
gencatan senjata 휴전
GENDANG 북, 장고
bagaimana bunyi gendang, begitulah tarinya 따라다니다
bergendang deras 권력을 쥐다
bergendang paha 남의 불행을 고소해 하다
bergendangan tangan 손뼉을 치다
gendang hati 마음의 소리, 내면의 소리
situ juga gendang berbunyi 변화가 없는, 그저 그런
GENGGAM 움큼, 줌
air digenggam diada tiris 매우 인색한, 베풀 줄 모르는
barang tergenggam jatuh terlepas 아주 불운한, 박복한
bergenggam tangan 협력하다
genggam kera 독 안에 든 쥐

genggam-genggam bara 만지작거리는, (일을) 하는 둥 마는 둥 하는
menggenggam negeri 국가권력을 장악하다
menggenggam pisau 권력을 쥐다
menggenggam rahasia 비밀을 간직하다
menggenggam tangan 매우 인색한, 베풀 줄 모르는
GENTING 위험한, 지붕
genting tidak putus 아직 끝나지 않은, 미완의
genteng kodok 단단하고 무거운 기와의 일종
GERAHAM 어금니
geraham besar 대구치
geraham bungsu 사랑니, 지치
geraham kecil 소구치
GERAK 움직임, 동작, 운동
gerak badan (맨손) 체조
gerak batin 직관, 충동
gerak gerik 동작
gerak hati 충동, 직관
gerak jalan 걷기, 행진
gerak langkah 행동거지, 발길질
gerak rasa 예감
gerak tipu 속임수
gerakan, pergerakan 운동, 활동
gerakan bawah tanah 지하운동
gerakan buruh 노동운동
gerakan lempeng bumi 지각운동
gerakan wanita, pergerakan wanita 여성운동
menggerakkan bibir 입을 열다, 말하다
menggerakkan hati 감동시키다
menggerakkan tulang yang delapan kerat 일하다, 노력하다
pergerakan politik 정치활동
tergerak hatinya 마음이 생기다
GERAM 분노, 격노
menggeram 분노하다, 격노하다; 으르렁거리다, 으르렁 소리를 내다
GERBANG 녹문, 대문, 생활
pintu gerbang 대문, 정문
gerbang perkawinan, gerbang perkahwinan 결혼 생활
GERGAJI 톱
gergaji bundar 둥근톱
gergaji pita 띠톱
gergaji tarik 가로켜기 톱
menggergaji angin 헛수고하다, 헛일하다
seperti gergaji dua mata 일거양득
GERHANA 월식, 일식
gerhana bulan 월식; 근심에 찬, 걱정거리가 많은
gerhana matahari 일식; 근심에 찬, 걱정거리가 많은
GERING 병환, 병의 높임말
gering bersalin 산통
gering hulu 두통
gering tengah 복통
GERTAK 공갈, 협박, 박차
gertak gerantang, gertak sambal 공갈협박
gertak kosong 공갈, 허세
kalah gertak 공갈협박에 넘어가다

G

main gertak 공갈협박을 일삼는
menggertak 협박하다; 독려하다
menggertakkan gigi 이를 악물다; 자면서 이를 가는 (증상)
penggertak 공갈꾼, 협박꾼

GETAH 수액, 유액, 고무 (나무)
bergetah bibirnya 아첨 잘하는, 아첨꾼
bergetah hatinya 불성실한
bergetah mulutnya 막말을 잘하는
ditakik getah di daun 궁핍하기 짝이 없는, 아주 가난한
getah alam 천연고무
getah dibawa ke lalang 믿는 도끼에 발등 찍힌다
getah dibawa ke semak 산 넘어 산, 점점 어려워지는
getah lambung 위액
ladang getah 고무나무 밭

GETAR 떨다, 진동하다
getaran bumi 지진동, 지진파
getaran hati 감동
menggetarkan jala 골망을 흔들다, 골을 넣다

GETIK 꼬집다, 미워하다
getikkan puru di bibir 고와도 내 님 미워도 내 님, 고슴도치도 제 새끼는 함함하다고 한다

GIGI 이, 치아, 이빨모양의 사물
belum bergigi hendak mengunyah 떡 줄 사람은 생각도 않는데 김칫국부터 마신다
belum bergigi sudah hendak menggigit 떡 줄 사람은 생각도 않는데 김칫국부터 마신다
gigi air 수평선
gigi anak 유치
gigi asu 송곳니
gigi benar 영구치
gigi bungsu 사랑니
gigi manis 앞니
gigi palsu, gigi pasangan 의치
gigi pengiris 앞니
gigi sejati 영구치
gigi sulung 젖니
gigi tanggal rawan murah 때를 놓친 도움의 손길
gigi taring 송곳니
lunak gigi daripada lidah 아주 겸손한
mengunyahkan orang bergigi 번데기 앞에서 주름잡기
tinggal gigi dengan lidah sahaja 가산을 탕진한, 무일푼의
tidak bergigi 이빨 빠진; 권력을 잃은

GIGIT 물다, 깨물다
bergigitan 서로 물어뜯다
gigit jari 낙담한, 축 늘어진
menggigit bibir 분노가 치미는
menggigit pangsa 복을 받다, 행운을 얻다
menggigit telunjuk 낙담하다, 실망하다
tergigit lidah 면목이 없는; 뻔뻔스러운

GILA 미친, 정신 나간
gila anjing 광견병
gila asmara, gila berahi 사랑에 눈먼, 사랑에 미친
gila asyik 사랑에 빠진

gila babi 간질
gila bayang-bayang 허황된 꿈을 꾸는
gila hormat 대우 받기만을 바라는
gila kekayaan 돈밖에 모르는
gila kekuasaan 권력에 눈먼
gila pangkat 출세만을 생각하는
gila renang 약간 미친
gila wanita 여자에 환장한
gila-gila air 정신이 좀 이상한
gila-gila bahasa 제 정신이 아닌, 괴짜의
GINJAL 신장, 콩팥
sepasang ginjal 콩팥 한 쌍
ginjal kanan 오른쪽 콩팥, 우신장
ginjal kiri 왼쪽 콩팥, 좌신장
GOLOK 골록 (잡목이나 나무를 벨 때 사용하는 날카로운 칼)
bergolok bergadai, bergadai bergolok 재물을 탕진하다, 재산을 몽땅 저당 잡히다
perampok bergolok 골록을 든 무장강도
GONDOK 땅딸막한, 삐친, 갑상선종
eceng gondok 부레옥잠
gondok nadi 동맥류
kelenjar gondok 갑상선
GORENG 튀기다, 볶다, 요리하다
ikan goreng 생선튀김
menggoreng saham 주가를 조작하다
menggoreng telur 달걀을 부치다
minyak goreng 튀김용 기름
nasi goreng 볶음밥
tergoreng tanpa minyak 완전히 속아 넘어가다
GORES 선, 줄, 금
gores api, korek api 성냥
goresan pena 작품, 작문
menggores hati 마음을 아프게 하다, 감정을 일으키다
tergores dalam hati 생각이 스치다, 생각나다
GOSOK 비비다, 문지르다, 닦다, 약올리다
gosok gigi 이를 닦다
gosok mata 눈을 비비다
menggosok-gosok 자꾸 약올리다
GOYANG 비틀거리는, 흔들리는, 불안한
bergoyang kaki 무위도식하는
bergoyang kepala 매우 놀라워하는
bergoyang lutut 하릴없이 빈둥거리는
kursi goyang 흔들의자
menggoyangkan iman 유혹하다, 마음을 흔들다
menggoyangkan kepala 거절하다, 부인하다
GUA 굴, 동굴
gua alam 천연동굴
GUBUK 오두막, 오막살이, 다락집
gubuk bambu 대나무 오막살이
gubuk kayu 판잣집
gubuk liar 무허가 오두막집
GUCI 항아리, 단지
guci wasiat 성물

GUDANG 창고
gudang dingin 냉동 창고
gudang senjata 무기고
gudang surat 서류창고
GUGAT 고소하다, 요구하다, 비난하다
menggugat pusaka 유산문제로 소송하다
penggugat 고소인
tergugat 피고소인
GUGUR 지다, 떨어지다, 죽다
berguguran 우수수 떨어지다
bunga gugur, putik pun gugur 생로병사에는 예외가 없다
gugur gunung 자원봉사 (활동)
gugur hati 사랑에 빠진, 현혹된
gugur iman 유혹에 빠진
gugur kandung 유산
menggugurkan anak 아이를 유산하다
musim gugur, musim rontok 가을
GULA 설탕, 사탕
ada gula ada semut 이익이 있는 곳에 사람들이 꼬이게 마련
gula dalam mulut 식은 죽 먹기, 누워서 떡먹기
gula-gula 사탕 과자; 애인, 첩
gula jawa 야자설탕
hitam-hitam gula jawa 검을수록 아름답다
penyakit gula 당뇨병
semanis-manis gula, ada pasir di dalamnya 교언영색
GULUNG 두루마리
bergulung utang 빚더미에 올라앉은
gulung tikar 파산하다, 도산하다
gulung-gemulung ombak 너울
menggulung celana (일할) 태세를 갖추다
menggulung lengan baju 팔을 걷어 부치다 (일할 준비를 하다)
menggulung tikar 파산하다, 도산하다
menggulung-gulung perut 배알이 꼬이는, 눈꼴사나운
GUNA 용도, 쓸모
guna-guna 부적, 주문
guna tenaga 고용
guna tenaga penuh 완전고용
guna tenaga tak penuh 불완전고용
pengguna 사용자, 소비자
tak ada gunanya 쓸데없는, 소용없는
gunawan 덕인, 의인
GUNDIK 첩, 내연의 처
gundik-cantik 여러 명의 첩
bergundik 첩을 들이다
GUNDUL 대머리
gundul pacul 완전 대머리의
GUNTING 가위
gunting kebun 전지가위
gunting kuku 손톱깎이
gunting rambut 이발; 이발용 가위
gunting pagar 울타리용 가위
menggunting dalam lipatan 배신하다, 반역하다
menggunting hati 속을 썩이다, 속상하게 만들다

menggunting lidah 말문을 막다
menggunting ujung lidah 입을 틀어막다
seperti gunting makan di ujung 가랑비에 옷 젖는 줄 모르다
GUNUNG 산
bergunung-gunung 산악지대의
gunung berapi 화산
gunung payung 애인
ke gunung tak dapat angin 뜻을 이루지 못하다
menggunung 하늘 높이 치솟다
rendah gunung tinggi harapan 지나치게 큰 포부
tak akan lari gunung dikejar 따 놓은 당상
GURU 선생, 교사
guru besar 정교수
guru kencing berdiri, murid kencing berlari 윗물이 맑아야 아랫물이 맑다
guru kepala, kepala guru 교장
guru tetap 정교사
perguruan tinggi 대학기관
GURUH 천둥 (소리)
mengguruh 천둥치는 소리가 나다
tak ada guruh bagi orang pekak, tak ada kilat bagi orang buta 쇠귀에 경 읽기
GURUN 사막
menaikkan air ke gurun 매우 힘든 일
GUSI 잇몸
gatal gusi 군침이 도는, 식욕이 생기는

G

H

HABIB 아벨의 후손, 친구, 연인
habibi 내 친구, 내 사랑
HABIS 끝나다
berhabis air 공리공론을 일삼다
habis akal 묘안이 없는
habis bulan 월말
habis jadi abu 완전히 타 없어진, 전소된
habis jodoh 이혼하다, 갈라서다
habis perkara 판결이 난, 종료된
habis tempo, habis waktu 마감되다
habis tenaga 기진맥진
habis manis sepah dibuang 달면 삼키고 쓰면 뱉는다
kehabisan akal 뾰족한 수가 없는
kehabisan daya 우왕좌왕하는
kehabisan ikhtiar 어찌할 도리가 없는
kehabisan minyak 돈이 떨어진
menghabisi nyawa 자살하다
menghabiskan umur 허송세월하다
sehabis akal 온 정성을 다해
sehabis-habis tenaga 전심전력하여
HADAP 앞, 정면
berhadap-hadapan 서로 마주보다
hadap selatan 남향의
menghadap Tuhan 기도하다; 죽다
menghadap surut 뒤돌아 보다
menghadapkan bedil ke dada 자학하다, 자멸하다
menghadapkan perhatian 주의를 기울이다
tak tentu hadap 정처 없는
HAID 월경, 멘스
haid pertama 초경
mati haid, putus haid 폐경기의
HAJAT 소망, 욕구, 오물
doa hajat 소망의 기도
hajat besar 대변 (보다)
hajat kecil, hajat seni 소변 (보다)
hajat masyarakat 대중의 기대, 민심
HAJ 성지(메카) 순례
pergi haj, naik haji 성지(메카) 순례를 가다
HAJI 하지 (이슬람의 오주 중에서 다섯 번째인 성지순례의 의무), 성지 순례를 다녀 온 남자를 부르는 호칭어

hajah, haji perempuan 하자 (성지 순례를 다녀 온 여자를 부르는 호칭어)
haji kecil 소순례 (순례기간 외에 행하는 약식 순례)
HAK 정당한, 소유, 권리, 뒤축
hak asasi 기본권
hak bersama 공동권
hak bertanya 질의권
hak cipta 저작권
hak dipilih 피선거권
hak guna bangunan 건물사용권
hak hipotek 저당권
hak ingkar, hak tolak 거부권
hak jual 판매권
hak khusus 특권
hak memilih 선거권
hak pakai 사용권
hak pengarang 저작권
hak pertuanan 주권
hak suara 발언권
hak tinggi 하이힐, 굽이 높은 여자용 구두
hak veto 거부권
HAL 사정, 사건, 일, 사물
hal ahwal, hal ihwal 여러 가지 일
ambil hal 주의를 기울이다
tidak jadi hal 문제없는, 괜찮은
HALAL 이슬람 율법에 합치되는, 허용되는
makanan halal 이슬람 율법에 합치되는 음식
menghalalkan utang 빚을 면제하다
HALUAN 선수, 뱃머리, 이물
berhaluan kanan 우익의
berpaling haluan 태도가 바뀐
HALUS 미세한, 섬세한, 부드러운
halus bahasa 말씨가 고운 사람
halus budi bahasa, halus budi pekerti 예의가 바른 사람
HALWA 설탕절임과일
halwa mata 눈요기
halwa nikmat 여러 가지 설탕과자
halwa telinga 귀를 즐겁게 해주는 것
HAMBA 노예
hamba Allah 인간
hamba hukum 법집행인, 경찰
hamba negara 공복, 국가공무원
hamba sahaya (여러) 노예들
hamba tebusan 팔려 다니는 노예
HAMIL 임신한, 애를 밴
hamil muda 임신초기; 입덧
hamil tua 임신 7개월이 지난
hamil lanjut 늦은 임신, 고령임신
hamil palsu 상상임신
HAMPA 빈, 없는, 쓸데없는
berhampa tangan 빈손의, 소득이 없는
hampa beras 쭉정이 벼
hampa hati 실패한, 실망한

H

hampa udara 진공의
yang hampa biar terbang yang bernas biar tinggal 적자생존
HAMPAR 펼치다, 펴다, 깔다
menghamparkan sayap 도움을 요구하다
HAMPIR 가까운, 인접한
hampir-hampir 거의, 하마터면
menghampiri hatinya 아첨하다
HANCUR 부서진, 파괴된, 무너진
hancur hatinya 낙담한, 서글픈
hancur-hancuran 산산이 부서질 때까지
menghancurkan hati 매우 서글픈
hancur lebur, hancur mumur 완전히 무너진, 완전히 파괴된
hancur rembas 폐허가 된
HANGAT 따끈한, 열렬한, 갓 나온
berita hangat 핫뉴스, 최신의 속보성 뉴스
hangat hati 즐거운, 좋은
hangat-hangat kuku (물이) 미지근한
hangat-hangat tahi ayam 작심삼일
kehangatan suasana politik 정치적 열기
HANGUS 까맣게 탄, 무효가 된, 날린
hangus hati 매우 화난; 애타게 그리워하는
hangus tiada api, karam tiada berair 죽을 고생하는
jadi hangus 무효가 되다, 날리다
HANTU 유령, 도깨비, 귀신
bahasa hantu 사냥꾼의 은어
burung hantu 올빼미
hantu air 물귀신
hantu beliau 영물 호랑이
hantu gunung 산귀신
hantu laut 바다귀신
hantu raya 귀신의 왕, 귀왕
hantu rimba 밀림귀신
hantu yang tidak berjinjang 나그네, 떠돌이
jari hantu 중지
pengusir hantu 퇴마사
rupanya seperti hantu 험상궂은
takut di hantu, terpeluk ke bangkai 호미로 막을 데 가래로 막는다, 쥐구멍이 소구멍 된다
HANYA 단지
hanya di ujung lidah 한낱 말뿐인
hanya mencemarkan tangan 헛수고만 하다
HANYUT 떠내려가다, 휩쓸리다, 떠돌아다니다
air tenang menghanyutkan 조용한 물이 깊다, 진중한 (사람)
hanyut serantau 낯선 땅에 흘러 들어가다
malu berkayuh, perahu hanyut 울지 않는 아이 젖 안 준다
menghanyutkan diri 나쁜 길로 빠지다
menghanyutkan hati 서글픈, 애끓는
menghanyutkan pikiran 정신 팔리게 만들다
HAPUS 사라지다, 용서하다
menghapus bibir 낙망한, 실망한
menghapus keringat 휴식을 취하다, 쉬다
menghapus malu 할례 시키다
menghapus arang di muka 불명예를 씻다, 명예를 회복하다

menghapus dosa 죄를 용서하다
terhapus dari ingatan 기억에서 사라진
HARAM 이슬람 율법에 어긋나는, 불법의, 금지된, 신성불가침의
haram jadah 사생아
makanan haram 이슬람 율법에 어긋나는 음식
mengharamkan poligami 일부다처제를 금하다
tanah haram 성지
HARAP 바라다, 바라건데, 제발
harap hati 소망
harap tenang (실내) 정숙유지, 조용히 해 주세요
harap-harap cemas 조마조마한, 마음 졸이는
harapan hidup 평균수명; 생존 가능성
membilang harapan 기대를 걸다
penuh harapan 기대가 큰
terharap-harap 간절히 바라는
tiada harapan 가망이 없는
HARGA 값, 가격, 소용
ada rupa ada harga 싼 게 비지떡
harga catut 암표 가격
harga diri 자존심
harga eceran 소매가격
harga gelap 암시장가격
harga gila 터무니없는 가격
harga jadi 흥정가격; 정찰가격
harga mati, harga pas 정가
harga melawan 다른 데 보다 싼 가격
harga miring 싼 가격
harga pasaran 시장가격
harga pokok 원가
harga runcit 소매가
harga satuan 단가
harga terendah 최저가
harga tertinggi 최고가
harganya dibanting 염가로 파는
surat berharga 유가증권
HARI 낮, 하루, 날
hari acara 법정 심리기간
hari baik 명절, 축일
hari batal, hari jatuh 만료일, 끝나는 날
hari berlakunya 유효기간
hari besar 국경일
hari bulan 날짜
hari depan, hari esok 미래, 앞날
hari jadi, hari ulang tahun 생일
hari kelahiran, hari lahir 출생 연월일
hari kerja 평일
hari samar muka 어둑어둑한 저녁
hari sudah tinggi 해가 중천에 뜬
hari tempo 휴일
hari tua 노년
hari wafat 기일, 죽은 날
sehari bulan 초하루
sehari suntuk 하루 종일

H

sehari-hari 매일매일, 일상의
HARIMAU 호랑이
anak harimau diajar makan daging 공자 앞에서 문자 쓰기
bagai harimau beranak muda 아주 사나운 (사람)
harimau akar, harimau dahan 구름무늬표범
harimau belang 호랑이
harimau bintang, harimau kumbang 표범
harimau mati karena belangnya 자신의 능력 때문에 오히려 손해를 보는 격
harimau tanpa gigi 이빨 빠진 호랑이, 권력을 잃은 (사람)
sudah masuk ke dalam mulut harimau 망할 것이 뻔한
HARTA 재산
harta benda 재산
harta karun 소유자 불명의 재산; 불법으로 취득한 재산
harta kubur 부장품
harta milik 소유재산
harta pembawaan 결혼지참금
harta pusaka 유산
harta tetap 고정자산
HARU 동정하는, 슬퍼하는, 혼란한
haru biru 소동, 소요
mengharukan 동정이 가는, 슬픈; 소동을 일으키다
mengharubirukan 큰 소동을 일으키다
HARUM 향기, 향기로운, 유명한
harum menghilangkan bau 장점이 단점보다 많은
HASIL 수확, 결과, 생산물
hasil bagi 나눗셈의 몫
hasil ikutan, hasil sampingan 부산품
hasil kali 곱셈의 곱
penghasil primer 1차 생산자
penghasil sekunder 2차 생산자
penghasil tersier 3차 생산자
penghasilan bersih 순생산
penghasilan kotor 총생산
HATI 마음
baik hati 착한, 친절한
berat hati 마음이 내키지 않는, 싫은
berhati baja 쉽게 절망하지 않는, 포기하지 않는
berhati baling-baling 줏대가 없는
berhati batu 동정심이 없는
berhati bengkok 부정직한, 거짓의
berhati berjantung 세심한
berhati berlian 마음이 아주 착한
berhati bersih 정직한
berhati busuk 마음이 비뚤어진
berhati dingin 참을성 있는; 전혀 관심을 보이지 않는
berhati emas 너그러운, 베풀 줄 아는
berhati jantan 용감한
berhati kusut 불안한, 걱정되는
berhati mutu 마음이 슬픈; 절망한
berhati putih 순수한, 정직한
berhati rawan 우울한, 서글픈
berhati tinggi 거만한

H

berhati tua 어른스러운, 완숙한
berhati tungau 비겁한, 겁이 많은
berhati walang 노심초사하는, 걱정이 태산 같은
besar hati 자랑스러운, 기쁜
buah hati 애인
bulat hati 정직한, 진지한
buruk hati 성질이 나쁜
busuk hati 심술 사나운, 마음이 비뚤어진
dari hati ke hati 성실하게, 이심전심
dengki hati 질투, 시샘, 강샘
geli hati 웃기는
gerak hati 감동
hangat hati 매우 화난
hati bergetah 불성실한
hati berkarat 타락한
hati bulat 진실한
hati gajah 큰 행운
hati gatal mata digaruk 종로에서 뺨 맞고 한강에서 눈 흘긴다
hati kecil 양심
hati tangan 손바닥 한 가운데
hati terbuka 허심탄회
hati walang, walang hati 걱정하는
hati-hati 조심하는, 조심스러운
hatinya bangkit 용기가 나다
hatinya berbulu 질투하다, 시샘하다
hatinya bercabang 우왕좌왕하다
hatinya berdetak 가슴이 두근거리다
hatinya berkait 부정직한
hatinya kecil 겁이 많다
hatinya kuncup 겁먹다
hatinya lepas 만족하다, 기쁘다
hatinya membelakang bulat 소름끼치게 싫어하다
hatinya panas 화나다
hatinya terpikat 마음이 끌리다
hatinya tinggi 거만하다
hulu hati 명치
iri hati 질투하는, 시샘하는, 강샘하는
jantung hati 심장; 애인
jauh di mata di hati jangan 멀리 있어도 마음만은 변치 말기를
kata hati 양심
kaya hati 너그러운, 겸손한
kecil hati 소심한
kecut hati 겁쟁이
keras hati 완고한, 고집이 센
keruh hati 심술궂은
kurang hati 의지가 약한
lapang hati 담담한
lega hati 안심하는
lurus hati 정직한
makan hati 속상하다
murah hati 너그러운, 베풀 줄 아는
panas hati 화난
patah hati 낙망한, 실망한

putih hati 진실한
racun hati 속상한
rangkai hati 애인, 연인
rapuh hati 마음이 약한, 쉽게 좌절하는
rawan hati 서글픈, 처량한
rendah hati 겸손한
rentan hati 짜증스러운, 짜증을 잘 내는
sakit hati 속상한, 짜증나는
sampai hati 감히 ~하다
sejuk hati 편안한, 기쁜
sempit hati 화를 잘 내는
setengah hati 건성건성, 미온적인
tangkai hati 애인
tawar hati 낙심한
terang hati 지혜로운
tinggi hati 거만한

HAYAT 생명, 삶
ilmu hayat 생물학
mendapat hayatnya 몸소 체험하다
selama hayat dikandung badan 살아있는 동안, 목숨이 붙어 있는 동안

HELA 끌다, 당기다
menghela napas 한숨 쉬다, 탄식하다
menghela surut 후퇴하다, 뒤로 물러나다

HELAH 계략, 책략, 핑계, 구실
tipu helah 온갖 계략

HELAI 벌, 장 (종이, 옷감 따위를 세는 수량사)
dua helai kertas 종이 두 장
helai sepinggang 곤궁한, 아주 가난한

HEMBUS 불다
menghembuskan napas terakhir 마지막 숨을 거두다, 죽다
menghembuskan napas penghabisan 마지막 숨을 거두다, 죽다

HENDAK 바라다, 뜻하다
kehendak (hati) 뜻, 바람 (어떤 일이 이루어지기를 기다리는 간절한 마음)
hendak akan, hendakkan 바라다, 원하다
hendak untung menjadi buntung 혹 떼러 갔다 혹 붙여 온다

HENING 맑은, 투명한
mengheningkan cipta 묵념을 올리다
mengheningkan diri 묵상하다

HENTI 멈추다, 중단하다, 서다
menghentikan tangan 일을 중단하다; 후원의 손길을 끊다
tidak henti-hentinya 끊임없이, 끊이지 않고

HERAN/HAIRAN 놀라운, 신기한
heran bin ajaib 기기묘묘한, 괴이한
keheranan 놀라운, 신기한; 놀라움, 신기함
keheran-heranan 놀라움, 신기함
terheran-heran 놀라운, 신기한

HEWAN/HAIWAN 동물, 짐승
dokter hewan, doktor haiwan 수의사
ilmu hewan 수의학

HIBUR 기쁜, 즐거운, 기분이 좋은
hiburan mata 눈요기

menghibur hati, menghiburkan hati 위로하다, 달래다
penghibur hati 애인, 위안자
HIDANG (음식을) 올리다, 내놓다
hidang makanan 음식을 차려 올리다
HIDUNG 코
berhidung putih 여자를 밝히는 (남자), 여색을 좋아하는
berhidung tajam 냄새를 잘 맡는
hidung belang, hidung putih 여색을 좋아하는 (남자), 호색한
hidung betet 매부리코
hidung dicium, pipi digigit 가식적인 사랑
hidung tinggi 거만한
mendapat hidung panjang 창피당하다, 체면을 구기다
seperti kerbau dicucuk hidungnya 줏대가 없는 사람
HIDUP 살아있는, 생활하는, 움직이는, 실제의
hidup berbaur 어울려 지내다, 함께 살다
hidup dua muara 두 가지 직업으로 생활하다
hidup segan mati tak hendak 죽지 못해 살아가는, 고통의 나날을 보내는
sehidup semati 생사고락을 같이하다
HIJAU 초록(색)
bular hijau 녹내장
hijau laut 청록색
masih hijau 애송이의, 아직 경험이 부족한
HILANG 사라지다, 없어지다
hilang akal 절망하다, 낙망하다; ~에 빠지다; 미치다
hilang arwah, hilang semangat 의식을 잃다, 기절하다
hilang dari mata, hilang dari pandangan 사라지다
hilang ingatan 의식을 잃다, 기절하다; 미치다; 넋을 놓다
hilang jejak 흔적이 사라지다
hilang kedengaran 어렴풋이 들리다
hilang kikis 휩쓸어간, 흔적도 없이 사라진
hilang lenyap 완전히 없어진, 괴멸된
hilang manis sepah dibuang 달면 삼키고 쓰면 뱉는다
hilang nyawa 죽음, 사망
hilang pikiran 의식을 잃다, 기절하다; 넋을 놓다; 미치다, 정신이 이상해지다
hilang semangat 의식을 잃다; 용기를 잃다; 혼비백산하다; 낙심하다
hilang tidak berbekas 종적을 감추다
hilang tidak tentu rimbanya 행방불명되다
hilang-hilang timbul 보일락 말락 하다, 들릴락 말락 하다
kehilangan akal 의욕을 잃다
kehilangan jejak 단서를 잃어버리다
kehilangan kemudi 지도자를 잃다
kehilangan muka 창피당하다
kehilangan nama 오명을 얻다
menghilangkan jejak 흔적을 없애다
HILIR 하류, 하류지역
berhiliran air mata 눈물을 하염없이 흘리다
berhiliran keringat 땀을 줄줄 흘리다
hilir malam 깊은 밤
hilir mudik kejadian 사건의 발단
hilir mudik 오가다, 왔다 갔다 하다
sehilir semudik 견해가 같은

H

seorang ke hilir seorang ke mudik 동상이몽
tak tentu hilir mudiknya 자초지종이 불확실한
HIMPIT 밀착된, 꽉 들어찬
terhimpit lidahnya 입 벙긋도 못하는; 뇌물로 입이 막힌
HINA 비천한, 더러운
berhina diri 자신을 낮추다
hina budi 불손한
hina dina, hina lata, hina papa 매우 비천한
hina mulia 귀천
ketahuan hina mulianya 상황을 파악하다
sehina semalu 같은 운명
HINGGAP 내려앉다, 걸터앉다, 걸리다
hendak hinggap tiada berkaki 역부족
hinggap saja bagai langau, titik saja bagai hujan 모든 불행은 갑자기 찾아오게 마련
dihinggapi penyakit 병에 걸리다
terbang-terbang hinggap 거처가 일정치 않은
HITAM 검은, 깜장, 어두운
berhitam muka 화나다
hitam di atas putih 서면으로 작성하여 확실한
hitam jengat, hitam kumbang, hitam legam, hitam lotong 새까만, 깜깜한
hitam manis (얼굴이) 검지만 예쁜
hitam mata 눈동자
hitam pahit 검고 못생긴; 사악한, 음흉한
hitam pekat 새까만, 깜깜한
hitam putih 흑백이 분명한, 절대적인
hitam putihnya 진상, 자초지종
hitam tedas 새까만, 깜깜한
hitam-hitam gula jawa 검을수록 오히려 아름답다
menghitamputihkan 전횡하다, 장악하다
rambut sama hitam hati masing-masing 사람마다 생각이 다르게 마련
HITUNG 헤아리다, 세다
hitam dikatakan putih, putih dikatakan hitam 새빨간 거짓말을 하다
menghitung bulu kambing 헛수고하다
tak terhitung 헤아릴 수 없는, 무수한
hitung-hitung ~으로 여기다
HODOH 우둔한, 못생긴, 나쁜
hodoh hak kita, molek hak orang 고슴도치도 제 새끼는 함함하다고 한다
wajah hodoh 추한 얼굴
HOTEL 호텔
hotel melati 싸구려 호텔
hotel prodeo 교도소
HUBUNG 관계가 있는, 관련 있는
berhubungan badan 성교하다
hubungan gelap 간음, 간통
hubungan jajar 병렬
hubungan nyawa 애인, 연인
hubungan darah, hubungan keluarga 가족관계
hubungan luar nikah 혼외관계
HUJAN 비, 비가 내리다
hujan air mata 눈물바다

hujan batu 역경, 고난
hujan berbalik ke langit 서편에서 해가 뜨는 격
hujan berpohon, panas berasal 아니 땐 굴뚝에서 연기 날까
hujan emas 축복, 기쁨
hujan jatuh ke pasir 은혜를 모르는
hujan menimpa bumi 예외 없는
berhujan berpanas 노숙자로 온갖 고생을 다하다
memperhujankan garamnya 자학하다
hujan batu, hujan beku 우박
hujan deras 호우
hujan gerimis, hujan renai-renai, hujan rintik-rintik 이슬비
hujan lalu, hujan lari 지나가는 비
hujan panas 여우비
hujan ribut 폭풍우
musim hujan 우기
selama hujan akan panas jua 쥐구멍에도 볕 들 날 있다

HUKUM 법
hukum acara 소송법
hukum acara perdata 민사소송법
hukum acara pidana 형사소송법
hukum adat 관습법
hukum alam 자연법
hukum asasi 기본법
hukum dagang 상법
hukum pajak 세법
hukum perdata 민법
hukum pidana 형사법
hukum rimba 약육강식의 원칙
hukum tatanegara 행정법
hukum waris 상속법
hukuman buang 유배형
hukuman pancung 참수형

HULU 상류
hulu hati 명치
hulu hilir 사건의 발단
hulu kepala 정수리
hulu malang pangkal celaka 불행의 발단
ke hulu kena bubu, ke hilir kena tengkalak 사면초가
orang hulu 시골뜨기
tiada berketentuan hulu hilirnya 목표가 불분명한

HURUF 문자, 글자
huruf hidup 모음문자
huruf Jawi 말레이어를 기록하기 위해 차용된 아랍문자
huruf Latin, huruf Romawi 라틴문자 (=로마문자)
huruf mati 자음문자
huruf pegon 자와어를 기록하기 위해 차용된 아랍문자
huruf Romawi 로마문자

I

IA 예, 네
beria-ia 이러쿵저러쿵 말하다, 운운하다; 무조건 '예'라고만 하다, 예스맨 노릇을 하다; 진지하다, 심각하다
beria berbukan 허심탄회하게 논의하다
seia sekata 이구동성의, 만장일치의
IBU 어머니, 사모님, 본청, 핵심
ibu ayam 뚜쟁이, 창녀들을 관리하는 여주인
ibu jari, ibu tangan 엄지손가락
ibu kaki 엄지발가락
ibu kota, ibu negara, ibu negeri 수도
ibu mentua 장모
ibu pejabat 본청, 본사
ibu pertiwi 모국, 고국
ibu susu 유모
seperti anak ayam kehilangan ibu 사분오열된 상황
IDAM (임신초기) 식탐, 입덧, 갈망
mengidamkan nangka 바라밀열매(낭카)를 몹시 먹고 싶어 하다
pasangan idaman 이상형 배우자
IJUK 이죽 (사탕야자 잎자루에서 얻는 말총같이 생긴 섬유질)
atap ijuk 이죽지붕, 이죽으로 엮어 지은 지붕
IKAN 물고기, 생선
ikan air tawar, ikan darat 민물고기
ikan belukang 여색을 좋아하는 남자
ikan belum dapat, airnya sudah keruh 빈대 잡으려고 초가삼간 태운다
ikan gantung, kucing tunggu 닭 쫓던 개 지붕 쳐다보는 격
ikan kena tuba 어리둥절한; 힘이 빠진
ikan laut 바닷물고기
ikan terkilat, jala tiba 일사천리
seperti ikan pulang ke lubuk 현실에 안주하다
ular bukan, ikan pun bukan 박쥐구실
IKAT 띠, 묶음, 대열
ikat kepala 머리띠
ikat perang 전투대열
ikat pinggang 허리띠
mengikat diri 꼼짝달싹도 못하다
mengikat hati 주의를 끌다, 관심을 끌다
mengikat janji 약속하다
mengikat kata 언약하다, 맹세하다
mengikat mata 눈을 끌다
mengikat perut 허리띠를 졸라매다, 굶주리다

mengikat tidak bertali (아내와) 별거하다
seikat bagai sirih 한마음 한뜻
IKHLAS 정직한, 순수한
tulus ikhlas 매우 정직한, 청렴결백한
IKHTIAR 의지, 노력, 방안
ikhtiar menjalani, untung menyudahi 하늘은 스스로 돕는 자를 돕는다
kehabisan ikhtiar 절망하다, 낙망하다
mencari ikhtiar 묘안을 짜내다
IKUT 따르다, 동참하다
bagai tekukur ikut kata 순종하다
ikut angin 대중의 뜻에 따르다
ikut bersuara 덩달아 목소리를 내다
ikut telunjuk 남이 시키는 대로만 하다
ikut serta 동참하다
mengikut arus 시대변화에 부응하다
ILMU 지식, 학문
berilmu lintabung 어리석고도 뻣뻣한
berilmu padi 겸손과 지식을 겸비한
ilmiah 학문적인, 학술적인
ilmu bahari 항해술
ilmu bantu 보조학문
ilmu firasat 관상학
ilmu hisap, ilmu hitung 산수, 산술
ilmu hitam 마술적인 기교와 신비학, 비학
ilmu putih 유용학문
ilmu urai 해부학
mencari ilmu 학문을 닦다
menuntut ilmu 공부하다
menunjukkan ilmu kepada orang menetek 헛수고
INAI 헤너 (부처꽃과의 관목)
bagai inai dengan kuku 변치 않는 우정
adat berinai (말레이인들의 결혼식 때) 헤너로 손톱을 물들이는 의식
INDUK 어미, 으뜸
induk ayam 어미닭; 겁쟁이
induk beras, induk nasi 아내
induk jari, induk tangan 엄지손가락
induk kaki 엄지발가락
induk karangan (신문의) 사설
induk madu, indung madu 벌집
induk rumah 집의 본채
INDUNG 어미, 으뜸
indung madu 벌집
indung mutiara 진주모
indung telur 난소
INGAT 기억하다, 생각나다, 깨다, 조심하다
ingat diri 자신의 형편을 깨닫다; 자기의 이익을 챙기다
ingat sebelum kena, jimat sebelum habis 가을 식은 밥이 봄 양식이다
ingat-ingat 조심하다
ingat-ingat lupa 기억이 가물가물하다
ingatannya bercabang 생각이 복잡한
INI 이, 이것, 여기
ini-itu 이것저것
INJAK 페달, 발판, 디디다, 시작하다

menginjak dewasa 성인이 되다
menginjak gas 일을 시작하다
menginjak-injak 짓밟다, 무시하다
menginjakkan kaki 지배하다, 장악하다

INSANG 아가미
asal berinsang ikanlah 찬밥 더운밥 가리지 않는

INTAI 엿보다, 염탐하다
pengintai 염탐꾼; 정찰병, 척후병

INTAN 다이아몬드, 애인
cincin berintan 다이아몬드 반지
intan payung 애인
intan berlian jangan dipijakkan 행운의 기회를 놓치지 말라

IRING 따르다, 좇다, 옆구리, 측면
duduk mengiring 옆에 나란히 앉다
menohok kawan seiring 믿던 도끼에 발등 찍힌다
seiring bertukar jalan 서로 방향이 다른
seiring sejalan 한마음 한뜻의

IRIS/HIRIS (한) 조각, (한) 편
diiris dengan sembilu 가슴을 에는 듯한, 슬픈
mengiris hati 가슴을 에다

ISAP/HISAP 빨다, 흡입하다
isapan jempol 풍문이나 추측에 근거한 허위기사
mengisap benak 폭리를 취하다
mengisap darah 착취하다
mengisap madat 아편을 피우다
pengisap darah 수전노

ISI 내용, 속, 핵심
bagai isi dengan kuku 변치 않는 우정
isi dada, isi hati, isi perut 생각, 감정
isi kampung 마을 주민
isi kawin, mas kawin 신랑이 신부에게 주는 결혼예물
isi kepala 지식, 학문
isi lemak dapat ke orang, tulang bulu pulang ke kita 재주는 곰이 넘고 돈은 되놈이 번다
mengisi kepala 가르치다, 교육하다
isi perut 생각, 감정; 뱃속, 내장
mengisi perut 음식을 먹다
pengisi perut 음식
seisi rumah 가족, 처자식
pengisi waktu 심심풀이

ISTIRAHAT 쉬다, 휴식하다
peristirahatan terakhir 묘지

ISTRI/ISTERI 아내, 부인
istri muda (일부다처제의) 두 번째 부인

ITIK 오리
itik bertaji 거만한 겁쟁이
itik pulang petang 뒤뚱거리는

ITU 그, 저, 그것, 저것
itu dia 바로 그거야, 맞아

IZIN 허가, 면허
izin mengemudi 운전면허
izin terbit 출판 면허
izin usaha 사업 면허

J

JABAT/JAWAT 쥐다, 잡다
berjabat tangan 악수하다
jabatan, jawatan 직무, 직위
menjabat menteri 장관직을 맡다
JADI 되다, 생기다, 결과, 그래서
jadi bapa kuda 놈팡이
jadi bumi langit 후견인, 보호자
lubuk jadi pantai, pantai jadi lubuk 이랑이 고랑 되고 고랑이 이랑 된다
menjadi abu 타서 없어지다
menjadi air mandi 익숙해지다, 습관이 되다
menjadi air 자본이 바닥나다
menjadi buku dalam hati 가슴에 맺힌 응어리가 되다
menjadi darah daging 버릇이 되다; 친인척이 되다
menjadi hakim sendiri 초법적인 행위를 하다, 법보다 주먹이 가까운 행위
menjadi pikiran 골칫거리가 되다
menjadikan hati 속상하게 만들다
JAGA 새우다, 지키다, 파수꾼
jaga hati 의욕이 생기다
jaga kereta 주차관리인
menjaga diri 몸조심하다
menjaga hati 마음을 살피다
menjaga langkah 살피어 행동하다
menjaga mata 눈살피다
menjaga mulut 입조심하다
menjaga telinga 헤아리다
kejaga-jagaan 밤을 지새우다
JAGAT 세계, 세상, 자연, 기미
jagat besar 대우주
jagat hitam 검은 기미
jagat kecil 소우주
jagat raya, jagat semesta 우주, 온 세상
kepala negara sejagat 전 세계 정상들
JAGO 수탉
jago merah 화재
jago kandang 우물 안 개구리
jago kapuk 역전의 용사
jago kertas 허풍쟁이
JAHIT 꿰매다, 바느질하다

jahit sudah kelindan putus 완결된, 완전히 끝난
tukang jahit 바느질꾼
JAJAN 주전부리
jajan di luar 외도하다, 바람부리다
JAKSA 검사
jaksa agung 검찰총장
kejaksaan agung 대검찰청
JALA 그물, 어망
ikan berkilat, jala tiba 매우 신속한 대처, 아주 재빠른 행동
jala udang 새우그물
jala rambang 그물코가 성긴 어망
JALAN 길
berjalan dari dunia yang fana 이승을 하직하다
berjalan dari pintu belakang 불법을 저지르다
berjalan di atas rel 준수하다
berjalan jauh banyak dilihat 높이 나는 새가 멀리 본다
berjalan lebih dahulu 먼저 세상을 뜨다
berjalan pincang, berjalan timpang 다리를 절룩거리다, 절뚝거리며 걷다; 불균형한, 그릇된
berjalan sampai ke batas, berlayar sampai ke pulau 가다가 중지하면 아니 간 만 못하다, 유종의 미
berjalan semut beriring 느릿느릿 걷다
jalan air 강, 수로
jalan bahasa 문법, 어법
jalan bebas hambatan, jalan tol 유료(고속)도로
jalan belakang 귓구멍
jalan bentar 우회로
jalan buntu 막다른 길; 막히다, 교착되다
jalan damai 합의
jalan darah 혈류, 피의 흐름
jalan gelap 불법
jalan keluar 출구; 해결책
jalan lepas 해결책
jalan lurus, jalan terang 정당한 방법
jalan mati 폐쇄된 길; 막다른 길
jalan naik 승진의 기회
jalan pintas, jalan memintas 지름길; 불법적인 방법
jalan samping 진입로; 불법적인 방법
jalan serong 곡선로, 구부러진 길; 교활한 방법
jalan setapak, jalan tikus 오솔길
jalan simpang 샛길, 곁길
jalan tengah 중도, 가운뎃길
jalan terbuka 기회
jalan tol 유료도로
menjalankan jarum halusnya 교활한 계략을 쓰다
menjalankan uang 돈을 굴리다
pejalan kaki 보행자, 보행인
selamat jalan 안녕히 가십시오(가세요), 잘 가(요)
JALANG 정처없이 떠도는, 야생의
binatang jalang 들짐승, 야수
perempuan jalang 창녀, 매춘부
JALUR 줄, 선, 줄무늬, 차선
jalur asas (주파수의) 기저대역

jalur cepat 추월차선
jalur helm 헬멧착용 의무화 도로
jalur hijau 그린벨트
jalur jalan 차로, 차선
jalur lambat 주행차선
jalur lebar (주파수의) 광대역
jalur penyeberangan, zebra cross 횡단보도

JAM 시간, 시계, 시각
jam bicara 집무(진료) 시간
jam biologis 체내 시계
jam karet 항상 정해진 시각보다 늦은, 시간관념이 없는
jam malam 야간 통금
jam masa nyata 실시간 시계
jam praktik (의사의) 진료시간
jam sibuk 혼잡 시간, 붐빌 때
jam terakhir 마감시간

JAMUR 버섯
jamur api 버섯곰팡이
jamur beracun 독버섯
jamur brama 붉은그물버섯
jamur kancing, jamur kompos 양송이버섯
jamur liar 야생버섯
jamur merang 초고버섯, 볏짚버섯
jamur pangan 식용버섯
jamur tiram 애느타리버섯
jamur yang dibudidayakan 양식버섯
menjamur 우후죽순처럼 생겨나다

JANDA 과부
janda belum berlaki 버림받은 여자
janda berhias 정식 혼약을 맺을 수 있는 자식 안 딸린 과부
janda kembang 자식 안 딸리고 젊고 예쁜 과부
janda muda 초년과부
janda tebal 돈 많은 과부
laksana janda baru bangun tidur 매력이 넘치는 여자
menjanda 과부가 되다
seperti janda belum berlaki 치장을 좋아하는 새침데기 여자

JANGAK 추잡한, 음란한, 천한
menjangak 간통하다, 간음하다; 추잡한 행동을 일삼다; 몸을 팔다
perempuan jangak 창녀, 매춘부

JANGAT 피부, 껍질
berjangat keras 뚫리지 않는, 상해를 입지 않는
jangat liat kurang panggang 고집불통, 고집이 센
makan jangat 곤궁한 생활을 하다, 몹시 가난한
tebal jangatnya 매우 잔인한

JANGGUT 턱수염
janggut jagung 옥수수수염
janggut pulang ke dagu 안성맞춤

JANGKAU 내밀다, 뻗다
menjangkau langit 하늘 높이, 아주 높은
menjangkau sehabis tangan 안간힘을 다하다

JANJI 약속, 조건, 연기, 만기
adat diisi, janji dilabuh 온고지신
dengan janji 조건으로

J

janji gombal 거짓약속
janji sampai bilangan genap, janji sampai sukatan penuh 천수를 다하다, 돌아가시다
janji temu 면담약속
meminta janji empat bulan 4개월 연기를 요청하다
pecah janji 약속을 깨다, 약속을 어기다
Perjanjian Baru 신약 (성서)
Perjanjian Lama 구약 (성서)
sampai janji 약속을 지키다, 약속을 이행하다
sudah sampai janjinya 운명하다, 돌아가시다

JANTAN 수컷, 수놈, 용감한
jantan teruna 씩씩한, 남자다운
kuda jantan 수말, 말의 수컷
kejantanan 남자다움, 용맹성

JANTUNG 심장, 염통
berjantung pisang 냉정한, 몰인정한
jantung betis 장딴지
jantung hati 애인
jantung kota 시내 중심
jantung mengipas 심장 잔떨림 (심장 질환), 심실세동
jantung paha 허벅지
kegagalan jantung tersumbat 심부전
kejang jantung 협심증
pengerasan pembuluh darah nadi 동맥경화증
serangan jantung 심장마비, 심근경색

JARANG 드문, 조밀하지 않은, 듬성한
jarang-jarang 듬성듬성한, 매우 드문
menjarangkan kelahiran anak 출산빈도를 낮추다
rambut yang jarang 듬성듬성한 모발

JARI 손(발)가락, 손(발)가락처럼 생긴 사물
dapat dihitung dengan jari 극소수의, 몇 안 되는
jari ampai (등나무 줄기로 만든) 회초리
jari anak, jari kelengking, jari renik 새끼손가락
jari hantu, jari malang, jari mati, jari panjang 중지, 가운뎃손가락
jari kaki 발가락
jari kelengkeng, jari kelengking 새끼손가락
jari laksana duri landak, bagai duri landak 예쁜 손가락, 섬섬옥수
jari lima 불가사리
jari manis 무명지
jari rimpang 벌어진 손(발)가락
jari syahadat, jari telunjuk 집게손가락
jari tengah, jari hantu, jari panjang 중지, 가운뎃손가락
jari-jari, jejari 반지름
menggigit jari 낙심한, 실망한

JARING 그물, 네트, 집, 망
jaring gawang 골네트
jaring labah-labah 거미집(줄)
jaring penerbangan tetap 정기 항공노선
menjaring angin 헛수고하다
menjaringkan satu gol 한 골을 넣다

JARUM 바늘
jarum biku, jarum bundel (평행) 핀
jarum cantel 안전핀

J

jarum halus 계략, 속임수
jarum jahit 바느질바늘
jarum jam 시계바늘
jarum rajut 뜨개바늘
jarum suntik 주사바늘
jarum tisik 짜깁기 바늘
jarum-jarum 저울바늘
jarum-jarum merah, jejarum merah 익소라 (꼭두서니과의 관엽식물)
jarumnya berlalu 속임수가 통하다
jarumnya halus 계략이 교활하다

JATI 순종의, 토종의, 진짜의
bukan sejati 순종이 아닌, 잡종의
kawan sejati 진정한 친구
sejati 순종의, 진짜의

JATUH 떨어지다, 닿다, 지다
busuk kerbau, jatuh berdebuk 낮말은 새가 듣고 밤말은 쥐가 듣는다
jatuh bangun 온갖 고초를 다 겪다; 흥망성쇠
jatuh berjolok 얻드려서 절 받기
jatuh coloknya 비참해 지다, 망신당하다
jatuh daripada cukup 많이 부족한, 훨씬 모자라는
jatuh di atas tilam, jatuh ke kasur 행운을 얻다
jatuh hati 사랑하다; 동정하다
jatuh iman 유혹에 넘어가다
jatuh ke atas 승진하다, 발전하다
jatuh ke bawah 강등되다, 퇴보하다
jatuh ke kasur, jatuh di kasur 행운을 얻다
jatuh ke pangkal juga 부모를 닮다
jatuh ke tanah lambuk 남을 비방하는 처지가 되다
jatuh ke tangan 지배하다
jatuh ke tilam, jatuh ke kasur 행운을 얻다
jatuh merek 망신을 당하다; 신용을 잃다
jatuh nama, jatuh merek 신용을 잃다
jatuh semangat 용기를 잃다
jatuh tempo 만기가 된, 유효기간이 끝난
jatuh tidak berjolok 저절로 굴러들다
kejatuhan bulan 뜻밖의 횡재를 얻다, 요행수를 얻다
menjatuhkan denda 벌금을 부과하다
menjatuhkan tangan 판결을 내리다
sudah jatuh ditimpa tangga 엎친 데 덮친다

JAUH 멀다, 멀리, 매우, 아주
jauh hati 애처로운, 슬픈
menjauhkan diri 멀리하다, 삼가다
jauh-jauh hati 미리미리
jauh malam 밤늦은
berjauhan mata 아주 멀리 헤어지다
jauh di mata 아주 멀리, 아주 먼 곳에
jauh panggang dari api 동문서답
jauh pemandangan 시야가 넓은, 경험이 많은
jauh rezekinya 생계를 찾기 어려운
menjauhkan tangan 손을 떼다, 그만두다
telah jauh maka dipanggil 엎지른 물, 쏘아 놓은 살

JAWAT 잡다, 쥐다
rekan sejawat, rakan sejawat 직장 동료

jawatan 직책; 부서, 부처
JAWI 자위 (말레이인, 말레이어 그리고 말레이 문화를 통틀어 일컫는 용어)
anak jawi 애지중지하는 아들
bahasa jawi 말레이어
huruf jawi 말레이어를 기록하기 위해 차용된 아랍문자
masuk jawi 할례 받다
JEBAT 영묘향, 시벳
musang jebat, musang kesturi 사향고양이
JEJAK 흔적, 자취, 발자국
jejak bahu 어깨에 닿는 긴 머리
berjejak di atas bara 조마조마하다
jejaknya keruh 과거 행적, 과거가 복잡하다
mencari jejak dalam air 헛수고하다
menghilangkan jejak 잘못을 은폐하다
menjejak negeri orang (돈 벌러) 해외에 나가다, 해외 곳곳을 떠돌다
JELAK 싫증난, 지겨운
jemu jelak 지긋지긋한, 진저리가 나도록 싫은
JELATA 하층의, 바닥의
menjelata 밑으로 기다
rakyat jelata 서민
JELATANG 쐐기풀
jelatang di hulu air 골칫거리
jelatang negeri 내란 주동자
JEMBATAN/JAMBATAN 다리, 교량
jembatan air, jembatan saluran 수도교
jembatan apung, jembatan pelampung 부교
jembatan emas 최선의 방법
jembatan layang 고가 횡단도로
jembatan timbangan 과적차량 검문소
JEMPUT 마중하다, 초청하다, 집어 들다
menjemput garam 소금을 (손으로) 집어 들다
jemputan 초청; 초청 받은 사람, 손님
JEMU 싫증난, 지루한
jemu hidup 삶에 싫증난
jemu jelak 지긋지긋한, 진저리가 나도록 싫은
tidak jemunya 싫증 안 나는, 좋은
JENAZAH 시신, 사체
peti jenazah (시신을 넣는) 관, 널
JENGKAL 뼘, 장뼘
menjengkal dada 구박하다, 무시하다
menjengkal muka 괜한 일을 하다; 모욕하다
JENJANG 계단, 층
berjenjang-jenjang 층층이
JERAT 덫, 올가미, 계략
bagai menjenguk jerat sial 소 닭 보듯
jerat halus 아주 교활한 속임수
jerat semata 애인
jerat semata bunda kandung 애지중지하는 외아들
menahan jerat di tempat genting 벼룩의 간을 빼먹는 격
terpasang jerat halus 교활한 속임수에 넘어가다
tahan jerat sorong kepala 제 꾀에 제가 넘어간다
JERIH 피곤한, 지친
jerih payah 노력, 수고

JERIT 고함, 외침, 불만
jerit-jerit, menjerit-jerit 마구 소리를 질러대다
menjerit kuat-kuat 고래고래 소리를 지르다
JERNIH 맑은, 명랑한, 정직한
hati jernih 정직한 마음
muka jernih 밝은 얼굴, 명랑한 얼굴
JILAT 핥다, 날름거리다
menjilat air liur 병 주고 약 준다
dijilat anjing kurus 싹싹 긁어먹다
menjilat bibir 갈망하다; 곰곰 생각하다
menjilat ludah kembali 병 주고 약 준다
menjilat pantat 아첨하다, 알랑방귀를 뀌다
JINAK 길들은, 유순한
jinak-jinak lalat 남의 잔치에 감 놓아라 배 놓아라하는 사람
jinak-jinak merpati 외유내강형의 여자
JINJING 손으로 들고 가다
menjinjing keranjang 바구니를 들고 가다
JIRAN 이웃
jiran terdekat, jiran tetangga 이웃사촌
JODOH 배우자
jodoh pertemuan 천생연분
sejodoh lelaki perempuan 남녀 한 쌍
JOLOK 찌르다, 찔러 박다
menjolok anak 유산시키다
menjolok hati 떠보다
menjolok mata 눈에 띄는, 뚜렷한; 외설적인, 너무 야한
menjolok sarang tabuhan 벌집 쑤신 격
penjolok tinggal di atas 닭 쫓던 개 지붕 쳐다보는 격
JOLONG 처음(의), 풋(과일)
jolong-jolong 맨 처음
seperti gadis jolong bersubang, bujang jolong bekerja 안하무인
JUAL 팔다
menjual aksi, menjual lagak 뻐기다, 우쭐대다
menjual bangsa 조국과 민족을 배반하다
penjual bangsa 매국노, 민족반역자
menjual bicara, menjual omong 말만 앞서다
menjual berduit-duit 소매가격으로 팔다
menjual diri 몸을 팔다, 창녀로 일하다
menjual gantung 전당잡히다
menjual gigi 큰 소리로 껄껄 웃다
menjual kepala 남 좋은 일만 시키다
dijual lepas 통째로 넘어가다
jual mahal 고분고분하지 않은, 콧대가 센
menjual mata 두리번거리다
menjual muka, menjual rupa 환심을 사다
menjual nama 남의 이름을 팔다, 명의를 도용하다
menjual petai hampa 빈말하다, 헛소리하다
jual tampang 환심을 사다
dijual tegak-tegak 눈 뜨고 코 베인 격
JUDI 놀음
judi buntut 불법도박
JUITA 사랑스러운, 귀여운, 애인
emas juita 애인

ratna juita 애인

JULING 사팔뜨기의, 사시안의
juling air, juling bahasa 약간 사팔뜨기의
juling itik 고개를 비스듬히 둔 채 바라보다

JUMPA 마주치다, 보다, 만나다
jumpa muka 면담하다, 대면하다
jumpa pers 기자회견

JUNJUNG (머리에) 이다, 머리에 얹다
menjunjung di atas batu kepala 준수하다
menjunjung kaki 존경하다, 공경하다
menjunjung sangkak ayam 개망신을 당하다
menjunjung tinggi 떠받들다, 존중하다
menjunjung uban 늙은; 경력이 오래된, 노숙한

JURU 전문가, 기술자
penjuru angin (동서남북의) 방위
juru acara, juruacara (방송, 모임, 공식 행사의) 사회자
juru bahasa 통역사
juru berita 기자
juru bicara, juru cakap 대변인
juru dapur 요리사
juru gambar 화가
juru hebah 아나운서
juru kaki 전령
juru kunci 왕실 묘지 관리인; 꼴등, 꼴찌
juru latih 트레이너
juru nikah 주례
juru solek 미용사
juru tangan 조수
juru tulis 서기

K

KABAR/KHABAR 소식
apa kabar? 안녕(하세요)?, 안녕하십니까?
kabar angin, kabar burung 소문, 풍문
kabar baik 희소식, 기쁜 기별, 잘 지냅니다
kabar buruk 흉보
kabar dengkul 허위기사
kabar sedih 비보, 슬픈 기별
kabarkan diri 의식을 되찾다, 정신이 들다
KACA 유리, 거울, 모범
bagai kaca terhempas ke batu 매우 서글픈, 애끓는
matanya berkaca-kaca 눈물이 글썽이다
mengaca diri 반성하다
kacamata 안경; 관점
kaca muka 거울
KACANG 콩, 땅콩
bagai kacang tengah dua bulan 토실토실한
kacang hantu, kacang parang, kacang polong 작두콩; 악당
kacang miang 선동가
kacang direbus satu 기뻐 날뛰다
kacang lupakan kulitnya 개구리가 올챙이 적 생각 못 한다
KACAU 혼란한, 어수선한
kacau-balau, kacau-bilau 엉망진창의, 아주 혼란스러운
kacau hati 어쩔 줄을 모르는, 어리둥절한
KADAR 힘, 능력, 등급, 정도
ala kadarnya 능력껏, 힘껏; 운명, 숙명
kadar air 고유수분
kadar Tuhan telah berlaku 사망하다, 세상을 떠나다
perwakilan berkadaran 비례대표제
KAIL 낚싯바늘
bungkuk kail hendak mengena 사기하다, 사기 행각을 벌이다
mengail di air keruh 어지러운 틈을 타 이익을 챙기다
kail-kail 목구멍이 따끔따끔한
KAIN 천, 옷감
berkain dua 성년이 된 (여성)
berkain tiga hasta, tak berkain sehelai benang 매우 가난한, 궁핍한
kain basah kering di pinggang 입에 거미줄 치다
kain basahan 목욕용 천
kain cemur, kain kotor 월경(하다)
kain dalam lipatan 뒷구멍으로 호박씨 까는 여자
kain jadi basahan 궁핍해지다, 초라해지다

kain kapur 풀을 먹인 흰 천
kain sehelai kering di badan 매우 가난한, 궁핍한
kain tulis 바띡천
laksana kain putih 순진무구한 (사람)
sekain sebaju 죽마고우
tak tahu akan kain lagi 몹쓸 병에 걸린 (사람)
KAIS 후비다, 긁어 파내다
kais pagi makan pagi, kais petang makan petang 하루살이 신세, 궁핍한 생활
kais sebelum makan, mengais dulu maka makan 궁핍한, 근근이 먹고사는
KAIT 갈고리, 함정, 따다, 묶다
mengait kantung orang 도둑질하다, 사기치다
mengait kelapa 야자 열매를 따다
tali jangan putus, kaitan jangan serkah 정당한 합의
KAJI (종교적인) 연구, 학문
mengaji batang (코란을) 암송하여 익히다
mengaji dari alif 순리에 따르다
kaji menurun 코란을 암송하기 시작하다; 쉽게 풀 수 있는 문제
lancar karena diulang, pasar jalan karena diturut 모든 것이 노력의 결과이다
KAKI 다리, 발
berkaki ayam 맨발
berkaki seribu 줄행랑을 놓다, 무서워 도망치다
kaki angkasa, kaki langit 지평선
kaki belalang 늘씬하고 예쁜 다리
kaki lima 보행로, 보도; 노점상
kaki meja 털이 많이 나지 않은 다리
kaki naik, kepala turun 여름에 하루 놀면 겨울에 열흘 굶는다
kaki perempuan 여색을 몹시 좋아하는 남자
kaki sudah dilangkahkan 엎지른 물, 쏘아 놓은 살
kaki tangan 조수, 공범; 직원
kaki tengkar 싸움꾼
mata kaki 발목
naik basuh kaki sahaja 식은 죽 먹기
terikat kaki tangan 꼼짝달싹도 못하는
KAKU 뻣뻣한, 어색한, 둔한
kaku lidah (외국어) 발음이 나쁜, 혀가 잘 돌아가지 않는; 어색한, 어울리지 않는
K
KALAH 지다, 잃다, 꿀리다, 눌리다
kalah gertak 겁먹다, 졸다
kalah jadi abu menang jadi arang 이기나 지나 손해 보는 것은 마찬가지
kalah membeli menang memakai 썩어도 준치
kalah suara 낙선하다
KALAM 말, 말씀, 필기구, 붓
kalam Allah 신의 말씀
kalam batu 석판
KALANG 지주, 토대, 계층, 혼란한
berkalang lidah 토론하다
berkalang tanah 죽다
besar kalang 겁쟁이(의)
kalang hulu, kalang ulu 베개
kalang kabut 혼란한, 무질서한

kalangan atas 상류층
mengalangkan batang leher 자해하다, 자학하다
mengalangkan leher 남을 위해 목숨을 걸다
sempit kalang 화를 잘 내는, 성미가 급한
terkalang di mata 눈에 선한, 눈앞에 떠오르는
terkalang lidah 입 벙긋도 못하다, 대들지 못하다

KALENG 양철, 깡통
makanan dalam kaleng 캔 포장 식품

KALI 곱하다, 횟수, 번, 강, 시내, 몹시, 매우
bodoh sekali 몹시 우둔한, 아주 어리석은, 매우 미련한
dua kali lima (jadi) sepuluh 2X5=10
kali mati 물이 흐르지 않는 강
kali-kali, daftar darab 구구표
murah sekali 아주 (값이) 싼, 매우 싼
sekali air besar, sekali pasir berubah 새 술은 새 부대에
sekaligus, sekali gus 모두, 전부; 동시에, 한꺼번에
sekali dipatuk ular, tali pun ditakutkannya lagi 자라 보고 놀란 가슴 솥뚜껑 보고 놀란다
sekali di atas, sekali ke bawah 음지가 양지되고 양지가 음지된다, 이랑이 고랑 되고 고랑이 이랑 된다
sekali cencang dua putus 일거양득, 임도 보고 뽕도 따고
sekali lalu, sepintas lalu 얼핏 보아, 언뜻 보아; 동시에, 한꺼번에
sekali pandang 얼핏 보아, 언뜻 보아
sekali pukul 한 방에, 단칼에
sekalian 모두, 전체; 동시에, 겸해서
sekalipun 불구하고, ~ㄹ지라도

KALONG 큰 박쥐
bulu kalong 솜털

KALUNG 목걸이
kalung bunga, kalungan bunga 꽃목걸이
kalung emas 금목걸이
sekalung bunga 축하 선물

KAMAR 방
kamar berterali, kamar gelap 감방, 수용실
kamar gelap 암실; 감방, 수용실
kamar kecil, WC 화장실
kamar mati 영안실

KAMBING 염소
anak kambing tak akan jadi anak harimau 개꼬리 삼 년 묻어도 황모 되지 못한다
bagai kambing dijunjung 큰 비명을 지르다
kambing congek 아둔한 사람
kambing dalam biduk 공포에 질린, 잔뜩 겁먹은
kambing guling 통째로 구운 염소고기
kambing harga sekupang 매우 거만한, 매우 건방진
kambing hitam 속죄양
kambing putus tali 서둘러 가다, 총총걸음을 치다
mengambinghitamkan 죄를 대신 지우다, 죄를 전가하다, 속죄양을 만들다
seperti kambing dikuliti hidup-hidup 살을 에는 듯한 고통

KAMPUNG 서민촌, 시골, 동리
anjing kampung 들개
ayam kampung 시골닭

kampung halaman 고향, 출생지
orang kampung 촌사람, 시골사람, 촌놈
KAMUS 사전
kamus Indonesia-Korea 인도네시아어-한국어 사전, 인한사전
kamus Melayu-Korea 말레이어-한국어 사전, 마한사전
kamus pelajar 학습자 사전
KANAK-KANAK 어린아이, 소아
kanak-kanak anyir, kanak-kanak hanyir 신생아; 애송이, 풋내기
KANAN 오른쪽, 우측
langkah kanan 운이 좋은, (사업이) 잘돼 가는
tangan kanan 오른쪽 손(팔); 심복, 오른팔
KANCAH 큰 솥, 상황, 무대
kancah ditawar 어안이 벙벙한
kancah dunia 세계무대
kancah peperangan 전장, 전쟁터
kancah perjuangan 투쟁의 현장
kancah politik 정계, 정치활동 무대
KANCIL 자바애기사슴, 꾀보
si kancil 꾀보, 약삭빠른 사람
KANCING 단추
pengancing gigi 파상풍
terkancing gigi, terkancing mulut 아관경련
KANDANG 우리, 외양간, 묘지
kandang buaya, kandang harimau 우범지대, 위험지역
kandang bulan 달무리
kandang mobil 차고
kandang monyet 위병소, 감시초소
kandang orang salah (법정의) 피고인석
masuk kandang kambing mengembik, masuk kandang kerbau menguak 입향순속
pulang ke kandang 고향으로 돌아가다
KANDUNG 주머니, 통, 자궁
anak kandung 친자식
kandung empedu 담낭, 쓸개
kandung kencing 방광, 오줌통
kandung jantung 심낭, 심막
mengandung hati 토라지다, 꽁하다, 화나다
saudara kandung 친형제
terkandung dalam hati 가슴에 새기다, 마음 속 깊이 새기다, 마음 속 깊이 간직하다
KANJI (세탁용) 풀, 죽물, 녹말
kemeja putih berkanji 풀 먹여 다린 흰 와이셔츠
makanan berkanji 탄수화물
menganji hati 협박하다, 겁주다
KANTONG/KANTUNG 주머니, 백, 가방
berkantong tebal 돈지갑이 두둑한, 경제력이 있는
berkantong tipis 돈지갑이 얇은, 경제력이 없는
kantong belakang 뒷주머니
kantong kemaluan 음낭, 불알
kantong kering, kantong kempes, kantong kosong 빈지갑의, 한 푼도 없는, 빈털터리의
kantong nasi 뱃속, 소화기관
kantong semar 벌레잡이통풀

KANTOR 사무실, 사무국, 사무소
kantor berita 기상대
kantor bea cukai 세관
kantor besar, kantor pusat 본점
kantor cabang 지점, 지사, 지국
kantor pajak 세무서
kantor polisi 경찰서
kantor pos 우체국
KAPAL 배, 선박
besar kapal besar gelombang 산 넘어 산
kapal angkasa 우주선
kapal angkutan, kapal muatan, kapal pengangkut 화물선
kapal bersayap 하이드로포일, 수중익선
kapal dagang 상선
kapal dayung 노 젓는 배
kapal es 쇄빙선
kapal kincir 외륜선
kapal induk 모함
kapal keruk, kapal korek 준설선
kapal liar 부정기 화물선
kapal mualim, kapal pandu 수로안내선
kapal padang pasir 낙타
kapal pemayar, kapal penjelajah 순양함
kapal pemburu, kapal perusak 구축함
kapal penambang 나룻배
kapal pengemas 해난 구조선
kapal penumpang 여객선
kapal peronda pantai 해안경비정
kapal pesiar 유람선
kapal peti kemas 컨테이너선
kapal rambu 관광선
kapal satu nakhoda dua 사공이 많으면 배가 산으로 올라간다
kapal selam 잠수함
kapal tangki 유조선
kapal terbang, kapal udara 비행기
kapal wisata 관광선
KAPAS 목화, 솜
kapas belanda 육지목화
kapas benggala 이집트목화
kapas dibusur 매우 순수하고 깨끗한
kapas pembalut 멸균거즈
seperti kapas dibusar 새하얀, 매우 하얀
KAPLOK 가슴을 치다
kaplok dada 자만에 빠지다, 우쭐거리다
KAPUK 카폭솜, 자바솜
bantal kapuk 솜베개
kasur kapuk 솜깔개
KAPUR 석회, 백묵
kapur batu 석고
kapur berwarna 크레용
kapur belanda, kapur tulis 분필, 백묵
kapur di ujung telunjuk 혈연이나 친척에게 도움을 줄 수 없는
kapur mati 소석회

kapur sirih 베틀후추잎에 발라 씹는 석회
kapur tembok 회반죽
KARAM 가라앉다, 침수되다
karam sambal oleh belacan 믿던 도끼에 발등 찍힌다
karam tidak berair 뜻밖의 사고를 당하다
telah karam maka bertimba 소 잃고 외양간 고친다
KARANG 산호(초), 장식(하다), 엮다
karang gigi 치석, 잇돌
karang-mengarang 작문, 글짓기
karangan bunga 화환, 화륜
mengarang telur 알을 배다
pengarang gigi 잇몸, 치은
pengarang jantung 애인, 연인
udang karang 바다가재
KARAT 녹, 쇳기
karat besi 쇳녹
karat hati 악한 마음, 녹슨 마음, 나쁜 감정
KARENA/KERANA 이유, 원인, 때문
karena Allah 신의 뜻대로; 신의 이름으로; 공짜로, 무료로
karena itu 그 때문에, 그 이유로
karena mulut, badan binada 주둥이 때문에 패가망신
karena sabut tebal, tempurung pun jadi kebal 원님 덕분에 나발 분다
KARET 고무 (나무)
jam karet 항상 정해진 시각보다 늦은, 시간관념이 없는
pohon karet 고무나무
KARIB 가까운, 친한, 친척
kawan karib 친한 친구
KARTU 카드
kartu kuning 옐로카드
kartu mati 전혀 쓸모없는 사람
kartu merah 레드카드
kartu terbuka 솔직한, 정직한
kartunya sedang naik 나날이 발전하는, 운이 좋은, 잘 풀리는
KARUNG 자루, 부대, 마대
karung bolong 식탐이 많은 (사람), 욕심꾸러기(의)
karung goni 마대자루
KASAR 거친, 교양 없는, 대강 추린, 조야한
buruh kasar 막노동자
kasar mulut 입이 거친, 입이 험한
kasar tangan 손찌검이 잦은, 남을 때리기 좋아하는; 끝마무리가 좋지 않은
untung kasar 매출총이익
KASEMAT/KESUMAT 원한, 증오, 적의
dendam kasemat 앙심
KASIH 사랑, 애정, 그리움
kasih bersabung dalam hati 그리움을 참다
kasih itu semangat yang buta 사랑은 장님이다
kasih mesra 지극한 사랑, 연모(의 정)
kasih sayang 깊은 사랑과 애정; 연민(의 정), 동정(심)
kasih tak sampai 짝사랑
kasihkan anak tangan-tangankan 자식들은 사랑의 매로 키워라
KASUR 침구용 깔개, 매트리스
kasur pegas 용수철 매트리스

K

KATA 말, 단어
berkata dua 표리부동한 말(을 하다)
berkata siang melihat-lihat, berkata malam mendengar-dengar 말이 씨가 된다
berkata-kata dalam hati 혼잣말을 하다
kata adat 전통 속담
kata batin, kata hati 양심
kata bulat 만장일치의 합의
kata depan 전치사
kata dua 최후의 통첩, 으름장
kata hati 양심; 신념
kata kerja 동사
kata kerja bantu 조동사
kata keterangan 부사
kata lawan 반대말, 반의어
kata periuk, belanga hitam 똥 묻은 개가 겨 묻은 개 나무란다
kata pinjaman 차용어
kata putus 결의, 결정
kata tidak berpucuk 최종 결정
kata masukan 표제어
kata seru 감탄사
kata sifat 형용사
memberi kata dua 최후통첩을 하다, 협박하다
mengata-ngatai 꾸짖다, 나무라다
sepatah kata 몇 마디의 말
KATAK 개구리
katak di bawah tempurung 우물 안 개구리
katak ditimpa kemarau 한탄하다
katak hendak jadi lembu 뱁새가 황새걸음
katak kuak 꽃맹꽁이
katak puru 두꺼비
KATUP 밸브, 판
katup jantung 심장판막
katup pengaman 안전밸브
terkatup mulut 입 벙긋도 못하는, 대꾸할 능력이 없는
KAUL 말, 의견, 약속
membayar kaul 약속을 이행하다
KAUM 종족, 집단, 계층
kaum cerdik cendekia, cerdik pandai 지식층
kaum dagang 상인계층
kaum eksekutif 관리계층
kaum kecil 소시민층
kaum mapan 안정계층
kaum miskin 빈민계층
kaum pemberontak 반란군 집단
kaum perempuan, kaum wanita 여성층
kaum tani 영세농민들
KAWAL 경비(원), 감시, 통제
kawalan 감시, 통제
mengawal harga barang 물가를 통제하다
mengawal kampung 마을을 지키다
KAWAN 벗, 친구, 동료, 가족
kawan hidup 배우자, 반려자

kawan nasi 반찬
kawan sebaya 동년배, 또래
kawan sekelas 동급생
mengawan 교미하다
musim mengawan 발정기

KAWAT 철사, 철선
kawat berduri 가시철조망, 가시철망

KAWI 고대 자바어(문자), 강력한, 신통한
adat yang kawi, syarak yang lazim 강력한 관습은 곧 일상의 율법이다
tulisan kawi 고대 자바문자

KAWIN/KAHWIN 결혼(하다), 혼인(하다)
kawin batin 사실혼, 동거생활
kawin gantung, nikah gantung 미완성 결혼
kawin lari 보쌈결혼
kawin massal 단체결혼
kawin sumbang 근친혼
kawin suntik 인공수정
kawin tunggal 일부일처혼

KAYA 부유한, 풍부한, 많은
kaya anak 자식이 많은
kaya besar, kaya raya 돈이 아주 많은, 대단한 갑부의
kaya hati 손이 큰, (돈 따위를) 아끼지 않는, 후한
kaya mata 경험이 많은, 노련한

KAYAK/KAYA ~처럼, ~같이
kaya anjing gila 미친개처럼, 미친개같이
kayak orang kaya 부자처럼

KAYAP 포진
kayap ular 대상포진

KAYU 나무, 목재
besar kayu besar dahannya 얻는 것이 있으면 잃는 것이 있게 마련
kayu api, kayu bakar 땔감나무
kayu balak, kayu bulat 원목, 통나무
kayu besi, kayu belian, kayu ulin 녹나무
kayu bongkok 가난하고 천박한 사람
kayu gaharu 침향목
kayu hitam 흑단
kayu kasar 거친 제재목
kayu lapis 합판
kayu lempung 나약한, 무기력한
kayu manis 계피(나무), 계수나무
laksana pohon kayu tidak berbuah 실용성이 없는 학문

KAYUH 노, 페달
berkayuh sambil ke hilir 일거양득
malu berkayuh, perahu hanyut 노력 끝에 성공 있다
pengayuh sama di tangan, perahu sama di air 오십보백보
tak terkayuhkan lagi biduk hilir 축 늘어지다, 맥 빠지다

KE ~로 (방향전치사)
ke belakang 변소에 가다, 용변을 보러가다
ke liang kubur, ke negeri cacing 죽다, 사망하다
ke sungai 용변을 보다; 목욕가다, 목욕하다

KEBAL 방탄의, 장갑의
kebal daging 예리한 무기에도 뚫리지 않는, (칼에) 베이지 않는
kebal katak puru 철갑을 두른 것 같은

kereta kebal 전차, 탱크, 장갑차
KEBUN 논, 밭, 과수원, 공원
kebun binatang 동물원
kebun bunga 정원
KECEK 수다, 잡담, 속임수
banyak kecek 수다스러운, 말이 많은
kecek bagai ketiak ular 질질 끄는 대화
kecek berlauk-lauk, makan dengan sambal lada 번드레한, 겉모양만 번드르르한
kecek ular 과장하다, 허풍을 치다
sudah dikecek dikecong pula 두 번이나 속은, 두 번째 사기를 당한
KECONG 속임수, 사기
kecong-mengecong 서로 속이다
KECIL 작은, 적은, 좁은, 사소한, 약한
berkecil hati 겁이 많다; 토라지다, 속상하다
kecil hati 겁쟁이; 토라진, 속상한
kecil-kecil cabe rawit, kecil-kecil lada api 작아도 당초
kekecilan hati 겁, 비겁; 화, 불쾌
orang kecil 대중, 소시민
usaha kecil-kecilan 소기업
KECUT 쭈그러진, 겁나는, 찡그린
kecut hati 겁나는, 두려운
kecut-mecut 쭈글쭈글한
wajah kecut 찡그린 얼굴
KEDAI 가게, 상점
kedai makan 식당, 음식점
kedai minyak 주유소
KEJAI 고무나무
kejai berlapis 매우 인색한, 야박한
KEJAM (눈을) 감다
kejam celik 깜박거리는, 깜박깜박하는
KEJAP (눈을) 깜박거림, 잠깐
sekejap mata 눈 깜짝할 사이
tunggu sekejap 잠깐 기다리세요
KEJAR 쫓다, 추격하다
dikejar bayangan 도둑이 제 발이 저린
mengejar waktu 시간에 쫓기다
putih dikejar, hitam tak dapat 두 마리 토끼 잡으려다 다 놓친다
KEJUT 얼어붙은, (놀라서) 몸이 굳은
berkejut telinga (놀란 말처럼) 귀를 쫑긋 세우다
kejutan budaya 문화적 충격
KEKANG 재갈, 고삐
tali kekang kuda 말고삐
mengekang nafsu 금욕하다
KELADAK 찌꺼기, 침전물
keladak perut 막내
KELADI 타로(감자)
air di daun keladi 변덕이 심한, 이랬다 저랬다 하는
KELAHI 싸움, 다툼
berkelahi dalam mimpi 헛수고하다
sehabis kelahi teringat silat 소 잃고 외양간 고친다
KELAMBU 모기장
kelambu gua 집 없는 사람, 노숙자

KELAPA 야자(나무), 야자열매, 코코넛
kelapa sawit 기름야자
tua-tua kelapa 노련한
KELAS 등급, 학년, 계층
kelas berat 중량급; 노련한 전문가
kelas bulu 페더급
kelas kambing (극장에서 가장 싼) 좌석; 서민층
kelas ringan 라이트급; 하찮은 계층
kelas satu 최고급(의)
kelas teri 좀도둑(의)
kelas tiga 하급의, 저급의
kelas tinggi 고소득층의, 상류의
KELINCI 토끼
kelinci percobaan 임상시험 대상자
KELINDAN 실, 실감개
lalu penjahit, lalu kelindan 처음이 좋아야 끝도 좋다
KELING 인도 남부출신, 신빙성이 없는
keling karam 늘 시끄러운 사람
lidah keling 믿을 수 없는, 음흉한
KELOR 모링가나무
selebar daun kelor 아주 좁은
tak selebar daun kelor 좁지 않은, 넓은
KELUAR 나가다, 나오다, 외출하다
keluar angin, keluar gas 방귀(를 뀌다)
keluar garis, keluar rel 규칙위반, 범칙
keluar keringat dingin 식은땀이 나는, 두려운
keluar sekolah 학업을 중단하다
keluar tanduknya 화가 나다
mengeluarkan isi hatinya 속마음을 털어놓다
KEMARAU 건조한, 마른
kemarau keras 긴 가뭄, 심한 가뭄
KEMAS 정돈된, 깨끗한
kemas kini 최신 정보로 바꾸다; 최신 정보로 바꾸기
KEMBALI 돌아가다, 돌아오다
kembali ke asal, kembali pada asal 죽다
kembali ke rahmatullah 돌아가시다
terima kasih kembali (감사의 인사에 대답하여) 천만의 말씀입니다
KEMBANG 피다, 발전하다, 꽃
berkembang biak 증식하다, 번식하다
berkembang lobang hidungnya 거만해 지다, 오만해 지다
berkembang mekar 번창하다
berkembang tengkuknya 겁이 나다, 소름이 돋다
berkembang hati 즐거워지다, 행복해지다
kembang hidung 뽐내다, 자랑하다
kembang idaman 꽃다운 처녀; 애인
kembang kempis dadaku 반신반의하다, 조마조마하다
kembang kempis 쩔쩔매다; 헐떡이다
kembang latar 매춘부
kembang lawan 과일 껍질
kembang pengantin 야래향
mengembang cuping hidupnya 거만해 지다, 오만해 지다
mengembangkan hati 격려하다, 고무시키다
mengembangkan sayap 사업을 확장하다, 세력을 넓히다

K

KEMBUNG 부어오른, (배가) 더부룩한
kembung kempis 헐떡이다
KEMEJA 셔츠
kemeja berlengan pendek 반팔 셔츠
kemeja putih 흰 와이셔츠
KEMELUT 위기, 위험
kemelut naik (질병의) 악화
kemelut turun (질병의) 호전
masa kemelut 위기 기간, 위기 시기
KEMENAKAN/KEMANAKAN 조카(아들), 조카딸
kemenakan di bawah lutut 하인
KEMENYAN 안식향, 안실향
kemenyan hantu 썩은 냄새, 방귀 냄새
kemenyan sebesar lutut, jika tiada dibakar manakan berbau 학식은 실천하지 않으면 아무 소용없다
KEMUDI 키, 방향타, 핸들
berkemudi ke rusuk 졸장부, 공처가
KENA 맞다, 부딪히다, 당하다
kena batunya 임자를 만나다, 만만찮은 상대를 만나다
kena emas 뇌물을 먹다, 뇌물을 받다
kena gunting inggris 사기당하다
kena hantu 동티가 나서 병이 들다
kena hati 사랑에 빠지다; 속상하다, 화나다
kena lecah 명예가 훼손되다
kena pukau 어안이 벙벙한, 어리둥절한
kena pukul 손해를 보다, 사기 당하다, 욕먹다
kena rasuk 홀리다
kena sakal 고문을 당하다
kena sembur 욕을 먹다, 꾸지람을 듣다
kena si bengang 너무 놀라서 말문이 막힌
kena sorong 뇌물을 먹다, 뇌물을 받다
kena tokoh 사기 당하다
mengena di hati 합당한, 알맞은
mengenakan gaya 말씨가 고운
mengenakan jarum halusnya 교활한 방법으로 속이다
mengenakan tangan 벌을 주다
terkena buku buluh 너무 조심하다가 오히려 사고를 당하는 격
KENAL 알다, 친하다
kenal-kenal Cina 서먹서먹한, 사귄지 얼마 안 된
surat perkenalan 소개장
KENCANG 팽팽한, 빠른
berlari kencang 재빨리 달리다
mengencangkan ikat pinggang 근검절약하며 살다
KENCING 오줌(을 누다), 소변(보다)
guru kencing berdiri, murid kencing berlari 윗물이 맑아야 아랫물이 맑다
kencing darah 혈뇨(증)
kencing manis 당뇨병
KENCUR 양강근(생강의 일종)
masih bau kencur 아직 애송이인 (사람)
KENDALI 안내, 유도, 고삐
kendali mutu 품질검사부
peluru kendali 유도탄

KENDARA/KENDERA (차량에) 올라타다, 탑승하다
kendaraan berat 대형차
KENDUR 느슨한, 늘어진, 해이된
mengendurkan sekrup (정신상태가) 해이되다
mengendurkan urat 근육을 풀다
KENING 눈썹, 이마
angkat kening 눈짓하다, 신호를 보내다
beradu kening 대면하다, 만나다
berkilat keningnya 용모가 아름다운
keningnya berkerut 속상한, 화가 난; 고민이 있는
berkening sempit 성급한 (사람), 화를 잘 내는 (사람)
terangkat kening 아침 7시 반에서 8시 사이
KENTAL 친한, 진한, (내용물이) 꽉 찬
bubur kental 진한 죽
darah kental 굳은 피
semangat yang kental 강한 의지
KENTUT 방귀(뀌다)
mengentuti orang lain 다른 사람을 속이다
terkentut 방귀가 저절로 나오다
KENYANG 배부른, 만족한, 충만한
kenyang makan kerak 경험이 많은, 노련한
kenyang makan garam 산전수전 다 겪은, 경험이 많은
KEPAL 주먹, 덩어리, 움켜쥠, (한) 줌
mengepalkan tangan erat-erat 아주 인색한, 야박한
mengepalkan tinju 주먹을 불끈 쥐다
sekepal beras 쌀 한 줌
sekepal menjadi gunung, setitik menjadi laut 티끌 모아 태산
KEPALA 머리, (조직이나 집단의) 장, 우두머리, 꼭대기
berkepala dua 줏대 없는, 우유부단한
berkepala kerbau 멍청한, 우둔한
berkepala ringan 영리한, 똑똑한
diberi bahu hendak kepala 말 타면 경마 잡히고 싶다
kepala angin 어리석은, 지각이 없는
kepala batu 고집이 센, 완고한
kepala berat, berat kepala 머리가 둔한, 이해력이 모자라는
kepala besar, besar kepala 잘난 체 하는, 뽐내는
kepala dingin, dingin kepala 차분한, 냉정한
kepala kosong 무식한, 어리석은
kepala negara 국가의 수반, 대통령
kepala paha 사타구니, 샅
kepala ribut 말썽쟁이, 말썽꾸러기
kepala sekolah 교장
kepala udang 매우 어리석은, 우둔한
keras kepala 황소고집, 고집이 센
ringan kepala, kepala ringan 이해력이 뛰어난, 머리 회전이 빠른
sakit kepala 두통
KEPALANG 적은, 부족한
bukan kepalang 굉장한, 어마어마한, 보통이 아닌
kepalang ajar 교육이 부족한, 교육을 제대로 받지 못한
KEPAYANG 커파양 나무(따먹으면 취하는 열매를 맺음)
mabuk kepayang 상사병(에 걸린)
KEPITING 게
kepiting batu 수전노, 구두쇠

kepiting menyuruh anaknya berjalan betul 쌍언청이가 외언청이 나무란다, 똥 묻은 개가 겨 묻은 개 나무란다
KERA 원숭이
kera diberi kaca 무용지물
kera jadi monyet 오십보백보, 달라진 것이 하나도 없는
kera kena belacan 안절부절 하는, 아주 불안한
KERABAT 가족, 친척, 가까운
kaum kerabat 친척
kekerabatan 친척 관계
KERAK 껍질
kerak bumi 지각
kerak nasi 누룽지
sudah biasa makan kerak nasi 곤궁한 삶에 이미 익숙해진
KERAS 단단한, 견고한, 강한
berkeras batang leher, berkeras urat leher 악착같은, 불굴의, 집요한
berkeras hati 고집불통의, 완강한; 단호한, 불굴의
berkeras hidung 편협한, 고집불통의
berkeras kepala 완고한, 완강한
berkeras-kerasan mulut 격렬하게 입씨름을 하다, 심한 말싸움을 하다
keras hati 옹고집의; 집요한, 악착같은
keras jangat 불사신의, 상처 입지 않는
keras kaki 여행을 많이 한, 여기저기 많이 돌아다닌
keras kepala 완고한, 충고(제안, 지시)를 따르지 않고 저항하는
keras lidah 혀가 잘 안 돌아가는, 발음이 잘 안되는
keras mulut, keras rahang 입심이 좋은
keras tulang 용감한
keras-keras kerak nasi 작심삼일
mengeraskan perut 강요하다
minuman keras (독한) 술
panas keras 고열
sekeras batu 독선적인
KERAT 조각, 일부분, 덩어리
sekerat dunia (지역, 땅)이 매우 넓은
sekerat kuku 코딱지만큼, 아주 조금
mengerat lidah (남의 말을) 가로채다
berkerat rotan 관계를 끊다
tulang empat kerat 사지, 두 팔과 두 다리
KERAWANG 구멍이 난, 구멍이 숭숭 뚫린 천
mengerawang langit 공상에 빠지다
KERBAU 물소
kerbau menanduk anak ~는(은) 척하다, ~는(은) 체하다
kerbau menanduk, kerbau pergi 죄는 지은 데로 간다
kerbau pendek 돼지; 바보, 멍청이
kerbau runcing tanduk 악명 높은 (사람)
kerbau turun berendam 대략 오후 5시경
menghambat kerbau berlabuh 굴러드는 복 차버리는 격
KERETA 수레, 탈것
kereta angin, kereta lereng 자전거
kereta api, kereta asap 기차
kereta baja, kereta kebal, kereta waja 전차, 탱크, 장갑차
kereta jenazah, kereta mati, kereta mayat 영구차
kereta peronda 순찰차
KERING 마른, 건조한

berkering air liur 헛수고(하다), 헛일(하다)
berkering air mata 아주 슬픈, 매우 슬픈
berkering darahnya 깜짝 놀라다, 대경실색하다
berkering embun 대략 아침 8-9시경
berkering kerongkongan 지친, 신물 난
berkering tekak 목이 타는, 갈증이 심한
kering kelontang, kering kerontang (땅이) 메마른
kering ringkai (세탁물이) 바싹 마른, 물기가 전혀 없는
kering-kering air 촉촉한, 아직 물기가 있는
musim kering, musim kemarau 건기
tak kering gusi 입가에서 웃음이 떠나지 않는

KERINGAT 땀
biang keringat 땀띠
keluar keringat kering 아주 힘든, 매우 어려운
keringat dingin 식은 땀; (무서워서) 벌벌 떠는
keringat sendiri (딴사람이 아닌) 자신의 노력
mandi keringat 땀 흘리다, 열심히 일하다
membuang keringat 헛수고하다, 헛일하다

KERIS 커리스(말레이인들 고유의 양면날 손칼), 비수
berkeras tidak berkeris 실속이 없는, 실속을 차리지 못하는
keris pandak, keris pendek 칼날이 짧은 커리스(비수)
keris panjang 칼날이 긴 커리스(비수)

KERJA 일, 노동, 직업
kerja bakti 자원봉사
kerja borong 하청
kerja halus 사무직; 세공업
kerja kasar 막노동, 막일, 육체노동
kerja lembur 시간외 근무
kerja malam 야근
kerja raja 강제노역
kerja raya 공공사업
kerja sama 협력, 협동
kerja sambilan, kerja sampingan 부업, 부직
kerja sementara 임시근로, 임시노동
kerja tetap 상시근로, 상시노동
pekerja haram 불법노동자, 불법근로자
pekerja lepas 임시노동자, 임시근로자
tidak kerja cari kerja 제 꾀에 제가 넘어간다

K

KERKAH 깨물다, 깨물어 먹다
mengerkah batu kepala 망치다, 파괴하다

KEROBAK 구멍이 뚫린, 얽은 자국이 있는
dikerobak tikus 순결을 빼앗긴 (처녀)
kerobak-kerobek, kerobak-kerabit 우묵우묵한, 얽은 자국이 있는

KERONCONG 통발의 안쪽
ikan dalam keroncong 독 안에 든 쥐
mengeroncongkan bibir 입술을 뾰족이 내밀다

KERONGKONGAN 목구멍, 식도, 인두
kerongkongan berair juga 운이 따르는, 복이 있는
kerongkongan tersumbat 식욕이 없는, 입맛이 없는; 말문이 막힌, 어안이 벙벙한
kerongkongan kering 목이 타는, 심하게 갈증이 나는
kerongkongan menghadap mudik 살림이 넉넉한, 생계능력이 있는
kerongkongan menghadap hilir 생계가 막연한, 생계가 어려운

KERTAS 종이
kertas ampelas 사포, 샌드페이퍼
kertas bungkus, kertas pembungkus 포장지
kertas kado 선물용 포장지
kertas karbon 카본지, 탄산지
kertas kerja 워킹페이퍼, 연구진행 상황을 담은 가논문
kertas minyak 납지, 파라핀 종이
kertas perak 은종이, 알루미늄 박
kertas suara 투표용지, 투표지
kertas tulis 편지지
KERUH 탁한, 흐린, 우울한
buang yang keruh, ambil yang jernih 긍정적인 사고방식
keruh hati 불쾌한, 기분이 언짢은
keruh-keruh kerak (물이) 부옇다, 뿌옇다
berkeruh air muka 우울한, (얼굴을) 찡그린
KERUT 주름(살)
kerut kering 까칠하고 쪼그라진
kerut merut 쪼글쪼글한, 쭈글쭈글한; (생각이) 얽힌, 아주 복잡한; 거짓말투성이(의)
berkerut keningnya 인상을 찌푸린, 불만이 가득한
mengerutkan kening 고민하다, 심사숙고하다
KESAL 불쾌한, 불만인, 후회하는, 기분이 나쁜
kesal gamas 아주 불쾌한, 매우 실망스러운, 기분이 아주 언짢은
kesal hati 불쾌한, 기분이 언짢은, 신물 난
mengesalkan hati 속상하게 만들다, 기분을 언짢게 하다
KESAN 흔적, 자국, 인상, 영향
kesan balas 반응
kesan tetap 오래 기억되는 인상
kesan pukulan 타격 흔적, 때린 자국, 매 맞은 자국
kesan sampingan 부작용
KESELEO 삐다, 접질리다
keseleo lidah 말실수하다
KESTURI 영묘향, 시벳
musang kesturi 사향고양이
KETAM 게, 대패
ketam batu 구두쇠(의), 수전노(의)
ketam menyuruh anaknya berjalan betul 똥 묻은 개가 겨 묻은 개 나무란다
ketam mulut 입을 봉하다
mengetam kayu 나무를 대패질하다
KETAT 달라붙은, 단단한, 빈틈없는
baju ketat 몸에 착 달라붙는 상의
musuh ketat 강적, 만만찮은 상대, 호락호락하지 않은 상대
KETIAK 겨드랑이
di bawah ketiak orang 권력에 기댄
berketiak ular 질질 끄는, 끝 간 데 없는
KETIKA 시각, 때
bintang ketika 북두칠성
ketika gagak hitam dan bangau putih 매우 오래된 과거
tidak berketika 시의에 맞지 않는, 시의부적절한
dengan seketika 즉시에, 즉시로
KETUK 똑똑 두드리기(소리), 꼬꼬댁 (소리)
ketuk buluh, ketuk-ketuk 대나무통으로 만든 신호기구

mengetuk hati 감동시키다
mengetuk kawat 전보 치다
berketuk di luar sangkar 종로에서 뺨 맞고 한강에서 눈 흘긴다
KETUPAT 커투팟(야자잎을 엮어 만든 껍질에 쌀을 넣어 찌어 낸 밥)
ketupat bangkahulu 큰 모양의 커투팟; (큰) 주먹, 손아귀
ketupat daun palas 부채야자잎으로 만든 커투팟
KEWALAHAN 어찌할 줄 모르는, 쩔쩔매는
mengaku kewalahan 역부족임을 인정하다
KHAWATIR/KHUATIR 걱정하다, 근심하다
khawatir kalau-kalau ~일까 걱정이다
KIBAR 펄럭이다, 휘날리다
berkibar-kibar, berkibaran (좌우로) 휘날리다
mengibarkan bendera putih 항복하다
KIDAL 왼쪽, 왼손잡이
tangan kidal 왼손; 왼손잡이
KIKIR 인색한, 야박한
kikir pari 수전노, 노랑이
KILAS 번개
terkilas dalam hati 생각이 떠오르다
sekilas pandang, sekilas mata 순식간에
KILAT 번개, 번쩍거림, 신속한, 급행의
berkilat mukanya 기쁜
hilang kilat dalam kilau 뛰는 놈 위에 나는 놈 있다
kilat cermin sudah ke muka 척하면 삼천리
kereta api kilat 급행열차
kursus kilat 속성과정
terkilat dalam hati 순식간에 떠오르다
KILAU 섬광, 광채
kilau intan berlian 다이아몬드의 광채
kilauan lampu neon 네온사인 불빛의 현란함
kilau-mengilau, berkilau, berkilau-kilauan 번쩍번쩍 빛나다, 난란하다
KILI/KILI-KILI 쇠코뚜레, 코뚜레, 얼레
mengili layang-layang (연을 내리기 위해) 연줄을 감다
panjang kili-kili, panjang kekili 핑계를 잘 대는
KIMIA 화학(의)
ahli kimia 화학자
ilmu kimia 화학
KINCIR 물레방아(바퀴), 실감개, 실패
berkincir alir 재치 있는, 말솜씨가 능란한; 교활한, 비열한
kincir air 물레방아, 물레방아 방앗간
kincir padi 방앗간, 정미소
kincir ria 관람차
KIPAS 부채, 선풍기, 프로펠러
kipas air (자동차 앞창에 붙어 있는) 와이퍼
kipas angin 선풍기, 통풍기
kipas gantung (천장이나 벽에) 달린 선풍기
KIRA 생각(하다), 셈(하다), 관심(을 가지다)
juru kira 회계사
mesin kira 계산기
kira-kira 대략, 대충; 산술, 산수
tidak terkirakan 형언할 수 없는, 엄청난, 상상 밖의
KIRI 왼쪽, 좌측, 운이 나쁜, 불행한
langkah kiri 재수 없는, 불운한

orang kiri kanan 이웃(사람)
KIRIM 보내다, 전달하다
dikirim ke pulau cacing 살해당하다, 살해되다
kirim salam 안부를 전하다, 소식을 전하다
KISAR (천체의) 자전, 회전
duduk berkisar, tegak berpaling 거짓약속을 밥 먹듯 하는
kisar bumi 지구의 자전
berkisar angin 진로를 바꾸다
KITA (상대방을 포함한) 우리, 우리들
kita orang (상대방을 제외한) 우리들
KITAB 책, 성서
kitab Baru 신약(성경)
kitab Lama 구약(성경)
kitab ramalan 예언서
kitab turutan 아랍어 기본 교과서
KOBAR 활활 불에 타다
kobaran api 화염, 불꽃; 불줄기
mengobarkan semangat 사기를 북돋우다, 정신을 북돋우다
mulut kobar-kabir 험담을 일삼는 (사람)
KOCAK (물이) 찰랑거리는, 요동치다, 거슴츠레한
berkocak hati 마음이 흔들리다, 마음이 요동치다
berkocak tanda tak dalam 빈 수레가 요란하다
KOCOK (약병을) 흔들다, (카드를) 뒤섞다
kocok dulu sebelum dipakai 흔들어서 사용하세요
mengocok perut 배꼽 빼다, 배꼽 쥐다, 포복절도하다
KODOK 두꺼비
berenang kodok 평영(수영법)
laksana kodok ditimpa kemarau 몹시 후회하는
KOLAM 못, 연못, 수조
kolam air 수조, 물을 담아 두는 큰 통
kolam berenang, kolam mandi, kolam renang 수영장
kolam ikan 양어장
kolam kaca 수족관
kolam pancing 낚시터
KOLONG 아래 공간, 구멍, 구덩이
anak kolong 군부대에서 태어난 아이
Cina kolong 중국인 광부
kolong jembatan 다리 아래, 다리 밑
kolong langit 이 세상, 이승
kolong rumah 지하실, 땅광
KONTAN 현금, 즉시(불)
kontan keras 즉시
membayar kontan 현금(으로) 지불(하다)
KONYOL 무례한, 얼빠진, 넋이 나간
mati konyol 개죽음, 헛된 죽음, 낭사
KOPI 커피
dapat kopi pahit 꾸지람을 듣다
KORBAN 희생, 제물, 희생양
korban jiwa, korban manusia 희생자, 사상자
KOREK 후비다, 파내다, 성냥
korek api 성냥
korek gigi 이쑤시개
korek kuping, korek telinga 귀이개

mengorek dompet orang, mengorek kantung orang 남의 주머니를 털다
mengorek hati 속을 썩이다
mengorek lubang hidung 일부러 시비를 걸다
KOSONG 빈, 내용이 없는, 영(제로)
berkosong tangan 비무장의
kertas kosong 백지, 빈 종이
kosong hati 아무 느낌이 없는, 아무 의욕이 없는
kosong kepala 어리석은
kosong losong, kosong melompong 텅 빈
kosong otak 어리석은, 무식한
kosong perut 배고픈, 시장한
omong kosong, cakap kosong 잡담
KOTA 도시
berkotakan betis 떠돌이의, 방랑하는
kota berlibur 휴양도시
kota duduk 조망탑, 파수대
kota madya, kota praja 지방자치 도시
kota raya 대도시
KOTAK 상자, 박스
kotak hitam 블랙박스
kotak pos 우체통
KOTOR 더러운, 불결한, 지저분한, 전체의, 총액의
kotor bolor 아주 더러운, 매우 불결한
kotor mulut, mulut kotor 상스러운 말을 쓰는, 음담패설을 즐기는
mengotorkan mulut 즐겁지 않은
kotor pikiran 나쁜 의도를 지닌, 음흉한 생각을 하는
pendapatan kotor 총소득, 총수입
KOYAK 찢어진
koyak tak berbunyi 남몰래 나쁜 일을 저지르는
mengoyak baju di dada 자신의 치부를 스스로 드러내다
KUALI 냄비, 솥
kuali besar 큰 솥, 가마솥
kuali mengatakan belanga hitam 숯이 검정 나무란다
KUASA 힘, 세력, 권력
kuasa air 수력(의)
kuasa atom 원자력
kuasa beli 구매력
kuasa listrik, kuasa elektrik 전력(의)
kuasa besar 강대국
KUAT 힘센, 튼튼한, 심한, 탁월한, 능력 있는
berkuat kuasa 효력이 있다, 유효하다
kuat hati 확고한, 불굴의; 차마 ~할 수 있는
menguatkan hati 각오하다, 다지다
kekuatan hati 확고부동, 불굴의 의지
sekuat hati 온 힘을 다해서, 있는 힘껏
kuat ingatan 기억력이 좋은, 기억을 잘하는
berkuat tulang 분골쇄신하다, 열심히 일하다
kekuatan tulang sendiri 자수성가의, 자기 혼자의 힘으로
menguatkuasakan undang-undang 법률을 시행하다
KUBU 요새, 성(채)
berkubukan betis 정처 없는, 떠돌아다니는
kubu pertahanan 방어 요새

KUBUR 무덤, 묘
kubur tak bertanda 무명의 묘
sampai ke liang kubur 죽을 때까지
KUCING 고양이
biarpun kucing naik haji, pulang-pulang mengeong juga 제 버릇 개 줄까
kucing bertanduk 솔밭에서 고기 낚기, 불가능한 일
kucing dapur 얼굴이 지저분한, 얼굴이 더러운
kucing-kucingan 알통, 근육
kucing pekak, kucing tuli 쥐덫
kucing tapai 토끼
kucing tidur di bantal 복이 많은, 다복한
seperti anjing dengan kucing 견원지간, 상극
KUDA 말
(si) kuda hitam 다크호스
kuda beban 복마, 짐말; 일복이 많은 사람
kuda kepang 말춤(말레이 토속 민속춤의 일종)
kuda lepas kandang 뛸 듯이 기쁜
kuda lepas pingitan 홀가분한, 개운한
kuda laut 해마
kuda nil 하마
kuda-kuda 가대, 받침틀; 지붕틀; (무술수련의) 형, 꼴
main kuda kayu 반칙하다
naik kuda hijau 술에 취한
KUDIS 옴(피부병), 개선
berkudis 옴을 앓다
kudis menjadi tokak 호미로 막을 것 가래로 막는다
KUDUK 목덜미
bulu kuduk 목덜미의 털
KUDUNG 쿠둥, 머리가리개, (수족이) 잘린
berkudung 쿠둥을 쓰다, 머리가리개를 착용하다
KUKU 손(발)톱
bagai kuku dengan daging 매우 절친한 사이
bergantung di ujung kuku 위기일발의 상황, 일촉즉발의 상황
bunga kuku 속손톱, 손톱 밑의 하얀 반달 모양, 반달
hangat-hangat kuku (물이) 미지근한
kuku kambing 염소발톱; 염소발호미(농기구의 일종)
memperlihatkan kuku 본색을 드러내다
menyembunyikan kuku 본색을 숨기다
KUKUS 김, 증기
nasi kukus 찐 밥
KULI 막일꾼, 막노동자
kuli panggul 짐꾼, 복꾼
kuli penggarap 소작농
makan kuli 막일하다, 막일로 살아가다
KULIT 껍질, 피부, 표지
berkulit badak 무신경한
berkulit tebal 부끄러워하지 않는
buka kulit ambil isi 단도직입, 허심탄회
kulit adam, kuku bunga 속손톱, 손톱 밑의 하얀 반달 모양, 반달
kulit ari 표피, 겉껍질
kulit badak 코뿔소 가죽; 철면피의, 염치가 없고 뻔뻔한, 낯짝이 두꺼운
kulit daging 친척, 인척

kulit manis 계피, 육계
menebalkan kulit 안면을 바꾸다
tebal kulit muka 낯짝이 두꺼운

KULUM 중얼거리다, 웅얼거리는 소리
berkulum 들릴 듯 말 듯 웅얼거리다, 중얼거리다
kulum batu 입이 무거운; 침묵을 지키다

KUNANG-KUNANG 반딧불(이), 개똥벌레, 반딧벌레
berkunang-kunang 반짝거리다, 반짝반짝하다
kunang-kunang sekebun (말레이인 고유 의상에 부착하는) 보석 단추

KUNCI 자물쇠, 열쇠
berkunci diri 칩거하다, 집 안에만 틀어박히다
kunci gantung, kunci kura-kura 맹꽁이자물쇠
kunci hati 비밀; 위로, 위안
pengunci hidangan 식사의 끝, 후식, 디저트
kunci lutut 슬개골, 종지뼈
kunci maling 곁쇠, 마스터키
kunci mati 막다른 길, 막힌 길; 아주 중요한 비밀, 기밀
mengeluarkan kunci hati 속마음을 털어놓다, 정직하게 말하다
mengunci mulut 일언반구도 없다
terkunci mulutnya 어안이 벙벙한, 입 벙긋도 할 수 없는

KUNCUP 피지 않은, 닫힌, 싹, 눈, 발아
kuncup bunga 꽃봉오리
menguncup hatinya 두려운, 겁나는
menguncupkan tangan (기도할 때처럼) 양손을 모아 잡다

KUNING 노랑, 황색
kuning gading 상아색
kuning langsat 우윳빛 노란색, 맑고 연한 노란색(말레이 문화권에서 통상 아름다운 여인의 피부 빛깔을 나타냄)
kuning oleh kunyit, hitam oleh arang 귀가 얇은 (사람), 남의 말을 잘 듣는 (사람)
kuning pinang masak 붉은 빛을 띤 노란색, 적황색
kuning telur 노른자위
kuning tua 진노랑, 짙은 노란색
kekuning-kuningan 노르스름(하다)
padi menguning 벼가 익는다, 벼가 노래진다

KUNYAH 씹다, 소화하다, 먹다
dikunyah anjing 매우 더럽고 낡은
terkunyah di batu 불행한, 박복한
terkunyah di nasi 재수가 좋은, 다복한

K

KUNYIT 심황
bagai kunyit dengan kapur 절친한 사이
kunyit-kunyit 도미의 일종

KUPING 귀
kuping tikus 목이버섯(식용 버섯의 종류)
berkuping tebal 남의 말을 듣지않는; 뻔뻔스러운 (사람), 철면피

KUPU-KUPU 나비
kupu-kupu malam 창녀
kupu-*kupu sutra* 누에나방

KURA-KURA 거북, 거북처럼 생긴 사물
kunci kura-kura 맹꽁이자물쇠
kura-kura daun 혓가시거북
kura-kura duri 등갑가시거북
kura-kura kaki 발잔등, 발등

kura-kura katup, kura-kura padi 상자거북
kura-kura tangan 손잔등, 손등
KURANG 모자라는
kekurangan akal 생각이 모자라는, 무식한
kekurangan gizi 영양실조
kurang adab, kurang adat, kurang asem 품행이 좋지 않은, 버르장머리가 없는
kurang ajar, kurang asin, kurang bahasa 예의범절을 모르는, 언행이 고약한
kurang akal 약간 멍청한; 정신이 온전치 않은, 약간 미친
kurang beres akalnya, kurang beres otaknya 정신이 오락가락하는, 정신이 약간 이상한
kurang beres, kurang ingatan, kurang pikiran 정신이 들락날락하는, 정신이 약간 이상한
kurang hati 의욕이 없는
kurang hati-hati 경솔한, 부주의한
kurang iman 유혹당하기 쉬운
kurang lebih, lebih kurang 대략, 대강
kurang pikir 심사숙고하지 않는, 덤벙거리는
kurang satu sen, kurang sedikit 좀 모자라는, 약간 미친
kurang sesayat sebelanga 약간의 신체적 결함이 있는
kurang terima 감사할 줄 모르는, 은혜를 모르는; 불만족스러운, 기분이 나쁜
kurang waras 정신이 온전치 않은, 약간 미친
KURSI 의자, 직책
kursi empuk 편안한 자리, 좋은 직책
KURUNG 새장, 우리, 감방, 괄호
kurung ayam 닭장
kurung batang 널받침, 관대
kurung besar, kurung siku 대괄호
kurung kecil 소괄호
terkurung paham 견문이 부족한, 아는 것이 없는
KUSIR 마부
debat kusir 탁상공론
KUSUMA/KESUMA 귀족, 미인, 꽃
kusuma bangsa 청소년
KUSUT 헝클어진, 얽힌, 뒤엉킨
kusut hati 근심되는, 걱정되는
kusut muka 슬픈, 우울한
kusut pikiran 속상하는, 고민이 되는
kusut sarang tempua 해결하기 어려운, 너무 복잡한
tidak ada kusut yang tak selesai 해결 불가능한 일은 없다
KUTU 이, 벼룩
kutu buku 책벌레
kutu busuk 빈대
pantang kutu dicukur, pantang manusia dihina 천대받기를 바라는 사람은 없다
sekutu hitam 쥐꼬리만큼, 아주 조금
sudah mati kutu 어찌할 도리가 없는, 빠져나갈 구멍이 없는
KUTUK 악담, 욕
ke hilir kena kutuk sultan, ke mudik kena kutuk raja 사필귀정
kena kutuk 욕먹다
sekutuk beras basah 소용없는, 헛된

K

L

LABA 이득, 이익
belum tahu akan laba rugi 길고 짧은 것은 대봐야 안다
laba rugi 득실, 이익과 손해
LABAH-LABAH 거미
akal labah-labah 남을 잘 속이는
sarang labah-labah 거미집, 거미줄
sebesar labah-labah 음흉한
seperti labah-labah cinta kepada telurnya 지극한 사랑, 깊은 사랑
LABU 호박, 호리병(박)
labu air, labu putih 호리병박
labu dibenam 매우 교만한, 아주 건방진
labu dikerobok tikus 순결을 잃은 처녀
mak labu 임신한 여자
LABUH 늘어뜨린, 내려진
baju labuh (둔부까지 덮는) 긴 윗도리, 기장이 긴 상의
kapal berlabuh 배가 정박하다
labuh baju 윗도리의 기장
melabuhkan pancing 낚시를 드리우다, 낚시를 던지다
LADA 후추
belum tahu dipedas lada 아직 경험이 부족한, 미숙한
kecil-kecil lada api 작아도 당초
lada api 몸집은 작아도 당돌한 사람
lada burung, lada api, lada kecil, lada padi 작고 매운 고추
lada hitam 후추
lada merah 고추
lada tumbuk 후춧가루
siapa makan lada ialah berasa pedas 도둑이 제 발 저리다
LADANG 밭, 한지
ladang padi 벼밭
ladang tinggal 버려진 밭
ladang yang berpunya 기혼여성, 임자가 있는 여자
lain ladang lain belalang, lain lubuk lain ikannya 나라마다 관습과 법률이 다르게 마련
LADING 라딩, (칼등이 휘어진 말레이 토속) 외날 칼
belakang lading kalau diasah lama-lama tajam juga 모든 일은 자기가 하기 나름
lading tajam sebelah 탐욕스러운, 욕심 많은
lading tak tahu akan majalnya 제 똥 구린 줄 모른다
LAGAK 말씨, 자세, 행색
berlagak berani 용감한 체하다

berlagak bodoh 멍청한 척하다
lagak bahasa 말씨, 말투

LAGU 가락, 노래, 방식
lagu film 영화음악
lagu Melayu asli 말레이 전통 가락
lagu perjuangan 투쟁가
lagu pop 팝송
lagu rakyat 민요
lagu tutur 억양, 말투
menyanyikan lagu lama 고리타분한 말을 자꾸 하다

LAHIR 밖, 겉, 속세(의), 태어나다, 나오다
lahir anak 출산하다, 아이를 낳다
lahir batin 물심양면(으로)
hari lahir, hari jadi 생일, 태어난 날
lahir mati 사산(아), 죽은 태아를 분만하는 일
lahir dini, lahir sebelum waktunya 조산(의)
pada lahirnya 겉으로는
tanggal lahir, tarikh lahir 생년월일
yang lahir menunjukkan yang batin 행실은 마음의 거울이다

LAIN 다른, 딴, 뺀
lain benar 전혀 다른, 천양지차의
lain bengkak, lain bernanah 동문서답
lain biduk, lain digalang 동문서답
lain di mulut, lain di hati 언행의 불일치, 약속을 어기는
lain cakap, lain buat 언행의 불일치, 약속을 어기는
lain dulu, lain sekarang 시대가 변하면 세상도 변한다
lain hari 딴 날, 다음 날
lain kali 다음 기회에, 이다음에
lain orang 딴 사람
lain orang, lain hati 취향이 서로 다른
lain orang, lain pendapat 취향이 서로 다른

LAJU 빠른, 신속한, 속력, 속도
laju mula 최초속도
laju rambat 전달속도, 전파속도
laju seperti kilat 번개같이 빠른

LAKI 사내, 남편, 남자
berlaki anak semang 행실이 나쁜 여자, 추잡한 여자
laki bini, laki istri 부부
laki-laki, lelaki 남자, 남성
laki-laki lembut 남녀추니, 어지자지, 반음양
pengantin lelaki, pengantin laki-laki 신랑

LAKU 자세, 태도, 잘 팔리는
laku baik 선행(을 하다)
laku curang 나쁜 짓(을 하다)
laku ganjil 이상한 행동(을 하다)
laku pokok 주동자, 주모자
laku sekali 시세가 아주 좋은, 아주 잘 팔리는
laku seperti goreng pisang 날개 돋친 듯이 팔리는

LALANG 띠(벼과의 여러 해 살이 풀)
padi ditanam tumbuh lalang 억세게 재수가 없는

LALAT 파리
belum terbang lalat 이른 아침시간
berani lalat 만용, 쓸데없는 용기

lalat hijau 쉬파리, 금파리; 뚜쟁이, 포주
lalat kuda 말파리
lalat mencari puru 탐욕에 빠진, 탐욕에 눈이 먼
lalat rumah 집파리
pening lalat 알딸딸한, (취기가 돌아) 얼근한
tahi lalat (얼굴 또는 다른 신체 부위의) 점
tak ada lalat langau 개미새끼 한 마리도 보이지 않는, 쥐죽은 듯 조용한

LALI (피부가) 마비된, 통증이 없는, 익숙한
buku lali 발목

LALU 지나다, 통과하다, 너무
berlalu 지나가다; 세상을 뜨다, 죽다
berlalu dari dunia 세상을 뜨다, 세상을 하직하다
berlalu jarumnya 소원성취하다, 뜻을 이루다
lalu lalang, lalu landang 왔다갔다, 들락날락
lalu akal 수긍이 가는, 납득할 수 있는
lalu bea 통관세
lalu di akal 믿을 수 있는, 상식적인
lalu di angan 합리적인, 논리적인
lalu kurus, terlalu kurus 빼빼 마른, 너무 마른
lalu lintas 통행, 교통
lalu masak, terlalu masak 너무 익은
lalu waktu 시간종료
laluan mudah 손쉬운 승리
lalui nasehat 충고를 듣지 않다, 반항하다
melalui pintu belakang 뒷구멍으로, 부당한 방법으로
melalui pintu depan 정당한 방법으로

LAMA 오랜 시간, 오래된, 오래
lama hidup banyak dirasa 경험이 많은, 노련한
lama menanti, lama menunggu 오래 기다리다; 금욕하다, 절제하다
lama-lama 점점, 차츰, 차차; 마침내, 결국
selama enggang mengeram 아주 오랫동안, 장시간
selama air hilir, selama air mengalir 영원히, 영구히
selama sipatung mandi 눈 깜짝할 사이, 일순간에

LAMBUNG 튀어 오르다, 솟구치다, 측면, 옆구리, 위장
besar lambung (음식을) 많이 먹는, 대식가의
lambung dada, melambungkan dada 거만하게 굴다, 뽐내다
melambungkan tinggi-tinggi 치살리다, 치켜세우다
sakit lambung 위장병, 위병

LAMBAI 손을 흔들다, 손짓으로 부르다, 너울거리다
lambai-lambai, melambai-lambai 너울거리는, 너울너울(하는)
lambaian daun kelapa 야자수 잎의 너울거림
lambaian lidah api 불꽃의 너울거림

L

LAMBUK 푸석푸석한, 부서진
melambuk sawah 논을 갈다

LAMPAU 지난, 지나간, 지나친, 너무
lampau banyak 지나치게 많은, 너무 많은
lampau batas 과중한, 한도를 넘은
lampau panas 너무 더운
lampau sangat 너무너무

LAMPU 등, 등불, 횃불
lampu besar (자동차의) 헤드라이트
lampu duduk 책상 등

lampu dunia 태양, 해
lampu hijau (일이) 잘될 조짐, 좋은 조짐; 허가를 얻다, 승인을 받다
lampu kuning 심상치 않은 조짐
lampu laut 등대, 광탑
lampu merah 적신호, 불길한 조짐; 허가가 나지 않다, 승인이 보류되다
seperti lampu kekurangan minyak 힘겨운 삶, 궁핍한 생활

LAMPUNG 뜨다, 떠다니다
lampung pukat, melampung pukat 가물가물하는, 보일락 말락 하는
jaket pelampung 구명재킷

LANCANG 무례한, 뻔뻔한
lancang mulut 함부로 말하는, 입이 싼
lancang kaki 경솔한, 성급한
lancang tangan 손찌검이 잦은

LANCAR 재치 있는, 거침없는, 달변의
lancar jalan 약진하다, 급속히 발전하다
lancar kaji 공부를 잘하는, 학습능력이 뛰어난
lancar mulut 수다스러운, 입이 싼
lancar-lancar 재빨리, 황급히

LANCUNG 가짜(의), 사기(의)
emas lancung 가짜 금
lancungan 모조품

LANDAK 호저, 고슴도치
landak batu 아시아호저
landak raya 말레이호저
bagai duri landak 예쁜 손가락, 섬섬옥수

LANGAU 왕파리, 쉬파리
lalat langau 왕파리, 쉬파리
langau di ekor gajah 남의 뒤만 졸졸 쫓아다니는 사람, 부하

LANGGAR 충돌하다, 부딪히다, 부딪치다
langgar adat, langgar bahasa 버릇없는, 무례한
langgar batas 한도를 넘다, 정도가 지나치다
langgar hukum 범죄를 저지르다, 잘못을 저지르다, 법을 어기다
melanggar adat, melanggar bahasa 무례하게 굴다, 버릇없이 굴다
melanggar pagar ayu 순결을 빼앗다, 강간하다

LANGIT 하늘, 하늘나라, 우주
ke langit tidak sampai ke bumi tidak nyata 주저주저하는, 머뭇거리는
langit hijau 이역만리, 먼 곳
langit menimpa kepala, bumi memegang kaki 재기가 불가능한 상태
langit runtuh, bumi cair 절망의 상황, 오갈 데가 없는 참담한 상태
langit-langit 입천장
langit-langit rumah 집 천장

LANGKAH 거리, 걸음, 보폭, 조치
langkah baik (항해나 행진의) 좋은 시작
langkah buruk 조짐이 불길한, 시작이 좋지 않은; 재수 없는, 불운한
langkah kaki 외간 남자와 놀아난 여자
langkah kanan 재수가 좋은, 운수가 대통한
langkah kiri 재수가 나쁜, 운이 막힌
langkah laki 간통한 여자, 간통녀
langkah laku 행위, 행동
langkah lama 오랜 관습
langkah mengena 시의 적절한, 절호의 시기
langkah panjang 사려가 깊은, 심사숙고하는
langkah seribu 혼비백산하여 줄행랑을 놓다

langkah serong 나쁜 짓(을 하다), 부정한 짓(을 하다)
langkah sumbang 점잖지 않은, 불손한, 도리에 어긋나는
langkah yang telah terlangkahkan 엎지른 물, 쏘아 놓은 살
melangkah seribu 줄행랑을 놓다, 혼비백산하여 도망치다
melangkahi kakak 손윗사람보다 먼저 결혼하다
melangkahi kaki (유부녀가) 간통하다, 외간 남자와 놀아나다, 바람피우다
melangkahi laki (여자가) 간통하다
melangkahi suami 외간 남자와 바람피우다, 외간 남자와 놀아나다
melangkahi ular 위험천만한 짓을 하다
LANGSAT 바라밀, 랑삿(과일 이름)
kuning langsat 맑고 연한 노란색(말레이 문화권에서 통상 아름다운 여인의 피부 빛깔을 나타냄), 우윳빛 노란색
LANGU 나쁜, 악취가 나는
langu tekak 입맛이 없는, 식욕이 떨어진
LANJUT 긴, 오랜, 계속되는
lanjut akal 영리한, 지혜로운, 똑똑한
lanjut kata 부언하다, 덧붙여 말하다
lanjut pikiran 사려 깊은, 아량이 있는
lanjut umur, lanjut usia 나이를 먹다, 늙다
lanjut usia 장수하다, 장수를 누리다; 나이를 먹다, 늙다
pengajaran yang lanjut 고등교육
LANTAI 바닥, (배의) 갑판
lantai dan dinding bertelinga belaka 낮말은 새가 듣고 밤말은 쥐가 듣는다
lantai kapal 갑판
LANTAS 즉시, 곧바로, 거침없이, 능력 있는
berlantas angan 자기 마음대로 하다, 제 멋대로 하다
lantas dendam, melantaskan dendam 앙갚음하다, 복수하다
LAPANG 넓은, 한가한, 안락한
dilapangkan kuburnya 영면하다, 내세에서 행복하다
lapang dada 기분이 좋은, 편안한; 아량 있는, 포용력이 있는
lapang hati 아량 있는, 관대한, 착한
lapang kira-kira 기분이 좋은, 편안한
lapang perut 걸신스레 음식을 탐하는 (사람), 걸신쟁이
lapangan hidup 직업
lapangan hijau 축구 경기장
melapangkan dada 위로하다, 마음을 달래다
melapangkan hati 마음을 가라앉히다
melapangkan jalan 기회를 부여하다
pelapang dada 도량이 넓은 사람, 아량이 있는 사람
LAPAR 굶주린, 배고픈, 시장기
lapar dahaga 허기진, 굶주린
lapar mata 탐욕스러운, (재물에) 눈이 먼
lapar sangat 대식가의, 식탐이 있는; 욕심이 많은, 탐욕스러운
orang lapar diberi nasi, orang haus diberi air 바라던 것을 얻게 됨
LAPIK 바닥, 받침
lapik duduk 깔개
lapik kaki 슬리퍼
selapik seketiduran 절친한, 더할 나위 없이 아주 친한
LAPIS 층, 겹
lapis bumi, lapisan bumi 지층, 땅켜
lapis-lapis 층층, 겹겹이

LAPUK 낡은, 곰팡이가 슨, 빈
adat lapuk 낡은 관습
bujang lapuk 노총각
lapuk oleh kain sehelai 백년해로(하다)
LARANG 막다, 금지하다
larangan keluar malam 야간 외출 금지
cinta terlarang 금지된 사랑
LARAS 가락, 조화 있는,떨어지는, 영역
laras bahasa 언어사용역
laras dengan, selaras dengan ~에 합치되는, 배치되지 않는
laras di muncung 청산유수 같은 말솜씨
LARAT 멀어지다, 떠나가다, 힘이 있는, 기력이 좋은
larat hati, larat pikiran 서글픈, 애달픈; 머릿속이 복잡한, 마음이 복잡한
larat ke negeri orang 해외에서 떠돌다
melarat manfaatnya 손익, 장단
larat-larat, berlarat-larat, melarat-larat 한없이 계속되다, 끝없이 이어지다; 점점 멀어지다
LARI 뛰다, 달아나다
lari anak 뒤뚱거리며 달리다
lari anjing, berlari anjing 종종걸음을 치다, 총총히 뛰어가다
lari dari tugas 무단결근(하다)
lari habis 멀리멀리 도망치다
lari kencang, berlari kencang 토끼다, 허겁지겁 달아나다
lari lintang pukang 허겁지겁 도망치다
lari semangatnya 혼비백산(하다)
lari sipat kuping 혼비백산하여 줄행랑을 놓다, (뒤도 안돌아보고) 빵소니치다
melarikan diri 도망치다, 달아나다
melarikan nyawa 생명을 부지하다
melarikan untung (생계를 위해) 닥치는 대로 일하다
LARIS 시세가 좋은, 인기 있는, 잘 팔리는
paling laris 가장 잘 팔리는, 가장 인기 있는
LARUT 점점 멀어지는, 깊어가는, 녹다, 사라지다
berlarut hati 서글프다, 매우 애달프다
larut hati 서글픔, 애달픔
larut malam 깊은 밤, 한밤중
larut-larut, berlarut-larut 한없이 계속되다, 끝없이 이어지다
LASAM 오래된, 낡은
batik lasam 낡았지만 여전히 쓸 만한, 썩어도 준치
LATA 덩굴, 넝쿨
melata (식물의 줄기가) 덩굴지는, 덩굴로 뻗는
tumbuhan melata 덩굴성 식물
LATAH 미친, 헛소리를 하는, 입이 가벼운
latah latih 수다스러운, 실없이 주절대는
latah mulut 헛소리를 지껄이다, 음담패설을 늘어놓다
latah wilangan 사랑에 빠지다, 상사병에 걸리다
LATAR 마당, 바탕, 평면
latar belakang 배경
latar langit 공제선
LATIH 숙달된, 훈련된
latih diri, berlatih diri 수련하다, 연수하다
latih tubi 반복연습

latihan amalan 실습
latihan asas 기본연습, 기초훈련
LAUK (고기 및 생선) 반찬
lauk basi 새삼스럽게 부각된 과거지사
lauk-pauk 여러 가지 반찬
lauk senasi 절친한 (관계)
LAUT 바다, 북쪽
dalam laut dapat diduga, dalam hati siapa tahu 열 길 물 속은 알아도 한 길 사람 속은 모른다
laut ditembak darat kena 뜻밖의 횡재, 요행수
laut kalzum, Laut Merah 홍해
laut lepas, laut terbuka 공해
laut madu 아주 맛있는, 아주 맛깔 나는
lautan air mata 눈물바다
lautan besar, lautan lepas 대양, 큰 바다
lautan manusia 인산인해
Lautan Timur 동해
melaut mendarat 정처 없이 떠돌다, 방랑하다
memberi garam kepada laut 헛고생, 헛수고
tak ada laut yang tidak berombak 고생 끝에 낙이다, 고진감래
barat laut 북서쪽
timur laut 북동쪽
LAWAK 농담, 농, 우스갯소리
lawak-lawak 농담, 우스갯소리
lawak-lawak main bunga tahi 농담 잘못하면 싸움 된다
pelawak 개그맨, 익살꾼
LAWAN 짝, 적수, 경쟁 상대, 상대방
lawan akhir 결승전
lawan bercakap-cakap 대화 상대(방), 친구
lawan bicara 대화 상대(방), 상대편; 입씨름하다, 설전을 벌이다
lawan hak, lawan hukum 불법(의), 위법행위(의)
lawan kata 반대말, 반의어; 대화, 이야기
melawan bicara 말을 건네다, 말을 붙이다
melawan hak, melawan hukum 불법을 저지르다, 불법행위를 하다
LAWAT 방문하다, 여행하다, 조문하다
lawatan mengejut 깜짝 방문
pelawat 방문객, 조문객
LAYANG 날다, 떠돌다, 사라지다
ikan layang-layang 날치
layang mata 얼핏 보다
layang nyawa, melayang nyawa, melayang jiwa 목숨이 끊어지다, 운명하다, 죽다
layang pandang, melayangkan pandang, melayang pandangan 물끄러미 먼 산을 바라보다, 멀리 바라보다
layang-layang (공중에 높이 날리는) 연; 제비, 칼새
layang-layang gua 귀제비
layang-layang hijrah 제비
layang-layang rumah 쇠칼새
*layang-la*yang rengkung putih 바늘꼬리칼새
macam memegang tali layang-layang 전권을 장악하다
matanya terlayang-layang 샛바람에 게 눈 감기듯, 몹시 졸린 모양
selayang pandang 얼핏, 잠깐, 한 눈에
LAYAR 장막, 돛

berlayar, belayar 항해하다, 배를 타다
layar apit 쌍돛
layar atas angin, berlayar atas angin 원님덕분에 나팔 불다
layar menimpa tiang 믿는 도끼에 발등 찍힌다
layar segi tiga, layar bubutan, layar cucur 삼각돛
layar perak, layar putih 은막, 영사막, 스크린
berlayar ke pulau kapuk 잠들다, 잠에 빠지다
berlayar sampai ke pulau, berjalan sampai ke batas 내친걸음

LAYU 시든, 우울한, 쇠약한
layu bunga (낡았지만) 아직도 쓸 만한 (천 또는 옷), 썩어도 준치
layu malap 매우 지친, 몹시 피곤한
layu rumput di halaman 왕의 서거

LEBAH 꿀벌
lebah bergantung 예쁜 턱

LEBAR 넓은, 평평한, 너비
lebar mulut 수다스러운; 거만한
lebar perut 대식가의
lebar telinga 청력이 뛰어난; 귀가 항아리만한 (사람), 남의 말을 듣기 좋아하는 (사람)

LEGA 널찍한, 편안한, 한가한
lega dada, lega hati (마음이) 편안한, 평안한, 안심이 되는
melegakan dada, melegakan hati 위로하다, 안심시키다, 근심걱정을 덜어 주다

LEHER 목
bertegang leher 고집불통의, 완고한
leher baju 옷깃
leher rahim 자궁 경관
leher bagai gading ditarik 곱고 예쁜 목을 지닌 처녀
leher lembut, berleher lembut 사교적인 (사람), 사교성이 있는 (사람)
leher sampai panjang, leher terasa panjang 학수고대하다, 기다림에 지치다
tali leher 넥타이

LEKANG 터진, 갈라진
tidak lekang 언제나, 늘, 항상
tak lekang di bibir 늘 입에 오르내리는, 항상 언급되는

LEKAS 빠른, 이른, 급한
lekas besar 성장이 빠른
lekas marah 화를 잘 내는, 성미가 급한
lekas mati 수명이 짧은, 오래 쓰지 못하는
lekas naik radang 귀가 얇은, 귀가 여린
lekas-lekas 급히, 서둘러

LEKAT 붙은, 달라붙은, 밀착된
lekat benar 머릿속에 쏙쏙 들어오는
lekat hati 사랑에 빠진, 매료된; 기억에 남은, 기억되는
lekat mata 눈을 떼지 못하는, 시선이 고정된
lekat perut 임신한, 아기를 밴
lekat-lekat 끈적끈적 달라붙는
melekatkan pandangan 뚫어지게 바라보다, 시선을 집중하다
melekatkan kaki 발로 차다
melekatkan tangan 주먹으로 때리다

LEKUK 우묵한 (곳), 꼬부라진 (곳), 골이 진
lekuk-lekak, lekuk-lekik 울퉁불퉁한, 구불구불한
lekuk liku 여러 가지 속임수, 별의별 술수; 이모저모

lekuk lutut 다리오금, 뒷무릎
lekuk memanjang 인중
lekuk pada pipi, lesung pipi 보조개, 볼우물
LELAH 힘이 빠진, 피곤한
berlelah-lelah 지치도록 일하다, 과로하다
melepaskan lelah 휴식을 취하다
LEMAH 약한, 힘이 없는
lemah hati 자신감이 부족한, 나약한; 정에 약한, 동정심이 많은
lemah iman 유혹에 잘 넘어가는, 현혹되기 쉬운
lemah jiwa 의지가 약한, 마음이 여린
lemah nafsu 의욕이 없는, 의욕을 잃은
lemah otak 둔한, 어리석은
lemah roman 보기에 좋은, 보기에 그럴듯한
lemah semangat 몸이 허약한, 병치레가 잦은; 의지가 약한, 마음이 여린
lemah sendi 기력이 없는, 허약한
lemah urat (힘살이) 물렁물렁한, 무르고 약한
lemah zakar 성불능의, 성불구의
LEMAK 굳기름, 지방, 비계
lemak ketam 회색, 쥐색
lemak penyelar daging 재산을 탕진하다; 방탕한 사람, 탕아
lemak tulang 뼛골, 뼛속, 골수
lemak-lemak santan berlada 언중유골
lemak manis jangan ditelan, lemak pahit jangan dimuntahkan 돌다리도 두들겨 보고 건너라, 아는 길도 물어서 가라
LEMBAGA 싹, 태아, 기구, 법률
lembaga daun 새싹
lembaga konsumen 소비자보호원
lembaga manusia 태아, 복아
lembaga negara, perlembagaan negara 헌법
lembaga pemasyarakatan 교도소
lembaga swadaya masyarakat 비정부기구, 시민단체
LEMBAYUNG 부레옥잠
merah lembayung 연보라색
LEMBEK 연약한, 둔한
lembek otak 머리가 둔한
lembek tulang 허약한, 기력이 쇠한
LEMBING (투)창
mata lembing 창날
menohokkan lembing 창을 던지다
LEMBU 소, 축우
burung lembu 큰부리왜가리
lembu dogol, dongkol 큰소리만 치는 사람, 허풍쟁이
lembu hutan 들소
lembu kenyang 게으름뱅이
lembu punya susu, sapi dapat nama 거둥길 닦아 놓으니 깍쟁이가 먼저 지나간다
LEMBUNG 부푼, 부어오른
lembung dada, melembungkan dada 거만한, 뽐내는
LEMBUR 초과근무, 시간외 근무
upah lembur, uang lembur 초과근무수당, 시간외 근무수당
LEMBUT 부드러운, 나지막한, 친절한
lembut gigi daripada lidah 능청스러운 사람

lembut hati 친절한, 침착한
lembut lidah (외국어의) 발음이 좋은, 혀가 잘 도는
lembut tulang (동작이) 유연한
melembutkan hati 위로하다, 가라앉히다
LEMPANG 반듯한, 일직선의, 곧바른
lempang hati 정직한, 순진한
LEMPAR 던지다, 내팽개치다
dilempar dari kursinya (직책에서)파면되다, 모가지가 잘리다
lempar batu sembunyi tangan 뒷구멍으로 호박씨 깐다
lempar bunga dibalas dengan lempar tahi 검은 머리 가진 짐승은 구제 말란다
lempar senyuman 미소를 던지다, 추파를 던지다
LENA (깊이) 든, 빠진
berlena-lena 빈둥빈둥하다, 한가로이 시간을 보내다
lena ayam 선잠이 든, 잠이 깊이 들지 않은
terlena-lena 여념이 없는, 정신을 온통 빼앗긴
LENDIR 점액, 끈끈물
lendir kahak 가래
LENGAH 부주의한, 조심성이 없는, 빈둥거리는
lengah hati, melengah hati 즐기다, 만끽하다
lengah waktu, melengah waktu 시간을 보내다, 시간을 끌다
berlengah-lengah 빈둥빈둥하다, 한가로이 시간을 보내다
lengah-lengah waktu, pelengah masa 심심풀이, 소일거리
melengah-lengah waktu 한가로이 시간을 보내다, 소일하다
LENGAN 팔, 상지
lengan bawah 아래팔, 팔뚝
lengan peraba 촉수, 더듬이
lengan seperti lilin dituang 여인의 곱고 예쁜 팔
LENGGANG (손을) 흔들다
berlenggang kangkung 한가롭게 거닐다; 빈손으로 잔치에 참석하다
lenggang kangkung 무사태평한
lenggang perut 임신 7개월째 하는 목욕의식
lenggang-lenggok bagai cupak hanyut 살랑살랑 여인의 아름다운 몸짓
LENGKAP 완전한, 제대로 된
lengkap genap, lengkap sempurna 완벽한
LENGKIANG 헛간, 광, 자루
lengkiang padi 나락뒤주, 쌀광
LENGSER 미끄러지다, 기울다
matahari lengser 해가 저무는 (때), 해가 기우는 (때)
LENTIK 휜, 굽은, 젖혀진
lentik jari, melentik jari 힘든 일을 꺼리다, 몸을 사리다
lentik sedikit ke belakang 뒤로 조금 젖혀진
LENYAP 사라지다, 없어지다, 빠지다
lenyap daratan 당황하다, 어쩔 줄 모르다
lenyap diri, melenyapkan diri 숨다, 피신하다
lenyap melindang, lenyap sama sekali 흔적도 없이 사라지다, 감쪽같이 사라지다
lenyap mengawang, lenyap terbang ke udara 공중으로 사라지다
LEPAS 벗어난, 풀려난, 이미 지난
lepas angin 전혀 쓸데없는, 공연한
lepas ayam, lepas bebas, lepas burung 아주 자유로운
lepas diri, berlepas diri, melepaskan diri 책임을 회피하다, 달아나다
lepas hati, berlepas hati 만족하다

L

lepas jiwa, melepaskan jiwa 목숨을 건지다
lepas kira-kira 무사태평한
lepas laku 제멋대로 행동하다, 마음대로 행동하다; 팔방미인, 만물박사
lepas lelah, berlepas lelah, melepaskan lelah 휴식을 취하다, 쉬다
lepas malu 창피를 모면하다; 할례를 받다
lepas mata, melepaskan mata 두리번거리다
lepas mulut 말버릇이 고약한, 입이 가벼운
lepas napas 천천히 숨을 쉬다
lepas niat, melepaskan niat 뜻을 이루다
lepas puasa 단식이 끝나다
lepas sekolah 졸업하다
lepas tangan, berlepas tangan 간여하지 않다, 손을 떼다
lepas tengah malam 깊은 밤, 늦은 밤
lepas tuah, melepaskan tuah 기회를 놓치다
lepas untung, melepaskan untung 목숨을 건지다
lepas-lepas saja cakapnya 마구 지껄이다
melepas uang 이자 놀이를 하다
melepaskan angan-angan 꿈을 이루다, 뜻을 이루다
melepaskan angin busuk 방귀를 뀌다
melepaskan hati 욕정을 채우다, 욕심을 채우다
melepaskan isteri 부인과 헤어지다, 이혼하다
melepaskan lelah 휴식하다
pelepas uang 고리대금업자
terlepas cakap 말실수하다

LERAI 분리된, 떼어 놓은, 이혼한
lerai demam 애인
pelerai 심판, 중재자

LERENG 경사, 비탈
lereng bukit 산비탈, 산허리

LESEN 면허(증), 허가(서)
lesen memandu kereta 자동차운전면허증

LESET 미끄러지다, 빗나가다
ramalan yang meleset 빗나간 예보, 빗나간 예측
zaman meleset 대공황, 대불황

LESU 기운이 없는
lesu darah 빈혈

LESUNG 절구(통)
lesung pinang (빈랑열매 분쇄용)절구
lesung pipi, lesung pipit 보조개, 볼우물

LETA 색이 바랜, 천한
leta tulang 기력이 쇠한

LETAK 위치, 장소, 상황
letak beras, meletak beras 밥을 안치다
letak di tanah (배를) 뭍으로 끌어 올리다
letak harga 값을 매기다
letak jabatan, letak jawatan 사임하다, 사퇴하다
letak kepala 자다
letak mata, meletak mata 쳐다보다, 바라보다
letak senjata, gencatan senjata 휴전(하다)
letak tanda 약혼반지를 주다
letak tangan 때리다, 구타하다
meletakkan batu pertama (일이나 사업을)시작하다
meletakkan senjata 휴전하다, 항복하다

LETUP 폭발하는 소리, 터지는 소리
meletup di sana, bunyi di sini 종로에서 빰 맞고 한강에서 눈 흘긴다
LEWAT 지나다, 통과하다
kelewat batas 너무 지나친
lewat jenuh 너무 과식한, 너무 배부른
lewat-lewat, selewat-lewatnya 아무리 늦어도
lewat lobang jarum 난관에 부딪치다, 난관에 봉착하다
lewat pintu belakang 뒷구멍으로 처리하다, 불법으로 하다
lewat pintu depan 정정당당하게 처리하다, 적법하게 하다
lewat sampai 지각하다
lewat tengah malam 깊은 밤, 늦은 밤
lewat umur 나이가 든, 늙은
LEZAT 맛있는
kelezatan hidup 행복, 기쁨
LIANG 작은 구멍
ke liang kubur 돌아가시다, 죽다
liang jarum, mata jarum 바늘귀
liang luka 상처 구멍
liang peranakan 여자의 음부, 여근
LIAR 야생의, 사나운, 잔인한
liar mata 두리번거리는
LICIN 교활한, 매끄러운, 재빠른
licin bagai basuh perahu 손해보다
licin berkilat 매끈매끈한
licin belut 매우 교활한
licin kening 자태가 아름다운, 맵시가 고운
licin lecat 매우 미끄러운
licin tandas, licin-licau 탕진하다, 바닥나다
melicinkan jalan 기반을 닦다
LIDAH 혀, 말씨, 끝
lidah air 물머리
lidah api 화염, 불머리
lidah berat 입이 무거운 (사람); 수줍음을 잘 타는 (사람)
lidah biawak, lidah ular, berlidah ular 간사한, 간교한
lidah buaya 대식가
lidah dua, berlidah dua 한 입 가지고 두 말하는, 부화뇌동하는
lidah kaku 말주변이 없는; 발음을 제대로 못하는
lidah keling 신뢰할 수 없는
lidah keras, lidah patah 말주변 없는, 더듬거리는
lidah lembut, berlidah lembut (외국어의) 발음이 좋은, 혀가 잘 도는
lidah manis 나긋나긋 말씨가 상냥한, 말씨가 고운
lidah ombak 파두, 물마루
lidah panjang 수다스러운, 남의 말하기 좋아하는
lidah tergalang, lidah terganjal 말문이 막힌, 입 벙긋도 못하는
lidah tidak bertulang 말만 앞서는 사람, 허풍쟁이
LIHAT 보다, 바라보다, 쳐다보다
kelihatan batang hidungnya, kelihatan buntutnya 나타나다, 출현하다
kelihatan belangnya 정체가 탄로 나다, 본색이 탄로 나다
lihat ke atas, melihat ke atas 올려다보다
lihat ke bawah, melihat ke bawah 내려다보다
lihat bulan, melihat bulan 월경하다, 멘스하다
lihat cacing, melihat cacing 혐오하다, 증오하다
lihat muka, melihat muka 만나다, 대면하다

lihat sendiri, melihat sendiri 목격하다, 목도하다, 눈으로 직접 보다
melihat dengan sebelah mata 무시하다, 깔보다; 소홀하다, 데면데면하다
melihat ketika 택일하다, 일진을 보다
melihat untung malang 점을 보다, 길흉을 점해 보다
memperlihatkan gigi, memperlihatkan kuku 권력을 과시하다
memperlihatkan bulu 마각을 드러내다, 정체를 드러내다

LIKU 구부러진 곳, 만곡부, 커브
berliku-liku 구불구불한
liku-liku hidup, liku-liku kehidupan 인생의 산전수전, 인생의 이모저모

LILIN 밀(랍), (밀)초
lilin lebah, lilin mentah 밀랍
lilin batik 바틱 염색용 밀
lengan bagai lilin dituang 섬섬옥수

LILIT 사리, 둘레, 똬리
lilit bumi, lilitan bumi 지구둘레
melilit pinggang 매우 많은
utang selilit pinggang 산더미 같은 빚, 엄청나게 많은 빚

LIMA 다섯
lima waktu (무슬림들의) 하루 5번 기도 시간

LIMAU 감귤, 귤, 레몬
limau bali 왕귤
limau manis 밀감; 대포알
limau masak sebelah 비합리적인 법규, 불공평한 법규
limau mata kerbau, limau nipis 시트론; 라임

LIMBAT 메기
minta sisik pada limbat 불가능한 일에 기대를 걸다, 연목구어(나무에 올라가서 물고기를 구한다)

LIMPA 비장, 지라
berlimpa 인정 있는, 동정심이 있는
tidak berlimpa 인정머리 없는, 동정심이 없는

LIMPAH 풍부한, 관대한
kelimpahan uang 매우 부유한
limpah kurnia 은혜를 입다
limpah-limpah, berlimpah-limpah 아주 넉넉한, 풍요로운
limpah mewah, limpah ruah 흠뻑 많은, 넉넉한
melimpahkan air mata 눈물을 쏟다, 하염없이 울다
melimpahkan perkara 사건을 송치하다

LINCIR 부드러운, 매끄러운
lincir lidah 말솜씨가 유창한, 입심이 좋은; 말버릇이 고약한, 입이 가벼운
lincir mulut 언변이 좋은; 입이 가벼운
lincir turun, melincir turun (바지가) 흘러내리다

LINDUNG 은신하다, 피하다, 보호하다
lindung diri, melindungkan diri 칩거하다, 은둔하다
lindung nyawa, melindungkan nyawa 목숨을 건지다, 목숨을 부지하다
terlindung awan gelap 오리무중(의)
terlindung oleh sanggul 공처가

LINGKAR 테, 원, 둘레
lingkar bumi 지구둘레
lingkar pinggang 허리둘레
lingkaran langit 공중, 하늘
lingkaran setan 뒤죽박죽(의)

LINTABUNG 린타붕(억센 풀의 일종)
ilmu lintabung 어리석고도 뻣뻣한 (사람)
LINTAH 거머리
lintah darat, lintah darah 고리대금업자
lintah lapar 사기꾼; 식탐에 빠진 사람
LINTANG 너비, 가로, 대각의
lintang bujur 대각선
terlintang oleh sanggul 공처가
LINTAS 지나가다, 통과하다
kelintas adik 동생이 먼저 결혼하다
lintas akal 타당한, 일리가 있는
lintas budaya 문화간 상호접촉
lintas pintas 왕래, 왔다갔다
lintas udara 항공편으로, 공중으로; 항공노선
lintasan hati 예감, 판단
melintas di akal 타당하다, 마땅하다
selintas lalu 얼핏, 일순간
terlintas di hati 예감이 들다, 느낌이 들다
terlintas di kepala 머리에 떠오르다, 생각이 스치다
LIPAN 지네
lipan bara 독지네
LIPAS 바퀴(벌레)
ekor lipas 목덜미까지 길게 내려와 양쪽으로 갈라 진 머리털(젊은이들의 유행 머리)
lipas kudung 동양바퀴벌레(암갈색의 몸집이 큰 바퀴); 일사천리로 일을 해치우는 사람
LIPAT 주름, 구김살, 곱, 배수
berlipat-lipat 주글주글한, 겹겹의
lipat ganda 몇 곱절(의), 수많은
lipat kajang 곱절, 두 배; 급커브, 각도가 급한 곡선길
lipat lutut, melipat lutut 무릎을 꿇다
lipat paha 샅, 사타구니
lipatan hati 비밀
lipatan sejarah 역사의 뒤안길
tak berkelipat perut 함부로 입을 나불대는, 입이 가벼운, 비밀을 지키지 못하는
LIPUR 풀리다, 사라지다, 누그러지다
lipur dendam, melipur dendam 원한을 씻다, (마음 속) 응어리를 뽑다
lipur hati, pelipur hati, penglipur hati 위안, 애인
melipur hati 위로하다, 위안을 주다
pelipur lara, penglipur lara 말레이 토속만담가 (이야기꾼); 말레이 구비전통의 한 종류; 애인, 사랑(하는 사람)
LIPUT 덮다, 숨기다
liputan berita 뉴스취재
terliput di balik awan 구름 뒤에 숨겨 진
LISAN 혀, 입말
bahasa lisan 구어
sastra lisan 구비문학
LISTRIK 전기
listrik tenaga air, elektrik tenaga air 수력(의)
tenaga listrik, tenaga elektrik 전력
LISUT 쪼그라든, 시들은
bola lisut 야구(볼), 소프트볼

kayu bola lisut 야구방망이
badannya terasa kecut lisut 사지가 바싹 오그라드는 느낌이 들다
LITAH 입이 가벼운
litah mulut 함부로 입을 나불대는, 비밀을 지키지 못하는
LIUR/AIR LIUR 침, 타액
liur masin 재담꾼
menjilat air liur 병 주고 약 준다
LIWAT 비역질(을 하다), 남색질(을 하다)
lelaki meliwat lelaki yang lain 남성끼리 비역질을 하다
LOBAK 무, 무우
lobak cina 알타리무, 총각무
lobak merah 당근
LOGAM 금속
logam adi, logam mulia 귀금속, 금은보화
logam berat 중금속
logam putih 화이트메탈
LOLOS 빠지다, 달아나다
lolos butuh 전근허가(서)
lolos dari mulut buaya 죽을 고비를 넘기다
lolos sensor 검열을 통과하다
meloloskan diri 도망치다, 빠져나오다
LOMBA/LUMBA 경주, 경쟁, 시합
lomba kuda 경마
lomba lembu, kerapan sapi 소 경주
lomba-lomba, berlomba-lomba 앞서거니 뒤서거니(하다), 서로 경쟁하다
LOMBONG 갱, 갱도, 광산
lombong bijih timah 주석광산
lombong emas 금광
LOMPAT 깡충 뛰다, 도약하다
lompat gagak (말을) 더듬거리다; 절뚝거리며 걷다
lompat lidah, terlompat lidah 말이 튀어나오다
lompat-lompat kegirangan 기뻐서 팔짝팔짝 뛰다, 기뻐서 깡충깡충 뛰다
LONCAT (개구리가) 폴짝 뛰다, 뛰어 오르다
loncat jauh, lompat jauh 멀리뛰기
loncat galah putri 여자장대높이뛰기
loncat-loncat, berloncat-loncatan, meloncat-loncat 폴짝폴짝 뛰다, 깡충깡충 뛰다
terloncat-loncat bagai ulat pinang 안절부절 못하는, 조마조마 마음을 졸이는; 말괄량이
LONGGAR 헐렁한, 헐거운, 널널한
baju longgar 헐거운 웃옷
terlalu longgar 너무 헐렁한, 너무 헐거운
LONJAK 양발로 뛰어 오르다, 높아지다
lonjak bagai labu dibenam 우쭐거리는, 뽐내는
terlonjak rasa semangat 뛸 듯이 기쁜
lonjak-lonjak, melonjak-lonjak 폴짝폴짝 뛰다, 깡충깡충 뛰다
LONTAR 론타르(팔미라야자나무잎으로 만든 필기구 또는 그 문서), 내던지다, 팽개치다
naskah lontar 론타르 문서
melontarkan senyuman 미소를 던지다, 미소를 건네다
sepelontar, sepelontaran 투척거리

LORENG 줄무늬가 있는, 얼룩무늬가 있는
harimau loreng 줄무늬 호랑이
kuda loreng 얼룩말
LOWONG (자리가) 빈, 텅 빈
lowongan kerja 결원, 빈자리
LUANG 빈, 한가한
luang waktu, meluangkan waktu 시간을 내다, 틈을 내다
peluang emas 절호의 기회
waktu terluang 틈, 겨를, 한가한 시간
LUAR 외부, 밖, 겉
luar acara 일정 외, 일정 밖의
luar biasa 특별한, 유별난; 대단한, 엄청난
luar bicara 안건 외, 생각 밖의
luar dalam 안팎; 일체, 모두; 물심양면(으로)
luar dugaan, di luar dugaan 예상 밖의
luar garis, di luar garis 법규를 지키지 않는, 불법의
luar kepala, di luar kepala 외워서, 암산으로
luar negeri 외국(의)
luar pagar, di luar pagar 관련 없는, 관계 없는
LUAS 널찍한, 탁 트인
luas fikiran 현명한, 지혜로운
luas pandangan 여정이 긴; 박학다식한
luas tanah 지역, 구역
seluas daun kelor 비좁은, 아주 좁은
meluaskan pemandangan 견문을 넓히다
seluas tapak tangan 작은, 비좁은, 편협한
LUBANG 구멍
lubang angin 통풍구, 창문
lubang jarum 바늘귀
lubang gunung 분화구
lubang hidung 콧구멍
lubang-lubang, berlubang-lubang 구멍이 숭숭 뚫린, 낡은
lubang roma 솜털구멍
lubang tengkuk 목구멍
LUBUK 깊은 곳, 심연, 움푹 들어간 곳
lubuk akal 현명한 (사람), 지혜로운 (사람)
lubuk akal lautan ilmu 박학다식한 (사람)
lubuk hati, lubuk jiwa 속마음
lubuk menjadi pantai, pantai menjadi lubuk 이랑이 고랑 되고 고랑이 이랑 된다
LUCAH 음란한, 외설적인
lucah melihatnya 보기에 너무 야한, 너무 외설적인
LUCU 재미있는, 웃기는
lucu-lucu, lucu-lucuan 익살, 농담
pelucu 익살꾼, 익살쟁이
LUCUT 빠지다, 흘리다, 사라지다, 벗겨지다
lucut jawatan, melucutkan jawatan 해고하다, 해임하다
lucut senjata, melucutkan senjata 휴전하다
LUDAH 침, 타액
ludah api, berludah api 막말하는 (사람)
meludah ke langit 제 얼굴에 침 뱉기
LUKA 상처, 자국
luka bakar 화상

L

luka di tangan karena pisau, luka di hati karena kata 혀 밑에 도끼 들었다, 말이 씨가 된다
luka hati 서러운, 서글픈; 속상한, 기분이 나쁜
luka-luka 부상
luka memar 멍이 든 상처
luka parah 중상
luka ringan, luka sedikit 경상
luka tetak 절상, 절창
luka tikam 자상, 찔린 상처
melukai hati 속상하게 만들다, 속을 썩이다
lukanya hilang, parutnya tinggal juga 불화의 깊은 골
LULUH 갈다, 녹다
meluluhkan hati 마음을 누그러뜨리다, 마음을 풀어주다
LULUS 통과하다, 빠지다, 사라지다
lulus di akal 상상하다, 생각하다
lulus diri, meluluskan diri, meloloskan diri 도망치다, 달아나다
lulus jarum, lulus kelindan 시작이 반이다
lulus pada pikiran 믿다, 신뢰하다
lulus tidak berselam, hilang tidak bercari 혈혈단신
lulus ujian (사업에) 성공하다
LUMPUH 마비된, 반신불수의
bagai si lumpuh pergi merantau 가당찮은 일
lemah lumpuh 맥이 전혀 없는, 힘을 전혀 못쓰는
yang lumpuh penghini rumah 눈 먹던 토끼 얼음 먹던 토끼가 제각각
LUMPUR 진흙탕, 진창
lumpur hitam, lumpur katam 갯벌
berlumpur sampai kepalanya 수많은 죄를 저지른 (사람), 온통 죄로 뒤덮인
LUNAK 연한, 부드러운
lunak gigi dari(pada) lidah 상냥한, 친절한; 아주 겸손한, 매우 겸허한
lunak hati 수용적 자세, 수용적인 태도
melunakkan hati 마음을 누그러뜨리다, 위로하다
lunak lidah (외국어) 발음이 좋은, 혀가 잘 도는
lunak mulut 추종자
lunak otak 지적인, 교양 있는
lunak rezeki 운이 좋은, 재수가 있는
lunak tak bersudu, keras tak bertakik 우문현답; 명석한, 지혜로운
LUNAS 바탕, 기초, (빚을) 갚다, 변제하다
berlunaskan undang-undang 법률에 바탕을 둔
melunasi dosa, melunaskan dosa 죄를 씻다
LUNCUR 미끄러지다, 빠지다
meluncurkan kata-kata 청산유수로 말하다
papan luncur 스케이트보드, 파도타기 널
LUNTUR (색이)바래다, (물이) 빠지다
luntur namanya 오명을 입다
luntur semangat 의기가 소침한
tahan luntur 색이 변하지 않는, 색이 날지 않는
LUPA 잊다, 망각하다
lupa daratan 사랑에 눈이 멀다; 오만불손한 (사람), 좌충우돌하는 (사람); 처자식을 저버린 (사람), 패륜아
lupa diri, lupa akan dirinya 정신을 잃다, 기절하다
lupa-lupa, lupa-lupaan 건망증이 심한; 잊어버린 척
lupa-lupa ingat 기억이 가물가물한

LUPUT 없어지다, 빗나가다
luput dari hati, luput di hati 까맣게 잊어버리다
luput dari mata, luput di mata 시야에서 사라지다
luput diri, meluputkan diri 빠져나오다, 회피하다
LURAH 계곡, 홈, 촌장, 읍장
lurah hidung, alur hidung 인중
LURUH 떨어지다, 빠지다
berluruhan 여기저기 우수수 떨어지다
luruh bulu 털갈이
luruh runtuh 완전히 사라지다, 전부 없어지다
meluruhkan lemak 지방을 제거하다
musim luruh 가을
LURUS 반듯한, 정직한, 곧은
lurus akal, luruh hati 정직한, 마음가짐이 바른
lurus bambu seruas 매우 정직한
lurus kaki, meluruskan kaki 휴식을 취하다
lurus jalan, meluruskan jalan 길을 닦다, 길을 트다
lurus lidah 달변의, 유창한
lurus tabung 너무 고지식한, 너무 솔직한
lurus-lurus ekor anjing, walau bagaimanapun ada juga bengkoknya 제 버릇 개 줄까
lurus-lurus telunjuk 작심삼일
LUSUH 남루한, 낡은
kemeja lusuh 남루한 셔츠
melusuhkan jiwa 마음을 병들게 하다, 정신을 좀먹다
LUTUT 무릎
berkata-kata dengan lutut 쇠귀에 경 읽기
lutut lekuk, lekuk lutut 다리오금, 뒷무릎
tempurung lutut 슬개골, 종지뼈

M

MAAF 용서(하다)
bermaaf-maafan 서로 용서하다
maaf kesalahan, memaafkan kesalahan 잘못을 용서하다
meminta maaf 용서를 빌다
MABUK (술에)취하다
dimabuk angan-angan 고민하다; 공상하다
dimabuk bayang-bayang 허황한 꿈을 꾸다, 헛것을 바라다; 짝사랑에 빠지다
dimabuk cinta 사랑에 홀린, 사랑에 빠진
dimabuk nasib 팔자타령(을 하는)
mabuk agak-agak, mabuk kira-kira 얼이 빠진, 정신이 나간 듯한
mabuk asmara, mabuk cendawan, mabuk kepayang 상사병(에 걸린)
mabuk bunga raya 취기가 돌아 얼굴이 붉어진
mabuk bunga selasih 상사병(에 걸린); 술에 취해 비틀비틀하는, 몸도 못 가눌 정도로 만취한
mabuk darah 피를 보고 현기증을 느끼다; 피를 너무 많이 흘려 졸도하다; 출혈을 본 뒤 눈이 뒤집히다; 늘 살인할 생각만 하다
mabuk di angan-angan, dimabuk angan-angan 허황한 꿈에 사로잡히다; 고민하다
mabuk empat tiang 술에 만취하다, 대취하다
mabuk gadung 사랑에 홀린; 매우 창백한, 핏기가 전혀 없는
mabuk gunung 고산병
mabuk kecubung 여색에 빠진, 여색을 탐하는
mabuk kemenangan 승리에 도취되다
mabuk kepayang 약간 취기가 돈, 알근한; 상사병(에 걸린)
mabuk lalat 약간 어지러운, 아찔한
mabuk ombak, mabuk laut 뱃멀미
mabuk pangkat 출세에 눈이 먼
mabuk tahi telinga 우유부단한 (사람); 말을 더듬거리는 (사람)
mabuk uang 돈에 눈이 먼
mabuk udara 비행기 멀미
MACAM 종류, ~와 같은, 닮은
macam cacing kepanasan, cacing kepanasan 안절부절 못하는, 늘 불안해하는
macam *kepiring* berjalan 절뚝거리며 걷는 (사람)
macam kera kena belacan 박박 긁는, 긁적긁적 긁는
macam kerbau 둔한, 어리석은
macam-macam 가지가지, 갖가지(의)
macam siput 아주 굼뜬, 매우 느린
macam tunggul 멍청한, 어리석은

macam tunggul pisang 곤궁한 (사람)
MACAN 호랑이
macan kertas 종이호랑이, 세력이 전혀 없는
macan ompong 이빨 빠진 호랑이
MADAT 아편, 마약
pemadat 아편중독자, 아편쟁이
MADU (벌)꿀, 달콤한
senyum madu 달콤한 미소
MAHAL 힘든, 비싼, 귀한
mahal di timbangan 약속을 자주 어기는
mahal rezeki 생계가 아주 어려운
mahal dibeli sukar dicari, mahal tak dapat dibeli, murah tak dapat diminta 희귀한 (일), 아주 드문 (일)
MAHKOTA 왕관, 통치자
mahkota hati, mahkota jiwa 애인
mahkota negeri 왕, 통치자
MAIN 놀이, 놀다, 놀음하다
bermain daya, bermain budi 속임수를 쓰다
bermain di belakang layar ~하는 체 하다; 배후조정을 하다
bermain nasib 투기하다, 한탕을 노리다
main akal, bermain akal 속이다, 기만하다
main angin 변덕이 심한, 한 입가지고 두말하는
main api, bermain api 불장난 하다, 위험한 짓을 하다
main api akan hangus 자업자득
main balik mata 요술, 마술; 모의하다, 나쁜 일을 꾀하다
main belakang 비역질하다, 남색질을 하다; 불법적으로 일을 처리하다, 불법을 저지르다
main gajah-gajahan 장기를 두다
main gayung 겨루다
main gila 실례를 범하다, 예의에 벗어난 행동을 하다; 방탕에 빠지다, 음탕한 짓을 하다; 하는 둥 마는 둥
main hakim sendiri 초법적인 행위를 하다, 법보다 주먹을 앞세우다
main kayu 바람피우다, 간통하다
main komedi, bermain komedi 정직하지 못한, 음흉한
main lidah, bermain lidah 말을 이랬다 저랬다 하는, 말을 자꾸 바꾸는
main mata, bermain mata 눈짓으로 사랑을 표현하다; 힐끔힐끔 쳐다보다
main muda, bermain muda 방탕에 빠지다, 방탕한 생활을 하다; 호색한, 여색을 탐하는 사람
main siku 사방팔방에서 사기 행각을 벌이다
main tedeng 잘못을 은폐하다
main tempel 세력가에게 도움을 구걸하다
main-main dengan nyawa, mempermainkan nyawa 아주 위험한 짓을 하다
memainkan jarum halusnya 권모술수를 쓰다
mempermainkan lidah 구슬리다
permainan hidup 생활습관
permainan lidah 말버릇
permainan mata 애인, 연인
MAK/EMAK 어머니, 엄마
mak buyung 임신부, 임부; 뚜쟁이, 포주
mak cik 아주머니
mak tua 할머니

MAKAN 먹다
dimakan akal 타당한, 마땅한
dimakan bulan 혼전에 순결을 잃은 처녀
dimakan keringat (옷의 색깔이)바랜, (색이) 난
makan dipakai, makan pakaian 옷으로 치장하다; 옷이 지나치게 큰
dimakan panas 햇빛에 그을린, 햇빛에 탄
dimakan sumpah 저주받다
dimakan tikus 야금야금 까먹다, 야금야금 축내다
dimakan umur 고령(의), 나이가 썩 많은
dimakan zaman 시대에 뒤떨어진, 구식의
makan angin 바람 쐬다; 허탕 치다
makan arwah 제사
makan bawang 화나다
makan benak 큰 횡재를 하다
makan benang 진실된, 정직한
makan berulam 기혼 남성; 야채를 곁들여 먹는 밥
makan besar 큰 잔치; 횡재하다
makan darah 고리대금업자; 몹시 화가 난, 몹시 성이 난; 자수성가한 사람; 몹시 서글픈, 몹시 서운한
makan dedak, makan jangat, makan kawat 궁핍한, 몹시 가난한, 찢어지게 가난한
makan diri 몸이 축나다, 몸이 상하다
makan duit 뇌물을 먹다, 뇌물을 받다; (공금을) 횡령하다
makan gaji 봉급생활자로 일하다; 봉급, 월급
makan garam 노련한 (사람), 경험이 많은 (사람)
makan hak (남의) 권리를 침해하다
makan hasil lendir 창녀, 몸을 팔아 먹고사는 여자
makan hati 마음이 쓰라린, 속상한, 애달픈
makan jalan 중앙선을 침범하다
makan janji 약속을 어기다
makan kawan, makan teman 친구를 이용해 먹는 사람
makan keringat orang 남을 베껴먹다, 착취하다
makan masa, makan waktu, makan tempo 시간이 걸리다, 시간이 들다, 시간이 잡아먹히다
makan masak mentah 눈은 있어도 망울이 없다, 옳고 그름을 판단 못하는
makan minum 생계, 먹고살기
makan nasi minyak 결혼잔치
makan nasi sejuk 푸대접을 받다, 냉대를 받다, 박대를 받다
makan pena 글로 먹고살다
makan puji 오냐오냐해 주기만을 바라는, 칭찬만을 바라는
makan riba 이자로 먹고 살다; 고리대금업을 하다
makan siku 올바른, 사리에 맞는
makan sogok, makan sorong, makan suap 뇌물을 먹다, 뇌물을 받다
makan sudah terhidang, tetamu belum juga datang 천생배필을 만나지 못한 처녀
makan tali, makan tanah 찢어지게 가난한, 몹시 빈궁한
makan tangan 얻어맞다, 얻어터지다; 뜻밖의 행운을 얻다, 의외의 가윗돈이 생기다
makan tuan 제 도끼에 발등 찍히기
makan upah 청부업자; 뇌물을 먹다
makanan enggang hendak dimakan oleh pipit 뱁새가 황새걸음 걸으면 가랑이가 찢어진다

M

makanan jiwa, makanan rohani 종교
makanan peluru 용병
makanan ringan (주전부리) 과자
pemakan bawang 툭하면 화를 내는 사람
pemakan riba 고리대금업자
termakan budi 은혜를 입은
termakan di rambut 매우 어려운
termakan guna-guna 마법에 걸린, 주문에 홀린
termakan sampai ke hati 가슴을 에는 듯한, 마음이 몹시 쓰라린

MAKMUR 번영하는, 풍족한
makmur dan sejahtera 번영과 안정

MAKSUD 의도, 뜻
maksud baik 선의, 좋은 뜻
maksud hati 목적, 의도
maksud kotor 악의, 나쁜 뜻

MALAM 밤
Sabtu malam 토요일 밤
malam Sabtu 금요일 밤
malam buta, malam boleh 흑야, 아주 캄캄한 밤, 칠흑같이 어두운 밤
malam inai 결혼전야
malam ini, malam karang, malam sekarang 오늘 밤
malan jauh, jauh malam 깊은 밤, 한밤중
malam panjang, Sabtu malam 토요일 밤
malam perpisahan 송별회
malam pertama 신혼 첫날밤
malam suntuk, semalam suntuk 밤새도록

MALANG 불행한, 재수 없는, 가로(줄)
malang mujur 요행수를 바라다
malang tidak berbau 불행은 소리 없이 다가온다, 불행은 예고 없이 찾아온다
malang timpa-menimpa 엎친 데 덮친 격, 불행의 연속

MALAS 게으른, 부주의한, 둔한
malas bercakap 입이 무거운
malas-malas 빈둥빈둥하는

MALING (밤)도둑
kemalingan 도둑이 들다, 도둑을 맞다
maling curi 도둑질

MALU 부끄러운, 창피한
malu berani, mati takut 겁쟁이
malu bertanya sesat jalan, malu makan perut lapar 아는 길도 물어서 가라
malu besar 개망신
malu mata 경외하는, 공경하는
malu-malu bahasa 겸연쩍은, 약간 쑥스러운
malu-malu kucing 새침데기
malu tercoreng di dahi, malu tercoreng di muka 개망신을 당하다, 망신살이 뻗치다
malu tercoreng pada kening 망신살이 끼다

MAMAK 외삼촌, 삼촌
mamak nenek 마을 어르신네들; 족장

MANA 어느, 어디, 무엇
dari mana 어디에서

dari mana-mana 사방팔방에서
di mana 어디에
di mana ada asap, di situ ada api 바늘 가는 데 실 간다
di mana-mana 어디든지, 아무데나
ke mana 어디로
mana bisa, mana boleh 불가능하다(어떻게 가능하겠는가?)
mana busuk yang tiada berbau 아니 땐 굴뚝에 연기 나랴
mana kala 언제나
mana lagi 더구나, 그 위에
mana sungai yang tiada berhulu 뿌리 없는 나무 없다
mana tahu 누가 알아(아무도 모른다)
mana udang, maka ketam direbus tak merah 눈 가리고 아웅
tidak ke mana-mana 아무데도 가지 않다
yang mana 어느 것

MANDI 목욕하다, 수영하다
bermandikan cahaya 휘황찬란하게 빛나는, 현란하게 빛나는
mandi angin 바람받이, 바람을 몹시 쐬는 (일)
mandi bakal, mandi gubah, mandi mayat 시신을 목욕시키는 일
mandi balai 악령을 쫓기 위한 목욕의식
mandi basah, mandi junub 성교 직후의 목욕
mandi basuh lantai 산후 40일 기념 목욕의식
mandi berhias 혼전 신부의 목욕 의식
mandi berlenggang perut, mandi bunting, mandi tian 임신 7개월 기념 목욕의식
mandi biarlah basah, mandi-mandi biar basah 쇠뿔도 단김에 빼랬다
mandi cahaya matahari 뙤약볕 밑에서 일하다
mandi dalam cupak 늘 궁핍한, 늘 모자라는; 뒤죽박죽(의 상황), 엉망진창(의 상황)
mandi damai 신랑신부가 합방한 후 치르는 목욕의식
mandi darah 혈투, 혈전
mandi kerbau 까마귀 미역 감듯, 고양이 세수하듯
mandi keringat, mandi peluh 피땀을 흘리다, 온 힘을 다하다, 전력을 기울이다
mandi sudah 염습 때 행하는 시신 목욕
mandi tak basah, mandi tidak basah 야박한 사람; 겁쟁이
mandi uang, bermandikan uang 돈방석에 앉은, 돈이 넘쳐흐르는
mandi uap 사우나

MANDUR 십장, 감독관
mandur jalan 실업자, 직업이 없는 사람

MANGKAT 서거하다, 돌아가시다
mangkat beradu 서거하다, 영면하다, 돌아가시다

MANIS 예쁜, 상냥한, 맛있는
manis bangun 멋진, 볼품 있는
manis budi bahasa 예의바른, 점잖은
manis cakap 말씨가 부드럽고 상냥한
manis di bibir 감언이설, 꾐 말
manis di luar, busuk di dalam 표리부동(한 사람), 속으로 호박씨 깐다
manis laksana gula Jawa, manis seperti gula Jawa 오뉴월 풋고추에 가을 피조개, 아주 잘 어울리는 한 쌍
manisan lebah 꿀
manis muka 명랑한, 상냥한
manis mulut 말주변이 좋은; 감언이설로 (남을) 잘 꾀는

MANUSIA 인간, 인류, 사람
manusia berbakat 재간꾼
manusia besar 거인
manusia mati meninggalkan nama 사람은 죽어서 이름을 남긴다
manusia punya asa, Tuhan punya kuasa 세상만사 하늘의 뜻에 달렸다, 진인사대천명
MARAH 화나다, 성나다
marah berapi-api 크게 화가 난 (사람), 대로한 (사람)
marahkan nyamuk kelambu dibakar, marahkan tikus, rengkiang dibakar 빈대 잡으려고 초가삼간 태운다
MARAK (불꽃이) 일다, 솟다
merah marak 진홍색
naik marak (불꽃이) 거세게 일다
MASA 시간, 때, 기간, 어찌 ~할 리 만무하다, 설마
masa bodoh 남의 일에 수수방관하는, 자기 자신만 생각하는; 잘 해봐!, 네가 알아서 해!
masa datang, masa hadapan 앞날, 미래, 장래
masa ini 현재, 오늘날, 지금
masa itu 그 때, 그 당시
masa kecil 어릴 적, 어린 시절
masa kering 건기
masa lapang, masa lega 틈, 겨를
masa muda, masa remaja 사춘기, 청소년기, 청년기
masa peralihan 전환기, 과도기
masa susah, zaman meleset 건기; 대공황, 대불황
masa tua 노년기
MASAK 익다, 여물다, 요리법, 익히 잘 아는
masak air 완전한
masak ajar 예의범절을 아는, 교양 있는
masak akal 영리한, 똑똑한
masak di dalam 설익은, 아직 덜 익은
masak di luar, mentah di dalam 감언이설을 일삼는 (사람); 표리부동(한 사람)
masak durian, masak manggis 남자보다 여자가 비밀을 잘 간직하게 마련
masak malam, mentah pagi 변덕이 죽 끓는 듯하다
masak masai, masak mangsai 노련한, 경험이 많은
masak niat 의도가 분명한
masak ranum 무르익은, 푹 익은, 잘 익은
masak tangan 늘 손찌검을 당하는, 자주 얻어맞는
masak timbangan 심사숙고하는
MASAM 신 맛(의), (얼굴을) 찌푸린, 찡그린
masam kepala 매력적인, 이목을 끄는; 군계일학
masam muka 찌푸린 얼굴, 찡그린 얼굴
masam perut 너무 신 (맛)
masam-masam, masam-masaman, kemasam-masaman 시금시금한
MASIH 아직, 여전히, 지금도
masih ada masa 여전히 기회가 남아 있는
masih ada umur 아직 생존하고 있는
masih basah badannya 여전히 피로가 풀리지 않은
masih bau bawang 아직 미숙한, 경험이 적은
masih bau kencur 아직 애송이의, 아직 어린
masih di awang-awang 미확정의, 불확실한

masih dalam telur, masih di dalam telur 잉태된 상태의; 아직 고려 중인, 아직 계획 중에 있는
masih dalam kegelapan 여전히 암흑시대의, 여전히 원시시대의
masih bergerak ubun-ubunnya 아직 햇병아리의, 미숙한
masih bergigi 여전히 권세를 누리는, 여전히 세력을 과시하는
masih hijau 아직 경험이 부족한
masih ingusan, masih merah 아직 어린, 미숙한
masih merah tanah kubur 묘를 쓴지 오래지 않은, 장례를 치른 지 얼마 안 된
masih putih 아직 순결한, 아직 순진한
masih tanda tanya, masih samar-samar 아직 미정의, 지금도 알 수 없는
masih terus berlaku 지금도 유효한, 지금도 쓸 수 있는
masih tetap gelap 여전히 불확실한
masih titik koma 아직 미완의, 아직 끝나지 않은

MASIN 짠 (맛), 소금 맛
masin lidah, masin mulut 말재간이 좋은, 설득의 명수인
masin mulut 말재간이 좋은, 설득의 명수인; 약속을 꼭 지키는, 신의가 있는
masin perak 너무 짠 (맛)
masin perkataan, masih lidah 담판의 명수인, 말을 잘하는

MASUK 들어오다(가다), (해가) 지다
kemasukan setan 악마에게 홀리다, 귀신에 들리다; 신이 들리다, 괴력을 발휘하다
masuk air, dimasuk air 물에 가라앉다, 물에 빠지다
masuk akal, masuk angan 타당한, 마땅한
masuk angin 몸살(감기); 음식이 상한, 음식이 쉰; 헛수고, 헛일; 중상모략을 받다, 모함을 받다
masuk angin keluar asap 헛수고, 헛일
masuk bilangan, masuk buku, masuk hitung 계산에 넣다, 중시하다
masuk campur, masuk tangan 참견하다, 개입하다
masuk daun 좋은 기회를 얻다; 따 놓은 당상, 받아 놓은 밥상
masuk diam-diam 몰래 들어오다, 침입하다, 불법으로 들어오다
masuk di hati 믿을 수 있는, 신뢰할 수 있는
masuk hantu (귀신에게 홀려) 기절하다, 혼절하다
masuk hati 받아들이다, 수용하다; 꼬임에 넘어가다, 속아 넘어가다
masuk Islam, masuk Melayu, masuk Jawi 신께 귀의하다, 무슬림이 되다, 올바른 종교를 믿다
masuk Jawa, masuk Jawi 할례를 받다; 무슬림이 되다
masuk kerja 출근하다
masuk kira, masuk hitung 계산에 넣다
masuk Melayu 무슬림이 되다; 이슬람으로 개종하다; 말레이 전통 관습을 따르다
masuk mulut 대화에 끼어들다; 의견을 개진하다, 뜻을 드러내어 말하다
masuk mulut buaya, masuk sarang harimau 위험에 빠지다
masuk pertimbangan 고려 중(인), 심사숙고 중(인)
masuk pintu belakang 불법적으로 (일을) 처리하다, 뒷(문)거래를 하다; 뇌물(을 먹다), 뒷돈(을 받다)
masuk saku, masuk kilas, masuk poket 호주머니에 넣다, 착복하다
masuk sarang labah-labah 함정에 들다, 함정에 빠지다
masuk sekolah 등교하다; 입학하다
masuk Serani 기독교에 귀의하다, 기독교인이 되다
masuk tak gempa 신문에 보도되다, 신문에 실리다

masuk tak genap, keluar tak ganjil 아무 쓸모없는 (사람)
masuk telinga kanan, keluar telinga kiri 한 귀로 듣고 한 귀로 흘린다
masuk tiga, keluar empat 손해(를 보는 사람)
masuk waktu (무슬림들에게) 기도할 시간이 되다
memasukkan jarum halusnya 권모술수를 쓰다
memasukkan minyak tanah 중상모략하다

MASYARAKAT 사회, 세상
masyarakat adil dan makmur 공명정대한 사회, 행복한 세상
masyarakat kuno 고대사회
masyarakat ramai 대중
masyarakat tradisional 전통사회

MATA 눈, 핵심, 구멍, 싹, 원천
bular mata 백내장; 눈이 (피로하여) 침침한
mata air 샘, 우물; 생업, 직업; 애인, 연인
mata alamat 목표
mata angin 풍향, 방향; 줏대가 없는 (사람)
mata ayam 밤 귀가 밝은 사람
mata benda 귀중품
mata betung 우둔한, 학업이 부진한
mata bogel, mata bugil, mata telanjang 맨눈, 안경을 쓰지 않은 눈
mata bulan 달무리
mata cincin 반지에 박힌 보석
mata dekat 근시
mata duitan 돈에 눈이 먼, 돈에 환장한
mata gelap (화가 나서) 눈에 보이는 것이 없는, 눈이 뒤집힌
mata gergaji 톱날; 아첨하는, 알랑거리는
mata hati 예감, 직관
mata hitam 눈동자
mata huruf, mata surat (글자의) 자모, 낱자, 글자
mata ikan 티눈, (손과 발의) 굳은 살
mata jala 그물눈, 그물코
mata jauh 원시
mata kail 낚싯바늘
mata kaki 발목
mata kayu (나무의)옹이; 일자무식(의); (눈이) 거슴츠레한
mata kepala 육안, 맨눈; 정말(의), 사실(의)
mata keranjang 음란한, 음탕한; 호색한(의), 여색을 좋아하는
mata kerbau, mata lembu, mata sapi 노른자를 성한 상태로 부친 계란프라이
mata kotak 분별력이 없는 사람, 흐리멍덩한 사람, 지각없는 사람; 시력이 매우 떨어진, 앞을 잘 못 보는
mata luka 상처 구멍
mata merah 울다
mata merah seperti saga 몹시 화가 난 사람
mata pajak 납세자, 납세의무자
mata panah 화살촉
mata pelajaran 학과목
mata pencarian 생업
mata pisau 칼날
mata sasaran 과녁의 중심, 과녁의 한 가운데
mata susu 젖꼭지
mata telah rabun, bandar pun terbuka 소 잃고 외양간 고친다
mata telinga 스파이, 앞잡이, 끄나풀; 대리인

mata terbuka 깨달은, 인식하는
mata terlayang, mata terlayang-layang 잠에 빠져들다
mata tidur, bantal berjaga 남편 몰래 바람피우는 여자
mata uang, mata wang 화폐, 돈; 동전; 화폐종류
mata-mata 경찰; 보안요원, 안전요원; 간첩, 스파이; 앞잡이, 끄나풀
mata-mata gelap 비밀경찰; 사설탐정, 염탐꾼
matanya hijau (욕심 때문에) 눈이 뒤집힌

MATAHARI/MENTARI 태양, 해
matahari berayun 해가 기우는 때 (오후 4시 경)
matahari condong ke barat 해가 저무는 때
matahari gelincir, matahari lengser, matahari miring 해가 뉘엿뉘엿 떨어지는 때 (오후 5시 경)
matahari hidup, matahari naik, matahari terbit 해가 뜨다, 동이 트다; 동녘, 동쪽
matahari mati, matahari jatuh 해가 저물다, 땅거미가 지다; 서녘, 서쪽
matahari sedang rembang 대낮, 한낮
matahari sepenggalah tingginya 해가 장대 높이만큼 뜬 때 (아침 7시에서 8시 경)
matahari tegak, matahari terpacak, matahari terpijak 해가 하늘 한 가운데 떠 있는 때 (낮 12시 경)
matahari tengah gerhana 시름에 잠긴 (사람)
matahari tengah turun 해가 기울기 시작하는 때 (오후 3시 경)
matahari turun 해가 떨어지는 때 (저녁); 세력이 약해지는, 명성이 떨어지는

MATI 죽다, 멈추다, 끊어지다
jari mati, jari tengah, jari hantu 가운뎃손가락
mati agan, mati beragan, mati samar 횡사, 변사; 자살
mati akal, mati angin 묘안이 없는, 묘책이 없는
mati angin 의욕을 잃은, 무기력해 진; 묘안이 없는, 묘책이 없는
mati ayam, mati katak, mati bongkong, mati konyol 개죽음, 헛된 죽음
mati beranak 출산 중 사망하는 (산모)
mati berdarah 성전에서의 전사, 순교
mati bersebab 횡사
mati bujang 혼전 사망
mati haid 폐경(기가 된)
mati hati 막무가내(의)
mati kera 사랑 때문에 비참해진 (사람)
mati kertas 쥐가 나는, 쥐가 오르는
mati kumlah, mati hukumullah 자연사; 병사, 질병사망
mati kutu 무기력한 사람, 소심한 사람; 묘안이 없는, 묘책이 없는
mati langkah 술수에 걸려 옴짝달싹도 못하는 (사람)
mati lemas 익사하다
mati lidah 입맛을 못 느끼는, 입맛을 모르는
mati mampus, mati modar 급사, 즉사
mati pucuk 성불구(의)
mati raga 금욕하다
mati rasa 무감각한
mati sebelah badan 반신불수(의), 반신마비(의)
mati seladang 백년해로하는 부부
mati semut karena gula 감언이설에 패가망신한 (사람)
mati sudah tua, mati seajal 자연사

mati suri 가사(상태), 빈사(상태)
mati syahid 이슬람을 위해 순교하다
mati terbakar 분사, 소사, 타죽음
mati-mati, mati-matian, kemati-matian 온 힘을 다해서, 전력을 다해서; 죽은 척하다, 죽은 체하다
mati-mati ayam 간질
mati-mati mandi, biar basah 쇠뿔도 단김에 빼랬다
MAU/MAHU 원하다, 바라다, 소원, 뜻
mau benar-benar 갈망하다, 간절히 바라다
mau berbaik-baik 친해지길 원하다
mau seribu daya 노력 끝에 성공 있다
mau tak mau 우물쭈물하는, ~을 하는 둥 마는 둥 하는; 어쩔 수 없이, 할 수 없이
MAUT 죽음, 사망
maut tidak memandang umur 죽음에는 선후배가 없다
menemui maut 죽음을 맞이하다
MAWAR 장미과, 장미꽃
mawar laut 말미잘
MAYAT 시체, 시신
mayat bernyawa 아편쟁이, 아편 중독자; 해쓱한, 깡마른
mayat sudah di tepi kubur 쇠뿔도 단김에 빼랬다
pucat seperti mayat 사색이 된, 파리한, 몹시 창백한
seperti mayat ditegakkan 몹시 해쓱하고 파리한, 몹시 초췌한
MEJA 테이블, 탁자
meja hijau 법정
meja kedai 상점 계산대
meja pinjam 도서대출실
meja rundingan, meja perundingan 공식회담(장)
meja tulis 책상
uang meja 소송비용
MELAYU 말레이인(의), 말레이어(의)
bahasa Melayu 말레이어
masuk Melayu 무슬림이 되다; 이슬람으로 개종하다; 말레이 전통 관습을 따르다
orang Melayu 말레이인
MELEK 깨어있는, 눈을 뜬
belum melek 아직 이해를 못하는, 아직 잘 모르는; 아직 정신이 들지 않은
melek huruf, melek aksara 읽고 쓸 줄 아는
MELUR/MELATI 멀루르, 멀라티(재스민의 일종), 말리꽃
bunga melur 말리꽃, 재스민(꽃)
MEMAR (피)멍
luka memar pada dada 가슴 부위의 (피)멍이 든 상처
MEMPELAI 신랑, 신부
mempelai laki-laki 신랑
mempelai perempuan 신부
MENANG 이기다, 상을 타다
menang angka 득점에서 앞서 판정승하다
menang suara, menang undi 투표에서 이기다
menang tipis 박빙의 승리
memenangi suara 득표하다, 표를 따내다
MENANTU 사위, 며느리
bermenantu 사위를 보다, 사위를 맞다; 며느리를 보다, 며느리를 맞다

M

bermenantukan 사위로 삼다; 며느리로 삼다
MENARA 탑, 고층건물
menara api, menara suar 등대
menara dingin 고위직
menara gading 상아탑; 대학, 학문의 전당
menara pendingin 냉각탑
menara pengawas 관제탑, 감시탑
MENGKAL 덜 익은, 불쾌한
mengkal hati, bermengkal hati 불쾌한, 성나는
memengkalkan hati 불쾌하게 만들다, 성나게 하다
MENTAH 설익은, 덜 익은, 날것의
mentah-mentah 무조건으로, 그대로; 날것으로
mentah kaji 실패한 협상
minyak mentah 원유
MENTERI 장관, 국무위원, 고관
menteri agama 종교부장관
menteri dalam negeri 내무부장관
menteri kesehatan 보건부장관
menteri luar negeri 외무부장관
menteri negara pemuda dan olahraga 청소년체육부장관
menteri pekerjaan umum 건설부장관
menteri perdagangan 상공부장관
menteri pertanian 농림부장관
perdana menteri 수상
wakil perdana menteri, timbalan perdana menteri 부수상
MENTIMUN/KETIMUN 오이, 오이의 열매
mentimun bengkok 개밥의 도토리
mentimun tidak tahu di bongkoknya 자신의 허물을 모르는 사람
MERAH 붉은색, 빨강
merah api 불꽃같은 붉은 색
merah bata 붉은 벽돌색
merah bungur, merah bongor 보라색
merah darah 핏빛 빨간색; 용감한, 겁이 없는
merah hati 잘 익은 포도주 색
merah kekuning-kuningan 적갈색
merah kuku 손톱에 붉은 물을 들이다
merah lembayung 연보라색
merah-merah bahasa 불그스레한 (색)
merah marak, merah murup, merah padam 진홍색; 몹시 화가 난, 크게 화가 난
merah muka 수줍어하는, 겸연쩍은; 화난, 성난
memerahkan muka 모욕을 느끼게 하다, 창피를 주다; 성나게 만들다, 화를 돋우다
merah putih-putih 분홍색
merah sepang, merah tua 검붉은 색
merah telinga 속상하는, 기분이 상한; 창피한, 부끄러운; 성난, 화난
merah telur 달걀노른자
MERCU 탑, 정상
mercu api, mercu suar 등대
mercu gunung 산꼭대기
mercu kepala 정수리, 뇌천
MERDEKA 독립, 자유
hari merdeka, hari kemerdekaan 독립기념일

merdeka ayam 완전한 자유를 누리는, 마음먹은 대로 할 수 있는
memerdekakan diri 독립하다, 자립하다
MERDESA 예의가 바른, 규범이 있는
merdesa di perut kenyang 수염이 석자라도 먹어야 양반
sikap merdesa 성숙한 자세, 올바른 태도
MERIAM 포, 대포
meriam besar 대포
meriam buluh 허세를 부리는 사람; 말과 행동이 일치하지 않는 사람
meriam katak, meriam kecil 박격포
meriam ompong 권세가 몰락한, 세력을 잃은
MERSIK (소리가) 낭랑한, 마른, 물기가 없는
kurus mersik 피골이 상접한, 피골이 앙상한
suara mersik 낭랑한 (목)소리, 또랑또랑한 (목)소리
MERTUA/MENTUA 시부모, 처부모
lupa mertua 둘이 먹다 하나가 죽어도 모르겠다, (음식이) 아주 맛있는
MESIN 기계, 엔진
mesin cetak 인쇄기
mesin kira, mesin hitung 계산기
mesin fotokopi, mesin zeroks 복사기
MESJID/MASJID 이슬람 사원
Masjidilharam 메카에 있는 이슬람 대성전, 메카 신전
MEWAH 사치스러운, 호화로운
barang mewah 사치품
hidup mewah 호화로운 삶, 호화로운 생활
limpah mewah 엄청나게 풍부한, 매우 풍요로운
mewah di dunia 사는 낙, 삶의 재미
MIANG 솜털, 옴
bagai orang kena miang 몹시 당황한, 안절부절 어쩔 줄을 모르는
miang gatal 심하게 가려운; 색골, 호색꾼
miang jelatang 솜털; 중상모략을 일삼는 사람
semiang kalam 손톱만큼(도), 코딱지만큼(도)
MILIK 소유, 권리
milik bersama 공동소유, 공유
milik negara 국가 소유
milik sendiri 개인소유
pemilik 소유자, 소유주, 주인
pemilik tanah 땅 주인, 토지 소유주
MINAT 관심, 취미, 호기심
berminat 관심이 있는, 취미가 있는
peminat 애호가
MINTA 요구하다, 청하다, 청혼하다
minta aman, minta ampun, minta hidup, minta nyawa 목숨을 구걸하다, 살려달라고 간청하다
minta berkat, minta restu 복을 빌다
minta betis, dapat paha 예상 밖의 큰 소득
minta cuti, minta tempoh 휴가를 요청하다
minta diri, minta izin, minta permisi 작별을 고하다
minta jalan 길을 비켜 달라고 요청하다
minta maaf 용서를 빌다, 용서를 구하다
minta-minta 제발, 되도록
minta nyawa 목숨을 구걸하다; 목숨을 내놓을 것을 요청하다; 실현이 불가능한 일
minta tanduk kepada kuda, minta tulang kepada lintah 불가능한 일에

M

기대를 걸다
minta tempoh 연기를 요청하다; 휴가를 요청하다
minta tolong 도움을 요청하다, 구조를 요청하다
MINUM 마시다, 들이키다
minum cuka pagi hari 우거지상을 하고 다니는 사람, 잔뜩 찌푸린 얼굴; 하기 싫은 일을 억지로 하는 사람, 억지춘향
minum madat, mengisap madat 아편을 피우다, 마약을 하다
MINYAK 기름, 지방
minyak angin, minyak kuda, minyak urut (눈을 제외한 신체 각 부위에 문질러 바르는) 약용 기름
berminyak air 아양을 잘 떠는
berminyak mukanya 기쁜, 즐거운
berminyak sampai licin 일의 끝까지 마무리하다, 최선을 다하다
berminyak tak licin 일을 하는 둥 마는 둥 하다
minyak setitik di laut timbul juga 선행은 끝까지 기억된다
minyak tak akan bercampur dengan air 견원지간이 가까워 질리 만무하다
MIRING 비스듬한, 기울어진
miring harganya 가격이 다소 저렴한, 약간 싼
miring otaknya 미친, 정신이상의
miring sebelah (한 쪽으로) 치우친, (한 쪽을) 편드는
MISKIN 가난한
miskin papa 궁핍한, 몹시 가난한
MODAL 자본
modal angin 바람 잡는 데 아주 능한; 맨입 하나로 사업을 하는
modal asing, modal luar negeri 외국자본
modal campuran, modal gabungan 합작자본
modal dengkul, modal kosong, modal mulut 맨입 하나로 사업을 하는, 무일푼으로 사업을 하는
modal sambut 귀동냥한 것을 자본으로 삼는
MOHON 청원하다, 실례합니다만(양해를 구할 때)
memohon diri 작별을 고하다
mohon diri (자리를 뜨기 위해) 이만 실례하겠습니다
memohon beasiswa, memohon biasiswa 장학금을 요청하다
MONYET 원숭이, 잔나비
monyet berkepala hitam 사람, 인간
kera menjadi monyet 도토리 키 재기, 계란이나 달걀이나
MUDA 어린, 젊은, 엷은
muda hati, muda fikiran 나이에 비해 마음이 젊은
muda mentah 매우 젊은
muda belia 청소년; 아주 젊은
muda lela 젊고 멋진
muda-muda 젊게 행동하는
muda semangat 마음만은 이팔청춘(의)
MUDAH 쉬운, 단순한, 빠른
semudah bersiul 누워서 떡 먹기
MUFAKAT/MUAFAKAT 합의, 협의
bermufakat 협상하다; 합의하다; 협력하다
muafakat lalu dalam gelap, adat lalu di tengah terang 백지장도 맞들면 낫다
MUKA 앞면, 얼굴
bermuka asam, bermuka masam 우거지상의, 심술이 난
bermuka badak, bermuka dinding, bermuka papan, bermuka tebal,

bermuka tembok 부끄러움을 모르는, 철면피의
bermuka dua belas 몹시 실망한
bermuka dua 정직하지 못한; 간에 붙었다 쓸개에 붙었다하는
bermuka keruh 고민스러워 보이는
bermuka licin 부자처럼 보이는, 윤택해 보이는
bermuka masam 슬퍼 보이는, 우울한; 몹시 실망한; 심술이 난
bermuka-muka saja 건성으로 일하다, 하는 척만 하다
di muka hidung 코앞에, 아주 가까이에
kehilangan muka 면목이 없는
muka bumi 세상, 세계
muka ditampar dengan kulit babi 개망신을 당한
muka hadapan 첫 페이지, 앞면
muka licin, ekor penuh berkudis 겉만 번지르르한데 실속은 전혀 없는
muka manis 쾌활한, 명랑한; 친절한
muka pertama 맨 처음
muka pintu 문지방
muka surat (책의) 쪽, 페이지
mukanya berkilat 매우 즐거워 보이는
mukanya berminyak 기쁜, 즐거운

MUKAH 간통, 간음, 정녀, 정부
bermukah 간통하다, 간음하다

MULA 처음, 원천
mulai 시작하다, 개시하다
mula-mula 처음(으로), 애당초
semula jadi 본래부터; 유전적으로; 습관적으로

MULIA 고귀한, 숭고한
memuliakan janji 약속을 존중하다, 약속을 지키다
mulia hati 자비로운, 너그러운

MULUT 입, 입구, 어귀
bermulut asin 구두로 한 약속을 꼭 지키는
bermulut busuk 입이 지저분한, 음담패설을 늘어놓는
bermulut gapil 수다스러운, 말이 많은; 남의 말에 끼어들기를 일삼는, 참견 잘하는
bermulut gatal 막말을 일삼는; 험담을 일삼는; 수다스러운
bermulut karung 대식가의, 음식을 많이 먹는
bermulut keras 고집불통의, 입씨름을 일삼는
bermulut lebar 수다스러운; 매우 거만한
bermulut lebih 과장된 말을 일삼는
bermulut manis 말씨가 상냥한
bermulut panjang, bermulut gatal 험담을 일삼는
bermulut pinjaman, bermulut gatal 입을 나불대는, 막말을 하는
bermulut rambang, bermulut gatal, bermulut lebar 수다스러운
bermulut rampus, bermulut kotor 욕을 잘하는, 입이 거친
mulut besar 수다쟁이; 허풍쟁이; 거만한, 잘 난체 하는
mulut bisa, mulut berbisa, mulut tajam 독설을 일삼는 사람
mulut bocor 입을 나불대는 사람, 비밀을 지키지 못하는 사람
mulut buaya 위선과 허위에 가득 찬 말; 위기, 위험한 고비
mulut gunung 분화구, 화산의 분화구
mulut harimau 큰 위험, 큰 어려움
mulut hodoh 험담을 함부로 하는 사람
mulut kotor, mulut lucah 음담패설을 일삼는 사람, 외설적인 말을 일삼는 사람; 욕을 잘하는 사람, 욕쟁이

mulut kulit (솜)털구멍
mulut manis 말씨가 아주 상냥한 사람, 말이 부드러운 사람
mulut rambang, mulut tinggi 수다쟁이
mulut singa 큰 위험, 큰 어려움
mulut sungai 강어귀, 강 하구
mulut tempayan 입을 나불거리는 사람
mulut yang terdorong 막말
mulutnya bacar 말을 많이 하는, 수다스러운
mulutnya berat 입이 무거운, 말수가 적은; (사정이 있어) 말을 할 수 없는, 꿀 먹은 벙어리 같은
mulutnya bergetah 약속을 꼭 지키는
mulutnya berubah-ubah 줏대가 없는; 믿을 수 없는, 신빙성이 없는
mulutnya muncung 입을 나불거리는 사람; 잡담을 일삼는 사람
mulutnya rapuh 입이 가벼운, 입을 나불대는
mulutnya tajam 입이 거친
mulutnya terkunci (놀라서) 말문이 막힌
mulutnya tertutup uang 뇌물을 밝히는, 돈으로 입이 닫힌

MUNCUNG/MONCONG 주둥이가 긴, 삐죽한
muncung bibir, memuncungkan bibir 입술을 뾰족히 내밀다
muncung penuh air, perut berisi batu 꿀 먹은 벙어리

MUNDUR 후퇴하다, 물러나다
mundur maju 기복, 성패; 망설이는, 확신이 없는
mundur teratur 조용히 물러나다

MUNGKIR 부인하다, 거부하다
mungkir janji 약속을 깨다, 약속을 어기다

MUNTAH 토하다, 게우다
muntah berak 잦은 구토와 설사
muntah perut 싫증 난, 지겨운

MURAH 값이 싼, 관대한, 복이 많은
bermurah hati 자비로운, 남을 도울 줄 아는
makin murah, makin menawar 쪽박 빌려 주니 쌀 꿔 달란다
murah hati 관대한, 친절한
murah di mulut, mahal di timbangan 거짓약속을 일삼는 사람; 실천하기가 어려운
murah mulut 상냥한, 친절한
murah rezeki 돈을 잘 버는, 재수가 좋은
murah senyum (얼굴에서) 미소가 늘 떠나지 않는, 상냥한
murah tangan 자선을 좋아하는, 도량이 넓은

MURAI 까치(과 조류)
bunyi murai 이른 아침
murai batu, murai hutan 흰머리샤마까치울새
murai berbulu merak 표리부동한 사람
murai berkicau hari siang 명확한 (사실)
murai gajah 파랑나뭇잎새
murai kampung 까치

M

MURUP (불꽃이) 일다, 솟다
merah murup 진홍색

MUSANG 몽구스, 사향고양이, 여우
musang berbulu ayam 표리부동한 사람
musang berjanggut 표리부동한 사람; 인면수심의 인간
musang jebat, musang kesturi (인도) 사향고양이
musang pandan, musang pulut (말레이) 사향고양이
musang turun 빈투롱, 곰고양이

MUSIM 절기, 철, 학기
musim air bah, musim banjir 홍수철
musim buah 과일철
musim bunga, musim semi 봄
musim dingin, musim sejuk 겨울
musim gugur, musim luruh, musim rontok 가을
musim kemarau, musim kering 건기
musim kemarau menghilirkan balok 사후약방문
musim menanam padi 모내기 철
musim menuai, musim panen 수확기, 추수기
musim panas 여름
musim pancaroba, musim susah 환절기, 변절기
musim piama 모심기 철; 농번기
musim tenggara 장마철
MUSLIHAT 속임수, 계략
muslihat perang 전술, 전략
tipu muslihat 속임수
MUSLIM (남성) 이슬람 신도, 신께 귀의한 사람
memuslimkan 이슬람화 시키다
muslimat 여성 이슬람 신도
muslimin 이슬람 신도들
MUSUH 적
musuh dalam selimut 내부의 적
musuh jangan dicari-cari, bersua jangan dielakkan 인간 교제는 순리대로 행하라
musuh keras, musuh ketat 강적, 만만찮은 상대
MUTIARA 진주, 보석
indung mutiara 진주모, 진주조개
mutiara terkalung di leher babi 돼지 목에 진주목걸이
mutiara tidak dimuntahkan oleh laut 학문은 고행 끝에 얻는 것
MUTU (금의) 순도, 질
bermutu 질이 좋은, 가치가 있는

N

NABI　선지자, 예언자, 신의 사도
  AL-NABI　마호메트
  nabi Isa　예수
  nabiah　여성 사도
NADA　음색, 가락, 화음
  nada dasar, nada utama　기본화음
  nada suara　목소리(의 음색)
  senada　조화를 이루는, 잘 어울리는
NADI　맥박, 혈맥
  urat nadi　혈맥, 맥
  pembuluh nadi　동맥
NAFKAH　식량, 생활비
  menanggung nafkah istri　부인의 생활비를 부담하다
  mencari nafkah　생활비를 벌러 다니다
  nafkah batin　부인의 성생활에 대한 권리
  nafkah lahir, nafkah zahir　부인의 생활비
NAFSU　욕망, 욕구
  nafsu amarah　노여움, 격노; 탐욕; 흑심
  nafsu besar　야망
  nafsu binatang　흉악한, 포악한
  nafsu kuda　지나친 욕정, 지나친 색욕
  nafsu makan　식욕
  nafsu setan　악마 같은 기질, 몹시 포악한 기질
  nafsu tabiat　본능
NAIK　오르다, 타다, 뜨다
  menaikkan bendera merah　월경하다
  menaikkan bendera putih　항복하다
  menaikkan darah　화나게 만들다, 화를 돋우다
  naik apel, naik banding　항고하다, 상소하다
  naik air, naik pasang　밀물
  naik basuh kain, naik basuh kaki　즐겁게 일하다, 기쁜 마음으로 일하다
  naik basuh kaki　아주 손쉬운 일; 즐겁게 일하다, 기쁜 마음으로 일하다
  naik berahi　욕정, 색욕
  naik besar　(어린애들이) 무럭무럭 자라는
  naik bintang　명예로운
  naik darah　화가 나다, 성이 나다
  naik darah ke kepala　화가 머리끝까지 치밀다
  naik daun　(도박에서) 항상 운이 따르는; 허풍쟁이
  naik gaji　봉급이 인상되다, 월급이 오르다
  naik geram, naik panas　성이 나다

naik haji 성지순례를 수행하다
naik hati 기뻐하다, 즐거워하다; 거만한, 교만한
naik ke tanah (배에서) 뭍으로 내리다
naik kuda hijau 술에 만취된
naik lemak 어리광이 너무 심한
naik marah 화가 치밀다, 분노가 복받쳐 오르다
naik marak 빛나기 시작하다; (처녀가)한창 예쁘게 피어나는
naik mempelai 신혼방에 들다, 결혼하다
naik muka 정도가 지나친, 도를 넘는; 기어오르는, 버릇없이 구는
naik pangkat 횡재하다, 행운을 얻다; 승진하다, 영전하다
naik pitam 격노한, 격분한; 현기증이 나는, 어지러운
naik pukul 벼락부자가 되다
naik saksi 증명하다; 증인이 되다
naik tangan 항상 주먹이 앞서는 사람, 때리기를 좋아하는 사람; 승리하다, 행운을 얻다
naik turun 오르내리다; 울퉁불퉁한

NAJIS 쓰레기, 오물
najis besar 대변, 똥
najis kecil 소변, 오줌

NAKAL 짓궂은, 나쁜, 못된
perempuan nakal 창녀, 몸을 파는 여자
anak nakal 불량배, 말썽꾸러기
kenakalan remaja 청소년 비행, 청소년들의 그릇된 행위

NAMA 이름, 성명, 명예
nama asal 본디 이름, 본명
nama baik 명예
nama batang tubuh, nama daging 진짜 이름, 본이름, 본명
nama buruk 오명, 수치
nama depan, nama kecil (성에 대한)이름
nama ejekan, nama sindiran 별명
nama keluarga 성씨
nama kecil 아명, 아이 때의 이름; (서양 방식에 따른 성에 대한) 이름
nama menjadi kotor 망신을 당하다, 수치를 당하다
nama samaran 가명

NAN 관계사
nan elok dipakai, nan buruk dibuang 새 술은 새 부대에 담는다
nan digalikan dalam, nan digantungkan tinggi 심사숙고 끝에 합의를 이룸

NANAH 고름, 농(액)
bernanah (상처가) 곪다, (상처에서) 고름이 나오다

NANTI 이따가, 나중, 기다리다
menanti ajal, menghadap ajal 임종을 앞두다
menantikan kucing bertanduk 거북이 잔등이에서 털을 긁는다, 불가능한 것을 바라다
menantikan laki pulang maling 몹시 초조한, 몹시 불안한
menanti nasi disajikan ke lutut 밥그릇 앞에서 굶어 죽을 놈, 게을러터진 사람
nanti malam 오늘 밤
nanti peluang 기회를 기다리다
nanti sebentar 잠시 기다리다
nanti-nanti, bernanti-nanti, menanti-nanti 학수고대하다, 애타게 기다리다

N

NAPAS/NAFAS 호흡, 맥, 목숨
bernapas dengan lapang 한숨을 돌리다
menarik napas 숨을 들이쉬다
napas kuda, napas panjang 한숨, 깊은숨
napas lelah 호흡이 곤란한, 숨쉬기가 어려운
napas pendek 숨을 할딱거리는
napas satu-satu 임종이 가까운; 극도의 어려움에 처한
napas senen kemis, nafas Isnin Khamis 숨을 할딱거리는; 오늘내일하는 (임종이 가까운)
napas sudah putus 이미 숨을 거두다
napasnya masih panjang 아직 생존해 있는, 아직 살아있는
NASI 밥, 식량
nasi berdetik, nasi berdetus 설익은 밥
nasi besar 예식용 밥
nasi damai, nasi kuning 찹쌀로 지은 노란 밥, 나시쿠닝
nasi di balik kerak 음흉한 다른 속셈이 있는
nasi di lutut 재수가 좋은, 운이 좋은
nasi goreng 볶음밥
nasi habis budi bersua 곤궁하니 친구 생각난다; 사람은 지내보아야 안다
nasi jadi bubur 엎지른 물
nasi ketupat 커투팟(야자잎을 엮어 만든 껍질에 쌀을 넣어 찌어 낸 밥)
nasi kukus 찐 밥
nasi kunyit 잔치용 나시쿠닝; 기호품
nasi lemak 야자 과즙으로 지은 밥
nasi masak, periuk pecah 다시는 뒤집을 수 없는 최종 결정
nasi pulut, nasi ketan 찹쌀밥
nasi sama ditanak, kerak dimakan seorang 거둥길 닦아 놓으니 깍쟁이가 먼저 지나간다
NASIB 운명, 팔자
nasib badan 팔자
nasib baik 길운, 좋은 운수
nasib buruk, nasib malang 불운, 좋지 않은 운수
nasib-nasiban 팔자대로, 운명에 맡긴 채
nasib Pak Kaduk 카둑 씨와 같은 운명(남에게 이용만 당하는 기구한 운명), 바보 같은 인생
NASIHAT 조언, 충고, 의견
beroleh nasihat 조언을 받다
penasihat hukum 법률 자문가
NEGARA 국가, 나라
negara besar 강대국
negara hukum 법치국가
negara jiran, negara tetangga 이웃 국가, 인접 국가
negara maju 선진국
negara merdeka 독립국
negara mundur 후진국
negara tirai besi 공산국가
tamu negara 국빈
NEGERI 영토, 주, 정부, 나라
bernegerikan betis 일정한 거주지가 없는
negeri asing, negeri orang 외국, 타국
negeri atas angin 유럽, 서구라파

negeri bawah angin, negeri di sebelah timur 말레이제도, 말레이 세계
negeri cacing 무덤
negeri di atas angin, negeri atas angin 유럽
negeri di bawah angin, negeri bawah angin 말레이제도, 말레이 세계
negeri di Pagi Hari Nan Tenang 한국
negeri Kangguru 호주
negeri Mabuhay 필리핀
negeri Paman Sam 미합중국
negeri panas 상하의 나라, 열대지방의 나라
negeri ramal 중동지역의 국가, 아랍제국
negeri Sakura 일본
negeri sendiri 조국
negeri terbelakang 후진국

NENEK 할머니, 외할머니
nenek laki-laki 할아버지
nenek mamak 손윗사람
nenek moyang 조상
nenek loreng 호랑이
nenek sihir 할머니마술사
saudara senenek, saudara sepupu 사촌 형제

NGEONG (고양이의) 야옹 소리
mengeong (고양이가) 야옹거리다

NGILU (이가) 시린, 자릿자릿한
ngilu-ngilu kuku (물이)미지근한
terasa ngilu 자릿자릿하게 느껴지는

NIAGA 무역, 매매
niaga kecil 소매(장사)
berniaga di ujung lidah 교활한 사람

NIAT 의도, 뜻, 마음, 계획
niat baik 좋은 의도, 선의
niat jahat 나쁜 의도, 악의

NIKAH 혼약, 결혼
nikah gantung (혼인서약만 하고 공식 결혼식을 올리지 않은) 미완성 결혼, (혼인서약만 하고 실제 부부생활을 하지 않는) 미완성 결혼
akad nikah 혼인서약

NILAI 가치, 질
nilai uang, nilai wang 화폐 가치

NODA 더럼, 얼룩
menodai nama 명예를 더럽히다, 이름을 더럽히다
noda matahari 태양의 흑점
noda hitam 흠, 결점

NOL 영, 제로
nol besar 전혀 성과가 없는; 유치원 2 년차 학급
nol kecil 유치원 1 년차 학급

NONA 처녀, 미혼여성
nona makan sirih 클레로덴드럼(마편초과의 덩굴식물)

NOMOR/NOMBOR 번호
nomor dua 차석(의), 두 번째(의)
nomor ganjil 홀수 번호
nomor genap 짝수 번호
nomor satu 일등(의), 제일(의)
nomor sial 불운의 번호
nomor urut 일련번호

NUKLIR/NUKLEAR 핵(의), 원자핵(의)
senjata nuklir, senjata nuklear 핵무기
NYAMAN 상쾌한, 편안한
badan yang nyaman 건강한 신체
nyaman hati 평온한, 평안한
udara yang nyaman 상쾌한 공기
NYAMUK 모기
nyamuk gajah 큰모기
nyamuk harimau 얼룩모기
nyamuk mati, gatal tak lepas 계집의 곡한 마음 오뉴월에 서리 친다
NYANYI 노래
bernyanyi, menyanyi 노래하다
nyanyi kecil 콧노래(를 부르다)
NYARING 낭랑한, 또랑또랑한
nyaring kedengaran 또랑또랑하게 들리는
menyaringkan telinga 귀를 기울이다
NYARIS 거의, ~할 뻔
nyaris hilang 사라질 뻔 (하다)
nyaris mati 죽을 뻔 (하다)
nyaris pukul lima 거의 5시 쯤
NYAWA 목숨, 생명
nyawa rapuh, bernyawa rapuh 단명(하다)
nyawa bergantung di ujung rambut 풍전등화
nyawa ikan 빈사 상태의, 반죽음 상태의
nyawa-nyawa ikan 임종 직전의, 거의 숨을 거둔
nyawa sudah melayang 이미 숨을 거둔

O

OBAT 약
berobat jalan 통원치료
obat angin 몸살약
obat basah 헛소문
obat bius, obat tidur 마취제; 수면제
obat dalam 내복약
obat guna, guna-guna 부적, 주문
obat hati 위로, 위안; 애인, 연인
obat jerih, obat lelah 수고비
obat kampung 민방약
obat kuat 강장제
obat lelah 수고비; 봉사료
obat mata 안약; 미녀, 아름다운 여인
obat merah 빨간약, 요오드팅크
obat pelerai demam 애인
obat rumah 가정상비약
obat sinse 한방약
OJA/UJA (싸움닭을) 어르다, 부추기다
menguja orang ramai 군중을 흥분시키다, 군중을 부추기다
menguja-uja ayam (싸움을 붙이기 위해) 닭을 자꾸 어르다
OJEK 오젝(요금을 받고 손님이 원하는 곳까지 태워다 주는 오토바이)
tukang ojek 오젝 운전수
OLAH 행위, 태도, 짓다, 만들다
lapangan olahraga 운동장
olah kembali, mengolah kembali 고쳐서 다시 짓다, 개작하다
olah-olah, seolah-olah 마치 ~인 듯, 마치 ~인 양
olahraga 체육, 운동, 스포츠
olahragawan 남자 운동선수
olahragawati 여자 운동선수
OLEH ~로써, 때문에, 얻다
beroleh hidung panjang, beroleh telur busuk 창피를 당하다
beroleh lumpur di tempat kering 뒤로 넘어져도 코가 깨지는 격
beroleh nama 유명한, 잘 알려진
oleh itu 그 때문에
oleh-oleh (여행에서 돌아올 때 가져오는)선물
oleh sebab itu 그 이유 때문에, 그 때문에
OM 아저씨
om senang (중년의)바람둥이 남자
OMBAK 파도
ombak besar 큰 파도

ombak kecil 잔물결
ombak membanting diri 괜한 노여움, 공연한 분노
ombak-ombak 출렁출렁(하다)
ombak pikiran 고민, 근심
ombak setinggi gunung 산더미 같이 높은 파도
ombak yang kecil jangan diabaikan 사소한 것이라도 경시해서는 안 된다

OMONG 말, 언어
banyak omong 말이 많은
lagak Padang, omong Betawi 말은 잘하는데 내용이 없는
omong kosong 허튼소리, 잡담, 거짓말
omong Melayu 말레이어
omong-omong 잡담

OMPONG 이가 빠진, 이가 없는
harimau ompong 이빨 빠진 호랑이

ONGKOS 비용, 값
ongkos cetak 인쇄비
ongkos ojek 오젝 탑승비
ongkos taksi 택시비

ORAK 풀다, 펼치다
orak langkah, mengorak langkah 노력하다, 애쓰다; 시작하다, 개시하다
orak lingkar, mengorak lingkar 일을 시작하다
orak senyum, mengorak senyum 미소를 짓다
orak sila, mengorak sila 앉은 자리에서 일어서다; 떠나다, 출발하다

ORANG 사람, 인간
orang asli 원주민
orang atas, orang atasan 고위층 인사; 윗사람, 상사, 상급자; 왕족, 귀족
orang banyak, orang kebanyakan, orang ramai 군중, 대중
orang barat 서양사람
orang baru, orang baharu 새사람, 갓 결혼한 사람; 신입 사원; 신생아; 신이주민
orang bawah, orang bawahan 노예, 종; 서민, 평민; 아랫사람, 하급자, 부하 직원
orang belakang 아내, 집사람, 가정주부; 후임자
orang berada 부유층, 재력가
orang berilmu 지식인, 학자; 지성인
orang beriman 신앙인, 종교인
orang besar 유명 인사; 성인, 어른; 고위층 인사, 윗사람; 몸집이 큰 사람
orang biasa 일반인; 민간인
orang bumi 본토박이, 토착민
orang dagang 이방인, 외국인; 방랑자, 나그네
orang dalam 원주민; (어떤 조직이나 기구의) 구성원, 회원; 애인; 가정주부, 안사람
orang dapur 가정주부, 집사람
orang datang 차세대; 후임자
orang desa, orang kampung 시골뜨기, 촌사람
orang di bawah 하급자, 부하
orang gaji, orang gajian 하인, 종; 비정규직 직원, 계약직 직원; 봉급생활자; 사환, 사역
orang gunung 어리석은, 멍청한
orang halus 요정, 귀신

orang hanyut 방랑자
orang hutan 오랑우탄; 예의범절을 모르는 사람; 원주민
orang jemputan 초청받은 사람, 손님
orang kecil 보통 사람; 가난한 서민; 대중, 군중
orang lama 경력이 많은 사람; 노련한 사람; 노년층
orang larat 방랑자, 나그네
orang laut 바닷사람
orang minyak 범죄자, 범인
orang muda 청소년
orang nakal 창녀, 창부
orang ombak 몹시 불안해하는 사람; 임종이 가까운 사람
orang-orang Islam 이슬람 신도
orang putih 백인
orang rantai, orang rantaian, orang tutupan 죄수
orang rendah 서민; 아랫사람, 하급자; 난장이
orang rumah 가정주부; 가족
orang sebelah 이웃 사람
orang sedapur 친인척; 가족
orang tolol 바보, 천치
orang tua-tua (현명한 지도자로서 신임을 받는 한 마을의) 웃어른, 원로
orang tua 친부모; (현명한 지도자로서 신임을 받는 한 마을의) 웃어른, 원로; 노인
orang udik 시골뜨기, 촌사람

OTAK 두뇌, 골
otak ayam, otak batu, otak beku, otak telur, otak udang 아둔한, 멍청한
otak batu kepala 윗사람, 상사; 고위층 인사
otak berjalan 머리 회전이 빠른, 임기응변이 능한
otak berpilin-pilin 머리 회전이 빠른, 임기응변이 능한; 영재, 수재
otak besar 대뇌
otak buruk 고리타분한 사고방식
otak cair, otak minyak 똑똑한, 총명한
otak kering 머리가 나쁜, 아둔한; 정신이 이상한 사람
otak kapur 건망증이 심한 (사람)
otak kecil 소뇌
otak miring, berotak miring 정신이 좀 이상한, 약간 미친
otak-otak 오탁오탁(생선, 새우 등을 갈아 야자잎이나 바나나잎에 싸서 찌거나 구워 만든 음식); 엉뚱한 생각이나 행동을 일삼는 사람; 잘난 체 하는 사람
otak tajam, berotak tajam (사고가)예리한, 현명한, 이해력이 있는
otak telur bukan otak minyak 쇠귀에 경 읽기
otak terang, berotak terang 현명한
otaknya ke empu kaki 아둔한, 맹꽁이 같은
otaknya terganggu 정신이 이상한

OTOT 힘살, 근육
mengotot 양보할 줄 모르는; 고집불통의

P

PACAK 꼬챙이, 장대
pak pacak (연극의) 조연
memacak hari 택일을 하다
PACAT 거머리
pacat hendak menjadi ular 뱁새가 황새걸음 한다
pacat kenyang 올챙이배의, 가운데가 볼록한
PACUL 괭이, 쥐어짜다
memacul tanah 땅에 괭이질을 하다
terpacul 삐져나오다; 불쑥 나타나다
PADAM (불이)꺼지다, 가라앉다
memadamkan nyawa 살해하다, 죽이다
padam cita-cita 절망하다, 낙망하다
padam hayat, padam jiwa, padam nyawa 숨이 끊어지다, 죽다
padam lampu 전등을 끄다
padam matahari 땅거미, 황혼
PADANG 들, 평원, 지대
lain padang lain belalang 입향순속
padang belantara 황무지; 사막
padang golf 골프장
padang gurun, padang pasir 사막
padang lapang, berpadang lapang 인내심 있는, 학식이 있는
padang luas, berpadang luas 박학다식한
padang pasir 사막
padang tekukur, padang belantara 황무지
PADAT 빽빽한, 밀집된, 조밀한
memadat perut 배불리 먹을 것을 주다
padat hatinya 각오가 단단한, 결심을 굳힌
padat penduduknya 인구밀도가 높은, 인구가 많은
padat tubuh 뚱뚱한, 비만의
PADI 벼
bukan tanahnya menjadi padi 겉모습이 속과 꼭 같은 것은 아니다
padi berat, padi dalam, padi lambat 만생종 벼
padi bukit, padi ladang 밭벼, 산벼
padi ketan, padi pulut 찹쌀 벼
padi lekas, padi ringan 조생종 벼
padi masak, jagung mengupih 일거양득
padi-padian 보리쌀; 벼과알곡작물
padi paya, padi sawan 논벼, 물벼
padi telah pulang semuanya 추수가 끝난, 가을걷이가 끝난
PADU 빽빽한, 밀접한

berpadu janji 약속을 지키기로 맹세하다
memadu hati 논의하다
memadu janji 약속하다
padu hati, padu kata 합의(하다), 동의(하다)
padu padat, berpadu padat (땅이) 단단한, 굳은
padu satu, memadu satu 단합하다, 뭉치다
padu tenaga 힘을 합치다, 협력하다

PAGAR 울타리, 담장
memagar diri 자위책을 강구하다, 자신을 돌보다
pagar ayu 순결; (신랑 신부의) 들러리
pagar bulan 달무리
pagar desa (서부 자바의) 마을 지킴이
pagar dawai, pagar duri, pagar kawat 가시철조망, 가시철망
pagar makan tanaman 고양이에게 생선 지켜 달래기

PAGI 아침, 오전
pagi hari 오전; 아침 일찍
pagi-pagi buta, pagi-pagi hitam 아주 이른 아침
pagi tidak dibuang, senja tidak dikejar 시간을 아껴 쓰는 사람
pukul tujuh pagi 오전 7시

PAHA 넓적다리
cubit paha kanan, paha kiri sakit juga 누워서 침 뱉기
diberi betis hendak paha pula 말 타면 경마 잡히고 싶다
paha Arab 풍만한 넓적다리
paha belalang 가늘고 곧은 넓적다리; 핀, 옷핀
pangkal paha 사타구니, 샅

PAHAT 끌, 정
pahat dengan pemukul 시키는 일만 하는 사람
pahat jantan 끝이 뾰족하고 날카로운 끌

PAHIT (맛이) 쓴, (마음이) 쓰린, 힘든
kepahitan hidup 삶의 고통
pahit dahulu, manis kemudian 고진감래
pahit darah, pahit-pahit darah 명이 긴, 장수하는
pahit lidah, pahit mulut 입맛이 쓴
pahit meninggal 뒤끝이 좋지 않은 사람
sepahit semanis 동고동락

PAHLAWAN 영웅, 호걸
pahlawan bangsa 민족의 영웅
pahlawan kesiangan 생색만 내는 사람
pahlawan tanah air 조국의 영웅
pahlawan wanita 여걸

PAJAK 세금, 세, 노점, 가게
pajak bumi dan bangunan, pajak tanah dan rumah 토지 및 건물세
pajak gadai 전당포
pajak ikan 수산시장
pajak judi 노름장
pajak kepala 인두세
pajak pendapatan, pajak penghasilan 소득세
pajak penjualan 판매세
pajak pertambahan nilai 부가가치세
pajak tidak langsung 간접세

PAK 아버지, 아저씨
pak angguk, pak turut 예스맨
pak cik 아저씨(손위의 남성을 부르는 호칭어); 작은아버지

Pak Kaduk 우매함 때문에 남에게 이용만 당하는 사람; 지각없는 사람, 분별력이 없는 사람
pak long 큰아버지
pak su 막내작은아버지
pak si bendul 멍청이

P

PAKAI 사용하다, 착용하다
memakai adat 결혼하다
memakai baju hitam 상복을 입다, 상을 당하다
pakaian bebas 자유복
pakaian dan makanan 생필품
pakaian lengkap 정장
pakaian hidup 관습
pakaian kebesaran 관복
pakaian sehari-hari 평상복, 평복
pakaian seragam 제복, 정복

PAKU 못, 쇠못
memaku hati 반하다, 사랑에 빠지다
paku kayu 쐐기
paku mati 고정가격(의); 일편단심(의)
terpaku mulutnya 꿀 먹은 벙어리의

PALING 뒤집다, 돌리다, 가장, 매우
berpaling muka 두리번거리다; 배신하다, 배반하다
memaling muka 외면하다; 배신하다, 배반하다
memalingkan muka 외면하다; 도망치다; 배신하다, 배반하다
paling arah 방향을 돌리다, 방향을 바꾸다
paling baik 가장 좋은, 제일 좋은; 가장 예쁜, 제일 예쁜
paling hati, paling haluan, paling muka 마음을 바꾸다, 배신하다, 배반하다

PALSU 거짓의, 가짜의, 위조의
ijazah palsu 가짜 증명서
uang palsu, wang palsu 위조화폐

PALUT (물건을) 싸다, 포장하다
memalut gigi dengan emas 치아에 금을 씌우다
pemalut 싸개, 보자기
tinggal jangat pemalut tulang, tinggal kulit pemalut tulang 피골이 상접한, 깡마른

PANAH 활, 화살, 빛살
anak panah 화살
ibu panah 활
panah asmara (이성에 대한) 사랑
panah matahari 햇살
panah petir 번갯불, 벼락

PANAS 더운
memanaskan hati, memanaskan telinga 화를 돋우다
panas bara, panas darah 꽁한, 언짢은; 성질이 불같은, 화를 잘 내는
panas dingin, panas sejuk 말라리아
panas hati 몹시 화가 난, 몹시 언짢은; 몹시 질투가 나는
panas kepala 몹시 성이 난; 어지러운, 현기증이 나는
panas(-panas) kuku 미지근한
panas-panas tahi ayam 작심삼일
panasnya membelah benak 몹시 무더운
panas rezeki 생계가 어려운, 궁핍한
panas setahun dihapuskan oleh hujan sehari 개미구멍으로 공든 탑

무너진다; 아닌 밤중에 찰시루떡
panas tangan 손찌검이 잦은, 주먹질을 일삼는; 재수가 없는, 운이 없는
panas telinga 화난, 성난
panas terik 무더운, 찌는 듯 더운
panas tidak sampai ke petang 달도 차면 기운다
PANCANG 기둥, 말뚝
bagai pancang digoncang arus 부화뇌동하는 (사람)
pancang dirasa 감각이 예민한; 곤궁한, 궁핍한
memancang gelanggang 잔치를 열다; 경기장을 건설하다
pancangan hidup 삶의 신조, 주관
PANCAR 분출하다, 솟아나오다
memancarkan cahaya 빛을 발산하다
pancaran 빛의 발산; (라디오) 방송; (물의) 분출, 쏟아짐
pancaran cita 착상, 아이디어
pancaran radio, siaran radio 라디오 방송
PANCAROBA 과도, 전환
musim pancaroba 환절기, 변절기; 과도기, 전환기
PANCING 낚싯바늘, 낚시
memancing dalam belanga 꼬시래기 제 살 뜯기
memancing di air keruh 어부지리
pancing makan umpan 내 밥 먹은 개가 발뒤축 문다
PANDAI 유능한, 똑똑한, 전문기술자
pandai berminyak air 아부를 잘하는 (사람); 겉치레 말만 늘어놓는 (사람); 가식적인 행동을 일삼는 (사람)
pandai besi 대장장이, 야장
pandai goreng, pandai jual minyak 우스갯소리를 잘하는
pandai hidup 생활력이 강한; 사교성이 좋은
pandai jatuh 현명한; 재치 있는; 임기응변에 능한
pandai membawa diri, pandai membawa tabiat 사교성이 좋은
pandai menyisihkan antah daripada beras 사리에 밝은, 분별력이 있는
pandai ukir 조각가
PANDANG 바라보다, 쳐다보다
berpandangan jauh 심사숙고하는, 신중한
berpandangan luas 노련한; 신중한
berpandangan sempit 편협한, 누천한; 성급한, 신중하지 못한
berpandangan tajam 치밀한, 예리한
dipandang orang 존경받다
memandang dengan sebelah mata 소홀히 여기다, 소홀히 보아 넘기다
pandang berat, memandang berat 심각하게 여기다; 중시하다, 주시하다
pandang bulu, memandang bulu 차별을 두다, 편들다
pandangan hidup 삶의 철학, 인생관
pandangan mata 현장 보도
sekali pandang, selayang pandang 한눈에, 힐끗 보고
tidak memandang bulu 마구잡이의; 가리지 않고
PANDU 지도, 훈육, 통보
pandu kereta, memandu kereta 차를 운전하다
pandu laki-laki 소년단, 보이스카우트
pandu puteri 소녀단, 걸스카우트
peluru berpandu 유도탄
PANEN/PENUAIAN 수확, 추수
musim panen 수확기, 추수기
PANGGANG (불에) 굽다, 불에 익히다

jauh panggang dari api 동문서답
terlalu panggang angus, terlampau panggang jadi hangus 지나친 자만은 금물
roti panggang 구운 빵
PANGGIL 부르다, 호출하다
panggil-memanggil 서로 소리쳐 부르다
panggil pulang, memanggil pulang 소환하다, 불러들이다
panggil tak dengar 아주 멀리 떨어진, 아주 먼
panggilan alam 용변
PANGGUNG 조망대, 무대, 객석
panggung gembira 오락프로그램
panggung wayang gambar 극장
PANGKAL 그루터기, 발원, 기초
pangkal batang kayu 그루터기
pangkal kata 말머리, 말시초
pangkal leher 목의 아래 끝
pangkal mata 눈
pangkal paha 사타구니, 샅
pangkal telinga 귀뿌리
pangkalan kapal 항구, 부두
PANGKAS 손질하다, 다듬다
pangkas rambut 이발(하다)
memangkas cerita 요약하다, 간추리다
memangkas rata-rata 평평하게 다듬다
pemangkas rumput 제초기
tukang pangkas 이발사
PANGKAT 계급, 직위, 등급
pangkat rendah, berpangkat rendah 하위직에 있는
pangkat tinggi, berpangkat tinggi 고위직에 있는
pangkat-pangkat 층층이
PANGKU 무릎
berpangku tangan 손가락 하나 까딱 않는, 몹시 게으른
memangku jabatan 직위를 맡다
memangku perut 임신 중인
pangku tangan, cerut perut 밥그릇 앞에서 굶어 죽을 놈
PANGKUR 괭이
memangkur 괭이질하다
PANGLIMA 사령관, 대장
panglima agung, panglima besar 총사령관
panglima perang 전투사령관
PANJANG 긴, 오랜, 기다란
mendapat panjang hidung 망신을 당하다
panjang akal, panjang ingatan, panjang kira-kira 지혜로운, 영리한
panjang belit 속임수에 능한, 권모술수에 능한
panjang bibir 입이 가벼운; 남의 흉보기를 좋아하는
panjang ingatan 지혜로운, 영리한; 기억력이 좋은
panjang hidup, panjang umur, panjang usia 장수하는, 오래 사는
panjang kili-kili 핑계를 잘 대는
panjang langkah 지혜로운, 영리한; 음흉을 떠는, 엉큼한, 능청스러운
panjang langkah singkat pinta 목숨이 다하다, 죽다
panjang lebar 길고도 상세한 (설명)
panjang lidah, panjang mulut 남의 흉보기를 일삼는, 고자질을 잘하는; 아첨을 잘하는, 알랑방귀를 잘 뀌는

panjang mata 한눈을 파는; 요망한, 음탕한
panjang mulut 고자질을 잘하는
panjang tangan 손버릇이 나쁜, 남의 물건을 훔치는 버릇이 있는
panjang untung 백년해로의 행복
panjang usus 참을성이 있는
sama panjang dengan urat perut 새빨간 거짓말
sepanjang hari 온종일, 하루 종일
si panjang tungkai, yang panjang tungkai 빗줄기
sudah panjang langkahnya 이미 사망한

PANJAT 기어오르다, 타다
dipanjat asap kemenyan 결혼하다
memanjat bersengkelit 경험이 부족한

PANTANG 금지, 금기
pantang hati 증오
pantang kutu dicukur, pantang manusia dihina 말이 씨가 된다
pantang larang 금기 사항
pantang mati sebelum ajal 죽음도 때가 있다
pantang mundur, pantang surut 불굴의 정신, 절대 물러서지 않는

PANTAS 합당한, 중요한, 멋진
memantas diri 치장하다
pantas manis 매우 절친한, 아주 가까운
pantas mulut 무례한, 말버릇이 없는; 말을 잘하는, 달변의
pantas seperti lipas kudung 모든 일을 척척 해내는 사람
pantas tangan 손찌검을 일삼는; 손버릇이 나쁜, 도벽이 있는; 손재주가 있는
pantasnya seperti kilat 민첩한

PANTAT 엉덩이, 밑
hitam bagai pantat belanga 피부가 검고 못생긴 (사람)
pantat cawan, pantat kuning 노랑이의, 구두쇠의

PANTUN 판툰(말레이 전통 4행시)
pantun Melayu 말레이 판툰

PAPA 아주 가난한, 궁핍한, 아빠(구어체 형식)
tujuh kali pindah jadi papa 직장 일곱 번 옮겨 남은 것은 깡통 뿐

PAPAN 널, 나무판자, 널빤지
berlayar sambil memapan 도랑 치고 가재 잡기, 마당 쓸고 돈 줍고
memapan 마루를 깔다
muka papan 철면피의
papan atas 상류층, 고위층
papan bawah 서민층, 하층민
papan hitam, papan tulis 칠판
papan tanda 간판
rumah papan 판잣집

PARAK 가까운
parak siang 새벽 3시에서 5시 사이, 아주 이른 아침

PARANG 파랑(말레이인들의 다용도 칼)
parang panjang 긴 칼
parang pendek 짧은 칼
seperti parang mata dua 꿩 먹고 알 먹고, 누이 좋고 매부 좋고

PARAS 얼굴, 평면, 평평한
memaras 평평하게 다듬다; 깎다, 면도하다
paras air, paras muka 얼굴
separas lutut 무릎 높이의, 무릎까지 닿는

PARU-PARU 허파, 폐

penyakit paru-paru 결핵, 폐병
radang paru-paru 폐렴

PARUH (새의) 부리, 절반, 반
memaruh 부리로 쪼다; 반으로 나누다
separuh hati 진지하지 않은
separuh masak 불완전한, 미진한
separuh mati 죽을 뻔한, 반 쯤 죽은; 몹시 힘든, 아주 어려운
separuh-separuh 이러지도 저러지도 못하는, 반신반의하는
separuh tiang 반 쯤 미친
separuh umur 35-50세의 중년 나이

PARUT 상처, 생채기, 줄, 금
luka sudah hilang parut tinggal juga 골이 깊은 마음의 상처
pemarut, parutan 파룻(야자 열매를 으깨는 도구)

PASAK 나사못, 쐐기못
besar pasak daripada tiang 배보다 배꼽이 더 크다
pasak bumi 정력제
pasak kampung 시골뜨기; 우물 안 개구리
pasak ke telinga 알아듣게 충고하다
pasak kunci 권력자
pasak negeri 거두, 영향력 있는 사람

PASANG 짝, 쌍, 놓다, 달다, 늘다
memasang badan 치장하다, 단장하다; 징역살이하다
memasang jerat 속임수를 쓰다; 구속하다
memasang telinga 귀를 기울이다, 경청하다; 유심히 관찰하다
pasang badan 치장하다, 단장하다
pasang bendera merah, memasang bendera merah 월경하다, 생리하다
pasang bendera putih, memasang bendera putih 항복하다
pasang besar 한사리, 큰 사리
pasang jerat 바가지를 씌우다, 폭리를 취하다
pasang kaki 내통자를 심다, 내통자를 포섭하다; 내통자, 첩자; 원조를 요청하다
pasang kering 간조, 간물때
pasang langkah tiga 방어태세를 갖추다
pasang mata 예의주시하다, 감시하다; 감독하다
pasang ranjau 함정을 놓다
pasang telinga 귀를 기울이다, 경청하다
pasangan hidup istri 남편
pasangan tiba di kodok 회피할 수 없는 책무

PASAR 시장, 장터
pasar amal 자선 시장
pasar gelap, pasar haram, pasar sulit 암시장
pasar malam 유흥장, 밤업소
pasar raya 대형 매장
pasar sehari 손님
pasar terbuka 세계자유무역시장
pasaran saham 증권시장
pasaran tubuh 매음, 매춘행위
pasaran wang, pasar uang 외환시장

PASU 화분, 화병
pasu bunga 화분, 꽃병

PASUNG (죄인에게 씌우는) 형틀, 칼, 족쇄, 우리
pasungan 감옥, 감방
memasungkan diri 칩거하다

PATAH 부러진, 중단된, 깨어진
patah arang 완전히 깨진, 화해가 불가능한
patah batu 절망한; 의욕을 완전히 상실한
patah dihubung, hilang diganti 불굴의 자세를 지닌 (사람)
patah di tengah 중단된, 실패한
patah hati 실연하다; 용기를 잃은; 의욕을 상실한
patah kemudi 방향을 잃은; 절망적인
patah lagu 목소리가 떨리는
patah lesu 절망적인; 실연한
patah lidah 언어장애가 있는, 말을 더듬거리는
patah nafsu makan, patah selera 식욕이 없는
patah perang 전투에서 패하다, 패전하다
patah pucuk 역부족의, 힘이 닿지 않는
patah sayap bertongkat paruh 불굴의 의지를 지닌 (사람)
patah semangat 의욕을 상실하다
patah siku, patah tulang 차마 거절을 못하는
patah tumbuh hilang berganti 큰 말이 나가면 작은 말이 한다
patah turun 늙기 시작하는
sepatah kata 머리말, 머리글
sepatah dua patah kata 짤막한 인사말
PATUT 당연한, 정당한, 알맞은
patut-patut diri, mematut-matut diri 치장하다, 단장하다
sepatutnya 당연히, 마땅히
PAUT 동여매다, 매달다
ayam pulang ke pautan 제자리를 찾은, 합당한
berpaut tidak bertali 아직 끝나지 않은; 정식 이혼 절차가 남아 있는 이혼녀
pautan hati 애인
terpaut kasih 사랑에 빠지다
PAWANG 주술사, 전문가, 민간요법사
pawang gajah 코끼리 조련사
pawang kapal 키잡이, 조타수
pawang lebah 벌꿀 수집꾼
PAYA 늪지, 습지
paya bakau 홍수림 숲, 홍수림 늪지
PAYAU (물이) 짠, 맛이 없는
payau tekak 입맛이 쓴
PAYUNG 우산, 보호자
payung emas 신의 가호
payung negara 지도자, 원로
payung terjun 낙하산
PECAH 찢어진, 깨진, 부서진
pecah bau 냄새가 퍼지다
pecah belah, pecah-pecah 쫙쫙 갈라지다, 갈기갈기 찢어지다
pecah bunyi, buruk berita 동네방네 소문이 퍼지다, 여기저기 소문이 나다
pecah buyung tempayan ada 꿩 대신 닭, 큰 말이 나가면 작은 말이 한다
pecah darah 멍든 상처
pecah daun 새싹이 돋다
pecah hati 낙담하다; 용기를 잃다, 겁을 내다
pecah janji 약속을 깨다
pecah kepala, memecahkan kepala 매우 어려운, 난제의; 심사숙고하다,

신중히 생각하다
pecah keringat 땀이 솟다
pecah lubang 비밀을 누설하다
pecah menanti belah 방귀가 잦으면 똥 나온다
pecah otak, memecahkan otak 골치 아픈, 고민스러운
pecah periuk nasi 직업을 잃다
pecah perut (너무 우스워) 배꼽을 빼다, 배꼽을 쥐다
pecah rumah 집을 털다
pecah telinga, memecahkan telinga 매우 시끄러운
pecah tempayan, buyung ada 꿩 대신 닭, 큰 말이 나가면 작은 말이 한다

PEDIH (눈이) 아린, 매운, 슬픈
memedihkan mata 눈을 아리게 하다
pedih hati 매우 슬픈, 서글픈; 마음이 쓰라린, 가슴이 에이는 듯한; 안타까운, 후회가 되는

PEGAL 뻐근한, 뻣뻣한
pegal hati 기분이 언짢은, 꽁한, 토라진
memegalkan hati 기분을 언짢게 만들다, 토라지게 하다

PEGANG 움켜쥐다, 잡다
berpegang tangan 협동하다, 협력하다; 팔짱을 끼다; 인솔하다
berpegangan tangan 악수하다
pegang batang, memegang batang (부서의) 책임자가 되다; 운전사가 되다
pegang batang leher, memegang batang leher 붙잡다, 체포하다
pegang besi panas, memegang besi panas 좌불안석
pegang buku, memegang buku 회계를 담당하다
pemegang buku 회계담당자
pegang kemudi, memegang kemudi 운전사로 일하다; 우두머리가 되다
pegang lidah, pegang mulut 약속을 믿다
pegang senjata, memegang senjata 권력을 장악하다
pegang teguh, memegang teguh 준수하다, 지키다
pegang uang, memegang uang 재무를 담당하다; 재력이 있는, 금권을 지닌
terpegang di abu dingin 얻는 게 하나도 없는
terpegang di bara hangat 불운한, 재수 없는
pegangan hidup 삶의 철학, 생활신조

PEKAK 귀먹은, 귀가 어두운
pekak batu 완전히 귀가 먹은
pekak-pekak badak 귀머거리; 귀머거리인 척 하는 (사람), 못 들은 척 하는 (사람)
pekak-pekak bahasa, pekak labang 가는귀, 작은 소리를 듣지 못하는
pekak pembakar meriam 사람마다 쓸모가 있게 마련이다
pekak telinga 귀청이 떨어져 나갈 듯한, 매우 시끄러운

PEKAT 걸쭉한, 진한, 강한
gelap pekat 캄캄한
hitam pekat 시커먼
pekat hati 일편단심(의)

PEKERTI 태도, 자세
budi pekerti 태도, 자세

PEKIK 고함, 외침
jerit pekik, pekik jerit 고성과 고함
pekik sampai ke langit 천지를 진동하는 비명소리

PELANGI 무지개, 색색의
ikan pelangi 무지갯빛 물고기(관상어의 일종)
ular pelangi 청리본 장어(관상어의 일종)
PELIHARA 보호하다
pelihara adat 전통관습을 지키다
pelihara hati (상대방에게) 마음을 쓰다, (상대방을) 배려하다
pelihara lidah, pelihara mulut 말을 삼가다, 함부로 말하지 않다
pelihara mata 한눈을 팔지 않다
pelihara nama 명예를 지키다
pelihara tangan 행동을 삼가다, 마음대로 행동하지 않다
PELIR 남근
menanti pelir kambing terputus 모래가 싹 난다
pelir itik 나사못
buah pelir 불알
PELITA 등불, 횃불
pelita hati 삶의 좌표
pelita hidup 학문
pelita kehabisan minyak 침통한 표정(의), 서러운 표정(의)
PELUANG 틈, 여가
mengambil peluang 틈을 내다
musim peluang 바람이 잦아드는 철
peluang keemasan 절호의 기회
PELUH 땀
peluh darah, berpeluh darah 온갖 고생을 다하다
peluh dingin 식은땀
peluh-peluh, berpeluh-peluh 열심히 일하다
PELUK 포옹, 껴안음
bantal peluk 죽부인
berpeluk tangan, berpeluk tubuh 팔짱을 끼고 보는, 남의 일에 상관하지 않는; 손가락 하나 까딱 않는, 몹시 게으른
peluk agama, memeluk agama 종교를 가지다
peluk bangkai, terpeluk bangkai 남을 돕다가 도리어 궁지에 몰린 사람
peluk bayang-bayang 짝사랑
peluk cium 애정, 사랑
peluk lutut, berpeluk lutut, berpeluk tangan, berpeluk tubuh 손가락 하나 까딱 않는, 몹시 게으른
sepemeluk 한 아름
takut di hantu, terpeluk ke bangkai 호미로 막을 데 가래로 막는다
PELURU 총알, 탄알
peluru bisu 연습탄
peluru perak 동전
PENAT 피로한, 지친, 기진맥진한
berpenat lelah 전심전력을 다하다, 온 힘을 다하다
berpenat-penat 애쓰다, 힘쓰다; 열심히 일하다, 온 힘을 다하다
penat jerih, jerih penat, penat lelah 몹시 지친, 몹시 피로한; 온갖 노력, 전심전력; 희생
PENDEK 짧은, 키가 작은
memendekkan lengan baju 팔을 걷어붙이다, 일할 준비를 하다
pendek akal 현명하지 못한, 생각이 부족한; 지식이 부족한, 배움이 모자라는
pendek ingatan 건망증이 있는 (사람); 현명하지 못한, 생각이 부족한
pendek kata 한마디로 말하면, 요컨대

pendek kira-kira, pendek akal, pendek ingatan, pendek pikiran 현명하지 못한, 생각이 부족한
pendek napas 일할 의욕을 상실한; 쉽게 절망하는
pendek pinta, pendek permintaan, pendek umur 단명한, 명이 짧은
pendek tali 가난한, 재력이 없는
pendek umur 단명한, 명이 짧은; 죄 투성이의 인생을 살아 온

P

PENDEKAR 무사, 장사, 달인
pendekar elak jauh 조심성이 많은 사람
pendekar kata, pendekar lidah 웅변가, 연설가; 토론의 달인; 강연의 달인
pendekar pena 문필가
pendekar sambal 겁쟁이

PENGANTIN 신랑, 신부
pengantin baru 새 신랑 신부

PENGGAL 조각, 편, 학기
penggal kedua 2 학기
penggal leher, memenggal leher 생업을 빼앗다
penggal lidah, memenggal lidah 말을 가로채다
sepenggal hari 반나절

PENING 어지러운, 얼떨떨한
pening kepala 머리가 아픈; 어지러운; 얼떨떨한
memeningkan kepala 어리둥절하게 만들다
pening-pening lalat, pening-pening pikat 어질어질한, 알딸딸한

PENUH 가득한, 충분한, 만원의
penuh berisi 통통한; 알찬
penuh harapan 희망에 찬
penuh hormat 경외하는, 매우 존경하는
penuh kepala 생각이 복잡한, 고민으로 가득 찬
penuh minat 관심이 많은, 의욕이 큰
penuh perut 지겨운, 싫증난
penuh rahasia 비밀로 가득 찬, 아주 비밀스러운
penuh sesak (사람들이) 빽빽한
penuh semangat 의욕이 넘치는
penuh sudah bagai menggantung 입추의 여지가 없는, 꽉 들어찬

PERAH 짜다, 짜내다, 쥐어짜다
memerah otak 골똘히 생각하다, 골몰하다; 궁리하다, 연구하다
memerah susu lembu 소젖을 짜다
perah keringat, memerah keringat 열심히 일하다
perah otak 연구, 탐구
perah tenaga 온 힘을 다하다, 전심전력을 다하다

PERAHU 배, 선박
perahu besar 대형 선박
perahu kecil 소형 선박
perahu layar 돛단배, 범선
perahu perompak 해적선

PERAK 은, 백은
perak campur 순은이 아닌
perak siang 날이 밝아 오는

PERANG 전쟁, 전투, 싸움
berperang hati 주저하는, 망설이는
perang besar 대전, 큰 싸움
perang bicara, perang mulut 설전, 입씨름
perang buta huruf 문맹퇴치운동

perang dingin 냉전
perang dunia 세계대전
perang habis-habisan 전면전
perang kilat 기습, 습격; 기습전
perang nuklir, perang nuklear 핵전쟁
perang padri, perang paderi 파드리 전쟁(1821년부터 1837년까지 계속된 수마트라 서부 지방의 무슬림들과 네덜란드의 지원을 받은 현지 토착제후들 사이의 전쟁)
perang pupuh 전쟁놀이
perang sabil (무슬림들의) 성전
perang saudara 내전, 내란
perang semangat 심리전, 신경전
perang urat saraf, perang saraf 심리전, 신경전; 설전

PERAS 짜내다, 쥐어짜다, 갈취하다
memeras keringat 열심히 일하다
memeras orang 고리대금업을 하다
memeras otak 궁리하다, 연구하다
memeras tenaga 온 힘을 다하다, 전심전력을 다하다

PERAWAN 처녀, 처자
perawan kencur 숫처녀
perawan tua 노처녀

PERCAYA 믿다, 확신하다
percaya angin 헛된 기대
percaya angin lalu 뜬소문을 믿다
undi tidak percaya 불신임투표

PERCIK 반점, 얼룩
tepuk air di dulang terpercik muka sendiri juga 누워서 침 뱉기
terpercik peluh 창피한, 부끄러운

PEREMPUAN 여자, 여성
bagai bunyi perempuan di air 매우 시끄러운
penyakit perempuan 부인병; 매독
perempuan cabul 매춘부, 창녀
raja perempuan 여왕, 왕비

PERGI 가다, 출발하다
pergi balik, pergi datang, pulang pergi 왕복
pergi bertamu 방문하다
pergi dahulu 먼저 가다; 죽다
pergi haji, naik haji 성지순례를 가다

PERIBAHASA 속담
peribahasa Melayu 말레이 속담

PERIGI 우물, 샘
perigi buta 마른 우물
perigi di kaki bukit 현모양처, 어질고 착한 아내
perigi mencari timba 관습에 어긋난; 여성우위

PERIUK 솥, 냄비
periuk api (육상과 해상에서 사용하는) 폭탄
periuk belanga 주방용품; 음식 그릇, 식기류
periuk mengumpat belanga 똥 묻은 개가 겨 묻은 개 나무란다

PERKARA 일, 문제
habis perkara 완결된, 끝난
perkara belakang 급선무가 아닌
perkara berat 심각한 문제
perkara besar 중요한 문제

perkara kecil 어렵지 않은; 중요하지 않은
perkara lama, perkara sudah basi 지나간 일
perkara pokok, perkara utama 주요 사항
PERS 신문, 언론
pers di atas angin 잘나가는 신문, 잘나가는 언론(사)
pers di bawah angin 영세한 신문, 영세한 언론(사)
PERTAMA 첫 번째의, 처음의
pertama kali 처음(으로)
pertama-tama 최우선적으로, 먼저, 우선
PERUT 배, 복부, 장
perut besar 임신한, 아이를 밴; 똥배가 나온; 위(장)
perut betis, perut kaki 장딴지
perut buta, perut buntu 맹장
perut muda, perut panjang, tali perut 창자
perut kosong 배고픈
perut panjang sejengkal 기분이 나쁜, 실망스런
perut tua, perut besar 위(장)
perut tiada bertelinga 금강산도 식후경
PESAWAT 기계, 부속품, 엔진
pesawat baling-baling 프로펠러기
pesawat capung 잠자리비행기
pesawat pelempar bom, pesawat pengebom 폭격기
pesawat pengintai, pesawat peninjau 정찰기
pesawat pemburu 전투기
pesawat telefon, pesawat telepon 전화기
pesawat terbang, pesawat udara 비행기
PETAH 말을 잘하는, 유창한
petah lidah 달변의, 능변의
PETAI 프타이(콩과 식물의 일종), 프타이 콩
menjual petai hampa 헛소리를 늘어놓다, 실없는 말을 지껄이다
PETANG 오후(정오부터 해가 질 때까지의 동안)
petang semalam 어제 오후
besok petang, petang esok 내일 오후
PETI 함, 상자, 박스
peti besar 뒤주
peti es, peti ais, peti air batu, peti pendingin, peti sejuk 냉장고
peti mati, peti mayat, peti jenazah 관, 널
peti surat 우편함
PETIR 천둥, 우레
petir di hari terik, petir di siang bolong 청천벽력
petir tunggal 우레와 같은 목소리; 엄청나게 큰 천둥소리
PIAMA 절기, 철
bulan piama (농사 절기에 따른) 말레이 전통 태음력
musim piama 모내기 철
PIATU 고아, 혈혈단신
anak piatu 고아
rumah piatu 고아원
PIJAK 짓밟다
memijak kepala 업신여기다, 경멸하다
pijak tanah 어린아이의 첫걸음마를 위한 의식
terpijak bayang-bayang, matahari terpijak 대낮, 정오
terpijak bara hangat 안절부절 못하는
PIJAT 누르다, 주무르다, 마사지하다

memijat kaki 발을 주무르다
memijat tombol 버튼을 누르다
PIJAT-PIJAT 빈대
karena pijat-pijat mati tuma 친구를 잘못 사귀면 큰 손해를 본다
pijat-pijat menjadi kura-kura 개천에서 용 났다
PIKAT 미끼, 유혹
memikat hati 마음을 사로잡다
terpikat hati 유혹당한, 매료된
memikat mata 홀딱 반하다
PIKIR/FIKIR 생각하다, 여기다, 느끼다
pikiran anak-anak, fikiran budak-budak 순진한, 속셈이 없는; 생각이 얕은
pikiran buntu 막연한, 막막한; 생각이 짧은
pikir habis-habis, pikir dalam-dalam, pikir panjang-panjang 장고하다, 오랫동안 깊이 생각하다
pikiran kacau 혼란스러운, 헷갈리는
pikiran luas 도량이 넓은
pikir masak-masak 계획하다
pikiran pendek, pikiran sempit 편협한, 속이 좁은
pikir punya pikir, fikir punya fikir 심사숙고한 끝에
pikiran sehat, fikiran sihat 지혜로운; 합리적인 생각
pikiran tajam 이해가 빠른, 머리가 좋은
pikiran tua 고리타분한 사고방식
PIKUL 어깨짐, 피쿨(무게 단위로 약 62.5킬로그램)
berat sama dipikul, ringan sama dijinjing 백지장도 맞들면 낫다
berpikul-pikul 여러 꾸러미의 짐
pikulan 어깨지게; 어깨짐
memikul beban 책임지다
PILIH 뽑다, 가리다, 고르다
pilih bulu 가문을 따지는
pilih kasih, pilih pihak 편향된, 불공평한
pilih-pilih ruas, terpilih pada buku 모시 고르다 베 고른다
pilih-pilih, terpilih labu muda 모시 고르다 베 고른다
PILIN (닭 모가지를) 배틀다
memilin misai 용맹을 뽐내다
memilin telinga 귀를 잡아당기다
perut memilin 속이 뒤틀리듯 쓰리고 아픈
PILU 서글픈, 서러운, 속상한
pilu hati 서글픈; 가슴이 미어지는
memilukan hati 서글프게 하다; 가슴이 미어지게 만들다
PINANG 빈랑(빈랑나무의 열매), 청혼하다
pinang sebatang 홀쭉한; 혈혈단신의, 홀몸의
pinang masak 황적색; 너무 익은 빈랑 열매
pinang muda 포주
pinang pulang ke tampuk 이혼했던 부부의 재결합; 어디를 가나 집만한 데 없다; 잘 어울리는
pinang tua merah ekornya 젊은 여자처럼 화장을 하고 주책없이 구는 나이 든 여자
PINDAH 이사하다, 옮기다
barang pindahan 이삿짐
berpindah dari dunia yang fana, berpindah ke negeri yang baka 죽다
berpindah-pindah 돌림병이 돌다, 유행하다
berpindah negeri 이민가다

berpindah-rendah, berpindah-randah 이리저리 옮겨 다니다
berpindah tangan 주인이 바뀌다, 소유주가 바뀌다
dipindahtangankan 팔리다
pindah darah, pindah tuang 수혈
pindah hak milik, pindah nama, pindah tangan 소유권이전
pindah ilmu 학문을 전수하다
pindah rumah 이사(하다)
pindah tuang (darah) 수혈

PINGGAN 접시
pinggan besar, pinggan makan 음식 그릇
pinggan mangkuk 식기
sepinggan makanan 음식 일인 분

PINGGANG 허리
pinggang biola 날씬한 허리
pinggang bukit, pinggang gunung 산허리, 산비탈
ikat pinggang, tali pinggang 허리띠, 요대
sepinggang panjangnya 허리까지 닿을 정도로 긴
tidak berpinggang 허리가 없는, 매우 뚱뚱한

PINJAM 빌리다, 빌려 주다
meminjam mulut 남의 입을 빌어 말하는
meminjam uang, meminjam wang 돈을 빌리다, 돈을 꾸다
meminjamkan uang, meminjamkan wang 돈을 빌려 주다, 돈을 꾸어 주다
pinjaman jangka panjang 장기 대출
pinjaman jangka pendek 단기 대출

PINTA 요청, 간청
meminta izin 허락을 요청하다
meminta tangguh 연기를 요청하다

PINTAS 지르다, 자르다
jalan pintas 지름길, 첩경
memintas jalan, memintasi jalan 지름길로 가다

PINTU 문, 문짝, 기회
bagai pintu tak berpasak, perahu tak berkemudi 위험천만한 일
ke pintu kubur 죽다
pintu bahaya, pintu darurat 비상구
pintu belakang 뒷문, 후문; 꽁무니, 항문; 불법적인 방법, 비정상적인 방법
pintu besar, pintu gerbang 대문, 정문
pintu depan 정직한; 앞문
pintu gerbang 대문
pintu hadapan, pintu muka 앞문, 정문
pintu hati 기분, 감정; 의욕, 의지
pintu keluar 출구; 해결책
pintu maling 뒷문, 옆문
pintu mati 폐문; 큰 장애, 큰 어려움
pintu rezeki 취업의 기회; 목구멍
pintu rusuk 옆문
pintu terbuka 문호가 열린, 개방된
pintu tertutup 문호가 닫힌, 폐쇄적인
satu pintu kalau tertutup, sepuluh pintu lagi terbuka 가진 재주가 많으면 밥 굶을 리 없다

PIPIT 할미새, 참새, 납부리새
pipit bukan seekor, jagung bukan sebatang 잘못을 덮기 위해 변명을

늘어놓는 사람
pipit haji 흰머리납부리새
pipit hendak jadi enggang 뱁새가 황새걸음하면 가랑이 찢어진다
pipit meminang anak enggang 보리밥에는 고추장이 제격
pipit menelan jagung 송충이는 솔잎을 먹어야 제격
pipit padi 얼룩무늬납부리새
pipit rumah 참새
pipit sama pipit, enggang sama enggang 유유상종

PIRING 접시
piring terbang 비행접시
piring mangkuk 식기
piring hitam 음반

PISAH 헤어지다, 떨어지다
berpisah jauh 멀리 헤어지다
berpisah-pisah 가리가리 찢어진, 쪽쪽이 헤어진
memisahkan diri 고립하다, 칩거하다

PISANG 바나나(의 열매), 남자의 성기
bukan budak-budak makan pisang 호락호락 넘어가지 않는 사람
mendapat pisang terbuka 횡재하다
pisang bunga (맛이) 단 바나나
pisang ditanam tak berjantung 금주에 누룩흥정
pisang goreng 튀긴 바나나
pisang kaki 감나무, 감
pisang tak akan berbuah dua kali 한 번 실수는 병가지상사

PISAU 칼
pisau bengkok melupakan sarung 설마가 사람 잡는다, 믿는 도끼에 발등 찍힌다
pisau besar 큰 칼
pisau dapur 식칼, 부엌칼
pisau kecil 단도
pisau makan (양식용) 나이프
pisau senjata tiada bisa, bisa lagi mulut manusia 사람의 입은 칼보다 더 잔인하다

PITAM 눈앞이 아뜩한, 눈앞이 캄캄한
pitam babi 간질병, 지랄병
naik pitam 격노하다, 격분하다

POHON/POKOK 나무, 수목, 근본, 뿌리
ada angin ada pohonnya 아니 땐 굴뚝에 연기 날까
pohon angin, pokok ribut 쌘비구름
pohon kayu, pokok kayu 나무줄기
pohon mata 눈
pohon silsilah 계통도
pohon telinga 귀뿌리

POKOK 나무, 중심, 뿌리, 주제
pokok angin, pokok ribut 쌘비구름
pokok cerita 이야기의 핵심 내용
pokok dasar 기초, 근본
pokok getah, pohon karet, pokok karet 고무나무
pokok hujan 비구름
pokok kalimat 주어, 임자말
pokok kata 어근
pokok lampu 전구
pokok pangkal 근본 원인

pokok pikiran, pokok fikiran 주안점, 주요 의견
pokok ribut 쌘비구름
POKROL 변호사
pokrol bambu 무면허 변호사; 교활한 사람
POLISI/POLIS 경찰
polisi lalu lintas, polis trafik 교통경찰, 교통순경
polisi rahasia, polis rahsia 비밀경찰, 형사; 염탐꾼
polisi tidur (차량들이 속도를 줄이도록 길에 설치한) 둔덕
POLITIK 정치, 정략, 술책
politik kancil, politik busuk 권모술수
politik dagang sapi 정치적 흥정
politik kampung 농촌진흥정책; 엉성한 정책
politik meraba-raba 정치실험만 계속하는 정부 정책
politik pintu terbuka 개방정책
politik sempit 구시대 정치, 수구 정치
POTONG 조각, 자르다, 빼다
memotong cakap 말을 가로채다
memotong jalan 질러가다
memotong leher 바가지를 씌우다; 스스로 직장을 그만두다; 목을 베다
potong hidung rosak muka 제 얼굴에 침 뱉기, 제 발등에 오줌 누기
potong hidung, rusak muka 제 얼굴에 침 뱉기, 제 발등에 오줌 누기
potong jari 감히 내기를 걸다, 감히 모험을 하다
potong kambing, potong kerbau, potong lembu 잔치를 벌이다
potong kepala 폭리를 취하다
potong leher 감히 맹세하다
potong nama 손을 씻다, 그만두다
potong padi 추수하다
potong rezeki orang 남에게 손해를 끼치다
potong tahanan 감형(하다), 형기를 줄이다
potongan badan 체격, 몸의 외관
sepotong ikan sepotong ular 부화뇌동하는; 믿을 수 없는, 음흉한, 능청스러운
sepotong jalan 하는 둥 마는 둥 하는
sepotong rambut 눈곱만한
terpotong tangan 아주 어려운 상황
PROYEK/PROJEK 계획, 정책, 사업
proyek air minum 식수 정책
proyek angkasa luar 우주 계획
proyek perumahan 주택 정책
proyek mercu suar 허울뿐인 사업
proyek gajah putih 허울 좋은 사업
PUAN 마님, 푸안(상대편 여성을 높여 이르는 이인칭 대명사)
perempuan 여자, 여성
puan-puan 여러분(여러 명의 여성들을 높여 이르는 이인칭 대명사)
sakit puan 산부인과; 부인병
PUASA 금식(하다), 단식(하다)
berbuka puasa (해가 지고 난 후) 하루의 금식을 깨다
bulan puasa 라마단 달(무슬림들이 의무적으로 금식을 해야 하는 이슬람력으로 9 번 째 달), 금식월
hari raya puasa (금식월이 끝난 후에 맞는) 금식 명절, 사왈 달(이슬람력으로 10월) 초하루
PUCAT 희끄무레한, 조금 흰, 희미한

pucat cengkung 핼쑥한, 해쓱한, 초췌한
pucat lesu, pucat kesi, pucat lesi, pucat pudar 몹시 창백한, 몹시 파리한

PUCUK 우두머리, 꼭대기, 새싹
pucuk bulat, pucuk pimpinan 최고위층 인사
pucuk di atas enau 안하무인, 안중무인
pucuk dicinta ulam tiba 생각보다 큰 이익을 보다
pucuk kayu 새잎
pucuk layu ditimpa hujan 쥐구멍에도 볕들 날 있다
pucuk pangkal 근본 원인
pucuk pimpinan 회장, 의장; 국가원수, 정부의 수반, 군주

PUDAR 창백한, 파리한, 생기를 잃은
air muka yang pudar 생기를 잃은 얼굴, 파리한 얼굴
cinta pudar 식어 버린 사랑, 식은 사랑

PUJI 칭찬, 찬미, 칭송
memuji-muji 찬미하다, 찬양하다
puji-pujian 찬미, 찬양

PUKI 여자 아이의 음부, 생고기
puki anjing 남남나무(콩과 식물로 말레이 반도 북부에서 주로 생육)
puki mak 엄마의 음부 (아주 심한 욕설)

PUKUL 때리다, 시각
kena pukul 얻어맞다, 얻어터지다; (야단을) 맞다, (손해를) 입다
memukul gambar 사진을 찍다
memukul kawat 전보를 치다
memukul mundur 패퇴시키다
memukul telefon, memukul telepon 전화를 걸다
memukul telur 계란을 휘젓다
pukul besar, pukulan besar 대박, 큰 이익, 큰돈
pukul curi 퍽치기
pukul dengan kaki 발로 차다
pukul kaki 도보로 걷다
pukul lima sore, pukul lima petang 저녁 다섯 시
pukul rata 평균적으로, 일반적으로
pukul sayang 사랑의 매
pukul sampai rata 신랄하게 비판하다
pukul untung 대박이 터지다, 큰돈을 벌다
pukulan berat 큰 손해

PULANG 돌아가다, 돌아오다
memulangi istri, memulangi isteri 전처와 재혼하다
memulangkan balas 복수하다, 원수를 갚다
memulangkan ingatan 일깨우다, 깨닫게 하다
memulangkan kata 응답하다, 대꾸하다
memulangkan nafas 휴식을 취하다
pulang balik, pulang pergi 왕복(하다)
pulang haji 성지순례에서 돌아오다
pulang ingatan 깨닫다, 의식을 찾다
pulang kandang (고향으로)귀환하다
pulang ke alam baka, pulang ke rahmatullah 돌아가시다, 죽다
pulang nama 객사하다; 전사하다
pulang pergi 왕복(하다); 왔다 갔다 하는, 유동적인, 확정되지 않은
pulang pohon 기제사(해마다 사람이 죽은 날에 지내는 제사), 기신제, 기일제; 소상(사람이 죽은 지 일 년만에 지내는 제사), 일주기
pulang pokok 본전치기(하다)

pulang semangat 의식을 회복하다
PULAU 섬
berlayar di pulau kapuk 자다
berlayar menuju pulau 목표가 확실한
pulau cacing 무덤
pulau harapan 꿈, 희망
pulau sudah lenyap, daratan sudah tenggelam 물거품처럼 사라진 꿈, 산산이 깨어진 꿈
seperti batu di pulau 수없이 많은, 무수히 많은
PULUH 십(9에 일을 더한 수), 10
berpuluh-puluh 수십의
dua puluh 20, 이십
PULUT 찹쌀
beras pulut 찹쌀
nasi pulut 찹쌀밥
PUNCAK 절정, 꼭대기
di puncak hidung 코앞에, 코밑에, 아주 가까운 곳에
memuncak naik (물가가) 치솟다, (물가가) 엄청나게 뛰다
PUNDI-PUNDI 돈주머니, 전낭, 지갑
pundi-pundi kencing 오줌보, 방광
pundi-pundi peranakan 자궁
pundi-pundi uang, pundi-pundi wang 돈주머니, 돈지갑
pundi-pundi udara, pundi udara 폐포, 허파 꽈리
PUNGGUNG 엉덩이, 등
buah punggung 신장, 콩팥
punggung bukit, punggung gunung 산등성이
tulang punggung 척추, 등뼈
PUNGUT 따다, 수확하다, 징수하다
memungut bayaran 요금을 징수하다
memungut suara 투표하다
pemungutan suara 선거
pemungut bola 볼보이
PUNTUNG 피우다(타다) 남은 꼬투리, 도막, 절단된, 잘린
berhubung puntung 줄담배를 피우는
celana puntung, seluar puntung 반바지
puntung berasap 불가능한 일, 헛고생
puntung hanyut 몹시 가난한, 곤궁한
puntung kayu 타다 남은 나무 도막
puntung rokok 담배꽁초
PUNYA 임자, 주인, 소유
berpunya 주인이 있는, 임자가 있는; 결혼한, 혼인한; 돈이 있는, 부자의
mempunyai niat 의도를 가지다, 뜻을 지니다, 마음이 있다
punya hajat, punya kerja 큰일을 치르다, 대사를 치르다, 일무리를 치르다
hitung punya hitung 계산하고 또 계산해서, 심사숙고해서; 아무리 계산해도
tunggu punya tunggu 기다리고 또 기다려서, 삼고초려해서; 아무리 기다려도
PUPU 조상
saudara sepupu 사촌형제
PUPUH 싸움닭, 때리다, 도살하다
ayam pupuh 싸움닭
berpupuh bertinju 심하게 치고받고 싸우다

dipupuhnya makan 배불리 먹다, 한껏 먹다
kena pupuh 얻어맞다, 얻어터지다
PURNAMA 보름달, 보름(이슬람력으로 매달 14일과 15일), 한 달(30일)
bulan purnama 보름달
cahaya purnama 휘영청 밝은 보름달 빛
pasang purnama 보름 만조, 보름 찬물때
purnama raya 대보름달
PURU 딸기종(딸기 모양의 부스럼이 나는 전염병), 인도마마
getikkan puru di bibir 아무리 미워도 제 새끼
puru sembilik 치질, 치핵
PUSAKA 유산, 유언, 상속재산
adat pusaka 전통 관습
harta pusaka 상속재산, 유산
keris pusaka 대대로 내려 온 커리스, 국보급 커리스
pusaka gantung 소유주가 불분명한 유산
pusaka negara 국보
PUSAR 돌다, 회전하다, 가마, 선모
berpusar-pusar 회오리치다
pusar kepala, pusar-pusar (머리의) 가마, 선모, 회모
pusaran angin 회오리바람, 사이클론
pusaran angin kencang 태풍, 폭풍
PUSAT 중심부, 핵심, 가운데
pusat belanja 쇼핑센터
pusat belia 청소년센터, 청소년회관
pusat cerita 이야기의 핵심
pusat hiburan 유흥지
pusat ilmu 학문의 전당, 배움터
pusat kesehatan, pusat kesihatan 보건소
pusat perhatian 주목거리
memusatkan perhatian 관심을 집중하다
PUSING 어지러운, 미친, 빙빙 돌다, 회전하다
berpusing muka 외면하다, 본체만체하다
berpusing-pusing 빙빙 돌다; 여기저기 돌아다니다
cakap pusing, pusing keling 말을 왜곡시키다
pusing belit 능청스러운, 간교한, 음흉한; (말이) 비비 꼬인, 비비 틀린
pusing kepala 두통; 골치 아픈, 머리가 복잡한
pusing-pusing 고민하다, 애를 태우다
pusing satu dunia 여러 곳을 여행하다, 두루두루 여행하다
PUSTAKA 책, 도서
perpustakaan 도서관
PUTAR 빙빙 돌다, 회전하다
berputar haluan 마음을 바꾸다, 노선을 바꾸다
berputar lidah, memutar lidah 약속을 어기다, 약속을 깨다; 말을 바꾸다, 한 입으로 두 말하다, 식언하다
memutar cakap, memutar kecek 화제를 바꾸다, 이야깃거리를 바꾸다
memutar jarum 정책을 바꾸다, 노선을 전환하다
memutarbalikkan 왜곡시키다
memutar jarum ke belakang 전향하다, 노선을 완전히 바꾸다
memutar-mutar, berputar-putar 말을 비비 꼬다, 말을 빙빙 돌리다
memutar otak 묘안을 짜내다, 궁리하다; 곰곰 잘 생각하다, 숙고하다, 심사숙고하다
memutar uang, memutar wang 돈을 굴리다

putar balik (말의) 왜곡; 간교한 속임수, 음흉한 술수
putar belit, putar balik 간교한 속임수, 음흉한 술수
putar cakap, berputar cakap 화제가 바뀌다
putar negeri 혁명, 쿠데타
putar-putar, berputar-putar 빙빙 돌다, 여기저기 돌아다니다; 말을 비비 꼬다, 말을 빙빙 돌리다; 능청스러운, 교활한

P

PUTIH 순수한, 흰, 하얀
berputih tulang 죽다, 돌아가시다, 순국하다
memutihkan mata 창피를 주다
putih bersih 순수한, 청순한; 새하얀, 매우 하얀
putih dikejar, kuning tak dapat 닭 쫓던 개 지붕 쳐다보는 격
putih di luar, kuning di dalam 겉과 속이 다른 사람
putih hati 진솔한, 거짓이 없는; 신실한, 착실한, 마음씨가 착한
putih kuning 우윳빛 노란색, 맑고 연한 노란색(말레이 문화권에서 통상 아름다운 여인의 피부 빛깔을 나타냄); 애인, 연인
putih langsat, putih kuning 우윳빛 노란색, 맑고 연한 노란색(말레이 문화권에서 통상 아름다운 여인의 피부 빛깔을 나타냄)
putih mata, berputih mata 실망하다, 낙망하다; 망신을 당하다; 눈이 빠지게 (기다리는)
putih mata karena memandang 눈이 빠지게 기다리다
putih muka 기쁜, 즐거운
putih pucat (피부가) 백옥같이 고운, 백옥같이 흰, 매우 흰
putih seperti kapas dibusar 새하얀, 매우 하얀
putih tapak kakinya berlari 걸음아 날 살려라, 줄행랑을 치다
putih tulang 열사, 순열; 죽다, 돌아가시다, 순국하다

PUTIK 씨방(열매가 될 부분)
putik mendahului bunga, buahnya mabuk dimakan 결혼 전에 임신한 여자
putik pun jatuh 사람은 죽게 마련
seputik jagung 아직 어린, 애송이의

PUTING 칼끝, 음핵, 나머지, (담배)꽁초
puting kayu 나무토막, 나무쪽
puting rokok 담배꽁초
puting susu 젖꼭지

PUTRA/PUTERA 왕자, 아드님
putra bumi, bumiputra 토착민
putra mahkota 황태자

PUTRI/PUTERI 공주, 따님, 여자
putri malam 달
putri malu 미모사, 신경초
putri lilin 더위에 약한 여자; 부엌살림을 못하는 여자
putri yang seni 피부가 고운 여자

PUTUS 끊어지다
keputusan akal 어찌할 바를 모르는
keputusan wang 재산을 탕진하다
memutus rangkai 부드러운
memutuskan nyawa 죽이다, 살해하다
putus akad (조약이) 무효가 되다
putus akal 어쩔 줄 모르다, 어찌할 바를 모르다, 우왕좌왕하다
putus arang (우정이) 완전히 금이 가다, 재결합이 전혀 불가능하다
putus asa 절망하다, 낙망하다; 의욕을 잃다, 의기소침하다; 서러운, 애달픈
putus benang boleh dihubung, putus arang bercerai lalu 아내보다

혈육이 더 소중하다
putus bicara, putus kata 의욕을 잃다, 의기소침하다; 합의하다, 의견이 일치하다
putus cinta, putus kasih 실연하다, 연애에 실패하다
putus darah 갱년기(의)
putus di tengah jalan 도중하차하다, 중간에 그만두다
putus hati 결심하다, 마음을 굳게 정하다
putus ikhtiar 가망 없는, 포기한
putus jalan 질러가다, 앞지르다
putus jiwa, putus nafas, putus napas, putus umur 죽다, 사망하다, 돌아가시다
putus kaji 확정하다
putus kawan 절교하다, 교제를 끊다
putus langsung 다시 화해할 수 없는
putus niat 확실한 결심; 뜻을 이룬, 목표를 달성한
putus nyawa 임종; 과로하다
putus rasa 마음이 떠나다, 관심을 잃다
putus rasa hati 몹시 그리운
putus rezeki 직장을 잃다, 생계가 막연하다
putus sekolah 학업을 중단하다, 중퇴하다; 왕따를 당하다, 따돌림을 당하다; 낙오하다, 뒤떨어지다
putus tali perkawinan 이혼하다
putus tunang 파혼하다

PUYUH/PUYU 회오리
angin puyuh, angin puyu 회오리바람, 돌개바람, 선풍

R

R

RABA 만지작, 주물럭, 더듬
meraba, meraba-raba 더듬다, 주무르다
merabai 더듬대다, 주물럭거리다
RABUN 흐린, 침침한
rabun ayam, buta ayam, rabun senja 야맹증; 눈이 침침한, 흐릿하게 보이는; 황혼, 땅거미
rabun senja 황혼, 땅거미
rabun dekat 원시
rabun jauh 근시
RACUN 독, 독약
meracun hati 기분을 상하게 만들다, 속상하게 만들다; 슬퍼하다, 서러워하다
racun serangga 살충제, 살충약
racun tikus 비소
RADANG 열이 나는, 뜨거운, 염증
naik radang 몹시 화가 나다
radang lidah 설염, 혀의 염증
radang paru-paru 폐렴
radang busuk, radang limpa 임파선염
radang otak 뇌의 염증, 뇌염
radang selaput bening 각막염
radang selaput dada, radang selaput paru 늑막염, 흉막염
radang selaput jala 망막염
radang selaput mata 결막염
radang selaput otak 뇌막염, 수막염
radang selaput perut 복막염
radang sendi 관절염
radang tenggorok, radang tenggorokan 기관지염
RADIO 무선송신, 라디오
pesawat radio 라디오 수신기
radio dengkul, radio karat 헛소문, 뜬소문, 풍문
RAGA 바구니
buah raga 등나무로 엮어 만든 공
raga menanti pecah 작은 일이 큰 일 된다
RAGAM 태도, 격식, 모양새, 종류
banyak orang banyak ragamnya 사람마다 개성은 제 각각이다
beragam-ragam 여러 가지, 가지가지
pakaian seragam 제복, 유니폼
ragam tulis, ragam tulisan 문어체
seragam 같은 종류의, 같은 형태의, 같은 방식의; 한마음의, 한뜻의;

닮은, 똑같은
RAHASIA/RAHSIA 비밀, 기밀
membuka rahasia, membongkar rahasia 비밀을 밝히다
menyimpan rahasia 비밀을 간직하다
rahasia alam 자연의 비밀
RAHIM 은총, 자궁
rahimakallah 너에게 신의 은총이 내려지길
rahimakumullah 당신들 모두에게 신의 은총이 내려지길
rahim bunga 씨방
RAHMAT 자비, 은총
berkat rahmat Allah 알라의 은총으로
rahmatullah 신의 은총
RAIH 끌다, 잡아당기다
meraih hati 마음을 사로잡다
meraih pangkur ke dada, menarik pangkur ke dada 타산지석으로 삼다; 마음이 상하다, 비위가 상하다
RAJA 왕
beraja di hati 남을 배려하지 못하는, 자신만 생각하는
raja diraja 대왕, 선왕; 왕의 상여
raja duit 돈벌레
raja harta, raja uang, raja wang 갑부
raja hutan 사자; 호랑이
raja jalan 대형 화물 트럭
raja laut 해군 제독, 해군 사령관
raja minyak 석유왕
raja muda 세자, 왕세자
raja perempuan 색을 밝히는 남자; 왕비, 왕후
raja sehari 신랑 신부
raja singa 매독
raja udang 물총새
RAJALELA 폭군
merajalela 제 멋대로 행동하다; (전염병이)널리 퍼지다, 활개를 치다
RAJAH 그림, 약도, 줄금
rajah tangan 손금, 수상; 팔자, 운명
RAJIN 부지런한, 활발한, 불굴의
rajin mengais, tembolok berisi 부지런한 사람 목에 거미줄 치지 않는다
rajin pangkal pandai 노력이 성공의 관건이다
RAJUT 그물, 망, 주머니
merajut badan 혼자 고민하다, 사서 고생하다
merajut burung 그물로 새를 잡다
merajut perut 배고픔을 참다, 허리띠를 졸라매다
RAKYAT 민중, 국민
cerita rakyat 민담, 민간 설화
dewan rakyat 의회, 국회
rakyat jelata, rakyat kecil 서민
rakyat kebanyakan 대중; 서민
wakil rakyat 의원, 국회의원
RAMAH 친한, 명랑한
ramah lidah, ramah mulut 대화를 좋아하는, 붙임성 있는
ramah mesra, ramah tamah 상냥한, 친절한, 친근한
ramah tangan 더듬기를 좋아하는, 주무르기를 좋아하는
RAMAL (점치는 데 쓰는)모래알
membaca ramal, membilang ramal, membuka ramal 점치다, 점괘를

풀다
ramalan cuaca 일기 예보
RAMAS 반죽하다, 개다, 주무르다
meramas jantung, meramas perut 몹시 언짢게 생각하다, 몹시 비위가 상하다
meramas santan di kuku 허황된 꿈을 꾸다
RAMBANG 갈피를 못 잡는, 불안한
mulut rambang 수다쟁이
rambang mata 바람기가 있는 남자, 바람둥이; 색을 밝히는 남자, 호색한, 치한; 마음을 정할 수 없는, 갈팡질팡하는
R
rambang-rambang 닥치는 대로 (말)하다, 무턱대고 (말)하다
RAMBUT 머리카락, 머리털(처럼 생긴 것)
rambut dijalin hantu 마구 헝클어진 머리
rambut ikal, rambut keriting 곱슬머리, 고수머리
rambut jagung 옥수수수염
rambut palsu 가발
rambut putih 백발, 흰머리, 하얗게 센 머리털
rambut sama hitam, hati lain-lain 사람들의 취향과 생각은 제각각이다
rambut sama hitam, hati masing-masing 사람들의 취향과 생각은 제각각이다
rambut telah berwarna dua, rambut sudah menjarum 머리털이 희끗희끗한, 늙은
rambutan 람부탄(털모양의 돌기가 덮여 있는 작은 달걀만한 크기의 열대과실)
serambut dibelah tujuh, rambut dibelah seribu 눈곱만한, 코딱지만한, 미미한
si rambut panjang 여자, 여성
si rambut pendek 남자, 남성
RAMPAS 약탈하다, 강탈하다, 훔치다
merampas kuasa 무력으로 정권을 쥐다
rampasan kuasa 쿠데타
RAMPOK/ROMPAK 떼강도, 도적떼
perampok, perompak 털이범, 강도
perampok laut, perompak laut 해적
RANCAK 활발한, 멋진, 예쁜
rancak di labuh, rancak di lebuh 허울 좋은 과부, 허울 좋은 하늘타리; 시건방지고 버르장머리 없는 젊은이
rancak-rancak 시건방진
RANGKAI 엮음, 묶음, 다발
rangkai hati 애인, 연인
rangkai kata 어구, 말의 마디나 구절
RANGKAP 부여잡다, 짝, 쌍, 연
huruf rangkap 이중 문자(하나의 말소리를 나타내는 두 개의 문자)
serangkap pantun 판툰의 1연(4행)
RANGSANG 예민한, 자극적인
merangsang hati 성난, 화가 난
merangsang hidung 코를 자극하는
merangsang selera 입맛을 자극하는, 입맛을 당기게 하는
RANJANG 침대
di atas ranjang 침대 위
ranjang pengantin 신혼 침대
RANJAU 덫, 함정, 지뢰
meranjau jalan 지뢰를 매설하다

ranjau darat 개천, 도랑; 지뢰
ranjau hidup 인생고초, 인생의 역경
ranjau lapuk 음모, 은밀한 술책
ranjau laut 어뢰
ranjau pers 방송보도제한
ranjau sepanjang jalan 끊임없는 역경

RANTAI 쇠사슬, 체인
lari berantai 이어달리기, 릴레이 경주
memutuskan rantai perkawinan 이혼하다
rantai besi dimakan bubuk 터무니없는 이야기, 허무맹랑한 이야기
rantai kaki 족쇄
rantai leher 목걸이
rantai merah 토마토
rantai sepeda, rantai basikal 자전거 체인

RANTAU 해변, 해안, 해외
merantau ke sudut dapur, merantau ke ujung bendul 주변에서 일자리를 찾다
orang rantau, anak rantau 해안가 거주민, 바닷가 주민; 무역상, 외국인
rantau selamat 안전지대
segan bergalah hanyut serantau 공을 들이지 않으면 낭패를 본다
teluknya dalam, rantaunya sakti 난공불락(의), 백전불패(의)

RANTING (나무)잔가지
di mana ranting dipatahkan, di situ air disauk 입향순속
ranting kering, ranting mati 메마른 가지
ranting muda 어린 나뭇가지

RANUM 무르익은, 매력 있는
mongel ranum 아담하고 통통한 (체형)

RAPAT 달라붙은, 촘촘한, 가까운, 회의, 모임
ditutup rapat 꽉 닫힌
kerjasama yang rapat 긴밀한 협력
merapat sambil berlayar, merapat sambil belayar 일거양득
rapat besar 대회
rapat kilat 긴급회의
rapat empat mata 단 두 사람 간의 회담
rapat gelap 불법 집회
rapat mulut 입이 가벼운, 비밀을 누설하는
rapat penduduknya 인구가 조밀한

RAPUH 깨지기 쉬운, 부서지기 쉬운, 약한
rapuh hati 감정적인, 쉽게 기분에 좌우되는; 마음이 여린, 의지가 약한
rapuh mulut 입이 가벼운 (사람), 비밀을 누설하는 (사람)
rapuh iman 신앙심이 깊지 못한, 유혹에 잘 넘어가는
rapuh jiwa, rapuh semangat 의지가 약한

RASA 느낌, 기분, 생각, 맛
berasa aral, perasa aral 불쾌한, 기분 나쁜
berasa bimbang 걱정되다, 근심되다
berasa dukacita 슬퍼하다, 애도하다
berasa kaku (손발이) 저리다, 뻐근하다
berasa kasihan 서글픈, 서러운; 동정하다, 동정을 느끼다
berasa malas 기운이 없는, 축 늘어진
berasa panas, berasa panas hati 분노하다, 분개하다
berasa pegal (팔다리가) 뻐근한
berasa pilu 슬퍼하다, 애도하다

berasa takut 두려움을 느끼다, 전전긍긍하다
merasai asam garam kehidupan 인생 경험이 풍부한, 인생의 산전수전 다 겪은
merasai asin garam, merasai pahit getir 산전수전 다 겪은, 노련한
merasa benci 증오하다, 몹시 싫어하다
merasa berat 너무 부담스럽게 느끼다, 중압감을 느끼다
merasa cemburu, merasa dengki, merasa iri hati 질투하다, 시샘하다, 강샘하다
merasa hati 실망하다, 토라지다
merasa tersinggung 기분이 상하다, 마음에 거슬리다
perasa angin 감정이 예민한, 쉽게 기분에 좌우되는
perasa aral 불쾌하게 여기는
rasa belas kasihan 자비심, 동정심
rasa dengki, rasa iri hati 질투심, 시샘, 강샘
rasa di hati 직관, 직각
rasa empedu, rasa hempedu 쓴맛, 언짢은 느낌
rasa gembira 기쁨, 즐거움
rasa khawatir, rasa khuatir 걱정, 근심
rasa lapang, rasa senang 기분 좋은, 기쁜, 즐거운
rasa malu 창피, 망신
rasa-rasa 아마, 아마도
rasa sakit 통증
serasa bayang-bayang 의욕을 잃은
serasa di balik awan 몹시 기쁜, 아주 기분 좋은
serasa hati 마음 같아서는, 기분 같아서는
terasa putus tali jantung 몹시 서러운, 불서러운

RATA 평평한, 판판한
merata-rata 전체, 전부; (소문이) 여기저기로 퍼지다, 사방팔방으로 번지다
rata-rata 평균(의), 평균적(으로)

RATAP 울음, 울이, 곡
meratapi nasib 기구한 신세를 한탄하다, 기구한 운명을 한탄하다
ratap tangis 통곡
ratapan batin 양심

RATUS 백, 일백, 10의 열 배가 되는 수
ratusan 수백의
beratus-ratus 수많은
seratus peratus 100퍼센트, 모두, 예외없이
seratus ribu 십만

RAUT/RAUTAN 생김새, 모습, 형태
raut muka, raut wajah 얼굴 생김새
raut badan 몸매, 체격

RAWAN 서러운, 서글픈
berawan hati 서글프다
merawankan hati 동정심을 불러일으키다, 연민을 느끼게 하다
rawan hati 서러움, 서글픔, 비탄

RAYA 큰, 명절, 많은, 대중의
alam raya 온 세상, 온 세계
hari raya, hari raya puasa (금식월이 끝난 후에 맞는) 금식 명절, 샤왈 달(이슬람력으로 10월) 초하루
Indonesia Raya 인도네시아라야(인도네시아 공화국의 애국가 이름)
jalan raya 한길, 고속도로
pilihan raya 총선거

raya haji, hari raya haji 라야하지(이슬람력으로 12월 10일에 지내는 명절)
REBAH 쓰러지다, 넘어지다
rebah bangun 칠전팔기의; 성실히 노력하는 사람
rebah belakang 휴식하다, 피로를 풀다
REBUS 삶다, (밥을) 안치다, 끓이다
direbus tak empuk, direndam tak basah 고집불통의; 일편단심의; 고지식한
kacang rebus 삶은 콩
merebus air 물을 끓이다; 무일푼의, 몹시 궁핍한
merebus tidak empuk, merebus tak empuk 일편단심의, 변치 않는
telur rebus 삶은 달걀
REBUT 빼앗다, 약탈하다, 훔치다
berebut kursi 자리를 놓고 다투다
berebut mulut 입씨름하다
berebut nama 공치사 싸움을 하다
berebut petai hampa 쓸데없는 다툼을 하다, 소모적인 경쟁을 하다
berebut senja 땅거미가 지다, 어둑어둑해지다
berebut tinggi 앞을 다투다, 우열을 다투다
rebut kuasa 쿠데타, 정권 탈취
rebut rampas 각종 약탈질, 여러 가지 강도질
rebut rezeki 생존경쟁
REDUP 희미한, 흐린, 그치다
mulai redup 희미해지기 시작하다, 쇠퇴하기 시작하다
redup keras 투기(하다)
redup-redup alang, redup-redup bahasa 어둑어둑한
REGANG 팽팽한, 켕긴
meregang badan 몸이 뻣뻣해 지다
meregang hidupnya 삶이 몹시 고달픈, 생활이 몹시 빈궁한
meregang jiwa, meregang maut, meregang nyawa 임종을 눈앞에 둔, 죽음이 가까운
meregang telinga 귀를 잡아당기다; 꾸짖다, 훈계하다
REMANG 솜털, 잔털
meremang (털이) 곤두서다
meremang bulu roma 몹시 겁을 먹다, 공포에 휩싸이다
meremang bulu kuduk, meremang bulu tengkuk 몹시 겁을 먹다, 공포에 휩싸이다
REMANG-REMANG 어둑어둑한
remang-remang malam 어둑어둑한 밤
REMAS/RAMAS 주무르다, 안마하다
meremas api 불을 끄다
meremas bibir, meremas mulut 입(술)을 주무르다; 가르치다, 훈육하다
meremas jantung, meremas perut 마음이 몹시 언짢은, 매우 후회하는
REMBANG 중천, 꼭대기, 정점
matahari rembang, rembang tengah hari 정오
rembang mata 바람둥이, 호색한
rembang pagi 해가 뜰 때부터 아침 10시까지의 시간
rembang petang 오후 3시가 지난 시간
REMUK 부서지다, 깨지다, 망가지다
meremukkan hati 애끓다
remuk-redam 산산이 부서지다, 산산이 깨지다
remuk hati 애끓는 슬픔
RENANG 수영하다

kolam renang 수영장
lomba renang, lumba renang 수영 경기
mengajar itik berenang 공자 앞에서 문자 쓰기, 번데기 앞에서 주름 잡기
merenangi laut lepas 목적도 없이 해외로 떠도는
perenang, ahli renang 수영 선수
RENCANA 계획, 일정, 글, 보고서
rencana buta 날림 계획
rencana ilmiah 학술 논문
rencana induk 종합 계획, 기본 계획, 마스터플랜
rencana kerja 업무 계획, 작업 계획
rencana pembangunan lima tahun 5개년 개발 계획
rencana rapat 회의록, 의사록
tajuk rencana 사설
RENDAH 낮은, 나지막한, 비천한, (값이) 싼
kerendahan budi 패륜, 배은망덕함
kerendahan hati 겸손함
merendahkan diri, merendahkan hati 겸손히 행동하다, 자신을 낮추다
merendahkan nama 천시하다, (남을) 욕보이다
merendahkan rezeki 생활비를 대다, 생활비를 주다
rendah bicara 말씨가 부드럽고 상냥한; 겸손한
rendah budi 행실이 나쁜, 무례한
rendah diri 열등감
rendah hati 겸손한, 자기를 내세우지 않는; 성실하고 신중한
rendah rezeki 생활비를 잘 버는, 생활비를 손쉽게 버는
RENDAM 가라앉다, 잠수하다
berendam air mata, terendam air mata 눈물에 젖은, 눈물이 마르지 않는
rendam tidak basah, rendam tak basah 잔혹한, 동정심 없는; 난공불락(의), 백전불패(의)
RENDANG 튀기다
merendang garam 탁탁 소리가 나다
merendang kacang 콩을 튀기다
pisang rendang 바나나 튀김
RENGGANG 벌어진, 틈이 있는, 거리가 있는
merenggang hidup 고통, 괴로움
perenggang waktu 심심풀이
renggang waktu 여가, 틈
RENGKIANG 뒤주, 헛간, 광
rengkiang padi 나락뒤주, 쌀광
RENGKUH 잡아당기다, 끌다
merengkuh untung 행운을 잡다
RENGKUNG 식도, 목구멍
membasahi rengkung 목을 축이다
RENIK 조그마한, 가느다란
hujan renik-renik 보슬비, 이슬비
liang renik 작은 구멍
RENTAN 병치레가 잦은, 병약한
rentan hati 마음이 약한, 쉽게 좌절하는
merentan hati 화를 잘 내는, 성미가 급한; 마음이 약한, 쉽게 좌절하는
RENTANG 길게 뻗은, 쭉 내뻗은
merentang jalan 길을 닦다, 도로를 만들다
merentang jembatan, merentang jambatan 다리를 놓다, 교량을 건설하

다
merentang jiwa, merentang nyawa 임종을 눈앞에 둔, 임종이 가까운
serentang ayam 닭싸움이 진행되는 동안
terentang dari utara ke selatan 남북으로 뻗은
RETAK 금, 틈
retak batu 견원지간, 상극
retak-retak bulu ayam 칼로 물 베기
retak hati 의욕을 잃은, 의기소침한
retak melampaui batas 몹시 무례한
retak mentimun 실틈
retak mencari belah, retak menanti belah 호미로 막을 데 가래로 막는다; 심각한 대립관계, 충돌 직전의 대치 상황
retak tangan 손금, 수상; 운명, 팔자
RETAS 끊어지다, 터지다, 뚫다
meretas dinding 벽을 트다, 벽을 뚫다
meretas jalan 길을 열다, 길을 뚫다
meretas perut 배를 가르다
peretas jalan 개척자
REZEKI 직업, 끼니, 생활비, 돈
rezeki Allah, rezeki Tuhan 신의 은총
rezeki harimau 큰 소득
rezeki jangan ditolak 굴러 든 복을 차 버리지 말라
rezeki mahal 생계가 어려운, 생활이 몹시 빈궁한
rezeki mata 눈요깃감, 눈요깃거리
rezeki murah 돈을 잘 버는, 어렵지 않게 생계를 꾸리는
rezeki musang 불량소녀
rezeki rendah, rezeki merendah 재수가 좋은, 운이 좋은
rezeki terpijak, rezekinya meninggi 횡재하다
RIANG 즐거운, 기쁜, 기분이 좋은
riang gembira, riang hati, riang rasa 즐거운, 유쾌한, 재미있는
riang mulut 말하기를 좋아하는
riang-riang 매미
riang semangat, meriang semangat 현기증이 나는, 어질어질한
RIBA 무릎, 슬하, 고리대금업자
meriba anaknya 아이를 무릎 위에 앉히다
meriba puan kosong 숫처녀가 아닌 여자와 혼인하다
tukang riba 고리대금업자
RIBU 천, 일천(백의 열 배가 되는 수)
beribu-ribu 수천의
seribu 일천; 수많은, 여러 가지의
seribu daya 여러 가지 수단
seribu juta 10억
seribu-ribu 백만
seribu satu 수많은
RIBUT 소동, 소란, 태풍
angin ribut 폭풍
RIMBA 숲, 삼림, 천연림
hilang tak tentu rimbanya 흔적도 없이 사라지다
rimba dara 처녀림
rimba piatu 밀림
rimba raya, rimba belantara 광활한 삼림 지대
RIMPANG 땅 속 줄기
akar rimpang 뿌리줄기

RINDU 외로운, 그리운, 사랑
rindu bagai nak mati 죽도록 그리운, 몹시 그리운
rindu jadi batasnya, maka manis tidak jadi cuka 사무친 그리움은 끝내 원한이 될 수 있다
rindu rawan 사무친 그리움
RINGAN 가벼운, 쉬운, 시시한, 약한
memperingan diri 지나치게 겸손을 떨다
minuman ringan 소프트드링크, 청량음료
ringan hati 만족스러운
ringan kaki 자주 들르는, 툭하면 찾아오는
ringan kaki tangan 바지런한, 부지런한
ringan kepala 두통이 말끔히 가신; 재치 있는, 영리한
ringan langkah 상쾌한 기분, 명랑한 기분
ringan lidah 수다스러운, 말이 많은; 말이 유창한, 달변의; 말씨가 부드럽고 상냥한, 말씨가 고운
ringan mulut 스스럼없이 이야기하는; 말씨가 부드럽고 상냥한, 말씨가 고운
ringan mulut, berat punggung 앉은 자리가 무거운 사람; 입으로만 부지런한 사람
ringan sama dijinjing, berat sama dipikul 백지장도 맞들면 낫다
ringan tangan 남을 잘 도와주는; 손버릇이 나쁜, 도벽이 있는; 일을 척척 잘 해 내는, 일사천리로 일을 처리하는; 주먹이 매우 빠른, 주먹이 번개처럼 빠른
ringan tulang 바지런한, 활동적인
RINTANG 가로지르다, 가로막다, 몰두하다, 탐닉하다
lomba lari rintangan 장애물 경주
perintang hati 오락, 놀이
merintang anak 아기를 달래다, 아기를 어르다
merintang-rintang hati 마음을 달래다, 마음을 가라앉히다
merintang-rintang lelah 피로를 풀다, 피로를 가시게 하다
merintang-rintang mata 눈요기하다, 구경하다
merintangi arus lalu lintas 교통 흐름을 방해하다
merintangi jalan 길을 가로막다
perintang waktu 심심풀이, 심심소일
RISAU 방탕한, 불안한, 혼란한
merisaukan masa depan 미래를 걱정하다, 앞날을 우려하다
orang risau 방탕아, 패륜아
risau hati 걱정스러운, 뒤숭숭한, 우려스러운
RODA 바퀴, 수레바퀴
roda angin 자전거
roda dunia 만물의 변화
roda hidup 운명, 팔자
roda kapal 선박의 프로펠러, 배의 추진기
roda sepeda, roda basikal 자전거 바퀴
ROKOK 담배, 시가, 엽궐련, 여송연
asap rokok 담배 연기
daerah bebas rokok 금연 구역
dilarang merokok 흡연금지, 금연
duit rokok, uang rokok, wang rokok 수고비, 품삯
merokok, menghisap rokok 담배를 피우다
rokok pucuk 야자잎으로 말은 여송연
ROMA 솜털, 잔털
lubang roma 솜털구멍

tak boleh bertemu roma 견원지간, 항상 티격태격하는, 상극
tegak bulu roma 무시무시한, 소름이 끼치는
ROMAN/ROMA 생김새, 얼굴, 안면
roman muka 얼굴 생김새
seroman 모습이 비슷한, 닮은
RONGKONG 목구멍, 골격, 뼈대
kerongkongan, rongkongan 숨통; 목구멍, 울대뼈; 식도
rongkongan 목구멍, 울대뼈; 골격, 뼈대
rongkongan menghadap hilir 생계가 몹시 어려운 사람
rongkongan menghadap mudik 돈을 잘 버는 사람, 생활에 여유가 있는 사람
RONTOK 떨어지다, 빠지다
gigi rontok 이빨이 빠지다
penyakit rontok rambut 탈모증
ROTAN 등(나무), (등나무로 때리는) 곤장
ada rotan ada duri 꽃가마 속에도 근심이 있다
ROTI 빵
roti canai 로티차나이(인도식 빵의 일종)
roti kering 비스킷
roti lapis 샌드위치
RUAH 넘치는, 넘쳐흐르는
limpah ruah, tumpah ruah, penuh ruah 넘치는, 넘쳐흐르는, 풍요로운
meruahkan pendapat 의견을 개진하다
RUANG 넓은 공간, 홀, 방, 칸
ruang angkasa 우주, 외계
ruang baca, ruangan baca 독서실
ruang menunggu, ruang tunggu 대기실
ruang tamu, ruangan tamu 응접실
RUAS (대나무의) 마디, 관절
ruas jari 손(발)가락 마디
terhendak ruas ke buku 절망하다, 낙망하다
RUGI 손해, 불운, 소용없는
rugi menentang laba, jerih menentang boleh 고생 끝에 낙이 있다
rugi-rugi untung 손해인 듯 보이지만 오히려 실속이 있는
RUKUK (무슬림들이 기도할 때 바닥에 엎드려 하는) 절
merukuk 엎드려 절하다, 엎드리다
RUMAH 집
berumah di tepi tebing 항상 불안한, 노심초사하는
rumah Allah 이슬람 사원
rumah bakti, rumah anak yatim, rumah piatu 고아원
rumah bicara 법정
rumah duka 초상집
rumah hantu 비밀회담 장소
rumah haram, rumah liar, rumah setinggan 무허가 건물, 불법 가옥
rumah ibu, rumah induk 본채, 안채
rumah kancing, rumah butang 단춧구멍
rumah kata pergi, kubur kata mari 몸은 늙었지만 마음만은 이팔청춘
rumah kedai 주상복합건물
rumah kuning, rumah sundal, rumah urut 창녀촌
rumah makan 식당
rumah mana yang tidak bersampah 옥에 티; 한 번 실수는 병가지상사
rumah memotong, rumah potong, rumah sembelih 소 도살장, 소 도축장
rumah minum 술집

rumah obat, rumah ubat 약국, 약방
rumah pasung 경찰서; 교도소
rumah tumpangan 하숙집
rumah siput 달팽이집
rumah tidak berdapur, rumah tutupan 감옥, 교도소
rumah tangga 결혼; 가정, 가사
rumah sakit 병원
rumah sakit gila, rumah sakit jiwa 정신병원
rumah siap, tukang dibunuh 엄한 징벌, 몹시 잔인한 형벌
rumah sudah, pahat berbunyi 소 잃고 외양간 고친다
rumah sudah tukul berbunyi 소 잃고 외양간 고친다
rumah terbakar tikus habis lari 정승집 개 죽은 데는 가도 정승 죽은 데는 안 간다

RUMPUT 풀, 갈풀
rumput di tengah jalan 이름 없는 민초들, 하찮은 서민
rumput mencari kuda 서쪽에서 해가 뜬다

RUNCING 날카로운, 뾰족한
memperuncing ketegangan 긴장을 고조시키다
runcing tanduk 극악무도한 악당; 재범, 죄를 다시 범한 (자)

RUNDING 계산, 조언, 토론
berunding empat mata 양자 간 밀실 독대
merentang runding (대화를) 길게 이어가다, (회의를) 길게 끌다

RUNTUH 허물어지다, 무너지다, 쓰러지다
meruntuhkan hati 심금을 울리다
meruntuhkan iman 믿음을 저버리게 만들다; 유혹하다
musim durian meruntuh 두리안 열매가 익어 땅에 떨어지는 계절

RUPA 자세, 생김새, 형태, 모습
ada rupa 모양이 있는, 보기에 좋은
merupakan diri 신분을 감추다, 변장하다
rupa boleh diubah, tabiat dibawa mati 어릴 적 버릇 여든까지 간다
rupa harimau, hati tikus 큰소리만 치는 겁쟁이, 종이호랑이
rupa muka 용모, 얼굴 생김새
terupa di akal 합리적인, 납득이 되는

RUSA 사슴
rusa masuk kampung 매우 놀란, 어리둥절한
rusa kena tambat 한탄하는, 몹시 후회하는; 안절부절 못하는, 쩔쩔매는
mati rusa karena tanduknya 호사다마

RUSAK 고장이 난, 망가진
berusak hati 애끓다, 애달프다; 성질이 고약하다, 무례하다
merusakkan iman 믿음을 저버리게 만들다; 유혹하다
merusakkan nama 이름을 더럽히다, 명예를 잃다, 창피를 당하다
rusak anak oleh menantu 믿는 도끼에 발등 찍힌다
rusak badan karena mulut, rosak badan kerana mulut 말 잘 못하면 패가망신한다
rusak hati 애끓는 슬픔, 애달픈; 성질이 고약한, 무례한
rusak nama 명예를 잃은, 수치스러운
rusak ingatan, rusak pikiran 정신이상(의)

RUSUH 불안한, 혼란한, 거친
rusuh hati 안절부절 못하는, 조마조마한
merusuhkan hati 불안하게 만들다, 초조하게 만들다

RUSUK 측면, 옆
pintu rusuk 옆문, 측문
rusuk jalan 인도, 보도

rusuk kanan 오른편, 오른쪽
rusuk kiri 왼편, 왼쪽
tulang rusuk 늑골, 갈빗대
tumbuk rusuk 뇌물을 주다

S

SABAR 참을성이 있는, 침착한
bersabar hati 참을성이 있다, 침착하다
menyabarkan hati 참다, 견디다; 달래다, 마음을 가라앉히다
sabar penghilang penat, tekun pembawa dekat 참는 자에게 복이 온다
SABIT 낫, 갈고랑이
bulan sabit 초승달
bulan sabit muda 신월, 초승달
menyabit rumput 낫으로 풀을 베다
SABTU 토요일
hari Sabtu 토요일
malam Sabtu 금요일 저녁
SABUNG (동물의) 싸움
angin berputar, ombak bersabung 해결하기 어려운 일, 난제
ayam bersabung 싸움닭, 투계
bersabung ayam 닭싸움을 붙이다, 닭싸움을 벌이다
menyabung jiwa, menyabung nyawa 목숨을 걸다
menyabung untung 운에 맡기다, 요행수를 바라다; 위험을 무릅쓰다
sabung selepas hari petang 마지막 요행수를 바라다
sabung mata 서로 노려보다, 서로 쳐다보다
tersabung akan induk ayam 몹시 실망한, 낙망한
tersabung di itik 힘없는 사람과 친구가 되다, 졸장부와 사귀다
SABUT (열매) 껍질 섬유, 섬유질로 된 (열매) 껍질
bongkok sabut 늙어서 등이 굽은
sabut tebal, tempurung pun menjadi kebal 친구가 많을수록 더욱 든든하다
tali sabut 껍질 섬유로 만든 줄, 밧줄
untung sabut timbul untung batu tenggelam 모든 일을 요행수에 맡기다
SADAR/SEDAR 정신이 들다, 깨닫다
sadar diri, sadarkan diri 자신의 처지를 깨닫다; 의식이 돌아오다, 정신이 들다
balik sadar 의식을 되찾다
menyadar arwah (이슬람력으로 매년 8월에 지내는) 고사
menyadarkan bangsa 민족을 일깨우다, 민족을 깨우치다
sadar tak sadar 의식이 들락날락하는 가운데, 비몽사몽 중에
SAGA 자단(의 열매 씨앗)
diuji timbang lebih sesaga 도토리 키 재기, 오십보백보
saga di atas talam 말이 청산유수인, 달변(의)
SAGU (사고야자의) 속, 사고야자 녹말가루, 사고야자
sagu belanda 애로루트(칡의 일종)
sagu hati 사례금, 상금

sagu pisang 바나나 열매의 속
SAHABAT 친구
sahabat kandung, sahabat karib 죽마고우
sahabat kental 아주 친한 친구
sahabat sejati 진정한 친구
SAJAK 시
sajak tari 율동
sajak bebas 자유시
sajak dolanan 4행시
sajak kanak-kanak 동요
SAKAL 때리다, 치다
kena sakal 얻어맞다, 얻어터지다
SAKIT 병이 든, 아픈
bersakit-sakit 온 힘을 다해 노력하다, 전심전력하다; 병치레가 잦은, 툭하면 아픈; 갖가지 고통을 겪다, 온갖 고생을 다하다
bersakit-sakit dahulu, bersenang-senang kemudian 고진감래, 고생 끝에 낙이 온다
menyakiti diri 몰두하다, 헌신하다
menyakiti hati 가슴을 헤쳐 놓다, 마음을 아프게 하다, 마음에 상처를 주다
menyakitkan mata 볼썽사나운, 눈꼴사나운
penyakit batu ginjal, penyakit karang 신장결석증
penyakit batuk kering, penyakit paru-paru 결핵
penyakit campak, sakit tampak 홍역
penyakit gula, penyakit kencing manis 당뇨병
penyakit larat 매독
penyakit naik-naik 천식
penyakit raja 당뇨병
penyakit kelamin, penyakit kotor, penyakit perempuan 성병
penyakit kusta 한센병
penyakit lumpuh 소아마비
penyakit taun 콜레라
sakit akal, sakit angan-angan 미친
sakit ayan, sakit celeng, sakit sawan 간질
sakit beranak 산통
sakit berat, sakit payah, sakit teruk 중병, 중환
sakit buah pinggang, sakit pinggang 신장병
sakit buang-buang air, sakit cahar, sakit cirit-birit, sakit cirit-mirit 설사
sakit cacar air 수두
sakit dada 결핵; 매우 화가 난, 핏대가 선
sakit hati 애끓다, 애달프다; 한이 맺힌, 증오하는; 속상하다, 언짢다, 짜증나다
sakit ingatan, sakit otak 정신병(의), 미친병(의)
sakit kantong, sakit kantung 호주머니가 텅 빈, 돈이 한 푼도 없는
sakit kepala panjang rambut 꾀병을 부리는; 뒷구멍으로 호박씨 까는
sakit kepala 고민스러운, 골치가 아픈; 현기증이 나는, 어질어질한; 몸살기가 있는
sakit mata 눈병; 볼썽사나운, 눈꼴사나운
sakit napas, sakit nafas 천식
sakit panas 열병
sakit pasang-pasang, sakit ulur-ulur 탈장, 헤르니아
sakit perut 복통, 위통; 배꼽을 빼는, 매우 웃기는; 싫증나는, 지겨운

sakit perut dengan cirit-birit 복통 설사
sakit kencing nanah, sakit sabun 임질
sakit sejuk 몸살감기; 오한증
sakit torek 중이염
sakit tulang 류머티즘
sakit ular-ularan 경련(이 일어나다)

SAKSI 증인, 증거
saksi bisu (범죄 현장의) 증거품들
saksi dengkul, saksi dusta, saksi palsu 위증
bersaksi ke lutut 친척을 증인으로 세우다; 우물가서 숭늉 찾는다
saksi mata, penyaksi mata 목격자

SAKTI 초능력의, 마법의, 불가사의한
bimasakti 은하수
keris yang sakti 마법의 커리스

S

SALAH 틀린, 빗나간, 어긴, 잘못된
berani karena benar, takut karena salah 권선징악
salah adat 예의범절을 모르는, 예의가 없는
salah air, salah didikan 교육이 잘못된, 삐뚤어진
salah ambil (남의 물건을) 훔치는, 손버릇이 나쁜; 실수로 남의 물건을 가져가다
salah ambilan 오해하다, 잘못 알다
salah arah 길을 잃다
salah bantal (베개를 잘못 베고 자서) 목이 뻐근한
salah cakap 말실수로 남의 마음을 상하게 하다
salah cerna 소화불량
salah dengar 잘못 알아듣다, 잘못 듣다
salah guna 오용; 남용
salah hati 언짢은, 불쾌한
salah jalan 길을 잃다, 길을 잘못 들다
salah kata 말이 헛나가다; 어휘의 사용이 틀리다
salah kena 걸맞지 않는, 어울리지 않는
salah kira 계산이 틀리다, 셈이 틀리다; 오해하다, 잘못 알다
salah langkah (여행 중) 사고를 당하다; 발을 헛디디다; 일이 시작부터 꼬이다
salah lihat, salah mata, salah pandang 색안경을 끼고 보다; 잘못 보다
salah makan 배탈나다, 음식을 잘못 먹다
salah mulut 주둥이를 함부로 놀리다
salah musim 때를 잘못 맞추다, 때가 아니다
salah orang 사람을 잘못 보다; 임자를 잘못 만나다, 주인을 잘못 만나다
salah paham, salah faham 오해하다, 잘못 알다
salah pilih 잘못 고르다
salah rasa 불쾌하다, 언짢다; 부끄럽다, 겸연쩍다; 예감이 불길하다, 예감이 좋지 않다
salah roman, salah rupa 볼썽사나운, 눈꼴사나운, 추한
salah-salah 잘못을 저질렀을지언정, 잘못을 했더라도; ~ㄹ지도 모르는, 가능성이 있는
salah sangka 오해하다, 잘못 알다; 예상이 빗나가다, 예측이 어긋나다
salah satu 그 중 하나, 많은 것 중 하나
salah tangkap 잘못 받아들이다, 잘못 이해하다; 오해하다
salah tanya 무례하게 따져 묻다
salah terima 오해하다, 잘못 받아들이다; 옥생각하다

salah timbang 저울 눈금을 잘못 보다; 편향적인 판결(을 내리다)
salah tingkah 추잡한 짓을 하다, 무례한 행동을 하다
salah urat (뼈마디가) 접질리다, 삐다
salah waktu 적기가 아닌, 알맞은 때가 아닌, 때가 안 맞는

SALAI 훈제한, 그을린, 구운
bersalai tidak berapi 미혼모; (남편으로 부터 생활비도 받지 못하며) 별거 중인 여자
ikan salai 훈제한 생선, 구운 생선
pisang salai 구운 바나나

SALAM 평화, 평안(인사말)
berjabat salam 악수하다
bersalam-salaman 서로 인사를 나누다
memberi salam 인사말을 건네다, 인사말을 하다
salam sejahtera 살람스자트라(평안하십니까의 뜻을 지닌 말머리의 인사말)
salam tempel 손에 슬쩍 돈을 건네주며 악수하다; 뇌물
salam takzim 살람탁짐(평화와 존경의 합성어로 편지의 말끝을 맺는 인사말)

SALAT/SOLAT 솔랏 (무슬림들이 실행해야 하는 5가지 의무 중 두 번째 의무), 기도
salat asar 오후(그림자가 본체의 길이보다 길어져 해가 서편으로 기우는 시간)에 드리는 기도
salat isa, salat isyak 밤(땅거미가 지고 나서 이튿날 먼동이 틀 때까지의 시간)에 드리는 기도
salat lima waktu, solat lima waktu 솔랏리마왁투(무슬림들이 실행해야 하는 하루 5번의 의무적인 기도)
salat lohor, salat zuhur 한낮(해가 중천에 떠서 그림자가 본체의 길이와 같아질 때까지의 시간)에 드리는 기도
salat magrib, salat maghrib 저녁(해가 지고 땅거미가 짙어드는 시간)에 드리는 기도
salat subuh 새벽(동이 트는 시간)에 드리는 기도

SALEH/SOLEH 신실한, 신앙심이 깊은
anak yang saleh 신앙심이 깊은 아이
jejak orang-orang saleh 신실한 사람들의 발자취

SAMA ~같은, 함께, ~처럼, ~에게
air sama air, sampah ke tepi juga 친족들의 분쟁에 끼어들면 득보다 실이 크게 마련
burung pipit sama enggang 어울리지 않는 짝
sama ada, sama hala 혹시 ~인지; ~ㄹ지언정
sama arah 같은 방향의
sama muka 똑같다, 빼닮다
sama nenek moyang 친척 관계의, 친족 관계의
sama rata 평등한, 똑같은
sama rata sama rasa 공평무사
sama-sama 모두의, 공동의; 서로서로; (감사를 표시하는 상대방에게 당찮다는 뜻으로 이르는 인사말) 천만의 말씀입니다
sama sekali 전혀, 조금도; 모두, 전부; 동시에, 한꺼번에
satu sendiri, satu sama lain 서로에게, 서로 간에
sama seperahu 동고동락
sama tengah 완전 중립의, 편향적이 아닌; 반듯한, 똑바른
tak sama getah batang dengan getah daun 팔은 안으로 굽는다

SAMAR 흐린, 희미한, 은밀한
menyamar 변장하다

S

samar muka, samar-samar daun 땅거미, 박야, 어스름; 어둑어둑한, 어스레한, 어스름한
samar-samar 어슴푸레한, 흐리마리한
SAMBIL ~하는 동안
sambil berdendang, biduk hilir 일거양득
sambil berdiang, nasi masak 일거양득
sambil lalu, sambil-sambil 대충대충, 우물쩍; 얼핏, 언뜻; 한꺼번에, 동시에
sambil menyelam minum air, sambil menyelam sambil minum 일거양득
SAMBUNG 연결하다, 결합시키다
bersambung tangan 도움을 얻다
lari bersambung 이어달리기, 계주
menyambung hidup 목구멍에 풀칠하다
menyambung lidah (다른 사람의) 말을 잇다, 이어 말하다
menyambung nyawa 목구멍에 풀칠하다
menyambung perkataan, menyambung pembicaraan 회담을 계속하다
menyambung rezeki 밥벌이하다
menyambung umur 연명하다
penyambung lidah, sambungan lidah 대변인, 대변자
penyambung nyawa 생계수단
sambung-menyambung 서로 연결되다, 서로 이어지다
sambung tangan 지원, 도움
sambungan hidup 생계
sambungan jiwa 자녀, 자식; 애인, 연인, 사랑
sambungan nyawa 자식, 애인; 생계비
sambungan tangan 도와주는 사람, 조력자
sambungan umur 생활비, 돈, 끼니
SAMBUT 대꾸하다, 맞이하다, 외상으로 사다
menyambut Hari Ibu 어머니날을 맞이하다
menyambut lembu 외상으로 소를 사다
penyambut tetamu 안내원, 안내인, 접수원
SAMPAH 쓰레기, 폐기물
sampah dunia, sampah masyarakat 인간쓰레기
sampah hanyut 생활이 몹시 곤란한 사람
sampah jangan ditendang sepak 형편이 어려운 사람을 냉대하면 안된다
sampah sarap 각종 쓰레기
sampah itu ke tepi juga 세상의 관심 밖에 있는 생활 곤란자
SAMPAI 도착하다, ~지경에 이르다, 까지
sampai ajal, sampai janji 사망하다, 죽다
sampai akal, sampai di akal, sampai pada akal 납득할 수 있는, 합리적인
sampai akhir zaman, sampai hari kiamat 영원히, 영원토록
sampai bulannya 막달이 되다
sampai buruk bantal 오랫동안 병석에 누운
sampai hajat 꿈이 이루어지다, 뜻을 이루다
sampai hati, sampai hemat 인정사정을 두지 않다; 스스럽지 않게 행동하다, 앞뒤를 가리지 않다, 함부로 행동하다
sampai jangka 정확한
sampai janji 사망하다, 죽다; 약속을 이행하다, 약속을 지키다
sampai ke ujung rambut, sampai ke hujung rambut 철저히, 샅샅이
sampai ke liang kubur, sampai ke lubang kubur 죽을 때까지
sampai ke tulang sumsum 살을 에는 듯 (추운)
sampai putih tulang 한 목숨 다 할 때까지

sampai-sampai 더군다나, 더구나
sampai tua 기대를 걸지 말라
sampai umur 나이가 찬, 성인이 된; 늙은, 나이가 꽤 많은; 수명이 다하다, 사망하다, 죽다
sampaikan salam 안부를 전하다, 안부를 묻다; 소식을 전하다, 소식을 알리다; 용서를 구하다, 용서를 빌다
SAMPU 고질, 고질병
sampu pening 두통
SAMUN 훔치다, 약탈하다, 빼앗다
samun sakal 강탈, 폭력을 사용해 강취하는 것
samun sakal berdarah tangan 모든 범죄의 재판에는 증거가 핵심이다
SANAK 혈족, 친족
sanak saudara 일가친척
SANDING 귀퉁이, 옆
bersanding, bersandingan 나란히 붙어 앉다
bersanding bahu 어깨를 나란히 하다, 협력하다
SANG 명사의 앞에 놓여 존경의 의미, 의인화 또는 경멸의 의미를 나타내는 단어
sang harimau 호랑이님
sang kecil 꼬맹이
Sang Merah Putih 위대한 인도네시아 국기
sang rambulan 달님
sang suami 놈팡이
sang suria 해님
SANGGUL 쪽진 머리, 얹은머리
sanggul lintang (머리 위 좌우로) 가로질러 얹은머리
terlintang oleh sanggul 공처가
SANGKA 추측, 의심
sangka buruk 의심, 의구심; 걱정하다, 심려하다
sangka-sangka 추측, 상상
SANGKAK 닭장, 둥우리, 나뭇가지
menyangkak bulu 몸서리치게 (두려운), 소름이 끼치는
menyangkak hati 분노하다, 격분하다
sangkak ayam 닭이 알을 품고 있는 둥우리
sangkak kayu 나뭇가지
SANGKUT 유혹에 빠진, 걸린, 관계가 있는
menyangkutkan paruh 도움을 청하다
sangkut-menyangkut 서로 얽히고설키다, 서로 연관되다
sangkut paut 관계
tersangkut hati 유혹에 빠진, 유혹에 넘어간
SANJUNG 칭찬, 칭송
menyanjung diri 자만하다, 자화자찬하다
menyanjung hati 마음을 빼앗다, 마음을 사로잡다
menyanjung tinggi 떠받들다, 공경하여 섬기다
sanjung-menyanjung 서로 칭찬하다, 서로 치켜세우다
SANTAN 산탄(야자 속을 긁어내어 만든 우유처럼 생긴 과일즙)
santan dibalas dengan tuba 배은망덕
SANTAP 마시다, 먹다
santapan malam 밤에 이루어지는 부부간의 성관계
santapan rohani 정신적 양식, 마음의 양식
santapan pokok 주요 먹을거리
SAPA 말(하다)
menyapa 말을 붙이다, 말을 건네다

S

sapaan salam 인사말
SAPI 소
kerbau sakit, sapi beroleh nama 재주는 곰이 넘고 돈은 되놈이 번다
lembu punya susu, sapi dapat nama 재주는 곰이 넘고 돈은 되놈이 번다
sapi perahan 충견 같은 사람
SAPU 빗자루
disapu Allah 신의 저주를 받은
menyapu bersih 완전히 없애다, 깨끗이 제거하다
menyapu dada 참다, 마음을 다스리다
penyapu buruk 인간쓰레기
penyapu kasar 한탕을 노리는 사기꾼
sapu awan 드높은, 아주 높은
sapu tangan 손수건
sapu tangan, menali ayam 매우 궁핍한, 아주 가난한, 가랑이가 찢어지게 가난한
SAPUT 얇은 막, 얇은 층
disaput awan tipis 옅은 구름에 덮인
disaput kabut tebal 짙은 안개로 덮인
SARAF 신경, 신경계
gangguan saraf 신경장애
urat saraf 신경
SARANG (동물, 곤충의)집, 둥우리, 보금자리
pipit jantan tak bersarang 자유로운 독신자의 삶
sarang cinta 밀회 장소, 밀회를 즐기는 곳
sarang labah-labah 거미집
sarang lebah 벌집
sarang pipit 참새집; 보조개
sarang penyakit 병원균의 온상
SARAT 가득 찬, 꽉 찬, (아기나 새끼를) 밴
sarat badan 막달이 다 되어가는
sarat makna 의미심장한, 의미가 매우 깊은
SARUNG 커리스의 칼집, 껍데기, 사롱(포대자루처럼 생긴 긴 천으로 하체에 둘러 입는 말레이 세계의 전통의상)천
sarung bantal 베갯잇
sarung batik 바틱 문양을 넣은 고급 사롱천(옷)
sarung bidal, sarung jari (바느질할 때 쓰는) 골무
sarung kaki 양말
sarung kaki panjang 긴 양말
sarung keris 커리스 칼집
sarung surat 편지 봉투
sarung tangan 장갑
SASAR 표적, 과녁, 빗나간, 미친
sasar bahasa 정신이 나간, 미친
sasaran tahun ini 올해 목표
peluru kesasar 빗나간 탄알
SATELIT 위성, 인공위성
negara satelit 위성국가
satelit bumi 인공위성
satelit komunikasi 통신위성
SATU 1(수의 맨 처음 수), 하나, 같은
bersatu hati 한마음 한뜻이 되다
bersatu padu 단합하다, 단결하다

menyatukan suara 동의하다
satu bahasa 한 목소리, 같은 생각
satu dalam seribu 군계일학, 유별난, 특별난
satu demi satu, satu-satu 하나씩, 하나하나
satu ditetak, sepuluh rebah 미꾸라지 한 마리가 온 웅덩이 물 다 흐린다
satu emak, satu bapa, satu ibu 친형제
satu hati 한마음 한뜻
satu kali cencang dua putus 일거양득
satu muka 빼닮다
satu nyawa dua badan 부부는 일심동체; 백년해로; 금슬이 좋은
satu padu 단합, 단결
satu rumah 동거(하다)
satu-satunya 유일한, 단 하나의, 오직 하나 밖에 없는
SAUDARA 친형제, 친족, 친구
saudara angkat 양자녀, 양아들, 수양딸; 의형제, 의자매, 의형제자매
saudara anjing 이부형제, 이부자매, 이부형제자매
saudara baru 이슬람으로 귀의한지 얼마 안 된 사람
saudara bau embacang, saudara bau bacang 먼 일가친척; 왕래가 끊긴 일가친척
saudara belahan, saudara dua pupu 육촌 형제자매
saudara daging, saudara mara, sanak saudara 일가붙이
saudara dekat, saudara rapat 가까운 형제자매
saudara jauh, saudara renggang 먼 일가친척
saudara kandung 친형제자매
saudara sekampung 고향 사람, 동고향 출신; 고향 친구
saudara-saudara 여러분(여러 사람을 높여 이르는 이인칭 대명사)
saudara sepupu 사촌 형제자매
saudara tiri 이부형제, 이부자매, 이부형제자매; 이복형제, 이복자매, 이복형제자매
saudara sepupu 사촌형제
saudari 여자 형제
SAUH 닻
membongkar sauh 닻을 감다, 닻을 올리다
membuang sauh, melabuhkan sauh 닻을 풀다, 닻을 주다, 닻을 내리다
sauh larat 여러 차례 결혼을 거듭하는 사람
SAUK 물바가지
sauk air mandikan diri 자력갱생
tersauk ikan suka, tersauk batang masam 달면 삼키고 쓰면 뱉는다, 토끼 다 잡으면 사냥개를 삶는다, 감탄고토, 토사구팽
SAWAH 논, 답
sawah berjenjang 계단식 논, 층층이 논
turun sawah 논일을 시작하다
SAWAN 발작, 경련, 경풍
sawan babi 간질
sawan bangkai, sawan terjun 졸중, 뇌졸중
SAYA 나, 저(일인칭 대명사)
saya getah daun, dia getah batang 팔은 안으로 굽는다
SAYANG 사랑, 연민, 정, 애인, 안타까운
kasih sayang 사랑, 애정; 동정, 연민
sayang bunga layu di pohon 노처녀
sayangkan titik, tak sayangkan tumpah 염통이 곪는 줄은 몰라도 손톱 곪는 줄은 안다

S

sayangnya 안타깝게도, 아깝게도
SAYAP 날개
sayap ikan (물고기의)지느러미
sayap kanan 우익
sayap kelima 반역자, 배신자; 간첩, 염탐꾼
sayap kiri 좌익
sayap singkat 능력이 모자라는, 힘에 부치는
SAYAT 얇게 저민 조각, (고기) 한 점
menyayat hati 가슴을 저미다, 애간장을 저미다
sesayat sebelanga juga 그런대로 충분한
SAYUP 희미한
sayup bulan 더 이상 돈이 없는
sayup-sayup mata 보일 듯 말 듯
sayup-sayup sampai 간신히, 겨우(닿는)
sesayup-sayup 육안으로 보이는 (거리)
SAYUR 야채, 채소
sayur bayam 허깨비, 겉보기와는 달리 아주 허약한 사람
SEBAB 이유, 까닭, 때문
oleh sebab 때문에
sebab apa 왜, 무엇 때문에
sebab buah dikenal pohonnya 말은 인격이다
sebab mulut leher terjerat 말이 씨가 된다, 말 한마디로 천 냥 빚을 갚는다
SEBAL 불쾌한, 언짢은
menyebal 점점 더 언짢아하다, 점점 더 불쾌하게 여기다
sebal hati 언짢은, 불쾌한
SEBAR 뿌리다, 돌리다, 퍼뜨리다
menyebarkan agama Islam 이슬람을 전파하다
sebar luas 유포, 널리 퍼짐
sebar luaskan, menyebarluaskan 유포시키다, 널리 퍼뜨리다
sebaran am 대중매체
surat sebaran 전단(지)
tersebar luas 유포되다, 널리 퍼지다
SEDAP 맛있는, 감미로운
menyedapkan mata, sedap dipandang 눈요깃거리
menyedapkan tekak 맛있는 음식
sedap bunyi 듣기 좋은, (음악이) 감미로운
sedap hati 희망이 넘치는, 행복에 젖은, 유쾌한
sedap dahulu pahit kemudian 고진감래, 고생 끝에 낙이 온다
sedap manis 상냥하고 예쁜 (소녀); 맛있는, 감미로운
sedap manis jangan ditelan, pahit jangan dimuntahkan 돌다리도 두들기고 건넌다
SEDEKAH 공물, 공양, 제사, 고사
sedekah arwah 기제사(의 공물)
sedekah bumi 추수감사제(의 공물)
sedekah kubur 시신을 매장하고 드리는 제사(의 공물)
SEDIH 슬픈, 서글픈, 애달픈, 불행한
bersedih hati 슬프다, 서글프다, 서럽다; 애도하다, 슬퍼하다, 애석해하다; 마음에 상처를 받다
berita sedih 슬픈 소식, 서글픈 소식
cerita sedih 슬픈 이야기, 서글픈 이야기
menyedihkan hati 슬프게 하다, 서글프게 하다, 서럽게 하다; 동정심을 자아내다, 감동을 자아내다; 마음에 상처를 주다

SEDIKIT 많지 않은, 얼마 안 되는
berdikit-dikit, lama-lama menjadi bukit 티끌 모아 태산
sedikit hari 오래지 않아, 곧
sedikit sebanyak 대략, 대충, 어림으로
SEDU 흐느낌
bersedu-sedu 흑흑 흐느끼다
sedu hati 서글픈, 서러운
sedu sedan 흑흑 흐느낌
SEGALA 모두의, 온, 일체의
disegalaapakan 닥치는 대로 농락되다, 마음대로 이용당하다
segala apa 모두, 전체, 일체; 무엇이든지, 가릴 것 없이
segala negeri 모든 나라
segala badan 온 몸
segala daya upaya 있는 힘껏, 최선을 다해서
segala mak nenek 잡다한 일, 여러 가지 사소한 일
SEGAN 꺼리는, 경외하는
segan berkayuh, perahu hanyut 노력 없이 성공 없다
segan bertanya, sesat jalan 아는 길도 물어서 가라
segan menggerak lingkar, segan mengorak lingkar 게을러터진, 게을러 빠진
segan-segan 머무적거리다, 주춤거리다
segan tak segan 머뭇거리지 않는, 주춤거리지 않는
SEGERA 재빨리, 즉시
segera pulang ke rumah 즉시 귀가하다
SEGI 모서리, 구석, 관점, 면
enam segi 육면(체의), 육각(형의)
empat persegi 정사각형(의)
persegi 각(면)이 있는; 사각형(의)
persegi panjang, empat persegi panjang 직사각형(의)
SEHAT/SIHAT 건강한
sehat akal, sihat fikiran, sehat pikiran (사상이) 건전한, (생각이) 온전한
sehat-sehat saja, sihat-sihat sahaja 잘 지냅니다, 잘 있습니다, 건강합니다
sehat dan alfiat, sehat walafiat 강녕한, 건강하고 평안한
kurang sehat 몸이 아픈, 몸이 편찮은
SEJAHTERA 안녕, 안정, 복지
kesejahteraan 평안, 안녕, 복지
selamat sejahtera 안녕하시길 빕니다(인사말), 평안하십시오
SEJAK 부터, 이래
sejak cecah bumi, sejak kecil 어려서부터, 어릴 적부터
sejak dua tiga hari yang lalu 이삼일 전부터
SEJUK 시원한, 추운, (마음이) 평온한, 냉정한
peti sejuk 냉장고
sejuk hati (마음의) 냉정을 되찾은, 침착한; 마음이 편안한, 마음이 놓이는, 마음이 느긋한
sejuk hati ibu bapa 착한 아이
sejuk kuburnya 착한 사람, 좋은 사람
sejuk macam batang pisang 매력 없는 여자
SEKAM 겨
sekam menjadi hampa berat 불행 중 다행, 크게 손해를 입지 않은
sekam padi 벼를 찧어 벗겨 낸 껍질
seperti api di dalam sekam 점잖은 개가 부뚜막에 먼저 오른다, 새침데기 골로 빠진다; 짝사랑, 말 못 할 사랑

SEKANG 마개
menyekang mata 속을 썩이다, 언짢게 하다, 짜증나게 만들다
menyekang perut 끼니를 때우다, 배를 채우다
sekang mata 밤새워 일하다, 밤새우다
SEKOLAH 학교, 교육기관
sekolah atap, sekolah kampung 시골 학교
sekolah tinggi 고등교육기관(전문대학, 대학, 연구소 등 고등 교육을 실시하는 기관), 대학
SEKRUP/SKRU 나사못
disekrup mati 나사못으로 고정시키다; 확고부동한, 불변의
SELALU 언제나, 항상, 늘
selalu di ujung lidah, selalu di hujung lidah 항상 입에 오르내리는, 이야깃거리의, 화제의
S
SELAM 잠수하다, 사라지다
pandai menyelam di air dangkal 눈치가 빠르면 절에 가서도 젓국을 얻어먹는다, 적응이 빠른 사람
selam air dalam tonggak 천 길 물속은 알아도 한 길 사람 속은 모른다
SELAMAT 행복한, 안녕(인사말), 무사한, 평안한
selamat malam 밤 인사말, 안녕하세요, 안녕
selamat pagi 아침 인사말, 안녕하세요, 안녕
selamat siang 낮 인사말, 안녕하세요, 안녕
selamat sore 오후 인사말, 저녁 인사말, 안녕하세요, 안녕
selamat tidur 안녕히 주무십시오, 안녕히 주무세요
selamat tinggal 안녕히 계십시오, 안녕히 계세요
biar lambat asal selamat 돌다리도 두들기고 건넌다
selamat datang 어서 오십시오, 어서 오세요
selamat hari jadi, selamat hari lahir 생일을 축하합니다
selamat hari ulang tahun, selamat ulang tahun 생일을 축하합니다
selamat jalan 안녕히 가십시오, 안녕히 가세요
selamat makan 맛있게 드십시오, 식사 잘 하세요
selamat tahun baru 새해 축하드립니다(신년 축하 인사말)
selamatan 고사, 제사, 잔치
selamatan pindah rumah 집들이 고사, 집들이 잔치
SELAPUT 얇은 막, 얇은 껍질, 박피
selaput bening 각막
selaput dada, selaput paru 늑막
selaput dara 처녀막
selaput jala 망막
selaput jantung 심막, 심낭
selaput mata 결막
selaput otak 뇌막
selaput pelangi 홍채
selaput perut 복막
selaput tulang 골막
SELASIH 나륵풀
mabuk selasih 사랑에 빠지다, 사무치게 그리워하다
SELAT 해협(양쪽이 넓은 바다로 통하는 육지 사이의 좁고 긴 바다)
Selat Melaka 말라카해협(말레이 반도와 수마트라 섬 사이에 있는 해협)
selatan 남(쪽), 남녘
selatan daya 남남서(쪽)
selatan menenggara 남남동(쪽)
SELERA 식욕

air selera 침, 군침
buruk selera 욕심이 많은, 대단히 인색한
membuka selera 군침을 돋우다, 식욕이 나게 하다
patah selera banyak makan 새침데기 골로 빠진다, 점잖은 개 부뚜막에 먼저 오른다
selera bagai cetus api 욕심쟁이, 욕심꾸러기
selera tajam 식욕이 왕성한, 식욕이 당기는
selera tinggi 눈이 높은, 안목이 높은
seleranya patah 식욕이 떨어지다

SELESAI 준비되다, 끝나다, 정리하다
menyelesaikan benang kusut 난제를 해결하다
menyelesaikan utang, menyelesaikan hutang 빚을 청산하다, 빚을 변제하다

SELESMA/SELESEMA 코감기, 콧물감기, 콧물
selesma burung, selesema burung 조류독감

SELIMUT 담요, 이불
berselimut embun 매우 가난한, 궁핍한; 한뎃잠을 자다, 한데에서 자다, 노숙하다
selimut kemalasan 게으름뱅이, 게으름쟁이

SELISIH 차이, 분쟁
berselisih jalan, berselisih lalu (길이) 엇갈리다
berselisih semat 오해하다
selisih basah (배가) 서로 엇갈려 지나가다

SEMAK 덤불, 수풀, 엉클어진
semak belukar 덤불숲; 황무지
semak hati 당황하는, 불안한, 고민스러운
semak-semak 덤불밭

SEMANG 채무 관계, 스망족(말레이 반도의 원주민 가운데 한 종족)
induk semang 남의집살이의 집주인; 물주, 장사 밑천을 대 주는 사람

SEMANGAT 혼, 용기, 의욕, 의지, 정신
hilang semangat 의욕을 잃다, 용기를 잃다
semangat bangsa Melayu 말레이 민족의 혼
semangat damai 평화의 정신
semangat harimau 자신만을 믿는 (사람); 불요불굴의 정신을 지닌 (사람)
semangat kambing 겁쟁이(의), 겁이 많은 (사람)
semangat muda 혈기가 넘치는, 의욕이 왕성한
semangat waja 강철 같은 의지, 굳건한 의지

SEMAT 나무못
jarum penyemat (옷)핀; 시계(바늘)
salah semat 오해하다
tersemat di hati 가슴에 맺힌, 가슴에 묻은, 가슴에 새긴

SEMBAHYANG 솔랏, 기도
ada air sembahyang 기도할 준비가 다 된
air sembahyang (무슬림들이 기도하기 전 몸을 닦기 위해 사용하는) 성수
sembahyang asar 오후(그림자가 본체의 길이보다 길어져 해가 서편으로 기우는 시간)에 드리는 기도
sembahyang isyak 밤(땅거미가 지고 나서 이튿날 먼동이 틀 때까지의 시간)에 드리는 기도
sembahyang lima waktu, solat lima waktu 슴바양리마왁투(무슬림들이 실행해야 하는 하루 5번의 의무적인 기도)
sembahyang maghrib 저녁(해가 지고 땅거미가 짖어드는 시간)에

드리는 기도
sembahyang mencari akal, rukuk mencari kira-kira 겉보기와는 달리 신앙심이 신실하지 못한 사람; 위선자
sembahyang subuh 새벽(동이 트는 시간)에 드리는 기도
sembahyang zuhur 한낮(해가 중천에 떠서 그림자가 본체의 길이와 같아질 때까지의 시간)에 드리는 기도

SEMBELIH 멱따다, (소, 닭을) 잡다
sembelih ayam 닭을 잡다, 닭을 멱따다
sembelih ayam dengan pisau, sembelih orang dengan kapas 모든 일은 순리대로 처리해야 한다; 인간과 짐승은 유별하다, 사람은 만물의 영장이다
sembelih lembu 소를 잡다, 소를 도축하다

SEMBILAN 아홉, 9(여덟에 하나를 더한 수)
sembilan belas 19, 십구
sembilan puluh 90, 구십
sembilan ratus 900, 구백
sembilan ribu 9,000, 구천
sembilan puluh ribu 90,000, 구만
sembilan ratus ribu 900,000, 구십만

SEMBUNYI 숨다, 감추다, 은밀한
menyembunyikan muka 치부를 감추다
sembunyi-sembunyi 몰래몰래
sembunyi tuma 공공연한 비밀을 감추려 애쓰다, 꿩 숨듯 하다

SEMI 새싹, 싹눈
musim semi 봄
zaman musim semi dan gugur 춘추시대

SEMPIT 비좁은, 편협한, (형편이) 곤란한
sempit akal 우둔한, 어리석은, 미련한
kesempitan hidup 재정적 어려움
mempersempit langkah 변장하다
sempit alam, sempit hati 걸핏하면 화를 내는 (사람), 피새를 잘 부리는
sempit dada, sempit hati 옹졸한, 툭하면 마음이 상하는
sempit hati 불쾌한, 기분 나쁜; 옹졸한, 툭하면 마음이 상하는; 걸핏하면 화를 내는 (사람)
sempit hidup 생계가 곤란한, 형편이 어려운
sempit kening, sempit dada, sempit hati 옹졸한, 툭하면 마음이 상하는; 걸핏하면 화를 내는 (사람)
sempit mata 시야가 좁은, (사고가) 편협한
sempit pintu rezeki 생계가 어려운, 생계가 막연한

SEMPURNA 완전한, 완벽한, 완료된
sempurna akal 어른, 성인, 성년; 똑똑한, 현명한, 머리가 좋은
sempurna umur 나이가 찬, 성년이 된
sempurna usia 수명이 다하다, 천명을 다하다, 돌아가시다, 죽다
sempurnanya musim semi adalah musim panas 물은 건너보아야 알고 사람은 지내보아야 안다

SEMUT 개미
semut mati karena gula, semut mati kerana gula 열 번 찍어 안 넘어가는 나무 없다, 유혹에 넘어가 패가망신
semut merah 보통 사람, 일반인
semut-semutan 경련이 일어나다, 저리다, 쥐가 나다

SENANG 기쁜, 행복한, 유쾌한
senang cakap 입만 살다, 말만 그럴듯하게 잘 하다
senang hati 매우 기쁜, 아주 즐거운; 걱정 없는, (마음이) 평안한

senang hidup 돈을 잘 버는, (생활이) 넉넉한, (생활에) 여유가 있는
senang lenang (생활이) 풍요로운, 부족함이 없는
senang macam kacang 누워서 떡 먹기, 식은 죽 먹기
senang di balik senang 화난, 기분 나쁜, 언짢은

SENAPAN 소총
senapan bambu, senapan buluh 대나무로 만든 장난감 총; 종이호랑이
senapan mesin 기관총

SENDI (뼈) 마디, 관절
sendi kata (문법의) 접속사
sendi lutut 무릎 관절
sendi nama (문법의) 전치사
sendi tangan 손목
sendi tulang 뼈마디

SENDOK/SENDUK 숟가락, 주걱
sendok air 물 주걱
sendok bubur 죽을 푸는 데 사용하는 주걱
sendok nasi 밥숟가락
sendok besar tak mengenyang, senduk besar tak mengenyangkan 말만 그럴싸한, 입만 산
sendok dan periuk lagi berantuk, senduk dan belanga lagi berlaga 아무리 막역한 사이라도 다툼은 있게 마련

SENGKELIT 성컬릿, (나무에 오를 때 손 또는 발에 착용하는) 고리 모양의 끈
bersengkelit 성컬릿을 착용하다

SENI 섬세한, 예쁜, 예술
air seni 소변, 오줌
peluh seni 마른땀, 식은땀
seni bahasa 언어예술
seni budaya 문화 예술
seni jarum 자수 공예
seni lakon 연극
seni sastra, seni sastera 문예
seniman (중견) 남자 배우; 예술가, 화가, 작곡가
seniwati 여자 배우; 여성 예술가

SENIN/ISNIN 월요일
Senin Kamis, senen kemis (생계가) 아주 어려운, (생활이) 궁핍한; (숨을) 할딱거리다, 할딱할딱 가쁜 숨을 몰아쉬다

SENJA 해질 녘, 황혼, 땅거미
senja buta, senja raya 땅거미가 져서 어둑어둑한 시간(저녁 8시 경)
senja kala 해질 녘(저녁 7시 경)

SENJATA 무기, (어떤 일을 하기 위한) 수단
alat senjata 각종 무기
meletakkan senjata 휴전하다
mengangkat senjata 전쟁을 시작하다
senjata api 총기류, 화기
senjata gelap 불법 무기
senjata kimia 화학무기
senjata makan tuan 제 도끼에 제 발등 찍힌다
senjata tajam 도검 무기

SENTIASA/SENANTIASA 항상, 늘, 언제나
sentiasa di hujung lidah 항상 입에 오르내리는, 늘 화제가 되는
sentiasa senang 매우 행복한, 늘 행복이 가득한

SENTUH 건드리다, 접촉하다

menyentuh sedikit 스치다, 살짝 빗겨 맞다
tersentuh hati 마음에 상처를 받다, 마음이 상하다
tersentuh tangan (사람들의) 손을 타다

SENYUM 미소
senyum kambing 조소, 비웃음
senyum kecut 찡그린 미소
senyum kucing 교활한 미소
senyum manis 달콤한 미소, 귀여움이 넘치는 미소
senyum pahit 쓴웃음, 씁쓸한 미소
senyum palsu 위선적인 미소, 가식적인 미소
senyum raja 거만한 미소, 남을 업신여기는 미소; 코웃음, 비웃음, 조소
senyum simpul, senyum siput 잔잔한 미소, 입가에 머금은 미소
senyum sumbing 쓴웃음; 의미심장한 미소

S

SEPAH (사탕수수의)찌꺼기
sepah bulan 노래기
sepah puteri 부끄럼을 몹시 타는 여자
sepah raja 태양조(새의 이름)
sepah tembakau 인간쓰레기

SEPAK (발)차기
bersepak raga 세팍타크로 놀이를 하다
sepak angin 헛수고, 헛일
sepak belakang 교활한 술수
sepak bola, bola sepak 축구
sepak raga jaring, sepak takraw 세팍타크로
sepak terjang, sepak terajang 발로 차는 짓, 발차기; 자세, 자태, 행위

SEPANG 다목, 소 방목
merah sepang 검붉은 색

SEPAT 주걱치, 구라미
bodoh-bodoh sepat, tak makan pancing emas 굼벵이도 구르는 재주가 있다

SEPEDA/BASIKAL 자전거
sepeda balap 경주용 자전거
sepeda gunung 산악자전거
sepeda kumbang 모페드, 모토가 달린 자전거
sepeda motor, motosikal 오토바이

SEPERTI ~처럼, ~같이
seperti air basuh tangan 싼 게 비지떡
seperti air dalam kolam 매우 침착한 사람
seperti anjing berjumpa pasir 물 본 기러기 꽃 본 나비
seperti bujang baru berkeris 몹시 거만한, 매우 건방진
seperti bulan dengan matahari 아주 잘 어울리는 한 쌍, 천생연분
seperti duri dalam daging 떠나지 않는 고민거리
seperti garam hilang dalam air 조강지처보다 첩을 더 아끼는 남자
seperti hujan jatuh ke pasir 은혜를 모르는 사람을 돌보아 주다; 충고를 받아들이지 않는 사람
seperti katak di bawah tempurung 우물 안 개구리
seperti kera mendapat bunga 돼지 목에 진주목걸이
seperti kucing dengan panggang 고양이에게 생선 맡긴 격
seperti langit dengan bumi 천양지차, 하늘과 땅 차이
seperti mendapat gagak putih 뜻밖의 횡재
seperti minyak dengan air 상극, 견원지간
seperti labu dibenam 매우 거만한

seperti parang dua mata 일거양득
seperti rumput di tepi jalan (생활이) 매우 비참한
seperti sayur tidak berbumbu 지루한, 따분한, 재미없는
seperti tikus jatuh ke beras (생활이) 풍요로운, 넉넉한
seperti ulat lupakan daun 개구리가 올챙이 적 생각 못 한다

SEPIT 집게, 젓가락
menyepitkan lidah ke lantai (욕망을) 자제하다, (감정을) 억제하다
sepit api 부집게, 불집게

SERAH 내맡기다, 굴복하다, 투항하다
berserah tunggang 전적으로 신임하다
menyerahkan badan (여자가 남자에게) 몸을 맡기다
menyerahkan diri, menyerah diri, menyerah kalah 항복하다, 굴복하다; 투항하다, 망명하다
surat serah terima 인수인계서
terserah kepada ~에게 일임된, ~에게 달려 있는

SERAMPANG 작살, 창
serampang dua mata 일거양득; 박쥐구실, 위선자

SERANGGA 곤충, 벌레
serangga perosak 해충, 해론벌레

SERBA 전부, 온통, 다
serbaada 모든 것이 다 있는
serbabaru 최신의
serbabisa, serba dapat 만능의
serbadua, serba dua (품목마다) 모두 한 쌍씩의; 이원성, 이중성
serbaguna, serba guna 다용도의
serbakurang, serba kurang 모든 것이 다 부족한
serbaneka, serba aneka, serba jenis 여러 가지의, 가지가지의
serbarumah, serba rumah 집안 살림에 쓰는 가구 일체
serbasalah, serba salah 어느 것 하나 올바른 것이 없는, 모든 것이 잘못된
serbasama, serba sama 동차성(다항식의 각 항의 차수가 어떤 문자에 대하여 같은 것)
serbasusah, serba susah 전부 다 힘든
toko serbaada, toserba 백화점

SERI 밝은 빛, 광채
berseri muka 얼굴 표정이 밝은
berseri-seri (얼굴이) 환하게 빛나는, 광채가 나는
seri muka 얼굴 (표정)
seri panggung 중견 연극배우

SERIGALA 늑대
anjing serigala 승냥이
serigala berbulu domba 양의 탈을 쓴 늑대

SERKAH/SEKAH 부러지다, 끊어지다
dahan yang serkah 부러진 나뭇가지

SERU 외치다, 부르다
berseru-seru 고래고래 소리치다, 큰 소리로 외치다
kata seru 감탄사; 외침, (사람을) 부르는 소리

SESAK 협소한, 비좁은, (숨이) 막힌
sesak bernapas, sesak bernafas, sesak dada 호흡이 곤란한, 숨쉬기가 힘든
sesak dada 호흡이 곤란한, 숨쉬기가 힘든; 속상한, 언짢은
sesak hidup (생활이) 몹시 어려운, 아주 궁핍한
menyesakkan dada 속상하게 만들다, 언짢게 하다

sesak kencing 소변이 마려운, 오줌이 마려운
sesak napas, sesak nafas 천식의; (숨을) 할딱거리다, (숨을) 할딱할딱하다

SESAL 죄스러운 마음, 후회
bersesal hati 죄스럽다, 후회스럽다
sesal dahulu pendapatan, sesal kemudian tiada berguna 유비무환, 젊어서 고생은 사서도 한다

SESAT 길을 잃다
sesat di jalan, sesat jalan 길을 잃다
sesat di hujung jalan, balik ke pangkal jalan 매사에 초심을 잃지 말라
sesat iman 믿음을 저버리다
sesat jalan 길을 잃어버리다
sesat kaki, sesat lalu 길을 잘못 들어서다
sesat langkah 그릇된 행동을 하다; 나쁜 일에 발을 들여놓다; 객지에서 사고를 당하다
sesat pusat 혼동되는, 당황하는

SETAN 악마, 악마 같은 사람
persetan 나가 뒈져라(욕설), 꺼져라(욕설)
setan-setan 말썽꾸러기들, 문제아들

SETIA 충직한, 지조가 있는
setia kawan 합심, 단결심
setiawan 매우 충직한, 지조가 아주 강한
setiausaha 서기, 비서
setiausaha tetap 사무총장

SETINGGAN 무허가 건물주인
rumah setinggan 무허가로 지은 집

SI 명사의 앞에 놓여 의인화, 조롱 또는 경멸의 의미를 나타내는 단어
si belang 얼룩이
si bodoh 멍텅구리
si kurus 말라깽이
si pencuri 도둑놈
si Siska '시스카'라는 애

SIAL 운이 없는, 재수가 없는
sial bercampur malang 억세게 운이 없는, 몹시 불행한
sialan 제기랄(욕설), 빌어먹을(욕설)

SIANG 낮(해가 뜰 때부터 질 때까지의 동안)
siang hari bolong 대낮
siang berpanas malam berembun 노숙자로 전락한 고달픈 삶
siang-siang 제 시간보다 앞서
siang terkenang-kenang, malam termimpi-mimpi 잊으려야 잊을 수 없는

SIAR 전파하다, 퍼뜨리다, 돌아다니다
bersiar-siar 여러 곳을 돌아다니다, 순회하다
menyiarkan cahaya 빛을 발하다, 광채를 발하다
siaran langsung 생방송
siaran radio 라디오 방송
siaran televisi, siaran televisyen 텔레비전 방송

SIASAT 조사, 비판, 정책
badan siasat 조사위원회, 조사 기구
siasat dunia 외교전략
siasat kura-kura 임기응변 전술

SIDANG 의회, 의원 (전체), 회의

sidang akhbar 기자회견
sidang kemuncak 정상회담
sidang pengarang 편집위원
sidang pengurus 경영진
sidang tertutup 비공개회의
SIDIK (지문을) 감식하다, 면밀히 조사하다
sidik jari 지문 감식; 지문
menyidik jari 지문을 채취하다, 지문을 뜨다
SIFAT 형태, 기질, 성격, 태도
sifat kimia 화학적 성질
sifat perempuan 여성의 기질
sifat semula jadi 본성, 타고난 성격
SIKAP 모습, 태도, 관점
sikap berterus terang 솔직한 태도
sikap badan, sikap tubuh 체형, 몸집
sikap hidup 인생관
sikap mudah putus harap 염세주의적인 관점, 비관적인 관점
sikap tenang 침착한 태도
SIKU 팔꿈치, 모퉁이, (도로의) 굴곡, (총의) 개머리판
menyiku 직각을 이루다; 팔꿈치로 꾹 찌르다, 팔꿈치로 툭 건드리다
siku air 수평기, 수준기
siku bedil (총의) 개머리판
siku jalan 길모퉁이
siku-siku, sesiku 직각; 삼각자, (제도용) 자
SILA ~하도록 정중히 청하다, 책상다리하다
duduk bersila 책상다리로 앉다, 다리를 포개고 앉다
menyilakan kaki 다리를 포개다
sila masuk, silalah masuk, silakan masuk 어서 들어오십시오
SILANG 열십자, 십자가형, 횡목
bersilang jalan (길을) 갈라서다
bersilang selisih 서로 의견이 다른, 견해가 엇갈리는; (진행 방향이) 서로 엇갈리는; (차량들이) 오가는
menyilangkan kaki 다리를 포개다
silang gunting 열십자 모양
silang kata 가로세로 글자 맞추기 놀이, 가로세로 퍼즐
silang selisih, silang sengketa 불화, 견해차
SILAP 착각, 오류, 착오, 실수
silap alamat (장소를) 잘못 찾다
tersilap cakap 말실수하다
silap gayung 실책을 범하다
silap mata, pecah kepala 부주의는 화를 부른다
tersilap jalan 길을 잃다
SILAT 실랏(말레이 세계의 전통 격투기이며 호신술)
ahli silat 실랏의 고수
bersilat 실랏으로 겨루다
bersilat lidah 변명을 그럴싸하게 늘어놓는, 발뺌을 그럴듯하게 잘하는
SILIH 배상, 보상
menyilih rugi 손해 배상을 하다
silih berganti, silih ganti, ganti bersilih 계속 바뀌다, 변화를 거듭하다
silih berganti bagai ombak di tepi pantai 인생 유전, 삶은 변화의 연속이다
silih mata 겉치레 (예물, 혼수)
SILSILAH/SALASILAH 계통, 계보, 족보

silsilah keluarga 가계 족보
silsilah raja-raja 왕들의 계보
SIMBAH (피, 땀으로) 흠뻑 젖다
bersimbah peluh 피땀을 흘리다, 열심히 일하다
SIMBUR 덮이다, (어둠이) 깔리다
bersimbur (목욕물을) 머리에 붓다; (어둠이) 내리다
bersimbur-simburan (공동 목욕시 물을) 서로의 몸에 끼얹다
tersimbur darah di dada (화가 몹시 나서) 가슴이 벌렁거리다
SIMPAI 끈, 띠
menyimpai mulut (비밀이 새나가지 않도록) 입을 틀어막다
simpai bulat 똬리
simpai kepala 머리띠(를 두르다)
simpai rotan 등나무 줄기로 만든 끈
SIMPANG 교차점
bersimpang jalan 갈라서다, 헤어지다
di persimpang jalan 기로에 서다
bersimpang kata, bersimpang sebut 견해차를 보이는
simpang jalan 갈림길, 교차로
simpang siur, simpang-siur (도로가) 복잡하게 얽힌; (차량들이) 수없이 오가는; (인생 여정에) 많은 우여곡절이 있는
SIMPUH/TIMPUH 무릎을 꿇다
duduk bersimpuh 무릎을 꿇고 앉다
jatuh tersimpuh 무릎을 꿇으며 쓰러지다
sembah simpuh 매우 공손히, 경건하게
SIMPUL (머리) 묶음, 매듭
menyimpul tali kasut 신발끈을 매다, 신발끈을 묶다
simpul hidup 손쉽게 풀 수 있게 만든 매듭
simpulan bahasa 심풀안바하사, 말 매듭(말레이어 특유의 관용어구)
tersimpul dalam hati 가슴에 새긴, 늘 생각나는
SINDIR 비꼼, 조롱, 놀림
sindiran halus 풍자
sindir-menyindir 서로 놀리다, 서로 비꼬아 말하다
SINGA 사자
menyinga 격노하다, 격분하다
singa laut 바다사자, 캘리포니아강치
SINGGUNG (팔꿈치로) 건드리다, 대다
menyinggung (팔꿈치로 다른 사람을) 건드리다; 살짝 만지다, 살짝 건드리다; (감정을) 건드리다, (마음을) 상하게 하다
menyinggung perasaan 감정을 건드리다, 기분 나쁘게 하다
menyinggung nama baik 모욕하다, 경멸하다
mudah tersinggung 감정의 기복이 심한
tersinggung lebih bak kena 감정이 매우 예민한
SINGKAP 벗기다, 드러내다
singkap daun ambil buah 솔직하게 털어놓다, 허심탄회하게 말하다
tersingkap hati 매우 기쁜, 유쾌한
SINGKAT 짧은, 간결한, 편협한
singkat bayang, singkat bayang-bayang 단명의 조짐
singkat diulas, panjang dikerat 지나치거나 모자라지도 않는, 중용의
singkat kata 입이 무거운; 한마디로 말하면, 요컨대
singkat masa 시간이 부족한
singkat paham, singkat faham, singkat fikiran 멍청한, 어리석은, 머리가 나쁜
singkat pinta, singkat permintaan 단명한, 목숨이 짧은

singkat sungu 걸핏하면 화를 내는 (사람)
singkat tidak terulas, panjang tidak terkerat 인명재천
SINGSING 개다, 걷히다
menyingsingkan lengan baju 소매를 걷어붙이고 열심히 일하다, 허리가 휘도록 일하다
singsing baju 만반의 준비가 된
SIPAT (달리는) 방향, 눈썹 화장품
sipat kuping 줄걸음을 놓다, 재빨리 달아나다
sipat mata 아이라이너(눈의 윤곽을 그리는 화장품)
SIPATUNG/SEPATUNG 잠자리
bagai sipatung mandi, bagai sepatung mandi 눈 깜짝할 사이, 매우 짧은 순간
SIPUT 고둥, 달팽이
siput memuji buntut 자화자찬
tak tahu akan siput empuk 낫 놓고 기역 자도 모른다
SIRAM (물에)젖다, 목욕하다, 물을 주다
bersiram 목욕하다
bersiram air mata 눈물에 젖다, 눈물을 흘리다, 울다
bersiram darah 사상자가 많은
menyiram api dengan bensin 불난 집에 부채질하다
menyiram kobaran api dengan air 분노를 누그러뜨리다; 견해차를 좁히다
tersiram air bunga 상쾌한, 즐거운
tersiram minyak panas 안절부절못하다, 어찌할 바를 모르다
tersiram uang, tersiram wang 돈방석에 앉은, 매우 부유한
SIRAP 흘러들다, 스며들다
menyirap darah (놀라서) 가슴이 두근거리다
menyirapkan darah 경악하게 만들다, 놀라게 하다
tersirap darah 크게 놀라다, 아연실색하다
tersirap hati 격노하다, 격분하다
SIRIH 시리(후추과의 덩굴식물), 베틀후추(잎), 구장(엽)
bujur sirih (용모가) 구장 잎처럼 갸름한
daun sirih 구장 잎
mengantar sirih, menghantar sirih 혼수품을 사돈댁에 전달하다
sirih pinang 공경의 표시로 건네는 선물
menyirihi tamu 손님을 정중히 대접하다
sirih masak 시리 한 세트(석회, 빈랑 열매, 감비르, 엽초 등으로 구성됨)
sirih sekapur 잠깐 동안, 일순간; 시리 한 모숨
sirih tanya 처부모께 드릴 시리 세트
uang sirih, wang sirih 수고비
SISA 나머지, 찌꺼기
sisa bara api 부엌의 쓰레기
sisa lelaki 남자와 잠자리를 함께 한 적이 있는 여자
sisa nabi 생선 반 쪽
sisa uang, sisa wang 거스름 돈
SISI 곁, 옆
sisi gunung 산비탈, 산허리
sisi muka 뺨, 볼
SISIH 비켜나다, 피하다, 고립되다
bersisih antah dengan beras 신분의 높고 낮음이 유별하다; 있는 자와 없는 자가 유별하다
menyisihkan diri 은둔하다, (친구들과의) 교제를 끊다

SISIK (물고기의) 비늘
menyisiki limbat 메기의 껍질을 벗기다
minta sisik pada limbat 연목구어, 불가능한 일에 기대를 걸다
SIUL 휘파람 소리, 새 지저귀는 소리
siulan burung 새 소리
bunyi orang bersiul 사람이 휘파람 부는 소리
SISIR 빗, (바나나) 다발, 해변, 가시가 들다
kesisiran 가시에 찔리다, 가시가 들다
menyisir sungai 강변을 따라가다
sesisir pisang 한 다발의 바나나
sisir insang (물고기의) 아가미
SOGOK 뇌물
makan sogok 뇌물을 먹다
SOMBONG 거만한, 뻣뻣한
menyombongkan diri 자화자찬하다
sombong bodoh 모르면서도 아는 척 하는
SORAK 외침, 소리침
bersorak-sorai 환성을 지르다
dulu sorak-sorai kemudian tohok 떡 줄 사람은 꿈도 안 꾸는데 김칫국부터 마신다
sorak-sorai 환성
SORE 저녁
pada sore harinya 저녁때
SORONG (앞으로) 밀다, 뇌물
hidung tak mancung pipi tersorong-sorong 남의 일에 참견하기를 일삼는 사람; 자화자찬하는 사람
kena sorong 뇌물을 먹다
tahan jerat sorong kepala 제 꾀에 제가 넘어간다
SOSOH (곡식을) 찧고 쓿는 일, 아귀다툼하다
menyosoh beras 쌀을 도정하다
menyosoh makan 배불리 먹다
STASIUN/STESEN (기차)역, 터미널, 종점
stasiun bus, stesen bas 버스 터미널
SUA 다가오다, 만나다
bersua alur 잘 어울리다, 합치하다
bersua muka 대면하다
SUAM 따끈한, 열이 조금 있는
suam-suam kuku 따끈따끈한 (물)
SUAMI 남편, 장부
bersuami 남편이 있는; 결혼한, 기혼의
suami istri, suami isteri 부부
suami orang 외간 남자
SUANG 아주 손쉬운, 용이한
tak suang-suangnya 쉽지 않은, 만만찮은; 끊임없이, 계속해서
SUAP (밥 한) 술
makan suap 뇌물을 먹다
sesuap nasi 밥 한 술
sesuap pagi dan sesuap petang 겨우 입에 풀칠을 하는 (생활 형편)
SUAR 횃불, 집어등
memberi suar 횃불로 신호하다
menyuar ikan (집어등으로) 물고기를 모으다
menyuar lebah (꿀을 모으기 위해) 횃불로 벌을 쫓다
SUARA 사람의 목소리, 말소리, 짐승 소리, 의견, (선거의) 투표

memberikan suara (선거에서) 투표하다
mendapat suara 득표하다
mendengar suara burung 새소리를 듣다
suara batin 직관
suara bicara 대변인
suara bulat 만장일치
suara hati 양심
suara kulum 들릴 듯 말 듯 중얼거리는 소리
suara mayoritas, suara majoriti, suara ramai 대다수의 의견
suara perempuan 여자 목소리
suara sumbang 민의를 거스르는 이견; 듣기 거북한 목소리; 악담
suara seperti bunyi orang membelah betung 아주 시끄러운 소리; 듣기 싫은 소리

SUBANG 귀고리, 귀걸이
bak gadis baru bersubang 아주 거만한, 시건방진
bersubang 귀걸이를 달다, 귀걸이를 끼다
menyubang 동글동글하게 썰다

SUBUH 새벽
subuh buta 이른 새벽
subuh gajah (무슬림들의) 새벽 기도 시간이 조금 지난 때

SUCI 성스러운, 거룩한, 순수한
menyucikan diri (무슬림들이) 기도하기 전 물로 몸을 닦는 일
suci murni 순결한, 순백한

SUDAH 이미 끝난, 지난, 충분한
sudah seasam segaram 완벽한, 완전한; 잘 어울리다, 손발이 잘 맞다
sudah diasapi kemenyan 이미 결혼한, 기혼의
sudah basah 엎지른 물
sudah berkubur 이미 사망하다; 이미 결혼한
sudah di depan hidung, sudah di depan mata 이미 코앞에 닥친
sudah di ujung lidah, sudah di hujung lidah 말이 입 안에서 맴돌다
sudah jadi bubur 엎지른 물
sudah jadi bumi rata 이미 사망한
sudah larut malam 이미 밤이 깊은
sudah mendarah daging 뇌리에 박힌, 골수에 박힌
sudah mulai berat 비가 오려고 하는
sudah panjang langkahnya 경험이 많은; 이미 세상을 떠나다
sudah tahu di tepi kain 사리분별력이 있는 사람

SUKA 기쁨, 유쾌한, 좋아하다, 자주
sukacita 기쁜, 즐거운
suka hati 기쁜, 행복한
suka jalan di luar 바람피우기를 좋아하는
suka bermuka-muka 능청스러운, 정직하지 않은
suka duka 희로애락
suka kawin, suka kahwin 여색을 좋아하는
suka memberi hati 마음이 여린, 마음이 착한
suka ramai 인기가 있는
sukarela 자발적으로, 자원해서
sukarelawan 자원봉사자
sukaria, suka ria 기쁜, 상쾌한, 유쾌한
suka-suka 뜻대로, 마음먹은 대로; 가끔가다가, 간혹
suka tak suka 주저주저하는; 본 척도 안하는, 관심이 없는; 할 수 없이

SUKAT 수캇(쌀 측량단위로 한 간탕의 네 배)
menyukat belut 헛수고

bersukat darah, bertimbang daging 죽도록 저항하다
menyukat penuh sudah, telah penuh sebagai bersukat 참는 것도 한계가 있다, 더 이상 참을 수 없는
penyukat suhu 온도계
penyukat suhu badan 체온계
sukatan pelajaran 교과 과정

SUKU 다리, 일부분, 1/4, 종족
suku banyak 다항식
suku bunga 이자
suku cadang (기계) 부속품
suku dua 2항식
suku kata 음절
suku lembu 소의 다리
suku tahun pertama 일사분기

S

SULUH 횃불, 염탐꾼
bersuluh bulan 매우 가난한; 한뎃잠을 자다, 노숙자로 생활하다
bersuluh matahari 명백한 (일), 확실한 (일)
bersuluh tengah hari 명백하고 분명한 (일); 헛수고하다
penyuluh rahasia, penyuluh rahsia 간첩, 염탐꾼

SULUNG 맏이, 첫째
anak sulung 첫째 아이, 맏아이
anak perempuan sulung 맏딸

SUMBANG 무례한, 그릇된, 흉한, 기부, 공헌
sumbang di mata, binasa di hati 무례한 행동은 악행을 수반한다
sumbang langkah 불손한 (행위), 무례한 (행동)
sumbang pati 근친상간을 범하다
sumbang salah 간음하다, 간통하다
sumbang telinga 듣기 거북한
sumbangan beasiswa, sumbangan biasiswa 장학금 기부
sumbangan besar 큰 공헌

SUMBAT 마개, 뚜껑
penyumbat botol, sumbat botol 병마개, 병뚜껑
tersumbat kerongkongan (감정이 복받쳐) 목이 매이다, 목이 막히다

SUMPAH 맹세, 서약
sumpah bohong, sumpah dusta, sumpah palsu 거짓 맹세
sumpah dunia 창녀
sumpah setia 충성의 맹세

SUMSUM 골수, 뼛골
sampai ke tulang sumsum (추위가) 살을 에는 듯한; 뼛골 속속들이 (깊게)

SUMUR 우물, 샘
mandi di sumur 우물가에서 목욕하다
sumur buta, sumur mati 물이 말라 버린 우물, 폐정
sumur di tepi jalan 창녀
sumur digali air terbit 기대 이상의 수확이 있는

SUNDAL 행실이 나쁜, 음탕한, 창녀
bersundal, menyundal 간통하다, 간음하다; 몸을 팔다, 창녀질을 하다

SUNGAI 강, 하천, 시내
ke sungai 용변을 보러 가다
ke sungai sambil mandi 임도 보고 뽕도 따고, 일거양득

SUNGGUH 순수한, 진실한, 참된
bersungguh-sungguh 진심으로, 참되게
sungguh bersubang, tiada berdara 치장만 요란하고 행실이 나쁜 여자

sungguh diuja, dipegang ekor 사람을 너무 믿지 말라
sungguh hati 진심의, 정말의
sungguh mati 손톱에 장을 지지겠다; 정말, 정말로
sungguhpun ~ㄹ지라도

SUNGU (코뿔소의) 뿔, 돼지의 코, 주둥이
sungu badak 코뿔소의 뿔

SUNTING (머리나 귀의 뒤쪽에 달기 위해) 꽃을 따서 만든 장식
bersunting bunga mawar 장미꽃 장식을 달다
menyunting 장식용으로 꽃을 따다; (책, 논문을) 편집하다
sunting hati 귀염둥이, 사랑하는 자식; 애인, 연인

SUNTUK 마감된, 늦은, 내내, 편협한
suntuk akal 현명하지 못한, 생각이 부족한; 지식이 부족한, 배움이 모자라는
sehari suntuk 온종일, 진종일, 하루 내내
semalam suntuk 밤새도록, 온 밤 내내
suntuk masa 시간이 빠듯한, 시간이 임박한

SURAM 희미한, 우울한, 초췌한, 흐린
bersuram muka (표정이) 어두운, 슬퍼 보이는; (얼굴이) 초췌한
suram-suram gelap 어둑어둑한

SURAT 편지, 증명서
menyurat di atas air 헛수고, 소용없는 (일)
peti surat 우체통, 우편통
surat akuan 증명서; 보증서
surat atas batu 전통 관습, 오랜 관습
surat berhenti 해고 통지서, 해임장
surat buta, surat gelap, surat kaleng, surat terbang 익명의 편지
surat cerai, surat lepas, surat talak 이혼장
surat dakwaan 공소장, 기소장
surat izin 허가증, 면허증
surat jaminan, surat tanggungan 보증서
surat keterangan 증명서; 설명서
surat kabar, surat khabar 신문
surat kuasa 위임장; 영장; 임명장
surat-menyurat 서신 왕래; 서로 편지를 주고받다
surat paksa 독촉장, 재촉 서류
surat panggilan 소환장
surat pengakuan (합격, 졸업 등의) 증명서
surat perintah 영장; 명령서
surat perlantikan 임명장
surat rekomendasi, surat perakuan 추천서, 추천장
surat resi, surat tanda penerimaan 영수증
surat resmi, surat rasmi 공문서, 공문
surat sita, surat saman 압수영장, 압수수색영장
surat suara 투표용지, 투표지
surat sumpah 서약서
surat tanda 증명서
surat tercatat, surat terdaftar 등기우편
surat undangan, surat jemputan 초청장
surat undian 투표용지; 복권
surat utang, surat hutang 채권, 차용증서
surat wasiat 유언장
suratan hidup 숙명, 운수, 천운; 생활 방식, 생활 태도
suratan tangan 손금, 수상; 숙명, 운수, 천운

suratan takdir, suratan tangan 숙명, 운수, 천운
tersurat di hati 가슴에 새긴, 가슴에 맺힌
tukang surat, tukang pos 우편집배원, 우편배달부

SURAU (무슬림들의) 기도원
warga surau 기도원생, 기도원의 구성원

SURGA/SYURGA 천국, 천당
surga dunia, syurga dunia 지상낙원; 세상살이의 낙, 세상살이의 재미

SURUH 명령, 계시, 지시
pesuruh Allah 선지자 모하멧, 신의 사도
suruh putih, hitam datang 말 살에 쇠뼈다귀
suruhanjaya 위원회, 기구

SURUT 되돌아오다, 물러나다, 감소하다
air surut 썰물, 낙조
menyurutkan darah 마음을 가라앉히다; 화를 풀다
menyurutkan istri, surut kepada bekas isterinya 이혼했던 아내와 다시 결혼하다
tersurut hati 의기소침하다, 맥이 빠지다; 실망하다, 낙망하다

SUSAH 어려운, 가난한, 슬픈
bersusah payah, bersusah-susah 무척 애를 쓰다, 피땀 흘려 노력하다
susah cari 드문, 흔하지 않은
menyusahkan diri 애쓰다, 고생하다
menyusahkan orang (다른 사람에게) 폐를 끼치다, (남의) 신세를 지다; (다른 사람을) 괴롭히다, (남을) 못살게 굴다
susah hati 슬픈, 애달픈; 우울한, 침울한; 불안한, 불편한
susah payah 노력, 수고

SUSU 젖가슴, 젖, 우유
air susu dibalas dengan air tuba 배은망덕
lapar susu 젖 달라고 보채는 (아이)
mata susu, puting susu 젖꼭지
susu bubuk, susu tepung 분유, 가루우유

SUSUH (닭의) 며느리발톱, 박차
susuh ayam 닭의 며느리발톱
susuh buatan (날카로운 쇠칼 모양의) 투계용 인조 며느리발톱

SUSUN 무더기, 더미, 층, 겹
bersusun paku, bersusun tangga 연년생(의)
bersusun-susun 차곡차곡, 겹겹이
menyusun berlapis-lapis 차곡차곡 쌓다, 차곡차곡 정리하다
menyusun jari 공경하다, 존경하다
penyusun huruf 활자공
penyusun kamus 사전 편찬자

SUSUR 가장자리, 둘레
susur galur 계통, 계보
susur pantai 해변가
susur tangan (통로의) 난간

SYAHADAT 증거, 신앙고백
anak tidak bersyahadat 사생아
bersyahadat (무슬림들이) '하느님 외에는 신이 없고 무하맛은 하느님의 사도이다'라고 말하다, 무슬림들이 신앙고백을 하다

SYAK 의심, 의혹, 불길한 예감
syak hati, syak wasangka 의심스러운, 수상한, 불길한

SYUKUR 다행(이다), 감사(하다)
bersyukur 다행스럽다; 감사하다
syukurlah 다행이다, 다행입니다; 신을 찬양하라, 신을 찬양합시다

TAAT 순종하는, 신실한, 충성스러운
taat kepada Allah 신실한, 신앙심이 깊은
taat setia 충직한, 참된
TABAH 강인한, 질긴, 굳건한
tabah hati 굳건한, 불굴의
tabah menanggung 참을성이 많은, 인내심이 강한
tabah semangat 불요불굴의
TABIAT 버릇, 기질, 태도, 품성
bertabiat kucing 교활한, 음흉한
tabiat buruk 고약한 버릇, 나쁜 버릇
rupa boleh diubah, tabiat dibawa mati 세살 버릇 여든까지 간다
tabiat menggigit kuku 손톱을 물어뜯는 버릇
tabiat suka mencuri 도벽
TABIR 막, 장막
di sebalik tabir 장막의 뒤편에
tabir sudah tergantung, tikar sudah terbentang 큰 잔치가 열릴 조짐
tabir besi 철의 장막
TABRAK 부딪치다, 충돌하다
pelaku tabrak lari 뺑소니 운전자
tabrak lari 뺑소니 교통사고
menabrak hidung 엎드리면 코 닿을 곳
TABUH 큰북 (소리)
tabuh larangan (특정한 때에만 울리는) 큰북
terdengar tabuh 큰북 소리가 들리다
TABUHAN/TEBUAN 말벌
tabuhan meminang anak labah-labah 소가 짖겠다
menjolok sarang tabuhan 사서 고생을 하다
seperti tabuhan di dalam tukil 웅얼웅얼 말하는 소리
TABUNG 대나무통, 통, 시험관, 기금
tabung darah 혈액원, 혈액 보관소
tabung gas 가스통
tabung haji 메카 성지순례기금
tabung pekak 저금통
tabung seruas 입이 가벼운 사람; 직언을 서슴지 않는 사람
TABUR 내던지다, 흩뿌리다
menabur benih 성관계를 갖다, 성교하다
menabur biji di atas batu 헛수고
menabur uang, menabur wang 돈을 물 쓰듯 하다
tabur budi 자선활동을 많이 하는
TADAH 그릇, 받침, 장물을 받다

menadah matahari 뙤약볕 아래에 서다; 권력에 저항하다
sawah tadah hujan 천수답
tadah cangkir 잔 받침
tukang tadah barang curian 장물아비

TAGIH 중독된, 인이 박힌
menagih dadah 마약에 빠지다
penagih judi 노름꾼, 노름에 빠진 사람
tagih rokok 골초, 애연가

TAHAN 참다, 견디다, 내구성이 있는, 튼튼한
menahan diri 극기하다, 자제하다
menahan hati 이를 악물다
menahan jerat 바가지를 씌우다; 좋은 기회를 잡다
menahan mulut 입이 무거운
tahan air 방수(의)
tahan banting 힘든 일을 도맡아 하는
tahan cuci 색이 날지 않는, 빛이 바래지 않는
tahan gelombang, tahan ombak 유혹을 뿌리치는
tahan hati 불요불굴의
tahan hina 온갖 모욕을 참아내는
tahan jerat, sorong kepala 남을 해하려다 도리어 자신이 손해를 봄
tahan lapar, tahan makan 배고픔을 잘 참는
tahan nafsu 참을성이 많은, 마음을 비운
tahan pukul, tahan tangan 맷집이 좋은
tahan selera 허리띠를 졸라매다

TAHI 똥, 찌꺼기, 때, (술에) 중독된
tahi betina 여색을 좋아하는 사람
tahi hidung 코딱지
tahi judi 노름꾼
tahi kerak 거짓말쟁이
tahi ketam 톱밥
tahi kucinglah (콩으로 메주를 쑨다고 해도) 믿지 않는다
tahi lalat (얼굴, 몸의) 점, 주근깨; (옷에 묻은) 때
tahi minyak 거짓말쟁이; 수다쟁이
tahi rokok 골초, 담배를 많이 피우는 사람
tahi telinga 귀지, 귓구멍 속에 낀 때

TAHU 알다, 인식하다, 이해하다
tahu asam garamnya 세상 물정을 잘 아는; 사리를 분별할 줄 아는
tahu berat ringan 산전수전 다 겪은
tahu di alif lempang 학문의 기초를 이해하는, 옳고 그름을 판단하는
tahu di alif 문맹이 아닌
tahu di angin berkisar 변심을 알아차리다
tahu di asin garam 경험이 많은, 산전수전 다 겪은; 통달한, 박식한
tahu di bayang kata 남의 말을 알아차리다, 간파하다
tahu di dalam lubuk (속사정을) 훤히 알고 있는, 흉중을 꿰뚫는
tahu diri 자각하다, 깨닫다
tahu harga diri 분수를 알다
tahu makan 게으른, 나태한
tahu mata huruf, tahu mata surat 문맹이 아닌, 글을 읽고 쓸 줄 아는
tahu perempuan 여자를 밝히는, 여색을 좋아하는
tahu sama tahu 서로 간에 양해가 되다; (범행을) 공동 모의하다, (범행을) 공모하다
tahu Tuhan 종교가 있는, 종교 생활을 하는
tidak tahu-menahu 서로 생면부지인; 아무 것도 모르는, 전혀 모르는

TAHUN 년(해를 세는 단위), 연도, 절기, 시대
bertahun-tahun 수 년 동안, 여러 해 동안, 다년간
selamat tahun baru 신년을 축하합니다(새해 인사)
setahun jagung 3개월; 일순간, 아주 짧은 동안; 아직 어린, 애송이의; 생각이 짧은, 생각이 얕은
setahun-tahunan, sepanjang tahun 일 년 내내, 한 해 내내
tahun buku 회계연도
tahun depan, tahun hadapan 내년
tahun kamariah (이슬람권에서 사용하는) 태음년
tahun lalu 지난 해, 작년
tahun syamsiah 태양년

TAJAM 예리한, 날카로운
mempertajam sanding 불난 데 풀무질하는 사람, 분란을 더욱 부추기는 사람
tajam akal 수재의, 머리가 뛰어난
tajam hati 머리가 좋은, 이해력이 뛰어난; 꿈이 많은, 이상이 높은
tajam hidung, tajam pencium, tajam penciuman 눈치가 빠른
tajam ingatan 기억력이 좋은, 기억력이 뛰어난
tajam lidah, tajam mulut 독설가의, 독설을 일삼는
tajam otak 영리한, 명석한
tajam pendengaran, tajam telinga 청력이 좋은; 눈치가 빠른
tajam penglihatan 통찰력이 있는
tajam selera 식성이 좋은

TAJI 며느리발톱, 박차
seperti taji dibentuk 잘 생긴 눈썹
taji ayam (날카로운 쇠칼 모양의) 투계용 인조 며느리발톱

TAKIK/TAKUK 생채기, 째진 금
menakik pohon karet, menakik pokok getah (고무액을 얻기 위해) 고무나무의 줄기를 째다
takik darah di batu 부질없는 일, 무모한 짓

TAKSI/TEKSI 택시
ongkos taksi 택시비

TAKUT 겁나는, 두려운, 경외하는
penakut 겁쟁이
rasa takut 두려움; 경외
takut akan Allah 신을 경외하다
takut bayang-bayang, takut akan bayang-bayang 지레 겁을 먹은
takut titik lalu tumpah 쥐구멍이 소구멍 된다
takut akan tuma dibuang kain 빈대 잡으려고 초가삼간 태운다
takut-takut segan 주저주저하는, 몹시 쑥스러운

TALAK (이슬람 사회에서 남편에 의해 선언되는) 이혼
menalakkan isteri 아내와 이혼하다
talak tiga (재혼이 불가능한) 이혼

TALAM 쟁반
seperti air dalam talam 평안한, 평온한
talam dua muka 위선자, 박쥐구실

TALANG 산골 마을, 중개인, 거간꾼
orang talang 시골 사람
talang uang, talang wang 돈놀이꾼

TALAS 타로(감자)
bagai air di daun talas 어울리지 않는 한 쌍
batang talas 타로 줄기
menanam talas di sawah 논에 타로를 심다

T

TALI 줄, 끈, (사회적) 배경, 관계
bagai menghela tali jala 신중한 자세, 심사숙고하는 자세
bertali darah 친족 관계의
bertali-tali 줄줄이, 계속해서
sepanjang-panjang tali, sekenyang-kenyang banting 젖 먹은 힘까지 다 낸, 사력을 다해서
tali air 수로, 하천, 강; (논의) 관개, 고랑물대기
tali Allah 이슬람교; 코란과 하디스(이슬람교의 예언자 마호메트의 언행 기록)
tali ari, tali ari-ari, tali pusat 탯줄
bertali arus 줄줄이 이어지는, 연이어 계속되는; 장사진을 치다, 장사진을 이루다
tali barut 염탐질을 하다, 첩자 노릇을 하다; 부하, 똘마니
tali bicara 전화
tali cinta 사랑, 애정
tali hidung kerbau, tali hidung sapi 쇠고삐, 소고삐
tali jantung 애인, 연인, 사랑하는 사람
tali kendali, tali kekang 고삐
tali nyawa, tali jiwa 심장 박동; 사랑, 애정; 애인, 사랑하는 사람
bertali panjang 아주 자유로운
bertali pendek 속박을 당하는, 구속을 받는
tali perut 창자, 배창자
tali pinggang 허리띠, 벨트, 요대
tali sepatu, tali kasut 신발끈, 구두끈
tali silaturahmi, tali silaturahim 우호 관계, 우애 관계
tali tudung 구레나룻, 귀밑에서 턱까지 잇달아 난 수염

TAMAN 공원
taman bacaan 도서관
taman haiwan 동물원
taman hiburan 유원지
taman kanak-kanak 유치원
taman pustaka 도서관

TAMAT 끝나다
menamatkan riwayat 살해하다; 자살하다
tamat haid 갱년기의
tamat riwayat 죽다, 사망하다
tamatan 졸업생

TAMBAH 우수리, 보탬, 더하다
bertambah baik 더욱 좋아지다, 발전하다
bertambah banyak 더욱 많아지다, 증가하다
bertambah mahal 더욱 비싸지다, 물가가 오르다
bertambah-tambah 점점 더 증가하다, 점점 더 많아지다; 차츰차츰 증가하다, 차츰차츰 많아지다
menambah kata 말을 덧붙이다
menambah nasi 밥을 더 먹다
tambah air, tambah sagu 노력한 만큼 얻는다

TAMBAK 둑, 물둑, 제방
menambak bukit 공연한 선심을 베풀다
menambak ke laut 부질없는 짓, 헛수고

TAMBANG 광산의 굴, (운송) 요금, (짐승을 매어 놓는) 줄
barang-barang tambang (금, 석탄 등의) 광물
harga tambang, wang tambang 교통비, 운임, 운송료
menambang 광산의 굴을 파다; 탑승하다, 올라타다; 줄에 매달다,

줄로 붙들어 매다
tambang emas 금광; 노다지
TAMBAT 묶다, 붙들어 매다
menambat hati 마음을 사로잡다
tambatan larat 애인, 연인; 가슴에 맺힌, 마음 속 깊이 새겨진
tambatan hati, tambatan jiwa 애인, 연인
tertambat hati 사랑에 빠지다
TAMPAN 잘 생긴, 합당한, 얼굴, 용모
tampan muka 용모, 얼굴 모양; 체격, 체골
tampan rupa 체격, 체골
tampan-tampan orang 겉으로는 사람같이 생긴; 믿지 못할 사람
TAMPAR (손으로) 때림, 후려침
bertampar tangan 손뼉을 치다
menampar angin 헛손질하다, 헛치다
menampar geram 사랑의 매를 때리다
tampar sayang 사랑의 매
tamparan nyamuk 견갑골, 어깨뼈
TAMPUK 꽃부리, (권좌의) 최고 우두머리
bertampuk bertangkai 증거능력이 확실한
tampuk kuasa, tampuk pimpinan 권력의 최고 우두머리
tampuk labu 호박의 꽃부리; (여성의) 음핵
tampuknya masih bergetah 아직 생활 능력이 충분한
TAMPUNG 누더기, (빗물을) 받다, 담다
menampung (누더기를) 깁다, 수선하다; (빗물을) 받다, 담다; (피난민을) 수용하다
menampung air hujan 빗물을 받다
menampung doa 두 손을 들어 올리고 기도하다
menampung lima ribu orang 5천 명을 수용하다
menampungkan tangan 두 손을 들어 올리고 기도하다; 남의 도움만을 바라다
TAMU 방문자, 손님
tamu agung 국빈, 귀빈
tamu di negeri sendiri 외톨박이, 따돌림
tamu yang tidak diundang 불청객, 도둑
TANAH 육지, 땅, 토지
bukan tanah menjadi padi 개 꼬리 삼 년 두어도 황모 되지 않는다
di mana tanah dipijak di situ langit dijunjung 입향순속
menimbun tanah yang tinggi, menggali tanah yang lekuk 강자에게 약하고 약자에게는 강한 사람
tanah air, tanah tumpah darah 조국
tanah asing 외국, 이국
tanah di muka rumah 뜰, 마당
tanah goyang 지진
tanah haram 메카(이슬람교의 창시자인 마호메트가 태어난 곳으로 이슬람교 최고의 성지이다); 불법으로 점유된 땅
tanah hidup 경작지
tanah kilat, tanah haram 불법으로 점유된 땅
tanah kosong, tanah tinggal 빈 땅
tanah kuburan yang merah 매장을 위해 새로 파낸 땅
tanah kurus 그다지 비옥하지 않은 땅
tanah mentah, tanah kerajaan, tanah negara 국유지
tanah milik 소유주가 있는 땅
tanah pusaka 국유지

T

tanah rantau 대륙
tanah semenanjung 반도
tanah suci 성지; 메카 성지
TANAK (밥을) 안치다, (밥을) 짓다
ditanaknya semua berasnya (신바람에) 온갖 재주를 다 부리다
menanak nasi 밥을 안치다, 밥을 짓다
nasi tanak 지은 밥
TANAM 심다, 찌르다, 박다
bertanam budi, menanam budi 자선을 베풀다, 좋은 일을 하다
bertanam di biji hampa 부질없는 짓, 헛수고
bertanam kasih 사랑하다, 동정하다
menanam modal, menanam uang, menanam wang (돈을) 투자하다
musim tanam 모심기 철, 모내기 철
penanaman modal asing 외국자본의 투자
tanam lalang takkan tumbuh padi 사필귀정; 콩 심은 데 콩 나고 팥 심은 데 팥 난다
tanam tebu di bibir, tanam tebu di tepi bibir 겉과 속이 다른 능청스러운 사람; 달콤한 말로 남을 잘 꾀는 사람
tanam tiada berbenih, tumbuh tiada bermata 사생아
tertanam benar 가슴에 맺힌, 마음 속 깊이 새겨진
TANCAP 찌르다, 박다
tancap gas 가속 페달을 밟다; 신속히 일을 끝내다
TANDA 표시, 신호, 부호, 징후
tanda baca, tanda bacaan 구두점
tanda berdukacita 애도 표시
tanda harga 가격 표시
tanda hayat, tanda hidup, tanda mata 기념품, 선물
tanda petik 인용 부호, 따옴표
tanda sengkang, tanda sempang 하이픈, 붙임표
tanda serah 사례금, 소송비용
tanda seru 느낌표
tanda soal, tanda tanya 물음표
tanda tamatan 졸업장
tandatangan 서명, 사인
tanda tanya (내막을) 확실히 알 수 없는 일; 미궁에 빠진 (사건); 물음표
tanda terima 영수증
tanda titik 마침표
TANDANG 방문
bertandang diam (남의 집을) 방문하여 며칠 밤을 묵다
bertandang duduk 방문하다
bertandang ke surau 홀대를 받다, 푸대접을 받다
TANDUK 뿔
minta tanduk pada kuda, minta tanduk kepada kuda 연목구어
tanduk bersendi gading 어울리지 않는 한 쌍
tanduk di kepala tak dapat digelengkan 숙명은 바꿀 수 없는 것; 사면초가
tanduk lembu 쇠뿔
tanduk rusa 사슴뿔
telur di ujung tanduk, telur di hujung tanduk 위험천만한 (상황), 살얼음판
TANGAN 손, 팔, 손과 팔처럼 생긴 사물, 세력, 권력
di tangan awak 우리들 자신의 손에

T

bertangan besi, bertangan kuat 강경조치를 취하다
tangan terbuka 정중히, 기꺼이; 인심이 후한, 남을 잘 도와주는
tangan bagai lipas kudung (어린아이가) 손으로 이것저것 자꾸 만지는; 손놀림이 잽싼
tangan berat 게으른
tangan buta 솜씨가 없는
tangan cepat 잽싸게, 재빨리
tangan di atas 베풀다, 주다; 베푸는 사람, 주는 사람
tangan di bawah 받다; 받는 사람
tangan dingin 행운이 따르는; 잔인하게 범행을 저지르다
tangan gatal 공연한 일을 저질러 남에게 피해를 주는
tangan hampa, tangan kosong 빈손
tangan kanan 오른손잡이; 오른팔(가장 가까이에서 중요한 역할을 맡아 도와주는 사람)
tangan kiri 왼손잡이
tangan kosong 빈손; 비무장으로
tangan kotor 더러운 손; 범인, 죄인
tangan naik (도박에서) 운수가 좋은
tangan orang 남의 도움
tangan panas 운이 안 따르는
tangan penat memerah, pasu mendapat santannya 재주는 곰이 넘고 돈은 되놈이 번다
tangan pertama 원소유자; 원본, 원품
tangan sejuk 운이 따르는
tangan singkat 몹시 인색한
tangan-tangan (자전거, 계단, 의자의) 손잡이
tangan-tangankan 때리다, 손을 보다
tangan turun 운이 다한
tangannya bertepuk sebelah 한 손뼉이 울지 못한다, 짝사랑
tangannya enteng 손버릇이 사나운, 걸핏하면 남을 때리는
tangannya panjang 도벽이 있는
tangannya ringan 인심이 후한, 남을 잘 도와주는
tangannya selalu tergenggam 남을 위해 베풀 줄 모르는
tangannya selalu terulur 손이 큰, 씀씀이가 후한

TANGGA 계단, 등급
tangga gaji 호봉, 급여의 등급
tangga naik 기회
orang setangga 이웃 (사람)

TANGGAL/TARIKH 날짜, 일자
tanggal muda 월초(그달의 처음 무렵)
tanggal tua 월말(그달의 끝 무렵)

TANGGANG 억누르다, 참다
bertanggang malam 밤을 새우다
menanggang anak 젖을 굶기다
menanggang mata 뜬눈으로 밤을 지새우다
menanggang perut 단식하다
tanggang rahasia, tanggang rahsia 비밀을 간직하다

TANGGUH 미루다, 연기하다
bertangguh-tangguh 차일피일하다
ditangguhkan 미루게 되다, 연기되다

TANGGUK 탕국(등나무를 엮어 만든 어구), 술책, 함정
hendak tanggung ikan, tertangguk akan batang 혹 떼러 갔다 혹 붙여 온다

menangguk di air keruh 어부지리
menangguk udang 탕국으로 새우를 잡다
menangguk utang, menangguk hutang 빚을 갚다

TANGGUNG 많지 않은, 보증된, 틀림없는
menanggung budi 은혜를 입다
menanggung kasih 사랑을 받다
menanggung malu 부끄러움을 느끼다, 수치를 느끼다
menanggung ragam 산전수전을 다 겪다
menanggung rindu 그리움에 사무치다
menanggung rugi 손해를 보다, 손해를 입다
tanggung beres (틀림없이 좋으니) 걱정하지 마라
tanggung bulan 월급이 바닥나다
tanggung jawab, tanggungjawab 책임
tanggung-tanggung (일을) 하나 마나 한, 뜨뜻미지근한

TANGIS 통곡하다, 울다, 눈물을 흘리다
menangis berpanjangan (어린애가) 징징거리며 울다
menangis dengan air mata darah 피눈물로 애원하다
menangis keras-keras 큰소리로 통곡하다
menangis teresak-esak, menangis tersedu-sedu 흑흑 흐느껴 울다

TANGKAI 줄기, (칼)자루, (총의) 개머리
tangkai bedil 총의 개머리(판)
tangkai cangkul 괭이자루
tangkai embun 덧없는 것, 무상한 것
tangkai hati, tangkai jantung 대동맥; 애인, 연인, 사랑하는 사람
tangkai jering, tangkai kering 매우 인색한 (사람), 수전노(의), 구두쇠(의)
tangkai pancing 낚싯대

TANGKAP 잡다, 쥐다, 붙들다
menangkap angin 허탕 치다
menangkap bayang-bayang 쓸데없는 짓을 하다, 공연한 일을 하다
menangkap ikan 물고기를 잡다
menangkap maksud 뜻을 알아채다, 뜻을 간파하다
menangkap pencuri 도둑을 잡다
tangkap angin, tangkap wap 부질없는 짓
tertangkap basah, tertangkap kain 불륜 행위를 하다가 현장에서 잡히다
tangkap buta (특별한 조사과정 없이) 무조건 체포하다; (거짓말로) 남을 무고하다
tangkap gambar 사진을 찍다
tangkap hidup-hidup, tangkap basah 불륜 현장에서 잡히다; 변명의 여지가 없는 일
tertangkap muka 우연히 마주치다, 조우하다
tertangkap tangan 도둑질을 하다가 현장에서 잡히다
tertangkap-tangkap tiada 어렴풋한, 희미한

TANGSEL/SUMBAT 쐐기
menangsel mulut 입을 봉하다, 입을 막다; (음식물을) 입 안에 가득히 넣다
menangsel perut 배를 채우다, 음식을 먹다

TANYA 질문(하다), 묻다, 따지다
bertanya-tanya 자꾸 되묻다
menanyakan umur 나이를 묻다
tanya jawab 질의응답
tertanya-tanya 의아하다, 이상스럽다
tumpang bertanya 여쭤 봐도 되겠습니까?(길 따위를 물을 때 정중하게

건네는 인사말)
TAPAK 발바닥, 바닥, 기초
cium tapak tangan, berbaukah atau tidak 남을 먼저 배려하다
menapak jejak (행방을) 추적하다
menapakkan kaki 정복하다
setapak demi setapak 차츰차츰, 차례차례, 단계적으로
tapak batas (영역을 가르는) 경계
tapak cangkir 잔 받침
tapak kaki 발자국, 발자취, 족적
tapak rata 평발, 편발
tapak sepatu, tapak kaki 신바닥, 신발 바닥
tapak tangan 손바닥; 서명
tapak-tapak 슬리퍼, 실내화
TARI 춤(추다)
menari di ladang orang 원님 덕분에 나발 분다
tari kipas 부채춤
tari payung 우산춤
tari piring 촛불춤(접시 위에 켠 촛불을 들고 하는 춤)
tari-menari, tari-tarian 여러 가지 춤
tak pandai menari dikatakan lantai yang terjungkat 선무당이 장고만 탓한다, 서투른 목수가 대패 탓만 한다
TARIK (칼을) 뽑다, 당기다, 끌다, 징수하다
menarik balik 소환하다, 철수하다
menarik bayaran 요금을 징수하다
menarik diri 사퇴하다, 사임하다; 탈퇴하다
menarik hati 재미있는 (일), 즐거운 (일); 매력적인, 마음을 사로잡는; 주목을 끌다, 시선을 집중시키다
menarik-narik hati 꾀다
menarik jiwa, menarik nyawa 임종이 가까운
menarik keris 커리스를 뽑다
menarik kesimpulan 결론짓다
menarik langkah seribu 줄행랑을 치다
menarik mundur 퇴각하다, 철수하다
menarik napas panjang, menarik nafas panjang 긴 한숨을 몰아쉬다; 탄식하다, 한탄하다
menarik napas dalam-dalam, menarik nafas dalam-dalam 깊은 한숨을 몰아쉬다; 탄식하다, 한탄하다
menarik pangkur ke dada 타산지석으로 삼다; 마음이 상하다, 비위가 상하다
menarik suara 목소리를 높이다; 노래를 부르다
menarik urat leher 옹고집의, 고집불통의
tarik harga 부르는 가격이 터무니없이 비싼, 호가가 너무 비싼
tarik muka 안색이 변하다
tarik muka dua belas, tarik muka masam 얼굴을 찡그리다
tarik muka panjang 낙심천만한 표정을 짓다
tarik puntung padamlah bara 열흘 붉은 꽃이 없다, 권력 무상
TARIKH 날짜, 일자, 역법, 역사
ahli tarikh 역사가
surat bertarikh 15 Disember, surat tertanggal 15 Desember 12월 15일자 편지
tarikh Hijrah 히즈라력(이슬람력이라고도 하는 태음력)
tarikh Masihi 서력(예수 그리스도가 태어난 해를 기원으로 하는 책력)
TARING 송곳니, 엄니

taring babi hutan 멧돼지의 엄니
taring gajah 상아

TARUH 판돈, 저당물
mempertaruhkan nyawa 목숨을 걸다
menaruh cinta, menaruh kasih 사랑에 빠지다
menaruh di bawah paha 무관심한, 흥미를 못 느끼는
menaruh fikiran, menaruh perhatian 관심을 보이다, 관심을 갖다
menaruh hati (배우자로 삼기로) 마음을 정하다; 반하다, 마음이 쏠리다
menaruh mata 감시하다
menaruh pikiran, menaruh fikiran 관심을 보이다, 관심을 갖다
menaruh rahsia 비밀을 간직하다
menaruh rindu 그리워하다
menaruh syak, menaruh waswas 의심하다
taruh beras dalam padi 비밀을 잘 간직하는
taruh mata 감시하다; 마음에 쏙 들다
taruh sama dia 복수하다

T

TARUNG 충돌하다, 싸우다, 다투다
bertarung jiwa, bertarung nyawa 목숨을 걸고 싸우다
tertarung pada batu 돌에 치이다
baru dimulai sudah tertarung (사업을) 시작하자마자 들이닥친 불행

TAWA/KETAWA 웃음
bunyi tawa, suara tawa 웃음소리
tawa orang-orang 사람들의 웃음
tertawa besar 큰 소리로 껄껄 웃다
tertawa kecil 작은 웃음을 짓다, 작은 소리로 웃다; 미소 짓다
tertawa gelak-gelak, tertawa terpingkal-pingkal 큰 소리로 껄껄 웃다; 배꼽을 빼다
tertawa 웃다
tertawaan 웃음거리

TAWAN 포획하다, 노획하다, 사로잡다
menawan hati 마음을 사로잡다
tawanan perang 전쟁 포로

TAWAR 싱거운, 약한, (값을) 흥정하다
menawarkan hati 의기소침하게 만들다, 의욕을 상실시키다
tawar mawar (음식의) 맛이 아주 싱거운, (음식의) 간이 전혀 안된
tawar hati 절망한, 희망을 잃은; 의기소침한, 의욕을 상실한, ~할 마음이 없는
tawar-menawar 흥정하다, (물건 값을) 깎다
tawar rasa 흥미를 잃다

TEBAL 두꺼운, 두터운, 짙은, 무성한
kabut tebal 짙은 안개
setebal kulit bawang 믿음이 나약한
tebal bibir 과묵한, 입이 무거운
tebal hati, tebal jangat, tebal kulit 잔인한, 무자비한
tebal jangat 잔인한, 무자비한; 철면피의, 뻔뻔한
tebal iman 믿음이 두터운, 신실한
tebal kantong, tebal kantung 주머니가 두둑한, 돈이 많은
tebal kulit muka 철면피(의), 염치가 없는 (사람), 뻔뻔한 (사람)
tebal lidah (음식의) 맛을 구별 못하는; (외국어의) 발음을 잘 못하는, 혀가 잘 안 돌아가는; 말주변이 없는, 말을 잘 못하는
tebal muka, muka tebal 철면피의, 뻔뻔한; 능청스러운 농담을 일삼는
tebal semangat 의욕이 강한
tebal telinga 남의 눈치를 안 보는, 남의 말에 신경을 쓰지 않는;

고집불통의, 옹고집의; 철면피의, 뻔뻔한
TEBING (강가의) 절벽, (해안의) 낭떠러지
tebing laut 해안가 절벽
tebing sungai 강가 절벽
TEBU 사탕수수
dapat tebu rebah 횡재하다
tebu masuk mulut gajah 희망이 전혀 없는
tanam tebu di bibir mulut 겉과 속이 다른 능청스러운 사람; 달콤한 말로 남을 잘 꾀는 사람
TEBUK 구멍(이 난), 움푹 파인 (구멍)
ditebuk tikus 순결을 빼앗긴 (처녀), 처녀성을 잃은
kepala ditebuk tupai 순결을 빼앗긴 처녀
TEBUS 갚다, 현찰로 바꾸다, 대속하다
menebus, menebusi 저당물을 찾기 위해 빚을 변제하다; (선행으로) 죗값을 치르다, 죄를 갚다; 명예를 되찾다; 은혜를 갚다
menebus dengan darah 목숨을 걸다
menebus dosa 죄를 갚기 위해 선행을 행하다; 사죄하다, 용서를 빌다
menebus gadai 저당물을 찾기 위해 빚을 변제하다
menebus malu 치욕을 씻다; 복수하다
menebus talak (남편에게 예물을 돌려주고) 이혼을 청하다
tebus dosa 죄를 갚기 위해 선행을 행하는 사람
tebus mulut (첫날밤) 신랑이 신부에게 건네는 첫마디
tebus nama 명예 회복을 위한 노력
tebus pintu 퇴근 시 가족을 위해 가져오는 먹을거리
uang tebusan, wang tebusan (인질) 몸값
TEDENG 막, 가리개
dengan tedeng aling-aling 아무도 모르게, 비밀리에
main tedeng aling-aling 아무도 모르게 (범행을) 저지르다, 비밀리에 행하다
tedeng aling-aling (범행의) 은폐
TEDUH 그치다, 잦아들다, 흐려지다
berteduh di bawah betung 별로 도움이 되지 않는
hujan tempat beteduh, panas tempat berlindung 변함없이 어려운 사람을 위해 많은 도움을 주는 사람
menunggu angin teduh 바람이 잦아들기를 기다리다
TEGAK 일어서다, 똑바로 선, 곧바른
menegakkan benang basah 부질없는 일, 헛수고
tegak bulu kuduk, tegak bulu roma 두려운, 몸서리치는
tegak lurus (동물의 귀가) 똑바로 선, 쫑긋 선
tegak di batas 강도질하다, 약탈하다
tegak duduk 안절부절 못하다
tegak ekor 서로 으르렁거리다, 서로 힘자랑을 하다
tegakkan mesjid, tegakkan masjid 결혼하다, 결혼식을 올리다
tegak setinggi 사람 키 만한
tegak terdiam 어안이 벙벙한, 어안이 막힌
TEGANG 팽팽한, 빳빳한, 긴장된
bertegang leher 옹고집의, 고집불통의; 서로 옳다고 입씨름하다, 격한 논쟁을 벌이다
bertegang lidah 지려고 하지 않는, 양보를 모르는
menegang layar (배가) 움직이기 시작하다, 출발하다
tegang tidak, kendur tidak 자유로운 교제 관계
TEGUH 견실한, 튼튼한, 확고한
berteguh janji 맹세하다

teguh hati 의지가 굳은, 의지가 확고한; 참을성 있는, 인내심이 있는
teguh iman 믿음이 두터운, 유혹에 빠지지 않는
teguh setia 일편단심의, 충절을 지키는
TEGUR 인사말(하다), 충고(하다)
bertegur sapa 서로 인사말을 나누다
ditegur hantu 귀신에게 홀린
keteguran hantu 귀신에게 홀려 병나다
menegur sapa 말을 붙이다, 말을 건네다
tegur ajar 충고, 훈계
tegur sapa 환담, 대화
TEKAK 목구멍, 인후
anak tekak 목젖, 현옹수
umpan tekak 전채 요리, 입맛을 돋우는 음식
TEKAN 누르다, 짜다
bertekan pinggang (양손을 허리에 얹고) 도도한 자세를 취하다
menekan jiwa 마음을 괴롭히다
menekan perasaan, menekan perut 진정하다, 자제하다
tekan mati 목숨을 걸다
tekanan darah tinggi 고혈압
tekanan jiwa 정신적 압박, 스트레스
tekanan suara (말의) 강세, 억양, 어조
TEKUK 접힌, 주름진
bertekuk lutut 무릎을 꿇다; 항복하다
bertekuk tangan 팔짱을 끼다; 손가락 하나 까딱 안 하다, 아무 일도 안 하다
menekuk lutut 무릎을 꿇다
TEKUKUR 산비둘기
tekukur jerum 목점박이비둘기
tekukur mengikut kata 고분고분 말을 잘 듣는 (사람)
TEKUN 꾸준한, 근면한
bertekun 꾸준하다; 근면하다
tekun belajar 꾸준하게 공부하다
TELAH 이미, 벌써
telah basi (음식이) 이미 쉰; 케케묵은 (이야기); 낯설지 않은, 익숙한
telah berbau bagai embacang 청천백일에 낱낱이 드러나다; 청천백일은 소경이라도 밝게 안다
telah berumah 젊은 나이에 아내를 맞아들이다
telah dekat ke pintu kubur 고령, 늙은이로서 썩 많은 나이
telah dua kepalanya 만취한, 몹시 취한
telah kenyang makan kerak 경험이 많은, 노련한
telah mati kutu 맥이 다 빠진, 힘이 다 빠진; 뾰족한 수가 없는; 수치스러운, 창피한
telah menjadi air 밑천이 떨어진, 자본이 바닥난
telah panas berbaju pula 엎친 데 덮친다
telah rujuk 이혼했던 아내와 다시 결혼하다
TELAN 삼키다, 마시다, 먹다
banyak menelan garam hidup 산전수전을 다 겪다
ditelan bulat-bulat, ditelan mentah-mentah 감쪽같이 속아 넘어가다
ditelan pakaian 입은 옷이 너무 헐렁한
menelan ludah 삼고초려; (감정을) 억제하다, 자제하다
telan batu 비밀을 숨기다
TELANJANG 나체의, 노출된
telanjang bugil, telanjang bogel, telanjang bulat 완전 나체의, 실 한

오리 안 걸친
TELINGA 귀, 귀 모양의 사물
bertelinga lembut 우둔한, 멍청한; 봉사 정신이 강한, 남을 잘 도와주는
bertelinga merah 화난, 기분이 언짢은
telinga tebal (감각이) 둔한, (남의 말에) 반응이 느린, 무딘
telinga gajah 귀만 크지 청력이 안 좋은; 남의 말에 귀를 기울이지 않는
telinga kuali 솥귀, 냄비 손잡이; 가는귀가 먹은; 심한 야단에도 아랑곳없는, 남의 말에 신경을 쓰지 않는; 고집불통의
telinga putih 침착한 사람
telinga tempayan, telinga kuali 심한 야단에도 아랑곳없는, 남의 말에 신경을 쓰지 않는
telinga terbakar muka menyala 남의 말에 금방 화를 내는
telinga tipis 감정이 아주 예민한; 걸핏하면 화를 내는
TELUK 만(바다가 육지 속으로 파고들어 와 있는 곳)
adat teluk timbunan kapal 힘 있는 곳에 도움을 청하는 사람들이 꼬이게 마련
teluk belanga 털룩블랑아(옷깃이 없는 말레이인 고유의 웃옷인 바주쿠룽의 한 가지)
teluk rantau 육지와 만; 인근 지역
TELUNJUK 집게손가락, 검지, 지시, 명령
telunjuk merosak mata 믿던 발에 돌 찍힌다
telunjuk lurus, kelengking berkait 점잖은 개가 똥을 먹는다
TELUR 알, 난세포, 알 모양의 사물
telur ayam 달걀, 계란
telur busuk 수치, 부끄러움
telur dadar 휘저어 지진 달걀
telur di ujung tanduk, telur di hujung tanduk 위험천만한 상황
telur di sarang burung unta 인간쓰레기
telur kutu 서캐, 이의 알
telur mata sapi, mata lembu (달걀을 휘젓지 않고 노른자의 모양을 살린) 달걀부침, 계란프라이
TEMAN 친구, 동료
teman hidup 배우자
teman lelaki 남자 친구
teman nasi 반찬
teman sejati 진정한 친구
teman sejawat, teman sekerja 직장 동료
teman setanah air 동포
teman wanita 여자 친구
usahlah teman dimandikan pagi 지나친 친절은 금물
TEMBAKAU 담배(가짓과의 한해살이 식물), 연초
daun tembakau 담뱃잎
TEMBOK 벽, 성벽
menembok 성(벽)을 쌓다
tembok kering 구두쇠, 수전노
tembok tebal (해결해야 할) 난제
TEMBOLOK (조류의) 사낭, 모래주머니
asal berisi tembolok senang hati 금강산도 식후경
TEMPAT 받침, 곳, 장소
tempat asal 고향
tempat berbahaya 위험지역, 우범지대

tempat buang air, tempat membuang air 화장실, 변소
tempat hantu bermain 후미진 곳, 외딴곳
tempat makan jangan diberakkan 배은망덕하지 말라
tempat nasi 밥그릇, 식기
tempat parkir, tempat letak kereta 주차장
tempat tinggal 거주지
tempat tumpah darah 조국
tempat uang, tempat wang 돈지갑

TEMPAYAN 항아리, 단지
tempayan besar 큰 항아리
tempayan kecil 작은 항아리, 단지
tempayan menjadi raga, tak akan berair 검소하지 않으면 가산탕진은 당연한 것

TEMPEL 착 달라붙다
main tempel 세력가에게 도움을 구걸하다

TEMPOH 기간, 틈, 중지하다
tempoh dulu 예전에, 옛날에
tempoh hari 예전에; 그 당시; 최근에; 바로 며칠 전에
tidak tempohnya 중단 없이

TEMPUH 교전하다, 닥치다, 맞서다
menempuh bahaya 목숨을 걸다
menempuh hidup baru 신접살림을 시작하다, 새 가정을 꾸미다

TEMPURUNG (야자열매) 껍질, (야자 껍질을 반으로 갈라 만든) 물바가지
tempurung betina 반으로 가른 야자열매 껍질의 밑 쪽
tempurung jantan 반으로 가른 야자 껍질의 윗 쪽
tempurung kepala, tempurung otak 두개골, 머리뼈
tempurung lutut 슬개골, 종지뼈

TEMU 만나다, 마주치다
bertemu bahu 입추의 여지가 없는, 발 들여놓을 데가 없는
bertemu bual, bertemu duga (입학, 입사 등을 위해)면접하다, 인터뷰하다; (기자)회견하다
bertemu jodoh 결혼하다
bertemu lutut (장소가 비좁아)바싹바싹 당겨 앉다
bertemu muka 대면하다
bertemu ruas dengan buku 의좋은 원앙 같은 부부
ketemu batunya 호적수를 만나다; 스스로 제구덩이를 파다
mempertemukan jodoh 배우자를 만나게 하다; 결혼시키다
menemui ajal 사망하다, 죽다
menemui jalan buntu (협상이) 교착 상태에 빠지다, (회담이) 실패하다
penemu bual, penemu duga 면접관
pertemuan empat mata 쌍방 간의 밀담
pertemuan puncak 정상회담
temu bual, temu duga, temu ramah (입사, 입학 등의) 면접; 기자회견
temu janji 만날 약속
temuan janji 배우자, 천생연분

TENAGA 힘, 노력, 능력
tenaga baru 신입 사원
tenaga kerja, tenaga pekerja 노동력, 인력; 근로자
tenaga kuda 마력(말 한 마리의 힘에 해당하는 일의 양); (힘이) 대단히 강한
tenaga nuklir, tenaga nuklear 원자력
tenaga rakyat 국민의 힘, 국민의 노력, 국민의 능력

TENANG 평온한, 잠잠한, 조용한

menenangkan pikiran, menenangkan fikiran (감정을) 누그러뜨리다, (마음을) 진정하다; 명상하다, 묵상하다
menenangkan hati 마음을 가라앉히다
tenang-tenang 매우 침착한, 아주 평온한, 아주 조용한
TENGADAH 쳐다보다, 올려다보다
menengadah matahari 누워서 침 뱉기; 권력자에게 저항하다, 권력 앞에 저항하다
menengadahkan muka (하늘을) 우러르다, (하늘을) 우러러보다
TENGAH 가운데, 중간, 반(1/2)
menengah tulang punggung 지나치거나 모자라지도 않는, 비싸거나 싸지도 않은; 어중간한, 두루뭉술한
setengah baya, setengah tua, setengah umur 중년(마흔 살 안팎의 나이)
setengah hati 마음이 썩 내키지 않는; 건성으로, 대충대충
setengah jalan 아직 끝나지 않은 (일), (일이) 반 쯤 끝난
setengah masak (과일이) 설익은; 미숙한, 아직 모자라는
setengah mati 매우 힘든, 죽을 지경의
setengah miring 정신이 약간 이상한, 약간 미친
setengah tiang 조기(남의 죽음을 슬퍼하는 뜻을 나타내기 위해 다는 기), 반기; 애도를 표시하다
setengah-setengah 건성건성, 대충대충; 몇몇 (사람들)
setengah tahun 반년
setengah tidur 매우 졸린, 잠에 취한
tengah berat 임신 중인
tengah dua 1과 1/2
tengah hari bolong, tengah tapak bayang-bayang 한낮(낮 열두 시를 전후한 때), 정오
tengah makan, putus suap 먹고 살만 하니 들이닥친 불행
di tengah jalan 길 가던 중에
tengah malam 자정, 한밤중
tengah naik 오전 9시경; 사춘기(육체적·정신적으로 왕성한 성장이 이루어지는 시기)의 청소년
tengah tubuh 중년(오십 가까운 나이)
tengah turun 오후 3시경
TENGGANG 말미, (힘쓸) 겨를, 노력
tenggang hati, tenggang rasa 남의 마음을 헤아리다, 남을 배려하다
tenggang daya 힘쓸 겨를, 애쓸 겨를
tenggang-menenggang 서로를 배려하다, 서로 양보하다
tenggang waktu 마감, 기한(미리 한정하여 놓은 시기)
TENGGARA 동남쪽(의), 남동쪽(의)
angin tenggara 동남풍, 남동풍
tenggara mandi 세찬 동남풍, 세찬 남동풍
musim tenggara 장마철
TENGGELAM 가라앉다, 잠수하다
mati tenggelam, tenggelam mati 익사하다, 물에 빠져 죽다
tenggelam dalam utang, tenggelam dalam hutang 빚더미에 올라앉다
tenggelam timbul (물에 빠진 물체가) 나왔다 들어갔다 하는; (먼 곳에 있는 것이) 보였다 안 보였다 하는, (통증이) 나타났다 사라졌다 하는
TENGKUK 목덜미
lubang tengkuk 목덜미의 움푹 팬 곳
TENTANG 정면에, 마주, ~에 대하여, 관련하여
bertentang mata 시선이 마주치다, 서로 마주 보다

bertentang muka 서로 얼굴을 마주하다, 맞바라보다
menentang matahari 태양을 마주 보다; 권력자에게 저항하다, 권력 앞에 저항하다
menentang kawannya (친구를) 배신하다
tentang mata dengan mata 양자 대면하다, 쌍방이 직접 만나다

TENTU 정해진, 확실한, 틀림없는
belum tentu 아직 불확실한
orang tertentu 특정인, 특별한

TEPI 가장자리, 둘레, 끝, 주위
menjaga tepi kain orang 남을 배려할 줄 아는 사람
tepi badan 옆구리
tepi hidung 코앞, 아주 가까운 곳
tepi ilmu 학자, 지식인
tepi langit 지평선, 수평선
tepi pasir 해변, 해안가

TEPUK 손뼉(소리)
bertepuk sebelah tangan, tepuk tangan sebelah tidak akan berbunyi 손뼉도 부딪쳐야 소리가 난다; 짝사랑
menepuk dada 뽐내다, 우쭐거리다
tepuk kuduk 칭찬
tepuk berbalas, elang berjawat 가는 말이 고와야 오는 말이 곱다
tepuk sorak, tepuk sorai 박수갈채
tepuk tangan 박수
tepuk tidak sebelah tangan, bertepuk sebelah tangan 손뼉도 부딪쳐야 소리가 난다; 짝사랑

TEPUNG 가루, 분말
tepung beras 쌀가루
tepung jagung 옥수수 가루
menepung tiada berberas 주둥이만 산 사람, 실천은 못하면서 말만 잘하는 사람

TERANG 빛, 밝은, 탁 트인, 확실한
terang akal, terang fikiran, terang hati 머리가 좋은, 영리한, 명석한
terang bagai bulan, siang bagai hari 명명백백한 (일)
terang-benderang 번쩍이는, 휘황찬란한
terang cuaca 맑은 날씨, 날씨가 맑은
terang kabut, teduh hujan 고진감래, 고생 끝에 낙이 온다
terang kain, terang-terang kain 아직 불확실한 (상황), 아직 알 수 없는 (일)
terang-terang daun kacang 감을 잡기 시작한, 눈치를 채기 시작한
terang-terang tanah, terang-terang laras (어렴풋이 땅이 보이는)이른 아침; 대략 5시에서 6시까지의 이른 아침
terang-terang laras, terang terbang lalat, terang-terang gelap (어렴풋이 땅이 보이는)이른 아침; 대략 5시에서 6시까지의 이른 아침
terang terus (유리처럼)투명하고 깨끗한
terus terang 허심탄회하게, 숨김없이, 솔직히

TERAS (나무의) 옹이, 알맹이, 핵심
bertemu teras dengan beliungnya 호적수를 만나다
berteras ke dalam (잘 익은 벼처럼) 속이 알찬 사람
berteras ke luar, berteras keluar 허울뿐인 사람

TERBANG 날다
terbang darahnya 크게 놀란, 아연실색한
terbang ke langit biru (애인과 관계를) 완전히 정리하다, 완전히 헤어지다

terbang lalat 이른 아침
terbang semangat 혼절하다, 기절하다; 크게 놀란
terbang-terbang hinggap 이리저리 떠도는 (사람), 표랑의 (나그네)
terbang-terbang lalat (책을) 더듬더듬 읽는
TERBIT 솟다, 떠오르다, 나오다
terbit fajar 여명
terbit matahari 아침
TERIMA 받다
menerima baik 환영하다; 큰 관심을 보이다; 인정하다, 허락하다
terima kasih 감사하다, 고마움; 감사합니다 (감사의 뜻을 표하는 인사말), 고맙습니다
terima nasib 하늘의 뜻에 따르다, (모든 것을) 숙명에 맡기다
terima nikah 결혼하다
terima pakai 적용하다
terima syukur 신께 감사드리다
TERUNA 청년, 총각, 청소년
anak teruna, teruna muda 청소년
teruna dara 처녀 총각
TERUS 곧장, 곧바로, 즉시, 계속
berterus terang 허심탄회하다, 숨김이 없다, 솔직하다
terus bertambah 계속 증가하다
terus terang 허심탄회하게, 숨김없이, 솔직히
terus-menerus, terus-terusan 계속해서, 끊임없이
TETAK (칼로) 베인, 자상(의)
luka tetak 칼로 베인 상처, 자상
TETAP 고정된, 확정된, 정식의
tetap berorang di rumah 혼전에 남자와 성관계를 맺은 처녀
tetap hati (결심이) 확고부동한, 끄떡없는
tetap teguh (신념이) 꿋꿋한, 흔들리지 않는
TETEK 젖가슴, 유방, 부질없는 일
meraba tetek 젖가슴을 더듬다, 젖가슴을 주무르다
tetek-bengek 잡동사니
TETES/TITIS (물, 땀, 피의) 방울
bertetesan (눈물이) 방울방울 떨어지다
tetes darah penghabisan 죽을 때까지
tetesan air hujan 빗방울
tetesan air mata 눈물방울
TIADA 부정사(뒤에 따르는 말의 내용을 '~없는, ~아닌'의 의미로 부정하는 단어)
tiada adab 예의 없는, 버릇 없는
tiada berorang di air 혼전에 남자와 성관계를 맺은 처녀
tiada buruk yang tiada elok 칼로 물 베기
tiada busuk yang tiada bau 나쁜 짓은 반드시 드러난다
tiada dua bodohnya 어리석기 이를 데 없는
tiada duanya 둘도 없는
TIANG 기둥, (깃대나 돛대 같은 긴)막대기
tiang agama 이슬람의 오주(무슬림들이 실천해야 할 5가지 의무)
tiang kampung 마을의 원로
tiang negara 국가 권력의 핵심
tiang penghidupan 생계유지의 주요수입원; 애인, 연인
tiang tengah (건축물의 주요) 기둥
TIAP 하나하나의, 각각의, 매
tiap hari, setiap hari, tiap-tiap hari 매일

tiap-tiap 마다, 낱낱이; 각각, 하나하나
setiap waktu 항상, 늘, 언제나
TIBA (목적지에) 다다르다, 닿다, 도착하다
tiba di stasiun, tiba di stesen 정거장에 다다르다, 터미널에 도착하다
tiba-tiba 갑자기, 별안간
tiba-tiba berjumpa 우연히 마주치다, 우연히 만나다
TIDAK 부정사(뒤에 따르는 말의 내용을 '~아닌, ~없는'의 의미로 부정하는 단어)
tidak ada 있지 않다, 없다
tidak ada gunanya 소용없다, 쓸모없다, 득이 될 것이 없다
tidak ada jalan lain 다른 길이 없다, 딴 방도가 없다
tidak ada lalat hijau, tidak ada lalat langau 쥐새끼 한 마리 얼씬하지 않는다, 한 사람도 없다
tidak ambil berat 신경을 쓰지 않다
tidak asing 잘 알려진, 유명한
tidak berasap 아주 가난한
tidak berbeda, tidak berbeza 차이가 없다
tidak berbenak, tidak berotak 멍청한, 우둔한, 어리석은
tidak bergigi, tidak berkapak, tidak berkuku 무력한, 무능한
tidak berharga 쓸모없는, 가치 없는
tidak berkain sehelai benang 아주 가난한
tidak berkepala 창피를 모르는, 철면피의
tidak berpinggang, tidak tentu kepala ekornya 매우 뚱뚱한
tidak bertohor kaki, tidak bertohor kain 잠시도 쉴 틈이 없이 바쁜
tidak bertulang 무기력한, 맥을 못 추는
tidak boleh bertemu roma 견원지간의, 상극의
tidak enak badan, tidak sedap badan 몸이 편치 않은, 몸이 찌뿌드드한
tidak enak hati 기분이 나쁜; 고민거리가 있는
tidak ingat diri 기절한; 자신의 처지를 모르고 날뛰는, 주제넘는
tidak henti-henti 끊임없이, 계속해서
tidak kenal mata huruf, tidak kenal mata surat 문맹(의)
tidak kepalang, tidak tanggung-tanggung 특별한, 비범한
tidak kira-kira 굉장한, 엄청난; 막무가내의, 무모한
tidak kelihatan batang hidungnya, tidak kelihatan buntutnya, tidak tampak batang hidungnya 코빼기도 내밀지 않는, 도무지 모습을 나타내지 않는
tidak kemas 정돈이 안 된, 깨끗하지 않은
tidak lalu di akal 믿을 수 없는, 상상을 초월하는, 신기한
tidak lepas dari bibir 끊임없이 화젯거리가 되는
tidak makan sekolah 학교 구경도 못한, 가방끈이 짧은
tidak makan siku-siku 천방지축으로 행동하는 (아이); 횡설수설하는, 조리 없이 함부로 지껄이는
tidak masuk buku 계산에 넣지 않는, 고려하지 않는
tidak nasi di balik kerak 건방진, 거만한, 주제넘는
tidak pandang bulu, tidak pilih bulu, tidak pilih kasih 차별하지 않는
tidak pilih-pilih (사람을) 가리지 않는
tidak risau (마음이) 편안한, (마음이) 놓이는
tidak sedap tekak 입맛이 쓴; (음식) 맛이 없는
tidak siku-siku 능청스러운, 음흉한
tidak tahu bahasa, tidak tahu basa-basi 예의 없는, 불손한
tidak tahu di alif 낫 놓고 기역 자도 모른다
tidak tahu diri 건방진, 무례한
tidak tahu untung 배은망덕한, 은혜를 모르는

tidak tentu hulu hilirnya 종잡을 수 없는, 해결하기 힘든
tidak tinggal diam 행동을 취하다, 가만히 있지 않다

TIDUR 잠, (잠을) 자다
tidur ayam, tidur-tidur ayam 선잠을 자다, 얕은 잠을 자다
tidur batang, tidur mati 세상모르게 곤한 잠을 자다
tidur beratapkan langit, tidur di bawah langit 아직 가정을 꾸리지 않은 사람; 매우 가난한, 궁핍한
tidur di kaki lima 노숙자; 매우 가난해서 오갈 데 없는 사람
tidur di kasur 돈 많고 마음씨 좋은 여자와 결혼하다
tidur kesiangan 늦잠을 자다
tidur lelap, tidur lenyak, tidur lena, tidur nyenyak, tidur senyap 단잠을 자다
tidur membungkuk 새우잠을 자다
tidur miring 칼잠을 자다
tidur untuk selamanya 영면하다, 죽다

TIGA 셋(하나에 2를 더한 수), 3
masuk tiga keluar empat 배보다 배꼽이 더 크다
sepertiga 1/3
sepertigaan malam 심야, 깊은 밤
tiga bintang 삼류 호텔
tiga suku 괴상한 사람, 괴짜, 괴물; 정신 나간 (사람), 미친
tiga tapak bayang-bayang 그림자 길이가 세 뼘 정도 되는 시각 (오후 2시경)
tigari, tiga hari 3일

TIKAM (칼로) 찌름
bertikam jejak 서로 비슷한, 별 차이가 없는
bertikam lidah 언쟁을 벌이다, 입씨름을 하다
menikam dadu 도박하다, 노름하다
menikam diri sendiri 자해하다
menikam hati, menikam jantung 속을 썩이다, (남의) 마음을 상하게 하다
tertikam kawan 크게 놀라다, 아연실색하다
tikam dari belakang 배반하다, 배신하다
tikam dadu 노름하다
tikam jejak (바느질의) 박음질
tikaman bahasa 속담, 격언, 금언

TIKAR 돗자리, 자리, 거적
lepas bantal berganti tikar 아내를 여읜 후 처제와 재혼하다
setikar seketiduran 절친한 (관계), 더할 나위 없이 아주 친한
tikar bantal 침구(잠을 자는 데 쓰는 이부자리, 베개 따위를 통틀어 이르는 말)
tikar putih 무늬가 없는 돗자리
tikar rotan 등나무로 만든 자리

TIKUS 쥐
dimakan tikus 야금야금 축내다
kucing pergi tikus menari 호랑이 없는 골에 토끼가 왕 노릇 한다
seperti tikus masuk rumah 크게 실망하다, 낙망하다
tikus belanda 모르모트
tikus buluh 대나무쥐
tikus gudang 도둑
tikus jatuh di beras, tikus jatuh ke beras 남에게 공개할 수 없는 횡재를 하다
tikus membaiki labu 선무당이 사람 잡는다

tikus tanah 두더지
tuba tikus 쥐약

TILAM (침대의)깔개, (누울 때 바닥에 까는)요
bertilam air mata (사랑 때문에) 눈물을 흘리다
bertilam pasir (생활이) 궁핍한, 아주 가난한; 노숙 생활을 하는 (사람), 노숙하는 (사람), 노숙자
jatuh di atas tilam 아름답고 돈 많은 여자와 결혼하다; 횡재하다
tidur bertilam air mata 사무치게 그리워하다

TIMAH 주석, 납
timah hitam 납
timah jadi besi, dahulu timah sekarang besi (직급이) 강등되다
timah panas 탄환, 탄알
timah putih 주석
timah sari 아연

TIMBA 두레박, 물바가지
bertimba karang 싸우다, 다투다; 소란을 피우다, 말썽을 일으키다
bertimba uang, bertimba wang 돈을 물 쓰듯 하다, 돈을 흥청망청 마음껏 쓰다, 몹시 부유하게 살다
timba buruk 구박받는 사람, 학대받는 사람

T

TIMBAL 평형, 균형
bertimbal balik 서로 주고받다, 상호의존관계이다
bertimbal jalan 양쪽 길가에 (늘어 선)
timbal balik 양쪽의, 양측의; 서로 주고받는, 상호의존관계의
timbalan menteri, menteri muda 차관

TIMBANG 균형 있는, 치우치지 않는
bertimbang rasa, bertimbangan rasa 동정하다, 동정을 보이다
bertimbang tunai 즉시 답을 주다, 즉각 답하다
bertimbangan kata 거친 입씨름을 하다, 심한 말싸움을 하다, 격론을 벌이다
bertimbangan pandang 서로 바라보다, 서로 쳐다보다
bertimbangan tanda 약혼반지를 교환하다
menimbang sama berat 공정하게 벌하다
timbang-menimbang 심사숙고하다, 면밀히 검토하다; (열심히) 주판알을 튀기다; (상대방의) 마음을 떠보다
timbang rasa 동정, 연민
timbang terima 인수인계(식)
timbangan badan 몸무게; 애인, 연인
timbangan berat sebelah 한쪽으로 치우친 (결정); 공정하지 못한 (태도)
timbangan nyawa, timbangan badan 애인, 연인

TIMBUL (물위로) 나오다, (해가) 솟다, 나타나다
timbul dalam hati 생각나다, 마음이 생기다
timbul marah 화나다, 성나다
timbul nafsu 욕구가 생기다
timbul tenggelam 오르막 있으면 내리막이 있다; (물에 빠진 물체가) 나왔다 들어갔다 하는; (먼 곳에 있는 것이) 보였다 안 보였다 하는, (통증이) 나타났다 사라졌다 하는; 눈코 뜰 사이 없이 바쁜

TIMPA 덮치다, 내리치다
timpa-timpa, bertimpa-timpa 겹겹이, 층층이

TIMUR 동, 동쪽, 동녘
timur beralih ke sebelah barat 엄처시하, 공처가
timur jauh 극동
timur laut 북동(쪽), 동북(쪽)
timur padang, timur menenggara, timur tenggara 동남동(쪽)

timur tengah 중동
TINDIH 누르다, 포개다, 겹치다
bertindih riba 나란히 붙어 앉다, 바싹 붙어 앉다
bertindih-tindih 차곡차곡, 층층이, 겹겹이
yang rebah ditindih 엎친 데 덮친다
TINGGAL 살다, 남다
bertinggal kata 유언을 남기다, 유서를 남기다
ketinggalan zaman 시대에 뒤떨어지다, 시대에 뒤처지다
meninggal dunia 세상을 떠나다, 사망하다, 죽다
meninggalkan waktu 기도 시간을 놓치다
meninggalkan zaman 세상을 하직하다, 사망하다, 죽다
tinggal bekas (죽어) 없어진, 사라진; 자취만 남다, 흔적만 남다
tinggal nadi 늘 밑지는 (장사), 손해만 보는 (사업); 중병에 걸린, 중환에 들은
tinggal nama (이미 죽어) 없어진, (이 세상에서) 사라진; 이름을 남기다
tinggal sehelai sepinggang (사업 실패로) 살림이 거덜 나다
tinggal tulang dengan kulit 피골이 상접한, 깡마른
TINGGI 높은, 키가 큰, 고귀한, 나이가 든
tinggi mengawan, tinggi sampai awan 아주 높은, 하늘 높이
tinggi cakap 잘난 체 하는
meninggikan diri 뽐내다, 우쭐거리다
tinggi hati 교만한
tinggi hidung 콧대가 높은
tinggi lawak-lawak 분수 없이 설치는; 흥청망청 낭비를 일삼는 (생활); 하늘 높은 줄 모른다
tinggi mutu 가치가 높은
tinggi nafsu 성욕이 강한
tinggi rezeki 생계가 어려운
tinggi sahamnya (많은 사람들이) 탐내는, 관심이 높은
tinggi usia 나이가 많은, 노령의
TINGKAH 사람의 정신을 어지럽게 만드는 부산한 말이나 행동
banyak tingkah 별의별 수선을 다 떨다
bertingkah 수선을 떨다, 부산한 행동을 하다
salah tingkah 망측한 행동(을 하다)
tingkah laku 행동거지
TINGKAT (건물의)층, 계단
bangunan enam tingkat 6층 건물
bertingkat (물가가) 점점 오르다, 조금씩 높아지다
meningkat naik (물가가) 급등하다, 갑자기 오르다
tingkat atas 위층; (품질이) 고급인, 아주 좋은
TINJU 주먹, 권투
meninju kuat-kuat 주먹으로 세게 치다
meninjukan tangan 주먹을 쥐다
petinju, ahli tinju 권투선수, 복서
TIPIS 얇은
tipis bibir 입이 가벼운, 수다스러운, (말을) 함부로 씹는; 말주변이 좋은
tipis harapan 희망이 없는
tipis lidah 반찬이나 음식 타박이 심한 (사람)
tipis telinga (남의 핀잔에) 금방 핏대를 세우는 (사람), (남의 말에) 쉽게 화를 내거나 흥분하는 (사람)
TIPU 속임수, 사기, 거짓말, 술수, 책략
menipu orang (남에게) 사기를 치다

tipu belit, tipu daya 잔꾀
tipu muslihat 간계

TIRAI 장막, (어떤 곳을 가리는)천
tirai besi 철의 장막
tirai belakang (범행의) 배후
tirai kelambu 모기장천

TITI/TITIAN (실개천이나 개울에 설치한 소규모) 다리
meniti buih 매우 힘든 일을 감당하다
titi buih 매우 힘든 일
titian biasa lapuk, janji biasa mungkir 사람들의 약속은 대부분 거짓약속이다

TITIK (빗)방울, (작고 둥근) 점, (쇠를) 두드리다
biar titik jangan tumpah 큰 것을 얻으려면 작은 것을 버려라
menitikberatkan 강조하다; 주목하다, 큰 관심을 기울이다; 힘을 쏟다
titik berat 중요한 일, 중대사; 중심
titik darah di batu 부질없는 짓, 헛수고
titik hitam 불길한 조짐
titik lidah 말, 단어
titik mata 볼거리, 구경거리
titik pangkal, titik tolak (논의의) 출발점, (경계의) 기준점
titik peluh 스스로 피땀 흘린 노력의 결과
titik pertemuan 합의점
titik selera 식욕이 생기다

TIUP (입김을)불다
bertiup kencang 바람이 세차게 불다
bertiup perlahan-lahan 바람이 산들산들 불다
ditiup bayu 바람에 날리다
meniup api dalam air 매우 어려운 일
tiupan angin pagi 아침 바람결

TOHOK 작살, 작사리, 창
bintang tohok 남십자성(남십자자리에 있는, '十' 자 모양을 이루는 네 개의 별)
menohok dari belakang 뒤에서 찌르다; (남을) 음해하다
menohokkan lembing ke semak 부질없는 짓, 헛수고
pari tohok 가오리

TOHOR (물이) 얕은, (물기가) 마른
bertohor air liur 많은 충고를 했지만 보람이 없는
tidak bertohor kaki 늘 바쁘게 일하는

TOKAK 피부궤양
bagai tokak lekat di kening 사람들 앞에서 큰 망신을 당하다
bertokak 피부궤양을 앓다

TOKOH 외모, 체격, (유명) 인사, 속임수, 사기
kena tokoh 사기를 당하다
tokoh badan 체격
tokoh politik 정객, 직업정치가; (민주)투사
tokoh sejati (사람의) 진면목
tokoh ternama 유명 인사

TOKOK 덤(저울질 할 때 거저로 조금 더 얹어 주는 것), (망치로) 치다, 때리다
menokok 더하다; (망치로) 치다
menokok tambah 과장하다
menokok kawat 전보를 치다

TOLAK 밀다, 빼다, 감하다
kira-kira tolak 뺄셈

menolak tuah, tolak untung 굴러 온 호박 차버리기
tolak angsur, tolak ansur 양보(하다)
tolak balik 왕복
tolak mentah 무조건 거부하다
tolak tepi, tolak sebelah 제쳐 놓다, 제쳐 두다
bertolak pinggang 거만한, 건방진
bertolak punggang 출발하다
uang tolak, wang tolak 뇌물

TOLOL 아주 멍청한, 몹시 아둔한
si tolol 바보, 멍청이
tolol betul 정말 멍청한, 이렇게 멍청할 수가

TOLONG 보살핌, 도움, 구조
tolong anjing tersepit, sesudah lepas dia menggigit 물에 빠진 놈 건져 놓으니까 내 봇짐 내라 한다
tolong nyawa 목숨을 건지다
tolong-menolong 서로 돕다

TOMAN 토만(민물고기 이름)
ikan toman 레드 스네이크헤드 또는 자이언트스네이크헤드라고 불리는 몸집이 매우 큰 가물치의 일종
toman makan anak 인륜에 어긋난 짓을 하는 사람, 인륜을 저버린 짓을 하는 사람

TOMBOL 단추, 누름쇠, (문의) 손잡이
tombol pintu 문손잡이
tombol telefon 단추전화기의 숫자판

TONGGAK 기둥, 장대, (나무의) 그루터기, 기초
bagai mengatai tonggak 쇠귀에 경 읽기
tonggak masyarakat 사회의 근간
tonggak kayu besi 녹나무 그루터기

TONGKAT (등나무)지팡이
bertongkat jarum 불가능한 일
bertongkat lutut 무릎에 손을 짚고 앉다
bertongkat ruas, bertongkat tangan 팔꿈치로 괴다
bertongkat senduk, bertongkat tempurung 나이가 많이 든 노인, 고령의 노인
bertongkat tebu 부인과 함께 나들이하다
lagi tongkat lagi senjata 일거양득
menongkat langit 내일 살 일만 생각하고 오늘 죽을 걱정 안 하는 격; 할 일은 안 하고 목석처럼 서 있는
tongkat ali 통캇알리(말레이시아의 정글에서 서식하는 관목의 일종으로 그 뿌리는 민방 치료제로 주로 사용된다. 혹간에서는 통캇알리를 정력제로 선전하기도 한다)
tongkat membawa rebah 고양이 보고 반찬 가게 지키라는 격

TOPANG 버팀목, 지주
bertopang dagu (일 안하고) 팔꿈치로 턱을 괴고 있는; 멍하니 공상에 잠긴
bertopang lutut 무릎에 손을 짚고 앉다
bertopang pangkal 합의를 이끌어 내는
menopang kepala bayi 아기의 머리를 받쳐 주다, 아기의 머리를 받치다
topang-menopang 서로 돕다

TOTAL 전체의, 총, 합산의
perang total 전면전
total jenderal, total jeneral 총계

TRAFIK 교통, 통행

kawalan trafik udara 항공교통관제
lampu trafik, lampu lalu lintas 교통 신호등

TUA 늙은, 오래된, 손위(의), 우두머리
anak dara tua 노처녀
bujang tua 노총각
hari tua, masa tua 노후, 늙어진 뒤
orang tua diajar makan pisang 공자 앞에서 문자 쓴다
tua bangka, tua bengkok (망령이 난) 꼬부랑 늙은이
tua cendawan 늙어서 아무짝에도 쓸모없는; 멍청한 늙은이
tua kampung, tua-tua kampung 마을 어르신, 촌장
tua kelapa 늙을수록 쓸모가 있는 (사람)
tua kutuk 망할 늙은이
tua nyanyuk 망령난 (노인), 치매가 걸린 (늙은이), 치매 노인
tua pun gugur, masak pun gugur 늙고 젊고 인생은 어차피 스러지는 것
tua-tua 우두머리, 어르신, 원로
tua-tua berumah tangga 백년해로
tua-tua keladi 늙은 나이에도 여전히 여색을 탐하는; 주책이 심한 늙은이
tua-tua keladi berisi, tua-tua kelapa 오랜 연륜과 지식을 쌓은 (노인)

TUAH 은총, 복, 행운
tuah anjing, celaka kuda 당신의 불행은 나의 행복
tuah ayam boleh dilihat, tuah manusia siapa tahu 사람 팔자 시간문제
tuah sebesar bukit, celaka menimpa badan 주인 많은 나그네 밥 굶는다
menghijau tuah, najis keluar 명예욕 때문에 패가망신하다
bumi bertuah 축복의 땅
keris bertuah 영험한 커리스
tuah badan 각자의 행복

TUAI/PENUAI 벼 이삭 베는 도구
menuai 벼를 베다, 벼를 수확하다
musim menuai 추수철, 추수기
penuaian 벼 베기, 벼 수확

TUAN 주인, 투안(상대편 남성을 높여 이르는 이인칭 대명사), 우두머리
bertuan 주인이 있는, 소유주가 있는
tanah bertuan 주인이 있는 땅, 소유주가 있는 토지
tuan rumah 집임자, 집주인; (집안의) 가장; (손님맞이의) 주인
tuan tamu, tuan rumah (손님맞이의) 주인
tuan tanah 땅 주인, 토지 소유주
tuan-tuan 여러분(여러 명의 남성들을 높여 이르는 이인칭 대명사)
tuan-tuan dan puan-puan sekalian (경애하는) 신사 숙녀 여러분

TUANG 붓다, 따르다, (수업을) 빼먹다
menuangkan air ke laut (도움이 필요하지 않은 사람에게 주는) 공연한 자선 행위; 재력 있는 사람에게 아부하는
tuang darah 수혈
tuang kelas 수업을 빼먹다, 수업을 땡땡이치다

TUBA 투바(독성이 있는 덩굴식물), 투바에서 추출한 독약
bagai ikan kena tuba 힘이 하나도 없는, 축 처진
tuba binasa ikan tak dapat 헛수고, 헛일
tuba tikus 쥐약(쥐를 잡을 때 사용하는 독약)

TUBUH 몸, 육체
batang tubuh 육체; (머리와 사지를 제외한) 몸통
bersetubuh 한 몸이 되다, 성교하다
tubuh badan, tubuh kasar 육체, 몸

tubuh halus 영혼
tubuh mati 시체
TUDUNG 투둥(이슬람 여성들의 머리 덮개), 덮는 물건, 가리개
tudung kepala 모자; (이슬람 여성들의) 머리 덮개; 얼굴 가리개
tudung kain, tudung kepala, tudung muka 얼굴 가리개
tudung meja 테이블보
tudung hidang, tudung saji 음식물 덮개
tali tudung 구레나룻
TUHAN 신, 알라(무슬림들의 유일신), 창조주
tidak bertuhan 알라를 믿지 않는; 종교를 믿지 않는 (사람)
kehendak Tuhan 신의 뜻
TUJU 방향, 의도, 목적
bersetuju 동의하다; 합의하다
setuju-setuju saja 그저 동의할 따름이다, 별 이견은 없다
TUJUH 일곱(여섯에 하나를 더한 수)
bulan tujuh 일곱 번째 달, 7월
tujuh bulan 7개월
tujuh belas 17
tujuh ratus 700
TUKANG (전문)기술자, 장인, 꾼
tukang botol 고물 장수
tukang cucuk, tukang kipas 선동자
tukang bohong 거짓말쟁이
tukang copet 소매치기
tukang gunting 이발사
tukang hias 미용사
tukang lepas wang, tukang riba 고리대금업자
tukang mabuk 술주정뱅이
tukang periuk belanga 옹기장이, 도공
tukang pijat, tukang urut 안마사, 안마장이
tukang sikut 능청꾸러기
tukang tadah 장물아비
tukang tanak, tukang masak 요리사
tukang tidak membuang kayu 현자는 사람을 알아본다
tukang tidur 잠꾸러기
tukang ukur jalan 실업자, 건달
TUKAR 옮기다, 갈다, 바꾸다
bertukar air, bertukar hawa 이사하다
menukar selera 평상시와는 다른 음식을 먹어 보다
tukar cincin 약혼(하다)
bertukar kain, tukar ranjang 재혼하다
bertukar lauk 결혼을 여러 차례 하는 남자
bertukar pikiran, bertukar fikiran 의견을 교환하다; 마음이 달라지다, 생각이 바뀌다; 미치다, 정신이 돌다
bertukar sikap 마음이 달라지다, 생각이 바뀌다
tukar tambah 웃돈을 주고 물건을 교환하다
bertukar tanda 약혼반지를 교환하다
bertukar tikar 사망한 아내의 친인척과 결혼하다
tukar-menukar 서로 맞바꾸다; 물물교환
TUKIL 대나무통
masuk ke dalam tukil 대나무통 안으로 들어가다
tukil ditutup dengan daun keladi 대나무통을 토란감자 잎으로 봉하다
TUKUL 망치

tukul kayu 나무망치
tapak tukul 일한 흔적
penukul 망치; 망치꾼, 망치 일을 하는 사람

TULAH 동티, 저주
tulah papa 큰 동티(부모님 말씀이나 금기 따위를 어겨 재앙을 받는 일)

TULANG 뼈, 뼈처럼 생긴 사물
bertulang itik 맥이 없는, 힘이 없는; 몹시 피곤한
menulang sumsum 뼈를 깎는 아픔
tulang betis 종아리뼈, 비골
tulang berbalut kulit 깡마른
tulang dayung, tulang belikat, tulang kipas 어깨뼈, 견갑골
tulang hitam 골수
tulang kelangkang 천골(5개의 천추가 융합해서 된 것, 척추 뼈의 일부), 선골
tulang kering 정강이뼈, 경골
tulang kucing, tulang lengan atas 상박골, 상완골
tulang manis, tulang paha 넓적다리뼈, 대퇴골
tulang pipi 광대뼈
tulang punggung 등뼈, 중추; (사물의) 핵심, (사물의) 중심
tulang yang delapan kerat 두 팔과 두 다리, 사지

TULI 귀가 먹은, 소리를 못 듣는
buta tuli 전혀 신경을 안 쓰다
menulikan telinga 귀가 먹먹하다, 귀가 먹먹해지다; (남의 말에) 신경 쓰지 않다, 무시하다

TULIS (글을) 쓰다, 적다
tulisan nasib 숙명
tulis di atas air 헛수고, 소용없는 (일)

TULUS 성실한, 정직한
tulus hati benar-benar 진실된, 정직한

TUMA 이, 머릿니
sembunyi tuma ekor kelihatan 꿩 숨듯 하다
takutkan tuma, dibuang kain 벼룩 잡으려다 초가삼간 다 태운다

TUMBUH (식물이) 자라다, 성장하다
tak tumbuh tak melata 아니 땐 굴뚝에 연기 날까
tumbuhan semusim 일년생식물
tumbuh-tumbuhan 여러 종류의 식물

TUMBUK 절구, (곡식을) 쓿거나 찧는 기구
beras tumbuk 쓿은쌀
menumbuk rusuk 뇌물을 주다
orang setumbuk bagai gelang 아주 잘 어울리는 (부부) 한 쌍
tertumbuk akal 어찌할 줄을 모르다
tertumbuk kata 회담이 교착상태에 빠지다
tumbuk rusuk 뇌물 행위

TUMPAH 쏟아지다, 흘러나오다
bertumpah ruah 풍요로운, 풍족한
tumpah darah 출생지(국)
menumpahkan darah 살해하다; 치열한 싸움을 하다
tumpahan hati 애인, 사랑
menumpahkan perhatian 온 신경을 쏟다

TUMPANG 쌓다, 탑승하다, 기생하다
menumpang hidup 기생하다
menumpang malam (하룻밤을) 묵다

penumpang pesawat udara 비행기 승객
pokok menumpang 기생식물

TUNAI 현금, 현찰
membayar tunai 현금으로 지불하다
menunaikan tanggung jawab, menunaikan tanggungjawab 책임을 이행하다
uang tunai, wang tunai 현금, 현찰

TUNGGAL 단 하나의, 단 한 개의, 독단의
Bhinneka Tunggal Ika 빈네카퉁갈이카(다양성 속의 통일을 의미하는 인도네시아 공화국의 국시)
anak perempuan tunggal 외동딸
setunggal darah 친족

TUNGGANG 뒤집다, 올라타다
kuda tunggang (올라)타는 말
menunggang kuda 말을 타다; 승마
tunggang gunung 해가 서산에 기우는 무렵
tunggang hati 꾸준한, 변함없는, 한결같은; 아무 것도 겁내지 않는
tunggang langgang 허겁지겁 도망치다, 허둥지둥 도망치다; 엉망진창인, 뒤죽박죽인

TUNGGU 기다리다, 대기하다
menunggu angin lalu 바람맞다, 상대가 약속을 지키지 아니하여 헛걸음하다
menunggu laut kering 소용없는 일, 쓸데없는 짓
menunggu masa 때를 기다리다
tunggu durian runtuh 요행수를 바라다
tunggu kucing bertanduk 바다에 떨어진 바늘을 찾는 격

TUNGGUL 그루터기, 밑동, 깃발
tunggul kayu 나무 밑동, 나무 그루터기
tunggul putih 백기, 항복의 표시

TUNGKAI (몸통 아래 붙어 있는)다리, 빗줄기
tungkai atas 넓적다리, 윗다리
tungkai bawah 아랫다리

TUNJUK 집게손가락, 가르치다, 가리키다
menunjuk muka (모임 따위에) 잠깐 얼굴을 비치다, 잠깐 얼굴을 내밀다
menunjukkan belangnya 정체를 드러내다; 세력을 과시하다; 의도를 내비치다
menunjukkan bulu 진면목을 드러내다
menunjukkan gigi, menunjukkan taring 세력을 과시하다
menunjukkan jalan 인도하다
tunjuk ajar 온갖 가르침
tunjuk diri, tunjuk muka 찾아뵙다, 알현하다
tunjuk hidung 신랄하게 비난하다
tunjuk perasaan 시위, 시위운동, 데모

TUNTUT 재촉하다, 요구하다
menuntut balas 원수를 갚다, 복수하다
menuntut ilmu 공부하다
menuntut maaf 사과를 요구하다
menuntut malu 굴욕에 대한 앙갚음을 하다, 보복하다
penuntut sekolah 학생

TUPAI 투파이(청서번티기), 다람쥐
sepandai-pandai tupai melompat, sekali akan gawal juga 원숭이도 나무에서 떨어진다

T

sepandai-pandai tupai meloncat, sekali terjatuh juga 원숭이도 나무에서 떨어진다
tupai tanah belang pendek 나무 뒤주

TURUN 처지다, 떨어지다, 내리다
keturunan setan 악마에 홀리다
menurunkan tandatangan 서명하다, 사인하다
menyambung keturunan 대를 잇다
turun darah 피를 많이 쏟다; (화가) 가라앉다
turun haji 메카 성지순례에서 돌아오다
turun harga 가격이 떨어지다; 지위가 떨어지다
turun ke air 아기의 첫 목욕 의식
turun minum 휴식시간
turun naik 오르내리다, 올라갔다 내려갔다 하다; (경제가) 기복이 있는
turun ranjang 사망한 아내의 친인척과 결혼을 하다
turun tanah 아기의 첫걸음 의식; 땅에 발을 내디디다
turun tangan 간섭하다; (가난한 사람에게) 도움을 주다

T

TURUT 따라가다, 동참하다, (법을) 지키다
turut campur 참견하다, 간섭하다; 동참하다, 가담하다; (남에게) 관심을 보이다
turut hadir 참석하다, 참가하다
turut jejak (남의 행동거지를) 본받다
turut kata (남의) 말을 듣다, (남이) 하라는 대로 하다; (남의) 말에 순종하는 사람, (남이) 시키는 대로 하는 사람
turut serta 동참하다, 가담하다

TUSUK 꼬챙이, 쑤시개, 꼬치
menusuk hati 고민하다, 고민하게 만들다; 가슴을 헤쳐 놓다, 마음을 아프게 하다
menusuk hidung (냄새가 고약하여) 코를 찌르다; (맛있는) 냄새가 진동하다
tusuk gigi 이쑤시개
tusuk jarum 침술
tusuk sanggul (머리) 비녀

TUTUP 덮개, 닫은, 닫힌, 닫다
menutup asap 쓸데없는 일, 헛수고
menutup buku 결산하다
menutup mata (지그시) 눈을 감다; (앞이 안 보이게)눈을 가리다; 죽다, 사망하다; 신경을 끊다, 모르는 체 하다
menutup muka 얼굴을 가리다; 가면을 쓰다
menutup mulut 비밀을 지키다; 뇌물을 먹이다
menutup tangan (남에게) 선심을 쓰지 않다
tutup akal 멍청한, 어리석은
tutup botol, penutup botol 병마개
tutup buku, tutup kira 결산
tutup kepala (머리) 모자; 투둥(이슬람 여성들의 머리 덮개), (이슬람 여성의) 머리 가리개
tutup malu 창피를 모면하려 애쓰다
tutup meja 테이블보
tutup mulut 입을 다물다; 비밀을 지키다
tutup pintu 문을 닫다; 문짝; (마음이) 폐쇄적인, (마음이) 내키지 않는
tutup riwayat, tutup usia 죽다, 사망하다, 돌아가시다
tutup telinga 귀를 막다; (남의 말에) 신경 쓰지 않다

TUTUR 말, 말씀
buah tutur 화제, 이야깃거리
tuturan atap 처마

U

UANG/WANG 돈, 화폐, 자본
uang adat, uang meja 소송비용
uang bangku (입학)기부금
uang belanja 생활비
uang buta 실업수당
uang hangus 계약 파기 시 잃어버리는 계약금; (신랑 측이 내 놓는) 결혼비용; 수수료
uang jaga-jaga, uang saku 비상금
uang jajan 용돈; 주전부리를 위한 돈; 여비
uang jemputan 사위될 사람에게 주는 돈
uang jujur 처부모 될 사람에게 신랑이 주는 돈
uang kancing 보증금
uang kuliah 대학 등록금
uang pangkal 자본; (클럽) 회비, 가입비
uang rokok, uang sirih 팁
uang sekolah 학비
uang sogok, uang suap 뇌물
UAP/WAP (수)증기, (액체가 열을 받아서 나는) 김
beruap nasi dingin, berwap nasi dingin 불가능한 일
menguap 하품하다
menguap bagai orang mabuk (술 따위에) 중독된
uap air 수증기
UBAH 차이(가 있는), 다른
berubah akal 미치다, (정신이) 돌다
berubah hatinya 변심하다, 마음이 바뀌다
mengubah langkah 생활 방식을 바꾸다
berubah muka 표정이 바뀌다
berubah mulut, mengubah kata 약속을 어기다
berubah rasa (음식의) 맛이 변하다, 상하다
mengubahsuai 수정하다, 조정하다
ubahsuai 수정, 조정
UBI 덩이줄기, 덩이뿌리
ada ubi ada talas, ada budi ada balas 결초보은
ubi kayu 타피오카
ubi kentang 감자
ubi merah 고구마
UBUN-UBUN 정수리, 숫구멍
ubun-ubun lembut 머리에 피도 안 마른, 애송이의
ubun-ubun masih bergerak, sudah angkuh 쥐뿔이 나다

UDANG 새우
berudang di balik batu 능청스러운 사람; 음흉한 다른 속셈이 있는
udang bakar (더워서) 얼굴색이 벌겋게 된
udang (di) dalam tangguk (마음이) 불안한, 꺼림칙한
udang hendak mengatai ikan 제 얼굴은 제가 못 본다
udang karang, udang laut 바다가재
udang tahi di kepala 빚더미에 올라앉은 사람; 어리석은 사람, 멍청이
udang tidak tahu dibungkuknya, udang tak tahu dibongkoknya 제 똥 구린 줄 모른다
UDARA 공기, 기후, 분위기
pesawat udara 비행기
udarakasa 대기권
udarawan (남성) 우주 비행사
udarawati (여성) 우주 비행사
UDIK (강의) 상류, 시골, 촌
orang udik 시골사람, 촌사람, 촌놈; 바보, 멍청이
pulang ke udik 시골로 내려가다
UJI 실험, 시험
bahan uji 실험재료
sekali lancung ke ujian, seumur hidup orang tak percaya 세 살 적 버릇이 여든까지 간다
tabung uji 시험관
ujian lisan 구술시험, 구두시험
ujian masuk 입학시험
ujian nuklir, ujian nuklear 핵실험
ujian tertulis 필기시험
UJUNG/HUJUNG 끝, 가장자리, 꼭대기, (월)말, 속뜻
berhujung minggu, berakhir minggu 주말을 즐기다
hujung bulan, akhir bulan 월말
jadi hujung lidah (토론의) 사회자가 되다
mengadu ujung lidah 입씨름하다, 격론을 벌이다
menangkap hujung kata 말의 속뜻을 알아채다
tidak tentu ujung pangkal 갈피를 잡을 수 없는
ujung hidung 바로 코앞, 아주 가까운
ujung kuku 쥐꼬리만큼, 아주 조금
ujung lidah 혀끝; 대변인
ujung mata 눈초리
ujung pangkal 의도, 의중; 자초지종, (사건의) 전말
UKIR 조각
mengukir langit 공상하다, 망상에 빠지다
mengukir senyuman 미소를 짓다
seni ukir 조각 예술
tukang ukir 조각가
UKUR (사물의 분량을 헤아리는 데 쓰는) 그릇, 측량 기계
ilmu ukur 측량학
tukang ukur jalan 떠돌이 생활을 하는 사람
ukur baju di badan sendiri 개가 미친다고 소까지 미치겠나
ukur jangka 일정 기간
ukur mata dengan telinga 보고 듣는 대로 느끼다
ukuran zaman 시대적 가치관
ULAM 생야채(반찬)
makan berulam 생야채를 곁들여 밥을 먹다; 기혼 남성
ulam mencari sambal 배우자를 찾는 여자

U

ulam-ulam, ulaman 첩, 소실, 측실
ULANG 반복, 되풀이, 자주, 다시
berulang-alik Kuala Lumpur-Jakarta 쿠알아 룸푸르와 자카르타간을 왕복하다
ulang-alik 왔다갔다, 왕복
ulang-aling 왔다갔다, 왕복; 여러 번, 수차례
ulang tahun 생일; (해마다 돌아오는) 기념일
ULAR 뱀
ular air 바람둥이; (겉과 속이 다른) 능청스런 사람
ular berbelit-belit 잔뜩 화가 난
ular berkepala dua, ular kepala dua 위선자; 박쥐구실(자기 이익만을 위하여 줏대 없는 행동을 일삼는 사람)
ular bukan, ikan pun bukan 박쥐구실
ular kepak 살무사
ular lidah bercabang 신뢰할 수 없는 사람
ular mengiang, ular minum 무지개
ular sendok, ular senduk, ular tedung 코브라
ular telan babi, cacing yang bengkak perutnya 사촌이 땅을 사면 배가 아프다
ULAS 껍질, 껍데기, 해설하다
berulas dan bersambung tangan 도와주다
berulas tangan 조력자가 있다, 일할 사람이 있다
berulas tangan dan lidah 물심양면의 도움을 주다
mengulas bicara 말을 계속하다, 말을 잇다
mengulas nyawa 사경을 헤매는 사람을 구해주다; 몹쓸 병을 고쳐주다
ulas bawang merah 양파 (속) 껍질
ulas tangan 일하는 사람, 직원
ulasan buku 서평
ULAT (송충이 따위의) 모충, (구더기 따위의) 애벌레
bagai melihat ulat 구역질나는, 메스꺼운
bagai ulat pinang 안절부절 못하는, 조마조마 마음을 졸이는
berulat mata melihat 꼴불견의
ulat bulu 모충(몸에 털이 있는 벌레); 장난꾼
ulat dalam batu pun dapat hidup 일하는 사람은 굶지 않는다; 제 복은 타고 난다
ulat lupakan daun 개구리 올챙이 적 생각 못한다
ULUR/HULUR 벋다, 길게 자라나다, 뻗치다
mengulur tali layang-layang 연줄을 길게 풀어 늘리다
mengulur-ulur waktu 여러 차례 연기하다, 기한을 연장하다
menghulurkan kaki 발을 뻗다
menghulurkan kepala (목을 빼서) 기웃거리다
mengulurkan tangan 도움의 손길을 뻗치다; 화해할 생각을 갖다; 참견하다, 간섭하다
terulur lidah (생활이 힘들어서) 죽을 지경의
UMBUT 연한 싹, 순
cari umbut kena batu 혹 떼러 갔다 혹 붙여 온다
mencari umbut di batu 헛된 짓을 하다
mengumbut hati 마음을 사로잡다
mengumbut nyawa 목숨을 앗아 버리다, 죽이다
UMPAN 미끼, 먹이
umpan api 불쏘시개
umpan balik 덫, 유도질문
umpan habis, ikan tak dapat 헛수고

umpan keris 커리스의 희생자(물), 커리스에 찔려 희생된 것
umpan peluru 탄환의 희생자; (전쟁) 용병
umpan seekor, kail sebentuk 실낱같은 희망
umpan tekak (입맛을 돋우는) 전채 요리

UMPAT 욕설, 비방, 중상
umpat tidak membunuh, puji tidak mengenyang 남의 말에 신경 쓸 필요없다
umpat-umpatan 온갖 욕설; 온갖 중상

UMUM 대중의, 일반적인, 보통의
kendaraan umum, kenderaan umum 대중교통
rapat umum 총회
pilihan raya umum 총선거

UMUR 나이
seumur hidup 일평생; 죽을 때까지, 종신토록
seumur jagung 짧은 기간 동안; (나이가) 아주 어린
umur panjang 장수하다
umur setahun jagung 아직 나이가 어린; 경험이 없는

UNDANG 초대(하다), 초청(하다), 법률
undangan 초청된 사람, 초대된 사람; 초청
undang-undang 법률, 법칙

UNDI 추첨, 투표
membuang undi 투표하다
kertas undian 투표용지, 투표지

UNDUR 후퇴하다, 물러나다
berundur dengan segera 즉시 철수하다, 즉각 물러나다
mengundurkan diri 철회하다, 철수하다; 퇴직하다, 사직하다

UNGGAS 새무리, 가금
lepas unggas 매우 큰
mengunggas puding (혼비백산하여) 토끼다, 줄행랑을 치다
unggas angkasa 날짐승, 비금

UNJUK 알리다, 가리키다
unjuk gigi 용맹을 과시하다
unjuk muka (높은 분을) 알현하다; 잠깐 얼굴을 비치다
unjuk perasaan 시위, 데모
unjuk yang tidak diberikan 거짓약속

UNTA 낙타
burung unta 타조
unta serah diri, unta menyerahkan diri 어리석은 사람; 충복

UNTUNG 운(이 좋은), 재수(가 있는), 이익
untung ada, tuah tiada 돈은 버는데 부자가 되지 못하는; 재수가 옴 붙은
untung batu 사나운 운수, 악운
untung mendarat 저절로 굴러드는 복
untung payah saja 한 푼도 벌지 못한
untung sabut 계속되는 행운
untung bersih 순이익

UPAH 품삯, 수고비
makan upah 품삯을 받고 일하다; 뇌물을 받다
orang upahan 일꾼
upah diterima, kerbau pincang 불성실한 (사람); 살 만하니까 불운이 닥친 격
upah hati (마음을 즐겁게 해 주는) 낙, 재미
upah lelah 수고비

U

UPIH 꼬투리, (옥수수의) 오사리, 껍질
mengupih (옷이) 몹시 낡은
upih jatuh 나이 든 사람이 먼저 죽게 마련이다
UPIK 처녀
belum tentu si upik si buyungnya 병아리는 가을에 가서 세여 보아야 한다
si upik 아가씨(처녀를 부르는 호칭어)
si upik jantan 말괄량이 (처녀)
URAI 부스러진, 풀어진, 깨진
berurai air mata 눈물이 줄줄 흘러내리다
menguraikan janji 약속을 깨다
menguraikan kecil-kecil 잘게 쪼개다
URAT 근육, 힘줄
berurat berakar 오랫동안 뿌리를 내려 살다; 깊이 새겨진; 관습화된
berurat kawat (역경을) 끈기 있게 헤쳐 나가는
urat darah 혈관
urat nadi 혈맥, 맥; 아주 중요한 일, 핵심
berurat berumbi 한 곳에서 오랫동안 뿌리 내려 살다; 마음에 아로 새겨진; 관습으로 굳어진
urat saraf 신경

URI (모체 내의) 태반
sisa-sisa uri 태반 찌꺼기
URUS 돌보다, 관리하다
salah urus 잘못 관리하다
urus niaga 무역업
urus setia (주요 기구의) 사무국; 사무국의 직원, 비서
urusan belakang 뒷일; 부엌일; 나중에 해도 되는 일
urusan kecil 사소한 일
URUT 주무르다, 문지르다, 일련의
mengurut dada 가슴을 쥐어뜯다, 안타까워하다
mengurut hati 아첨하다
mengurut kuduk (그럴듯한 말로) 꾀다
nomor urut, nombor urut 일련번호
tukang urut 안마사
USAP 쓸다, 쓰다듬다
mengusap dada 가슴을 쓰다듬다; 자제하다, 억누르다
mengusap pipi 뺨을 쓰다듬다
USUL 본디, 원천, 본질, 제시, 제안
mengusulkan harga 가격을 제시하다
usul asal, asal usul 계보, 유래
usul menunjukkan asal 씨는 속일 수 없다
USUS 내장, 창자
panjang usus 참을성이 많은
usus dua belas jari 십이지장
UTANG/HUTANG 빚, 채무
berutang berbaris 여기저기서 마구 빚을 얻다
berutang budi 은혜를 입다
berutang nyawa 생명의 은혜를 입다
utang budi 은혜, 신세
utang piutang 여러 가지 채무
utang tiap helai bulu, utang selilit pinggang 빚더미에 올라앉은 사람
utang budi 신세, 은혜
utang menarik uang 빚을 독촉해 받아 내다

UTARA 북(쪽), 북녘
utara barat laut 북북서
utara timur laut 북북동

W

WAJA 쇠, 철
semangat waja 강철 같은 의지, 굳건한 정신
besi waja 쇠, 철강
WAJAH 용모, 얼굴, 표정, (사물의) 겉모양, 외양
berwajah sedih 슬픈 얼굴을 하다, 서글픈 표정을 짓다
wajah baru 새로운 외양, 새로운 모습
WAJIB (이슬람의 종교적) 의무, 책무, 반드시
wajib belajar 교육의 의무; 반드시 공부해야만 한다
wajib pajak 납세의 의무
yang berkewajiban, yang berkewajipan 관계자, 관계 당국
WAKTU 시간, 때
dalam waktu dua jam 두 시간 안에, 두 시간 내에
waktu itu 그 때, 그 당시
waktu itu uang, waktu itu wang 시간은 돈이다, 시간은 금이다
WALANG 메뚜기
walang hati, berhati walang 슬픈, 서러운; 괴로운, 착잡한
WANITA 여자, 여성
sifat wanita 여성적인 성격, 여성적인 기질
polisi wanita, polis wanita 여자 경찰
WARGA 구성원, 회원, 계층, 신분
warganegara 국민
warganegara asing 외국인
warga tua 고령자, 노령자, 노인
WARIS 상속자, 상속인, 유산
pewaris 피상속인
warisan 상속 재산, 유산
WARNA 색깔, 빛깔, 색
warna gelap 어두운 색, 어두운 빛깔; 어두운 표정, 슬퍼 보이는 표정, 우울해 보이는 표정
warna terang 밝은 색, 밝은 빛깔; 밝은 표정, 명랑해 보이는 표정, 즐거운 표정
warna-warni 색색의, 가지각색의
warna warta 여러 가지 소식, 가지가지 소식
WARTA 소식
warta berita 각종 소식, 여러 가지 뉴스
warta di bawah pikat dan langau 풍문, 소문
wartawan (신문, 잡지, 방송)기자
WASANGKA 의심, 의구심, 의혹
menaruh syak wasangka 의심하다, 의혹을 품다

WASWAS 의심, 의혹, 걱정
merasa waswas 의심이 들다, 의혹을 품다
WAYANG 그림자, 와양(그림자 쇼)
wayang gambar 영화

Y

YANG ~한 것, (앞에 오는 명사구를 수식 한정해 주는) 관계사
Allah yang Maha Besar 위대한 신 알라
yang panjang tungkai 빗줄기
YATIM 부모를 여읜
yatim piatu 고아
YAYASAN 재단
Yayasan Ford 포드재단

Z

ZAKAR 남성의 성기
buah zakar 불알, 고환
ZAKAT 자캇(이슬람의 오주 중에서 세 번째 의무로 남을 위한 헌금)
menunaikan zakat 자캇을 실천하다
ZAMAN 기간, 시기, 시대
zaman air batu, zaman es, zaman ais 빙하기
zaman bahari, zaman kuno 고대
zaman kegelapan 암흑기
zaman kuda gigit besi 호랑이 담배 먹던 시절
ZIARAH 순례, 참배, 방문
menziarahi kuburan 성묘하다
menziarahi ibu bapa di kampung 시골에 계신 부모님을 찾아뵙다

ㄱ

가(요)
  (JALAN) selamat jalan 잘 가(요)
가게
  KEDAI 가게
  PAJAK 가게
가격
  HARGA 가격
  (HARGA) harga catut 암표 가격
  (HARGA) harga eceran 소매가격
  (HARGA) harga gelap 암시장가격
  (HARGA) harga gila 터무니없는 가격
  (HARGA) harga jadi 정찰가격
  (HARGA) harga jadi 흥정가격
  (HARGA) harga melawan 다른 데 보다 싼 가격
  (HARGA) harga miring 싼 가격
  (HARGA) harga pasaran 시장가격
  (MIRING) miring harganya 가격이 다소 저렴한
  (TANDA) tanda harga 가격 표시
  (TARIK) tarik harga 부르는 가격이 터무니없이 비싼
  (TURUN) turun harga 가격이 떨어지다
  (USUL) mengusulkan harga 가격을 제시하다
가계
  (SILSILAH/SALASILAH) silsilah keluarga 가계 족보
가구
  (SERBA) serba rumah 집안 살림에 쓰는 가구 일체
  (SERBA) serbarumah 집안 살림에 쓰는 가구 일체
가금
  (AYAM) ayam itik 가금
  UNGGAS 가금
가까이
  (MUKA) di muka hidung 아주 가까이에
가깝다
  (BIBIR) di bibir mata 아주 가까운
  DEKAP 가까운
  DEKAT 가까운
  (DEKAT) dekat-dekat 서로 가까운
  (DEPAN) di depan hidung 아주 가까운
  (DEPAN) di depan mata 아주 가까운
  ERAT 가까운

HAMPIR 가까운
KARIB 가까운
KERABAT 가까운
(NAPAS/NAFAS) napas satu-satu 임종이 가까운
(PANTAS) pantas manis 아주 가까운
PARAK 가까운
(PUNCAK) di puncak hidung 아주 가까운 곳에
RAPAT 가까운
(TARIK) menarik jiwa 임종이 가까운
(TARIK) menarik nyawa 임종이 가까운
(TEPI) tepi hidung 아주 가까운 곳
(UJUNG/HUJUNG) ujung hidung 아주 가까운

가끔

(SUKA) suka-suka 가끔가다가

가난

(ATAP) beratap langit 매우 가난한
(DAPUR) dapur tidak berasap 몹시 가난한
(DAPUR) dapur tidak berkepul 몹시 가난한
(DEDAK) makan dedak 아주 가난한
(GETAH) ditakik getah di daun 아주 가난한
(HELAI) helai sepinggang 아주 가난한
(JANGAT) makan jangat 몹시 가난한
(KAIN) berkain tiga hasta 매우 가난한
(KAIN) kain sehelai kering di badan 매우 가난한
(KAIN) tak berkain sehelai benang 매우 가난한
(KAYU) kayu bongkok 가난하고 천박한 사람
(MAKAN) makan dedak 몹시 가난한
(MAKAN) makan dedak 찢어지게 가난한
(MAKAN) makan jangat 몹시 가난한
(MAKAN) makan jangat 찢어지게 가난한
(MAKAN) makan kawat 몹시 가난한
(MAKAN) makan kawat 찢어지게 가난한
(MAKAN) makan tali 찢어지게 가난한
(MAKAN) makan tanah 찢어지게 가난한
MISKIN 가난한
(MISKIN) miskin papa 몹시 가난한
PAPA 아주 가난한
(PENDEK) pendek tali 가난한
(PUNTUNG) puntung hanyut 몹시 가난한
(SAPU) sapu tangan, menali ayam 가랑이가 찢어지게 가난한
(SAPU) sapu tangan, menali ayam 아주 가난한
(SELIMUT) berselimut embun 매우 가난한
(SULUH) bersuluh bulan 매우 가난한
SUSAH 가난한
(TIDAK) tidak berasap 아주 가난한
(TIDAK) tidak berkain sehelai benang 아주 가난한
(TIDUR) tidur beratapkan langit 매우 가난한
(TIDUR) tidur di bawah langit 매우 가난한
(TIDUR) tidur di kaki lima 매우 가난해서 오갈 데 없는 사람
(TILAM) bertilam pasir 아주 가난한

가난하다

(SAPU) menali ayam 가랑이가 찢어지게 가난한

가논문

(KERTAS) kertas kerja 연구진행 상황을 담은 가논문

가느다랗다

RENIK 가느다란

ㄱ

가는귀

(PEKAK) pekak labang 가는귀

(PEKAK) pekak-pekak bahasa 가는귀

(TELINGA) telinga kuali 가는귀가 먹은

가능

(DAPAT) sedapat mungkin 가능한 한

(MANA) mana bisa 불가능하다(어떻게 가능하겠는가?)

(MANA) mana boleh 불가능하다(어떻게 가능하겠는가?)

가능성

(HARAP) harapan hidup 생존 가능성

(SALAH) salah-salah 가능성이 있는

가다

(ANGKAT) mengangkat ekor 빨리 가다

(BAWA) membawa kaki 정처 없이 가다

(BELAKANG) ke belakang 뒷간에 가다

(BELAKANG) ke belakang 화장실 가다

(CEMAR) bercemar kaki ~로 가다

(HAJ) naik haji 성지(메카) 순례를 가다

(HAJ) pergi haj 성지(메카) 순례를 가다

(KAMBING) kambing putus tali 서둘러 가다

(KETIAK) berketiak ular 끝 간 데 없는

(MALU) malu bertanya sesat jalan 아는 길도 물어서 가라

(MALU) malu makan perut lapar 아는 길도 물어서 가라

(MANA) di mana ada asap, di situ ada api 바늘 가는 데 실 간다

(MANA) tidak ke mana-mana 아무데도 가지 않다

PERGI 가다

(PERGI) naik haji 성지순례를 가다

(PERGI) pergi dahulu 먼저 가다

(PERGI) pergi haji 성지순례를 가다

(PINTAS) memintas jalan 지름길로 가다

(PINTAS) memintasi jalan 지름길로 가다

(SEGAN) segan bertanya, sesat jalan 아는 길도 물어서 가라

(SUNGAI) ke sungai 용변을 보러 가다

(TENGAH) di tengah jalan 길 가던 중에

가다가 중지하면 아니 간 만 못하다

(JALAN) berjalan sampai ke batas, berlayar sampai ke pulau 가다가 중지하면 아니 간 만 못하다

가담

(BALIK) balik dagang 적 쪽에 가담하다

(CUCI) mencuci tangan (범죄에) 가담하지 않다

(TURUT) turut campur 가담하다

(TURUT) turut serta 가담하다

가당찮다

(LUMPUH) bagai si lumpuh pergi merantau 가당찮은 일

가대

(KUDA) kuda-kuda 가대

가득

GENAP 가득한

PENUH 가득한

(SENTIASA/SENANTIASA) sentiasa senang 늘 행복이 가득한

ㄱ

가라앉다
KARAM 가라앉다
(MASUK) dimasuk air 물에 가라앉다
(MASUK) masuk air 물에 가라앉다
PADAM 가라앉다
RENDAM 가라앉다
TENGGELAM 가라앉다
(TURUN) turun darah (화가) 가라앉다
가라앉히다
(DINGIN) mendinginkan hati 마음을 가라앉히다
(LAPANG) melapangkan hati 마음을 가라앉히다
(LEMBUT) melembutkan hati 가라앉히다
(RINTANG) merintang-rintang hati 마음을 가라앉히다
(SABAR) menyabarkan hati 마음을 가라앉히다
(SURUT) menyurutkan darah 마음을 가라앉히다
(TENANG) menenangkan hati 마음을 가라앉히다
가락
LAGU 가락
(LAGU) lagu Melayu asli 말레이 전통 가락
LARAS 가락
NADA 가락
가락지
CINCIN 가락지
GELANG 가락지
가랑비
(GUNTING) seperti gunting makan di ujung 가랑비에 옷 젖는 줄 모르다
가랑이
(MAKAN) makanan enggang hendak dimakan oleh pipit 뱁새가 황새걸음 걸으면 가랑이가 찢어진다
(SAPU) menali ayam 가랑이가 찢어지게 가난한
가래
(HANTU) takut di hantu, terpeluk ke bangkai 호미로 막을 데 가래로 막는다
(KUDIS) kudis menjadi tokak 호미로 막을 것 가래로 막는다
(LENDIR) lendir kahak 가래
(PELUK) takut di hantu, terpeluk ke bangkai 호미로 막을 데 가래로 막는다
(RETAK) retak menanti belah 호미로 막을 데 가래로 막는다
(RETAK) retak mencari belah 호미로 막을 데 가래로 막는다
가렵다
GATAL 가려운
(MIANG) miang gatal 심하게 가려운
가로
LINTANG 가로
MALANG 가로(줄)
가로막다
RINTANG 가로막다
(RINTANG) merintangi jalan 길을 가로막다
가로세로
(SILANG) silang kata 가로세로 글자 맞추기 놀이
(SILANG) silang kata 가로세로 퍼즐
가로지르다
RINTANG 가로지르다
가로채다

(KERAT) mengerat lidah (남의 말을) 가로채다
(PENGGAL) memenggal lidah 말을 가로채다
(PENGGAL) penggal lidah 말을 가로채다
(POTONG) memotong cakap 말을 가로채다

가로켜기
(GERGAJI) gergaji tarik 가로켜기 톱

가루
BUBUK 가루
(BUBUK) bubuk kayu manis 계핏가루
TEPUNG 가루
(TEPUNG) tepung beras 쌀가루
(TEPUNG) tepung jagung 옥수수 가루

가루우유
(SUSU) susu bubuk 가루우유
(SUSU) susu tepung 가루우유

가르다
(RETAS) meretas perut 배를 가르다

가르치다
(AJAR) mengajar 가르치다
(ISI) mengisi kepala 가르치다
(REMAS/RAMAS) meremas bibir 가르치다
(REMAS/RAMAS) meremas mulut 가르치다
TUNJUK 가르치다

가르침
AJAR 가르침
(TUNJUK) tunjuk ajar 온갖 가르침

가리개
TEDENG 가리개
TUDUNG 가리개
(TUDUNG) tudung kain 얼굴 가리개
(TUDUNG) tudung kepala 얼굴 가리개
(TUDUNG) tudung muka 얼굴 가리개
(TUTUP) tutup kepala (이슬람 여성의) 머리 가리개

가리다
(MANA) mana udang, maka ketam direbus tak merah 눈 가리고 아웅
(PANDANG) tidak memandang bulu 가리지 않고
PILIH 가리다
(SAMPAI) sampai hati 앞뒤를 가리지 않다
(SAMPAI) sampai hemat 앞뒤를 가리지 않다
(SEGALA) segala apa 가릴 것 없이
(TIDAK) tidak pilih-pilih (사람을) 가리지 않는
(TUTUP) menutup mata (앞이 안 보이게)눈을 가리다
(TUTUP) menutup muka 얼굴을 가리다

가리키다
TUNJUK 가리키다
UNJUK 가리키다

가마
PUSAR 가마
(PUSAR) pusar kepala (머리의) 가마
(PUSAR) pusar-pusar (머리의) 가마

가마솥
(KUALI) kuali besar 가마솥

가만히 있다

(TIDAK) tidak tinggal diam 가만히 있지 않다
가망
(HARAP) tiada harapan 가망이 없는
(PUTUS) putus ikhtiar 가망 없는
가면
(TUTUP) menutup muka 가면을 쓰다
가명
(NAMA) nama samaran 가명
가문
(ASAL) asal ada kecil pun jadi 양반 가문 출신의
(BUANG) membuang baka 가문을 더럽히다
(PILIH) pilih bulu 가문을 따지는
가물가물
(BIANG) biang-biang kain 기억이 가물가물한
(INGAT) ingat-ingat lupa 기억이 가물가물하다
(LAMPUNG) lampung pukat 가물가물하는
(LAMPUNG) melampung pukat 가물가물하는
(LUPA) lupa-lupa ingat 기억이 가물가물한
가물치
GABUS 가물치
(TOMAN) ikan toman 레드 스네이크헤드 또는 자이언트스네이크헤드라 고 불리는 몸집이 매우 큰 가물치의 일종
가뭄
(KEMARAU) kemarau keras 긴 가뭄
(KEMARAU) kemarau keras 심한 가뭄
가발
(RAMBUT) rambut palsu 가발
가방
KANTONG/KANTUNG 가방
가방끈
(TIDAK) tidak makan sekolah 가방끈이 짧은
가벼이
(ENTENG) anggap enteng 가벼이 여기다
가볍다
(BIBIR) berbibir tipis 입이 가벼운
ENTENG 가벼운
(LEPAS) lepas mulut 입이 가벼운
(LINCIR) lincir lidah 입이 가벼운
(LINCIR) lincir mulut 입이 가벼운
(LIPAT) tak berkelipat perut 입이 가벼운
(MULUT) mulutnya rapuh 입이 가벼운
(PANJANG) panjang bibir 입이 가벼운
(RAPAT) rapat mulut 입이 가벼운
(RAPUH) rapuh mulut 입이 가벼운 (사람)
RINGAN 가벼운
(TABUNG) tabung seruas 입이 가벼운 사람
(TIPIS) tipis bibir 입이 가벼운
가사
(MATI) mati suri 가사(상태)
(RUMAH) rumah tangga 가사
가산
(GALAH) bagai galah dijual 가산을 탕진한
가산탕진

(TEMPAYAN) tempayan menjadi raga, tak akan berair 검소하지 않으면 가산탕진은 당연한 것
ㄱ
가세요
(JALAN) selamat jalan 안녕히 가십시오(가세요)
가속
(TANCAP) tancap gas 가속 페달을 밟다
가솔린
BENSIN/BENZIN 가솔린
(BENSIN/BENZIN) bensin alam 천연가솔린
가스
(ARANG) asam arang 탄산가스
ASAP 가스
가스통
(TABUNG) tabung gas 가스통
가슴
(AMBIL) ambil di hati 가슴에 새기다
(BUAH) buah dada 젖가슴
(CANTUM) tercantum dalam hati 가슴에 아로 새긴
DADA 가슴
(DADA) buah dada 젖가슴
(DADA) dada ayam 새가슴
(DADA) dada burung 새가슴
(DADA) dada manuk 새가슴
(DETAK) berdetak hati 가슴이 철렁 내려앉다
(ELUS) mengelus dada 가슴을 쓸어내리다
(HATI) hatinya berdetak 가슴이 두근거리다
(IRIS/HIRIS) diiris dengan sembilu 가슴을 에는 듯한
(IRIS/HIRIS) mengiris hati 가슴을 에다
(JADI) menjadi buku dalam hati 가슴에 맺힌 응어리가 되다
(KANDUNG) terkandung dalam hati 가슴에 새기다
KAPLOK 가슴을 치다
(MAKAN) termakan sampai ke hati 가슴을 에는 듯한
(MEMAR) luka memar pada dada 가슴 부위의 (피)멍이 든 상처
(PEDIH) pedih hati 가슴이 에이는 듯한
(PILU) memilukan hati 가슴이 미어지게 만들다
(PILU) pilu hati 가슴이 미어지는
(SAKIT) menyakiti hati 가슴을 헤쳐 놓다
(SAYAT) menyayat hati 가슴을 저미다
(SEMAT) tersemat di hati 가슴에 맺힌
(SEMAT) tersemat di hati 가슴에 묻은
(SEMAT) tersemat di hati 가슴에 새긴
(SIMBUR) tersimbur darah di dada (화가 몹시 나서) 가슴이 벌렁거리다
(SIMPUL) tersimpul dalam hati 가슴에 새긴
(SIRAP) menyirap darah (놀라서) 가슴이 두근거리다
(SURAT) tersurat di hati 가슴에 맺힌
(SURAT) tersurat di hati 가슴에 새긴
(TAMBAT) tambatan larat 가슴에 맺힌
(TANAM) tertanam benar 가슴에 맺힌
(TUSUK) menusuk hati 가슴을 헤쳐 놓다
(URUT) mengurut dada 가슴을 쥐어뜯다
(USAP) mengusap dada 가슴을 쓰다듬다
가시
DURI 가시

(DURI) berduri-duri 가시가 많은
(DURI) duri bunga mawar 장미꽃의 가시
(DURI) menduri 가시 같은
SISIR 가시가 들다
(SISIR) kesisiran 가시가 들다
(SISIR) kesisiran 가시에 찔리다

가시다
(BELUM) belum kering keringat di badan 피로가 가시지 않은
(RINGAN) ringan kepala 두통이 말끔히 가신
(RINTANG) merintang-rintang lelah 피로를 가시게 하다

가시줄
(DAWAI) dawai duri 가시줄

가시철망
(KAWAT) kawat berduri 가시철망
(PAGAR) pagar dawai 가시철망
(PAGAR) pagar duri 가시철망
(PAGAR) pagar kawat 가시철망

가시철사
(DAWAI) dawai duri 가시철사

가시철조망
(KAWAT) kawat berduri 가시철조망
(PAGAR) pagar dawai 가시철조망
(PAGAR) pagar duri 가시철조망
(PAGAR) pagar kawat 가시철조망

가식적
(PANDAI) pandai berminyak air 가식적인 행동을 일삼는 (사람)
(SENYUM) senyum palsu 가식적인 미소

가십시오
(JALAN) selamat jalan 안녕히 가십시오(가세요)

가약
(DALAM) dalam janji 가약을 맺은

가오리
(TOHOK) pari tohok 가오리

가옥
(RUMAH) rumah haram 불법 가옥
(RUMAH) rumah liar 불법 가옥
(RUMAH) rumah setinggan 불법 가옥

가욋돈
(MAKAN) makan tangan 의외의 가욋돈이 생기다

가운데
(JALAN) jalan tengah 가운뎃길
(JARI) jari hantu 가운뎃손가락
(JARI) jari malang 가운뎃손가락
(JARI) jari mati 가운뎃손가락
(JARI) jari panjang 가운뎃손가락
(MATA) mata sasaran 과녁의 한 가운데
PUSAT 가운데
TENGAH 가운데

가운뎃손가락
(JARI) jari hantu 가운뎃손가락
(JARI) jari panjang 가운뎃손가락
(JARI) jari tengah 가운뎃손가락
(MATI) jari hantu 가운뎃손가락

(MATI) jari mati 가운뎃손가락
(MATI) jari tengah 가운뎃손가락

가위
GUNTING 가위
(GUNTING) gunting kebun 전지가위
(GUNTING) gunting pagar 울타리용 가위
(GUNTING) gunting rambut 이발용 가위
가을
(GUGUR) musim gugur 가을
(GUGUR) musim rontok 가을
(INGAT) ingat sebelum kena, jimat sebelum habis 가을 식은 밥이 봄 양식이다
(LURUH) musim luruh 가을
(MANIS) manis laksana gula Jawa 오뉴월 풋고추에 가을 피조개
(MANIS) manis seperti gula Jawa 오뉴월 풋고추에 가을 피조개
(MUSIM) musim gugur 가을
(MUSIM) musim luruh 가을
(MUSIM) musim rontok 가을
(UPIK) belum tentu si upik si buyungnya 병아리는 가을에 가서 세여 보아야 한다
가을걷이
(PADI) padi telah pulang semuanya 가을걷이가 끝난
가입비
(UANG/WANG) uang pangkal 가입비
가장
PALING 가장
(TUAN) tuan rumah (집안의) 가장
가장자리
(BIBIR) bibir hutan 숲의 가장자리
SUSUR 가장자리
TEPI 가장자리
UJUNG/HUJUNG 가장자리
가재
(KARANG) udang karang 바다가재
(PAPAN) berlayar sambil memapan 도랑 치고 가재 잡기
가정
(CAMPAK) campak batu keluar 가정에는 소홀하고 바깥에만 신경 쓰는
(RUMAH) rumah tangga 가정
(TEMPUH) menempuh hidup baru 새 가정을 꾸미다
(TIDUR) tidur beratapkan langit 아직 가정을 꾸리지 않은 사람
(TIDUR) tidur di bawah langit 아직 가정을 꾸리지 않은 사람
가정상비약
(OBAT/UBAT) obat rumah 가정상비약
가정주부
(ORANG) orang belakang 가정주부
(ORANG) orang dalam 가정주부
(ORANG) orang dapur 가정주부
(ORANG) orang rumah 가정주부
가져가다
BAWA 가져가다
(SALAH) salah ambil 실수로 남의 물건을 가져가다
가져오다
BAWA 가져오다

ㄱ

가족
(AHLI) ahli famili 가족
(AHLI) ahli rumah 가족
(ANAK) anak buah 가족 (구성원)
(ANAK) anak isteri 가족
(HUBUNG) hubungan darah 가족관계
(HUBUNG) hubungan keluarga 가족관계
(ISI) seisi rumah 가족
KAWAN 가족
KERABAT 가족
(ORANG) orang rumah 가족
(ORANG) orang sedapur 가족
(TEBUS) tebus pintu 퇴근 시 가족을 위해 가져오는 먹을거리
가죽
(KULIT) kulit badak 코뿔소 가죽
가지
CABANG 가지
CAGAK 가지
(RANTING) ranting kering 메마른 가지
(RANTING) ranting mati 메마른 가지
가지가지
(MACAM) macam-macam 가지가지
(RAGAM) beragam-ragam 가지가지
(SERBA) serba aneka 가지가지의
(SERBA) serba jenis 가지가지의
(SERBA) serbaneka 가지가지의
가지각색
(WARNA) warna-warni 가지각색의
가지다
(PELUK) memeluk agama 종교를 가지다
(PELUK) peluk agama 종교를 가지다
가짜
BOHONG 가짜
(GADUNG) wartawan gadungan 가짜기자
LANCUNG 가짜(의)
PALSU 가짜의
(PALSU) ijazah palsu 가짜 증명서
가축
(BAJA) baja kandang 가축의 분뇨로 만든 거름
가치
BOBOT 가치
(BOBOT) berbobot 가치가 있는
(MUTU) bermutu 가치가 있는
NILAI 가치
(NILAI) nilai uang 화폐 가치
(NILAI) nilai wang 화폐 가치
(TIDAK) tidak berharga 가치 없는
(TINGGI) tinggi mutu 가치가 높은
가치관
(UKUR) ukuran zaman 시대적 가치관
가호
(ASSALAMUALAIKUM) assalamualaikum 신의 가호가 깃들기를 (기원합니다)

ㄱ

(PAYUNG) payung emas 신의 가호
각
(SEGI) persegi 각(면)이 있는
각각
(ASING) asing-asing 각각
(RAGAM) banyak orang banyak ragamnya 사람마다 개성은 제 각각이다
TIAP 각각의
(TIAP) tiap-tiap 각각
각막
(SELAPUT) selaput bening 각막
각막염
(RADANG) radang selaput bening 각막염
각오
(BERANI) berani mati 죽을 각오를 하다
(BULAT) membulatkan hati 각오하다
(KUAT) menguatkan hati 각오하다
(PADAT) padat hatinya 각오가 단단한
각주
(CATAT) catatan bawah 각주
(CATAT) catatan kaki 각주
간
(JERAT) menahan jerat di tempat genting 벼룩의 간을 빼먹는 격
(MUKA) bermuka dua 간에 붙었다 쓸개에 붙었다하는
(TAWAR) tawar mawar (음식의) 간이 전혀 안된
간결하다
SINGKAT 간결한
간계
(AKAL) akal keling 간계
(AKAL) akal orang keling 간계
(TIPU) tipu muslihat 간계
간교하다
(LIDAH) berlidah ular 간교한
(LIDAH) lidah biawak 간교한
(LIDAH) lidah ular 간교한
(PUSING) pusing belit 간교한
(PUTAR) putar balik 간교한 속임수
(PUTAR) putar belit 간교한 속임수
간물때
(PASANG) pasang kering 간물때
간사하다
(LIDAH) berlidah ular 간사한
(LIDAH) lidah biawak 간사한
(LIDAH) lidah ular 간사한
간섭
(TURUN) turun tangan 간섭하다
(TURUT) turut campur 간섭하다
(ULUR/HULUR) mengulurkan tangan 간섭하다
간신히
(SAYUP) sayup-sayup sampai 간신히
간여
(LEPAS) berlepas tangan 간여하지 않다
(LEPAS) lepas tangan 간여하지 않다
간음

(BABI) membabi jalang 간음하다
(HUBUNG) hubungan gelap 간음
(JANGAK) menjangak 간음하다
MUKAH 간음
(MUKAH) bermukah 간음하다
(SUMBANG) sumbang salah 간음하다
(SUNDAL) bersundal 간음하다
(SUNDAL) menyundal 간음하다

간절히
(ASA) asa-asaan 간절히 바라는
(HARAP) terharap-harap 간절히 바라는
(MAU/MAHU) mau benar-benar 간절히 바라다

간접세
(PAJAK) pajak tidak langsung 간접세

간조
(PASANG) pasang kering 간조

간지럽다
GELI 간지러운

간직
(GENGGAM) menggenggam rahasia 비밀을 간직하다
(KANDUNG) terkandung dalam hati 마음 속 깊이 간직하다
(MASAK) masak durian, masak manggis 남자보다 여자가 비밀을 잘 간직하게 마련
(RAHASIA/RAHSIA) menyimpan rahasia 비밀을 간직하다
(TANGGANG) tanggang rahasia 비밀을 간직하다
(TANGGANG) tanggang rahsia 비밀을 간직하다
(TARUH) menaruh rahsia 비밀을 간직하다
(TARUH) taruh beras dalam padi 비밀을 잘 간직하는

간질
(BABI) gila babi 간질
(BABI) sawan babi 간질
(GILA) gila babi 간질
(MATI) mati-mati ayam 간질
(PITAM) pitam babi 간질병
(SAKIT) sakit ayan 간질
(SAKIT) sakit celeng 간질
(SAKIT) sakit sawan 간질
(SAWAN) sawan babi 간질

간첩
(MATA) mata-mata 간첩
(SAYAP) sayap kelima 간첩
(SULUH) penyuluh rahasia 간첩
(SULUH) penyuluh rahsia 간첩

간청
(MINTA) minta aman 살려달라고 간청하다
(MINTA) minta ampun 살려달라고 간청하다
(MINTA) minta hidup 살려달라고 간청하다
(MINTA) minta nyawa 살려달라고 간청하다
PINTA/MINTA 간청

간추리다
(PANGKAS) memangkas cerita 간추리다

간탕
GANTANG 간탕 (쌀 측량단위로 한 추박의 네 배, 4.54리터)

ㄱ

간통
(BABI) membabi jalang 간통하다
(DUA) menduai laki (여성이) 간통하다
(HUBUNG) hubungan gelap 간통
(JANGAK) menjangak 간통하다
(LANGKAH) langkah laki 간통녀
(LANGKAH) langkah laki 간통한 여자
(LANGKAH) melangkahi kaki (유부녀가) 간통하다
(LANGKAH) melangkahi laki (여자가) 간통하다
(MAIN) main kayu 간통하다
MUKAH 간통
(MUKAH) bermukah 간통하다
(SUMBANG) sumbang salah 간통하다
(SUNDAL) bersundal 간통하다
(SUNDAL) menyundal 간통하다
간파
(TAHU) tahu di bayang kata 간파하다
(TANGKAP) menangkap maksud 뜻을 간파하다
간판
(PAPAN) papan tanda 간판
간혹
(SUKA) suka-suka 간혹
간흡충
(CACING) cacing hati 간흡충
갈고랑이
SABIT 갈고랑이
갈고리
KAIT 갈고리
갈기갈기
(CABIR) cabar-cabir 갈기갈기 찢다
갈다
ASAH 갈다
DABUNG 이를 날카롭게 갈다
GANTI 갈다
(GERTAK) menggertakkan gigi 자면서 이를 가는 (증상)
(LAMBUK) melambuk sawah 논을 갈다
LULUH 갈다
TUKAR 갈다
갈라서다
(HABIS) habis jodoh 갈라서다
(SILANG) bersilang jalan (길을) 갈라서다
(SIMPANG) bersimpang jalan 갈라서다
갈라지다
LEKANG 갈라진
(PECAH) pecah belah 쫙쫙 갈라지다
(PECAH) pecah-pecah 쫙쫙 갈라지다
갈림길
(SIMPANG) *simpang* jalan 갈림길
갈망
(BIBIR) menjilat bibir 갈망하는
IDAM 갈망
(JILAT) menjilat bibir 갈망하다
(MAU/MAHU) mau benar-benar 갈망하다

갈매기
(BURUNG) burung camar 갈매기
(BURUNG) burung dara laut 제비갈매기류
갈빗대
(RUSUK) tulang rusuk 갈빗대
갈증
(BASAH) membasahi kerongkongan 갈증을 해소하다
DAHAGA 갈증이 나는
(KERING) berkering tekak 갈증이 심한
(KERONGKONGAN) kerongkongan kering 심하게 갈증이 나는
갈취하다
PERAS/MEMERAS 갈취하다
갈팡질팡
(RAMBANG) rambang mata 갈팡질팡하는
갈풀
RUMPUT 갈풀
갈피
(CABANG) bercabang hati 마음의 갈피를 못 잡다
RAMBANG 갈피를 못 잡는
(UJUNG/HUJUNG) tidak tentu ujung pangkal 갈피를 잡을 수 없는
감
(JINAK) jinak-jinak lalat 남의 잔치에 감 놓아라 배 놓아라하는 사람
(PISANG) pisang kaki 감
(TERANG) terang-terang daun kacang 감을 잡기 시작한
감각
CITA 감각
(PANCANG) pancang dirasa 감각이 예민한
(TELINGA) telinga tebal (감각이) 둔한
감귤
LIMAU 감귤
감기
(MASUK) masuk angin 몸살(감기)
(SAKIT) sakit sejuk 몸살감기
감나무
(PISANG) pisang kaki 감나무
감다
KEJAM (눈을) 감다
(TUTUP) menutup mata (지그시) 눈을 감다
(BALUT) membalut luka 상처를 붕대로 감다
(KILI/KILI-KILI) mengili layang-layang (연을 내리기 위해) 연줄을 감다
(SAUH) membongkar sauh 닻을 감다
감당
(TITI/TITIAN) meniti buih 매우 힘든 일을 감당하다
감독
(PASANG) pasang mata 감독하다
감독관
MANDUR 감독관
감동
(GERAK) menggerakkan hati 감동시키다
(GETAR) getaran hati 감동
(HATI) gerak hati 감동
(KETUK) mengetuk hati 감동시키다
(SEDIH) menyedihkan hati 감동을 자아내다

ㄱ

감미롭다
SEDAP 감미로운
(SEDAP) sedap bunyi (음악이) 감미로운
(SEDAP) sedap manis 감미로운
감방
(KAMAR) kamar berterali 감방
(KAMAR) kamar gelap 감방
KURUNG 감방
(PASUNG) pasungan 감방
감비르
GAMBIR 감비르 (꼭두서니과의 약용 덩굴식물)
(GAMBIR) daun gambir 감비르 잎사귀
감사
ALHAMDULILLAH 알함둘릴라 (무슬림들이 다행과 감사를 표현하는 말)
(ALHAMDULILLAH) alhamdulillah 감사하다
(ALHAMDULILLAH) alhamdulillah 감사합니다
(ALHAMDULILLAH) alhamdulillahi 감사하다
(ALHAMDULILLAH) alhamdulillahi 감사합니다
(KURANG) kurang terima 감사할 줄 모르는
SYUKUR 감사(하다)
(SYUKUR) bersyukur 감사하다
(TERIMA) terima kasih 감사하다
감사드리다
(TERIMA) terima syukur 신께 감사드리다
감사합니다
(TERIMA) terima kasih 감사합니다 (감사의 뜻을 표하는 인사말)
감소
SURUT 감소하다
감시
KAWAL 감시
(KAWAL) kawalan 감시
(PASANG) pasang mata 감시하다
(TARUH) menaruh mata 감시하다
(TARUH) taruh mata 감시하다
감시초소
(KANDANG) kandang monyet 감시초소
감시탑
(MENARA) menara pengawas 감시탑
감식
SIDIK (지문을) 감식하다
(SIDIK) sidik jari 지문 감식
감언이설
(BUNGA) bunga bibir 감언이설
(CUMBU) cumbuan 감언이설
(MANIS) manis di bibir 감언이설
(MANIS) manis mulut 감언이설로 (남을) 잘 꾀는
(MASAK) masak di luar, mentah di dalam 감언이설을 일삼는 (사람)
(MATI) mati semut karena gula 감언이설에 패가망신한 (사람)
감옥
(PASUNG) pasungan 감옥
(RUMAH) rumah tidak berdapur 감옥
(RUMAH) rumah tutupan 감옥

감자
(UBI) ubi kentang 감자
감정
(ASAM) mengasami hati 감정을 상하게 하다
(BUNTU) buntu hati 감정이 없는
(CEPAT) cepat hati 쉽게 감정이 상하는
(DATANG) datang angin 묘한 감정이 생기다
(ELUS) mengelus dada 감정을 억누르다
(GORES) menggores hati 감정을 일으키다
(ISI) isi dada 감정
(ISI) isi hati 감정
(ISI) isi perut 감정
(KARAT) karat hati 나쁜 감정
(PINTU) pintu hati 감정
(RAPUH) rapuh hati 감정적인
(RASA) perasa angin 감정이 예민한
(SEPIT) menyepitkan lidah ke lantai (감정을) 억제하다
(SINGGUNG) menyinggung perasaan 감정을 건드리다
(SINGGUNG) menyinggung (감정을) 건드리다
(SINGGUNG) mudah tersinggung 감정의 기복이 심한
(SINGGUNG) tersinggung lebih bak kena 감정이 매우 예민한
(TELAN) menelan ludah (감정을) 억제하다
(TELINGA) telinga tipis 감정이 아주 예민한
(TENANG) menenangkan fikiran (감정을) 누그러뜨리다
(TENANG) menenangkan pikiran (감정을) 누그러뜨리다
감쪽같이
(LENYAP) lenyap melindang 감쪽같이 사라지다
(LENYAP) lenyap sama sekali 감쪽같이 사라지다
(TELAN) ditelan bulat-bulat 감쪽같이 속아 넘어가다
(TELAN) ditelan mentah-mentah 감쪽같이 속아 넘어가다
감추다
(RUPA) merupakan diri 신분을 감추다
SEMBUNYI 감추다
(SEMBUNYI) menyembunyikan muka 치부를 감추다
(SEMBUNYI) sembunyi tuma 공공연한 비밀을 감추려 애쓰다
감탄고토
(SAUK) tersauk ikan suka, tersauk batang masam 감탄고토
감탄사
(KATA) kata seru 감탄사
(SERU) kata seru 감탄사
감하다
TOLAK 감하다
감형
(POTONG) potong tahanan 감형(하다)
감히
(HATI) sampai hati 감히 ~하다
갑부
(KAYA) kaya besar 대단한 갑부의
(KAYA) kaya raya 대단한 갑부의
(RAJA) raja harta 갑부
(RAJA) raja uang 갑부
(RAJA) raja wang 갑부
갑상선

(GONDOK) kelenjar gondok 갑상선
갑상선종
GONDOK 갑상선종

갑옷
(BAJU) baju besi 갑옷
갑자기
DADAK 갑자기
(DADAK) mendadak sontak 갑자기
(DATANG) datang-datang 갑자기
(TIBA) tiba-tiba 갑자기
갑판
GELADAK 갑판
LANTAI (배의) 갑판
(LANTAI) lantai kapal 갑판
값
HARGA 값
(KALI) murah sekali 아주 (값이) 싼
(LETAK) letak harga 값을 매기다
MURAH 값이 싼
ONGKOS 값
(TAWAR) tawar-menawar (물건 값을) 깎다
갓 나오다
HANGAT 갓 나온
갓난아기
BAYI 갓난아기
갓난아이
(ANAK) anak merah 갓난아이
BAYI 갓난아이
강
(ANAK) anak air 작은 강
(ANAK) anak sungai 작은 강
(BATANG) batang air 강줄기
(BATANG) batang hari 강의 본줄기
(JALAN) jalan air 강
KALI 강
(KALI) kali mati 물이 흐르지 않는 강
SUNGAI 강
(TALI) tali air 강
강가
(TEBING) tebing sungai 강가 절벽
강간
(LANGGAR) melanggar pagar ayu 강간하다
강경조치
(TANGAN) bertangan besi 강경조치를 취하다
(TANGAN) bertangan kuat 강경조치를 취하다
강구
(PAGAR) memagar diri 자위책을 강구하다
강녕하다
(SEHAT/SIHAT) sehat dan alfiat 강녕한
(SEHAT/SIHAT) sehat walafiat 강녕한
강대국
(KUASA) kuasa besar 강대국
(NEGARA) negara besar 강대국

강도
(GOLOK) perampok bergolok 골록을 든 무장강도
(RAMPOK/ROMPAK) perampok 강도
(RAMPOK/ROMPAK) perompak 강도
강도질
(REBUT) rebut rampas 여러 가지 강도질
(TEGAK) tegak di batas 강도질하다
강등
(JATUH) jatuh ke bawah 강등되다
(TIMAH) dahulu timah sekarang besi (직급이) 강등되다
(TIMAH) timah jadi besi (직급이) 강등되다
강력
KAWI 강력한
강변
(SISIR) menyisir sungai 강변을 따라가다
강샘
(DENGKI) dengki hati 강샘하는
(HATI) dengki hati 강샘
(HATI) iri hati 강샘하는
(RASA) merasa cemburu 강샘하다
(RASA) merasa dengki 강샘하다
(RASA) merasa iri hati 강샘하다
(RASA) rasa dengki 강샘
(RASA) rasa iri hati 강샘
강세
(TEKAN) tekanan suara (말의) 강세
강어귀
(MULUT) mulut sungai 강어귀
강연
(ANGKAT) angkat bicara 연설(강연)을 시작하다
(ANGKAT) mengangkat suara 강연하다
(PENDEKAR) pendekar kata 강연의 달인
(PENDEKAR) pendekar lidah 강연의 달인
강요
(AIR) berair mata darah 강요하다
(KERAS) mengeraskan perut 강요하다
강인하다
TABAH 강인한
강자
(TANAH) menimbun tanah yang tinggi, menggali tanah yang lekuk 강자에게 약하고 약자에게는 강한 사람
강장제
(OBAT/UBAT) obat kuat 강장제
강적
(KETAT) musuh ketat 강적
(MUSUH) musuh keras 강적
(MUSUH) musuh ketat 강적
강정
(BUNGKUS) besar bungkus tak berisi 텅 빈 강정
강제노역
(KERJA) kerja raja 강제노역
강조
(GARIS) menggarisbawahi 강조하다

(TITIK) menitikberatkan 강조하다
강철
(SEMANGAT) semangat waja 강철 같은 의지
(WAJA) semangat waja 강철 같은 의지
강취
(SAMUN) samun sakal 폭력을 사용해 강취하는 것
강탈
RAMPAS 강탈하다
(SAMUN) samun sakal 강탈
강하다
KERAS 강한
(PANDAI) pandai hidup 생활력이 강한
PEKAT 강한
(SETIA) setiawan 지조가 아주 강한
(TABAH) tabah menanggung 인내심이 강한
(TEBAL) tebal semangat 의욕이 강한
(TELINGA) bertelinga lembut 봉사 정신이 강한
(TENAGA) tenaga kuda (힘이) 대단히 강한
(TINGGI) tinggi nafsu 성욕이 강한
갖가지
(MACAM) macam-macam 갖가지(의)
갖다
(TABUR) menabur benih 성관계를 갖다
(TARUH) menaruh fikiran 관심을 갖다
(TARUH) menaruh perhatian 관심을 갖다
(TARUH) menaruh pikiran 관심을 갖다
갖추다
(ERAT) mempererat ikat pinggang 만반의 준비를 갖춘
(GULUNG) menggulung celana (일할) 태세를 갖추다
(PASANG) pasang langkah tiga 방어태세를 갖추다
같다
(BELAH) seperti pinang belahan dua 꼭 같은
(RAGAM) seragam 같은 방식의
(RAGAM) seragam 같은 종류의
(RAGAM) seragam 같은 형태의
(SAMA) sama arah 같은 방향의
SATU 같은
~같은
SAMA ~같은
~같이
BAK ~같이 (비유적 표현을 표시하는 기능어)
(GAYA) gaya-gayanya ~같이
KAYAK/KAYA ~같이
SEPERTI ~같이
갚다
(ANGSUR/ANSUR) mengangsur utang 빚을 조금씩 갚다
(ANGSUR/ANSUR) mengansur hutang 빚을 조금씩 갚다
(BALAS) *balas jasa* 은혜를 갚다
LUNAS (빚을) 갚다
(PULANG) memulangkan balas 원수를 갚다
(SEBAB) sebab mulut leher terjerat 말 한마디로 천 냥 빚을 갚는다
(TANGGUK) menangguk hutang 빚을 갚다
(TANGGUK) menangguk utang 빚을 갚다

TEBUS 갚다
(TEBUS) menebus 은혜를 갚다
(TEBUS) menebus 죄를 갚다
(TEBUS) menebusi 은혜를 갚다
(TEBUS) menebusi 죄를 갚다
(TUNTUT) menuntut balas 원수를 갚다

개
ANJING 개
(ANJING) anjing kampung 잡종개
(GELADAK) anjing geladak 들개
(IKAN) ikan gantung, kucing tunggu 닭 쫓던 개 지붕 쳐다보는 격
(KAMPUNG) anjing kampung 들개
(KATA) belanga hitam 똥 묻은 개가 겨 묻은 개 나무란다
(KATA) kata periuk 똥 묻은 개가 겨 묻은 개 나무란다
(KAYA) kaya anjing gila 미친개같이
(KAYA) kaya anjing gila 미친개처럼
(KEPITING) kepiting menyuruh anaknya berjalan betul 똥 묻은 개가 겨 묻은 개 나무란다
(KETAM) ketam menyuruh anaknya berjalan betul 똥 묻은 개가 겨 묻은 개 나무란다
(LURUS) lurus-lurus ekor anjing, walau bagaimanapun ada juga bengkoknya 제 버릇 개 줄까
(PANCING) pancing makan umpan 내 밥 먹은 개가 발뒤축 문다
(PERIUK) periuk mengumpat belanga 똥 묻은 개가 겨 묻은 개 나무란다
(PUTIH) putih dikejar, kuning tak dapat 닭 쫓던 개 지붕 쳐다보는 격
(RUMAH) rumah terbakar tikus habis lari 정승집 개 죽은 데는 가도 정승 죽은 데는 안 간다
(SEKAM) seperti api di dalam sekam 점잖은 개가 부뚜막에 먼저 오른다
(TANAH) bukan tanah menjadi padi 개 꼬리 삼 년 두어도 황모 되지 않는다
(TELUNJUK) telunjuk lurus, kelengking berkait 점잖은 개가 똥을 먹는다
(UKUR) ukur baju di badan sendiri 개가 미친다고 소까지 미치겠나

개각
(GANTI) penggantian pemerintahan 개각

개간
(COCOK) bercocok tanah 개간하다

개구리
(JAGO) jago kandang 우물 안 개구리
(KACANG) kacang lupakan kulitnya 개구리가 올챙이 적 생각 못 한다
KATAK 개구리
(KATAK) katak di bawah tempurung 우물 안 개구리
(PASAK) pasak kampung 우물 안 개구리
(SEPERTI) seperti katak di bawah tempurung 우물 안 개구리
(SEPERTI) seperti ulat lupakan daun 개구리가 올챙이 적 생각 못 한다
(ULAT) ulat lupakan daun 개구리 올챙이 적 생각 못한다

개그맨
(LAWAK) pelawak 개그맨

개꼬리
(KAMBING) anak kambing tak akan jadi anak harimau 개꼬리 삼 년 묻어도 황모 되지 못한다

개다
RAMAS 개다
SINGSING 개다

ㄱ

개똥벌레
KUNANG-KUNANG 개똥벌레
개망신
(MALU) malu tercoreng di muka 개망신을 당하다
(JUNJUNG) menjunjung sangkak ayam 개망신을 당하다
(MALU) malu besar 개망신
(MALU) malu tercoreng di dahi 개망신을 당하다
(MUKA) muka ditampar dengan kulit babi 개망신을 당한
개머리
TANGKAI (총의) 개머리
개머리판
SIKU (총의) 개머리판
(SIKU) siku bedil (총의) 개머리판
(TANGKAI) tangkai bedil 총의 개머리(판)
개미
(LALAT) tak ada lalat langau 개미새끼 한 마리도 보이지 않는
SEMUT 개미
개미구멍
(PANAS) panas setahun dihapuskan oleh hujan sehari 개미구멍으로 공든 탑 무너진다
개미허리
(CEKAK) pinggang secekak jari manis 개미허리 (같은)
개발
(ASAH) mengasah bakat 소질을 개발하다
(BUKA) membuka jalan 개발하다
(RENCANA) rencana pembangunan lima tahun 5개년 개발 계획
개밥
(MENTIMUN/KETIMUN) mentimun bengkok 개밥의 도토리
개방
(BUKA) membuka pintu 문호를 개방하다
(PINTU) pintu terbuka 개방된
개방정책
(POLITIK) politik pintu terbuka 개방정책
개살구
(GENAP) dibilang genap, dipagar ganjil 빛 좋은 개살구
개선
KUDIS 개선
개설
(BUKA) membuka buku, membuka kartu (은행) 계좌를 개설하다
개성
(RAGAM) banyak orang banyak ragamnya 사람마다 개성은 제 각각이다
개시
(AMBIL) mengambil langkah 행동을 개시하다
BUKA 개시하다
(MULA) mulai 개시하다
(ORAK) mengorak langkah 개시하다
(ORAK) orak langkah 개시하다
개업
(BUKA) buka praktek (의사가) 개업하다
개요
(GARIS) garis besar 개요
개운하다
(KUDA) kuda lepas pingitan 개운한

ㄱ

개울
BANDAR 개울
개인
(BATANG) batang tubuh 개인의
(MILIK) milik sendiri 개인소유
개입
(MASUK) masuk campur 개입하다
(MASUK) masuk tangan 개입하다
개작
(OLAH) mengolah kembali 개작하다
(OLAH) olah kembali 개작하다
개종
(MASUK) masuk Melayu 이슬람으로 개종하다
(MELAYU) masuk Melayu 이슬람으로 개종하다
개죽음
(AYAM) mati ayam 개죽음하다
(BONGKONG) mati bongkong 개죽음(하다)
(BUANG) membuang-buang nyawa 개죽음하다
(KONYOL) mati konyol 개죽음
(MATI) mati ayam 개죽음
(MATI) mati bongkong 개죽음
(MATI) mati katak 개죽음
(MATI) mati konyol 개죽음
개진
(MASUK) masuk mulut 의견을 개진하다
(RUAH) meruahkan pendapat 의견을 개진하다
개척
(BUKA) membuka jalan 개척하다
개척자
(RETAS) peretas jalan 개척자
개천
ALUR 개천
(CACING) cacing telah menjadi naga 개천에서 용 났다
(PIJAT-PIJAT) pijat-pijat menjadi kura-kura 개천에서 용 났다
(RANJAU) ranjau darat 개천
객사
(PULANG) pulang nama 객사하다
객석
PANGGUNG 객석
객지
(BAWA) membawa nasib 일자리를 찾아 객지로 떠돌다
(SESAT) sesat langkah 객지에서 사고를 당하다
갯벌
(LUMPUR) lumpur hitam 갯벌
(LUMPUR) lumpur katam 갯벌
갯질경이
(EKOR) ekor angin 갯질경이
갱
LOMBONG 갱
갱년기
(PUTUS) putus darah 갱년기(의)
(TAMAT) tamat haid 갱년기의
갱도

LOMBONG 갱도

갱생
(SAUK) sauk air mandikan diri 자력갱생

갸름하다
(SIRIH) bujur sirih (용모가) 구장 잎처럼 갸름한

거간꾼
TALANG 거간꾼

거꾸로
(BALIK) balik belah 거꾸로 된

거닐다
(LENGGANG) berlenggang kangkung 한가롭게 거닐다

거대
(BESAR) sebesar gajah 거대한

거덜 나다
(TINGGAL) tinggal sehelai sepinggang (사업 실패로) 살림이 거덜 나다

거두
(PASAK) pasak negeri 거두

거두다
(NAPAS/NAFAS) napas sudah putus 이미 숨을 거두다
(NYAWA) nyawa sudah melayang 이미 숨을 거둔
(NYAWA) nyawa-nyawa ikan 거의 숨을 거둔

거둥길
(LEMBU) lembu punya susu, sapi dapat nama 거둥길 닦아 놓으니 깍쟁이가 먼저 지나간다
(NASI) nasi sama ditanak, kerak dimakan seorang 거둥길 닦아 놓으니 깍쟁이가 먼저 지나간다

거듭하다
(SILIH) ganti bersilih 변화를 거듭하다
(SILIH) silih berganti 변화를 거듭하다
(SILIH) silih ganti 변화를 거듭하다

거래
(BANTING) pembantingan harga 헐값거래
DAGANG 거래
(MASUK) masuk pintu belakang 뒷(문)거래를 하다

거룩
SUCI 거룩한

거룻배
BIDUK 거룻배

거름
BAJA 거름
(BAJA) baja kandang 가축의 분뇨로 만든 거름

거리
LANGKAH 거리
RENGGANG 거리가 있는
(SAYUP) sesayup-sayup 육안으로 보이는 (거리)

거만
(ANGKAT) mengangkat diri 거만한
ANGKUH 거만한
(ANGKUH) sikap angkuh 거만한 태도
(BESAR) berbesar hati 거만하다
(BESAR) besar cakap 거만한
(BESAR) besar hati 거만한
(BESAR) besar hidung 거만한

(BESAR) besar kepala 거만한
(BESAR) membesarkan diri 거만한
(CAKAP) cakap besar 거만한
(CEKAK) bercekak pinggang 거만한 자세를 취한
(GELEGAR) gelegar buluh 거만한
(HATI) berhati tinggi 거만한
(HATI) hatinya tinggi 거만하다
(HATI) tinggi hati 거만한
(HIDUNG) hidung tinggi 거만한
(ITIK) itik bertaji 거만한 겁쟁이
(KAMBING) kambing harga sekupang 매우 거만한
(KEMBANG) berkembang lobang hidungnya 거만해 지다
(KEMBANG) mengembang cuping hidupnya 거만해 지다
(LAMBUNG) lambung dada 거만하게 굴다
(LAMBUNG) melambungkan dada 거만하게 굴다
(LEBAR) lebar mulut 거만한
(LEMBUNG) lembung dada 거만한
(LEMBUNG) melembungkan dada 거만한
(MULUT) bermulut lebar 매우 거만한
(MULUT) mulut besar 거만한
(NAIK) naik hati 거만한
(SENYUM) senyum raja 거만한 미소
(SEPERTI) seperti bujang baru berkeris 몹시 거만한
(SEPERTI) seperti labu dibenam 매우 거만한
SOMBONG 거만한
(SUBANG) bak gadis baru bersubang 아주 거만한
(TIDAK) tidak nasi di balik kerak 거만한
(TOLAK) bertolak pinggang 거만한

거머리
LINTAH 거머리
PACAT 거머리

거물
(BESAR) orang besar 거물

거미
LABAH-LABAH 거미

거미줄
(KAIN) kain basah kering di pinggang 입에 거미줄 치다
(LABAH-LABAH) sarang labah-labah 거미줄
(RAJIN) rajin mengais, tembolok berisi 부지런한 사람 목에 거미줄 치지 않는다

거미집
(LABAH-LABAH) sarang labah-labah 거미집
(SARANG) sarang labah-labah 거미집

거미집(줄)
(JARING) jaring labah-labah 거미집(줄)

거부
MUNGKIR 거부하다
(TOLAK) tolak mentah 무조건 거부하다

거부권
(HAK) hak ingkar 거부권
(HAK) hak tolak 거부권
(HAK) hak veto 거부권

거북

KURA-KURA 거북
KURA-KURA 거북처럼 생긴 사물
(KURA-KURA) kura-kura daun 헛가시거북
(KURA-KURA) kura-kura duri 등갑가시거북
(KURA-KURA) kura-kura katup 상자거북
(KURA-KURA) kura-kura padi 상자거북
(NANTI) menantikan kucing bertanduk 거북이 잔등이에서 털을 긁는다

거북하다
(SUARA) suara sumbang 듣기 거북한 목소리
(SUMBANG) sumbang telinga 듣기 거북한

거세다
(MARAK) naik marak (불꽃이) 거세게 일다

거스르다
(SUARA) suara sumbang 민의를 거스르는 이견

거스름
(SISA) sisa uang 거스름 돈
(SISA) sisa wang 거스름 돈

거슬리다
(GATAL) gatal telinga 귀에 거슬리는
(RASA) merasa tersinggung 마음에 거슬리다

거슴츠레
KOCAK 거슴츠레한

거슴츠레하다
(MATA) mata kayu (눈이) 거슴츠레한

거울
CERMIN 거울
(CERMIN) cermin cekung 오목거울
(CERMIN) cermin cembung 볼록거울
KACA 거울
(KACA) kaca muka 거울
(LAHIR) yang lahir menunjukkan yang batin 행실은 마음의 거울이다

거의
(CEMAS) cemas-cemas 거의
(HAMPIR) hampir-hampir 거의
NYARIS 거의

거인
(MANUSIA) manusia besar 거인

거적
TIKAR 거적

거절
(GOYANG) menggoyangkan kepala 거절하다
(PATAH) patah siku 차마 거절을 못하는
(PATAH) patah tulang 차마 거절을 못하는

거주
DIAM 거주하다

거주민
(RANTAU) anak rantau 해안가 거주민
(RANTAU) orang rantau 해안가 거주민

거주지
(NEGERI) bernegerikan betis 일정한 거주지가 없는
(TEMPAT) tempat tinggal 거주지

거즈
(KAPAS) kapas pembalut 멸균거즈

거짓
(BAKAR) bakar tidak berapi 거짓사랑
BOHONG 거짓
(BUKAN) bukan-bukan 거짓의
DENGKUL 거짓(의)
(HATI) berhati bengkok 거짓의
(KISAR) duduk berkisar, tegak berpaling 거짓약속을 밥 먹듯 하는
(MURAH) murah di mulut, mahal di timbangan 거짓약속을 일삼는 사람
PALSU 거짓의
(PUTIH) putih hati 거짓이 없는
(SUMPAH) sumpah bohong 거짓 맹세
(SUMPAH) sumpah dusta 거짓 맹세
(SUMPAH) sumpah palsu 거짓 맹세
거짓말
BUAL 거짓말
DUSTA 거짓말
(DUSTA) dusta semata-mata 새빨간 거짓말
(DUSTA) mendusta 거짓말하다
(HITUNG) hitam dikatakan putih, putih dikatakan hitam 새빨간 거짓말을 하다
(KERUT) kerut merut 거짓말투성이(의)
(OMONG) omong kosong 거짓말
(PANJANG) sama panjang dengan urat perut 새빨간 거짓말
(TANGKAP) tangkap buta (거짓말로) 남을 무고하다
TIPU 거짓말
거짓말쟁이
(TAHI) tahi kerak 거짓말쟁이
(TAHI) tahi minyak 거짓말쟁이
(TUKANG) tukang bohong 거짓말쟁이
거짓약속
(JANJI) janji gombal 거짓약속
(TITI/TITIAN) titian biasa lapuk, janji biasa mungkir 사람들의 약속은 대부분 거짓약속이다
(UNJUK) unjuk yang tidak diberikan 거짓약속
거처
(HINGGAP) terbang-terbang hinggap 거처가 일정치 않은
거총
(ANGKAT) angkat senjata 거총
거추장스럽다
(DURI) duri dalam daging 항상 거추장스러운
거친
KASAR 거친
거칠다
(ENTENG) enteng lidah 입이 거친
(KASAR) kasar mulut 입이 거친
(MULUT) bermulut kotor 입이 거친
(MULUT) bermulut rampus 입이 거친
(MULUT) mulutnya tajam 입이 거친
RUSUH 거친
거침없다
(CETUS) bak cetus api 거침없는
LANCAR 거침없는
거침없이

LANTAS 거침없이

거품

BUIH (물)거품

(BUIH) buih mulut 입에 생긴 거품

ㄱ

걱정

(AMAN) aman hati 걱정이 없는

(AMBIL) ambil pusing 걱정하다

BIMBANG 걱정하는

(BIMBANG) bimbang hati 걱정하는

CEMAS 걱정하는

(CEMAS) cemas hati 걱정이 많은

(HATI) berhati kusut 걱정되는

(HATI) berhati walang 걱정이 태산 같은

(HATI) hati walang 걱정하는

(HATI) walang hati 걱정하는

KHAWATIR/KHUATIR 걱정하다

(KHAWATIR/KHUATIR) khawatir kalau-kalau ~일까 걱정이다

(KUSUT) kusut hati 걱정되는

(LEGA) melegakan dada 근심걱정을 덜어 주다

(LEGA) melegakan hati 근심걱정을 덜어 주다

(RASA) rasa khawatir 걱정

(RASA) rasa khuatir 걱정

(RISAU) merisaukan masa depan 미래를 걱정하다

(SANGKA) sangka buruk 걱정하다

(SENANG) senang hati 걱정 없는

(TANGGUNG) tanggung beres (틀림없이 좋으니) 걱정하지 마라

(TONGKAT) menongkat langit 내일 살 일만 생각하고 오늘 죽을 걱정 안 하는 격

WASWAS 걱정

걱정거리

(GERHANA) gerhana bulan 걱정거리가 많은

(GERHANA) gerhana matahari 걱정거리가 많은

걱정되다

(RASA) berasa bimbang 걱정되다

걱정스럽다

(RISAU) risau hati 걱정스러운

건강

(ENAK) enak badan 건강한

(NYAMAN) badan yang nyaman 건강한 신체

SEHAT/SIHAT 건강한

(SEHAT/SIHAT) sehat dan alfiat 건강하고 평안한

(SEHAT/SIHAT) sehat walafiat 건강하고 평안한

(SEHAT/SIHAT) sehat-sehat saja 건강합니다

(SEHAT/SIHAT) sihat-sihat sahaja 건강합니다

건기

(KERING) musim kemarau 건기

(KERING) musim kering 건기

(MASA) masa kering 건기

(MASA) masa susah 건기

(MASA) zaman meleset 건기

(MUSIM) musim kemarau 건기

(MUSIM) musim kering 건기

건너다

(LEMAK) lemak manis jangan ditelan, lemak pahit jangan dimuntahkan 돌다리도 두들겨 보고 건너라
(SEDAP) sedap manis jangan ditelan, pahit jangan dimuntahkan 돌다리도 두들기고 건넌다
(SELAMAT) biar lambat asal selamat 돌다리도 두들기고 건넌다

건네다
(LAWAN) melawan bicara 말을 건네다
(LONTAR) melontarkan senyuman 미소를 건네다
(SALAM) memberi salam 인사말을 건네다
(SAPA) menyapa 말을 건네다
(TEGUR) menegur sapa 말을 건네다

건달
(TUKANG) tukang ukur jalan 건달

건드리다
CECAH 건드리다
SENTUH 건드리다
(SIKU) menyiku 팔꿈치로 툭 건드리다
SINGGUNG (팔꿈치로) 건드리다
(SINGGUNG) menyinggung perasaan 감정을 건드리다
(SINGGUNG) menyinggung (감정을) 건드리다
(SINGGUNG) menyinggung (팔꿈치로 다른 사람을) 건드리다
(SINGGUNG) menyinggung 살짝 건드리다

건망증
(LUPA) lupa-lupa 건망증이 심한
(LUPA) lupa-lupaan 건망증이 심한
(OTAK) otak kapur 건망증이 심한 (사람)
(PENDEK) pendek ingatan 건망증이 있는 (사람)

건물
BALAI 건물
(BANGUN) berbangun liar 무허가 건물이 들어서다
GEDUNG 건물
(RUMAH) rumah haram 무허가 건물
(RUMAH) rumah liar 무허가 건물
(RUMAH) rumah setinggan 무허가 건물
(TINGKAT) bangunan enam tingkat 6층 건물

건물사용권
(HAK) hak guna bangunan 건물사용권

건물세
(PAJAK) pajak bumi dan bangunan 토지 및 건물세
(PAJAK) pajak tanah dan rumah 토지 및 건물세

건방
(ANGKAT) mengangkat hidung 건방진
ANGKUH 건방진
(BUJANG) bujang jolong berkeris 건방진
(BUNTAL) bagai buntal kembung 어리석고 건방진
(KAMBING) kambing harga sekupang 매우 건방진
(LABU) labu dibenam 아주 건방진
(SEPERTI) seperti bujang baru berkeris 매우 건방진
(TIDAK) tidak nasi di balik kerak 건방진
(TIDAK) tidak tahu diri 건방진
(TOLAK) bertolak pinggang 건방진

건배
(ANGKAT) mengangkat gelas 건배하다

건설
(PANCANG) memancang gelanggang 경기장을 건설하다
(RENTANG) merentang jambatan 교량을 건설하다
(RENTANG) merentang jembatan 교량을 건설하다

ㄱ

건설부장관
(MENTERI) menteri pekerjaan umum 건설부장관
건성
(ASAL) asal saja 건성의
(MUKA) bermuka-muka saja 건성으로 일하다
(TENGAH) setengah hati 건성으로
건성건성
(HATI) setengah hati 건성건성
(TENGAH) setengah-setengah 건성건성
건전
(AKAL) akal budi 건전한 생각
(AKAL) akal sehat 건전한 생각
(SEHAT/SIHAT) sehat akal (사상이) 건전한
(SEHAT/SIHAT) sehat pikiran (사상이) 건전한
(SEHAT/SIHAT) sihat fikiran (사상이) 건전한
건조
KEMARAU 건조한
KERING 건조한
건지다
(LEPAS) lepas jiwa 목숨을 건지다
(LEPAS) lepas untung 목숨을 건지다
(LEPAS) melepaskan jiwa 목숨을 건지다
(LEPAS) melepaskan untung 목숨을 건지다
(LINDUNG) lindung nyawa 목숨을 건지다
(LINDUNG) melindungkan nyawa 목숨을 건지다
(TOLONG) tolong anjing tersepit, sesudah lepas dia menggigit 물에 빠진 놈 건져 놓으니까 내 봇짐 내라 한다
(TOLONG) tolong nyawa 목숨을 건지다
건축물
(TIANG) tiang tengah (건축물의 주요) 기둥
걷다
(GELENG) geleng seperti si patung kenyang 으스대며 걷다
(JALAN) berjalan pincang 절뚝거리며 걷다
(JALAN) berjalan semut beriring 느릿느릿 걷다
(JALAN) berjalan timpang 절뚝거리며 걷다
(LOMPAT) lompat gagak 절뚝거리며 걷다
(PUKUL) pukul kaki 도보로 걷다
걷어붙이다
(PENDEK) memendekkan lengan baju 팔을 걷어붙이다
걷히다
SINGSING 걷히다
걸다
AMPAI 걸다
(ANTAR) *mengantarkan* nyawa 목숨을 걸다
(BUANG) membuang nyawa 목숨을 걸다
GANTUNG 걸다
(HARAP) membilang harapan 기대를 걸다
(KOREK) mengorek lubang hidung 일부러 시비를 걸다
(LIMBAT) minta sisik pada limbat 불가능한 일에 기대를 걸다

(MINTA) minta tanduk kepada kuda 불가능한 일에 기대를 걸다
(MINTA) minta tulang kepada lintah 불가능한 일에 기대를 걸다
(POTONG) potong jari 감히 내기를 걸다
(PUKUL) memukul telefon 전화를 걸다
(PUKUL) memukul telepon 전화를 걸다
(SABUNG) menyabung jiwa 목숨을 걸다
(SABUNG) menyabung nyawa 목숨을 걸다
(SAMPAI) sampai tua 기대를 걸지 말라
(SISIK) minta sisik pada limbat 불가능한 일에 기대를 걸다
(TARUH) mempertaruhkan nyawa 목숨을 걸다
(TEBUS) menebus dengan darah 목숨을 걸다
(TEKAN) tekan mati 목숨을 걸다
(TEMPUH) menempuh bahaya 목숨을 걸다

걸리다
(BUANG) buang air darah 이질에 걸리다
(DURI) duri dalam daging 마음에 걸리는
HINGGAP 걸리다
(LATAH) latah wilangan 상사병에 걸리다
(MAKAN) makan masa 시간이 걸리다
(MAKAN) makan tempo 시간이 걸리다
(MAKAN) makan waktu 시간이 걸리다
(MAKAN) termakan guna-guna 마법에 걸린
SANGKUT 걸린
(TINGGAL) tinggal nadi 중병에 걸린

걸맞다
(SALAH) salah kena 걸맞지 않는

걸스카우트
(PANDU) pandu puteri 걸스카우트

걸식
(BAWA) membawa lidah 걸식하다
(BAWA) membawa mulut 걸식하다
(BAWA) membawa perut 걸식하다

걸신
(LAPANG) lapang perut 걸신스레 음식을 탐하는 (사람)

걸신쟁이
(LAPANG) lapang perut 걸신쟁이

걸음
LANGKAH 걸음
(LAYAR) berlayar sampai ke pulau, berjalan sampai ke batas 내친걸음
(PUTIH) putih tapak kakinya berlari 걸음아 날 살려라

걸음마
(PIJAK) pijak tanah 어린아이의 첫걸음마를 위한 의식

걸쭉하다
PEKAT 걸쭉한

걸치다
(TELANJANG) telanjang bogel 실 한 오리 안 걸친
(TELANJANG) telanjang bugil 실 한 오리 안 걸친
(TELANJANG) telanjang bulat 실 한 오리 안 걸친

걸터앉다
HINGGAP 걸터앉다

검다
(GULA) hitam-hitam gula jawa 검을수록 아름답다
HITAM 검은

(HITAM) hitam manis (얼굴이) 검지만 예쁜
(HITAM) hitam pahit 검고 못생긴
(HITAM) hitam-hitam gula jawa 검을수록 오히려 아름답다

검독수리
(ELANG) elang hitam 검독수리
검문소
(JEMBATAN/JAMBATAN) jembatan timbangan 과적차량 검문소
검붉다
(MERAH) merah sepang 검붉은 색
(MERAH) merah tua 검붉은 색
(SEPANG) merah sepang 검붉은 색
검사
(DAKWA) pendakwa raya 검사
JAKSA 검사
검소
(TEMPAYAN) tempayan menjadi raga, tak akan berair 검소하지 않으면 가산탕진은 당연한 것
검열
(LOLOS) lolos sensor 검열을 통과하다
검은죽지 솔개
(ELANG) elang putih 검은죽지 솔개
검지
TELUNJUK 검지
검찰
(AGUNG) jaksa agung 검찰총장
검찰관
(DAKWA) pendakwa raya 검찰관
검찰총장
(JAKSA) jaksa agung 검찰총장
검토
(TIMBANG) timbang-menimbang 면밀히 검토하다
겁
(BERANI) berani udang 겁내는
CABAR 겁먹은
(CIUT) ciut hati 겁이 많은
(DAHSYAT) mendahsyatkan hati 겁주다
(HATI) berhati tungau 겁이 많은
(HATI) hatinya kecil 겁이 많다
(HATI) hatinya kuncup 겁먹다
(KALAH) kalah gertak 겁먹다
(KAMBING) kambing dalam biduk 잔뜩 겁먹은
(KECIL) berkecil hati 겁이 많다
(KECIL) kekecilan hati 겁
KECUT 겁나는
(KECUT) kecut hati 겁나는
(KEMBANG) berkembang tengkuknya 겁이 나다
(KUNCUP) menguncup hatinya 겁나는
(MERAH) *merah darah* 겁이 없는
(PECAH) pecah hati 겁을 내다
(REMANG) meremang bulu kuduk 몹시 겁을 먹다
(REMANG) meremang bulu roma 몹시 겁을 먹다
(REMANG) meremang bulu tengkuk 몹시 겁을 먹다
(SEMANGAT) semangat kambing 겁이 많은 (사람)

ㄱ

TAKUT 겁나는
(TAKUT) takut akan bayang-bayang 지레 겁을 먹은
(TAKUT) takut bayang-bayang 지레 겁을 먹은
(TUNGGANG) tunggang hati 아무 것도 겁내지 않는

겁보
(DARAH) berdarah bali 겁보

겁쟁이
(AYAM) ayam kampung 겁쟁이
(AYAM) ayam sayur 겁쟁이
(BERANI) malu berani 겁쟁이
(BERANI) mati takut 겁쟁이
(BESAR) besar kalang 겁쟁이
(DARAH) berdarah bali 겁쟁이
(HATI) kecut hati 겁쟁이
(INDUK) induk ayam 겁쟁이
(ITIK) itik bertaji 거만한 겁쟁이
(KALANG) besar kalang 겁쟁이(의)
(KECIL) kecil hati 겁쟁이
(MALU) malu berani 겁쟁이
(MALU) mati takut 겁쟁이
(MANDI) mandi tak basah 겁쟁이
(MANDI) mandi tidak basah 겁쟁이
(PENDEKAR) pendekar sambal 겁쟁이
(RUPA) hati tikus 큰소리만 치는 겁쟁이
(RUPA) rupa harimau 큰소리만 치는 겁쟁이
(SEMANGAT) semangat kambing 겁쟁이(의)
(TAKUT) penakut 겁쟁이

겁주다
(KANJI) menganji hati 겁주다

겉
(ANGKUH) angkuh terbawa, tampan tertinggal 겉과 속이 다른 사람
LAHIR 겉
(LAHIR) pada lahirnya 겉으로는
LUAR 겉
(PUTIH) putih di luar, kuning di dalam 겉과 속이 다른 사람
(TANAM) tanam tebu di bibir 겉과 속이 다른 능청스러운 사람
(TANAM) tanam tebu di tepi bibir 겉과 속이 다른 능청스러운 사람
(TEBU) tanam tebu di bibir mulut 겉과 속이 다른 능청스러운 사람

겉껍질
(KULIT) kulit ari 겉껍질

겉모습
(PADI) bukan tanahnya menjadi padi 겉모습이 속과 꼭 같은 것은 아니다

겉모양
(KECEK) kecek berlauk-lauk, makan dengan sambal lada 겉모양만 번드르르한
WAJAH (사물의) 겉모양

겉치레
(PANDAI) pandai berminyak air 겉치레 말만 늘어놓는 (사람)
(SILIH) silih mata 겉치레 (예물, 혼수)

겉치장
(ANGKUH) angkuh terbawa, tampan tertinggal 겉치장을 좋아하는 사람을 놀리는 말

게

KEPITING 게
KETAM 게
(LAYANG) matanya terlayang-layang 샛바람에 게 눈 감기듯
게걸스럽다
(BESAR) besar lambung 게걸스러운
(BESAR) besar perut 게걸스러운
게우다
MUNTAH 게우다
게으르다
(BERAT) berat ekor 게으른
(BERAT) berat kaki 게으른
(BERAT) berat siku 게으른
(BERAT) berat tangan 게으른
MALAS 게으른
(PANGKU) berpangku tangan 몹시 게으른
(PELUK) berpeluk lutut 몹시 게으른
(PELUK) berpeluk tangan 몹시 게으른
(PELUK) berpeluk tubuh 몹시 게으른
(PELUK) peluk lutut 몹시 게으른
(SEGAN) segan menggerak lingkar 게을러빠진
(SEGAN) segan menggerak lingkar 게을러터진
(SEGAN) segan mengorak lingkar 게을러빠진
(SEGAN) segan mengorak lingkar 게을러터진
(TAHU) tahu makan 게으른
(TANGAN) tangan berat 게으른
게으름뱅이
(BERAT) berat pinggul 게으름뱅이
(LEMBU) lembu kenyang 게으름뱅이
(SELIMUT) selimut kemalasan 게으름뱅이
게으름쟁이
(SELIMUT) selimut kemalasan 게으름쟁이
게을러터지다
(NANTI) menanti nasi disajikan ke lutut 게을러터진 사람
겨
DEDAK 겨
(KATA) belanga hitam 똥 묻은 개가 겨 묻은 개 나무란다
(KATA) kata periuk 똥 묻은 개가 겨 묻은 개 나무란다
(KEPITING) kepiting menyuruh anaknya berjalan betul 똥 묻은 개가 겨 묻은 개 나무란다
(KETAM) ketam menyuruh anaknya berjalan betul 똥 묻은 개가 겨 묻은 개 나무란다
(PERIUK) periuk mengumpat belanga 똥 묻은 개가 겨 묻은 개 나무란다
SEKAM 겨
겨드랑이
KETIAK 겨드랑이
겨루다
(ANGGAR) beranggar pena 겨루다
(GAGAH) bergagah-gagahan 서로 힘을 겨루다
(MAIN) main gayung 겨루다
(SILAT) bersilat 실랏으로 겨루다
겨를
(LUANG) waktu terluang 겨를
(MASA) masa lapang 겨를

(MASA) masa lega 겨를
TENGGANG (힘씀) 겨를
(TENGGANG) tenggang daya 애씀 겨를
(TENGGANG) tenggang daya 힘씀 겨를
겨우
(SAYUP) sayup-sayup sampai 겨우(닿는)
겨울
(DINGIN) musim dingin 겨울
(DINGIN) musim sejuk 겨울
(KAKI) kaki naik, kepala turun 여름에 하루 놀면 겨울에 열흘 굶는다
(MUSIM) musim dingin 겨울
(MUSIM) musim sejuk 겨울
격노
AMARAH 격노
(DARAH) darah mendidih 격노하다
GERAM 격노
(GERAM) menggeram 격노하다
(NAFSU) nafsu amarah 격노
(PITAM) naik pitam 격노하다
(SINGA) menyinga 격노하다
(SIRAP) tersirap hati 격노하다
격노하다
(NAIK) naik pitam 격노한
격랑
GELORA 격랑
격려
(BESAR) membesarkan hati 격려하다
(KEMBANG) mengembangkan hati 격려하다
격론
(TIMBANG) bertimbangan kata 격론을 벌이다
(UJUNG/HUJUNG) mengadu ujung lidah 격론을 벌이다
격분
(DARAH) darah mendidih 격분하다
(NAIK) naik pitam 격분한
(PITAM) naik pitam 격분하다
(SANGKAK) menyangkak hati 격분하다
(SINGA) menyinga 격분하다
(SIRAP) tersirap hati 격분하다
격식
RAGAM 격식
격언
(TIKAM) tikaman bahasa 격언
격정
(GELORA) laut gelora 격정
겪다
(ANJING) anjing terpanggang ekor 엄청난 어려움을 겪다
(JATUH) jatuh bangun 온갖 고초를 다 겪다
(RASA) merasai asin garam 산전수전 다 겪은
(RASA) merasai pahit getir 산전수전 다 겪은
(SAKIT) bersakit-sakit 갖가지 고통을 겪다
(TAHU) tahu berat ringan 산전수전 다 겪은
(TAHU) tahu di asin garam 산전수전 다 겪은
(TANGGUNG) menanggung ragam 산전수전을 다 겪다

(TELAN) banyak menelan garam hidup 산전수전을 다 겪다
견갑골
(TAMPAR) tamparan nyamuk 견갑골
(TULANG) tulang belikat 견갑골
(TULANG) tulang dayung 견갑골
(TULANG) tulang kipas 견갑골
견고
(AKAR) mengakar tunggang (위치 또는 지위가) 견고해 지다
ERAT 견고한
KERAS 견고한
견디다
(SABAR) menyabarkan hati 견디다
TAHAN 견디다
견문
(ANAK) anak kemarin 견문이 넓지 않은
(KURUNG) terkurung paham 견문이 부족한
(LUAS) meluaskan pemandangan 견문을 넓히다
견실
TEGUH 견실한
견원지간
(ANJING) seperti anjing dengan kucing 견원지간
(KUCING) seperti anjing dengan kucing 견원지간
(MINYAK) minyak tak akan bercampur dengan air 견원지간이 가까워 질리 만무하다
(RETAK) retak batu 견원지간
(ROMA) tak boleh bertemu roma 견원지간
(SEPERTI) seperti minyak dengan air 견원지간
(TIDAK) tidak boleh bertemu roma 견원지간의
견해
(AYUN) seayun sebuaian 견해가 일치하는
(BALIK) terbalik kalang 견해를 달리하다
(BELOK) berbelok pikiran 견해가 바뀌다
(DIRI) pendirian 견해
(HILIR) sehilir semudik 견해가 같은
(SILANG) bersilang selisih 견해가 엇갈리는
견해차
(SILANG) silang selisih 견해차
(SILANG) silang sengketa 견해차
(SIMPANG) bersimpang kata 견해차를 보이는
(SIMPANG) bersimpang sebut 견해차를 보이는
(SIRAM) menyiram kobaran api dengan air 견해차를 좁히다
결과
(BIBIR) tinggal menghapus bibir 실망스러운 결과
HASIL 결과
JADI 결과
(KAJI) lancar karena diulang, pasar jalan karena diturut 모든 것이 노력의 결과이다
(TITIK) titik peluh 스스로 피땀 흘린 노력의 결과
결국
(LAMA) lama-lama 결국
결근
(LARI) lari dari tugas 무단결근(하다)
결론

(BULAT) bulat kata di mufakat 회의의 결론
(TARIK) menarik kesimpulan 결론짓다
결막
(SELAPUT) selaput mata 결막
결막염
(RADANG) radang selaput mata 결막염
결산
(TUTUP) menutup buku 결산하다
(TUTUP) tutup buku 결산
(TUTUP) tutup kira 결산
결석
(BATU) batu ginjal 신장결석
결승선
(GARIS) garis akhir 결승선
결승전
(LAWAN) lawan akhir 결승전
결심
(PADAT) padat hatinya 결심을 굳힌
(PUTUS) putus hati 결심하다
(PUTUS) putus niat 확실한 결심
(TETAP) tetap hati (결심이) 확고부동한
결원
(LOWONG) lowongan kerja 결원
결의
(KATA) kata putus 결의
결점
(ASAM) sudah seasam segaram 결점이 없는
(BERSIH) bersih hati 결점이 없는
(NODA) noda hitam 결점
결정
(KATA) kata putus 결정
(KATA) kata tidak berpucuk 최종 결정
(NASI) nasi masak 다시는 뒤집을 수 없는 최종 결정
(NASI) periuk pecah 다시는 뒤집을 수 없는 최종 결정
(TIMBANG) timbangan berat sebelah 한쪽으로 치우친 (결정)
결초보은
(UBI) ada budi ada balas 결초보은
(UBI) ada ubi ada talas 결초보은
결함
CEDERA 결함이 있는
(KURANG) kurang sesayat sebelanga 약간의 신체적 결함이 있는
결합
(BALIK) balik kerak 재결합
SAMBUNG 결합시키다
결핵
(PARU-PARU) penyakit paru-paru 결핵
(SAKIT) penyakit batuk kering 결핵
(SAKIT) penyakit paru-paru 결핵
(SAKIT) sakit dada 결핵
결혼
(BELANJA) belanja angus 신랑 측이 결혼식 비용으로 신부 측에게 주는 돈
(BELI) membeli kerbau bertuntun 생면부지의 처녀와 결혼하다

ㄱ

(BELI) membeli kucing dalam karung 생면부지의 처녀와 결혼하다
(BOHONG) perkawinan bohong-bohongan 가짜 결혼
(BUNGA) bunga dipersunting 결혼한 여자
(CINA) cina buta 이슬람 사회에서 이혼녀의 재결합을 위해 돈을 받고 형식적인 결혼을 해 주는 남자
(ERAM) mengerami telur orang 아이 밴 여자와 결혼하다
(GANTI) ganti tikar 사망한 아내의 친인척과 결혼하다
(GERBANG) gerbang perkahwinan 결혼 생활
(GERBANG) gerbang perkawinan 결혼 생활
KAWIN/KAHWIN 결혼(하다)
(KAWIN/KAHWIN) kawin gantung 미완성 결혼
(KAWIN/KAHWIN) kawin lari 보쌈결혼
(KAWIN/KAHWIN) kawin massal 단체결혼
(KAWIN/KAHWIN) nikah gantung 미완성 결혼
(LANGKAH) melangkahi kakak 손윗사람보다 먼저 결혼하다
(LINTAS) kelintas adik 동생이 먼저 결혼하다
(NAIK) naik mempelai 결혼하다
NIKAH 결혼
(NIKAH) nikah gantung (혼인서약만 하고 공식 결혼식을 올리지 않은) 미완성 결혼
(NIKAH) nikah gantung (혼인서약만 하고 실제 부부생활을 하지 않는) 미완성 결혼
(ORANG) orang baharu 갓 결혼한 사람
(ORANG) orang baru 갓 결혼한 사람
(PAKAI) memakai adat 결혼하다
(PANJAT) dipanjat asap kemenyan 결혼하다
(PUNYA) berpunya 결혼한
(PUTIK) buahnya mabuk dimakan 결혼 전에 임신한 여자
(PUTIK) putik mendahului bunga 결혼 전에 임신한 여자
(RUMAH) rumah tangga 결혼
(SAUH) sauh larat 여러 차례 결혼을 거듭하는 사람
(SUAMI) bersuami 결혼한
(SUDAH) sudah berkubur 이미 결혼한
(SUDAH) sudah diasapi kemenyan 이미 결혼한
(SURUT) menyurutkan istri 이혼했던 아내와 다시 결혼하다
(SURUT) surut kepada bekas isterinya 이혼했던 아내와 다시 결혼하다
(TEGAK) tegakkan masjid 결혼하다
(TEGAK) tegakkan mesjid 결혼하다
(TELAH) telah rujuk 이혼했던 아내와 다시 결혼하다
(TEMU) bertemu jodoh 결혼하다
(TEMU) mempertemukan jodoh 결혼시키다
(TERIMA) terima nikah 결혼하다
(TIDUR) tidur di kasur 돈 많고 마음씨 좋은 여자와 결혼하다
(TILAM) jatuh di atas tilam 아름답고 돈 많은 여자와 결혼하다
(TUKAR) bertukar lauk 결혼을 여러 차례 하는 남자
(TUKAR) bertukar tikar 사망한 아내의 친인척과 결혼하다
(TURUN) turun ranjang 사망한 아내의 친인척과 결혼을 하다

결혼비용
(UANG/WANG) uang hangus (신랑 측이 내 놓는) 결혼비용

결혼식
(INAI) adat berinai (말레이인들의 결혼식 때) 헤너로 손톱을 물들이는 의식
(TEGAK) tegakkan masjid 결혼식을 올리다

(TEGAK) tegakkan mesjid 결혼식을 올리다
결혼예물
(ISI) isi kawin 신랑이 신부에게 주는 결혼예물
(ISI) mas kawin 신랑이 신부에게 주는 결혼예물
결혼잔치
(MAKAN) makan nasi minyak 결혼잔치
결혼전야
(MALAM) malam inai 결혼전야
결혼지참금
(EMAS) emas kawin 결혼지참금
(HARTA) harta pembawaan 결혼지참금
겸비
(ILMU) berilmu padi 겸손과 지식을 겸비한
겸손
(GIGI) lunak gigi daripada lidah 아주 겸손한
(HATI) kaya hati 겸손한
(HATI) rendah hati 겸손한
(ILMU) berilmu padi 겸손과 지식을 겸비한
(LUNAK) lunak gigi dari(pada) lidah 아주 겸손한
(RENDAH) kerendahan hati 겸손함
(RENDAH) rendah bicara 겸손한
(RENDAH) rendah hati 겸손한
(RINGAN) memperingan diri 지나치게 겸손을 떨다
겸손히
(RENDAH) merendahkan hati 겸손히 행동하다
(RENDAH) merendahkan diri 겸손히 행동하다
겸양어
(BAHASA) bahasa halus 겸양어
겸연쩍다
(MALU) malu-malu bahasa 겸연쩍은
(MERAH) merah muka 겸연쩍은
(SALAH) salah rasa 겸연쩍다
겸하다
(KALI) sekalian 겸해서
겸허
(LUNAK) lunak gigi dari(pada) lidah 매우 겸허한
겹
LAPIS 겹
SUSUN 겹
겹겹
(LIPAT) berlipat-lipat 겹겹의
겹겹이
(LAPIS) lapis-lapis 겹겹이
(SUSUN) bersusun-susun 겹겹이
(TIMPA) bertimpa-timpa 겹겹이
(TIMPA) timpa-timpa 겹겹이
(TINDIH) bertindih-tindih 겹겹이
겹치다
TINDIH 겹치다
경
(DAUN) daun keladi dimandikan 쇠귀에 경 읽기
(GURUH) tak ada guruh bagi orang pekak, tak ada kilat bagi orang buta 쇠귀에 경 읽기

(LUTUT) berkata-kata dengan lutut 쇠귀에 경 읽기
(TONGGAK) bagai mengatai tonggak 쇠귀에 경 읽기
경건
(SIMPUH/TIMPUH) sembah simpuh 경건하게
경계
(TAPAK) tapak batas (영역을 가르는) 경계
(TITIK) titik pangkal (경계의) 기준점
(TITIK) titik tolak (경계의) 기준점
경골
(TULANG) tulang kering 경골
경관
(LEHER) leher rahim 자궁 경관
경기
(BOLA) bola kaki 축구 (경기)
(BOLA) bola voli pantai 비치볼 (경기)
(BOLA) sepak bola 축구 (경기)
(RENANG) lomba renang 수영 경기
(RENANG) lumba renang 수영 경기
경기장
GELANGGANG 경기장
(LAPANG) lapangan hijau 축구 경기장
(PANCANG) memancang gelanggang 경기장을 건설하다
경력
(JUNJUNG) menjunjung uban 경력이 오래된
(ORANG) orang lama 경력이 많은 사람
경련
(SAKIT) sakit ular-ularan 경련(이 일어나다)
SAWAN 경련
(SEMUT) semut-semutan 경련이 일어나다
경마
(KEPALA) diberi bahu hendak kepala 말 타면 경마 잡히고 싶다
(LOMBA/LUMBA) lomba kuda 경마
(PAHA) diberi betis hendak paha pula 말 타면 경마 잡히고 싶다
경멸
(PIJAK) memijak kepala 경멸하다
(SINGGUNG) menyinggung nama baik 경멸하다
경비(원)
KAWAL 경비(원)
경비정
(KAPAL) kapal peronda pantai 해안경비정
경사
ERENG 경사진
LERENG 경사
경상
(LUKA) luka ringan 경상
(LUKA) luka sedikit 경상
경선
(BUJUR) garis bujur 경선
경솔
(CEROBOH) kecerobohan 경솔함
(KURANG) kurang hati-hati 경솔한
(LANCANG) lancang kaki 경솔한
경시

(ABAI) tidak terabaikan 경시될 수 없는
(ENTENG) anggap enteng 경시하다
(OMBAK) ombak yang kecil jangan diabaikan 사소한 것이라도 경시해서는 안 된다

경악
(ANGKAT) mengangkat alis 경악하다
(SIRAP) menyirapkan darah 경악하게 만들다

경애
(BAPAK/BAPA) bapak-bapak dan ibu-ibu sekalian (경애하는) 신사 숙녀 여러분

경영진
(SIDANG) sidang pengurus 경영진

경외
(MALU) malu mata 경외하는
(PENUH) penuh hormat 경외하는
SEGAN 경외하는
TAKUT 경외하는
(TAKUT) rasa takut 경외
(TAKUT) takut akan Allah 신을 경외하다

경위
(DUDUK) duduk perkara 사건의 경위

경의
(ANGKAT) mengangkat sembah 경의를 표하다

경이롭다
(ANGKAT) mengangkat kening 경이롭다

경작
(COCOK) bercocok tanam 경작하다

경작지
(TANAH) tanah hidup 경작지

경쟁
ADU 경쟁하다
LOMBA/LUMBA 경쟁
(LOMBA/LUMBA) berlomba-lomba 서로 경쟁하다
(LOMBA/LUMBA) lomba-lomba 서로 경쟁하다
(REBUT) berebut petai hampa 소모적인 경쟁을 하다
(REBUT) rebut rezeki 생존경쟁

경쟁력
(DAYA) daya saing 경쟁력

경쟁 상대
LAWAN 경쟁 상대

경제
(GAWAT) gawat ekonomi 경제적 위기
(TURUN) turun naik (경제가) 기복이 있는

경제력
(KANTONG/KANTUNG) berkantong tebal 경제력이 있는
(KANTONG/KANTUNG) berkantong tipis 경제력이 없는

경주
LOMBA/LUMBA 경주
(LOMBA/LUMBA) kerapan sapi 소 경주
(LOMBA/LUMBA) lomba lembu 소 경주
(RANTAI) lari berantai 릴레이 경주
(RINTANG) lomba lari rintangan 장애물 경주

경주용

(SEPEDA/BASIKAL) sepeda balap 경주용 자전거

경찰
(ALAT) alat kekuasaan 경찰
(ALAT) alat negara 경찰
(HAMBA) hamba hukum 경찰
(MATA) mata-mata gelap 비밀경찰
(MATA) mata-mata 경찰
POLISI/POLIS 경찰
(POLISI/POLIS) polis rahsia 비밀경찰
(POLISI/POLIS) polis trafik 교통경찰
(POLISI/POLIS) polisi lalu lintas 교통경찰
(POLISI/POLIS) polisi rahasia 비밀경찰
(WANITA) polis wanita 여자 경찰
(WANITA) polisi wanita 여자 경찰

경찰서
(KANTOR) kantor polisi 경찰서
(RUMAH) rumah pasung 경찰서

경청
(BUKA) membuka telinga 경청하다
(DENGAR) dengar baik-baik 경청하다
(PASANG) memasang telinga 경청하다
(PASANG) pasang telinga 경청하다

경풍
SAWAN 경풍

경향
(CENDERUNG) kecenderungan 경향

경험
(ALAM) alam banyak 경험이 많은
(ALAM) pengalaman manis 기분 좋은 경험
(ALAM) pengalaman manis 좋은 경험
(ALAM) pengalaman pahit 쓴 경험
(ANAK) anak ingusan 아직 경험이 없는
(ANAK) anak kemarin dulu 경험이 없는
(ANAK) anak kemarin 경험이 없는
(ASAM) asam garam kehidupan 인생경험
(BANYAK) banyak makan garam 경험 많은
(BAU) bau bawang 경험이 부족한
(BELUM) belum masak 아직 경험이 부족한
(DARAH) darah muda 경험이 부족한
(GARAM) garam penghidupan 삶의 경험
(HIJAU) masih hijau 아직 경험이 부족한
(JAUH) jauh pemandangan 경험이 많은
(KAYA) kaya mata 경험이 많은
(KENYANG) kenyang makan garam 경험이 많은
(KENYANG) kenyang makan kerak 경험이 많은
(LADA) belum tahu dipedas lada 아직 경험이 부족한
(LAMA) lama hidup banyak dirasa 경험이 많은
(MAKAN) makan garam 경험이 많은 (사람)
(MASAK) masak mangsai 경험이 많은
(MASAK) masak masai 경험이 많은
(MASIH) masih bau bawang 경험이 적은
(MASIH) masih hijau 아직 경험이 부족한
(PANJAT) memanjat bersengkelit 경험이 부족한

(RASA) merasai asam garam kehidupan 인생 경험이 풍부한
(SUDAH) sudah panjang langkahnya 경험이 많은
(TAHU) tahu di asin garam 경험이 많은
(TELAH) telah kenyang makan kerak 경험이 많은
(UMUR) umur setahun jagung 경험이 없는
경호대
(BARIS) barisan pengawal 경호대
곁
SISI 곁
곁길
(JALAN) jalan simpang 곁길
곁쇠
(KUNCI) kunci maling 곁쇠
계곡
LURAH 계곡
계급
(CABANG) cabang atas 상류계급
PANGKAT 계급
계단
(ANAK) anak tangga 계단
JENJANG 계단
TANGGA 계단
TINGKAT 계단
계단식
(SAWAH) sawah berjenjang 계단식 논
계란
(DABIK) mendabik dada parang 계란으로 바위치기
(MONYET) kera menjadi monyet 계란이나 달걀이나
(PUKUL) memukul telur 계란을 휘젓다
(TELUR) telur ayam 계란
계란프라이
(MATA) mata kerbau 노른자를 성한 상태로 부친 계란프라이
(MATA) mata lembu 노른자를 성한 상태로 부친 계란프라이
(MATA) mata sapi 노른자를 성한 상태로 부친 계란프라이
(TELUR) mata lembu 계란프라이
(TELUR) telur mata sapi 계란프라이
계략
AKAL 계략
(AKAL) akal keling 계략
(AKAL) akal orang keling 계략
(BESAR) sebesar labah-labah 계략이 뛰어난
HELAH 계략
(HELAH) tipu helah 온갖 계략
(JALAN) menjalankan jarum halusnya 교활한 계략을 쓰다
(JARUM) jarum halus 계략
(JARUM) jarumnya halus 계략이 교활하다
JERAT 계략
MUSLIHAT 계략
계보
SILSILAH/SALASILAH 계보
(SILSILAH/SALASILAH) silsilah raja-raja 왕들의 계보
(SUSUR) susur galur 계보
(USUL) asal usul 계보

(USUL) usul asal 계보

계산
(BUKU) tidak masuk buku 계산에서 빠진
(MASUK) masuk bilangan 계산에 넣다
(MASUK) masuk buku 계산에 넣다
(MASUK) masuk hitung 계산에 넣다
(MASUK) masuk kira 계산에 넣다
(PUNYA) hitung punya hitung 계산하고 또 계산해서
(PUNYA) hitung punya hitung 아무리 계산해도
RUNDING 계산
(SALAH) salah kira 계산이 틀리다
(TIDAK) tidak masuk buku 계산에 넣지 않는

계산기
(KIRA) mesin kira 계산기
(MESIN) mesin hitung 계산기
(MESIN) mesin kira 계산기

계산대
(MEJA) meja kedai 상점 계산대

계속
(ADA) ada buntutnya 계속되는
(ADA) ada ekornya 계속되는
LANJUT 계속되는
(LARAT) berlarat-larat 한없이 계속되다
(LARAT) larat-larat 한없이 계속되다
(LARAT) melarat-larat 한없이 계속되다
(SAMBUNG) menyambung pembicaraan 회담을 계속하다
(SAMBUNG) menyambung perkataan 회담을 계속하다
(SUANG) tak suang-suangnya 계속해서
(TALI) bertali-tali 계속해서
TERUS 계속
(TERUS) terus-menerus 계속해서
(TERUS) terus-terusan 계속해서
(TIDAK) tidak henti-henti 계속해서
(ULAS) mengulas bicara 말을 계속하다

계속되다
(LARUT) berlarut-larut 한없이 계속되다
(LARUT) larut-larut 한없이 계속되다
(TALI) bertali arus 연이어 계속되는

계수나무
(KAYU) kayu manis 계수나무

계시
SURUH 계시

계약
AKAD 계약
(AKAD) akad bawah tangan 비밀계약

계약금
(UANG/WANG) uang hangus 계약 파기 시 잃어버리는 계약금

계약직
(ORANG) orang gaji 계약직 직원
(ORANG) orang gajian 계약직 직원

계영
(GAYA) gaya ganti 계영

계절

(GELORA) musim gelora 태풍이 오는 계절
(RUNTUH) musim durian meruntuh 두리안 열매가 익어 땅에 떨어지는 계절
계좌
(BUKA) membuka buku, membuka kartu (은행) 계좌를 개설하다
계주
(SAMBUNG) lari bersambung 계주
계집
(NYAMUK) nyamuk mati, gatal tak lepas 계집의 곡한 마음 오뉴월에 서리 친다
계층
KALANG 계층
KAUM 계층
(KAUM) kaum dagang 상인계층
(KAUM) kaum eksekutif 관리계층
(KAUM) kaum mapan 안정계층
(KAUM) kaum miskin 빈민계층
KELAS 계층
(KELAS) kelas ringan 하찮은 계층
WARGA 계층
계통
SILSILAH/SALASILAH 계통
(SUSUR) susur galur 계통
계통도
(POHON/POKOK) pohon silsilah 계통도
계피
(BUBUK) bubuk kayu manis 계핏가루
(KAYU) kayu manis 계피(나무)
(KULIT) kulit manis 계피
계획
(MASIH) masih dalam telur 아직 계획 중에 있는
(MASIH) masih di dalam telur 아직 계획 중에 있는
NIAT 계획
(PIKIR/FIKIR) pikir masak-masak 계획하다
PROYEK/PROJEK 계획
(PROYEK/PROJEK) proyek angkasa luar 우주 계획
RENCANA 계획
(RENCANA) rencana buta 날림 계획
(RENCANA) rencana induk 기본 계획
(RENCANA) rencana induk 종합 계획
(RENCANA) rencana kerja 업무 계획
(RENCANA) rencana kerja 작업 계획
(RENCANA) rencana pembangunan lima tahun 5개년 개발 계획
고가
(JEMBATAN/JAMBATAN) jembatan layang 고가 횡단도로
고개
(CONGAK) mencongak 고개를 쳐들다
(DONGAK) mendongak kepala 고개를 쳐들다
고관
MENTERI 고관
고구마
(UBI) ubi merah 고구마
고국

(BUMI) bumi istana 고국
(IBU) ibu pertiwi 고국

ㄱ

고귀
MULIA 고귀한
고귀하다
TINGGI 고귀한
고급
(KELAS) kelas satu 최고급(의)
(TINGKAT) tingkat atas (품질이) 고급인
고기
(AIR) air kaldu 고깃국
(AYAM) ayam potong(an) 고기닭
(CACAH) mencacah daging (고기를) 저미다
DAGING 고기
(DAGING) daging basah 생고기
(KUCING) kucing bertanduk 솔밭에서 고기 낚기
고깃국
(AIR) air kaldu 고깃국
고난
(HUJAN) hujan batu 고난
고달프다
(REGANG) meregang hidupnya 삶이 몹시 고달픈
(SIANG) siang berpanas malam berembun 노숙자로 전락한 고달픈 삶
고대
(ASA) asa-asaan 고대하는
BAHARI 고대의
(BAHARI) zaman bahari 고대 시대
(ZAMAN) zaman bahari 고대
(ZAMAN) zaman kuno 고대
고대사회
(MASYARAKAT) masyarakat kuno 고대사회
고대 자바어(문자)
KAWI 고대 자바어(문자)
고둥
SIPUT 고둥
고등교육
(LANJUT) pengajaran yang lanjut 고등교육
고등교육기관
(SEKOLAH) sekolah tinggi 고등교육기관(전문대학, 대학, 연구소 등 고등 교육을 실시하는 기관)
고랑
(JADI) lubuk jadi pantai, pantai jadi lubuk 이랑이 고랑 되고 고랑이 이랑 된다
(KALI) sekali di atas, sekali ke bawah 이랑이 고랑 되고 고랑이 이랑 된다
(LUBUK) lubuk menjadi pantai, pantai menjadi lubuk 이랑이 고랑 되고 고랑이 이랑 된다
고랑물대기
(TALI) tali air 고랑물대기
고래
(GAJAH) gajah berjuang sama gajah, kancil mati di tengah-tengah 고래 싸움에 새우등 터진다
고래고래

(JERIT) menjerit kuat-kuat 고래고래 소리를 지르다
(SERU) berseru-seru 고래고래 소리치다
고려
(BUKU) tidak masuk buku 고려하지 않는
(MASIH) masih dalam telur 아직 고려 중인
(MASIH) masih di dalam telur 아직 고려 중인
(MASUK) masuk pertimbangan 고려 중(인)
(TIDAK) tidak masuk buku 고려하지 않는
고령
(MAKAN) dimakan umur 고령(의)
(TELAH) telah dekat ke pintu kubur 고령
(TONGKAT) bertongkat senduk 고령의 노인
(TONGKAT) bertongkat tempurung 고령의 노인
고령임신
(HAMIL) hamil lanjut 고령임신
고령자
(WARGA) warga tua 고령자
고르다
PILIH 고르다
(PILIH) pilih-pilih ruas, terpilih pada buku 모시 고르다 베 고른다
(PILIH) pilih-pilih, terpilih labu muda 모시 고르다 베 고른다
(SALAH) salah pilih 잘못 고르다
고름
NANAH 고름
(NANAH) bernanah (상처에서) 고름이 나오다
고리대금업
(ANAK) menganakkan uang 고리대금업을 하다
(MAKAN) makan riba 고리대금업을 하다
(PERAS/MEMERAS) memeras orang 고리대금업을 하다
고리대금업자
(LEPAS) pelepas uang 고리대금업자
(LINTAH) lintah darah 고리대금업자
(LINTAH) lintah darat 고리대금업자
(MAKAN) makan darah 고리대금업자
(MAKAN) pemakan riba 고리대금업자
RIBA 고리대금업자
(RIBA) tukang riba 고리대금업자
(TUKANG) tukang lepas wang 고리대금업자
(TUKANG) tukang riba 고리대금업자
고리타분
(LAGU) menyanyikan lagu lama 고리타분한 말을 자꾸 하다
(PIKIR/FIKIR) pikiran tua 고리타분한 사고방식
고리타분하다
(OTAK) otak buruk 고리타분한 사고방식
고립
(PISAH) memisahkan diri 고립하다
SISIH 고립되다
고마움
(TERIMA) terima kasih 고마움
고맙습니다
(TERIMA) terima kasih 고맙습니다
고무
GETAH 고무 (나무)

ㄱ

(GETAH) getah alam 천연고무
KARET 고무 (나무)
(TAKIK/TAKUK) menakik pohon karet (고무액을 얻기 위해) 고무나무의 줄기를 째다
(TAKIK/TAKUK) menakik pokok getah (고무액을 얻기 위해) 고무나무의 줄기를 째다

고무나무
(GETAH) ladang getah 고무나무 밭
(KARET) pohon karet 고무나무
KEJAI 고무나무
(POKOK) pohon karet 고무나무
(POKOK) pokok getah 고무나무
(POKOK) pokok karet 고무나무

고무되다
(DAPAT) dapat hati 고무되다

고무시키다
(KEMBANG) mengembangkan hati 고무시키다

고문
(KENA) kena sakal 고문을 당하다

고물
(TUKANG) tukang botol 고물 장수

고민
(AMBIL) ambil pusing 고민하다
(ANGAN-ANGAN) angan-angan mengikat tubuh 이상이 너무 높아 고민에 빠지다
(BERAT) berat otak 고민하는
(BERAT) memberatkan pikiran 고민하게 만들다
(KENING) keningnya berkerut 고민이 있는
(KERUT) mengerutkan kening 고민하다
(KUSUT) kusut pikiran 고민이 되는
(MABUK) dimabuk angan-angan 고민하다
(MABUK) mabuk di angan-angan 고민하다
(MUKA) bermuka keruh 고민스러워 보이는
(OMBAK) ombak pikiran 고민
(PECAH) memecahkan otak 고민스러운
(PECAH) pecah otak 고민스러운
(PENUH) penuh kepala 고민으로 가득 찬
(PUSING) pusing-pusing 고민하다
(RAJUT) merajut badan 혼자 고민하다
(SAKIT) sakit kepala 고민스러운
(SEMAK) semak hati 고민스러운
(SEPERTI) seperti duri dalam daging 떠나지 않는 고민거리
(TIDAK) tidak enak hati 고민거리가 있는
(TUSUK) menusuk hati 고민하게 만들다
(TUSUK) menusuk hati 고민하다

고발
DAKWA 고발
(GANGGU) mengganggu gugat 고발하다

고백
AKUAN 고백

고분고분
(JUAL) jual mahal 고분고분하지 않은
(TEKUKUR) tekukur mengikut kata 고분고분 말을 잘 듣는 (사람)

고비
(LOLOS) lolos dari mulut buaya 죽을 고비를 넘기다
(MULUT) mulut buaya 위험한 고비

고삐
KEKANG 고삐
KENDALI 고삐
(TALI) tali kekang 고삐
(TALI) tali kendali 고삐

고사
(BALAS) balas bidan (산파의 노고를 위해) 고사를 지내다
(SADAR/SEDAR) menyadar arwah (이슬람력으로 매년 8월에 지내는) 고사
SEDEKAH 고사
(SELAMAT) selamatan pindah rumah 집들이 고사
(SELAMAT) selamatan 고사

고산병
(MABUK) mabuk gunung 고산병

고생
(BAKAR) membakar air 헛고생
(DARAH) minta darah pada dabung 헛고생
(EMPAS/HEMPAS) empas tulang empat kerat 온갖 고생을 다하다
(GANTANG) menggantang anak ayam 헛고생하다
(HANGUS) hangus tiada api, karam tiada berair 죽을 고생하는
(HUJAN) berhujan berpanas 노숙자로 온갖 고생을 다하다
(LAUT) tak ada laut yang tidak berombak 고생 끝에 낙이다
(PELUH) berpeluh darah 온갖 고생을 다하다
(PELUH) peluh darah 온갖 고생을 다하다
(RAJUT) merajut badan 사서 고생하다
(RUGI) rugi menentang laba, jerih menentang boleh 고생 끝에 낙이 있다
(SAKIT) bersakit-sakit dahulu, bersenang-senang kemudian 고생 끝에 낙이 온다
(SAKIT) bersakit-sakit 온갖 고생을 다하다
(SEDAP) sedap dahulu pahit kemudian 고생 끝에 낙이 온다
(SESAL) sesal dahulu pendapatan 젊어서 고생은 사서도 한다
(SESAL) sesal kemudian tiada berguna 젊어서 고생은 사서도 한다
(SUSAH) menyusahkan diri 고생하다
(TABUHAN/TEBUAN) menjolok sarang tabuhan 사서 고생을 하다
(TERANG) teduh hujan 고생 끝에 낙이 온다
(TERANG) terang kabut 고생 끝에 낙이 온다

고성
(PEKIK) jerit pekik 고성과 고함
(PEKIK) pekik jerit 고성과 고함

고소
DAKWA 고소
(DAKWA) kena dakwa 고소당하다
GUGAT 고소하다

고소득층
(KELAS) kelas tinggi 고소득층의

고소인
(GUGAT) penggugat 고소인

고소해하다
(GENDANG) bergendang paha 남의 불행을 고소해 하다

고속도로

(JALAN) jalan bebas hambatan 유료(고속)도로
(JALAN) jalan tol 유료(고속)도로
(RAYA) jalan raya 고속도로

고수
(SILAT) ahli silat 실랏의 고수
고수머리
(RAMBUT) rambut ikal 고수머리
(RAMBUT) rambut keriting 고수머리
고슴도치
(GETIK) getikkan puru di bibir 고슴도치도 제 새끼는 함함하다고 한다
(HODOH) hodoh hak kita, molek hak orang 고슴도치도 제 새끼는 함함하다 고 한다
LANDAK 고슴도치
고시
(BERITA) berita kilat 고시
고아
PIATU 고아
(PIATU) anak piatu 고아
(YATIM) yatim piatu 고아
고아원
(PIATU) rumah piatu 고아원
(RUMAH) rumah anak yatim 고아원
(RUMAH) rumah bakti 고아원
(RUMAH) rumah piatu 고아원
고약하다
(KURANG) kurang ajar 언행이 고약한
(KURANG) kurang asin 언행이 고약한
(KURANG) kurang bahasa 언행이 고약한
(LEPAS) lepas mulut 말버릇이 고약한
(LINCIR) lincir lidah 말버릇이 고약한
(RUSAK/ROSAK) berusak hati 성질이 고약하다
(RUSAK/ROSAK) rusak hati 성질이 고약한
(TABIAT) tabiat buruk 고약한 버릇
고양이
(JEBAT) musang jebat 사향고양이
(JEBAT) musang kesturi 사향고양이
(KESTURI) musang kesturi 사향고양이
KUCING 고양이
(MANDI) mandi kerbau 고양이 세수하듯
(MUSANG) musang jebat (인도) 사향고양이
(MUSANG) musang kesturi (인도) 사향고양이
(MUSANG) musang pandan (말레이) 사향고양이
(MUSANG) musang pulut (말레이) 사향고양이
(MUSANG) musang turun 곰고양이
(NGEONG) mengeong (고양이가) 야옹거리다
(PAGAR) pagar makan tanaman 고양이에게 생선 지켜 달래기
(SEPERTI) seperti kucing dengan panggang 고양이에게 생선 맡긴 격
(TONGKAT) tongkat membawa rebah 고양이 보고 반찬 가게 지키라는 격
고열
(BELAH) membelah benak 머리에 고열이 나는
(KERAS) panas keras 고열
고용

(GUNA) guna tenaga penuh 완전고용
(GUNA) guna tenaga tak penuh 불완전고용
(GUNA) guna tenaga 고용

고운
AYU 고운
(RINGAN) ringan mulut 말씨가 고운

고위직
(MENARA) menara dingin 고위직
(PANGKAT) berpangkat tinggi 고위직에 있는
(PANGKAT) pangkat tinggi 고위직에 있는

고위층
(BAPAK/BAPA) bapak besar 고위층
(BESAR) orang besar 고위층
(CABANG) cabang atas 고위층
(ORANG) orang atas 고위층 인사
(ORANG) orang atasan 고위층 인사
(ORANG) orang besar 고위층 인사
(OTAK) otak batu kepala 고위층 인사
(PAPAN) papan atas 고위층

고유수분
(KADAR) kadar air 고유수분

고인
(AHLI) ahli kubur 고인

고자질
(PANJANG) panjang lidah 고자질을 잘하는
(PANJANG) panjang mulut 고자질을 잘하는

고장
RUSAK/ROSAK 고장이 난

고정
(HARTA) harta tetap 고정자산
(LEKAT) lekat mata 시선이 고정된
(SEKRUP/SKRU) disekrup mati 나사못으로 고정시키다
TETAP 고정된

고정가격
(PAKU) paku mati 고정가격(의)

고조시키다
(RUNCING) memperuncing ketegangan 긴장을 고조시키다

고지
(DARAT) darat-darau 고지

고지식하다
(LURUS) lurus tabung 너무 고지식한
(REBUS) direbus tak empuk 고지식한
(REBUS) direndam tak basah 고지식한

고진감래
(ASAP) berasap hidungnya 고진감래
(LAUT) tak ada laut yang tidak berombak 고진감래
(PAHIT) pahit dahulu, manis kemudian 고진감래
(SAKIT) bersakit-sakit dahulu, bersenang-senang kemudian 고진감래
(SEDAP) sedap dahulu pahit kemudian 고진감래
(TERANG) teduh hujan 고진감래
(TERANG) terang kabut 고진감래

고질
SAMPU 고질

고질병
SAMPU 고질병

ㄱ

고집
(BESAR) besar kepala 고집이 센
(JANGAT) jangat liat kurang panggang 고집이 센
(KEPALA) kepala batu 고집이 센
(KEPALA) keras kepala 고집이 센
(KEPALA) keras kepala 황소고집

고집불통
(JANGAT) jangat liat kurang panggang 고집불통
(KERAS) berkeras hati 고집불통의
(KERAS) berkeras hidung 고집불통의
(LEHER) bertegang leher 고집불통의
(MULUT) bermulut keras 고집불통의
(OTOT) mengotot 고집불통의
(REBUS) direbus tak empuk 고집불통의
(REBUS) direndam tak basah 고집불통의
(TARIK) menarik urat leher 고집불통의
(TEBAL) tebal telinga 고집불통의
(TEGANG) bertegang leher 고집불통의
(TELINGA) telinga kuali 고집불통의

고쳐주다
(ULAS) mengulas nyawa 몹쓸 병을 고쳐주다

고초
(JATUH) jatuh bangun 온갖 고초를 다 겪다
(RANJAU) ranjau hidup 인생고초

고추
CABAI 고추
(CABAI) cabai jawa 매운 고추
(CABAI) cabai merah 붉은 고추
(CABAI) cabai rawit 작지만 아주 매운 고추
(LADA) lada api 작고 매운 고추
(LADA) lada burung 작고 매운 고추
(LADA) lada kecil 작고 매운 고추
(LADA) lada merah 고추
(LADA) lada padi 작고 매운 고추

고추장
(PIPIT) pipit meminang anak enggang 보리밥에는 고추장이 제격

고층건물
MENARA 고층건물

고층빌딩
(CAKAR) cakar langit 고층빌딩
(CAKAR) pencakar langit 고층빌딩
(GEDUNG) gedung pencakar langit 고층빌딩

고치다
(ARANG) patah arang 고칠 수 없는
(MATA) mata telah rabun, bandar pun terbuka 소 잃고 외양간 고친다

고통
(HIDUP) hidup segan mati tak hendak 고통의 나날을 보내는
(KAMBING) seperti kambing dikuliti hidup-hidup 살을 에는 듯한 고통
(PAHIT) kepahitan hidup 삶의 고통
(RENGGANG) merenggang hidup 고통
(SAKIT) bersakit-sakit 갖가지 고통을 겪다

ㄱ

고하다
(MINTA) minta diri 작별을 고하다
(MINTA) minta izin 작별을 고하다
(MINTA) minta permisi 작별을 고하다
(MOHON) memohon diri 작별을 고하다
고함
JERIT 고함
PEKIK 고함
(PEKIK) jerit pekik 고성과 고함
(PEKIK) pekik jerit 고성과 고함
고행
(MUTIARA) mutiara tidak dimuntahkan oleh laut 학문은 고행 끝에 얻는 것
고향
(BUMI) bumi istana 고향
(KAMPUNG) kampung halaman 고향
(KANDANG) pulang ke kandang 고향으로 돌아가다
(SAUDARA) saudara sekampung 고향 사람
(SAUDARA) saudara sekampung 고향 친구
(SAUDARA) saudara sekampung 동고향 출신
(TEMPAT) tempat asal 고향
고혈압
(TEKAN) tekanan darah tinggi 고혈압
고환
(ZAKAR) buah zakar 고환
곡
RATAP 곡
곡선
BELOK 곡선
곡선길
(LIPAT) lipat kajang 각도가 급한 곡선길
곡선로
(JALAN) jalan serong 곡선로
곤궁하다
(HELAI) helai sepinggang 곤궁한
(JANGAT) makan jangat 곤궁한 생활을 하다
(KERAK) sudah biasa makan kerak nasi 곤궁한 삶에 이미 익숙해진
(MACAM) macam tunggul pisang 곤궁한 (사람)
(NASI) nasi habis budi bersua 곤궁하니 친구 생각난다
(PANCANG) pancang dirasa 곤궁한
(PUNTUNG) puntung hanyut 곤궁한
곤두박질
(CAMPAK) campak jatuh 곤두박질친
곤두서다
(REMANG) meremang (털이) 곤두서다
곤란자
(SAMPAH) sampah itu ke tepi juga 세상의 관심 밖에 있는 생활 곤란자
곤란하다
(NAPAS/NAFAS) napas lelah 호흡이 곤란한
(SAMPAH) sampah hanyut 생활이 몹시 곤란한 사람
SEMPIT (형편이) 곤란한
(SEMPIT) sempit hidup 생계가 곤란한
(SESAK) sesak bernafas 호흡이 곤란한

(SESAK) sesak bernapas 호흡이 곤란한
(SESAK) sesak dada 호흡이 곤란한

곤장
ROTAN (등나무로 때리는) 곤장
곤충
SERANGGA 곤충
곧
(SEDIKIT/DIKIT) sedikit hari 곧
곧다
LURUS 곧은
곧바로
LANTAS 곧바로
TERUS 곧바로
곧바르다
LEMPANG 곧바른
TEGAK 곧바른
곧장
TERUS 곧장
곧추서다
(ALIF) tegak seperti alif 곧추서다
골
CAWAK 골
(CETAK) mencetak gol 골을 넣다
(DEDAK) bagai api makan dalam dedak 새침데기 골로 빠진다
(GETAR) menggetarkan jala 골망을 흔들다
(GETAR) menggetarkan jala 골을 넣다
(JARING) menjaringkan satu gol 한 골을 넣다
LEKUK 골이 진
(LUKA) lukanya hilang, parutnya tinggal juga 불화의 깊은 골
OTAK 골
(SEKAM) seperti api di dalam sekam 새침데기 골로 빠진다
골격
RONGKONG 골격
(RONGKONG) rongkongan 골격
골네트
(JARING) jaring gawang 골네트
골똘히
(PERAH) memerah otak 골똘히 생각하다
골록
GOLOK 골록 (잡목이나 나무를 벨 때 사용하는 날카로운 칼)
(GOLOK) perampok bergolok 골록을 든 무장강도
골막
(SELAPUT) selaput tulang 골막
골몰
(PERAH) memerah otak 골몰하다
골무
(SARUNG) sarung bidal (바느질할 때 쓰는) 골무
(SARUNG) sarung jari (바느질할 때 쓰는) 골무
골수
BENAK 골수
(LEMAK) lemak tulang 골수
(SUDAH) sudah mendarah daging 골수에 박힌
SUMSUM 골수

(TULANG) tulang hitam 골수
골초
(TAGIH) tagih rokok 골초
(TAHI) tahi rokok 골초
골치
(PECAH) memecahkan otak 골치 아픈
(PECAH) pecah otak 골치 아픈
(PUSING) pusing kepala 골치 아픈
(SAKIT) sakit kepala 골치가 아픈
골칫거리
DURI 골칫거리
(JADI) menjadi pikiran 골칫거리가 되다
(JELATANG) jelatang di hulu air 골칫거리
골칫덩어리
(DAGING) duri dalam daging 골칫덩어리
골통
(BENAK) benak hati 골통(의)
(DAGING) duri dalam daging 골통
골프공
(BOLA) bola bopeng 골프공
골프장
(PADANG) padang golf 골프장
곪다
(NANAH) bernanah (상처가) 곪다
(SAYANG) sayangkan titik, tak sayangkan tumpah 염통이 곪는 줄은 몰라도 손톱 곪는 줄은 안다
곰
(ISI) isi lemak dapat ke orang, tulang bulu pulang ke kita 재주는 곰이 넘고 돈은 되놈이 번다
(SAPI) kerbau sakit, sapi beroleh nama 재주는 곰이 넘고 돈은 되놈이 번다
(SAPI) lembu punya susu, sapi dapat nama 재주는 곰이 넘고 돈은 되놈이 번다
(TANGAN) tangan penat memerah, pasu mendapat santannya 재주는 곰이 넘고 돈은 되놈이 번다
곰고양이
(MUSANG) musang turun 곰고양이
곰곰
(JILAT) menjilat bibir 곰곰 생각하다
(PUTAR) memutar otak 곰곰 잘 생각하다
곰팡이
(JAMUR) jamur api 버섯곰팡이
LAPUK 곰팡이가 슨
곱
(HASIL) hasil kali 곱셈의 곱
LIPAT 곱
곱다
(GETIK) getikkan puru di bibir 고와도 내 님 미워도 내 님
(LICIN) licin kening 맵시가 고운
(LIDAH) lidah manis 말씨가 고운
(PUTIH) putih pucat (피부가) 백옥같이 고운
(PUTRI/PUTERI) putri yang seni 피부가 고운 여자
(RINGAN) ringan lidah 말씨가 고운

(TEPUK) elang berjawat 가는 말이 고와야 오는 말이 곱다
(TEPUK) tepuk berbalas 가는 말이 고와야 오는 말이 곱다
ㄱ
곱셈
(BANYAK) perbanyakan dan pembagian 곱셈과 나눗셈
(HASIL) hasil kali 곱셈의 곱
곱슬머리
(RAMBUT) rambut ikal 곱슬머리
(RAMBUT) rambut keriting 곱슬머리
곱절
(LIPAT) lipat ganda 몇 곱절(의)
(LIPAT) lipat kajang 곱절
곱하다
KALI 곱하다
곳
TEMPAT 곳
공
BOLA 공
(BOLA) bola bopeng 골프공
(RAGA) buah raga 등나무로 엮어 만든 공
(RANTAU) segan bergalah hanyut serantau 공을 들이지 않으면 낭패를 본다
공간
RUANG 넓은 공간
공갈
GERTAK 공갈
(GERTAK) gertak gerantang 공갈협박
(GERTAK) gertak kosong 공갈
(GERTAK) gertak sambal 공갈협박
(GERTAK) kalah gertak 공갈협박에 넘어가다
(GERTAK) main gertak 공갈협박을 일삼는
(GERTAK) penggertak 공갈꾼
공갈꾼
(GERTAK) penggertak 공갈꾼
공개
(CARA) secara pintu terbuka 공개적으로
공개토론
(DEBAT) debat terbuka 공개토론
공경
(JUNJUNG) menjunjung kaki 공경하다
(MALU) malu mata 공경하는
(SANJUNG) menyanjung tinggi 공경하여 섬기다
(SIRIH) sirih pinang 공경의 표시로 건네는 선물
(SUSUN) menyusun jari 공경하다
공고
(BERITA) berita kilat 공고
공공사업
(KERJA) kerja raya 공공사업
공공연하다
(EMBACANG) menyimpan embacang busuk 공공연한 비밀
공기
(NYAMAN) udara yang nyaman 상쾌한 공기
UDARA 공기
공동

(SAMA) sama-sama 공동의
공동권
(HAK) hak bersama 공동권
공동소유
(MILIK) milik bersama 공동소유
공동재산
(CAMPUR) campur kaya (결혼 후 부부가 함께 모은) 공동재산
공동취사장
(DAPUR) dapur umum 공동취사장
공든 탑
(PANAS) panas setahun dihapuskan oleh hujan sehari 개미구멍으로 공든 탑 무너진다
공리공론
(DEBAT) debat kusir 공리공론
(HABIS) berhabis air 공리공론을 일삼다
공명정대
(ADIL) adil saksama 공명정대한
(MASYARAKAT) masyarakat adil dan makmur 공명정대한 사회
공모
(CAMPUR) campur tangan (범죄를) 공모하다
(TAHU) tahu sama tahu (범행을) 공모하다
공무원
(HAMBA) hamba negara 국가공무원
공문
(SURAT) surat rasmi 공문
(SURAT) surat resmi 공문
공문서
(SURAT) surat rasmi 공문서
(SURAT) surat resmi 공문서
공물
SEDEKAH 공물
(SEDEKAH) sedekah arwah 기제사(의 공물)
(SEDEKAH) sedekah bumi 추수감사제(의 공물)
(SEDEKAH) sedekah kubur 시신을 매장하고 드리는 제사(의 공물)
공범
(KAKI) kaki tangan 공범
공복
(HAMBA) hamba negara 공복
공부
(AJAR) belajar 공부하다
(ILMU) menuntut ilmu 공부하다
(LANCAR) lancar kaji 공부를 잘하는
(TEKUN) tekun belajar 꾸준하게 공부하다
(TUNTUT) menuntut ilmu 공부하다
(WAJIB) wajib belajar 반드시 공부해야만 한다
공산국가
(NEGARA) negara tirai besi 공산국가
공상
ANGAN-ANGAN 공상
(ANGAN-ANGAN) dimabuk angan-angan 공상에 사로잡히다
(GANTANG) menggantang asap 공상하다
(KERAWANG) mengerawang langit 공상에 빠지다
(MABUK) dimabuk angan-angan 공상하다

(TOPANG) bertopang dagu 멍하니 공상에 잠긴
(UKIR) mengukir langit 공상하다

ㄱ

공소장
(SURAT) surat dakwaan 공소장
공손
(ADAB) tinggi adabnya 매우 공손한
(CAKAP) cakap berlapik 공손한 말
(CAKAP) cakap manis 공손한 말
공손히
(SIMPUH/TIMPUH) sembah simpuh 매우 공손히
공식회담
(MEJA) meja perundingan 공식회담(장)
(MEJA) meja rundingan 공식회담(장)
공양
SEDEKAH 공양
공연하다
(LEPAS) lepas angin 공연한
(TANGKAP) menangkap bayang-bayang 공연한 일을 하다
공예
(SENI) seni jarum 자수 공예
공용
(ASRAMA) asrama campuran 남녀 공용 기숙사
공원
KEBUN 공원
TAMAN 공원
공유
(MILIK) milik bersama 공유
공이
(ANAK) anak lumpang (나무로 된) 절구공이
공자
(AJAR) ajar buaya berenang 공자 앞에서 문자 쓴다
(HARIMAU) anak harimau diajar makan daging 공자 앞에서 문자 쓰기
(RENANG) mengajar itik berenang 공자 앞에서 문자 쓰기
(TUA) orang tua diajar makan pisang 공자 앞에서 문자 쓴다
공작
(BURUNG) burung merak 공작
공정
ADIL 공정한
BENAR 공정한
(BERAT) berat sebelah 공정치 못한
(BURUK) buruk ambil 공정치 못한
(DIRI) berpendirian datar 공정한
(TIMBANG) menimbang sama berat 공정하게 벌하다
(TIMBANG) timbangan berat sebelah 공정하지 못한 (태도)
공제선
(LATAR) latar langit 공제선
공주
PUTRI/PUTERI 공주
공중
AWANG/AWANG-AWANG 공중
(LINGKAR) lingkaran langit 공중
(LINTAS) lintas udara 공중으로
공짜

(CUMA) cuma-cuma 공짜의
(CUMA) percuma 공짜의
(KARENA/KERANA) karena Allah 공짜로
공처가
(BENAK) berbenak ke empu kaki 공처가
(BENDERA) bendera batik 공처가
(KEMUDI) berkemudi ke rusuk 공처가
(LINDUNG) terlindung oleh sanggul 공처가
(LINTANG) terlintang oleh sanggul 공처가
(SANGGUL) terlintang oleh sanggul 공처가
(TIMUR) timur beralih ke sebelah barat 공처가
공치사
(REBUT) berebut nama 공치사 싸움을 하다
공평
ADIL 공평한
공평무사
(SAMA) sama rata sama rasa 공평무사
공포
(KAMBING) kambing dalam biduk 공포에 질린
(REMANG) meremang bulu kuduk 공포에 휩싸이다
(REMANG) meremang bulu roma 공포에 휩싸이다
(REMANG) meremang bulu tengkuk 공포에 휩싸이다
공항
(BANDAR) bandar udara 공항
공해
(LAUT) laut lepas 공해
(LAUT) laut terbuka 공해
공헌
SUMBANG 공헌
(SUMBANG) sumbangan besar 큰 공헌
과거
(JEJAK) jejaknya keruh 과거가 복잡하다
(KETIKA) ketika gagak hitam dan bangau putih 매우 오래된 과거
과거지사
(LAUK) lauk basi 새삼스럽게 부각된 과거지사
과녁
(MATA) mata sasaran 과녁의 중심
(MATA) mata sasaran 과녁의 한 가운데
SASAR 과녁
과도
PANCAROBA 과도
과도기
(MASA) masa peralihan 과도기
(PANCAROBA) musim pancaroba 과도기
과로
(LELAH) berlelah-lelah 과로하다
(PUTUS) putus nyawa 과로하다
과묵
(BERAT) berat lidah 과묵한
(BERAT) berat mulut 과묵한
(BIBIR) berbibir tebal 과묵한
(BIBIR) tebal bibir 과묵한
(TEBAL) tebal bibir 과묵한

과민
(AYAM) ayam termakan rambut 신경이 과민한
ㄱ
과부
(BUJANG) bujang talang 자식 없는 과부
JANDA 과부
(JANDA) janda berhias 정식 혼약을 맺을 수 있는 자식 안 딸린 과부
(JANDA) janda kembang 자식 안 딸리고 젊고 예쁜 과부
(JANDA) janda muda 초년과부
(JANDA) janda tebal 돈 많은 과부
(JANDA) menjanda 과부가 되다
(RANCAK) rancak di labuh 허울 좋은 과부
(RANCAK) rancak di lebuh 허울 좋은 과부
과수원
KEBUN 과수원
과시
(BELANG) menunjukkan belangnya 권력을 과시하다
(LIHAT) memperlihatkan gigi 권력을 과시하다
(LIHAT) memperlihatkan kuku 권력을 과시하다
(MASIH) masih bergigi 여전히 세력을 과시하는
(TUNJUK) menunjukkan belangnya 세력을 과시하다
(TUNJUK) menunjukkan gigi 세력을 과시하다
(TUNJUK) menunjukkan taring 세력을 과시하다
(UNJUK) unjuk gigi 용맹을 과시하다
과식
(LEWAT) lewat jenuh 너무 과식한
과실
(RAMBUT) rambutan 람부탄(털모양의 돌기가 덮여 있는 작은 달걀만 한 크기의 열대과실)
과연
(APA) apa akal 과연 어찌해야 하나
과일
(BUAH) buah hidup 싱싱한 과일
(BUAH) buah kalengan 과일통조림
(TENGAH) setengah masak (과일이) 설익은
과일철
(MUSIM) musim buah 과일철
과자
(GABUS) telur gabus 단과자의 일종
(GULA) gula-gula 사탕 과자
(HALWA) halwa nikmat 여러 가지 설탕과자
(MAKAN) makanan ringan (주전부리) 과자
과장
(BASUH) membasuh muka dengan air liur 자신의 잘못을 과장하다
(CAKAP) cakap besar 과장하다
(KECEK) kecek ular 과장하다
(MULUT) bermulut lebih 과장된 말을 일삼는
(TOKOK) menokok tambah 과장하다
과적
(JEMBATAN/JAMBATAN) jembatan timbangan 과적차량 검문소
과정
(SUKAT) sukatan pelajaran 교과 과정
과중하다
(LAMPAU) lampau batas 과중한

관
(BULUH) buluh-buluh (대나무처럼 생긴) 관
(BULUH) pembuluh (대나무처럼 생긴) 관
(JENAZAH) peti jenazah (시신을 넣는) 관
(PETI) peti jenazah 관
(PETI) peti mati 관
(PETI) peti mayat 관
관개
(TALI) tali air (논의) 관개
관건
(RAJIN) rajin pangkal pandai 노력이 성공의 관건이다
관계
(API) seperti api dengan asap 긴밀한 관계
(BIRAS) berbiras 동서 관계를 맺다
HUBUNG 관계가 있는
(KERAT) berkerat rotan 관계를 끊다
(LAUK) lauk senasi 절친한 (관계)
(LUAR) di luar pagar 관계 없는
(SAMA) sama nenek moyang 친족 관계의
(SAMA) sama nenek moyang 친척 관계의
SANGKUT 관계가 있는
(SANGKUT) sangkut paut 관계
TALI 관계
(TALI) bertali darah 친족 관계의
(TALI) tali silaturahim 우애 관계
(TALI) tali silaturahim 우호 관계
(TALI) tali silaturahmi 우애 관계
(TALI) tali silaturahmi 우호 관계
(TEGANG) kendur tidak 자유로운 교제 관계
(TEGANG) tegang tidak 자유로운 교제 관계
(TIKAR) setikar seketiduran 절친한 (관계)
(WAJIB) yang berkewajiban 관계 당국
(WAJIB) yang berkewajipan 관계 당국
관계사
NAN/YANG 관계사
YANG (앞에 오는 명사구를 수식 한정해 주는) 관계사
관계자
(WAJIB) yang berkewajiban 관계자
(WAJIB) yang berkewajipan 관계자
관광선
(KAPAL) kapal rambu 관광선
(KAPAL) kapal wisata 관광선
관대
(KURUNG) kurung batang 관대
관대하다
(LAPANG) lapang hati 관대한
LIMPAH 관대한
MURAH 관대한
(MURAH) murah hati 관대한
관람차
(KINCIR) kincir ria 관람차
관련
HUBUNG 관련 있는

(LUAR) di luar pagar 관련 없는
(LUAR) luar pagar 관련 없는
TENTANG 관련하여
ㄱ
관리
(KAUM) kaum eksekutif 관리계층
URUS 관리하다
(URUS) salah urus 잘못 관리하다
관리인
(JAGA) jaga kereta 주차관리인
(JURU) juru kunci 왕실 묘지 관리인
관복
(PAKAI) pakaian kebesaran 관복
관상학
(ILMU) ilmu firasat 관상학
관습
(BUANG) membuang baka 관습을 어기다
(CUPAK) cupak asli 전통 관습
(KAWI) adat yang kawi, syarak yang lazim 강력한 관습은 곧 일상의 율법이다
(LADANG) lain ladang lain belalang, lain lubuk lain ikannya 나라마다 관습과 법률이 다르게 마련
(LANGKAH) langkah lama 오랜 관습
(LAPUK) adat lapuk 낡은 관습
(MASUK) masuk Melayu 말레이 전통 관습을 따르다
(MELAYU) masuk Melayu 말레이 전통 관습을 따르다
(PAKAI) pakaian hidup 관습
(PELIHARA) pelihara adat 전통관습을 지키다
(PERIGI) perigi mencari timba 관습에 어긋난
(PUSAKA) adat pusaka 전통 관습
(SURAT) surat atas batu 오랜 관습
(SURAT) surat atas batu 전통 관습
(URAT) berurat berumbi 관습으로 굳어진
관습법
(HUKUM) hukum adat 관습법
관습화
(URAT) berurat berakar 관습화된
관심
ACUH 관심을 보이다
(HATI) berhati dingin 전혀 관심을 보이지 않는
(IKAT) mengikat hati 관심을 끌다
KIRA 관심(을 가지다)
MINAT 관심
(MINAT) berminat 관심이 있는
(PENUH) penuh minat 관심이 많은
(PUSAT) memusatkan perhatian 관심을 집중하다
(PUTUS) putus rasa 관심을 잃다
(SUKA) suka tak suka 관심이 없는
(TARUH) menaruh fikiran 관심을 갖다
(TARUH) menaruh fikiran 관심을 보이다
(TARUH) menaruh perhatian 관심을 갖다
(TARUH) menaruh perhatian 관심을 보이다
(TARUH) menaruh pikiran 관심을 갖다
(TARUH) menaruh pikiran 관심을 보이다

(TERIMA) menerima baik 큰 관심을 보이다
(TINGGI) tinggi sahamnya 관심이 높은
(TITIK) menitikberatkan 큰 관심을 기울이다
(TURUT) turut campur (남에게) 관심을 보이다
관엽식물
(JARUM) jarum-jarum merah 익소라 (꼭두서니과의 관엽식물)
(JARUM) jejarum merah 익소라 (꼭두서니과의 관엽식물)
관용어
(BUNGA) bunga bahasa (속담 따위의) 관용어
관용어구
(SIMPUL) simpulan bahasa 말 매듭(말레이어 특유의 관용어구)
관절
BUKU 관절
RUAS 관절
SENDI 관절
(SENDI) sendi lutut 무릎 관절
관절염
(RADANG) radang sendi 관절염
관점
(KACA) kacamata 관점
SEGI 관점
SIKAP 관점
(SIKAP) sikap mudah putus harap 비관적인 관점
(SIKAP) sikap mudah putus harap 염세주의적인 관점
관제탑
(MENARA) menara pengawas 관제탑
관찰
(PASANG) memasang telinga 유심히 관찰하다
괄호
KURUNG 괄호
광
LENGKIANG/RENGKIANG 광
RENGKIANG 광
광견병
(GILA) gila anjing 광견병
광대뼈
(CAGAK) tulang bercagak 광대뼈
(TULANG) tulang pipi 광대뼈
광대역
(JALUR) jalur lebar (주파수의) 광대역
광물
(TAMBANG) barang-barang tambang (금, 석탄 등의) 광물
광부
(KOLONG) Cina kolong 중국인 광부
광산
LOMBONG 광산
(LOMBONG) lombong bijih timah 주석광산
(TAMBANG) menambang 광산의 굴을 파다
광채
CAHAYA 광채
KILAU 광채
(KILAU) kilau intan berlian 다이아몬드의 광채
SERI 광채

(SERI) berseri-seri 광채가 나는
(SIAR) menyiarkan cahaya 광채를 발하다

광탑
(LAMPU) lampu laut 광탑
광활
BELANTARA 광활한
(RIMBA) rimba belantara 광활한 삼림 지대
(RIMBA) rimba raya 광활한 삼림 지대
괜찮다
(APA) tidak apa-apa 괜찮다
(APA) tidak jadi apa 괜찮다
(HAL) tidak jadi hal 괜찮은
괜한 일
(JENGKAL) menjengkal muka 괜한 일을 하다
괭이
CANGKUL 괭이
PACUL 괭이
PANGKUR 괭이
괭이자루
(TANGKAI) tangkai cangkul 괭이자루
괭이질
(PACUL) memacul tanah 땅에 괭이질을 하다
(PANGKUR) memangkur 괭이질하다
괴다
(TONGKAT) bertongkat ruas 팔꿈치로 괴다
(TONGKAT) bertongkat tangan 팔꿈치로 괴다
(TOPANG) bertopang dagu (일 안하고) 팔꿈치로 턱을 괴고 있는
괴력
(MASUK) kemasukan setan 괴력을 발휘하다
괴로움
(RENGGANG) merenggang hidup 괴로움
괴롭다
(WALANG) berhati walang 괴로운
(WALANG) walang hati 괴로운
괴롭히다
(BERAT) memberatkan pikiran 마음을 괴롭히다
GANGGU 괴롭히다
(SUSAH) menyusahkan orang (다른 사람을) 괴롭히다
(TEKAN) menekan jiwa 마음을 괴롭히다
괴멸
(HILANG) hilang lenyap 괴멸된
괴물
(TIGA) tiga suku 괴물
괴상하다
(TIGA) tiga suku 괴상한 사람
괴이하다
(ANEH) aneh bin ajaib 괴이한
(HERAN/HAIRAN) heran bin ajaib 괴이한
괴짜
(GILA) gila-gila bahasa 괴짜의
(TIGA) tiga suku 괴짜
굉장하다
(ALANG) bukan alang kepalang 굉장한

(KEPALANG) bukan kepalang 굉장한
(TIDAK) tidak kira-kira 굉장한
교과
(SUKAT) sukatan pelajaran 교과 과정
교과서
(KITAB) kitab turutan 아랍어 기본 교과서
교대로
(GANTI) silih berganti 교대로
교도소
(ASRAMA) asrama pordeo 교도소
(ASRAMA) hotel pordeo 교도소
(HOTEL) hotel prodeo 교도소
(LEMBAGA) lembaga pemasyarakatan 교도소
(RUMAH) rumah pasung 교도소
(RUMAH) rumah tidak berdapur 교도소
(RUMAH) rumah tutupan 교도소
교량
JEMBATAN/JAMBATAN 교량
(RENTANG) merentang jambatan 교량을 건설하다
(RENTANG) merentang jembatan 교량을 건설하다
교류
(ARUS) arus bolak balik 교류
교만
(LABU) labu dibenam 매우 교만한
(NAIK) naik hati 교만한
(TINGGI) tinggi hati 교만한
교미
(KAWAN) mengawan 교미하다
교사
(AJAR) pengajar 교사
(BAKU) guru baku 정식교사
GURU 교사
(GURU) guru tetap 정교사
교수
(GURU) guru besar 정교수
교수법
(CARA) cara mengajar 교수법
교수형
(GANTUNG) hukuman gantung 교수형
(GANTUNG) menghukum gantung 교수형을 내리다
교양
(AJAR) berajar 교양 있는
KASAR 교양 없는
(LUNAK) lunak otak 교양 있는
(MASAK) masak ajar 교양 있는
교언영색
(BUAH) buah manis berulat di dalamnya 교언영색
(GULA) semanis-manis gula, ada pasir di dalamnya 교언영색
교육
AJAR 교육
(AJAR) mengajar 교육하다
(ISI) mengisi kepala 교육하다
(KEPALANG) kepalang ajar 교육을 제대로 받지 못한

ㄱ
(KEPALANG) kepalang ajar 교육이 부족한
(LANJUT) pengajaran yang lanjut 고등교육
(SALAH) salah air 교육이 잘못된
(SALAH) salah didikan 교육이 잘못된
(WAJIB) wajib belajar 교육의 의무
교육기관
SEKOLAH 교육기관
(SEKOLAH) sekolah tinggi 고등교육기관(전문대학, 대학, 연구소 등 고등 교육을 실시하는 기관)
교육자
(AJAR) pengajar 교육자
교장
(GURU) guru kepala 교장
(GURU) kepala guru 교장
(KEPALA) kepala sekolah 교장
교전
TEMPUH 교전하다
교제
(ADU) mengadu ujung penjahit 교제를 시작하다
(CAMPUR) campur gaul 교제하다
(MUSUH) musuh jangan dicari-cari, bersua jangan dielakkan 인간 교제는 순리대로 행하라
(PUTUS) putus kawan 교제를 끊다
(SISIH) menyisihkan diri (친구들과의) 교제를 끊다
(TEGANG) kendur tidak 자유로운 교제 관계
(TEGANG) tegang tidak 자유로운 교제 관계
교차로
(SIMPANG) simpang jalan 교차로
교차점
SIMPANG 교차점
교착
(JALAN) jalan buntu 교착되다
(TEMU) menemui jalan buntu (협상이) 교착 상태에 빠지다
교착상태
(TUMBUK) tertumbuk kata 회담이 교착 상태에 빠지다
교체
GANTI 교체하다
교통
(LALU) lalu lintas 교통
(RINTANG) merintangi arus lalu lintas 교통 흐름을 방해하다
TRAFIK 교통
(TRAFIK) lampu lalu lintas 교통 신호등
(TRAFIK) lampu trafik 교통 신호등
교통경찰
(POLISI/POLIS) polis trafik 교통경찰
(POLISI/POLIS) polisi lalu lintas 교통경찰
교통관제
(TRAFIK) kawalan trafik udara 항공교통관제
교통비
(TAMBANG) harga tambang 교통비
(TAMBANG) wang tambang 교통비
교통사고
(CELAKA) kecelakaan lalu lintas 교통사고

(TABRAK) tabrak lari 뺑소니 교통사고

교통순경

(POLISI/POLIS) polis trafik 교통순경

(POLISI/POLIS) polisi lalu lintas 교통순경

교환

(TIMBANG) bertimbangan tanda 약혼반지를 교환하다

(TUKAR) bertukar fikiran 의견을 교환하다

(TUKAR) bertukar pikiran 의견을 교환하다

(TUKAR) bertukar tanda 약혼반지를 교환하다

(TUKAR) tukar tambah 웃돈을 주고 물건을 교환하다

(TUKAR) tukar-menukar 물물교환

교활하다

(AKAL) akal bulus 교활한 속임수

(AKAL) akal kancil 매우 교활하고 영리한 (사람)

(AKAL) akal keling 교활한

(AKAL) akal labah-labah 교활하고 부정한

(AKAL) akal ubi 교활한 속임수

(AKAL) berakal bengkok 교활한

(AKAL) berakal kancil 매우 교활한

(JALAN) jalan serong 교활한 방법

(JALAN) menjalankan jarum halusnya 교활한 계략을 쓰다

(JARUM) jarumnya halus 계략이 교활하다

(JERAT) jerat halus 아주 교활한 속임수

(JERAT) terpasang jerat halus 교활한 속임수에 넘어가다

(KENA) mengenakan jarum halusnya 교활한 방법으로 속이다

(KINCIR) berkincir alir 교활한

LICIN 교활한

(LICIN) licin belut 매우 교활한

(NIAGA) berniaga di ujung lidah 교활한 사람

(POKROL) pokrol bambu 교활한 사람

(PUTAR) berputar-putar 교활한

(PUTAR) putar-putar 교활한

(SENYUM) senyum kucing 교활한 미소

(SEPAK) sepak belakang 교활한 술수

(TABIAT) bertabiat kucing 교활한

교훈

(CERMIN) becermin 교훈을 얻다

(CERMIN) bercermin 교훈을 얻다

구걸

(AMPAI) ampai sayap 구걸하다

(BAWA) membawa kaleng 구걸하다

(MAIN) main tempel 세력가에게 도움을 구걸하다

(MINTA) minta aman 목숨을 구걸하다

(MINTA) minta ampun 목숨을 구걸하다

(MINTA) minta hidup 목숨을 구걸하다

(MINTA) minta nyawa 목숨을 구걸하다

(TEMPEL) main tempel 세력가에게 도움을 구걸하다

구경

(RINTANG) merintang-rintang mata 구경하다

구경거리

(TITIK) titik mata 구경거리

구관

(BATIK) laksana batik lasam 구관이 명관이다

구구표
(DAFTAR) daftar darab 구구표
(DAFTAR) daftar kali-kalian 구구표
(KALI) daftar darab 구구표
(KALI) kali-kali 구구표
구김살
LIPAT 구김살
구덩이
KOLONG 구덩이
(TEMU) ketemu batunya 스스로 제구덩이를 파다
구두
(HAK) hak tinggi 굽이 높은 여자용 구두
구두끈
(TALI) tali kasut 구두끈
(TALI) tali sepatu 구두끈
구두쇠
(AIR) air digenggam tidak tiris 구두쇠의
(KEPITING) kepiting batu 구두쇠
(KETAM) ketam batu 구두쇠(의)
(PANTAT) pantat cawan 구두쇠의
(PANTAT) pantat kuning 구두쇠의
(TANGKAI) tangkai jering 구두쇠(의)
(TANGKAI) tangkai kering 구두쇠(의)
(TEMBOK) tembok kering 구두쇠
구두시험
(UJI) ujian lisan 구두시험
구두점
(TANDA) tanda baca 구두점
(TANDA) tanda bacaan 구두점
구라미
SEPAT 구라미
구라파
(NEGERI) negeri atas angin 서구라파
구렁텅이
(GELAP) gelap hati 악의 구렁텅이에 빠지다
구레나룻
(TALI) tali tudung 구레나룻
(TUDUNG) tali tudung 구레나룻
구르다
(SEPAT) bodoh-bodoh sepat, tak makan pancing emas 굼벵이도 구르는 재주가 있다
구름
AWAN 구름
(AWAN) awan mendung 비구름
(LIPUT) terliput di balik awan 구름 뒤에 숨겨 진
(POHON/POKOK) pohon angin 쌘비구름
(POHON/POKOK) pokok ribut 쌘비구름
(POKOK) *pokok angin* 쌘비구름
(POKOK) pokok hujan 비구름
(POKOK) pokok ribut 쌘비구름
(SAPUT) disaput awan tipis 옅은 구름에 덮인
구름무늬표범
(HARIMAU) harimau akar 구름무늬표범

(HARIMAU) harimau dahan 구름무늬표범
구릉
BUKIT 구릉
CANGKAT 구릉
구리다
(LADING) lading tak tahu akan majalnya 제 똥 구린 줄 모른다
(UDANG) udang tak tahu dibongkoknya 제 똥 구린 줄 모른다
(UDANG) udang tidak tahu dibungkuknya 제 똥 구린 줄 모른다
구만
(SEMBILAN) sembilan puluh ribu 구만
구매
BELI 구매하다
구매력
(KUASA) kuasa beli 구매력
구멍
BOLONG 구멍이 난
BOLONG 구멍이 뚫린
(JALAN) jalan belakang 귓구멍
KERAWANG 구멍이 난
KEROBAK 구멍이 뚫린
KOLONG 구멍
(KUTU) sudah mati kutu 빠져나갈 구멍이 없는
LIANG 작은 구멍
(LIANG) liang luka 상처 구멍
LUBANG 구멍
(LUBANG) berlubang-lubang 구멍이 숭숭 뚫린
(LUBANG) lubang roma 솜털구멍
(LUBANG) lubang tengkuk 목구멍
(LUBANG) lubang-lubang 구멍이 숭숭 뚫린
MATA 구멍
(MATA) mata luka 상처 구멍
(MULUT) mulut kulit (솜)털구멍
(RENIK) liang renik 작은 구멍
(ROMA) lubang roma 솜털구멍
(RUMAH) rumah butang 단춧구멍
(RUMAH) rumah kancing 단춧구멍
TEBUK 구멍(이 난)
구명
(BAJU) baju pelampung 구명재킷
구명재킷
(BAJU) baju pelampung 구명재킷
(LAMPUNG) jaket pelampung 구명재킷
구박
(JENGKAL) menjengkal dada 구박하다
(TIMBA) timba buruk 구박받는 사람
구백
(SEMBILAN) sembilan ratus 구백
구별
(BUTA) buta warna 좋은 것과 나쁜 것을 구별하지 못하는
(TEBAL) tebal lidah (음식의) 맛을 구별 못하는
구부러지다
(JALAN) jalan serong 구부러진 길
LIKU 구부러진 곳

구부리다
BEKUK 구부리다
ㄱ
구불구불
(LEKUK) lekuk-lekak 구불구불한
(LEKUK) lekuk-lekik 구불구불한
(LIKU) berliku-liku 구불구불한
구불구불하다
(LIKU) berliku-liku 구불구불한
구비
BELOK 구비
구비문학
(LISAN) sastra lisan 구비문학
구비전통
(LIPUR) pelipur lara 말레이 구비전통의 한 종류
(LIPUR) penglipur lara 말레이 구비전통의 한 종류
구석
CERUK 구석
SEGI 구석
구석구석
(CERUK) ceruk-menceruk 구석구석 찾다
구설수
(CERITA) jadi ceritaan orang 구설수에 오르다
구성원
AHLI 구성원
(ANAK) anak buah 가족 (구성원)
(ORANG) orang dalam (어떤 조직이나 기구의) 구성원
(SURAU) warga surau 기도원의 구성원
WARGA 구성원
구세군
(BALA) bala keselamatan 구세군
구속
(PASANG) memasang jerat 구속하다
(TALI) bertali pendek 구속을 받는
구술시험
(UJI) ujian lisan 구술시험
구슬리다
(BUJUK) membujuk-bujuk 구슬리다
(MAIN) mempermainkan lidah 구슬리다
구슬림
BUJUK 구슬림
구시대
(POLITIK) politik sempit 구시대 정치
구식
(MAKAN) dimakan zaman 구식의
구실
HELAH 구실
구십
(SEMBILAN) sembilan puluh 구십
구십만
(SEMBILAN) sembilan ratus ribu 구십만
구애
(CUMBU) bercumbu-cumbuan 서로 구애하다
구약

(JANJI) Perjanjian Lama 구약 (성서)
(KITAB) kitab Lama 구약(성경)
구어
(CAKAP) cakap mulut 구어
(LISAN) bahasa lisan 구어
구역
(LUAS) luas tanah 구역
구역질
(ULAT) bagai melihat ulat 구역질나는
구장
SIRIH 시리(후추과의 덩굴식물), 베틀후추(잎), 구장(엽)
구장 잎
(SIRIH) bujur sirih (용모가) 구장 잎처럼 갸름한
(SIRIH) daun sirih 구장 잎
구절
(RANGKAI) rangkai kata 말의 마디나 구절
구제
(LEMPAR) lempar bunga dibalas dengan lempar tahi 검은 머리 가진 짐승은 구제 말란다
구조
(MINTA) minta tolong 구조를 요청하다
TOLONG 구조
구조선
(KAPAL) kapal pengemas 해난 구조선
구천
(SEMBILAN) sembilan ribu 구천
구축함
(KAPAL) kapal pemburu 구축함
(KAPAL) kapal perusak 구축함
구충제
(CACING) obat cacing 구충제
구타
(LETAK) letak tangan 구타하다
구토
(MUNTAH) muntah berak 잦은 구토와 설사
구하다
(MINTA) minta maaf 용서를 구하다
(SAMPAI) sampaikan salam 용서를 구하다
구해주다
(ULAS) mengulas nyawa 사경을 헤매는 사람을 구해주다
구혼
(ANTAR) mengantarkan sirih pinang 처녀에게 구혼하다
국가
(GENGGAM) menggenggam negeri 국가권력을 장악하다
(KEPALA) kepala negara 국가의 수반
(MILIK) milik negara 국가 소유
NEGARA 국가
(NEGARA) negara hukum 법치국가
(NEGARA) negara jiran 이웃 국가
(NEGARA) negara jiran 인접 국가
(NEGARA) negara tetangga 이웃 국가
(NEGARA) negara tetangga 인접 국가
(NEGARA) negara tirai besi 공산국가

(NEGERI) negeri ramal 중동지역의 국가
(TIANG) tiang negara 국가 권력의 핵심
ㄱ
국가공무원
(HAMBA) hamba negara 국가공무원
국가원수
(PUCUK) pucuk pimpinan 국가원수
국가정책기조
(GARIS) garis-garis besar haluan negara 국가정책기조
국경일
(HARI) hari besar 국경일
국기
(SANG) Sang Merah Putih 위대한 인도네시아 국기
국무위원
MENTERI 국무위원
국민
(AHLI) ahli negeri 국민
RAKYAT 국민
(TENAGA) tenaga rakyat 국민의 노력
(TENAGA) tenaga rakyat 국민의 능력
(TENAGA) tenaga rakyat 국민의 힘
(WARGA) warganegara 국민
국보
(PUSAKA) pusaka negara 국보
국보급
(PUSAKA) keris pusaka 국보급 커리스
국빈
(NEGARA) tamu negara 국빈
(TAMU) tamu agung 국빈
국어
(BAHASA) bahasa kebangsaan 국어
국유지
(TANAH) tanah kerajaan 국유지
(TANAH) tanah mentah 국유지
(TANAH) tanah negara 국유지
(TANAH) tanah pusaka 국유지
국회
(RAKYAT) dewan rakyat 국회
국회의원
(RAKYAT) wakil rakyat 국회의원
군경
(APARAT) aparat keamanan 군경요원
군계일학
(BULAN) bulan dipagar bintang 군계일학
(MASAM) masam kepala 군계일학
(SATU) satu dalam seribu 군계일학
군대
(ALAT) alat kekuasaan 군대
(ALAT) alat negara 군대
(ANAK) anak buah (군대의) 부하
BALA 군대
(BALA) bala tentera 군대
군부대
(KOLONG) anak kolong 군부대에서 태어난 아이

군사
(BANGUN) bangunan militer 군사시설
군인
(BAJU) baju hijau 군인
군주
(PUCUK) pucuk pimpinan 군주
군중
(OJA/UJA) menguja orang ramai 군중을 부추기다
(OJA/UJA) menguja orang ramai 군중을 흥분시키다
(ORANG) orang banyak 군중
(ORANG) orang kebanyakan 군중
(ORANG) orang kecil 군중
(ORANG) orang ramai 군중
군침
(GUSI) gatal gusi 군침이 도는
(SELERA) air selera 군침
(SELERA) membuka selera 군침을 돋우다
굳건하다
(SEMANGAT) semangat waja 굳건한 의지
TABAH 굳건한
(TABAH) tabah hati 굳건한
(WAJA) semangat waja 굳건한 정신
굳기름
LEMAK 굳기름
굳다
BEKU 굳은
(PADU) berpadu padat 굳은
(PADU) padu padat 굳은
(TEGUH) teguh hati 의지가 굳은
굳어지다
(URAT) berurat berumbi 관습으로 굳어진
굳히다
(PADAT) padat hatinya 결심을 굳힌
굴
GUA 굴
TAMBANG 광산의 굴
(TAMBANG) menambang 광산의 굴을 파다
굴곡
SIKU (도로의) 굴곡
굴다
(LAMBUNG) lambung dada 거만하게 굴다
(LAMBUNG) melambungkan dada 거만하게 굴다
(LANGGAR) melanggar adat 무례하게 굴다
(LANGGAR) melanggar adat 버릇없이 굴다
(LANGGAR) melanggar bahasa 무례하게 굴다
(LANGGAR) melanggar bahasa 버릇없이 굴다
(NAIK) naik muka 버릇없이 구는
굴뚝
(HUJAN) hujan berpohon, panas berasal 아니 땐 굴뚝에서 연기 날까
(MANA) mana busuk yang tiada berbau 아니 땐 굴뚝에 연기 나랴
(POHON/POKOK) ada angin ada pohonnya 아니 땐 굴뚝에 연기 날까
(TUMBUH) tak tumbuh tak melata 아니 땐 굴뚝에 연기 날까
굴러들다

(JATUH) jatuh tidak berjolok 저절로 굴러들다

굴리다

(JALAN) menjalankan uang 돈을 굴리다
(PUTAR) memutar uang 돈을 굴리다
(PUTAR) memutar wang 돈을 굴리다

굴복

SERAH 굴복하다
(SERAH) menyerah diri 굴복하다
(SERAH) menyerah kalah 굴복하다
(SERAH) menyerahkan diri 굴복하다

굴욕

(TUNTUT) menuntut malu 굴욕에 대한 앙갚음을 하다

굶기다

(TANGGANG) menanggang anak 젖을 굶기다

굶다

(KAKI) kaki naik, kepala turun 여름에 하루 놀면 겨울에 열흘 굶는다
(NANTI) menanti nasi disajikan ke lutut 밥그릇 앞에서 굶어 죽을 놈
(PINTU) satu pintu kalau tertutup, sepuluh pintu lagi terbuka 가진 재주가 많으면 밥 굶을 리 없다
(TUAH) tuah sebesar bukit, celaka menimpa badan 주인 많은 나그네 밥 굶는다
(ULAT) ulat dalam batu pun dapat hidup 일하는 사람은 굶지 않는다

굶어죽다

(PANGKU) pangku tangan, cerut perut 밥그릇 앞에서 굶어 죽을 놈

굶주리다

(IKAT) mengikat perut 굶주리다
LAPAR 굶주린
(LAPAR) lapar dahaga 굶주린

굼뜨다

(MACAM) macam siput 아주 굼뜬

굼벵이

(BURUNG) kuat burung karena sayap 굼벵이도 구르는 재주가 있다
(GAGAK) gagak bersuara murai 굼벵이도 구르는 재주가 있다
(SEPAT) bodoh-bodoh sepat, tak makan pancing emas 굼벵이도 구르는 재주가 있다

굽다

BENGKOK 굽은
BUNGKUK/BONGKOK 굽은
(BUSUR/BUSAR) membusur 둥글게 굽은
LENTIK 굽은
PANGGANG (불에) 굽다
(SABUT) bongkok sabut 늙어서 등이 굽은
SALAI 구운
(SALAI) ikan salai 구운 생선
(SALAI) pisang salai 구운 바나나
(SAMA) tak sama getah batang dengan getah daun 팔은 안으로 굽는다
(SAYA) saya getah daun, dia getah batang 팔은 안으로 굽는다

굽실거리다

(BUNGKUK/BONGKOK) membungkuk-bungkuk 굽실거리다

궁둥이

(BUAH) buah pantat 궁둥이

궁리

(PERAH) memerah otak 궁리하다

ㄱ

(PERAS/MEMERAS) memeras otak 궁리하다
(PUTAR) memutar otak 궁리하다
궁중어
(BAHASA) bahasa dalam 궁중어
(DALAM) bahasa dalam 궁중어
궁지
(PELUK) peluk bangkai 남을 돕다가 도리어 궁지에 몰린 사람
(PELUK) terpeluk bangkai 남을 돕다가 도리어 궁지에 몰린 사람
궁핍하다
(GETAH) ditakik getah di daun 궁핍하기 짝이 없는
(KAIN) berkain tiga hasta 궁핍한
(KAIN) kain sehelai kering di badan 궁핍한
(KAIN) tak berkain sehelai benang 궁핍한
(KAIS) kais pagi makan pagi, kais petang makan petang 궁핍한 생활
(KAIS) kais sebelum makan, mengais dulu maka makan 궁핍한
(LAMPU) seperti lampu kekurangan minyak 궁핍한 생활
(MAKAN) makan dedak 궁핍한
(MAKAN) makan jangat 궁핍한
(MAKAN) makan kawat 궁핍한
(MANDI) mandi dalam cupak 늘 궁핍한
(MISKIN) miskin papa 궁핍한
(PANAS) panas rezeki 궁핍한
(PANCANG) pancang dirasa 궁핍한
PAPA 궁핍한
(REBUS) merebus air 몹시 궁핍한
(SAPU) sapu tangan, menali ayam 매우 궁핍한
(SELIMUT) berselimut embun 궁핍한
(SENIN/ISNIN) Senin Kamis (생활이) 궁핍한
(SENIN/ISNIN) senen kemis (생활이) 궁핍한
(SESAK) sesak hidup 아주 궁핍한
(TIDUR) tidur beratapkan langit 궁핍한
(TIDUR) tidur di bawah langit 궁핍한
(TILAM) bertilam pasir (생활이) 궁핍한
궁핍해지다
(KAIN) kain jadi basahan 궁핍해지다
궁하다
(DALAM) dalam kekeringan 돈이 궁한
권력
(BELANG) menunjukkan belangnya 권력을 과시하다
(BESAR) besar lengan 권력이 있는
(GENDANG) bergendang deras 권력을 쥐다
(GENGGAM) menggenggam negeri 국가권력을 장악하다
(GENGGAM) menggenggam pisau 권력을 쥐다
(GIGI) tidak bergigi 권력을 잃은
(GILA) gila kekuasaan 권력에 눈먼
(HARIMAU) harimau tanpa gigi 권력을 잃은 (사람)
(KETIAK) di bawah ketiak orang 권력에 기댄
KUASA 권력
(LIHAT) memperlihatkan gigi 권력을 과시하다
(LIHAT) memperlihatkan kuku 권력을 과시하다
(PEGANG) memegang senjata 권력을 장악하다
(PEGANG) pegang senjata 권력을 장악하다
(TADAH) menadah matahari 권력에 저항하다

(TAMPUK) tampuk kuasa 권력의 최고 우두머리
(TAMPUK) tampuk pimpinan 권력의 최고 우두머리
TANGAN 권력
(TARIK) tarik puntung padamlah bara 권력 무상
(TENGADAH) menengadah matahari 권력 앞에 저항하다
(TENTANG) menentang matahari 권력 앞에 저항하다
(TIANG) tiang negara 국가 권력의 핵심

권력자
(PASAK) pasak kunci 권력자
(TENGADAH) menengadah matahari 권력자에게 저항하다
(TENTANG) menentang matahari 권력자에게 저항하다

권리
HAK 권리
(MAKAN) makan hak (남의) 권리를 침해하다
MILIK 권리
(NAFKAH) nafkah batin 부인의 성생활에 대한 권리

권모술수
(MAIN) memainkan jarum halusnya 권모술수를 쓰다
(MASUK) memasukkan jarum halusnya 권모술수를 쓰다
(POLITIK) politik busuk 권모술수
(POLITIK) politik kancil 권모술수

권선징악
(SALAH) berani karena benar, takut karena salah 권선징악

권세
(MASIH) masih bergigi 여전히 권세를 누리는
(MERIAM) meriam ompong 권세가 몰락한

권투
TINJU 권투

권투선수
(TINJU) ahli tinju 권투선수
(TINJU) petinju 권투선수

권하다
(BAWA) membawa duduk 앉을 자리를 권하다

궤도
(EDAR) edaran 궤도
(EDAR) garis edar 궤도

귀
(DENGAR) dengar baik-baik 귀를 기울이다
(GATAL) gatal telinga 귀에 거슬리는
(HALWA) halwa telinga 귀를 즐겁게 해주는 것
(JALAN) jalan belakang 귓구멍
(KEJUT) berkejut telinga (놀란 말처럼) 귀를 쫑긋 세우다
(KUNING) kuning oleh kunyit, hitam oleh arang 귀가 얇은 (사람)
KUPING 귀
(LEBAR) lebar telinga 귀가 항아리만 한 (사람)
(LEKAS) lekas naik radang 귀가 얇은
(LEKAS) lekas naik radang 귀가 여린
(MASUK) masuk telinga kanan, keluar telinga kiri 한 귀로 듣고 한 귀로 흘린다
(MATA) mata ayam 밤 귀가 밝은 사람
(NYARING) menyaringkan telinga 귀를 기울이다
(PASANG) memasang telinga 귀를 기울이다
(PASANG) pasang telinga 귀를 기울이다

ㄱ

PEKAK 귀가 어두운
PEKAK 귀먹은
(PEKAK) pekak batu 완전히 귀가 먹은
(PEKAK) pekak labang 가는귀
(PEKAK) pekak-pekak bahasa 가는귀
(PILIN) memilin telinga 귀를 잡아당기다
(REGANG) meregang telinga 귀를 잡아당기다
(TEGAK) tegak lurus (동물의 귀가) 똑바로 선
TELINGA 귀
TELINGA 귀 모양의 사물
(TELINGA) telinga gajah 귀만 크지 청력이 안 좋은
(TELINGA) telinga gajah 남의 말에 귀를 기울이지 않는
(TULI) menulikan telinga 귀가 먹먹하다
(TULI) menulikan telinga 귀가 먹먹해 지다
(TUTUP) tutup telinga 귀를 막다
귀가
(BALIK) berbalik pulang 귀가하다
(SEGERA) segera pulang ke rumah 즉시 귀가하다
귀가 먹다
TULI 귀가 먹은
귀감
(AMBIL) mengambil ibarat 귀감으로 삼다
(CERMIN) cermin hidup 귀감
귀걸이
SUBANG 귀걸이
(SUBANG) bersubang 귀걸이를 끼다
(SUBANG) bersubang 귀걸이를 달다
귀고리
SUBANG 귀고리
귀금속
(BARANG) barang kemas (금반지, 금목걸이 따위의) 귀금속 장식품
(LOGAM) logam adi 귀금속
(LOGAM) logam mulia 귀금속
귀동냥
(DENGAR) dengar-dengar angin 귀동냥한 바에 따르면
(MODAL) modal sambut 귀동냥한 것을 자본으로 삼는
귀머거리
(PEKAK) pekak-pekak badak 귀머거리
(PEKAK) pekak-pekak badak 귀머거리인 척 하는 (사람)
귀빈
(AGUNG) tamu agung 귀빈
(TAMU) tamu agung 귀빈
귀뿌리
(PANGKAL) pangkal telinga 귀뿌리
(POHON/POKOK) pohon telinga 귀뿌리
귀신
HANTU 귀신
(HANTU) hantu air 물귀신
(HANTU) hantu gunung 산귀신
(HANTU) hantu laut 바다귀신
(HANTU) hantu rimba 밀림귀신
(MASUK) kemasukan setan 귀신에 들리다
(MASUK) masuk hantu (귀신에게 홀려) 기절하다

(ORANG) orang halus 귀신
(TEGUR) ditegur hantu 귀신에게 홀린
(TEGUR) keteguran hantu 귀신에게 홀려 병나다

귀양
(BUANG) membuang hidup 귀양을 보내다
(BUANG) pembuangan 귀양
귀양지
(BUANG) pembuangan 귀양지
귀여움
(DAPAT) dapat hati 귀염을 받다
(SENYUM) senyum manis 귀여움이 넘치는 미소
귀염둥이
(SUNTING) sunting hati 귀염둥이
귀엽다
JUITA 귀여운
귀왕
(HANTU) hantu raya 귀왕
귀의
(MASUK) masuk Islam 신께 귀의하다
(MASUK) masuk Jawi 신께 귀의하다
(MASUK) masuk Melayu 신께 귀의하다
(MASUK) masuk Serani 기독교에 귀의하다
(SAUDARA) saudara baru 이슬람으로 귀의한지 얼마 안 된 사람
귀이개
(KOREK) korek kuping 귀이개
(KOREK) korek telinga 귀이개
귀제비
(LAYANG) layang-layang gua 귀제비
귀족
(DARAH) berdarah biru 귀족혈통(의)
(DARAH) berdarah jernih 귀족혈통 출신
(DARAH) berdarah putih 귀족혈통(의)
KUSUMA/KESUMA 귀족
(ORANG) orang atas 귀족
(ORANG) orang atasan 귀족
귀중품
(MATA) mata benda 귀중품
귀지
(TAHI) tahi telinga 귀지
귀천
(HINA) hina mulia 귀천
귀청
(PEKAK) pekak telinga 귀청이 떨어져 나갈 듯한
귀퉁이
SANDING 귀퉁이
귀하다
MAHAL 귀한
귀환
(PULANG) pulang kandang (고향으로)귀환하다
귓구멍
(JALAN) jalan belakang 귓구멍
(TAHI) tahi telinga 귓구멍 속에 낀 때
귓바퀴

(DAUN) daun telinga 귓바퀴
귓불
CUPING 귓불
규범
MERDESA 규범이 있는
규칙위반
(KELUAR) keluar garis 규칙위반
(KELUAR) keluar rel 규칙위반
균형
(BERAT) berat sebelah 균형 잡히지 않은
TIMBAL 균형
TIMBANG 균형 있는
귤
LIMAU 귤
그
ITU 그
그거야
(ITU) itu dia 바로 그거야
그것
ITU 그것
그네
DONDANG 그네
그늘
BAYANG/BAYANG-BAYANG 그늘
그 당시
(WAKTU) waktu itu 그 당시
그대로
(MENTAH) mentah-mentah 그대로
그 때
(WAKTU) waktu itu 그 때
그래서
JADI 그래서
그럴 수가
(BELUM) belum berbau telunjukku 그럴 수가
그럴듯하다
(LEMAH) lemah roman 보기에 그럴듯한
그럴싸하다
(SENDOK/SENDUK) sendok besar tak mengenyang 말만 그럴싸한
(SENDOK/SENDUK) senduk besar tak mengenyangkan 말만 그럴싸한
그루터기
PANGKAL 그루터기
(PANGKAL) pangkal batang kayu 그루터기
TONGGAK (나무의) 그루터기
(TONGGAK) tonggak kayu besi 녹나무 그루터기
TUNGGUL 그루터기
(TUNGGUL) tunggul kayu 나무 그루터기
그릇
(PERIUK) periuk belanga 음식 그릇
(PINGGAN) pinggan besar 음식 그릇
(PINGGAN) pinggan makan 음식 그릇
TADAH 그릇
UKUR (사물의 분량을 헤아리는 데 쓰는) 그릇
그릇되다

(JALAN) berjalan pincang 그릇된
(JALAN) berjalan timpang 그릇된
(NAKAL) kenakalan remaja 청소년들의 그릇된 행위
SUMBANG 그릇된

그리움
KASIH 그리움
(KASIH) kasih bersabung dalam hati 그리움을 참다
(RINDU) rindu jadi batasnya, maka manis tidak jadi cuka 사무친 그리움은 끝내 원한이 될 수 있다
(RINDU) rindu rawan 사무친 그리움
(TANGGUNG) menanggung rindu 그리움에 사무치다

그리워하다
(HANGUS) hangus hati 애타게 그리워하는
(SELASIH) mabuk selasih 사무치게 그리워하다
(TARUH) menaruh rindu 그리워하다
(TILAM) tidur bertilam air mata 사무치게 그리워하다

그린벨트
(JALUR) jalur hijau 그린벨트

그림
GAMBAR 그림
(GAMBAR) gambar sampul 표지그림
RAJAH 그림

그림자
BAYANG/BAYANG-BAYANG 그림자
(GELANGGANG) gelanggang mata 눈 주위의 검은 그림자
WAYANG 그림자

그립다
(PUTUS) putus rasa hati 몹시 그리운
RINDU 그리운
(RINDU) rindu bagai nak mati 몹시 그리운
(RINDU) rindu bagai nak mati 죽도록 그리운

그만두다
(BERSIH) membersihkan tangan (악행을) 그만두다
(JAUH) menjauhkan tangan 그만두다
(POTONG) memotong leher 스스로 직장을 그만두다
(POTONG) potong nama 그만두다
(PUTUS) putus di tengah jalan 중간에 그만두다

그물
JALA 그물
JARING 그물
RAJUT 그물
(RAJUT) merajut burung 그물로 새를 잡다

그물눈
(MATA) mata jala 그물눈

그물코
(JALA) jala rambang 그물코가 성긴 어망
(MATA) mata jala 그물코

그믐(달)
(BULAN) bulan susut 그믐(달)
(BULAN) bulan tua 그믐(달)

그을리다
(MAKAN) dimakan panas 햇빛에 그을린
SALAI 그을린

그을음
(ARANG) arang para 그을음
그 위에
(MANA) mana lagi 그 위에
그저 그런
(GENDANG) situ juga gendang berbunyi 그저 그런
그치다
REDUP 그치다
TEDUH 그치다
극기
(TAHAN) menahan diri 극기하다
극동
(TIMUR) timur jauh 극동
극소수
(JARI) dapat dihitung dengan jari 극소수의
극악무도
(RUNCING) runcing tanduk 극악무도한 악당
극장
(PANGGUNG) panggung wayang gambar 극장
근간
(TONGGAK) tonggak masyarakat 사회의 근간
근검절약
(KENCANG) mengencangkan ikat pinggang 근검절약하며 살다
근근이
(KAIS) kais sebelum makan, mengais dulu maka makan 근근이 먹고사는
근로
(KERJA) kerja sementara 임시근로
(KERJA) kerja tetap 상시근로
근로자
BURUH 근로자
(BURUH) buruh lepas 임시 근로자
(BURUH) buruh tambang 탄광 근로자
(BURUH) buruh terampil 숙련근로자
(KERJA) pekerja haram 불법근로자
(KERJA) pekerja lepas 임시근로자
(TENAGA) tenaga kerja 근로자
(TENAGA) tenaga pekerja 근로자
근면
TEKUN 근면한
(TEKUN) bertekun 근면하다
근무
(KERJA) kerja lembur 시간외 근무
근본
POHON/POKOK 근본
(POKOK) pokok dasar 근본
(POKOK) pokok pangkal 근본 원인
(PUCUK) pucuk pangkal 근본 원인
근시
(BUTA) buta ayam 근시의
(MATA) mata dekat 근시
(RABUN) rabun jauh 근시
근심
(DEBAR) debaran hati 근심스러운

(DEBAR) debaran jantung 근심스러운
(GERHANA) gerhana bulan 근심에 찬
(GERHANA) gerhana matahari 근심에 찬
KHAWATIR/KHUATIR 근심하다
(KUSUT) kusut hati 근심되는
(LEGA) melegakan dada 근심걱정을 덜어 주다
(LEGA) melegakan hati 근심걱정을 덜어 주다
(OMBAK) ombak pikiran 근심
(RASA) rasa khawatir 근심
(RASA) rasa khuatir 근심
(ROTAN) ada rotan ada duri 꽃가마 속에도 근심이 있다
근심걱정 ·
(ASIN) asin garam kehidupan 삶의 근심걱정이 많은
(ASIN) asin garam 근심걱정
근심되다
(RASA) berasa bimbang 근심되다
근육
(KENDUR) mengendurkan urat 근육을 풀다
(KUCING) kucing-kucingan 근육
OTOT 근육
URAT 근육
근질거리다
(GATAL) gatal-gatal tangan 손이 근질거리는
근친상간
(SUMBANG) sumbang pati 근친상간을 범하다
근친혼
(KAWIN/KAHWIN) kawin sumbang 근친혼
글
(MAKAN) makan pena 글로 먹고살다
RENCANA 글
(TAHU) tahu mata huruf 글을 읽고 쓸 줄 아는
(TAHU) tahu mata surat 글을 읽고 쓸 줄 아는
글썽이다
(KACA) matanya berkaca-kaca 눈물이 글썽이다
글자
ALIF 알리프 (아랍문자 및 자위문자의 첫 글자)
HURUF 글자
(MATA) mata huruf (글자의) 자모
(MATA) mata huruf 글자
(MATA) mata surat (글자의) 자모
(MATA) mata surat 글자
글자맞추기
(SILANG) silang kata 가로세로 글자 맞추기 놀이
글짓기
(KARANG) karang-mengarang 글짓기
긁다
GARUK 긁다
(MACAM) macam kera kena belacan 긁적긁적 긁는
(MACAM) macam kera kena belacan 박박 긁는
(NANTI) menantikan kucing bertanduk 거북이 잔등이에서 털을 긁는다
긁어 파내다
KAIS 긁어 파내다
긁어먹다

(JILAT) dijilat anjing kurus 싹싹 긁어먹다
긁적긁적
(MACAM) macam kera kena belacan 긁적긁적 긁는
금
BELAH 금
BUNGKAL 금의 측량단위
EMAS 금
(EMAS) emas tua 순도가 높은 금
GARIS 금
GORES 금
(LANCUNG) emas lancung 가짜 금
(PALUT) memalut gigi dengan emas 치아에 금을 씌우다
PARUT 금
(PUTUS) putus arang (우정이) 완전히 금이 가다
RETAK 금
TAKIK/TAKUK 째진 금
(WAKTU) waktu itu uang 시간은 금이다
(WAKTU) waktu itu wang 시간은 금이다
금가다
(CERAI) bercerai kasih 애정에 금가다
금강산
(PERUT) perut tiada bertelinga 금강산도 식후경
금광
(LOMBONG) lombong emas 금광
(TAMBANG) tambang emas 금광
금괴
(BATA) bata emas 사각형 모양의 금괴
금권
(PEGANG) memegang uang 금권을 지닌
(PEGANG) pegang uang 금권을 지닌
금기
PANTANG 금기
(PANTANG) pantang larang 금기 사항
금목걸이
(KALUNG) kalung emas 금목걸이
금물
(BETINA) baik jadi ayam betina supaya selamat 만용은 금물
(PANGGANG) terlalu panggang angus 지나친 자만은 금물
(PANGGANG) terlampau panggang jadi hangus 지나친 자만은 금물
(TEMAN) usahlah teman dimandikan pagi 지나친 친절은 금물
금성
(BINTANG) bintang babi 금성
금속
LOGAM 금속
금수품
(BARANG) barang gelap 금수품
금슬
(SATU) satu nyawa dua badan 금슬이 좋은
금식
PUASA 금식(하다)
(PUASA) berbuka puasa (해가 지고 난 후) 하루의 금식을 깨다
(PUASA) hari raya puasa (금식월이 끝난 후에 맞는) 금식 명절
(RAYA) hari raya puasa (금식월이 끝난 후에 맞는) 금식 명절

(RAYA) hari raya (금식월이 끝난 후에 맞는) 금식 명절
금식월
(PUASA) bulan puasa 금식월
금실
(CINCIN) seperti cincin dengan permata 아름답고 금실 좋은 부부 한 쌍
금언
(TIKAM) tikaman bahasa 금언
금연
(ROKOK) daerah bebas rokok 금연 구역
(ROKOK) dilarang merokok 금연
금요일
(MALAM) malam Sabtu 금요일 밤
(SABTU) malam Sabtu 금요일 저녁
금욕
(KEKANG) mengekang nafsu 금욕하다
(LAMA) lama menanti 금욕하다
(LAMA) lama menunggu 금욕하다
(MATI) mati raga 금욕하다
금은보화
(LOGAM) logam adi 금은보화
(LOGAM) logam mulia 금은보화
금주
(PISANG) pisang ditanam tak berjantung 금주에 누룩흥정
금지
(BEBAS) bebas becak 베착의 통행이 금지된 (지역)
HARAM 금지된
LARANG 금지하다
(LARANG) cinta terlarang 금지된 사랑
(LARANG) larangan keluar malam 야간 외출 금지
PANTANG 금지
금지옥엽
(ABA) anak aba 금지옥엽
(ABA) cucu andung 금지옥엽
(ANAK) anak taruhan 금지옥엽
(ANAK) menganakemaskan 금지옥엽처럼 사랑하다
(BUAH) buah hati cahaya mata 금지옥엽 같은 자식
(CAHAYA) cahaya mata 금지옥엽 같은 자식
금파리
(LALAT) lalat hijau 금파리
급등
(TINGKAT) meningkat naik (물가가) 급등하다
급사
(MATI) mati mampus 급사
(MATI) mati modar 급사
급선무
(PERKARA) perkara belakang 급선무가 아닌
급선회
(BANTING) banting setir 급선회하다
급여
(GAJI) gaji kotor 총급여
(GAJI) kenaikan gaji 급여인상
(TANGGA) tangga gaji 급여의 등급

급커브
(LIPAT) lipat kajang 급커브
급하다
LEKAS 급한
(LEKAS) lekas marah 성미가 급한
(RENTAN) merentan hati 성미가 급한
급행
KILAT 급행의
급행열차
(KILAT) kereta api kilat 급행열차
급히
(BELUM) sebelum kering keringat di badan 급히
(LEKAS) lekas-lekas 급히
기
(AMBAR) ambar hati 기가 죽은
BENDERA 기
기간
(ERAM) selama enggang mengeram 아주 오랜 기간
MASA 기간
TEMPOH 기간
(UKUR) ukur jangka 일정 기간
(UMUR) seumur jagung 짧은 기간 동안
ZAMAN 기간
기계
(ALAT) alat besar 대형기계
MESIN 기계
PESAWAT 기계
(SUKU) suku cadang (기계) 부속품
기관
APARAT 기관(원)
(SEKOLAH) sekolah tinggi 고등교육기관(전문대학, 대학, 연구소 등 고등 교육을 실시하는 기관)
기관지염
(RADANG) radang tenggorok 기관지염
(RADANG) radang tenggorokan 기관지염
기관총
(SENAPAN/SENAPANG) senapan mesin 기관총
기구
BADAN 기구
LEMBAGA 기구
(SURUH) suruhanjaya 기구
기금
TABUNG 기금
(TABUNG) tabung haji 메카 성지순례기금
기기묘묘
(HERAN/HAIRAN) heran bin ajaib 기기묘묘한
기꺼이
(TANGAN) tangan terbuka 기꺼이
기념
(BEBAS) bebas bidan 산후 40일 기념잔치
기념일
(MERDEKA) hari kemerdekaan 독립기념일
(MERDEKA) hari merdeka 독립기념일

(ULANG) ulang tahun (해마다 돌아오는) 기념일
기념품
(CENDERA) cendera mata 기념품
(TANDA) tanda hayat 기념품
(TANDA) tanda hidup 기념품
(TANDA) tanda mata 기념품
기다
(JELATA) menjelata 밑으로 기다
기다랗다
PANJANG 기다란
기다리다
(KEJAP) tunggu sekejap 잠깐 기다리세요
(LAMA) lama menanti 오래 기다리다
(LAMA) lama menunggu 오래 기다리다
NANTI 기다리다
(NANTI) bernanti-nanti 애타게 기다리다
(NANTI) menanti-nanti 애타게 기다리다
(NANTI) nanti peluang 기회를 기다리다
(NANTI) nanti sebentar 잠시 기다리다
(NANTI) nanti-nanti 애타게 기다리다
(PUNYA) tunggu punya tunggu 기다리고 또 기다려서
(PUNYA) tunggu punya tunggu 아무리 기다려도
(PUTIH) berputih mata 눈이 빠지게 (기다리는)
(PUTIH) putih mata karena memandang 눈이 빠지게 기다리다
(PUTIH) putih mata 눈이 빠지게 (기다리는)
(TEDUH) menunggu angin teduh 바람이 잦아들기를 기다리다
TUNGGU 기다리다
(TUNGGU) menunggu masa 때를 기다리다
기다림
(LEHER) leher sampai panjang 기다림에 지치다
(LEHER) leher terasa panjang 기다림에 지치다
기대
(HAJAT) hajat masyarakat 대중의 기대
(HARAP) membilang harapan 기대를 걸다
(HARAP) penuh harapan 기대가 큰
(LIMBAT) minta sisik pada limbat 불가능한 일에 기대를 걸다
(MINTA) minta tanduk kepada kuda 불가능한 일에 기대를 걸다
(MINTA) minta tulang kepada lintah 불가능한 일에 기대를 걸다
(PERCAYA) percaya angin 헛된 기대
(SAMPAI) sampai tua 기대를 걸지 말라
(SISIK) minta sisik pada limbat 불가능한 일에 기대를 걸다
(SUMUR) sumur digali air terbit 기대 이상의 수확이 있는
기대다
(KETIAK) di bawah ketiak orang 권력에 기댄
기도
(AMAL) amal hamba (이슬람 신자들의) 기도
(HADAP) menghadap Tuhan 기도하다
(HAJAT) doa hajat 소망의 기도
(KUNCUP) menguncupkan tangan (기도할 때처럼) 양손을 모아 잡다
(LIMA) lima waktu (무슬림들의) 하루 5번 기도 시간
(MASUK) masuk waktu (무슬림들에게) 기도할 시간이 되다
SALAT/SOLAT 기도
(SALAT/SOLAT) salat asar 오후(그림자가 본체의 길이보다 길어져 해가

서편으로 기우는 시간)에 드리는 기도
(SALAT/SOLAT) salat isa 밤(땅거미가 지고 나서 이튿날 먼동이 틀 때까지의 시간)에 드리는 기도
(SALAT/SOLAT) salat isyak 밤(땅거미가 지고 나서 이튿날 먼동이 틀 때까지의 시간)에 드리는 기도
(SALAT/SOLAT) salat lima waktu 솔랏리마왁투(무슬림들이 실행해야 하는 하루 5번의 의무적인 기도)
(SALAT/SOLAT) salat lohor 한낮(해가 중천에 떠서 그림자가 본체의 길이와 같아질 때까지의 시간)에 드리는 기도
(SALAT/SOLAT) salat maghrib 저녁(해가 지고 땅거미가 젖어드는 시간)에 드리는 기도
(SALAT/SOLAT) salat magrib 저녁(해가 지고 땅거미가 젖어드는 시간)에 드리는 기도
(SALAT/SOLAT) salat subuh 새벽(동이 트는 시간)에 드리는 기도
(SALAT/SOLAT) salat zuhur 한낮(해가 중천에 떠서 그림자가 본체의 길이와 같아질 때까지의 시간)에 드리는 기도
(SALAT/SOLAT) solat lima waktu 솔랏리마왁투(무슬림들이 실행해야 하는 하루 5번의 의무적인 기도)
SEMBAHYANG/SOLAT 기도
(SEMBAHYANG/SOLAT) ada air sembahyang 기도할 준비가 다 된
(SEMBAHYANG/SOLAT) air sembahyang (무슬림들이 기도하기 전 몸을 닦기 위해 사용하는) 성수
(SEMBAHYANG/SOLAT) sembahyang asar 오후(그림자가 본체의 길이보다 길어져 해가 서편으로 기우는 시간)에 드리는 기도
(SEMBAHYANG/SOLAT) sembahyang isyak 밤(땅거미가 지고 나서 이튿날 먼동이 틀 때까지의 시간)에 드리는 기도
(SEMBAHYANG/SOLAT) sembahyang lima waktu 슴바양리마왁투(무슬림들이 실행해야 하는 하루 5번의 의무적인 기도)
(SEMBAHYANG/SOLAT) sembahyang maghrib 저녁(해가 지고 땅거미가 젖어드는 시간)에 드리는 기도
(SEMBAHYANG/SOLAT) sembahyang subuh 새벽(동이 트는 시간)에 드리는 기도
(SEMBAHYANG/SOLAT) sembahyang zuhur 한낮(해가 중천에 떠서 그림자가 본체의 길이와 같아질 때까지의 시간)에 드리는 기도
(SEMBAHYANG/SOLAT) solat lima waktu 슴바양리마왁투(무슬림들이 실행해야 하는 하루 5번의 의무적인 기도)
(SUBUH) subuh gajah (무슬림들의) 새벽 기도 시간이 조금 지난 때
(SUCI) menyucikan diri (무슬림들이) 기도하기 전 물로 몸을 닦는 일
(TAMPUNG) menampung doa 두 손을 들어 올리고 기도하다
(TAMPUNG) menampungkan tangan 두 손을 들어 올리고 기도하다
(TINGGAL) meninggalkan waktu 기도 시간을 놓치다

기도원
SURAU (무슬림들의) 기도원
(SURAU) warga surau 기도원의 구성원

기도원생
(SURAU) warga surau 기도원생

기독교
(MASUK) masuk Serani 기독교에 귀의하다
(MASUK) masuk Serani 기독교인이 되다

기둥
(GALANG) penggalang masyarakat 사회의 기둥
PANCANG 기둥
TIANG 기둥

ㄱ

(TIANG) tiang tengah (건축물의 주요) 기둥
TONGGAK 기둥
기러기
(SEPERTI) seperti anjing berjumpa pasir 물 본 기러기 꽃 본 나비
기력
LARAT 기력이 좋은
(LEMAH) lemah sendi 기력이 없는
(LEMBEK) lembek tulang 기력이 쇠한
(LETA) leta tulang 기력이 쇠한
기로
(ADA) berada di persimpangan jalan 기로에 선
(SIMPANG) di persimpang jalan 기로에 서다
기록
CATAT 기록하다
기름
(GORENG) minyak goreng 튀김용 기름
MINYAK 기름
(MINYAK) minyak angin (눈을 제외한 신체 각 부위에 문질러 바르는) 약용 기름
(MINYAK) minyak kuda (눈을 제외한 신체 각 부위에 문질러 바르는) 약용 기름
(MINYAK) minyak urut (눈을 제외한 신체 각 부위에 문질러 바르는) 약용 기름
기름야자
(KELAPA) kelapa sawit 기름야자
기름지다
BIAK 기름진
기만
(ABU) mengabui mata 기만하다
(MAIN) bermain akal 기만하다
(MAIN) main akal 기만하다
기미
(ADA) ada baunya 기미(낌새)가 있는
JAGAT 기미
(JAGAT) jagat hitam 검은 기미
기밀
(KUNCI) kunci mati 기밀
RAHASIA/RAHSIA 기밀
기반
(LICIN) melicinkan jalan 기반을 닦다
기반암
(BATU) batu dasar 기반암
기별
(KABAR/KHABAR) kabar baik 기쁜 기별
(KABAR/KHABAR) kabar sedih 슬픈 기별
기복
(MUNDUR) mundur maju 기복
(*SINGGUNG*) mudah tersinggung 감정의 기복이 심한
(TURUN) turun naik (경제가) 기복이 있는
기본
(GARIS) garis besar 기본
(RENCANA) rencana induk 기본 계획
기본권

(HAK) hak asasi 기본권
기본법
(HUKUM) hukum asasi 기본법
기본연습
(LATIH) latihan asas 기본연습
기본화음
(NADA) nada dasar 기본화음
(NADA) nada utama 기본화음
기부
SUMBANG 기부
(SUMBANG) sumbangan beasiswa 장학금 기부
(SUMBANG) sumbangan biasiswa 장학금 기부
기부금
(UANG/WANG) uang bangku (입학)기부금
기분
(BEKU) beku hati 기분이 언짢은
(DADA) dada lega 기분 좋은
(ENAK) seenak-enaknya saja 기분대로
HIBUR 기분이 좋은
(KERUH) keruh hati 기분이 언짢은
KESAL 기분이 나쁜
(KESAL) kesal hati 기분이 언짢은
(KESAL) mengesalkan hati 기분을 언짢게 하다
(KURANG) kurang terima 기분이 나쁜
(LAPANG) lapang dada 기분이 좋은
(LAPANG) lapang kira-kira 기분이 좋은
(LUKA) luka hati 기분이 나쁜
(MERAH) merah telinga 기분이 상한
(PEGAL) memegalkan hati 기분을 언짢게 만들다
(PERUT) perut panjang sejengkal 기분이 나쁜
(PINTU) pintu hati 기분
(RACUN) meracun hati 기분을 상하게 만들다
(RAPUH) rapuh hati 쉽게 기분에 좌우되는
RASA 기분
(RASA) berasa aral 기분 나쁜
(RASA) merasa tersinggung 기분이 상하다
(RASA) perasa angin 쉽게 기분에 좌우되는
(RASA) perasa aral 기분 나쁜
(RASA) rasa lapang 기분 좋은
(RASA) rasa senang 기분 좋은
(RASA) serasa di balik awan 아주 기분 좋은
(RASA) serasa hati 기분 같아서는
RIANG 기분이 좋은
(RINGAN) ringan langkah 명랑한 기분
(RINGAN) ringan langkah 상쾌한 기분
(SEMPIT) sempit hati 기분 나쁜
(SINGGUNG) menyinggung perasaan 기분 나쁘게 하다
(TELINGA) bertelinga merah 기분이 언짢은
(TIDAK) tidak enak hati 기분이 나쁜
기뻐
(BESAR) berbesar hati 기뻐하다
기뻐하다
(DAPAT) dapat hati 기뻐하다

(NAIK) naik hati 기뻐하다
기쁘다
(ADA) berada di awang-awang 매우 기쁜
(BESAR) besar hati 기쁜
(BUANG) terbuang sisir 기쁘다
(ENAK) enak hati 기쁜
(HATI) besar hati 기쁜
(HATI) hatinya lepas 기쁘다
(HATI) sejuk hati 기쁜
HIBUR 기쁜
(KACANG) kacang direbus satu 기뻐 날뛰다
(KILAT) berkilat mukanya 기쁜
(KUDA) kuda lepas kandang 뛸 듯이 기쁜
(LOMPAT) lompat-lompat kegirangan 기뻐서 깡충깡충 뛰다
(LOMPAT) lompat-lompat kegirangan 기뻐서 팔짝팔짝 뛰다
(LONJAK) terlonjak rasa semangat 뛸 듯이 기쁜
(MINYAK) berminyak mukanya 기쁜
(MUKA) mukanya berminyak 기쁜
(NAIK) naik basuh kain 기쁜 마음으로 일하다
(NAIK) naik basuh kaki 기쁜 마음으로 일하다
(PUTIH) putih muka 기쁜
(RASA) rasa lapang 기쁜
(RASA) rasa senang 기쁜
(RASA) serasa di balik awan 몹시 기쁜
RIANG 기쁜
SENANG 기쁜
(SENANG) senang hati 매우 기쁜
(SINGKAP) tersingkap hati 매우 기쁜
(SUKA) suka hati 기쁜
(SUKA) suka ria 기쁜
(SUKA) sukacita 기쁜
(SUKA) sukaria 기쁜
기쁨
(BERI) memberi gula 기쁨을 주다
(HUJAN) hujan emas 기쁨
(LEZAT) kelezatan hidup 기쁨
(RASA) rasa gembira 기쁨
SUKA 기쁨
기사
AKHBAR 기사
(ISAP/HISAP) isapan jempol 풍문이나 추측에 근거한 허위기사
(KABAR/KHABAR) kabar dengkul 허위기사
기상대
(ANGIN) kantor angin 기상대
(KANTOR) kantor berita 기상대
기생
TUMPANG 기생하다
(TUMPANG) menumpang hidup 기생하다
기생식물
(TUMPANG) pokok menumpang 기생식물
기성복
(BAJU) baju jadi 기성복
기소

(ANGKAT) angkat hakim 기소
기소장
(SURAT) surat dakwaan 기소장
기숙사
ASRAMA 기숙사
(ASRAMA) asrama campuran 남녀 공용 기숙사
기술자
JURU 기술자
TUKANG (전문)기술자
기습
(CEDERA) kena cedera (적의) 기습을 받다
(PERANG) perang kilat 기습
기습전
(PERANG) perang kilat 기습전
기신제
(PULANG) pulang pohon 기신제
기어오르다
(NAIK) naik muka 기어오르는
PANJAT 기어오르다
기억
(BIANG) biang-biang kain 기억이 가물가물한
(HAPUS) terhapus dari ingatan 기억에서 사라진
INGAT 기억하다
(INGAT) ingat-ingat lupa 기억이 가물가물하다
(KUAT) kuat ingatan 기억력이 좋은
(KUAT) kuat ingatan 기억을 잘하는
(LEKAT) lekat hati 기억되는
(LEKAT) lekat hati 기억에 남은
(LUPA) lupa-lupa ingat 기억이 가물가물한
(MINYAK) minyak setitik di laut timbul juga 선행은 끝까지 기억된다
기억력
(PANJANG) panjang ingatan 기억력이 좋은
(TAJAM) tajam ingatan 기억력이 뛰어난
(TAJAM) tajam ingatan 기억력이 좋은
기역
(SIPUT) tak tahu akan siput empuk 낫 놓고 기역 자도 모른다
(TIDAK) tidak tahu di alif 낫 놓고 기역 자도 모른다
기역 자
(BUTA) buta kayu 낫 놓고 기역 자도 모르는
기와
(GENTING) genteng kodok 단단하고 무거운 기와의 일종
기운
LESU 기운이 없는
(RASA) berasa malas 기운이 없는
기울다
(BUKIT) bukit jadi paya 달도 차면 기운다
(CONDONG) condong ke barat 해가 기울다
LENGSER 기울다
(LENGSER) matahari lengser 해가 기우는 (때)
(PANAS) panas tidak sampai ke petang 달도 차면 기운다
(TUNGGANG) tunggang gunung 해가 서산에 기우는 무렵
기울어지다
CENDERUNG 기울어진

CONDONG 기울어진
MIRING 기울어진

ㄱ

기울이다
(AMBIL) mengambil pusing 주의를 기울이다
(DENGAR) dengar baik-baik 귀를 기울이다
(HADAP) menghadapkan perhatian 주의를 기울이다
(HAL) ambil hal 주의를 기울이다
(MANDI) mandi keringat 전력을 기울이다
(MANDI) mandi peluh 전력을 기울이다
(NYARING) menyaringkan telinga 귀를 기울이다
(PASANG) memasang telinga 귀를 기울이다
(PASANG) pasang telinga 귀를 기울이다
(TELINGA) telinga gajah 남의 말에 귀를 기울이지 않는
(TITIK) menitikberatkan 큰 관심을 기울이다
기웃거리다
(ULUR/HULUR) menghulurkan kepala (목을 빼서) 기웃거리다
기원
ASAL 기원
(ASAL) asal usul 기원
(ASSALAMUALAIKUM) alaikum assalam 평안하시길 (기원합니다)
(ASSALAMUALAIKUM) alaikum salam 평안하시길 (기원합니다)
(ASSALAMUALAIKUM) assalamualaikum 신의 가호가 깃들기를 (기원합니다)
(ASSALAMUALAIKUM) assalamualaikum 평안하시길 (기원합니다)
기일
(HARI) hari wafat 기일
기일제
(PULANG) pulang pohon 기일제
기자
(GADUNG) wartawan gadungan 가짜기자
(JURU) juru berita 기자
(WARTA) wartawan (신문, 잡지, 방송)기자
기자회견
(JUMPA) jumpa pers 기자회견
(SIDANG) sidang akhbar 기자회견
(TEMU) bertemu bual (기자)회견하다
(TEMU) bertemu duga (기자)회견하다
(TEMU) temu bual 기자회견
(TEMU) temu duga 기자회견
(TEMU) temu ramah 기자회견
기장
(LABUH) labuh baju 윗도리의 기장
기저대역
(JALUR) jalur asas (주파수의) 기저대역
기절
(HILANG) hilang arwah 기절하다
(HILANG) hilang ingatan 기절하다
(HILANG) hilang pikiran 기절하다
(HILANG) hilang semangat 기절하다
(LUPA) lupa akan dirinya 기절하다
(LUPA) lupa diri 기절하다
(MASUK) masuk hantu (귀신에게 홀려) 기절하다
(TERBANG) terbang semangat 기절하다

(TIDAK) tidak ingat diri 기절한
기제사
(PULANG) pulang pohon 기제사(해마다 사람이 죽은 날에 지내는 제사)
(SEDEKAH) sedekah arwah 기제사(의 공물)
기준점
(TITIK) titik pangkal (경계의) 기준점
(TITIK) titik tolak (경계의) 기준점
기진맥진
(HABIS) habis tenaga 기진맥진
PENAT 기진맥진한
기질
(NAFSU) nafsu setan 몹시 포악한 기질
(NAFSU) nafsu setan 악마 같은 기질
SIFAT 기질
(SIFAT) sifat perempuan 여성의 기질
TABIAT 기질
(WANITA) sifat wanita 여성적인 기질
기차
(KERETA) kereta api, kereta asap 기차
기초
ALAS 기초
LUNAS 기초
PANGKAL 기초
(POKOK) pokok dasar 기초
TAPAK 기초
TONGGAK 기초
기초훈련
(LATIH) latihan asas 기초훈련
기침
BATUK 기침
(BATUK) batuk kecil 헛기침
(BATUK) batuk kering 마른기침
(BATUK) batuk-batuk kambing 헛기침하다
기필코
(BERANI) berani sumpah 기필코
기한
(TENGGANG) tenggang waktu 기한(미리 한정하여 놓은 시기)
(ULUR/HULUR) mengulur-ulur waktu 기한을 연장하다
기호품
(NASI) nasi kunyit 기호품
기혼
(MAKAN) makan berulam 기혼 남성
(SUAMI) bersuami 기혼의
(SUDAH) sudah diasapi kemenyan 기혼의
(ULAM) makan berulam 기혼 남성
기혼녀
(BUNGA) bunga dipersunting 기혼녀
기혼여성
(LADANG) ladang yang berpunya 기혼여성
기회
(AMBIL) mengambil kesempatan 기회를 잡다
(ANGIN) angin baik 좋은 기회
(BELUM) belum tertutup 아직 기회가 남아있는

(BUKA) membuka pintu 기회를 주다
(DAPAT) dapat angin 기회를 얻은
(DAPAT) mendapat angin 기회를 얻다
(GAHARU) seperti buku gaharu 기회를 놓치지 않는 사람
(INTAN) intan berlian jangan dipijakkan 행운의 기회를 놓치지 말라
(JALAN) jalan naik 승진의 기회
(JALAN) jalan terbuka 기회
(LAIN) lain kali 다음 기회에
(LAPANG) melapangkan jalan 기회를 부여하다
(LEPAS) lepas tuah 기회를 놓치다
(LEPAS) melepaskan tuah 기회를 놓치다
(LUANG) peluang emas 절호의 기회
(MASIH) masih ada masa 여전히 기회가 남아 있는
(MASUK) masuk daun 좋은 기회를 얻다
(NANTI) nanti peluang 기회를 기다리다
(PELUANG) peluang keemasan 절호의 기회
PINTU 기회
(PINTU) pintu rezeki 취업의 기회
(TAHAN) menahan jerat 좋은 기회를 잡다
(TANGGA) tangga naik 기회

기후
UDARA 기후

긴급회의
(RAPAT) rapat kilat 긴급회의

긴밀하다
(API) seperti api dengan asap 긴밀한 관계
(RAPAT) kerjasama yang rapat 긴밀한 협력

긴밀히
(ERAT) erat-erat 긴밀히

긴장
(RUNCING) memperuncing ketegangan 긴장을 고조시키다
TEGANG 긴장된

길
(ADU) beradu kening 길에서 마주치다
(BAWA) membawa diri 길을 나서다
(BAWA) membawa jalan 길을 안내하다
(BUKA) membuka jalan 길을 열다
(CARI) mencari jalan 길을 찾다
(DAUN) daun nipah dikatakan daun labu 아는 길도 물어 가라
(HANYUT) menghanyutkan diri 나쁜 길로 빠지다
JALAN 길
(JALAN) jalan buntu 막다른 길
(JALAN) jalan mati 막다른 길
(JALAN) jalan mati 폐쇄된 길
(JALAN) jalan pintas 지름길
(JALAN) jalan serong 구부러진 길
(JALAN) jalan tengah 가운뎃길
(KUNCI) kunci mati 막다른 길
(KUNCI) kunci mati 막힌 길
(LEMAK) lemak manis jangan ditelan, lemak pahit jangan dimuntahkan 아는 길도 물어서 가라
(LURUS) lurus jalan 길을 닦다
(LURUS) lurus jalan 길을 트다

(LURUS) meluruskan jalan 길을 닦다
(LURUS) meluruskan jalan 길을 트다
(MALU) malu bertanya sesat jalan 아는 길도 물어서 가라
(MALU) malu makan perut lapar 아는 길도 물어서 가라
(MINTA) minta jalan 길을 비켜 달라고 요청하다
(RENTANG) merentang jalan 길을 닦다
(RETAS) meretas jalan 길을 뚫다
(RETAS) meretas jalan 길을 열다
(RINTANG) merintangi jalan 길을 가로막다
(SALAH) salah arah 길을 잃다
(SALAH) salah jalan 길을 잃다
(SALAH) salah jalan 길을 잘못 들다
(SEGAN) segan bertanya, sesat jalan 아는 길도 물어서 가라
(SELISIH) berselisih jalan (길이) 엇갈리다
(SELISIH) berselisih lalu (길이) 엇갈리다
SESAT 길을 잃다
(SESAT) sesat di jalan 길을 잃다
(SESAT) sesat jalan 길을 잃다
(SESAT) sesat jalan 길을 잃어버리다
(SESAT) sesat kaki 길을 잘못 들어서다
(SESAT) sesat lalu 길을 잘못 들어서다
(SILAP) tersilap jalan 길을 잃다
(TENGAH) di tengah jalan 길 가던 중에
(TIDAK) tidak ada jalan lain 다른 길이 없다

길가
(TIMBAL) bertimbal jalan 양쪽 길가에 (늘어 선)

길다
(LABA) belum tahu akan laba rugi 길고 짧은 것은 대봐야 안다
LANJUT 긴
(LUAS) luas pandangan 여정이 긴
(PAHIT) pahit darah 명이 긴
(PAHIT) pahit-pahit darah 명이 긴
PANJANG 긴
(PANJANG) panjang lebar 길고도 상세한 (설명)
(PINGGANG) sepinggang panjangnya 허리까지 닿을 정도로 긴

길들다
JINAK 길들은

길모퉁이
(SIKU) siku jalan 길모퉁이

길운
(NASIB) nasib baik 길운

길이
BUJUR 길이

길흉
(LIHAT) melihat untung malang 길흉을 점해 보다

김
KUKUS 김
UAP/WAP (액체가 열을 받아서 나는) 김

김칫국
(BURUNG) burung terbang dipipis lada 떡 줄 사람은 생각도 않는데 김칫국부터 마신다
(DUDUK) belum duduk belunjur dulu 떡 줄 사람은 생각도 않는데 김칫국부터 마신다

(GIGI) belum bergigi hendak mengunyah 떡 줄 사람은 생각도 않는데 김칫국부터 마신다
(GIGI) belum bergigi sudah hendak menggigit 떡 줄 사람은 생각도 않는데 김칫국부터 마신다
(SORAK) dulu sorak-sorai kemudian tohok 떡 줄 사람은 꿈도 안 꾸는데 김칫국부터 마신다

깁다
(TAMPUNG) menampung (누더기를) 깁다

깃
BULU 깃

깃발
BENDERA 깃발
TUNGGUL 깃발

깊다
(LABAH-LABAH) seperti labah-labah cinta kepada telurnya 깊은 사랑
(LANGKAH) langkah panjang 사려가 깊은
(LANJUT) lanjut pikiran 사려 깊은
LUBUK 깊은 곳
(SARAT) sarat makna 의미가 매우 깊은
(SUDAH) sudah larut malam 이미 밤이 깊은

깊어가다
LARUT 깊어가는

깊은숨
(NAPAS/NAFAS) napas kuda 깊은숨
(NAPAS/NAFAS) napas panjang 깊은숨

까기
(BAKAR) bakar tidak berbau 뒷구멍으로 호박씨 까기

까뀌
BELIUNG 까뀌

까다
(LEMPAR) lempar batu sembunyi tangan 뒷구멍으로 호박씨 깐다
(MANIS) manis di luar, busuk di dalam 속으로 호박씨 깐다
(SAKIT) sakit kepala panjang rambut 뒷구멍으로 호박씨 까는

까다롭다
(DAYUNG) berdayung ke hulu 까다로운 일

까닭
SEBAB 까닭

까딱
(PANGKU) berpangku tangan 손가락 하나 까딱 않는
(PELUK) berpeluk lutut 손가락 하나 까딱 않는
(PELUK) berpeluk tangan 손가락 하나 까딱 않는
(PELUK) berpeluk tubuh 손가락 하나 까딱 않는
(PELUK) peluk lutut 손가락 하나 까딱 않는
(TEKUK) bertekuk tangan 손가락 하나 까딱 안 하다

까마귀
GAGAK 까마귀
(GAGAK) gagak paruh besar 큰부리까마귀
(MANDI) mandi kerbau 까마귀 미역 감듯

까맣게 타다
HANGUS 까맣게 탄

까먹다
(MAKAN) dimakan tikus 야금야금 까먹다

~까지

SAMPAI 까지
까치
(BURUNG) burung murai 까치
MURAI 까치(과 조류)
(MURAI) murai kampung 까치
까칠하다
(KERUT) kerut kering 까칠하고 쪼그라진
깍쟁이
(LEMBU) lembu punya susu, sapi dapat nama 거둥길 닦아 놓으니 깍쟁이가 먼저 지나간다
(NASI) nasi sama ditanak, kerak dimakan seorang 거둥길 닦아 놓으니 깍쟁이가 먼저 지나간다
깎다
(PARAS) memaras 깎다
(TAWAR) tawar-menawar (물건 값을) 깎다
(TULANG) menulang sumsum 뼈를 깎는 아픔
깔개
(LAPIK) lapik duduk 깔개
TILAM (침대의)깔개
깔다
HAMPAR 깔다
(PAPAN) memapan 마루를 깔다
깔리다
SIMBUR (어둠이) 깔리다
깔보다
(LIHAT) melihat dengan sebelah mata 깔보다
깜깜
(GELAP) gelap katup 아주 깜깜한
(GELAP) gelap pendengaran 깜깜 무소식의
(HITAM) hitam jengat 깜깜한
(HITAM) hitam kumbang 깜깜한
(HITAM) hitam legam 깜깜한
(HITAM) hitam lotong 깜깜한
(HITAM) hitam pekat 깜깜한
(HITAM) hitam tedas 깜깜한
깜박
(KEJAM) kejam celik 깜박거리는
(KEJAM) kejam celik 깜박깜박하는
KEJAP (눈) 깜박거림
깜장
HITAM 깜장
깜짝
(LAWAT) lawatan mengejut 깜짝 방문
깡마르다
(ANJING) anjing beranak enam 깡마른
(BALUT) tinggal jangat pembalut tulang 깡마른
(BALUT) tinggal kulit pembalut tulang 깡마른
(BANGKAI) bangkai bernyawa 송장같이 깡마른
(MAYAT) mayat bernyawa 깡마른
(PALUT) tinggal jangat pemalut tulang 깡마른
(PALUT) tinggal kulit pemalut tulang 깡마른
(TINGGAL) tinggal tulang dengan kulit 깡마른
(TULANG) tulang berbalut kulit 깡마른

ㄱ

깡충깡충
(LOMPAT) lompat-lompat kegirangan 기뻐서 깡충깡충 뛰다
(LONCAT) berloncat-loncatan 깡충깡충 뛰다
(LONCAT) loncat-loncat 깡충깡충 뛰다
(LONCAT) meloncat-loncat 깡충깡충 뛰다
(LONJAK) lonjak-lonjak 깡충깡충 뛰다
(LONJAK) melonjak-lonjak 깡충깡충 뛰다

깡통
KALENG 깡통
(PAPA) tujuh kali pindah jadi papa 직장 일곱 번 옮겨 남은 것은 깡통 뿐

깨끗하다
BERSIH 깨끗한
(BERSIH) membersihkan diri 깨끗하게 만들다
(KAPAS) kapas dibusur 매우 순수하고 깨끗한
KEMAS 깨끗한
(TERANG) terang terus (유리처럼)투명하고 깨끗한
(TIDAK) tidak kemas 깨끗하지 않은

깨다
BANGUN (잠이) 깨다
INGAT 깨다
(JANJI) pecah janji 약속을 깨다
(MUNGKIR) mungkir janji 약속을 깨다
(PECAH) pecah janji 약속을 깨다
(PUASA) berbuka puasa (해가 지고 난 후) 하루의 금식을 깨다
(PUTAR) berputar lidah 약속을 깨다
(PUTAR) memutar lidah 약속을 깨다
(URAI) menguraikan janji 약속을 깨다

깨닫다
(BANGUN) bangun dari tidurnya 깨닫다
(BARU) baru melek 비로소 깨닫다
(BUKA) membuka mata 깨닫다
(BUKA) terbuka matanya 깨닫게 된
(INGAT) ingat diri 자신의 형편을 깨닫다
(MATA) mata terbuka 깨달은
(PULANG) memulangkan ingatan 깨닫게 하다
(PULANG) pulang ingatan 깨닫다
SADAR/SEDAR 깨닫다
(SADAR/SEDAR) sadar diri 자신의 처지를 깨닫다
(SADAR/SEDAR) sadarkan diri 자신의 처지를 깨닫다
(TAHU) tahu diri 깨닫다

깨물다
GIGIT 깨물다
KERKAH 깨물다

깨물어 먹다
KERKAH 깨물어 먹다

깨어있다
MELEK 깨어있는

깨어지다
PATAH 깨어진
(PULAU) pulau sudah lenyap, daratan sudah tenggelam 산산이 깨어진 꿈

깨우치다

(SADAR/SEDAR) menyadarkan bangsa 민족을 깨우치다
깨지다
(OLEH) beroleh lumpur di tempat kering 뒤로 넘어져도 코가 깨지는 격
(PATAH) patah arang 완전히 깨진
PECAH 깨진
RAPUH 깨지기 쉬운
REMUK 깨지다
(REMUK) remuk-redam 산산이 깨지다
URAI 깨진
꺼리다
(LENTIK) lentik jari 힘든 일을 꺼리다
(LENTIK) melentik jari 힘든 일을 꺼리다
SEGAN 꺼리는
꺼림칙하다
(UDANG) udang (di) dalam tangguk 꺼림칙한
꺼져라
(SETAN) persetan 꺼져라(욕설)
꺼지다
PADAM (불이)꺼지다
껄껄
(JUAL) menjual gigi 큰 소리로 껄껄 웃다
(TAWA/KETAWA) tertawa besar 큰 소리로 껄껄 웃다
(TAWA/KETAWA) tertawa gelak-gelak 큰 소리로 껄껄 웃다
(TAWA/KETAWA) tertawa terpingkal-pingkal 큰 소리로 껄껄 웃다
껍데기
SARUNG 껍데기
ULAS 껍데기
껍질
JANGAT 껍질
(KEMBANG) kembang lawan 과일 껍질
KERAK 껍질
KULIT 껍질
(KULIT) kulit ari 겉껍질
SABUT 섬유질로 된 (열매) 껍질
(SEKAM) sekam padi 벼를 찧어 벗겨 낸 껍질
SELAPUT 얇은 껍질
(SISIK) menyisiki limbat 메기의 껍질을 벗기다
TEMPURUNG (야자열매) 껍질
ULAS 껍질
(ULAS) ulas bawang merah 양파 (속) 껍질
UPIH 껍질
껴안다
DEKAP 껴안다
껴안음
PELUK 껴안음
꼬꼬댁
KETUK 꼬꼬댁 (소리)
꼬다
BELIT 꼬다
(PUTAR) berputar-putar 말을 비비 꼬다
(PUTAR) memutar-mutar 말을 비비 꼬다
(PUTAR) putar-putar 말을 비비 꼬다

꼬리
BUNTUT 꼬리
EKOR 꼬리
(TANAH) bukan tanah menjadi padi 개 꼬리 삼 년 두어도 황모 되지 않는다
꼬맹이
(SANG) sang kecil 꼬맹이
꼬부라지다
BENGKOK 꼬부라진
LEKUK 꼬부라진 (곳)
꼬부랑
(TUA) tua bangka (망령이 난) 꼬부랑 늙은이
(TUA) tua bengkok (망령이 난) 꼬부랑 늙은이
꼬시래기
(PANCING) memancing dalam belanga 꼬시래기 제 살 뜯기
꼬이다
(BELIT) berbelit-belit 비비 꼬인
(BUJUK) membujuk-bujuk 꼬이다
(GULA) ada gula ada semut 이익이 있는 곳에 사람들이 꼬이게 마련
(PUSING) pusing belit (말이) 비비 꼬인
(SALAH) salah langkah 일이 시작부터 꼬이다
(TELUK) adat teluk timbunan kapal 힘 있는 곳에 도움을 청하는 사람들이 꼬이게 마련
꼬임
(MASUK) masuk hati 꼬임에 넘어가다
꼬집다
CUBIT 꼬집다
GETIK 꼬집다
꼬챙이
COCOK 꼬챙이
CUCUK/COCOK 꼬챙이
PACAK 꼬챙이
TUSUK 꼬챙이
꼬치
CUCUK/COCOK 꼬치
TUSUK 꼬치
꼬투리
PUNTUNG 피우다(타다) 남은 꼬투리
UPIH 꼬투리
꼭대기
KEPALA 꼭대기
PUCUK 꼭대기
PUNCAK 꼭대기
REMBANG 꼭대기
UJUNG/HUJUNG 꼭대기
꼭두새벽
(BUTA) pagi-pagi buta 꼭두새벽
(FAJAR) fajar sidik 꼭두새벽
꼴
(KUDA) kuda-kuda 꼴
꼴등
(JURU) juru kunci 꼴등
꼴불견

(ULAT) berulat mata melihat 꼴불견의
꼴찌
(JURU) juru kunci 꼴찌
꼼짝달싹
(IKAT) mengikat diri 꼼짝달싹도 못하다
(KAKI) terikat kaki tangan 꼼짝달싹도 못하는
꽁
(KANDUNG) mengandung hati 꽁하다
꽁무니
(PINTU) pintu belakang 꽁무니
꽁초
PUTING (담배)꽁초
꽁하다
(PANAS) panas bara 꽁한
(PANAS) panas darah 꽁한
(PEGAL) pegal hati 꽁한
꽃
BUNGA 꽃
(BUNGA) berbunga 꽃모양이 있는
(BUNGA) berbunga 꽃으로 장식된
(BUNGA) membunga 꽃과 비슷한
(BUNGA) membunga 꽃모양의
(BUNGA) membungai 꽃으로 장식하다
(GAJAH) gajah guling 올린머리 장식용 2줄의 재스민 꽃
KEMBANG 꽃
(KEMBANG) kembang idaman 꽃다운 처녀
KUSUMA/KESUMA 꽃
(MELUR/MELATI) bunga melur 말리꽃
(MELUR/MELATI) bunga melur 재스민(꽃)
(SEPERTI) seperti anjing berjumpa pasir 물 본 기러기 꽃 본 나비
(SUNTING) menyunting 장식용으로 꽃을 따다
(TARIK) tarik puntung padamlah bara 열흘 붉은 꽃이 없다
꽃가마
(ROTAN) ada rotan ada duri 꽃가마 속에도 근심이 있다
꽃답다
(EMAS) emas tempaan 꽃다운 여인
꽃맹꽁이
(KATAK) katak kuak 꽃맹꽁이
꽃목걸이
(KALUNG) kalung bunga 꽃목걸이
(KALUNG) kalungan bunga 꽃목걸이
꽃받침
(DAUN) daun lindung 꽃받침
(DAUN) daun penutup 꽃받침
꽃병
(PASU) pasu bunga 꽃병
꽃봉오리
(KUNCUP) kuncup bunga 꽃봉오리
꽃부리
TAMPUK 꽃부리
(TAMPUK) tampuk labu 호박의 꽃부리
꽈리
(PUNDI-PUNDI) pundi udara 허파 꽈리

(PUNDI-PUNDI) pundi-pundi udara 허파 꽈리
꽉 들어차다
HIMPIT 꽉 들어찬
꽉 차다
KENTAL (내용물이) 꽉 찬
꽹과리
(CANANG) canang kecil 꽹과리
꾀
(JERAT) tahan jerat sorong kepala 제 꾀에 제가 넘어간다
(KERJA) tidak kerja cari kerja 제 꾀에 제가 넘어간다
(SORONG) tahan jerat sorong kepala 제 꾀에 제가 넘어간다
꾀다
(AMBIL) ambil hati 꾀다
(AMBIL) mengambil hati 꾀다
(BIBIR) bibir bergetah (사람을) 꾀는데 재주가 있는
(MANIS) manis mulut 감언이설로 (남을) 잘 꾀는
(TANAM) tanam tebu di bibir 달콤한 말로 남을 잘 꾀는 사람
(TANAM) tanam tebu di tepi bibir 달콤한 말로 남을 잘 꾀는 사람
(TARIK) menarik-narik hati 꾀다
(TEBU) tanam tebu di bibir mulut 달콤한 말로 남을 잘 꾀는 사람
(URUT) mengurut kuduk (그럴듯한 말로) 꾀다
꾀병
(DEMAM) demam-demam puyuh 꾀병
(SAKIT) sakit kepala panjang rambut 꾀병을 부리는
꾀보
KANCIL 꾀보
(KANCIL) si kancil 꾀보
꾀부리다
(CURI) mencuri tulang 꾀부리다
꾀하다
(MAIN) main balik mata 나쁜 일을 꾀하다
꾐
BUJUK 꾐
(BUJUK) bujuk rayu 꾐
(BUJUK) bujukan setan 악마의 꾐
(MANIS) manis di bibir 꾐 말
꾸다
(GILA) gila bayang-bayang 허황된 꿈을 꾸는
(MABUK) dimabuk bayang-bayang 허황한 꿈을 꾸다
(MURAH) makin murah, makin menawar 쪽박 빌려 주니 쌀 꿔 달란다
(PINJAM) meminjam uang 돈을 꾸다
(PINJAM) meminjam wang 돈을 꾸다
(RAMAS) meramas santan di kuku 허황된 꿈을 꾸다
꾸러미
BUNGKUS 꾸러미
(BUNGKUS) bungkus bingkis 여러 꾸러미의 물건
꾸리다
(REZEKI) rezeki murah 어렵지 않게 생계를 꾸리는
꾸미다
(ADA) ada main 음모를 꾸미는
(TEMPUH) menempuh hidup baru 새 가정을 꾸미다
꾸부정하다
(BUNGKUK/BONGKOK) bungkuk udang 등이 꾸부정한

ㄱ

꾸어주다
(BUNGA) membungakan 이자를 붙여 돈을 꾸어주다
꾸준하다
TEKUN 꾸준한
(TEKUN) bertekun 꾸준하다
(TEKUN) tekun belajar 꾸준하게 공부하다
(TUNGGANG) tunggang hati 꾸준한
꾸중
(DAPAT) mendapat cabai rawit 심하게 꾸중 듣다
(DAPAT) mendapat kopi keras 꾸중을 듣다
꾸지람
(DAPAT) mendapat suara keras 꾸지람을 듣다
(KENA) kena sembur 꾸지람을 듣다
(KOPI) dapat kopi pahit 꾸지람을 듣다
꾸짖다
(KATA) mengata-ngatai 꾸짖다
(REGANG) meregang telinga 꾸짖다
꾼
TUKANG 꾼
꿀
(AIR) air lebah 꿀
MADU (벌)꿀
(MANIS) manisan lebah 꿀
(MULUT) mulutnya berat 꿀 먹은 벙어리 같은
(MUNCUNG/MONCONG) muncung penuh air 꿀 먹은 벙어리
(MUNCUNG/MONCONG) perut berisi batu 꿀 먹은 벙어리
(PAKU) terpaku mulutnya 꿀 먹은 벙어리의
꿀리다
KALAH 꿀리다
꿀벌
LEBAH 꿀벌
꿇다
(DUDUK) duduk bersimpuh 무릎을 꿇고 앉다
(LIPAT) lipat lutut 무릎을 꿇다
(LIPAT) melipat lutut 무릎을 꿇다
SIMPUH/TIMPUH 무릎을 꿇다
(TEKUK) bertekuk lutut 무릎을 꿇다
(TEKUK) menekuk lutut 무릎을 꿇다
꿈
ASA 꿈
(BAYANG/BAYANG-BAYANG) bayang-bayang disangka tubuh 허황된 꿈
(GILA) gila bayang-bayang 허황된 꿈을 꾸는
(LEPAS) melepaskan angan-angan 꿈을 이루다
(MABUK) dimabuk angan-angan 허황한 꿈에 사로잡히다
(MABUK) dimabuk bayang-bayang 허황한 꿈을 꾸다
(MABUK) mabuk di angan-angan 허황한 꿈에 사로잡히다
(PULAU) pulau harapan 꿈
(PULAU) pulau sudah lenyap, daratan sudah tenggelam 물거품처럼 사라진 꿈
(PULAU) pulau sudah lenyap, daratan sudah tenggelam 산산이 깨어진 꿈
(RAMAS) meramas santan di kuku 허황된 꿈을 꾸다

(SAMPAI) sampai hajat 꿈이 이루어지다
(TAJAM) tajam hati 꿈이 많은

꿋꿋하다
(TETAP) tetap teguh (신념이) 꿋꿋한
꿍꿍이속
(ADA) ada apa-apanya 꿍꿍이속
꿩
(BELANGA) belanga kurang, periuk yang melebih-lebih 꿩 대신 닭
(BURUNG) burung pegar 꿩
(PARANG) seperti parang mata dua 꿩 먹고 알 먹고
(PECAH) pecah buyung tempayan ada 꿩 대신 닭
(PECAH) pecah tempayan, buyung ada 꿩 대신 닭
(SEMBUNYI) sembunyi tuma 꿩 숨듯 하다
(TUMA) sembunyi tuma ekor kelihatan 꿩 숨듯 하다
꿰뚫다
(TAHU) tahu di dalam lubuk 흉중을 꿰뚫는
꿰매다
JAHIT 꿰매다
뀌다
(BUANG) buang angin 방귀를 뀌다
(KELUAR) keluar gas 방귀(를 뀌다)
(KELUAR) keluar angin 방귀(를 뀌다)
(LEPAS) melepaskan angin busuk 방귀를 뀌다
(PANJANG) panjang lidah 알랑방귀를 잘 뀌는
(PANJANG) panjang mulut 알랑방귀를 잘 뀌는
끄나풀
(MATA) mata telinga 끄나풀
(MATA) mata-mata 끄나풀
끄다
(PADAM) padam lampu 전등을 끄다
(REMAS/RAMAS) meremas api 불을 끄다
끄덕이다
ANGGUK 끄덕이다
끄떡없다
(TETAP) tetap hati 끄떡없는
끈
SENGKELIT (나무에 오를 때 손 또는 발에 착용하는) 고리 모양의 끈
SIMPAI 끈
(SIMPAI) simpai rotan 등나무 줄기로 만든 끈
TALI 끈
끈기
(URAT) berurat kawat (역경을) 끈기 있게 헤쳐 나가는
끈끈물
LENDIR 끈끈물
끈적끈적
(LEKAT) lekat-lekat 끈적끈적 달라붙는
끈질기다
CEKAL 끈질긴
(CEKAL) cekal hati 끈질긴
끊다
(KERAT) berkerat rotan 관계를 끊다
(PUTUS) putus kawan 교제를 끊다
(SISIH) menyisihkan diri (친구들과의) 교제를 끊다

(TUTUP) menutup mata 신경을 끊다
끊어지다
(LAYANG) layang nyawa 목숨이 끊어지다
(LAYANG) melayang jiwa 목숨이 끊어지다
(LAYANG) melayang nyawa 목숨이 끊어지다
MATI 끊어지다
(PADAM) padam hayat 숨이 끊어지다
(PADAM) padam jiwa 숨이 끊어지다
(PADAM) padam nyawa 숨이 끊어지다
PUTUS 끊어지다
RETAS 끊어지다
SERKAH/SEKAH 끊어지다
끊이지 않고
(HENTI) tidak henti-hentinya 끊이지 않고
끊임없이
(HENTI) tidak henti-hentinya 끊임없이
(SUANG) tak suang-suangnya 끊임없이
(TERUS) terus-menerus 끊임없이
(TERUS) terus-terusan 끊임없이
(TIDAK) tidak henti-henti 끊임없이
끌
PAHAT 끌
(PAHAT) pahat jantan 끝이 뾰족하고 날카로운 끌
끌다
HELA 끌다
(IKAT) mengikat hati 관심을 끌다
(IKAT) mengikat hati 주의를 끌다
(IKAT) mengikat mata 눈을 끌다
(KETIAK) berketiak ular 질질 끄는
(LENGAH) lengah waktu 시간을 끌다
(LENGAH) melengah waktu 시간을 끌다
(MASAM) masam kepala 이목을 끄는
RAIH 끌다
RENGKUH 끌다
(RUNDING) merentang runding (회의를) 길게 끌다
TARIK 끌다
(TARIK) menarik hati 주목을 끌다
끌리다
(HATI) hatinya terpikat 마음이 끌리다
끌어 올리다
(LETAK) letak di tanah (배를) 뭍으로 끌어 올리다
끓다
DIDIH 끓다
GELEGAK 끓다
(MASAK) masak malam, mentah pagi 변덕이 죽 끓는 듯하다
끓이다
REBUS 끓이다
(REBUS) merebus air 물을 끓이다
끝
AKHIR 끝
BUNTUT 끝
EKOR 끝
(KELINDAN) lalu penjahit, lalu kelindan 처음이 좋아야 끝도 좋다

(KETIAK) berketiak ular 끝 간 데 없는
LIDAH 끝
TEPI 끝
UJUNG/HUJUNG 끝

끝나다
(BARA) jejak-jejak bara 거의 다 끝난
(BAWA) membawa bekas ~로 끝나다
(GENTING) genting tidak putus 아직 끝나지 않은
HABIS 끝나다
(HARI) hari batal 끝나는 날
(JAHIT) jahit sudah kelindan putus 완전히 끝난
(LEPAS) lepas puasa 단식이 끝나다
(MASIH) masih titik koma 아직 끝나지 않은
(PAUT) berpaut tidak bertali 아직 끝나지 않은
(PERKARA) habis perkara 끝난
SELESAI 끝나다
SUDAH 이미 끝난
TAMAT 끝나다
(TENGAH) setengah jalan (일이) 반 쯤 끝난
(TENGAH) setengah jalan 아직 끝나지 않은 (일)

끝내다
(TANCAP) tancap gas 신속히 일을 끝내다

끝마무리
(KASAR) kasar tangan 끝마무리가 좋지 않은

끝없이
(LARUT) berlarut-larut 끝없이 이어지다
(LARUT) larut-larut 끝없이 이어지다

끼니
REZEKI 끼니
(SAMBUNG) sambungan umur 끼니
(SEKANG) menyekang perut 끼니를 때우다

끼다
(MALU) malu tercoreng pada kening 망신살이 끼다
(PEGANG) berpegang tangan 팔짱을 끼다
(SUBANG) bersubang 귀걸이를 끼다
(TEKUK) bertekuk tangan 팔짱을 끼다

끼어들다
(CAMPUR) campur bicara 대화에 끼어들다
(CAMPUR) campur mulut 대화에 끼어들다
(CAMPUR) campur tangan 끼어들다
(MASUK) masuk mulut 대화에 끼어들다
(MULUT) bermulut gapil 남의 말에 끼어들기를 일삼는

끼얹다
(SIMBUR) bersimbur-simburan (공동 목욕시 물을) 서로의 몸에 끼얹다

끼치다
(BEKAL) membekal budak lari 두 배로 손해를 끼치다
(POTONG) potong rezeki orang 남에게 손해를 끼치다
(ROMA) tegak bulu roma 소름이 끼치는
(SANGKAK) menyangkak bulu 소름이 끼치는
(SUSAH) menyusahkan orang (다른 사람에게) 폐를 끼치다

낌새
(ADA) ada baunya 기미(낌새)가 있는

나
SAYA 나
나가다
(BAHASA) gila-gila bahasa 정신이 나간
KELUAR 나가다
(SASAR) sasar bahasa 정신이 나간
나그네
(ANAK) anak dagang 나그네
(HANTU) hantu yang tidak berjinjang 나그네
(ORANG) orang dagang 나그네
(ORANG) orang larat 나그네
(TERBANG) terbang-terbang hinggap 표랑의 (나그네)
(TUAH) tuah sebesar bukit, celaka menimpa badan 주인 많은 나그네 밥 굶는다
나긋나긋
(LIDAH) lidah manis 나긋나긋 말씨가 상냥한
나날
(HIDUP) hidup segan mati tak hendak 고통의 나날을 보내는
나누다
(BUAL) berbual-bual 여담을 나누다
(PARUH) memaruh 반으로 나누다
(SALAM) bersalam-salaman 서로 인사를 나누다
(TEGUR) bertegur sapa 서로 인사말을 나누다
나눗셈
(BANYAK) perbanyakan dan pembagian 곱셈과 나눗셈
(HASIL) hasil bagi 나눗셈의 몫
나다
(AMBIL) ambil marah 화가 나다
(ANGIN) masuk angin 몸살이 나다
(MAKAN) dimakan keringat (색이) 난
(MATI) mati kertas 쥐가 나는
(NAIK) naik geram 성이 나다
(NAIK) naik panas 성이 나다
(PECAH) buruk berita 여기저기 소문이 나다
(PECAH) pecah bunyi 여기저기 소문이 나다
(SEMUT) semut-semutan 쥐가 나다
(SERI) berseri-seri 광채가 나는
나들이
(TONGKAT) bertongkat tebu 부인과 함께 나들이하다
나라

NEGARA 나라
NEGERI 나라
(NEGERI) negeri panas 상하의 나라
(NEGERI) negeri panas 열대지방의 나라
(SEGALA) segala negeri 모든 나라

나락
GABAH 나락

나락뒤주
(LENGKIANG/RENGKIANG) lengkiang padi 나락뒤주
(RENGKIANG) rengkiang padi 나락뒤주

나란히
(IRING) duduk mengiring 옆에 나란히 앉다
(SANDING) bersanding bahu 어깨를 나란히 하다
(SANDING) bersanding 나란히 붙어 앉다
(SANDING) bersandingan 나란히 붙어 앉다
(TINDIH) bertindih riba 나란히 붙어 앉다

나룻배
(KAPAL) kapal penambang 나룻배

나륵풀
SELASIH 나륵풀

나름
(LADING) belakang lading kalau diasah lama-lama tajam juga 모든 일은 자기가 하기 나름

나머지
PUTING 나머지
SISA 나머지

나무
(ASAL) usul menunjukkan asal 될성부른 나무는 떡잎부터 알아본다
(BALOK/BALAK) kayu balok 통나무
(BATANG) batang kayu 나무줄기
(BELUT) belut kena getah 원숭이도 나무에서 떨어진다
(BENIH) benih yang baik tidak memilih tanah 될성부른 나무는 떡잎부터 알아본다
(DAUN) daun mengekalkan pohonnya 될성부른 나무는 떡잎부터 알아본다
(KARET) pohon karet 고무나무
KAYU 나무
(KAYU) kayu api 땔감나무
(KAYU) kayu bakar 땔감나무
(KAYU) kayu balak 통나무
(KAYU) kayu belian 녹나무
(KAYU) kayu besi 녹나무
(KAYU) kayu bulat 통나무
(KAYU) kayu manis 계수나무
(KAYU) kayu manis 계피(나무)
(KAYU) kayu ulin 녹나무
(MANA) mana sungai yang tiada berhulu 뿌리 없는 나무 없다
(MATA) mata kayu (나무의)옹이
POHON/POKOK 나무
POKOK 나무
(PUKI) puki anjing 남남나무(콩과 식물로 말레이 반도 북부에서 주로 생육)
(PUNTUNG) puntung kayu 타다 남은 나무 도막
(SEMUT) semut mati karena gula 열 번 찍어 안 넘어가는 나무 없다

(SEMUT) semut mati kerana gula 열 번 찍어 안 넘어가는 나무 없다
(TUNGGUL) tunggul kayu 나무 그루터기
(TUNGGUL) tunggul kayu 나무 밑동
(TUPAI) sepandai-pandai tupai melompat, sekali akan gawal juga 원숭이도 나무에서 떨어진다
(TUPAI) sepandai-pandai tupai meloncat, sekali terjatuh juga 원숭이도 나무에서 떨어진다
(TUPAI) tupai tanah belang pendek 나무 뒤주

나무라다
(KATA) belanga hitam 똥 묻은 개가 겨 묻은 개 나무란다
(KATA) kata periuk 똥 묻은 개가 겨 묻은 개 나무란다
(KATA) mengata-ngatai 나무라다
(KEPITING) kepiting menyuruh anaknya berjalan betul 똥 묻은 개가 겨 묻은 개 나무란다
(KEPITING) kepiting menyuruh anaknya berjalan betul 쌍언청이가 외언청이 나무란다
(KETAM) ketam menyuruh anaknya berjalan betul 똥 묻은 개가 겨 묻은 개 나무란다
(KUALI) kuali mengatakan belanga hitam 숯이 검정 나무란다
(PERIUK) periuk mengumpat belanga 똥 묻은 개가 겨 묻은 개 나무란다
나무망치
(TUKUL) tukul kayu 나무망치
나무못
SEMAT 나무못
나무쟁반
DULANG 나무쟁반
나무좀
BUBUK 나무좀
(BUBUK) dimakan bubuk 나무좀이 들다
나무줄기
(POHON/POKOK) pohon kayu 나무줄기
(POHON/POKOK) pokok kayu 나무줄기
나무쪽
(PUTING) puting kayu 나무쪽
나무토막
(PUTING) puting kayu 나무토막
나무판자
PAPAN 나무판자
나뭇가지
DAHAN 나뭇가지
(RANTING) ranting muda 어린 나뭇가지
SANGKAK 나뭇가지
(SANGKAK) sangkak kayu 나뭇가지
(SERKAH/SEKAH) dahan yang serkah 부러진 나뭇가지
나발
(KARENA/KERANA) karena sabut tebal, tempurung pun jadi kebal 원님 덕분에 나발 분다
(TARI) menari di ladang orang 원님 덕분에 나발 분다
나방
(KUPU-KUPU) kupu-kupu sutra 누에나방
나불거리다
(MULUT) mulut tempayan 입을 나불거리는 사람
(MULUT) mulutnya muncung 입을 나불거리는 사람

나불대다
(LIPAT) tak berkelipat perut 함부로 입을 나불대는
(LITAH) litah mulut 함부로 입을 나불대는
(MULUT) bermulut gatal 입을 나불대는
(MULUT) bermulut pinjaman 입을 나불대는
(MULUT) mulut bocor 입을 나불대는 사람
(MULUT) mulutnya rapuh 입을 나불대는

나비
KUPU-KUPU 나비
(SEPERTI) seperti anjing berjumpa pasir 물 본 기러기 꽃 본 나비

나쁘다
(BAIK) baik buruknya 좋고 나쁨
(BINTANG) bintangnya mengabur 운이 나쁘다
BURUK 나쁜
BUSUK 나쁜
HODOH 나쁜
(KAKU) kaku lidah (외국어) 발음이 나쁜
(KURANG) kurang terima 기분이 나쁜
(LANGKAH) langkah kiri 재수가 나쁜
LANGU 나쁜
(LUKA) luka hati 기분이 나쁜
(MAIN) main balik mata 나쁜 일을 꾀하다
(MAKSUD) maksud kotor 나쁜 뜻
NAKAL 나쁜
(OTAK) otak kering 머리가 나쁜
(PANTAS) pantas tangan 손버릇이 나쁜
(PERUT) perut panjang sejengkal 기분이 나쁜
(RASA) berasa aral 기분 나쁜
(RASA) perasa aral 기분 나쁜
(RENDAH) rendah budi 행실이 나쁜
(RINGAN) ringan tangan 손버릇이 나쁜
(SALAH) salah ambil 손버릇이 나쁜
(SEMPIT) sempit hati 기분 나쁜
(SENANG) senang di balik senang 기분 나쁜
(SINGGUNG) menyinggung perasaan 기분 나쁘게 하다
(SINGKAT) singkat faham 머리가 나쁜
(SINGKAT) singkat fikiran 머리가 나쁜
(SINGKAT) singkat paham 머리가 나쁜
(SUNGGUH) sungguh bersubang 치장만 요란하고 행실이 나쁜 여자
(SUNGGUH) tiada berdara 치장만 요란하고 행실이 나쁜 여자
(TIDAK) tidak enak hati 기분이 나쁜

나쁜 짓
(LAKU) laku curang 나쁜 짓(을 하다)
(LANGKAH) langkah serong 나쁜 짓(을 하다)

나사못
PASAK 나사못
(PELIR) pelir itik 나사못
SEKRUP/SKRU 나사못
(SEKRUP/SKRU) disekrup mati 나사못으로 고정시키다

나서다
(BAWA) membawa diri 길을 나서다

나시쿠닝
(NASI) nasi damai 나시쿠닝

(NASI) nasi kuning 나시쿠닝
(NASI) nasi kunyit 잔치용 나시쿠닝

나약하다
(KAYU) kayu lempung 나약한
(LEMAH) lemah hati 나약한
(TEBAL) setebal kulit bawang 믿음이 나약한

나오다
KELUAR 나오다
LAHIR 나오다
(PERUT) perut besar 똥배가 나온
TERBIT 나오다
TIMBUL (물위로) 나오다

나왔다 들어갔다
(TENGGELAM) tenggelam timbul (물에 빠진 물체가) 나왔다 들어갔다 하는
(TIMBUL) timbul tenggelam (물에 빠진 물체가) 나왔다 들어갔다 하는

나이
(CATUT) catut umur 나이를 깎다
(CATUT) catut umur 나이를 속이다
(CUKUP) cukup umur 나이가 찬
(LANJUT) lanjut umur 나이를 먹다
(LANJUT) lanjut usia 나이를 먹다
(LEWAT) lewat umur 나이가 든
(MAKAN) dimakan umur 나이가 썩 많은
(MUDA) muda fikiran 나이에 비해 마음이 젊은
(MUDA) muda hati 나이에 비해 마음이 젊은
(PARUH) separuh umur 35-50세의 중년 나이
(SAMPAI) sampai umur 나이가 꽤 많은
(SAMPAI) sampai umur 나이가 찬
(SEMPURNA) sempurna umur 나이가 찬
(TANYA) menanyakan umur 나이를 묻다
(TELAH) telah dekat ke pintu kubur 늙은이로서 썩 많은 나이
(TENGAH) setengah baya 중년(마흔 살 안팎의 나이)
(TENGAH) setengah tua 중년(마흔 살 안팎의 나이)
(TENGAH) setengah umur 중년(마흔 살 안팎의 나이)
(TENGAH) tengah tubuh 중년(오십 가까운 나이)
(TINGGI) tinggi usia 나이가 많은
UMUR 나이

나이가 들다
TINGGI 나이가 든

나이테
(GELANG) gelang pertumbuhan 나이테
(GELANG) gelang tahunan 나이테

나이프
(PISAU) pisau makan (양식용) 나이프

나중
ESOK 나중
(ESOK) esok lusa 나중
NANTI 나중

나지막하다
LEMBUT 나지막한
RENDAH 나지막한

나체

(BOGEL/BUGIL) tari bogel 나체 춤
BUGIL/BOGEL 나체의
(BUGIL/BOGEL) tari bugil 나체 춤
TELANJANG 나체의
(TELANJANG) telanjang bogel 완전 나체의
(TELANJANG) telanjang bugil 완전 나체의
(TELANJANG) telanjang bulat 완전 나체의

나체화
(GAMBAR) gambar telanjang 나체화

나타나다
(LIHAT) kelihatan batang hidungnya 나타나다
(LIHAT) kelihatan buntutnya 나타나다
(PACUL) terpacul 불쑥 나타나다
TIMBUL 나타나다

나타났다 사라졌다
(TENGGELAM) tenggelam timbul (통증이) 나타났다 사라졌다 하는
(TIMBUL) timbul tenggelam (통증이) 나타났다 사라졌다 하는

나타내다
(TIDAK) tidak kelihatan batang hidungnya 도무지 모습을 나타내지 않는
(TIDAK) tidak kelihatan buntutnya 도무지 모습을 나타내지 않는
(TIDAK) tidak tampak batang hidungnya 도무지 모습을 나타내지 않는

나태하다
(TAHU) tahu makan 나태한

나팔
(LAYAR) berlayar atas angin 원님덕분에 나팔 불다
(LAYAR) layar atas angin 원님덕분에 나팔 불다

낙
(LAUT) tak ada laut yang tidak berombak 고생 끝에 낙이다
(MEWAH) mewah di dunia 사는 낙
(RUGI) rugi menentang laba, jerih menentang boleh 고생 끝에 낙이 있다
(SAKIT) bersakit-sakit dahulu, bersenang-senang kemudian 고생 끝에 낙이 온다
(SEDAP) sedap dahulu pahit kemudian 고생 끝에 낙이 온다
(SURGA/SYURGA) surga dunia 세상살이의 낙
(SURGA/SYURGA) syurga dunia 세상살이의 낙
(TERANG) teduh hujan 고생 끝에 낙이 온다
(TERANG) terang kabut 고생 끝에 낙이 온다
(UPAH) upah hati (마음을 즐겁게 해 주는) 낙

낙담
(AMBAR) ambar hati 낙담한
(CABAR) cabar hati 낙담한
(CABAR) mencabarkan hati 낙담시키다
(GIGIT) gigit jari 낙담한
(GIGIT) menggigit telunjuk 낙담하다
(HANCUR) hancur hatinya 낙담한
(PECAH) pecah hati 낙담하다

낙망
(ASA) putus asa 낙망하다
(HAPUS) menghapus bibir 낙망한
(HATI) patah hati 낙망한
(HILANG) hilang akal 낙망하다
(IKHTIAR) kehabisan ikhtiar 낙망하다
(PADAM) padam cita-cita 낙망하다

(PUTIH) berputih mata 낙망하다
(PUTIH) putih mata 낙망하다
(PUTUS) putus asa 낙망하다
(RUAS) terhendak ruas ke buku 낙망하다
(SABUNG) tersabung akan induk ayam 낙망한
(SURUT) tersurut hati 낙망하다
(TIKUS) seperti tikus masuk rumah 낙망하다

낙서
(CORAT) corat-coret 낙서

낙선
(KALAH) kalah suara 낙선하다

낙심
(HATI) tawar hati 낙심한
(HILANG) hilang semangat 낙심하다
(JARI) menggigit jari 낙심한

낙심천만
(TARIK) tarik muka panjang 낙심천만한 표정을 짓다

낙오
(PUTUS) putus sekolah 낙오하다

낙원
(SURGA/SYURGA) surga dunia 지상낙원

낙조
(SURUT) air surut 낙조

낙타
(KAPAL) kapal padang pasir 낙타
UNTA 낙타

낙태
(BUANG) buang hamil 낙태시키다

낙하산
(PAYUNG) payung terjun 낙하산

낚기
(KUCING) kucing bertanduk 솔밭에서 고기 낚기

낚시
(LABUH) melabuhkan pancing 낚시를 던지다
(LABUH) melabuhkan pancing 낚시를 드리우다
PANCING 낚시

낚시터
(KOLAM) kolam pancing 낚시터

낚싯대
(TANGKAI) tangkai pancing 낚싯대

낚싯바늘
KAIL 낚싯바늘
(MATA) mata kail 낚싯바늘
PANCING 낚싯바늘

난간
(SUSUR) susur tangan (통로의) 난간

난공불락
(RANTAU) teluknya dalam, rantaunya sakti 난공불락(의)
(RENDAM) rendam tak basah 난공불락(의)
(RENDAM) rendam tidak basah 난공불락(의)

난관
(LEWAT) lewat lobang jarum 난관에 봉착하다
(LEWAT) lewat lobang jarum 난관에 부딪치다

ㄴ

난란
(KILAU) berkilau 난란하다
(KILAU) berkilau-kilauan 난란하다
(KILAU) kilau-mengilau 난란하다
난로
(DAPUR) dapur elektrik 전기난로
난리
GADUH 난리
난리법석
(BELAH) membelah bumi 난리법석
난세포
TELUR 난세포
난소
(INDUNG) indung telur 난소
난장이
(ORANG) orang rendah 난장이
난쟁이
CEBOL 난쟁이
(CEBOL) si cebol 난쟁이
난제
(PECAH) memecahkan kepala 난제의
(PECAH) pecah kepala 난제의
(SABUNG) angin berputar, ombak bersabung 난제
(SELESAI) menyelesaikan benang kusut 난제를 해결하다
(TEMBOK) tembok tebal (해결해야 할) 난제
난처하다
(GARUK) menggaruk-garuk kepala 난처한 입장이 되다
날
(BELUM) belum terbang lalat 아직 날이 밝지도 않은
(CONDONG) condong ke barat 날이 저물다
(ESOK) esok lusa 날이 갈수록
HARI 날
(HARI) hari batal 끝나는 날
(HARI) hari jatuh 끝나는 날
(HARI) hari wafat 죽은 날
(LAHIR) hari jadi 태어난 날
(LAHIR) hari lahir 태어난 날
(LAIN) lain hari 다음 날
(LAIN) lain hari 딴 날
(MASA) masa datang 앞 날
(MASA) masa hadapan 앞 날
(PERAK) perak siang 날이 밝아 오는
날개
SAYAP 날개
날것
MENTAH 날것의
(MENTAH) mentah-mentah 날것으로
날다
(AWAK) awak hendak ke hilir, dia sudah hanyut 뛰는 놈 위에 나는 놈 있다
(JALAN) berjalan jauh banyak dilihat 높이 나는 새가 멀리 본다
(KILAT) hilang kilat dalam kilau 뛰는 놈 위에 나는 놈 있다
LAYANG 날다

TERBANG 날다

날뛰다

(AMUK) mengamuk dengan membabi buta 미친 듯이 날뛰다

(GELAP) gelap mata 미친 듯이 날뛰는

(KACANG) kacang direbus satu 기뻐 날뛰다

(TIDAK) tidak ingat diri 자신의 처지를 모르고 날뛰는

날렵하다

CEPAT 날렵한

날름거리다

JILAT 날름거리다

날리다

HANGUS 날린

(HANGUS) jadi hangus 날리다

(TIUP) ditiup bayu 바람에 날리다

날림

(RENCANA) rencana buta 날림 계획

날씨

CUACA 날씨

(TERANG) terang cuaca 날씨가 맑은

(TERANG) terang cuaca 맑은 날씨

날씬하다

(PINGGANG) pinggang biola 날씬한 허리

날짐승

(UNGGAS) unggas angkasa 날짐승

날짜

(HARI) hari bulan 날짜

TANGGAL/TARIKH 날짜

날치

(LAYANG) ikan layang-layang 날치

날카롭다

(DURI) menduri 날카로운

RUNCING 날카로운

TAJAM 날카로운

낡다

BURUK 낡은

(KUNYAH) dikunyah anjing 매우 더럽고 낡은

LAPUK 낡은

LASAM 낡은

(LUBANG) berlubang-lubang 낡은

(LUBANG) lubang-lubang 낡은

LUSUH 낡은

(UPIH) mengupih (옷이) 몹시 낡은

남

(MAKAN) makan keringat orang 남을 베껴먹다

남근

PELIR 남근

남기다

(MANUSIA) manusia mati meninggalkan nama 사람은 죽어서 이름을 남긴다

(TINGGAL) bertinggal kata 유서를 남기다

(TINGGAL) bertinggal kata 유언을 남기다

(TINGGAL) tinggal nama 이름을 남기다

남남나무

(PUKI) puki anjing 남남나무(콩과 식물로 말레이 반도 북부에서 주로 생육)
남남동(쪽)
(SELAT) selatan menenggara 남남동(쪽)
남남서(쪽)
(SELAT) selatan daya 남남서(쪽)
ㄴ
남녀
(ASRAMA) asrama campuran 남녀 공용 기숙사
(JODOH) sejodoh lelaki perempuan 남녀 한 쌍
남녀추니
(LAKI) laki-laki lembut 남녀추니
남녘
(SELAT) selatan 남녘
남다
(LEKAT) lekat hati 기억에 남은
TINGGAL 남다
(TINGGAL) tinggal bekas 자취만 남다
(TINGGAL) tinggal bekas 흔적만 남다
남동쪽
TENGGARA 남동쪽(의)
남동풍
(TENGGARA) angin tenggara 남동풍
(TENGGARA) tenggara mandi 세찬 남동풍
남루하다
LUSUH 남루한
(LUSUH) kemeja lusuh 남루한 셔츠
남몰래
(DIAM) diam-diam 남몰래
(GELAP) gelap-gelapan 남몰래
남북
(RENTANG) terentang dari utara ke selatan 남북으로 뻗은
남색질
LIWAT 남색질(을 하다)
(MAIN) main belakang 남색질을 하다
남서(쪽)
(BARAT) barat daya 남서(쪽)
남성
(LAKI) laki-laki 남성
(LAKI) lelaki 남성
(MAKAN) makan berulam 기혼 남성
(RAMBUT) si rambut pendek 남성
(ULAM) makan berulam 기혼 남성
남십자성
(TOHOK) bintang tohok 남십자성(남십자자리에 있는, '十' 자 모양을 이루는 네 개의 별)
남아있다
(BELUM) belum tertutup 아직 기회가 남아있는
남용
(SALAH) salah guna 남용
남의 말
(LIDAH) lidah panjang 남의 말하기 좋아하는
남의 말만 듣다
(EKOR) mengekor pikiran orang 남의 말만 듣는

남의집살이
(ANAK) anak semang 남의집살이(를 하는 사람)
(SEMANG) induk semang 남의집살이의 집주인
남이 말한대로
(BIBIR) berbibir di bibir orang 남이 말한대로 행하다
남자
(BAJUL) bajul buntung 바람둥이 남자
(BAYANG/BAYANG-BAYANG) bayang-bayang disangka tubuh 여자의 유혹에 놀아난 남자
(CARA) secara laki-laki 남자로서
(CINA) cina buta 이슬람 사회에서 이혼녀의 재결합을 위해 돈을 받고 형식적인 결혼을 해 주는 남자
(GATAL) gatal mata 비밀리에 남자를 밝히는 여자
(GATAL) gatal mata 여자를 밝히는 남자
(HIDUNG) berhidung putih 여자를 밝히는 (남자)
(HIDUNG) hidung belang 여색을 좋아하는 (남자)
(HIDUNG) hidung putih 여색을 좋아하는 (남자)
(IKAN) ikan belukang 여색을 좋아하는 남자
(JANTAN) kejantanan 남자다움
(KAKI) kaki perempuan 여색을 몹시 좋아하는 남자
LAKI 남자
(LAKI) laki-laki 남자
(LAKI) lelaki 남자
(OLAH) olahragawan 남자 운동선수
(OM) om senang (중년의)바람둥이 남자
(RAJA) raja perempuan 색을 밝히는 남자
(RAMBANG) rambang mata 바람기가 있는 남자
(RAMBANG) rambang mata 색을 밝히는 남자
(RAMBUT) si rambut pendek 남자
(SENI) seniman (중견) 남자 배우
(SEPERTI) seperti garam hilang dalam air 조강지처보다 첩을 더 아끼는 남자
(SUAMI) suami orang 외간 남자
(TUKAR) bertukar lauk 결혼을 여러 차례 하는 남자
남자다움
(JANTAN) kejantanan 남자다움
남자답다
(JANTAN) jantan teruna 남자다운
남 좋은 일
(JUAL) menjual kepala 남 좋은 일만 시키다
남쪽
(SELAT) selatan 남(쪽)
남편
LAKI 남편
(MATA) mata tidur, bantal berjaga 남편 몰래 바람피우는 여자
(PASANG) pasangan hidup istri 남편
SUAMI 남편
(SUAMI) bersuami 남편이 있는
남향
(HADAP) hadap selatan 남향의
남회귀선
(GARIS) garis balik selatan 남회귀선
납

TIMAH 납
(TIMAH) timah hitam 납
납득
(LALU) lalu akal 납득할 수 있는
(RUPA) terupa di akal 납득이 되는
(SAMPAI) sampai akal 납득할 수 있는
(SAMPAI) sampai di akal 납득할 수 있는
(SAMPAI) sampai pada akal 납득할 수 있는
납부리새
PIPIT 납부리새
납세
(WAJIB) wajib pajak 납세의 의무
납세의무자
(MATA) mata pajak 납세의무자
납세자
(MATA) mata pajak 납세자
납시다
(CEMAR) bercemar duli 납시다
(CEMAR) bercemar kaki 납시다
(DULI) bercemar duli (왕께서) 납시다
납지
(KERTAS) kertas minyak 납지
낫
(BUTA) buta kayu 낫 놓고 기역 자도 모르는
SABIT 낫
(SABIT) menyabit rumput 낫으로 풀을 베다
(SIPUT) tak tahu akan siput empuk 낫 놓고 기역 자도 모른다
(TIDAK) tidak tahu di alif 낫 놓고 기역 자도 모른다
낭떠러지
TEBING (해안의) 낭떠러지
낭랑하다
MERSIK (소리가) 낭랑한
(MERSIK) suara mersik 낭랑한 (목)소리
NYARING 낭랑한
낭비
(BUANG) buang masa 시간을 낭비하다
(BUANG) membuang-buang 낭비하다
(CUNGKIL) mencungkil kuman dengan alu 낭비하다
(TINGGI) tinggi lawak-lawak 흥청망청 낭비를 일삼는 (생활)
낭사
(KONYOL) mati konyol 낭사
낭카
(IDAM) mengidamkan nangka 바라밀열매(낭카)를 몹시 먹고 싶어 하다
낭패
(RANTAU) segan bergalah hanyut serantau 공을 들이지 않으면 낭패를 본다
낮
HARI 낮
(MATAHARI/MENTARI) matahari sedang rembang 대낮
(MATAHARI/MENTARI) matahari sedang rembang 한낮
(MATAHARI/MENTARI) matahari tegak 해가 하늘 한 가운데 떠 있는 때 (낮 12시 경)
(MATAHARI/MENTARI) matahari terpacak 해가 하늘 한 가운데 떠 있는

때 (낮 12시 경)
(MATAHARI/MENTARI) matahari terpijak 해가 하늘 한 가운데 떠 있는 때 (낮 12시 경)
(SELAMAT) selamat siang 낮 인사말
SIANG 낮(해가 뜰 때부터 질 때까지의 동안)
(TENGAH) tengah hari bolong 한낮(낮 열두 시를 전후한 때)
(TENGAH) tengah tapak bayang-bayang 한낮(낮 열두 시를 전후한 때)

낮말
(JATUH) busuk berbau, jatuh berdebuk 낮말은 새가 듣고 밤말은 쥐가 듣는다
(LANTAI) lantai dan dinding bertelinga belaka 낮말은 새가 듣고 밤말은 쥐가 듣는다

낮은
RENDAH 낮은

낮추다
(JARANG) menjarangkan kelahiran anak 출산빈도를 낮추다
(RENDAH) merendahkan hati 자신을 낮추다
(RENDAH) merendahkan diri 자신을 낮추다

낯
(CAHAYA) cahaya muka 낯

낯부끄러운 일
(BARUT) membarut muka 낯부끄러운 일을 행하다

낯설다
(TELAH) telah basi 낯설지 않은

낯짝
(KULIT) kulit badak 낯짝이 두꺼운
(KULIT) tebal kulit muka 낯짝이 두꺼운

낱낱이
(TELAH) telah berbau bagai embacang 청천백일에 낱낱이 드러나다
(TIAP) tiap-tiap 낱낱이

낱자
(MATA) mata huruf 낱자
(MATA) mata surat 낱자

낳다
(LAHIR) lahir anak 아이를 낳다

내구력
(DAYA) daya tahan 내구력

내구성
TAHAN 내구성이 있는

내기
(POTONG) potong jari 감히 내기를 걸다

내내
SUNTUK 내내
(SUNTUK) sehari suntuk 하루 내내
(SUNTUK) semalam suntuk 온 밤 내내

내년
(TAHUN) tahun depan 내년
(TAHUN) tahun hadapan 내년

내놓다
(BAWA) membawa suara 의견을 내놓다
HIDANG 내놓다

내다
(BAYAR) membayar di muka 선금을 내다

(LUANG) luang waktu 시간을 내다
(LUANG) luang waktu 틈을 내다
(LUANG) meluangkan waktu 시간을 내다
(LUANG) meluangkan waktu 틈을 내다
(PANAS) panas bara 화를 잘 내는
(PANAS) panas darah 화를 잘 내는
(PECAH) pecah hati 겁을 내다
(PELUANG) mengambil peluang 틈을 내다

내달
(BULAN) bulan datang 내달
(BULAN) bulan mendatang 내달

내던지다
CAMPAK 내던지다
EBAN 내던지다
LONTAR 내던지다
TABUR 내던지다

내디디다
(TURUN) turun tanah 땅에 발을 내디디다

내딛다
(AYUN) mengayun langkah 발걸음을 내딛다

내란
(JELATANG) jelatang negeri 내란 주동자
(PERANG) perang saudara 내란

내려가다
(DESA) pulang ke desa 시골로 내려가다
(UDIK) pulang ke udik 시골로 내려가다

내려다보다
(LIHAT) lihat ke bawah 내려다보다
(LIHAT) melihat ke bawah 내려다보다

내려앉다
(DETAK) berdetak hati 가슴이 철렁 내려앉다
HINGGAP 내려앉다

내려진
LABUH 내려진

내리다
(BUANG) membuang sauh 닻을 내리다
(NAIK) naik ke tanah (배에서) 뭍으로 내리다
(SALAH) salah timbang 편향적인 판결(을 내리다)
(SAUH) melabuhkan sauh 닻을 내리다
(SAUH) membuang sauh 닻을 내리다
(SIMBUR) bersimbur (어둠이) 내리다
TURUN 내리다

내리막
(BUKIT) bukit jadi paya 오르막이 있으면 내리막이 있다
(TIMBUL) timbul tenggelam 오르막이 있으면 내리막이 있다

내리치다
TIMPA 내리치다

내막
(TANDA) tanda tanya (내막을) 확실히 알 수 없는 일

내맡기다
SERAH 내맡기다

내면
BATIN 내면

(GENDANG) gendang hati 내면의 소리
내무부장관
(MENTERI) menteri dalam negeri 내무부장관
내밀다
JANGKAU 내밀다
(KERONCONG) mengeroncongkan bibir 입술을 뾰족이 내밀다
(MUNCUNG/MONCONG) memuncungkan bibir 입술을 뾰족이 내밀다
(MUNCUNG/MONCONG) muncung bibir 입술을 뾰족이 내밀다
(TIDAK) tidak kelihatan batang hidungnya 코빼기도 내밀지 않는
(TIDAK) tidak kelihatan buntutnya 코빼기도 내밀지 않는
(TIDAK) tidak tampak batang hidungnya 코빼기도 내밀지 않는
(TUNJUK) menunjuk muka 잠깐 얼굴을 내밀다
내복약
(OBAT/UBAT) obat dalam 내복약
내부
(MUSUH) musuh dalam selimut 내부의 적
내비치다
(TUNJUK) menunjukkan belangnya 의도를 내비치다
내빼다
(AMBIL) mengambil langkah seribu 빨리 내빼다
내뻗다
RENTANG 쭉 내뻗은
내세
(LAPANG) dilapangkan kuburnya 내세에서 행복하다
내세우다
(RENDAH) rendah hati 자기를 내세우지 않는
내실
(EMBACANG) busuk-busuk embacang 내실 있는
(EMBACANG) embacang buruk kulit 내실 있는
내연녀
(BINI) bini gelap 내연녀
내연의 처
GUNDIK 내연의 처
내용
ISI 내용
KOSONG 내용이 없는
(OMONG) lagak Padang, omong Betawi 말은 잘하는데 내용이 없는
(POKOK) pokok cerita 이야기의 핵심 내용
내일
ESOK 내일
(PETANG) besok petang 내일 오후
(PETANG) petang esok 내일 오후
내장
(ISI) isi perut 내장
USUS 내장
내전
(PERANG) perang saudara 내전
내친걸음
(LAYAR) berjalan sampai ke batas, berlayar sampai ke pulau 내친걸음
내키다
(HATI) berat hati 마음이 내키지 않는
(TENGAH) setengah hati 마음이 썩 내키지 않는
(TUTUP) tutup pintu (마음이) 내키지 않는

내통자
(PASANG) pasang kaki 내통자
(PASANG) pasang kaki 내통자를 심다
(PASANG) pasang kaki 내통자를 포섭하다
내팽개쳐지다
BUNTANG 내팽개쳐진
ㄴ
내팽개치다
EBAN 내팽개치다
LEMPAR 내팽개치다
내포
(BAWA) membawa makna 의도를 내포하다
냄비
BELANGA 질그릇 냄비
(BELANGA) belanga besar 큰 질그릇 냄비
KUALI 냄비
PERIUK 냄비
(TELINGA) telinga kuali 냄비 손잡이
냄새
BAU 냄새
(CIUM) tercium baunya 냄새를 맡은
(HIDUNG) berhidung tajam 냄새를 잘 맡는
(KEMENYAN) kemenyan hantu 방귀 냄새
(KEMENYAN) kemenyan hantu 썩은 냄새
(PECAH) pecah bau 냄새가 퍼지다
(TUSUK) menusuk hidung (맛있는) 냄새가 진동하다
냉각탑
(MENARA) menara pendingin 냉각탑
냉대
(MAKAN) makan nasi sejuk 냉대를 받다
냉대하다
(SAMPAH) sampah jangan ditendang sepak 형편이 어려운 사람을 냉대하면 안 된다
냉동
(GUDANG) gudang dingin 냉동 창고
냉수
(BAK) bak rasa ubi pula gadung 냉수 먹고 갈비 트림한다
냉장고
(PETI) peti air batu 냉장고
(PETI) peti ais 냉장고
(PETI) peti es 냉장고
(PETI) peti pendingin 냉장고
(PETI) peti sejuk 냉장고
(SEJUK) peti sejuk 냉장고
냉전
(PERANG) perang dingin 냉전
냉정
(DINGIN) dingin hati 냉정한
(DINGIN) dingin kepala 냉정한
(JANTUNG) berjantung pisang 냉정한
(KEPALA) dingin kepala 냉정한
(KEPALA) kepala dingin 냉정한
SEJUK 냉정한
(SEJUK) sejuk hati (마음의) 냉정을 되찾은

냉혹하다
(DARAH) berdarah dingin 냉혹한
너
AWAK 너 (2인칭 대명사)
(AWAK) berawak 너라고 부르다
너그럽다
(BESAR) besar hati 너그러운
(HATI) berhati emas 너그러운
(HATI) kaya hati 너그러운
(HATI) murah hati 너그러운
(MULIA) mulia hati 너그러운
너무
LALU 너무
LAMPAU 너무
너무너무
(LAMPAU) lampau sangat 너무너무
너비
BUKA 너비
LEBAR 너비
LINTANG 너비
너울
(GULUNG) gulung-gemulung ombak 너울
너울거리다
LAMBAI 너울거리다
(LAMBAI) lambai-lambai 너울거리는
(LAMBAI) melambai-lambai 너울거리는
너울거림
(LAMBAI) lambaian daun kelapa 야자수 잎의 너울거림
(LAMBAI) lambaian lidah api 불꽃의 너울거림
너울너울
(LAMBAI) lambai-lambai 너울너울(하는)
(LAMBAI) melambai-lambai 너울너울(하는)
넉넉하다
(KERONGKONGAN) kerongkongan menghadap mudik 살림이 넉넉한
(LIMPAH) berlimpah-limpah 아주 넉넉한
(LIMPAH) limpah mewah 넉넉한
(LIMPAH) limpah ruah 넉넉한
(LIMPAH) limpah-limpah 아주 넉넉한
(SENANG) senang hidup (생활이) 넉넉한
(SEPERTI) seperti tikus jatuh ke beras 넉넉한
넋
(HILANG) hilang ingatan 넋을 놓다
(HILANG) hilang pikiran 넋을 놓다
넋이 나가다
KONYOL 넋이 나간
널
(JENAZAH) peti jenazah 널
(LUNCUR) papan luncur 파도타기 널
PAPAN 널
(PETI) peti jenazah 널
(PETI) peti mati 널
(PETI) peti mayat 널
널널하다

LONGGAR 널널한
널받침
(KURUNG) kurung batang 널받침
널빤지
PAPAN 널빤지
널찍하다
LEGA 널찍한
LUAS 널찍한
넓다
(BESAR) besar hati 아량이 넓은
(KELOR) tak sebelar daun kelor 넓은
(KERAT) sekerat dunia (지역, 땅)이 매우 넓은
LAPANG 넓은
LEBAR 넓은
(PIKIR/FIKIR) pikiran luas 도량이 넓은
넓이
BUKA 넓이
넓적다리
PAHA 넓적다리
(PAHA) paha Arab 풍만한 넓적다리
(PAHA) paha belalang 가늘고 곧은 넓적다리
(TUNGKAI) tungkai atas 넓적다리
넓적다리뼈
(TULANG) tulang manis 넓적다리뼈
(TULANG) tulang paha 넓적다리뼈
넓히다
(BENTANG) membentangkan sayap 영향력을 넓히다
(KEMBANG) mengembangkan sayap 세력을 넓히다
(LUAS) meluaskan pemandangan 견문을 넓히다
넘기다
(LOLOS) lolos dari mulut buaya 죽을 고비를 넘기다
(PANDANG) memandang dengan sebelah mata 소홀히 보아 넘기다
넘다
(LAMPAU) lampau batas 한도를 넘은
(LANGGAR) langgar batas 한도를 넘다
(NAIK) naik muka 도를 넘는
넘어가다
(JUAL) dijual lepas 통째로 넘어가다
(KERJA) tidak kerja cari kerja 제 꾀에 제가 넘어간다
(LEMAH) lemah iman 유혹에 잘 넘어가는
(MASUK) masuk hati 꼬임에 넘어가다
(MASUK) masuk hati 속아 넘어가다
(PISANG) bukan budak-budak makan pisang 호락호락 넘어가지 않는 사람
(RAPUH) rapuh iman 유혹에 잘 넘어가는
(SANGKUT) tersangkut hati 유혹에 넘어간
(SORONG) tahan jerat sorong kepala 제 꾀에 제가 넘어간다
(TELAN) ditelan bulat-bulat 감쪽같이 속아 넘어가다
(TELAN) ditelan mentah-mentah 감쪽같이 속아 넘어가다
넘어지다
(CIUM) mencium tanah (앞으로) 넘어지다
(OLEH) beroleh lumpur di tempat kering 뒤로 넘어져도 코가 깨지는 격

REBAH 넘어지다
넘쳐흐르다
(MANDI) bermandikan uang 돈이 넘쳐흐르는
(MANDI) mandi uang 돈이 넘쳐흐르는
RUAH 넘쳐흐르는
(RUAH) limpah ruah 넘쳐흐르는
(RUAH) penuh ruah 넘쳐흐르는
(RUAH) tumpah ruah 넘쳐흐르는
넘치다
(BATU) membatu hatinya 의욕이 넘치는
(PENUH) penuh semangat 의욕이 넘치는
RUAH 넘치는
(RUAH) limpah ruah 넘치는
(RUAH) penuh ruah 넘치는
(RUAH) tumpah ruah 넘치는
(SEDAP) sedap hati 희망이 넘치는
(SEMANGAT) semangat muda 혈기가 넘치는
넝쿨
LATA 넝쿨
넣다
(GETAR) menggetarkan jala 골을 넣다
(JARING) menjaringkan satu gol 한 골을 넣다
(MASUK) masuk bilangan 계산에 넣다
(MASUK) masuk buku 계산에 넣다
(MASUK) masuk hitung 계산에 넣다
(MASUK) masuk kilas 호주머니에 넣다
(MASUK) masuk kira 계산에 넣다
(MASUK) masuk poket 호주머니에 넣다
(MASUK) masuk saku 호주머니에 넣다
(TANGSEL/SUMBAT) menangsel mulut (음식물을) 입 안에 가득히 넣다
네
IA 네
네덜란드
BELANDA 네덜란드
네온사인
(KILAU) kilauan lampu neon 네온사인 불빛의 현란함
네트
JARING 네트
(JARING) jaring gawang 골네트
넥타이
(LEHER) tali leher 넥타이
넷
EMPAT 넷
년
TAHUN 년(해를 세는 단위)
노
(AMBIL) ambil marah 노하다
DAYUNG 노
(DAYUNG) anak dayung 노 젓는 사람
(DAYUNG) dayung mayung 여러 종류의 노
(DAYUNG) dayung peminggang 뱃전 한 가운데에 달린 노
(DAYUNG) pendayung 노 젓는 사람
KAYUH 노

노년
(HARI) hari tua 노년
노년기
(MASA) masa tua 노년기
노년층
(ORANG) orang lama 노년층
노다지
(TAMBANG) tambang emas 노다지
노동
KERJA 노동
(KERJA) kerja kasar 막노동
(KERJA) kerja kasar 육체노동
(KERJA) kerja sementara 임시노동
(KERJA) kerja tetap 상시노동
노동력
(TENAGA) tenaga kerja 노동력
(TENAGA) tenaga pekerja 노동력
노동운동
(GERAK) gerakan buruh 노동운동
노동자
BURUH 노동자
(KASAR) buruh kasar 막노동자
(KERJA) pekerja haram 불법노동자
(KERJA) pekerja lepas 임시노동자
노란색
(KUNING) kuning langsat 맑고 연한 노란색(말레이 문화권에서 통상 아름다운 여인의 피부 빛깔을 나타냄)
(KUNING) kuning langsat 우윳빛 노란색
(KUNING) kuning pinang masak 붉은 빛을 띤 노란색
(KUNING) kuning tua 짙은 노란색
(LANGSAT) kuning langsat 맑고 연한 노란색(말레이 문화권에서 통상 아름다운 여인의 피부 빛깔을 나타냄)
(LANGSAT) kuning langsat 우윳빛 노란색
(PUTIH) putih kuning 맑고 연한 노란색(말레이 문화권에서 통상 아름다운 여인의 피부 빛깔을 나타냄)
(PUTIH) putih kuning 우윳빛 노란색
(PUTIH) putih langsat 맑고 연한 노란색(말레이 문화권에서 통상 아름다운 여인의 피부 빛깔을 나타냄)
(PUTIH) putih langsat 우윳빛 노란색
노랑
KUNING 노랑
노랑이
(KIKIR) kikir pari 노랑이
(PANTAT) pantat cawan 노랑이의
(PANTAT) pantat kuning 노랑이의
노래
(ANGKAT) mengangkat suara 노래하다
(BAWA) *membawa* lagu 노래하다
(DONDANG) berdondang sayang 돈당사양노래를 부르다
LAGU 노래
NYANYI 노래
(NYANYI) bernyanyi 노래하다
(NYANYI) menyanyi 노래하다

(TARIK) menarik suara 노래를 부르다
노래기
(SEPAH) sepah bulan 노래기
노래지다
(KUNING) padi menguning 벼가 노래진다
노려보다
(SABUNG) sabung mata 서로 노려보다
노력
(CARI) mencari akal 노력하다
DAYA 노력
(GERAK) menggerakkan tulang yang delapan kerat 노력하다
IKHTIAR 노력
(JERIH) jerih payah 노력
(KAJI) lancar karena diulang, pasar jalan karena diturut 모든 것이 노력의 결과이다
(KAYUH) malu berkayuh, perahu hanyut 노력 끝에 성공 있다
(KERINGAT) keringat sendiri (딴사람이 아닌) 자신의 노력
(MAU/MAHU) mau seribu daya 노력 끝에 성공 있다
(ORAK) mengorak langkah 노력하다
(ORAK) orak langkah 노력하다
(PENAT) jerih penat 온갖 노력
(PENAT) penat jerih 온갖 노력
(PENAT) penat lelah 온갖 노력
(RAJIN) rajin pangkal pandai 노력이 성공의 관건이다
(REBAH) rebah bangun 성실히 노력하는 사람
(SAKIT) bersakit-sakit 온 힘을 다해 노력하다
(SEGAN) segan berkayuh, perahu hanyut 노력 없이 성공 없다
(SUSAH) bersusah payah 피땀 흘려 노력하다
(SUSAH) bersusah-susah 피땀 흘려 노력하다
(SUSAH) susah payah 노력
(TAMBAH) tambah air 노력한 만큼 얻는다
(TAMBAH) tambah sagu 노력한 만큼 얻는다
(TEBUS) tebus nama 명예 회복을 위한 노력
TENAGA 노력
(TENAGA) tenaga rakyat 국민의 노력
TENGGANG 노력
(TITIK) titik peluh 스스로 피땀 흘린 노력의 결과
노련하다
(KAYA) kaya mata 노련한
(KELAPA) tua-tua kelapa 노련한
(KELAS) kelas berat 노련한 전문가
(KENYANG) kenyang makan kerak 노련한
(LAMA) lama hidup banyak dirasa 노련한
(MAKAN) makan garam 노련한 (사람)
(MASAK) masak mangsai 노련한
(MASAK) masak masai 노련한
(ORANG) orang lama 노련한 사람
(PANDANG) berpandangan luas 노련한
(RASA) merasai asin garam 노련한
(RASA) merasai pahit getir 노련한
(TELAH) telah kenyang makan kerak 노련한
노령
(TINGGI) tinggi usia 노령의

노령자
(WARGA) warga tua 노령자
노르스름
(KUNING) kekuning-kuningan 노르스름(하다)
노른자
(MERAH) merah telur 달걀노른자
노른자위
(KUNING) kuning telur 노른자위
노름
(TAGIH) penagih judi 노름에 빠진 사람
(TIKAM) menikam dadu 노름하다
(TIKAM) tikam dadu 노름하다
노름꾼
(TAGIH) penagih judi 노름꾼
(TAHI) tahi judi 노름꾼
노름장
(PAJAK) pajak judi 노름장
노릇
(IA) beria-ia 예스맨 노릇을 하다
노리다
(MAIN) bermain nasib 한탕을 노리다
노석
(BATU) batu dapur 노석
노선
(GANTI) berganti haluan 노선을 바꾸다
(JARING) jaring penerbangan tetap 정기 항공노선
(PUTAR) berputar haluan 노선을 바꾸다
(PUTAR) memutar jarum ke belakang 노선을 완전히 바꾸다
(PUTAR) memutar jarum 노선을 전환하다
노숙
(BANTAL) berbantal lengan 노숙하다
(JUNJUNG) menjunjung uban 노숙한
(SELIMUT) berselimut embun 노숙하다
(TILAM) bertilam pasir 노숙 생활을 하는 (사람)
(TILAM) bertilam pasir 노숙하는 (사람)
노숙자
(HUJAN) berhujan berpanas 노숙자로 온갖 고생을 다하다
(KELAMBU) kelambu gua 노숙자
(SIANG) siang berpanas malam berembun 노숙자로 전락한 고달픈 삶
(SULUH) bersuluh bulan 노숙자로 생활하다
(TIDUR) tidur di kaki lima 노숙자
(TILAM) bertilam pasir 노숙자
노심초사
(HATI) berhati walang 노심초사하는
(RUMAH) berumah di tepi tebing 노심초사하는
노여움
(NAFSU) nafsu amarah 노여움
(OMBAK) ombak membanting diri 괜한 노여움
노역
(KERJA) kerja raja 강제노역
노예
HAMBA 노예
(HAMBA) hamba sahaya (여러) 노예들

(HAMBA) hamba tebusan 팔려 다니는 노예
(ORANG) orang bawah 노예
(ORANG) orang bawahan 노예

노인
(ORANG) orang tua 노인
(TONGKAT) bertongkat senduk 고령의 노인
(TONGKAT) bertongkat senduk 나이가 많이 든 노인
(TONGKAT) bertongkat tempurung 고령의 노인
(TONGKAT) bertongkat tempurung 나이가 많이 든 노인
(TUA) tua nyanyuk 망령난 (노인)
(TUA) tua nyanyuk 치매 노인
(TUA) tua-tua keladi berisi 오랜 연륜과 지식을 쌓은 (노인)
(TUA) tua-tua kelapa 오랜 연륜과 지식을 쌓은 (노인)
(WARGA) warga tua 노인

노점
PAJAK 노점

노점상
(DAGANG) pedagang kaki lima 노점상
(KAKI) kaki lima 노점상

노처녀
(DARA) dara tua 노처녀
(GADIS) gadis tua 노처녀
(PERAWAN) perawan tua 노처녀
(SAYANG) sayang bunga layu di pohon 노처녀
(TUA) anak dara tua 노처녀

노천
(ATAP) atap langit 노천
(ATAP) beratap langit 노천에서
(BAWAH) di bawah langit 노천에서

노총각
(LAPUK) bujang lapuk 노총각
(TUA) bujang tua 노총각

노출
TELANJANG 노출된

노획
TAWAN 노획하다

노후
(TUA) hari tua 노후
(TUA) masa tua 노후

녹
KARAT 녹
(KARAT) karat besi 쇳녹

녹나무
(KAYU) kayu belian 녹나무
(KAYU) kayu besi 녹나무
(KAYU) kayu ulin 녹나무
(TONGGAK) tonggak kayu besi 녹나무 그루터기

녹내장
(HIJAU) bular hijau 녹내장

녹다
CAIR 녹은
LARUT 녹다
LULUH 녹다

녹두죽
(BUBUR) bubur kacang ijo 녹두죽
녹말
KANJI 녹말
녹문
GERBANG 녹문
녹수
(BUKU) bertemu ruas dengan buku 원앙이 녹수를 만난 격
논
(BENDAR) berbendar langit (논에) 빗물을 대다
(BIDANG) sawah tiga bidang 세 필지의 논
KEBUN 논
(LAMBUK) melambuk sawah 논을 갈다
SAWAH 논
(SAWAH) sawah berjenjang 계단식 논
(SAWAH) sawah berjenjang 층층이 논
(TALAS) menanam talas di sawah 논에 타로를 심다
논두렁
BENDAR 논두렁
논리적
(LALU) lalu di angan 논리적인
논문
(KERTAS) kertas kerja 연구진행 상황을 담은 가논문
(RENCANA) rencana ilmiah 학술 논문
(SUNTING) menyunting (책, 논문을) 편집하다
논벼
(PADI) padi paya 논벼
(PADI) padi sawan 논벼
논의
(IA) beria berbukan 허심탄회하게 논의하다
(PADU) memadu hati 논의하다
(TITIK) titik pangkal (논의의) 출발점
(TITIK) titik tolak (논의의) 출발점
논일
(SAWAH) turun sawah 논일을 시작하다
논쟁
(ADU) mengadu buku lidah 논쟁을 벌이다
(ADU) mengadu lidah 논쟁하다
(ANGGAR) beranggar pena (신문지상을 통해) 논쟁하다
(ANGGAR) beranggar pikiran 논쟁하다
DEBAT 논쟁
(TEGANG) bertegang leher 격한 논쟁을 벌이다
논점
(BALIK) terbalik lidah 논점이 불분명한
놀다
MAIN 놀다
놀라다
(ANGKAT) mengangkat alis 놀라다
(ANGKAT) mengangkat kening 놀라다
(BUKA) terbuka mulutnya 놀란
(DAHSYAT) mendahsyatkan hati 깜짝 놀라게 하다
(DETAK) berdetak hati 매우 놀라다
(KALI) sekali dipatuk ular, tali pun ditakutkannya lagi 자라 보고 놀란

가슴 솥뚜껑 보고 놀란다
(KERING) berkering darahnya 깜짝 놀라다
(RUSA) rusa masuk kampung 매우 놀란
(SIRAP) tersirap darah 크게 놀라다
(TERBANG) terbang darahnya 크게 놀란
(TERBANG) terbang semangat 크게 놀란
(TIKAM) tertikam kawan 크게 놀라다

놀라움
(HERAN/HAIRAN) keheran-heranan 놀라움
(HERAN/HAIRAN) keheranan 놀라움

놀라워하다
(GOYANG) bergoyang kepala 매우 놀라워하는

놀랍다
HERAN/HAIRAN 놀라운
(HERAN/HAIRAN) keheranan 놀라운
(HERAN/HAIRAN) terheran-heran 놀라운

놀리다
(ANGKUH) angkuh terbawa, tampan tertinggal 겉치장을 좋아하는 사람을 놀리는 말
EJEK 놀리다
(SALAH) salah mulut 주둥이를 함부로 놀리다
(SINDIR) sindir-menyindir 서로 놀리다

놀림
(EJEK) ejekan 놀림
SINDIR 놀림

놀아나다
(DUA) menduai laki 외간 남자와 놀아나다
(LANGKAH) melangkahi kaki 외간 남자와 놀아나다
(LANGKAH) melangkahi suami 외간 남자와 놀아나다

놀음
JUDI 놀음
MAIN 놀음하다

놀이
MAIN 놀이
(RINTANG) perintang hati 놀이
(SILANG) silang kata 가로세로 글자 맞추기 놀이

놈
(AWAK) awak hendak ke hilir, dia sudah hanyut 뛰는 놈 위에 나는 놈 있다

놈팡이
(CANGKUL) cangkul angin 놈팡이
(JADI) jadi bapa kuda 놈팡이
(SANG) sang suami 놈팡이

농
LAWAK 농
NANAH 농(액)

농기구
(KUKU) kuku kambing 염소발호미(농기구의 일종)

농담
(BUAL) berbual-bual 농담을 주고받다
CUMBU 농담
(GELI) penggeli hati 농담
LAWAK 농담

(LAWAK) lawak-lawak main bunga tahi 농담 잘못하면 싸움 된다
(LAWAK) lawak-lawak 농담
(LUCU) lucu-lucu 농담
(LUCU) lucu-lucuan 농담
(TEBAL) muka tebal 능청스러운 농담을 일삼는
(TEBAL) tebal muka 능청스러운 농담을 일삼는

농락
(SEGALA) disegalaapakan 닥치는 대로 농락되다
농림부장관
(MENTERI) menteri pertanian 농림부장관
농민
(KAUM) kaum tani 영세농민들
농번기
(MUSIM) musim piama 농번기
농사
(CUCUK/COCOK) bercocok tanam 농사를 짓다
(CUCUK/COCOK) bercucuk tanam 농사를 짓다
농아
(BISU) bisu tuli 농아
(BUTA) buta tuli 농아(의)
농촌진흥정책
(POLITIK) politik kampung 농촌진흥정책
높다
ATAS 높은 곳
(GALAH) tinggi menggalah 아주 높은
(GALAH) tinggi menggalah 하늘을 찌르게 높은
(JANGKAU) menjangkau langit 아주 높은
(JANGKAU) menjangkau langit 하늘 높이
(PADAT) padat penduduknya 인구밀도가 높은
(SAPU) sapu awan 아주 높은
(SELERA) selera tinggi 눈이 높은
(SELERA) selera tinggi 안목이 높은
TINGGI 높은
(TINGGI) tinggi hidung 콧대가 높은
(TINGGI) tinggi mengawan 아주 높은
(TINGGI) tinggi mutu 가치가 높은
(TINGGI) tinggi sahamnya 관심이 높은
(TINGGI) tinggi sampai awan 아주 높은
높아지다
LONJAK 높아지다
(TINGKAT) bertingkat 조금씩 높아지다
높이
(JALAN) berjalan jauh banyak dilihat 높이 나는 새가 멀리 본다
(PARAS) separas lutut 무릎 높이의
(TINGGI) tinggi mengawan 하늘 높이
(TINGGI) tinggi sampai awan 하늘 높이
높이다
(TARIK) *menarik suara* 목소리를 높이다
놓다
(LANGKAH) melangkah seribu 줄행랑을 놓다
PASANG 놓다
(RENTANG) merentang jambatan 다리를 놓다
(RENTANG) merentang jembatan 다리를 놓다

(SIPAT) sipat kuping 줄걸음을 놓다
놓이다
(SEJUK) sejuk hati 마음이 놓이는
(TIDAK) tidak risau (마음이) 놓이는
놓치다
(LEPAS) lepas tuah 기회를 놓치다
(LEPAS) melepaskan tuah 기회를 놓치다
(TINGGAL) meninggalkan waktu 기도 시간을 놓치다
뇌리
(SUDAH) sudah mendarah daging 뇌리에 박힌
뇌막
(SELAPUT) selaput otak 뇌막
뇌막염
(RADANG) radang selaput otak 뇌막염
뇌물
(AMPLOP) amplop tebal 큰 액수의 뇌물
(DENDA) denda damai 범칙금 대신 주는 뇌물
(DUIT) duit kopi 뇌물
(DUIT) duit rokok 뇌물
(EMAS) kena emas 뇌물을 먹다
(HIMPIT) terhimpit lidahnya 뇌물로 입이 막힌
(KENA) kena emas 뇌물을 먹다
(KENA) kena emas 뇌물을 받다
(KENA) kena sorong 뇌물을 먹다
(KENA) kena sorong 뇌물을 받다
(MAKAN) makan duit 뇌물을 먹다
(MAKAN) makan duit 뇌물을 받다
(MAKAN) makan sogok 뇌물을 먹다
(MAKAN) makan sogok 뇌물을 받다
(MAKAN) makan sorong 뇌물을 먹다
(MAKAN) makan sorong 뇌물을 받다
(MAKAN) makan suap 뇌물을 먹다
(MAKAN) makan suap 뇌물을 받다
(MAKAN) makan upah 뇌물을 먹다
(MASUK) masuk pintu belakang 뇌물(을 먹다)
(MULUT) mulutnya tertutup uang 뇌물을 밝히는
(RUSUK) tumbuk rusuk 뇌물을 주다
(SALAM) salam tempel 뇌물
SOGOK 뇌물
(SOGOK) makan sogok 뇌물을 먹다
SORONG 뇌물
(SORONG) kena sorong 뇌물을 먹다
(SUAP) makan suap 뇌물을 먹다
(TOLAK) uang tolak 뇌물
(TOLAK) wang tolak 뇌물
(TUMBUK) menumbuk rusuk 뇌물을 주다
(TUMBUK) tumbuk rusuk 뇌물 행위
(TUTUP) menutup mulut 뇌물을 먹이다
(UANG/WANG) uang sogok 뇌물
(UANG/WANG) uang suap 뇌물
(UPAH) makan upah 뇌물을 받다
뇌염
(RADANG) radang otak 뇌염

뇌졸중
(SAWAN) sawan bangkai 뇌졸중
(SAWAN) sawan terjun 뇌졸중
뇌천
(MERCU) mercu kepala 뇌천
누구든지
(BARANG) barang orang 누구든지
(BARANG) barang siapa 누구든지
누그러뜨리다
(LULUH) meluluhkan hati 마음을 누그러뜨리다
(LUNAK) melunakkan hati 마음을 누그러뜨리다
(SIRAM) menyiram kobaran api dengan air 분노를 누그러뜨리다
(TENANG) menenangkan fikiran (감정을) 누그러뜨리다
(TENANG) menenangkan pikiran (감정을) 누그러뜨리다
누그러지다
LIPUR 누그러지다
누다
(AIR) air seni 오줌 누다
(BESAR) buang air besar 똥을 누다
(BUANG) buang air kecil 오줌 누다
누더기
TAMPUNG 누더기
(TAMPUNG) menampung (누더기를) 깁다
누룩
(PISANG) pisang ditanam tak berjantung 금주에 누룩흥정
누룽지
(KERAK) kerak nasi 누룽지
누르다
PIJAT 누르다
(PIJAT) memijat tombol 버튼을 누르다
TEKAN 누르다
TINDIH 누르다
누름쇠
TOMBOL 누름쇠
누리다
(LANJUT) lanjut usia 장수를 누리다
(MASIH) masih bergigi 여전히 권세를 누리는
(MERDEKA) merdeka ayam 완전한 자유를 누리는
누설
(PECAH) pecah lubang 비밀을 누설하다
(RAPAT) rapat mulut 비밀을 누설하는
(RAPUH) rapuh mulut 비밀을 누설하는 (사람)
누에나방
(KUPU-KUPU) kupu-kupu sutra 누에나방
누이
(PARANG) seperti parang mata dua 누이 좋고 매부 좋고
누천하다
(*PANDANG*) berpandangan sempit 누천한
눈
(ADU) beradu mata 눈이 마주치다
(ANAK) anak mata 눈동자
(ARNAB) arnab gunung 눈토끼
(BUKA) membuka mata 눈을 뜨다

(BUKA) terbuka matanya 눈을 뜨게 된
(BUNTANG) membuntangkan (눈을) 부릅뜨다
BUTA 눈먼
(BUTA) membutakan mata 눈감아 주다
(CECAH) sececah mata 눈 깜짝할 사이
(CEKUNG) cekung matanya 눈이 움푹 들어간
(CENGKUNG) mata cengkung 오목눈
(COCOK) mencocok mata 눈에 띄는
(COCOK) mencolok mata 눈에 띄는
(COLOK) mencolok mata 눈에 띄는
(ENTENG) enteng mata 눈이 좋은
(GELANGGANG) gelanggang mata 눈 주위의 검은 그림자
(GELAP) gelap mata 눈에 보이는 것이 없는
(GILA) gila asmara 사랑에 눈먼
(GILA) gila berahi 사랑에 눈먼
(GOSOK) gosok mata 눈을 비비다
(HATI) hati gatal mata digaruk 종로에서 뺨 맞고 한강에서 눈 흘긴다
(IKAT) mengikat mata 눈을 끌다
(JAGA) menjaga mata 눈살피다
(JOLOK) menjolok mata 눈에 띄는
(JUAL) dijual tegak-tegak 눈 뜨고 코 베인 격
(KALANG) terkalang di mata 눈앞에 떠오르는
(KALANG) terkalang di mata 눈에 선한
(KEJAP) sekejap mata 눈 깜짝할 사이
KUNCUP 눈
(LALAT) lalat mencari puru 탐욕에 눈이 먼
(LAMA) selama sipatung mandi 눈 깜짝할 사이
(LAPAR) lapar mata (재물에) 눈이 먼
(LAYANG) matanya terlayang-layang 샛바람에 게 눈 감기듯
(LAYANG) selayang pandang 한 눈에
(LEKAT) lekat mata 눈을 떼지 못하는
(LIHAT) lihat sendiri 눈으로 직접 보다
(LIHAT) melihat sendiri 눈으로 직접 보다
(LUPA) lupa daratan 사랑에 눈이 멀다
(MABUK) mabuk darah 출혈을 본 뒤 눈이 뒤집히다
(MABUK) mabuk pangkat 출세에 눈이 먼
(MABUK) mabuk uang 돈에 눈이 먼
(MAKAN) makan masak mentah 눈은 있어도 망울이 없다
(MANA) mana udang, maka ketam direbus tak merah 눈 가리고 아웅
MATA 눈
(MATA) bular mata 눈이 (피로하여) 침침한
(MATA) mata bogel 안경을 쓰지 않은 눈
(MATA) mata bugil 맨눈
(MATA) mata bugil 안경을 쓰지 않은 눈
(MATA) mata duitan 돈에 눈이 먼
(MATA) mata gelap (화가 나서) 눈에 보이는 것이 없는
(MATA) mata gelap 눈이 뒤집힌
(MATA) mata jala 그물눈
(MATA) mata kayu (눈이) 거슴츠레한
(MATA) mata telanjang 맨눈
(MATA) mata telanjang 안경을 쓰지 않은 눈
(MATA) matanya hijau (욕심 때문에) 눈이 뒤집힌
MELEK 눈을 뜬

(PANGKAL) pangkal mata 눈
(PEDIH) memedihkan mata 눈을 아리게 하다
(POHON/POKOK) pohon mata 눈
(PUTIH) putih mata karena memandang 눈이 빠지게 기다리다
(PUTIH) putih mata 눈이 빠지게 (기다리는)
(RABUN) buta ayam 눈이 침침한
(RABUN) rabun ayam 눈이 침침한
(SELERA) selera tinggi 눈이 높은
(SIPATUNG/SEPATUNG) bagai sepatung mandi 눈 깜짝할 사이
(SIPATUNG/SEPATUNG) bagai sipatung mandi 눈 깜짝할 사이
(TUTUP) menutup mata (앞이 안 보이게)눈을 가리다
(TUTUP) menutup mata (지그시) 눈을 감다

눈곱
(BELAH) sebelah mata 눈곱만큼
(BESAR) sebesar tahi kuku 눈곱만큼
(POTONG) sepotong rambut 눈곱만한
(RAMBUT) rambut dibelah seribu 눈곱만한
(RAMBUT) serambut dibelah tujuh 눈곱만한

눈금
(SALAH) salah timbang 저울 눈금을 잘못 보다

눈꺼풀
(BIBIR) bibir mata 눈꺼풀

눈꼴
(GULUNG) menggulung-gulung perut 눈꼴사나운
(SAKIT) menyakitkan mata 눈꼴사나운
(SAKIT) sakit mata 눈꼴사나운
(SALAH) salah roman 눈꼴사나운
(SALAH) salah rupa 눈꼴사나운

눈동자
(HITAM) hitam mata 눈동자
(MATA) mata hitam 눈동자

눈뜬장님
(BUTA) buta belakang 눈뜬장님

눈물
(AIR) air mata buaya 악어의 눈물
(AIR) air mata buaya 위선의 눈물
(ANAK) menganak sungai (눈물 따위가) 줄줄 흐르다
(BAK) bak manik putus tali 하염없이 흐르는 서러움 눈물
(BIJI) biji ratap 눈물방울
(CUCUR) mencucurkan air mata 눈물을 줄줄 흘리다
(HILIR) berhiliran air mata 눈물을 하염없이 흘리다
(HUJAN) hujan air mata 눈물바다
(KACA) matanya berkaca-kaca 눈물이 글썽이다
(LAUT) lautan air mata 눈물바다
(LIMPAH) melimpahkan air mata 눈물을 쏟다
(RENDAM) berendam air mata 눈물에 젖은
(RENDAM) berendam air mata 눈물이 마르지 않는
(RENDAM) terendam air mata 눈물에 젖은
(RENDAM) terendam air mata 눈물이 마르지 않는
(SIRAM) bersiram air mata 눈물에 젖다
(SIRAM) bersiram air mata 눈물을 흘리다
TANGIS 눈물을 흘리다
(TETES/TITIS) bertetesan (눈물이) 방울방울 떨어지다

(TILAM) bertilam air mata (사랑 때문에) 눈물을 흘리다
(URAI) berurai air mata 눈물이 줄줄 흘러내리다
눈물방울
(CUCUR) cucuran air mata 눈물방울
(TETES/TITIS) tetesan air mata 눈물방울
눈병
(SAKIT) sakit mata 눈병
눈빛
(CAHAYA) cahaya mata 눈빛
눈살
(ANGKAT) angkat kening 눈살을 찌푸리다
눈썹
(BULU) bulu dahi 눈썹
(BULU) bulu kening 눈썹
CELAK (여성용) 눈썹 화장품
KENING 눈썹
SIPAT 눈썹 화장품
(TAJI) seperti taji dibentuk 잘 생긴 눈썹
눈알
(BIJI) biji mata 눈알
눈요기
(CUCI) cuci mata 눈요기 하다
(HALWA) halwa mata 눈요기
(HIBUR) hiburan mata 눈요기
(RINTANG) merintang-rintang mata 눈요기하다
눈요깃감
(REZEKI) rezeki mata 눈요깃감
눈요깃거리
(REZEKI) rezeki mata 눈요깃거리
(SEDAP) menyedapkan mata 눈요깃거리
(SEDAP) sedap dipandang 눈요깃거리
눈짓
(KENING) angkat kening 눈짓하다
(MAIN) bermain mata 눈짓으로 사랑을 표현하다
(MAIN) main mata 눈짓으로 사랑을 표현하다
눈초리
(EKOR) ekor mata 눈초리
(UJUNG/HUJUNG) ujung mata 눈초리
눈치
(SELAM) pandai menyelam di air dangkal 눈치가 빠르면 절에 가서도 젓국을 얻어먹는다
(TAJAM) tajam hidung 눈치가 빠른
(TAJAM) tajam pencium 눈치가 빠른
(TAJAM) tajam penciuman 눈치가 빠른
(TAJAM) tajam pendengaran 눈치가 빠른
(TAJAM) tajam telinga 눈치가 빠른
(TEBAL) tebal telinga 남의 눈치를 안 보는
(TERANG) terang-terang daun kacang 눈치를 채기 시작한
눈코
(TIMBUL) timbul tenggelam 눈코 뜰 사이 없이 바쁜
눌리다
KALAH 눌리다
눕다

(PAHA) cubit paha kanan, paha kiri sakit juga 누워서 침 뱉기
(PERCIK) tepuk air di dulang terpercik muka sendiri juga 누워서 침 뱉기
(SAMPAI) sampai buruk bantal 오랫동안 병석에 누운
(TENGADAH) menengadah matahari 누워서 침 뱉기

뉴스
AKHBAR 뉴스
(DETIK) detik-detak 뉴스
(HANGAT) berita hangat 최신의 속보성 뉴스
(HANGAT) berita hangat 핫뉴스
(WARTA) warta berita 여러 가지 뉴스

뉴스취재
(LIPUT) liputan berita 뉴스취재

느긋하다
(SEJUK) sejuk hati 마음이 느긋한

느껴지다
(NGILU) terasa ngilu 자릿자릿하게 느껴지는

느끼다
(MATI) mati lidah 입맛을 못 느끼는
PIKIR/FIKIR 느끼다
(RASA) berasa kasihan 동정을 느끼다
(RASA) berasa takut 두려움을 느끼다
(TANGGUNG) menanggung malu 부끄러움을 느끼다
(TANGGUNG) menanggung malu 수치를 느끼다
(TARUH) menaruh di bawah paha 흥미를 못 느끼는
(UKUR) ukur mata dengan telinga 보고 듣는 대로 느끼다

느낌
(KOSONG) kosong hati 아무 느낌이 없는
(LINTAS) terlintas di hati 느낌이 들다
RASA 느낌
(RASA) rasa empedu 언짢은 느낌
(RASA) rasa hempedu 언짢은 느낌

느낌표
(TANDA) tanda seru 느낌표

느리다
(MACAM) macam siput 매우 느린
(TELINGA) telinga tebal (남의 말에) 반응이 느린

느릿느릿
(JALAN) berjalan semut beriring 느릿느릿 걷다

느슨하다
KENDUR 느슨한

늑골
(RUSUK) tulang rusuk 늑골

늑대
SERIGALA 늑대
(SERIGALA) serigala berbulu domba 양의 탈을 쓴 늑대

늑막
(SELAPUT) selaput dada 늑막
(SELAPUT) selaput paru 늑막

늑막염
(RADANG) radang selaput dada 늑막염
(RADANG) radang selaput paru 늑막염

늘
(LEKANG) tidak lekang 늘

SELALU 늘
SENTIASA/SENANTIASA 늘
(TIAP) setiap waktu 늘
늘다
PASANG 늘다
늘리다
(BESAR) memperbesar kerak nasi 불필요한 수량을 늘리다
(ULUR/HULUR) mengulur tali layang-layang 연줄을 길게 풀어 늘리다
늘어나다
(AKAR) akar melata (돈, 빚 따위가) 점점 더 많이 늘어나는
늘어놓다
(BUAL) berbual-bual kosong 쓸데없는 이야기를 늘어놓다
(LATAH) latah mulut 음담패설을 늘어놓다
(MULUT) bermulut busuk 음담패설을 늘어놓는
(PETAI) menjual petai hampa 헛소리를 늘어놓다
(SILAT) bersilat lidah 변명을 그럴싸하게 늘어놓는
늘어뜨리다
LABUH 늘어뜨린
늘어서다
(TIMBAL) bertimbal jalan 양쪽 길가에 (늘어 선)
늘어지다
(GIGIT) gigit jari 축 늘어진
(KAYUH) tak terkayuhkan lagi biduk hilir 축 늘어지다
KENDUR 늘어진
(RASA) berasa malas 축 늘어진
늙다
(ATAP) beratap seng 늙은
(JUNJUNG) menjunjung uban 늙은
(LANJUT) lanjut umur 늙다
(LANJUT) lanjut usia 늙다
(LEWAT) lewat umur 늙은
(PATAH) patah turun 늙기 시작하는
(RAMBUT) rambut sudah menjarum 늙은
(RAMBUT) rambut telah berwarna dua 늙은
(SABUT) bongkok sabut 늙어서 등이 굽은
(SAMPAI) sampai umur 늙은
TUA 늙은
(TUA) hari tua 늙어진 뒤
(TUA) masa tua 늙어진 뒤
(TUA) tua cendawan 늙어서 아무짝에도 쓸모없는
(TUA) tua kelapa 늙을수록 쓸모가 있는 (사람)
(TUA) tua-tua keladi 늙은 나이에도 여전히 여색을 탐하는
늙은이
(TELAH) telah dekat ke pintu kubur 늙은이로서 썩 많은 나이
(TUA) tua bangka (망령이 난) 꼬부랑 늙은이
(TUA) tua bengkok (망령이 난) 꼬부랑 늙은이
(TUA) tua cendawan 멍청한 늙은이
(TUA) tua kutuk 망할 늙은이
(TUA) tua nyanyuk 치매가 걸린 (늙은이)
(TUA) tua-tua keladi 주책이 심한 늙은이
능란하다
(KINCIR) berkincir alir 말솜씨가 능란한
능력

ㄴ

(APA) apa daya 능력이 없는
DAPAT 능력 있는
DAYA 능력
KADAR 능력
(KADAR) ala kadarnya 능력껏
KUAT 능력 있는
LANTAS 능력 있는
(SAYAP) sayap singkat 능력이 모자라는
(TAMPUK) tampuknya masih bergetah 아직 생활 능력이 충분한
TENAGA 능력
(TENAGA) tenaga rakyat 국민의 능력

능변
FASIH 능변의
(FASIH) fasih lidah 능변의
(PETAH) petah lidah 능변의

능청꾸러기
(TUKANG) tukang sikut 능청꾸러기

능청스럽다
(LEMBUT) lembut gigi daripada lidah 능청스러운 사람
(PANJANG) panjang langkah 능청스러운
(POTONG) sepotong ikan sepotong ular 능청스러운
(PUSING) pusing belit 능청스러운
(PUTAR) berputar-putar 능청스러운
(PUTAR) putar-putar 능청스러운
(SUKA) suka bermuka-muka 능청스러운
(TANAM) tanam tebu di bibir 겉과 속이 다른 능청스러운 사람
(TANAM) tanam tebu di tepi bibir 겉과 속이 다른 능청스러운 사람
(TEBAL) muka tebal 능청스러운 농담을 일삼는
(TEBAL) tebal muka 능청스러운 농담을 일삼는
(TEBU) tanam tebu di bibir mulut 겉과 속이 다른 능청스러운 사람
(TIDAK) tidak siku-siku 능청스러운
(UDANG) berudang di balik batu 능청스러운 사람
(ULAR) ular air (겉과 속이 다른) 능청스런 사람

능하다
(OTAK) otak berjalan 임기응변이 능한
(OTAK) otak berpilin-pilin 임기응변이 능한
(PANJANG) panjang belit 권모술수에 능한
(PANJANG) panjang belit 속임수에 능한

늦다
(JAM) jam karet 항상 정해진 시각보다 늦은
(JAUH) jauh malam 밤늦은
(KARET) jam karet 항상 정해진 시각보다 늦은
(LEWAT) lewat-lewat 아무리 늦어도
(LEWAT) selewat-lewatnya 아무리 늦어도
SUNTUK 늦은

늦잠
(TIDUR) tidur kesiangan 늦잠을 자다

늦저녁
(BUTA) buta ayam 늦저녁

늪지
PAYA 늪지
(PAYA) paya bakau 홍수림 늪지

님

(GETIK) getikkan puru di bibir 고와도 내 님 미워도 내 님

ㄷ

다
- SERBA 다

다가오다
- (MALANG) malang tidak berbau 불행은 소리 없이 다가온다
- SUA 다가오다

다년간
- (TAHUN) bertahun-tahun 다년간

다니다
- (NAFKAH) mencari nafkah 생활비를 벌러 다니다

다다르다
- (BARA) jejak-jejak bara 거의 다다른
- TIBA (목적지에) 다다르다
- (TIBA) tiba di stasiun 정거장에 다다르다
- (TIBA) tiba di stesen 정거장에 다다르다

다듬다
- PANGKAS 다듬다
- (PANGKAS) memangkas rata-rata 평평하게 다듬다
- (PARAS) memaras 평평하게 다듬다

다락집
- GUBUK 다락집

다람쥐
- BAJING 다람쥐
- TUPAI 다람쥐

다르다
- (BEDA/BEZA) berbeda tabiat 성격이 다른
- (BEDA/BEZA) berbeda-beda 각각 다른
- (BEDA/BEZA) berbeda-beda 서로 다른
- (BEDA/BEZA) berbeza-beza 각각 다른
- (BEDA/BEZA) berbeza-beza 서로 다른
- (BUSUK) busuk-busuk embacang 보기엔 좋지 않지만 실제는 다른
- (IRING) seiring bertukar jalan 서로 방향이 다른
- LAIN 다른
- (LAIN) lain benar 전혀 다른
- (LAIN) lain hati 취향이 서로 다른
- (LAIN) lain orang, lain hati 취향이 서로 다른
- (LAIN) lain orang, lain pendapat 취향이 서로 다른
- (SILANG) bersilang selisih 서로 의견이 다른
- UBAH 다른

다른
- ASING 다른

다름
BEDA/BEZA 다름
다리
(BATANG) batang kaki 다리
(JALAN) berjalan pincang 다리를 절룩거리다
(JALAN) berjalan timpang 다리를 절룩거리다
JEMBATAN/JAMBATAN 다리
KAKI 다리
(KAKI) kaki belalang 늘씬하고 예쁜 다리
(KAKI) kaki meja 털이 많이 나지 않은 다리
(KERAT) tulang empat kerat 두 팔과 두 다리
(KOLONG) kolong jembatan 다리 밑
(KOLONG) kolong jembatan 다리 아래
(PAHA) paha Arab 풍만한 넓적다리
(PAHA) paha belalang 가늘고 곧은 넓적다리
(RENTANG) merentang jambatan 다리를 놓다
(RENTANG) merentang jembatan 다리를 놓다
(SILA) duduk bersila 다리를 포개고 앉다
(SILA) menyilakan kaki 다리를 포개다
(SILANG) menyilangkan kaki 다리를 포개다
SUKU 다리
(SUKU) suku lembu 소의 다리
TITI/TITIAN (실개천이나 개울에 설치한 소규모) 다리
(TULANG) tulang yang delapan kerat 두 팔과 두 다리
TUNGKAI (몸통 아래 붙어 있는)다리
다리오금
(LEKUK) lekuk lutut 다리오금
(LUTUT) lekuk lutut 다리오금
(LUTUT) lutut lekuk 다리오금
다만
CUMA 다만
다목
SEPANG 다목
다물다
(DIAM) diam dalam seribu bahasa 입을 다물다
(TUTUP) tutup mulut 입을 다물다
다발
RANGKAI 다발
SISIR (바나나) 다발
다복
(KUCING) kucing tidur di bantal 다복한
(KUNYAH) terkunyah di nasi 다복한
다섯
LIMA 다섯
다소
(BARANG) barang sedikit 다소
다수
BANYAK 다수
다스리다
(SAPU) menyapu dada 마음을 다스리다
다시
ULANG 다시
다용도

(SERBA) serba guna 다용도의
(SERBA) serbaguna 다용도의
다음
(LAIN) lain kali 이다음에
다음달
(BULAN) bulan datang 다음달
(BULAN) bulan mendatang 다음달
다이아몬드
(GADUNG) intan gadungan 가짜 다이아몬드
INTAN 다이아몬드
(INTAN) cincin berintan 다이아몬드 반지
(KILAU) kilau intan berlian 다이아몬드의 광채
다지다
(KUAT) menguatkan hati 다지다
다크호스
(KUDA) (si) kuda hitam 다크호스
다투다
ADU 다투다
(REBUT) berebut kursi 자리를 놓고 다투다
(REBUT) berebut tinggi 앞을 다투다
(REBUT) berebut tinggi 우열을 다투다
TARUNG 다투다
(TIMBA) bertimba karang 다투다
다툼
KELAHI 다툼
(REBUT) berebut petai hampa 쓸데없는 다툼을 하다
(SENDOK/SENDUK) sendok dan periuk lagi berantuk 아무리 막역한 사이라도 다툼은 있게 마련
(SENDOK/SENDUK) senduk dan belanga lagi berlaga 아무리 막역한 사이라도 다툼은 있게 마련
다하다
(KUAT) sekuat hati 온 힘을 다해서
(MANDI) mandi keringat 온 힘을 다하다
(MANDI) mandi peluh 온 힘을 다하다
(MATI) kemati-matian 온 힘을 다해서
(MATI) kemati-matian 전력을 다해서
(MATI) mati-mati 온 힘을 다해서
(MATI) mati-mati 전력을 다해서
(PANJANG) panjang langkah singkat pinta 목숨이 다하다
(PELUH) berpeluh darah 온갖 고생을 다하다
(PELUH) peluh darah 온갖 고생을 다하다
(PENAT) berpenat lelah 온 힘을 다하다
(PENAT) berpenat-penat 온 힘을 다하다
(PERAH) perah tenaga 온 힘을 다하다
(PERAH) perah tenaga 전심전력을 다하다
(PERAS/MEMERAS) memeras tenaga 온 힘을 다하다
(PERAS/MEMERAS) memeras tenaga 전심전력을 다하다
(SAKIT) bersakit-sakit 온갖 고생을 다하다
(SAMPAI) sampai umur 수명이 다하다
(SEMPURNA) sempurna usia 수명이 다하다
(SEMPURNA) sempurna usia 천명을 다하다
(TALI) sekenyang-kenyang banting 사력을 다해서
(TALI) sepanjang-panjang tali 사력을 다해서

(TANGAN) tangan turun 운이 다한
다항식
(SUKU) suku banyak 다항식
다해서
(MATI) mati-matian 온 힘을 다해서
(MATI) mati-matian 전력을 다해서
다행
ALHAMDULILLAH 알함둘릴라 (무슬림들이 다행과 감사를 표현하는 말)
(SEKAM) sekam menjadi hampa berat 불행 중 다행
SYUKUR 다행(이다)
(SYUKUR) bersyukur 다행스럽다
(SYUKUR) syukurlah 다행이다
(SYUKUR) syukurlah 다행입니다
닥치다
(BABI) membabi buta 닥치는 대로 행동하다
(LARI) melarikan untung (생계를 위해) 닥치는 대로 일하다
(RAMBANG) rambang-rambang 닥치는 대로 (말)하다
(SUDAH) sudah di depan hidung 이미 코앞에 닥친
(SUDAH) sudah di depan mata 이미 코앞에 닥친
TEMPUH 닥치다
닦다
GOSOK 닦다
(GOSOK) gosok gigi 이를 닦다
(ILMU) mencari ilmu 학문을 닦다
(LICIN) melicinkan jalan 기반을 닦다
(LURUS) lurus jalan 길을 닦다
(LURUS) meluruskan jalan 길을 닦다
(RENTANG) merentang jalan 길을 닦다
(SUCI) menyucikan diri (무슬림들이) 기도하기 전 물로 몸을 닦는 일
단가
(HARGA) harga satuan 단가
단결
(SATU) bersatu padu 단결하다
(SATU) satu padu 단결
단결심
(SETIA) setia kawan 단결심
단계적
(TAPAK) setapak demi setapak 단계적으로
단과자
(GABUS) telur gabus 단과자의 일종
단기
(PINJAM) pinjaman jangka pendek 단기 대출
단김
(MANDI) mandi biarlah basah 쇠뿔도 단김에 빼랬다
(MANDI) mandi-mandi biar basah 쇠뿔도 단김에 빼랬다
(MATI) biar basah 쇠뿔도 단김에 빼랬다
(MATI) mati-mati mandi 쇠뿔도 단김에 빼랬다
(MAYAT) mayat sudah di tepi kubur 쇠뿔도 단김에 빼랬다
단단하다
KERAS 단단한
KETAT 단단한
(PADAT) padat hatinya 각오가 단단한

ㄷ

(PADU) berpadu padat (땅이) 단단한
(PADU) padu padat (땅이) 단단한
단단히
(ERAT) erat-erat 단단히
단도
(DAUN) daun padi 단도
(PISAU) pisau kecil 단도
단도직입
(KULIT) buka kulit ambil isi 단도직입
단면도
(GAMBAR) gambar penampang 단면도
단명
(NYAWA) bernyawa rapuh 단명(하다)
(NYAWA) nyawa rapuh 단명(하다)
(PENDEK) pendek permintaan 단명한
(PENDEK) pendek pinta 단명한
(PENDEK) pendek umur 단명한
(SINGKAT) singkat bayang 단명의 조짐
(SINGKAT) singkat bayang-bayang 단명의 조짐
(SINGKAT) singkat permintaan 단명한
(SINGKAT) singkat pinta 단명한
단서
(CIUM) mencium jejak 단서를 찾아내다
(HILANG) kehilangan jejak 단서를 잃어버리다
단순하다
MUDAH 단순한
단식
(LEPAS) lepas puasa 단식이 끝나다
PUASA 단식(하다)
(TANGGANG) menanggang perut 단식하다
단식월
(BULAN) bulan puasa 단식월
단식절
(BUKA) buka puasa (무슬림들이 단식절에) 하루의 금식을 끝내고 식사를 시작하다
단신
(BATANG) sebatang kacang 혈혈단신
(BATANG) sebatang kara 혈혈단신
단어
KATA 단어
(TITIK) titik lidah 단어
단위
(ANAK) anak kalimat 글의 단락을 세는 단위
단잠
(ENAK) enak tidur 단잠을 자는
(TIDUR) tidur lelap 단잠을 자다
(TIDUR) tidur lena 단잠을 자다
(TIDUR) tidur lenyak 단잠을 자다
(TIDUR) tidur nyenyak 단잠을 자다
(TIDUR) tidur senyap 단잠을 자다
단장
(PASANG) memasang badan 단장하다
(PASANG) pasang badan 단장하다

(PATUT) mematut-matut diri 단장하다
(PATUT) patut-patut diri 단장하다
단점
(HARUM) harum menghilangkan bau 장점이 단점보다 많은
단조롭다
(GELANG) bagai menambah gelang bini 단조로운
단지
BUYUNG 단지
CUMA 단지
GUCI 단지
HANYA 단지
TEMPAYAN 단지
(TEMPAYAN) tempayan kecil 단지
단짝
(GANDENG) gandeng menteng 단짝의
단천하다
CETEK 단천한
(CETEK) cetek pengetahuannya 지식이 단천한
단체결혼
(KAWIN/KAHWIN) kawin massal 단체결혼
단추
(BUAH) buah baju 단추
KANCING 단추
(KUNANG-KUNANG) kunang-kunang sekebun (말레이인 고유 의상에 부착하는) 보석 단추
TOMBOL 단추
단춧구멍
(RUMAH) rumah butang 단춧구멍
(RUMAH) rumah kancing 단춧구멍
단층
(GELINCIR) gelinciran (지진의) 단층운동
단칼
(KALI) sekali pukul 단칼에
단편소설
(CERITA) cerita pendek 단편소설
단합
(PADU) memadu satu 단합하다
(PADU) padu satu 단합하다
(SATU) bersatu padu 단합하다
(SATU) satu padu 단합
단호하다
(BULAT) bulat hati 단호한
(KERAS) berkeras hati 단호한
닫다
TUTUP 닫다
TUTUP 닫은
(TUTUP) tutup pintu 문을 닫다
닫히다
BUNTU 닫힌
KUNCUP 닫힌
(MULUT) mulutnya tertutup uang 돈으로 입이 닫힌
(PINTU) pintu tertutup 문호가 닫힌
(RAPAT) ditutup rapat 꽉 닫힌

TUTUP 닫힌
달
(BOLA) bola langit 달
(BUKIT) bukit jadi paya 달도 차면 기운다
BULAN 달
(BULAN) bulan datang 내달
(BULAN) bulan datang 다음달
(BULAN) bulan gelap 달이 없어 어두운 밤
(BULAN) bulan haji (이슬람력으로) 12번째 달
(BULAN) bulan kesiangan 한낮에 뜬 달
(BULAN) bulan mati 달이 없어 어두운 밤
(BULAN) bulan mendatang 내달
(BULAN) bulan mendatang 다음달
(BULAN) bulan muda 초승(달)
(BULAN) bulan puasa (이슬람력으로) 9번째 달
(BULAN) bulan sabit 초생달
(BULAN) bulan susut 그믐(달)
(BULAN) bulan tua 그믐(달)
CENDERA 달
(CUKUP) cukup bulan 해산할 달
(PANAS) panas tidak sampai ke petang 달도 차면 기운다
(PUASA) bulan puasa 라마단 달(무슬림들이 의무적으로 금식을 해야 하는 이슬람력으로 9 번 째 달)
(PURNAMA) purnama raya 대보름달
(PUTRI/PUTERI) putri malam 달
(TUJUH) bulan tujuh 일곱 번째 달
달걀
(GORENG) menggoreng telur 달걀을 부치다
(MONYET) kera menjadi monyet 계란이나 달걀이나
(REBUS) telur rebus 삶은 달걀
(TELUR) telur ayam 달걀
(TELUR) telur dadar 휘저어 지진 달걀
달걀노른자
(MERAH) merah telur 달걀노른자
달걀부침
(TELUR) mata lembu (달걀을 휘젓지 않고 노른자의 모양을 살린) 달걀부침
(TELUR) telur mata sapi (달걀을 휘젓지 않고 노른자의 모양을 살린) 달걀부침
달님
(SANG) sang rambulan 달님
달다
(HABIS) habis manis sepah dibuang 달면 삼키고 쓰면 뱉는다
(HILANG) hilang manis sepah dibuang 달면 삼키고 쓰면 뱉는다
PASANG 달다
(SAUK) tersauk ikan suka, tersauk batang masam 달면 삼키고 쓰면 뱉는다
(SUBANG) bersubang 귀걸이를 달다
(SUNTING) bersunting bunga mawar 장미꽃 장식을 달다
달라붙다
KETAT 달라붙은
LEKAT 달라붙은
(LEKAT) lekat-lekat 끈적끈적 달라붙는
RAPAT 달라붙은

TEMPEL 착 달라붙다
달라지다
(KERA) kera jadi monyet 달라진 것이 하나도 없는
(TUKAR) bertukar fikiran 마음이 달라지다
(TUKAR) bertukar pikiran 마음이 달라지다
(TUKAR) bertukar sikap 마음이 달라지다
달래기
(PAGAR) pagar makan tanaman 고양이에게 생선 지켜 달래기
달래다
(HIBUR) menghibur hati 달래다
(HIBUR) menghiburkan hati 달래다
(LAPANG) melapangkan dada 마음을 달래다
(RINTANG) merintang anak 아기를 달래다
(RINTANG) merintang-rintang hati 마음을 달래다
(SABAR) menyabarkan hati 달래다
달려있다
(SERAH) terserah kepada ~에게 달려 있는
달리
(BALIK) terbalik kalang 견해를 달리하다
달리기
(ADU) beradu lari 달리기 시합하다
달리다
(ANGKAT) mengangkat ekor 달리다
(KENCANG) berlari kencang 재빨리 달리다
(LARI) lari anak 뒤뚱거리며 달리다
(MANUSIA) Tuhan punya kuasa 세상만사 하늘의 뜻에 달렸다
(MANUSIA) manusia punya asa 세상만사 하늘의 뜻에 달렸다
달무리
(GELANGGANG) gelanggang bulan 달무리
(KANDANG) kandang bulan 달무리
(MATA) mata bulan 달무리
(PAGAR) pagar bulan 달무리
달변
LANCAR 달변의
(LURUS) lurus lidah 달변의
(PANTAS) pantas mulut 달변의
(PETAH) petah lidah 달변의
(RINGAN) ringan lidah 달변의
(SAGA) saga di atas talam 달변(의)
달성
(PUTUS) putus niat 목표를 달성한
달아나다
LARI 달아나다
(LARI) berlari kencang 허겁지겁 달아나다
(LARI) lari kencang 허겁지겁 달아나다
(LARI) melarikan diri 달아나다
(LEPAS) berlepas diri 달아나다
(LEPAS) lepas diri 달아나다
(LEPAS) melepaskan diri 달아나다
LOLOS 달아나다
(LULUS) lulus diri 달아나다
(LULUS) meloloskan diri 달아나다
(LULUS) meluluskan diri 달아나다

(SIPAT) sipat kuping 재빨리 달아나다
달인
PENDEKAR 달인
(PENDEKAR) pendekar kata 강연의 달인
(PENDEKAR) pendekar kata 토론의 달인
(PENDEKAR) pendekar lidah 강연의 달인
(PENDEKAR) pendekar lidah 토론의 달인
달콤하다
MADU 달콤한
(MADU) senyum madu 달콤한 미소
(SENYUM) senyum manis 달콤한 미소
(TEBU) tanam tebu di bibir mulut 달콤한 말로 남을 잘 꾀는 사람
달팽이
SIPUT 달팽이
달팽이집
(RUMAH) rumah siput 달팽이집
닭
AYAM 닭
(AYAM) ayam aduan 싸움닭
(AYAM) ayam babon 알 낳는 닭
(AYAM) ayam kampung 시골닭
(AYAM) ayam kampung 토종닭
(AYAM) ayam potong(an) 고기닭
(AYAM) ayam sabung(an) 싸움닭
(BELANGA) belanga kurang, periuk yang melebih-lebih 꿩 대신 닭
(BIANG) biang ayam 어미닭
(BULU) bulu ayam 닭털
(IKAN) ikan gantung, kucing tunggu 닭 쫓던 개 지붕 쳐다보는 격
(INDUK) induk ayam 어미닭
(JERAT) bagai menjenguk jerat sial 소 닭 보듯
(JOLOK) penjolok tinggal di atas 닭 쫓던 개 지붕 쳐다보는 격
(KAMPUNG) ayam kampung 시골닭
(OJA/UJA) menguja-uja ayam (싸움을 붙이기 위해) 닭을 자꾸 어르다
(PECAH) pecah buyung tempayan ada 꿩 대신 닭
(PECAH) pecah tempayan, buyung ada 꿩 대신 닭
(PUPUH) ayam pupuh 싸움닭
(PUTIH) putih dikejar, kuning tak dapat 닭 쫓던 개 지붕 쳐다보는 격
(SABUNG) ayam bersabung 싸움닭
(SANGKAK) sangkak ayam 닭이 알을 품고 있는 둥우리
(SEMBELIH) sembelih ayam 닭을 멱따다
(SEMBELIH) sembelih ayam 닭을 잡다
(SUSUH) susuh ayam 닭의 며느리발톱
닭싸움
(ADU) beradu ayam 닭싸움을 시키다
(RENTANG) serentang ayam 닭싸움이 진행되는 동안
(SABUNG) bersabung ayam 닭싸움을 벌이다
(SABUNG) bersabung ayam 닭싸움을 붙이다
닭장
(KURUNG) kurung ayam 닭장
SANGKAK 닭장
닭죽
(BUBUR) bubur ayam 닭죽
닭털

(BULU) bulu ayam 닭털로 만든 먼지떨이

닮다

(JATUH) jatuh ke pangkal juga 부모를 닮다

MACAM 닮은

(RAGAM) seragam 닮은

(ROMAN/ROMA) seroman 닮은

담

EMPEDU/HEMPEDU 담

담낭

(KANDUNG) kandung empedu 담낭

담다

TAMPUNG 담다

(TAMPUNG) menampung 담다

담담하다

(HATI) lapang hati 담담한

담당

(PEGANG) memegang buku 회계를 담당하다

(PEGANG) pegang buku 회계를 담당하다

(PEGANG) pegang uang 재무를 담당하다

담당자

(PEGANG) pemegang buku 회계담당자

담배

(PUNTUNG) berhubung puntung 줄담배를 피우는

ROKOK 담배

(ROKOK) asap rokok 담배 연기

(ROKOK) menghisap rokok 담배를 피우다

(ROKOK) merokok 담배를 피우다

(TAHI) tahi rokok 담배를 많이 피우는 사람

TEMBAKAU 담배(가짓과의 한해살이 식물)

(ZAMAN) zaman kuda gigit besi 호랑이 담배 먹던 시절

담배꽁초

(PUNTUNG) puntung rokok 담배꽁초

(PUTING) puting rokok 담배꽁초

담뱃잎

(TEMBAKAU) daun tembakau 담뱃잎

담보

(BARANG) barang andalan 담보물

GADAI 담보

(GADAI) gadai gelap 불법담보

담요

SELIMUT 담요

담장

PAGAR 담장

담판

(MASIN) masin lidah 담판의 명수인

(MASIN) masin perkataan 담판의 명수인

답

SAWAH 답

(TIMBANG) bertimbang tunai 즉각 답하다

(TIMBANG) bertimbang tunai 즉시 답을 주다

당

(BASUH) membasuh muka dengan air liur 부끄러움을 당하다

(BERI) memberi aib 대중 앞에서 욕을 당하다

당겨앉다
(TEMU) bertemu lutut (장소가 비좁아)바싹바싹 당겨 앉다
당국
(WAJIB) yang berkewajiban 관계 당국
(WAJIB) yang berkewajipan 관계 당국
당근
(LOBAK) lobak merah 당근
당기다
(GATAL) gatal gusi 입맛이 당기는
HELA 당기다
(RANGSANG) merangsang selera 입맛을 당기게 하는
(SELERA) selera tajam 식욕이 당기는
TARIK 당기다
당뇨
(KENCING) kencing manis 당뇨병
당뇨병
(GULA) penyakit gula 당뇨병
(SAKIT) penyakit gula 당뇨병
(SAKIT) penyakit kencing manis 당뇨병
(SAKIT) penyakit raja 당뇨병
당돌하다
(LADA) lada api 몸집은 작아도 당돌한 사람
당상
(GUNUNG) tak akan lari gunung dikejar 따 놓은 당상
(MASUK) masuk daun 따 놓은 당상
당시
(MASA) masa itu 그 당시
(TEMPOH) tempoh hari 그 당시
당신
(ASSALAMUALAIKUM) alaikum 당신 모두를 위해
(ASSALAMUALAIKUM) alaikum 당신들께
당연하다
PATUT 당연한
당연히
(PATUT) sepatutnya 당연히
당초
(KECIL) kecil-kecil cabe rawit 작아도 당초
(KECIL) kecil-kecil lada api 작아도 당초
(LADA) kecil-kecil lada api 작아도 당초
당하다
KENA 당하다
(RUSAK/ROSAK) merusakkan nama 창피를 당하다
(SESAT) sesat langkah 객지에서 사고를 당하다
(TALI) bertali pendek 속박을 당하는
당황
(AKAL) habis akal 당황하다
(AMUK) beramuk pikiran 당황하는
(BAKAR) kebakar janggut 당황하여 어쩔줄 모르는
(LENYAP) lenyap daratan 당황하다
(MIANG) bagai orang kena miang 몹시 당황한
(SEMAK) semak hati 당황하는
(SESAT) sesat pusat 당황하는
닻

BONGKAR (닻을) 올리다
(BUANG) membuang sauh 닻을 내리다
SAUH 닻
(SAUH) melabuhkan sauh 닻을 내리다
(SAUH) melabuhkan sauh 닻을 주다
(SAUH) melabuhkan sauh 닻을 풀다
(SAUH) membongkar sauh 닻을 감다
(SAUH) membongkar sauh 닻을 올리다
(SAUH) membuang sauh 닻을 내리다
(SAUH) membuang sauh 닻을 주다
(SAUH) membuang sauh 닻을 풀다
닿다
DATANG 닿다
JATUH 닿다
(PARAS) separas lutut 무릎까지 닿는
TIBA 닿다
대
(TURUN) menyambung keturunan 대를 잇다
대가
(ADA) ada apa-apanya 대가가 있는
대각
LINTANG 대각의
대각선
(GARIS) garis sudut-menyudut 대각선
(LINTANG) lintang bujur 대각선
대강
(KURANG) kurang lebih 대강
(KURANG) lebih kurang 대강
대검찰청
(JAKSA) kejaksaan agung 대검찰청
대경실색
(KERING) berkering darahnya 대경실색하다
대공황
(LESET) zaman meleset 대공황
(MASA) masa susah 대공황
(MASA) zaman meleset 대공황
대괄호
(KURUNG) kurung besar 대괄호
(KURUNG) kurung siku 대괄호
대구치
(GERAHAM) geraham besar 대구치
대기
TUNGGU 대기하다
대기권
(UDARA) udarakasa 대기권
대기실
(RUANG) ruang menunggu 대기실
(RUANG) ruang tunggu 대기실
대기오염
(CEMAR) pencemaran udara 대기오염
대기자
(DAFTAR) daftar tunggu 대기자 명단
대기층

ANGKASA 대기층
대꾸
(KATUP) terkatup mulut 대꾸할 능력이 없는
(PULANG) memulangkan kata 대꾸하다
SAMBUT 대꾸하다
대나무
BAMBU 대(나무)
BETUNG 대나무
BULUH 대나무
(BULUH) buluh perindu 대나무 피리
(SENAPAN/SENAPANG) senapan bambu 대나무로 만든 장난감 총
(SENAPAN/SENAPANG) senapan buluh 대나무로 만든 장난감 총
대나무쥐
(TIKUS) tikus buluh 대나무쥐
대나무통
TABUNG 대나무통
TUKIL 대나무통
(TUKIL) masuk ke dalam tukil 대나무통 안으로 들어가다
(TUKIL) tukil ditutup dengan daun keladi 대나무통을 토란감자 잎으로 봉하다
대낮
(BOLONG) siang hari bolong 대낮
(MATAHARI/MENTARI) matahari sedang rembang 대낮
(PIJAK) matahari terpijak 대낮
(PIJAK) terpijak bayang-bayang 대낮
(SIANG) siang hari bolong 대낮
대뇌
(OTAK) otak besar 대뇌
대다
(BENDAR) berbendar langit (논에) 빗물을 대다
(RENDAH) merendahkan rezeki 생활비를 대다
SINGGUNG 대다
대다수
(SUARA) suara majoriti 대다수의 의견
(SUARA) suara mayoritas 대다수의 의견
(SUARA) suara ramai 대다수의 의견
대단하다
(ALANG) bukan alang kepalang 대단한
(LUAR) luar biasa 대단한
대답
BALAS 대답하다
대대손손
(ANAK) beranak bercucu 대대손손
(CUCU) beranak bercucu 대대손손
대도시
(KOTA) kota raya 대도시
대동맥
(TANGKAI) tangkai hati 대동맥
(TANGKAI) tangkai jantung 대동맥
대들다
(KALANG) terkalang lidah 대들지 못하다
대들보
BENDUL 대들보

GALANG 대들보
대략
(KIRA) kira-kira 대략
(KURANG) kurang lebih 대략
(KURANG) lebih kurang 대략
(SEDIKIT/DIKIT) sedikit sebanyak 대략
대로하다
(MARAH) marah berapi-api 대로한 (사람)
대륙
(TANAH) tanah rantau 대륙
대리석
(BATU) batu pelinggam 대리석
대리인
(MATA) mata telinga 대리인
대립관계
(RETAK) retak menanti belah 심각한 대립관계
(RETAK) retak mencari belah 심각한 대립관계
대머리
GUNDUL 대머리
(GUNDUL) gundul pacul 완전 대머리의
대머리수리
(ELANG) elang bangkai 이집트 대머리수리
대면
(ADU) mengadu ujung penjahit 대면하다
(JUMPA) jumpa muka 대면하다
(KENING) beradu kening 대면하다
(LIHAT) lihat muka 대면하다
(LIHAT) melihat muka 대면하다
(SUA) bersua muka 대면하다
(TEMU) bertemu muka 대면하다
(TENTANG) tentang mata dengan mata 양자 대면하다
대명사
AWAK 너 (2인칭 대명사)
PUAN 푸안(상대편 여성을 높여 이르는 이인칭 대명사)
(PUAN) puan-puan 여러분(여러 명의 여성들을 높여 이르는 이인칭 대명사)
(SAUDARA) saudara-saudara 여러분(여러 사람을 높여 이르는 이인칭 대명사)
SAYA 저(일인칭 대명사)
TUAN 투안(상대편 남성을 높여 이르는 이인칭 대명사)
(TUAN) tuan-tuan 여러분(여러 명의 남성들을 높여 이르는 이인칭 대명사)
대문
GERBANG 대문
(GERBANG) pintu gerbang 대문
(PINTU) pintu besar 대문
(PINTU) pintu gerbang 대문
대박
(PUKUL) pukul besar 대박
(PUKUL) pukul untung 대박이 터지다
(PUKUL) pukulan besar 대박
대변
(AIR) air besar 대변 (똥)
(AIR) buang air besar 대변보다

(BESAR) buang air besar 대변을 보다
(BUANG) buang air besar 대변보다
(HAJAT) hajat besar 대변 (보다)
(NAJIS) najis besar 대변

대변인
(BAWA) pembawa suara 대변인
(JURU) juru bicara 대변인
(JURU) juru cakap 대변인
(SAMBUNG) penyambung lidah 대변인
(SAMBUNG) sambungan lidah 대변인
(SUARA) suara bicara 대변인
(UJUNG/HUJUNG) ujung lidah 대변인

대변자
(SAMBUNG) penyambung lidah 대변자
(SAMBUNG) sambungan lidah 대변자

대보름달
(PURNAMA) purnama raya 대보름달

대불황
(LESET) zaman meleset 대불황
(MASA) masa susah 대불황
(MASA) zaman meleset 대불황

대사
(PUNYA) punya hajat 대사를 치르다
(PUNYA) punya kerja 대사를 치르다

대상포진
(KAYAP) kayap ular 대상포진

대성전
(MESJID/MASJID) Masjidilharam 메카에 있는 이슬람 대성전

대속하다
TEBUS 대속하다

대수롭다
(AMBIL) ambil gampang 대수롭지 않게 여기다

대식가
(BESAR) besar lambung 대식가
(BESAR) besar perut 대식가
(BURUK) buruk perut 대식가의
(LAMBUNG) besar lambung 대식가의
(LAPAR) lapar sangat 대식가의
(LEBAR) lebar perut 대식가의
(LIDAH) lidah buaya 대식가
(MULUT) bermulut karung 대식가의

대양
(LAUT) lautan besar 대양
(LAUT) lautan lepas 대양

대역
(JALUR) jalur asas (주파수의) 기저대역
(JALUR) jalur lebar (주파수의) 광대역

대열
IKAT 대열
(IKAT) ikat perang 전투대열

대왕
(RAJA) raja diraja 대왕

대왕오징어

(CUMI-CUMI) cumi-cumi raksasa 대왕오징어
대우
(GILA) gila hormat 대우 받기만을 바라는
대우주
(JAGAT) jagat besar 대우주
대응
(GAYUNG) gayung bersambut, kata berjawab 맞대응
대장
(EMPAT) empat bintang 대장
PANGLIMA 대장
대장장이
(PANDAI) pandai besi 대장장이
대전
(PERANG) perang besar 대전
대접
(SIRIH) menyirihi tamu 손님을 정중히 대접하다
대중
(BERI) memberi aib 대중 앞에서 욕을 당하다
(HAJAT) hajat masyarakat 대중의 기대
(IKUT) ikut angin 대중의 뜻에 따르다
(KECIL) orang kecil 대중
(MASYARAKAT) masyarakat ramai 대중
(ORANG) orang banyak 대중
(ORANG) orang kebanyakan 대중
(ORANG) orang kecil 대중
(ORANG) orang ramai 대중
(RAKYAT) rakyat kebanyakan 대중
RAYA 대중의
UMUM 대중의
대중교통
(UMUM) kendaraan umum 대중교통
(UMUM) kenderaan umum 대중교통
대중매체
(SEBAR) sebaran am 대중매체
대창
(BAMBU) bambu runcing 대창
대처
(JALA) ikan berkilat, jala tiba 매우 신속한 대처
대출
(MEJA) meja pinjam 도서대출실
(PINJAM) pinjaman jangka panjang 장기 대출
(PINJAM) pinjaman jangka pendek 단기 대출
대충
(KIRA) kira-kira 대충
(SEDIKIT/DIKIT) sedikit sebanyak 대충
대충대충
(SAMBIL) sambil lalu 대충대충
(SAMBIL) sambil-sambil 대충대충
(TENGAH) setengah hati 대충대충
(TENGAH) setengah-setengah 대충대충
대취
(MABUK) mabuk empat tiang 대취하다
대치

(RETAK) retak menanti belah 충돌 직전의 대치 상황
(RETAK) retak mencari belah 충돌 직전의 대치 상황

대통령
(KEPALA) kepala negara 대통령

대통하다
(BINTANG) berbintang terang 운수가 대통하다
(LANGKAH) langkah kanan 운수가 대통한

대퇴골
(TULANG) tulang manis 대퇴골
(TULANG) tulang paha 대퇴골

ㄷ

대패
KETAM 대패
(TARI) tak pandai menari dikatakan lantai yang terjungkat 서투른 목수가 대패 탓만 한다

대패질
(KETAM) mengetam kayu 나무를 대패질하다

대포
(BEDIL) bedil besar 대포
MERIAM 대포
(MERIAM) meriam besar 대포

대포알
(LIMAU) limau manis 대포알

대학
(MENARA) menara gading 대학
(SEKOLAH) sekolah tinggi 대학
(UANG/WANG) uang kuliah 대학 등록금

대학기관
(GURU) perguruan tinggi 대학기관

대항
(ANGKAT) mengangkat senjata 대항을 위해 무장하다

대형
(PASAR) pasar raya 대형 매장
(PERAHU) perahu besar 대형 선박

대형차
(KENDARA/KENDERA) kendaraan berat 대형차

대화
(BUAH) buah pembicaraan 대화의 주제
(BUAH) buah percakapan 대화의 성과
(BUAH) buah percakapan 대화의 주제
(CAMPUR) campur bicara 대화에 끼어들다
(CAMPUR) campur mulut 대화에 끼어들다
(GARAM) garam pembicaraan 대화의 맛
(KECEK) kecek bagai ketiak ular 질질 끄는 대화
(LAWAN) lawan bercakap-cakap 대화 상대(방)
(LAWAN) lawan bicara 대화 상대(방)
(LAWAN) lawan kata 대화
(MASUK) masuk mulut 대화에 끼어들다
(RAMAH) ramah lidah 대화를 좋아하는
(RAMAH) ramah mulut 대화를 좋아하는
(RUNDING) merentang runding (대화를) 길게 이어가다
(TEGUR) tegur sapa 대화

대회
(RAPAT) rapat besar 대회

댁
(ALAMAT) d/a ~씨 댁(방)
(ALAMAT) dengan alamat ~씨 댁(방)
댕기머리
(BUNTUT) berbuntut kuda 댕기머리를 하다
(BUNTUT) buntut kuda 댕기머리
더구나
(MANA) mana lagi 더구나
(SAMPAI) sampai-sampai 더구나
더군다나
(SAMPAI) sampai-sampai 더군다나
더듬
RABA 더듬
더듬거리다
(LIDAH) lidah keras 더듬거리는
(LIDAH) lidah patah 더듬거리는
(LOMPAT) lompat gagak (말을) 더듬거리다
(MABUK) mabuk tahi telinga 말을 더듬거리는 (사람)
(PATAH) patah lidah 말을 더듬거리는
더듬기
(RAMAH) ramah tangan 더듬기를 좋아하는
더듬다
(RABA) meraba 더듬다
(RABA) meraba-raba 더듬다
(TETEK) meraba tetek 젖가슴을 더듬다
더듬대다
(RABA) merabai 더듬대다
더듬더듬
(TERBANG) terbang-terbang lalat (책을) 더듬더듬 읽는
더듬이
(LENGAN) lengan peraba 더듬이
더럼
NODA 더럼
더럽다
CARUT 더러운
CEMAR 더러운
HINA 더러운
KOTOR 더러운
(KOTOR) kotor bolor 아주 더러운
(KUCING) kucing dapur 얼굴이 더러운
(KUNYAH) dikunyah anjing 매우 더럽고 낡은
(TANGAN) tangan kotor 더러운 손
더럽히다
(BUANG) membuang baka 가문을 더럽히다
(BUANG) membuang nama 명예를 더럽히다
(NODA) menodai nama 명예를 더럽히다
(NODA) menodai nama 이름을 더럽히다
(RUSAK/ROSAK) merusakkan nama 이름을 더럽히다
더미
SUSUN 더미
더부룩하다
KEMBUNG (배가) 더부룩한
더운밥

(INSANG) asal berinsang ikanlah 찬밥 더운밥 가리지 않는
더위
(PUTRI/PUTERI) putri lilin 더위에 약한 여자
더하다
TAMBAH 더하다
(TOKOK) menokok 더하다
덕인
(GUNA) gunawan 덕인
던지다
BUANG 던지다
(BUANG) membuang dadu 주사위를 던지다
EMPAS/HEMPAS 던지다
(LABUH) melabuhkan pancing 낚시를 던지다
(LEMBING) menohokkan lembing 창을 던지다
LEMPAR 던지다
(LEMPAR) lempar senyuman 미소를 던지다
(LEMPAR) lempar senyuman 추파를 던지다
(LONTAR) melontarkan senyuman 미소를 던지다
덜 익다
MENGKAL 덜 익은
MENTAH 덜 익은
덜어 주다
(LEGA) melegakan dada 근심걱정을 덜어 주다
(LEGA) melegakan hati 근심걱정을 덜어 주다
덤
TOKOK 덤(저울질 할 때 거저로 조금 더 얹어 주는 것)
덤벙거리다
(KURANG) kurang pikir 덤벙거리는
덤불
BELUKAR 덤불
SEMAK 덤불
덤불밭
(SEMAK) semak-semak 덤불밭
덤불숲
(SEMAK) semak belukar 덤불숲
덥다
(LAMPAU) lampau panas 너무 더운
PANAS 더운
(PANAS) panas terik 찌는 듯 더운
덧붙이다
(TAMBAH) menambah kata 말을 덧붙이다
덧없다
(EMBUN) embun di ujung rumput 덧없는
(TANGKAI) tangkai embun 덧없는 것
덧없음
(EDAR) zaman beredar musim berubah 덧없음
덩굴
LATA 덩굴
(LATA) melata (식물의 줄기가) 덩굴지는
(LATA) melata 덩굴로 뻗는
(LATA) tumbuhan melata 덩굴성 식물
덩굴식물
(NONA) nona makan sirih 클레로덴드럼(마편초과의 덩굴식물)

덩어리
BUNGKAL 덩어리
KEPAL 덩어리
KERAT 덩어리
덩이뿌리
UBI 덩이뿌리
덩이줄기
UBI 덩이줄기
덫
JERAT 덫
(KUCING) kucing pekak 쥐덫
(KUCING) kucing tuli 쥐덫
RANJAU 덫
(UMPAN) umpan balik 덫
덮개
(TUDUNG) tudung hidang 음식물 덮개
(TUDUNG) tudung kepala (이슬람 여성들의) 머리 덮개
(TUDUNG) tudung saji 음식물 덮개
TUTUP 덮개
(TUTUP) tutup kepala 투둥(이슬람 여성들의 머리 덮개)
덮는 물건
TUDUNG 덮는 물건
덮다
LIPUT 덮다
덮어두다
(BUNGKUS) membungkus mayat dengan kain kafan 비밀로 덮어두다
덮이다
(SAPUT) disaput awan tipis 옅은 구름에 덮인
(SAPUT) disaput kabut tebal 짙은 안개로 덮인
SIMBUR 덮이다
덮치다
(MALANG) malang timpa-menimpa 엎친 데 덮친 격
TIMPA 덮치다
데면데면
(LIHAT) melihat dengan sebelah mata 데면데면하다
데모
(TUNJUK) tunjuk perasaan 데모
(UNJUK) unjuk perasaan 데모
뎅기열
(DEMAM) demam denggi 뎅기열
뎅기출혈열
(DEMAM) demam denggi berdarah 뎅기출혈열
도
(CACING) cacing naik ke mata 도가 지나친 행동
(NAIK) naik muka 도를 넘는
도검
(SENJATA) senjata tajam 도검 무기
도공
(TUKANG) tukang periuk belanga 도공
도구
ALAT 도구
APARAT 도구
(PARUT) parutan 파룻(야자 열매를 으깨는 도구)

(PARUT) pemarut 파룻(야자 열매를 으깨는 도구)

도깨비

HANTU 도깨비

도끼

(BAJI) baji dahan membelah dahan 믿는 도끼에 발등 찍힌다
BELIUNG (손)도끼
(BELIUNG) mengayun beliung 도끼질하다
(DAHAN) dahan pembaji batang 믿는 도끼에 발등 찍힌다
(GETAH) getah dibawa ke lalang 믿는 도끼에 발등 찍힌다
(IRING) menohok kawan seiring 믿던 도끼에 발등 찍힌다
(KARAM) karam sambal oleh belacan 믿던 도끼에 발등 찍힌다
(LAYAR) layar menimpa tiang 믿는 도끼에 발등 찍힌다
(LUKA) luka di tangan karena pisau, luka di hati karena kata 혀 밑에 도끼 들었다
(MAKAN) makan tuan 제 도끼에 발등 찍히기
(PISAU) pisau bengkok melupakan sarung 믿는 도끼에 발등 찍힌다
(RUSAK/ROSAK) rusak anak oleh menantu 믿는 도끼에 발등 찍힌다
(SENJATA) senjata makan tuan 제 도끼에 제 발등 찍힌다

도도하다

(TEKAN) bertekan pinggang (양손을 허리에 얹고) 도도한 자세를 취하다

도둑

(ANJING) anjing geladak 도둑
BAJUL 도둑
(KEJAR) dikejar bayangan 도둑이 제 발이 저린
(KELAS) kelas teri 좀도둑(의)
(LADA) siapa makan lada ialah berasa pedas 도둑이 제 발 저리다
MALING (밤)도둑
(MALING) kemalingan 도둑을 맞다
(MALING) kemalingan 도둑이 들다
(TAMU) tamu yang tidak diundang 도둑
(TANGKAP) menangkap pencuri 도둑을 잡다
(TIKUS) tikus gudang 도둑

도둑놈

(SI) si pencuri 도둑놈

도둑질

(KAIT) mengait kantung orang 도둑질하다
(MALING) maling curi 도둑질
(TANGKAP) tertangkap tangan 도둑질을 하다가 현장에서 잡히다

도랑

(ALUR) aluran air 도랑
(ANAK) anak air 도랑
BANDAR 도랑
(PAPAN) berlayar sambil memapan 도랑 치고 가재 잡기
(RANJAU) ranjau darat 도랑

도량

(LAPANG) pelapang dada 도량이 넓은 사람
(MURAH) murah tangan 도량이 넓은
(PIKIR/FIKIR) pikiran luas 도량이 넓은

도로

(JALAN) jalan bebas hambatan 유료(고속)도로
(JALAN) jalan tol 유료(고속)도로
(JALAN) jalan tol 유료도로
(JALUR) jalur helm 헬멧착용 의무화 도로

(RENTANG) merentang jalan 도로를 만들다
(SIMPANG) simpang siur (도로가) 복잡하게 얽힌
(SIMPANG) simpang-siur (도로가) 복잡하게 얽힌
도리
(HABIS) kehabisan ikhtiar 어찌할 도리가 없는
(KUTU) sudah mati kutu 어찌할 도리가 없는
(LANGKAH) langkah sumbang 도리에 어긋나는
도막
PUNTUNG 도막
(PUNTUNG) puntung kayu 타다 남은 나무 도막
도망
(AMBIL) mengambil langkah seribu 도망가다
(ANGKAT) angkat kaki 도망하다
(BUANG) buang belakang 도망가다
(BUANG) buang langkah 도망하다
(BUANG) membuang diri 도망하다
(BUKA) buka langkah seribu 도망치다
(CABUT) mencabut lari 도망치다
(KAKI) berkaki seribu 무서워 도망치다
(LANGKAH) melangkah seribu 혼비백산하여 도망치다
(LARI) lari habis 멀리멀리 도망치다
(LARI) lari lintang pukang 허겁지겁 도망치다
(LARI) melarikan diri 도망치다
(LOLOS) meloloskan diri 도망치다
(LULUS) lulus diri 도망치다
(LULUS) meloloskan diri 도망치다
(LULUS) meluluskan diri 도망치다
(PALING) memalingkan muka 도망치다
(TUNGGANG) tunggang langgang 허겁지겁 도망치다
(TUNGGANG) tunggang langgang 허둥지둥 도망치다
도맡다
(TAHAN) tahan banting 힘든 일을 도맡아 하는
도미
(KUNYIT) kunyit-kunyit 도미의 일종
도박
(BURU) berburu babi di tikar 도박하다
(JUDI) judi buntut 불법도박
(TANGAN) tangan naik (도박에서) 운수가 좋은
(TIKAM) menikam dadu 도박하다
도벽
(CEPAT) cepat tangan 도벽이 있는
(PANTAS) pantas tangan 도벽이 있는
(RINGAN) ringan tangan 도벽이 있는
(TABIAT) tabiat suka mencuri 도벽
(TANGAN) tangannya panjang 도벽이 있는
도보
(PUKUL) pukul kaki 도보로 걷다
도산
(GULUNG) gulung tikar 도산하다
(GULUNG) menggulung tikar 도산하다
도살
PUPUH 도살하다
도살장

(RUMAH) rumah memotong 소 도살장
(RUMAH) rumah potong 소 도살장
(RUMAH) rumah sembelih 소 도살장

도서
PUSTAKA 도서

도서관
(PUSTAKA) perpustakaan 도서관
(TAMAN) taman bacaan 도서관
(TAMAN) taman pustaka 도서관

도서대출실
(MEJA) meja pinjam 도서대출실

도서목록
(DAFTAR) daftar pustaka 도서목록

도시
KOTA 도시
(KOTA) kota berlibur 휴양도시
(KOTA) kota madya 지방자치 도시
(KOTA) kota praja 지방자치 도시
(KOTA) kota raya 대도시

도야
(ASAH) mengasah budi 인격을 도야하다

도약
LOMPAT 도약하다

도와주다
(RINGAN) ringan tangan 남을 잘 도와주는
(TANGAN) tangan terbuka 남을 잘 도와주는
(TANGAN) tangannya ringan 남을 잘 도와주는
(ULAS) berulas dan bersambung tangan 도와주다

도용
(JUAL) menjual nama 명의를 도용하다

도움
(BERI) memberi bekas 도움을 주다
(BERI) memberi berkat 도움을 주다
(GATAL) kini gatal besok digaruk 때늦은 도움
(GIGI) gigi tanggal rawan murah 때를 놓친 도움의 손길
(HAMPAR) menghamparkan sayap 도움을 요구하다
(KAPUR) kapur di ujung telunjuk 혈연이나 친척에게 도움을 줄 수 없는
(MAIN) main tempel 세력가에게 도움을 구걸하다
(MINTA) minta tolong 도움을 요청하다
(SAMBUNG) bersambung tangan 도움을 얻다
(SAMBUNG) sambung tangan 도움
(SANGKUT) menyangkutkan paruh 도움을 청하다
(TAMPUNG) menampungkan tangan 남의 도움만을 바라다
(TANGAN) tangan orang 남의 도움
(TEDUH) berteduh di bawah betung 별로 도움이 되지 않는
(TEDUH) hujan tempat beteduh, panas tempat berlindung 변함없이 어려운 사람을 위해 많은 도움을 주는 사람
(TELUK) adat teluk timbunan kapal 힘 있는 곳에 도움을 청하는 사람들이 꼬이게 마련
(TEMPEL) main tempel 세력가에게 도움을 구걸하다
TOLONG 도움
(TURUN) turun tangan (가난한 사람에게) 도움을 주다
(ULAS) berulas tangan dan lidah 물심양면의 도움을 주다

(ULUR/HULUR) mengulurkan tangan 도움의 손길을 뻗치다
도적떼
RAMPOK/ROMPAK 도적떼
도전
CABAR 도전하다
(CABAR) pencabar 도전자
(CABAR) tercabar 도전받다
도정
(SOSOH) menyosoh beras 쌀을 도정하다
도중하차
(PUTUS) putus di tengah jalan 도중하차하다
도착
SAMPAI 도착하다
TIBA 도착하다
(TIBA) tiba di stasiun 터미널에 도착하다
(TIBA) tiba di stesen 터미널에 도착하다
도축
(SEMBELIH) sembelih lembu 소를 도축하다
도축장
(RUMAH) rumah memotong 소 도축장
(RUMAH) rumah potong 소 도축장
(RUMAH) rumah sembelih 소 도축장
도취
(MABUK) mabuk kemenangan 승리에 도취되다
도토리
(MENTIMUN/KETIMUN) mentimun bengkok 개밥의 도토리
(MONYET) kera menjadi monyet 도토리 키 재기
(SAGA) diuji timbang lebih sesaga 도토리 키 재기
독
(CENGKAM) cengkam kera 독 안에 든 쥐 신세
(GENGGAM) genggam kera 독 안에 든 쥐
(KERONCONG) ikan dalam keroncong 독 안에 든 쥐
RACUN 독
독감
(SELESMA/SELESEMA) selesema burung 조류독감
(SELESMA/SELESEMA) selesma burung 조류독감
독단
TUNGGAL 독단의
독대
(RUNDING) berunding empat mata 양자 간 밀실 독대
독려
(GERTAK) menggertak 독려하다
독립
MERDEKA 독립
(MERDEKA) memerdekakan diri 독립하다
독립국
(NEGARA) negara merdeka 독립국
독립기념일
(MERDEKA) hari kemerdekaan 독립기념일
(MERDEKA) hari merdeka 독립기념일
독백
(CAKAP) cakap mulut 독백하다
독버섯

(JAMUR) jamur beracun 독버섯
독서실
(RUANG) ruang baca 독서실
(RUANG) ruangan baca 독서실
독선적
(KERAS) sekeras batu 독선적인
독설
(MULUT) mulut berbisa 독설을 일삼는 사람
(MULUT) mulut bisa 독설을 일삼는 사람
(MULUT) mulut tajam 독설을 일삼는 사람
(TAJAM) tajam lidah 독설을 일삼는
(TAJAM) tajam mulut 독설을 일삼는
독설가
(TAJAM) tajam lidah 독설가의
(TAJAM) tajam mulut 독설가의
독수리
(BURUNG) burung nasar 독수리
독신
BUJANG 독신
독신남
BUJANG 독신남
독신녀
BUJANG 독신녀
독신자
(SARANG) pipit jantan tak bersarang 자유로운 독신자의 삶
독약
RACUN 독약
TUBA 투바에서 추출한 독약
독지네
(LIPAN) lipan bara 독지네
독촉
(BURU) diburu utang 빚 독촉을 받다
(UTANG/HUTANG) utang menarik uang 빚을 독촉해 받아 내다
독촉장
(SURAT) surat paksa 독촉장
돈
(BAWA) membawa halnya 돈 벌러 돌아다니다
(BELANJA) belanja angus 신랑 측이 결혼식 비용으로 신부 측에게 주는 돈
(BELANJA) belanja tetek 장모될 사람에게 주는 돈
(BULAN) bulan naik 돈이 생기는
(BULAN) bulan tua 돈이 떨어진
(BUNGA) membungakan 이자를 붙여 돈을 꾸어주다
(CERMAT) mencermatkan uang 돈을 절약하다
(CETAK) mencetak untung 돈을 벌다
(DAERAH) daerah basah 돈이 생기는 자리
(DAKI) daki dunia 돈
(DALAM) dalam kekeringan 돈이 궁한
(DAPAT) mendapat pisang berkubak 손쉽게 돈을 벌다
(DOMPET) dompetnya kempes 돈이 떨어진
DUIT 돈
EMAS 돈
(GILA) gila kekayaan 돈밖에 모르는

(HABIS) kehabisan minyak 돈이 떨어진
(ISI) isi lemak dapat ke orang, tulang bulu pulang ke kita 재주는 곰이 넘고 돈은 되놈이 번다
(JALAN) menjalankan uang 돈을 굴리다
(JEJAK) menjejak negeri orang (돈 벌러) 해외에 나가다
(KAYA) kaya besar 돈이 아주 많은
(KAYA) kaya raya 돈이 아주 많은
(MABUK) mabuk uang 돈에 눈이 먼
(MAKAN) makan tangan 의외의 가욋돈이 생기다
(MANDI) bermandikan uang 돈이 넘쳐흐르는
(MANDI) mandi uang 돈이 넘쳐흐르는
(MATA) mata duitan 돈에 눈이 먼
(MATA) mata duitan 돈에 환장한
(MATA) mata uang 돈
(MATA) mata wang 돈
(MULUT) mulutnya tertutup uang 돈으로 입이 닫힌
(MURAH) murah rezeki 돈을 잘 버는
(PAPAN) berlayar sambil memapan 마당 쓸고 돈 줍고
(PINJAM) meminjam uang 돈을 꾸다
(PINJAM) meminjam uang 돈을 빌리다
(PINJAM) meminjam wang 돈을 꾸다
(PINJAM) meminjam wang 돈을 빌리다
(PINJAM) meminjamkan uang 돈을 꾸어 주다
(PINJAM) meminjamkan uang 돈을 빌려 주다
(PINJAM) meminjamkan wang 돈을 꾸어 주다
(PINJAM) meminjamkan wang 돈을빌려 주다
(PUKUL) pukul besar 큰돈
(PUKUL) pukul untung 큰돈을 벌다
(PUKUL) pukulan besar 큰돈
(PUNYA) berpunya 돈이 있는
(PUTAR) memutar uang 돈을 굴리다
(PUTAR) memutar wang 돈을 굴리다
REZEKI 돈
(REZEKI) rezeki murah 돈을 잘 버는
(RONGKONG) rongkongan menghadap mudik 돈을 잘 버는 사람
(SAKIT) sakit kantong 돈이 한 푼도 없는
(SAKIT) sakit kantung 돈이 한 푼도 없는
(SALAM) salam tempel 손에 슬쩍 돈을 건네주며 악수하다
(SAMBUNG) sambungan umur 돈
(SAPI) kerbau sakit, sapi beroleh nama 재주는 곰이 넘고 돈은 되놈이 번다
(SAPI) lembu punya susu, sapi dapat nama 재주는 곰이 넘고 돈은 되놈이 번다
(SAYUP) sayup bulan 더 이상 돈이 없는
(SENANG) senang hidup 돈을 잘 버는
(SISA) sisa uang 거스름 돈
(SISA) sisa wang 거스름 돈
(TABUR) menabur uang 돈을 물 쓰듯 하다
(TABUR) menabur wang 돈을 물 쓰듯 하다
(TANGAN) tangan penat memerah, pasu mendapat santannya 재주는 곰이 넘고 돈은 되놈이 번다
(TEBAL) tebal kantong 돈이 많은
(TEBAL) tebal kantung 돈이 많은

(TIMBA) bertimba uang 돈을 물 쓰듯 하다
(TIMBA) bertimba uang 돈을 흥청망청 마음껏 쓰다
(TIMBA) bertimba wang 돈을 물 쓰듯 하다
(TIMBA) bertimba wang 돈을 흥청망청 마음껏 쓰다
UANG/WANG 돈
(UANG/WANG) uang jajan 주전부리를 위한 돈
(UANG/WANG) uang jemputan 사위될 사람에게 주는 돈
(UANG/WANG) uang jujur 처부모 될 사람에게 신랑이 주는 돈
(UNTUNG) untung ada, tuah tiada 돈은 버는데 부자가 되지 못하는
(WAKTU) waktu itu uang 시간은 돈이다
(WAKTU) waktu itu wang 시간은 돈이다

ㄷ

돈놀이꾼
(TALANG) talang uang 돈놀이꾼
(TALANG) talang wang 돈놀이꾼
돈당사양
(DONDANG) berdondang sayang 돈당사양노래를 부르다
돈방석
(MANDI) bermandikan uang 돈방석에 앉은
(MANDI) mandi uang 돈방석에 앉은
(SIRAM) tersiram uang 돈방석에 앉은
(SIRAM) tersiram wang 돈방석에 앉은
돈벌레
(RAJA) raja duit 돈벌레
돈주머니
PUNDI-PUNDI 돈주머니
(PUNDI-PUNDI) pundi-pundi uang 돈주머니
(PUNDI-PUNDI) pundi-pundi wang 돈주머니
돈지갑
(KANTONG/KANTUNG) berkantong tipis 돈지갑이 얇은
(PUNDI-PUNDI) pundi-pundi uang 돈지갑
(PUNDI-PUNDI) pundi-pundi wang 돈지갑
(TEMPAT) tempat uang 돈지갑
(TEMPAT) tempat wang 돈지갑
돋다
(PECAH) pecah daun 새싹이 돋다
돋우다
(BAKAR) membakar hati 화를 돋우다
(MERAH) memerahkan muka 화를 돋우다
(NAIK) menaikkan darah 화를 돋우다
(PANAS) memanaskan hati 화를 돋우다
(PANAS) memanaskan telinga 화를 돋우다
(SELERA) membuka selera 군침을 돋우다
(TEKAK) umpan tekak 입맛을 돋우는 음식
돌
BATU 돌
(BATU) batu air 조약돌
(BATU) batu api 부싯돌
(BATU) batu dapur 재받이 돌
(BATU) batu giling 맷돌
(BATU) batu kali 조약돌
(TARUNG) tertarung pada batu 돌에 치이다
(TELUNJUK) telunjuk merosak mata 믿던 발에 돌 찍힌다
돌개바람

(PUYUH/PUYU) angin puyu 돌개바람
(PUYUH/PUYU) angin puyuh 돌개바람

돌다
EDAR 돌다
(LIDAH) berlidah lembut 혀가 잘 도는
(LIDAH) lidah lembut 혀가 잘 도는
(LUNAK) lunak lidah 혀가 잘 도는
(PINDAH) berpindah-pindah 돌림병이 돌다
PUSAR 돌다
PUSING 빙빙 돌다
(PUSING) berpusing-pusing 빙빙 돌다
PUTAR 빙빙 돌다
(PUTAR) berputar-putar 빙빙 돌다
(PUTAR) putar-putar 빙빙 돌다
(TUKAR) bertukar fikiran 정신이 돌다
(TUKAR) bertukar pikiran 정신이 돌다
(UBAH) berubah akal (정신이) 돌다

돌다리
(LEMAK) lemak manis jangan ditelan, lemak pahit jangan dimuntahkan 돌다리도 두들겨 보고 건너라
(SEDAP) sedap manis jangan ditelan, pahit jangan dimuntahkan 돌다리도 두들기고 건넌다
(SELAMAT) biar lambat asal selamat 돌다리도 두들기고 건넌다

돌려막기
(GALI) gali lubang tutup lubang 빚 돌려막기

돌리다
(ADU) beradu pantat 서로 등을 돌리다
(ALIH) beralih muka 시선을 돌리다
(NAPAS/NAFAS) bernapas dengan lapang 한숨을 돌리다
PALING 돌리다
(PALING) paling arah 방향을 돌리다
(PUTAR) berputar-putar 말을 빙빙 돌리다
(PUTAR) memutar-mutar 말을 빙빙 돌리다
(PUTAR) putar-putar 말을 빙빙 돌리다
SEBAR 돌리다

돌림병
(PINDAH) berpindah-pindah 돌림병이 돌다

돌보다
ACUH 돌보다
(PAGAR) memagar diri 자신을 돌보다
(SEPERTI) seperti hujan jatuh ke pasir 은혜를 모르는 사람을 돌보아 주다
URUS 돌보다

돌소금
(GARAM) garam batu 돌소금

돌아가다
(BALIK) berbalik pulang 돌아가다
(KANDANG) pulang ke kandang 고향으로 돌아가다
KEMBALI 돌아가다
PULANG 돌아가다

돌아가시다
(ADU) mangkat beradu 돌아가시다
(JANJI) janji sampai bilangan genap, janji sampai sukatan penuh 돌아가시다

(JANJI) sudah sampai janjinya 돌아가시다
(KEMBALI) kembali ke rahmatullah 돌아가시다
(LIANG) ke liang kubur 돌아가시다
MANGKAT 돌아가시다
(MANGKAT) mangkat beradu 돌아가시다
(PULANG) pulang ke alam baka 돌아가시다
(PULANG) pulang ke rahmatullah 돌아가시다
(PUTIH) berputih tulang 돌아가시다
(PUTIH) putih tulang 돌아가시다
(PUTUS) putus jiwa 돌아가시다
(PUTUS) putus nafas 돌아가시다
(PUTUS) putus napas 돌아가시다
(PUTUS) putus umur 돌아가시다
(SEMPURNA) sempurna usia 돌아가시다
(TUTUP) tutup riwayat 돌아가시다
(TUTUP) tutup usia 돌아가시다

ㄷ

돌아다니다
(BAWA) membawa halnya 돈 벌러 돌아다니다
EDAR 돌아다니다
(KERAS) keras kaki 여기저기 많이 돌아다닌
(PUSING) berpusing-pusing 여기저기 돌아다니다
(PUTAR) berputar-putar 여기저기 돌아다니다
(PUTAR) putar-putar 여기저기 돌아다니다
SIAR 돌아다니다
(SIAR) bersiar-siar 여러 곳을 돌아다니다

돌아오다
KEMBALI 돌아오다
PULANG 돌아오다
(PULANG) pulang haji 성지순례에서 돌아오다
(SADAR/SEDAR) sadar diri 의식이 돌아오다
(SADAR/SEDAR) sadarkan diri 의식이 돌아오다
(TURUN) turun haji 메카 성지순례에서 돌아오다

돌연사
(AGAN) mati agan 돌연사

돌이키다
(ARANG) patah arang 돌이킬수 없는
(GANTANG) secupak tak jadi segantang 돌이킬 수 없는 일

돌출
ANJUR 돌출하다

돕다
(BERANI) berani hilang tak hilang, berani mati tak mati 진정으로 용기있는 자는 신이 돕는다
(GANDENG) bergandengan tangan 서로 돕다
(IKHTIAR) ikhtiar menjalani, untung menyudahi 하늘은 스스로 돕는 자를 돕는다
(MURAH) bermurah hati 남을 도울 줄 아는
(PELUK) peluk bangkai 남을 돕다가 도리어 궁지에 몰린 사람
(PELUK) terpeluk bangkai 남을 돕다가 도리어 궁지에 몰린 사람
(TELINGA) bertelinga lembut 남을 잘 도와 주는
(TOLONG) tolong-menolong 서로 돕다
(TOPANG) topang-menopang 서로 돕다

돗자리
TIKAR 돗자리

(TIKAR) tikar putih 무늬가 없는 돗자리
동
(FAJAR) fajar kizib 동트기 직전
(FAJAR) fajar menyingsing 동이 트다
(FAJAR) fajar merekah 동이 트다
(MATAHARI/MENTARI) matahari hidup 동이 트다
(MATAHARI/MENTARI) matahari naik 동이 트다
(MATAHARI/MENTARI) matahari terbit 동이 트다
TIMUR 동
동거
(SATU) satu rumah 동거(하다)
동거생활
(KAWIN/KAHWIN) kawin batin 동거생활
동경
(BUJUR) garis bujur timur 동경
동고동락
(BERAT) berat sama dipikul, ringan sama dijinjing 동고동락
(CANGKAT) cangkat sama didaki, lurah sama dituruni 동고동락
(CIAP) seciap bagai ayam, sedencing bagai besi 동고동락
(PAHIT) sepahit semanis 동고동락
(SAMA) sama seperahu 동고동락
동고향
(SAUDARA) saudara sekampung 동고향 출신
동굴
GUA 동굴
(GUA) gua alam 천연동굴
동글납작
(BULAT) bulat pipih 동글납작한
동글동글
(SUBANG) menyubang 동글동글하게 썰다
동급생
(KAWAN) kawan sekelas 동급생
동남동
(TIMUR) timur menenggara 동남동(쪽)
(TIMUR) timur padang 동남동(쪽)
(TIMUR) timur tenggara 동남동(쪽)
동남쪽
TENGGARA 동남쪽(의)
동남풍
(TENGGARA) angin tenggara 동남풍
(TENGGARA) tenggara mandi 세찬 동남풍
동냥
(BAWA) membawa tempurung 동냥하다
동네
DESA 동네
동년배
(KAWAN) kawan sebaya 동년배
동녘
(MATAHARI/MENTARI) matahari hidup 동녘
(MATAHARI/MENTARI) matahari naik 동녘
(MATAHARI/MENTARI) matahari terbit 동녘
TIMUR 동녘
동료

(JAWAT) rakan sejawat 직장 동료
(JAWAT) rekan sejawat 직장 동료
KAWAN 동료
TEMAN 동료
(TEMAN) teman sejawat 직장 동료
(TEMAN) teman sekerja 직장 동료

동리
KAMPUNG 동리

동맥
(BULUH) pembuluh nadi 동맥
(NADI) pembuluh nadi 동맥

동맥경화증
(JANTUNG) pengerasan pembuluh darah nadi 동맥경화증

동맥류
(GONDOK) gondok nadi 동맥류

동문서답
(GATAL) lain gatal lain digaruk 동문서답
(JAUH) jauh panggang dari api 동문서답
(LAIN) lain bengkak, lain bernanah 동문서답
(LAIN) lain biduk, lain digalang 동문서답
(PANGGANG) jauh panggang dari api 동문서답

동물
HEWAN/HAIWAN 동물

동물원
(KEBUN) kebun binatang 동물원
(TAMAN) taman haiwan 동물원

동반
ANTAR/HANTAR 동반하다

동북
(TIMUR) timur laut 동북(쪽)

동사
(KATA) kata kerja 동사

동산
(BARANG) barang bergerak 동산

동상이몽
(HILIR) seorang ke hilir seorang ke mudik 동상이몽

동생
ADIK 동생
(ADIK) adik bungsu 막내 동생
(ADIK) adik sepupu 사촌동생

동서
BIRAS 동서(지간)
(BIRAS) berbiras 동서 관계를 맺다

동시
(KALI) sekali gus 동시에
(KALI) sekali lalu 동시에
(KALI) sekalian 동시에
(KALI) sekaligus 동시에
(KALI) sepintas lalu 동시에

동시에
(SAMA) sama sekali 동시에
(SAMBIL) sambil lalu 동시에
(SAMBIL) sambil-sambil 동시에

동아줄
(GANTUNG) bergantung pada akar lapuk 썩은 동아줄에 매달리기
동안
(TAHUN) setahun jagung 아주 짧은 동안
동여매다
PAUT 동여매다
동요
(SAJAK) sajak kanak-kanak 동요
동의
(ANGGUK) menganggukkan kepala 동의하다
(ASAM) sudah seasam segaram 동의하는
(BULAT) bulat hati 동의하다
(BULAT) bulat kata 동의하다
(PADU) padu hati 동의(하다)
(PADU) padu kata 동의(하다)
(SATU) menyatukan suara 동의하다
(TUJU) bersetuju 동의하다
(TUJU) setuju-setuju saja 그저 동의할 따름이다
동작
GERAK 동작
(GERAK) gerak gerik 동작
동전
(MATA) mata uang 동전
(MATA) mata wang 동전
(PELURU) peluru perak 동전
동정
BELAS 동정
HARU 동정하는
(HARU) mengharukan 동정이 가는
(JATUH) jatuh hati 동정하다
(KASIH) kasih sayang 동정(심)
(RASA) berasa kasihan 동정을 느끼다
(RASA) berasa kasihan 동정하다
(SAYANG) kasih sayang 동정
(TANAM) bertanam kasih 동정하다
(TIMBANG) bertimbang rasa 동정을 보이다
(TIMBANG) bertimbang rasa 동정하다
(TIMBANG) bertimbangan rasa 동정을 보이다
(TIMBANG) bertimbangan rasa 동정하다
(TIMBANG) timbang rasa 동정
동정심
(HATI) berhati batu 동정심이 없는
(LEMAH) lemah hati 동정심이 많은
(LIMPA) berlimpa 동정심이 있는
(LIMPA) tidak berlimpa 동정심이 없는
(RASA) rasa belas kasihan 동정심
(RAWAN) merawankan hati 동정심을 불러일으키다
(RENDAM) rendam tak basah 동정심 없는
(RENDAM) rendam tidak basah 동정심 없는
(SEDIH) menyedihkan hati 동정심을 자아내다
동쪽
(MATAHARI/MENTARI) matahari hidup 동쪽
(MATAHARI/MENTARI) matahari naik 동쪽

(MATAHARI/MENTARI) matahari terbit 동쪽
TIMUR 동쪽
동차성
(SERBA) serba sama 동차성(다항식의 각 항의 차수가 어떤 문자에 대하여 같은 것)
(SERBA) serbasama 동차성(다항식의 각 항의 차수가 어떤 문자에 대하여 같은 것)
동참
(AMBIL) ambil bagian 동참하다
(AMBIL) mengambil bagian 동참하다
IKUT 동참하다
(IKUT) ikut serta 동참하다
TURUT 동참하다
(TURUT) turut campur 동참하다
(TURUT) turut serta 동참하다
동침
(BANTAL) berbantal lengan 동침하다
동티
(KENA) kena hantu 동티가 나서 병이 들다
TULAH 동티
(TULAH) tulah papa 큰 동티(부모님 말씀이나 금기 따위를 어겨 재앙을 받는 일)
동포
(TEMAN) teman setanah air 동포
동해
(ANGIN) angin kepala 동해 북풍
(LAUT) Lautan Timur 동해
돛
LAYAR 돛
(LAYAR) layar apit 쌍돛
(LAYAR) layar bubutan 삼각돛
(LAYAR) layar cucur 삼각돛
(LAYAR) layar segi tiga 삼각돛
돛단배
(PERAHU) perahu layar 돛단배
돼지
BABI 돼지
(BABI) babi bodoh 수염멧돼지
(BABI) babi hutan 멧돼지
(BABI) babi janggut 수염멧돼지
(BABI) babi lu (욕설) 돼지 같은 놈
(KERBAU) kerbau pendek 돼지
(MUTIARA) mutiara terkalung di leher babi 돼지 목에 진주목걸이
(SEPERTI) seperti kera mendapat bunga 돼지 목에 진주목걸이
SUNGU 돼지의 코
돼지털
(BULU) bulu babi 돼지털
되놈
(ISI) isi lemak dapat ke orang, tulang bulu pulang ke kita 재주는 곰이 넘고 돈은 되놈이 번다
(SAPI) kerbau sakit, sapi beroleh nama 재주는 곰이 넘고 돈은 되놈이 번다
(SAPI) lembu punya susu, sapi dapat nama 재주는 곰이 넘고 돈은 되놈이

번다
(TANGAN) tangan penat memerah, pasu mendapat santannya 재주는 곰이 넘고 돈은 되놈이 번다
되다
JADI 되다
(MASUK) masuk Jawa 무슬림이 되다
(MASUK) masuk Jawi 무슬림이 되다
(MASUK) masuk Serani 기독교인이 되다
(PEGANG) memegang batang 운전사가 되다
(PEGANG) pegang kemudi 우두머리가 되다
(PUTUS) putus akad (조약이) 무효가 되다
(TANGGUH) ditangguhkan 미루게 되다
되도록
(MINTA) minta-minta 되도록
되돌아오다
SURUT 되돌아오다
되묻다
(TANYA) bertanya-tanya 자꾸 되묻다
되찾다
(BALIK) balik sadar 의식을 되찾다
(SADAR/SEDAR) balik sadar 의식을 되찾다
(SEJUK) sejuk hati (마음의) 냉정을 되찾은
(TEBUS) menebus 명예를 되찾다
(TEBUS) menebusi 명예를 되찾다
되풀이
ULANG 되풀이
된다
(HANTU) terpeluk ke bangkai 쥐구멍이 소구멍 된다
될 수 있는 한
(DAPAT) sedapat mungkin 될 수 있는 한
두개골
(BATU) batu kepala 두개골
(TEMPURUNG) tempurung kepala 두개골
(TEMPURUNG) tempurung otak 두개골
두근거리다
(DARAH) darah menampi 두근거리다
(HATI) hatinya berdetak 가슴이 두근거리다
(SIRAP) menyirap darah (놀라서) 가슴이 두근거리다
두꺼비
(KATAK) katak puru 두꺼비
KODOK 두꺼비
두껍다
(KULIT) kulit badak 낯짝이 두꺼운
(KULIT) tebal kulit muka 낯짝이 두꺼운
TEBAL 두꺼운
두뇌
BENAK 두뇌
OTAK 두뇌
두다
(MAIN) main gajah-gajahan 장기를 두다
두더지
(TIKUS) tikus tanah 두더지
두둑하다

(KANTONG/KANTUNG) berkantong tebal 돈지갑이 두둑한
(TEBAL) tebal kantong 주머니가 두둑한
(TEBAL) tebal kantung 주머니가 두둑한

두드리다
DABIK 두드리다
TITIK (쇠를) 두드리다

두들기다
(SEDAP) sedap manis jangan ditelan, pahit jangan dimuntahkan 돌다리도 두들기고 건넌다
(SELAMAT) biar lambat asal selamat 돌다리도 두들기고 건넌다

ㄷ

두레박
TIMBA 두레박

두려움
(RASA) berasa takut 두려움을 느끼다
(TAKUT) rasa takut 두려움

두려워하다
(ELANG) seperti elang menyongsong angin 적을 두려워하지 않는

두렵다
(KECUT) kecut hati 두려운
(KELUAR) keluar keringat dingin 두려운
(KUNCUP) menguncup hatinya 두려운
(SANGKAK) menyangkak bulu 몸서리치게 (두려운)
TAKUT 두려운
(TEGAK) tegak bulu kuduk 두려운
(TEGAK) tegak bulu roma 두려운

두루마리
GULUNG 두루마리

두루뭉술
ALANG 두루뭉술한

두루뭉술하다
(TENGAH) menengah tulang punggung 두루뭉술한

두르다
(SIMPAI) simpai kepala 머리띠(를 두르다)

두리번거리다
(CANGAK) tercangak-cangak 두리번거리다
(JUAL) menjual mata 두리번거리다
(LEPAS) lepas mata 두리번거리다
(LEPAS) melepaskan mata 두리번거리다
(LIAR) liar mata 두리번거리는
(PALING) berpaling muka 두리번거리다

두리안
(RUNTUH) musim durian meruntuh 두리안 열매가 익어 땅에 떨어지는 계절

두말하다
(CABANG) bercabang lidah 한 입으로 두말하는
(MAIN) main angin 한 입가지고 두말하는

두 번째
(NOMOR/NOMBOR) nomor dua 두 번째(의)

두 시간
(WAKTU) dalam waktu dua jam 두 시간 내에
(WAKTU) dalam waktu dua jam 두 시간 안에

두 집 살림
(GAJAH) gajah seekor gembala dua 두 집 살림하는 여자

두텁다
TEBAL 두터운
(TEBAL) tebal iman 믿음이 두터운
(TEGUH) teguh iman 믿음이 두터운
두통
(GERING) gering hulu 두통
(KEPALA) sakit kepala 두통
(PUSING) pusing kepala 두통
(RINGAN) ringan kepala 두통이 말끔히 가신
(SAMPU) sampu pening 두통
둑
EMPANG 둑
TAMBAK 둑
둔
(RENTANG) merentang nyawa 임종을 눈앞에 둔
둔덕
(POLISI/POLIS) polisi tidur (차량들이 속도를 줄이도록 길에 설치한) 둔덕
둔하다
BENAK 둔한
KAKU 둔한
(KEPALA) berat kepala 머리가 둔한
(KEPALA) kepala berat 머리가 둔한
(LEMAH) lemah otak 둔한
LEMBEK 둔한
(LEMBEK) lembek otak 머리가 둔한
(MACAM) macam kerbau 둔한
MALAS 둔한
(TELINGA) telinga tebal (감각이) 둔한
둘
DUA 둘 (하나에 1을 더한 수)
둘도 없는
(TIADA) tiada duanya 둘도 없는
둘레
LILIT 둘레
LINGKAR 둘레
SUSUR 둘레
TEPI 둘레
둥근
BUNTAK 둥근
둥근톱
(GERGAJI) gergaji bundar 둥근톱
둥글다
BULAT 둥근
BUNTAR 둥근
둥우리
SANGKAK 둥우리
(SANGKAK) sangkak ayam 닭이 알을 품고 있는 둥우리
SARANG 둥우리
뒤
BALIK 뒤
BELAKANG 뒤
(OLEH) beroleh lumpur di tempat kering 뒤로 넘어져도 코가 깨지는

격

뒤끝
(PAHIT) pahit meninggal 뒤끝이 좋지 않은 사람

뒤덮이다
(LUMPUR) berlumpur sampai kepalanya 온통 죄로 뒤덮인

뒤돌아 보다
(HADAP) menghadap surut 뒤돌아 보다

뒤떨어지다
(MAKAN) dimakan zaman 시대에 뒤떨어진
(PUTUS) putus sekolah 뒤떨어지다
(TINGGAL) ketinggalan zaman 시대에 뒤떨어지다

ㄷ

뒤뚱
(LARI) lari anak 뒤뚱거리며 달리다

뒤뚱거리다
(ITIK) itik pulang petang 뒤뚱거리는

뒤섞다
(CAMPUR) mencampuradukkan 뒤섞다
(CAMPUR) mencampurbaurkan 뒤섞다
KOCOK (카드를) 뒤섞다

뒤섞이다
(CAMPUR) campur aduk 뒤섞인
(CAMPUR) campur baur 뒤섞인
(CAMPUR) campur gaul 뒤섞인

뒤숭숭하다
(RISAU) risau hati 뒤숭숭한

뒤안길
(LIPAT) lipatan sejarah 역사의 뒤안길

뒤엉키다
KUSUT 뒤엉킨

뒤주
(LENGKIANG/RENGKIANG) lengkiang padi 나락뒤주
(PETI) peti besar 뒤주
RENGKIANG 뒤주
(RENGKIANG) rengkiang padi 나락뒤주
(TUPAI) tupai tanah belang pendek 나무 뒤주

뒤죽박죽
(LINGKAR) lingkaran setan 뒤죽박죽(의)
(MANDI) mandi dalam cupak 뒤죽박죽(의 상황)
(TUNGGANG) tunggang langgang 뒤죽박죽인

뒤집다
PALING 뒤집다
TUNGGANG 뒤집다

뒤집히다
(MABUK) mabuk darah 출혈을 본 뒤 눈이 뒤집히다
(MATA) mata gelap 눈이 뒤집힌
(MATA) matanya hijau (욕심 때문에) 눈이 뒤집힌

뒤집힘
(BALIK) balik bokong 뒤집힘

뒤쪽
BELAKANG 뒤쪽

뒤처지다
(TINGGAL) ketinggalan zaman 시대에 뒤처지다

뒤축

HAK 뒤축
뒤틀리다
ERENG 뒤틀린
뒤편
(TABIR) di sebalik tabir 장막의 뒤편에
뒷간
(BELAKANG) ke belakang 뒷간에 가다
뒷거래
(MASUK) masuk pintu belakang 뒷(문)거래를 하다
뒷걸음
(BUANG) buang langkah 뒷걸음치다
뒷구멍
(BAKAR) bakar tidak berbau 뒷구멍으로 호박씨 까기
(KAIN) kain dalam lipatan 뒷구멍으로 호박씨 까는 여자
(LALU) melalui pintu belakang 뒷구멍으로
(LEMPAR) lempar batu sembunyi tangan 뒷구멍으로 호박씨 깐다
(LEWAT) lewat pintu belakang 뒷구멍으로 처리하다
(SAKIT) sakit kepala panjang rambut 뒷구멍으로 호박씨 까는
뒷돈
(MASUK) masuk pintu belakang 뒷돈(을 받다)
뒷무릎
(LEKUK) lekuk lutut 뒷무릎
(LUTUT) lekuk lutut 뒷무릎
(LUTUT) lutut lekuk 뒷무릎
뒷문
(PINTU) pintu belakang 뒷문
(PINTU) pintu maling 뒷문
뒷일
(URUS) urusan belakang 뒷일
뒷주머니
(KANTONG/KANTUNG) kantong belakang 뒷주머니
드높다
(SAPU) sapu awan 드높은
드라이클리닝
(BENSIN/BENZIN) bensin cuci 드라이클리닝용 벤진
드러나다
(ANGIN) terangin ke luar 세상에 드러난
(TELAH) telah berbau bagai embacang 청천백일에 낱낱이 드러나다
(TIADA) tiada busuk yang tiada bau 나쁜 짓은 반드시 드러난다
드러내다
(BELANG) menunjukkan belangnya 정체를 드러내다
(KOYAK) mengoyak baju di dada 자신의 치부를 스스로 드러내다
(KUKU) memperlihatkan kuku 본색을 드러내다
(LIHAT) memperlihatkan bulu 마각을 드러내다
(LIHAT) memperlihatkan bulu 정체를 드러내다
SINGKAP 드러내다
(TUNJUK) menunjukkan belangnya 정체를 드러내다
(TUNJUK) menunjukkan bulu 진면목을 드러내다
드리우다
(LABUH) melabuhkan pancing 낚시를 드리우다
드물다
JARANG 드문
(JARANG) jarang-jarang 매우 드문

(MAHAL) mahal dibeli sukar dicari 아주 드문 (일)
(MAHAL) mahal tak dapat dibeli 아주 드문 (일)
(MAHAL) murah tak dapat diminta 아주 드문 (일)
(SUSAH) susah cari 드문

드십시오
(SELAMAT) selamat makan 맛있게 드십시오

득
(SAMA) air sama air 친족들의 분쟁에 끼어들면 득보다 실이 크게 마련
(SAMA) sampah ke tepi juga 친족들의 분쟁에 끼어들면 득보다 실이 크게 마련
(TIDAK) tidak ada gunanya 득이 될 것이 없다

득실
(LABA) laba rugi 득실

득표
(MENANG) memenangi suara 득표하다
(SUARA) mendapat suara 득표하다

든든하다
(SABUT) sabut tebal, tempurung pun menjadi kebal 친구가 많을수록 더욱 든든하다

듣다
(BERI) memberi telinga 듣다
DENGAR 듣다
(JATUH) busuk berbau, jatuh berdebuk 낮말은 새가 듣고 밤말은 쥐가 듣는다
(KOPI) dapat kopi pahit 꾸지람을 듣다
(KUPING) berkuping tebal 남의 말을 듣지 않는
(LANTAI) lantai dan dinding bertelinga belaka 낮말은 새가 듣고 밤말은 쥐가 듣는다
(PEKAK) pekak labang 작은 소리를 듣지 못하는
(PEKAK) pekak-pekak badak 못 들은 척 하는 (사람)
(PEKAK) pekak-pekak bahasa 작은 소리를 듣지 못하는
(SALAH) salah dengar 잘못 듣다
(SEDAP) sedap bunyi 듣기 좋은
(SUARA) mendengar suara burung 새소리를 듣다
(TURUT) turut kata (남의) 말을 듣다

들
PADANG 들

들개
(ANJING) anjing geladak 들개
(GELADAK) anjing geladak 들개
(KAMPUNG) anjing kampung 들개

들다
LENA (깊이) 든
(LEWAT) lewat umur 나이가 든
(MAKAN) makan masa 시간이 들다
(MAKAN) makan tempo 시간이 들다
(MAKAN) makan waktu 시간이 들다
(MALING) kemalingan 도둑이 들다
(MASUK) masuk sarang labah-labah 함정에 들다
(MELEK) belum melek 아직 정신이 들지 않은
(NAIK) naik mempelai 신혼방에 들다
(SADAR/SEDAR) sadar diri 정신이 들다
(SADAR/SEDAR) sadarkan diri 정신이 들다

(SALAH) salah jalan 길을 잘못 들다
(SISIR) kesisiran 가시가 들다
(TARUH) taruh mata 마음에 쏙 들다
(TINGGAL) tinggal nadi 중환에 들은
(WASWAS) merasa waswas 의심이 들다

들락날락
(LALU) lalu lalang 들락날락
(LALU) lalu landang 들락날락

들락날락하다
(KURANG) kurang beres 정신이 들락날락하는
(KURANG) kurang ingatan 정신이 들락날락하는
(KURANG) kurang pikiran 정신이 들락날락하는
(SADAR/SEDAR) sadar tak sadar 의식이 들락날락하는 가운데

들러리
(AYU) pagar ayu (신랑, 신부의) 들러리
(PAGAR) pagar ayu (신랑 신부의) 들러리

들르다
(RINGAN) ringan kaki 자주 들르는

들리다
(DENGAR) dengar-dengaran (무슨 소리가) 들리는 것 같은
(HILANG) hilang kedengaran 어렴풋이 들리다
(MASUK) kemasukan setan 귀신에 들리다
(MASUK) kemasukan setan 신이 들리다
(NYARING) nyaring kedengaran 또랑또랑하게 들리는
(TABUH) terdengar tabuh 큰북 소리가 들리다

들릴락 말락
(HILANG) hilang-hilang timbul 들릴락 말락 하다

들소
BANTING 들소
(BANTING) tanduk banteng 들소의 뿔
(BANTING) tanduk banting 들소의 뿔
(LEMBU) lembu hutan 들소

들어가다
LUBUK 움푹 들어간 곳
(TUKIL) masuk ke dalam tukil 대나무통 안으로 들어가다

들어서다
(BANGUN) berbangun liar 무허가 건물이 들어서다
(SESAT) sesat kaki 길을 잘못 들어서다
(SESAT) sesat lalu 길을 잘못 들어서다

들어오다
(LEKAT) lekat benar 머릿속에 쏙쏙 들어오는
(MASUK) masuk diam-diam 몰래 들어오다
(MASUK) masuk diam-diam 불법으로 들어오다

들어오다(가다)
MASUK 들어오다(가다)

들어차다
(PENUH) penuh sudah bagai menggantung 꽉 들어찬

들여놓다
(SESAT) sesat langkah 나쁜 일에 발을 들여놓다
(TEMU) bertemu bahu 발 들여놓을 데가 없는

들이다
(GUNDIK) bergundik 첩을 들이다
(MERAH) merah kuku 손톱에 붉은 물을 들이다

들이쉬다
(NAPAS/NAFAS) menarik napas 숨을 들이쉬다
들이키다
MINUM 들이키다
들짐승
(JALANG) binatang jalang 들짐승
들추어내다
(GALI) menggali-gali perkara lama 옛일을 들추어내다
듬성
JARANG 듬성한
ㄷ
듬성듬성
(JARANG) jarang-jarang 듬성듬성한
(JARANG) rambut yang jarang 듬성듬성한 모발
듭시다
(CEMAR) bercemar duli 듭시다
(CEMAR) mencemarkan kaki 듭시다
등
(ADU) beradu pantat 서로 등을 돌리다
BELAKANG 등
(BUNGKUK/BONGKOK) bungkuk udang 등이 꾸부정한
LAMPU 등
(LAMPU) lampu duduk 책상 등
PUNGGUNG 등
ROTAN 등(나무)
(SABUT) bongkok sabut 늙어서 등이 굽은
등갑가시거북
(KURA-KURA) kura-kura duri 등갑가시거북
등골
(DEBAR) berdebar-debar hati 등골이 오싹해 지는
등교
(MASUK) masuk sekolah 등교하다
등급
KADAR 등급
KELAS 등급
PANGKAT 등급
TANGGA 등급
(TANGGA) tangga gaji 급여의 등급
등기우편
(SURAT) surat tercatat 등기우편
(SURAT) surat terdaftar 등기우편
등나무
(RAGA) buah raga 등나무로 엮어 만든 공
(SIMPAI) simpai rotan 등나무 줄기로 만든 끈
(TIKAR) tikar rotan 등나무로 만든 자리
등대
(LAMPU) lampu laut 등대
(MENARA) menara api 등대
(MENARA) menara suar 등대
(MERCU) mercu api 등대
(MERCU) mercu suar 등대
등록금
(UANG/WANG) uang kuliah 대학 등록금
등불

LAMPU 등불
PELITA 등불
등뼈
(PUNGGUNG) tulang punggung 등뼈
(TULANG) tulang punggung 등뼈
디디다
INJAK 디디다
디저트
(BASUH) pembasuh mulut 디저트
(BERSIH) membersihkan mulut 디저트를 먹다
(BERSIH) mencuci mulut 디저트를 먹다
(CUCI) cuci mulut 디저트를 먹다
(CUCI) pencuci mulut 디저트
(KUNCI) pengunci hidangan 디저트
따끈따끈하다
(SUAM) suam-suam kuku 따끈따끈한 (물)
따끈하다
HANGAT 따끈한
SUAM 따끈한
따끔따끔
(KAIL) kail-kail 목구멍이 따끔따끔한
따내다
(MENANG) memenangi suara 표를 따내다
따님
PUTRI/PUTERI 따님
따다
KAIT 따다
PUNGUT 따다
(SUNTING) menyunting 장식용으로 꽃을 따다
따돌림
(PUTUS) putus sekolah 따돌림을 당하다
(TAMU) tamu di negeri sendiri 따돌림
따라가다
(SISIR) menyisir sungai 강변을 따라가다
TURUT 따라가다
따라다니다
(GENDANG) bagaimana bunyi gendang, begitulah tarinya 따라다니다
따르다
(AMBIL) mengambil ibarat 본을 따르다
IKUT 따르다
(IKUT) ikut angin 대중의 뜻에 따르다
IRING 따르다
(MASUK) masuk Melayu 말레이 전통 관습을 따르다
(MELAYU) masuk Melayu 말레이 전통 관습을 따르다
(TANGAN) tangan dingin 행운이 따르는
(TANGAN) tangan panas 운이 안 따르는
(TANGAN) tangan sejuk 운이 따르는
(TERIMA) terima nasib 하늘의 뜻에 따르다
TUANG 따르다
따분하다
(SEPERTI) seperti sayur tidak berbumbu 따분한
따옴표
(TANDA) tanda petik 따옴표

따지다
(AMBIL) mengambil panjang 시비곡절을 따지다
(PILIH) pilih bulu 가문을 따지는
TANYA 따지다
딱따구리
(BURUNG) burung pelatuk 딱따구리
딴
LAIN 딴
딸
(SULUNG) anak perempuan sulung 맏딸
(TUNGGAL) anak perempuan tunggal 외동딸
딸기종
PURU 딸기종(딸기 모양의 부스럼이 나는 전염병)
땀
(HILIR) berhiliran keringat 땀을 줄줄 흘리다
(KELUAR) keluar keringat dingin 식은땀이 나는
KERINGAT 땀
(KERINGAT) keringat dingin 식은 땀
(KERINGAT) mandi keringat 땀 흘리다
(PECAH) pecah keringat 땀이 솟다
PELUH 땀
(PELUH) peluh dingin 식은땀
(SENI) peluh seni 마른땀
(SENI) peluh seni 식은땀
땀띠
(BIANG) biang keringat 땀띠
(KERINGAT) biang keringat 땀띠
땅
(BIDUK) berbiduk ke hilir 땅 짚고 헤엄치기
BUMI 땅
(BUMI) bumi hangus 초토화된 (땅)
(BUMI) mengebumikan 땅에 묻다
(COCOK) bercocok tanah 땅을 일구다
DARAT 땅
(KERING) kering kelontang (땅이) 메마른
(KERING) kering kerontang (땅이) 메마른
(MILIK) pemilik tanah 땅 주인
(PADU) berpadu padat (땅이) 단단한
(PADU) padu padat (땅이) 단단한
(SEPERTI) seperti langit dengan bumi 하늘과 땅 차이
TANAH 땅
(TANAH) tanah haram 불법으로 점유된 땅
(TANAH) tanah kilat 불법으로 점유된 땅
(TANAH) tanah kosong 빈 땅
(TANAH) tanah kuburan yang merah 매장을 위해 새로 파낸 땅
(TANAH) tanah kurus 그다지 비옥하지 않은 땅
(TANAH) tanah milik 소유주가 있는 땅
(TANAH) tanah tinggal 빈 땅
(TUAH) bumi bertuah 축복의 땅
(TUAN) tanah bertuan 주인이 있는 땅
(TUAN) tuan tanah 땅 주인
(ULAR) ular telan babi, cacing yang bengkak perutnya 사촌이 땅을 사면 배가 아프다

땅강아지
(ANJING) anjing tanah 땅강아지
땅거미
(MATAHARI/MENTARI) matahari jatuh 땅거미가 지다
(MATAHARI/MENTARI) matahari mati 땅거미가 지다
(PADAM) padam matahari 땅거미
(RABUN) buta ayam 땅거미
(RABUN) rabun ayam 땅거미
(RABUN) rabun senja 땅거미
(REBUT) berebut senja 땅거미가 지다
(SAMAR) samar muka 땅거미
(SAMAR) samar-samar daun 땅거미
SENJA 땅거미
(SENJA) senja buta 땅거미가 져서 어둑어둑한 시간(저녁 8시 경)
(SENJA) senja raya 땅거미가 져서 어둑어둑한 시간(저녁 8시 경)
땅광
(KOLONG) kolong rumah 땅광
땅딸막하다
GONDOK 땅딸막한
땅켜
(LAPIS) lapis bumi 땅켜
(LAPIS) lapisan bumi 땅켜
땅콩
KACANG 땅콩
때
(AMBANG) di ambang pintu ~할 때가 다 된
(BENAM) matahari terbenam 해가 저무는 (때)
DAKI 때
KETIKA 때
(LENGSER) matahari lengser 해가 기우는 (때)
(LENGSER) matahari lengser 해가 저무는 (때)
MASA 때
(MASA) masa itu 그 때
(MATAHARI/MENTARI) matahari condong ke barat 해가 저무는 때
(MATAHARI/MENTARI) matahari gelincir 해가 뉘엿뉘엿 떨어지는 때 (오후 5시 경)
(MATAHARI/MENTARI) matahari lengser 해가 뉘엿뉘엿 떨어지는 때 (오후 5시 경)
(MATAHARI/MENTARI) matahari miring 해가 뉘엿뉘엿 떨어지는 때 (오후 5시 경)
(MATAHARI/MENTARI) matahari sepenggalah tingginya 해가 장대 높이 만큼 뜬 때 (아침 7시에서 8시 경)
(MATAHARI/MENTARI) matahari tegak 해가 하늘 한 가운데 떠 있는 때 (낮 12시 경)
(MATAHARI/MENTARI) matahari tengah turun 해가 기울기 시작하는 때 (오후 3시 경)
(MATAHARI/MENTARI) matahari terpacak 해가 하늘 한 가운데 떠 있는 때 (낮 12시 경)
(MATAHARI/MENTARI) matahari terpijak 해가 하늘 한 가운데 떠 있는 때 (낮 12시 경)
(MATAHARI/MENTARI) matahari turun 해가 떨어지는 때 (저녁)
(PANTANG) pantang mati sebelum ajal 죽음도 때가 있다
(SALAH) salah musim 때가 아니다

(SALAH) salah musim 때를 잘못 맞추다
(SALAH) salah waktu 때가 안 맞는
(SALAH) salah waktu 알맞은 때가 아닌
(SAMPAI) sampai ke liang kubur 죽을 때까지
(SAMPAI) sampai ke lubang kubur 죽을 때까지
(SAMPAI) sampai putih tulang 한 목숨 다 할 때까지
(SORE) pada sore harinya 저녁때
(SUBUH) subuh gajah (무슬림들의) 새벽 기도 시간이 조금 지난 때
TAHI 때
(TAHI) tahi lalat (옷에 묻은) 때
(TAHI) tahi telinga 귓구멍 속에 낀 때
(TENGAH) tengah hari bolong 한낮(낮 열두 시를 전후한 때)
(TETES/TITIS) tetes darah penghabisan 죽을 때까지
WAKTU 때

때리기
(ENTENG) enteng tangan 때리기를 좋아하는
(NAIK) naik tangan 때리기를 좋아하는 사람

때리다
BANTING 힘껏 때리다
(BERI) memberi kepalan 때리다
(BERI) memberi pelajaran 사랑의 매를 때리다
EMPAS/HEMPAS 때리다
(GATAL) gatal tangan 때리기 좋아하는
(GATAL) gatal-gatal tangan 때리기 좋아하는
(KASAR) kasar tangan 남을 때리기 좋아하는
(KESAN) kesan pukulan 때린 자국
(LEKAT) melekatkan tangan 주먹으로 때리다
(LETAK) letak tangan 때리다
PUKUL 때리다
PUPUH 때리다
SAKAL 때리다
(TAMPAR) menampar geram 사랑의 매를 때리다
(TANGAN) tangan-tangankan 때리다
(TANGAN) tangannya enteng 걸핏하면 남을 때리는
TOKOK 때리다

때림
TAMPAR (손으로) 때림

때문
KARENA/KERANA 때문
(KARENA/KERANA) karena itu 그 때문에
OLEH 때문에
(OLEH) oleh itu 그 때문에
(OLEH) oleh sebab itu 그 때문에
(OLEH) oleh sebab itu 그 이유 때문에
SEBAB 때문
(SEBAB) oleh sebab 때문에
(SEBAB) sebab apa 무엇 때문에

때우다
(SEKANG) menyekang perut 끼니를 때우다

땔감나무
(KAYU) kayu api 땔감나무
(KAYU) kayu bakar 땔감나무

땡땡이치다

(TUANG) tuang kelas 수업을 땡땡이치다
떠나가다
LARAT 떠나가다
떠나다
(ANGKAT) berangkat ke negeri cacing 세상을 떠나다
(BAWA) membawa diri 떠나다
(BAWA) membawa untung 직업을 구하러 떠나다
(BAWA) membawa untung 출세를 위해 떠나다
(CAMPAK) campak batu 영원히 떠나다
(ORAK) mengorak sila 떠나다
(ORAK) orak sila 떠나다
(PUTUS) putus rasa 마음이 떠나다
(SUDAH) sudah panjang langkahnya 이미 세상을 떠나다
(TINGGAL) meninggal dunia 세상을 떠나다
떠내려가다
HANYUT 떠내려가다
떠다니다
LAMPUNG 떠다니다
떠돌다
(BAWA) membawa nasib 일자리를 찾아 객지로 떠돌다
(JEJAK) menjejak negeri orang 해외 곳곳을 떠돌다
(LARAT) larat ke negeri orang 해외에서 떠돌다
(LAUT) melaut mendarat 정처 없이 떠돌다
LAYANG 떠돌다
(RENANG) merenangi laut lepas 목적도 없이 해외로 떠도는
(TERBANG) terbang-terbang hinggap 이리저리 떠도는 (사람)
떠돌아다니다
HANYUT 떠돌아다니다
(KUBU) berkubukan betis 떠돌아다니는
떠돌이
(HANTU) hantu yang tidak berjinjang 떠돌이
(KOTA) berkotakan betis 떠돌이의
(UKUR) tukang ukur jalan 떠돌이 생활을 하는 사람
떠들썩하다
(CINA) seperti cina karam 떠들썩한
떠받들다
(JUNJUNG) menjunjung tinggi 떠받들다
(SANJUNG) menyanjung tinggi 떠받들다
떠보다
(JOLOK) menjolok hati 떠보다
(TIMBANG) timbang-menimbang (상대방의) 마음을 떠보다
떠오르다
(KILAS) terkilas dalam hati 생각이 떠오르다
(KILAT) terkilat dalam hati 순식간에 떠오르다
(LINTAS) terlintas di kepala 머리에 떠오르다
TERBIT 떠오르다
떡
(GULA) gula dalam mulut 누워서 떡먹기
(MUDAH) semudah bersiul 누워서 떡 먹기
(SENANG) senang macam kacang 누워서 떡 먹기
(SORAK) dulu sorak-sorai kemudian tohok 떡 줄 사람은 꿈도 안 꾸는데 김칫국부터 마신다
떡잎

(ASAL) usul menunjukkan asal 될성부른 나무는 떡잎부터 알아본다
(BENIH) benih yang baik tidak memilih tanah 될성부른 나무는 떡잎부터 알아본다
(DAUN) daun mengekalkan pohonnya 될성부른 나무는 떡잎부터 알아본다

떨다
(AMBIL) ambil muka 아첨을 떨다
(BESAR) besar cakap 허풍 잘 떠는
GETAR 떨다
(KERINGAT) keringat dingin (무서워서) 벌벌 떠는
(MINYAK) berminyak air 아양을 잘 떠는
(RINGAN) memperingan diri 지나치게 겸손을 떨다
(TINGKAH) banyak tingkah 별의별 수선을 다 떨다
(TINGKAH) bertingkah 수선을 떨다

떨리다
(GALAH) bagai galah di tengah arus 매우 떨리는
(PATAH) patah lagu 목소리가 떨리는

떨어지다
GUGUR 떨어지다
(GUGUR) berguguran 우수수 떨어지다
JATUH 떨어지다
LARAS 떨어지는
LURUH 떨어지다
(LURUH) berluruhan 여기저기 우수수 떨어지다
(MATA) mata kotak 시력이 매우 떨어진
(MATAHARI/MENTARI) matahari turun 명성이 떨어지는
(PANGGIL) panggil tak dengar 아주 멀리 떨어진
PISAH 떨어지다
RONTOK 떨어지다
(SELERA) seleranya patah 식욕이 떨어지다
(TELAH) telah menjadi air 밑천이 떨어진
(TETES/TITIS) bertetesan (눈물이) 방울방울 떨어지다
(TUPAI) sepandai-pandai tupai melompat, sekali akan gawal juga 원숭이도 나무에서 떨어진다
(TUPAI) sepandai-pandai tupai meloncat, sekali terjatuh juga 원숭이도 나무에서 떨어진다
TURUN 떨어지다
(TURUN) turun harga 가격이 떨어지다
(TURUN) turun harga 지위가 떨어지다

떼강도
RAMPOK/ROMPAK 떼강도

떼다
(JAUH) menjauhkan tangan 손을 떼다
(LEKAT) lekat mata 눈을 떼지 못하는
(LEPAS) berlepas tangan 손을 떼다
(LEPAS) lepas tangan 손을 떼다

떼어 놓다
LERAI 떼어 놓은

또랑또랑
(MERSIK) suara mersik 또랑또랑한 (목)소리
NYARING 또랑또랑한
(NYARING) nyaring kedengaran 또랑또랑하게 들리는

또래
(KAWAN) kawan sebaya 또래

ㄷ

똑같다
(RAGAM) seragam 똑같은
(SAMA) sama muka 똑같다
(SAMA) sama rata 똑같은
똑똑 두드리기
KETUK 똑똑 두드리기(소리)
똑똑하다
(KEPALA) berkepala ringan 똑똑한
(LANJUT) lanjut akal 똑똑한
(MASAK) masak akal 똑똑한
(OTAK) otak cair 똑똑한
(OTAK) otak minyak 똑똑한
PANDAI 똑똑한
(SEMPURNA) sempurna akal 똑똑한
똑바로
(TEGAK) tegak lurus (동물의 귀가) 똑바로 선
똑바로 서다
TEGAK 똑바로 선
똑바르다
(SAMA) sama tengah 똑바른
똘마니
(TALI) tali barut 똘마니
똥
(AIR) air besar 대변 (똥)
BERAK 똥
(BESAR) buang air besar 똥을 누다
CIRIT 똥
(KATA) belanga hitam 똥 묻은 개가 겨 묻은 개 나무란다
(KATA) kata periuk 똥 묻은 개가 겨 묻은 개 나무란다
(KEPITING) kepiting menyuruh anaknya berjalan betul 똥 묻은 개가 겨 묻은 개 나무란다
(KETAM) ketam menyuruh anaknya berjalan betul 똥 묻은 개가 겨 묻은 개 나무란다
(LADING) lading tak tahu akan majalnya 제 똥 구린 줄 모른다
(NAJIS) najis besar 똥
(PECAH) pecah menanti belah 방귀가 잦으면 똥 나온다
(PERIUK) periuk mengumpat belanga 똥 묻은 개가 겨 묻은 개 나무란다
TAHI 똥
(TELUNJUK) telunjuk lurus, kelengking berkait 점잖은 개가 똥을 먹는다
(UDANG) udang tak tahu dibongkoknya 제 똥 구린 줄 모른다
(UDANG) udang tidak tahu dibungkuknya 제 똥 구린 줄 모른다
똥개
(ANJING) anjing kampung 똥개
똥배
(PERUT) perut besar 똥배가 나온
똬리
LILIT 똬리
(SIMPAI) simpai bulat 똬리
뙤약볕
(MANDI) mandi cahaya matahari 뙤약볕 밑에서 일하다
(TADAH) menadah matahari 뙤약볕 아래에 서다
뚜껑
SUMBAT 뚜껑

(SUMBAT) penyumbat botol 병뚜껑
(SUMBAT) sumbat botol 병뚜껑

뚜렷하다
COLOK 뚜렷한
(JOLOK) menjolok mata 뚜렷한

뚜쟁이
(IBU) ibu ayam 뚜쟁이
(LALAT) lalat hijau 뚜쟁이
(MAK/EMAK) mak buyung 뚜쟁이

뚫다
RETAS 뚫다
(RETAS) meretas dinding 벽을 뚫다
(RETAS) meretas jalan 길을 뚫다

뚫리다
(JANGAT) berjangat keras 뚫리지 않는
(LUBANG) berlubang-lubang 구멍이 숭숭 뚫린
(LUBANG) lubang-lubang 구멍이 숭숭 뚫린

뚱뚱하다
(DAGING) daging menimbun 뚱뚱한
(EKOR) tiada tentu ekor kepala 뚱뚱하고 못생긴
(PADAT) padat tubuh 뚱뚱한
(PINGGANG) tidak berpinggang 매우 뚱뚱한
(TIDAK) tidak berpinggang 매우 뚱뚱한
(TIDAK) tidak tentu kepala ekornya 매우 뚱뚱한

뛰다
(AWAK) awak hendak ke hilir, dia sudah hanyut 뛰는 놈 위에 나는 놈 있다
(KILAT) hilang kilat dalam kilau 뛰는 놈 위에 나는 놈 있다
LARI 뛰다
LOMPAT 깡충 뛰다
(LOMPAT) lompat-lompat kegirangan 기뻐서 깡충깡충 뛰다
(LOMPAT) lompat-lompat kegirangan 기뻐서 팔짝팔짝 뛰다
LONCAT (개구리가) 폴짝 뛰다
(LONCAT) berloncat-loncatan 깡충깡충 뛰다
(LONCAT) berloncat-loncatan 폴짝폴짝 뛰다
(LONCAT) loncat-loncat 깡충깡충 뛰다
(LONCAT) loncat-loncat 폴짝폴짝 뛰다
(LONCAT) meloncat-loncat 깡충깡충 뛰다
(LONCAT) meloncat-loncat 폴짝폴짝 뛰다
(LONJAK) lonjak-lonjak 깡충깡충 뛰다
(LONJAK) lonjak-lonjak 폴짝폴짝 뛰다
(LONJAK) melonjak-lonjak 깡충깡충 뛰다
(LONJAK) melonjak-lonjak 폴짝폴짝 뛰다
(PUNCAK) memuncak naik (물가가) 엄청나게 뛰다

뛰어가다
(LARI) berlari anjing 총총히 뛰어가다
(LARI) lari anjing 총총히 뛰어가다

뛰어나다
(LANCAR) lancar kaji 학습능력이 뛰어난
(LEBAR) lebar telinga 청력이 뛰어난
(TAJAM) tajam akal 머리가 뛰어난
(TAJAM) tajam hati 이해력이 뛰어난
(TAJAM) tajam ingatan 기억력이 뛰어난

뛰어들다
(CEBUR) menceburkan diri 뛰어들다
CEMPELUNG/CEMPLUNG 물속에 첨벙 뛰어들다
뛰어 오르다
LONCAT 뛰어 오르다
LONJAK 양발로 뛰어 오르다
뜨개바늘
(JARUM) jarum rajut 뜨개바늘
뜨겁다
RADANG 뜨거운
뜨다
(BARU) baru melek 비로소 눈을 뜨다
(HARI) hari sudah tinggi 해가 중천에 뜬
(JALAN) berjalan lebih dahulu 먼저 세상을 뜨다
(LALU) berlalu dari dunia 세상을 뜨다
(LALU) berlalu 세상을 뜨다
LAMPUNG 뜨다
(MATAHARI/MENTARI) matahari hidup 해가 뜨다
(MATAHARI/MENTARI) matahari naik 해가 뜨다
(MATAHARI/MENTARI) matahari terbit 해가 뜨다
NAIK 뜨다
(RUMPUT) rumput mencari kuda 서쪽에서 해가 뜬다
(SIDIK) menyidik jari 지문을 뜨다
뜨뜻미지근하다
(TANGGUNG) tanggung-tanggung 뜨뜻미지근한
뜬소문
(CERITA) cerita burung 뜬소문
(PERCAYA) percaya angin lalu 뜬소문을 믿다
(RADIO) radio dengkul 뜬소문
(RADIO) radio karat 뜬소문
뜯다
CARIK 뜯다
뜰
(TANAH) tanah di muka rumah 뜰
뜻
ASA 뜻
(GUNUNG) ke gunung tak dapat angin 뜻을 이루지 못하다
(HENDAK) kehendak (hati) 뜻
(IKUT) ikut angin 대중의 뜻에 따르다
(LALU) berlalu jarumnya 뜻을 이루다
(LEPAS) lepas niat 뜻을 이루다
(LEPAS) melepaskan angan-angan 뜻을 이루다
(LEPAS) melepaskan niat 뜻을 이루다
MAKSUD 뜻
(MAKSUD) maksud baik 좋은 뜻
(MAKSUD) maksud kotor 나쁜 뜻
MAU/MAHU 뜻
NIAT 뜻
(PUNYA) mempunyai niat 뜻을 지니다
(PUTUS) putus niat 뜻을 이룬
(SAMPAI) sampai hajat 뜻을 이루다
(TANGKAP) menangkap maksud 뜻을 간파하다
(TANGKAP) menangkap maksud 뜻을 알아채다

(TUHAN) kehendak Tuhan 신의 뜻
뜻대로
(ENAK) seenak-enaknya saja 뜻대로
(SUKA) suka-suka 뜻대로
뜻하다
HENDAK 뜻하다
띄다
(JOLOK) menjolok mata 눈에 띄는
띠
IKAT 띠
(IKAT) ikat kepala 머리띠
(IKAT) ikat pinggang 허리띠
LALANG 띠(벼과의 여러 해 살이 풀)
SIMPAI 띠
띠톱
(GERGAJI) gergaji pita 띠톱

ㄹ

~ㄹ지도 모르다
(SALAH) salah-salah ~ㄹ지도 모르는
~ㄹ지라도
(KALI) sekalipun ~ㄹ지라도
(SUNGGUH) sungguhpun ~ㄹ지라도
~ㄹ지언정
(SAMA) sama ada ~ㄹ지언정
(SAMA) sama hala ~ㄹ지언정
라디오
(PANCAR) pancaran radio 라디오 방송
(PANCAR) pancaran (라디오) 방송
(PANCAR) siaran radio 라디오 방송
RADIO 라디오
(RADIO) pesawat radio 라디오 수신기
(SIAR) siaran radio 라디오 방송
라딩
LADING 라딩
라마단
(PUASA) bulan puasa 라마단 달(무슬림들이 의무적으로 금식을 해야 하는 이슬람력으로 9 번 째 달)
라야하지
(RAYA) hari raya haji 라야하지(이슬람력으로 12월 10일에 지내는 명절)
(RAYA) raya haji 라야하지(이슬람력으로 12월 10일에 지내는 명절)
라이트급
(KELAS) kelas ringan 라이트급
라임
(LIMAU) limau mata kerbau 라임
(LIMAU) limau nipis 라임
라틴문자
(HURUF) huruf Latin 라틴문자 (=로마문자)
(HURUF) huruf Romawi 라틴문자 (=로마문자)
람부탄
(RAMBUT) rambutan 람부탄(털모양의 돌기가 덮여 있는 작은 달걀만 한 크기의 열대과실)
랑삿
LANGSAT 랑삿(과일 이름)
러닝셔츠
(BAJU) baju dalam 러닝셔츠
레드 스네이크헤드
(TOMAN) ikan toman 레드 스네이크헤드 또는 자이언트스네이크헤드라

고 불리는 몸집이 매우 큰 가물치의 일종

레드카드
(KARTU) kartu merah 레드카드

레몬
LIMAU 레몬

렌즈
(CEKUNG) lensa cekung 오목렌즈
(CEMBUNG) lensa cembung 볼록렌즈

~로
KE ~로 (방향전치사)

로마문자
(HURUF) huruf Latin 라틴문자 (=로마문자)
(HURUF) huruf Romawi 라틴문자 (=로마문자)
(HURUF) huruf Romawi 로마문자

~로부터
DARI ~로부터

~로서
(CARA) secara ~로서

로션
(AIR) air pembersih 로션

~로써
OLEH ~로써

로티차나이
(ROTI) roti canai 로티차나이(인도식 빵의 일종)

론타르
LONTAR 론타르(팔미라야자나무잎으로 만든 필기구 또는 그 문서)
(LONTAR) naskah lontar 론타르 문서

류머티즘
(SAKIT) sakit tulang 류머티즘

린타붕
LINTABUNG 린타붕(억센 풀의 일종)

릴레이
(RANTAI) lari berantai 릴레이 경주

립스틱
(CAT) cat bibir 립스틱

ㅁ

마
GADUNG 독성이 있는 마의 일종
(GADUNG) mabuk gadung 마에 중독된
마각
(LIHAT) memperlihatkan bulu 마각을 드러내다
마감
(HABIS) habis tempo 마감되다
(HABIS) habis waktu 마감되다
SUNTUK 마감된
(TENGGANG) tenggang waktu 마감
마감시간
(JAM) jam terakhir 마감시간
마개
SEKANG 마개
SUMBAT 마개
(SUMBAT) penyumbat botol 병마개
(SUMBAT) sumbat botol 병마개
마구잡이
(PANDANG) tidak memandang bulu 마구잡이의
마누라
(BINI) bini muda 작은 마누라
마늘
(BAWANG) bawang putih 마늘
마님
PUAN 마님
마다
(TIAP) tiap-tiap 마다
마당
GELANGGANG 마당
LATAR 마당
(PAPAN) berlayar sambil memapan 마당 쓸고 돈 줍고
(TANAH) tanah di muka rumah 마당
마대
KARUNG 마대
마대자루
(KARUNG) karung goni 마대자루
마디
BUKU 마디
(BUKU) buku jari 발가락 마디
(BUKU) buku jari 손가락 마디

(BUKU) buku sendi 마디
(RANGKAI) rangkai kata 말의 마디나 구절
RUAS (대나무의) 마디
(RUAS) ruas jari 손(발)가락 마디
SENDI (뼈) 마디

마땅하다
(LINTAS) melintas di akal 마땅하다
(MAKAN) dimakan akal 마땅한
(MASUK) masuk akal 마땅한
(MASUK) masuk angan 마땅한

마땅히
(PATUT) sepatutnya 마땅히

마력
(BALA) bala seribu 마력
(BESI) besi kawi 마력
GAIB/GHAIB 마력의
(GAIB/GHAIB) kuasa gaib 마력
(TENAGA) tenaga kuda 마력(말 한 마리의 힘에 해당하는 일의 양)

ㅁ

마련
(KAYU) besar kayu besar dahannya 얻는 것이 있으면 잃는 것이 있게 마련

마루
(PAPAN) memapan 마루를 깔다

마르다
KEMARAU 마른
KERING 마른
(KERING) kering ringkai (세탁물이) 바싹 마른
(LALU) lalu kurus 너무 마른
(LALU) lalu kurus 빼빼 마른
(LALU) terlalu kurus 너무 마른
(LALU) terlalu kurus 빼빼 마른
MERSIK 마른
(PERIGI) perigi buta 마른 우물
(RENDAM) berendam air mata 눈물이 마르지 않는
(RENDAM) terendam air mata 눈물이 마르지 않는
(SUMUR) sumur buta 물이 말라 버린 우물
(SUMUR) sumur mati 물이 말라 버린 우물
TOHOR (물기가) 마른

마른기침
(BATUK) batuk kering 마른기침

마른땀
(SENI) peluh seni 마른땀

마름모
(BELAH) belah ketupat 마름모꼴

마리
EKOR 마리

마마
CACAR 마마

마무리
(KASAR) kasar tangan 끝마무리가 좋지 않은
(MINYAK) berminyak sampai licin 일의 끝까지 마무리하다

마법
(BALA) bala seribu 마법

(MAKAN) termakan guna-guna 마법에 걸린
SAKTI 마법의

마부
KUSIR 마부

마비
LALI (피부가) 마비된
LUMPUH 마비된

마사지
PIJAT 마사지하다

마술
(BALIK) terbalik mata orang 마술을 부리다
(GAIB/GHAIB) ilmu gaib 마술
(ILMU) ilmu hitam 마술적인 기교와 신비학
(MAIN) main balik mata 마술

마술사
(NENEK) nenek sihir 할머니마술사

마스터키
(KUNCI) kunci maling 마스터키

마스터플랜
(RENCANA) rencana induk 마스터플랜

마시다
MINUM 마시다
SANTAP 마시다
TELAN 마시다

마약
DADAH 마약
(DADAH) penagih dadah 마약 중독자
MADAT 마약
(MINUM) mengisap madat 마약을 하다
(MINUM) minum madat 마약을 하다
(TAGIH) menagih dadah 마약에 빠지다

마을
(BALAI) balai desa 마을회관
DESA 마을
(ISI) isi kampung 마을 주민
(MAMAK) mamak nenek 마을 어르신네들
(PAGAR) pagar desa (서부 자바의) 마을 지킴이
(TIANG) tiang kampung 마을의 원로
(TUA) tua kampung 마을 어르신
(TUA) tua-tua kampung 마을 어르신

마을회관
(BALAI) balai desa 마을회관

마음
(AJUK) mengajuk hati 마음을 떠보다
(AMBIL) ambil hati 마음을 빼앗다
(AMBIL) ambil hati 마음을 사로잡다
(AMBIL) mengambil hati 마음을 사로잡다
(ASAM) mengasami hati 마음에 상처를 주다
(BAIK) baik hati 마음씨 좋은
BATIN 마음
(BEKU) beku hati ~할 마음이 없는
(BELENGGU) membelenggu hati 마음을 사로잡다
(BERAT) memberatkan pikiran 마음을 괴롭히다

(BERSIH) membersihkan hati 마음을 정화하다
(BUANG) terbuang sisir 마음이 놓이다
BUDI 마음
(BUKA) terbuka hatinya ~할 마음이 생긴
(CABANG) bercabang hati 마음의 갈피를 못 잡다
(CEKAL) mencekalkan hati 마음을 단단히 먹다
(CENDERUNG) cenderung hati 마음이 쏠린
(CURI) mencuri hati 남의 마음을 사다
(DATANG) datang hati 마음이 생기다
(DINGIN) mendinginkan hati 마음을 가라앉히다
(DURI) duri dalam daging 마음에 걸리는
(DURI) menduri hati 마음이 아픈
(GENDANG) gendang hati 마음의 소리
(GERAK) tergerak hatinya 마음이 생기다
(GORES) menggores hati 마음을 아프게 하다
(GOYANG) menggoyangkan iman 마음을 흔들다
(HARAP) harap-harap cemas 마음 졸이는
HATI 마음
(HATI) berat hati 마음이 내키지 않는
(HATI) berhati berlian 마음이 아주 착한
(HATI) berhati busuk 마음이 비뚤어진
(HATI) busuk hati 마음이 비뚤어진
(HATI) hatinya terpikat 마음이 끌리다
(HATI) jauh di mata di hati jangan 멀리 있어도 마음만은 변치 말기를
(HATI) rapuh hati 마음이 약한
(HENDAK) kehendak (hati) 바람 (어떤 일이 이루어지기를 기다리는 간절한 마음)
(JAGA) menjaga hati 마음을 살피다
(JERNIH) hati jernih 정직한 마음
(KANDUNG) terkandung dalam hati 마음 속 깊이 간직하다
(KANDUNG) terkandung dalam hati 마음 속 깊이 새기다
(KARAT) karat hati 녹슨 마음
(KARAT) karat hati 악한 마음
(KAWAL) mengawal kampung 마을을 지키다
(KOCAK) berkocak hati 마음이 요동치다
(KOCAK) berkocak hati 마음이 흔들리다
(LAHIR) yang lahir menunjukkan yang batin 행실은 마음의 거울이다
(LAPANG) melapangkan dada 마음을 달래다
(LAPANG) melapangkan hati 마음을 가라앉히다
(LEGA) lega dada (마음이) 편안한
(LEGA) lega hati (마음이) 편안한
(LEMAH) lemah jiwa 마음이 여린
(LEMAH) lemah semangat 마음이 여린
(LONCAT) terloncat-loncat bagai ulat pinang 조마조마 마음을 졸이는
(LULUH) meluluhkan hati 마음을 누그러뜨리다
(LULUH) meluluhkan hati 마음을 풀어 주다
(LUNAK) melunakkan hati 마음을 누그러뜨리다
(LUSUH) melusuhkan jiwa 마음을 병들게 하다
(MAKAN) makan hati 마음이 쓰라린
(MAKAN) termakan sampai ke hati 마음이 몹시 쓰라린
(MUDA) muda fikiran 나이에 비해 마음이 젊은
(MUDA) muda hati 나이에 비해 마음이 젊은
(MUDA) muda semangat 마음만은 이팔청춘(의)

(NAIK) naik basuh kaki 기쁜 마음으로 일하다
NIAT 마음
(NYAMUK) nyamuk mati, gatal tak lepas 계집의 곡한 마음 오뉴월에 서리 친다
(PALING) paling haluan 마음을 바꾸다
(PALING) paling hati 마음을 바꾸다
(PALING) paling muka 마음을 바꾸다
(PARUT) luka sudah hilang parut tinggal juga 골이 깊은 마음의 상처
(PELIHARA) pelihara hati (상대방에게) 마음을 쓰다
(PIKAT) memikat hati 마음을 사로잡다
(PUNYA) mempunyai niat 마음이 있다
(PUTAR) berputar haluan 마음을 바꾸다
(PUTUS) putus hati 마음을 굳게 정하다
(PUTUS) putus rasa 마음이 떠나다
(RAIH) menarik pangkur ke dada 마음이 상하다
(RAIH) meraih hati 마음을 사로잡다
(RAIH) meraih pangkur ke dada 마음이 상하다
(RAMBANG) rambang mata 마음을 정할 수 없는
(RASA) merasa tersinggung 마음에 거슬리다
(RASA) serasa hati 마음 같아서는
(REMAS/RAMAS) meremas jantung 마음이 몹시 언짢은
(REMAS/RAMAS) meremas perut 마음이 몹시 언짢은
(RENTAN) merentan hati 마음이 약한
(RENTAN) rentan hati 마음이 약한
(RINTANG) merintang-rintang hati 마음을 가라앉히다
(RINTANG) merintang-rintang hati 마음을 달래다
(RUMAH) rumah kata pergi, kubur kata mari 몸은 늙었지만 마음만은 이팔청춘
(SAKIT) menyakiti hati 마음에 상처를 주다
(SAKIT) menyakiti hati 마음을 아프게 하다
(SALAH) salah cakap 말실수로 남의 마음을 상하게 하다
(SANJUNG) menyanjung hati 마음을 빼앗다
(SANJUNG) menyanjung hati 마음을 사로잡다
(SANTAP) santapan rohani 마음의 양식
(SAPU) menyapu dada 마음을 다스리다
(SEDIH) bersedih hati 마음에 상처를 받다
(SEDIH) menyedihkan hati 마음에 상처를 주다
(SEJUK) sejuk hati (마음의) 냉정을 되찾은
(SEJUK) sejuk hati 마음이 놓이는
(SEJUK) sejuk hati 마음이 느긋한
(SEJUK) sejuk hati 마음이 편안한
(SEMPIT) sempit dada 툭하면 마음이 상하는
(SEMPIT) sempit hati 툭하면 마음이 상하는
(SEMPIT) sempit kening 툭하면 마음이 상하는
(SENANG) senang hati (마음이) 평안한
(SENTUH) tersentuh hati 마음에 상처를 받다
(SENTUH) tersentuh hati 마음이 상하다
SESAL 죄스러운 마음
(SINGGUNG) menyinggung (마음을) 상하게 하다
(SUKA) suka memberi hati 마음이 여린
(SUKA) suka memberi hati 마음이 착한
(SUKA) suka-suka 마음먹은 대로
(SURUT) menyurutkan darah 마음을 가라앉히다

(TAHAN) tahan nafsu 마음을 비운
(TAMBAT) menambat hati 마음을 사로잡다
(TAMBAT) tambatan larat 마음 속 깊이 새겨진
(TANAM) tertanam benar 마음 속 깊이 새겨진
(TARIK) menarik hati 마음을 사로잡는
(TARIK) menarik pangkur ke dada 마음이 상하다
(TARUH) menaruh hati (배우자로 삼기로) 마음을 정하다
(TARUH) menaruh hati 마음이 쏠리다
(TARUH) taruh mata 마음에 쏙 들다
(TAWAN) menawan hati 마음을 사로잡다
(TAWAR) tawar hati ~할 마음이 없는
(TEKAN) menekan jiwa 마음을 괴롭히다
(TENANG) menenangkan fikiran (마음을) 진정하다
(TENANG) menenangkan hati 마음을 가라앉히다
(TENANG) menenangkan pikiran (마음을) 진정하다
(TENGAH) setengah hati 마음이 썩 내키지 않는
(TENGGANG) tenggang hati 남의 마음을 헤아리다
(TENGGANG) tenggang rasa 남의 마음을 헤아리다
(TIDAK) tidak risau (마음이) 놓이는
(TIDAK) tidak risau (마음이) 편안한
(TIKAM) menikam hati (남의) 마음을 상하게 하다
(TIKAM) menikam jantung (남의) 마음을 상하게 하다
(TIMBANG) timbang-menimbang (상대방의) 마음을 떠보다
(TIMBUL) timbul dalam hati 마음이 생기다
(TUKAR) bertukar fikiran 마음이 달라지다
(TUKAR) bertukar pikiran 마음이 달라지다
(TUKAR) bertukar sikap 마음이 달라지다
(TUSUK) menusuk hati 마음을 아프게 하다
(TUTUP) tutup pintu (마음이) 내키지 않는
(TUTUP) tutup pintu (마음이) 폐쇄적인
(UBAH) berubah hatinya 마음이 바뀌다
(UDANG) udang (di) dalam tangguk (마음이) 불안한
(ULAT) bagai ulat pinang 조마조마 마음을 졸이는
(UMBUT) mengumbut hati 마음을 사로잡다
(URAT) berurat berumbi 마음에 아로 새겨진

마음가짐
(LURUS) luruh hati 마음가짐이 바른
(LURUS) lurus akal 마음가짐이 바른

마음대로
(DONDANG) berdondang sayang 마음대로 행하다
(LANTAS) berlantas angan 자기 마음대로 하다
(LEPAS) lepas laku 마음대로 행동하다
(PELIHARA) pelihara tangan 마음대로 행동하지 않다

마음먹다
(MERDEKA) merdeka ayam 마음먹은 대로 할 수 있는

마음씨
(BAIK) baik hati 마음씨 좋은
(PUTIH) putih hati 마음씨가 착한

마주
TENTANG 마주
(TENTANG) bertentang mata 서로 마주 보다
(TENTANG) bertentang muka 서로 얼굴을 마주하다
(TENTANG) menentang matahari 태양을 마주 보다

마주보다
(HADAP) berhadap-hadapan 서로 마주보다
마주치다
(ADU) beradu kening 길에서 마주치다
(ADU) beradu mata 눈이 마주치다
(ADU) beradu pandang (우연히) 시선이 서로 마주치다
JUMPA 마주치다
(TANGKAP) tertangkap muka 우연히 마주치다
TEMU 마주치다
(TENTANG) bertentang mata 시선이 마주치다
(TIBA) tiba-tiba berjumpa 우연히 마주치다
마중
JEMPUT 마중하다
마지막
AKHIR 마지막
마취
BIUS 마취된
마취제
(BIUS) obat bius 마취제
(OBAT/UBAT) obat bius 마취제
(OBAT/UBAT) obat tidur 마취제
마치
(OLAH) olah-olah 마치 ~인 듯
(OLAH) olah-olah 마치 ~인 양
(OLAH) seolah-olah 마치 ~인 듯
(OLAH) seolah-olah 마치 ~인 양
마침내
(LAMA) lama-lama 마침내
마침표
(TANDA) tanda titik 마침표
마한사전
(KAMUS) kamus Melayu-Korea 마한사전
마호메트
(NABI) AL-NABI 마호메트
(TALI) tali Allah 코란과 하디스(이슬람교의 예언자 마호메트의 언행 기록)
(TANAH) tanah haram 메카(이슬람교의 창시자인 마호메트가 태어난 곳으로 이슬람교 최고의 성지이다)
막
SAPUT 얇은 막
SELAPUT 얇은 막
TABIR 막
TEDENG 막
막내
(ADIK) adik bungsu 막내 동생
(ANAK) anak bungsu 막내둥이
(KELADAK) keladak perut 막내
막내작은아버지
(PAK) pak su 막내작은아버지
막노동
(KERJA) kerja kasar 막노동
막노동자
(KASAR) buruh kasar 막노동자

KULI 막노동자

막다
(GUNTING) menggunting lidah 말문을 막다
(KUDIS) kudis menjadi tokak 호미로 막을 것 가래로 막는다
LARANG 막다
(PELUK) takut di hantu, terpeluk ke bangkai 호미로 막을 데 가래로 막는다
(TANGSEL/SUMBAT) menangsel mulut 입을 막다
(TUTUP) tutup telinga 귀를 막다

막다르다
(JALAN) jalan buntu 막다른 길
(JALAN) jalan mati 막다른 길
(KUNCI) kunci mati 막다른 길

막달
(GENAP) genap bulannya 막달 차다
(SAMPAI) sampai bulannya 막달이 되다
(SARAT) sarat badan 막달이 다 되어가는

막대기
GALAH 막대기
GAYUNG (무기로 사용하는) 막대기
TIANG (깃대나 돛대 같은 긴)막대기

막돌
(BATU) batu cadas 막돌

막막하다
(PIKIR/FIKIR) pikiran buntu 막막한

막말
(CABUL) cabul mulut 막말
(DORONG) terdorong lidah 막말을 함부로 하는
(DORONG) terdorong mulut 막말을 함부로 하는
(GETAH) bergetah mulutnya 막말을 잘하는
(LUDAH) berludah api 막말하는 (사람)
(LUDAH) ludah api 막말하는 (사람)
(MULUT) bermulut gatal 막말을 일삼는
(MULUT) bermulut gatal 막말을 하는
(MULUT) bermulut pinjaman 막말을 하는
(MULUT) mulut yang terdorong 막말

막무가내
(MATI) mati hati 막무가내(의)
(TIDAK) tidak kira-kira 막무가내의

막역
(SENDOK/SENDUK) sendok dan periuk lagi berantuk 아무리 막역한 사이라도 다툼은 있게 마련
(SENDOK/SENDUK) senduk dan belanga lagi berlaga 아무리 막역한 사이라도 다툼은 있게 마련

막연하다
(PIKIR/FIKIR) pikiran buntu 막연한
(PUTUS) putus rezeki 생계가 막연하다
(SEMPIT) sempit pintu rezeki 생계가 막연한

막일
(KERJA) kerja kasar 막일
(KULI) makan kuli 막일로 살아가다
(KULI) makan kuli 막일하다

막일꾼
KULI 막일꾼

막히다
BUNTU 막힌
GENCAT 막히다
(JALAN) jalan buntu 막히다
(KUNCI) kunci mati 막힌 길
(LANGKAH) langkah kiri 운이 막힌
(LIDAH) lidah tergalang 말문이 막힌
(LIDAH) lidah terganjal 말문이 막힌
(MULUT) mulutnya terkunci (놀라서) 말문이 막힌
SESAK (숨이) 막힌
(SUMBAT) tersumbat kerongkongan 목이 막히다
(TEGAK) tegak terdiam 어안이 막힌
만
TELUK 만(바다가 육지 속으로 파고들어 와 있는 곳)
(TELUK) teluk rantau 육지와 만
만곡부
LIKU 만곡부
만기
JANJI 만기
(JATUH) jatuh tempo 만기가 된
만끽
(LENGAH) lengah hati 만끽하다
(LENGAH) melengah hati 만끽하다
만나다
(ADU) beradu kening 만나다
JUMPA 만나다
(KENA) kena batunya 만만찮은 상대를 만나다
(KENA) kena batunya 임자를 만나다
(KENING) beradu kening 만나다
(LIHAT) lihat muka 만나다
(LIHAT) melihat muka 만나다
(SALAH) salah orang 임자를 잘못 만나다
(SALAH) salah orang 주인을 잘못 만나다
SUA 만나다
TEMU 만나다
(TEMU) ketemu batunya 호적수를 만나다
(TENTANG) tentang mata dengan mata 쌍방이 직접 만나다
(TERAS) bertemu teras dengan beliungnya 호적수를 만나다
(TIBA) tiba-tiba berjumpa 우연히 만나다
만능
(SERBA) serba dapat 만능의
(SERBA) serbabisa 만능의
만담가
(LIPUR) pelipur lara 말레이 토속만담가 (이야기꾼)
(LIPUR) penglipur lara 말레이 토속만담가 (이야기꾼)
만들다
(AMAL) mengamalkan 몸에 배게 만들다
(BERSIH) membersihkan diri 깨끗하게 만들다
BUAT 만들다
(GUNTING) menggunting hati 속상하게 만들다
(LUKA) melukai hati 속상하게 만들다
OLAH 만들다
(PENING) memeningkan kepala 어리둥절하게 만들다

(RACUN) meracun hati 기분을 상하게 만들다
(RACUN) meracun hati 속상하게 만들다
(RENTANG) merentang jalan 도로를 만들다
(SEKANG) menyekang mata 짜증나게 만들다
(TAWAR) menawarkan hati 의기소침하게 만들다
만료일
(HARI) hari batal 만료일
(HARI) hari jatuh 만료일
만만찮다
(MUSUH) musuh keras 만만찮은 상대
(MUSUH) musuh ketat 만만찮은 상대
(SUANG) tak suang-suangnya 만만찮은
만무하다
(MINYAK) minyak tak akan bercampur dengan air 견원지간이 가까워 질리 만무하다
만물
(RODA) roda dunia 만물의 변화
(SEMBELIH) sembelih ayam dengan pisau 사람은 만물의 영장이다
(SEMBELIH) sembelih orang dengan kapas 사람은 만물의 영장이다
만물박사
(LEPAS) lepas laku 만물박사
만삭
(BUNTING) bunting bantang 만삭의
(BUNTING) bunting besar 만삭의
(BUNTING) bunting sarat 만삭의
만생종
(PADI) padi berat 만생종 벼
(PADI) padi dalam 만생종 벼
(PADI) padi lambat 만생종 벼
만용
(BERANI) berani cadang 만용
(BERANI) berani lalat 만용
(BETINA) baik jadi ayam betina supaya selamat 만용은 금물
(LALAT) berani lalat 만용
만원
PENUH 만원의
만장일치
BULAT 만장일치의
(IA) seia sekata 만장일치의
(KATA) kata bulat 만장일치의 합의
(SUARA) suara bulat 만장일치
만조
(PURNAMA) pasang purnama 보름 만조
만족
(HATI) hatinya lepas 만족하다
KENYANG 만족한
(LEPAS) berlepas hati 만족하다
(LEPAS) lepas hati 만족하다
만족스럽다
(RINGAN) ringan hati 만족스러운
만지다
(SINGGUNG) menyinggung 살짝 만지다
(TANGAN) tangan bagai lipas kudung (어린아이가) 손으로 이것저것

자꾸 만지는
만지작
RABA 만지작
만지작거리다
(GENGGAM) genggam-genggam bara 만지작거리는
만취
(MABUK) mabuk bunga selasih 몸도 못 가눌 정도로 만취한
(MABUK) mabuk empat tiang 술에 만취하다
(NAIK) naik kuda hijau 술에 만취된
만취하다
(TELAH) telah dua kepalanya 만취한
많다
BANYAK 많은
(BANYAK) sebanyak bintang di langit 무수히 많은
(DAUN) mendaun kayu 무수히 많은
KAYA 많은
(LAMPAU) lampau banyak 너무 많은
(LAMPAU) lampau banyak 지나치게 많은
(LILIT) melilit pinggang 매우 많은
(LIMPAH) limpah mewah 흠뻑 많은
(LIMPAH) limpah ruah 흠뻑 많은
(LIPAT) lipat ganda 수많은
(MAKAN) dimakan umur 나이가 썩 많은
(MULUT) bermulut gapil 말이 많은
(PULAU) seperti batu di pulau 무수히 많은
(PULAU) seperti batu di pulau 수없이 많은
(RATUS) beratus-ratus 수많은
RAYA 많은
(RIBU) seribu satu 수많은
(RIBU) seribu 수많은
(TEBAL) tebal kantong 돈이 많은
(TEBAL) tebal kantung 돈이 많은
(TINGGI) tinggi usia 나이가 많은
많아지다
(TAMBAH) bertambah banyak 더욱 많아지다
(TAMBAH) bertambah-tambah 점점 더 많아지다
(TAMBAH) bertambah-tambah 차츰차츰 많아지다
많지 않다
SEDIKIT/DIKIT 많지 않은
TANGGUNG 많지 않은
맏딸
(SULUNG) anak perempuan sulung 맏딸
맏아들
(ANAK) anak sulung 맏아들
맏아이
(SULUNG) anak sulung 맏아이
맏이
SULUNG 맏이
말
(ANGKAT) angkat suara 말을 시작하다
(ANGKAT) mengangkat suara 말하다
(ANGKUH) angkuh terbawa, tampan tertinggal 겉치장을 좋아하는 사람을 놀리는 말

BAHASA 말
(BAHASA) bahasa hantu (신이 내린 사람들이 행하는) 뜻을 알 수 없는 말
(BALIK) terbalik lidah 말을 자주 바꾸는
(BANYAK) banyak mulut 말이 많은
(BAYANG/BAYANG-BAYANG) bayang kata 빗대어 말하다
(BENGKOK) bengkok kata 말을 실수하다
(BERAT) berat bibir 말이 없는
(BERAT) berat lidah 말이 없는
(BERAT) berat mulut 말이 없는
(BESAR) besar mulut 말이 많은
(BIBIR) getah bibir (말이) 청산유수인
(BIBIR) hanya di bibir 한낱 말 뿐인
(BIBIR) hanya di mulut 한낱 말 뿐인
(BIBIR) panjang bibir 말이 많은
(BISU) bisu seribu bahasa 말 한마디 없는
(BUAH) buah ratap 통곡할 때 중얼거리는 말
(BUKA) buka mulut 말하다
(BUKA) membuka kata 말을 시작하다
(BULUH) buluh dibakar 목청이 크고 말이 빠른
CAKAP 말
(CAKAP) bercakap kuat 말이 많은
(CAKAP) cakap berlapik 공손한 말
(CAKAP) cakap manis 공손한 말
(CANGKUL) menjual tangkai cangkul sekah 미덥지 않은 말
(ENTENG) enteng bibir 말을 금방 배우는
(GANJAL) terganjal lidah 아무 말도 못하는
(GERAK) menggerakkan bibir 말하다
(IA) beria-ia 이러쿵저러쿵 말하다
(JANTAN) kuda jantan 말의 수컷
(JANTAN) kuda jantan 수말
(JUAL) menjual omong 말만 앞서다
(JUAL) menjual bicara 말만 앞서다
KALAM 말
KATA 말
(KATA) berkata dua 표리부동한 말(을 하다)
(KATA) berkata siang melihat-lihat, berkata malam mendengar-dengar 말이 씨가 된다
(KATA) sepatah kata 몇 마디의 말
KAUL 말
(KECEK) banyak kecek 말이 많은
(KEPALA) diberi bahu hendak kepala 말 타면 경마 잡히고 싶다
(KOTOR) kotor mulut 상스러운 말을 쓰는
KUDA 말
(KUPING) berkuping tebal 남의 말을 듣지 않는
(LANCANG) lancang mulut 함부로 말하는
(LANJUT) lanjut kata 덧붙여 말하다
(LAWAN) melawan bicara 말을 건네다
(LAWAN) melawan bicara 말을 붙이다
(LIDAH) berlidah dua 한 입 가지고 두 말하는
(LIDAH) lidah dua 한 입 가지고 두 말하는
(LIDAH) lidah panjang 남의 말하기 좋아하는
(LIDAH) lidah tidak bertulang 말만 앞서는 사람

(LOMPAT) lompat lidah 말이 튀어나오다
(LOMPAT) terlompat lidah 말이 튀어나오다
(LORENG) kuda loreng 얼룩말
(LUKA) luka di tangan karena pisau, luka di hati karena kata 말이 씨가 된다
(LUNCUR) meluncurkan kata-kata 청산유수로 말하다
(MABUK) mabuk tahi telinga 말을 더듬거리는 (사람)
(MAIN) bermain lidah 말을 이랬다 저랬다 하는
(MAIN) bermain lidah 말을 자꾸 바꾸는
(MAIN) main lidah 말을 이랬다 저랬다 하는
(MAIN) main lidah 말을 자꾸 바꾸는
(MANIS) manis di bibir 꾐 말
(MASIN) masin lidah 말을 잘하는
(MASIN) masin perkataan 말을 잘하는
(MASUK) masuk mulut 뜻을 드러내어 말하다
(MERIAM) meriam buluh 말과 행동이 일치하지 않는 사람
(MULUT) bermulut gapil 남의 말에 끼어들기를 일삼는
(MULUT) bermulut gapil 말이 많은
(MULUT) bermulut lebih 과장된 말을 일삼는
(MULUT) mulut buaya 위선과 허위에 가득 찬 말
(MULUT) mulut kotor 외설적인 말을 일삼는 사람
(MULUT) mulut manis 말이 부드러운 사람
(MULUT) mulutnya bacar 말을 많이 하는
(MULUT) mulutnya berat (사정이 있어) 말을 할 수 없는
OMONG 말
(OMONG) banyak omong 말이 많은
(OMONG) lagak Padang, omong Betawi 말은 잘하는데 내용이 없는
(PAHA) diberi betis hendak paha pula 말 타면 경마 잡히고 싶다
(PANDAI) pandai berminyak air 겉치레 말만 늘어놓는 (사람)
(PANTANG) pantang kutu dicukur, pantang manusia dihina 말이 씨가 된다
(PANTAS) pantas mulut 말을 잘하는
(PATAH) patah lidah 말을 더듬거리는
(PATAH) patah tumbuh hilang berganti 큰 말이 나가면 작은 말이 한다
(PECAH) pecah buyung tempayan ada 큰 말이 나가면 작은 말이 한다
(PECAH) pecah tempayan, buyung ada 큰 말이 나가면 작은 말이 한다
(PELIHARA) pelihara lidah 말을 삼가다
(PELIHARA) pelihara lidah 함부로 말하지 않다
(PELIHARA) pelihara mulut 말을 삼가다
(PELIHARA) pelihara mulut 함부로 말하지 않다
(PENGGAL) memenggal lidah 말을 가로채다
(PENGGAL) penggal lidah 말을 가로채다
PETAH 말을 잘하는
(PETAI) menjual petai hampa 실없는 말을 지껄이다
(POTONG) memotong cakap 말을 가로채다
(PUSING) cakap pusing 말을 왜곡시키다
(PUSING) pusing belit (말이) 비비 꼬인
(PUSING) pusing keling 말을 왜곡시키다
(PUTAR) berputar lidah 말을 바꾸다
(PUTAR) berputar lidah 한 입으로 두 말하다
(PUTAR) berputar-putar 말을 비비 꼬다
(PUTAR) berputar-putar 말을 빙빙 돌리다
(PUTAR) memutar lidah 말을 바꾸다

(PUTAR) memutar lidah 한 입으로 두 말하다
(PUTAR) memutar-mutar 말을 비비 꼬다
(PUTAR) memutar-mutar 말을 빙빙 돌리다
(PUTAR) putar-putar 말을 비비 꼬다
(PUTAR) putar-putar 말을 빙빙 돌리다
(RAMBANG) rambang-rambang 닥치는 대로 (말)하다
(RAMBANG) rambang-rambang 무턱대고 (말)하다
(RANGKAI) rangkai kata 말의 마디나 구절
(RINGAN) ringan lidah 말이 많은
(RINGAN) ringan lidah 말이 유창한
(RUSAK/ROSAK) rosak badan kerana mulut 말 잘 못하면 패가망신한다
(RUSAK/ROSAK) rusak badan karena mulut 말 잘 못하면 패가망신한다
(SALAH) salah kata 말이 헛나가다
(SAMBUNG) menyambung lidah (다른 사람의) 말을 잇다
(SAMBUNG) menyambung lidah 이어 말하다
SAPA 말(하다)
(SAPA) menyapa 말을 건네다
(SAPA) menyapa 말을 붙이다
(SAPA) sapaan salam 인사말
(SEBAB) sebab buah dikenal pohonnya 말은 인격이다
(SEBAB) sebab mulut leher terjerat 말 한마디로 천 냥 빚을 갚는다
(SEBAB) sebab mulut leher terjerat 말이 씨가 된다
(SENANG) senang cakap 말만 그럴듯하게 잘 하다
(SENDOK/SENDUK) sendok besar tak mengenyang 말만 그럴싸한
(SENDOK/SENDUK) senduk besar tak mengenyangkan 말만 그럴싸한
(SINDIR) sindir-menyindir 서로 비꼬아 말하다
(SUDAH) sudah di hujung lidah 말이 입 안에서 맴돌다
(SUDAH) sudah di ujung lidah 말이 입 안에서 맴돌다
(SURUH) suruh putih, hitam datang 말 살에 쇠뼈다귀
(SYAHADAT) bersyahadat (무슬림들이) '하느님 외에는 신이 없고 무하맛은 하느님의 사도이다'라고 말하다
(TABUHAN/TEBUAN) seperti tabuhan di dalam tukil 웅얼웅얼 말하는 소리
(TAMBAH) menambah kata 말을 덧붙이다
(TANAM) tanam tebu di bibir 달콤한 말로 남을 잘 꾀는 사람
(TANAM) tanam tebu di tepi bibir 달콤한 말로 남을 잘 꾀는 사람
(TEBAL) tebal lidah 말을 잘 못하는
(TEBU) tanam tebu di bibir mulut 달콤한 말로 남을 잘 꾀는 사람
(TEGUR) menegur sapa 말을 건네다
(TEGUR) menegur sapa 말을 붙이다
(TELINGA) telinga kuali 남의 말에 신경을 쓰지 않는
(TELINGA) telinga tempayan 남의 말에 신경을 쓰지 않는
(TELINGA) telinga terbakar muka menyala 남의 말에 금방 화를 내는
(TENAGA) tenaga kuda 마력(말 한 마리의 힘에 해당하는 일의 양)
(TEPUK) elang berjawat 가는 말이 고와야 오는 말이 곱다
(TEPUK) tepuk berbalas 가는 말이 고와야 오는 말이 곱다
(TEPUNG) menepung tiada berberas 실천은 못하면서 말만 잘하는 사람
(*TIPIS*) tipis bibir (말을) 함부로 씹는
(TITIK) titik lidah 말
(TUNGGANG) kuda tunggang (올라)타는 말
(TUNGGANG) menunggang kuda 말을 타다
(TURUT) turut kata (남의) 말을 듣다
(TUTUP) tutup telinga (남의 말에) 신경 쓰지 않다

TUTUR 말
(ULAS) mengulas bicara 말을 계속하다
(ULAS) mengulas bicara 말을 잇다
(UMPAT) umpat tidak membunuh, puji tidak mengenyang 남의 말에 신경 쓸 필요없다

말고삐
(KEKANG) tali kekang kuda 말고삐

말괄량이
(LONCAT) terloncat-loncat bagai ulat pinang 말괄량이
(UPIK) si upik jantan 말괄량이 (처녀)

말꼬리
(BUANG) membuang mulut 말꼬리를 흐리다

말다툼
(ADU) mengadu buku lidah 말다툼하다
(ADU) mengadu lidah 말다툼하다
(ADU) mengadu urat leher 큰소리로 말다툼하다

말뚝
PANCANG 말뚝

말라깽이
(SI) si kurus 말라깽이

말라리아
(PANAS) panas dingin 말라리아
(PANAS) panas sejuk 말라리아

말라카해협
(SELAT) Selat Melaka 말라카해협(말레이 반도와 수마트라 섬 사이에 있는 해협)

말레이
(MASUK) masuk Melayu 말레이 전통 관습을 따르다
(MELAYU) masuk Melayu 말레이 전통 관습을 따르다
(NEGERI) negeri bawah angin 말레이 세계
(NEGERI) negeri di bawah angin 말레이 세계
(NEGERI) negeri di sebelah timur 말레이 세계
(PANTUN) pantun Melayu 말레이 판툰
(PERIBAHASA) peribahasa Melayu 말레이 속담
(PIAMA) bulan piama (농사 절기에 따른) 말레이 전통 태음력
(SEMANGAT) semangat bangsa Melayu 말레이 민족의 혼

말레이시아
(BAYU) negeri di bawah bayu 말레이시아 사바(Sabah)주의 별칭

말레이어
(JAWI) bahasa jawi 말레이어
(KAMUS) kamus Melayu-Korea 말레이어-한국어 사전
MELAYU 말레이어(의)
(MELAYU) bahasa Melayu 말레이어
(OMONG) omong Melayu 말레이어

말레이인
MELAYU 말레이인(의)
(MELAYU) orang Melayu 말레이인

말레이제도
(NEGERI) negeri bawah angin 말레이제도
(NEGERI) negeri di bawah angin 말레이제도
(NEGERI) negeri di sebelah timur 말레이제도

말레이호저
(LANDAK) landak raya 말레이호저

말리꽃
MELUR/MELATI 말리꽃
(MELUR/MELATI) bunga melur 말리꽃
말 매듭
(SIMPUL) simpulan bahasa 말 매듭(말레이어 특유의 관용어구)
말머리
(BUKA) pembuka mulut 말머리
(PANGKAL) pangkal kata 말머리
말문
(BUKA) membuka bicara 말문을 열다
(GUNTING) menggunting lidah 말문을 막다
(KENA) kena si bengang 너무 놀라서 말문이 막힌
(KERONGKONGAN) kerongkongan tersumbat 말문이 막힌
(LIDAH) lidah tergalang 말문이 막힌
(LIDAH) lidah terganjal 말문이 막힌
(MULUT) mulutnya terkunci (놀라서) 말문이 막힌
말미
TENGGANG 말미
말미잘
(MAWAR) mawar laut 말미잘
말버릇
(LEPAS) lepas mulut 말버릇이 고약한
(LINCIR) lincir lidah 말버릇이 고약한
(MAIN) permainan lidah 말버릇
(PANTAS) pantas mulut 말버릇이 없는
말벌
TABUHAN/TEBUAN 말벌
말뿐이다
(HANYA) hanya di ujung lidah 한낱 말뿐인
말소리
SUARA 말소리
말솜씨
(KINCIR) berkincir alir 말솜씨가 능란한
(LARAS) laras di muncung 청산유수 같은 말솜씨
(LINCIR) lincir lidah 말솜씨가 유창한
말수
(MULUT) mulutnya berat 말수가 적은
말시초
(PANGKAL) pangkal kata 말시초
말실수
(KESELEO) keseleo lidah 말실수하다
(LEPAS) terlepas cakap 말실수하다
(SALAH) salah cakap 말실수로 남의 마음을 상하게 하다
(SILAP) tersilap cakap 말실수하다
말싸움
(ANGGAR) beranggar lidah 말싸움하다
(KERAS) berkeras-kerasan mulut 심한 말싸움을 하다
(TIMBANG) bertimbangan kata 심한 말싸움을 하다
말썽
(TIMBA) bertimba karang 말썽을 일으키다
말썽꾸러기
(KEPALA) kepala ribut 말썽꾸러기
(NAKAL) anak nakal 말썽꾸러기

(SETAN) setan-setan 말썽꾸러기들
말썽쟁이
(KEPALA) kepala ribut 말썽쟁이
말씀
(GAYUNG) gayung tua, gayung memutus 어르신의 말씀이 진리이다
KALAM 말씀
(KALAM) kalam Allah 신의 말씀
TUTUR 말씀
말씨
(BUDI) budi bicara 말씨
(CEPAT) cepat lidah 말씨가 험한
(CEPAT) cepat mulut 말씨가 험한
(GAYA) gaya bahasa 말씨
(HALUS) halus bahasa 말씨가 고운 사람
(KENA) mengenakan gaya 말씨가 고운
LAGAK 말씨
(LAGAK) lagak bahasa 말씨
LIDAH 말씨
(LIDAH) lidah manis 나긋나긋 말씨가 상냥한
(LIDAH) lidah manis 말씨가 고운
(MANIS) manis cakap 말씨가 부드럽고 상냥한
(MULUT) bermulut manis 말씨가 상냥한
(MULUT) mulut manis 말씨가 아주 상냥한 사람
(RENDAH) rendah bicara 말씨가 부드럽고 상냥한
(RINGAN) ringan lidah 말씨가 고운
(RINGAN) ringan lidah 말씨가 부드럽고 상냥한
(RINGAN) ringan mulut 말씨가 고운
(RINGAN) ringan mulut 말씨가 부드럽고 상냥한
말없다
DIAM 말없는
말재간
(MASIN) masin lidah 말재간이 좋은
(MASIN) masin mulut 말재간이 좋은
말주변
(BERAT) berat lidah 말주변이 없는
(BERAT) berat mulut 말주변이 없는
(LIDAH) lidah kaku 말주변이 없는
(LIDAH) lidah keras 말주변 없는
(LIDAH) lidah patah 말주변 없는
(MANIS) manis mulut 말주변이 좋은
(TEBAL) tebal lidah 말주변이 없는
(TIPIS) tipis bibir 말주변이 좋은
말총머리
(EKOR) ekor kuda 말총머리
말투
(BUDI) budi bicara 말투
(LAGAK) lagak bahasa 말투
(LAGU) lagu tutur 말투
말파리
(LALAT) lalat kuda 말파리
말하기
(RIANG) riang mulut 말하기를 좋아하는
말하다

BICARA 말하다
BILANG 말하다
(KUNCI) mengeluarkan kunci hati 정직하게 말하다
(PINJAM) meminjam mulut 남의 입을 빌어 말하는
(SINGKAP) singkap daun ambil buah 허심탄회하게 말하다

맑다
HENING 맑은
JERNIH 맑은
(TERANG) terang cuaca 날씨가 맑은
(TERANG) terang cuaca 맑은 날씨

맛
AMBAR 맛없는
(CITA) cita rasa 맛
(GARAM) garam pembicaraan 대화의 맛
LEZAT 맛있는
MANIS 맛있는
(MASAM) masam perut 너무 신 (맛)
(MASIN) masin perak 너무 짠 (맛)
PAYAU 맛이 없는
RASA 맛
SEDAP 맛있는
(TAWAR) tawar mawar (음식의) 맛이 아주 싱거운
(TEBAL) tebal lidah (음식의) 맛을 구별 못하는
(TIDAK) tidak sedap tekak (음식) 맛이 없는
(UBAH) berubah rasa (음식이) 맛이 변하다

맛깔
(LAUT) laut madu 아주 맛깔 나는

맛있다
(BASAH) membasahi kerongkongan 맛있게 먹다
ENAK 맛있는
(LAUT) laut madu 아주 맛있는
(MERTUA/MENTUA) lupa mertua (음식이) 아주 맛있는
(SEDAP) menyedapkan tekak 맛있는 음식
(SEDAP) sedap manis 맛있는
(SELAMAT) selamat makan 맛있게 드십시오

망
JARING 망
RAJUT 망

망가지다
REMUK 망가지다
RUSAK/ROSAK 망가진

망각
LUPA 망각하다

망고
EMBACANG 망고의 일종 (과일)

망령
(TUA) tua nyanyuk 망령난 (노인)

망막
(SELAPUT) selaput jala 망막

망막염
(RADANG) radang selaput jala 망막염

망명
(SERAH) menyerah diri 망명하다

(SERAH) menyerah kalah 망명하다
(SERAH) menyerahkan diri 망명하다
망상
ANGAN-ANGAN 망상
(UKIR) mengukir langit 망상에 빠지다
망설이다
(ADA) berada di persimpangan jalan 망설이는
(BERANI) berani udang 망설이다
(BERAT) berat hati 망설이는
(CABANG) bercabang pikiran 망설이다
(DALAM) dalam dua tengah tiga 망설이는
(DIRI) berdiri di persimpangan jalan 망설이는
(DUA) mendua hati 망설이다
(DUA) menduakan hati 망설이게 만들다
(MUNDUR) mundur maju 망설이는
(PERANG) berperang hati 망설이는
망신
(BULUH) menebus buluh serumpun 온 집안 망신을 시키다
(CONTENG) menconteng arang di muka 망신을 주다
(CORENG) mencoreng arang di kening 망신을 주다
(CORENG) mencoreng arang di muka 망신을 주다
(CUKUR) mencukur kepala 집안 망신을 시키다
(JATUH) jatuh coloknya 망신당하다
(JATUH) jatuh merek 망신을 당하다
(JUNJUNG) menjunjung sangkak ayam 개망신을 당하다
(MALU) malu besar 개망신
(MALU) malu tercoreng di dahi 개망신을 당하다
(MALU) malu tercoreng di muka 개망신을 당하다
(NAMA) nama menjadi kotor 망신을 당하다
(PANJANG) mendapat panjang hidung 망신을 당하다
(PUTIH) berputih mata 망신을 당하다
(PUTIH) putih mata 망신을 당하다
(RASA) rasa malu 망신
(TOKAK) bagai tokak lekat di kening 사람들 앞에서 큰 망신을 당하다
망신살
(MALU) malu tercoreng di dahi 망신살이 뻗치다
(MALU) malu tercoreng di muka 망신살이 뻗치다
(MALU) malu tercoreng pada kening 망신살이 끼다
망울
(MAKAN) makan masak mentah 눈은 있어도 망울이 없다
망측하다
(TINGKAH) salah tingkah 망측한 행동(을 하다)
망치
TUKUL 망치
(TUKUL) penukul 망치
(TUKUL) penukul 망치 일을 하는 사람
망치꾼
(TUKUL) penukul 망치꾼
망치다
(KERKAH) mengerkah batu kepala 망치다
망하다
(HARIMAU) sudah masuk ke dalam mulut harimau 망할 것이 뻔한
맞다

KENA 맞다
(MAKAN) makan siku 사리에 맞는
(MALING) kemalingan 도둑을 맞다
(MENANTU) bermenantu 며느리를 맞다
(MENANTU) bermenantu 사위를 맞다
(PUKUL) kena pukul (야단을) 맞다
(SENTUH) menyentuh sedikit 살짝 빗겨 맞다
(SUDAH) sudah seasam segaram 손발이 잘 맞다

맞대응
(GAYUNG) gayung bersambut, kata berjawab 맞대응

맞들다
(MUFAKAT/MUAFAKAT) muafakat lalu dalam gelap, adat lalu di tengah terang 백지장도 맞들면 낫다
(PIKUL) berat sama dipikul, ringan sama dijinjing 백지장도 맞들면 낫다
(RINGAN) ringan sama dijinjing, berat sama dipikul 백지장도 맞들면 낫다

ㅁ

맞바꾸다
(TUKAR) tukar-menukar 서로 맞바꾸다

맞바라보다
(TENTANG) bertentang muka 맞바라보다

맞바람
(ANGIN) angin mati 맞바람

맞서다
TEMPUH 맞서다

맞아
(ITU) itu dia 맞아

맞아들이다
(TELAH) telah berumah 젊은 나이에 아내를 맞아들이다

맞이
SAMBUT 맞이하다

맞이하다
(MAUT) menenui maut 죽음을 맞이하다
(SAMBUT) menyambut Hari Ibu 어머니날을 맞이하다

맞추다
(BERI) memberi hati 비위를 맞추다
(BURU) memburu waktu 시간에 맞추다
(SALAH) salah musim 때를 잘못 맞추다

맡기다
(SABUNG) menyabung untung 운에 맡기다
(SABUT) untung sabut timbul untung batu tenggelam 모든 일을 요행수에 맡기다
(SERAH) menyerahkan badan (여자가 남자에게) 몸을 맡기다
(TERIMA) terima nasib (모든 것을) 숙명에 맡기다

맡다
(PANGKU) memangku jabatan 직위를 맡다

매
(BERI) memberi pelajaran 사랑의 매를 때리다
ELANG 매
(KASIH) kasihkan anak tangan-tangankan 자식들은 사랑의 매로 키워라
(KESAN) kesan pukulan 매 맞은 자국
(PUKUL) pukul sayang 사랑의 매
(TAMPAR) menampar geram 사랑의 매를 때리다
(TAMPAR) tampar sayang 사랑의 매

TIAP 매
매개어
(BAHASA) bahasa pengantar 매개어
매국노
(JUAL) penjual bangsa 매국노
매기다
(LETAK) letak harga 값을 매기다
매끄럽다
LICIN 매끄러운
LINCIR 매끄러운
매끈매끈
(LICIN) licin berkilat 매끈매끈한
매다
(SIMPUL) menyimpul tali kasut 신발끈을 매다
(TAMBANG) menambang 줄로 붙들어 매다
매달다
GANTUNG 매달다
PAUT 매달다
(TAMBANG) menambang 줄에 매달다
매달리기
(GANTUNG) bergantung pada akar lapuk 썩은 동아줄에 매달리기
매독
(PEREMPUAN) penyakit perempuan 매독
(RAJA) raja singa 매독
(SAKIT) penyakit larat 매독
매듭
SIMPUL 매듭
(SIMPUL) simpul hidup 손쉽게 풀 수 있게 만든 매듭
매력
(GAYA) gaya tarik 매력
(JANDA) laksana janda baru bangun tidur 매력이 넘치는 여자
RANUM 매력 있는
(SEJUK) sejuk macam batang pisang 매력 없는 여자
(TARIK) menarik hati 매력적인
매력적
CANTIK 매력적인
(MASAM) masam kepala 매력적인
매료
(BELENGGU) membelenggu hati 매료되다
(LEKAT) lekat hati 매료된
(PIKAT) terpikat hati 매료된
매매
NIAGA 매매
매미
(RIANG) riang-riang 매미
매부
(PARANG) seperti parang mata dua 누이 좋고 매부 좋고
매부리코
(HIDUNG) hidung betet 매부리코
매설
(RANJAU) meranjau jalan 지뢰를 매설하다
매스미디어
(ALAT) alat hubungan semesta 매스미디어

매연
(ARANG) arang para 매연
매우
(ADA) berada di awang-awang 매우 기쁜
JAUH 매우
KALI 매우
PALING 매우
매음
(PASAR) pasaran tubuh 매음
매이다
(SUMBAT) tersumbat kerongkongan (감정이 복받쳐) 목이 매이다
매일
(TIAP) setiap hari 매일
(TIAP) tiap hari 매일
(TIAP) tiap-tiap hari 매일
매일매일
(HARI) sehari-hari 매일매일
ㅁ 매장
(BUMI) mengebumikan 매장하다
(PASAR) pasar raya 대형 매장
(TANAH) tanah kuburan yang merah 매장을 위해 새로 파낸 땅
매제
(ADIK) adik ipar 매제
매체
(SEBAR) sebaran am 대중매체
매춘
(DAERAH) daerah lampu merah 매춘 지역
매춘부
(BUNGA) bunga latar 매춘부
(BUNGA) bunga raya 매춘부
(COCOR) cocor merah 매춘부
(GELADAK) perempuan geladak 매춘부
(JALANG) perempuan jalang 매춘부
(JANGAK) perempuan jangak 매춘부
(KEMBANG) kembang latar 매춘부
(PEREMPUAN) perempuan cabul 매춘부
매춘행위
(PASAR) pasaran tubuh 매춘행위
매출
(KASAR) untung kasar 매출총이익
매트리스
KASUR 매트리스
(KASUR) kasur pegas 용수철 매트리스
맥
(KAYUH) tak terkayuhkan lagi biduk hilir 맥 빠지다
(LUMPUH) lemah lumpuh 맥이 전혀 없는
(NADI) urat nadi 맥
NAPAS/NAFAS 맥
(SURUT) tersurut hati 맥이 빠지다
(TELAH) telah mati kutu 맥이 다 빠진
(TIDAK) tidak bertulang 맥을 못 추는
(TULANG) bertulang itik 맥이 없는
(URAT) urat nadi 맥

맥박
NADI 맥박
맥박 소리
DETIK 맥박 소리
맨눈
(MATA) mata bogel 맨눈
(MATA) mata bugil 맨눈
(MATA) mata kepala 맨눈
(MATA) mata telanjang 맨눈
맨몸
BOGEL/BUGIL 맨몸의
맨발
(KAKI) berkaki ayam 맨발
맨입
(MODAL) modal angin 맨입 하나로 사업을 하는
(MODAL) modal dengkul 맨입 하나로 사업을 하는
(MODAL) modal kosong 맨입 하나로 사업을 하는
(MODAL) modal mulut 맨입 하나로 사업을 하는
맴돌다
(SUDAH) sudah di hujung lidah 말이 입 안에서 맴돌다
(SUDAH) sudah di ujung lidah 말이 입 안에서 맴돌다
맵다
PEDIH 매운
맵시
(LICIN) licin kening 맵시가 고운
맷돌
(BATU) batu giling 맷돌
맷집
(TAHAN) tahan pukul 맷집이 좋은
(TAHAN) tahan tangan 맷집이 좋은
맹꽁이
(KATAK) katak kuak 꽃맹꽁이
(OTAK) otaknya ke empu kaki 맹꽁이 같은
맹꽁이자물쇠
(KUNCI) kunci gantung 맹꽁이자물쇠
(KUNCI) kunci kura-kura 맹꽁이자물쇠
(KURA-KURA) kunci kura-kura 맹꽁이자물쇠
맹세
(ANGKAT) mengangkat sumpah 맹세하다
(BERANI) berani sumpah 맹세코
(IKAT) mengikat kata 맹세하다
(PADU) berpadu janji 약속을 지키기로 맹세하다
(POTONG) potong leher 감히 맹세하다
SUMPAH 맹세
(SUMPAH) sumpah bohong 거짓 맹세
(SUMPAH) sumpah dusta 거짓 맹세
(SUMPAH) sumpah palsu 거짓 맹세
(SUMPAH) sumpah setia 충성의 맹세
(TEGUH) berteguh janji 맹세하다
맹장
(PERUT) perut buntu 맹장
(PERUT) perut buta 맹장
맺다

(BIRAS) berbiras 동서 관계를 맺다

맺히다

(SAKIT) sakit hati 한이 맺힌
(SEMAT) tersemat di hati 가슴에 맺힌
(SURAT) tersurat di hati 가슴에 맺힌
(TAMBAT) tambatan larat 가슴에 맺힌
(TANAM) tertanam benar 가슴에 맺힌

머리

(ATAP) beratap seng 머리가 희어진
(BELAH) membelah benak 머리에 고열이 나는
(CABANG) bercabang ingatannya 머리가 복잡한
(CAIR) cair otak 머리가 좋은
(DONGAK) mendongak kepala 머리를 쳐들다
(DUDUK) duduk menukuk 머리를 조아리고 앉다
(JEJAK) jejak bahu 어깨에 닿는 긴 머리
KEPALA 머리
(KEPALA) berat kepala 머리가 둔한
(KEPALA) kepala ringan 머리 회전이 빠른
(KEPALA) ringan kepala 머리 회전이 빠른
(LEMBEK) lembek otak 머리가 둔한
(LINTAS) terlintas di kepala 머리에 떠오르다
(OTAK) otak kering 머리가 나쁜
(PENING) pening kepala 머리가 아픈
(PIKIR/FIKIR) pikiran tajam 머리가 좋은
(PUSING) pusing kepala 머리가 복잡한
(RAMBUT) rambut dijalin hantu 마구 헝클어진 머리
SANGGUL 얹은머리
SANGGUL 쪽진 머리
(SANGGUL) sanggul lintang (머리 위 좌우로) 가로질러 얹은머리
(SEMPURNA) sempurna akal 머리가 좋은
(SIMBUR) bersimbur (목욕물을) 머리에 붓다
(SINGKAT) singkat faham 머리가 나쁜
(SINGKAT) singkat paham 머리가 나쁜
(TAJAM) tajam akal 머리가 뛰어난
(TAJAM) tajam hati 머리가 좋은
(TERANG) terang akal 머리가 좋은
(TERANG) terang fikiran 머리가 좋은
(TERANG) terang hati 머리가 좋은
(TOPANG) menopang kepala bayi 아기의 머리를 받쳐 주다
(TOPANG) menopang kepala bayi 아기의 머리를 받치다
(TUDUNG) tudung kepala (이슬람 여성들의) 머리 덮개
(TUTUP) tutup kepala (이슬람 여성의) 머리 가리개
(TUTUP) tutup kepala 투둥(이슬람 여성들의 머리 덮개)
(UBUN-UBUN) ubun-ubun lembut 머리에 피도 안 마른

머리가리개

KUDUNG 머리가리개
(KUDUNG) berkudung 머리가리개를 착용하다

머리글

(PATAH) sepatah kata 머리글

머리띠

(IKAT) ikat kepala 머리띠
(SIMPAI) simpai kepala 머리띠(를 두르다)

머리말

(ALAS) alas cakap 머리말
(ALAS) alas kata 머리말
(ANTAR) pengantar kata 머리말
(DAHULU) kata pendahuluan 머리말
(PATAH) sepatah kata 머리말

머리뼈
(TEMPURUNG) tempurung kepala 머리뼈
(TEMPURUNG) tempurung otak 머리뼈

머리카락
(ANAK) anak rambut 머리카락
RAMBUT 머리카락

머리털
(ANAK) anak rambut 가는 머리털
(LIPAS) ekor lipas 목덜미까지 길게 내려와 양쪽으로 갈라 진 머리털(젊은 이들의 유행 머리)
RAMBUT 머리털(처럼 생긴 것)
(RAMBUT) rambut putih 하얗게 센 머리털
(RAMBUT) rambut sudah menjarum 머리털이 희끗희끗한
(RAMBUT) rambut telah berwarna dua 머리털이 희끗희끗한

머리 회전
(OTAK) otak berjalan 머리 회전이 빠른
(OTAK) otak berpilin-pilin 머리 회전이 빠른

머릿니
TUMA 머릿니

머릿속
(KEPALA) di luar kepala 머릿속으로
(LEKAT) lekat benar 머릿속에 쏙쏙 들어오는

머무적거리다
(SEGAN) segan-segan 머무적거리다

머뭇거리다
(LANGIT) ke langit tidak sampai ke bumi tidak nyata 머뭇거리는
(SEGAN) segan tak segan 머뭇거리지 않는

머코앵무새
(BURUNG) burung kakaktua 머코앵무새

먹고살기
(BERAT) berat rezeki 먹고살기 힘든
(MAKAN) makan minum 먹고살기

먹고살다
(CUKUP) secukup hidup 근근이 먹고사는
(KAIS) kais sebelum makan, mengais dulu maka makan 근근이 먹고사는
(MAKAN) makan pena 글로 먹고살다

먹다
(ALAS) mengalas perut 아침을 먹다
(BASAH) membasahi kerongkongan 맛있게 먹다
(BERSIH) membersihkan mulut 디저트를 먹다
(BERSIH) membersihkan mulut 후식을 먹다
(BERSIH) mencuci mulut 디저트를 먹다
(BERSIH) mencuci mulut 후식을 먹다
(IDAM) mengidamkan nangka 바라밀열매(낭카)를 몹시 먹고 싶어 하다
(ISI) mengisi perut 음식을 먹다
(KENA) kena emas 뇌물을 먹다
KUNYAH 먹다
(LAMBUNG) besar lambung (음식을) 많이 먹는

(LANJUT) lanjut umur 나이를 먹다
(LANJUT) lanjut usia 나이를 먹다
MAKAN 먹다
(MAKAN) makan duit 뇌물을 먹다
(MAKAN) makan sogok 뇌물을 먹다
(MAKAN) makan sorong 뇌물을 먹다
(MAKAN) makan suap 뇌물을 먹다
(MAKAN) makan upah 뇌물을 먹다
(MASUK) masuk pintu belakang 뇌물(을 먹다)
(MERDESA) merdesa di perut kenyang 수염이 석자라도 먹어야 양반
(MERTUA/MENTUA) lupa mertua 둘이 먹다 하나가 죽어도 모르겠다
(MULUT) bermulut karung 음식을 많이 먹는
(PEKAK) pekak batu 완전히 귀가 먹은
(PUPUH) dipupuhnya makan 배불리 먹다
(PUPUH) dipupuhnya makan 한껏 먹다
(REMANG) meremang bulu kuduk 몹시 겁을 먹다
(REMANG) meremang bulu roma 몹시 겁을 먹다
(REMANG) meremang bulu tengkuk 몹시 겁을 먹다
(SALAH) salah makan 음식을 잘못 먹다
SANTAP 먹다
(SOGOK) makan sogok 뇌물을 먹다
(SORONG) kena sorong 뇌물을 먹다
(SOSOH) menyosoh makan 배불리 먹다
(SUAP) makan suap 뇌물을 먹다
(TAKUT) takut akan bayang-bayang 지레 겁을 먹은
(TAKUT) takut bayang-bayang 지레 겁을 먹은
(TAMBAH) menambah nasi 밥을 더 먹다
(TANGSEL/SUMBAT) menangsel perut 음식을 먹다
TELAN 먹다
(TELINGA) telinga kuali 가는귀가 먹은
(TELUNJUK) telunjuk lurus, kelengking berkait 점잖은 개가 똥을 먹는다
(TUKAR) menukar selera 평상시와는 다른 음식을 먹어 보다
(ULAM) makan berulam 생야채를 곁들여 밥을 먹다

먹먹하다
(TULI) menulikan telinga 귀가 먹먹하다

먹먹해지다
(TULI) menulikan telinga 귀가 먹먹해지다

먹물
DAKWAT (낙지의) 먹물

먹보
(BUTA) buta perut 먹보

먹을거리
(SANTAP) santapan pokok 주요 먹을거리
(TEBUS) tebus pintu 퇴근 시 가족을 위해 가져오는 먹을거리

먹을 것
(PADAT) memadat perut 배불리 먹을 것을 주다

먹이
UMPAN 먹이

먹이다
(TUTUP) menutup mulut 뇌물을 먹이다

먼저
(PERTAMA) pertama-tama 먼저

먼지

ABU 먼지
DAKI 먼지
DULI 먼지
먼지떨이
(BULU) bulu ayam 닭털로 만든 먼지떨이
멀다
JAUH 멀다
(JAUH) jauh di mata 아주 먼 곳에
(LALAT) lalat mencari puru 탐욕에 눈이 먼
(LANGIT) langit hijau 먼 곳
(LAPAR) lapar mata (재물에) 눈이 먼
(LUPA) lupa daratan 사랑에 눈이 멀다
(MABUK) mabuk pangkat 출세에 눈이 먼
(MABUK) mabuk uang 돈에 눈이 먼
(MATA) mata duitan 돈에 눈이 먼
(PANGGIL) panggil tak dengar 아주 먼
멀라티
MELUR/MELATI 멀라티(재스민의 일종)
멀루르
MELUR/MELATI 멀루르
멀리
(JALAN) berjalan jauh banyak dilihat 높이 나는 새가 멀리 본다
JAUH 멀리
(JAUH) berjauhan mata 아주 멀리 헤어지다
(JAUH) jauh di mata 아주 멀리
(LAYANG) layang pandang 멀리 바라보다
(LAYANG) melayang pandangan 멀리 바라보다
(LAYANG) melayangkan pandang 멀리 바라보다
(PANGGIL) panggil tak dengar 아주 멀리 떨어진
멀리뛰기
(LONCAT) lompat jauh 멀리뛰기
(LONCAT) loncat jauh 멀리뛰기
멀리하다
(JAUH) menjauhkan diri 멀리하다
멀미
(MABUK) mabuk laut 뱃멀미
(MABUK) mabuk ombak 뱃멀미
(MABUK) mabuk udara 비행기 멀미
멀어지다
LARAT 멀어지다
(LARAT) berlarat-larat 점점 멀어지다
(LARAT) larat-larat 점점 멀어지다
(LARAT) melarat-larat 점점 멀어지다
LARUT 점점 멀어지는
멈추다
HENTI 멈추다
MATI 멈추다
멋대로
(LANTAS) berlantas angan 제 멋대로 하다
(RAJALELA) merajalela 제 멋대로 행동하다
멋지다
(MANIS) manis bangun 멋진
(MUDA) muda lela 젊고 멋진

RANCAK 멋진
멋진
ELOK 멋진
PANTAS 멋진
멍
(LUKA) luka memar 멍이 든 상처
MEMAR (피)멍
(MEMAR) luka memar pada dada 가슴 부위의 (피)멍이 든 상처
(PECAH) pecah darah 멍든 상처
멍청
BONGKONG 멍청한
멍청이
(KERBAU) kerbau pendek 멍청이
(PAK) pak si bendul 멍청이
(TOLOL) si tolol 멍청이
(UDANG) udang tahi di kepala 멍청이
(UDIK) orang udik 멍청이
ㅁ
멍청하다
(KEPALA) berkepala kerbau 멍청한
(KURANG) kurang akal 약간 멍청한
(LAGAK) berlagak bodoh 멍청한 척하다
(MACAM) macam tunggul 멍청한
(ORANG) orang gunung 멍청한
(OTAK) otak ayam 멍청한
(OTAK) otak batu 멍청한
(OTAK) otak beku 멍청한
(OTAK) otak telur 멍청한
(OTAK) otak udang 멍청한
(SINGKAT) singkat faham 멍청한
(SINGKAT) singkat fikiran 멍청한
(SINGKAT) singkat paham 멍청한
(TELINGA) bertelinga lembut 멍청한
(TIDAK) tidak berbenak 멍청한
(TIDAK) tidak berotak 멍청한
TOLOL 아주 멍청한
(TOLOL) tolol betul 이렇게 멍청할 수가
(TOLOL) tolol betul 정말 멍청한
(TUA) tua cendawan 멍청한 늙은이
(TUTUP) tutup akal 멍청한
멍텅구리
(SI) si bodoh 멍텅구리
메기
LIMBAT 메기
(SISIK) menyisiki limbat 메기의 껍질을 벗기다
메뉴
(DAFTAR) daftar makanan 메뉴
메뚜기
BELALANG 메뚜기
(BELALANG) belalang padi 벼메뚜기
WALANG 메뚜기
메마르다
(KERING) kering kelontang (땅이) 메마른
(KERING) kering kerontang (땅이) 메마른

(RANTING) ranting kering 메마른 가지
(RANTING) ranting mati 메마른 가지
메스껍다
(ULAT) bagai melihat ulat 메스꺼운
메주
(TAHI) tahi kucinglah (콩으로 메주를 쓴다고 해도) 믿지 않는다
메추라기
(BURUNG) burung puyuh 메추라기
메카
(MESJID/MASJID) Masjidilharam 메카 신전
(MESJID/MASJID) Masjidilharam 메카에 있는 이슬람 대성전
(TABUNG) tabung haji 메카 성지순례기금
(TANAH) tanah haram 메카(이슬람교의 창시자인 마호메트가 태어난 곳으로 이슬람교 최고의 성지이다)
(TANAH) tanah suci 메카 성지
(TURUN) turun haji 메카 성지순례에서 돌아오다
메카 순례
HAJ 성지(메카) 순례
멘스
HAID 멘스
(LIHAT) lihat bulan 멘스하다
(LIHAT) melihat bulan 멘스하다
멜빵
(BAJU) baju monyet (어린이) 멜빵바지
(BAJU) baju monyet 작업용 멜빵바지
멜빵바지
(BAJU) baju monyet (어린이) 멜빵바지
(BAJU) baju monyet 작업용 멜빵바지
(CELANA/SELUAR) celana kodok 멜빵바지
(CELANA/SELUAR) celana monyet 멜빵바지
멧돼지
(BABI) babi bodoh 수염멧돼지
(BABI) babi hutan 멧돼지
(BABI) babi janggut 수염멧돼지
(TARING) taring babi hutan 멧돼지의 엄니
며느리
MENANTU 며느리
(MENANTU) bermenantukan 며느리로 삼다
(MENANTU) bermenantu 며느리를 맞다
(MENANTU) bermenantu 며느리를 보다
며느리발톱
SUSUH (닭의) 며느리발톱
(SUSUH) susuh ayam 닭의 며느리발톱
(SUSUH) susuh buatan (날카로운 쇠칼 모양의) 투계용 인조 며느리발톱
TAJI 며느리발톱
(TAJI) taji ayam (날카로운 쇠칼 모양의) 투계용 인조 며느리발톱
며칠 전
(TEMPOH) tempoh hari 바로 며칠 전에
멱따다
SEMBELIH 멱따다
(SEMBELIH) sembelih ayam 닭을 멱따다
면
SEGI 면

(SEGI) persegi 각(면)이 있는
면담
(JUMPA) jumpa muka 면담하다
면담약속
(JANJI) janji temu 면담약속
면도
CUKUR 면도
(PARAS) memaras 면도하다
면도칼
CUKUR 면도칼
면목
(GIGIT) tergigit lidah 면목이 없는
(MUKA) kehilangan muka 면목이 없는
면밀히
(TIMBANG) timbang-menimbang 면밀히 검토하다
면역접종
(CACAR) mencacar 천연두 면역접종을 하다
(CACAR) pencacaran 천연두 면역접종
면접
(TEMU) bertemu bual (입학, 입사 등을 위해)면접하다
(TEMU) bertemu duga (입학, 입사 등을 위해)면접하다
(TEMU) temu bual (입사, 입학 등의) 면접
(TEMU) temu duga (입사, 입학 등의) 면접
(TEMU) temu ramah (입사, 입학 등의) 면접
면접관
(TEMU) penemu bual 면접관
(TEMU) penemu duga 면접관
면제
(HALAL) menghalalkan utang 빚을 면제하다
면허
IZIN 면허
(IZIN) izin mengemudi 운전면허
(IZIN) izin terbit 출판 면허
(IZIN) izin usaha 사업 면허
면허(증)
LESEN 면허(증)
면허증
(LESEN) lesen memandu kereta 자동차운전면허증
(SURAT) surat izin 면허증
멸균
(KAPAS) kapas pembalut 멸균거즈
명
(PAHIT) pahit darah 명이 긴
(PAHIT) pahit-pahit darah 명이 긴
(PENDEK) pendek permintaan 명이 짧은
(PENDEK) pendek pinta 명이 짧은
(PENDEK) pendek umur 명이 짧은
명관
(BATIK) laksana batik lasam 구관이 명관이다
명단
(DAFTAR) daftar tunggu 대기자 명단
명랑
(AIR) air mukanya berminyak 명랑한

JERNIH 명랑한
RAMAH 명랑한
명랑하다
(MANIS) manis muka 명랑한
(MUKA) muka manis 명랑한
(RINGAN) ringan langkah 명랑한 기분
(WARNA) warna terang 명랑해 보이는 표정
명령
SURUH 명령
TELUNJUK 명령
명령서
(SURAT) surat perintah 명령서
명명백백
(BULAN) terang bagai bulan 명명백백한
(GELANGGANG) bergelanggang di mata orang banyak 명명백백한
(TERANG) siang bagai hari 명명백백한 (일)
(TERANG) terang bagai bulan 명명백백한 (일)
명백하다
(SULUH) bersuluh matahari 명백한 (일)
(SULUH) bersuluh tengah hari 명백하고 분명한 (일)
명상
(TENANG) menenangkan fikiran 명상하다
(TENANG) menenangkan pikiran 명상하다
명석하다
(LUNAK) lunak tak bersudu, keras tak bertakik 명석한
(TAJAM) tajam otak 명석한
(TERANG) terang akal 명석한
(TERANG) terang fikiran 명석한
(TERANG) terang hati 명석한
명성
(MATAHARI/MENTARI) matahari turun 명성이 떨어지는
명세서
(DAFTAR) daftar gaji 월급명세서
명수
(MASIN) masin lidah 담판의 명수인
(MASIN) masin lidah 설득의 명수인
(MASIN) masin mulut 설득의 명수인
(MASIN) masin perkataan 담판의 명수인
명심
(CERNA) mencernakan 명심하다
명예
(BAWA) membawa nama baik 명예를 지키다
(BAWA) membawa nama buruk 명예를 실추시키다
(BERSIH) membersihkan nama 명예를 회복하다
(BUANG) membuang nama 명예를 더럽히다
(CARI) mencari nama 명예를 좇다
(CEMAR) mencemarkan nama 명예를 더럽히다
(HAPUS) menghapus arang di muka 명예를 회복하다
(KENA) kena lecah 명예가 훼손되다
(NAIK) naik bintang 명예로운
NAMA 명예
(NAMA) nama baik 명예
(NODA) menodai nama 명예를 더럽히다

ㅁ

(PELIHARA) pelihara nama 명예를 지키다
(RUSAK/ROSAK) merusakkan nama 명예를 잃다
(RUSAK/ROSAK) rusak nama 명예를 잃은
(TEBUS) menebus 명예를 되찾다
(TEBUS) menebusi 명예를 되찾다
(TEBUS) tebus nama 명예 회복을 위한 노력

명예욕
(TUAH) menghijau tuah, najis keluar 명예욕 때문에 패가망신하다

명의
(BALIK) balik nama 명의를 바꾸다
(JUAL) menjual nama 명의를 도용하다

명작
(BUNGA) bunga rampai 명작선집

명절
(HARI) hari baik 명절
(PUASA) hari raya puasa (금식월이 끝난 후에 맞는) 금식 명절
RAYA 명절
(RAYA) hari raya haji 라야하지(이슬람력으로 12월 10일에 지내는 명절)
(RAYA) hari raya puasa (금식월이 끝난 후에 맞는) 금식 명절
(RAYA) hari raya (금식월이 끝난 후에 맞는) 금식 명절
(RAYA) raya haji 라야하지(이슬람력으로 12월 10일에 지내는 명절)

명치
(HATI) hulu hati 명치
(HULU) hulu hati 명치

명확하다
(MURAI) murai berkicau hari siang 명확한 (사실)

몇몇
(TENGAH) setengah-setengah 몇몇 (사람들)

몇 안 되다
(JARI) dapat dihitung dengan jari 몇 안 되는

모가지
(LEMPAR) dilempar dari kursinya 모가지가 잘리다

모계
(GARIS) garis ibu 모계의

모국
(IBU) ibu pertiwi 모국

모기
(GAJAH) nyamuk gajah 왕모기
NYAMUK 모기
(NYAMUK) nyamuk gajah 큰모기
(NYAMUK) nyamuk harimau 얼룩모기

모기장
KELAMBU 모기장

모기장천
(TIRAI) tirai kelambu 모기장천

모내기
(MUSIM) musim menanam padi 모내기 철
(PIAMA) musim piama 모내기 철
(TANAM) musim tanam 모내기 철

모닥불
(API) api unggun 모닥불

모두
(KALI) sekali gus 모두

(KALI) sekalian 모두
(KALI) sekaligus 모두
(LUAR) luar dalam 모두
(RATUS) seratus peratus 모두
(SAMA) sama sekali 모두
(SAMA) sama-sama 모두의
SEGALA 모두의
(SEGALA) segala apa 모두

모래
(BUKIT) bukit pasir 모래언덕
(PELIR) menanti pelir kambing terputus 모래가 싹 난다

모래알
RAMAL (점치는 데 쓰는)모래알

모래주머니
TEMBOLOK 모래주머니

모략
FITNAH 모략

모르는 척
(BUTA) membutakan mata 알고도 모른 척하다

모르는 체
(TUTUP) menutup mata 모르는 체 하다

모르는 체 하다
(CENDANA) sudah gaharu cendana pula 모르는 체 하는

모르다
(KURANG) kurang terima 감사할 줄 모르는
(KURANG) kurang terima 은혜를 모르는
(LADING) lading tak tahu akan majalnya 제 똥 구린 줄 모른다
(LAUT) dalam laut dapat diduga, dalam hati siapa tahu 열길 물 속은 알아도 한 길 사람 속은 모른다
(LENYAP) lenyap daratan 어쩔 줄 모르다
(MATI) mati lidah 입맛을모르는
(MELEK) belum melek 아직 잘 모르는
(MUKA) bermuka badak 부끄러움을 모르는
(MUKA) bermuka dinding 부끄러움을 모르는
(MUKA) bermuka papan 부끄러움을 모르는
(MUKA) bermuka tebal 부끄러움을 모르는
(MUKA) bermuka tembok 부끄러움을 모르는
(PUTUS) keputusan akal 어찌 할 바를 모르는
(PUTUS) putus akal 어쩔 줄 모르다
(PUTUS) putus akal 어찌할 바를 모르다
(SALAH) salah adat 예의범절을 모르는
(SELAM) selam air dalam tonggak 천 길 물속은 알아도 한 길 사람 속은 모른다
(SIPUT) tak tahu akan siput empuk 낫 놓고 기역 자도 모른다
(SIRAM) tersiram minyak panas 어찌할 바를 모르다
(TAHU) tidak tahu-menahu 아무 것도 모르는
(TAHU) tidak tahu-menahu 전혀 모르는
(TANGAN) tangannya selalu tergenggam 남을 위해 베풀 줄 모르는
(TEGANG) bertegang lidah 양보를 모르는
(TIDAK) tidak berkepala 창피를 모르는
(TIDAK) tidak tahu untung 은혜를 모르는
(TINGGI) tinggi lawak-lawak 하늘 높은 줄 모른다
(TUMBUK) tertumbuk akal 어찌할 줄을 모르다

모르모트
(TIKUS) tikus belanda 모르모트
모링가나무
KELOR 모링가나무
모면
(LEPAS) lepas malu 창피를 모면하다
모면하다
(TUTUP) tutup malu 창피를 모면하려 애쓰다
모발
(JARANG) rambut yang jarang 듬성듬성한 모발
모범
KACA 모범
모색
(CARI) mencari jalan 방안을 모색하다
모서리
SEGI 모서리
모숨
(SIRIH) sirih sekapur 시리 한 모숨
모습
(BANGUN) bangun muka 얼굴모습
(ELOK) elok rupanya 아름다운 모습
RAUT/RAUTAN 모습
(ROMAN/ROMA) seroman 모습이 비슷한
RUPA 모습
SIKAP 모습
(TIDAK) tidak kelihatan batang hidungnya 도무지 모습을 나타내지 않는
(TIDAK) tidak kelihatan buntutnya 도무지 모습을 나타내지 않는
(TIDAK) tidak tampak batang hidungnya 도무지 모습을 나타내지 않는
(WAJAH) wajah baru 새로운 모습
모시
(PILIH) pilih-pilih ruas, terpilih pada buku 모시 고르다 베 고른다
(PILIH) pilih-pilih, terpilih labu muda 모시 고르다 베 고른다
모심기
(TANAM) musim tanam 모심기 철
모아잡다
(KUNCUP) menguncupkan tangan (기도할 때처럼) 양손을 모아 잡다
모양
GAYA 모양
(RUPA) ada rupa 모양이 있는
(SILANG) silang gunting 열십자 모양
(TAMPAN) tampan muka 얼굴 모양
모양새
RAGAM 모양새
모욕
(CALIT) mencalitkan arang ke muka (남에게) 모욕을 주다
(JENGKAL) menjengkal muka 모욕하다
(MERAH) memerahkan muka 모욕을 느끼게 하다
(SINGGUNG) menyinggung nama baik 모욕하다
(TAHAN) tahan hina 온갖 모욕을 참아내는
모유
(GANTI) pengganti air susu ibu 모유대체식품
모으다
(SUAR) menyuar ikan (집어등으로) 물고기를 모으다

모음문자
(HURUF) huruf hidup 모음문자
모의
(BELAKANG) di belakang layar 비밀리에 모의하다
(MAIN) main balik mata 모의하다
(TAHU) tahu sama tahu (범행을) 공동 모의하다
모임
RAPAT 모임
모자
(TUDUNG) tudung kepala 모자
(TUTUP) tutup kepala (머리) 모자
모자라다
(ALANG) alang kepalang 모자라는
(JATUH) jatuh daripada cukup 훨씬 모자라는
(KEPALA) berat kepala 이해력이 모자라는
KURANG 모자라는
(KURANG) kekurangan akal 생각이 모자라는
(KURANG) kurang satu sen 좀 모자라는
(KURANG) kurang sedikit 좀 모자라는
(MANDI) mandi dalam cupak 늘 모자라는
(PENDEK) pendek akal 배움이 모자라는
(SAYAP) sayap singkat 능력이 모자라는
(SINGKAT) singkat diulas, panjang dikerat 지나치거나 모자라지도 않는
(SUNTUK) suntuk akal 배움이 모자라는
(TENGAH) menengah tulang punggung 지나치거나 모자라지도 않는
(TENGAH) setengah masak 아직 모자라는
모조
(BARANG) barang tiruan 모조품
모조품
(LANCUNG) lancungan 모조품
모충
ULAT (송충이 따위의) 모충
(ULAT) ulat bulu 모충(몸에 털이 있는 벌레)
모퉁이
SIKU 모퉁이
모페드
(SEPEDA/BASIKAL) sepeda kumbang 모페드
모하멧
(SURUH) pesuruh Allah 선지자 모하멧
모함
(KAPAL) kapal induk 모함
(MASUK) masuk angin 모함을 받다
모험
(POTONG) potong jari 감히 모험을 하다
목
(ALUR) alur tengkuk 목구멍
(BASAH) membasahi kerongkongan 목을 축이다
(CEKIK) mencekik leher 목을 옥죄다
(CERUT) mencerut leher 목을 조르다
(GANTUNG) gantung diri 목매달다
(KERING) berkering tekak 목이 타는
(KERONGKONGAN) kerongkongan kering 목이 타는
LEHER 목

(LEHER) leher bagai gading ditarik 곱고 예쁜 목을 지닌 처녀
(MUTIARA) mutiara terkalung di leher babi 돼지 목에 진주목걸이
(PANGKAL) pangkal leher 목의 아래 끝
(POTONG) memotong leher 목을 베다
(RAJIN) rajin mengais, tembolok berisi 부지런한 사람 목에 거미줄 치지 않는다
(RENGKUNG) membasahi rengkung 목을 축이다
(SALAH) salah bantal (베개를 잘못 베고 자서) 목이 뻐근한
(SEPERTI) seperti kera mendapat bunga 돼지 목에 진주목걸이
(SUMBAT) tersumbat kerongkongan (감정이 복받쳐) 목이 매이다
(SUMBAT) tersumbat kerongkongan 목이 막히다

목걸이
KALUNG 목걸이
(KALUNG) kalung bunga 꽃목걸이
(KALUNG) kalung emas 금목걸이
(KALUNG) kalungan bunga 꽃목걸이
(RANTAI) rantai leher 목걸이

ㅁ

목격
(LIHAT) lihat sendiri 목격하다
(LIHAT) melihat sendiri 목격하다

목격자
(SAKSI) penyaksi mata 목격자
(SAKSI) saksi mata 목격자

목구멍
(ALUR) alur tengkuk 목구멍
KERONGKONGAN 목구멍
(LUBANG) lubang tengkuk 목구멍
(PINTU) pintu rezeki 목구멍
RENGKUNG 목구멍
RONGKONG 목구멍
(RONGKONG) kerongkongan 목구멍
(RONGKONG) rongkongan 목구멍
(SAMBUNG) menyambung hidup 목구멍에 풀칠하다
(SAMBUNG) menyambung nyawa 목구멍에 풀칠하다
TEKAK 목구멍

목덜미
(BULU) bulu kuduk 목덜미의 털
(BULU) bulu sua 목덜미의 털
(BULU) bulu tengkuk 목덜미의 털
KUDUK 목덜미
(KUDUK) bulu kuduk 목덜미의 털
TENGKUK 목덜미
(TENGKUK) lubang tengkuk 목덜미의 움푹 팬 곳

목도
(LIHAT) lihat sendiri 목도하다
(LIHAT) melihat sendiri 목도하다

목록
DAFTAR 목록
(DAFTAR) daftar pustaka 도서목록

목마르다
(DAHAGA) orang dahaga diberi air 목마른 자에게 물을 주는 격

목마른
DAHAGA 목마른

목석
(TONGKAT) menongkat langit 할 일은 안 하고 목석처럼 서 있는
목소리
(IKUT) ikut bersuara 덩달아 목소리를 내다
(MERSIK) suara mersik 낭랑한 (목)소리
(MERSIK) suara mersik 또랑또랑한 (목)소리
(NADA) nada suara 목소리(의 음색)
(PATAH) patah lagu 목소리가 떨리는
(PETIR) petir tunggal 우레와 같은 목소리
(SATU) satu bahasa 한 목소리
SUARA 사람의 목소리
(SUARA) suara perempuan 여자 목소리
(SUARA) suara sumbang 듣기 거북한 목소리
(TARIK) menarik suara 목소리를 높이다
목수
(CERMIN) buruk muka cermin dibelah 서툰 목수가 연장만 탓한다
(TARI) tak pandai menari dikatakan lantai yang terjungkat 서투른 목수가 대패 탓만 한다
목숨
AJAL 목숨
(ANTAR) mengantarkan nyawa 목숨을 걸다
(BUANG) membuang nyawa 목숨을 걸다
(CABUT) mencabut nyawa 목숨을 빼앗다
(GALANG) menggalang batang leher 목숨을 걸다
(HAYAT) selama hayat dikandung badan 목숨이 붙어 있는 동안
(KALANG) mengalangkan leher 남을 위해 목숨을 걸다
(LAYANG) layang nyawa 목숨이 끊어지다
(LAYANG) melayang jiwa 목숨이 끊어지다
(LAYANG) melayang nyawa 목숨이 끊어지다
(LEPAS) lepas jiwa 목숨을 건지다
(LEPAS) lepas untung 목숨을 건지다
(LEPAS) melepaskan jiwa 목숨을 건지다
(LEPAS) melepaskan untung 목숨을 건지다
(LINDUNG) lindung nyawa 목숨을 건지다
(LINDUNG) lindung nyawa 목숨을 부지하다
(LINDUNG) melindungkan nyawa 목숨을 건지다
(LINDUNG) melindungkan nyawa 목숨을 부지하다
(MINTA) minta aman 목숨을 구걸하다
(MINTA) minta ampun 목숨을 구걸하다
(MINTA) minta hidup 목숨을 구걸하다
(MINTA) minta nyawa 목숨을 구걸하다
(MINTA) minta nyawa 목숨을 내놓을 것을 요청하다
NAPAS/NAFAS 목숨
NYAWA 목숨
(PANJANG) panjang langkah singkat pinta 목숨이 다하다
(SABUNG) menyabung jiwa 목숨을 걸다
(SABUNG) menyabung nyawa 목숨을 걸다
(SAMPAI) sampai putih tulang 한 목숨 다 할 때까지
(SINGKAT) singkat permintaan 목숨이 짧은
(SINGKAT) singkat pinta 목숨이 짧은
(TARUH) mempertaruhkan nyawa 목숨을 걸다
(TARUNG) bertarung jiwa 목숨을 걸고 싸우다
(TARUNG) bertarung nyawa 목숨을 걸고 싸우다

(TEBUS) menebus dengan darah 목숨을 걸다
(TEKAN) tekan mati 목숨을 걸다
(TEMPUH) menempuh bahaya 목숨을 걸다
(TOLONG) tolong nyawa 목숨을 건지다
(UMBUT) mengumbut nyawa 목숨을 앗아 버리다
목욕
(BASUH) basuh lantai 산후 40일 기념 목욕 의식
(BAWA) membawa ke air 목욕시키다
(KAIN) kain basahan 목욕용 천
(KE) ke sungai 목욕가다
(KE) ke sungai 목욕하다
MANDI 목욕하다
(MANDI) mandi bakal 시신을 목욕시키는 일
(MANDI) mandi basah 성교 직후의 목욕
(MANDI) mandi berhias 혼전 신부의 목욕 의식
(MANDI) mandi berlenggang perut 임신 7개월 기념 목욕의식
(MANDI) mandi bunting 임신 7개월 기념 목욕의식
(MANDI) mandi damai 신랑신부가 합방한 후 치르는 목욕의식
(MANDI) mandi gubah 시신을 목욕시키는 일
(MANDI) mandi junub 성교 직후의 목욕
(MANDI) mandi mayat 시신을 목욕시키는 일
(MANDI) mandi sudah 염습 때 행하는 시신 목욕
(MANDI) mandi tian 임신 7개월 기념 목욕의식
SIRAM 목욕하다
(SIRAM) bersiram 목욕하다
(SUMUR) mandi di sumur 우물가에서 목욕하다
(TURUN) turun ke air 아기의 첫 목욕 의식
목욕물
(SIMBUR) bersimbur (목욕물을) 머리에 붓다
목욕의식
(LENGGANG) lenggang perut 임신 7개월째 하는 목욕의식
(MANDI) mandi balai 악령을 쫓기 위한 목욕의식
(MANDI) mandi basuh lantai 산후 40일 기념 목욕의식
목이버섯
(KUPING) kuping tikus 목이버섯(식용 버섯의 종류)
목재
KAYU 목재
목적
(MAKSUD) maksud hati 목적
TUJU 목적
목점박이비둘기
(TEKUKUR) tekukur jerum 목점박이비둘기
목젖
(ANAK) anak lidah 목젖
(TEKAK) anak tekak 목젖
목청
(BULUH) buluh dibakar 목청이 크고 말이 빠른
목표
ARAH 목표
(HULU) tiada berketentuan hulu hilirnya 목표가 불분명한
(MATA) mata alamat 목표
(PULAU) berlayar menuju pulau 목표가 확실한
(PUTUS) putus niat 목표를 달성한

(SASAR) sasaran tahun ini 올해 목표
목화
KAPAS 목화
(KAPAS) kapas belanda 육지목화
(KAPAS) kapas benggala 이집트목화
몫
(HASIL) hasil bagi 나눗셈의 몫
몰두
RINTANG 몰두하다
(SAKIT) menyakiti diri 몰두하다
몰락
(BULAN) bagai bulan akan habis 서서히 몰락하는
(MERIAM) meriam ompong 권세가 몰락한
몰래
(MASUK) masuk diam-diam 몰래 들어오다
몰래몰래
(SEMBUNYI) sembunyi-sembunyi 몰래몰래
몰상식
(ASAM) kurang asam 몰상식한
몰아쉬다
(SENIN/ISNIN) Senin Kamis 할딱할딱 가쁜 숨을 몰아쉬다
(SENIN/ISNIN) senen kemis 할딱할딱 가쁜 숨을 몰아쉬다
(TARIK) menarik nafas dalam-dalam 깊은 한숨을 몰아쉬다
(TARIK) menarik nafas panjang 긴 한숨을 몰아쉬다
(TARIK) menarik napas dalam-dalam 깊은 한숨을 몰아쉬다
(TARIK) menarik napas panjang 긴 한숨을 몰아쉬다
몰인정하다
(JANTUNG) berjantung pisang 몰인정한
몰지각하다
(BUNGKUK/BONGKOK) bungkuk baru betul 벼락부자의 몰지각한 행동
몸
AWAK 몸
BADAN 몸
(BADAN) badan Adam 인간의 몸
(JANGAK) menjangak 몸을 팔다
(JUAL) menjual diri 몸을 팔다
(LEMAH) lemah semangat 몸이 허약한
(LENTIK) lentik jari 몸을 사리다
(LENTIK) melentik jari 몸을 사리다
(MAKAN) makan diri 몸이 상하다
(MAKAN) makan diri 몸이 축나다
(MAKAN) makan hasil lendir 몸을 팔아 먹고사는 여자
(NAKAL) perempuan nakal 몸을 파는 여자
(POTONG) potongan badan 몸의 외관
(REGANG) meregang badan 몸이 뻣뻣해 지다
(RUMAH) rumah kata pergi, kubur kata mari 몸은 늙었지만 마음만은 이팔청춘
(SEGALA) segala badan 온 몸
(SEHAT/SIHAT) kurang sehat 몸이 아픈
(SEHAT/SIHAT) kurang sehat 몸이 편찮은
(SIMBUR) bersimbur-simburan (공동 목욕시 물을) 서로의 몸에 끼얹다
(SUCI) menyucikan diri (무슬림들이) 기도하기 전 물로 몸을 닦는 일
(SUNDAL) bersundal 몸을 팔다

(SUNDAL) menyundal 몸을 팔다
(TAHI) tahi lalat (얼굴, 몸의) 점
(TIDAK) tidak enak badan 몸이 찌뿌드드한
(TIDAK) tidak enak badan 몸이 편치 않은
(TIDAK) tidak sedap badan 몸이 찌뿌드드한
(TIDAK) tidak sedap badan 몸이 편치 않은
TUBUH 몸
(TUBUH) bersetubuh 한 몸이 되다
(TUBUH) tubuh badan 몸
(TUBUH) tubuh kasar 몸

몸값
(TEBUS) uang tebusan (인질) 몸값
(TEBUS) wang tebusan (인질) 몸값

몸담다
(CEMPLUNG/CEMPELUNG) mencemplungkan diri 몸담다
(CEMPUNG) mencempungkan diri 몸담다

몸매
(RAUT/RAUTAN) raut badan 몸매

몸무게
(TIMBANG) timbangan badan 몸무게

몸살
(MASUK) masuk angin 몸살(감기)

몸살감기
(SAKIT) sakit sejuk 몸살감기

몸살기
(SAKIT) sakit kepala 몸살기가 있는

몸살약
(OBAT/UBAT) obat angin 몸살약

몸서리치다
(SANGKAK) menyangkak bulu 몸서리치게 (두려운)
(TEGAK) tegak bulu kuduk 몸서리치는
(TEGAK) tegak bulu roma 몸서리치는

몸소
(HAYAT) mendapat hayatnya 몸소 체험하다

몸이 굳다
KEJUT (놀라서) 몸이 굳은

몸조심
(JAGA) menjaga diri 몸조심하다

몸집
(ORANG) orang besar 몸집이 큰 사람
(SIKAP) sikap badan 몸집
(SIKAP) sikap tubuh 몸집

몸짓
(LENGGANG) lenggang-lenggok bagai cupak hanyut 살랑살랑 여인의 아름다운 몸짓

몸통
(BATANG) batang tubuh 몸통
(TUBUH) batang tubuh (머리와 사지를 제외한) 몸통

몹시
KALI 몹시

몹쓸 말
EMPEDU/HEMPEDU 몹쓸 말

몹쓸 병

(KAIN) tak tahu akan kain lagi 몹쓸 병에 걸린 (사람)
못
KOLAM 못
PAKU 못
(PELIR) pelir itik 나사못
(SEKRUP/SKRU) disekrup mati 나사못으로 고정시키다
못돼먹은
(BANYAK) banyak tingkah 못돼먹은
못된
NAKAL 못된
못살게 굴다
(BANYAK) banyak tingkah 못살게 구는
(SUSAH) menyusahkan orang (남을) 못살게 굴다
못생기다
(EKOR) tiada tentu ekor kepala 뚱뚱하고 못생긴
(HITAM) hitam pahit 검고 못생긴
HODOH 못생긴
(PANTAT) hitam bagai pantat belanga 피부가 검고 못생긴 (사람)
몽구스
MUSANG 몽구스
묘
KUBUR 묘
(KUBUR) kubur tak bertanda 무명의 묘
(MASIH) masih merah tanah kubur 묘를 쓴지 오래지 않은
묘안
(HABIS) habis akal 묘안이 없는
(IKHTIAR) mencari ikhtiar 묘안을 짜내다
(MATI) mati akal 묘안이 없는
(MATI) mati angin 묘안이 없는
(MATI) mati kutu 묘안이 없는
(PUTAR) memutar otak 묘안을 짜내다
묘지
(ISTIRAHAT) peristirahatan terakhir 묘지
(JURU) juru kunci 왕실 묘지 관리인
KANDANG 묘지
묘책
(AKAL) habis akal 묘책을 잃다
(BUNTU) buntu pikiran 묘책이 없는
(DAPAT) mendapat pikiran 묘책을 짜내다
(MATI) mati akal 묘책이 없는
(MATI) mati angin 묘책이 없는
(MATI) mati kutu 묘책이 없는
무
LOBAK 무
LOBAK 무우
(LOBAK) lobak cina 알타리무
(LOBAK) lobak cina 총각무
무감각
(BADAK) berkulit badak 무감각한
무감각하다
(MATI) mati rasa 무감각한
무겁다
BERAT 무거운

(KULUM) kulum batu 입이 무거운
(MALAS) malas bercakap 입이 무거운
(MULUT) mulutnya berat 입이 무거운
(RINGAN) ringan mulut, berat punggung 앉은 자리가 무거운 사람
(SINGKAT) singkat kata 입이 무거운
(TAHAN) menahan mulut 입이 무거운
(TEBAL) tebal bibir 입이 무거운

무게
(BOBOT) berbobot 무게가 있는

무고
(TANGKAP) tangkap buta (거짓말로) 남을 무고하다

무관심
ABAI 무관심한
(CAMPAK) campak sebelah 무관심한
(TARUH) menaruh di bawah paha 무관심한

무궁화꽃
(BUNGA) bunga raya 무궁화꽃
(BUNGA) bunga sepatu 무궁화꽃
(DADU) bunga raya dadu 분홍빛 무궁화꽃

무기
(KEBAL) kebal daging 예리한 무기에도 뚫리지 않는
SENJATA 무기
(SENJATA) alat senjata 각종 무기
(SENJATA) senjata gelap 불법 무기
(SENJATA) senjata kimia 화학무기
(SENJATA) senjata tajam 도검 무기

무기고
(GUDANG) gudang senjata 무기고

무기력
(MATI) mati angin 무기력해 진
(MATI) mati kutu 무기력한 사람

무기력하다
(KAYU) kayu lempung 무기력한
(TIDAK) tidak bertulang 무기력한

무너지다
HANCUR 무너진
(HANCUR) hancur lebur 완전히 무너진
(HANCUR) hancur mumur 완전히 무너진
(PANAS) panas setahun dihapuskan oleh hujan sehari 개미구멍으로 공든 탑 무너진다
RUNTUH 무너지다

무능
(TIDAK) tidak bergigi 무능한
(TIDAK) tidak berkapak 무능한
(TIDAK) tidak berkuku 무능한

무단결근
(LARI) lari dari tugas 무단결근(하다)

무대
GELANGGANG 무대
KANCAH 무대
(KANCAH) kancah dunia 세계무대
(KANCAH) kancah politik 정치활동 무대
PANGGUNG 무대

무대공포증
(DEMAM) demam panggung 무대공포증
무더기
SUSUN 무더기
무덤
(BAWA) membawa ke liang kubur 무덤까지 가져가다
(BEDIL) menjual bedil kepada lawan 제 무덤 제가 파기
KUBUR 무덤
(NEGERI) negeri cacing 무덤
(PULAU) pulau cacing 무덤
무덥다
(PANAS) panas terik 무더운
(PANAS) panasnya membelah benak 몹시 무더운
무디다
(TELINGA) telinga tebal 무딘
무력
(RAMPAS) merampas kuasa 무력으로 정권을 쥐다
무력하다
(TIDAK) tidak bergigi 무력한
(TIDAK) tidak berkapak 무력한
(TIDAK) tidak berkuku 무력한
무례
CEMPALA 무례한
(CEPAT) cepat mulut 무례한
CEROBOH 무례한
(CEROBOH) kecerobohan 무례함
KONYOL 무례한
LANCANG 무례한
(LANGGAR) langgar adat 무례한
(LANGGAR) langgar bahasa 무례한
(LANGGAR) melanggar adat 무례하게 굴다
(LANGGAR) melanggar bahasa 무례하게 굴다
(PANTAS) pantas mulut 무례한
(RENDAH) rendah budi 무례한
(RETAK) retak melampaui batas 몹시 무례한
(RUSAK/ROSAK) berusak hati 무례하다
(RUSAK/ROSAK) rusak hati 무례한
(SALAH) salah tingkah 무례한 행동을 하다
SUMBANG 무례한
(SUMBANG) sumbang di mata, binasa di hati 무례한 행동은 악행을 수반한다
(SUMBANG) sumbang langkah 무례한 (행동)
(TIDAK) tidak tahu diri 무례한
무례하게
(SALAH) salah tanya 무례하게 따져 묻다
무료
(CUMA) cuma-cuma 무료의
(CUMA) percuma 무료의
(KARENA/KERANA) karena Allah 무료로
무르다
(LEMAH) lemah urat 무르고 약한
무르익다
(MASAK) masak ranum 무르익은

RANUM 무르익은

무릅쓰다

(SABUNG) menyabung untung 위험을 무릅쓰다

무릎

DENGKUL 무릎

(DUDUK) duduk bersimpuh 무릎을 꿇고 앉다

(LEKUK) lekuk lutut 뒷무릎

(LIPAT) lipat lutut 무릎을 꿇다

(LIPAT) melipat lutut 무릎을 꿇다

LUTUT 무릎

(LUTUT) lekuk lutut 뒷무릎

(LUTUT) lutut lekuk 뒷무릎

PANGKU 무릎

(PARAS) separas lutut 무릎 높이의

(PARAS) separas lutut 무릎까지 닿는

RIBA 무릎

(RIBA) meriba anaknya 아이를 무릎 위에 앉히다

(SENDI) sendi lutut 무릎 관절

(SIMPUH/TIMPUH) duduk bersimpuh 무릎을 꿇고 앉다

(SIMPUH/TIMPUH) jatuh tersimpuh 무릎을 꿇으며 쓰러지다

(TEKUK) bertekuk lutut 무릎을 꿇다

(TEKUK) menekuk lutut 무릎을 꿇다

(TONGKAT) bertongkat lutut 무릎에 손을 짚고 앉다

(TOPANG) bertopang lutut 무릎에 손을 짚고 앉다

무면허

(POKROL) pokrol bambu 무면허 변호사

무명

(KUBUR) kubur tak bertanda 무명의 묘

무명지

(JARI) jari manis 무명지

무모

(BABI) membabi buta 무모한 짓을 하다

(BERANI) berani cadang 무모한 용기

(BUTA) membuta tuli 무모한 행동을 하다

(TAKIK/TAKUK) takik darah di batu 무모한 짓

(TIDAK) tidak kira-kira 무모한

무사

PENDEKAR 무사

SELAMAT 무사한

무사태평

(LENGGANG) lenggang kangkung 무사태평한

(LEPAS) lepas kira-kira 무사태평한

무상

(EDAR) zaman beredar musim berubah 무상

(EMBUN) embun di ujung rumput 무상한

(TANGKAI) tangkai embun 무상한 것

(TARIK) tarik puntung padamlah bara 권력 무상

무선송신

RADIO 무선송신

무섭다

DAHSYAT 무서운

무성영화

(FILM) film bisu 무성영화

무성하다
TEBAL 무성한
무소새
(BURUNG) burung badak 무소새
무소식
(GELAP) gelap pendengaran 깜깜 무소식의
무수리
(BURUNG) burung babi 무수리
무수하다
(HITUNG) tak terhitung 무수한
무수히
(BANYAK) sebanyak bintang di langit 무수히 많은
무술
(KUDA) kuda-kuda (무술수련의) 형
무슬림
ALHAMDULILLAH 알함둘릴라 (무슬림들이 다행과 감사를 표현하는 말)
ASSALAMUALAIKUM 앗살라무알라이쿰 (무슬림들이 건네는 인사말)
(MASUK) masuk Islam 무슬림이 되다
(MASUK) masuk Jawa 무슬림이 되다
(MASUK) masuk Jawi 무슬림이 되다
(MASUK) masuk Melayu 무슬림이 되다
(MASUK) masuk waktu (무슬림들에게) 기도할 시간이 되다
(MELAYU) masuk Melayu 무슬림이 되다
(PERANG) perang sabil (무슬림들의) 성전
(SALAT/SOLAT) salat lima waktu 솔랏리마왁투(무슬림들이 실행해야 하는 하루 5번의 의무적인 기도)
(SEMBAHYANG/SOLAT) air sembahyang (무슬림들이 기도하기 전 몸을 닦기 위해 사용하는) 성수
(SEMBAHYANG/SOLAT) sembahyang lima waktu 슴바양리마왁투(무슬림들이 실행해야 하는 하루 5번의 의무적인 기도)
(SEMBAHYANG/SOLAT) solat lima waktu 슴바양리마왁투(무슬림들이 실행해야 하는 하루 5번의 의무적인 기도)
(SUBUH) subuh gajah (무슬림들의) 새벽 기도 시간이 조금 지난 때
(SUCI) menyucikan diri (무슬림들이) 기도하기 전 물로 몸을 닦는 일
(SYAHADAT) bersyahadat (무슬림들이) '하느님 외에는 신이 없고 무하맛은 하느님의 사도이다'라고 말하다
(SYAHADAT) bersyahadat 무슬림들이 신앙고백을 하다
(TIANG) tiang agama 이슬람의 오주(무슬림들이 실천해야 할 5가지 의무)
무시
(ANGGAP) dianggap angin 무시하다
(ANGGAP) menganggap sepi 무시하다
(INJAK) menginjak-injak 무시하다
(JENGKAL) menjengkal dada 무시하다
(LIHAT) melihat dengan sebelah mata 무시하다
(TULI) menulikan telinga 무시하다
무시무시하다
(DIRI) berdiri bulu kuduk 무시무시한
(DIRI) berdiri bulu roma 무시무시한
(DIRI) berdiri bulu tengkuk 무시무시한
(ROMA) tegak bulu roma 무시무시한
무식
BODOH 무식한

BUTA 무식한
(BUTA) buta hati 무식한
(KEPALA) kepala kosong 무식한
(KOSONG) kosong otak 무식한
(KURANG) kekurangan akal 무식한
(MATA) mata kayu 일자무식(의)

무신경
(ABAI) pengabai 무신경한 사람
(KULIT) berkulit badak 무신경한

무엄하다
(CEPAT) cepat mulut 무엄한

무엇
APA 무엇
MANA 무엇

무엇이든
(APA) apa saja 무엇이든
(BARANG) barang sesuatu 무엇이든지
(SEGALA) segala apa 무엇이든지

무엇인가
(APA) apa-apanya 무엇인가

무역
DAGANG 무역
NIAGA 무역

무역박람회
(GELANGGANG) gelanggang dagang 무역박람회

무역상
(RANTAU) anak rantau 무역상
(RANTAU) orang rantau 무역상

무역업
(URUS) urus niaga 무역업

무용지물
(KERA) kera diberi kaca 무용지물

무위도식
(GOYANG) bergoyang kaki 무위도식하는

무일푼
(GIGI) tinggal gigi dengan lidah sahaja 무일푼의
(MODAL) modal dengkul 무일푼으로 사업을 하는
(MODAL) modal kosong 무일푼으로 사업을 하는
(MODAL) modal mulut 무일푼으로 사업을 하는
(REBUS) merebus air 무일푼의

무자비하다
(TEBAL) tebal hati 무자비한
(TEBAL) tebal jangat 무자비한
(TEBAL) tebal kulit 무자비한

무장
(ANGKAT) angkat senjata 무장하다
(ANGKAT) mengangkat senjata 대항을 위해 무장하다

무장강도
(GOLOK) perampok bergolok 골록을 든 무장강도

무조건
(IA) beria-ia 무조건 '예'라고만 하다
(MENTAH) mentah-mentah 무조건으로

무지개

(BENANG) benang raja 무지개
PELANGI 무지개
(ULAR) ular mengiang 무지개
(ULAR) ular minum 무지개

무지갯빛
(PELANGI) ikan pelangi 무지갯빛 물고기(관상어의 일종)

무질서
(KALANG) kalang kabut 무질서한

무턱대고
(RAMBANG) rambang-rambang 무턱대고 (말)하다

무하맛
(SYAHADAT) bersyahadat (무슬림들이) '하느님 외에는 신이 없고 무하맛은 하느님의 사도이다'라고 말하다

무허가
(BANGUN) berbangun liar 무허가 건물이 들어서다
(GUBUK) gubuk liar 무허가 오두막집
(RUMAH) rumah haram 무허가 건물
(RUMAH) rumah liar 무허가 건물
(RUMAH) rumah setinggan 무허가 건물
(SETINGGAN) rumah setinggan 무허가로 지은 집

무허가 건물주인
SETINGGAN 무허가 건물주인

무효
HANGUS 무효가 된
(HANGUS) jadi hangus 무효가 되다
(PUTUS) putus akad (조약이) 무효가 되다

묵념
(HENING) mengheningkan cipta 묵념을 올리다

묵다
(TANDANG) bertandang diam (남의 집을) 방문하여 며칠 밤을 묵다
(TUMPANG) menumpang malam (하룻밤을) 묵다

묵상
(HENING) mengheningkan diri 묵상하다
(TENANG) menenangkan fikiran 묵상하다
(TENANG) menenangkan pikiran 묵상하다

묶다
KAIT 묶다
(SIMPUL) menyimpul tali kasut 신발끈을 묶다
TAMBAT 묶다

묶음
IKAT 묶음
RANGKAI 묶음
SIMPUL (머리) 묶음

문
PINTU 문
(TUTUP) tutup pintu 문을 닫다

문맹
(BUTA) buta huruf 문맹의
(TAHU) tahu di alif 문맹이 아닌
(TAHU) tahu mata huruf 문맹이 아닌
(TAHU) tahu mata surat 문맹이 아닌
(TIDAK) tidak kenal mata huruf 문맹(의)
(TIDAK) tidak kenal mata surat 문맹(의)

문맹퇴치운동
(PERANG) perang buta huruf 문맹퇴치운동
문법
(JALAN) jalan bahasa 문법
문서
(LONTAR) naskah lontar 론타르 문서
문손잡이
(TOMBOL) tombol pintu 문손잡이
문신
CACAH 문신
문어체
(RAGAM) ragam tulis 문어체
(RAGAM) ragam tulisan 문어체
문예
(SENI) seni sastera 문예
(SENI) seni sastra 문예
문자
(AJAR) ajar buaya berenang 공자 앞에서 문자 쓴다
(BATU) batu bersurat 문자비
(HARIMAU) anak harimau diajar makan daging 공자 앞에서 문자 쓰기
HURUF 문자
(HURUF) huruf Jawi 말레이어를 기록하기 위해 차용된 아랍문자
(HURUF) huruf Latin 라틴문자 (=로마문자)
(HURUF) huruf Romawi 라틴문자 (=로마문자)
(HURUF) huruf Romawi 로마문자
(HURUF) huruf hidup 모음문자
(HURUF) huruf mati 자음문자
(HURUF) huruf pegon 자와어를 기록하기 위해 차용된 아랍문자
(JAWI) huruf Jawi 말레이어를 기록하기 위해 차용된 아랍문자
(KAWI) tulisan kawi 고대 자바문자
(RANGKAP) huruf rangkap 이중 문자(하나의 말소리를 나타내는 두 개의 문자)
(RENANG) mengajar itik berenang 공자 앞에서 문자 쓰기
(TUA) orang tua diajar makan pisang 공자 앞에서 문자 쓴다
문자비
(BATU) batu bersurat 문자비
문제
(GANGGU) mengganggu gugat 문제를 일으키다
(HAL) tidak jadi hal 문제없는
(KAJI) kaji menurun 쉽게 풀 수 있는 문제
PERKARA 문제
(PERKARA) perkara berat 심각한 문제
(PERKARA) perkara besar 중요한 문제
문제아
(SETAN) setan-setan 문제아들
문지르다
GOSOK 문지르다
URUT 문지르다
문지방
AMBANG 문지방
BENDUL 문지방
(BENDUL) bendul pintu 문지방
(MUKA) muka pintu 문지방

문짝
(DAUN) daun pintu 문짝
PINTU 문짝
(TUTUP) tutup pintu 문짝
문체
(GAYA) gaya bahasa 문체
문필가
(PENDEKAR) pendekar pena 문필가
문학
(BUAH) buah karya (문학) 작품
(LISAN) sastra lisan 구비문학
문호
(BUKA) membuka pintu 문호를 개방하다
(PINTU) pintu terbuka 문호가 열린
문화
(KEJUT) kejutan budaya 문화적 충격
(LINTAS) lintas budaya 문화 간 상호접촉
(SENI) seni budaya 문화 예술
문화원
(BALAI) balai budaya 문화원
문화충격
(GEGAR) gegar budaya 문화충격
묻다
(BUMI) mengebumikan 땅에 묻다
(MALU) malu bertanya sesat jalan 아는 길도 물어서 가라
(MALU) malu makan perut lapar 아는 길도 물어서 가라
(SALAH) salah tanya 무례하게 따져 묻다
(SAMPAI) sampaikan salam 안부를 묻다
(SEGAN) segan bertanya, sesat jalan 아는 길도 물어서 가라
(SEMAT) tersemat di hati 가슴에 묻은
TANYA 묻다
(TANYA) menanyakan umur 나이를 묻다
물
AIR 물
(AIR) air ledeng 수도(물)
(AIR) air sembahyang 무슬림들이 기도드리기 전 몸을 닦는데 쓰는 물
(AIR) air sembilan (시체를) 염습할 때 쓰는 물
ARUS (물의) 흐름
(BELUKAR) belukar sudah menjadi rimba 엎지른 물
(BUBUR) nasi sudah jadi bubur 엎질러진 물
(CANTUM) cabik-cabik bulu ayam, lama-lama bercantum pula 칼로 물 베기
(DAHAGA) orang dahaga diberi air 목마른 자에게 물을 주는 격
(GADAI) gadai terdorong kepada Cina 엎지른 물
(GAYUNG) menggayung 바가지로 물을 푸다
(HANYUT) air tenang menghanyutkan 조용한 물이 깊다
(JAUH) telah jauh maka dipanggil 엎지른 물
(KAKI) kaki sudah dilangkahkan 엎지른 물
(KENCING) guru kencing berdiri, murid kencing berlari 윗물이 맑아야 아랫물이 맑다
(LANGKAH) langkah yang telah terlangkahkan 엎지른 물
(MASUK) dimasuk air 물에 빠지다
(MASUK) masuk air 물에 가라앉다

(MASUK) masuk air 물에 빠지다
(MERAH) merah kuku 손톱에 붉은 물을 들이다
(NASI) nasi jadi bubur 엎지른 물
(NGILU) ngilu-ngilu kuku (물이)미지근한
(PANCAR) pancaran (물의) 분출
(REBUS) merebus air 물을 끓이다
(RETAK) retak-retak bulu ayam 칼로 물 베기
(SEMPURNA) sempurnanya musim semi adalah musim panas 물은 건너보아야 알고 사람은 지내보아야 안다
(SENDOK/SENDUK) sendok air 물 주걱
(SEPERTI) seperti anjing berjumpa pasir 물 본 기러기 꽃 본 나비
SIRAM 물을 주다
(SUAM) suam-suam kuku 따끈따끈한 (물)
(SUCI) menyucikan diri (무슬림들이) 기도하기 전 물로 몸을 닦는 일
(SUDAH) sudah basah 엎지른 물
(SUDAH) sudah jadi bubur 엎지른 물
(SUMUR) sumur buta 물이 말라 버린 우물
(SUMUR) sumur mati 물이 말라 버린 우물
(TABUR) menabur uang 돈을 물 쓰듯 하다
(TABUR) menabur wang 돈을 물 쓰듯 하다
(TALI) tali air 고랑물대기
(TENGGELAM) mati tenggelam 물에 빠져 죽다
(TENGGELAM) tenggelam mati 물에 빠져 죽다
(TIADA) tiada buruk yang tiada elok 칼로 물 베기
(TIMBA) bertimba uang 돈을 물 쓰듯 하다
(TIMBA) bertimba wang 돈을 물 쓰듯 하다
(TOLONG) tolong anjing tersepit, sesudah lepas dia menggigit 물에 빠진 놈 건져 놓으니까 내 봇짐 내라 한다

물가
(KAWAL) mengawal harga barang 물가를 통제하다
(PUNCAK) memuncak naik (물가가) 엄청나게 뛰다
(PUNCAK) memuncak naik (물가가) 치솟다
(TAMBAH) bertambah mahal 물가가 오르다
(TINGKAT) bertingkat (물가가) 점점 오르다
(TINGKAT) meningkat naik (물가가) 급등하다

물감
CAT 물감
(CAT) cat air 수채화물감
(CAT) cat minyak 유화물감

물개
(GAJAH) gajah laut 물개

물거품
BUIH (물)거품
(PULAU) pulau sudah lenyap, daratan sudah tenggelam 물거품처럼 사라진 꿈

물건
(ALAT) alat kebesaran 국가 의식에 사용되는 물건
(ANTAH) antah lemukut 좋지 않은 물건
BARANG 물건
(BUNGKUS) bungkus bingkis 여러 꾸러미의 물건
(SALAH) salah ambil 실수로 남의 물건을 가져가다
(TUKAR) tukar tambah 웃돈을 주고 물건을 교환하다

물결

(OMBAK) ombak kecil 잔물결
물고기
IKAN 물고기
(IKAN) ikan air tawar 민물고기
(IKAN) ikan darat 민물고기
(IKAN) ikan laut 바닷물고기
(PELANGI) ikan pelangi 무지갯빛 물고기(관상어의 일종)
(SAYAP) sayap ikan (물고기의)지느러미
(SISIR) sisir insang (물고기의) 아가미
(SUAR) menyuar ikan (집어등으로) 물고기를 모으다
(TANGKAP) menangkap ikan 물고기를 잡다
물귀신
(HANTU) hantu air 물귀신
물기
(KERING) kering ringkai 물기가 전혀 없는
(KERING) kering-kering air 아직 물기가 있는
MERSIK 물기가 없는
물끄러미
(LAYANG) layang pandang 물끄러미 먼 산을 바라보다
(LAYANG) melayang pandangan 물끄러미 먼 산을 바라보다
(LAYANG) melayangkan pandang 물끄러미 먼 산을 바라보다
물다
GIGIT 물다
(PANCING) pancing makan umpan 내 밥 먹은 개가 발뒤축 문다
물둑
TAMBAK 물둑
물러나다
(HELA) menghela surut 뒤로 물러나다
MUNDUR 물러나다
(MUNDUR) mundur teratur 조용히 물러나다
SURUT 물러나다
UNDUR 물러나다
(UNDUR) berundur dengan segera 즉각 물러나다
물러서다
(PANTANG) pantang mundur 절대 물러서지 않는
(PANTANG) pantang surut 절대 물러서지 않는
물렁물렁하다
(LEMAH) lemah urat (힘살이) 물렁물렁한
물레방아
KINCIR 물레방아(바퀴)
(KINCIR) kincir air 물레방아
물마루
(LIDAH) lidah ombak 물마루
물머리
(LIDAH) lidah air 물머리
물물교환
(TUKAR) tukar-menukar 물물교환
물바가지
GAYUNG 물바가지
SAUK 물바가지
TEMPURUNG (야자 껍질을 반으로 갈라 만든) 물바가지
TIMBA 물바가지
물 베기

(CABIK) cabik-cabik bulu ayam, lama-lama bercantum pula 칼로 물 베기
물벼
(PADI) padi paya 물벼
(PADI) padi sawan 물벼
물소
KERBAU 물소
물속
(SELAM) selam air dalam tonggak 천 길 물속은 알아도 한 길 사람 속은 모른다
물심
(BATIN) lahir batin 물심양면
물심양면
(LAHIR) lahir batin 물심양면(으로)
(LUAR) luar dalam 물심양면(으로)
(ULAS) berulas tangan dan lidah 물심양면의 도움을 주다
물어뜯다
(GIGIT) bergigitan 서로 물어뜯다
(TABIAT) tabiat menggigit kuku 손톱을 물어뜯는 버릇
물음표
(TANDA) tanda soal 물음표
(TANDA) tanda tanya 물음표
물정
(TAHU) tahu asam garamnya 세상 물정을 잘 아는
물주
(SEMANG) induk semang 물주
물질
(BAHAN) bahan tahan api 방화물질
물체가 땅에 떨어지는 소리
DEGUP 물체가 땅에 떨어지는 소리
물총새
(BURUNG) burung udang 물총새
(RAJA) raja udang 물총새
뭉치
BUNGKUS 뭉치
뭉치다
(PADU) memadu satu 뭉치다
(PADU) padu satu 뭉치다
뭍
(NAIK) naik ke tanah (배에서) 뭍으로 내리다
미
(JALAN) berjalan sampai ke batas, berlayar sampai ke pulau 유종의 미
미궁
(TANDA) tanda tanya 미궁에 빠진 (사건)
미꾸라지
(SATU) satu ditetak, sepuluh rebah 미꾸라지 한 마리가 온 웅덩이 물다 흐린다
미끄러지다
GELINCIR 미끄러지다
LENGSER 미끄러지다
LESET 미끄러지다
LUNCUR 미끄러지다
미끄럽다
(LICIN) licin lecat 매우 미끄러운

미끼
PIKAT 미끼
UMPAN 미끼
미녀
(OBAT/UBAT) obat mata 미녀
미덥다
(CAKAP) cakap besar 미덥지 않은 말
(CANGKUL) menjual tangkai cangkul sekah 미덥지 않은 말
미래
(DEPAN) hari depan 미래
(DEPAN) masa depan 미래
(ESOK) esok hari 미래
(ESOK) esok-esok 미래
(HARI) hari depan 미래
(HARI) hari esok 미래
(MASA) masa datang 미래
(MASA) masa hadapan 미래
(RISAU) merisaukan masa depan 미래를 걱정하다
미련하다
(KALI) bodoh sekali 매우 미련한
(SEMPIT) sempit akal 미련한
미루다
TANGGUH 미루다
(TANGGUH) ditangguhkan 미루게 되다
미리미리
(JAUH) jauh-jauh hati 미리미리
미모
(ELOK) elok rupanya 미모
미모사
(PUTRI/PUTERI) putri malu 미모사
미미하다
(RAMBUT) rambut dibelah seribu 미미한
(RAMBUT) serambut dibelah tujuh 미미한
미사여구
(BUNGA) bunga bahasa 미사여구
미성년
(BAWAH) di bawah umur 미성년의
미세
HALUS 미세한
미소
(GELAK) gelak manis 미소
(LEMPAR) lempar senyuman 미소를 던지다
(LONTAR) melontarkan senyuman 미소를 건네다
(LONTAR) melontarkan senyuman 미소를 던지다
(MADU) senyum madu 달콤한 미소
(MURAH) murah senyum (얼굴에서) 미소가 늘 떠나지 않는
(ORAK) mengorak senyum 미소를 짓다
(ORAK) orak senyum 미소를 짓다
SENYUM 미소
(SENYUM) senyum kecut 찡그린 미소
(SENYUM) senyum kucing 교활한 미소
(SENYUM) senyum manis 귀여움이 넘치는 미소
(SENYUM) senyum manis 달콤한 미소

(SENYUM) senyum pahit 씁쓸한 미소
(SENYUM) senyum palsu 가식적인 미소
(SENYUM) senyum palsu 위선적인 미소
(SENYUM) senyum raja 거만한 미소
(SENYUM) senyum raja 남을 업신여기는 미소
(SENYUM) senyum simpul 입가에 머금은 미소
(SENYUM) senyum simpul 잔잔한 미소
(SENYUM) senyum siput 입가에 머금은 미소
(SENYUM) senyum siput 잔잔한 미소
(SENYUM) senyum sumbing 의미심장한 미소
(TAWA/KETAWA) tertawa kecil 미소 짓다
(UKIR) mengukir senyuman 미소를 짓다
미숙하다
(DARAH) darah muda 미숙한
(LADA) belum tahu dipedas lada 미숙한
(MASIH) masih bau bawang 아직 미숙한
(MASIH) masih bergerak ubun-ubunnya 미숙한
(MASIH) masih ingusan 미숙한
(MASIH) masih merah 미숙한
(TENGAH) setengah masak 미숙한
미심쩍다
(DETUS) berdetus hati 미심쩍은
미싱
(CACAH) cacah lubang 미싱구멍 넣기
미어지다
(PILU) memilukan hati 가슴이 미어지게 만들다
(PILU) pilu hati 가슴이 미어지는
미역
(MANDI) mandi kerbau 까마귀 미역 감듯
미열
(DEMAM) demam puyuh 미열
미온적
(HATI) setengah hati 미온적인
미완
(GENTING) genting tidak putus 미완의
(MASIH) masih titik koma 아직 미완의
미완성
(NIKAH) nikah gantung (혼인서약만 하고 공식 결혼식을 올리지 않은) 미완성 결혼
(NIKAH) nikah gantung (혼인서약만 하고 실제 부부생활을 하지 않는) 미완성 결혼
미용사
(JURU) juru solek 미용사
(TUKANG) tukang hias 미용사
미용실
(CANTIK) salon kecantikan 미용실
미워하다
GETIK 미워하다
미인
KUSUMA/KESUMA 미인
미정
(AWANG/AWANG-AWANG) masih di awang-awang 미정의
(MASIH) masih samar-samar 아직 미정의

(MASIH) masih tanda tanya 아직 미정의
미지근하다
(HANGAT) hangat-hangat kuku (물이) 미지근한
(KUKU) hangat-hangat kuku (물이) 미지근한
(NGILU) ngilu-ngilu kuku (물이)미지근한
(PANAS) panas(-panas) kuku 미지근한
미진하다
(PARUH) separuh masak 미진한
미치다
(AKAL) akalnya kurang sempurna 약간 미친
(ALIH) beralih akal 미친
AMUK 미친
(AMUK) mengamuk dengan membabi buta 미친 듯이 날뛰다
(ANGAN-ANGAN) sakit angan-angan 미친
(BAHASA) gila-gila bahasa 미친
(BALIK) berbalik akal 미친
(CACAT) cacat akal 미친
(CONDONG) condong ingatan 약간 미친
ERENG 미친
(GANGGU) terganggu otak 미친
GILA 미친
(GILA) gila asmara 사랑에 미친
(GILA) gila berahi 사랑에 미친
(GILA) gila renang 약간 미친
(HILANG) hilang akal 미치다
(HILANG) hilang ingatan 미치다
(HILANG) hilang pikiran 미치다
(KURANG) kurang akal 약간 미친
(KURANG) kurang satu sen 약간 미친
(KURANG) kurang sedikit 약간 미친
(KURANG) kurang waras 약간 미친
LATAH 미친
(MIRING) miring otaknya 미친
(OTAK) berotak miring 약간 미친
(OTAK) otak miring 약간 미친
(PARUH) separuh tiang 반 쯤 미친
PUSING 미친
(SAKIT) sakit akal 미친
(SAKIT) sakit angan-angan 미친
SASAR 미친
(SASAR) sasar bahasa 미친
(TENGAH) setengah miring 약간 미친
(TIGA) tiga suku 미친
(TUKAR) bertukar fikiran 미치다
(TUKAR) bertukar pikiran 미치다
(UBAH) berubah akal 미치다
(UKUR) ukur baju di badan sendiri 개가 미친다고 소까지 미치겠나
미친개
(KAYA) kaya anjing gila 미친개같이
(KAYA) kaya anjing gila 미친개처럼
미친병
(SAKIT) sakit ingatan 미친병(의)
(SAKIT) sakit otak 미친병(의)

미풍양속
(ERENG) ereng gendeng 미풍양속에 어긋나는 일
미합중국
(NEGERI) negeri Paman Sam 미합중국
미혼
(ANAK) anak gadis 미혼여성
(BELUM) belum dipanjat asap kemenyan 아직 미혼인
미혼모
(SALAI) bersalai tidak berapi 미혼모
미혼여성
NONA 미혼여성
미확정
(MASIH) masih di awang-awang 미확정의
미흡
(ALANG) alang kepalang 미흡한
민간
(RAKYAT) cerita rakyat 민간 설화
민간요법사
BOMOH 민간요법사
PAWANG 민간요법사
민간인
(ORANG) orang biasa 민간인
민담
(RAKYAT) cerita rakyat 민담
민물고기
(IKAN) ikan air tawar 민물고기
(IKAN) ikan darat 민물고기
민방약
(OBAT/UBAT) obat kampung 민방약
민법
(HUKUM) hukum perdata 민법
민사
(HUKUM) hukum acara perdata 민사소송법
민속춤
(KUDA) kuda kepang 말춤(말레이 토속 민속춤의 일종)
민심
(HAJAT) hajat masyarakat 민심
민요
(DONDANG) dondang sayang 남녀 한 쌍이 번갈아가며 흥겹고 정겹게 부르는 말레이 민요
(LAGU) lagu rakyat 민요
민의
(SUARA) suara sumbang 민의를 거스르는 이견
민족
(PAHLAWAN) pahlawan bangsa 민족의 영웅
(SADAR/SEDAR) menyadarkan bangsa 민족을 깨우치다
(SADAR/SEDAR) menyadarkan bangsa 민족을 일깨우다
(SEMANGAT) semangat bangsa Melayu 말레이 민족의 혼
민족반역자
(JUAL) penjual bangsa 민족반역자
민족어
(BAHASA) bahasa kebangsaan 민족어
민주투사

(TOKOH) tokoh politik (민주)투사
민중
RAKYAT 민중
민첩하다
(PANTAS) pantasnya seperti kilat 민첩한
민초
(RUMPUT) rumput di tengah jalan 이름 없는 민초들
믿다
(AKAL) berakal bengkok 믿을 수 없는
(BELAH) belahlah dadaku 나를 믿어라
(BENGKOK) bengkok akal 믿을 수 없는
(DENGAR) dengar-dengaran 남의 말을 잘 믿는
(KELING) lidah keling 믿을 수 없는
(LALU) lalu di akal 믿을 수 있는
(LAYAR) layar menimpa tiang 믿는 도끼에 발등 찍힌다
(LULUS) lulus pada pikiran 믿다
(MASUK) masuk Islam 올바른 종교를 믿다
(MASUK) masuk Jawi 올바른 종교를 믿다
(MASUK) masuk Melayu 올바른 종교를 믿다
(MASUK) masuk di hati 믿을 수 있는
(MULUT) mulutnya berubah-ubah 믿을 수 없는
(PEGANG) pegang lidah 약속을 믿다
(PEGANG) pegang mulut 약속을 믿다
PERCAYA 믿다
(PERCAYA) percaya angin lalu 뜬소문을 믿다
(PISAU) pisau bengkok melupakan sarung 믿는 도끼에 발등 찍힌다
(POTONG) sepotong ikan sepotong ular 믿을 수 없는
(RUSAK/ROSAK) rusak anak oleh menantu 믿는 도끼에 발등 찍힌다
(SEMANGAT) semangat harimau 자신만을 믿는 (사람)
(SUNGGUH) sungguh diuja, dipegang ekor 사람을 너무 믿지 말라
(TAHI) tahi kucinglah (콩으로 메주를 쓴다고 해도) 믿지 않는다
(TAMPAN) tampan-tampan orang 믿지 못할 사람
(TELUNJUK) telunjuk merosak mata 믿던 발에 돌 찍힌다
(TIDAK) tidak lalu di akal 믿을 수 없는
(TUHAN) tidak bertuhan 알라를 믿지 않는
믿음
(CAHAYA) cahaya iman 신에 대한 믿음의 표시
(RUNTUH) meruntuhkan iman 믿음을 저버리게 만들다
(RUSAK/ROSAK) merusakkan iman 믿음을 저버리게 만들다
(SESAT) sesat iman 믿음을 저버리다
(TEBAL) setebal kulit bawang 믿음이 나약한
(TEGUH) teguh iman 믿음이 두터운
밀
(LILIN) lilin batik 바틱 염색용 밀
밀감
(LIMAU) limau manis 밀감
밀다
DORONG 밀다
SORONG (앞으로) 밀다
TOLAK 밀다
밀담
(TEMU) pertemuan empat mata 쌍방 간의 밀담
밀랍

LILIN 밀(랍)
(LILIN) lilin lebah 밀랍
(LILIN) lilin mentah 밀랍
밀림
BELANTARA 밀림
(BELANTARA) belantara rimba 울창한 밀림
(RIMBA) rimba piatu 밀림
밀림귀신
(HANTU) hantu rimba 밀림귀신
밀물
(NAIK) naik air 밀물
(NAIK) naik pasang 밀물
밀수품
(BARANG) barang gelap 밀수품
(GELAP) barang gelap 밀수품
밀실
(RUNDING) berunding empat mata 양자 간 밀실 독대
밀접
PADU 밀접한
밀집
PADAT 밀집된
밀착
HIMPIT 밀착된
LEKAT 밀착된
밀회
(SARANG) sarang cinta 밀회 장소
(SARANG) sarang cinta 밀회를 즐기는 곳
밉다
(GETIK) getikkan puru di bibir 고와도 내 님 미워도 내 님
밑
BAWAH 밑
(JELATA) menjelata 밑으로 기다
PANTAT 밑
밑동
TUNGGUL 밑동
(TUNGGUL) tunggul kayu 나무 밑동
밑지다
(TINGGAL) tinggal nadi 늘 밑지는 (장사)
밑천
(TELAH) telah menjadi air 밑천이 떨어진

ㅂ

바가지
(CEKIK) mencekik darah 바가지를 씌우다
(CEKIK) mencekik leher 바가지를 씌우다
(GAYUNG) menggayung 바가지로 물을 푸다
(PASANG) pasang jerat 바가지를 씌우다
(POTONG) memotong leher 바가지를 씌우다
(TAHAN) menahan jerat 바가지를 씌우다
바구니
(JINJING) menjinjing keranjang 바구니를 들고 가다
RAGA 바구니
바깥에만 신경 쓰다
(CAMPAK) campak batu keluar 가정에는 소홀하고 바깥에만 신경 쓰는
바꾸다
ALIH 바꾸다
(ALIH) beralih akal 생각을 바꾸다
(ALIH) beralih haluan 관점을 바꾸다
(ALIH) beralih haluan 정책방향을 바꾸다
(ALIH) mengalih langkah 계획을 바꾸다
(BALIK) balik nama 명의를 바꾸다
(BALIK) berbalik muka 안면을 바꾸다
(BALIK) terbalik lidah 말을 자주 바꾸는
(BANTING) banting setir 방향을 급히 바꾸다
GANTI 바꾸다
(GANTI) berganti bulu 태도를 바꾸다
(GANTI) berganti haluan 노선을 바꾸다
(KULIT) menebalkan kulit 안면을 바꾸다
(MAIN) bermain lidah 말을 자꾸 바꾸는
(MAIN) main lidah 말을 자꾸 바꾸는
(PALING) paling arah 방향을 바꾸다
(PALING) paling haluan 마음을 바꾸다
(PALING) paling hati 마음을 바꾸다
(PALING) paling muka 마음을 바꾸다
(PUTAR) berputar haluan 노선을 바꾸다
(PUTAR) berputar haluan 마음을 바꾸다
(PUTAR) berputar lidah 말을 바꾸다
(PUTAR) memutar cakap 이야깃거리를 바꾸다
(PUTAR) memutar cakap 화제를 바꾸다
(PUTAR) memutar jarum ke belakang 노선을 완전히 바꾸다
(PUTAR) memutar jarum 정책을 바꾸다
(PUTAR) memutar kecek 이야깃거리를 바꾸다

(PUTAR) memutar kecek 화제를 바꾸다
(PUTAR) memutar lidah 말을 바꾸다
TUKAR 바꾸다
(UBAH) mengubah langkah 생활 방식을 바꾸다

바뀌다
(BELOK) berbelok pikiran 견해가 바뀌다
(BELOK) berbelok pikiran 생각이 바뀌다
(GANTI) berganti tangan 주인이 바뀌다
(PINDAH) berpindah tangan 소유주가 바뀌다
(PINDAH) berpindah tangan 주인이 바뀌다
(PUTAR) berputar cakap 화제가 바뀌다
(PUTAR) putar cakap 화제가 바뀌다
(SILIH) ganti bersilih 계속 바뀌다
(SILIH) silih berganti 계속 바뀌다
(SILIH) silih ganti 계속 바뀌다
(TUKAR) bertukar fikiran 생각이 바뀌다
(TUKAR) bertukar pikiran 생각이 바뀌다
(TUKAR) bertukar sikap 생각이 바뀌다
(UBAH) berubah hatinya 마음이 바뀌다
(UBAH) berubah muka 표정이 바뀌다

바나나
PISANG 바나나(의 열매)
(PISANG) pisang bunga (맛이) 단 바나나
(PISANG) pisang goreng 튀긴 바나나
(RENDANG) pisang rendang 바나나 튀김
(SAGU) sagu pisang 바나나 열매의 속
(SALAI) pisang salai 구운 바나나
(SISIR) sesisir pisang 한 다발의 바나나

바느질
JAHIT 바느질하다
(JARUM) jarum jahit 바느질바늘
(TIKAM) tikam jejak (바느질의) 박음질

바느질꾼
(JAHIT) tukang jahit 바느질꾼

바늘
(API) seperti api dengan asap 바늘 가는 데 실 간다
(BELALANG) bagai mencari belalang atas akar 잔솔밭에서 바늘 찾기
(DAKWAT) bagai dakwat dengan kertas 바늘 가는 데 실 간다
JARUM 바늘
(JARUM) jarum jahit 바느질바늘
(JARUM) jarum jam 시계바늘
(JARUM) jarum rajut 뜨개바늘
(JARUM) jarum suntik 주사바늘
(JARUM) jarum tisik 짜깁기 바늘
(JARUM) jarum-jarum 저울바늘
(MANA) di mana ada asap, di situ ada api 바늘 가는 데 실 간다
(MATA) mata kail 낚싯바늘
(SEMAT) jarum penyemat 시계(바늘)
(TUNGGU) tunggu kucing bertanduk 바다에 떨어진 바늘을 찾는 격

바늘귀
(LIANG) liang jarum 바늘귀
(LIANG) mata jarum 바늘귀
(LUBANG) lubang jarum 바늘귀

바늘꼬리칼새
(LAYANG) layang-layang rengkung putih 바늘꼬리칼새
바늘허리
(DERAS) deras datang dalam kena 아무리 바빠도 바늘허리에 매어 못 쓴다
바다
(ANJING) anjing laut 바다사자
(ANJING) singa laut 바다사자
BAHARI 바다(의)
(BELUT) belut laut 바다뱀장어
LAUT 바다
(LAUT) lautan besar 큰 바다
(LAUT) lautan lepas 큰 바다
바다가재
(KARANG) udang karang 바다가재
(UDANG) udang karang 바다가재
(UDANG) udang laut 바다가재
바다귀신
(HANTU) hantu laut 바다귀신
바다사자
(SINGA) singa laut 바다사자
바다소
(BABI) babi laut 바다소
바다소금
(GARAM) garam laut 바다소금
바다코끼리
(GAJAH) gajah mina 바다코끼리
바닥
JELATA 바닥의
LANTAI 바닥
LAPIK 바닥
TAPAK 바닥
(TAPAK) tapak kaki 신발 바닥
(TAPAK) tapak sepatu 신발 바닥
바닥나다
(JADI) menjadi air 자본이 바닥나다
(LICIN) licin tandas 바닥나다
(LICIN) licin-licau 바닥나다
(TANGGUNG) tanggung bulan 월급이 바닥나다
(TELAH) telah menjadi air 자본이 바닥난
바닷가
(RANTAU) anak rantau 바닷가 주민
(RANTAU) orang rantau 바닷가 주민
바닷물고기
(IKAN) ikan laut 바닷물고기
바닷사람
(ORANG) orang laut 바닷사람
바띡천
(KAIN) kain tulis 바띡천
바라건데
HARAP 바라건데
바라다
(ASA) asa-asaan 간절히 바라는

ㅂ

(CONDONG) condong hati ~을 바라다
HARAP 바라다
(HARAP) terharap-harap 간절히 바라는
HENDAK 바라다
(HENDAK) hendak akan 바라다
(HENDAK) hendakkan 바라다
(MABUK) dimabuk bayang-bayang 헛것을 바라다
(MAKAN) makan puji 오냐오냐해 주기만을 바라는
(MAKAN) makan puji 칭찬만을 바라는
(MALANG) malang mujur 요행수를 바라다
MAU/MAHU 바라다
(MAU/MAHU) mau benar-benar 간절히 바라다
(SABUNG) menyabung untung 요행수를 바라다
(SABUNG) sabung selepas hari petang 마지막 요행수를 바라다
(TAMPUNG) menampungkan tangan 남의 도움만을 바라다
(TUNGGU) tunggu durian runtuh 요행수를 바라다

바라밀
LANGSAT 바라밀

바라밀열매
(IDAM) mengidamkan nangka 바라밀열매(낭카)를 몹시 먹고 싶어 하다

ㅂ

바라보다
(BUANG) membuang mata 바라보다
(JULING) juling itik 고개를 비스듬히 둔 채 바라보다
(LAYANG) layang pandang 멀리 바라보다
(LAYANG) layang pandang 물끄러미 먼 산을 바라보다
(LAYANG) melayang pandangan 멀리 바라보다
(LAYANG) melayang pandangan 물끄러미 먼 산을 바라보다
(LAYANG) melayangkan pandang 멀리 바라보다
(LAYANG) melayangkan pandang 물끄러미 먼 산을 바라보다
(LEKAT) melekatkan pandangan 뚫어지게 바라보다
(LETAK) letak mata 바라보다
(LETAK) meletak mata 바라보다
LIHAT 바라보다
PANDANG 바라보다
(TIMBANG) bertimbangan pandang 서로 바라보다

바람
ANGIN 바람
(ANGIN) angin beliung 회오리바람
(ANGIN) angin ekor duyung 여러 방향에서 불어오는 바람
(ANGIN) angin gila 일정한 방향이 없는 변화성 바람
(ANGIN) angin langkisau 회오리바람
(ANGIN) angin lepas 매우 세게 부는 바람
(ANGIN) angin mati 맞바람
(ANGIN) angin puting beliung 회오리바람
(ANGIN) angin puyuh 회오리바람
(ANGIN) angin salah 거친 바람
(ANGIN) angin sepoi-sepoi 산들바람
(ANGIN) angin tenggara mandi 세찬 바람
(ANGIN) angin timba ruang 배 측면에서 부는 거센 바람
(ANGIN) angin turutan 배 방향과 같이 부는 바람
(ANGIN) atas angin (바람의 근원지인) 인도, 이란, 아랍 및 유럽의 각국들
(ANGIN) di bawah angin 바람이 불어 가는 쪽
(BAWAH) di bawah angin 바람의 근원지

BAYU (거센) 바람
(MAIN) main kayu 바람피우다
(MAKAN) makan angin 바람 쐬다
(MANDI) mandi angin 바람을 몹시 쐬는 (일)
(MATA) mata tidur, bantal berjaga 남편 몰래 바람피우는 여자
(MODAL) modal angin 바람 잡는 데 아주 능한
(PELUANG) musim peluang 바람이 잦아드는 철
(PUSAR) pusaran angin 회오리바람
(PUYUH/PUYU) angin puyu 돌개바람
(PUYUH/PUYU) angin puyu 회오리바람
(PUYUH/PUYU) angin puyuh 돌개바람
(PUYUH/PUYU) angin puyuh 회오리바람
(TEDUH) menunggu angin teduh 바람이 잦아들기를 기다리다
(TIUP) bertiup kencang 바람이 세차게 불다
(TIUP) bertiup perlahan-lahan 바람이 산들산들 불다
(TIUP) ditiup bayu 바람에 날리다

바람개비
BALING-BALING 바람개비

바람결
(TIUP) tiupan angin pagi 아침 바람결

바람기
(RAMBANG) rambang mata 바람기가 있는 남자

바람나다
(CACING) cacing gila 바람난 여자

바람둥이
(BAJUL) bajul buntung 바람둥이 남자
(BUAYA) buaya darat 바람둥이
(BUAYA) membuaya 바람둥이가 되다
(OM) om senang (중년의)바람둥이 남자
(RAMBANG) rambang mata 바람둥이
(REMBANG) rembang mata 바람둥이
(ULAR) ular air 바람둥이

바람맞다
(TUNGGU) menunggu angin lalu 바람맞다

바람받이
(MANDI) mandi angin 바람받이

바람부리다
(JAJAN) jajan di luar 바람부리다

바람피우기
(SUKA) suka jalan di luar 바람피우기를 좋아하는

바람피우다
(LANGKAH) melangkahi kaki 바람피우다
(LANGKAH) melangkahi suami 외간 남자와 바람피우다

바래다
LUNTUR (색이)바래다
(MAKAN) dimakan keringat (옷의 색깔이)바랜
(TAHAN) tahan cuci 빛이 바래지 않는

바로
(ITU) itu dia 바로 그거야

바르다
(LURUS) luruh hati 마음가짐이 바른

바른
(LURUS) lurus akal 마음가짐이 바른

ㅂ

바보
(AKAL) akal pendek 바보스런
(BODOH) bodoh alang 좀 바보 같은
(BUAT) membuat bodoh 바보인 척 하다
(KERBAU) kerbau pendek 바보
(NASIB) nasib Pak Kaduk 바보 같은 인생
(ORANG) orang tolol 바보
(TOLOL) si tolol 바보
(UDIK) orang udik 바보
바쁘다
(TIDAK) tidak bertohor kain 잠시도 쉴 틈이 없이 바쁜
(TIDAK) tidak bertohor kaki 잠시도 쉴 틈이 없이 바쁜
(TIMBUL) timbul tenggelam 눈코뜰 사이 없이 바쁜
(TOHOR) tidak bertohor kaki 늘 바쁘게 일하는
바싹
(TINDIH) bertindih riba 바싹 붙어 앉다
바위
BATU 바위
바위치기
(DABIK) mendabik dada parang 계란으로 바위치기
바이올린
BIOLA 바이올린
바주 쿠룽
(BAJU) baju kurung 바주 쿠룽 (앞부분이 터지지 않은 말레이인 고유의 옷옷)
(TELUK) teluk belanga 털룩블랑아(옷깃이 없는 말레이인 고유의 옷옷인 바주 쿠룽의 한 가지)
바지
(BAJU) baju monyet (어린이) 멜빵바지
(BAJU) baju monyet 작업용 멜빵바지
CELANA/SELUAR 바지
(CELANA/SELUAR) celana dalam 속바지
(CELANA/SELUAR) celana kodok 멜빵바지
(CELANA/SELUAR) celana monyet 멜빵바지
(CELANA/SELUAR) celana pangsi 통바지
(CELANA/SELUAR) celana pendek 반바지
(LINCIR) lincir turun (바지가) 흘러내리다
(LINCIR) melincir turun (바지가) 흘러내리다
바지런하다
(CEPAT) cepat kaki ringan tangan 바지런한
(CEPAT) cepat kaki 바지런한
(RINGAN) ringan kaki tangan 바지런한
(RINGAN) ringan tulang 바지런한
바퀴
(ANAK) anak jentera 수레바퀴의 살
LIPAS 바퀴(벌레)
RODA 바퀴
(RODA) *roda* basikal 자전거 바퀴
(RODA) roda sepeda 자전거 바퀴
바퀴벌레
(LIPAS) lipas kudung 동양바퀴벌레(암갈색의 몸집이 큰 바퀴)
바탕
ALAS 바탕

LATAR 바탕
LUNAS 바탕
바틱
BATIK 바틱 (말레이 세계의 전통 염색기법 및 그 천)
(BATIK) batik cap 인쇄 바틱
(BATIK) batik cetak 인쇄 바틱
(BATIK) batik tangan 수공 바틱
(BATIK) batik tulisan 수공 바틱
(CAT) cat batik 바틱염료
(LILIN) lilin batik 바틱 염색용 밀
(SARUNG) sarung batik 바틱 문양을 넣은 고급 사룽천(옷)
박
(KERTAS) kertas perak 알루미늄 박
(LABU) labu air 호리병박
(LABU) labu putih 호리병박
박격포
(MERIAM) meriam katak 박격포
(MERIAM) meriam kecil 박격포
박다
TANAM 박다
TANCAP 박다
박대
(MAKAN) makan nasi sejuk 박대를 받다
박동
DETAK 박동
(DETAK) detak jantung 심장박동
(DETIK) detik jantung 심장박동
(TALI) tali jiwa 심장 박동
(TALI) tali nyawa 심장 박동
박람회
(GELANGGANG) gelanggang buku 책 박람회
(GELANGGANG) gelanggang dagang 무역박람회
박박
(MACAM) macam kera kena belacan 박박 긁는
박복
(KUNYAH) terkunyah di batu 박복한
박복하다
(GENGGAM) barang tergenggam jatuh terlepas 박복한
박빙
(MENANG) menang tipis 박빙의 승리
박수
(TEPUK) tepuk tangan 박수
박수갈채
(TEPUK) tepuk sorai 박수갈채
(TEPUK) tepuk sorak 박수갈채
박스
KOTAK 박스
PETI 박스
박식하다
(TAHU) tahu di asin garam 박식한
박야
(SAMAR) samar muka 박야
(SAMAR) samar-samar daun 박야

박음질
(TIKAM) tikam jejak (바느질의) 박음질
박쥐
(IKAN) ular bukan, ikan pun bukan 박쥐구실
KALONG 큰 박쥐
(SERAMPANG) serampang dua mata 박쥐구실
(TALAM) talam dua muka 박쥐구실
(ULAR) ular berkepala dua 박쥐구실(자기 이익만을 위하여 줏대 없는 행동을 일삼는 사람)
(ULAR) ular bukan, ikan pun bukan 박쥐구실
(ULAR) ular kepala dua 박쥐구실(자기 이익만을 위하여 줏대 없는 행동을 일삼는 사람)
박차
GERTAK 박차
SUSUH 박차
TAJI 박차
박피
SELAPUT 박피
박학다식
(LUAS) luas pandangan 박학다식한
(LUBUK) lubuk akal lautan ilmu 박학다식한 (사람)
(PADANG) berpadang luas 박학다식한
(PADANG) padang luas 박학다식한
박히다
(SUDAH) sudah mendarah daging 골수에 박힌
(SUDAH) sudah mendarah daging 뇌리에 박힌
밖
LAHIR 밖
LUAR 밖
반
PARUH 반
TENGAH 반(1/2)
반기
(TENGAH) setengah tiang 반기
반나절
(PENGGAL) sepenggal hari 반나절
반년
(ENAM) enam bulan 반년
(TENGAH) setengah tahun 반 년
반달
(BUNGA) bunga kuku 반달
(BUNGA) bunga kuku 손톱 밑의 하얀 반달 모양
(KUKU) bunga kuku 반달
(KULIT) kuku bunga 반달
(KULIT) kulit adam 반달
반대말
(KATA) kata lawan 반대말
(LAWAN) *lawan kata* 반대말
반대쪽
BALIK 반대쪽
반도
(TANAH) tanah semenanjung 반도
반드시

WAJIB 반드시
반듯하다
LEMPANG 반듯한
LURUS 반듯한
(SAMA) sama tengah 반듯한
반딧벌레
KUNANG-KUNANG 반딧벌레
반딧불(이)
(API) api-api 반딧불
KUNANG-KUNANG 반딧불(이)
반란군
(KAUM) kaum pemberontak 반란군 집단
반려자
(KAWAN) kawan hidup 반려자
반바지
(CELANA/SELUAR) celana pendek 반바지
(PUNTUNG) celana puntung 반바지
(PUNTUNG) seluar puntung 반바지
반복
ULANG 반복
반복연습
(LATIH) latih tubi 반복연습
반성
(CERMIN) bercermin diri 반성하다
(CIUM) mencium telapak tangan 반성하다
(KACA) mengaca diri 반성하다
반신마비
(MATI) mati sebelah badan 반신마비(의)
반신반의
(KEMBANG) kembang kempis dadaku 반신반의하다
(PARUH) separuh-separuh 반신반의하는
반신불수
LUMPUH 반신불수의
(MATI) mati sebelah badan 반신불수(의)
반역
(GUNTING) menggunting dalam lipatan 반역하다
반역자
(JUAL) penjual bangsa 민족반역자
(SAYAP) sayap kelima 반역자
반음양
(LAKI) laki-laki lembut 반음양
반응
(KESAN) kesan balas 반응
(TELINGA) telinga tebal (남의 말에) 반응이 느린
반의어
(KATA) kata lawan 반의어
(LAWAN) lawan kata 반의어
반점
BELANG 반점
PERCIK 반점
반죽
RAMAS 반죽하다
반죽음

(NYAWA) nyawa ikan 반죽음 상태의
반지
CINCIN 반지
(CINCIN) cincin tanda 약혼반지
(INTAN) cincin berintan 다이아몬드 반지
(LETAK) letak tanda 약혼반지를 주다
(MATA) mata cincin 반지에 박힌 보석
(TIMBANG) bertimbangan tanda 약혼반지를 교환하다
반지름
(JARI) jari-jari 반지름
(JARI) jejari 반지름
반짝거리다
(KUNANG-KUNANG) berkunang-kunang 반짝거리다
반짝반짝
(KUNANG-KUNANG) berkunang-kunang 반짝반짝하다
반찬
(KAWAN) kawan nasi 반찬
LAUK (고기 및 생선) 반찬
(LAUK) lauk-pauk 여러 가지 반찬
(TEMAN) teman nasi 반찬
(TIPIS) tipis lidah 반찬이나 음식 타박이 심한 (사람)
(TONGKAT) tongkat membawa rebah 고양이 보고 반찬 가게 지키라는 격
반칙
(KUDA) main kuda kayu 반칙하다
반팔
(KEMEJA) kemeja berlengan pendek 반팔 셔츠
반하다
(PAKU) memaku hati 반하다
(PIKAT) memikat mata 홀딱 반하다
(TARUH) menaruh hati 반하다
반항
(LALU) lalui nasehat 반항하다
받다
(KENA) kena emas 뇌물을 받다
(LAMPU) lampu hijau 승인을 받다
(LEPAS) lepas malu 할례를 받다
(MAKAN) makan duit 뇌물을 받다
(MAKAN) makan nasi sejuk 냉대를 받다
(MAKAN) makan nasi sejuk 박대를 받다
(MAKAN) makan nasi sejuk 푸대접을 받다
(MAKAN) makan sogok 뇌물을 받다
(MAKAN) makan sorong 뇌물을 받다
(MAKAN) makan suap 뇌물을 받다
(MASUK) masuk Jawa 할례를 받다
(MASUK) masuk Jawi 할례를 받다
(MASUK) masuk angin 모함을 받다
(MASUK) masuk angin 중상모략을 받다
(MASUK) masuk pintu belakang 뒷돈(을 받다)
(SAPU) disapu Allah 신의 저주를 받은
(SEDIH) bersedih hati 마음에 상처를 받다
(SENTUH) tersentuh hati 마음에 상처를 받다
(TALI) bertali pendek 구속을 받는

TAMPUNG (빗물을) 받다
(TAMPUNG) menampung air hujan 빗물을 받다
(TAMPUNG) menampung (빗물을) 받다
(TANDANG) bertandang ke surau 푸대접을 받다
(TANDANG) bertandang ke surau 홀대를 받다
(TANGAN) tangan di bawah 받는 사람
(TANGAN) tangan di bawah 받다
(TANGGUNG) menanggung kasih 사랑을 받다
TERIMA 받다
(UPAH) makan upah 뇌물을 받다
받아 내다
(UTANG/HUTANG) utang menarik uang 빚을 독촉해 받아 내다
받아들이다
(MASUK) masuk hati 받아들이다
(SALAH) salah tangkap 잘못 받아들이다
(SALAH) salah terima 잘못 받아들이다
(SEPERTI) seperti hujan jatuh ke pasir 충고를 받아들이지 않는 사람
받쳐 주다
(TOPANG) menopang kepala bayi 아기의 머리를 받쳐 주다
받치다
AMPU 받치다
(TOPANG) menopang kepala bayi 아기의 머리를 받치다
받침
ALAS 받침
DULANG 받침
(DULANG) dulang alas 음식 받침
GANJAL 받침
LAPIK 받침
TADAH 받침
(TADAH) tadah cangkir 잔 받침
(TAPAK) tapak cangkir 잔 받침
TEMPAT 받침
받침목
(GALANG) galang perahu (선박 정박용) 받침목
받침틀
(KUDA) kuda-kuda 받침틀
발
CAKAR (조류의) 발과 발톱
DULI 발
KAKI 발
(KAKI) berkaki ayam 맨발
(LEKAT) melekatkan kaki 발로 차다
(MATA) mata ikan (손과 발의) 굳은 살
(PIJAT) memijat kaki 발을 주무르다
(PUKUL) pukul dengan kaki 발로 차다
(SALAH) salah langkah 발을 헛디디다
(SEPAK) sepak terajang 발로 차는 짓
(SEPAK) sepak terjang 발로 차는 짓
(SESAT) sesat langkah 나쁜 일에 발을 들여놓다
(TELUNJUK) telunjuk merosak mata 믿던 발에 돌 찍힌다
(TURUN) turun tanah 땅에 발을 내디디다
(ULUR/HULUR) menghulurkan kaki 발을 뻗다
발가락

ㅂ

(AMPU) ampu kaki 엄지발가락
(IBU) ibu kaki 엄지발가락
(INDUK) induk kaki 엄지발가락
(JARI) jari kaki 발가락
(JARI) jari rimpang 벌어진 손(발)가락
(RUAS) ruas jari 손(발)가락 마디

발각
(AKAL) akalnya kepintasan 속임수가 발각되다

발걸음
(AYUN) mengayun langkah 발걸음을 내딛다

발굴
(GALI) penggalian kesan-kesan lama 유적 발굴

발길질
(GERAK) gerak langkah 발길질

발단
(HILIR) hilir mudik kejadian 사건의 발단
(HULU) hulu hilir 사건의 발단
(HULU) hulu malang pangkal celaka 불행의 발단

발달
(ASAH) mengasah otak 지능을 발달시키다

ㅂ

발뒤축
(PANCING) pancing makan umpan 내 밥 먹은 개가 발뒤축 문다

발등
(BAJI) baji dahan membelah dahan 믿는 도끼에 발등 찍힌다
(DAHAN) dahan pembaji batang 믿는 도끼에 발등 찍힌다
(GETAH) getah dibawa ke lalang 믿는 도끼에 발등 찍힌다
(IRING) menohok kawan seiring 믿던 도끼에 발등 찍힌다
(KARAM) karam sambal oleh belacan 믿던 도끼에 발등 찍힌다
(KURA-KURA) kura-kura kaki 발등
(LAYAR) layar menimpa tiang 믿는 도끼에 발등 찍힌다
(MAKAN) makan tuan 제 도끼에 발등 찍히기
(PISAU) pisau bengkok melupakan sarung 믿는 도끼에 발등 찍힌다
(POTONG) potong hidung rosak muka 제 발등에 오줌 누기
(POTONG) potong hidung, rusak muka 제 발등에 오줌 누기
(RUSAK/ROSAK) rusak anak oleh menantu 믿는 도끼에 발등 찍힌다
(SENJATA) senjata makan tuan 제 도끼에 제 발등 찍힌다

발리식
(CARA) cara Bali 발리식

발리풍
(CARA) cara Bali 발리풍

발목
(BUKU) buku lali 발목
(BUKU) mata kaki 발목
(DULI) mata duli 발목
(GELANG) pergelangan kaki 발목
(KAKI) mata kaki 발목
(LALI) buku lali 발목
(MATA) mata kaki 발목

발바닥
TAPAK 발바닥

발뺌
(SILAT) bersilat lidah 발뺌을 그럴듯하게 잘하는

발산

(PANCAR) memancarkan cahaya 빛을 발산하다
(PANCAR) pancaran 빛의 발산

발아
KUNCUP 발아

발언권
(HAK) hak suara 발언권

발원
PANGKAL 발원

발음
(ENTENG) enteng bibir 발음이 좋은
(KAKU) kaku lidah (외국어) 발음이 나쁜
(KERAS) keras lidah 발음이 잘 안되는
(LEMBUT) lembut lidah (외국어의) 발음이 좋은
(LIDAH) berlidah lembut (외국어의) 발음이 좋은
(LIDAH) lidah kaku 발음을 제대로 못하는
(LIDAH) lidah lembut (외국어의) 발음이 좋은
(LUNAK) lunak lidah (외국어) 발음이 좋은
(TEBAL) tebal lidah (외국어의) 발음을 잘 못하는

발자국
JEJAK 발자국
(TAPAK) tapak kaki 발자국

발자취
(SALEH/SOLEH) jejak orang-orang saleh 신실한 사람들의 발자취
(TAPAK) tapak kaki 발자취

발작
SAWAN 발작

발잔등
(KURA-KURA) kura-kura kaki 발잔등

발전
(JATUH) jatuh ke atas 발전하다
(KARTU) kartunya sedang naik 나날이 발전하는
KEMBANG 발전하다
(LANCAR) lancar jalan 급속히 발전하다
(TAMBAH) bertambah baik 발전하다

발전기
(BANGKIT) pembangkit tenaga listrik 발전기

발정기
(KAWAN) musim mengawan 발정기

발찌
GELANG 발찌
(GELANG) gelang kaki 발찌

발차기
SEPAK (발)차기
(SEPAK) sepak terajang 발차기
(SEPAK) sepak terjang 발차기

발톱
CAKAR (맹수의) 발톱
CAKAR (조류의) 발과 발톱
(KUKU) kuku kambing 염소발톱
(SUSUH) susuh ayam 닭의 며느리발톱
(SUSUH) susuh buatan (날카로운 쇠칼 모양의) 투계용 인조 며느리발톱
(TAJI) taji ayam (날카로운 쇠칼 모양의) 투계용 인조 며느리발톱

발판

INJAK 발판
발하다
(SIAR) menyiarkan cahaya 광채를 발하다
(SIAR) menyiarkan cahaya 빛을 발하다
발휘
(MASUK) kemasukan setan 괴력을 발휘하다
밝다
(BELUM) belum terbang lalat 아직 날이 밝지도 않은
(PANDAI) pandai menyisihkan antah daripada beras 사리에 밝은
(PERAK) perak siang 날이 밝아 오는
(SERI) berseri muka 얼굴 표정이 밝은
TERANG 밝은
(WARNA) warna terang 밝은 빛깔
(WARNA) warna terang 밝은 색
(WARNA) warna terang 밝은 표정
밝히다
(BANYAK) banyak mata 여자를 밝히는
(MULUT) mulutnya tertutup uang 뇌물을 밝히는
(RAHASIA/RAHSIA) membongkar rahasia 비밀을 밝히다
(RAHASIA/RAHSIA) membuka rahasia 비밀을 밝히다
(TAHU) tahu perempuan 여자를 밝히는
ㅂ
밟다
(TANCAP) tancap gas 가속 페달을 밟다
밤
(BULAN) bulan gelap 달이 없어 어두운 밤
(BULAN) bulan mati 달이 없어 어두운 밤
(BUTA) malam buta 칠흑같이 어두운 밤
(HILIR) hilir malam 깊은 밤
(JAGA) kejaga-jagaan 밤을 지새우다
(JAUH) jauh malam 밤늦은
(LARUT) larut malam 깊은 밤
(LARUT) larut malam 한 밤중
(LEPAS) lepas tengah malam 깊은 밤
(LEPAS) lepas tengah malam 늦은 밤
(LEWAT) lewat tengah malam 깊은 밤
(LEWAT) lewat tengah malam 늦은 밤
MALAM 밤
(MALAM) Sabtu malam 토요일 밤
(MALAM) jauh malam 깊은 밤
(MALAM) jauh malam 한밤중
(MALAM) malam Sabtu 금요일 밤
(MALAM) malam boleh 아주 캄캄한 밤
(MALAM) malam boleh 칠흑같이 어두운 밤
(MALAM) malam buta 아주 캄캄한 밤
(MALAM) malam buta 칠흑같이 어두운 밤
(MALAM) malam ini 오늘 밤
(MALAM) malam karang 오늘 밤
(MALAM) malam panjang 토요일 밤
(MALAM) malam sekarang 오늘 밤
(MALAM) malan jauh 깊은 밤
(MALAM) malan jauh 한밤중
(MATA) mata ayam 밤 귀가 밝은 사람
(NANTI) nanti malam 오늘 밤

(REMANG-REMANG) remang-remang malam 어둑어둑한 밤
(SALAT/SOLAT) salat isa 밤(땅거미가 지고 나서 이튿날 먼동이 틀 때까지의 시간)에 드리는 기도
(SALAT/SOLAT) salat isyak 밤(땅거미가 지고 나서 이튿날 먼동이 틀 때까지의 시간)에 드리는 기도
(SELAMAT) selamat malam 밤 인사말
(SEMBAHYANG/SOLAT) sembahyang isyak 밤(땅거미가 지고 나서 이튿날 먼동이 틀 때까지의 시간)에 드리는 기도
(SUDAH) sudah larut malam 이미 밤이 깊은
(SUNTUK) semalam suntuk 온 밤 내내
(TANGGANG) bertanggang malam 밤을 새우다
(TANGGANG) menanggang mata 뜬눈으로 밤을 지새우다
(TIGA) sepertigaan malam 깊은 밤

밤눈
(BUTA) buta malam 밤눈이 어두운

밤말
(JATUH) busuk berbau, jatuh berdebuk 낮말은 새가 듣고 밤말은 쥐가 듣는다
(LANTAI) lantai dan dinding bertelinga belaka 낮말은 새가 듣고 밤말은 쥐가 듣는다

밤새도록
(MALAM) malam suntuk 밤새도록
(MALAM) semalam suntuk 밤새도록
(SUNTUK) semalam suntuk 밤새도록

밤새우다
(SEKANG) sekang mata 밤새우다
(SEKANG) sekang mata 밤새워 일하다

밤업소
(PASAR) pasar malam 밤업소

밤이슬
(EMBUN) embun asap 밤이슬

밥
(INGAT) ingat sebelum kena, jimat sebelum habis 가을 식은 밥이 봄 양식이다
(KUKUS) nasi kukus 찐 밥
(LETAK) letak beras 밥을 안치다
(MAKAN) makan berulam 야채를 곁들여 먹는 밥
NASI 밥
(NASI) nasi berdetik 설익은 밥
(NASI) nasi berdetus 설익은 밥
(NASI) nasi besar 예식용 밥
(NASI) nasi damai 찹쌀로 지은 노란 밥
(NASI) nasi goreng 볶음밥
(NASI) nasi ketupat 커투팟(야자잎을 엮어 만든 껍질에 쌀을 넣어 찌어 낸 밥)
(NASI) nasi kukus 찐 밥
(NASI) nasi kuning 찹쌀로 지은 노란 밥
(NASI) nasi lemak 야자 과즙으로 지은 밥
(PINTU) satu pintu kalau tertutup, sepuluh pintu lagi terbuka 가진 재주가 많으면 밥 굶을 리 없다
(PULUT) nasi pulut 찹쌀밥
(SUAP) sesuap nasi 밥 한 술
(TAMBAH) menambah nasi 밥을 더 먹다

(TANAK) menanak nasi 밥을 안치다
(TANAK) menanak nasi 밥을 짓다
(TANAK) nasi tanak 지은 밥
(ULAM) makan berulam 생야채를 곁들여 밥을 먹다

밥그릇
(NANTI) menanti nasi disajikan ke lutut 밥그릇 앞에서 굶어 죽을 놈
(PANGKU) pangku tangan, cerut perut 밥그릇 앞에서 굶어 죽을 놈
(TEMPAT) tempat nasi 밥그릇

밥벌이
(CARI) mencari makan 밥벌이하다
(CARI) mencari nafkah 밥벌이하다
(CARI) mencari rezeki 밥벌이하다
(CARI) mencari uang 밥벌이하다
(SAMBUNG) menyambung rezeki 밥벌이하다

밥상
(MASUK) masuk daun 받아 놓은 밥상

밥숟가락
(SENDOK/SENDUK) sendok nasi 밥숟가락

밧줄
(SABUT) tali sabut 밧줄

ㅂ

방
(ALAMAT) d/a ~씨 댁(방)
(ALAMAT) dengan alamat ~씨 댁(방)
KAMAR 방
RUANG 방

방광
(KANDUNG) kandung kencing 방광
(PUNDI-PUNDI) pundi-pundi kencing 방광

방귀
(ANGIN) angin buruk 방귀
(BUANG) buang angin 방귀를 뀌다
(KELUAR) keluar gas 방귀(를 뀌다)
(KELUAR) keluar angin 방귀(를 뀌다)
(KEMENYAN) kemenyan hantu 방귀 냄새
KENTUT 방귀(뀌다)
(KENTUT) terkentut 방귀가 저절로 나오다
(LEPAS) melepaskan angin busuk 방귀를 뀌다
(PECAH) pecah menanti belah 방귀가 잦으면 똥 나온다

방금
BARU 방금
(BARU) baru saja 방금

방도
(TIDAK) tidak ada jalan lain 딴 방도가 없다

방랑
(KOTA) berkotakan betis 방랑하는
(LAUT) melaut mendarat 방랑하다

방랑자
(ORANG) orang dagang 방랑자
(ORANG) orang hanyut 방랑자
(ORANG) orang larat 방랑자

방망이
(LISUT) kayu bola lisut 야구방망이

방명록

(BUKU) buku resepsi 방명록
(BUKU) buku tamu 방명록
방목
SEPANG 소 방목
방문
(BUANG) membuang langkah 방문하다
(CEMAR) bercemar kaki 방문하다
(CEMAR) mencemarkan kaki 방문하다
LAWAT 방문하다
(LAWAT) lawatan mengejut 깜짝 방문
(PERGI) pergi bertamu 방문하다
TANDANG 방문
(TANDANG) bertandang diam (남의 집을) 방문하여 며칠 밤을 묵다
(TANDANG) bertandang duduk 방문하다
ZIARAH 방문
방문객
(LAWAT) pelawat 방문객
방문자
TAMU 방문자
방방곡곡
(CERUK) di seluruh ceruk rantau 방방곡곡에
방법
CARA 방법
(JALAN) jalan lurus 정당한 방법
(JALAN) jalan memintas 불법적인 방법
(JALAN) jalan pintas 불법적인 방법
(JALAN) jalan samping 불법적인 방법
(JALAN) jalan serong 교활한 방법
(JALAN) jalan terang 정당한 방법
(JEMBATAN/JAMBATAN) jembatan emas 최선의 방법
(PINTU) pintu belakang 불법적인 방법
(PINTU) pintu belakang 비정상적인 방법
방송
(PANCAR) pancaran radio 라디오 방송
(PANCAR) pancaran (라디오) 방송
(PANCAR) siaran radio 라디오 방송
(RANJAU) ranjau pers 방송보도제한
(SIAR) siaran radio 라디오 방송
(SIAR) siaran televisi 텔레비전 방송
(SIAR) siaran televisyen 텔레비전 방송
(WARTA) wartawan (신문, 잡지, 방송)기자
방송보도제한
(RANJAU) ranjau pers 방송보도제한
방수
(TAHAN) tahan air 방수(의)
방식
CARA 방식
(CARA) secara ~의 방식으로
LAGU 방식
(RAGAM) seragam 같은 방식의
(SURAT) suratan hidup 생활 방식
방안
(BALIK) terbalik kalang 해결방안을 찾지 못하다

(CARI) mencari jalan 방안을 모색하다
IKHTIAR 방안
방앗간
(KINCIR) kincir air 물레방아 방앗간
(KINCIR) kincir padi 방앗간
방어
(KUBU) kubu pertahanan 방어 요새
(PASANG) pasang langkah tiga 방어태세를 갖추다
방울
(BIJI) biji ratap 눈물방울
(EMBUN) embun betina 작은 이슬 (방울)
(EMBUN) embun jantan 큰 이슬 (방울)
(EMBUN) embun lebat 큰 이슬 (방울)
(EMBUN) embun rintik 작은 이슬 (방울)
TETES/TITIS (물, 땀, 피의) 방울
TITIK (빗)방울
방울방울
(TETES/TITIS) bertetesan (눈물이) 방울방울 떨어지다
방위
(ARAH) arah angin bertiup 방위
(JURU) penjuru angin (동서남북의) 방위
방정맞다
(GADIS) gadis sudah berlaki 방정맞은
방탄
KEBAL 방탄의
방탕
(LEMAK) lemak penyelar daging 방탕한 사람
(MAIN) bermain muda 방탕에 빠지다
(MAIN) bermain muda 방탕한 생활을 하다
(MAIN) main gila 방탕에 빠지다
(MAIN) main muda 방탕에 빠지다
(MAIN) main muda 방탕한 생활을 하다
RISAU 방탕한
방탕아
(RISAU) orang risau 방탕아
방학
CUTI 방학
방해
ARAL 방해
GANGGU 방해하다
(RINTANG) merintangi arus lalu lintas 교통 흐름을 방해하다
방향
ARAH 방향
(ARAH) arah angin bertiup 방향
(IRING) seiring bertukar jalan 서로 방향이 다른
(MATA) mata angin 방향
(PALING) paling arah 방향을 돌리다
(*PALING*) paling arah 방향을 바꾸다
(PATAH) patah kemudi 방향을 잃은
(SAMA) sama arah 같은 방향의
SIPAT (달리는) 방향
TUJU 방향
방향타

KEMUDI 방향타
방화
(BAHAN) bahan tahan api 방화물질
밭
(GETAH) ladang getah 고무나무 밭
KEBUN 밭
LADANG 밭
(LADANG) ladang tinggal 버려진 밭
밭벼
(PADI) padi bukit 밭벼
(PADI) padi ladang 밭벼
배
(BONGKAR) bongkar sauh (배가) 출발하다
BUNTAL 배가 나온
(CERUT) cerut perut 배를 곯다
(CERUT) cerut perut 배를 주리다
(JINAK) jinak-jinak lalat 남의 잔치에 감 놓아라 배 놓아라하는 사람
KAPAL 배
(KAPAL) kapal dayung 노 젓는 배
(KAPAL) kapal satu nakhoda dua 사공이 많으면 배가 산으로 올라간다
(LABUH) kapal berlabuh 배가 정박하다
(LAYAR) belayar 배를 타다
(LAYAR) berlayar 배를 타다
(LETAK) letak di tanah (배를) 뭍으로 끌어 올리다
(LIPAT) lipat kajang 두 배
(NAIK) naik ke tanah (배에서) 뭍으로 내리다
(PASAK) besar pasak daripada tiang 배보다 배꼽이 더 크다
PERAHU 배
(PERAHU) perahu layar 돛단배
PERUT 배
(RETAS) meretas perut 배를 가르다
(RODA) roda kapal 배의 추진기
(SEKANG) menyekang perut 배를 채우다
(SELISIH) selisih basah (배가) 서로 엇갈려 지나가다
(TANGSEL/SUMBAT) menangsel perut 배를 채우다
(TEGANG) menegang layar (배가) 움직이기 시작하다
(TIGA) masuk tiga keluar empat 배보다 배꼽이 더 크다
배경
(LATAR) latar belakang 배경
TALI (사회적) 배경
배고프다
(KOSONG) kosong perut 배고픈
LAPAR 배고픈
(PERUT) perut kosong 배고픈
배고픔
(RAJUT) merajut perut 배고픔을 참다
(TAHAN) tahan lapar 배고픔을 잘 참는
(TAHAN) tahan makan 배고픔을 잘 참는
배꼽
(GELI) geli hati 배꼽을 빼는
(KOCOK) mengocok perut 배꼽 빼다
(KOCOK) mengocok perut 배꼽 쥐다
(PASAK) besar pasak daripada tiang 배보다 배꼽이 더 크다

(PECAH) pecah perut (너무 우스워) 배꼽을 빼다
(PECAH) pecah perut 배꼽을 쥐다
(SAKIT) sakit perut 배꼽을 빼는
(TAWA/KETAWA) tertawa gelak-gelak 배꼽을 빼다
(TAWA/KETAWA) tertawa terpingkal-pingkal 배꼽을 빼다
(TIGA) masuk tiga keluar empat 배보다 배꼽이 더 크다

배다
(DARAH) mendarah daging (몸에) 배다
(KARANG) mengarang telur 알을 배다
(LEKAT) lekat perut 아기를 밴
(PERUT) perut besar 아이를 밴
SARAT (아기나 새끼를) 밴

배달부
(ANTAR) pengantar koran 신문배달부
(ANTAR) pengantar surat 우편배달부

배드민턴
(BULU) bulu tangkis 배드민턴

배려
(PELIHARA) pelihara hati (상대방을) 배려하다
(TAPAK) berbaukah atau tidak 남을 먼저 배려하다
(TAPAK) cium tapak tangan 남을 먼저 배려하다
(TENGGANG) tenggang hati 남을 배려하다
(TENGGANG) tenggang rasa 남을 배려하다
(TENGGANG) tenggang-menenggang 서로를 배려하다
(TEPI) menjaga tepi kain orang 남을 배려할 줄 아는 사람

배려하다
(RAJA) beraja di hati 남을 배려하지 못하는

배롱나무
BUNGUR/BONGOR 배롱나무

배반
(BALIK) balik dagang 배반하다
(BALIK) membalik belakang 배반하다
(BALIK) membalikkan senjata 배반하다
(JUAL) menjual bangsa 조국과 민족을 배반하다
(PALING) berpaling muka 배반하다
(PALING) memaling muka 배반하다
(PALING) memalingkan muka 배반하다
(PALING) paling haluan 배반하다
(PALING) paling hati 배반하다
(PALING) paling muka 배반하다
(TIKAM) tikam dari belakang 배반하다

배변
(BUANG) buang air 배변하다

배부르다
KENYANG 배부른
(LEWAT) lewat jenuh 너무 배부른
(PADAT) memadat perut 배불리 먹을 것을 주다
(SOSOH) menyosoh makan 배불리 먹다

배불리
(PUPUH) dipupuhnya makan 배불리 먹다

배상
(GANTI) ganti rugi 손해 배상
SILIH 배상

ㅂ

(SILIH) menyilih rugi 손해 배상을 하다
배수
LIPAT 배수
배신
(GUNTING) menggunting dalam lipatan 배신하다
(PALING) berpaling muka 배신하다
(PALING) memaling muka 배신하다
(PALING) memalingkan muka 배신하다
(PALING) paling haluan 배신하다
(PALING) paling hati 배신하다
(PALING) paling muka 배신하다
(TENTANG) menentang kawannya (친구를) 배신하다
(TIKAM) tikam dari belakang 배신하다
배신자
(SAYAP) sayap kelima 배신자
배알
(GULUNG) menggulung-gulung perut 배알이 꼬이는
배우
(ANAK) anak bangsawan 희극배우
(BINTANG) bintang layar putih 영화배우
(SENI) seniman (중견) 남자 배우
(SENI) seniwati 여자 배우
(SERI) seri panggung 중견 연극배우
배우다
(AJAR) belajar 배우다
(ENTENG) enteng bibir 말을 금방 배우는
배우자
(IDAM) pasangan idaman 이상형 배우자
JODOH 배우자
(KAWAN) kawan hidup 배우자
(TARUH) menaruh hati (배우자로 삼기로) 마음을 정하다
(TEMAN) teman hidup 배우자
(TEMU) mempertemukan jodoh 배우자를 만나게 하다
(TEMU) temuan janji 배우자
(ULAM) ulam mencari sambal 배우자를 찾는 여자
배움
(PENDEK) pendek akal 배움이 모자라는
(SUNTUK) suntuk akal 배움이 모자라는
배움터
(PUSAT) pusat ilmu 배움터
배은망덕
(BAK) bak anjing tersepit 배은망덕한
(RENDAH) kerendahan budi 배은망덕함
(SANTAN) santan dibalas dengan tuba 배은망덕
(SUSU) air susu dibalas dengan air tuba 배은망덕
(TEMPAT) tempat makan jangan diberakkan 배은망덕하지 말라
배은망덕하다
(TIDAK) tidak tahu untung 배은망덕한
배창자
(TALI) tali perut 배창자
배치
(LARAS) laras dengan 배치되지 않는
(LARAS) selaras dengan 배치되지 않는

ㅂ

배탈나다
(SALAH) salah makan 배탈나다
배틀다
PILIN (닭 모가지를) 배틀다
배필
(ENTENG) enteng jodoh 배필을 쉽게 구하는
배후
(TIRAI) tirai belakang (범행의) 배후
배후조정
(DIRI) berdiri di belakang layar 배후조정하다
(MAIN) bermain di belakang layar 배후조정을 하다
백
KANTONG/KANTUNG 백
RATUS 백
백금
(EMAS) emas putih 백금
백기
(TUNGGUL) tunggul putih 백기
백내장
(MATA) bular mata 백내장
백년해로
(LAPUK) lapuk oleh kain sehelai 백년해로(하다)
(MATI) mati seladang 백년해로하는 부부
(PANJANG) panjang untung 백년해로의 행복
(SATU) satu nyawa dua badan 백년해로
(TUA) tua-tua berumah tangga 백년해로
백단향
CENDANA 백단향
(CENDANA) cendana kering 향기를 잃은 백단향
백단향나무
(CENDANA) cendana janggi 붉은 백단향나무
백만
(RIBU) seribu-ribu 백만
백묵
KAPUR 백묵
(KAPUR) kapur belanda 백묵
(KAPUR) kapur tulis 백묵
백미
(BERAS) beras meja 백미
백발
(RAMBUT) rambut putih 백발
백성
(ANAK) anak negeri 백성
백악관
(GEDUNG) Gedung Putih 백악관
백옥
(PUTIH) putih pucat (피부가) 백옥같이 고운
(PUTIH) putih pucat 백옥같이 흰
백은
PERAK 백은
백인
(ORANG) orang putih 백인
백일해

(BATUK) batuk rejan 백일해
백전불패
(RANTAU) teluknya dalam, rantaunya sakti 백전불패(의)
(RENDAM) rendam tak basah 백전불패(의)
(RENDAM) rendam tidak basah 백전불패(의)
백주
(BOLONG) siang hari bolong 백주
백지
(KOSONG) kertas kosong 백지
백지수표
(CEK) cek blangko 백지수표
백지장
(BERAT) berat sama dipikul, ringan sama dijinjing 백지장도 맞들면 낫다
(MUFAKAT/MUAFAKAT) muafakat lalu dalam gelap, adat lalu di tengah terang 백지장도 맞들면 낫다
(PIKUL) berat sama dipikul, ringan sama dijinjing 백지장도 맞들면 낫다
(RINGAN) ringan sama dijinjing, berat sama dipikul 백지장도 맞들면 낫다
백화점
(SERBA) toko serbaada 백화점
(SERBA) toserba 백화점
밸브
KATUP 밸브
(KATUP) katup pengaman 안전밸브
뱀
ULAR 뱀
뱀장어
BELUT 뱀장어
(BELUT) belut laut 바다뱀장어
뱁새
(CACING) cacing hendak menjadi naga 뱁새가 황새걸음
(ENGGANG) pipit meminang anak enggang 뱁새가 황새걸음 한다
(KATAK) katak hendak jadi lembu 뱁새가 황새걸음
(MAKAN) makanan enggang hendak dimakan oleh pipit 뱁새가 황새걸음 걸으면 가랑이가 찢어진다
(PACAT) pacat hendak menjadi ular 뱁새가 황새걸음 한다
(PIPIT) pipit hendak jadi enggang 뱁새가 황새걸음하면 가랑이 찢어진다
뱃머리
HALUAN 뱃머리
뱃멀미
(MABUK) mabuk laut 뱃멀미
(MABUK) mabuk ombak 뱃멀미
뱃사공
(ANAK) anak dayung 뱃사공
뱃속
(ISI) isi perut 뱃속
(KANTONG/KANTUNG) kantong nasi 뱃속
뱉다
(HABIS) habis manis sepah dibuang 달면 삼키고 쓰면 뱉는다
(SAUK) tersauk ikan suka, tersauk batang masam 달면 삼키고 쓰면 뱉는다
(HILANG) hilang manis sepah dibuang 달면 삼키고 쓰면 뱉는다
버르장머리
(KURANG) kurang adab 버르장머리가 없는

(KURANG) kurang adat 버르장머리가 없는
(KURANG) kurang asem 버르장머리가 없는
(RANCAK) rancak di labuh 시건방지고 버르장머리 없는 젊은이
(RANCAK) rancak di lebuh 시건방지고 버르장머리 없는 젊은이

버릇
(EKOR) hendak meluruskan ekor anjing 세살 버릇 여든까지 간다
(JADI) menjadi darah daging 버릇이 되다
(KUCING) biarpun kucing naik haji, pulang-pulang mengeong juga 제 버릇 개 줄까
(LANGGAR) langgar adat 버릇없는
(LANGGAR) langgar bahasa 버릇없는
(LANGGAR) melanggar adat 버릇없이 굴다
(LANGGAR) melanggar bahasa 버릇없이 굴다
(LURUS) lurus-lurus ekor anjing, walau bagaimanapun ada juga bengkoknya 제 버릇 개 줄까
(NAIK) naik muka 버릇없이 구는
(PANJANG) panjang tangan 남의 물건을 훔치는 버릇이 있는
(RUPA) rupa boleh diubah, tabiat dibawa mati 어릴 적 버릇 여든까지 간다
TABIAT 버릇
(TABIAT) rupa boleh diubah, tabiat dibawa mati 세살 버릇 여든까지 간다
(TABIAT) tabiat buruk 고약한 버릇
(TABIAT) tabiat buruk 나쁜 버릇
(TABIAT) tabiat menggigit kuku 손톱을 물어뜯는 버릇
(TIADA) tiada adab 버릇 없는
(UJI) sekali lancung ke ujian, seumur hidup orang tak percaya 세 살 적 버릇이 여든까지 간다

버리다
BUANG 버리다
(BUANG) buang agama 신앙을 버리다
(TITIK) biar titik jangan tumpah 큰 것을 얻으려면 작은 것을 버려라

버림받다
(GANTUNG) tergantung tidak bertali 버림받은 아내
(JANDA) janda belum berlaki 버림받은 여자

버섯
CENDAWAN/JAMUR 버섯
JAMUR 버섯
(JAMUR) jamur beracun 독버섯
(JAMUR) jamur brama 붉은그물버섯
(JAMUR) jamur kancing 양송이버섯
(JAMUR) jamur kompos 양송이버섯
(JAMUR) jamur liar 야생버섯
(JAMUR) jamur merang 볏짚버섯
(JAMUR) jamur merang 초고버섯
(JAMUR) jamur pangan 식용버섯
(JAMUR) jamur tiram 애느타리버섯
(JAMUR) jamur yang dibudidayakan 양식버섯
(KUPING) kuping tikus 목이버섯(식용 버섯의 종류)

버섯곰팡이
(JAMUR) jamur api 버섯곰팡이

버스
(STASIUN/STESEN) stasiun bus 버스 터미널

(STASIUN/STESEN) stesen bas 버스 터미널
버터
(DADIH) dadih kering 버터
버튼
(PIJAT) memijat tombol 버튼을 누르다
버티다
AMPU 버티다
버팀대
CAGAK 버팀대
GALANG 버팀대
버팀목
GANJAL 버팀목
TOPANG 버팀목
번
KALI 번
번갈아
(GANTI) silih berganti 번갈아
번개
(CAHAYA) cahaya yang memancar di langit 번개
(CEMETI) cemeti dewa 번개
(CEMETI) cemeti malaikat 번개
KILAS 번개
KILAT 번개
(LAJU) laju seperti kilat 번개같이 빠른
(RINGAN) ringan tangan 주먹이 번개처럼 빠른
번갯불
(PANAH) panah petir 번갯불
번데기
(DADIH) mengajar orang tua makan dadih 번데기 앞에서 주름잡기
(RENANG) mengajar itik berenang 번데기 앞에서 주름 잡기
번드레하다
(KECEK) kecek berlauk-lauk, makan dengan sambal lada 번드레한
번드르르하다
(KECEK) kecek berlauk-lauk, makan dengan sambal lada 겉모양만 번드르르한
번복
(BALIK) berbalik kata 자백을 번복하다
번식
(BIAK) berbiak kembang 번식하다
(BIAK) berkembang biak 번식하다
(BUDI) membudidayakan 길러서 번식시키다
(KEMBANG) berkembang biak 번식하다
번영
MAKMUR 번영하는
(MAKMUR) makmur dan sejahtera 번영과 안정
번지다
(RATA) merata-rata 사방팔방으로 번지다
번지르르하다
(MUKA) muka licin, ekor penuh berkudis 겉만 번지르르한데 실속은 전혀 없는
번쩍거림
KILAT 번쩍거림
번쩍번쩍

ㅂ

(KILAU) berkilau 번쩍번쩍 빛나다
(KILAU) berkilau-kilauan 번쩍번쩍 빛나다
(KILAU) kilau-mengilau 번쩍번쩍 빛나다
번쩍이다
(TERANG) terang-benderang 번쩍이는
번창
(KEMBANG) berkembang mekar 번창하다
번호
NOMOR/NOMBOR 번호
(NOMOR/NOMBOR) nomor ganjil 홀수 번호
(NOMOR/NOMBOR) nomor genap 짝수 번호
(NOMOR/NOMBOR) nomor sial 불운의 번호
(NOMOR/NOMBOR) nomor urut 일련 번호
벋다
ULUR/HULUR 벋다
벌
(BIANG) biang lebah 여왕벌
HELAI 벌
(KENA) mengenakan tangan 벌을 주다
(SUAR) menyuar lebah (꿀을 모으기 위해) 횃불로 벌을 쫓다
벌겋다
(UDANG) udang bakar (더워서) 얼굴색이 벌겋게 된
벌금
DENDA 벌금
(DENDA) mendenda 벌금을 부과하다
(JATUH) menjatuhkan denda 벌금을 부과하다
벌꿀
(PAWANG) pawang lebah 벌꿀 수집꾼
벌다
(DAPAT) mendapat pisang berkubak 손쉽게 돈을 벌다
(ISI) isi lemak dapat ke orang, tulang bulu pulang ke kita 재주는 곰이 넘고 돈은 되놈이 번다
(MURAH) murah rezeki 돈을 잘 버는
(PUKUL) pukul untung 큰돈을 벌다
(RENDAH) rendah rezeki 생활비를 손쉽게 버는
(RENDAH) rendah rezeki 생활비를 잘 버는
(REZEKI) rezeki murah 돈을 잘 버는
(RONGKONG) rongkongan menghadap mudik 돈을 잘 버는 사람
(SAPI) kerbau sakit, sapi beroleh nama 재주는 곰이 넘고 돈은 되놈이 번다
(SAPI) lembu punya susu, sapi dapat nama 재주는 곰이 넘고 돈은 되놈이 번다
(SENANG) senang hidup 돈을 잘 버는
(TANGAN) tangan penat memerah, pasu mendapat santannya 재주는 곰이 넘고 돈은 되놈이 번다
(UNTUNG) untung ada, tuah tiada 돈은 버는데 부자가 되지 못하는
(UNTUNG) untung payah saja 한 푼도 벌지 못한
벌렁거리다
(SIMBUR) tersimbur darah di dada (화가 몹시 나서) 가슴이 벌렁거리다
벌레
CACING 벌레
(LIPAS) lipas kudung 동양바퀴벌레(암갈색의 몸집이 큰 바퀴)
SERANGGA 벌레

(SERANGGA) serangga perosak 해론벌레
(ULAT) ulat bulu 모충(몸에 털이 있는 벌레)
벌레잡이통풀
(KANTONG/KANTUNG) kantong semar 벌레잡이통풀
벌리다
(BESAR) memperbesar kerak nasi 쓸데없는 일을 벌리다
벌써
TELAH 벌써
벌어지다
RENGGANG 벌어진
벌이다
(KAIL) bungkuk kail hendak mengena 사기 행각을 벌이다
(LAWAN) lawan bicara 설전을 벌이다
(MAIN) main siku 사방팔방에서 사기 행각을 벌이다
(POTONG) potong kambing 잔치를 벌이다
(POTONG) potong kerbau 잔치를 벌이다
(POTONG) potong lembu 잔치를 벌이다
(SABUNG) bersabung ayam 닭싸움을 벌이다
(TEGANG) bertegang leher 격한 논쟁을 벌이다
(TIKAM) bertikam lidah 언쟁을 벌이다
(TIMBANG) bertimbangan kata 격론을 벌이다
(UJUNG/HUJUNG) mengadu ujung lidah 격론을 벌이다
벌집
(INDUK) induk madu 벌집
(INDUK) indung madu 벌집
(INDUNG) indung madu 벌집
(JOLOK) menjolok sarang tabuhan 벌집 쑤신 격
(SARANG) sarang lebah 벌집
벌하다
(DATANG) mendatangkan tangan 벌하다
(TIMBANG) menimbang sama berat 공정하게 벌하다
범선
(PERAHU) perahu layar 범선
범인
(ORANG) orang minyak 범인
(TANGAN) tangan kotor 범인
범죄
(GALI) menggali lubang 범죄를 저지르다
(LANGGAR) langgar hukum 범죄를 저지르다
(SAMUN) samun sakal berdarah tangan 모든 범죄의 재판에는 증거가 핵심이다
범죄자
(ANJING) anjing geladak 범죄자
(BAJU) baju biru 범죄자
(ORANG) orang minyak 범죄자
범칙
(KELUAR) keluar garis 범칙
(KELUAR) keluar rel 범칙
범칙금
(DENDA) denda damai 범칙금 대신 주는 뇌물
범하다
(MAIN) main gila 실례를 범하다
(RUNCING) runcing tanduk 죄를 다시 범한 (자)

ㅂ

(SILAP) silap gayung 실책을 범하다

범행

(TAHU) tahu sama tahu (범행을) 공동 모의하다
(TAHU) tahu sama tahu (범행을) 공모하다
(TANGAN) tangan dingin 잔인하게 범행을 저지르다
(TEDENG) main tedeng aling-aling 아무도 모르게 (범행을) 저지르다
(TEDENG) tedeng aling-aling (범행의) 은폐

법

HUKUM 법
(HUKUM) hukum acara perdata 민사소송법
(HUKUM) hukum acara pidana 형사소송법
(HUKUM) hukum acara 소송법
(HUKUM) hukum adat 관습법
(HUKUM) hukum alam 자연법
(HUKUM) hukum asasi 기본법
(HUKUM) hukum dagang 상법
(HUKUM) hukum pajak 세법
(HUKUM) hukum perdata 민법
(HUKUM) hukum pidana 형사법
(HUKUM) hukum tatanegara 행정법
(HUKUM) hukum waris 상속법
(JADI) menjadi hakim sendiri 법보다 주먹이 가까운 행위
(LANGGAR) langgar hukum 법을 어기다
(MAIN) main hakim sendiri 법보다 주먹을 앞세우다

법규

(LIMAU) limau masak sebelah 불공평한 법규
(LIMAU) limau masak sebelah 비합리적인 법규
(LUAR) di luar garis 법규를 지키지 않는
(LUAR) luar garis 법규를 지키지 않는

법률

(KUAT) menguatkuasakan undang-undang 법률을 시행하다
(LADANG) lain ladang lain belalang, lain lubuk lain ikannya 나라마다 관습과 법률이 다르게 마련
LEMBAGA 법률
(LUNAS) berlunaskan undang-undang 법률에 바탕을 둔
(NASIHAT) penasihat hukum 법률 자문가
UNDANG 법률
(UNDANG) undang-undang 법률

법원

(GEDUNG) gedung bicara 법원

법인

(BADAN) badan hukum 법인

법정

(HARI) hari acara 법정 심리기간
(MEJA) meja hijau 법정
(RUMAH) rumah bicara 법정

법집행인

(HAMBA) hamba hukum 법집행인

법치국가

(NEGARA) negara hukum 법치국가

법칙

(UNDANG) undang-undang 법칙

벗

KAWAN 벗
벗겨지다
LUCUT 벗겨지다
벗기다
SINGKAP 벗기다
(SISIK) menyisiki limbat 메기의 껍질을 벗기다
벗어나다
LEPAS 벗어난
벙긋
(KUNCI) terkunci mulutnya 입 벙긋도 할 수 없는
(LIDAH) lidah tergalang 입 벙긋도 못하는
(LIDAH) lidah terganjal 입 벙긋도 못하는
벙벙하다
(KANCAH) kancah ditawar 어안이 벙벙한
(KENA) kena pukau 어안이 벙벙한
(KERONGKONGAN) kerongkongan tersumbat 어안이 벙벙한
(KUNCI) terkunci mulutnya 어안이 벙벙한
(TEGAK) tegak terdiam 어안이 벙벙한
벙어리
BISU 벙어리
(MULUT) mulutnya berat 꿀 먹은 벙어리 같은
(MUNCUNG/MONCONG) muncung penuh air 꿀 먹은 벙어리
(MUNCUNG/MONCONG) perut berisi batu 꿀 먹은 벙어리
(PAKU) terpaku mulutnya 꿀 먹은 벙어리의
베
(CAK) cak raya 베짜는 새
(PILIH) pilih-pilih ruas, terpilih pada buku 모시 고르다 베 고른다
(PILIH) pilih-pilih, terpilih labu muda 모시 고르다 베 고른다
베개
BANTAL 베개
(GALANG) galang kepala 베개
(KALANG) kalang hulu 베개
(KALANG) kalang ulu 베개
(TIKAR) tikar bantal 침구(잠을 자는 데 쓰는 이부자리, 베개 따위를 통틀어 이르는 말)
베갯잇
(BANTAL) sampul bantal 베갯잇
(SARUNG) sarung bantal 베갯잇
베기
(TIADA) tiada buruk yang tiada elok 칼로 물 베기
(TUAI/PENUAI) penuaian 벼 베기
베껴먹다
(MAKAN) makan keringat orang 남을 베껴먹다
베다
(POTONG) memotong leher 목을 베다
(SABIT) menyabit rumput 낫으로 풀을 베다
(TUAI/PENUAI) menuai 벼를 베다
베이다
(KEBAL) kebal daging (칼에) 베이지 않는
TETAK (칼로) 베인
(TETAK) luka tetak 칼로 베인 상처
베이컨
(BABI) babi asap 베이컨

ㅂ

베착
(BEBAS) bebas becak 베착의 통행이 금지된 (지역)
베착꾼
(ABANG) abang becak 베착꾼
베풀다
(AMAL) beramal 자선을 베풀다
(BAIK) berbaik hati 자선을 베풀다
(GENGGAM) air digenggam diada tiris 베풀 줄 모르는
(GENGGAM) menggenggam tangan 베풀 줄 모르는
(HATI) berhati emas 베풀 줄 아는
(HATI) murah hati 베풀 줄 아는
(TAMBAK) menambak bukit 공연한 선심을 베풀다
(TANAM) bertanam budi 자선을 베풀다
(TANAM) menanam budi 자선을 베풀다
(TANGAN) tangan di atas 베푸는 사람
(TANGAN) tangan di atas 베풀다
(TANGAN) tangannya selalu tergenggam 남을 위해 베풀 줄 모르는
벤진
BENSIN/BENZIN 벤진
(BENSIN/BENZIN) bensin cuci 드라이클리닝용 벤진

벨트
(TALI) tali pinggang 벨트
벼 이삭 베는 도구
TUAI/PENUAI 벼 이삭 베는 도구
벼
(BELALANG) belalang padi 벼메뚜기
(GABAH) gabah hampa 벼쭉정이
(GABAH) gabah hampa 알맹이가 들지 않은 벼 이삭
(GABUK) padi gabuk 쭉정이 벼
(HAMPA) hampa beras 쭉정이 벼
(KUNING) padi menguning 벼가 노래진다
(KUNING) padi menguning 벼가 익는다
PADI 벼
(PADI) padi berat 만생종 벼
(PADI) padi bukit 밭벼
(PADI) padi bukit 산벼
(PADI) padi dalam 만생종 벼
(PADI) padi ketan 찹쌀 벼
(PADI) padi ladang 밭벼
(PADI) padi ladang 산벼
(PADI) padi lambat 만생종 벼
(PADI) padi lekas 조생종 벼
(PADI) padi paya 논벼
(PADI) padi paya 물벼
(PADI) padi pulut 찹쌀 벼
(PADI) padi ringan 조생종 벼
(PADI) padi sawan 논벼
(PADI) padi sawan 물벼
(SEKAM) sekam padi 벼를 찧어 벗겨 낸 겁질
(TUAI/PENUAI) menuai 벼를 베다
(TUAI/PENUAI) menuai 벼를 수확하다
(TUAI/PENUAI) penuaian 벼 베기
(TUAI/PENUAI) penuaian 벼 수확

벼과알곡작물
(PADI) padi-padian 벼과알곡작물
벼락
(PANAH) panah petir 벼락
벼락부자
(BUNGKUK/BONGKOK) bungkuk baru betul 벼락부자의 몰지각한 행동
(NAIK) naik pukul 벼락부자가 되다
벼락출세
(BUTA) buta baru melihat 벼락출세하여 안하무인의
벼룩
(JERAT) menahan jerat di tempat genting 벼룩의 간을 빼먹는 격
KUTU 벼룩
(TUMA) takutkan tuma, dibuang kain 벼룩 잡으려다 초가삼간 다 태운다
벼밭
(LADANG) ladang padi 벼밭
벼의 열매
GABAH 벼의 열매
벽
(RETAS) meretas dinding 벽을 뚫다
(RETAS) meretas dinding 벽을 트다
TEMBOK 벽
(TEMBOK) menembok 성(벽)을 쌓다
벽돌
BATA 벽돌 (모양의 사물)
(BATU) batu bata 벽돌
(BATU) batu merah 벽돌
(BATU) batu tembok 벽돌
벽돌색
(MERAH) merah bata 붉은 벽돌색
변
BERAK 변
변덕
(AIR) air di daun talas 변덕이 심한
(BANYAK) banyak tingkah 변덕스러운
(KELADI) air di daun keladi 변덕이 심한
(MAIN) main angin 변덕이 심한
(MASAK) masak malam, mentah pagi 변덕이 죽 끓는 듯하다
변명
(ALAS) alasan kusir 변명
(PIPIT) pipit bukan seekor, jagung bukan sebatang 잘못을 덮기 위해 변명을 늘어놓는 사람
(SILAT) bersilat lidah 변명을 그럴싸하게 늘어놓는
(TANGKAP) tangkap basah 변명의 여지가 없는 일
(TANGKAP) tangkap hidup-hidup 변명의 여지가 없는 일
변사
(AJAL) ajal samar (재앙으로 죽는) 변사
(MATI) mati agan 변사
(MATI) mati beragan 변사
(MATI) mati samar 변사
변소
(KE) ke belakang 변소에 가다
(TEMPAT) tempat buang air 변소
(TEMPAT) tempat membuang air 변소

변심
(TAHU) tahu di angin berkisar 변심을 알아차리다
(UBAH) berubah hatinya 변심하다
변장
(ALIH) beralih muka 변장하다
(RUPA) merupakan diri 변장하다
(SAMAR) menyamar 변장하다
(SEMPIT) mempersempit langkah 변장하다
변절
(BALIK) berbalik muka 변절하다
(BALIK) membalik belakang 변절하다
변절기
(MUSIM) musim pancaroba 변절기
(MUSIM) musim susah 변절기
(PANCAROBA) musim pancaroba 변절기
변제
(ANAK) anak semang (채무 변제를 위해) 남의 일을 하는 사람
(ANGSUR/ANSUR) mengangsur utang 채무를 조금씩 변제하다
(ANGSUR/ANSUR) mengansur hutang 채무를 조금씩 변제하다
LUNAS 변제하다
(SELESAI) menyelesaikan hutang 빚을 변제하다
(SELESAI) menyelesaikan utang 빚을 변제하다
(TEBUS) menebus gadai 저당물을 찾기 위해 빚을 변제하다
(TEBUS) menebus 저당물을 찾기 위해 빚을 변제하다
(TEBUS) menebusi 저당물을 찾기 위해 빚을 변제하다
변천
(EDAR) peredaran dunia 시대의 변천
변하다
(LAIN) lain dulu, lain sekarang 시대가 변하면 세상도 변한다
(LUNTUR) tahan luntur 색이 변하지 않는
(REBUS) merebus tak empuk 변치 않는
(REBUS) merebus tidak empuk 변치 않는
(TARIK) tarik muka 안색이 변하다
(UBAH) berubah rasa (음식이) 맛이 변하다
변함없다
(TUNGGANG) tunggang hati 변함없는
변호사
POKROL 변호사
(POKROL) pokrol bambu 무면허 변호사
변화
(GENDANG) situ juga gendang berbunyi 변화가 없는
(RODA) roda dunia 만물의 변화
(SILIH) ganti bersilih 변화를 거듭하다
(SILIH) silih berganti bagai ombak di tepi pantai 삶은 변화의 연속이다
(SILIH) silih berganti 변화를 거듭하다
(SILIH) silih ganti 변화를 거듭하다
별
BINTANG 별
(BINTANG) bintang bulan 초승달과 별 (이슬람의 상징)
(BULAN) bulan bintang 초승달과 별 (이슬람의 상징)
(TOHOK) bintang tohok 남십자성(남십자자리에 있는, '十' 자 모양을 이루는 네 개의 별)
별거

(CERAI) bercerai kain 별거 중인 부부
(CERAI) bercerai kain 별거하다
(CERAI) cerai hidup 별거
(IKAT) mengikat tidak bertali (아내와) 별거하다
(SALAI) bersalai tidak berapi (남편으로 부터 생활비도 받지 못하며) 별거 중인 여자

별넷
(EMPAT) empat bintang 별넷

별똥별
(CIRIT) cirit bintang 별똥별

별명
(EJEK) nama ejekan 별명
(NAMA) nama ejekan 별명
(NAMA) nama sindiran 별명

별삼광조
(EKOR) murai ekor gading 별삼광조

별안간
(DADAK) mendadak sontak 별안간
(TIBA) tiba-tiba 별안간

별칭
(BAYU) negeri di bawah bayu 말레이시아 사바(Sabah)주의 별칭

볏짚버섯
(JAMUR) jamur merang 볏짚버섯

병
BOTOL (액체를 담는) 병
(BOTOL) botol minuman 음료수 병
(BUSUNG) busung 배에 물이 차는 병
(GANGGU) terganggu kesehatan 병에 걸린
GERING 병의 높임말
(HINGGAP) dihinggapi penyakit 병에 걸리다
(JILAT) menjilat air liur 병 주고 약 준다
(JILAT) menjilat ludah kembali 병 주고약 준다
(KAIN) tak tahu akan kain lagi 몹쓸 병에 걸린 (사람)
(KENA) kena hantu 동티가 나서 병이 들다
(KENCING) kencing manis 당뇨병
(LIUR/AIR LIUR) menjilat air liur 병 주고 약 준다
(LUSUH) melusuhkan jiwa 마음을 병들게 하다
SAKIT 병이 든
(ULAS) mengulas nyawa 몹쓸 병을 고쳐주다

병가지상사
(PISANG) pisang tak akan berbuah dua kali 한 번 실수는 병가지상사
(RUMAH) rumah mana yang tidak bersampah 한 번 실수는 병가지상사

병기
(ALAT) alat perang 병기
BEDIL (구식) 병기

병나다
(TEGUR) keteguran hantu 귀신에게 홀려 병나다

병뚜껑
(SUMBAT) penyumbat botol 병뚜껑
(SUMBAT) sumbat botol 병뚜껑

병렬
(HUBUNG) hubungan jajar 병렬

병마개

(SUMBAT) penyumbat botol 병마개
(SUMBAT) sumbat botol 병마개
(TUTUP) penutup botol 병마개
(TUTUP) tutup botol 병마개

병사
(ANAK) anak buah 병사
(MATI) mati hukumullah 병사
(MATI) mati kumlah 병사

병석
(SAMPAI) sampai buruk bantal 오랫동안 병석에 누운

병세
(ANGSUR/ANSUR) berangsur sembuh (병세가) 차츰 호전되다
(ANGSUR/ANSUR) beransur sembuh (병세가) 차츰 호전되다

병아리
(AYAM) ayam teruna 수평아리
CIAP 병아리 울음소리
(DARAH) darah setampuk pinang 햇병아리의
(MASIH) masih bergerak ubun-ubunnya 아직 햇병아리의
(UPIK) belum tentu si upik si buyungnya 병아리는 가을에 가서 세어 보아야 한다

ㅂ

병약하다
RENTAN 병약한

병원
(RUMAH) rumah sakit gila 정신병원
(RUMAH) rumah sakit jiwa 정신병원
(RUMAH) rumah sakit 병원

병원균
(BENIH) benih penyakit 병원균
(SARANG) sarang penyakit 병원균의 온상

병치레
(ANAK) anak bersagar 병치레가 잦은 아이
(ANAK) anak obat 병치레가 잦은 사람
(BURUK) buruk perut 병치레가 잦은
(LEMAH) lemah semangat 병치레가 잦은
RENTAN 병치레가 잦은
(SAKIT) bersakit-sakit 병치레가 잦은

병환
GERING 병환

볕
(HUJAN) selama hujan akan panas jua 쥐구멍에도 볕들 날 있다
(PUCUK) pucuk layu ditimpa hujan 쥐구멍에도 볕들 날 있다

보건부장관
(MENTERI) menteri kesehatan 보건부장관

보건소
(PUSAT) pusat kesehatan 보건소
(PUSAT) pusat kesihatan 보건소

보고서
RENCANA 보고서

보관소
(TABUNG) tabung darah 혈액 보관소

보금자리
SARANG 보금자리

보내다

(ANGKAT) mengangkat anak 양자를 보내다
KIRIM 보내다
(LENA) berlena-lena 한가로이 시간을 보내다
(LENGAH) berlengah-lengah 한가로이 시간을 보내다
(LENGAH) lengah waktu 시간을 보내다
(LENGAH) melengah waktu 시간을 보내다
(LENGAH) melengah-lengah waktu 한가로이 시간을 보내다

보다

(BESAR) buang air besar 대변을 보다
(BESAR) buang air kecil 소변을 보다
(BUANG) buang air besar 대변보다
(HAJAT) hajat besar 대변 (보다)
(HAJAT) hajat kecil 소변 (보다)
(HAJAT) hajat seni 소변 (보다)
JUMPA 보다
(KE) ke sungai 용변을 보다
(LAYANG) layang mata 얼핏 보다
LIHAT 보다
(LIHAT) lihat sendiri 눈으로 직접 보다
(LIHAT) melihat ketika 일진을 보다
(LIHAT) melihat sendiri 눈으로 직접 보다
(LIHAT) melihat untung malang 길흉을 점해 보다
(LIHAT) melihat untung malang 점을 보다
(MATA) mata kotak 앞을 잘 못 보는
(MENANTU) bermenantu 며느리를 보다
(MENANTU) bermenantu 사위를 보다
(PANDANG) sekali pandang 힐끗 보고
(PANDANG) selayang pandang 힐끗 보고
(PUCUK) pucuk dicinta ulam tiba 생각보다 큰 이익을 보다
(RUPA) ada rupa 보기에 좋은
(SALAH) salah lihat 색안경을 끼고 보다
(SALAH) salah lihat 잘못 보다
(SALAH) salah mata 색안경을 끼고 보다
(SALAH) salah mata 잘못 보다
(SALAH) salah orang 사람을 잘못 보다
(SALAH) salah pandang 색안경을 끼고 보다
(SALAH) salah pandang 잘못 보다
(SALAH) salah timbang 저울 눈금을 잘못 보다
(SUKA) suka tak suka 본 척도 안하는
(TANGAN) tangan-tangankan 손을 보다
(TANGGUNG) menanggung rugi 손해를 보다
(TENTANG) bertentang mata 서로 마주 보다
(TENTANG) menentang matahari 태양을 마주 보다
(UDANG) udang hendak mengatai ikan 제 얼굴은 제가 못 본다

보답

(BALAS) membalas budi 보답하다
(BALAS) membalas guna 보답하다
(BUAH) buah perbuatan baik 보답

보도

(JALUR) jalur penyeberangan 횡단보도
(JALUR) zebra cross 횡단보도
(KAKI) kaki lima 보도
(MASUK) masuk tak gempa 신문에 보도되다

(PANDANG) pandangan mata 현장 보도
(RANJAU) ranjau pers 방송보도제한
(RUSUK) rusuk jalan 보도
보라색
(BUNGUR/BONGOR) merah bungur 보라색
(LEMBAYUNG) merah lembayung 연보라색
(MERAH) merah bongor 보라색
(MERAH) merah bungur 보라색
보람
(TOHOR) bertohor air liur 많은 충고를 했지만 보람이 없는
보류
(LAMPU) lampu merah 승인이 보류되다
보름
PURNAMA 보름(이슬람력으로 매달 14일과 15일)
(PURNAMA) pasang purnama 보름 만조
(PURNAMA) pasang purnama 보름 찬물때
보름달
PURNAMA 보름달
(PURNAMA) bulan purnama 보름달
(PURNAMA) cahaya purnama 휘영청 밝은 보름달 빛

보리
(BERAS) beras belanda 보리쌀
보리밥
(PIPIT) pipit meminang anak enggang 보리밥에는 고추장이 제격
보리쌀
(PADI) padi-padian 보리쌀
보복
(TUNTUT) menuntut malu 보복하다
보살핌
TOLONG 보살핌
보상
(BUAH) buah perbuatan baik 보상
SILIH 보상
보석
(MATA) mata cincin 반지에 박힌 보석
MUTIARA 보석
보슬비
(RENIK) hujan renik-renik 보슬비
보쌈결혼
(KAWIN/KAHWIN) kawin lari 보쌈결혼
보안요원
(MATA) mata-mata 보안요원
보였다 안 보였다
(TENGGELAM) tenggelam timbul (먼 곳에 있는 것이) 보였다 안 보였다 하는
(TIMBUL) timbul tenggelam (먼 곳에 있는 것이) 보였다 안 보였다 하는
보온병
(BOTOL) botol air panas 보온병
보이다
ACUH 관심을 보이다
(BEKAS) membekas ke luar 보이다
(GELAP) gelap mata 눈에 보이는 것이 없는
(LALAT) tak ada lalat langau 개미새끼 한 마리도 보이지 않는

(RABUN) buta ayam 흐릿하게 보이는
(RABUN) rabun ayam 흐릿하게 보이는
(RABUN) rabun senja 흐릿하게 보이는
(SIMPANG) bersimpang kata 견해차를 보이는
(SIMPANG) bersimpang sebut 견해차를 보이는
(TARUH) menaruh fikiran 관심을 보이다
(TARUH) menaruh perhatian 관심을 보이다
(TARUH) menaruh pikiran 관심을 보이다
(TERIMA) menerima baik 큰 관심을 보이다
(TIMBANG) bertimbang rasa 동정을 보이다
(TIMBANG) bertimbangan rasa 동정을 보이다
(TURUT) turut campur (남에게) 관심을 보이다

보이스카우트
(PANDU) pandu laki-laki 보이스카우트

보일 듯 말 듯
(SAYUP) sayup-sayup mata 보일 듯 말 듯

보일락 말락
(HILANG) hilang-hilang timbul 보일락 말락 하다
(LAMPUNG) lampung pukat 보일락 말락 하는
(LAMPUNG) melampung pukat 보일락 말락 하는

보자기
BALUT 보자기
BARUT 보자기
(PALUT) pemalut 보자기

보조개
(CAWAK) cawak pipi 보조개
(CAWAK) lesung pipi 보조개
(LEKUK) lekuk pada pipi 보조개
(LEKUK) lesung pipi 보조개
(LESUNG) lesung pipi 보조개
(LESUNG) lesung pipit 보조개
(SARANG) sarang pipit 보조개

보조학문
(ILMU) ilmu bantu 보조학문

보증
GADAI 보증
TANGGUNG 보증된

보증금
(UANG/WANG) uang kancing 보증금

보증서
(BUKTI) bukti garansi 보증서
(SURAT) surat akuan 보증서
(SURAT) surat jaminan 보증서
(SURAT) surat tanggungan 보증서

보증수표
(CEK) cek terjamin 보증수표

보채다
(SUSU) lapar susu 젖 달라고 보채는 (아이)

보탬
TAMBAH 보탬

보통
(ANEH) aneh bin ajaib 보통이 아닌
(BUKAN) bukan buatan 보통이 아닌

(BUKAN) bukan main 보통이 아닌
(KEPALANG) bukan kepalang 보통이 아닌
(SEMUT) semut merah 보통 사람
UMUM 보통의

보폭
LANGKAH 보폭

보풀
BULU 보풀

보행로
(KAKI) kaki lima 보행로

보행인
(JALAN) pejalan kaki 보행인

보행자
(JALAN) pejalan kaki 보행자

보호
(BAWAH) di bawah bendera 보호 밑에 있는
LINDUNG 보호하다
PELIHARA 보호하다

보호자
(JADI) jadi bumi langit 보호자
PAYUNG 보호자

ㅂ

보화
(LOGAM) logam adi 금은보화
(LOGAM) logam mulia 금은보화

복
(AIR) berair kerongkongan 먹을 복이 있는
(BAWA) membawa untung 복을 주다
(BERAT) berat perut 복이 많은
(BERI) memberi rezeki 복을 주다
(BULAN) bulan naik 복이 굴러 들어오는
(CABUT) mencabut untung 복을 받다
(CABUT) mencabut untung 복이 굴러들다
(DEKAT) dekat rezekinya 복 많은
(DINGIN) dingin tangan 복 많은
(DINGIN) tangan dingin 복 많은
(GIGIT) menggigit pangsa 복을 받다
(KERBAU) menghambat kerbau berlabuh 굴러드는 복 차버리는 격
(KERONGKONGAN) kerongkongan berair juga 복이 있는
(KUCING) kucing tidur di bantal 다복한
(KUCING) kucing tidur di bantal 복이 많은
(MINTA) minta berkat 복을 빌다
(MINTA) minta restu 복을 빌다
MURAH 복이 많은
(REZEKI) rezeki jangan ditolak 굴러 든 복을 차 버리지 말라
(SABAR) sabar penghilang penat, tekun pembawa dekat 참는 자에게 복이 온다
TUAH 복
(ULAT) ulat dalam batu pun dapat hidup 제 복은 타고 난다
(UNTUNG) untung mendarat 저절로 굴러드는 복

복권
(SURAT) surat undian 복권

복꾼
(KULI) kuli panggul 복꾼

복덩이
(CAHAYA) cahaya hidup 복덩이
복마
(KUDA) kuda beban 복마
복막
(SELAPUT) selaput perut 복막
복막염
(RADANG) radang selaput perut 복막염
복부
PERUT 복부
복사
FOTOKOPI 복사
복사기
(MESIN) mesin fotokopi 복사기
(MESIN) mesin zeroks 복사기
복서
(TINJU) ahli tinju 복서
(TINJU) petinju 복서
복수
(BUANG) membuang malu 복수하다
(LANTAS) lantas dendam 복수하다
(LANTAS) melantaskan dendam 복수하다
(PULANG) memulangkan balas 복수하다
(TARUH) taruh sama dia 복수하다
(TEBUS) menebus malu 복수하다
(TUNTUT) menuntut balas 복수하다
복아
(LEMBAGA) lembaga manusia 복아
복어
BUNTAL 복어
복엽
(DAUN) daun majemuk 복엽
복잡
(AMUK) beramuk pikiran 머리가 복잡한
(INGAT) ingatannya bercabang 생각이 복잡한
(LARAT) larat hati 마음이 복잡한
(LARAT) larat hati 머릿속이 복잡한
(LARAT) larat pikiran 마음이 복잡한
(LARAT) larat pikiran 머릿속이 복잡한
복잡하다
(CABANG) bercabang ingatannya 머리가 복잡한
(JEJAK) jejaknya keruh 과거가 복잡하다
(KERUT) kerut merut 아주 복잡한
(KUSUT) kusut sarang tempua 너무 복잡한
(PENUH) penuh kepala 생각이 복잡한
(PUSING) pusing kepala 머리가 복잡한
복지
SEJAHTERA 복지
(SEJAHTERA) kesejahteraan 복지
복통
(GERING) gering tengah 복통
(SAKIT) sakit perut dengan cirit-birit 복통 설사
(SAKIT) sakit perut 복통

ㅂ

볶다
GORENG 볶다
볶음밥
(GORENG) nasi goreng 볶음밥
(NASI) nasi goreng 볶음밥
본
(AMBIL) mengambil ibarat 본을 따르다
본능
(NAFSU) nafsu tabiat 본능
본디
USUL 본디
본래
ASLI 본래의
(MULA) semula jadi 본래부터
본명
(NAMA) nama asal 본명
(NAMA) nama batang tubuh 본명
(NAMA) nama daging 본명
본받다
(CERMIN) bercermin di air keruh 나쁜 행동을 본받다
(TURUT) turut jejak (남의 행동거지를) 본받다
본보기
(CERMIN) cermin hidup 본보기
본사
(IBU) ibu pejabat 본사
본색
(KUKU) memperlihatkan kuku 본색을 드러내다
(KUKU) menyembunyikan kuku 본색을 숨기다
(LIHAT) kelihatan belangnya 본색이 탄로 나다
본성
(SIFAT) sifat semula jadi 본성
본전치기
(PULANG) pulang pokok 본전치기(하다)
본점
(KANTOR) kantor besar 본점
(KANTOR) kantor pusat 본점
본질
USUL 본질
본채
(INDUK) induk rumah 집의 본채
(RUMAH) rumah ibu 본채
(RUMAH) rumah induk 본채
본척만척
(ACUH) acuh tak acuh 본척만척하는
본청
IBU 본청
(IBU) ibu pejabat 본청
본체만체
(ACUH) acuh tak acuh 본체만체하는
(PUSING) berpusing muka 본체만체하다
본토박이
(ORANG) orang bumi 본토박이
볼

BOLA 볼
(LISUT) bola lisut 소프트볼
(LISUT) bola lisut 야구(볼)
(SISI) sisi muka 볼
볼거리
(TITIK) titik mata 볼거리
볼록
(BULAT) bulat cembung 볼록한
CEMBUNG 볼록한
볼록거울
(CERMIN) cermin cembung 볼록거울
볼록렌즈
(CEMBUNG) lensa cembung 볼록렌즈
볼록하다
(PACAT) pacat kenyang 가운데가 볼록한
볼보이
(PUNGUT) pemungut bola 볼보이
볼썽사납다
(SAKIT) menyakitkan mata 볼썽사나운
(SAKIT) sakit mata 볼썽사나운
(SALAH) salah roman 볼썽사나운
(SALAH) salah rupa 볼썽사나운
볼우물
(LEKUK) lekuk pada pipi 볼우물
(LEKUK) lesung pipi 볼우물
(LESUNG) lesung pipi 볼우물
(LESUNG) lesung pipit 볼우물
볼일
(ADA) ada-ada saja 항상 볼일이 있는
볼품
(MANIS) manis bangun 볼품 있는
봄
(BUNGA) musim bunga 봄
(BUNGA) musim semi 봄
(INGAT) ingat sebelum kena, jimat sebelum habis 가을 식은 밥이 봄 양식이다
(MUSIM) musim bunga 봄
(MUSIM) musim semi 봄
(SEMI) musim semi 봄
봇짐
(TOLONG) tolong anjing tersepit, sesudah lepas dia menggigit 물에 빠진 놈 건져 놓으니까 내 봇짐 내라 한다
봉
(KETAM) ketam mulut 입을 봉하다
(TANGSEL/SUMBAT) menangsel mulut 입을 봉하다
봉급
(BELANJA) belanja mati 일정한 소득 및 봉급
(GAJI) makan gaji 봉급
(GAJI) makan gaji 봉급생활자로 일하다
(MAKAN) makan gaji 봉급
(NAIK) naik gaji 봉급이 인상되다
봉급날
(CUKUP) cukup bulan 봉급날

봉급생활자
(MAKAN) makan gaji 봉급생활자로 일하다
(ORANG) orang gaji 봉급생활자
(ORANG) orang gajian 봉급생활자
봉사
AMAL 봉사
BAKTI 봉사
(GUGUR) gugur gunung 자원봉사 (활동)
(KERJA) kerja bakti 자원봉사
(SUKA) sukarelawan 자원봉사자
(TELINGA) bertelinga lembut 봉사 정신이 강한
봉사료
(OBAT/UBAT) obat lelah 봉사료
봉착
(LEWAT) lewat lobang jarum 난관에 봉착하다
봉투
AMPLOP 봉투
(AMPLOP) amplop kosong 빈 월급봉투
(SARUNG) sarung surat 편지 봉투
봉하다
(TUKIL) tukil ditutup dengan daun keladi 대나무통을 토란감자 잎으로 봉하다
부가가치세
(PAJAK) pajak pertambahan nilai 부가가치세
부과
(DENDA) mendenda 벌금을 부과하다
(JATUH) menjatuhkan denda 벌금을 부과하다
부교
(JEMBATAN/JAMBATAN) jembatan apung 부교
(JEMBATAN/JAMBATAN) jembatan pelampung 부교
부글거리다
BUAL (물 따위가) 부글거리는 (소리)
(BUAL) berbual-bual (물 따위가) 부글거리다
부끄러움
(BASUH) membasuh muka dengan air liur 부끄러움을 당하다
(DARA) bagai anak dara sudah berlaki 부끄러움을 모르는
(MUKA) bermuka badak 부끄러움을 모르는
(MUKA) bermuka dinding 부끄러움을 모르는
(MUKA) bermuka papan 부끄러움을 모르는
(MUKA) bermuka tebal 부끄러움을 모르는
(MUKA) bermuka tembok 부끄러움을 모르는
(TANGGUNG) menanggung malu 부끄러움을 느끼다
(TELUR) telur busuk 부끄러움
부끄러워하다
(KULIT) berkulit tebal 부끄러워하지 않는
부끄럼
(SEPAH) sepah puteri 부끄럼을 몹시 타는 여자
부끄럽다
(BAK) bak ayam pulang ke pautan 부끄러운 줄 모르는
MALU 부끄러운
(MERAH) merah telinga 부끄러운
(PERCIK) terpercik peluh 부끄러운
(SALAH) salah rasa 부끄럽다

부담
(NAFKAH) menanggung nafkah istri 부인의 생활비를 부담하다
(RASA) merasa berat 너무 부담스럽게 느끼다
부당하다
(LALU) melalui pintu belakang 부당한 방법으로
부대
(KALI) sekali air besar, sekali pasir berubah 새 술은 새 부대에
KARUNG 부대
(NAN/YANG) nan elok dipakai, nan buruk dibuang 새 술은 새 부대에 담는다
부동산
(BARANG) barang diam 부동산
(BARANG) barang tetap 부동산
부두
(PANGKAL) pangkalan kapal 부두
부드럽다
EMPUK 부드러운
HALUS 부드러운
LEMBUT 부드러운
LINCIR 부드러운
LUNAK 부드러운
(MANIS) manis cakap 말씨가 부드럽고 상냥한
(MULUT) mulut manis 말이 부드러운 사람
(PUTUS) memutus rangkai 부드러운
(RENDAH) rendah bicara 말씨가 부드럽고 상냥한
(RINGAN) ringan mulut 말씨가 부드럽고 상냥한
부딪치다
LANGGAR 부딪치다
(LEWAT) lewat lobang jarum 난관에 부딪치다
TABRAK 부딪치다
(TEPUK) bertepuk sebelah tangan 손뼉도 부딪쳐야 소리가 난다
(TEPUK) tepuk tangan sebelah tidak akan berbunyi 손뼉도 부딪쳐야 소리가 난다
(TEPUK) tepuk tidak sebelah tangan 손뼉도 부딪쳐야 소리가 난다
부딪히다
KENA 부딪히다
LANGGAR 부딪히다
부뚜막
(SEKAM) seperti api di dalam sekam 점잖은 개가 부뚜막에 먼저 오른다
(SELERA) patah selera banyak makan 점잖은 개 부뚜막에 먼저 오른다
부러지다
(GALA) tiada bergala lagi 부러진
PATAH 부러진
SERKAH/SEKAH 부러지다
부레옥잠
(GONDOK) eceng gondok 부레옥잠
LEMBAYUNG 부레옥잠
부르다
(AWAK) berawak 너라고 부르다
(NYANYI) nyanyi kecil 콧노래(를 부르다)
PANGGIL 부르다
(PANGGIL) panggil-memanggil 서로 소리쳐 부르다
SERU 부르다

(SERU) kata seru (사람을) 부르는 소리
(SILAP) silap mata, pecah kepala 부주의는 화를 부른다
(TARIK) menarik suara 노래를 부르다

부릅뜨다
BUNTANG (눈을) 부릅뜨다
(BUNTANG) membuntangkan (눈을) 부릅뜨다

부리
COCOR (오리의) 부리
COTOK 부리
PARUH (새의) 부리
(PARUH) memaruh 부리로 쪼다

부리다
(BALIK) terbalik mata orang 마술을 부리다
BONGKAR (짐을) 부리다
(SAKIT) sakit kepala panjang rambut 꾀병을 부리는
(SEMPIT) sempit alam 피새를 잘 부리는
(SEMPIT) sempit hati 피새를 잘 부리는

부모
(JATUH) jatuh ke pangkal juga 부모를 닮다
YATIM 부모를 여읜

ㅂ

부모님
(ZIARAH) menziarahi ibu bapa di kampung 시골에 계신 부모님을 찾아뵙다

부부
(BUKU) bertemu ruas dengan buku 의좋은 부부
(CERAI) bercerai kain 별거 중인 부부
(CINCIN) seperti cincin dengan permata 아름답고 금실 좋은 부부 한 쌍
(DULANG) bagai dulang dengan tudung saji 아름답고 금실 좋은 부부 한 쌍
(LAKI) laki bini 부부
(LAKI) laki istri 부부
(MATI) mati seladang 백년해로하는 부부
(PINANG) pinang pulang ke tampuk 이혼했던 부부의 재결합
(SANTAP) santapan malam 밤에 이루어지는 부부간의 성관계
(SATU) satu nyawa dua badan 부부는 일심동체
(SUAMI) suami isteri 부부
(SUAMI) suami istri 부부
(TEMU) bertemu ruas dengan buku 의좋은 원앙 같은 부부
(TUMBUK) orang setumbuk bagai gelang 아주 잘 어울리는 (부부) 한 쌍

부사
(KATA) kata keterangan 부사

부산품
(HASIL) hasil ikutan 부산품
(HASIL) hasil sampingan 부산품

부산하다
(TINGKAH) bertingkah 부산한 행동을 하다

부산한 말이나 행동
TINGKAH 사람의 정신을 어지럽게 만드는 부산한 말이나 행동

부상
(CEDERA) kena cedera 부상을 당하다
(LUKA) luka-luka 부상

부서
(JAWAT) jawatan 부서
부서지다
HANCUR 부서진
(HANCUR) hancur-hancuran 산산이 부서질 때까지
LAMBUK 부서진
PECAH 부서진
RAPUH 부서지기 쉬운
REMUK 부서지다
(REMUK) remuk-redam 산산이 부서지다
부속품
PESAWAT 부속품
(SUKU) suku cadang (기계) 부속품
부수상
(MENTERI) timbalan perdana menteri 부수상
(MENTERI) wakil perdana menteri 부수상
부스러지다
URAI 부스러진
부싯돌
(BATU) batu api 부싯돌
(CETUS) cetus api 부싯돌
부양
(BIAWAK) mendukung biawak hidup 힘겹게 처자식을 부양하다
부양비
(CAGAK) cagak hidup 부양비
부어오르다
KEMBUNG 부어오른
LEMBUNG 부어오른
부언
(LANJUT) lanjut kata 부언하다
부업
(KERJA) kerja sambilan 부업
(KERJA) kerja sampingan 부업
부엉이
(BURUNG) burung hantu bertanduk 부엉이
부엌
DAPUR 부엌
(SISA) sisa bara api 부엌의 쓰레기
부엌살림
(PUTRI/PUTERI) putri lilin 부엌살림을 못하는 여자
부엌일
(URUS) urusan belakang 부엌일
부엌칼
(PISAU) pisau dapur 부엌칼
부여
(LAPANG) melapangkan jalan 기회를 부여하다
부여잡다
RANGKAP 부여잡다
부옇다
(KERUH) keruh-keruh kerak (물이) 부옇다
부유
(BANYAK) banyak duit 부유한
부유층

ㅂ

(ORANG) orang berada 부유층
부유하다
KAYA 부유한
(LIMPAH) kelimpahan uang 매우 부유한
(SIRAM) tersiram uang 매우 부유한
(SIRAM) tersiram wang 매우 부유한
(TIMBA) bertimba uang 몹시 부유하게 살다
(TIMBA) bertimba wang 몹시 부유하게 살다
부응
(IKUT) mengikut arus 시대변화에 부응하다
부인
(GOYANG) menggoyangkan kepala 부인하다
ISTRI/ISTERI 부인
(ISTRI/ISTERI) istri muda (일부다처제의) 두 번째 부인
(LEPAS) melepaskan isteri 부인과 헤어지다
MUNGKIR 부인하다
(NAFKAH) menanggung nafkah istri 부인의 생활비를 부담하다
(NAFKAH) nafkah batin 부인의 성생활에 대한 권리
(NAFKAH) nafkah lahir 부인의 생활비
(NAFKAH) nafkah zahir 부인의 생활비
(TONGKAT) bertongkat tebu 부인과 함께 나들이하다
ㅂ
부인병
(PEREMPUAN) penyakit perempuan 부인병
(PUAN) sakit puan 부인병
부인하다
(GELENG) menggelengkan kepala 부인하다
부자
(KAYAK/KAYA) kayak orang kaya 부자처럼
(MUKA) bermuka licin 부자처럼 보이는
(PUNYA) berpunya 부자의
(UNTUNG) untung ada, tuah tiada 돈은 버는데 부자가 되지 못하는
부작용
(KESAN) kesan sampingan 부작용
부장품
(HARTA) harta kubur 부장품
부적
(GUNA) guna-guna 부적
(OBAT/UBAT) guna-guna 부적
(OBAT/UBAT) obat guna 부적
부정
(AKAL) akal labah-labah 교활하고 부정한
(LANGKAH) langkah serong 부정한 짓(을 하다)
부정사
TIADA 부정사(뒤에 따르는 말의 내용을 '~없는, ~아닌'의 의미로 부정하는 단어)
TIDAK 부정사(뒤에 따르는 말의 내용을 '~아닌, ~없는'의 의미로 부정하는 단어)
부정직
(BENGKOK) bengkok hati 부정직한
(HATI) berhati bengkok 부정직한
(HATI) hatinya berkait 부정직한
부정직하다
(DALAM) dalam dua tengah tiga 부정직한

(DUA) dua tengah tiga 부정직한
부제
(ANAK) anak judul (책의) 부제
부족
(BEKU) beku otak 이해력이 부족한
(BELUM) belum masak 아직 경험이 부족한
(HIJAU) masih hijau 아직 경험이 부족한
부족하다
(JATUH) jatuh daripada cukup 많이 부족한
KEPALANG 부족한
(KURUNG) terkurung paham 견문이 부족한
(LADA) belum tahu dipedas lada 아직 경험이 부족한
(LEMAH) lemah hati 자신감이 부족한
(MASIH) masih hijau 아직 경험이 부족한
(PANJAT) memanjat bersengkelit 경험이 부족한
(PENDEK) pendek akal 생각이 부족한
(PENDEK) pendek akal 지식이 부족한
(PENDEK) pendek ingatan 생각이 부족한
(PENDEK) pendek kira-kira 생각이 부족한
(PENDEK) pendek pikiran 생각이 부족한
(SERBA) serba kurang 모든 것이 다 부족한
(SERBA) serbakurang 모든 것이 다 부족한
(SINGKAT) singkat masa 시간이 부족한
(SUNTUK) suntuk akal 생각이 부족한
(SUNTUK) suntuk akal 지식이 부족한
부족함
(SENANG) senang lenang 부족함이 없는
부종
(BUSUNG) busung darah 월경불순으로 생기는 부종
부주의
ABAI 부주의한
(KURANG) kurang hati-hati 부주의한
LENGAH 부주의한
MALAS 부주의한
(SILAP) silap mata, pecah kepala 부주의는 화를 부른다
부지런
RAJIN 부지런한
부지런하다
(RAJIN) rajin mengais, tembolok berisi 부지런한 사람 목에 거미줄 치지 않는다
(RINGAN) ringan kaki tangan 부지런한
(RINGAN) ringan mulut, berat punggung 입으로만 부지런한 사람
부지런해야 먹을 것을 얻는다
(EMPAS/HEMPAS) berisi perut 부지런해야 먹을 것을 얻는다
(EMPAS/HEMPAS) empas tulang 부지런해야 먹을 것을 얻는다
부지하다
(LARI) melarikan nyawa 생명을 부지하다
(LINDUNG) lindung nyawa 목숨을 부지하다
(LINDUNG) melindungkan nyawa 목숨을 부지하다
부직
(KERJA) kerja sambilan 부직
(KERJA) kerja sampingan 부직
부진하다

(MATA) mata betung 학업이 부진한
부질없는 일
TETEK 부질없는 일
부질없다
(TAKIK/TAKUK) takik darah di batu 부질없는 일
(TAMBAK) menambak ke laut 부질없는 짓
(TANAM) bertanam di biji hampa 부질없는 짓
(TANGKAP) tangkap angin 부질없는 짓
(TANGKAP) tangkap wap 부질없는 짓
(TEGAK) menegakkan benang basah 부질없는 일
(TITIK) titik darah di batu 부질없는 짓
(TOHOK) menohokkan lembing ke semak 부질없는 짓
부집게
(SEPIT) sepit api 부집게
부채
KIPAS 부채
부채질
(SIRAM) menyiram api dengan bensin 불난 집에 부채질하다
부채춤
(TARI) tari kipas 부채춤
부처
(JAWAT) jawatan 부처
부추기다
(API) mengapi-apikan 부추기다
OJA/UJA 부추기다
(OJA/UJA) menguja orang ramai 군중을 부추기다
(TAJAM) mempertajam sanding 분란을 더욱 부추기는 사람
부치다
(SAYAP) sayap singkat 힘에 부치는
부터
SEJAK 부터
부풀다
BENGKAK 부풀다
BUNTAL 부풀은
BUSUNG 부풀은
GEMBUNG 부풀다
LEMBUNG 부푼
부하
(ANAK) anak buah (군대의) 부하
(DAUN) daun rampas 부하
(LANGAU) langau di ekor gajah 부하
(ORANG) orang bawah 부하 직원
(ORANG) orang bawahan 부하 직원
(ORANG) orang di bawah 부하
(TALI) tali barut 부하
부호
TANDA 부호
(TANDA) tanda *petik* 인용 부호
부화뇌동
(LIDAH) berlidah dua 부화뇌동하는
(LIDAH) lidah dua 부화뇌동하는
(PANCANG) bagai pancang digoncang arus 부화뇌동하는 (사람)
(POTONG) sepotong ikan sepotong ular 부화뇌동하는

북
GENDANG 북
UTARA 북(쪽)
북극
(ARNAB) arnab gunung 북극토끼
북녘
UTARA 북녘
북돋우다
(BAKAR) membakar semangat 용기를 북돋우다
(BERI) memberi hati 용기를 북돋우다
(BESAR) membesarkan hati 의욕을 북돋우다
(GELI) menggeli induk ayam 용기를 북돋우다
(KOBAR) mengobarkan semangat 사기를 북돋우다
(KOBAR) mengobarkan semangat 정신을 북돋우다
북동
(TIMUR) timur laut 북동(쪽)
북동쪽
(LAUT) timur laut 북동쪽
북두칠성
(KETIKA) bintang ketika 북두칠성
북북동
(UTARA) utara timur laut 북북동
북북서
(UTARA) utara barat laut 북북서
북서(쪽)
(BARAT) barat laut 북서(쪽)
북서쪽
(LAUT) barat laut 북서쪽
북쪽
LAUT 북쪽
북풍
(ANGIN) angin kelambu menunggal 비를 가져오는 북풍
(ANGIN) angin kepala 동해 북풍
(ANGIN) angin sebelah 세지 않은 북풍
북회귀선
(GARIS) garis balik utara 북회귀선
분개
(RASA) berasa panas hati 분개하다
(RASA) berasa panas 분개하다
분골쇄신
(KUAT) berkuat tulang 분골쇄신하다
분노
AMARAH 분노
(AMARAH) tidak dapat menahan nafsu amarah 분노를 참지 못하다
GERAM 분노
(GERAM) menggeram 분노하다
(GIGIT) menggigit bibir 분노가 치미는
(NAIK) naik marah 분노가 복받쳐 오르다
(OMBAK) ombak membanting diri 공연한 분노
(RASA) berasa panas hati 분노하다
(RASA) berasa panas 분노하다
(SANGKAK) menyangkak hati 분노하다
(SIRAM) menyiram kobaran api dengan air 분노를 누그러뜨리다

분뇨
(BAJA) baja kandang 가축의 분뇨로 만든 거름
분란
(TAJAM) mempertajam sanding 분란을 더욱 부추기는 사람
분리
LERAI 분리된
분만
(LAHIR) lahir mati 죽은 태아를 분만하는 일
분말
TEPUNG 분말
분명하다
(HITAM) hitam putih 흑백이 분명한
(MASAK) masak niat 의도가 분명한
(SULUH) bersuluh tengah hari 명백하고 분명한 (일)
분배
(BELAH) menyebelahkan hati 사랑을 고르게 분배하다
분별
(TAHU) tahu asam garamnya 사리를 분별할 줄 아는
분별력
(MATA) mata kotak 분별력이 없는 사람
(PAK) Pak Kaduk 분별력이 없는 사람
(PANDAI) pandai menyisihkan antah daripada beras 분별력이 있는
(SUDAH) sudah tahu di tepi kain 사리분별력이 있는 사람
분사
(MATI) mati terbakar 분사
분수
(BAYANG/BAYANG-BAYANG) bayang-bayang sepanjang badan 분수에 맞는 일
(CACING) cacing hendak menjadi naga 분수에 맞지 않는 행동
(TAHU) tahu harga diri 분수를 알다
(TINGGI) tinggi lawak-lawak 분수 없이 설치는
분야
BIDANG 분야
(BIDANG) bidang penelitian 연구 분야
(CETAK) bidang cetak-mencetak 출판 분야
분위기
UDARA 분위기
분유
(SUSU) susu bubuk 분유
(SUSU) susu tepung 분유
분쟁
(SAMA) air sama air 친족들의 분쟁에 끼어들면 득보다 실이 크게 마련
(SAMA) sampah ke tepi juga 친족들의 분쟁에 끼어들면 득보다 실이 크게 마련
SELISIH 분쟁
분출
PANCAR 분출하다
(PANCAR) *pancaran* (물의) 분출
분필
(KAPUR) kapur belanda 분필
(KAPUR) kapur tulis 분필
분홍
DADU 분홍(빛)

ㅂ

분홍색
(MERAH) merah putih-putih 분홍색
분화구
(LUBANG) lubang gunung 분화구
(MULUT) mulut gunung 분화구
(MULUT) mulut gunung 화산의 분화구
불
API 불
(CETUS) mencetus api 불붙이다
(REMAS/RAMAS) meremas api 불을 끄다
(SIRAM) menyiram api dengan bensin 불난 집에 부채질하다
불가능
(BAKAR) membakar air 불가능한 일
(BISA) mana bisa 불가능한
(BUKAN) bukan-bukan 불가능한
(CARI) mencari umbut dalam batu 불가능한 일
(CEBOL) si cebol hendak mencapai bulan 불가능한 일
(CEBOL) si cebol rindukan bulan 불가능한 일
(DIRI) mendirikan benang basah 불가능한 일을 하다
(KUCING) kucing bertanduk 불가능한 일
(KUSUT) tidak ada kusut yang tak selesai 해결 불가능한 일은 없다
(LANGIT) langit menimpa kepala, bumi memegang kaki 재기가 불가능한 상태
(LIMBAT) minta sisik pada limbat 불가능한 일에 기대를 걸다
(MANA) mana bisa 불가능하다(어떻게 가능하겠는가?)
(MANA) mana boleh 불가능하다(어떻게 가능하겠는가?)
(MINTA) minta nyawa 실현이 불가능한 일
(MINTA) minta tanduk kepada kuda 불가능한 일에 기대를 걸다
(MINTA) minta tulang kepada lintah 불가능한 일에 기대를 걸다
(NANTI) menantikan kucing bertanduk 불가능한 것을 바라다
(PATAH) patah arang 화해가 불가능한
(PUNTUNG) puntung berasap 불가능한 일
(PUTUS) putus arang 재결합이 전혀 불가능하다
(SISIK) minta sisik pada limbat 불가능한 일에 기대를 걸다
(TONGKAT) bertongkat jarum 불가능한 일
(UAP/WAP) beruap nasi dingin 불가능한 일
(UAP/WAP) berwap nasi dingin 불가능한 일
불가사리
(BINTANG) bintang laut 불가사리
(JARI) jari lima 불가사리
불가사의
GAIB/GHAIB 불가사의한
(GAIB/GHAIB) kuasa gaib 불가사의한 힘
SAKTI 불가사의한
불같다
(PANAS) panas bara 성질이 불같은
(PANAS) panas darah 성질이 불같은
불거지다
CEMBUNG 불거진
불결
CEMAR 불결한
KOTOR 불결한
(KOTOR) kotor bolor 매우 불결한

ㅂ

불공평
(LIMAU) limau masak sebelah 불공평한 법규
불공평하다
(PILIH) pilih kasih 불공평한
(PILIH) pilih pihak 불공평한
불구
(BUANG) membuang sifat 불구로 만들다
CACAT 불구(의)
(CACAT) cacat tubuh 신체불구의
불구하고
(KALI) sekalipun 불구하고
불굴
CEKAL 불굴의
(KERAS) berkeras batang leher 불굴의
(KERAS) berkeras hati 불굴의
(KERAS) berkeras urat leher 불굴의
(KUAT) kekuatan hati 불굴의 의지
(KUAT) kuat hati 불굴의
(PANTANG) pantang mundur 불굴의 정신
(PANTANG) pantang surut 불굴의 정신
(PATAH) patah dihubung, hilang diganti 불굴의 자세를 지닌 (사람)
(PATAH) patah sayap bertongkat paruh 불굴의 의지를 지닌 (사람)
RAJIN 불굴의
(TABAH) tabah hati 불굴의
불굴의
(CEKAL) cekal hati 불굴의
불균형
(JALAN) berjalan pincang 불균형한
(JALAN) berjalan timpang 불균형한
불그스레하다
(MERAH) merah-merah bahasa 불그스레한 (색)
불길
(AWAN) awan hitam 불길한 징조
(LANGKAH) langkah buruk 조짐이 불길한
(SALAH) salah rasa 예감이 불길하다
불길하다
(LAMPU) lampu merah 불길한 조짐
(SYAK) syak hati 불길한
(SYAK) syak wasangka 불길한
불꽃
(API) api cinta 사랑의 불꽃
(BUNGA) bunga api 불꽃
(CETUS) cetusan api 불꽃
(KOBAR) kobaran api 불꽃
(MARAK) naik marak (불꽃이) 거세게 일다
불다
HEMBUS 불다
(LAYAR) berlayar atas angin 원님덕분에 나팔 불다
TIUP (입김을)불다
(TIUP) bertiup kencang 바람이 세차게 불다
(TIUP) bertiup perlahan-lahan 바람이 산들산들 불다
불량배
(NAKAL) anak nakal 불량배

불량소녀
(REZEKI) rezeki musang 불량소녀
불러들이다
(PANGGIL) memanggil pulang 불러들이다
(PANGGIL) panggil pulang 불러들이다
불러일으키다
(RAWAN) merawankan hati 동정심을 불러일으키다
불룩
BUSUNG 불룩한
불륜
(TANGKAP) tangkap basah 불륜 현장에서 잡히다
(TANGKAP) tangkap hidup-hidup 불륜 현장에서 잡히다
(TANGKAP) tertangkap basah 불륜 행위를 하다가 현장에서 잡히다
(TANGKAP) tertangkap kain 불륜 행위를 하다가 현장에서 잡히다
불만
JERIT 불만
(KERUT) berkerut keningnya 불만이 가득한
KESAL 불만인
불만족
(KURANG) kurang terima 불만족스러운
불머리
(LIDAH) lidah api 불머리
불명예
(BASUH) membasuh najis 불명예를 씻다
(BUANG) membuang arang di kening 불명예를 씻다
(HAPUS) menghapus arang di muka 불명예를 씻다
불법
GELAP 불법의
HARAM 불법의
(JALAN) berjalan dari pintu belakang 불법을 저지르다
(JALAN) jalan gelap 불법
(LAWAN) lawan hak 불법(의)
(LAWAN) lawan hukum 불법(의)
(LAWAN) melawan hak 불법을 저지르다
(LAWAN) melawan hak 불법행위를 하다
(LAWAN) melawan hukum 불법을 저지르다
(LAWAN) melawan hukum 불법행위를 하다
(LEWAT) lewat pintu belakang 불법으로 하다
(LUAR) di luar garis 불법의
(LUAR) luar garis 불법의
(MAIN) main belakang 불법을 저지르다
(MAIN) main belakang 불법적으로 일을 처리하다
(MASUK) masuk diam-diam 불법으로 들어오다
(RAPAT) rapat gelap 불법 집회
(RUMAH) rumah haram 불법 가옥
(RUMAH) rumah liar 불법 가옥
(RUMAH) rumah setinggan 불법 가옥
(SENJATA) senjata gelap 불법 무기
(TANAH) tanah haram 불법으로 점유된 땅
(TANAH) tanah kilat 불법으로 점유된 땅
불법근로자
(KERJA) pekerja haram 불법근로자
불법노동자

(KERJA) pekerja haram 불법노동자
불법담보
(GADAI) gadai gelap 불법담보
불법도박
(JUDI) judi buntut 불법도박
불법적
(JALAN) jalan memintas 불법적인 방법
(JALAN) jalan pintas 불법적인 방법
(JALAN) jalan samping 불법적인 방법
(MASUK) masuk pintu belakang 불법적으로 (일을) 처리하다
(PINTU) pintu belakang 불법적인 방법
불변
(SEKRUP/SKRU) disekrup mati 불변의
불분명
(BALIK) terbalik lidah 논점이 불분명한
불분명하다
(HULU) tiada berketentuan hulu hilirnya 목표가 불분명한
불사신
(KERAS) keras jangat 불사신의
불서럽다
(RASA) terasa putus tali jantung 불서러운
불성실
(GETAH) bergetah hatinya 불성실한
(HATI) hati bergetah 불성실한
(UPAH) upah diterima, kerbau pincang 불성실한 (사람)
불손
(BALIK) balik adab 불손한
(HINA) hina budi 불손한
(LANGKAH) langkah sumbang 불손한
(SUMBANG) sumbang langkah 불손한 (행위)
(TIDAK) tidak tahu bahasa 불손한
(TIDAK) tidak tahu basa-basi 불손한
불신임투표
(PERCAYA) undi tidak percaya 불신임투표
불쏘시개
(UMPAN) umpan api 불쏘시개
불안
(ARAK) berarak ke tebing 항상 불안한
BIMBANG 불안한
CEMAS 불안한
(CEMAS) cemas hati 불안에 떠는
(DEBAR) debaran hati 불안한
(DEBAR) debaran jantung 불안한
(DUDUK) duduk tegak 불안한
(EMBUN) seperti embun di atas daun 불안한
(GADUH) gaduh hati 항상 불안한
(GALAH) bagai galah di tengah arus 늘 불안한
GOYANG 불안한
(HATI) berhati kusut 불안한
(KERA) kera kena belacan 아주 불안한
(NANTI) menantikan laki pulang maling 몹시 불안한
RAMBANG 불안한
RISAU 불안한

(RUMAH) berumah di tepi tebing 항상 불안한
RUSUH 불안한
(RUSUH) merusuhkan hati 불안하게 만들다
(SEMAK) semak hati 불안한
(SUSAH) susah hati 불안한
(UDANG) udang (di) dalam tangguk (마음이) 불안한

불안해하다
(CACING) cacing kepanasan 늘 불안해하는
(MACAM) cacing kepanasan 늘 불안해하는
(MACAM) macam cacing kepanasan 늘 불안해하는
(ORANG) orang ombak 몹시 불안해하는 사람

불알
(BOLA) bola laki-laki 불알
(KANTONG/KANTUNG) kantong kemaluan 불알
(PELIR) buah pelir 불알
(ZAKAR) buah zakar 불알

불에 타다
KOBAR 활활 불에 타다

불완전고용
(GUNA) guna tenaga tak penuh 불완전고용

불완전하다
(PARUH) separuh masak 불완전한

불요불굴
(SEMANGAT) semangat harimau 불요불굴의 정신을 지닌 (사람)
(TABAH) tabah semangat 불요불굴의
(TAHAN) tahan hati 불요불굴의

불운
(BAWAH) di bawah angin 불운한 상황
(BURUK) buruk pinta 불운한
CELAKA 불운
(CELAKA) celaka tiga belas 아주 불운한
(GELAP) gelap bintangnya 불운한
(GENGGAM) barang tergenggam jatuh terlepas 아주 불운한
(KIRI) langkah kiri 불운한
(LANGKAH) langkah buruk 불운한
(NASIB) nasib buruk 불운
(NASIB) nasib malang 불운
(NOMOR/NOMBOR) nomor sial 불운의 번호
(PEGANG) terpegang di bara hangat 불운한
RUGI 불운
(UPAH) upah diterima, kerbau pincang 살 만하니까 불운이 닥친 격

불일치
(LAIN) lain cakap, lain buat 언행의 불일치
(LAIN) lain di mulut, lain di hati 언행의 불일치

불장난
(MAIN) bermain api 불장난 하다
(MAIN) main api 불장난 하다

불줄기
(KOBAR) kobaran api 불줄기

불집게
(SEPIT) sepit api 불집게

불청객
(TAMU) tamu yang tidak diundang 불청객

불충분하다
(CUKUP) ketidakcukupan 불충분한
불쾌하다
(KECIL) kekecilan hati 불쾌
(KERUH) keruh hati 불쾌한
KESAL 불쾌한
(KESAL) kesal gamas 아주 불쾌한
(KESAL) kesal hati 불쾌한
MENGKAL 불쾌한
(MENGKAL) bermengkal hati 불쾌한
(MENGKAL) memengkalkan hati 불쾌하게 만들다
(MENGKAL) mengkal hati 불쾌한
(RASA) berasa aral 불쾌한
(RASA) perasa aral 불쾌하게 여기는
(RASA) perasa aral 불쾌한
(SALAH) salah hati 불쾌한
(SALAH) salah rasa 불쾌하다
SEBAL 불쾌한
(SEBAL) menyebal 점점 더 불쾌하게 여기다
(SEBAL) sebal hati 불쾌한
(SEMPIT) sempit hati 불쾌한
불타다
(DENDAM) dendam hati 복수심에 불타는
불편하다
(SUSAH) susah hati 불편한
불행
(BAWA) membawa sial 불행을 초래하다
(BINTANG) bintang gelap 불행한
(BULAN) bulan gelap 불행한
(BULAN) bulan mati 불행한
CELAKA 불행한
(CELAKA) kecelakaan 불행
(CELAKA) kemalangan 불행
(GENDANG) bergendang paha 남의 불행을 고소해 하다
(HINGGAP) hinggap saja bagai langau, titik saja bagai hujan 모든 불행은 갑자기 찾아오게 마련
(HULU) hulu malang pangkal celaka 불행의 발단
KIRI 불행한
(KUNYAH) terkunyah di batu 불행한
MALANG 불행한
(MALANG) malang tidak berbau 불행은 소리 없이 다가온다
(MALANG) malang tidak berbau 불행은 예고 없이 찾아온다
(MALANG) malang timpa-menimpa 불행의 연속
SEDIH 불행한
(SEKAM) sekam menjadi hampa berat 불행 중 다행
(SIAL) sial bercampur malang 몹시 불행한
(TARUNG) baru dimulai sudah tertarung (사업을) 시작하자마자 들이닥친 불행
(TENGAH) tengah makan, putus suap 먹고 살만 하니 들이닥친 불행
(TUAH) tuah anjing, celaka kuda 당신의 불행은 나의 행복
불현듯
(DATANG) datang-datang 불현듯
불화

(LUKA) lukanya hilang, parutnya tinggal juga 불화의 깊은 골
(SILANG) silang selisih 불화
(SILANG) silang sengketa 불화
불확실
(AWANG/AWANG-AWANG) masih di awang-awang 아직 불확실한
(HILIR) tak tentu hilir mudiknya 자초지종이 불확실한
(MASIH) masih di awang-awang 불확실한
(MASIH) masih tetap gelap 여전히 불확실한
(TENTU) belum tentu 아직 불확실한
(TERANG) terang kain 아직 불확실한 (상황)
(TERANG) terang-terang kain 아직 불확실한 (상황)
붉다
(TARIK) tarik puntung padamlah bara 열흘 붉은 꽃이 없다
붉어지다
(MABUK) mabuk bunga raya 취기가 돌아 얼굴이 붉어진
붉은그물버섯
(JAMUR) jamur brama 붉은그물버섯
붉은색
MERAH 붉은색
붐비다
(JAM) jam sibuk 붐빌 때
붓
KALAM 붓
붓다
BENGKAK 붓다
GEMBUNG 붓다
(SIMBUR) bersimbur (목욕물을) 머리에 붓다
TUANG 붓다
붕대
BALUT 붕대
(BALUT) membalut luka 상처를 붕대로 감다
BARUT 붕대
붙다
CANTUM 붙다
LEKAT 붙은
붙들다
TANGKAP 붙들다
붙들어 매다
TAMBAT 붙들어 매다
붙어다니다
(GANDENG) gandeng menteng 늘 붙어다니는
붙이다
(LAWAN) melawan bicara 말을 붙이다
(SABUNG) bersabung ayam 닭싸움을 붙이다
(SAPA) menyapa 말을 붙이다
(TEGUR) menegur sapa 말을 붙이다
붙임성
(RAMAH) ramah lidah 붙임성 있는
(RAMAH) ramah mulut 붙임성 있는
붙임표
(TANDA) tanda sempang 붙임표
(TANDA) tanda sengkang 붙임표
붙잡다

(PEGANG) memegang batang leher 붙잡다
(PEGANG) pegang batang leher 붙잡다

블라우스
(BAJU) baju blus 블라우스

블랙리스트
(DAFTAR) daftar hitam 블랙리스트
(DAFTAR) mendaftarhitamkan 블랙리스트에 올리다

블랙박스
(KOTAK) kotak hitam 블랙박스

비
(ANGIN) angin kelambu menunggal 비를 가져오는 북풍
(AWAN) awan mendung 비구름
HUJAN 비
HUJAN 비가 내리다
(HUJAN) hujan lalu 지나가는 비
(HUJAN) hujan lari 지나가는 비
(SUDAH) sudah mulai berat 비가 오려고 하는

비겁
(HATI) berhati tungau 비겁한
(KECIL) kekecilan hati 비겁

비계
LEMAK 비계

비골
(TULANG) tulang betis 비골

비공개
(SIDANG) sidang tertutup 비공개회의

비관적
(SIKAP) sikap mudah putus harap 비관적인 관점

비구름
(POKOK) pokok hujan 비구름

비금
(UNGGAS) unggas angkasa 비금

비꼬다
(SINDIR) sindir-menyindir 서로 비꼬아 말하다

비꼼
SINDIR 비꼼

비난
CACI 비난
GUGAT 비난하다
(TUNJUK) tunjuk hidung 신랄하게 비난하다

비녀
(CUCUK/COCOK) cucuk rambut (머리) 비녀
(TUSUK) tusuk sanggul (머리) 비녀

비늘
SISIK (물고기의) 비늘

비다
HAMPA 빈
KOSONG 빈
(KOSONG) kosong losong 텅 빈
(KOSONG) kosong melompong 텅 빈
LAPUK 빈
LOWONG (자리가) 빈
LOWONG 텅 빈

LUANG 빈
(SAKIT) sakit kantong 호주머니가 텅 빈
(SAKIT) sakit kantung 호주머니가 텅 빈
비둘기
(BURUNG) burung dara 비둘기
(BURUNG) burung punai 비둘기
(BURUNG) merpati 비둘기
(TEKUKUR) tekukur jerum 목점박이비둘기
비뚤어지다
(HATI) berhati busuk 마음이 비뚤어진
(HATI) busuk hati 마음이 비뚤어진
비례대표제
(KADAR) perwakilan berkadaran 비례대표제
비름
BAYAM 비름
(BAYAM) bayam goreng 비름 튀김
비린내
ANYIR/HANYIR 비린내
(ANYIR/HANYIR) bau anyir darah 피비린내
비만
(PADAT) padat tubuh 비만의
비명
(KAMBING) bagai kambing dijunjung 큰 비명을 지르다
비명소리
(PEKIK) pekik sampai ke langit 천지를 진동하는 비명소리
비몽사몽
(SADAR/SEDAR) sadar tak sadar 비몽사몽 중에
비무장
(KOSONG) berkosong tangan 비무장의
(TANGAN) tangan kosong 비무장으로
비밀
(AKAD) akad bawah tangan 비밀계약
(BAWAH) di bawah tanah 비밀리에
(BAWAH) di bawah tangan 비밀리에
(BELAKANG) di belakang layar 비밀 협상
(BELAKANG) di belakang layar 비밀리에 모의하다
(BICARA) bicara empat mata 양자 간 비밀회담
(BUKA) membuka buku, membuka kartu 비밀을 털어놓다
(BUKA) membuka dada 비밀을 모두 실토하다
(BUNGKUS) membungkus mayat dengan kain kafan 비밀로 덮어두다
(CIUM) tercium baunya 비밀을 알아챈
(EMBACANG) menyimpan embacang busuk 공공연한 비밀
(GENGGAM) menggenggam rahasia 비밀을 간직하다
(KUNCI) kunci hati 비밀
(KUNCI) kunci mati 아주 중요한 비밀
(LIPAT) lipatan hati 비밀
(LIPAT) tak berkelipat perut 비밀을 지키지 못하는
(LITAH) litah mulut 비밀을 지키지 못하는
(MASAK) masak durian, masak manggis 남자보다 여자가 비밀을 잘 간직하게 마련
(MULUT) mulut bocor 비밀을 지키지 못하는 사람
(PECAH) pecah lubang 비밀을 누설하다
(PENUH) penuh rahasia 비밀로 가득 찬

(PENUH) penuh rahasia 아주 비밀스러운
RAHASIA/RAHSIA 비밀
(RAHASIA/RAHSIA) membongkar rahasia 비밀을 밝히다
(RAHASIA/RAHSIA) membuka rahasia 비밀을 밝히다
(RAHASIA/RAHSIA) menyimpan rahasia 비밀을 간직하다
(RAHASIA/RAHSIA) rahasia alam 자연의 비밀
(RAPAT) rapat mulut 비밀을 누설하는
(RAPUH) rapuh mulut 비밀을 누설하는 (사람)
(SEMBUNYI) sembunyi tuma 공공연한 비밀을 감추려 애쓰다
(TANGGANG) tanggang rahasia 비밀을 간직하다
(TANGGANG) tanggang rahsia 비밀을 간직하다
(TARUH) menaruh rahsia 비밀을 간직하다
(TARUH) taruh beras dalam padi 비밀을 잘 간직하는
(TELAN) telan batu 비밀을 숨기다
(TUTUP) menutup mulut 비밀을 지키다
(TUTUP) tutup mulut 비밀을 지키다

비밀경찰
(MATA) mata-mata gelap 비밀경찰
(POLISI/POLIS) polis rahsia 비밀경찰
(POLISI/POLIS) polisi rahasia 비밀경찰

비밀리에
(TEDENG) dengan tedeng aling-aling 비밀리에
(TEDENG) main tedeng aling-aling 비밀리에 행하다

비밀회담
(RUMAH) rumah hantu 비밀회담 장소

비방
(JATUH) jatuh ke tanah lambuk 남을 비방하는 처지가 되다
UMPAT 비방

비범하다
(TIDAK) tidak kepalang 비범한
(TIDAK) tidak tanggung-tanggung 비범한

비보
(KABAR/KHABAR) kabar sedih 비보

비비다
GOSOK 비비다
(GOSOK) gosok mata 눈을 비비다

비상
(BUKAN) bukan buatan 비상한
(BUKAN) bukan main 비상한

비상구
(DARURAT) pintu darurat 비상구
(PINTU) pintu bahaya 비상구
(PINTU) pintu darurat 비상구

비상금
(UANG/WANG) uang jaga-jaga 비상금
(UANG/WANG) uang saku 비상금

비서
(SETIA) setiausaha 비서
(URUS) urus setia 비서

비석
(BATU) batu kubur 비석
(BATU) batu nisan 비석

비소

(RACUN) racun tikus 비소
비수
(DAUN) daun padi 비수
KERIS 비수
(KERIS) keris pandak 칼날이 짧은 커리스(비수)
(KERIS) keris panjang 칼날이 긴 커리스(비수)
(KERIS) keris pendek 칼날이 짧은 커리스(비수)
비스듬
CENDERUNG 비스듬한
비스듬하다
MIRING 비스듬한
비스듬히
(JULING) juling itik 고개를 비스듬히 둔 채 바라보다
비스킷
(ROTI) roti kering 비스킷
비슷하다
(ROMAN/ROMA) seroman 모습이 비슷한
(TIKAM) bertikam jejak 서로 비슷한
비싸다
MAHAL 비싼
(TARIK) tarik harga 부르는 가격이 터무니없이 비싼
(TARIK) tarik harga 호가가 너무 비싼
(TENGAH) menengah tulang punggung 비싸거나 싸지도 않은
비싸지다
(TAMBAH) bertambah mahal 더욱 비싸지다
비애
DUKA 비애
비역질
LIWAT 비역질(을 하다)
(LIWAT) lelaki meliwat lelaki yang lain 남성끼리 비역질을 하다
(MAIN) main belakang 비역질하다
비열하다
(KINCIR) berkincir alir 비열한
비옥
BIAK 비옥한
비옥하다
(TANAH) tanah kurus 그다지 비옥하지 않은 땅
비옷
(BAJU) baju hujan 비옷
비용
(BASUH) pembasuh balai 소송비용
(BASUH) pembasuh meja 소송비용
BELANJA 비용
BIAYA 비용
(MEJA) uang meja 소송비용
ONGKOS 비용
비우다
(TAHAN) tahan nafsu 마음을 비운
비웃음
(GELAK) gelak nabi 비웃음
(SENYUM) senyum kambing 비웃음
(SENYUM) senyum raja 비웃음
비위

(BERI) memberi hati 비위를 맞추다
(RAIH) meraih pangkur ke dada 비위가 상하다
(RAMAS) meramas jantung 몹시 비위가 상하다
(RAMAS) meramas perut 몹시 비위가 상하다
(TARIK) menarik pangkur ke dada 비위가 상하다
비유
(BAYANG/BAYANG-BAYANG) bayang kata 비유하다
(BAYANG/BAYANG-BAYANG) di bayang kata 비유
비장
LIMPA 비장
비정
(BAPAK/BAPA) bapak ayam 비정한 아버지
비정규직
(ORANG) orang gaji 비정규직 직원
(ORANG) orang gajian 비정규직 직원
비정부기구
(LEMBAGA) lembaga swadaya masyarakat 비정부기구
비정상적
(PINTU) pintu belakang 비정상적인 방법
비좁다
CIUT 비좁은
(LUAS) seluas daun kelor 비좁은
(LUAS) seluas tapak tangan 비좁은
SEMPIT 비좁은
SESAK 비좁은
비중
(BERAT) berat jenis 비중
비지떡
(HARGA) ada rupa ada harga 싼 게 비지떡
(SEPERTI) seperti air basuh tangan 싼 게 비지떡
비참
(MATI) mati kera 사랑 때문에 비참해진 (사람)
비참하다
(JATUH) jatuh coloknya 비참해 지다
(SEPERTI) seperti rumput di tepi jalan (생활이) 매우 비참한
비천
HINA 비천한
비천하다
(HINA) hina dina 매우 비천한
(HINA) hina lata 매우 비천한
(HINA) hina papa 매우 비천한
RENDAH 비천한
비취
(BATU) batu giok 비취
비치다
(TUNJUK) menunjuk muka (모임 따위에) 잠깐 얼굴을 비치다
(UNJUK) unjuk muka 잠깐 얼굴을 비치다
비치볼
(BOLA) bola voli pantai 비치볼 (경기)
비켜나다
ELAK 비켜나다
SISIH 비켜나다
비탄

(RAWAN) rawan hati 비탄
비탈
LERENG 비탈
비틀거리다
GOYANG 비틀거리는
비틀비틀하다
(MABUK) mabuk bunga selasih 술에 취해 비틀비틀하는
비판
(PUKUL) pukul sampai rata 신랄하게 비판하다
SIASAT 비판
비학
(ILMU) ilmu hitam 비학
비합리적
(LIMAU) limau masak sebelah 비합리적인 법규
비행
(NAKAL) kenakalan remaja 청소년 비행
비행기
(CAPUNG) pesawat capung 잠자리비행기
(KAPAL) kapal terbang 비행기
(KAPAL) kapal udara 비행기
(MABUK) mabuk udara 비행기 멀미
(PESAWAT) pesawat terbang 비행기
(PESAWAT) pesawat udara 비행기
(TUMPANG) penumpang pesawat udara 비행기 승객
(UDARA) pesawat udara 비행기
비행사
(ANGKASA) angkasawan (남성) 우주 비행사
(ANGKASA) angkasawati (여성) 우주 비행사
(UDARA) udarawan (남성) 우주 비행사
(UDARA) udarawati (여성) 우주 비행사
비행접시
(PIRING) piring terbang 비행접시
빈궁하다
(MAKAN) makan tali 몹시 빈궁한
(MAKAN) makan tanah 몹시 빈궁한
(REGANG) meregang hidupnya 생활이 몹시 빈궁한
(REZEKI) rezeki mahal 생활이 몹시 빈궁한
빈네가퉁갈이카
(TUNGGAL) Bhinneka Tunggal Ika 빈네가퉁갈이카(다양성 속의 통일을 의미하는 인도네시아 공화국의 국시)
빈대
(IKAN) ikan belum dapat, airnya sudah keruh 빈대 잡으려고 초가삼간 태운다
(KUTU) kutu busuk 빈대
(MARAH) marahkan nyamuk kelambu dibakar 빈대 잡으려고 초가삼간 태운다
(MARAH) marahkan tikus 빈대 잡으려고 초가삼간 태운다
(MARAH) rengkiang dibakar 빈대 잡으려고 초가삼간 태운다
PIJAT-PIJAT 빈대
(TAKUT) takut akan tuma dibuang kain 빈대 잡으려고 초가삼간 태운다
빈둥거리다
(CURI) mencuri tulang 눈을 피해 빈둥거리다
(GOYANG) bergoyang lutut 하릴없이 빈둥거리는

LENGAH 빈둥거리는
빈둥빈둥
(LENA) berlena-lena 빈둥빈둥하다
(LENGAH) berlengah-lengah 빈둥빈둥하다
빈둥빈둥하다
(MALAS) malas-malas 빈둥빈둥하는
빈랑
PINANG 빈랑(빈랑나무의 열매)
(PINANG) pinang masak 너무 익은 빈랑 열매
빈말
(ASIN) asin mulut 빈말하지 않는
(JUAL) menjual petai hampa 빈말하다
빈민
(KAUM) kaum miskin 빈민계층
빈민가
(DAERAH) daerah kumuh 빈민가
빈사
(MATI) mati suri 빈사(상태)
(NYAWA) nyawa ikan 빈사 상태의
빈손
(BAWA) membawa mulut (잔치에) 빈손으로 오다
(BAWA) membawa perut (잔치에) 빈손으로 오다
(HAMPA) berhampa tangan 빈손의
(LENGGANG) berlenggang kangkung 빈손으로 잔치에 참석하다
(TANGAN) tangan hampa 빈손
(TANGAN) tangan kosong 빈손
빈자리
(GANTI) patah tumbuh hilang berganti 빈자리는 채워지게 마련
(LOWONG) lowongan kerja 빈자리
빈지갑
(KANTONG/KANTUNG) kantong kempes 빈지갑의
(KANTONG/KANTUNG) kantong kering 빈지갑의
(KANTONG/KANTUNG) kantong kosong 빈지갑의
빈털터리
(KANTONG/KANTUNG) kantong kempes 빈털터리의
(KANTONG/KANTUNG) kantong kering 빈털터리의
(KANTONG/KANTUNG) kantong kosong 빈털터리의
빈투롱
(MUSANG) musang turun 빈투롱
빈틈없다
KETAT 빈틈없는
빈혈
(LESU) lesu darah 빈혈
빌다
(MAAF) meminta maaf 용서를 빌다
(MINTA) minta berkat 복을 빌다
(MINTA) minta maaf 용서를 빌다
(MINTA) *minta* restu 복을 빌다
(SAMPAI) sampaikan salam 용서를 빌다
(TEBUS) menebus dosa 용서를 빌다
빌딩
(CAKAR) cakar langit 고층빌딩
(CAKAR) pencakar langit 고층빌딩

ㅂ

(GEDUNG) gedung pencakar langit 고층빌딩
빌려 주다
PINJAM 빌려 주다
빌리다
(GALI) menggali lubang 빌리다
PINJAM 빌리다
(PINJAM) meminjam uang 돈을 빌리다
(PINJAM) meminjam wang 돈을 빌리다
빌어먹을
(SIAL) sialan 빌어먹을(욕설)
빗
SISIR 빗
빗나가다
LESET 빗나가다
LUPUT 빗나가다
SALAH 빗나간
(SALAH) salah sangka 예상이 빗나가다
SASAR 빗나간
빗물
(BENDAR) berbendar langit (논에) 빗물을 대다
(TAMPUNG) menampung air hujan 빗물을 받다
(TAMPUNG) menampung (빗물을) 받다
빗방울
(TETES/TITIS) tetesan air hujan 빗방울
빗자루
SAPU 빗자루
빗줄기
(PANJANG) si panjang tungkai 빗줄기
(PANJANG) yang panjang tungkai 빗줄기
TUNGKAI 빗줄기
(YANG) yang panjang tungkai 빗줄기
빙빙
(PUSING) berpusing-pusing 빙빙 돌다
(PUTAR) berputar-putar 말을 빙빙 돌리다
(PUTAR) berputar-putar 빙빙 돌다
(PUTAR) putar-putar 빙빙 돌다
빙초산
(BIANG) biang cuka 빙초산
빙하기
(ZAMAN) zaman air batu 빙하기
(ZAMAN) zaman ais 빙하기
(ZAMAN) zaman es 빙하기
빚
(ANGSUR/ANSUR) mengangsur utang 빚을 조금씩 갚다
(ANGSUR/ANSUR) mengansur hutang 빚을 조금씩 갚다
(BURU) diburu utang 빚 독촉을 받다
(GALI) gali lubang tutup lubang 빚 돌려막기
(GULUNG) bergulung utang 빚더미에 올라앉은
(HALAL) menghalalkan utang 빚을 면제하다
(LILIT) utang selilit pinggang 산더미 같은 빚
(LILIT) utang selilit pinggang 엄청나게 많은 빚
(SEBAB) sebab mulut leher terjerat 말 한마디로 천 냥 빚을 갚는다
(SELESAI) menyelesaikan hutang 빚을 변제하다

(SELESAI) menyelesaikan hutang 빚을 청산하다
(SELESAI) menyelesaikan utang 빚을 변제하다
(SELESAI) menyelesaikan utang 빚을 청산하다
(TANGGUK) menangguk hutang 빚을 갚다
(TANGGUK) menangguk utang 빚을 갚다
(TEBUS) menebus gadai 저당물을 찾기 위해 빚을 변제하다
(TEBUS) menebus 저당물을 찾기 위해 빚을 변제하다
UTANG/HUTANG 빚
(UTANG/HUTANG) berutang berbaris 여기저기서 마구 빚을 얻다
(UTANG/HUTANG) utang menarik uang 빚을 독촉해 받아 내다

빚더미
(TENGGELAM) tenggelam dalam hutang 빚더미에 올라앉다
(TENGGELAM) tenggelam dalam utang 빚더미에 올라앉다
(UDANG) udang tahi di kepala 빚더미에 올라앉은 사람
(UTANG/HUTANG) utang selilit pinggang 빚더미에 올라앉은 사람
(UTANG/HUTANG) utang tiap helai bulu 빚더미에 올라앉은 사람

빛
CAHAYA 빛
(PANCAR) memancarkan cahaya 빛을 발산하다
(PANCAR) pancaran 빛의 발산
(PURNAMA) cahaya purnama 휘영청 밝은 보름달 빛
SERI 밝은 빛
(SIAR) menyiarkan cahaya 빛을 발하다
(TAHAN) tahan cuci 빛이 바래지 않는
TERANG 빛

빛깔
WARNA 빛깔
(WARNA) warna gelap 어두운 빛깔
(WARNA) warna terang 밝은 빛깔

빛나다
(KILAU) berkilau 번쩍번쩍 빛나다
(KILAU) berkilau-kilauan 번쩍번쩍 빛나다
(KILAU) kilau-mengilau 번쩍번쩍 빛나다
(MANDI) bermandikan cahaya 현란하게 빛나는
(MANDI) bermandikan cahaya 휘황찬란하게 빛나는
(NAIK) naik marak 빛나기 시작하다
(SERI) berseri-seri (얼굴이) 환하게 빛나는

빛살
PANAH 빛살

빠듯하다
(SUNTUK) suntuk masa 시간이 빠듯한

빠르다
CEPAT 빠른
(CEPAT) kecepatan 너무 빠른
(CEPAT) secepat kilat 번개같이 빠르게
DERAS 빠른
KENCANG 빠른
LAJU 빠른
(LAJU) laju seperti kilat 번개같이 빠른
LEKAS 빠른
(LEKAS) lekas besar 성장이 빠른
MUDAH 빠른
(OTAK) otak berjalan 머리 회전이 빠른

(OTAK) otak berpilin-pilin 머리 회전이 빠른
(PIKIR/FIKIR) pikiran tajam 이해가 빠른
(RINGAN) ringan tangan 주먹이 매우 빠른
(RINGAN) ringan tangan 주먹이 번개처럼 빠른
(TAJAM) tajam hidung 눈치가 빠른
(TAJAM) tajam pencium 눈치가 빠른
(TAJAM) tajam penciuman 눈치가 빠른
(TAJAM) tajam pendengaran 눈치가 빠른
(TAJAM) tajam telinga 눈치가 빠른
빠져나가다
(KUTU) sudah mati kutu 빠져나갈 구멍이 없는
빠져나오다
(LOLOS) meloloskan diri 빠져나오다
(LUPUT) luput diri 빠져나오다
(LUPUT) meluputkan diri 빠져나오다
빠져들다
(MATA) mata terlayang 잠에 빠져들다
(MATA) mata terlayang-layang 잠에 빠져들다
빠지다
(GILA) gila asyik 사랑에 빠진
(GUGUR) gugur hati 사랑에 빠진
(GUGUR) gugur iman 유혹에 빠진
(HANYUT) menghanyutkan diri 나쁜 길로 빠지다
(HILANG) hilang akal ~에 빠지다
(KAPLOK) kaplok dada 자만에 빠지다
(KAYUH) tak terkayuhkan lagi biduk hilir 맥 빠지다
(KERAWANG) mengerawang langit 공상에 빠지다
(LATAH) latah wilangan 사랑에 빠지다
(LAYAR) berlayar ke pulau kapuk 잠에 빠지다
(LEKAT) lekat hati 사랑에 빠진
LENA 빠진
LENYAP 빠지다
LOLOS 빠지다
LUCUT 빠지다
LULUS 빠지다
LUNCUR 빠지다
LUNTUR (물이) 빠지다
LURUH 빠지다
(MABUK) dimabuk bayang-bayang 짝사랑에 빠지다
(MABUK) dimabuk cinta 사랑에 빠진
(MABUK) mabuk agak-agak 얼이 빠진
(MABUK) mabuk kecubung 여색에 빠진
(MABUK) mabuk kira-kira 얼이 빠진
(MAIN) bermain muda 방탕에 빠지다
(MAIN) main gila 방탕에 빠지다
(MAIN) main muda 방탕에 빠지다
(MASUK) dimasuk air 물에 빠지다
(MASUK) masuk air 물에 빠지다
(MASUK) masuk mulut buaya 위험에 빠지다
(MASUK) masuk sarang harimau 위험에 빠지다
(MASUK) masuk sarang labah-labah 함정에 빠지다
(PAKU) memaku hati 사랑에 빠지다
(PAUT) terpaut kasih 사랑에 빠지다

RONTOK 빠지다
(RONTOK) gigi rontok 이빨이 빠지다
(SANGKUT) tersangkut hati 유혹에 빠진
(SEKAM) seperti api di dalam sekam 새침데기 골로 빠진다
(SELASIH) mabuk selasih 사랑에 빠지다
(SELERA) patah selera banyak makan 새침데기 골로 빠진다
(SURUT) tersurut hati 맥이 빠지다
(TAGIH) menagih dadah 마약에 빠지다
(TAMBAT) tertambat hati 사랑에 빠지다
(TARUH) menaruh cinta 사랑에 빠지다
(TARUH) menaruh kasih 사랑에 빠지다
(TEGUH) teguh iman 유혹에 빠지지 않는
(TELAH) telah mati kutu 맥이 다 빠진
(TELAH) telah mati kutu 힘이 다 빠진
(TEMU) menemui jalan buntu (협상이) 교착 상태에 빠지다
(TUMBUK) tertumbuk kata 회담이 교착상태에 빠지다
(UKIR) mengukir langit 망상에 빠지다

빨간색
(MERAH) merah darah 핏빛 빨간색

빨간약
(OBAT/UBAT) obat merah 빨간약

ㅂ

빨강
MERAH 빨강

빨다
BASUH 빨다
CUCUP 빨다
ISAP/HISAP 빨다

빨아먹다
CARAK 빨아먹다

빳빳하다
TEGANG 빳빳한

빵
(PANGGANG) roti panggang 구운 빵
ROTI 빵
(ROTI) roti canai 로티차나이(인도식 빵의 일종)

빼다
(KOCOK) mengocok perut 배꼽 빼다
LAIN 뺀
(MATI) biar basah 쇠뿔도 단김에 빼랬다
(MATI) mati-mati mandi 쇠뿔도 단김에 빼랬다
(MAYAT) mayat sudah di tepi kubur 쇠뿔도 단김에 빼랬다
(PECAH) pecah perut (너무 우스워) 배꼽을 빼다
POTONG 빼다
(TAWA/KETAWA) tertawa gelak-gelak 배꼽을 빼다
(TAWA/KETAWA) tertawa terpingkal-pingkal 배꼽을 빼다
TOLAK 빼다

빼닮다
(SAMA) sama muka 빼닮다
(SATU) satu muka 빼닮다

빼먹다
TUANG (수업을) 빼먹다
(TUANG) tuang kelas 수업을 빼먹다

빼앗기다

(LENA) terlena-lena 정신을 온통 빼앗긴
(TEBUK) ditebuk tikus 순결을 빼앗긴 (처녀)
(TEBUK) kepala ditebuk tupai 순결을 빼앗긴 처녀
빼앗다
(ALIH) mengambil alih 빼앗다
(AMBIL) ambil hati 마음을 빼앗다
(CUCUP) mencucup benak 남의 재물을 악독하게 빼앗다
(LANGGAR) melanggar pagar ayu 순결을 빼앗다
(PENGGAL) memenggal leher 생업을 빼앗다
(PENGGAL) penggal leher 생업을 빼앗다
REBUT 빼앗다
SAMUN 빼앗다
(SANJUNG) menyanjung hati 마음을 빼앗다
빽빽하다
PADU 빽빽한
(PENUH) penuh sesak (사람들이) 빽빽한
빽빽한
PADAT 빽빽한
뺄셈
(TOLAK) kira-kira tolak 뺄셈
뺑소니
(LARI) lari sipat kuping (뒤도 안돌아보고) 뺑소니치다
(TABRAK) pelaku tabrak lari 뺑소니 운전자
(TABRAK) tabrak lari 뺑소니 교통사고
뺨
(CENGKUNG) pipi yang cengkung 움푹 꺼진 뺨
(HATI) hati gatal mata digaruk 종로에서 뺨 맞고 한강에서 눈 흘긴다
(KETUK) berketuk di luar sangkar 종로에서 뺨 맞고 한강에서 눈 흘긴다
(LETUP) meletup di sana, bunyi di sini 종로에서 뺨 맞고 한강에서 눈 흘긴다
(SISI) sisi muka 뺨
(USAP) mengusap pipi 뺨을 쓰다듬다
뻐근하다
PEGAL 뻐근한
(RASA) berasa kaku 뻐근하다
(RASA) berasa pegal (팔다리가) 뻐근한
(SALAH) salah bantal (베개를 잘못 베고 자서) 목이 뻐근한
뻐기다
(JUAL) menjual aksi 뻐기다
(JUAL) menjual lagak 뻐기다
뻔뻔스럽다
(GIGIT) tergigit lidah 뻔뻔스러운
(KUPING) berkuping tebal 뻔뻔스러운 (사람)
뻔뻔하다
CEMPALA 뻔뻔한
(DAPAT) dapat menaruh muka 뻔뻔한
(DARA) bagai anak dara sudah berlaki 뻔뻔한
(KULIT) kulit badak 염치가 없고 뻔뻔한
LANCANG 뻔뻔한
(TEBAL) muka tebal 뻔뻔한
(TEBAL) tebal jangat 뻔뻔한
(TEBAL) tebal kulit muka 뻔뻔한 (사람)
(TEBAL) tebal muka 뻔뻔한

(TEBAL) tebal telinga 뻔뻔한

뻗다
JANGKAU 뻗다
(LATA) melata 덩굴로 뻗는
RENTANG 길게 뻗은
(RENTANG) terentang dari utara ke selatan 남북으로 뻗은
(ULUR/HULUR) menghulurkan kaki 발을 뻗다

뻗치다
(MALU) malu tercoreng di muka 망신살이 뻗치다
ULUR/HULUR 뻗치다
(ULUR/HULUR) mengulurkan tangan 도움의 손길을 뻗치다

뻣뻣하다
(BODOH) bodoh sombong 어리석고도 뻣뻣한
(ILMU) berilmu lintabung 어리석고도 뻣뻣한
KAKU 뻣뻣한
(LINTABUNG) ilmu lintabung 어리석고도 뻣뻣한 (사람)
PEGAL 뻣뻣한
(REGANG) meregang badan 몸이 뻣뻣해 지다
SOMBONG 뻣뻣한

뼈
(BANGKAI) bangkai bernyawa 뼈가 앙상한
(BANTING) membanting tulang 뼈 빠지게 일하다
TULANG 뼈
(TULANG) menulang sumsum 뼈를 깎는 아픔

뼈대
RONGKONG 뼈대
(RONGKONG) rongkongan 뼈대

뼈마디
(SENDI) sendi tulang 뼈마디

뼈처럼 생긴 사물
TULANG 뼈처럼 생긴 사물

뼘
JENGKAL 뼘

뼛골
(LEMAK) lemak tulang 뼛골
SUMSUM 뼛골
(SUMSUM) sampai ke tulang sumsum 뼛골 속속들이 (깊게)

뼛속
(LEMAK) lemak tulang 뼛속

뽐내다
(AGUNG) mengagungkan diri 뽐내다
(BESAR) besar perkataan 뽐내는
(BUANG) buang aksi 뽐내다
(BUANG) membuang sikap 뽐내다
(BUANG) membuang tingkah 뽐내다
(KEMBANG) kembang hidung 뽐내다
(KEPALA) besar kepala 뽐내는
(KEPALA) kepala besar 뽐내는
(LAMBUNG) lambung dada 뽐내다
(LAMBUNG) melambungkan dada 뽐내다
(LEMBUNG) lembung dada 뽐내는
(LEMBUNG) melembungkan dada 뽐내는
(LONJAK) lonjak bagai labu dibenam 뽐내는

(PILIN) memilin misai 용맹을 뽐내다
(TEPUK) menepuk dada 뽐내다
(TINGGI) meninggikan diri 뽐내다

뽑다
(ANGKAT) angkat rumput 풀을 뽑다
(BULU) membului 털을 뽑다
CABUT 뽑다
(CABUT) mencabut gigi 이를 뽑다
(LIPUR) lipur dendam (마음 속) 응어리를 뽑다
(LIPUR) melipur dendam (마음 속) 응어리를 뽑다
PILIH 뽑다
TARIK (칼을) 뽑다
(TARIK) menarik keris 커리스를 뽑다

뽕
(KALI) sekali cencang dua putus 뽕도 따고 임도 보고
(SUNGAI) ke sungai sambil mandi 임도 보고 뽕도 따고

뾰족하다
RUNCING 뾰족한

뾰족한 수
(APA) apa boleh buat 무슨 뾰족한 수가 있는가?
(HABIS) kehabisan akal 뾰족한 수가 없는
(TELAH) telah mati kutu 뾰족한 수가 없는

뿌리
AKAR 뿌리
(AKAR) berurat akar 뿌리를 내리다
(MANA) mana sungai yang tiada berhulu 뿌리 없는 나무 없다
POHON/POKOK 뿌리
POKOK 뿌리
(URAT) berurat berakar 오랫동안 뿌리를 내려 살다
(URAT) berurat berumbi 한 곳에서 오랫동안 뿌리 내려 살다

뿌리다
SEBAR 뿌리다

뿌리줄기
(RIMPANG) akar rimpang 뿌리줄기

뿌리치다
(TAHAN) tahan gelombang 유혹을 뿌리치는
(TAHAN) tahan ombak 유혹을 뿌리치는

뿌옇다
(KERUH) keruh-keruh kerak 뿌옇다

뿔
(BANTING) tanduk banteng 들소의 뿔
(BANTING) tanduk banting 들소의 뿔
SUNGU (코뿔소의) 뿔
(SUNGU) sungu badak 코뿔소의 뿔
TANDUK 뿔
(TANDUK) tanduk lembu 쇠뿔
(TANDUK) tanduk rusa 사슴뿔

삐다
KESELEO 삐다
(SALAH) salah urat 삐다

삐뚤어지다
(SALAH) salah air 삐뚤어진
(SALAH) salah didikan 삐뚤어진

삐악삐악
(CIAP) ciap miap 삐악삐악 소리
삐져나오다
(PACUL) terpacul 삐져나오다
삐죽
MUNCUNG/MONCONG 삐죽한
삐치다
GONDOK 삐친

사각형
(EMPAT) empat persegi panjang 직사각형
(EMPAT) empat persegi 정사각형
(SEGI) empat persegi panjang 직사각형(의)
(SEGI) empat persegi 정사각형(의)
(SEGI) persegi panjang 직사각형(의)
(SEGI) persegi 사각형(의)
사건
(ADA) ada buntutnya 다른 사건이 연이어지는
(ADA) ada ekornya 다른 사건이 연이어지는
(BALIK) membalik-balik kaji 해묵은 사건을 다시 캐내다
(DUDUK) duduk perkara 사건의 경위
HAL 사건
(HILIR) hilir mudik kejadian 사건의 발단
(HULU) hulu hilir 사건의 발단
(LIMPAH) melimpahkan perkara 사건을 송치하다
(TANDA) tanda tanya 미궁에 빠진 (사건)
사경
(ULAS) mengulas nyawa 사경을 헤매는 사람을 구해주다
사고
BAHAYA 사고
(BAHAYA) bahaya api 화재 사고
(BAHAYA) bahaya maut 사망 사고
BENCANA 사고
CELAKA 사고
(CELAKA) kecelakaan lalu lintas 교통사고
(CELAKA) kecelakaan 사고
(CELAKA) kemalangan 사고
DARURAT 사고
(KARAM) karam tidak berair 뜻밖의 사고를 당하다
(KENA) terkena buku buluh 너무 조심하다가 오히려 사고를 당하는 격
(OTAK) berotak tajam (사고가)예리한
(OTAK) otak tajam (사고가)예리한
(SALAH) salah langkah (여행 중) 사고를 당하다
(SEMPIT) sempit mata (사고가) 편협한
(SESAT) sesat langkah 객지에서 사고를 당하다
사고력
AKAL 사고력
(ASAH) mengasah pikiran 사고력을 키우다
사고방식

ㅅ

(KERUH) buang yang keruh, ambil yang jernih 긍정적인 사고방식
(OTAK) otak buruk 고리타분한 사고방식
(PIKIR/FIKIR) pikiran tua 고리타분한 사고방식

사고야자
SAGU 사고야자
SAGU 사고야자 녹말가루

사공
(ENAU) dua sigainya 사공이 많으면 배가 산으로 올라간다
(ENAU) enau sebatang 사공이 많으면 배가 산으로 올라간다
(KAPAL) kapal satu nakhoda dua 사공이 많으면 배가 산으로 올라간다

사과
(TUNTUT) menuntut maaf 사과를 요구하다

사교
(LEHER) berleher lembut 사교성이 있는 (사람)
(LEHER) berleher lembut 사교적인 (사람)
(LEHER) leher lembut 사교성이 있는 (사람)
(LEHER) leher lembut 사교적인 (사람)

사교성
(BUKU) orang bertemu buku 사교성이 없는 사람
(PANDAI) pandai hidup 사교성이 좋은
(PANDAI) pandai membawa diri 사교성이 좋은
(PANDAI) pandai membawa tabiat 사교성이 좋은

사귀다
(CAMPUR) campur gaul 사귀다
(KENAL) kenal-kenal Cina 사귄지 얼마 안 된
(SABUNG) tersabung di itik 졸장부와 사귀다

사기
(COCOK) tercocok hidung 사기를 당하다
(COCOK) tercocok mata 사기를 당하다
DUSTA 사기
(KAIL) bungkuk kail hendak mengena 사기 행각을 벌이다
(KAIL) bungkuk kail hendak mengena 사기하다
(KAIT) mengait kantung orang 사기치다
(KECEK) sudah dikecek dikecong pula 두 번째 사기를 당한
KECONG 사기
(KENA) kena gunting inggris 사기당하다
(KENA) kena pukul 사기 당하다
(KENA) kena tokoh 사기 당하다
(KOBAR) mengobarkan semangat 사기를 북돋우다
LANCUNG 사기(의)
(MAIN) main siku 사방팔방에서 사기 행각을 벌이다
TIPU 사기
(TIPU) menipu orang (남에게) 사기를 치다
TOKOH 사기
(TOKOH) kena tokoh 사기를 당하다

사기꾼
(CERDIK) cerdik buruk 사기꾼 기질이 있는
(CERDIK) cerdik busuk 사기꾼 기질이 있는
(LINTAH) lintah lapar 사기꾼
(SAPU) penyapu kasar 한탕을 노리는 사기꾼

사납다
(BINTANG) berbintang gelap 운수가 사납다
(BINTANG) bintang gelap 운수가 사나운

ㅅ

(BINTANG) bintangnya mengabur 운수가 사납다
(HARIMAU) bagai harimau beranak muda 아주 사나운 (사람)
(HATI) busuk hati 심술 사나운
LIAR 사나운
(TANGAN) tangannya enteng 손버릇이 사나운
(UNTUNG) untung batu 사나운 운수

사낭
TEMBOLOK (조류의) 사낭

사내
LAKI 사내

사냥
BURU 사냥

사냥개
(SAUK) tersauk ikan suka, tersauk batang masam 토끼 다 잡으면 사냥개를 삶는다

사냥꾼
(HANTU) bahasa hantu 사냥꾼의 은어

사다
BELI 사다
(BELI) membeli kerbau di padang 사전에 물건을 보지 않고 사다
(BELI) membeli kucing dalam karung 사전에 물건을 보지 않고 사다
(SAMBUT) menyambut lembu 외상으로 소를 사다

사다리
(ANAK) anak tangga 사다리의 단

사도
(NABI) nabiah 여성 사도
(SURUH) pesuruh Allah 신의 사도
(SYAHADAT) bersyahadat (무슬림들이) '하느님 외에는 신이 없고 무하맛은 하느님의 사도이다'라고 말하다

사돈
BESAN 사돈
(BESAN) besan sebantal (양자, 양녀와 친자식 또는 양자, 양녀간에 혼인을 시켜) 부부지간이 사돈 관계가 되다

사돈댁
(SIRIH) mengantar sirih 혼수품을 사돈댁에 전달하다
(SIRIH) menghantar sirih 혼수품을 사돈댁에 전달하다

사라지다
BENAM 사라지다
HAPUS 사라지다
(HAPUS) terhapus dari ingatan 기억에서 사라진
HILANG 사라지다
(HILANG) hilang dari mata 사라지다
(HILANG) hilang dari pandangan 사라지다
(HILANG) hilang kikis 흔적도 없이 사라진
LARUT 사라지다
LAYANG 사라지다
LENYAP 사라지다
(LENYAP) lenyap melindang 감쪽같이 사라지다
(LENYAP) lenyap melindang 흔적도 없이 사라지다
(LENYAP) lenyap mengawang 공중으로 사라지다
(LENYAP) lenyap sama sekali 감쪽같이 사라지다
(LENYAP) lenyap sama sekali 흔적도 없이 사라지다
(LENYAP) lenyap terbang ke udara 공중으로 사라지다

ㅅ

LIPUR 사라지다
LUCUT 사라지다
LULUS 사라지다
(LUPUT) luput dari mata 시야에서 사라지다
(LUPUT) luput di mata 시야에서 사라지다
(LURUH) luruh runtuh 완전히 사라지다
(NYARIS) nyaris hilang 사라질 뻔 (하다)
(PULAU) pulau sudah lenyap, daratan sudah tenggelam 물거품처럼 사라진 꿈
(RIMBA) hilang tak tentu rimbanya 흔적도 없이 사라지다
SELAM 사라지다
(TINGGAL) tinggal bekas 사라진
(TINGGAL) tinggal nama (이 세상에서) 사라진

사람
(ABAI) pengabai 무신경한 사람
(AHLI) ahli bertimbang tunai 임기응변이 능한 사람
(AHLI) ahli bertimbang tunai 재치가 있는 사람
(AHLI) ahli kubur 이미 죽은 사람
(ANAK) anak bulan 변덕스런 사람
(ANAK) anak emas 편애를 받는 사람
(ANAK) anak mas 편애를 받는 사람
(ANAK) anak obat 병치레가 잦은 사람
(ANAK) anak semang (채무 변제를 위해) 남의 일을 하는 사람
(ANAK) anak semang 남의집살이(를 하는 사람)
(ANGKUH) angkuh terbawa, tampan tertinggal 겉과 속이 다른 사람
(BATANG) batang hidung (사람의) 존재
(BELIUNG) beliung yang besar ayun, kecil makanannya 큰 소리만 치고 소득은 없는 (사람)
(BENAK) benak hati 우둔한 (사람)
(BOMOH) bomoh mencari orang sakit 자진하여 나서는 사람
(BUKU) orang bertemu buku 사교성이 없는 사람
(BUNGKUS) besar bungkus tak berisi 능력 없이 큰소리만 치는 사람
(BUTA) buta tuli 보지도 듣지도 못하는 (사람)
(CAKAP) cakap besar 잘난 체하는 (사람)
(CAKAP) cakap besar 허풍이 심한 (사람)
(GAHARU) seperti buku gaharu 기회를 놓치지 않는 사람
(GAHARU) seperti buku gaharu 준비된 사람
(HALUS) halus bahasa 말씨가 고운 사람
(HALUS) halus budi bahasa 예의가 바른 사람
(HALUS) halus budi pekerti 예의가 바른 사람
(HIDUNG) seperti kerbau dicucuk hidungnya 줏대가 없는 사람
(JINAK) jinak-jinak lalat 남의 잔치에 감 놓아라 배 놓아라하는 사람
(KAIN) laksana kain putih 순진무구한 (사람)
(KAIN) tak tahu akan kain lagi 몹쓸 병에 걸린 (사람)
(KANCIL) si kancil 약삭빠른 사람
(KARTU) kartu mati 전혀 쓸모없는 사람
(KARUNG) karung bolong 식탐이 많은 (사람)
(KAYU) kayu bongkok 가난하고 천박한 사람
(KELAMBU) kelambu gua 집 없는 사람
(KELING) keling karam 늘 시끄러운 사람
(KENCUR) masih bau kencur 아직 애송이인 (사람)
(KENING) berkening sempit 성급한 (사람)
(KENING) berkening sempit 화를 잘 내는 (사람)

ㅅ

(KERBAU) kerbau runcing tanduk 악명 높은 (사람)
(KOBAR) mulut kobar-kabir 험담을 일삼는 (사람)
(KUNING) hitam oleh arang 귀가 얇은 (사람)
(KUNING) kuning oleh kunyit, hitam oleh arang 귀가 얇은 (사람)
(KUNING) kuning oleh kunyit, hitam oleh arang 남의 말을 잘 듣는 (사람)
(KUPING) berkuping tebal 뻔뻔스러운 (사람)
(LADA) lada api 몸집은 작아도 당돌한 사람
(LAIN) lain orang 딴 사람
(LANGAU) langau di ekor gajah 남의 뒤만 졸졸 쫓아다니는 사람
(LAPANG) lapang perut 걸신스레 음식을 탐하는 (사람)
(LAPANG) pelapang dada 도량이 넓은 사람
(LAPANG) pelapang dada 아량이 있는 사람
(LEBAR) lebar telinga 귀가 항아리만 한 (사람)
(LEBAR) lebar telinga 남의 말을 듣기 좋아하는 (사람)
(LEHER) berleher lembut 사교성이 있는 (사람)
(LEHER) berleher lembut 사교적인 (사람)
(LEHER) leher lembut 사교성이 있는 (사람)
(LEHER) leher lembut 사교적인 (사람)
(LEMAK) lemak penyelar daging 방탕한 사람
(LEMBU) dongkol 큰소리만 치는 사람
(LEMBU) lembu dogol 큰소리만 치는 사람
(LEMBUT) lembut gigi daripada lidah 능청스러운 사람
(LIDAH) lidah berat 입이 무거운 (사람)
(LIDAH) lidah tidak bertulang 말만 앞서는 사람
(LINTABUNG) ilmu lintabung 어리석고도 뻣뻣한 (사람)
(LINTAH) lintah lapar 식탐에 빠진 사람
(LIPAS) lipas kudung 일사천리로 일을 해치우는 사람
(LIPUR) pelipur lara 사랑(하는 사람)
(LIPUR) penglipur lara 사랑(하는 사람)
(LUBUK) lubuk akal lautan ilmu 박학다식한 (사람)
(LUBUK) lubuk akal 지혜로운 (사람)
(LUBUK) lubuk akal 현명한 (사람)
(LUDAH) berludah api 막말하는 (사람)
(LUDAH) ludah api 막말하는 (사람)
(LUMPUR) berlumpur sampai kepalanya 수많은 죄를 저지른 (사람)
(LUPA) lupa daratan 오만불손한 (사람)
(LUPA) lupa daratan 좌충우돌하는 (사람)
(LUPA) lupa daratan 처자식을 저버린 (사람)
(MABUK) mabuk tahi telinga 말을 더듬거리는 (사람)
(MABUK) mabuk tahi telinga 우유부단한 (사람)
(MACAM) macam kepiring berjalan 절뚝거리며 걷는 (사람)
(MACAM) macam tunggul pisang 곤궁한 (사람)
(MAIN) bermain muda 여색을 탐하는 사람
(MAIN) main muda 여색을 탐하는 사람
(MAKAN) makan darah 자수성가한 사람
(MAKAN) makan garam 경험이 많은 (사람)
(MAKAN) makan garam 노련한 (사람)
(MAKAN) makan kawan 친구를 이용해 먹는 사람
(MAKAN) makan teman 친구를 이용해 먹는 사람
(MAKAN) pemakan bawang 툭하면 화를 내는 사람
(MANDI) mandi tak basah 야박한 사람
(MANDI) mandi tidak basah 야박한 사람
(MANDUR) mandur jalan 직업이 없는 사람

ㅅ

(MANIS) manis di luar, busuk di dalam 표리부동(한 사람)
MANUSIA 사람
(MANUSIA) manusia mati meninggalkan nama 사람은 죽어서 이름을 남긴다
(MARAH) marah berapi-api 대로한 (사람)
(MARAH) marah berapi-api 크게 화가 난 (사람)
(MASAK) masak di luar, mentah di dalam 감언이설을 일삼는 (사람)
(MASAK) masak di luar, mentah di dalam 표리부동(한 사람)
(MASUK) masuk tak genap, keluar tak ganjil 아무 쓸모없는 (사람)
(MASUK) masuk tiga, keluar empat 손해(를 보는 사람)
(MATA) mata angin 줏대가 없는 (사람)
(MATA) mata ayam 밤 귀가 밝은 사람
(MATA) mata kotak 분별력이 없는 사람
(MATA) mata kotak 지각없는 사람
(MATA) mata kotak 흐리멍덩한 사람
(MATA) mata merah seperti saga 몹시 화가 난 사람
(MATAHARI/MENTARI) matahari tengah gerhana 시름에 잠긴 (사람)
(MATI) mati kera 사랑 때문에 비참해진 (사람)
(MATI) mati kutu 무기력한 사람
(MATI) mati kutu 소심한 사람
(MATI) mati langkah 술수에 걸려 옴짝달싹도 못하는 (사람)
(MATI) mati semut karena gula 감언이설에 패가망신한 (사람)
(MENTIMUN/KETIMUN) mentimun tidak tahu di bongkoknya 자신의 허물을 모르는 사람
(MERIAM) meriam buluh 말과 행동이 일치하지 않는 사람
(MERIAM) meriam buluh 허세를 부리는 사람
(MIANG) miang jelatang 중상모략을 일삼는 사람
(MINUM) minum cuka pagi hari 우거지상을 하고 다니는 사람
(MINUM) minum cuka pagi hari 하기 싫은 일을 억지로 하는 사람
(MONYET) monyet berkepala hitam 사람
(MULUT) mulut berbisa 독설을 일삼는 사람
(MULUT) mulut bisa 독설을 일삼는 사람
(MULUT) mulut bocor 비밀을 지키지 못하는 사람
(MULUT) mulut bocor 입을 나불대는 사람
(MULUT) mulut hodoh 험담을 함부로 하는 사람
(MULUT) mulut kotor 외설적인 말을 일삼는 사람
(MULUT) mulut kotor 욕을 잘하는 사람
(MULUT) mulut kotor 음담패설을 일삼는 사람
(MULUT) mulut lucah 외설적인 말을 일삼는 사람
(MULUT) mulut lucah 욕을 잘하는 사람
(MULUT) mulut lucah 음담패설을 일삼는 사람
(MULUT) mulut manis 말씨가 아주 상냥한 사람
(MULUT) mulut manis 말이 부드러운 사람
(MULUT) mulut tajam 독설을 일삼는 사람
(MULUT) mulut tempayan 입을 나불거리는 사람
(MULUT) mulutnya muncung 잡담을 일삼는 사람
(MURAH) murah di mulut, mahal di timbangan 거짓약속을 일삼는 사람
(MURAI) murai berbulu merak 표리부동한 사람
(MUSANG) musang berbulu ayam 표리부동한 사람
(MUSANG) musang berjanggut 표리부동한 사람
(NAIK) naik tangan 때리기를 좋아하는 사람
(NAIK) naik tangan 항상 주먹이 앞서는 사람
(NANTI) menanti nasi disajikan ke lutut 게을러터진 사람

(NASI) nasi habis budi bersua 사람은 지내보아야 안다
(NENEK) nenek mamak 손윗사람
(NIAGA) berniaga di ujung lidah 교활한 사람
ORANG 사람
(ORANG) orang atas 윗사람
(ORANG) orang atasan 윗사람
(ORANG) orang baharu 갓 결혼한 사람
(ORANG) orang baharu 새사람
(ORANG) orang barat 서양사람
(ORANG) orang baru 갓 결혼한 사람
(ORANG) orang baru 새사람
(ORANG) orang bawah 아랫사람
(ORANG) orang bawahan 아랫사람
(ORANG) orang besar 몸집이 큰 사람
(ORANG) orang besar 윗사람
(ORANG) orang hutan 예의범절을 모르는 사람
(ORANG) orang jemputan 초청받은 사람
(ORANG) orang kecil 보통 사람
(ORANG) orang lama 경력이 많은 사람
(ORANG) orang lama 노련한 사람
(ORANG) orang laut 바닷사람
(ORANG) orang ombak 몹시 불안해하는 사람
(ORANG) orang ombak 임종이 가까운 사람
(ORANG) orang rendah 아랫사람
(ORANG) orang sebelah 이웃 사람
(OTAK) otak batu kepala 윗사람
(OTAK) otak kapur 건망증이 심한 (사람)
(OTAK) otak kering 정신이 이상한 사람
(OTAK) otak-otak 엉뚱한 생각이나 행동을 일삼는 사람
(OTAK) otak-otak 잘난 체 하는 사람
(PAGI) pagi tidak dibuang, senja tidak dikejar 시간을 아껴 쓰는 사람
(PAHAT) pahat dengan pemukul 시키는 일만 하는 사람
(PAHIT) pahit meninggal 뒤끝이 좋지 않은 사람
(PAHLAWAN) pahlawan kesiangan 생색만 내는 사람
(PAK) Pak Kaduk 분별력이 없는 사람
(PAK) Pak Kaduk 우매함 때문에 남에게 이용만 당하는 사람
(PAK) Pak Kaduk 지각없는 사람
(PANCANG) bagai pancang digoncang arus 부화뇌동하는 (사람)
(PANDAI) pandai berminyak air 가식적인 행동을 일삼는 (사람)
(PANDAI) pandai berminyak air 겉치레 말만 늘어놓는 (사람)
(PANDAI) pandai berminyak air 아부를 잘하는 (사람)
(PANTAS) pantas seperti lipas kudung 모든 일을 척척 해내는 사람
(PANTAT) hitam bagai pantat belanga 피부가 검고 못생긴 (사람)
(PASAK) pasak negeri 영향력 있는 사람
(PATAH) patah dihubung, hilang diganti 불굴의 자세를 지닌 (사람)
(PATAH) patah sayap bertongkat paruh 불굴의 의지를 지닌 (사람)
(PEKAK) pekak-pekak badak 귀머거리인 척 하는 (사람)
(PEKAK) pekak-pekak badak 못 들은 척 하는 (사람)
(PELUK) peluk bangkai 남을 돕다가 도리어 궁지에 몰린 사람
(PELUK) terpeluk bangkai 남을 돕다가 도리어 궁지에 몰린 사람
(PENDEK) pendek ingatan 건망증이 있는 (사람)
(PENDEKAR) pendekar elak jauh 조심성이 많은 사람
(PIPIT) pipit bukan seekor, jagung bukan sebatang 잘못을 덮기 위해 변명을

늘어놓는 사람
(PISANG) bukan budak-budak makan pisang 호락호락 넘어가지 않는 사람
(POKROL) pokrol bambu 교활한 사람
(PUTIH) putih di luar, kuning di dalam 겉과 속이 다른 사람
(RAGAM) banyak orang banyak ragamnya 사람마다 개성은 제 각각이다
(RAPUH) rapuh mulut 비밀을 누설하는 (사람)
(RAPUH) rapuh mulut 입이 가벼운 (사람)
(REBAH) rebah bangun 성실히 노력하는 사람
(RINGAN) ringan mulut, berat punggung 앉은 자리가 무거운 사람
(RINGAN) ringan mulut, berat punggung 입으로만 부지런한 사람
(RONGKONG) rongkongan menghadap hilir 생계가 몹시 어려운 사람
(RONGKONG) rongkongan menghadap mudik 돈을 잘 버는 사람
(RONGKONG) rongkongan menghadap mudik 생활에 여유가 있는 사람
(SALAH) salah orang 사람을 잘못 보다
(SAMBUNG) sambungan tangan 도와주는 사람
(SAMPAH) sampah hanyut 생활이 몹시 곤란한 사람
(SAPI) sapi perahan 충견 같은 사람
(SAUDARA) saudara baru 이슬람으로 귀의한지 얼마 안 된 사람
(SAUDARA) saudara sekampung 고향 사람
(SAUH) sauh larat 여러 차례 결혼을 거듭하는 사람
(SAYUR) sayur bayam 겉보기와는 달리 아주 허약한 사람
(SEJUK) sejuk kuburnya 좋은 사람
(SEJUK) sejuk kuburnya 착한 사람
(SELAM) pandai menyelam di air dangkal 적응이 빠른 사람
(SEMANG) induk semang 장사 밑천을 대 주는 사람
(SEMANGAT) semangat harimau 자신만을 믿는 (사람)
(SEMANGAT) semangat kambing 겁이 많은 (사람)
(SEMBAHYANG) sembahyang mencari akal, rukuk mencari kira-kira 겉보기와는 달리 신앙심이 신실하지 못한 사람
(SEMBELIH) sembelih ayam dengan pisau 사람은 만물의 영장이다
(SEMBELIH) sembelih orang dengan kapas 사람은 만물의 영장이다
(SEMPIT) sempit alam 걸핏하면 화를 내는 (사람)
(SEMPIT) sempit dada 걸핏하면 화를 내는(사람)
(SEMPIT) sempit hati 걸핏하면 화를 내는 (사람)
(SEMPIT) sempit kening 걸핏하면 화를 내는 (사람)
(SEMPURNA) sempurnanya musim semi adalah musim panas 물은 건너보아야 알고 사람은 지내보아야 안다
(SEMUT) semut merah 보통 사람
(SEPERTI) seperti air dalam kolam 매우 침착한 사람
(SEPERTI) seperti hujan jatuh ke pasir 충고를 받아들이지 않는 사람
SETAN 악마 같은 사람
(SINGKAT) singkat sungu 걸핏하면 화를 내는 (사람)
(SORONG) hidung tak mancung pipi tersorong-sorong 남의 일에 참견하기를 일삼는 사람
(SORONG) hidung tak mancung pipi tersorong-sorong 자화자찬하는 사람
(SUDAH) sudah tahu di tepi kain 사리분별력이 있는 사람
(SUNGGUH) sungguh diuja, dipegang ekor 사람을 너무 믿지 말라
(TABUNG) tabung seruas 입이 가벼운 사람
(TABUNG) tabung seruas 직언을 서슴지 않는 사람
(TAGIH) penagih judi 노름에 빠진 사람
(TAHI) tahi betina 여색을 좋아하는 사람
(TAHI) tahi rokok 담배를 많이 피우는 사람

(TAJAM) mempertajam sanding 분란을 더욱 부추기는 사람
(TAJAM) mempertajam sanding 불난 데 풀무질하는 사람
(TALANG) orang talang 시골 사람
(TALI) tali jantung 사랑하는 사람
(TALI) tali jiwa 사랑하는 사람
(TALI) tali nyawa 사랑하는 사람
(TAMPAN) tampan-tampan orang 겉으로는 사람같이 생긴
(TAMPAN) tampan-tampan orang 믿지 못할 사람
(TANAH) menimbun tanah yang tinggi, menggali tanah yang lekuk 강자에게 약하고 약자에게는 강한 사람
(TANAM) tanam tebu di bibir 겉과 속이 다른 능청스러운 사람
(TANAM) tanam tebu di bibir 달콤한 말로 남을 잘 꾀는 사람
(TANAM) tanam tebu di tepi bibir 겉과 속이 다른 능청스러운 사람
(TANAM) tanam tebu di tepi bibir 달콤한 말로 남을 잘 꾀는 사람
(TANGAN) tangan di atas 베푸는 사람
(TANGAN) tangan di atas 주는 사람
(TANGAN) tangan di bawah 받는 사람
(TANGAN) tangan kanan 오른팔(가장 가까이에서 중요한 역할을 맡아 도와주는 사람)
(TANGGA) orang setangga 이웃 (사람)
(TANGKAI) tangkai hati 사랑하는 사람
(TANGKAI) tangkai jantung 사랑하는 사람
(TANGKAI) tangkai jering 매우 인색한 (사람)
(TANGKAI) tangkai kering 매우 인색한 (사람)
(TEBAL) tebal kulit muka 뻔뻔한 (사람)
(TEBAL) tebal kulit muka 염치가 없는 (사람)
(TEBU) tanam tebu di bibir mulut 겉과 속이 다른 능청스러운 사람
(TEBU) tanam tebu di bibir mulut 달콤한 말로 남을 잘 꾀는 사람
(TEBUS) tebus dosa 죄를 갚기 위해 선행을 행하는 사람
(TEDUH) hujan tempat beteduh, panas tempat berlindung 변함없이 어려운 사람을 위해 많은 도움을 주는 사람
(TEKUKUR) tekukur mengikut kata 고분고분 말을 잘 듣는 (사람)
(TELINGA) telinga putih 침착한 사람
(TEPI) menjaga tepi kain orang 남을 배려할 줄 아는 사람
(TEPUNG) menepung tiada berberas 실천은 못하면서 말만 잘하는 사람
(TEPUNG) menepung tiada berberas 주둥이만 산 사람
(TERAS) berteras ke dalam (잘 익은 벼처럼) 속이 알찬 사람
(TERAS) berteras ke luar 허울뿐인 사람
(TERAS) berteras keluar 허울뿐인 사람
(TERBANG) terbang-terbang hinggap 이리저리 떠도는 (사람)
(TIDUR) tidur beratapkan langit 아직 가정을 꾸리지 않은 사람
(TIDUR) tidur di bawah langit 아직 가정을 꾸리지 않은 사람
(TIDUR) tidur di kaki lima 매우 가난해서 오갈 데 없는 사람
(TIGA) tiga suku 괴상한 사람
(TIGA) tiga suku 정신 나간 (사람)
(TILAM) bertilam pasir 노숙 생활을 하는 (사람)
(TILAM) bertilam pasir 노숙하는 (사람)
(TIMBA) timba buruk 구박받는 사람
(TIMBA) timba buruk 학대받는 사람
(TIPIS) tipis lidah 반찬이나 음식 타박이 심한 (사람)
(TIPIS) tipis telinga (남의 말에) 쉽게 화를 내거나 흥분하는 (사람)
(TIPIS) tipis telinga (남의 핀잔에) 금방 핏대를 세우는 (사람)
(TOMAN) toman makan anak 인륜에 어긋난 짓을 하는 사람

(TOMAN) toman makan anak 인륜을 저버린 짓을 하는 사람
(TUA) tua kelapa 늙을수록 쓸모가 있는 (사람)
(TUAH) tuah ayam boleh dilihat, tuah manusia siapa tahu 사람 팔자 시간문제
(TUHAN) tidak bertuhan 종교를 믿지 않는 (사람)
(TUKUL) penukul 망치 일을 하는 사람
(TURUT) turut kata (남의) 말에 순종하는 사람
(TURUT) turut kata (남이) 시키는 대로 하는 사람
(UDANG) berudang di balik batu 능청스러운 사람
(UDANG) udang tahi di kepala 빚더미에 올라앉은 사람
(UDANG) udang tahi di kepala 어리석은 사람
(UDIK) orang udik 시골사람
(UDIK) orang udik 촌사람
(UKUR) tukang ukur jalan 떠돌이 생활을 하는 사람
(ULAR) ular air (겉과 속이 다른) 능청스런 사람
(ULAR) ular lidah bercabang 신뢰할 수 없는 사람
(ULAS) berulas tangan 일할 사람이 있다
(ULAS) ulas tangan 일하는 사람
(UNDANG) undangan 초대된 사람
(UNDANG) undangan 초청된 사람
(UNTA) unta menyerahkan diri 어리석은 사람
(UNTA) unta serah diri 어리석은 사람
(UPAH) upah diterima, kerbau pincang 불성실한 (사람)
(UTANG/HUTANG) utang selilit pinggang 빚더미에 올라앉은 사람
(UTANG/HUTANG) utang tiap helai bulu 빚더미에 올라앉은 사람
(LIDAH) lidah berat 수줍음을 잘 타는 (사람)

ㅅ

사람들
(TENGAH) setengah-setengah 몇몇 (사람들)
사람 속
(SELAM) selam air dalam tonggak 천 길 물속은 알아도 한 길 사람 속은 모른다
사랑
(ANAK) menganakemaskan 금지옥엽처럼 사랑하다
(API) api cinta 사랑의 불꽃
(BAKAR) bakar tidak berapi 거짓사랑
(BELAH) menyebelahkan hati 골고루 사랑하다
(BELAH) menyebelahkan hati 사랑을 고르게 분배하다
BERAHI 깊은 사랑
(BERAHI) berahi hati 사랑을 쏟다
(BERI) memberi pelajaran 사랑의 매를 때리다
(BURUNG) satu sangkar dua burung 짝사랑
(CAMPUR) campur kasih 서로 사랑하다
CINTA 사랑
(CINTA) cinta monyet 풋사랑
(DENDAM) dendam berahi 욕정에 사로잡힌 사랑
(GADUNG) mabuk gadung 사랑에 빠진
(GADUNG) mabuk gadung 사랑에 홀린
(GILA) gila asmara 사랑에 눈먼
(GILA) gila asmara 사랑에 미친
(GILA) gila asyik 사랑에 빠진
(GILA) gila berahi 사랑에 눈먼
(GILA) gila berahi 사랑에 미친
(GUGUR) gugur hati 사랑에 빠진

(HABIB) habibi 내 사랑
(HIDUNG) hidung dicium, pipi digigit 가식적인 사랑
(JATUH) jatuh hati 사랑하다
KASIH 사랑
(KASIH) kasih itu semangat yang buta 사랑은 장님이다
(KASIH) kasih mesra 지극한 사랑
(KASIH) kasih sayang 깊은 사랑과 애정
(KASIH) kasih tak sampai 짝사랑
(KASIH) kasihkan anak tangan-tangankan 자식들은 사랑의 매로 키워라
(KENA) kena hati 사랑에 빠지다
(LABAH-LABAH) seperti labah-labah cinta kepada telurnya 깊은 사랑
(LABAH-LABAH) seperti labah-labah cinta kepada telurnya 지극한 사랑
(LARANG) cinta terlarang 금지된 사랑
(LATAH) latah wilangan 사랑에 빠지다
(LEKAT) lekat hati 사랑에 빠진
(LIPUR) pelipur lara 사랑(하는 사람)
(LIPUR) penglipur lara 사랑(하는 사람)
(LUPA) lupa daratan 사랑에 눈이 멀다
(MABUK) dimabuk cinta 사랑에 빠진
(MABUK) dimabuk cinta 사랑에 홀린
(MABUK) mabuk gadung 사랑에 홀린
(MAIN) bermain mata 눈짓으로 사랑을 표현하다
(MAIN) main mata 눈짓으로 사랑을 표현하다
(MATI) mati kera 사랑 때문에 비참해진 (사람)
(PAKU) memaku hati 사랑에 빠지다
(PANAH) panah asmara (이성에 대한) 사랑
(PAUT) terpaut kasih 사랑에 빠지다
(PELUK) peluk cium 사랑
(PUDAR) cinta pudar 식어 버린 사랑
(PUDAR) cinta pudar 식은 사랑
(PUKUL) pukul sayang 사랑의 매
RINDU 사랑
(SAMBUNG) sambungan jiwa 사랑
SAYANG 사랑
(SAYANG) kasih sayang 사랑
(SEKAM) seperti api di dalam sekam 말 못 할 사랑
(SELASIH) mabuk selasih 사랑에 빠지다
(SUNTING) sunting hati 사랑하는 자식
(TALI) tali cinta 사랑
(TALI) tali jantung 사랑하는 사람
(TALI) tali jiwa 사랑
(TALI) tali jiwa 사랑하는 사람
(TALI) tali nyawa 사랑
(TALI) tali nyawa 사랑하는 사람
(TAMBAT) tertambat hati 사랑에 빠지다
(TAMPAR) menampar geram 사랑의 매를 때리다
(TAMPAR) tampar sayang 사랑의 매
(TANAM) bertanam kasih 사랑하다
(TANGAN) tangannya bertepuk sebelah 짝사랑
(TANGGUNG) menanggung kasih 사랑을 받다
(TANGKAI) tangkai hati 사랑하는 사람
(TANGKAI) tangkai jantung 사랑하는 사람
(TARUH) menaruh cinta 사랑에 빠지다

(TARUH) menaruh kasih 사랑에 빠지다
(TEPUK) bertepuk sebelah tangan 짝사랑
(TEPUK) tepuk tangan sebelah tidak akan berbunyi 짝사랑
(TEPUK) tepuk tidak sebelah tangan 짝사랑
(TILAM) bertilam air mata (사랑 때문에) 눈물을 흘리다
(TUMPAH) tumpahan hati 사랑

사랑니
(GERAHAM) geraham bungsu 사랑니
(GIGI) gigi bungsu 사랑니

사랑스럽다
JUITA 사랑스러운

사려
(AKAL) kurang akal 사려가 깊지 못한
(AKAL) panjang akal 사려 깊은
(LANGKAH) langkah panjang 사려가 깊은
(LANJUT) lanjut pikiran 사려 깊은

사력
(TALI) sekenyang-kenyang banting 사력을 다해서
(TALI) sepanjang-panjang tali 사력을 다해서

사령관
PANGLIMA 사령관
(PANGLIMA) panglima agung 총사령관
(PANGLIMA) panglima besar 총사령관
(PANGLIMA) panglima perang 전투사령관
(RAJA) raja laut 해군 사령관

사례금
(SAGU) sagu hati 사례금
(TANDA) tanda serah 사례금

사로잡다
(AMBIL) ambil hati 마음을 사로잡다
(AMBIL) mengambil hati 마음을 사로잡다
(BELENGGU) membelenggu hati 마음을 사로잡다
(PIKAT) memikat hati 마음을 사로잡다
(RAIH) meraih hati 마음을 사로잡다
(SANJUNG) menyanjung hati 마음을 사로잡다
(TAMBAT) menambat hati 마음을 사로잡다
(TARIK) menarik hati 마음을 사로잡는
TAWAN 사로잡다
(TAWAN) menawan hati 마음을 사로잡다
(UMBUT) mengumbut hati 마음을 사로잡다

사로잡히다
(ANGAN-ANGAN) dimabuk angan-angan 공상에 사로잡히다
(MABUK) dimabuk angan-angan 허황한 꿈에 사로잡히다
(MABUK) mabuk di angan-angan 허황한 꿈에 사로잡히다

사룽천
SARUNG 사룽(포대자루처럼 생긴 긴 천으로 하체에 둘러 입는 말레이 세계의 전통의상)천
(SARUNG) sarung batik 바틱 문양을 넣은 고급 사룽천(옷)

사리
LILIT 사리
(MAKAN) makan siku 사리에 맞는
(PANDAI) pandai menyisihkan antah daripada beras 사리에 밝은
(PASANG) pasang besar 큰 사리

(TAHU) tahu asam garamnya 사리를 분별할 줄 아는
사리다
(LENTIK) lentik jari 몸을 사리다
(LENTIK) melentik jari 몸을 사리다
사리분별력
(SUDAH) sudah tahu di tepi kain 사리분별력이 있는 사람
사리사욕
(CERDIK) cerdik membilang kawan 사리사욕만 채우는 사람
사마귀
(DAGING) daging menempel 사마귀
사막
GURUN 사막
(PADANG) padang belantara 사막
(PADANG) padang gurun 사막
(PADANG) padang pasir 사막
사망
(AJAL) ajalnya sampai 사망하다
(AMBIL) mengambil napas penghabisan 사망하다
(BAHAYA) bahaya maut 사망 사고
(BAWA) membawa mati 사망시키다
(BAWA) membawa maut 사망시키다
(DAHULU) mendahului kita 사망하다
(HILANG) hilang nyawa 사망
(KADAR) kadar Tuhan telah berlaku 사망하다
(KE) ke liang kubur 사망하다
(KE) ke negeri cacing 사망하다
(MATI) mati beranak 출산 중 사망하는 (산모)
(MATI) mati bujang 혼전 사망
(MATI) mati hukumullah 질병사망
(MATI) mati kumlah 질병사망
MAUT 사망
(PANJANG) sudah panjang langkahnya 이미 사망한
(PUTUS) putus jiwa 사망하다
(PUTUS) putus nafas 사망하다
(PUTUS) putus napas 사망하다
(PUTUS) putus umur 사망하다
(SAMPAI) sampai ajal 사망하다
(SAMPAI) sampai janji 사망하다
(SAMPAI) sampai umur 사망하다
(SUDAH) sudah berkubur 이미 사망하다
(SUDAH) sudah jadi bumi rata 이미 사망한
(TAMAT) tamat riwayat 사망하다
(TEMU) menemui ajal 사망하다
(TINGGAL) meninggal dunia 사망하다
(TINGGAL) meninggalkan zaman 사망하다
(TUTUP) menutup mata 사망하다
(TUTUP) tutup riwayat 사망하다
(TUTUP) tutup usia 사망하다
사면초가
(HULU) ke hulu kena bubu, ke hilir kena tengkalak 사면초가
(TANDUK) tanduk di kepala tak dapat digelengkan 사면초가
사모님
IBU 사모님

사무국
KANTOR 사무국
(URUS) urus setia (주요 기구의) 사무국
(URUS) urus setia 사무국의 직원
사무기
(ALAT) alat kantor 사무기
사무소
KANTOR 사무소
사무실
KANTOR 사무실
사무용품
(ALAT) alat-alat tulis kantor 사무용품
사무직
(KERJA) kerja halus 사무직
사무총장
(SETIA) setiausaha tetap 사무총장
사무치다
(SELASIH) mabuk selasih 사무치게 그리워하다
(TANGGUNG) menanggung rindu 그리움에 사무치다
(TILAM) tidur bertilam air mata 사무치게 그리워하다
사물
HAL 사물
사바
(BAYU) negeri di bawah bayu 말레이시아 사바(Sabah)주의 별칭
사발
BUYUNG 사발
CAWAN 사발
사방팔방
(EMPAT) empat penjuru alam 사방팔방
(MAIN) main siku 사방팔방에서 사기 행각을 벌이다
(MANA) dari mana-mana 사방팔방에서
(RATA) merata-rata 사방팔방으로 번지다
사별
(CERAI) cerai mati 사별
(CERAI) cerai tembilang 사별
사본
FOTOKOPI 사본
사분오열
(BELAH) belah hancur 사분오열
(IBU) seperti anak ayam kehilangan ibu 사분오열된 상황
사산
(LAHIR) lahir mati 사산(아)
사상
(SEHAT/SIHAT) sehat akal (사상이) 건전한
(SEHAT/SIHAT) sehat pikiran (사상이) 건전한
(SEHAT/SIHAT) sihat fikiran (사상이) 건전한
사상자
(KORBAN) korban jiwa 사상자
(KORBAN) korban manusia 사상자
(SIRAM) bersiram darah 사상자가 많은
사색
(MAYAT) pucat seperti mayat 사색이 된
사생아

(ANAK) anak gampang 사생아
(ANAK) anak kencing 사생아
(ANAK) anak kolong (군인 막사에서 태어나서 자란) 사생아
(ANAK) anak sumbang 사생아
(HARAM) haram jadah 사생아
(SYAHADAT) anak tidak bersyahadat 사생아
(TANAM) tanam tiada berbenih 사생아
(TANAM) tumbuh tiada bermata 사생아

사선
(GARIS) garis miring 사선

사설
(INDUK) induk karangan (신문의) 사설
(RENCANA) tajuk rencana 사설

사설탐정
(MATA) mata-mata gelap 사설탐정

사소하다
(GANTANG) melukut di tepi gantang 사소한 일
KECIL 사소한
(OMBAK) ombak yang kecil jangan diabaikan 사소한 것이라도 경시해서는 안 된다
(SEGALA) segala mak nenek 여러 가지 사소한 일
(URUS) urusan kecil 사소한 일

사슴
RUSA 사슴

사슴뿔
(TANDUK) tanduk rusa 사슴뿔

사시안
JULING 사시안의

사실
(BARANG) barang tentu 분명한 사실
(MATA) mata kepala 사실(의)
(MURAI) murai berkicau hari siang 명확한 (사실)

사실혼
(KAWIN/KAHWIN) kawin batin 사실혼

사악
(AKAL) akal geladak 사악한 속임수
(BURUK) buruk hati 사악한
(BUSUK) busuk hati 사악한

사악하다
(HITAM) hitam pahit 사악한

사암
(BATU) batu pasir 사암

사업
(BENTANG) membentangkan sayap 사업을 확장하다
(IZIN) izin usaha 사업 면허
(KANAN) langkah kanan (사업이) 잘돼 가는
(KEMBANG) mengembangkan sayap 사업을 확장하다
(LETAK) meletakkan batu pertama (일이나 사업을)시작하다
(MODAL) modal angin 맨입 하나로 사업을 하는
(MODAL) modal dengkul 맨입 하나로 사업을 하는
(MODAL) modal dengkul 무일푼으로 사업을 하는
(MODAL) modal kosong 맨입 하나로 사업을 하는
(MODAL) modal kosong 무일푼으로 사업을 하는

ㅅ

(MODAL) modal mulut 맨입 하나로 사업을 하는
(MODAL) modal mulut 무일푼으로 사업을 하는
PROYEK/PROJEK 사업
(PROYEK/PROJEK) proyek gajah putih 허울 좋은 사업
(PROYEK/PROJEK) proyek mercu suar 허울뿐인 사업
(TINGGAL) tinggal nadi 손해만 보는 (사업)

사역
(ORANG) orang gaji 사역
(ORANG) orang gajian 사역

사용
PAKAI 사용하다
(SALAH) salah kata 어휘의 사용이 틀리다

사용권
(HAK) hak guna bangunan 건물사용권
(HAK) hak pakai 사용권

사용자
(GUNA) pengguna 사용자

사용하다
(KOCOK) kocok dulu sebelum dipakai 흔들어서 사용하세요

사우나
(MANDI) mandi uap 사우나

사원
(ORANG) orang baharu 신입 사원
(ORANG) orang baru 신입 사원
(RUMAH) rumah Allah 이슬람 사원
(TENAGA) tenaga baru 신입 사원

사위
MENANTU 사위
(MENANTU) bermenantukan 사위로 삼다
(MENANTU) bermenantu 사위를 맞다
(MENANTU) bermenantu 사위를 보다
(UANG/WANG) uang jemputan 사위될 사람에게 주는 돈

사이
(CECAH) sececah mata 눈 깜짝할 사이
(KEJAP) sekejap mata 눈 깜짝할 사이
(KUKU) bagai kuku dengan daging 매우 절친한 사이
(KUNYIT) bagai kunyit dengan kapur 절친한 사이
(LAMA) selama sipatung mandi 눈 깜짝할 사이
(SIPATUNG/SEPATUNG) bagai sepatung mandi 눈 깜짝할 사이
(SIPATUNG/SEPATUNG) bagai sipatung mandi 눈 깜짝할 사이

사이클론
(PUSAR) pusaran angin 사이클론

사인
(TANDA) tandatangan 사인
(TURUN) menurunkan tandatangan 사인하다

사임
(LETAK) letak jabatan 사임하다
(LETAK) letak jawatan 사임하다
(TARIK) menarik diri 사임하다

사자
(ANJING) anjing laut 바다사자
(ANJING) singa laut 바다사자
(RAJA) raja hutan 사자

SINGA 사자
사적인
(BATANG) batang tubuh 사적인
사전
(KAMUS) kamus Indonesia-Korea 인도네시아어-한국어 사전
(KAMUS) kamus Indonesia-Korea 인한사전
(KAMUS) kamus Melayu-Korea 마한사전
(KAMUS) kamus Melayu-Korea 말레이어-한국어 사전
(KAMUS) kamus pelajar 학습자 사전
(SUSUN) penyusun kamus 사전 편찬자
사정
HAL 사정
사죄
(TEBUS) menebus dosa 사죄하다
사지
(KERAT) tulang empat kerat 사지
(TULANG) tulang yang delapan kerat 사지
사직
(UNDUR) mengundurkan diri 사직하다
사진
GAMBAR 사진
(PUKUL) memukul gambar 사진을 찍다
(TANGKAP) tangkap gambar 사진을 찍다
사철
(EMAS) emas hitam 사철
사체
JENAZAH 사체
사촌
(ADIK) adik sepupu 사촌동생
(JIRAN) jiran terdekat 이웃사촌
(JIRAN) jiran tetangga 이웃사촌
(NENEK) saudara senenek 사촌 형제
(NENEK) saudara sepupu 사촌 형제
(SAUDARA) saudara sepupu 사촌 형제자매
(ULAR) ular telan babi, cacing yang bengkak perutnya 사촌이 땅을 사면 배가 아프다
사촌형제
(PUPU) saudara sepupu 사촌형제
(SAUDARA) saudara sepupu 사촌형제
사춘기
(MASA) masa muda 사춘기
(MASA) masa remaja 사춘기
(TENGAH) tengah naik 사춘기(육체적·정신적으로 왕성한 성장이 이루어지는 시기)의 청소년
사치스럽다
MEWAH 사치스러운
사치품
(BARANG) barang mewah 사치품
(MEWAH) barang mewah 사치품
사타구니
(KEPALA) kepala paha 사타구니
(LIPAT) lipat paha 사타구니
(PAHA) pangkal paha 사타구니

ㅅ

(PANGKAL) pangkal paha 사타구니
사탕
GULA 사탕
(GULA) gula-gula 사탕 과자
사탕수수
TEBU 사탕수수
사탕야자
ENAU 사탕야자
사퇴
(CABUT) mencabut diri 사퇴하다
(LETAK) letak jabatan 사퇴하다
(LETAK) letak jawatan 사퇴하다
(TARIK) menarik diri 사퇴하다
사팔뜨기
JULING 사팔뜨기의
(JULING) juling air 약간 사팔뜨기의
(JULING) juling bahasa 약간 사팔뜨기의
사포
(KERTAS) kertas ampelas 사포
사표
(CABUT) mencabut diri 사표 내다
사필귀정
(COTOK) salah cotok melantingkan 사필귀정
(KUTUK) ke hilir kena kutuk Sultan, ke mudik kena kutuk raja 사필귀정
(TANAM) tanam lalang takkan tumbuh padi 사필귀정
사항
(PERKARA) perkara pokok 주요 사항
(PERKARA) perkara utama 주요 사항
사향고양이
(JEBAT) musang jebat 사향고양이
(JEBAT) musang kesturi 사향고양이
(KESTURI) musang kesturi 사향고양이
MUSANG 사향고양이
(MUSANG) musang jebat (인도) 사향고양이
(MUSANG) musang kesturi (인도) 사향고양이
(MUSANG) musang pandan (말레이) 사향고양이
(MUSANG) musang pulut (말레이) 사향고양이
사환
(ORANG) orang gaji 사환
(ORANG) orang gajian 사환
사회
MASYARAKAT 사회
(MASYARAKAT) masyarakat adil dan makmur 공명정대한 사회
(MASYARAKAT) masyarakat kuno 고대사회
(MASYARAKAT) masyarakat tradisional 전통사회
(TONGGAK) tonggak masyarakat 사회의 근간
사회자
(JURU) *juru* acara (방송, 모임, 공식 행사의) 사회자
(JURU) juruacara (방송, 모임, 공식 행사의) 사회자
(UJUNG/HUJUNG) jadi hujung lidah (토론의) 사회자가 되다
사후약방문
(MUSIM) musim kemarau menghilirkan balok 사후약방문
산

(GETAH) getah dibawa ke semak 산 넘어 산
GUNUNG 산
(KAPAL) besar kapal besar gelombang 산 넘어 산
산골 마을
TALANG 산골 마을
산귀신
(HANTU) hantu gunung 산귀신
산꼭대기
(MERCU) mercu gunung 산꼭대기
산달
(ANAK) anak gugur 산달 이전에 태어난 아이
(CUKUP) cukup bulan 산달
산더미
(OMBAK) ombak setinggi gunung 산더미 같이 높은 파도
산들바람
(ANGIN) angin sepoi-sepoi 산들바람
산들산들
(TIUP) bertiup perlahan-lahan 바람이 산들산들 불다
산등성이
(PUNGGUNG) punggung bukit 산등성이
(PUNGGUNG) punggung gunung 산등성이
산모
(MATI) mati beranak 출산 중 사망하는 (산모)
산벼
(PADI) padi bukit 산벼
(PADI) padi ladang 산벼
산보
(AMBIL) mengambil angin 산보하다
산부인과
(PUAN) sakit puan 산부인과
산비둘기
TEKUKUR 산비둘기
산비탈
(LERENG) lereng bukit 산비탈
(PINGGANG) pinggang bukit 산비탈
(PINGGANG) pinggang gunung 산비탈
(SISI) sisi gunung 산비탈
산산이
(PULAU) pulau sudah lenyap, daratan sudah tenggelam 산산이 깨어진 꿈
(REMUK) remuk-redam 산산이 깨지다
(REMUK) remuk-redam 산산이 부서지다
산성
ASAM 산성의
산수
(ILMU) ilmu hisap 산수
(ILMU) ilmu hitung 산수
(KIRA) kira-kira 산수
산술
(ILMU) ilmu hisap 산술
(ILMU) ilmu hitung 산술
(KIRA) kira-kira 산술
산악

(SEPEDA/BASIKAL) sepeda gunung 산악자전거
산악지대
(GUNUNG) bergunung-gunung 산악지대의
산전수전
(ASAM) tahu asam garamnya 산전수전 다 겪은
(KENYANG) kenyang makan garam 산전수전 다 겪은
(LIKU) liku-liku hidup 인생의 산전수전
(LIKU) liku-liku kehidupan 인생의 산전수전
(RASA) merasai asam garam kehidupan 인생의 산전수전 다 겪은
(RASA) merasai asin garam 산전수전 다 겪은
(RASA) merasai pahit getir 산전수전 다 겪은
(TAHU) tahu berat ringan 산전수전 다 겪은
(TAHU) tahu di asin garam 산전수전 다 겪은
(TANGGUNG) menanggung ragam 산전수전을 다 겪다
(TELAN) banyak menelan garam hidup 산전수전을 다 겪다
산탄
SANTAN 산탄(야자 속을 긁어내어 만든 우유처럼 생긴 과일즙)
산통
(GERING) gering bersalin 산통
(SAKIT) sakit beranak 산통
산파
(DUKUN) dukun beranak 말레이 토속신앙요법 산파
산허리
(LERENG) lereng bukit 산허리
(PINGGANG) pinggang bukit 산허리
(PINGGANG) pinggang gunung 산허리
(SISI) sisi gunung 산허리
산호
(BATU) batu karang 산호
(BUNGA) bunga laut 산호
산호(초)
KARANG 산호(초)
산후
(BASUH) basuh lantai 산후 40일 기념 목욕 의식
(MANDI) mandi basuh lantai 산후 40일 기념 목욕의식
산후출혈
(DARAH) darah nifas 산후출혈
살
(ANAK) anak jentera 수레바퀴의 살
(BELUKAR) belukar sudah menjadi rimba 쏘아 놓은 살
(DINGIN) dingin hingga tulang 살을 에는 듯한 추위
(DINGIN) dingin tertulang 살을 에는 듯한 추위
(GADAI) gadai terdorong kepada Cina 쏘아 놓은 살
(JAUH) telah jauh maka dipanggil 쏘아 놓은 살
(KAKI) kaki sudah dilangkahkan 쏘아 놓은 살
(KAMBING) seperti kambing dikuliti hidup-hidup 살을 에는 듯한 고통
(LANGKAH) langkah yang telah terlangkahkan 쏘아 놓은 살
(MATA) mata ikan (손과 발의) 굳은 살
(PANCING) memancing dalam belanga 꼬시래기 제 살 뜯기
(SAMPAI) sampai ke tulang sumsum 살을 에는 듯 (추운)
(SUMSUM) sampai ke tulang sumsum (추위가) 살을 에는 듯한
살다
(ASAP) berasap dapurnya 잘 사는

ㅅ

DIAM 살다
(HIDUP) hidup berbaur 함께 살다
(KENCANG) mengencangkan ikat pinggang 근검절약하며 살다
(MAKAN) makan riba 이자로 먹고 살다
(PANJANG) panjang hidup 오래 사는
(PANJANG) panjang umur 오래 사는
(PANJANG) panjang usia 오래 사는
(SENANG) senang cakap 입만 살다
(SENDOK/SENDUK) sendok besar tak mengenyang 입만 산
(SENDOK/SENDUK) senduk besar tak mengenyangkan 입만 산
(TIMBA) bertimba uang 몹시 부유하게 살다
(TIMBA) bertimba wang 몹시 부유하게 살다
TINGGAL 살다
(URAT) berurat berakar 오랫동안 뿌리를 내려 살다
(URAT) berurat berumbi 한 곳에서 오랫동안 뿌리 내려 살다

살람스자트라
(SALAM) salam sejahtera 살람스자트라(평안하십니까의 뜻을 지닌 말머리의 인사말)

살람탁짐
(SALAM) salam takzim 살람탁짐(평화와 존경의 합성어로 편지의 말끝을 맺는 인사말)

살림
(KERONGKONGAN) kerongkongan menghadap mudik 살림이 넉넉한
(SERBA) serba rumah 집안 살림에 쓰는 가구 일체
(SERBA) serbarumah 집안 살림에 쓰는 가구 일체
(TEMPUH) menempuh hidup baru 신접살림을 시작하다
(TINGGAL) tinggal sehelai sepinggang (사업 실패로) 살림이 거덜 나다

살무사
(ULAR) ular kepak 살무사

살아가다
(HIDUP) hidup segan mati tak hendak 죽지 못해 살아가는
(KULI) makan kuli 막일로 살아가다

살아있다
(HAYAT) selama hayat dikandung badan 살아있는 동안
HIDUP 살아있는
(NAPAS/NAFAS) napasnya masih panjang 아직 살아있는

살얼음판
(TANDUK) telur di hujung tanduk 살얼음판
(TANDUK) telur di ujung tanduk 살얼음판

살인
(MABUK) mabuk darah 늘 살인할 생각만 하다

살충약
(RACUN) racun serangga 살충약

살충제
(RACUN) racun serangga 살충제

살피다
(JAGA) menjaga hati 마음을 살피다
(JAGA) menjaga langkah 살피어 행동하다
(JAGA) menjaga mata 눈살피다

살해
(CENCANG) mencencang 잔악하게 토막을 쳐 살해하다
(KIRIM) dikirim ke pulau cacing 살해당하다
(KIRIM) dikirim ke pulau cacing 살해되다

ㅅ

(PADAM) memadamkan nyawa 살해하다
(PUTUS) memutuskan nyawa 살해하다
(TAMAT) menamatkan riwayat 살해하다
(TUMPAH) menumpahkan darah 살해하다

삶
(AWANG/AWANG-AWANG) hidup di awang-awang 풍족한 삶
(AWANG/AWANG-AWANG) hidup di awang-awang 행복한 삶
(CUPAK) cupak hanyut 곤궁한 삶
(DAMAI) hidup damai 평온한 삶
(GARAM) garam penghidupan 삶의 경험
HAYAT 삶
(JEMU) jemu hidup 삶에 싫증난
(LAMPU) seperti lampu kekurangan minyak 힘겨운 삶
(MEWAH) hidup mewah 호화로운 삶
(MEWAH) mewah di dunia 삶의 재미
(PANCANG) pancangan hidup 삶의 신조
(PANDANG) pandangan hidup 삶의 철학
(PEGANG) pegangan hidup 삶의 철학
(PELITA) pelita hati 삶의 좌표
(REGANG) meregang hidupnya 삶이 몹시 고달픈
(SARANG) pipit jantan tak bersarang 자유로운 독신자의 삶
(SIANG) siang berpanas malam berembun 노숙자로 전락한 고달픈 삶
(SILIH) silih berganti bagai ombak di tepi pantai 삶은 변화의 연속이다

삶다
REBUS 삶다
(REBUS) kacang rebus 삶은 콩
(REBUS) telur rebus 삶은 달걀
(SAUK) tersauk ikan suka, tersauk batang masam 토끼 다 잡으면 사냥개를 삶는다

삼가다
(JAUH) menjauhkan diri 삼가다
(PELIHARA) pelihara lidah 말을 삼가다
(PELIHARA) pelihara mulut 말을 삼가다
(PELIHARA) pelihara tangan 행동을 삼가다

삼각관계
(CINTA) cinta segi tiga 삼각관계

삼각대
(CAGAK) cagak kamera 카메라 삼각대

삼각돛
(LAYAR) layar bubutan 삼각돛
(LAYAR) layar cucur 삼각돛
(LAYAR) layar segi tiga 삼각돛

삼각자
(SIKU) sesiku 삼각자
(SIKU) siku-siku 삼각자

삼거리
(CAGAK) cagak jalan 삼거리

삼고초려
(PUNYA) tunggu punya tunggu 삼고초려해서
(TELAN) menelan ludah 삼고초려

삼다
(AMBIL) mengambil ibarat 귀감으로 삼다
(MENANTU) bermenantukan 며느리로 삼다

(MENANTU) bermenantukan 사위로 삼다
(MODAL) modal sambut 귀동냥한 것을 자본으로 삼는
(TARIK) menarik pangkur ke dada 타산지석으로 삼다
삼류
(TIGA) tiga bintang 삼류 호텔
삼림
RIMBA 삼림
(RIMBA) rimba belantara 광활한 삼림 지대
(RIMBA) rimba raya 광활한 삼림 지대
삼천리
(KILAT) kilat cermin sudah ke muka 척하면 삼천리
삼촌
MAMAK 삼촌
삼키다
(HABIS) habis manis sepah dibuang 달면 삼키고 쓰면 뱉는다
(HILANG) hilang manis sepah dibuang 달면 삼키고 쓰면 뱉는다
(SAUK) tersauk ikan suka, tersauk batang masam 달면 삼키고 쓰면 뱉는다
TELAN 삼키다
삿대
(GALAH) galah pancang 삿대
상
(AMBIL) mengambil bungkal kurang (남의 말 때문에) 속이 상하다
(ASAM) mengasami hati 감정을 상하게 하다
(BAWA) membawa hati 속이 상하다
(BAWA) membawa masuk hati 속이 상하다
(PAKAI) memakai baju hitam 상을 당하다
상공부장관
(MENTERI) menteri perdagangan 상공부장관
상공회의소
(BALAI) balai dagang 상공회의소
상관하다
(PELUK) berpeluk tangan 남의 일에 상관하지 않는
(PELUK) berpeluk tubuh 남의 일에 상관하지 않는
상극
(ANJING) seperti anjing dengan kucing 상극
(KUCING) seperti anjing dengan kucing 상극
(RETAK) retak batu 상극
(ROMA) tak boleh bertemu roma 상극
(SEPERTI) seperti minyak dengan air 상극
(TIDAK) tidak boleh bertemu roma 상극의
상금
(SAGU) sagu hati 상금
상급자
(ORANG) orang atas 상급자
(ORANG) orang atasan 상급자
상냥하다
(LIDAH) lidah manis 나긋나긋 말씨가 상냥한
(LUNAK) lunak gigi dari(pada) lidah 상냥한
MANIS 상냥한
(MANIS) manis cakap 말씨가 부드럽고 상냥한
(MANIS) manis muka 상냥한
(MULUT) bermulut manis 말씨가 상냥한
(MULUT) mulut manis 말씨가 아주 상냥한 사람

(MURAH) murah mulut 상냥한
(MURAH) murah senyum 상냥한
(RAMAH) ramah mesra 상냥한
(RAMAH) ramah tamah 상냥한
(RENDAH) rendah bicara 말씨가 부드럽고 상냥한
(RINGAN) ringan lidah 말씨가 부드럽고 상냥한
(RINGAN) ringan mulut 말씨가 부드럽고 상냥한
(SEDAP) sedap manis 상냥하고 예쁜 (소녀)

상대
(KENA) kena batunya 만만찮은 상대를 만나다
(KETAT) musuh ketat 만만찮은 상대
(KETAT) musuh ketat 호락호락하지 않은 상대
(LAWAN) lawan bercakap-cakap 대화 상대(방)
(LAWAN) lawan bicara 대화 상대(방)
(LAWAN) lawan bicara 상대편
(MUSUH) musuh keras 만만찮은 상대
(MUSUH) musuh ketat 만만찮은 상대

상대방
LAWAN 상대방

상류
(ATAS) atas sungai 강 상류
HULU 상류
(KELAS) kelas tinggi 상류의
UDIK (강의) 상류

상류계급
(CABANG) cabang atas 상류계급

상류층
(KALANG) kalangan atas 상류층
(PAPAN) papan atas 상류층

상말
(CABUL) cabul mulut 상말

상박골
(TULANG) tulang kucing 상박골
(TULANG) tulang lengan atas 상박골

상법
(HUKUM) hukum dagang 상법

상복
(PAKAI) memakai baju hitam 상복을 입다

상부
ATAS 상부

상비약
(OBAT/UBAT) obat rumah 가정상비약

상사
(ORANG) orang atas 상사
(ORANG) orang atasan 상사
(OTAK) otak batu kepala 상사

상사병
(*KEPAYANG*) *mabuk* kepayang 상사병(에 걸린)
(LATAH) latah wilangan 상사병에 걸리다
(MABUK) mabuk asmara 상사병(에 걸린)
(MABUK) mabuk bunga selasih 상사병(에 걸린)
(MABUK) mabuk cendawan 상사병(에 걸린)
(MABUK) mabuk kepayang 상사병(에 걸린)

상상
(KIRA) tidak terkirakan 상상 밖의
(LULUS) lulus di akal 상상하다
(SANGKA) sangka-sangka 상상
(TIDAK) tidak lalu di akal 상상을 초월하는
상상임신
(HAMIL) hamil palsu 상상임신
상선
(KAPAL) kapal dagang 상선
상세하다
(PANJANG) panjang lebar 길고도 상세한 (설명)
상소
(NAIK) naik apel 상소하다
(NAIK) naik banding 상소하다
상소리
(BUSUK) busuk mulut 상소리를 잘하는 (사람)
상속법
(HUKUM) hukum waris 상속법
상속인
WARIS 상속인
상속자
(AHLI) ahli waris 유산 상속자
WARIS 상속자
상속재산
PUSAKA 상속재산
(PUSAKA) harta pusaka 상속재산
상스럽다
(BURUK) buruk mulut 상스러운
(BUSUK) busuk budi 상스러운
CABUL 상스러운
(KOTOR) kotor mulut 상스러운 말을 쓰는
(KOTOR) mulut kotor 상스러운 말을 쓰는
상시근로
(KERJA) kerja tetap 상시근로
상시노동
(KERJA) kerja tetap 상시노동
상식적
(LALU) lalu di akal 상식적인
상실
(PATAH) patah hati 의욕을 상실한
(PATAH) patah semangat 의욕을 상실하다
(TAWAR) menawarkan hati 의욕을 상실시키다
상실하다
(PATAH) patah batu 의욕을 완전히 상실한
(PENDEK) pendek napas 일할 의욕을 상실한
(TAWAR) tawar hati 의욕을 상실한
상아
(TARING) taring gajah 상아
상아색
(KUNING) kuning gading 상아색
상아탑
(MENARA) menara gading 상아탑
상앗대

(GALAH) galah pancang 상앗대
상여
(RAJA) raja diraja 왕의 상여
상완골
(TULANG) tulang kucing 상완골
(TULANG) tulang lengan atas 상완골
상을 타다
MENANG 상을 타다
상의
(KETAT) baju ketat 몸에 착 달라붙는 상의
(LABUH) baju labuh 기장이 긴 상의
상인
(KAUM) kaum dagang 상인계층
상자
KOTAK 상자
PETI 상자
상자거북
(KURA-KURA) kura-kura katup 상자거북
(KURA-KURA) kura-kura padi 상자거북
상점
KEDAI 상점
상접
(BALUT) tinggal jangat pembalut tulang 피골이 상접한
(BALUT) tinggal kulit pembalut tulang 피골이 상접한
(MERSIK) kurus mersik 피골이 상접한
(PALUT) tinggal jangat pemalut tulang 피골이 상접한
(PALUT) tinggal kulit pemalut tulang 피골이 상접한
(TINGGAL) tinggal tulang dengan kulit 피골이 상접한
상지
LENGAN 상지
상처
(ASAM) mengasami hati 마음에 상처를 주다
(BALUT) membalut luka 상처를 붕대로 감다
(BEKAS) bekas badan 몸의 상처
(BEKAS) bekas tubuh 몸의 상처
CEDERA 상처가 난
(KERAS) keras jangat 상처 입지 않는
(LIANG) liang luka 상처 구멍
LUKA 상처
(LUKA) luka memar 멍이 든 상처
(LUKA) luka tikam 찔린 상처
(MATA) mata luka 상처 구멍
(MEMAR) luka memar pada dada 가슴 부위의 (피)멍이 든 상처
(NANAH) bernanah (상처가) 곪다
(NANAH) bernanah (상처에서) 고름이 나오다
PARUT 상처
(PARUT) luka sudah hilang parut tinggal juga 골이 깊은 마음의 상처
(PECAH) pecah darah 멍든 상처
(SAKIT) menyakiti hati 마음에 상처를 주다
(SEDIH) bersedih hati 마음에 상처를 받다
(SEDIH) menyedihkan hati 마음에 상처를 주다
(SENTUH) tersentuh hati 마음에 상처를 받다
(TETAK) luka tetak 칼로 베인 상처

상천
ANGKASA 상천
상쾌하다
NYAMAN 상쾌한
(NYAMAN) udara yang nyaman 상쾌한 공기
(RINGAN) ringan langkah 상쾌한 기분
(SIRAM) tersiram air bunga 상쾌한
(SUKA) suka ria 상쾌한
(SUKA) sukaria 상쾌한
상태
(LANGIT) langit menimpa kepala, bumi memegang kaki 재기가 불가능한 상태
(LANGIT) langit runtuh, bumi cair 오갈 데가 없는 참담한 상태
(MATI) mati suri 가사(상태)
(MATI) mati suri 빈사(상태)
상피병
(GAJAH) gajah-gajahan 상피병
상하
(NEGERI) negeri panas 상하의 나라
상하다
BASI 상한
(MAKAN) makan diri 몸이 상하다
(MASUK) masuk angin 음식이 상한
(MERAH) merah telinga 기분이 상한
(RAIH) menarik pangkur ke dada 마음이 상하다
(RAIH) menarik pangkur ke dada 비위가 상하다
(RAIH) meraih pangkur ke dada 마음이 상하다
(RAIH) meraih pangkur ke dada 비위가 상하다
(RAMAS) meramas jantung 몹시 비위가 상하다
(RAMAS) meramas perut 몹시 비위가 상하다
(RASA) merasa tersinggung 기분이 상하다
(SALAH) salah cakap 말실수로 남의 마음을 상하게 하다
(SEMPIT) sempit dada 툭하면 마음이 상하는
(SEMPIT) sempit hati 툭하면 마음이 상하는
(SEMPIT) sempit kening 툭하면 마음이 상하는
(SENTUH) tersentuh hati 마음이 상하다
(TARIK) menarik pangkur ke dada 마음이 상하다
(TARIK) menarik pangkur ke dada 비위가 상하다
(TIKAM) menikam hati (남의) 마음을 상하게 하다
(TIKAM) menikam jantung (남의) 마음을 상하게 하다
(UBAH) berubah rasa 상하다
상해
(JANGAT) berjangat keras 상해를 입지 않는
상호
BAKU 상호
상호의존관계
(TIMBAL) bertimbal balik 상호의존관계이다
(TIMBAL) timbal balik 상호의존관계의
상호접촉
(LINTAS) lintas budaya 문화간 상호접촉
상황
(BAWAH) di bawah angin 불운한 상황
(GANTUNG) bergantung di rambut sehelai 일촉즉발의 상황

(HINA) ketahuan hina mulianya 상황을 파악하다
KANCAH 상황
(KUKU) bergantung di ujung kuku 위기일발의 상황
(KUKU) bergantung di ujung kuku 일촉즉발의 상황
(LANGIT) langit runtuh, bumi cair 절망의 상황
LETAK 상황
(POTONG) terpotong tangan 아주 어려운 상황
(TANDUK) telur di hujung tanduk 위험천만한 (상황)
(TANDUK) telur di ujung tanduk 위험천만한 (상황)
(TELUR) telur di hujung tanduk 위험천만한 상황
(TELUR) telur di ujung tanduk 위험천만한 상황
(TERANG) terang kain 아직 불확실한 (상황)
(TERANG) terang-terang kain 아직 불확실한 (상황)

샅
(KEPALA) kepala paha 샅
(LIPAT) lipat paha 샅
(PAHA) pangkal paha 샅
(PANGKAL) pangkal paha 샅

샅샅이
(SAMPAI) sampai ke hujung rambut 샅샅이
(SAMPAI) sampai ke ujung rambut 샅샅이

새
BURUNG 새
(BURUNG) burung-burungan 모형 새
(BURUNG) burung-burungan 장난감 새
(CAK) cak raya 베짜는 새
(JALAN) berjalan jauh banyak dilihat 높이 나는 새가 멀리 본다
(JATUH) busuk berbau, jatuh berdebuk 낮말은 새가 듣고 밤말은 쥐가 듣는다
(LAYANG) layang-layang rengkung putih 바늘꼬리칼새
(MURAI) murai batu 흰머리샤마까치울새
(MURAI) murai gajah 파랑나뭇잎새
(MURAI) murai hutan 흰머리샤마까치울새
(PIPIT) pipit haji 흰머리납부리새
(PIPIT) pipit padi 얼룩무늬납부리새
(PIPIT) pipit rumah 참새
(RAJUT) merajut burung 그물로 새를 잡다
(SEPAH) sepah raja 태양조(새의 이름)
SIUL 새 지저귀는 소리
(SIUL) siulan burung 새 소리

새가슴
(DADA) dada ayam 새가슴
(DADA) dada burung 새가슴
(DADA) dada manuk 새가슴

새겨지다
(TAMBAT) tambatan larat 마음 속 깊이 새겨진
(TANAM) tertanam benar 마음 속 깊이 새겨진
(URAT) berurat berakar 깊이 새겨진
(URAT) berurat berumbi 마음에 아로 새겨진

새기다
(AMBIL) ambil di hati 가슴에 새기다
(CANTUM) tercantum dalam hati 가슴에 아로 새긴
(KANDUNG) terkandung dalam hati 가슴에 새기다

(KANDUNG) terkandung dalam hati 마음 속 깊이 새기다
(SEMAT) tersemat di hati 가슴에 새긴
(SIMPUL) tersimpul dalam hati 가슴에 새긴
(SURAT) tersurat di hati 가슴에 새긴

새까맣다
(HITAM) hitam jengat 새까만
(HITAM) hitam kumbang 새까만
(HITAM) hitam legam 새까만
(HITAM) hitam lotong 새까만
(HITAM) hitam pekat 새까만
(HITAM) hitam tedas 새까만

새끼
(ANAK) anak jari 새끼손가락
(JARI) jari anak 새끼손가락
(JARI) jari kelengkeng 새끼손가락
(JARI) jari kelengking 새끼손가락
(JARI) jari renik 새끼손가락
(PURU) getikkan puru di bibir 아무리 미워도 제 새끼

새롭다
BARU 새로운

새무리
UNGGAS 새무리

새벽
(BUTA) pagi-pagi buta 꼭두새벽
FAJAR 새벽
(FAJAR) fajar sidik 꼭두새벽
(FAJAR) fajar sidik 첫새벽
(PARAK) parak siang 새벽 3시에서 5시 사이
(SALAT/SOLAT) salat subuh 새벽(동이 트는 시간)에 드리는 기도
(SEMBAHYANG/SOLAT) sembahyang subuh 새벽(동이 트는 시간)에 드리는 기도
SUBUH 새벽
(SUBUH) subuh buta 이른 새벽
(SUBUH) subuh gajah (무슬림들의) 새벽 기도 시간이 조금 지난 때

새비름
BAYAM 새비름

새빨갛다
(PANJANG) sama panjang dengan urat perut 새빨간 거짓말

새사람
(ORANG) orang baharu 새사람
(ORANG) orang baru 새사람

새소리
(SUARA) mendengar suara burung 새소리를 듣다

새싹
(LEMBAGA) lembaga daun 새싹
(PECAH) pecah daun 새싹이 돋다
PUCUK 새싹
SEMI 새싹

새우
(GAJAH) gajah berjuang sama gajah, kancil mati di tengah-tengah 고래 싸움에 새우등 터진다
(JALA) jala udang 새우그물
(OTAK) otak-otak 오탁오탁(생선, 새우 등을 갈아 야자잎이나 바나나잎에

싸서 찌거나 구워 만든 음식)
(TANGGUK) menangguk udang 탕국으로 새우를 잡다
UDANG 새우
새우그물
(JALA) jala udang 새우그물
새우다
JAGA 새우다
(TANGGANG) bertanggang malam 밤을 새우다
새우잠
(TIDUR) tidur membungkuk 새우잠을 자다
새잎
(PUCUK) pucuk kayu 새잎
새장
KURUNG 새장
새침데기
(DEDAK) bagai api makan dalam dedak 새침데기 골로 빠진다
(JANDA) seperti janda belum berlaki 치장을 좋아하는 새침데기 여자
(MALU) malu-malu kucing 새침데기
(SEKAM) seperti api di dalam sekam 새침데기 골로 빠진다
(SELERA) patah selera banyak makan 새침데기 골로 빠진다
새하얗다
(KAPAS) seperti kapas dibusar 새하얀
(PUTIH) putih bersih 새하얀
(PUTIH) putih seperti kapas dibusar 새하얀
ㅅ 새해
(SELAMAT) selamat tahun baru 새해 축하드립니다(신년 축하 인사말)
(TAHUN) selamat tahun baru 신년을 축하합니다(새해 인사)
색
(DARAH) darah ikan 검붉은 (색)
(DARAH) darah lintah 검붉은 (색)
LETA 색이 바랜
(LUNTUR) tahan luntur 색이 변하지 않는
(MAKAN) dimakan keringat (색이) 난
(MERAH) merah api 불꽃같은 붉은 색
(MERAH) merah bata 붉은 벽돌색
(MERAH) merah bongor 보라색
(MERAH) merah bungur 보라색
(MERAH) merah darah 핏빛 빨간색
(MERAH) merah hati 잘 익은 포도주 색
(MERAH) merah kekuning-kuningan 적갈색
(MERAH) merah lembayung 연보라색
(MERAH) merah marak 진홍색
(MERAH) merah murup 진홍색
(MERAH) merah padam 진홍색
(MERAH) merah putih-putih 분홍색
(MERAH) merah sepang 검붉은 색
(MERAH) merah tua 검붉은 색
(MERAH) merah-merah bahasa 불그스레한 (색)
(MURUP) merah murup 진홍색
(RAJA) raja perempuan 색을 밝히는 남자
(RAMBANG) rambang mata 색을 밝히는 남자
(SEPANG) merah sepang 검붉은 색
(TAHAN) tahan cuci 색이 날지 않는

WARNA 색
(WARNA) warna gelap 어두운 색
(WARNA) warna terang 밝은 색
색골
(MIANG) miang gatal 색골
색깔
(MAKAN) dimakan keringat (옷의 색깔이)바랜
WARNA 색깔
색다르다
(GELANG) bagai menambah gelang bini 색다른 맛이 없는
색맹
(BUTA) buta warna 색맹
색색
PELANGI 색색의
(WARNA) warna-warni 색색의
색욕
(NAFSU) nafsu kuda 지나친 색욕
(NAIK) naik berahi 색욕
샌드위치
(ROTI) roti lapis 샌드위치
샌드페이퍼
(KERTAS) kertas ampelas 샌드페이퍼
샘
(MATA) mata air 샘
PERIGI 샘
SUMUR 샘
샛길
(JALAN) jalan simpang 샛길
샛바람
(LAYANG) matanya terlayang-layang 샛바람에 게 눈 감기듯
생각
(AKAL) akal melintas 갑자기 떠오른 생각 (의견)
(AKAL) akal sehat 건전한 생각
(ALIH) beralih akal 온전치 못한 생각
(AMBIL) mengambil buruk 잘못된 생각
(ANGGAP) menganggap enteng 가볍게 (하찮게) 생각하다
(ANGGAP) pada anggapannya 생각컨데
(ASING) asing lubuk asing ikannya 사람들은 저마다 생각이 다르게 마련
(ASING) asing padang asing belalang 사람들은 저마다 생각이 다르게 마련
(AYUN) seayun sebuaian 생각이 같은
(BELOK) berbelok pikiran 생각이 바뀌다
(BUAH) buah pikiran 생각
(BULU) berganti bulu 생각을 바꾸다
(BUNTU) buntu pikiran 생각이 안 나는
(CABANG) bercabang ingatannya 생각이 많은
CITA 생각
(DATANG) datang akal 생각이 떠오르다
(GORES) tergores dalam hati 생각나다
(GORES) tergores dalam hati 생각이 스치다
(HITAM) rambut sama hitam hati masing-masing 사람마다 생각이 다르게 마련
INGAT 생각나다

ㅅ

(INGAT) ingatannya bercabang 생각이 복잡한
(ISI) isi dada 생각
(ISI) isi hati 생각
(ISI) isi perut 생각
(JILAT) menjilat bibir 곰곰 생각하다
(KILAS) terkilas dalam hati 생각이 떠오르다
KIRA 생각(하다)
(KOTOR) kotor pikiran 음흉한 생각을 하는
(LINTAS) terlintas di kepala 생각이 스치다
(LUAR) luar bicara 생각 밖의
(LULUS) lulus di akal 생각하다
(MASA) masa bodoh 자기 자신만 생각하는
(PECAH) memecahkan kepala 신중히 생각하다
(PECAH) pecah kepala 신중히 생각하다
(PENDEK) pendek akal 생각이 부족한
(PENDEK) pendek ingatan 생각이 부족한
(PENDEK) pendek kira-kira 생각이 부족한
(PENDEK) pendek pikiran 생각이 부족한
(PERAH) memerah otak 골똘히 생각하다
PIKIR/FIKIR 생각하다
(PIKIR/FIKIR) fikiran budak-budak 생각이 얕은
(PIKIR/FIKIR) fikiran sihat 합리적인 생각
(PIKIR/FIKIR) pikir dalam-dalam 오랫동안 깊이 생각하다
(PIKIR/FIKIR) pikir habis-habis 오랫동안 깊이 생각하다
(PIKIR/FIKIR) pikir panjang-panjang 오랫동안 깊이 생각하다
(PIKIR/FIKIR) pikiran anak-anak 생각이 얕은
(PIKIR/FIKIR) pikiran buntu 생각이 짧은
(PIKIR/FIKIR) pikiran sehat 합리적인 생각
(PUTAR) memutar otak 곰곰 잘 생각하다
(RAJA) beraja di hati 자신만 생각하는
(RAMAS) meramas jantung 몹시 언짢게 생각하다
(RAMAS) meramas perut 몹시 언짢게 생각하다
(RAMBUT) rambut sama hitam, hati lain-lain 사람들의 취향과 생각은 제각각이다
(RAMBUT) rambut sama hitam, hati masing-masing 사람들의 취향과 생각은 제각각이다
RASA 생각
(SATU) satu bahasa 같은 생각
(SEHAT/SIHAT) sehat akal (생각이) 온전한
(SEHAT/SIHAT) sehat pikiran (생각이) 온전한
(SEHAT/SIHAT) sihat fikiran (생각이) 온전한
(SIMPUL) tersimpul dalam hati 늘 생각나는
(SUNTUK) suntuk akal 생각이 부족한
(TAHUN) setahun jagung 생각이 얕은
(TAHUN) setahun jagung 생각이 짧은
(TIMBUL) timbul dalam hati 생각나다
(TUKAR) bertukar fikiran 생각이 바뀌다
(TUKAR) bertukar pikiran 생각이 바뀌다
(TUKAR) bertukar sikap 생각이 바뀌다

생겨나다
(JAMUR) menjamur 우후죽순처럼 생겨나다

생계
(ADU) mengadu ujung jarum 어렵게 생계를 꾸리다

(ADU) mengadu ujung penjahit 어렵게 생계를 꾸리다
(BENDAR) berbendar langit 남에게 생계를 의존하는
(BERAT) berat rezeki 생계를 유지하기 어려운
(JAUH) jauh rezekinya 생계를 찾기 어려운
(KERONGKONGAN) kerongkongan menghadap hilir 생계가 막연한
(KERONGKONGAN) kerongkongan menghadap hilir 생계가 어려운
(KERONGKONGAN) kerongkongan menghadap mudik 생계능력이 있는
(MAKAN) makan minum 생계
(PANAS) panas rezeki 생계가 어려운
(PUTUS) putus rezeki 생계가 막연하다
(REZEKI) rezeki mahal 생계가 어려운
(REZEKI) rezeki murah 어렵지 않게 생계를 꾸리는
(RONGKONG) rongkongan menghadap hilir 생계가 몹시 어려운 사람
(SAMBUNG) sambungan hidup 생계
(SEMPIT) sempit hidup 생계가 곤란한
(SEMPIT) sempit pintu rezeki 생계가 막연한
(SEMPIT) sempit pintu rezeki 생계가 어려운
(SENIN/ISNIN) Senin Kamis (생계가) 아주 어려운
(SENIN/ISNIN) senen kemis (생계가) 아주 어려운
(TIANG) tiang penghidupan 생계유지의 주요수입원
(TINGGI) tinggi rezeki 생계가 어려운

생계비
(SAMBUNG) sambungan nyawa 생계비

생계수단
(SAMBUNG) penyambung nyawa 생계수단

생고기
(DAGING) daging basah 생고기
PUKI 생고기

생기
PUDAR 생기를 잃은
(PUDAR) air muka yang pudar 생기를 잃은 얼굴

생기다
(BANGKIT) bangkit hati 용기가 생기다
(GERAK) tergerak hatinya 마음이 생기다
JADI 생기다
(MAKAN) makan tangan 의외의 가욋돈이 생기다
(TAMPAN) tampan-tampan orang 겉으로는 사람같이 생긴
(TIMBUL) timbul dalam hati 마음이 생기다
(TIMBUL) timbul nafsu 욕구가 생기다
(TITIK) titik selera 식욕이 생기다

생김새
RAUT/RAUTAN 생김새
(RAUT/RAUTAN) raut muka 얼굴 생김새
(RAUT/RAUTAN) raut wajah 얼굴 생김새
ROMAN/ROMA 생김새
(ROMAN/ROMA) roman muka 얼굴 생김새
RUPA 생김새
(RUPA) rupa muka 얼굴 생김새

생년월일
(LAHIR) tanggal lahir 생년월일
(LAHIR) tarikh lahir 생년월일

생로병사
(GUGUR) bunga gugur, putik pun gugur 생로병사에는 예외가 없다

생리
(PASANG) memasang bendera merah 생리하다
(PASANG) pasang bendera merah 생리하다
생면부지
(TAHU) tidak tahu-menahu 서로 생면부지인
생명
HAYAT 생명
(LARI) melarikan nyawa 생명을 부지하다
NYAWA 생명
생물학
(HAYAT) ilmu hayat 생물학
생방송
(SIAR) siaran langsung 생방송
생사고락
(HIDUP) sehidup semati 생사고락을 같이하다
생산
(HASIL) penghasil primer 1차 생산자
(HASIL) penghasil sekunder 2차 생산자
(HASIL) penghasil tersier 3차 생산자
(HASIL) penghasilan bersih 순생산
(HASIL) penghasilan kotor 총생산
생산물
HASIL 생산물
생색
(PAHLAWAN) pahlawan kesiangan 생색만 내는 사람
생선
IKAN 생선
(OTAK) otak-otak 오탁오탁(생선, 새우 등을 갈아 야자잎이나 바나나잎에 싸서 찌거나 구워 만든 음식)
(PAGAR) pagar makan tanaman 고양이에게 생선 지켜 달래기
(SALAI) ikan salai 구운 생선
(SALAI) ikan salai 훈제한 생선
(SEPERTI) seperti kucing dengan panggang 고양이에게 생선 맡긴 격
(SISA) sisa nabi 생선 반 쪽
생선튀김
(GORENG) ikan goreng 생선튀김
생식기
(ALAT) alat vital 생식기
(DAGING) daging lebih 남자의 생식기
생야채
ULAM 생야채(반찬)
(ULAM) makan berulam 생야채를 곁들여 밥을 먹다
생업
(MATA) mata air 생업
(MATA) mata pencarian 생업
(PENGGAL) penggal leher 생업을 빼앗다
생일
(HARI) hari jadi 생일
(HARI) hari ulang tahun 생일
(LAHIR) hari jadi 생일
(LAHIR) hari lahir 생일
(SELAMAT) selamat hari jadi 생일을 축하합니다
(SELAMAT) selamat hari lahir 생일을 축하합니다

ㅅ

(SELAMAT) selamat hari ulang tahun 생일을 축하합니다
(SELAMAT) selamat ulang tahun 생일을 축하합니다
(ULANG) ulang tahun 생일

생존
(HARAP) harapan hidup 생존 가능성
(MASIH) masih ada umur 아직 생존하고 있는
(NAPAS/NAFAS) napasnya masih panjang 아직 생존해 있는

생존경쟁
(REBUT) rebut rezeki 생존경쟁

생채기
PARUT 생채기
TAKIK/TAKUK 생채기

생필품
(BAHAN) bahan pokok 생필품
(PAKAI) pakaian dan makanan 생필품

생활
GERBANG 생활
(GERBANG) gerbang perkahwinan 결혼 생활
(GERBANG) gerbang perkawinan 결혼 생활
HIDUP 생활하는
(HIDUP) hidup dua muara 두 가지 직업으로 생활하다
(JANGAT) makan jangat 곤궁한 생활을 하다
(KAIS) kais pagi makan pagi, kais petang makan petang 궁핍한 생활
(LAMPU) seperti lampu kekurangan minyak 궁핍한 생활
(MAIN) bermain muda 방탕한 생활을 하다
(MAIN) main muda 방탕한 생활을 하다
(MEWAH) hidup mewah 호화로운 생활
(REGANG) meregang hidupnya 생활이 몹시 빈궁한
(REZEKI) rezeki mahal 생활이 몹시 빈궁한
(RONGKONG) rongkongan menghadap mudik 생활에 여유가 있는 사람
(SAMPAH) sampah hanyut 생활이 몹시 곤란한 사람
(SENANG) senang hidup (생활에) 여유가 있는
(SENANG) senang hidup (생활이) 넉넉한
(SENANG) senang lenang (생활이) 풍요로운
(SENIN/ISNIN) Senin Kamis (생활이) 궁핍한
(SENIN/ISNIN) senen kemis (생활이) 궁핍한
(SULUH) bersuluh bulan 노숙자로 생활하다
(SURAT) suratan hidup 생활 방식
(SURAT) suratan hidup 생활 태도
(TAMPUK) tampuknya masih bergetah 아직 생활 능력이 충분한
(TILAM) bertilam pasir (생활이) 궁핍한
(TINGGI) tinggi lawak-lawak 흥청망청 낭비를 일삼는 (생활)
(UBAH) mengubah langkah 생활 방식을 바꾸다

생활력
(PANDAI) pandai hidup 생활력이 강한

생활비
(BIAYA) biaya hidup 생활비
NAFKAH 생활비
(NAFKAH) menanggung nafkah istri 부인의 생활비를 부담하다
(NAFKAH) mencari nafkah 생활비를 벌러 다니다
(NAFKAH) nafkah lahir 부인의 생활비
(NAFKAH) nafkah zahir 부인의 생활비
(RENDAH) merendahkan rezeki 생활비를 대다

(RENDAH) merendahkan rezeki 생활비를 주다
(RENDAH) rendah rezeki 생활비를 손쉽게 버는
(RENDAH) rendah rezeki 생활비를 잘 버는
REZEKI 생활비
(SAMBUNG) sambungan umur 생활비
(UANG/WANG) uang belanja 생활비
생활습관
(MAIN) permainan hidup 생활습관
생활신조
(PEGANG) pegangan hidup 생활신조
샤왈
(PUASA) hari raya puasa 샤왈 달(이슬람력으로 10월) 초하루
(RAYA) hari raya puasa 샤왈 달(이슬람력으로 10월) 초하루
(RAYA) hari raya 샤왈 달(이슬람력으로 10월) 초하루
서(쪽)
BARAT 서(쪽)
서거
(ADU) mangkat beradu 서거하다
(LAYU) layu rumput di halaman 왕의 서거
MANGKAT 서거하다
(MANGKAT) mangkat beradu 서거하다
서경
(BUJUR) garis bujur barat 서경
서광
(FAJAR) fajar kizib 서광
서구라파
(NEGERI) negeri atas angin 서구라파
서글프다
(GARUK) menggaruk-garuk kepala yang tidak gatal 서글픈
(HANCUR) hancur hatinya 서글픈
(HANCUR) menghancurkan hati 매우 서글픈
(HANYUT) menghanyutkan hati 서글픈
(HATI) berhati rawan 서글픈
(HATI) rawan hati 서글픈
(KACA) bagai kaca terhempas ke batu 매우 서글픈
(LARAT) larat hati 서글픈
(LARAT) larat pikiran 서글픈
(LARUT) berlarut hati 서글프다
(LUKA) luka hati 서글픈
(MAKAN) makan darah 몹시 서글픈
(PEDIH) pedih hati 서글픈
PILU 서글픈
(PILU) memilukan hati 서글프게 하다
(PILU) pilu hati 서글픈
(RASA) berasa kasihan 서글픈
RAWAN 서글픈
(RAWAN) berawan hati 서글프다
SEDIH 서글픈
(SEDIH) bersedih hati 서글프다
(SEDIH) berita sedih 서글픈 소식
(SEDIH) cerita sedih 서글픈 이야기
(SEDIH) menyedihkan hati 서글프게 하다
(SEDU) sedu hati 서글픈

ㅅ

서글픔
(LARUT) larut hati 서글픔
(RAWAN) rawan hati 서글픔
서기
(JURU) juru tulis 서기
(SETIA) setiausaha 서기
서남(쪽)
(BARAT) barat daya 서남(쪽)
서녘
BARAT 서녘
(MATAHARI/MENTARI) matahari jatuh 서녘
(MATAHARI/MENTARI) matahari mati 서녘
서다
(ALIF) tegak seperti alif 꼿꼿이 서다
HENTI 서다
(SIMPANG) di persimpang jalan 기로에 서다
(TADAH) menadah matahari 뙤약볕 아래에 서다
(TEGAK) tegak lurus (동물의 귀가) 똑바로 선
(TEGAK) tegak lurus 쫑긋 선
서두르다
(BURU) buru-buru 서두르는
(CACAK) mencacak lari 서둘러
(KAMBING) kambing putus tali 서둘러 가다
(LEKAS) lekas-lekas 서둘러
서랍
(ANAK) anak meja 책상 서랍
서러움
DUKA 서러움
(RAWAN) rawan hati 서러움
서러워하다
(RACUN) meracun hati 서러워하다
서럽다
(DUKA) duka hati 서러운
(LUKA) luka hati 서러운
(PELITA) pelita kehabisan minyak 서러운 표정(의)
PILU 서러운
(PUTUS) putus asa 서러운
(RASA) berasa kasihan 서러운
(RASA) terasa putus tali jantung 몹시 서러운
RAWAN 서러운
(SEDIH) bersedih hati 서럽다
(SEDIH) menyedihkan hati 서럽게 하다
(SEDU) sedu hati 서러운
(WALANG) berhati walang 서러운
(WALANG) walang hati 서러운
서력
(TARIKH) tarikh Masihi 서력(예수 그리스도가 태어난 해를 기원으로 하는 책력)
서로 간에
(SAMA) satu sama lain 서로 간에
(SAMA) satu sendiri 서로 간에
서로서로
(SAMA) sama-sama 서로서로

서로에게
(SAMA) satu sama lain 서로에게
(SAMA) satu sendiri 서로에게
서류
(SURAT) surat paksa 재촉 서류
서류창고
(GUDANG) gudang surat 서류창고
서리
(BUNGA) bunga es 서리
(NYAMUK) nyamuk mati, gatal tak lepas 계집의 곡한 마음 오뉴월에 서리 친다
서먹서먹하다
(KENAL) kenal-kenal Cina 서먹서먹한
서면
(HITAM) hitam di atas putih 서면으로 작성하여 확실한
서명
(TANDA) tandatangan 서명
(TAPAK) tapak tangan 서명
(TURUN) menurunkan tandatangan 서명하다
서문
(ALAS) alas kata 서문
서민
(JELATA) rakyat jelata 서민
(ORANG) orang bawah 서민
(ORANG) orang bawahan 서민
(ORANG) orang kecil 가난한 서민
(ORANG) orang rendah 서민
(RAKYAT) rakyat jelata 서민
(RAKYAT) rakyat kebanyakan 서민
(RAKYAT) rakyat kecil 서민
(RUMPUT) rumput di tengah jalan 하찮은 서민
서민촌
KAMPUNG 서민촌
서민층
(KELAS) kelas kambing 서민층
(PAPAN) papan bawah 서민층
서방인
(BARAT) bangsa barat 서방인
서북(쪽)
(BARAT) barat laut 서북(쪽)
서신
(SURAT) surat-menyurat 서신 왕래
서약
(AKAD) akad nikah 성혼서약
(NIKAH) akad nikah 혼인서약
SUMPAH 서약
서약서
(SURAT) surat sumpah 서약서
서양사람
(ORANG) orang barat 서양사람
서언
(ANTAR) pengantar kata 서언
서운하다

(MAKAN) makan darah 몹시 서운한
서 있다
(TONGKAT) menongkat langit 할 일은 안 하고 목석처럼 서 있는
서쪽
(MATAHARI/MENTARI) matahari jatuh 서쪽
(MATAHARI/MENTARI) matahari mati 서쪽
(RUMPUT) rumput mencari kuda 서쪽에서 해가 뜬다
서캐
(TELUR) telur kutu 서캐
서편
(HUJAN) hujan berbalik ke langit 서편에서 해가 뜨는 격
서평
(ULAS) ulasan buku 서평
석고
(KAPUR) kapur batu 석고
석유왕
(RAJA) raja minyak 석유왕
석탄
(BATU) batu arang 석탄
(BATU) batu bara 석탄
(EMAS) emas hitam 석탄
석판
(KALAM) kalam batu 석판
석회
KAPUR 석회
(KAPUR) kapur mati 소석회
(KAPUR) kapur sirih 베틀후추잎에 발라 씹는 석회
석회석
(BATU) batu gamping 석회석
(BATU) batu kapur 석회석
섞다
CAMPUR 섞다
(CAMPUR) campur rata 골고루 섞은
선
CALIT 선
CONTENG 선
CORAT 선
CORENG 선
(DEKAP) berdekap tangan 손을 놓다
(DEKAP) berdekap tubuh 손을 놓다
GARIS 선
GORES 선
JALUR 선
선거
(PUNGUT) pemungutan suara 선거
(SUARA) memberikan suara (선거에서) 투표하다
선거권
(HAK) hak memilih 선거권
선골
(TULANG) tulang kelangkang 선골
선금
(BAYAR) membayar di muka 선금을 내다
선동

ㅅ

(API) mengapi-apikan 선동하다
(BATU) batu api 선동자
선동가
(KACANG) kacang miang 선동가
선동자
(TUKANG) tukang cucuk 선동자
(TUKANG) tukang kipas 선동자
선두다툼
(DAHULU) berdahulu-dahuluan 선두다툼을 하다
선모
PUSAR 선모
(PUSAR) pusar kepala 선모
(PUSAR) pusar-pusar 선모
선무당
(TARI) tak pandai menari dikatakan lantai yang terjungkat 선무당이 장고만 탓한다
(TIKUS) tikus membaiki labu 선무당이 사람 잡는다
선물
(BUAH) buah tangan 선물
(CENDERA) cendera mata 선물
(KALUNG) sekalung bunga 축하 선물
(OLEH) oleh-oleh (여행에서 돌아올 때 가져오는)선물
(SIRIH) sirih pinang 공경의 표시로 건네는 선물
(TANDA) tanda hayat 선물
(TANDA) tanda hidup 선물
(TANDA) tanda mata 선물
선박
KAPAL 선박
PERAHU 선박
(PERAHU) perahu besar 대형 선박
(PERAHU) perahu kecil 소형 선박
(RODA) roda kapal 선박의 프로펠러
선생
GURU 선생
선서
(ANGKAT) mengangkat sumpah 선서하다
선수
(ANAK) anak bawang(an) 후보 (선수)
(ANAK) anak gawang 후보 (선수)
HALUAN 선수
(OLAH) olahragawan 남자 운동선수
(OLAH) olahragawati 여자 운동선수
(RENANG) ahli renang 수영 선수
(RENANG) perenang 수영 선수
선심
(TAMBAK) menambak bukit 공연한 선심을 베풀다
(TUTUP) menutup tangan (남에게) 선심을 쓰지 않다
선왕
(RAJA) raja diraja 선왕
선원
(ANAK) anak kapal 선원
선의
(MAKSUD) maksud baik 선의

ㅅ

(NIAT) niat baik 선의
선잠
(LENA) lena ayam 선잠이 든
(TIDUR) tidur ayam 선잠을 자다
(TIDUR) tidur-tidur ayam 선잠을 자다
선지자
NABI 선지자
(SURUH) pesuruh Allah 선지자 모하멧
선진국
(ATAS) atas angin 선진국
(NEGARA) negara maju 선진국
선집
(BUNGA) bunga rampai 명작선집
선출
(DAPAT) mendapat suara 선출되다
선풍
(PUYUH/PUYU) angin puyu 선풍
(PUYUH/PUYU) angin puyuh 선풍
선풍기
(BALING-BALING) baling-baling angin 선풍기
KIPAS 선풍기
(KIPAS) kipas angin 선풍기
(KIPAS) kipas gantung (천장이나 벽에) 달린 선풍기
선하다
(KALANG) terkalang di mata 눈에 선한
선행
AMAL 선행
(BAIK) baik budi 선행
BAKTI 선행
(BESI) besi baik tiada berkarat 선행은 오래도록 기억되기 마련이다
(BUAT) berbuat baik 선행을 행하다
(BUAT) perbuatan baik 선행
(BUDI) budi baik 선행
(LAKU) laku baik 선행(을 하다)
(MINYAK) minyak setitik di laut timbul juga 선행은 끝까지 기억된다
(TEBUS) menebus dosa 죄를 갚기 위해 선행을 행하다
(TEBUS) tebus dosa 죄를 갚기 위해 선행을 행하는 사람
선혈
(DARAH) darah hidup 선혈
선홍열
(DEMAM) demam merah 선홍열
선후배
(MAUT) maut tidak memandang umur 죽음에는 선후배가 없다
설계도
(GAMBAR) gambar rancangan 설계도
설득
(MASIN) masin lidah 설득의 명수인
(MASIN) masin mulut 설득의 명수인
설립
(DIRI) pendirian 설립
설마
(ADA) ada-adanya 설마 그럴 리가
MASA 설마

(PISAU) pisau bengkok melupakan sarung 설마가 사람 잡는다
설명
(PANJANG) panjang lebar 길고도 상세한 (설명)
설명서
(SURAT) surat keterangan 설명서
설사
(BERAK) berak-berak 설사
CIRIT 설사
(CIRIT) cirit-birit 설사
(MUNTAH) muntah berak 잦은 구토와 설사
(SAKIT) sakit buang-buang air 설사
(SAKIT) sakit cahar 설사
(SAKIT) sakit cirit-birit 설사
(SAKIT) sakit cirit-mirit 설사
(SAKIT) sakit perut dengan cirit-birit 복통 설사
설사약
(CUCI) cuci perut 설사약
설염
(RADANG) radang lidah 설염
설익다
(MASAK) masak di dalam 설익은
MENTAH 설익은
(NASI) nasi berdetik 설익은 밥
(NASI) nasi berdetus 설익은 밥
(TENGAH) setengah masak (과일이) 설익은
설전
(LAWAN) lawan bicara 설전을 벌이다
(PERANG) perang bicara 설전
(PERANG) perang mulut 설전
(PERANG) perang saraf 설전
(PERANG) perang urat saraf 설전
설치다
(TINGGI) tinggi lawak-lawak 분수 없이 설치는
설탕
GULA 설탕
(GULA) gula jawa 야자설탕
설탕과자
(HALWA) halwa nikmat 여러 가지 설탕과자
설탕절임과일
HALWA 설탕절임과일
설화
(RAKYAT) cerita rakyat 민간 설화
섬
PULAU 섬
섬광
KILAU 섬광
섬기다
(SANJUNG) menyanjung tinggi 공경하여 섬기다
섬섬옥수
(JARI) bagai duri landak 섬섬옥수
(JARI) jari laksana duri landak 섬섬옥수
(LANDAK) bagai duri landak 섬섬옥수
(LILIN) lengan bagai lilin dituang 섬섬옥수

섬세
HALUS 섬세한
섬세하다
SENI 섬세한
섬유
SABUT (열매) 껍질 섬유
(SABUT) tali sabut 껍질 섬유로 만든 줄
성
(MAKAN) makan darah 몹시 성이 난
MARAH 성나다
(NAIK) naik darah 성이 나다
(NAIK) naik geram 성이 나다
(NAIK) naik panas 성이 나다
(PANAS) panas kepala 몹시 성이 난
(RANGSANG) merangsang hati 성난
(TEMBOK) menembok 성(벽)을 쌓다
성(채)
KUBU 성(채)
성가시게 굴다
GANGGU 성가시게 굴다
성가시다
(BUKU) membuku dalam dada 성가신
성게
(BULU) bulu babi 성게
성격
(BEDA/BEZA) berbeda tabiat 성격이 다른
SIFAT 성격
(SIFAT) sifat semula jadi 타고난 성격
(WANITA) sifat wanita 여성적인 성격
성경
(KITAB) kitab Baru 신약(성경)
(KITAB) kitab Lama 구약(성경)
성공
(KAYUH) malu berkayuh, perahu hanyut 노력 끝에 성공 있다
(LULUS) lulus ujian (사업에) 성공하다
(MAU/MAHU) mau seribu daya 노력 끝에 성공 있다
(RAJIN) rajin pangkal pandai 노력이 성공의 관건이다
(SEGAN) segan berkayuh, perahu hanyut 노력 없이 성공 없다
성과
(BUAH) buah pelajaran 학업성과
(BUAH) buah percakapan 대화의 성과
(NOL) nol besar 전혀 성과가 없는
성관계
(SANTAP) santapan malam 밤에 이루어지는 부부간의 성관계
(TABUR) menabur benih 성관계를 갖다
성교
(HUBUNG) berhubungan badan 성교하다
(MANDI) mandi basah 성교 직후의 목욕
(MANDI) mandi junub 성교 직후의 목욕
(TABUR) menabur benih 성교하다
(TUBUH) bersetubuh 성교하다
성급하다
(CEPAT) cepat darah 성급한

(CEPAT) cepat mulut 성급한
(KENING) berkening sempit 성급한 (사람)
(LANCANG) lancang kaki 성급한
(PANDANG) berpandangan sempit 성급한

성기
(BURUNG) burung wilis (남자의) 성기
PISANG 남자의 성기
ZAKAR 남성의 성기

성나다
(MENGKAL) bermengkal hati 성나는
(MENGKAL) memengkalkan hati 성나게 하다
(MENGKAL) mengkal hati 성나는
(MERAH) memerahkan muka 성나게 만들다
(MERAH) merah muka 성난
(MERAH) merah telinga 성난
(PANAS) panas telinga 성난
(TIMBUL) timbul marah 성나다

성냥
(API) api-api 성냥
(BATANG) batang api-api 성냥개비
(GORES) gores api 성냥
(GORES) korek api 성냥
KOREK 성냥
(KOREK) korek api 성냥

성년
(KAIN) berkain dua 성년이 된 (여성)
(SEMPURNA) sempurna akal 성년
(SEMPURNA) sempurna umur 성년이 된

성명
NAMA 성명

성묘
(ZIARAH) menziarahi kuburan 성묘하다

성물
(GUCI) guci wasiat 성물

성미
(DADA) berdada sempit 성미가 급한
(DADA) dadanya sempit 성미가 급한
(DARAH) berdarah panas 성미가 급한
(DARAH) darah panas 성미가 급한
(KALANG) sempit kalang 성미가 급한
(LEKAS) lekas marah 성미가 급한
(RENTAN) merentan hati 성미가 급한

성벽
TEMBOK 성벽

성병
(SAKIT) penyakit kelamin 성병
(SAKIT) penyakit kotor 성병
(SAKIT) penyakit perempuan 성병

성불구
(LEMAH) lemah zakar 성불구의
(MATI) mati pucuk 성불구(의)

성불능
(LEMAH) lemah zakar 성불능의

성생활
(NAFKAH) nafkah batin 부인의 성생활에 대한 권리
성서
(JANJI) Perjanjian Baru 신약 (성서)
(JANJI) Perjanjian Lama 구약 (성서)
KITAB 성서
성수
(SEMBAHYANG/SOLAT) air sembahyang (무슬림들이 기도하기 전 몸을 닦기 위해 사용하는) 성수
성숙
(MERDESA) sikap merdesa 성숙한 자세
성스럽다
SUCI 성스러운
성실
(HATI) dari hati ke hati 성실하게
(REBAH) rebah bangun 성실히 노력하는 사람
(RENDAH) rendah hati 성실하고 신중한
TULUS 성실한
성씨
(NAMA) nama keluarga 성씨
성욕
(TINGGI) tinggi nafsu 성욕이 강한
성인
(ANAK) anak ingusan 아직 성인이 아닌
(BESAR) besar panjang 성인
(CUKUP) cukup umur 성인이 된
(DATANG) datang dewasa 성인(의)
(DATANG) datang masa 성인(의)
(INJAK) menginjak dewasa 성인이 되다
(ORANG) orang besar 성인
(SAMPAI) sampai umur 성인이 된
(SEMPURNA) sempurna akal 성인
성인영화
(FILM) film biru 성인영화
성장
(LEKAS) lekas besar 성장이 빠른
TUMBUH 성장하다
성전
(MATI) mati berdarah 성전에서의 전사
(MESJID/MASJID) Masjidilharam 메카에 있는 이슬람 대성전
(PERANG) perang sabil (무슬림들의) 성전
성지
(HAJI) hajah 하자 (성지 순례를 다녀 온 여자를 부르는 호칭어)
(HAJI) haji perempuan 하자 (성지 순례를 다녀 온 여자를 부르는 호칭어)
(HARAM) tanah haram 성지
(TANAH) tanah haram 메카(이슬람교의 창시자인 마호메트가 태어난 곳으로 이슬람교 최고의 성지이다)
(TANAH) tanah suci 메카 성지
(TANAH) tanah suci 성지
성지순례
HAJ 성지(메카) 순례
HAJI 성지 순례를 다녀 온 남자를 부르는 호칭어
(NAIK) naik haji 성지순례를 수행하다

(PERGI) naik haji 성지순례를 가다
(PERGI) pergi haji 성지순례를 가다
(PULANG) pulang haji 성지순례에서 돌아오다
(TURUN) turun haji 메카 성지순례에서 돌아오다
성지순례기금
(TABUNG) tabung haji 메카 성지순례기금
성질
(BURU) terburu nafsu 성질을 못이기는
(HATI) buruk hati 성질이 나쁜
(PANAS) panas bara 성질이 불같은
(PANAS) panas darah 성질이 불같은
(RUSAK/ROSAK) berusak hati 성질이 고약하다
(RUSAK/ROSAK) rusak hati 성질이 고약한
(SIFAT) sifat kimia 화학적 성질
성찰
(CERMIN) becermin 성찰하다
(CERMIN) bercermin 성찰하다
성컬릿
SENGKELIT 성컬릿
(SENGKELIT) bersengkelit 성컬릿을 착용하다
성패
(MUNDUR) mundur maju 성패
성폭행
(GAGAH) menggagahi gadis di bawah umur 미성년의 소녀를 성폭행하다
ㅅ
성품
(BUDI) budi pekerti 성품
성혼
(AKAD) akad nikah 성혼서약
세
PAJAK 세
세계
ALAM 세계
(ALAM) alam sekeliling 주변세계
(ANTAH) negeri antah berantah 환상의 세계
(BAKA/BAQA) alam baka 영원의 세계
DUNIA 세계
(DUNIA) dunia hitam 암흑세계
(DUNIA) dunia kanak-kanak 어린이 세계
JAGAT 세계
(JAGAT) kepala negara sejagat 전 세계 정상들
(KANCAH) kancah dunia 세계무대
(MUKA) muka bumi 세계
(RAYA) alam raya 온 세계
세계대전
(PERANG) perang dunia 세계대전
세계자유무역시장
(PASAR) pasar terbuka 세계자유무역시장
세공업
(KERJA) kerja halus 세공업
세관
(KANTOR) kantor bea cukai 세관
세금
PAJAK 세금

세뇌
(CUCI) mencuci otak 세뇌하다
세다
HITUNG 세다
세력
(KEMBANG) mengembangkan sayap 세력을 넓히다
KUASA 세력
(MACAN) macan kertas 세력이 전혀 없는
(MASIH) masih bergigi 여전히 세력을 과시하는
(MATAHARI/MENTARI) matahari turun 세력이 약해지는
(MERIAM) meriam ompong 세력을 잃은
TANGAN 세력
(TUNJUK) menunjukkan belangnya 세력을 과시하다
(TUNJUK) menunjukkan gigi 세력을 과시하다
(TUNJUK) menunjukkan taring 세력을 과시하다
세력가
(TEMPEL) main tempel 세력가에게 도움을 구걸하다
세로
BUJUR 세로
세무서
(KANTOR) kantor pajak 세무서
세법
(HUKUM) hukum pajak 세법
세상
(ANGIN) terangin ke luar 세상에 드러난
(ANGKAT) berangkat ke negeri cacing 세상을 떠나다
(FANA) dunia yang fana 지금 이 세상
JAGAT 세상
(JAGAT) jagat raya 온 세상
(JAGAT) jagat semesta 온 세상
(JALAN) berjalan lebih dahulu 먼저 세상을 뜨다
(KADAR) kadar Tuhan telah berlaku 세상을 떠나다
(KOLONG) kolong langit 이 세상
(LAIN) lain dulu, lain sekarang 시대가 변하면 세상도 변한다
(LALU) berlalu dari dunia 세상을 뜨다
(LALU) berlalu dari dunia 세상을 하직하다
(LALU) berlalu 세상을 뜨다
MASYARAKAT 세상
(MASYARAKAT) masyarakat adil dan makmur 행복한 세상
(MUKA) muka bumi 세상
(RAYA) alam raya 온 세상
(SUDAH) sudah panjang langkahnya 이미 세상을 떠나다
(TAHU) tahu asam garamnya 세상 물정을 잘 아는
(TINGGAL) meninggal dunia 세상을 떠나다
(TINGGAL) meninggalkan zaman 세상을 하직하다
세상만사
(MANUSIA) Tuhan punya kuasa 세상만사 하늘의 뜻에 달렸다
(MANUSIA) manusia punya asa 세상만사 하늘의 뜻에 달렸다
세상살이
(SURGA/SYURGA) surga dunia 세상살이의 낙
(SURGA/SYURGA) surga dunia 세상살이의 재미
(SURGA/SYURGA) syurga dunia 세상살이의 낙
(SURGA/SYURGA) syurga dunia 세상살이의 재미

ㅅ

세수
(CUCI) cuci mata 세수하다
(MANDI) mandi kerbau 고양이 세수하듯
세심하다
(HATI) berhati berjantung 세심한
세우다
(KEJUT) berkejut telinga (놀란 말처럼) 귀를 쫑긋 세우다
(SAKSI) bersaksi ke lutut 친척을 증인으로 세우다
세월무상
(BUMI) bumi berputar zaman beredar 세월무상
세자
(RAJA) raja muda 세자
세차다
DERAS 세찬
(TIUP) bertiup kencang 바람이 세차게 불다
세척
(CUCI) cuci perut 장 세척
세척제
(CUCI) cuci perut 위 세척제
세탁물
(KERING) kering ringkai (세탁물이) 바싹 마른
세팍타크로
(SEPAK) bersepak raga 세팍타크로 놀이를 하다
(SEPAK) sepak raga jaring 세팍타크로
(SEPAK) sepak takraw 세팍타크로
센
(HATI) keras hati 고집이 센
셈
KIRA 셈(하다)
(SALAH) salah kira 셈이 틀리다
셋
TIGA 셋(하나에 2를 더한 수)
셔츠
KEMEJA 셔츠
(KEMEJA) kemeja berlengan pendek 반팔 셔츠
(LUSUH) kemeja lusuh 남루한 셔츠
소
(CAKAK) cakak sudah, silat teringat 소 잃고 외양간 고친다
(JERAT) bagai menjenguk jerat sial 소 닭 보듯
(KARAM) telah karam maka bertimba 소 잃고 외양간 고친다
(KELAHI) sehabis kelahi teringat silat 소 잃고 외양간 고친다
LEMBU 소
(LOMBA/LUMBA) kerapan sapi 소 경주
(LOMBA/LUMBA) lomba lembu 소 경주
(MATA) mata telah rabun, bandar pun terbuka 소 잃고 외양간 고친다
(RUMAH) rumah memotong 소 도살장
(RUMAH) rumah memotong 소 도축장
(RUMAH) rumah potong 소 도살장
(RUMAH) rumah potong 소 도축장
(RUMAH) rumah sembelih 소 도살장
(RUMAH) rumah sembelih 소 도축장
(RUMAH) rumah sudah tukul berbunyi 소 잃고 외양간 고친다
(RUMAH) rumah sudah, pahat berbunyi 소 잃고 외양간 고친다

(SAMBUT) menyambut lembu 외상으로 소를 사다
SAPI 소
(SEMBELIH) sembelih lembu 소를 도축하다
(SEMBELIH) sembelih lembu 소를 잡다
(SUKU) suku lembu 소의 다리
(TABUHAN/TEBUAN) tabuhan meminang anak labah-labah 소가 짖겠다
(UKUR) ukur baju di badan sendiri 개가 미친다고 소까지 미치겠나

소개장
(KENAL) surat perkenalan 소개장

소경
(TELAH) telah berbau bagai embacang 청천백일은 소경이라도 밝게 안다

소고삐
(TALI) tali hidung kerbau 소고삐
(TALI) tali hidung sapi 소고삐

소괄호
(KURUNG) kurung kecil 소괄호

소구멍
(HANTU) takut di hantu, terpeluk ke bangkai 쥐구멍이 소구멍 된다

소구치
(GERAHAM) geraham kecil 소구치

소금
ASIN 소금에 절인
(DEBAR) berdebar-debar hati 소름이 끼치는
GARAM 소금
(GARAM) garam batu 돌소금
(GARAM) garam halus 고운 소금
(GARAM) garam kasar 굵은 소금
(GARAM) garam laut 바다소금
(GARAM) garam makan 식용소금
(JEMPUT) menjemput garam 소금을 (손으로) 집어 들다
MASIN 소금 맛

소금기
ASIN 소금기가 있는

소기업
(KECIL) usaha kecil-kecilan 소기업

소녀
(ANAK) anak dara sunti 사춘기의 소녀
DARA 소녀
GADIS 소녀
(REZEKI) rezeki musang 불량소녀
(SEDAP) sedap manis 상냥하고 예쁜 (소녀)

소녀단
(PANDU) pandu puteri 소녀단

소년
BOCAH 소년

소년단
(PANDU) pandu laki-laki 소년단

소뇌
(OTAK) otak kecil 소뇌

소동
(HARU) haru biru 소동
(HARU) mengharubirukan 큰 소동을 일으키다
(HARU) mengharukan 소동을 일으키다

RIBUT 소동
소득
(BELANJA) belanja mati 일정한 소득 및 봉급
(BIBIR) tinggal menghapus bibir 소득이 없는
(DAPAT) pendapatan bersih 소득
(DAPAT) pendapatan rata-rata 평균소득
(HAMPA) berhampa tangan 소득이 없는
(KOTOR) pendapatan kotor 총소득
(MINTA) dapat paha 예상 밖의 큰 소득
(MINTA) minta betis 예상 밖의 큰 소득
(REZEKI) rezeki harimau 큰 소득
소득세
(PAJAK) pajak pendapatan 소득세
(PAJAK) pajak penghasilan 소득세
소란
GADUH 소란
RIBUT 소란
(TIMBA) bertimba karang 소란을 피우다
소름
DAHSYAT 소름끼치는
(HATI) hatinya membelakang bulat 소름끼치게 싫어하다
(KEMBANG) berkembang tengkuknya 소름이 돋다
(ROMA) tegak bulu roma 소름이 끼치는
(SANGKAK) menyangkak bulu 소름이 끼치는
ㅅ 소름끼치다
(DIRI) berdiri bulu kuduk 소름끼치는
(DIRI) berdiri bulu roma 소름끼치는
(DIRI) berdiri bulu tengkuk 소름끼치는
(GELI) geli geram 소름끼치는
소리
(BATU) membatu runtuh 우레와 같은 환호소리가 나는
BUNYI 소리
(BUNYI) bunyi cina karam 아주 시끄러운 (소리)
(BUNYI) bunyi perempuan di air 왁자지껄하는 (소리)
(CABIK) mencabik mulut 소리 지르다
(CIAP) ciap miap 삐악삐악 소리
DETUS (폭죽이) 탁탁 터지는 소리
(DETUS) detus-detus 폭죽이 연달아 터지는 소리
(GENDANG) gendang hati 내면의 소리
(GENDANG) gendang hati 마음의 소리
(JERIT) jerit-jerit 마구 소리를 질러대다
(JERIT) menjerit kuat-kuat 고래고래 소리를 지르다
(JERIT) menjerit-jerit 마구 소리를 질러대다
(MERSIK) suara mersik 낭랑한 (목)소리
(MERSIK) suara mersik 또랑또랑한 (목)소리
(PEKAK) pekak labang 작은 소리를 듣지 못하는
(PEKAK) pekak-pekak bahasa 작은 소리를 듣지 못하는
(RENDANG) merendang garam 탁탁 소리가 나다
(SERU) kata seru (사람을) 부르는 소리
(SIUL) bunyi orang bersiul 사람이 휘파람 부는 소리
(SIUL) siulan burung 새 소리
(SUARA) mendengar suara burung 새소리를 듣다
(SUARA) suara kulum 들릴 듯 말 듯 중얼거리는 소리

(SUARA) suara seperti bunyi orang membelah betung 듣기 싫은 소리
(SUARA) suara seperti bunyi orang membelah betung 아주 시끄러운 소리
(TABUHAN/TEBUAN) seperti tabuhan di dalam tukil 웅얼웅얼 말하는 소리
(TEPUK) bertepuk sebelah tangan 손뼉도 부딪쳐야 소리가 난다
(TEPUK) tepuk tangan sebelah tidak akan berbunyi 손뼉도 부딪쳐야 소리가 난다
(TEPUK) tepuk tidak sebelah tangan 손뼉도 부딪쳐야 소리가 난다

소리를 못 듣다
TULI 소리를 못 듣는

소리치다
(PANGGIL) panggil-memanggil 서로 소리쳐 부르다
(SERU) berseru-seru 고래고래 소리치다

소리침
SORAK 소리침

소망
HAJAT 소망
(HAJAT) doa hajat 소망의 기도
(HARAP) harap hati 소망

소매
ECER 소매(거래)
(ECER) niaga eceran 소매 (장사)
(HARGA) harga eceran 소매가격
(JUAL) menjual berduit-duit 소매가격으로 팔다
(NIAGA) niaga kecil 소매(장사)

소매가
(HARGA) harga runcit 소매가

소매상
(ECER) pengecer 소매상

소매치기
(BAJING) bajing luncat 소매치기
(TUKANG) tukang copet 소매치기

소모적
(REBUT) berebut petai hampa 소모적인 경쟁을 하다

소문
(ANGIN) angin lalu 소문
(ANGIN) cakap angin 소문
(ANGIN) kabar angin 소문
(ANGIN) terangin-angin ke telinga 소문이 퍼진
(BERITA) berita burung 헛소문
(BERITA) berita dengkul 헛소문
(BERITA) kabar burung 헛소문
(CANANG) memukul canang ke luar kota 소문을 퍼뜨리다
(CERITA) cerita burung 뜬소문
(DENGAR) dengar-dengar angin 소문에 따르면
(KABAR/KHABAR) kabar angin 소문
(KABAR/KHABAR) kabar burung 소문
(PECAH) buruk berita 동네방네 소문이 퍼지다
(PECAH) buruk berita 여기저기 소문이 나다
(PECAH) pecah bunyi 동네방네 소문이 퍼지다
(PECAH) pecah bunyi 여기저기 소문이 나다
(PERCAYA) percaya angin lalu 뜬소문을 믿다
(RATA) merata-rata (소문이) 여기저기로 퍼지다

(WARTA) warta di bawah pikat dan langau 소문
소반
DULANG 소반
(DULANG) dulang alas 음식소반
소변
(AIR) buang air kecil 소변보다
(BESAR) buang air kecil 소변을 보다
(HAJAT) hajat kecil 소변 (보다)
(HAJAT) hajat seni 소변 (보다)
KENCING 소변(보다)
(NAJIS) najis kecil 소변
(SENI) air seni 소변
(SESAK) sesak kencing 소변이 마려운
소비자
(GUNA) pengguna 소비자
소비자보호원
(LEMBAGA) lembaga konsumen 소비자보호원
소사
(MATI) mati terbakar 소사
소상
(PULANG) pulang pohon 소상(사람이 죽은 지 일 년만에 지내는 제사)
소석회
(KAPUR) kapur mati 소석회
소설
(CERITA) cerita bersambung 연재소설
(CERITA) cerita pendek 단편소설
소송
(BASUH) pembasuh balai 소송비용
(BASUH) pembasuh meja 소송비용
(GUGAT) menggugat pusaka 유산문제로 소송하다
(HUKUM) hukum acara perdata 민사소송법
(HUKUM) hukum acara pidana 형사소송법
(HUKUM) hukum acara 소송법
소송비용
(MEJA) uang meja 소송비용
(TANDA) tanda serah 소송비용
(UANG/WANG) uang adat 소송비용
(UANG/WANG) uang meja 소송비용
소순례
(HAJI) haji kecil 소순례 (순례기간 외에 행하는 약식 순례)
소시민
(KECIL) orang kecil 소시민
소시민층
(KAUM) kaum kecil 소시민층
소식
(ANGIN) berangin kabar 소식이 전해진
BERITA 소식
(BERITA) berita lutut 황당무계한 소식
(DETIK) detik-detak 소식
KABAR/KHABAR 소식
(KIRIM) kirim salam 소식을 전하다
(SAMPAI) sampaikan salam 소식을 알리다
(SAMPAI) sampaikan salam 소식을 전하다

(SEDIH) berita sedih 서글픈 소식
(SEDIH) berita sedih 슬픈 소식
(WARNA) warna warta 가지가지 소식
(WARNA) warna warta 여러 가지 소식
WARTA 소식
(WARTA) warta berita 각종 소식
소실
(ULAM) ulam-ulam 소실
(ULAM) ulaman 소실
소심하다
CABAR 소심한
CIUT 소심한
(HATI) kecil hati 소심한
(MATI) mati kutu 소심한 사람
소아
KANAK-KANAK 소아
소아마비
(SAKIT) penyakit lumpuh 소아마비
소외
(ADA) berada di luar garis 소외된
소요
(HARU) haru biru 소요
소용
HARGA 소용
소용돌이
(ARUS) arus olak 소용돌이
소용돌이치다
GELEGAK 소용돌이치다
소용없다
(BUIH) berbuih mulut 많은 충고를 했지만 아무 소용없는
(GUNA) tak ada gunanya 소용없는
(KEMENYAN) kemenyan sebesar lutut, jika tiada dibakar manakan berbau 학식은 실천하지 않으면 아무 소용없다
(KUTUK) sekutuk beras basah 소용없는
RUGI 소용없는
(SURAT) menyurat di atas air 소용없는 (일)
(TIDAK) tidak ada gunanya 소용없다
(TULIS) tulis di atas air 소용없는 (일)
(TUNGGU) menunggu laut kering 소용없는 일
소우주
(JAGAT) jagat kecil 소우주
소원
MAU/MAHU 소원
소원성취
(LALU) berlalu jarumnya 소원성취하다
소유
ADA 소유하다
(BIOLA) berbiola 바이올린을 소유하다
HAK 소유
MILIK 소유
(MILIK) milik bersama 공동소유
(MILIK) milik negara 국가 소유
(MILIK) milik sendiri 개인소유

ㅅ

PUNYA 소유
소유권이전
(PINDAH) pindah hak milik 소유권이전
(PINDAH) pindah nama 소유권이전
(PINDAH) pindah tangan 소유권이전
소유자
(MILIK) pemilik 소유자
(TANGAN) tangan pertama 원소유자
소유재산
(HARTA) harta milik 소유재산
소유주
(MILIK) pemilik tanah 토지 소유주
(MILIK) pemilik 소유주
(PINDAH) berpindah tangan 소유주가 바뀌다
(TANAH) tanah milik 소유주가 있는 땅
(TUAN) bertuan 소유주가 있는
(TUAN) tanah bertuan 소유주가 있는 토지
(TUAN) tuan tanah 토지 소유주
소일
(LENGAH) melengah-lengah waktu 소일하다
소일거리
(LENGAH) lengah-lengah waktu 소일거리
(LENGAH) pelengah masa 소일거리
소작농
(KULI) kuli penggarap 소작농
소젖
(PERAH) memerah susu lembu 소젖을 짜다
소제목
(ANAK) anak judul 소제목
소중
(PUTUS) putus benang boleh dihubung, putus arang bercerai lalu 아내보다 혈육이 더 소중하다
소질
(ASAH) mengasah bakat 소질을 개발하다
소총
BEDIL 소총
SENAPAN/SENAPANG 소총
소침하다
(LUNTUR) luntur semangat 의기가 소침한
소프트드링크
(RINGAN) minuman ringan 소프트드링크
소프트볼
(LISUT) bola lisut 소프트볼
소형
(PERAHU) perahu kecil 소형 선박
소홀
(CAMPAK) campak batu keluar 가정에는 소홀하고 바깥에만 신경 쓰는
(LIHAT) melihat dengan sebelah mata 소홀하다
소홀히
(PANDANG) memandang dengan sebelah mata 소홀히 보아 넘기다
(PANDANG) memandang dengan sebelah mata 소홀히 여기다
소화
CERNA 소화하다

(CERNA) mencernakan 소화시키다
KUNYAH 소화하다
소화기관
(ALAT) alat pencernaan 소화기관
(KANTONG/KANTUNG) kantong nasi 소화기관
소화불량
(SALAH) salah cerna 소화불량
소환
(PANGGIL) memanggil pulang 소환하다
(PANGGIL) panggil pulang 소환하다
(TARIK) menarik balik 소환하다
소환장
(SURAT) surat panggilan 소환장
속
(AMBIL) mengambil bungkal kurang (남의 말 때문에) 속이 상하다
(ANGKUH) angkuh terbawa, tampan tertinggal 겉과 속이 다른 사람
(BAWA) membawa hati 속이 상하다
(BAWA) membawa masuk hati 속이 상하다
DALAM 속
(GUNTING) menggunting hati 속을 썩이다
ISI 속
(KOREK) mengorek hati 속을 썩이다
(LUKA) melukai hati 속을 썩이다
(PADI) bukan tanahnya menjadi padi 겉모습이 속과 꼭 같은 것은 아니다
(PIKIR/FIKIR) pikiran pendek 속이 좁은
(PIKIR/FIKIR) pikiran sempit 속이 좁은
(PILIN) perut memilin 속이 뒤틀리듯 쓰리고 아픈
(PUTIH) putih di luar, kuning di dalam 겉과 속이 다른 사람
SAGU (사고야자의) 속
(SEKANG) menyekang mata 속을 썩이다
(TANAM) tanam tebu di bibir 겉과 속이 다른 능청스러운 사람
(TANAM) tanam tebu di tepi bibir 겉과 속이 다른 능청스러운 사람
(TEBU) tanam tebu di bibir mulut 겉과 속이 다른 능청스러운 사람
(TERAS) berteras ke dalam (잘 익은 벼처럼) 속이 알찬 사람
(TIKAM) menikam hati 속을 썩이다
(TIKAM) menikam jantung 속을 썩이다
속다
(GORENG) tergoreng tanpa minyak 완전히 속아 넘어가다
(KECEK) sudah dikecek dikecong pula 두 번이나 속은
(MASUK) masuk hati 속아 넘어가다
(TELAN) ditelan bulat-bulat 감쪽같이 속아 넘어가다
(TELAN) ditelan mentah-mentah 감쪽같이 속아 넘어가다
속담
(AJAR) ajaran orang tua-tua 속담
(KATA) kata adat 전통 속담
PERIBAHASA 속담
(PERIBAHASA) peribahasa Melayu 말레이 속담
(TIKAM) tikaman bahasa 속담
속도
(CEPAT) kecepatan 속도
LAJU 속도
(LAJU) laju mula 최초속도
(LAJU) laju rambat 전달속도

(LAJU) laju rambat 전파속도
속뜻
UJUNG/HUJUNG 속뜻
(UJUNG/HUJUNG) menangkap hujung kata 말의 속뜻을 알아채다
속력
(CEPAT) kecepatan 속력
LAJU 속력
속마음
(BAWA) membawa hati ~에게 속마음을 털어놓다
(KELUAR) mengeluarkan isi hatinya 속마음을 털어놓다
(KUNCI) mengeluarkan kunci hati 속마음을 털어놓다
(LUBUK) lubuk hati 속마음
(LUBUK) lubuk jiwa 속마음
속바지
(CELANA/SELUAR) celana dalam 속바지
속박
(TALI) bertali pendek 속박을 당하는
속보
(HANGAT) berita hangat 최신의 속보성 뉴스
속사정
(TAHU) tahu di dalam lubuk (속사정을) 훤히 알고 있는
속삭이다
BISIK 속삭이다
속상
(HATI) makan hati 속상하다
(SAKIT) sakit hati 속상하다
속상하다
(COLOK) mencolok mata 속상하게 만들다
(GANGGU) mengganggu hati 속상하게 만들다
(GANGGU) mengganggu pikiran 속상하게 만들다
(GUNTING) menggunting hati 속상하게 만들다
(HATI) racun hati 속상한
(HATI) sakit hati 속상한
(JADI) menjadikan hati 속상하게 만들다
(KECIL) berkecil hati 속상하다
(KECIL) kecil hati 속상한
(KENA) kena hati 속상하다
(KENING) keningnya berkerut 속상한
(KESAL) mengesalkan hati 속상하게 만들다
(KUSUT) kusut pikiran 속상하는
(LUKA) luka hati 속상한
(LUKA) melukai hati 속상하게 만들다
(MAKAN) makan hati 속상한
(MERAH) merah telinga 속상하는
PILU 속상한
(RACUN) meracun hati 속상하게 만들다
(SESAK) menyesakkan dada 속상하게 만들다
(SESAK) sesak dada 속상한
속새
(EKOR) ekor kuda 속새
속성과정
(KILAT) kursus kilat 속성과정
속세

ㅅ

(ALAM) alam fana 속세
LAHIR 속세(의)
속셈
(DAPAT) kedapatan budi 속셈을 알아내다
(NASI) nasi di balik kerak 음흉한 다른 속셈이 있는
(PIKIR/FIKIR) fikiran budak-budak 속셈이 없는
(PIKIR/FIKIR) pikiran anak-anak 속셈이 없는
(UDANG) berudang di balik batu 음흉한 다른 속셈이 있는
속손톱
(BUNGA) bunga kuku 속손톱
(KUKU) bunga kuku 속손톱
(KULIT) kuku bunga 속손톱
(KULIT) kulit adam 속손톱
속어
(BAHASA) bahasa pasaran 속어
속옷
(ANAK) anak baju 속옷
(BAJU) baju dalam 속옷
속이다
(ABU) mengabui mata 속이다
(AKAL) akal labah-labah (남을) 잘 속이는
(BELIT) berbelit-belit 남을 속이는
(CERDIK) cerdik buruk 남을 속이기 좋아하는
(CERDIK) cerdik busuk 남을 속이기 좋아하는
(KECONG) kecong-mengecong 서로 속이다
(KENA) mengenakan jarum halusnya 교활한 방법으로 속이다
(KENTUT) mengentuti orang lain 다른 사람을 속이다
(LABAH-LABAH) akal labah-labah 남을 잘 속이는
(MAIN) bermain akal 속이다
(MAIN) main akal 속이다
(USUL) usul menunjukkan asal 씨는 속일 수 없다
속이 빈
GABUK 속이 빈
속임수
(AKAL) akal bulus 교활한 속임수
(AKAL) akal geladak 사악한 속임수
(AKAL) akal kancil 영악한 속임수
(AKAL) akal ubi 교활한 속임수
(AKAL) akalnya kepintasan 속임수가 발각되다
(ALAS) alasan yang diada-adakan 속임수
(BELIT) putar belit 속임수
(BESAR) sebesar labah-labah 속임수에 능한
(GERAK) gerak tipu 속임수
(JARUM) jarum halus 속임수
(JARUM) jarumnya berlalu 속임수가 통하다
(JERAT) jerat halus 아주 교활한 속임수
(JERAT) terpasang jerat halus 교활한 속임수에 넘어가다
KECEK 속임수
KECONG 속임수
(LEKUK) lekuk liku 여러 가지 속임수
(MAIN) bermain budi 속임수를 쓰다
(MAIN) bermain daya 속임수를 쓰다
MUSLIHAT 속임수

(MUSLIHAT) tipu muslihat 속임수
(PASANG) memasang jerat 속임수를 쓰다
(PUTAR) putar balik 간교한 속임수
(PUTAR) putar belit 간교한 속임수
TIPU 속임수
TOKOH 속임수

속죄양
(KAMBING) kambing hitam 속죄양
(KAMBING) mengambinghitamkan 속죄양을 만들다

손
(ANAK) anak tangan 손가락
(BELAH) kedua belah tangan 두 손
(BERSIH) membersihkan tangan 손을 씻다
(BUANG) membuang lambai 손을 흔들다
(CUCI) mencuci tangan 손을 씻다
(GATAL) gatal-gatal tangan 손이 근질거리는
(JAUH) menjauhkan tangan 손을 떼다
(KANAN) tangan kanan 오른쪽 손(팔)
(KAYA) kaya hati 손이 큰
(LEPAS) berlepas tangan 손을 떼다
(LEPAS) lepas tangan 손을 떼다
(MATA) mata ikan (손과 발의) 굳은 살
(POTONG) potong nama 손을 씻다
(SENTUH) tersentuh tangan (사람들의) 손을 타다
TANGAN 손
(TANGAN) di tangan awak 우리들 자신의 손에
(TANGAN) tangan kotor 더러운 손
(TANGAN) tangan-tangankan 손을 보다
(TANGAN) tangannya selalu terulur 손이 큰
(TOPANG) bertopang lutut 무릎에 손을 짚고 앉다

손(발)가락
JARI 손(발)가락

손(발)가락처럼 생긴 사물
JARI 손(발)가락처럼 생긴 사물

손(발)톱
KUKU 손(발)톱

손가락
(AMPU) ampu tangan 엄지손가락
(ANAK) anak jari 새끼손가락
(ANAK) anak tangan 손가락
(BIANG) biang jari 엄지손가락
(BIANG) biang tangan 엄지손가락
(BUKU) buku jari 발가락 마디
(BUKU) buku jari 손가락 마디
(EMPU) empu jari 엄지손가락
(IBU) ibu jari 엄지손가락
(IBU) ibu tangan 엄지손가락
(INDUK) induk jari 엄지손가락
(INDUK) induk tangan 엄지손가락
(JARI) bagai duri landak 예쁜 손가락
(JARI) jari anak 새끼손가락
(JARI) jari hantu 가운뎃손가락
(JARI) jari kelengkeng 새끼손가락

ㅅ

(JARI) jari kelengking 새끼손가락
(JARI) jari laksana duri landak 예쁜 손가락
(JARI) jari malang 가운뎃손가락
(JARI) jari mati 가운뎃손가락
(JARI) jari panjang 가운뎃손가락
(JARI) jari renik 새끼손가락
(JARI) jari rimpang 벌어진 손(발)가락
(JARI) jari syahadat 집게손가락
(JARI) jari telunjuk 집게손가락
(JARI) jari tengah 가운뎃손가락
(LANDAK) bagai duri landak 예쁜 손가락
(MATI) jari hantu 가운뎃손가락
(MATI) jari mati 가운뎃손가락
(MATI) jari tengah 가운뎃손가락
(PANGKU) berpangku tangan 손가락 하나 까딱 않는
(PELUK) berpeluk lutut 손가락 하나 까딱 않는
(PELUK) berpeluk tangan 손가락 하나 까딱 않는
(PELUK) berpeluk tubuh 손가락 하나 까딱 않는
(PELUK) peluk lutut 손가락 하나 까딱 않는
(RUAS) ruas jari 손(발)가락 마디
(TEKUK) bertekuk tangan 손가락 하나 까딱 안 하다

손과 팔처럼 생긴 사물
TANGAN 손과 팔처럼 생긴 사물

손금
(RAJAH) rajah tangan 손금
(RETAK) retak tangan 손금
(SURAT) suratan tangan 손금

손길
(CENGKAM) mencengkamkan kuku 침략의 손길을 뻗치다
(GIGI) gigi tanggal rawan murah 때를 놓친 도움의 손길
(HENTI) menghentikan tangan 후원의 손길을 끊다
(ULUR/HULUR) mengulurkan tangan 도움의 손길을 뻗치다

손녀
CUCU 손녀

손놀림
(TANGAN) tangan bagai lipas kudung 손놀림이 잽싼

손님
(JEMPUT) jemputan 손님
(ORANG) orang jemputan 손님
(PASAR) pasar sehari 손님
(SIRIH) menyirihi tamu 손님을 정중히 대접하다
TAMU 손님

손등
(KURA-KURA) kura-kura tangan 손등

손목
(SENDI) sendi tangan 손목

손바닥
(HATI) hati tangan 손바닥 한 가운데
(TAPAK) tapak tangan 손바닥

손발
(SUDAH) sudah seasam segaram 손발이 잘 맞다

손발톱
(CAT) cat kuku 손발톱 착색제

손버릇
(BUSUK) busuk tangan 손버릇이 나쁜
(CEPAT) cepat tangan 손버릇이 나쁜
(PANJANG) panjang tangan 손버릇이 나쁜
(PANTAS) pantas tangan 손버릇이 나쁜
(RINGAN) ringan tangan 손버릇이 나쁜
(SALAH) salah ambil 손버릇이 나쁜
(TANGAN) tangannya enteng 손버릇이 사나운
손뼉
(GENDANG) bergendangan tangan 손뼉을 치다
(TAMPAR) bertampar tangan 손뼉을 치다
(TANGAN) tangannya bertepuk sebelah 한 손뼉이 울지 못한다
TEPUK 손뼉(소리)
(TEPUK) bertepuk sebelah tangan 손뼉도 부딪쳐야 소리가 난다
(TEPUK) tepuk tangan sebelah tidak akan berbunyi 손뼉도 부딪쳐야 소리가 난다
(TEPUK) tepuk tidak sebelah tangan 손뼉도 부딪쳐야 소리가 난다
손수건
(SAPU) sapu tangan 손수건
손쉽다
(LALU) laluan mudah 손쉬운 승리
(NAIK) naik basuh kaki 아주 손쉬운 일
SUANG 아주 손쉬운
손아귀
(KETUPAT) ketupat bangkahulu 손아귀
손위
TUA 손위(의)
손윗사람
ABANG 손윗사람
(NENEK) nenek mamak 손윗사람
손으로 들고 가다
JINJING 손으로 들고 가다
손을 흔들다
LAMBAI 손을 흔들다
손익
(LARAT) melarat manfaatnya 손익
손자
CUCU 손자
손잔등
(KURA-KURA) kura-kura tangan 손잔등
손잡다
GANDENG 손잡은
손잡이
(TANGAN) tangan-tangan (자전거, 계단, 의자의) 손잡이
(TELINGA) telinga kuali 냄비 손잡이
TOMBOL (문의) 손잡이
손재주
(PANTAS) pantas tangan 손재주가 있는
손질
PANGKAS 손질하다
손짓으로 부르다
LAMBAI 손짓으로 부르다
손찌검

(CEMPALA) cempala tangan 걸핏하면 손찌검을 하는
(CEMPALA) cempala tangan 손찌검이 심한
(KASAR) kasar tangan 손찌검이 잦은
(LANCANG) lancang tangan 손찌검이 잦은
(MASAK) masak tangan 늘 손찌검을 당하는
(PANAS) panas tangan 손찌검이 잦은
(PANTAS) pantas tangan 손찌검을 일삼는

손톱
(BESAR) sebesar tahi kuku 손톱만큼
(BUNGA) bunga kuku 속손톱
(BUNGA) bunga kuku 손톱 밑의 하얀 반달 모양
(GUNTING) gunting kuku 손톱깎이
(INAI) adat berinai (말레이인들의 결혼식 때) 헤너로 손톱을 물들이는 의식
(KUKU) bunga kuku 속손톱
(KUKU) bunga kuku 손톱 밑의 하얀 반달 모양
(KULIT) kuku bunga 속손톱
(KULIT) kuku bunga 손톱 밑의 하얀 반달 모양
(KULIT) kulit adam 속손톱
(KULIT) kulit adam 손톱 밑의 하얀 반달 모양
(MERAH) merah kuku 손톱에 붉은 물을 들이다
(SAYANG) sayangkan titik, tak sayangkan tumpah 염통이 곪는 줄은 몰라도 손톱 곪는 줄은 안다
(SUNGGUH) sungguh mati 손톱에 장을 지지겠다
(TABIAT) tabiat menggigit kuku 손톱을 물어뜯는 버릇

손톱만큼
(MIANG) semiang kalam 손톱만큼(도)

손해
(BEKAL) membekal budak lari 두 배로 손해를 끼치다
(GAJAH) gajah mati karena gadingnya 자신의 능력 때문에 오히려 손해 보는
(GANTI) ganti rugi 손해 배상
(HARIMAU) harimau mati karena belangnya 자신의 능력 때문에 오히려 손해를 보는 격
(KALAH) kalah jadi abu menang jadi arang 이기나 지나 손해 보는 것은 마찬가지
(KENA) kena pukul 손해를 보다
(LABA) laba rugi 이익과 손해
(LICIN) licin bagai basuh perahu 손해보다
(MASUK) masuk tiga, keluar empat 손해(를 보는 사람)
(PIJAT-PIJAT) karena pijat-pijat mati tuma 친구를 잘못 사귀면 큰 손해를 본다
(POTONG) potong rezeki orang 남에게 손해를 끼치다
(PUKUL) kena pukul (손해를) 입다
(PUKUL) pukulan berat 큰 손해
RUGI 손해
(RUGI) rugi-rugi untung 손해인 듯 보이지만 오히려 실속이 있는
(SEKAM) sekam menjadi hampa berat 크게 손해를 입지 않은
(SILIH) menyilih rugi 손해 배상을 하다
(TAHAN) sorong kepala 남을 해하려다 도리어 자신이 손해를 봄
(TAHAN) tahan jerat 남을 해하려다 도리어 자신이 손해를 봄
(TANGGUNG) menanggung rugi 손해를 보다
(TANGGUNG) menanggung rugi 손해를 입다

(TINGGAL) tinggal nadi 손해만 보는 (사업)

솔개

ELANG 솔개

(ELANG) elang putih 검은죽지 솔개

솔랏

SALAT/SOLAT 솔랏 (무슬림들이 실행해야 하는 5가지 의무 중 두 번째 의무)

SEMBAHYANG/SOLAT 솔랏

솔랏리마왁투

(SALAT/SOLAT) salat lima waktu 솔랏리마왁투(무슬림들이 실행해야 하는 하루 5번의 의무적인 기도)

(SALAT/SOLAT) solat lima waktu 솔랏리마왁투(무슬림들이 실행해야 하는 하루 5번의 의무적인 기도)

솔밭

(BELALANG) bagai mencari belalang atas akar 잔솔밭에서 바늘 찾기

(KUCING) kucing bertanduk 솔밭에서 고기 낚기

솔잎

(PIPIT) pipit menelan jagung 송충이는 솔잎을 먹어야 제격

솔직

(BULAT) bulat hati 솔직한

(SIKAP) sikap berterus terang 솔직한 태도

(SINGKAP) singkap daun ambil buah 솔직하게 털어놓다

(TERUS) berterus terang 솔직하다

솔직하다

(KARTU) kartu terbuka 솔직한

(LURUS) lurus tabung 너무 솔직한

솔직히

(TERANG) terus terang 솔직히

(TERUS) terus terang 솔직히

솜

(BUSUR/BUSAR) membusur 솜을 타다

KAPAS 솜

솜깔개

(KAPUK) kasur kapuk 솜깔개

솜베개

(KAPUK) bantal kapuk 솜베개

솜씨

(TANGAN) tangan buta 솜씨가 없는

솜털

(BULU) bulu bumbu (엄지손과 발에 난) 솜털

(BULU) bulu jagung 솜털

(BULU) bulu kalong 솜털

(BULU) bulu roma 솜털

(KALONG) bulu kalong 솜털

MIANG 솜털

(MIANG) miang jelatang 솜털

REMANG 솜털

ROMA 솜털

솜털구멍

(LUBANG) lubang roma 솜털구멍

(MULUT) mulut kulit (솜)털구멍

(ROMA) lubang roma 솜털구멍

솟구치다

LAMBUNG 솟구치다
솟다
MARAK 솟다
MURUP 솟다
(PECAH) pecah keringat 땀이 솟다
TERBIT 솟다
TIMBUL (해가) 솟다
솟아나오다
PANCAR 솟아나오다
송곳니
(GIGI) gigi asu 송곳니
(GIGI) gigi taring 송곳니
TARING 송곳니
송별회
(MALAM) malam perpisahan 송별회
송사리
(EKOR) ekor pedang 칼꼬리 송사리
송장
BANGKAI 송장
송진
GALA 송진
송충이
(PIPIT) pipit menelan jagung 송충이는 솔잎을 먹어야 제격
송치
(LIMPAH) melimpahkan perkara 사건을 송치하다
솥
KUALI 솥
(KUALI) kuali besar 가마솥
(KUALI) kuali besar 큰 솥
PERIUK 솥
솥귀
(TELINGA) telinga kuali 솥귀
솥뚜껑
(KALI) sekali dipatuk ular, tali pun ditakutkannya lagi 자라 보고 놀란 가슴 솥뚜껑 보고 놀란다
쇄빙선
(KAPAL) kapal es 쇄빙선
쇠
BESI 쇠
WAJA 쇠
(WAJA) besi waja 쇠
쇠고랑
BELENGGU 쇠고랑
쇠고삐
(TALI) tali hidung kerbau 쇠고삐
(TALI) tali hidung sapi 쇠고삐
쇠귀
(DAUN) daun keladi dimandikan 쇠귀에 경 읽기
(GURUH) tak ada guruh bagi orang pekak, tak ada kilat bagi orang buta 쇠귀에 경 읽기
(LUTUT) berkata-kata dengan lutut 쇠귀에 경 읽기
(OTAK) otak telur bukan otak minyak 쇠귀에 경 읽기
(TONGGAK) bagai mengatai tonggak 쇠귀에 경 읽기

쇠꼬리탕
(BUNTUT) sup buntut 쇠꼬리탕
쇠를 바위에 가는 소리
CETUS 쇠를 바위에 가는 소리
쇠못
PAKU 쇠못
쇠뼈다귀
(SURUH) suruh putih, hitam datang 말 살에 쇠뼈다귀
쇠뿔
(DAKWAT) alang-alang berdakwat biarlah hitam 쇠뿔도 단김에 빼랬다
(MANDI) mandi biarlah basah 쇠뿔도 단김에 빼랬다
(MANDI) mandi-mandi biar basah 쇠뿔도 단김에 빼랬다
(MATI) biar basah 쇠뿔도 단김에 빼랬다
(MATI) mati-mati mandi 쇠뿔도 단김에 빼랬다
(MAYAT) mayat sudah di tepi kubur 쇠뿔도 단김에 빼랬다
(TANDUK) tanduk lembu 쇠뿔
쇠사슬
RANTAI 쇠사슬
쇠약
LAYU 쇠약한
쇠칼새
(LAYANG) layang-layang rumah 쇠칼새
쇠코뚜레
(CUCUK/COCOK) cucuk hidung 쇠코뚜레
KILI/KILI-KILI 쇠코뚜레
쇠퇴
(REDUP) mulai redup 쇠퇴하기 시작하다
쇠하다
(LEMBEK) lembek tulang 기력이 쇠한
(LETA) leta tulang 기력이 쇠한
쇳기
KARAT 쇳기
쇳녹
(KARAT) karat besi 쇳녹
쇼크
(GEGAR) gegar budaya 문화 쇼크
쇼핑센터
(PUSAT) pusat belanja 쇼핑센터
수
CACAH 수
수갑
BELENGGU 수갑
(GELANG) gelang besi 수갑
수고
(JERIH) jerih payah 수고
(SUSAH) susah payah 수고
수고비
(ALAS) alas cakap 수고비
(OBAT/UBAT) obat jerih 수고비
(OBAT/UBAT) obat lelah 수고비
(ROKOK) duit rokok 수고비
(ROKOK) uang rokok 수고비
(ROKOK) wang rokok 수고비

(SIRIH) uang sirih 수고비
(SIRIH) wang sirih 수고비
UPAH 수고비
(UPAH) upah lelah 수고비

수공
(BATIK) batik tangan 수공 바틱
(BATIK) batik tulisan 수공 바틱

수공예품
(BARANG) barang kerajinan 수공예품
(BEKAS) bekas tangan 수공예품

수구
(POLITIK) politik sempit 수구 정치

수긍
(LALU) lalu akal 수긍이 가는

수 년
(TAHUN) bertahun-tahun 수 년 동안

수놈
JANTAN 수놈

수다
BACAR 수다스러운
KECEK 수다

수다스럽다
(CAKAP) bercakap kuat 수다스러운
(GATAL) gatal mulut 수다스러운
(KECEK) banyak kecek 수다스러운
(LANCAR) lancar mulut 수다스러운
(LATAH) latah latih 수다스러운
(LEBAR) lebar mulut 수다스러운
(LIDAH) lidah panjang 수다스러운
(MULUT) bermulut gapil 수다스러운
(MULUT) bermulut gatal 수다스러운
(MULUT) bermulut lebar 수다스러운
(MULUT) bermulut rambang 수다스러운
(MULUT) mulutnya bacar 수다스러운
(RINGAN) ringan lidah 수다스러운
(TIPIS) tipis bibir 수다스러운

수다쟁이
(BACAR) bacar mulut 수다쟁이
(CEKARAU) cekarau besar 수다쟁이
(MULUT) mulut besar 수다쟁이
(MULUT) mulut rambang 수다쟁이
(MULUT) mulut tinggi 수다쟁이
(RAMBANG) mulut rambang 수다쟁이
(TAHI) tahi minyak 수다쟁이

수단
(RIBU) seribu daya 여러 가지 수단
SENJATA (어떤 일을 하기 위한) 수단

수당
(BUTA) gaji buta 실업수당
(LEMBUR) uang lembur 시간외 근무수당
(LEMBUR) uang lembur 초과근무수당
(LEMBUR) upah lembur 시간외 근무수당
(LEMBUR) upah lembur 초과근무수당

수도
(AIR) air ledeng 수도(물)
(IBU) ibu kota 수도
(IBU) ibu negara 수도
(IBU) ibu negeri 수도
수도교
(JEMBATAN/JAMBATAN) jembatan air 수도교
(JEMBATAN/JAMBATAN) jembatan saluran 수도교
수두
(CACAR) cacar air 수두
(CACAR) cacar jeluntung 수두
(SAKIT) sakit cacar air 수두
수량
(BANYAK) banyak sedikitnya 수량
(BESAR) memperbesar kerak nasi 불필요한 수량을 늘리다
수레
(ANAK) anak jentera 수레바퀴의 살
(CONGAK) seperti padi hampa, kepalanya mencongak 빈 수레가 더 요란하다
KERETA 수레
(KOCAK) berkocak tanda tak dalam 빈 수레가 요란하다
수레바퀴
(ANAK) anak jentera 수레바퀴의 살
RODA 수레바퀴
수력
(KUASA) kuasa air 수력(의)
(LISTRIK/ELEKTRIK) elektrik tenaga air 수력(의)
(LISTRIK/ELEKTRIK) listrik tenaga air 수력(의)
수련
(LATIH) berlatih diri 수련하다
(LATIH) latih diri 수련하다
수로
(JALAN) jalan air 수로
(TALI) tali air 수로
수로안내선
(KAPAL) kapal mualim 수로안내선
(KAPAL) kapal pandu 수로안내선
수리
ELANG 수리
수막염
(RADANG) radang selaput otak 수막염
수많은
(LIPAT) lipat ganda 수많은
수말
(JANTAN) kuda jantan 수말
수면제
(OBAT/UBAT) obat bius 수면제
(OBAT/UBAT) obat tidur 수면제
수명
AJAL 수명
(HARAP) harapan hidup 평균수명
(LEKAS) lekas mati 수명이 짧은
(SAMPAI) sampai umur 수명이 다하다

(SEMPURNA) sempurna usia 수명이 다하다
수모
(ARANG) arang di dahi 수모의
수목
POHON/POKOK 수목
수반
(KEPALA) kepala negara 국가의 수반
(PUCUK) pucuk pimpinan 정부의 수반
수반하다
(SUMBANG) sumbang di mata, binasa di hati 무례한 행동은 악행을 수반한다
수백
(RATUS) ratusan 수백의
수사
(CARI) mencari kutu 수사하다
수사능력
(CIUM) penciumannya tajam 수사능력이 탁월한
수산시장
(PAJAK) pajak ikan 수산시장
수상
(MENTERI) perdana menteri 수상
(MENTERI) timbalan perdana menteri 부수상
(MENTERI) wakil perdana menteri 부수상
(RAJAH) rajah tangan 수상
(RETAK) retak tangan 수상
(SURAT) suratan tangan 수상
수상하다
(SYAK) syak hati 수상한
(SYAK) syak wasangka 수상한
수선
(TAMPUNG) menampung 수선하다
(TINGKAH) banyak tingkah 별의별 수선을 다 떨다
(TINGKAH) bertingkah 수선을 떨다
수수료
(UANG/WANG) uang hangus 수수료
수수방관
(BALIK) balik mata 수수방관하다
(MASA) masa bodoh 남의 일에 수수방관하는
수술
(BUNGA) bunga jantan 수술
수신기
(RADIO) pesawat radio 라디오 수신기
수십
(PULUH) berpuluh-puluh 수십의
수액
GETAH 수액
수양딸
(SAUDARA) saudara angkat 수양딸
수업
(TUANG) tuang kelas 수업을 땡땡이치다
(TUANG) tuang kelas 수업을 빼먹다
수염
(BABI) babi bodoh 수염멧돼지

ㅅ

(BABI) babi janggut 수염멧돼지
(JANGGUT) janggut jagung 옥수수수염
(MERDESA) merdesa di perut kenyang 수염이 석자라도 먹어야 양반
(TALI) tali tudung 귀밑에서 턱까지 잇달아 난 수염

수영
MANDI 수영하다
RENANG 수영하다
(RENANG) ahli renang 수영 선수
(RENANG) lomba renang 수영 경기
(RENANG) lumba renang 수영 경기
(RENANG) perenang 수영 선수

수영복
(BAJU) baju mandi 수영복

수영장
(KOLAM) kolam berenang 수영장
(KOLAM) kolam mandi 수영장
(KOLAM) kolam renang 수영장
(RENANG) kolam renang 수영장

수용
(MASUK) masuk hati 수용하다
(TAMPUNG) menampung lima ribu orang 5천 명을 수용하다
(TAMPUNG) menampung (피난민을) 수용하다

수용실
(KAMAR) kamar berterali 수용실
(KAMAR) kamar gelap 수용실

수용적
(LUNAK) lunak hati 수용적 자세
(LUNAK) lunak hati 수용적인 태도

수의사
(HEWAN/HAIWAN) dokter hewan 수의사
(HEWAN/HAIWAN) doktor haiwan 수의사

수의학
(HEWAN/HAIWAN) ilmu hewan 수의학

수입
(DAPAT) pendapatan bersih 수입
(DAPAT) pendapatan kotor 총수입
(DAPAT) pendapatan rata-rata 평균수입
(KOTOR) pendapatan kotor 총수입

수입원
(TIANG) tiang penghidupan 생계유지의 주요수입원

수입품
(DAGANG) dagangan masuk 수입품

수재
(OTAK) otak berpilin-pilin 수재
(TAJAM) tajam akal 수재의

수전노
(ISAP/HISAP) pengisap darah 수전노
(*KEPITING*) kepiting batu 수전노
(KETAM) ketam batu 수전노(의)
(KIKIR) kikir pari 수전노
(TANGKAI) tangkai jering 수전노(의)
(TANGKAI) tangkai kering 수전노(의)
(TEMBOK) tembok kering 수전노

수정
(UBAH) mengubahsuai 수정하다
(UBAH) ubahsuai 수정
수조
KOLAM 수조
(KOLAM) kolam air 수조
수족관
(KOLAM) kolam kaca 수족관
수준기
(SIKU) siku air 수준기
수줍어하다
(MERAH) merah muka 수줍어하는
수줍음
(LIDAH) lidah berat 수줍음을 잘 타는 (사람)
수중익선
(KAPAL) kapal bersayap 수중익선
수증기
(ASAP) air asap 수증기
(UAP/WAP) uap air 수증기
수직선
(GARIS) garis cacak 수직선
(GARIS) garis tegak 수직선
수집꾼
(PAWANG) pawang lebah 벌꿀 수집꾼
수차례
(ULANG) ulang-aling 수차례
수채화물감
(CAT) cat air 수채화물감
수천
(RIBU) beribu-ribu 수천의
수초
CEKARAU 수초
수출품
(DAGANG) dagangan keluar 수출품
수취인
(ALAMAT) si alamat 수취인
수치
(ARANG) arang di kening 수치스러운
(ARANG) arang di muka 수치스러운
(NAMA) nama buruk 수치
(NAMA) nama menjadi kotor 수치를 당하다
(TANGGUNG) menanggung malu 수치를 느끼다
(TELUR) telur busuk 수치
수치스럽다
(GADAI) tergadai kepala 매우 수치스러운
(RUSAK/ROSAK) rusak nama 수치스러운
(TELAH) telah mati kutu 수치스러운
수캇
SUKAT 수캇(쌀 측량단위로 한 간탕의 네 배)
수컷
JANTAN 수컷
(JANTAN) kuda jantan 말의 수컷
수탉

JAGO 수탉
수평기
(SIKU) siku air 수평기
수평선
(GIGI) gigi air 수평선
(TEPI) tepi langit 수평선
수평아리
(AYAM) ayam teruna 수평아리
수표
CEK 수표
(CEK) cek blangko 백지수표
(CEK) cek terjamin 보증수표
수풀
BELUKAR 수풀
SEMAK 수풀
수행
(BIAWAK) mendukung biawak hidup 매우 힘든 일을 수행하다
(NAIK) naik haji 성지순례를 수행하다
수혈
(PINDAH) pindah darah 수혈
(PINDAH) pindah tuang (darah) 수혈
(PINDAH) pindah tuang 수혈
(TUANG) tuang darah 수혈
수확
HASIL 수확
PANEN/PENUAIAN 수확
PUNGUT 수확하다
(SUMUR) sumur digali air terbit 기대 이상의 수확이 있는
(TUAI/PENUAI) menuai 벼를 수확하다
(TUAI/PENUAI) penuaian 벼 수확
수확기
(MUSIM) musim menuai 수확기
(MUSIM) musim panen 수확기
(PANEN/PENUAIAN) musim panen 수확기
숙고
(PUTAR) memutar otak 숙고하다
숙녀
(BAPAK/BAPA) bapak-bapak dan ibu-ibu sekalian (경애하는) 신사 숙녀 여러분
GADIS 숙녀
(TUAN) tuan-tuan dan puan-puan sekalian (경애하는) 신사 숙녀 여러분
숙달
LATIH 숙달된
숙련
(BURUH) buruh terampil 숙련근로자
숙명
(KADAR) ala kadarnya 숙명
(SURAT) *suratan* hidup 숙명
(SURAT) suratan takdir 숙명
(SURAT) suratan tangan 숙명
(TANDUK) tanduk di kepala tak dapat digelengkan 숙명은 바꿀 수 없는 것
(TERIMA) terima nasib (모든 것을) 숙명에 맡기다

ㅅ

(TULIS) tulisan nasib 숙명
순
UMBUT 순
순간
(CECAH) sececah mata 한 순간
(SIPATUNG/SEPATUNG) bagai sepatung mandi 매우 짧은 순간
(SIPATUNG/SEPATUNG) bagai sipatung mandi 매우 짧은 순간
순결
(KEROBAK) dikerobak tikus 순결을 빼앗긴 (처녀)
(LABU) labu dikerobok tikus 순결을 잃은 처녀
(LANGGAR) melanggar pagar ayu 순결을 빼앗다
(MAKAN) dimakan bulan 혼전에 순결을 잃은 처녀
(MASIH) masih putih 아직 순결한
(PAGAR) pagar ayu 순결
(TEBUK) ditebuk tikus 순결을 빼앗긴 (처녀)
(TEBUK) kepala ditebuk tupai 순결을 빼앗긴 처녀
순결하다
(SUCI) suci murni 순결한
순경
(POLISI/POLIS) polis trafik 교통순경
(POLISI/POLIS) polisi lalu lintas 교통순경
순교
(MATI) mati berdarah 순교
(MATI) mati syahid 이슬람을 위해 순교하다
순국
(PUTIH) berputih tulang 순국하다
(PUTIH) putih tulang 순국하다
순금
(EMAS) emas sepuluh mutu 순금
순도
MUTU (금의) 순도
순례
(HAJ) naik haji 성지(메카) 순례를 가다
(HAJ) pergi haj 성지(메카) 순례를 가다
(HAJI) hajah 하자 (성지 순례를 다녀 온 여자를 부르는 호칭어)
(HAJI) haji kecil 소순례 (순례기간 외에 행하는 약식 순례)
(HAJI) haji perempuan 하자 (성지 순례를 다녀 온 여자를 부르는 호칭어)
(NAIK) naik haji 성지순례를 수행하다
(PERGI) naik haji 성지순례를 가다
(PERGI) pergi haji 성지순례를 가다
(PULANG) pulang haji 성지순례에서 돌아오다
ZIARAH 순례
순리
(KAJI) mengaji dari alif 순리에 따르다
(MUSUH) musuh jangan dicari-cari, bersua jangan dielakkan 인간 교제는 순리대로 행하라
(SEMBELIH) sembelih ayam dengan pisau 모든 일은 순리대로 처리해야 한다
(SEMBELIH) sembelih orang dengan kapas 모든 일은 순리대로 처리해야 한다
순백하다
(SUCI) suci murni 순백한
순생산

ㅅ

(HASIL) penghasilan bersih 순생산
순수
(HATI) berhati putih 순수한
IKHLAS 순수한
(KAPAS) kapas dibusur 매우 순수하고 깨끗한
PUTIH 순수한
SUCI 순수한
SUNGGUH 순수한
순수하다
(PUTIH) putih bersih 순수한
순식간
(KILAS) sekilas mata 순식간에
(KILAS) sekilas pandang 순식간에
(KILAT) terkilat dalam hati 순식간에 떠오르다
순양함
(KAPAL) kapal pemayar 순양함
(KAPAL) kapal penjelajah 순양함
순열
(PUTIH) putih tulang 순열
순은
(PERAK) perak campur 순은이 아닌
순이익
(UNTUNG) untung bersih 순이익
순종
(IKUT) bagai tekukur ikut kata 순종하다
JATI 순종의
(JATI) bukan sejati 순종이 아닌
(JATI) sejati 순종의
TAAT 순종하는
(TURUT) turut kata (남의) 말에 순종하는 사람
순진
(MASIH) masih putih 아직 순진한
순진무구
(KAIN) laksana kain putih 순진무구한 (사람)
순진하다
(LEMPANG) lempang hati 순진한
(PIKIR/FIKIR) fikiran budak-budak 순진한
(PIKIR/FIKIR) pikiran anak-anak 순진한
순찰차
(KERETA) kereta peronda 순찰차
순풍
(ANGIN) angin paksa (항해하기에 좋은) 순풍
순회
(SIAR) bersiar-siar 순회하다
숟가락
SENDOK/SENDUK 숟가락
(SENDOK/SENDUK) sendok nasi 밥숟가락
술
(KALI) sekali air besar, sekali pasir berubah 새 술은 새 부대에
(KERAS) minuman keras (독한) 술
(KUDA) naik kuda hijau 술에 취한
(MABUK) mabuk bunga selasih 술에 취해 비틀비틀하는
(MABUK) mabuk empat tiang 술에 만취하다

(NAIK) naik kuda hijau 술에 만취된
(NAN/YANG) nan elok dipakai, nan buruk dibuang 새 술은 새 부대에 담는다

술수
(BELIT) putar belit 술수
(LEKUK) lekuk liku 별의별 술수
(MATI) mati langkah 술수에 걸려 옴짝달싹도 못하는 (사람)
(PUTAR) putar balik 음흉한 술수
(PUTAR) putar belit 음흉한 술수
(SEPAK) sepak belakang 교활한 술수
TIPU 술수

술주정뱅이
(TUKANG) tukang mabuk 술주정뱅이

술집
(RUMAH) rumah minum 술집

술책
POLITIK 술책
(RANJAU) ranjau lapuk 은밀한 술책
TANGGUK 술책

숨
(DADA) dada menampi 숨을 헐떡이다
(HEMBUS) menghembuskan napas penghabisan 마지막 숨을 거두다
(HEMBUS) menghembuskan napas terakhir 마지막 숨을 거두다
(LEPAS) lepas napas 천천히 숨을 쉬다
(NAPAS/NAFAS) menarik napas 숨을 들이쉬다
(NAPAS/NAFAS) nafas Isnin Khamis 숨을 할딱거리는
(NAPAS/NAFAS) napas kuda 깊은숨
(NAPAS/NAFAS) napas kuda 한숨
(NAPAS/NAFAS) napas panjang 깊은숨
(NAPAS/NAFAS) napas pendek 숨을 할딱거리는
(NAPAS/NAFAS) napas senen kemis 숨을 할딱거리는
(NAPAS/NAFAS) napas sudah putus 이미 숨을 거두다
(NYAWA) nyawa sudah melayang 이미 숨을 거둔
(NYAWA) nyawa-nyawa ikan 거의 숨을 거둔
(PADAM) padam hayat 숨이 끊어지다
(PADAM) padam nyawa 숨이 끊어지다
(SENIN/ISNIN) Senin Kamis (숨을) 할딱거리다
(SENIN/ISNIN) Senin Kamis 할딱할딱 가쁜 숨을 몰아쉬다
(SENIN/ISNIN) senen kemis (숨을) 할딱거리다
(SENIN/ISNIN) senen kemis 할딱할딱 가쁜 숨을 몰아쉬다
(SESAK) sesak nafas (숨을) 할딱거리다
(SESAK) sesak nafas (숨을) 할딱할딱하다
(SESAK) sesak napas (숨을) 할딱거리다
(SESAK) sesak napas (숨을) 할딱할딱하다

숨기다
(BENAM) berbenam diri 숨기다
(BUNGKUS) membungkus mayat dengan kain kafan 숨기다
(KUKU) menyembunyikan kuku 본색을 숨기다
LIPUT 숨기다
(LIPUT) terliput di balik awan 구름 뒤에 숨겨 진
(TELAN) telan batu 비밀을 숨기다

숨김
(TERUS) berterus terang 숨김이 없다

ㅅ

숨김없이
(TERANG) terus terang 숨김없이
(TERUS) terus terang 숨김없이
숨다
(LENYAP) lenyap diri 숨다
(LENYAP) melenyapkan diri 숨다
SEMBUNYI 숨다
(SEMBUNYI) sembunyi tuma 꿩 숨듯 하다
(TUMA) sembunyi tuma ekor kelihatan 꿩 숨듯 하다
숨쉬기
(NAPAS/NAFAS) napas lelah 숨쉬기가 어려운
숨쉬다
(SESAK) sesak bernafas 숨쉬기가 힘든
(SESAK) sesak bernapas 숨쉬기가 힘든
(SESAK) sesak dada 숨쉬기가 힘든
숨통
(RONGKONG) kerongkongan 숨통
(RONGKONG) rongkongan 숨통
숫구멍
UBUN-UBUN 숫구멍
숫염소
BANDOT 숫염소
숫자판
(TOMBOL) tombol telefon 단추전화기의 숫자판
숫처녀
(PERAWAN) perawan kencur 숫처녀
(RIBA) meriba puan kosong 숫처녀가 아닌 여자와 혼인하다
숭고
MULIA 숭고한
숭늉
(SAKSI) bersaksi ke lutut 우물가서 숭늉 찾는다
숯
ARANG 숯
BARA 숯
숯불
BARA 숯불
(BARA) bara api 활활 타는 숯불
숲
(BIBIR) bibir hutan 숲의 가장자리
(PAYA) paya bakau 홍수림 숲
RIMBA 숲
쉬다
(AMBIL) mengambil napas panjang 한숨 쉬다
BASI 쉰
(HAPUS) menghapus keringat 쉬다
ISTIRAHAT 쉬다
(LEPAS) berlepas lelah 쉬다
(*LEPAS*) lepas lelah 쉬다
(LEPAS) lepas napas 천천히 숨을 쉬다
(LEPAS) melepaskan lelah 쉬다
(MASUK) masuk angin 음식이 쉰
(TELAH) telah basi (음식이) 이미 쉰
쉬파리

(LALAT) lalat hijau 쉬파리
LANGAU 쉬파리
(LANGAU) lalat langau 쉬파리
쉰밥
(BASI) nasi basi 쉰밥
쉽다
(KURANG) kurang iman 유혹당하기 쉬운
MUDAH 쉬운
(NAIK) naik basuh kaki 아주 손쉬운 일
RINGAN 쉬운
(SUANG) tak suang-suangnya 쉽지 않은
스러지다
(TUA) masak pun gugur 늙고 젊고 인생은 어차피 스러지는 것
(TUA) tua pun gugur 늙고 젊고 인생은 어차피 스러지는 것
스망족
SEMANG 스망족(말레이 반도의 원주민 가운데 한 종족)
스며들다
SIRAP 스며들다
스스럼없이
(RINGAN) ringan mulut 스스럼없이 이야기하는
스치다
CECAH 스치다
(GORES) tergores dalam hati 생각이 스치다
(LINTAS) terlintas di kepala 생각이 스치다
(SENTUH) menyentuh sedikit 스치다
스케이트보드
(LUNCUR) papan luncur 스케이트보드
스케치
(GAMBAR) gambar coret pensil 연필 스케치
스크린
(LAYAR) layar perak 스크린
(LAYAR) layar putih 스크린
스트레스
(TEKAN) tekanan jiwa 스트레스
스파이
(MATA) mata telinga 스파이
(MATA) mata-mata 스파이
스포츠
(OLAH) olahraga 스포츠
슬개골
(KUNCI) kunci lutut 슬개골
(LUTUT) tempurung lutut 슬개골
(TEMPURUNG) tempurung lutut 슬개골
슬리퍼
(LAPIK) lapik kaki 슬리퍼
(TAPAK) tapak-tapak 슬리퍼
슬퍼하다
HARU 슬퍼하는
(RACUN) meracun hati 슬퍼하다
(RASA) berasa dukacita 슬퍼하다
(RASA) berasa pilu 슬퍼하다
(SEDIH) bersedih hati 슬퍼하다
슬프다

(DUKA) duka hati 슬픈
(HARU) mengharukan 슬픈
(HATI) berhati mutu 마음이 슬픈
(IRIS/HIRIS) diiris dengan sembilu 슬픈
(JAUH) jauh hati 슬픈
(KABAR/KHABAR) kabar sedih 슬픈 기별
(KERING) berkering air mata 매우 슬픈
(KERING) berkering air mata 아주 슬픈
(KUSUT) kusut muka 슬픈
(MUKA) bermuka masam 슬퍼 보이는
PEDIH 슬픈
(PEDIH) pedih hati 매우 슬픈
SEDIH 슬픈
(SEDIH) bersedih hati 슬프다
(SEDIH) berita sedih 슬픈 소식
(SEDIH) cerita sedih 슬픈 이야기
(SEDIH) menyedihkan hati 슬프게 하다
(SURAM) bersuram muka 슬퍼 보이는
SUSAH 슬픈
(SUSAH) susah hati 슬픈
(WAJAH) berwajah sedih 슬픈 얼굴을 하다
(WALANG) berhati walang 슬픈
(WALANG) walang hati 슬픈
(WARNA) warna gelap 슬퍼 보이는 표정

ㅅ

슬픔
DUKA 슬픔
(REMUK) remuk hati 애끓는 슬픔
(RUSAK/ROSAK) rusak hati 애끓는 슬픔

슬하
RIBA 슬하

슴바양리마왁투
(SEMBAHYANG/SOLAT) sembahyang lima waktu 슴바양리마왁투(무슬림들이 실행해야 하는 하루 5번의 의무적인 기도)
(SEMBAHYANG/SOLAT) solat lima waktu 슴바양리마왁투(무슬림들이 실행해야 하는 하루 5번의 의무적인 기도)

습격
(PERANG) perang kilat 습격

습관
(AIR) air mandi 습관
(AMAL) mengamalkan 습관화하다
(DARAH) mendarah daging 습관이 되다
(JADI) menjadi air mandi 습관이 되다
(MAIN) permainan hidup 생활습관

습관적
(MULA) semula jadi 습관적으로

습기
BASAH 습기가 있는

습지
PAYA 습지

승객
(TUMPANG) penumpang pesawat udara 비행기 승객

승냥이
(SERIGALA) anjing serigala 승냥이

승리
(LALU) laluan mudah 손쉬운 승리
(MABUK) mabuk kemenangan 승리에 도취되다
(MENANG) menang tipis 박빙의 승리
(NAIK) naik tangan 승리하다
승마
(TUNGGANG) menunggang kuda 승마
승무원
(AWAK) awak kapal 승무원
승인
(LAMPU) lampu hijau 승인을 받다
(LAMPU) lampu merah 승인이 보류되다
승진
(JALAN) jalan naik 승진의 기회
(JATUH) jatuh ke atas 승진하다
(NAIK) naik pangkat 승진하다
시
SAJAK 시
시가
ROKOK 시가
시각
(AMPAI) terampai jemur 아침 8시쯤의 시각
(BELUM) belum terangkat 아침 7시가 채 안된 (시각)
JAM 시각
(JAM) jam karet 항상 정해진 시각보다 늦은
(KARET) jam karet 항상 정해진 시각보다 늦은
KETIKA 시각
(MATA) mata kotak 시력이 매우 떨어진
PUKUL 시각
(TIGA) tiga tapak bayang-bayang 그림자 길이가 세 뼘 정도 되는 시각 (오후 2시경)
시간
(BURU) memburu waktu 시간에 맞추다
(BURU) memburu-buru 시간에 쫓기다
JAM 시간
(JAM) jam bicara 집무(진료) 시간
(JAM) jam karet 시간관념이 없는
(JAM) jam praktik (의사의) 진료시간
(JAM) jam sibuk 혼잡 시간
(JAM) jam terakhir 마감시간
(KARET) jam karet 시간관념이 없는
(KEJAR) mengejar waktu 시간에 쫓기다
(LENA) berlena-lena 한가로이 시간을 보내다
(LENGAH) berlengah-lengah 한가로이 시간을 보내다
(LENGAH) lengah waktu 시간을 끌다
(LENGAH) lengah waktu 시간을 보내다
(LENGAH) melengah waktu 시간을 끌다
(LENGAH) melengah waktu 시간을 보내다
(LENGAH) melengah-lengah waktu 한가로이 시간을 보내다
(LUANG) luang waktu 시간을 내다
(LUANG) meluangkan waktu 시간을 내다
(LUANG) waktu terluang 한가한 시간
(MAKAN) makan masa 시간이 걸리다

(MAKAN) makan masa 시간이 들다
(MAKAN) makan masa 시간이 잡아먹히다
(MAKAN) makan tempo 시간이 걸리다
(MAKAN) makan tempo 시간이 들다
(MAKAN) makan tempo 시간이 잡아먹히다
(MAKAN) makan waktu 시간이 걸리다
(MAKAN) makan waktu 시간이 들다
(MAKAN) makan waktu 시간이 잡아먹히다
MASA 시간
(PAGI) pagi tidak dibuang, senja tidak dikejar 시간을 아껴 쓰는 사람
(REMBANG) rembang pagi 해가 뜰 때부터 아침 10시까지의 시간
(REMBANG) rembang petang 오후 3시가 지난 시간
(SIANG) siang-siang 제 시간보다 앞서
(SINGKAT) singkat masa 시간이 부족한
(SUNTUK) suntuk masa 시간이 빠듯한
(SUNTUK) suntuk masa 시간이 임박한
WAKTU 시간
(WAKTU) dalam waktu dua jam 두 시간 내에
(WAKTU) dalam waktu dua jam 두 시간 안에
(WAKTU) waktu itu uang 시간은 금이다
(WAKTU) waktu itu uang 시간은 돈이다
(WAKTU) waktu itu wang 시간은 금이다
(WAKTU) waktu itu wang 시간은 돈이다

시간문제
(TUAH) tuah ayam boleh dilihat, tuah manusia siapa tahu 사람 팔자 시간문제

시간외 근무
LEMBUR 시간외 근무

시간외 근무수당
(LEMBUR) uang lembur 시간외 근무수당
(LEMBUR) upah lembur 시간외 근무수당

시간종료
(LALU) lalu waktu 시간종료

시건방
(RANCAK) rancak di labuh 시건방지고 버르장머리 없는 젊은이
(RANCAK) rancak di lebuh 시건방지고 버르장머리 없는 젊은이
(RANCAK) rancak-rancak 시건방진
(SUBANG) bak gadis baru bersubang 시건방진

시계
JAM 시계
(JAM) jam biologis 체내 시계
(JAM) jam masa nyata 실시간 시계
(JARUM) jarum jam 시계바늘
(SEMAT) jarum penyemat 시계(바늘)

시골
(AYAM) ayam kampung 시골닭
(DESA) pulang ke desa 시골로 내려가다
KAMPUNG 시골
(SEKOLAH) sekolah atap 시골 학교
(SEKOLAH) sekolah kampung 시골 학교
(TALANG) orang talang 시골 사람
UDIK 시골
(UDIK) pulang ke udik 시골로 내려가다

시골닭
(KAMPUNG) ayam kampung 시골닭
시골뜨기
(HULU) orang hulu 시골뜨기
(ORANG) orang desa 시골뜨기
(ORANG) orang kampung 시골뜨기
(ORANG) orang udik 시골뜨기
(PASAK) pasak kampung 시골뜨기
시골사람
(KAMPUNG) orang kampung 시골사람
(UDIK) orang udik 시골사람
시금시금하다
(MASAM) kemasam-masaman 시금시금한
(MASAM) masam-masam 시금시금한
(MASAM) masam-masaman 시금시금한
시금치
BAYAM 시금치
(BAYAM) bayam goreng 시금치 튀김
시기
ABAD 시기
(LANGKAH) langkah mengena 절호의 시기
ZAMAN 시기
시끄럽다
(BUNYI) bunyi cina karam 아주 시끄러운 (소리)
(CINA) seperti cina karam 몹시 시끄러운
(KELING) keling karam 늘 시끄러운 사람
(PECAH) memecahkan telinga 매우 시끄러운
(PECAH) pecah telinga 매우 시끄러운
(PEKAK) pekak telinga 매우 시끄러운
(PEREMPUAN) bagai bunyi perempuan di air 매우 시끄러운
(SUARA) suara seperti bunyi orang membelah betung 아주 시끄러운 소리
시내
(JANTUNG) jantung kota 시내 중심
KALI 시내
SUNGAI 시내
시늉
(AMBIL) ambil muka 일하는 시늉만 내다
시다
(MASAM) masam perut 너무 신 (맛)
시대
ABAD 시대
(AKHIR) akhir zaman 종말의 시대
(BAHARI) zaman bahari 고대 시대
(LAIN) lain dulu, lain sekarang 시대가 변하면 세상도 변한다
(MAKAN) dimakan zaman 시대에 뒤떨어진
(MASIH) masih dalam kegelapan 여전히 암흑시대의
(MASIH) masih dalam kegelapan 여전히 원시시대의
TAHUN 시대
(TINGGAL) ketinggalan zaman 시대에 뒤떨어지다
(TINGGAL) ketinggalan zaman 시대에 뒤처지다
ZAMAN 시대
시대변화
(IKUT) mengikut arus 시대변화에 부응하다

시들다
LAYU 시든
LISUT 시들은
시력
(BUTA) buta ayam 늦저녁에 시력이 떨어지는
시름
(MATAHARI/MENTARI) matahari tengah gerhana 시름에 잠긴 (사람)
시리
SIRIH 시리(후추과의 덩굴식물), 베틀후추(잎), 구장(엽)
(SIRIH) sirih masak 시리 한 세트(석회, 빈랑 열매, 감비르, 엽초 등으로 구성 됨)
(SIRIH) sirih sekapur 시리 한 모숨
(SIRIH) sirih tanya 처부모께 드릴 시리 세트
시리다
NGILU (이가) 시린
시멘트
(EMAS) emas biru 시멘트
시민단체
(LEMBAGA) lembaga swadaya masyarakat 시민단체
시벳
JEBAT 시벳
KESTURI 시벳
시부모
MERTUA/MENTUA 시부모
ㅅ 시비
(CARI) mencari gara-gara 시비 걸다
(CARI) mencari lawan 시비 걸다
(CARI) mencari silang 시비 걸다
(KOREK) mengorek lubang hidung 일부러 시비를 걸다
시비곡절
(AMBIL) mengambil panjang 시비곡절을 따지다
시샘
CEMBURU 시샘하는
(CEMBURU) cemburu buta 지나치게 시샘하는
DENGKI 시샘
(DENGKI) dengki hati 시샘하는
(DENGKI) dengki-mendengki 서로 시샘하는
(HATI) dengki hati 시샘
(HATI) hatinya berbulu 시샘하다
(HATI) iri hati 시샘하는
(RASA) merasa cemburu 시샘하다
(RASA) merasa dengki 시샘하다
(RASA) merasa iri hati 시샘하다
(RASA) rasa dengki 시샘
(RASA) rasa iri hati 시샘
시선
(ADU) beradu pandang (우연히) 시선이 서로 마주치다
(LEKAT) lekat mata 시선이 고정된
(LEKAT) melekatkan pandangan 시선을 집중하다
(TARIK) menarik hati 시선을 집중시키다
(TENTANG) bertentang mata 시선이 마주치다
시설
APARAT 시설

(BANGUN) bangunan militer 군사시설
시세
(LAKU) laku sekali 시세가 아주 좋은
LARIS 시세가 좋은
시스카
(SI) si Siska '시스카'라는 애
시시하다
RINGAN 시시한
시신
JENAZAH 시신
(MANDI) mandi bakal 시신을 목욕시키는 일
(MANDI) mandi gubah 시신을 목욕시키는 일
(MANDI) mandi mayat 시신을 목욕시키는 일
(MANDI) mandi sudah 염습 때 행하는 시신 목욕
MAYAT 시신
시야
(JAUH) jauh pemandangan 시야가 넓은
(LUPUT) luput dari mata 시야에서 사라지다
(LUPUT) luput di mata 시야에서 사라지다
(SEMPIT) sempit mata 시야가 좁은
시원
SEJUK 시원한
시위
(TUNJUK) tunjuk perasaan 시위
(UNJUK) unjuk perasaan 시위
시위운동
(TUNJUK) tunjuk perasaan 시위운동
시의
(KETIKA) tidak berketika 시의에 맞지 않는
시의부적절하다
(KETIKA) tidak berketika 시의부적절한
시작
(ANJUR) menganjur langkah 일을 시작하다
(AYUN) mengayun langkah 시작하다
INJAK 시작하다
(INJAK) menginjak gas 일을 시작하다
(KAJI) kaji menurun 코란을 암송하기 시작하다
(LANGKAH) langkah baik (항해나 행진의) 좋은 시작
(LANGKAH) langkah buruk 시작이 좋지 않은
(LETAK) meletakkan batu pertama (일이나 사업을)시작하다
(LULUS) lulus jarum 시작이 반이다
(LULUS) lulus kelindan 시작이 반이다
(MULA) mulai 시작하다
(ORAK) mengorak langkah 시작하다
(ORAK) mengorak lingkar 일을 시작하다
(ORAK) orak langkah 시작하다
(ORAK) orak lingkar 일을 시작하다
시장
(GELAP) pasar gelap 암시장
(HARGA) harga pasaran 시장가격
(PAJAK) pajak ikan 수산시장
PASAR 시장
(PASAR) pasar amal 자선 시장

(PASAR) pasar gelap 암시장
(PASAR) pasar haram 암시장
(PASAR) pasar sulit 암시장
(PASAR) pasar terbuka 세계자유무역시장
(PASAR) pasar uang 외환시장
(PASAR) pasaran saham 증권시장
(PASAR) pasaran wang 외환시장
시장기
LAPAR 시장기
시장하다
(KOSONG) kosong perut 시장한
시절
(MASA) masa kecil 어린 시절
시조
(CIKAL) cikal bakal 시조
시청
(BALAI) balai kota 시청
시체
(AIR) air sembilan (시체를) 염습할 때 쓰는 물
BANGKAI 시체
BATANG 시체
MAYAT 시체
(TUBUH) tubuh mati 시체
시초
(ASAL) asal mula 시초
시치미
(CENDANA) sudah gaharu cendana pula 시치미를 떼는
시커멓다
(PEKAT) hitam pekat 시커먼
시큼
ASAM 시큼한
시키는 대로
(TURUT) turut kata (남이) 시키는 대로 하는 사람
시키는 대로만 하다
(IKUT) ikut telunjuk 남이 시키는 대로만 하다
시트론
(LIMAU) limau mata kerbau 시트론
(LIMAU) limau nipis 시트론
시합
(ADU) beradu lari 달리기 시합하다
LOMBA/LUMBA 시합
시행
(KUAT) menguatkuasakan undang-undang 법률을 시행하다
시험
CABAR 시험하다
(KELINCI) kelinci percobaan 임상시험 대상자
UJI 시험
시험관
(BAYI) bayi tabung uji 시험관아기
TABUNG 시험관
(UJI) tabung uji 시험관
식기
(PINGGAN) pinggan mangkuk 식기

(PIRING) piring mangkuk 식기
(TEMPAT) tempat nasi 식기
식기류
(PERIUK) periuk belanga 식기류
식다
(PUDAR) cinta pudar 식어 버린 사랑
(PUDAR) cinta pudar 식은 사랑
식당
(KEDAI) kedai makan 식당
(RUMAH) rumah makan 식당
식도
KERONGKONGAN 식도
RENGKUNG 식도
(RONGKONG) kerongkongan 식도
(RONGKONG) rongkongan 식도
식량
(BAHAN) bahan hidup 식량
BEKAL 식량
(DAPAT) mendapat rezeki 식량을 얻다
NAFKAH 식량
NASI 식량
식물
(JARUM) jarum-jarum merah 익소라 (꼭두서니과의 관엽식물)
(JARUM) jejarum merah 익소라 (꼭두서니과의 관엽식물)
(LATA) tumbuhan melata 덩굴성 식물
(NONA) nona makan sirih 클레로덴드럼(마편초과의 덩굴식물)
(TUMBUH) tumbuh-tumbuhan 여러 종류의 식물
(TUMBUH) tumbuhan semusim 일년생식물
(TUMPANG) pokok menumpang 기생식물
식사
(ADAB) adab makan 식사 예의
(ALAS) alas perut 아침 식사
(ALAS) mengalas perut 아침 식사
(BUKA) buka puasa (무슬림들이 단식절에) 하루의 금식을 끝내고 식사를 시작하다
(KUNCI) pengunci hidangan 식사의 끝
(SELAMAT) selamat makan 식사 잘 하세요
식성
(TAJAM) tajam selera 식성이 좋은
식수
(PROYEK/PROJEK) proyek air minum 식수 정책
식언
(PUTAR) berputar lidah 식언하다
(PUTAR) memutar lidah 식언하다
식욕
(BUKA) membuka selera 식욕이 생기게 하다
(GUSI) gatal gusi 식욕이 생기는
(KERONGKONGAN) kerongkongan tersumbat 식욕이 없는
(LANGU) langu tekak 식욕이 떨어진
(NAFSU) nafsu makan 식욕
(PATAH) patah nafsu makan 식욕이 없는
(PATAH) patah selera 식욕이 없는
SELERA 식욕

(SELERA) membuka selera 식욕이 나게 하다
(SELERA) selera tajam 식욕이 당기는
(SELERA) selera tajam 식욕이 왕성한
(SELERA) seleranya patah 식욕이 떨어지다
(TITIK) titik selera 식욕이 생기다

식용버섯
(JAMUR) jamur pangan 식용버섯

식용소금
(GARAM) garam makan 식용소금

식은땀
(KELUAR) keluar keringat dingin 식은땀이 나는
(PELUH) peluh dingin 식은땀
(SENI) peluh seni 식은땀

식자층
(CENDEKIA) cẹndekiawan 식자층

식초
CUKA 식초
(CUKA) cuka belanda 화학식초

식칼
(PISAU) pisau dapur 식칼

식탐
(BURUK) buruk perut 식탐이 있는
IDAM (임신초기) 식탐
(KARUNG) karung bolong 식탐이 많은 (사람)
(LAPAR) lapar sangat 식탐이 있는
(LINTAH) lintah lapar 식탐에 빠진 사람

식품
(GANTI) pengganti air susu ibu 모유대체식품
(KALENG) makanan dalam kaleng 캔 포장 식품

식후경
(PERUT) perut tiada bertelinga 금강산도 식후경
(TEMBOLOK) asal berisi tembolok senang hati 금강산도 식후경

신
(AGUNG) keagungan Tuhan 신의 위대함
(AKBAR) Allahu akbar 위대한 신
(ALHAMDULILLAH) alhamdulillah 신을 찬양하라
(ALHAMDULILLAH) alhamdulillah 신을 찬양합시다
(ALHAMDULILLAH) alhamdulillahi 신을 찬양하라
(ALHAMDULILLAH) alhamdulillahi 신을 찬양합시다
ALLAH 신
(ALLAH) Allah subhanahu wa taala 최고의 신을 찬양하라
(ALLAH) Allahu akbar 위대한 신
(ALLAH) Allahuma 오, 신이시여!
(ASSALAMUALAIKUM) assalamualaikum 신의 가호가 깃들기를 (기원합니다)
(BAHASA) bahasa hantu (신이 내린 사람들이 행하는) 뜻을 알 수 없는 말
(BERANI) berani hilang tak hilang, berani mati tak mati 진정으로 용기있는 자는 신이 돕는다
(CAHAYA) cahaya iman 신에 대한 믿음의 표시
CENDERA 신
(KALAM) kalam Allah 신의 말씀
(KARENA/KERANA) karena Allah 신의 뜻대로

ㅅ

(KARENA/KERANA) karena Allah 신의 이름으로
(MASUK) kemasukan setan 신이 들리다
(MASUK) masuk Islam 신께 귀의하다
(MASUK) masuk Jawi 신께 귀의하다
(MASUK) masuk Melayu 신께 귀의하다
(PAYUNG) payung emas 신의 가호
(RAHIM) rahimakallah 너에게 신의 은총이 내려지길
(RAHIM) rahimakumullah 당신들 모두에게 신의 은총이 내려지길
(RAHMAT) rahmatullah 신의 은총
(REZEKI) rezeki Allah 신의 은총
(REZEKI) rezeki Tuhan 신의 은총
(SAPU) disapu Allah 신의 저주를 받은
(SURUH) pesuruh Allah 신의 사도
(SYAHADAT) bersyahadat (무슬림들이) '하느님 외에는 신이 없고 무하맛은 하느님의 사도이다'라고 말하다
(SYUKUR) syukurlah 신을 찬양하라
(SYUKUR) syukurlah 신을 찬양합시다
(TAKUT) takut akan Allah 신을 경외하다
(TERIMA) terima syukur 신께 감사드리다
TUHAN 신
(TUHAN) kehendak Tuhan 신의 뜻
(YANG) Allah yang Maha Besar 위대한 신 알라

신경
(AMBIL) mengambil berat 신경을 쓰다
(AYAM) ayam termakan rambut 신경이 과민한
(CAMPAK) campak sebelah 신경을 쓰지 않는
SARAF 신경
(SARAF) urat saraf 신경
(TEBAL) tebal telinga 남의 말에 신경을 쓰지 않는
(TELINGA) telinga kuali 남의 말에 신경을 쓰지 않는
(TELINGA) telinga tempayan 남의 말에 신경을 쓰지 않는
(TIDAK) tidak ambil berat 신경을 쓰지 않다
(TULI) buta tuli 전혀 신경을 안 쓰다
(TULI) menulikan telinga (남의 말에) 신경 쓰지 않다
(TUMPAH) menumpahkan perhatian 온 신경을 쏟다
(TUTUP) menutup mata 신경을 끊다
(TUTUP) tutup telinga (남의 말에) 신경 쓰지 않다
(UMPAT) umpat tidak membunuh, puji tidak mengenyang 남의 말에 신경 쓸 필요없다
(URAT) urat saraf 신경

신경계
SARAF 신경계

신경장애
(SARAF) gangguan saraf 신경장애

신경전
(PERANG) perang saraf 신경전
(PERANG) perang semangat 신경전
(PERANG) perang urat saraf 신경전

신경초
(PUTRI/PUTERI) putri malu 신경초

신기하다
HERAN/HAIRAN 신기한
(HERAN/HAIRAN) keheranan 신기한

(HERAN/HAIRAN) terheran-heran 신기한
(TIDAK) tidak lalu di akal 신기한

신기함
(HERAN/HAIRAN) keheran-heranan 신기함
(HERAN/HAIRAN) keheranan 신기함

신께 귀의한 사람
MUSLIM 신께 귀의한 사람

신년
(BARU) tahun baru 신년
(TAHUN) selamat tahun baru 신년을 축하합니다(새해 인사)

신념
(BALING-BALING) baling-baling di atas bukit 확고한 신념이 없는
(DIRI) pendirian 신념
(KATA) kata hati 신념
(TETAP) tetap teguh (신념이) 꿋꿋한

신도
(MUSLIM) muslimat 여성 이슬람 신도
(MUSLIM) muslimin 이슬람 신도들
(ORANG) orang-orang Islam 이슬람 신도

신랄
(TUNJUK) tunjuk hidung 신랄하게 비난하다

신랄하다
(PUKUL) pukul sampai rata 신랄하게 비판하다

신랑
(BELANJA) belanja angus 신랑 측이 결혼식 비용으로 신부 측에게 주는 돈
(LAKI) pengantin laki-laki 신랑
(LAKI) pengantin lelaki 신랑
(MANDI) mandi damai 신랑신부가 합방한 후 치르는 목욕의식
MEMPELAI 신랑
(MEMPELAI) mempelai laki-laki 신랑
PENGANTIN 신랑
(PENGANTIN) pengantin baru 새 신랑 신부
(RAJA) raja sehari 신랑 신부
(TEBUS) tebus mulut (첫날밤) 신랑이 신부에게 건네는 첫마디

신뢰
(LIDAH) lidah keling 신뢰할 수 없는
(LULUS) lulus pada pikiran 신뢰하다
(MASUK) masuk di hati 신뢰할 수 있는
(ULAR) ular lidah bercabang 신뢰할 수 없는 사람

신맛
ASAM 신맛

신문
AKHBAR 신문
(AKHBAR) akhbar tempatan 국내 신문
(ANTAR) pengantar koran 신문배달부
(INDUK) induk karangan (신문의) 사설
(MASUK) masuk tak gempa 신문에 보도되다
(MASUK) masuk tak gempa 신문에 실리다
PERS 신문
(PERS) pers di atas angin 잘나가는 신문
(PERS) pers di bawah angin 영세한 신문
(SURAT) surat kabar 신문

(SURAT) surat khabar 신문
(WARTA) wartawan (신문, 잡지, 방송)기자

신문편집실
(DAPUR) dapur berita 신문편집실

신물
(KERING) berkering kerongkongan 신물 난
(KESAL) kesal hati 신물 난

신바닥
(TAPAK) tapak kaki 신바닥
(TAPAK) tapak sepatu 신바닥

신발
(ALAS) alas kaki 신발

신발끈
(SIMPUL) menyimpul tali kasut 신발끈을 매다
(SIMPUL) menyimpul tali kasut 신발끈을 묶다
(TALI) tali kasut 신발끈
(TALI) tali sepatu 신발끈

신부
(ANAK) anak dara 신부
(BELANJA) belanja angus 신랑 측이 결혼식 비용으로 신부 측에게 주는 돈
(MANDI) mandi berhias 혼전 신부의 목욕 의식
(MANDI) mandi damai 신랑신부가 합방한 후 치르는 목욕의식
MEMPELAI 신부
(MEMPELAI) mempelai perempuan 신부
PENGANTIN 신부
(PENGANTIN) pengantin baru 새 신랑 신부
(RAJA) raja sehari 신랑 신부
(TEBUS) tebus mulut (첫날밤) 신랑이 신부에게 건네는 첫마디

신분
(BUKTI) bukti diri 신분증명서
(RUPA) merupakan diri 신분을 감추다
(SISIH) bersisih antah dengan beras 신분의 높고 낮음이 유별하다
WARGA 신분

신비
(DARAH) berdarah pahit 신비한 힘을 지닌

신비주의
(GAIB/GHAIB) ilmu gaib 신비주의

신비학
(ILMU) ilmu hitam 마술적인 기교와 신비학

신빙성
KELING 신빙성이 없는
(MULUT) mulutnya berubah-ubah 신빙성이 없는

신사
(BAPAK/BAPA) bapak-bapak dan ibu-ibu sekalian (경애하는) 신사 숙녀 여러분
(TUAN) tuan-tuan dan puan-puan sekalian (경애하는) 신사 숙녀 여러분

신생아
(BAYI) bayi merah 신생아
(KANAK-KANAK) kanak-kanak anyir 신생아
(KANAK-KANAK) kanak-kanak hanyir 신생아
(ORANG) orang baharu 신생아
(ORANG) orang baru 신생아

신성
(BERSIH) bersih hati 신성한
신성불가침
HARAM 신성불가침의
신세
(KAIS) kais pagi makan pagi, kais petang makan petang 하루살이 신세
(RATAP) meratapi nasib 기구한 신세를 한탄하다
(SUSAH) menyusahkan orang (남의) 신세를 지다
(UTANG/HUTANG) utang budi 신세
신속
KILAT 신속한
LAJU 신속한
신속하다
(JALA) ikan berkilat, jala tiba 매우 신속한 대처
신속히
(TANCAP) tancap gas 신속히 일을 끝내다
신실
(PUTIH) putih hati 신실한
SALEH/SOLEH 신실한
(SEMBAHYANG) sembahyang mencari akal, rukuk mencari kira-kira 겉보기와는 달리 신앙심이 신실하지 못한 사람
TAAT 신실한
신실하다
(SALEH/SOLEH) jejak orang-orang saleh 신실한 사람들의 발자취
(TAAT) taat kepada Allah 신실한
(TEBAL) tebal iman 신실한
신앙
(BAWA) membawa agama 신앙생활을 하다
(BAWA) membawa iman 신앙생활을 하다
(BUANG) buang agama 신앙을 버리다
신앙고백
SYAHADAT 신앙고백
(SYAHADAT) bersyahadat 무슬림들이 신앙고백을 하다
신앙심
(RAPUH) rapuh iman 신앙심이 깊지 못한
SALEH/SOLEH 신앙심이 깊은
(SALEH/SOLEH) anak yang saleh 신앙심이 깊은 아이
(SEMBAHYANG) sembahyang mencari akal, rukuk mencari kira-kira 겉보기와는 달리 신앙심이 신실하지 못한 사람
(TAAT) taat kepada Allah 신앙심이 깊은
신앙인
(ORANG) orang beriman 신앙인
신약
(JANJI) Perjanjian Baru 신약 (성서)
(KITAB) kitab Baru 신약(성경)
신용
(JATUH) jatuh merek 신용을 잃다
(JATUH) jatuh nama 신용을 잃다
신월
(SABIT) bulan sabit muda 신월
신의
(MASIN) masin mulut 신의가 있는
신의 사도

NABI 신의 사도
신이주민
(ORANG) orang baharu 신이주민
(ORANG) orang baru 신이주민
신임
(SERAH) berserah tunggang 전적으로 신임하다
신입
(ORANG) orang baharu 신입 사원
(ORANG) orang baru 신입 사원
(TENAGA) tenaga baru 신입 사원
신입생
(BARU) mahasiswa baru (대학) 신입생
신장
(BATU) batu ginjal 신장결석
(BUAH) buah geli 신장
(BUAH) buah pinggang 신장
(BUAH) buah punggung 신장
GINJAL 신장
(GINJAL) ginjal kanan 우신장
(GINJAL) ginjal kiri 좌신장
(PUNGGUNG) buah punggung 신장
신장결석증
(SAKIT) penyakit batu ginjal 신장결석증
(SAKIT) penyakit karang 신장결석증
신장병
(SAKIT) sakit buah pinggang 신장병
(SAKIT) sakit pinggang 신장병
신전
(MESJID/MASJID) Masjidilharam 메카 신전
신접살림
(TEMPUH) menempuh hidup baru 신접살림을 시작하다
신조
(PANCANG) pancangan hidup 삶의 신조
(PEGANG) pegangan hidup 생활신조
신중하다
(PANDANG) berpandangan jauh 신중한
(PANDANG) berpandangan luas 신중한
(PANDANG) berpandangan sempit 신중하지 못한
(PECAH) memecahkan kepala 신중히 생각하다
(PECAH) pecah kepala 신중히 생각하다
(RENDAH) rendah hati 성실하고 신중한
(TALI) bagai menghela tali jala 신중한 자세
신천홍
(BURUNG) burung angin ribut 신천홍
신체
(KURANG) kurang sesayat sebelanga 약간의 신체적 결함이 있는
(NYAMAN) badan yang nyaman 건강한 신체
신체불구
(CACAT) cacat tubuh 신체불구의
신통
KAWI 신통한
신통력
(BESI) besi kawi 신통력

신호
(KENING) angkat kening 신호를 보내다
(LAMPU) lampu merah 적신호
(SUAR) memberi suar 횃불로 신호하다
TANDA 신호
신호기구
(KETUK) ketuk buluh 대나무통으로 만든 신호기구
(KETUK) ketuk-ketuk 대나무통으로 만든 신호기구
신호등
(TRAFIK) lampu lalu lintas 교통 신호등
(TRAFIK) lampu trafik 교통 신호등
신혼
(BULAN) berbulan madu 신혼여행을 가다
(MALAM) malam pertama 신혼 첫날밤
(RANJANG) ranjang pengantin 신혼 침대
신혼방
(NAIK) naik mempelai 신혼방에 들다
실
(API) seperti api dengan asap 바늘 가는 데 실 간다
BENANG 실
(DAKWAT) bagai dakwat dengan kertas 바늘 가는 데 실 간다
(JALAN) jalan setapak 오솔길
(JALAN) jalan simpang 곁길
(JALAN) jalan simpang 샛길
(JALAN) jalan tikus 오솔길
KELINDAN 실
(MANA) di mana ada asap, di situ ada api 바늘 가는 데 실 간다
(SAMA) air sama air 친족들의 분쟁에 끼어들면 득보다 실이 크게 마련
(SAMA) sampah ke tepi juga 친족들의 분쟁에 끼어들면 득보다 실이 크게 마련
(TELANJANG) telanjang bogel 실 한 오리 안 걸친
(TELANJANG) telanjang bugil 실 한 오리 안 걸친
(TELANJANG) telanjang bulat 실 한 오리 안 걸친
실감개
KELINDAN 실감개
KINCIR 실감개
실낱
(UMPAN) umpan seekor, kail sebentuk 실낱같은 희망
실내화
(TAPAK) tapak-tapak 실내화
실랏
SILAT 실랏(말레이 세계의 전통 격투기이며 호신술)
(SILAT) ahli silat 실랏의 고수
(SILAT) bersilat 실랏으로 겨루다
실례
(MAIN) main gila 실례를 범하다
실례하다
(MOHON) mohon diri (자리를 뜨기 위해) 이만 실례하겠습니다
실례합니다
MOHON 실례합니다만(양해를 구할 때)
실리다
(MASUK) masuk tak gempa 신문에 실리다
실망

(AMBIL) mengambil di hati 실망하다
(AMBIL) mengambil ke hati 실망하다
(BIBIR) tinggal menghapus bibir 실망스러운 결과
(GARUK) menggaruk-garuk kepala yang tidak gatal 실망스러운
(GIGIT) menggigit telunjuk 실망하다
(HAMPA) hampa hati 실망한
(HAPUS) menghapus bibir 실망한
(HATI) patah hati 실망한
(JARI) menggigit jari 실망한
(PUTIH) berputih mata 실망하다
(PUTIH) putih mata 실망하다
(RASA) merasa hati 실망하다
(SURUT) tersurut hati 실망하다
(TIKUS) seperti tikus masuk rumah 크게 실망하다

실망스럽다
(KESAL) kesal gamas 매우 실망스러운
(PERUT) perut panjang sejengkal 실망스런

실망하다
(MUKA) bermuka dua belas 몹시 실망한
(MUKA) bermuka masam 몹시 실망한
(SABUNG) tersabung akan induk ayam 몹시 실망한

실속
(EMBACANG) busuk-busuk embacang 실속 있는
(EMBACANG) embacang buruk kulit 실속 있는
(GAYA) biar kurang garang, asal lebih gaya 실속 있는
(GELEGAR) gelegar buluh 말은 많으나 실속이 없는
(GENAP) dibilang genap, dipagar ganjil 실속 없는
(KERIS) berkeras tidak berkeris 실속을 차리지 못하는
(KERIS) berkeras tidak berkeris 실속이 없는
(MUKA) muka licin, ekor penuh berkudis 겉만 번지르르한데 실속은 전혀 없는
(RUGI) rugi-rugi untung 손해인 듯 보이지만 오히려 실속이 있는

실수
(BENGKOK) bengkok kata 말을 실수하다
(PISANG) pisang tak akan berbuah dua kali 한 번 실수는 병가지상사
(RUMAH) rumah mana yang tidak bersampah 한 번 실수는 병가지상사
SILAP 실수

실습
(LATIH) latihan amalan 실습

실언
(GELINCIR) tergelincir lidah 실언하다

실업수당
(BUTA) gaji buta 실업수당
(UANG/WANG) uang buta 실업수당

실업자
(MANDUR) mandur jalan 실업자
(TUKANG) tukang ukur jalan 실업자

실없다
(PETAI) menjual petai hampa 실없는 말을 지껄이다

실연
(PATAH) patah hati 실연하다
(PATAH) patah lesu 실연한
(PUTUS) putus cinta 실연하다

(PUTUS) putus kasih 실연하다

실용성

(KAYU) laksana pohon kayu tidak berbuah 실용성이 없는 학문

실제

(BUSUK) busuk-busuk embacang 보기엔 좋지 않지만 실제는 다른

HIDUP 실제의

실질급여

(GAJI) gaji bersih 실질급여

실책

(SILAP) silap gayung 실책을 범하다

실천

(AMAL) mengamalkan 실천하다

(KEMENYAN) kemenyan sebesar lutut, jika tiada dibakar manakan berbau 학식은 실천하지 않으면 아무 소용없다

(MURAH) murah di mulut, mahal di timbangan 실천하기가 어려운

(TEPUNG) menepung tiada berberas 실천은 못하면서 말만 잘하는 사람

(ZAKAT) menunaikan zakat 자캇을 실천하다

실추

(BAWA) membawa nama buruk 명예를 실추시키다

실토

(BUKA) membuka dada 비밀을 모두 실토하다

실틈

(RETAK) retak mentimun 실틈

실패

(BAWA) membawa rebah 실패하다

(BERI) memberi rebah 실패시키다

(HAMPA) hampa hati 실패한

KINCIR 실패

(MENTAH) mentah kaji 실패한 협상

(PATAH) patah di tengah 실패한

(PUTUS) putus cinta 연애에 실패하다

(PUTUS) putus kasih 연애에 실패하다

(TEMU) menemui jalan buntu (회담이) 실패하다

실험

UJI 실험

실험재료

(UJI) bahan uji 실험재료

실현

(MINTA) minta nyawa 실현이 불가능한 일

실화

(CERITA) cerita nyata 실화

싫다

(HATI) berat hati 싫은

(JELAK) jemu jelak 진저리가 나도록 싫은

싫어

(BULU) berbulu mata melihat 보기 싫어하다

싫어하다

(HATI) hatinya membelakang bulat 소름끼치게 싫어하다

(RASA) merasa benci 몹시 싫어하다

싫증

JELAK 싫증난

JEMU 싫증난

(JEMU) tidak jemunya 싫증 안 나는

(MUNTAH) muntah perut 싫증 난
(PENUH) penuh perut 싫증난
싫증나다
(JEMU) jemu hidup 삶에 싫증난
(SAKIT) sakit perut 싫증나는
심각하다
(IA) beria-ia 심각하다
(PANDANG) memandang berat 심각하게 여기다
(PANDANG) pandang berat 심각하게 여기다
(PERKARA) perkara berat 심각한 문제
심근경색
(JANTUNG) serangan jantung 심근경색
심금
(RUNTUH) meruntuhkan hati 심금을 울리다
심낭
(KANDUNG) kandung jantung 심낭
(SELAPUT) selaput jantung 심낭
심다
(PASANG) pasang kaki 내통자를 심다
(TALAS) menanam talas di sawah 논에 타로를 심다
TANAM 심다
심려
(SANGKA) sangka buruk 심려하다
심리
(HARI) hari acara 법정 심리기간
심리전
(PERANG) perang saraf 심리전
(PERANG) perang semangat 심리전
(PERANG) perang urat saraf 심리전
심막
(KANDUNG) kandung jantung 심막
(SELAPUT) selaput jantung 심막
심복
(KANAN) tangan kanan 심복
심부전
(JANTUNG) kegagalan jantung tersumbat 심부전
심사숙고
(AKAL) tahu akal 심사숙고하는
(BIBIR) menjilat bibir 심사숙고하는
(KERUT) mengerutkan kening 심사숙고하다
(KURANG) kurang pikir 심사숙고하지 않는
(LANGKAH) langkah panjang 심사숙고하는
(MASAK) masak timbangan 심사숙고하는
(MASUK) masuk pertimbangan 심사숙고 중(인)
(NAN/YANG) nan digalikan dalam, nan digantungkan tinggi 심사숙고 끝에 합의를 이룸
(PANDANG) berpandangan jauh 심사숙고하는
(PECAH) memecahkan kepala 심사숙고하다
(PECAH) pecah kepala 심사숙고하다
(PIKIR/FIKIR) fikir punya fikir 심사숙고한 끝에
(PIKIR/FIKIR) pikir punya pikir 심사숙고한 끝에
(PUNYA) hitung punya hitung 심사숙고해서
(PUTAR) memutar otak 심사숙고하다

(TALI) bagai menghela tali jala 심사숙고하는 자세
(TIMBANG) timbang-menimbang 심사숙고하다
심술
(MUKA) bermuka asam 심술이 난
(MUKA) bermuka masam 심술이 난
심술궂다
(HATI) keruh hati 심술궂은
심실세동
(JANTUNG) jantung mengipas 심실세동
심심소일
(RINTANG) perintang waktu 심심소일
심심풀이
(ISI) pengisi waktu 심심풀이
(LENGAH) lengah-lengah waktu 심심풀이
(LENGAH) pelengah masa 심심풀이
(RENGGANG) perenggang waktu 심심풀이
(RINTANG) perintang waktu 심심풀이
심야
(TIGA) sepertigaan malam 심야
심연
LUBUK 심연
심장
(HATI) jantung hati 심장
JANTUNG 심장
(JANTUNG) jantung mengipas 심장 잔떨림 (심장 질환)
(KATUP) katup jantung 심장판막
(TALI) tali jiwa 심장 박동
(TALI) tali nyawa 심장 박동
심장마비
(JANTUNG) serangan jantung 심장마비
심장박동
DEBAR 심장박동 소리
DEGUP 심장박동 소리
(DETAK) detak jantung 심장박동
(DETIK) detik jantung 심장박동
심장사상충
(CACING) cacing jantung 심장사상충
심판
(AKHIR) akhir zaman 최후의 심판일
(LERAI) pelerai 심판
심판일
(AKHIR) akhir zaman 최후의 심판일
심풀안바하사
(SIMPUL) simpulan bahasa 심풀안바하사
심하다
KUAT 심한
(MAIN) main angin 변덕이 심한
(SINGGUNG) mudah tersinggung 감정의 기복이 심한
심호흡
(AMBIL) mengambil napas dalam-dalam 심호흡을 하다
심황
KUNYIT 심황
십

PULUH 십(9에 일을 더한 수)
십구
(SEMBILAN) sembilan belas 십구
십만
(RATUS) seratus ribu 십만
십이지장
(USUS) usus dua belas jari 십이지장
십이지장충
(CACING) cacing tambang 십이지장충
십자가형
SILANG 십자가형
십장
MANDUR 십장
싱겁다
TAWAR 싱거운
(TAWAR) tawar mawar (음식의) 맛이 아주 싱거운
싱싱
(BUAH) buah hidup 싱싱한 과일
싸개
BALUT 싸개
(PALUT) pemalut 싸개
싸구려
(AIR) air pembasuh kaki 싸구려
(HOTEL) hotel melati 싸구려 호텔
싸다
(KALI) murah sekali 매우 싼
(KALI) murah sekali 아주 (값이) 싼
(LANCANG) lancang mulut 입이 싼
(LANCAR) lancar mulut 입이 싼
(MIRING) miring harganya 약간 싼
MURAH 값이 싼
PALUT (물건을) 싸다
RENDAH (값이) 싼
(TENGAH) menengah tulang punggung 비싸거나 싸지도 않은
싸돌아다니다
(ENTENG) enteng kaki 싸돌아다니기를 좋아하는
싸우다
(ADU) mengadu buku jari 주먹질하며 싸우다
(ADU) mengadu buku lima 주먹질하며 싸우다
(ADU) mengadu buku tangan 주먹질하며 싸우다
(AMPAI) ampai tinju 서로 치고 받고 싸우다
(BIBIR) tipis bibir 싸우기 좋아하는
(BUKU) mengadu buku jari 주먹질하며 싸우다
(CAKAR) bercakar-cakaran 서로 뒤엉켜 싸우다
(PUPUH) berpupuh bertinju 심하게 치고받고 싸우다
TARUNG 싸우다
(TARUNG) bertarung jiwa 목숨을 걸고 싸우다
(TARUNG) bertarung nyawa 목숨을 걸고 싸우다
(TIMBA) bertimba karang 싸우다
싸움
(ADU) beradu ayam 닭싸움을 시키다
(AYAM) ayam aduan 싸움닭
(AYAM) ayam sabung(an) 싸움닭

CAKAK 싸움
(CETUS) mencetus api 싸움을 붙이다
KELAHI 싸움
(LAWAK) lawak-lawak main bunga tahi 농담 잘못하면 싸움 된다
(OJA/UJA) menguja-uja ayam (싸움을 붙이기 위해) 닭을 자꾸 어르다
PERANG 싸움
(PERANG) perang besar 큰 싸움
(REBUT) berebut nama 공치사 싸움을 하다
SABUNG (동물의) 싸움
(TUMPAH) menumpahkan darah 치열한 싸움을 하다

싸움꾼
(KAKI) kaki tengkar 싸움꾼

싸움닭
PUPUH 싸움닭
(PUPUH) ayam pupuh 싸움닭
(SABUNG) ayam bersabung 싸움닭

싹
KUNCUP 싹
LEMBAGA 싹
MATA 싹
(PELIR) menanti pelir kambing terputus 모래가 싹 난다
UMBUT 연한 싹

싹눈
SEMI 싹눈

쌀
BERAS 쌀
(BERAS) beras belanda 보리쌀
(BERAS) beras cerah 정미한 쌀
(BERAS) beras dagang 수입쌀
(BERAS) beras giling 기계로 정미한 쌀
(BERAS) beras ketan 찹쌀
(BERAS) beras pulut 찹쌀
(BERAS) beras sosoh 정미한 쌀
(KEPAL) sekepal beras 쌀 한 줌
(MURAH) makin murah, makin menawar 쪽박 빌려 주니 쌀 꿔 달란다
(SOSOH) menyosoh beras 쌀을 도정하다
(TEPUNG) tepung beras 쌀가루
(TUMBUK) beras tumbuk 쓿은쌀

쌀광
(LENGKIANG/RENGKIANG) lengkiang padi 쌀광
(RENGKIANG) rengkiang padi 쌀광

쌀바가지
CUPAK (야자열매 껍질로 만든) 쌀바가지

쌍
(MANIS) manis laksana gula Jawa 아주 잘 어울리는 한 쌍
(MANIS) manis seperti gula Jawa 아주 잘 어울리는 한 쌍
PASANG 쌍
RANGKAP 쌍
(SEPERTI) seperti bulan dengan matahari 아주 잘 어울리는 한 쌍

쌍돛
(LAYAR) layar apit 쌍돛

쌍둥이
(ANAK) anak kembar 쌍둥이

쌍방
(TENTANG) tentang mata dengan mata 쌍방이 직접 만나다
쌍언청이
(KEPITING) kepiting menyuruh anaknya berjalan betul 쌍언청이가 외언청이 나무란다
쌓다
(SUSUN) menyusun berlapis-lapis 차곡차곡 쌓다
(TEMBOK) menembok 성(벽)을 쌓다
TUMPANG 쌓다
쌘비구름
(POHON/POKOK) pohon angin 쌘비구름
(POHON/POKOK) pokok ribut 쌘비구름
(POKOK) pokok angin 쌘비구름
(POKOK) pokok ribut 쌘비구름
썩다
BURUK 썩은
BUSUK 썩은
썩이다
(GUNTING) menggunting hati 속을 썩이다
(KOREK) mengorek hati 속을 썩이다
(LUKA) melukai hati 속을 썩이다
(SEKANG) menyekang mata 속을 썩이다
(TIKAM) menikam hati 속을 썩이다
(TIKAM) menikam jantung 속을 썩이다
썰다
CENCANG 얇게 썰다
(SUBANG) menyubang 동글동글하게 썰다
썰렁하다
(DINGIN) mendinginkan hati 썰렁하게 만들다
썰물
(SURUT) air surut 썰물
쏘다
(BUSUR/BUSAR) membusur 활을 쏘다
(JAUH) telah jauh maka dipanggil 쏘아 놓은 살
(KAKI) kaki sudah dilangkahkan 쏘아 놓은 살
쏘다니다
(CACING) cacing gila 쏘다니기 좋아하는 여자
(GATAL) gatal kaki 쏘다니기 좋아하는
쏟다
(BERAHI) berahi hati 사랑을 쏟다
(LIMPAH) melimpahkan air mata 눈물을 쏟다
(TITIK) menitikberatkan 힘을 쏟다
(TUMPAH) menumpahkan perhatian 온 신경을 쏟다
(TURUN) turun darah 피를 많이 쏟다
쏟아지다
TUMPAH 쏟아지다
쏟아짐
(PANCAR) pancaran 쏟아짐
쏠리다
(TARUH) menaruh hati 마음이 쏠리다
쏠림
(CENDERUNG) kecenderungan 쏠림
쐐기

BAJI 쐐기
GANJAL 쐐기
(PAKU) paku kayu 쐐기
TANGSEL/SUMBAT 쐐기
쐐기못
PASAK 쐐기못
쐐기풀
JELATANG 쐐기풀
쐬다
(AMBIL) ambil angin 바람을 쐬다
(MAKAN) makan angin 바람 쐬다
(MANDI) mandi angin 바람을 몹시 쐬는 (일)
쑤셔대다
(COCOK) mencocok-cocok 자꾸 쑤셔대다
쑤시개
CUCUK/COCOK 쑤시개
TUSUK 쑤시개
쑤시다
(JOLOK) menjolok sarang tabuhan 벌집 쑤신 격
쑥스럽다
(MALU) malu-malu bahasa 약간 쑥스러운
(TAKUT) takut-takut segan 몹시 쑥스러운
쓰다
(HABIS) habis manis sepah dibuang 달면 삼키고 쓰면 뱉는다
(HILANG) hilang manis sepah dibuang 달면 삼키고 쓰면 뱉는다
(KUDUNG) berkudung 쿠둥을 쓰다
(LEKAS) lekas mati 오래 쓰지 못하는
(MAIN) bermain budi 속임수를 쓰다
(MAIN) bermain daya 속임수를 쓰다
(MAIN) memainkan jarum halusnya 권모술수를 쓰다
(MASIH) masih terus berlaku 지금도 쓸 수 있는
(MASUK) memasukkan jarum halusnya 권모술수를 쓰다
(MELEK) melek aksara 읽고 쓸 줄 아는
(MELEK) melek huruf 읽고 쓸 줄 아는
PAHIT (맛이) 쓴
(PAHIT) pahit lidah 입맛이 쓴
(PAHIT) pahit mulut 입맛이 쓴
(PAYAU) payau tekak 입맛이 쓴
(PELIHARA) pelihara hati (상대방에게) 마음을 쓰다
(SAUK) tersauk ikan suka, tersauk batang masam 달면 삼키고 쓰면 뱉는다
(SUSAH) bersusah payah 무척 애를 쓰다
(SUSAH) bersusah-susah 무척 애를 쓰다
(TAHU) tahu mata huruf 글을 읽고 쓸 줄 아는
(TAHU) tahu mata surat 글을 읽고 쓸 줄 아는
(TIDAK) tidak ambil berat 신경을 쓰지 않다
(TIDAK) tidak sedap tekak 입맛이 쓴
(TIMBA) bertimba uang 돈을 흥청망청 마음껏 쓰다
(TIMBA) bertimba wang 돈을 흥청망청 마음껏 쓰다
(TULI) buta tuli 전혀 신경을 안 쓰다
(TULI) menulikan telinga (남의 말에) 신경 쓰지 않다
TULIS (글을) 쓰다
(TUTUP) menutup muka 가면을 쓰다
(TUTUP) menutup tangan (남에게) 선심을 쓰지 않다

(TUTUP) tutup telinga (남의 말에) 신경 쓰지 않다
쓰다듬다
ELUS 쓰다듬다
USAP 쓰다듬다
(USAP) mengusap dada 가슴을 쓰다듬다
(USAP) mengusap pipi 뺨을 쓰다듬다
쓰라리다
(MAKAN) makan hati 마음이 쓰라린
(MAKAN) termakan sampai ke hati 마음이 몹시 쓰라린
(PEDIH) pedih hati 마음이 쓰라린
쓰러지다
REBAH 쓰러지다
RUNTUH 쓰러지다
(SIMPUH/TIMPUH) jatuh tersimpuh 무릎을 꿇으며 쓰러지다
쓰레기
(DAUN) daun-daun kering 쓰레기
NAJIS 쓰레기
SAMPAH 쓰레기
(SAMPAH) sampah sarap 각종 쓰레기
(SISA) sisa bara api 부엌의 쓰레기
쓰리다
PAHIT (마음이) 쓰린
(PILIN) perut memilin 속이 뒤틀리듯 쓰리고 아픈
쓴맛
(RASA) rasa empedu 쓴맛
(RASA) rasa hempedu 쓴맛
쓴웃음
(SENYUM) senyum pahit 쓴웃음
(SENYUM) senyum sumbing 쓴웃음
쓸개
(ANAK) anak limpa 쓸개주머니
EMPEDU/HEMPEDU 쓸개
(KANDUNG) kandung empedu 쓸개
(MUKA) bermuka dua 간에 붙었다 쓸개에 붙었다하는
쓸다
USAP 쓸다
쓸데없다
(GUNA) tak ada gunanya 쓸데없는
HAMPA 쓸데없는
(LALAT) berani lalat 쓸데없는 용기
(LEPAS) lepas angin 전혀 쓸데없는
(TANGKAP) menangkap bayang-bayang 쓸데없는 짓을 하다
(TUNGGU) menunggu laut kering 쓸데없는 짓
(TUTUP) menutup asap 쓸데없는 일
쓸 만하다
(LASAM) batik lasam 낡았지만 여전히 쓸 만한
(LAYU) layu bunga (낡았지만) 아직도 쓸 만한 (천 또는 옷)
쓸모
GUNA 쓸모
(PEKAK) pekak pembakar meriam 사람마다 쓸모가 있게 마련이다
쓸모가 있다
(TUA) tua kelapa 늙을수록 쓸모가 있는 (사람)
쓸모없는

(MASUK) masuk tak genap, keluar tak ganjil 아무 쓸모없는 (사람)

쓸모없다

(ANTAH) antah lemukut 사회에서 쓸모없는 인간
(BAU) bau-bau sungut saja 아무 쓸모없는
(BERAS) beras basah 아무 쓸모없는
(BERAS) beras lembab 아무 쓸모없는
(BESI) besi tua 쓸모없는
(CENDANA) cendana kering 쓸모없는 인간
(CUMA) cuma mencemarkan tangan 쓸모 없는
(CUMA) cuma-cuma 쓸모없는
(CUMA) percuma 쓸모없는
(DAUN) daun kunyit 쓸모없는
(DAUN) mendaun kunyit 전혀 쓸모없는
(GENAP) masuk tak genap, keluar tak ganjil 아무짝에도 쓸모없는
(TIDAK) tidak ada gunanya 쓸모없다
(TIDAK) tidak berharga 쓸모없는
(TUA) tua cendawan 늙어서 아무짝에도 쓸모없는

쓸어내리다

(ELUS) mengelus dada 가슴을 쓸어내리다

쓿거나 찧는 기구

TUMBUK (곡식을) 쓿거나 찧는 기구

쓿은쌀

(TUMBUK) beras tumbuk 쓿은쌀

씀씀이

ㅅ

(TANGAN) tangannya selalu terulur 씀씀이가 후한

씁쓸하다

(SENYUM) senyum pahit 씁쓸한 미소

씌우다

(PALUT) memalut gigi dengan emas 치아에 금을 씌우다
(POTONG) memotong leher 바가지를 씌우다
(TAHAN) menahan jerat 바가지를 씌우다

씨

BENIH 씨
BIJI 씨
(KATA) berkata siang melihat-lihat, berkata malam mendengar-dengar 말이 씨가 된다
(LUKA) luka di tangan karena pisau, luka di hati karena kata 말이 씨가 된다
(PANTANG) pantang kutu dicukur, pantang manusia dihina 말이 씨가 된다
(SEBAB) sebab mulut leher terjerat 말이 씨가 된다
(USUL) usul menunjukkan asal 씨는 속일 수 없다

씨방

PUTIK 씨방(열매가 될 부분)
(RAHIM) rahim bunga 씨방

씨앗

BENIH 씨앗

씩씩하다

(JANTAN) jantan teruna 씩씩한

씹다

KUNYAH 씹다
(TIPIS) tipis bibir (말을) 함부로 씹는

씻다

BASUH 씻다
(BASUH) membasuh najis 불명예를 씻다
(BERSIH) membersihkan tangan 손을 씻다
(BUANG) membuang arang di kening 불명예를 씻다
(BUANG) membuang malu 오명을 씻다
(BUANG) membuang najis 오명을 씻다
CUCI 씻다
(CUCI) mencuci tangan 손을 씻다
(HAPUS) menghapus arang di muka 불명예를 씻다
(LIPUR) lipur dendam 원한을 씻다
(LIPUR) melipur dendam 원한을 씻다
(LUNAS) melunasi dosa 죄를 씻다
(LUNAS) melunaskan dosa 죄를 씻다
(POTONG) potong nama 손을 씻다
(TEBUS) menebus malu 치욕을 씻다

ㅇ

아가미
INSANG 아가미
(SISIR) sisir insang (물고기의) 아가미
아가씨
(UPIK) si upik 아가씨(처녀를 부르는 호칭어)
아관경련
(KANCING) terkancing gigi 아관경련
(KANCING) terkancing mulut 아관경련
아귀다툼
SOSOH 아귀다툼하다
아기
(BAYI) bayi tabung uji 시험관아기
(LEKAT) lekat perut 아기를 밴
(RINTANG) merintang anak 아기를 달래다
(RINTANG) merintang anak 아기를 어르다
(TOPANG) menopang kepala bayi 아기의 머리를 받쳐 주다
(TOPANG) menopang kepala bayi 아기의 머리를 받치다
(TURUN) turun ke air 아기의 첫 목욕 의식
(TURUN) turun tanah 아기의 첫걸음 의식
아깝다
(SAYANG) sayangnya 아깝게도
아끼다
(KAYA) kaya hati (돈 따위를) 아끼지 않는
아나운서
(JURU) juru hebah 아나운서
아내
(BERAS) induk beras 아내
BINI 아내
(GANTUNG) tergantung tidak bertali 버림받은 아내
(INDUK) induk beras 아내
(INDUK) induk nasi 아내
ISTRI/ISTERI 아내
(ORANG) orang belakang 아내
(PERIGI) perigi di kaki bukit 어질고 착한 아내
(PUTUS) putus benang boleh dihubung, putus arang bercerai lalu 아내보다 혈육이 더 소중하다
(SURUT) menyurutkan istri 이혼했던 아내와 다시 결혼하다
(SURUT) surut kepada bekas isterinya 이혼했던 아내와 다시 결혼하다
(TALAK) mentalakkan isteri 아내와 이혼하다
(TELAH) telah berumah 젊은 나이에 아내를 맞아들이다

(TELAH) telah rujuk 이혼했던 아내와 다시 결혼하다
아는 척하다
(SOMBONG) sombong bodoh 모르면서도 아는 척 하는
~아니다
BUKAN ~아니다
(BUKAN) bukan tidak ~아닌 것이 아니다 (이중부정)
~아닌
BUKAN ~아닌
아담하다
(RANUM) mongel ranum 아담하고 통통한 (체형)
아동
BOCAH 아동
(BOCAH) bocah prasekolah 취학 전 아동
아둔
BODOH 아둔한
아둔하다
(KAMBING) kambing congek 아둔한 사람
(OTAK) otak ayam 아둔한
(OTAK) otak batu 아둔한
(OTAK) otak beku 아둔한
(OTAK) otak kering 아둔한
(OTAK) otak telur 아둔한
(OTAK) otak udang 아둔한
(OTAK) otaknya ke empu kaki 아둔한
TOLOL 몹시 아둔한
아드님
PUTRA/PUTERA 아드님
아들
(JAWI) anak jawi 애지중지하는 아들
아뜩하다
PITAM 눈앞이 아뜩한
아랍문자
ALIF 알리프 (아랍문자 및 자위문자의 첫 글자)
(HURUF) huruf Jawi 말레이어를 기록하기 위해 차용된 아랍문자
(HURUF) huruf pegon 자와어를 기록하기 위해 차용된 아랍문자
(JAWI) huruf Jawi 말레이어를 기록하기 위해 차용된 아랍문자
아랍어
(KITAB) kitab turutan 아랍어 기본 교과서
아랍제국
(NEGERI) negeri ramal 아랍제국
아랑곳없다
(TELINGA) telinga kuali 심한 야단에도 아랑곳없는
(TELINGA) telinga tempayan 심한 야단에도 아랑곳없는
아래
BAWAH 아래
아래 공간
KOLONG 아래 공간
아래부위
(DAPUR) dapur susu 젖가슴 아래부위
아래팔
(LENGAN) lengan bawah 아래팔
아랫다리
(TUNGKAI) tungkai bawah 아랫다리

아랫물
(GURU) guru kencing berdiri, murid kencing berlari 윗물이 맑아야 아랫물이 맑다
(KENCING) guru kencing berdiri, murid kencing berlari 윗물이 맑아야 아랫물이 맑다
아랫볼
(EKOR) ekor pipi 아랫볼
아랫사람
(ORANG) orang bawah 아랫사람
(ORANG) orang bawahan 아랫사람
(ORANG) orang rendah 아랫사람
아량
(BESAR) besar hati 아량이 넓은
(LANJUT) lanjut pikiran 아량이 있는
(LAPANG) lapang dada 아량 있는
(LAPANG) lapang hati 아량 있는
(LAPANG) pelapang dada 아량이 있는 사람
아름
(PELUK) sepemeluk 한 아름
아름답다
CANTIK 아름다운
(CANTIK) cantik molek 매우 아름다운
(ELOK) elok rupanya 아름다운 모습
(GULA) hitam-hitam gula jawa 검을수록 아름답다
(HITAM) hitam-hitam gula jawa 검을수록 오히려 아름답다
(KENING) berkilat keningnya 용모가 아름다운
(LENGGANG) lenggang-lenggok bagai cupak hanyut 살랑살랑 여인의 아름다운 몸짓
(LICIN) licin kening 자태가 아름다운
(OBAT/UBAT) obat mata 아름다운 여인
아리다
PEDIH (눈이) 아린
(PEDIH) memedihkan mata 눈을 아리게 하다
아리따운
AYU 아리따운
아마
(RASA) rasa-rasa 아마
아마도
(RASA) rasa-rasa 아마도
아명
(NAMA) nama kecil 아명
아무
BARANG 아무
아무거나
(APA) apa saja 아무거나
아무것도
(APA) apa saja 아무것도
아무데나
(MANA) di mana-mana 아무데나
아무데도
(MANA) tidak ke mana-mana 아무데도 가지 않다
아무도
(MANA) mana tahu 누가 알아(아무도 모른다)

ㅇ

아무도 모르게
(TEDENG) dengan tedeng aling-aling 아무도 모르게
아무렇지 않다
(APA) tidak apa-apa 아무렇지 않다
아무리
(ADA) ada-adanya 아무리 그런 일이 (있을 수 있는가)
(LEWAT) lewat-lewat 아무리 늦어도
(LEWAT) selewat-lewatnya 아무리 늦어도
아무 일
(TEKUK) bertekuk tangan 아무 일도 안 하다
아물다
CANTUM 아물다
아버지
ABA/ABAH 아버지
BAPAK/BAPA 아버지
(BAPAK/BAPA) bapak ayam 비정한 아버지
(BAPAK/BAPA) bapak cilik 작은 아버지
(BAPAK/BAPA) bapak gede 큰아버지
(BAPAK/BAPA) bapak muda 작은 아버지
PAK 아버지
아벨의 후손
HABIB 아벨의 후손
아부
(PANDAI) pandai berminyak air 아부를 잘하는 (사람)
(TUANG) menuangkan air ke laut 재력 있는 사람에게 아부하는
아빠
ABA/ABAH 아빠
PAPA 아빠(구어체 형식)
아스팔트
(EMAS) emas hitam 아스팔트
아시아호저
(LANDAK) landak batu 아시아호저
아양
(MINYAK) berminyak air 아양을 잘 떠는
아연
(TIMAH) timah sari 아연
아연실색
(SIRAP) tersirap darah 아연실색하다
(TERBANG) terbang darahnya 아연실색한
(TIKAM) tertikam kawan 아연실색하다
아우트라인
(GARIS) garis besar 아우트라인
아웅
(MANA) mana udang, maka ketam direbus tak merah 눈 가리고 아웅
아이
ANAK 아이
(ANAK) anak alang 셋째 아이
(ANAK) anak bersagar 병치레가 잦은 아이
(ANAK) anak gugur 산달 이전에 태어난 아이
(ANAK) anak merah 갓 태어난 아이
(ANAK) anak merah 갓난아이
(ANAK) anak panas (불행을 가져온다고 여겨지는) 저주받은 아이
(GUGUR) menggugurkan anak 아이를 유산하다

ㅇ

(HANYUT) malu berkayuh, perahu hanyut 울지 않는 아이 젖 안 준다
(KOLONG) anak kolong 군부대에서 태어난 아이
(LAHIR) lahir anak 아이를 낳다
(PERUT) perut besar 아이를 밴
(RIBA) meriba anaknya 아이를 무릎 위에 앉히다
(SALEH/SOLEH) anak yang saleh 신앙심이 깊은 아이
(SEJUK) sejuk hati ibu bapa 착한 아이
(SULUNG) anak sulung 맏아이
(SULUNG) anak sulung 첫째 아이
(SUSU) lapar susu 젖 달라고 보채는 (아이)
(TIDAK) tidak makan siku-siku 천방지축으로 행동하는 (아이)

아이디어
(PANCAR) pancaran cita 아이디어

아이라이너
(SIPAT) sipat mata 아이라이너(눈의 윤곽을 그리는 화장품)

아저씨
OM 아저씨
PAK 아저씨
(PAK) pak cik 아저씨(손위의 남성을 부르는 호칭어)

아주
JAUH 아주

아주머니
(MAK/EMAK) mak cik 아주머니

아직
MASIH 아직

아직 ~하지 않은
BELUM 아직 ~하지 않은

ㅇ

아찔하다
(MABUK) mabuk lalat 아찔한

아첨
(AMBIL) ambil muka 아첨을 떨다
(AMBIL) ambil muka 아첨하다
(AMBIL) mengambil muka 아첨하다
(BERI) memberi hati 아첨하다
(BERI) memberi muka 아첨하다
(CARI) mencari muka 아첨하다
CUMBU 아첨
(GETAH) bergetah bibirnya 아첨 잘하는
(GETAH) bergetah bibirnya 아첨꾼
(HAMPIR) menghampiri hatinya 아첨하다
(JILAT) menjilat pantat 아첨하다
(PANJANG) panjang lidah 아첨을 잘하는
(PANJANG) panjang mulut 아첨을 잘하는
(URUT) mengurut hati 아첨하다

아첨하다
(MATA) mata gergaji 아첨하는

아침
(ALAS) mengalas perut 아침 식사
(ALAS) mengalas perut 아침을 먹다
(AMPAI) terampai jemur 아침 8시쯤의 시각
(ANGKAT) terangkat kening 아침 8시 경
(BELUM) belum terangkat 아침 7시가 채 안된 (시각)
(EMBUN) embun belum kering lagi 이른 아침

(KENING) terangkat kening 아침 7시 반에서 8시 사이
(KERING) berkering embun 대략 아침 8-9시경
(MATAHARI/MENTARI) matahari sepenggalah tingginya 해가 장대 높이 만큼 뜬 때 (아침 7시에서 8시 경)
(MURAI) bunyi murai 이른 아침
PAGI 아침
(PAGI) pagi hari 아침 일찍
(PAGI) pagi-pagi buta 아주 이른 아침
(PAGI) pagi-pagi hitam 아주 이른 아침
(PARAK) parak siang 아주 이른 아침
(REMBANG) rembang pagi 해가 뜰 때부터 아침 10시까지의 시간
(SELAMAT) selamat pagi 아침 인사말
(TERANG) terang terbang lalat (어렴풋이 땅이 보이는)이른 아침
(TERANG) terang terbang lalat 대략 5시에서 6시까지의 이른 아침
(TERANG) terang-terang gelap (어렴풋이 땅이 보이는)이른 아침
(TERANG) terang-terang gelap 대략 5시에서 6시까지의 이른 아침
(TERANG) terang-terang laras (어렴풋이 땅이 보이는)이른 아침
(TERANG) terang-terang laras 대략 5시에서 6시까지의 이른 아침
(TERANG) terang-terang tanah (어렴풋이 땅이 보이는)이른 아침
(TERANG) terang-terang tanah 대략 5시에서 6시까지의 이른 아침
(TERBANG) terbang lalat 이른 아침
(TERBIT) terbit matahari 아침
(TIUP) tiupan angin pagi 아침 바람결

아침시간
(LALAT) belum terbang lalat 이른 아침시간

아침안개
(EMBUN) embun pagi 아침안개

아편
(ISAP/HISAP) mengisap madat 아편을 피우다
MADAT 아편
(MINUM) mengisap madat 아편을 피우다
(MINUM) minum madat 아편을 피우다

아편쟁이
(MADAT) pemadat 아편쟁이
(MAYAT) mayat bernyawa 아편쟁이

아편중독자
(MADAT) pemadat 아편중독자

아프다
(BELAH) membelah benak 몹시 아픈
(GORES) menggores hati 마음을 아프게 하다
(PECAH) memecahkan otak 골치 아픈
(PECAH) pecah otak 골치 아픈
(PENING) pening kepala 머리가 아픈
(PILIN) perut memilin 속이 뒤틀리듯 쓰리고 아픈
(PUSING) pusing kepala 골치 아픈
SAKIT 아픈
(SAKIT) bersakit-sakit 툭 하면 아픈
(SAKIT) menyakiti hati 마음을 아프게 하다
(SAKIT) sakit kepala 골치가 아픈
(SEHAT/SIHAT) kurang sehat 몸이 아픈
(TUSUK) menusuk hati 마음을 아프게 하다
(ULAR) ular telan babi, cacing yang bengkak perutnya 사촌이 땅을 사면 배가 아프다

ㅇ

아픔
(TULANG) menulang sumsum 뼈를 깎는 아픔
아홉
SEMBILAN 아홉
악
(GELAP) gelap hati 악의 구렁텅이에 빠지다
악기
(BUNYI) bunyi-bunyian 악기
악담
EMPEDU/HEMPEDU 악담
(EMPEDU/HEMPEDU) memuntahkan empedu 악담을 늘어놓다
(EMPEDU/HEMPEDU) memuntahkan empedu 악담을 퍼붓다
KUTUK 악담
(SUARA) suara sumbang 악담
악당
(BUAYA) buaya darat 악당
(KACANG) kacang hantu 악당
(KACANG) kacang parang 악당
(KACANG) kacang polong 악당
(RUNCING) runcing tanduk 극악무도한 악당
악령
(MANDI) mandi balai 악령을 쫓기 위한 목욕의식
악마
(MASUK) kemasukan setan 악마에게 홀리다
(NAFSU) nafsu setan 악마 같은 기질
SETAN 악마
SETAN 악마 같은 사람
(TURUN) keturunan setan 악마에 홀리다

악명
(BENGKAK) bengkak kening 악명 높은
(KERBAU) kerbau runcing tanduk 악명 높은 (사람)
악물다
(GERTAK) menggertakkan gigi 이를 악물다
(TAHAN) menahan hati 이를 악물다
악수
(JABAT/JAWAT) berjabat tangan 악수하다
(PEGANG) berpegangan tangan 악수하다
(SALAM) berjabat salam 악수하다
(SALAM) salam tempel 손에 슬쩍 돈을 건네주며 악수하다
악어
(AIR) air mata buaya 악어의 눈물
BUAYA 악어
악운
(UNTUNG) untung batu 악운
악의
(MAKSUD) maksud kotor 악의
(NIAT) niat jahat 악의
악착같다
(KERAS) berkeras batang leher 악착같은
(KERAS) berkeras urat leher 악착같은
(KERAS) keras hati 악착같은
악취
(BUSUK) busuk mulut (입에서) 악취가 나는

악취가 나다
LANGU 악취가 나는
악필
(CAKAR) cakar ayam 악필
악한
GELADAK 악한
악행
(BERSIH) membersihkan tangan (악행을) 그만두다
(BUAT) berbuat jahat 악행을 행하다
(BUAYA) membuaya 악행을 일삼다
(SUMBANG) sumbang di mata, binasa di hati 무례한 행동은 악행을 수반한다
악화
(KEMELUT) kemelut naik (질병의) 악화
안
DALAM 안
(SAMA) tak sama getah batang dengan getah daun 팔은 안으로 굽는다
(SAYA) saya getah daun, dia getah batang 팔은 안으로 굽는다
안간힘
(JANGKAU) menjangkau sehabis tangan 안간힘을 다하다
안개
(EMBUN) embun pagi 아침안개
(SAPUT) disaput kabut tebal 짙은 안개로 덮인
(TEBAL) kabut tebal 짙은 안개
안건
(LUAR) luar bicara 안건 외
안경
(CERMIN) cermin mata 안경
(CERMIN) kacamata 안경
(KACA) kacamata 안경
(MATA) mata bogel 안경을 쓰지 않은 눈
(MATA) mata bugil 안경을 쓰지 않은 눈
(MATA) mata telanjang 안경을 쓰지 않은 눈
안내
(BAWA) membawa jalan 길을 안내하다
KENDALI 안내
안내원
(SAMBUT) penyambut tetamu 안내원
안내인
(SAMBUT) penyambut tetamu 안내인
안녕
SEJAHTERA 안녕
(SEJAHTERA) kesejahteraan 안녕
SELAMAT 안녕(인사말)
(SELAMAT) selamat malam 안녕
(SELAMAT) selamat pagi 안녕
(SELAMAT) selamat siang 안녕
(SELAMAT) selamat sore 안녕
안녕(하세요)?
(KABAR/KHABAR) apa kabar? 안녕(하세요)?
안녕하세요
(SELAMAT) selamat malam 안녕하세요
(SELAMAT) selamat pagi 안녕하세요

(SELAMAT) selamat siang 안녕하세요
(SELAMAT) selamat sore 안녕하세요
안녕하시길 빕니다
(SEJAHTERA) selamat sejahtera 안녕하시길 빕니다(인사말)
안녕하십니까?
(KABAR/KHABAR) apa kabar? 안녕하십니까?
안녕히
(JALAN) selamat jalan 안녕히 가십시오(가세요)
안녕히 가세요
(SELAMAT) selamat jalan 안녕히 가세요
안녕히 가십시오
(SELAMAT) selamat jalan 안녕히 가십시오
안녕히 계세요
(SELAMAT) selamat tinggal 안녕히 계세요
안녕히 계십시오
(SELAMAT) selamat tinggal 안녕히 계십시오
안녕히 주무세요
(SELAMAT) selamat tidur 안녕히 주무세요
안녕히 주무십시오
(SELAMAT) selamat tidur 안녕히 주무십시오
안락
LAPANG 안락한
안마
REMAS/RAMAS 안마하다
안마사
(TUKANG) tukang pijat 안마사
(TUKANG) tukang urut 안마사
(URUT) tukang urut 안마사
안마장이
(TUKANG) tukang pijat 안마장이
(TUKANG) tukang urut 안마장이
안면
(BALIK) berbalik muka 안면을 바꾸다
(KULIT) menebalkan kulit 안면을 바꾸다
ROMAN/ROMA 안면
안목
(SELERA) selera tinggi 안목이 높은
안부
(KIRIM) kirim salam 안부를 전하다
(SAMPAI) sampaikan salam 안부를 묻다
(SAMPAI) sampaikan salam 안부를 전하다
안사람
(ORANG) orang dalam 안사람
안색
(AIR) air muka 안색
(CAHAYA) cahaya mata 안색
(CAHAYA) cahaya muka 안색
(TARIK) *tarik muka* 안색이 변하다
안성맞춤
(JANGGUT) janggut pulang ke dagu 안성맞춤
안식향
KEMENYAN 안식향
안실향

KEMENYAN 안실향

안심

(BIMBANG) bimbang hati 안심이 안 되는
(HATI) lega hati 안심하는
(LEGA) lega dada 안심이 되는
(LEGA) lega hati 안심이 되는
(LEGA) melegakan dada 안심시키다
(LEGA) melegakan hati 안심시키다

안약

(OBAT/UBAT) obat mata 안약

안전

(AMAN) pasak aman 안전장치
DAMAI 안전한
(KATUP) katup pengaman 안전밸브

안전요원

(MATA) mata-mata 안전요원

안전지대

(RANTAU) rantau selamat 안전지대

안전핀

(JARUM) jarum cantel 안전핀

안절부절

(BELACAN) monyet kena belacan 안절부절 어쩔 줄을 모르는
(CACING) cacing kepanasan 안절부절 못하는
(GADUH) gaduh hati 안절부절 못하는
(KERA) kera kena belacan 안절부절 하는
(LONCAT) terloncat-loncat bagai ulat pinang 안절부절 못하는
(MACAM) cacing kepanasan 안절부절 못하는
(MACAM) macam cacing kepanasan 안절부절 못하는
(MIANG) bagai orang kena miang 안절부절 어쩔 줄을 모르는
(PIJAK) terpijak bara hangat 안절부절 못하는
(RUSA) rusa kena tambat 안절부절 못하는
(RUSUH) rusuh hati 안절부절 못하는
(SIRAM) tersiram minyak panas 안절부절못하다
(TEGAK) tegak duduk 안절부절 못하다
(ULAT) bagai ulat pinang 안절부절 못하는

안정

(MAKMUR) makmur dan sejahtera 번영과 안정
SEJAHTERA 안정

안정계층

(KAUM) kaum mapan 안정계층

안주

(IKAN) seperti ikan pulang ke lubuk 현실에 안주하다

안중무인

(PUCUK) pucuk di atas enau 안중무인

안채

(RUMAH) rumah ibu 안채
(RUMAH) rumah induk 안채

안치다

(LETAK) letak beras 밥을 안치다
(LETAK) meletak beras 밥을 안치다
REBUS (밥을) 안치다
TANAK (밥을) 안치다
(TANAK) menanak nasi 밥을 안치다

안타까워하다
(URUT) mengurut dada 안타까워하다
안타깝다
(PEDIH) pedih hati 안타까운
SAYANG 안타까운
(SAYANG) sayangnya 안타깝게도
안팎
(LUAR) luar dalam 안팎
안하무인
(BUTA) buta baru melihat 벼락출세하여 안하무인의
(JOLONG) seperti gadis jolong bersubang, bujang jolong bekerja 안하무인
(PUCUK) pucuk di atas enau 안하무인
앉다
DUDUK 앉다
(IRING) duduk mengiring 옆에 나란히 앉다
(MANDI) bermandikan uang 돈방석에 앉은
(MANDI) mandi uang 돈방석에 앉은
(SANDING) bersanding 나란히 붙어 앉다
(SANDING) bersandingan 나란히 붙어 앉다
(SILA) duduk bersila 다리를 포개고 앉다
(SILA) duduk bersila 책상다리로 앉다
(SIMPUH/TIMPUH) duduk bersimpuh 무릎을 꿇고 앉다
(SIRAM) tersiram uang 돈방석에 앉은
(SIRAM) tersiram wang 돈방석에 앉은
(TEMU) bertemu lutut (장소가 비좁아)바싹바싹 당겨 앉다
(TINDIH) bertindih riba 나란히 붙어 앉다
(TINDIH) bertindih riba 바싹 붙어 앉다
(TONGKAT) bertongkat lutut 무릎에 손을 짚고 앉다
(TOPANG) bertopang lutut 무릎에 손을 짚고 앉다
앉히다
(RIBA) meriba anaknya 아이를 무릎 위에 앉히다
않다
(GALA) tiada bergala lagi 붙지 않는
알
(KARANG) mengarang telur 알을 배다
(PARANG) seperti parang mata dua 꿩 먹고 알 먹고
(SANGKAK) sangkak ayam 닭이 알을 품고 있는 둥우리
TELUR 알
TELUR 알 모양의 사물
(TELUR) telur kutu 이의 알
알근하다
(MABUK) mabuk kepayang 알근한
알다
(BUANG) buang belakang 알고 싶어 하지 않다
KENAL 알다
(KURUNG) terkurung paham 아는 것이 없는
(MANA) mana tahu 누가 알아(아무도 모른다)
MASAK 익히 잘 아는
(MASIH) masih samar-samar 지금도 알 수 없는
(MASIH) masih tanda tanya 지금도 알 수 없는
(MELEK) melek aksara 읽고 쓸 줄 아는
(MELEK) melek huruf 읽고 쓸 줄 아는
(NASI) nasi habis budi bersua 사람은 지내보아야 안다

(SALAH) salah ambilan 잘못 알다
(SALAH) salah faham 잘못 알다
(SALAH) salah kira 잘못 알다
(SALAH) salah paham 잘못 알다
(SALAH) salah sangka 잘못 알다
(SEMPURNA) sempurnanya musim semi adalah musim panas 물은 건너보아야 알고 사람은 지내보아야 안다
TAHU 알다
(TAHU) tahu harga diri 분수를 알다
(TAHU) tahu di dalam lubuk (속사정을) 훤히 알고 있는

알딸딸하다
(LALAT) pening lalat 알딸딸한
(PENING) pening-pening lalat 알딸딸한
(PENING) pening-pening pikat 알딸딸한

알뜰
CERMAT 알뜰한

알라
ALLAH 알라
(RAHMAT) berkat rahmat Allah 알라의 은총으로
TUHAN 알라(무슬림들의 유일신)
(TUHAN) tidak bertuhan 알라를 믿지 않는
(YANG) Allah yang Maha Besar 위대한 신 알라

알랑거리다
(CARI) mencari muka 알랑거리다
(MATA) mata gergaji 알랑거리는

알랑방귀
(JILAT) menjilat pantat 알랑방귀를 뀌다
(PANJANG) panjang lidah 알랑방귀를 잘 뀌는
(PANJANG) panjang mulut 알랑방귀를 잘 뀌는

알려지다
(ANGIN) terangin ke luar 알려진
(ANGIN) terangin-angin ke telinga 이미 알려진
(OLEH) beroleh nama 잘 알려진
(TIDAK) tidak asing 잘 알려진

알루미늄
(KERTAS) kertas perak 알루미늄 박

알리다
(SAMPAI) sampaikan salam 소식을 알리다
UNJUK 알리다

알리프
ALIF 알리프 (아랍문자 및 자위문자의 첫 글자)

알맞다
COCOK 알맞은
(CUKUP) cukupan saja 알맞은
(ELOK) elok-elok cukup 꼭 알맞은
(KENA) mengena di hati 알맞은
PATUT 알맞은
(SALAH) salah waktu 알맞은 때가 아닌

알맹이
TERAS 알맹이

알맹이가 없는
GABUK 알맹이가 없는

알몸

BOGEL/BUGIL 알몸
알몸의
BOGEL/BUGIL 알몸의
알아듣다
(SALAH) salah dengar 잘못 알아듣다
알아보다
(TUKANG) tukang tidak membuang kayu 현자는 사람을 알아본다
알아서 해
(MASA) masa bodoh 네가 알아서 해!
알아차리다
(TAHU) tahu di angin berkisar 변심을 알아차리다
(TAHU) tahu di bayang kata 남의 말을 알아차리다
알아채다
(AMBIL) ambil tahu 알아채다
(CIUM) tercium baunya 비밀을 알아챈
(TANGKAP) menangkap maksud 뜻을 알아채다
(UJUNG/HUJUNG) menangkap hujung kata 말의 속뜻을 알아채다
알을 품다
ERAM 알을 품다
알이 배다
BUNTING 알이 밴
알차다
(PENUH) penuh berisi 알찬
(TERAS) berteras ke dalam (잘 익은 벼처럼) 속이 알찬 사람
알타리무
(LOBAK) lobak cina 알타리무
알통
(KUCING) kucing-kucingan 알통
알함둘릴라
ALHAMDULILLAH 알함둘릴라 (무슬림들이 다행과 감사를 표현하는 말)
알현
(DATANG) berdatang sembah 알현하다
(TUNJUK) tunjuk diri 알현하다
(TUNJUK) tunjuk muka 알현하다
(UNJUK) unjuk muka (높은 분을) 알현하다
앓다
(KUDIS) berkudis 옴을 앓다
(TOKAK) bertokak 피부궤양을 앓다
암놈
BETINA 암놈
암산
CONGAK 암산
(CONGAK) mencongak 암산하다
(KEPALA) di luar kepala 암산으로
(LUAR) di luar kepala 암산으로
(LUAR) luar kepala 암산으로
암송
(KAJI) kaji menurun 코란을 암송하기 시작하다
(KAJI) mengaji batang (코란을) 암송하여 익히다
암술
(BUNGA) bunga betina 암술
암시

(BAWA) membawa alamat 암시하다
암시장
(GELAP) pasar gelap 암시장
(HARGA) harga gelap 암시장가격
(PASAR) pasar gelap 암시장
(PASAR) pasar haram 암시장
(PASAR) pasar sulit 암시장
암실
(KAMAR) kamar gelap 암실
암암리
(GELAP) gelap-gelapan 암암리에
암컷
BETINA 암컷
암표
(HARGA) harga catut 암표 가격
암흑
(DUNIA) dunia hitam 암흑세계
암흑기
(ZAMAN) zaman kegelapan 암흑기
암흑시대
(MASIH) masih dalam kegelapan 여전히 암흑시대의
압박
(TEKAN) tekanan jiwa 정신적 압박
압수수색영장
(SURAT) surat saman 압수수색영장
(SURAT) surat sita 압수수색영장
압수영장
(SURAT) surat saman 압수영장
(SURAT) surat sita 압수영장
압수품
(BARANG) barang sitaan 압수품
앗살라무알라이쿰
ASSALAMUALAIKUM 앗살라무알라이쿰 (무슬림들이 건네는 인사말)
앗아 버리다
(UMBUT) mengumbut nyawa 목숨을 앗아 버리다
앙갚음
(LANTAS) lantas dendam 앙갚음하다
(LANTAS) melantaskan dendam 앙갚음하다
(TUNTUT) menuntut malu 굴욕에 대한 앙갚음을 하다
앙상
(BANGKAI) bangkai bernyawa 뼈가 앙상한
앙상하다
(MERSIK) kurus mersik 피골이 앙상한
앙심
(DENDAM) berdendam-dendaman 서로 앙심을 품다
(DENDAM) dendam benci 앙심
(DENDAM) dendam kasemat 앙심
(DENDAM) dendam kesumat 앙심
(KASEMAT/KESUMAT) dendam kasemat 앙심
앞
DEPAN 앞
HADAP 앞
(MASA) masa datang 앞날

(MASA) masa hadapan 앞날
(MATA) mata kotak 앞을 잘 못 보는
(REBUT) berebut tinggi 앞을 다투다

앞날
ESOK 앞날
(ESOK) esok hari 앞날
(ESOK) esok-esok 앞날
(HARI) hari depan 앞날
(HARI) hari esok 앞날
(RISAU) merisaukan masa depan 앞날을 우려하다

앞니
(GIGI) gigi manis 앞니
(GIGI) gigi pengiris 앞니

앞뒤
(SAMPAI) sampai hati 앞뒤를 가리지 않다
(SAMPAI) sampai hemat 앞뒤를 가리지 않다

앞면
MUKA 앞면
(MUKA) muka hadapan 앞면

앞문
(PINTU) pintu depan 앞문
(PINTU) pintu hadapan 앞문
(PINTU) pintu muka 앞문

앞서거니
(LOMBA/LUMBA) berlomba-lomba 앞서거니 뒤서거니(하다)
(LOMBA/LUMBA) lomba-lomba 앞서거니 뒤서거니(하다)

앞서다
(JUAL) menjual omong 말만 앞서다
(JUAL) menjual bicara 말만 앞서다
(SIANG) siang-siang 제 시간보다 앞서

앞세우다
(MAIN) main hakim sendiri 법보다 주먹을 앞세우다

앞잡이
(MATA) mata telinga 앞잡이
(MATA) mata-mata 앞잡이

앞지르다
(PUTUS) putus jalan 앞지르다

애
(HANYUT) menghanyutkan hati 애끓는
(PUSING) pusing-pusing 애를 태우다
(SUSAH) bersusah payah 무척 애를 쓰다
(SUSAH) bersusah-susah 무척 애를 쓰다

애간장
(SAYAT) menyayat hati 애간장을 저미다

애국가
(RAYA) Indonesia Raya 인도네시아라야(인도네시아 공화국의 애국가 이름)

애끓다
(HANYUT) menghanyutkan hati 애끓는
(KACA) bagai kaca terhempas ke batu 애끓는
(REMUK) meremukkan hati 애끓다
(REMUK) remuk hati 애끓는 슬픔
(RUSAK/ROSAK) berusak hati 애끓다

(SAKIT) sakit hati 애끓다

애느타리버섯

(JAMUR) jamur tiram 애느타리버섯

애달프다

(LARAT) larat hati 애달픈

(LARAT) larat pikiran 애달픈

(LARUT) berlarut hati 매우 애달프다

(MAKAN) makan hati 애달픈

(PUTUS) putus asa 애달픈

(RUSAK/ROSAK) berusak hati 애달프다

(RUSAK/ROSAK) rusak hati 애달픈

(SAKIT) sakit hati 애달프다

SEDIH 애달픈

(SUSAH) susah hati 애달픈

애달픔

(LARUT) larut hati 애달픔

애당초

(MULA) mula-mula 애당초

애도

(BAJU) berbaju hitam 애도하다

(DUKA) berdukacita 애도하다

(RASA) berasa dukacita 애도하다

(RASA) berasa pilu 애도하다

(SEDIH) bersedih hati 애도하다

(TANDA) tanda berdukacita 애도 표시

(TENGAH) setengah tiang 애도를 표시하다

애로루트

(SAGU) sagu belanda 애로루트(칡의 일종)

애를 배다

HAMIL 애를 밴

애무

BUJUK 애무

(BUJUK) membujuk-bujuk 애무하다

애벌레

ULAT (구더기 따위의) 애벌레

애석해하다

(SEDIH) bersedih hati 애석해 하다

애송이

(BAU) bau kencur 애송이 같은

(HIJAU) masih hijau 애송이의

(KANAK-KANAK) kanak-kanak anyir 애송이

(KANAK-KANAK) kanak-kanak hanyir 애송이

(KENCUR) masih bau kencur 아직 애송이인 (사람)

(MASIH) masih bau kencur 아직 애송이의

(PUTIK) seputik jagung 애송이의

(TAHUN) setahun jagung 애송이의

(UBUN-UBUN) ubun-ubun lembut 애송이의

애쓰다

(CARI) mencari akal 애쓰다

(ORAK) mengorak langkah 애쓰다

(ORAK) orak langkah 애쓰다

(PENAT) berpenat-penat 애쓰다

(SEMBUNYI) sembunyi tuma 공공연한 비밀을 감추려 애쓰다

(SUSAH) menyusahkan diri 애쓰다
(TENGGANG) tenggang daya 애쓸 겨를

애연가
(TAGIH) tagih rokok 애연가

애원
(TANGIS) menangis dengan air mata darah 피눈물로 애원하다

애인
(BELAH) belahan hati 애인
(BELAH) belahan jiwa 애인
(BIJI) biji mata 애인
(BINTANG) bintang hati 애인
(BUAH) buah hati 애인
(BUAH) buah mata 애인
(CAHAYA) cahaya mata 애인
(CENDERA) cendera mata 애인
(EMAS) emas juita 애인
(EMAS) emas tempaan 애인
(GANTUNG) gantung jiwa 애인
(GULA) gula-gula 애인
(GUNUNG) gunung payung 애인
(HATI) buah hati 애인
(HATI) jantung hati 애인
(HATI) rangkai hati 애인
(HATI) tangkai hati 애인
(HIBUR) penghibur hati 애인
(HUBUNG) hubungan nyawa 애인
INTAN 애인
(INTAN) intan payung 애인
(JANTUNG) jantung hati 애인
(JERAT) jerat semata 애인
JUITA 애인
(JUITA) emas juita 애인
(JUITA) ratna juita 애인
(KARANG) pengarang jantung 애인
(KEMBANG) kembang idaman 애인
(LERAI) lerai demam 애인
(LIPUR) lipur hati 애인
(LIPUR) pelipur hati 애인
(LIPUR) pelipur lara 애인
(LIPUR) penglipur hati 애인
(LIPUR) penglipur lara 애인
(MAHKOTA) mahkota hati 애인
(MAHKOTA) mahkota jiwa 애인
(MAIN) permainan mata 애인
(MATA) mata air 애인
(OBAT/UBAT) obat hati 애인
(OBAT/UBAT) obat pelerai demam 애인
(ORANG) orang dalam 애인
(PAUT) pautan hati 애인
(PUTIH) putih kuning 애인
(RANGKAI) rangkai hati 애인
(SAMBUNG) sambungan jiwa 애인
(SAMBUNG) sambungan nyawa 애인

SAYANG 애인
(SUNTING) sunting hati 애인
(TALI) tali jantung 애인
(TALI) tali jiwa 애인
(TALI) tali nyawa 애인
(TAMBAT) tambatan hati 애인
(TAMBAT) tambatan jiwa 애인
(TAMBAT) tambatan larat 애인
(TANGKAI) tangkai hati 애인
(TANGKAI) tangkai jantung 애인
(TERBANG) terbang ke langit biru (애인과 관계를) 완전히 정리하다
(TIANG) tiang penghidupan 애인
(TIMBANG) timbangan badan 애인
(TIMBANG) timbangan nyawa 애인
(TUMPAH) tumpahan hati 애인

애정
(API) api cinta 애정
(CERAI) bercerai kasih 애정에 금가다
CINTA 애정
KASIH 애정
(KASIH) kasih sayang 깊은 사랑과 애정
(PELUK) peluk cium 애정
(SAYANG) kasih sayang 애정
(TALI) tali cinta 애정
(TALI) tali jiwa 애정
(TALI) tali nyawa 애정

애지중지
(JAWI) anak jawi 애지중지하는 아들
(JERAT) jerat semata bunda kandung 애지중지하는 외아들

애처롭다
(JAUH) jauh hati 애처로운

애호가
(MINAT) peminat 애호가

액
AIR 액

액때움
(BUANG) membuang sial 액때움을 하다

액체
CAIR 액체의

앳되다
(GADIS) kegadis-gadisan 앳된

앵무새
(BURUNG) burung mina 앵무새

야간
(JAM) jam malam 야간 통금
(LARANG) larangan keluar malam 야간 외출 금지

야계
(AYAM) ayam hutan 야계

야구
(LISUT) bola lisut 야구(볼)

야구방망이
(LISUT) kayu bola lisut 야구방망이

야근

(KERJA) kerja malam 야근
야금야금
(MAKAN) dimakan tikus 야금야금 까먹다
(MAKAN) dimakan tikus 야금야금 축내다
야단
(PUKUL) kena pukul (야단을) 맞다
(TELINGA) telinga kuali 심한 야단에도 아랑곳없는
(TELINGA) telinga tempayan 심한 야단에도 아랑곳없는
야단맞다
(DAPAT) mendapat cabai rawit 심하게 야단맞다
야래향
(KEMBANG) kembang pengantin 야래향
야만적
CEROBOH 야만적인
야망
(NAFSU) nafsu besar 야망
야맹증
(BUTA) buta malam 야맹증의
(RABUN) buta ayam 야맹증
(RABUN) rabun ayam 야맹증
(RABUN) rabun senja 야맹증
야박하다
(KEJAI) kejai berlapis 야박한
(KEPAL) mengepalkan tangan erat-erat 야박한
KIKIR 야박한
(MANDI) mandi tak basah 야박한 사람
(MANDI) mandi tidak basah 야박한 사람
야생
JALANG 야생의
LIAR 야생의
야생버섯
(JAMUR) jamur liar 야생버섯
야수
(JALANG) binatang jalang 야수
야옹거리다
(NGEONG) mengeong (고양이가) 야옹거리다
야옹 소리
NGEONG (고양이의) 야옹 소리
야외
(ATAP) atap langit 야외
야자
(KAIT) mengait kelapa 야자열매를 따다
(KELAPA) kelapa sawit 기름야자
(NASI) nasi lemak 야자 과즙으로 지은 밥
(TEMPURUNG) tempurung betina 반으로 가른 야자열매 껍질의 밑 쪽
(TEMPURUNG) tempurung jantan 반으로 가른 야자 껍질의 윗 쪽
야자(나무)
KELAPA 야자(나무)
야자설탕
(GULA) gula jawa 야자설탕
야자수
CIKAL 야자수 묘목
야자열매

KELAPA 야자열매
야자잎
(ROKOK) rokok pucuk 야자잎으로 말은 여송연
야장
(PANDAI) pandai besi 야장
야채
(MAKAN) makan berulam 야채를 곁들여 먹는 밥
SAYUR 야채
야채장수
(ABANG) abang sayur 야채장수
야하다
(BURUK) buruk mulut 야한
(JOLOK) menjolok mata 너무 야한
(LUCAH) lucah melihatnya 보기에 너무 야한
약
DADAH 약
(JILAT) menjilat air liur 병 주고 약 준다
(JILAT) menjilat ludah kembali 병 주고 약 준다
(LIUR/AIR LIUR) menjilat air liur 병 주고 약 준다
OBAT/UBAT 약
약국
(RUMAH) rumah obat 약국
(RUMAH) rumah ubat 약국
약도
RAJAH 약도
약방
(RUMAH) rumah obat 약방
(RUMAH) rumah ubat 약방
약삭빠르다
(KANCIL) si kancil 약삭빠른 사람
약속
AKAD 약속
(ASIN) asin mulut 약속을 꼭 지키는
(BAYAR) membayar janji 약속을 지키다
(IKAT) mengikat janji 약속하다
JANJI 약속
(JANJI) janji gombal 거짓약속
(JANJI) janji temu 면담약속
(JANJI) pecah janji 약속을 깨다
(JANJI) pecah janji 약속을 어기다
(JANJI) sampai janji 약속을 이행하다
(JANJI) sampai janji 약속을 지키다
KAUL 약속
(KAUL) membayar kaul 약속을 이행하다
(KISAR) duduk berkisar, tegak berpaling 거짓약속을 밥 먹듯 하는
(LAIN) lain cakap, lain buat 약속을 어기는
(LAIN) lain di mulut, lain di hati 약속을 어기는
(MAHAL) mahal di timbangan 약속을 자주 어기는
(MAKAN) makan janji 약속을 어기다
(MASIN) masin mulut 약속을 꼭 지키는
(MULIA) memuliakan janji 약속을 존중하다
(MULIA) memuliakan janji 약속을 지키다
(MULUT) bermulut asin 구두로 한 약속을 꼭 지키는

(MULUT) mulutnya bergetah 약속을 꼭 지키는
(MUNGKIR) mungkir janji 약속을 깨다
(MUNGKIR) mungkir janji 약속을 어기다
(MURAH) murah di mulut, mahal di timbangan 거짓약속을 일삼는 사람
(PADU) berpadu janji 약속을 지키기로 맹세하다
(PADU) memadu janji 약속하다
(PECAH) pecah janji 약속을 깨다
(PEGANG) pegang lidah 약속을 믿다
(PEGANG) pegang mulut 약속을 믿다
(PUTAR) berputar lidah 약속을 깨다
(PUTAR) berputar lidah 약속을 어기다
(PUTAR) memutar lidah 약속을 깨다
(PUTAR) memutar lidah 약속을 어기다
(SAMPAI) sampai janji 약속을 이행하다
(SAMPAI) sampai janji 약속을 지키다
(TEMU) temu janji 만날 약속
(TITI/TITIAN) titian biasa lapuk, janji biasa mungkir 사람들의 약속은 대부분 거짓약속이다
(TUNGGU) menunggu angin lalu 상대가 약속을 지키지 아니하여 헛걸음하다
(UBAH) berubah mulut 약속을 어기다
(UBAH) mengubah kata 약속을 어기다
(UNJUK) unjuk yang tidak diberikan 거짓약속
(URAI) menguraikan janji 약속을 깨다

약오르다
(GELI) geli geram 약오르는

약올리다
GOSOK 약올리다
(GOSOK) menggosok-gosok 자꾸 약올리다

ㅇ

약용
(MINYAK) minyak angin (눈을 제외한 신체 각 부위에 문질러 바르는) 약용 기름
(MINYAK) minyak kuda (눈을 제외한 신체 각 부위에 문질러 바르는) 약용 기름
(MINYAK) minyak urut (눈을 제외한 신체 각 부위에 문질러 바르는) 약용 기름

약육강생
(HUKUM) hukum rimba 약육강생의 원칙

약자
(TANAH) menimbun tanah yang tinggi, menggali tanah yang lekuk 강자에게 약하고 약자에게는 강한 사람

약진
(LANCAR) lancar jalan 약진하다

약탈
RAMPAS 약탈하다
REBUT 약탈하다
SAMUN 약탈하다
(*TEGAK*) *tegak* di batas 약탈하다

약탈질
(REBUT) rebut rampas 각종 약탈질

약탈품
(BARANG) barang rampokan 약탈품

약하다

KECIL 약한
LEMAH 약한
(LEMAH) lemah hati 정에 약한
(LEMAH) lemah jiwa 의지가 약한
(LEMAH) lemah semangat 의지가 약한
(LEMAH) lemah urat 무르고 약한
RAPUH 약한
(RAPUH) rapuh hati 의지가 약한
(RENTAN) merentan hati 마음이 약한
(RENTAN) rentan hati 마음이 약한
RINGAN 약한
TAWAR 약한

약해지다
(MATAHARI/MENTARI) matahari turun 세력이 약해지는

약혼
(TIMBANG) bertimbangan tanda 약혼반지를 교환하다
(TUKAR) tukar cincin 약혼(하다)

약혼반지
(CINCIN) cincin tanda 약혼반지
(LETAK) letak tanda 약혼반지를 주다
(TUKAR) bertukar tanda 약혼반지를 교환하다

얇다
(LEKAS) lekas naik radang 귀가 얇은

얇은
TIPIS 얇은

양
DOMBA 양
(DOMBA) domba anakan 새끼 양
(SERIGALA) serigala berbulu domba 양의 탈을 쓴 늑대

양강근
KENCUR 양강근(생강의 일종)

양계
(AYAM) ayam itik 양계

양말
(SARUNG) sarung kaki panjang 긴 양말
(SARUNG) sarung kaki 양말

양반
(ASAL) asal ada kecil pun jadi 양반 가문 출신의
(MERDESA) merdesa di perut kenyang 수염이 석자라도 먹어야 양반

양보
(OTOT) mengotot 양보할 줄 모르는
(TEGANG) bertegang lidah 양보를 모르는
(TENGGANG) tenggang-menenggang 서로 양보하다
(TOLAK) tolak angsur 양보(하다)
(TOLAK) tolak ansur 양보(하다)

양손
(KUNCUP) menguncupkan tangan (기도할 때처럼) 양손을 모아 잡다

양송이버섯
(JAMUR) jamur kancing 양송이버섯
(JAMUR) jamur kompos 양송이버섯

양식
(BAHAN) bahan hidup 양식
(BUDI) budi daya 양식

ㅇ

(BUDI) membudidayakan 양식하다
(INGAT) ingat sebelum kena, jimat sebelum habis 가을 식은 밥이 봄 양식이다
(SANTAP) santapan rohani 마음의 양식
(SANTAP) santapan rohani 정신적 양식

양식버섯
(JAMUR) jamur yang dibudidayakan 양식버섯

양심
(ANGAN-ANGAN) angan-angan hati 양심
(HATI) hati kecil 양심
(HATI) kata hati 양심
(KATA) kata batin 양심
(KATA) kata hati 양심
(RATAP) ratapan batin 양심
(SUARA) suara hati 양심

양아들
(SAUDARA) saudara angkat 양아들

양어
(BIAK) ikan biakan 양어

양어장
(KOLAM) kolam ikan 양어장

양자
(ANGKAT) mengangkat anak 양자를 보내다
(BELAH) kedua belah pihak 양자
(TENTANG) tentang mata dengan mata 양자 대면하다

양자녀
(SAUDARA) saudara angkat 양자녀

양자회담
(EMPAT) empat mata 양자회담

양지
(KALI) sekali di atas, sekali ke bawah 음지가 양지되고 양지가 음지된다

양쪽
(TIMBAL) timbal balik 양쪽의

양철
(BESI) besi putih 양철
KALENG 양철

양측
(BELAH) kedua belah pihak 양측
(TIMBAL) timbal balik 양측의

양파
BAWANG 양파
(BAWANG) bawang merah 양파
(ULAS) ulas bawang merah 양파 (속) 껍질

양해
(TAHU) tahu sama tahu 서로 간에 양해가 되다

얕다
CETEK 얕은
(*PIKIR/FIKIR*) pikiran anak-anak 생각이 얕은
(TAHUN) setahun jagung 생각이 얕은
TOHOR (물이) 얕은

얕은 잠
(TIDUR) tidur ayam 얕은 잠을 자다
(TIDUR) tidur-tidur ayam 얕은 잠을 자다

~어(말)
(BAHASA) bahasa dalam 궁중어
(BAHASA) bahasa halus 겸양어
(BAHASA) bahasa halus 존대어
(BAHASA) bahasa hantu 은어
(BAHASA) bahasa kebangsaan 국어
(BAHASA) bahasa kebangsaan 민족어
(BAHASA) bahasa kedua 제 2 언어
(BAHASA) bahasa pasaran 속어
(BAHASA) bahasa pengantar 매개어
(BAKU) bahasa baku 표준어
(CAKAP) cakap mulut 구어
(DALAM) bahasa dalam 궁중어
(JAWI) bahasa jawi 말레이어
(MELAYU) bahasa Melayu 말레이어
(OMONG) omong Melayu 말레이어
어간
(ASAL) asal kata 어간
어구
(RANGKAI) rangkai kata 어구
어귀
MULUT 어귀
어근
(ASAL) asal kata 어근
(POKOK) pokok kata 어근
어금니
GERAHAM 어금니
어긋나다
(LANGKAH) langkah sumbang 도리에 어긋나는
(PERIGI) perigi mencari timba 관습에 어긋난
(SALAH) salah sangka 예측이 어긋나다
어기다
(BUANG) membuang baka 관습을 어기다
(JANJI) pecah janji 약속을 어기다
(LAIN) lain cakap, lain buat 약속을 어기는
(LAIN) lain di mulut, lain di hati 약속을 어기는
(LANGGAR) langgar hukum 법을 어기다
(MAHAL) mahal di timbangan 약속을 자주 어기는
(MAKAN) makan janji 약속을 어기다
(MUNGKIR) mungkir janji 약속을 어기다
(PUTAR) berputar lidah 약속을 어기다
(PUTAR) memutar lidah 약속을 어기다
SALAH 어긴
(UBAH) berubah mulut 약속을 어기다
(UBAH) mengubah kata 약속을 어기다
어깨
(SANDING) bersanding bahu 어깨를 나란히 하다
어깨뼈
(TAMPAR) tamparan nyamuk 어깨뼈
(TULANG) tulang belikat 어깨뼈
(TULANG) tulang dayung 어깨뼈
(TULANG) tulang kipas 어깨뼈
어깨지게

(PIKUL) pikulan 어깨지게

어깨짐

PIKUL 어깨짐

(PIKUL) pikulan 어깨짐

어느

BARANG 어느

MANA 어느

어느 것

(MANA) yang mana 어느 것

어두운

GELAP 어두운

어둑어둑

(GELAP) kegelap-gelapan 어둑어둑한

REMANG-REMANG 어둑어둑한

어둑어둑하다

(REDUP) redup-redup alang 어둑어둑한

(REDUP) redup-redup bahasa 어둑어둑한

(REMANG-REMANG) remang-remang malam 어둑어둑한 밤

(SAMAR) samar muka 어둑어둑한

(SAMAR) samar-samar daun 어둑어둑한

(SURAM) suram-suram gelap 어둑어둑한

어둑어둑해지다

(REBUT) berebut senja 어둑어둑해지다

어둠

(SIMBUR) bersimbur (어둠이) 내리다

어둡다

(GELAP) gelap buta 칠흑같이 어두운

(GELAP) gelap gulita 칠흑같이 어두운

HITAM 어두운

(MALAM) malam boleh 칠흑같이 어두운 밤

(MALAM) malam buta 칠흑같이 어두운 밤

(SURAM) bersuram muka (표정이) 어두운

(WARNA) warna gelap 어두운 빛깔

(WARNA) warna gelap 어두운 색

(WARNA) warna gelap 어두운 표정

어디

MANA 어디

(MANA) di mana 어디에

어디든지

(BARANG) barang di mana 어디든지

(MANA) di mana-mana 어디든지

어디로

(MANA) ke mana 어디로

어디에서

(MANA) dari mana 어디에서

어려움

(ANJING) anjing terpanggang ekor 엄청난 어려움을 겪다

(*DURI*) berduri-duri 어려움이 많은

(MULUT) mulut harimau 큰 어려움

(MULUT) mulut singa 큰 어려움

(NAPAS/NAFAS) napas satu-satu 극도의 어려움에 처한

(PINTU) pintu mati 큰 어려움

(SEMPIT) kesempitan hidup 재정적 어려움

어려워지다
(GETAH) getah dibawa ke semak 점점 어려워지는
어렴풋이
(HILANG) hilang kedengaran 어렴풋이 들리다
어렴풋하다
(TANGKAP) tertangkap-tangkap tiada 어렴풋한
어렵다
(KERINGAT) keluar keringat kering 매우 어려운
(KUSUT) kusut sarang tempua 해결하기 어려운
(MAHAL) mahal rezeki 생계가 아주 어려운
(MAKAN) termakan di rambut 매우 어려운
(MURAH) murah di mulut, mahal di timbangan 실천하기가 어려운
(NAPAS/NAFAS) napas lelah 숨쉬기가 어려운
(PANAS) panas rezeki 생계가 어려운
(PARUH) separuh mati 아주 어려운
(PECAH) memecahkan kepala 매우 어려운
(PECAH) pecah kepala 매우 어려운
(PERKARA) perkara kecil 어렵지 않은
(POTONG) terpotong tangan 아주 어려운 상황
(REZEKI) rezeki mahal 생계가 어려운
(SABUNG) angin berputar, ombak bersabung 해결하기 어려운 일
(SEMPIT) sempit hidup 형편이 어려운
(SEMPIT) sempit pintu rezeki 생계가 어려운
(SENIN/ISNIN) Senin Kamis (생계가) 아주 어려운
(SENIN/ISNIN) senen kemis (생계가) 아주 어려운
(SESAK) sesak hidup (생활이) 몹시 어려운
SUSAH 어려운
(TINGGI) tinggi rezeki 생계가 어려운
(TIUP) meniup api dalam air 매우 어려운 일
어뢰
(RANJAU) ranjau laut 어뢰
어르다
OJA/UJA (싸움닭을) 어르다
(OJA/UJA) menguja-uja ayam (싸움을 붙이기 위해) 닭을 자꾸 어르다
(RINTANG) merintang anak 아기를 어르다
어르신
(GAYUNG) gayung tua, gayung memutus 어르신의 말씀이 진리이다
(MAMAK) mamak nenek 마을 어르신네들
(TUA) tua kampung 마을 어르신
(TUA) tua-tua kampung 마을 어르신
(TUA) tua-tua 어르신
어른
(BESAR) besar panjang 어른
(HATI) berhati tua 어른스러운
(ORANG) orang besar 어른
(ORANG) orang tua (현명한 지도자로서 신임을 받는 한 마을의) 웃어른
(ORANG) orang tua-tua (현명한 지도자로서 신임을 받는 한 마을의) 웃어른
(SEMPURNA) sempurna akal 어른
어리광
(NAIK) naik lemak 어리광이 너무 심한
어리다
(MASA) masa kecil 어린 시절

(MASA) masa kecil 어릴 적
(MASIH) masih bau kencur 아직 어린
(MASIH) masih ingusan 아직 어린
(MASIH) masih merah 아직 어린
MUDA 어린
(PUTIK) seputik jagung 아직 어린
(SEJAK) sejak cecah bumi 어려서부터
(SEJAK) sejak cecah bumi 어릴 적부터
(SEJAK) sejak kecil 어려서부터
(SEJAK) sejak kecil 어릴 적부터
(TAHUN) setahun jagung 아직 어린
(UMUR) seumur jagung (나이가) 아주 어린
(UMUR) umur setahun jagung 아직 나이가 어린

어리둥절
(DARAT) seperti orang darat jolong menurun 어리둥절해 하는
(IKAN) ikan kena tuba 어리둥절한
(KACAU) kacau hati 어리둥절한
(KENA) kena pukau 어리둥절한
(RUSA) rusa masuk kampung 어리둥절한

어리둥절하다
(PENING) memeningkan kepala 어리둥절하게 만들다

어리석다
(AKAL) akal dua jengkal 어리석은
(AKAL) akal pendek 어리석은
(AKAL) akal sejengkal 어리석은
(AKAL) kurang akal 어리석은
(BERAT) berat akal 어리석은
(BESAR) besar gabuk 어리석은
(BODOH) bodoh sepat 어리석은 체 하는
(BODOH) bodoh sombong 어리석고도 뻣뻣한
(BODOH) bodoh-bodoh sepat 어리석은 체 하는
(BUNTAL) bagai buntal kembung 어리석고 건방진
(GELAP) gelap otak 어리석은
(ILMU) berilmu lintabung 어리석고도 뻣뻣한
(KALI) bodoh sekali 아주 어리석은
(KEPALA) kepala angin 어리석은
(KEPALA) kepala kosong 어리석은
(KEPALA) kepala udang 매우 어리석은
(KOSONG) kosong kepala 어리석은
(KOSONG) kosong otak 어리석은
(LEMAH) lemah otak 어리석은
(LINTABUNG) ilmu lintabung 어리석고도 뻣뻣한 (사람)
(MACAM) macam kerbau 어리석은
(MACAM) macam tunggul 어리석은
(ORANG) orang gunung 어리석은
(SEMPIT) sempit akal 어리석은
(SINGKAT) singkat faham 어리석은
(SINGKAT) singkat fikiran 어리석은
(SINGKAT) singkat paham 어리석은
(TIADA) tiada dua bodohnya 어리석기 이를 데 없는
(TIDAK) tidak berbenak 어리석은
(TIDAK) tidak berotak 어리석은
(TUTUP) tutup akal 어리석은

(UDANG) udang tahi di kepala 어리석은 사람
(UNTA) unta menyerahkan diri 어리석은 사람
(UNTA) unta serah diri 어리석은 사람
어린아이
KANAK-KANAK 어린 아이
(PIJAK) pijak tanah 어린아이의 첫걸음마를 위한 의식
어린애
(NAIK) naik besar (어린애들이) 무럭무럭 자라는
어린이
BOCAH 어린이
(DUNIA) dunia kanak-kanak 어린이 세계
어릴 적
(CECAH) sejak mencecah bumi 어릴 적부터
(DARI) sedari kecil 어릴 적부터
어림으로
(SEDIKIT/DIKIT) sedikit sebanyak 어림으로
어마어마하다
(KEPALANG) bukan kepalang 어마어마한
어망
JALA 어망
(JALA) jala rambang 그물코가 성긴 어망
어머니
IBU 어머니
MAK/EMAK 어머니
어머니날
(SAMBUT) menyambut Hari Ibu 어머니날을 맞이하다
어미
BIANG 어미
INDUK 어미
INDUNG 어미
어미닭
(INDUK) induk ayam 어미닭
어법
(JALAN) jalan bahasa 어법
어부지리
(PANCING) memancing di air keruh 어부지리
(TANGGUK) menangguk di air keruh 어부지리
어색하다
KAKU 어색한
(KAKU) kaku lidah 어색한
어서 들어오십시오
(SILA) sila masuk 어서 들어오십시오
(SILA) silakan masuk 어서 들어오십시오
(SILA) silalah masuk 어서 들어오십시오
어서 오세요
(SELAMAT) selamat datang 어서 오세요
어서 오십시오
(SELAMAT) selamat datang 어서 오십시오
어수룩
(BODOH) bodoh alang 어수룩한
어수선하다
KACAU 어수선한
어스레하다

ㅇ

(SAMAR) samar muka 어스레한
(SAMAR) samar-samar daun 어스레한
어스름
(SAMAR) samar muka 어스름
(SAMAR) samar-samar daun 어스름
어스름하다
(SAMAR) samar muka 어스름한
(SAMAR) samar-samar daun 어스름한
어슴푸레하다
(SAMAR) samar-samar 어슴푸레한
어안
(KENA) kena pukau 어안이 벙벙한
(KERONGKONGAN) kerongkongan tersumbat 어안이 벙벙한
(KUNCI) terkunci mulutnya 어안이 벙벙한
(TEGAK) tegak terdiam 어안이 막힌
(TEGAK) tegak terdiam 어안이 벙벙한
어울리다
(BAWA) membawa diri 어울리다
(BAWA) membawa laku 어울리다
(BULAN) bulan dipagar bintang 아주 잘 어울리는
(HIDUP) hidup berbaur 어울려 지내다
(KAKU) kaku lidah 어울리지 않는
(MANIS) manis laksana gula Jawa 아주 잘 어울리는 한 쌍
(MANIS) manis seperti gula Jawa 아주 잘 어울리는 한 쌍
(NADA) senada 잘 어울리는
(PINANG) pinang pulang ke tampuk 잘 어울리는
(SALAH) salah kena 어울리지 않는
(SAMA) burung pipit sama enggang 어울리지 않는 짝
(SEPERTI) seperti bulan dengan matahari 아주 잘 어울리는 한 쌍
(SUA) bersua alur 잘 어울리다
(SUDAH) sudah seasam segaram 잘 어울리다
(TALAS) bagai air di daun talas 어울리지 않는 한 쌍
(TANDUK) tanduk bersendi gading 어울리지 않는 한 쌍
어제
(PETANG) petang semalam 어제 오후
어조
(TEKAN) tekanan suara 어조
어중간하다
ALANG 어중간한
(TENGAH) menengah tulang punggung 어중간한
어중이떠중이
CUMI-CUMI 어중이떠중이
어지럽다
(MABUK) mabuk lalat 약간 어지러운
(NAIK) naik pitam 어지러운
(PANAS) panas kepala 어지러운
PENING 어지러운
(PENING) pening kepala 어지러운
PUSING 어지러운
어지자지
(LAKI) laki-laki lembut 어지자지
어질다
(PERIGI) perigi di kaki bukit 어질고 착한 아내

어질어질하다
(PENING) pening-pening lalat 어질어질한
(PENING) pening-pening pikat 어질어질한
(RIANG) meriang semangat 어질어질한
(RIANG) riang semangat 어질어질한
(SAKIT) sakit kepala 어질어질한
어쩔 수 없이
(MAU/MAHU) mau tak mau 어쩔 수 없이
어쩔 줄
(PUTUS) putus akal 어쩔 줄 모르다
어쩔 줄 모르다
(DARAT) seperti orang darat jolong menurun 어쩔 줄 모르는
(KACAU) kacau hati 어쩔 줄을 모르는
어찌 ~할 리 만무하다
MASA 어찌 ~할 리 만무하다
어찌할 바
(PUTUS) keputusan akal 어찌할 바를 모르는
(PUTUS) putus akal 어찌할 바를 모르다
(SIRAM) tersiram minyak panas 어찌할 바를 모르다
어찌할 줄 모르다
KEWALAHAN 어찌할 줄 모르는
어휘
(SALAH) salah kata 어휘의 사용이 틀리다
억누르다
(ELUS) mengelus dada 감정을 억누르다
TANGGANG 억누르다
(USAP) mengusap dada 억누르다
억양
(LAGU) lagu tutur 억양
(TEKAN) tekanan suara 억양
억제
(SEPIT) menyepitkan lidah ke lantai (감정을) 억제하다
(TELAN) menelan ludah (감정을) 억제하다
억지
(AIR) berair mata darah 억지를 부리다
억지로
(MINUM) minum cuka pagi hari 하기 싫은 일을 억지로 하는 사람
억지춘향
(MINUM) minum cuka pagi hari 억지춘향
언급
(LEKANG) tak lekang di bibir 항상 언급되는
언덕
(ANAK) anak bukit 언덕배기
BUKIT 언덕
(BUKIT) anak bukit 조그만 언덕
(BUKIT) bukit pasir 모래언덕
CANGKAT 언덕
언뜻
(KALI) sekali lalu 언뜻 보아
(KALI) sekali pandang 언뜻 보아
(KALI) sepintas lalu 언뜻 보아
(SAMBIL) sambil lalu 언뜻
(SAMBIL) sambil-sambil 언뜻

언론
PERS 언론
(PERS) pers di atas angin 잘나가는 언론(사)
(PERS) pers di bawah angin 영세한 언론(사)
언변
(LINCIR) lincir mulut 언변이 좋은
언약
(IKAT) mengikat kata 언약하다
언어
BAHASA 언어
(BAHASA) bahasa kedua 제 2 언어
OMONG 언어
(SENI) seni bahasa 언어예술
언어사용역
(LARAS) laras bahasa 언어사용역
언어장애
(PATAH) patah lidah 언어장애가 있는
언쟁
(TIKAM) bertikam lidah 언쟁을 벌이다
언제나
(BARANG) barang bila 언제나
(LEKANG) tidak lekang 언제나
(MANA) mana kala 언제나
SELALU 언제나
SENTIASA/SENANTIASA 언제나
(TIAP) setiap waktu 언제나
언중유골
(DALAM) kilat di dalam kilau 언중유골
(LEMAK) lemak-lemak santan berlada 언중유골
언짢다
(AIR) air mukanya keruh 언짢은
(BEKU) beku hati 기분이 언짢은
(KERUH) keruh hati 기분이 언짢은
(KESAL) kesal gamas 기분이 아주 언짢은
(KESAL) kesal hati 기분이 언짢은
(KESAL) mengesalkan hati 기분을 언짢게 하다
(PANAS) panas bara 언짢은
(PANAS) panas darah 언짢은
(PANAS) panas hati 몹시 언짢은
(PEGAL) memegalkan hati 기분을 언짢게 만들다
(PEGAL) pegal hati 기분이 언짢은
(RAMAS) meramas jantung 몹시 언짢게 생각하다
(RAMAS) meramas perut 몹시 언짢게 생각하다
(RASA) rasa empedu 언짢은 느낌
(RASA) rasa hempedu 언짢은 느낌
(REMAS/RAMAS) meremas jantung 마음이 몹시 언짢은
(REMAS/RAMAS) meremas perut 마음이 몹시 언짢은
(SAKIT) sakit hati 언짢다
(SALAH) salah hati 언짢은
(SALAH) salah rasa 언짢다
SEBAL 언짢은
(SEBAL) menyebal 점점 더 언짢아하다
(SEBAL) sebal hati 언짢은

(SEKANG) menyekang mata 언짢게 하다
(SENANG) senang di balik senang 언짢은
(SESAK) menyesakkan dada 언짢게 하다
(SESAK) sesak dada 언짢은
(TELINGA) bertelinga merah 기분이 언짢은

언청이
(BIBIR) bibir sumbing 언청이
(KEPITING) kepiting menyuruh anaknya berjalan betul 쌍언청이가 외언청이 나무란다

언행
(KURANG) kurang ajar 언행이 고약한
(KURANG) kurang asin 언행이 고약한
(LAIN) lain cakap, lain buat 언행의 불일치
(LAIN) lain di mulut, lain di hati 언행의 불일치

얹다
JUNJUNG 머리에 얹다

얹은머리
(SANGGUL) sanggul lintang (머리 위 좌우로) 가로질러 얹은머리

얻다
AMBIL 얻다
(ANTUK) terantuk dompet 예상치 못한 행운을 얻다
(LAMPU) lampu hijau 허가를 얻다
(LAPAR) orang lapar diberi nasi, orang haus diberi air 바라던 것을 얻게 됨
(MAKAN) makan tangan 뜻밖의 행운을 얻다
(MASUK) masuk daun 좋은 기회를 얻다
(NAIK) naik pangkat 행운을 얻다
(NAIK) naik tangan 행운을 얻다
OLEH 얻다
(PEGANG) terpegang di abu dingin 얻는 게 하나도 없는
(SAMBUNG) bersambung tangan 도움을 얻다
(TAMBAH) tambah air 노력한 만큼 얻는다
(TAMBAH) tambah sagu 노력한 만큼 얻는다

얻어맞다
(MAKAN) makan tangan 얻어맞다
(MASAK) masak tangan 자주 얻어맞는
(PUKUL) kena pukul 얻어맞다
(PUPUH) kena pupuh 얻어맞다
(SAKAL) kena sakal 얻어맞다

얻어먹다
(SELAM) pandai menyelam di air dangkal 눈치가 빠르면 절에 가서도 젓국을 얻어먹는다

얻어터지다
(MAKAN) makan tangan 얻어터지다
(PUKUL) kena pukul 얻어터지다
(PUPUH) kena pupuh 얻어터지다
(SAKAL) kena sakal 얻어터지다

얼
(EMPANG) empang-empang 얼이 빠진
(MABUK) mabuk agak-agak 얼이 빠진
(MABUK) mabuk kira-kira 얼이 빠진

얼굴
(AIR) air muka 얼굴

(BANGKAI) menjemur bangkai ke atas bukit 제 얼굴에 침 뱉기
(BANGUN) bangun muka 얼굴모습
(CAHAYA) cahaya muka 얼굴
(CUKA) minum cuka pagi hari 잔뜩 찌푸린 얼굴
(HITAM) hitam manis (얼굴이) 검지만 예쁜
(HODOH) wajah hodoh 추한 얼굴
(JERNIH) muka jernih 명랑한 얼굴
(JERNIH) muka jernih 밝은 얼굴
(KECUT) wajah kecut 찡그린 얼굴
(KUCING) kucing dapur 얼굴이 더러운
(KUCING) kucing dapur 얼굴이 지저분한
(LUDAH) meludah ke langit 제 얼굴에 침 뱉기
(MABUK) mabuk bunga raya 취기가 돌아 얼굴이 붉어진
(MASAM) masam muka 찌푸린 얼굴
(MASAM) masam muka 찡그린 얼굴
(MINUM) minum cuka pagi hari 잔뜩 찌푸린 얼굴
MUKA 얼굴
PARAS 얼굴
(PARAS) paras air 얼굴
(PARAS) paras muka 얼굴
(POTONG) potong hidung rosak muka 제 얼굴에 침 뱉기
(POTONG) potong hidung, rusak muka 제 얼굴에 침 뱉기
(PUDAR) air muka yang pudar 생기를 잃은 얼굴
(PUDAR) air muka yang pudar 파리한 얼굴
(RAUT/RAUTAN) raut muka 얼굴 생김새
(RAUT/RAUTAN) raut wajah 얼굴 생김새
ROMAN/ROMA 얼굴
(ROMAN/ROMA) roman muka 얼굴 생김새
(RUPA) rupa muka 얼굴 생김새
(SERI) berseri muka 얼굴 표정이 밝은
(SERI) berseri-seri (얼굴이) 환하게 빛나는
(SERI) seri muka 얼굴 (표정)
(SURAM) bersuram muka (얼굴이) 초췌한
(TAHI) tahi lalat (얼굴, 몸의) 점
TAMPAN 얼굴
(TAMPAN) tampan muka 얼굴 모양
(TARIK) tarik muka masam 얼굴을 찡그리다
(TARIK) tarik muka dua belas 얼굴을 찡그리다
(TENTANG) bertentang muka 서로 얼굴을 마주하다
(TUDUNG) tudung kain 얼굴 가리개
(TUDUNG) tudung kepala 얼굴 가리개
(TUDUNG) tudung muka 얼굴 가리개
(TUNJUK) menunjuk muka (모임 따위에) 잠깐 얼굴을 비치다
(TUNJUK) menunjuk muka 잠깐 얼굴을 내밀다
(TUTUP) menutup muka 얼굴을 가리다
(UDANG) udang hendak mengatai ikan 제 얼굴은 제가 못 본다
(UNJUK) unjuk muka 잠깐 얼굴을 비치다
WAJAH 얼굴
(WAJAH) berwajah sedih 슬픈 얼굴을 하다

얼굴색
(UDANG) udang bakar (더워서) 얼굴색이 벌겋게 된

얼근하다
(LALAT) pening lalat (취기가 돌아) 얼근한

ㅇ

얼떨떨
PENING 얼떨떨한
얼떨떨하다
(PENING) pening kepala 얼떨떨한
얼레
KILI/KILI-KILI 얼레
얼룩
BELANG 얼룩
NODA 얼룩
PERCIK 얼룩
얼룩덜룩
(BELANG) berbelang-belang 얼룩덜룩한
얼룩말
(LORENG) kuda loreng 얼룩말
얼룩모기
(NYAMUK) nyamuk harimau 얼룩모기
얼룩무늬
LORENG 얼룩무늬가 있는
얼룩무늬납부리새
(PIPIT) pipit padi 얼룩무늬납부리새
얼룩이
(SI) si belang 얼룩이
얼마 안 되다
SEDIKIT/DIKIT 얼마 안 되는
얼버무리다
(BUANG) membuang mulut 얼버무리다
얼빠지다
KONYOL 얼빠진
얼어붙다
BEKU 얼어붙은
KEJUT 얼어붙은
얼음
(AIR) air batu 얼음
얼핏
(KALI) sekali lalu 얼핏 보아
(KALI) sekali pandang 얼핏 보아
(KALI) sepintas lalu 얼핏 보아
(LAYANG) layang mata 얼핏 보다
(LAYANG) selayang pandang 얼핏
(LINTAS) selintas lalu 얼핏
(SAMBIL) sambil lalu 얼핏
(SAMBIL) sambil-sambil 얼핏
얽은 자국
KEROBAK 얽은 자국이 있는
얽히고설키다
(SANGKUT) sangkut-menyangkut 서로 얽히고설키다
얽히다
(KERUT) kerut merut (생각이) 얽힌
KUSUT 얽힌
(SIMPANG) simpang siur (도로가) 복잡하게 얽힌
(SIMPANG) simpang-siur (도로가) 복잡하게 얽힌
엄니
TARING 엄니

(TARING) taring babi hutan 멧돼지의 엄니
엄마
MAK/EMAK 엄마
엄지
(AMPU) ampu kaki 엄지발가락
(AMPU) ampu tangan 엄지손가락
(BIANG) biang jari 엄지손가락
(BIANG) biang tangan 엄지손가락
(EMPU) empu jari 엄지손가락
(IBU) ibu jari 엄지손가락
(IBU) ibu kaki 엄지발가락
(IBU) ibu tangan 엄지손가락
(INDUK) induk jari 엄지손가락
(INDUK) induk kaki 엄지발가락
(INDUK) induk tangan 엄지손가락
엄처시하
(BENAK) berbenak ke empu kaki 엄처시하
(BENDERA) bendera batik 엄처시하
(TIMUR) timur beralih ke sebelah barat 엄처시하
엄청나다
(KIRA) tidak terkirakan 엄청난
(LUAR) luar biasa 엄청난
(TIDAK) tidak kira-kira 엄청난
엄포
(BEDIL) bedil buluh 엄포
업다
DUKUNG (등에) 업다
업무
(RENCANA) rencana kerja 업무 계획
업신여기다
(ANGGAP) menganggap sepi 업신여기다
(PIJAK) memijak kepala 업신여기다
(SENYUM) senyum raja 남을 업신여기는 미소
없다
(APA) apa hendak dikata 할 수 없다
HAMPA 없는
(MATI) mati kutu 묘안이 없는
(MATI) mati kutu 묘책이 없는
(SERBA) serba salah 어느 것 하나 올바른 것이 없는
(SERBA) serbasalah 어느 것 하나 올바른 것이 없는
(TIDAK) tidak ada 없다
없애다
(SAPU) menyapu bersih 완전히 없애다
없어지다
HILANG 없어지다
(HILANG) hilang lenyap 완전히 없어진
(JADI) menjadi abu 타서 없어지다
LENYAP 없어지다
LUPUT 없어지다
(LURUH) luruh runtuh 전부 없어지다
(TINGGAL) tinggal bekas (죽어) 없어진
(TINGGAL) tinggal nama (이미 죽어) 없어진
엇갈리다

(SELISIH) berselisih jalan (길이) 엇갈리다
(SELISIH) berselisih lalu (길이) 엇갈리다
(SELISIH) selisih basah (배가) 서로 엇갈려 지나가다
(SILANG) bersilang selisih (진행 방향이) 서로 엇갈리는
(SILANG) bersilang selisih 견해가 엇갈리는
엉덩이
PANTAT 엉덩이
PUNGGUNG 엉덩이
엉뚱하다
(OTAK) otak-otak 엉뚱한 생각이나 행동을 일삼는 사람
엉망진창
(CAMPUR) campur aduk 엉망진창인
(CAMPUR) campur baur 엉망진창인
(KACAU) kacau-balau 엉망진창의
(KACAU) kacau-bilau 엉망진창의
(MANDI) mandi dalam cupak 엉망진창(의 상황)
(TUNGGANG) tunggang langgang 엉망진창인
엉성하다
(POLITIK) politik kampung 엉성한 정책
엉클어지다
SEMAK 엉클어진
엉큼하다
(PANJANG) panjang langkah 엉큼한
엎드리다
(JATUH) jatuh berjolok 엎드려서 절 받기
(RUKUK) merukuk 엎드려 절하다
(RUKUK) merukuk 엎드리다
(TABRAK) menabrak hidung 엎드리면 코 닿을 곳
엎지르다
(BELUKAR) belukar sudah menjadi rimba 엎지른 물
(BUBUR) nasi sudah jadi bubur 엎질러진 물
(JAUH) telah jauh maka dipanggil 엎지른 물
(KAKI) kaki sudah dilangkahkan 엎지른 물
(LANGKAH) langkah yang telah terlangkahkan 엎지른 물
(NASI) nasi jadi bubur 엎지른 물
(SUDAH) sudah basah 엎지른 물
(SUDAH) sudah jadi bubur 엎지른 물
엎치다
(MALANG) malang timpa-menimpa 엎친 데 덮친 격
엎친 데 덮치다
(EBAN) sudah dieban, dihela pula 엎친 데 덮친다
(JATUH) sudah jatuh ditimpa tangga 엎친 데 덮친다
(TELAH) telah panas berbaju pula 엎친 데 덮친다
(TINDIH) yang rebah ditindih 엎친 데 덮친다
~에게
SAMA ~에게
에다
(DINGIN) dingin hingga tulang 살을 에는 듯한 추위
(DINGIN) dingin tertulang 살을 에는 듯한 추위
(IRIS/HIRIS) diiris dengan sembilu 가슴을 에는 듯한
(IRIS/HIRIS) mengiris hati 가슴을 에다
(KAMBING) seperti kambing dikuliti hidup-hidup 살을 에는 듯한 고통
(MAKAN) termakan sampai ke hati 가슴을 에는 듯한

(SAMPAI) sampai ke tulang sumsum 살을 에는 듯 (추운)
(SUMSUM) sampai ke tulang sumsum (추위가) 살을 에는 듯한

~에 대하여
TENTANG ~에 대하여

에이다
(PEDIH) pedih hati 가슴이 에이는 듯한

엔진
MESIN 엔진
PESAWAT 엔진

여가
PELUANG 여가
(RENGGANG) renggang waktu 여가

여간
(BUKAN) bukan buatan 여간 아닌
(BUKAN) bukan main 여간 아닌

여객선
(KAPAL) kapal penumpang 여객선

여걸
(PAHLAWAN) pahlawan wanita 여걸

여근
(LIANG) liang peranakan 여근

여기
INI 여기

여기다
ANGGAP 여기다
(ANGGAP) dianggap bayang-bayang 무의미하게 여기다
(ENTENG) anggap enteng 가벼이 여기다
(HITUNG) hitung-hitung ~으로 여기다
(PANDANG) memandang berat 심각하게 여기다
(PANDANG) memandang dengan sebelah mata 소홀히 여기다
(PANDANG) pandang berat 심각하게 여기다
PIKIR/FIKIR 여기다

여기저기
(PUSING) berpusing-pusing 여기저기 돌아다니다
(PUTAR) berputar-putar 여기저기 돌아다니다
(PUTAR) putar-putar 여기저기 돌아다니다

여념
(LENA) terlena-lena 여념이 없는

여담
(BUAL) berbual-bual 여담을 나누다

여러 가지
(RAGAM) beragam-ragam 여러 가지
(RIBU) seribu 여러 가지의
(SERBA) serba aneka 여러 가지의
(SERBA) serba jenis 여러 가지의
(SERBA) serbaneka 여러 가지의

여러 번
(ULANG) ulang-aling 여러 번

여러분
(BAPAK/BAPA) bapak-bapak dan ibu-ibu sekalian (경애하는) 신사 숙녀 여러분
(PUAN) puan-puan 여러분(여러 명의 여성들을 높여 이르는 이인칭 대명사)

(SAUDARA) saudara-saudara 여러분(여러 사람을 높여 이르는 이인칭 대명사)
(TUAN) tuan-tuan dan puan-puan sekalian (경애하는) 신사 숙녀 여러분
(TUAN) tuan-tuan 여러분(여러 명의 남성들을 높여 이르는 이인칭 대명사)

여러 해
(TAHUN) bertahun-tahun 여러 해 동안

여론
(ANGGAP) anggapan umum 여론

여름
(KAKI) kaki naik, kepala turun 여름에 하루 놀면 겨울에 열흘 굶는다
(MUSIM) musim panas 여름

여리다
(LEKAS) lekas naik radang 귀가 여린
(LEMAH) lemah jiwa 마음이 여린
(LEMAH) lemah semangat 마음이 여린
(RAPUH) rapuh hati 마음이 여린
(SUKA) suka memberi hati 마음이 여린

여명
(TERBIT) terbit fajar 여명

여물다
MASAK 여물다

여비
(UANG/WANG) uang jajan 여비

여색
(HIDUNG) berhidung putih 여색을 좋아하는
(HIDUNG) hidung belang 여색을 좋아하는 (남자)
(HIDUNG) hidung putih 여색을 좋아하는 (남자)
(IKAN) ikan belukang 여색을 좋아하는 남자
(KAKI) kaki perempuan 여색을 몹시 좋아하는 남자
(MABUK) mabuk kecubung 여색에 빠진
(MABUK) mabuk kecubung 여색을 탐하는
(MAIN) bermain muda 여색을 탐하는 사람
(MAIN) main muda 여색을 탐하는 사람
(MATA) mata keranjang 여색을 좋아하는
(SUKA) suka kahwin 여색을 좋아하는
(SUKA) suka kawin 여색을 좋아하는
(TAHI) tahi betina 여색을 좋아하는 사람
(TAHU) tahu perempuan 여색을 좋아하는
(TUA) tua-tua keladi 늙은 나이에도 여전히 여색을 탐하는

여섯
ENAM 여섯

여성
(ANAK) anak gadis 미혼여성
(EMPU) empuan 여성
(EMPU) perempuan 여성
(KAIN) berkain dua 성년이 된 (여성)
(LADANG) ladang yang berpunya 기혼여성
(MUSLIM) muslimat 여성 이슬람 신도
(NABI) nabiah 여성 사도
PEREMPUAN 여성
(PUAN) perempuan 여성
(RAMBUT) si rambut panjang 여성
(SENI) seniwati 여성 예술가

ㅇ

(SIFAT) sifat perempuan 여성의 기질
(TUDUNG) tudung kepala (이슬람 여성들의) 머리 덮개
(TUTUP) tutup kepala (이슬람 여성의) 머리 가리개
(TUTUP) tutup kepala 투둥(이슬람 여성들의 머리 덮개)
WANITA 여성
(WANITA) sifat wanita 여성적인 기질
(WANITA) sifat wanita 여성적인 성격

여성우위
(PERIGI) perigi mencari timba 여성우위

여성운동
(GERAK) gerakan wanita 여성운동
(GERAK) pergerakan wanita 여성운동

여성층
(KAUM) kaum perempuan 여성층
(KAUM) kaum wanita 여성층

여송연
ROKOK 여송연
(ROKOK) rokok pucuk 야자잎으로 말은 여송연

여왕
(PEREMPUAN) raja perempuan 여왕

여왕벌
(BIANG) biang lebah 여왕벌

여우
MUSANG 여우

여우비
(HUJAN) hujan panas 여우비

여위다
(ANJING) anjing beranak enam 매우 여윈

ㅇ

여유
(RONGKONG) rongkongan menghadap mudik 생활에 여유가 있는 사람
(SENANG) senang hidup (생활에) 여유가 있는

여인
(DAUN) daun muda 아름다운 여인
(EMAS) emas tempaan 꽃다운 여인
(LENGGANG) lenggang-lenggok bagai cupak hanyut 살랑살랑 여인의 아름다운 몸짓
(OBAT/UBAT) obat mata 아름다운 여인

여자
(BANYAK) banyak mata 여자를 밝히는
(BAYANG/BAYANG-BAYANG) bayang-bayang disangka tubuh 여자의 유혹에 놀아난 남자
(BUNGA) bunga dipersunting 결혼한 여자
(BUNTING) bunting padi 좋아리가 예쁜 (여자)
(BUYUNG) mak buyung 임신한 여자
(CACING) cacing gila 바람난 여자
(CACING) cacing gila 쏘다니기 좋아하는 여자
(EMPU) empuan 여자
(EMPU) perempuan 여자
(GAJAH) gajah seekor gembala dua 두 집 살림하는 여자
(GATAL) gatal mata 비밀리에 남자를 밝히는 여자
(GATAL) gatal mata 여자를 밝히는 남자
(GILA) gila wanita 여자에 환장한
(HAJI) hajah 하자 (성지 순례를 다녀 온 여자를 부르는 호칭어)

(HAJI) haji perempuan 하자 (성지 순례를 다녀 온 여자를 부르는 호칭어)
(HIDUNG) berhidung putih 여자를 밝히는 (남자)
(JANDA) janda belum berlaki 버림받은 여자
(JANDA) laksana janda baru bangun tidur 매력이 넘치는 여자
(JANDA) seperti janda belum berlaki 치장을 좋아하는 새침데기 여자
(JINAK) jinak-jinak merpati 외유내강형의 여자
(KAIN) kain dalam lipatan 뒷구멍으로 호박씨 까는 여자
(LABU) mak labu 임신한 여자
(LADANG) ladang yang berpunya 임자가 있는 여자
(LAKI) berlaki anak semang 추잡한 여자
(LAKI) berlaki anak semang 행실이 나쁜 여자
(LANGKAH) langkah kaki 외간 남자와 놀아난 여자
(LANGKAH) langkah laki 간통한 여자
(MAKAN) makan hasil lendir 몸을 팔아 먹고사는 여자
(MATA) mata tidur, bantal berjaga 남편 몰래 바람피우는 여자
(NAKAL) perempuan nakal 몸을 파는 여자
(OLAH) olahragawati 여자 운동선수
PEREMPUAN 여자
(PINANG) pinang tua merah ekornya 젊은 여자처럼 화장을 하고 주책없이 구는 나이 든 여자
(PUAN) perempuan 여자
(PUTIK) buahnya mabuk dimakan 결혼 전에 임신한 여자
(PUTIK) putik mendahului bunga 결혼 전에 임신한 여자
PUTRI/PUTERI 여자
(PUTRI/PUTERI) putri lilin 더위에 약한 여자
(PUTRI/PUTERI) putri lilin 부엌살림을 못하는 여자
(PUTRI/PUTERI) putri yang seni 피부가 고운 여자
(RAMBUT) si rambut panjang 여자
(RIBA) meriba puan kosong 숫처녀가 아닌 여자와 혼인하다
(SALAI) bersalai tidak berapi (남편으로 부터 생활비도 받지 못하며) 별거 중인 여자
(SAUDARA) saudari 여자 형제
(SEJUK) sejuk macam batang pisang 매력 없는 여자
(SENI) seniwati 여자 배우
(SEPAH) sepah puteri 부끄럼을 몹시 타는 여자
(SISA) sisa lelaki 남자와 잠자리를 함께 한 적이 있는 여자
(SUARA) suara perempuan 여자 목소리
(SUNGGUH) sungguh bersubang 치장만 요란하고 행실이 나쁜 여자
(SUNGGUH) tiada berdara 치장만 요란하고 행실이 나쁜 여자
(TAHU) tahu perempuan 여자를 밝히는
(TEMAN) teman wanita 여자 친구
(ULAM) ulam mencari sambal 배우자를 찾는 여자
WANITA 여자
(WANITA) polis wanita 여자 경찰
(WANITA) polisi wanita 여자 경찰

여자장대높이뛰기
(LONCAT) loncat galah putri 여자장대높이뛰기

여전히
MASIH 여전히

여정
(LUAS) luas pandangan 여정이 긴

여주인
(IBU) ibu ayam 창녀들을 관리하는 여주인

ㅇ

여쭤 봐도 되겠습니까
(TANYA) tumpang bertanya 여쭤 봐도 되겠습니까?(길 따위를 물을 때 정중하게 건네는 인사말)
여행
(BULAN) berbulan madu 신혼여행을 가다
(KERAS) keras kaki 여행을 많이 한
LAWAT 여행하다
(OLEH) oleh-oleh (여행에서 돌아올 때 가져오는)선물
(PUSING) pusing satu dunia 두루두루 여행하다
(PUSING) pusing satu dunia 여러 곳을 여행하다
역
BALIK 역으로
STASIUN/STESEN (기차)역
역경
(HUJAN) hujan batu 역경
(RANJAU) ranjau hidup 인생의 역경
(RANJAU) ranjau sepanjang jalan 끊임없는 역경
(URAT) berurat kawat (역경을) 끈기 있게 헤쳐 나가는
역도
(ANGKAT) angkat besi 역도
역력
(BEKAS) membekas ke luar 티가 역력하다
역법
TARIKH 역법
역부족
(HINGGAP) hendak hinggap tiada berkaki 역부족
(KEWALAHAN) mengaku kewalahan 역부족임을 인정하다
(PATAH) patah pucuk 역부족의
역사
(LIPAT) lipatan sejarah 역사의 뒤안길
TARIKH 역사
역사가
(TARIKH) ahli tarikh 역사가
역전
(BALIK) balik bokong 역전
(JAGO) jago kapuk 역전의 용사
역풍
(ANGIN) angin mati 역풍
엮다
KARANG 엮다
엮음
RANGKAI 엮음
연
(LAYANG) layang-layang (공중에 높이 날리는) 연
RANGKAP 연
연결
SAMBUNG 연결하다
연결되다
(SAMBUNG) sambung-menyambung 서로 연결되다
연관되다
(SANGKUT) sangkut-menyangkut 서로 연관되다
연구
(BIDANG) bidang penelitian 연구 분야

KAJI (종교적인) 연구
(PERAH) memerah otak 연구하다
(PERAH) perah otak 연구
(PERAS/MEMERAS) memeras otak 연구하다
연극
(PACAK) pak pacak (연극의) 조연
(SENI) seni lakon 연극
연극배우
(SERI) seri panggung 중견 연극배우
연기
ASAP 연기
(HUJAN) hujan berpohon, panas berasal 아니 땐 굴뚝에서 연기 날까?
JANJI 연기
(JANJI) meminta janji empat bulan 4개월 연기를 요청하다
(MANA) mana busuk yang tiada berbau 아니 땐 굴뚝에 연기 나랴
(MINTA) minta tempoh 연기를 요청하다
(PINTA/MINTA) meminta tangguh 연기를 요청하다
(POHON/POKOK) ada angin ada pohonnya 아니 땐 굴뚝에 연기 날까
(ROKOK) asap rokok 담배 연기
TANGGUH 연기하다
(TANGGUH) ditangguhkan 연기되다
(TUMBUH) tak tumbuh tak melata 아니 땐 굴뚝에 연기 날까
(ULUR/HULUR) mengulur-ulur waktu 여러 차례 연기하다
연년생
(SUSUN) bersusun paku 연년생(의)
(SUSUN) bersusun tangga 연년생(의)
연도
TAHUN 연도
연료
(BAHAN) bahan bakar 연료
(BAKAR) minyak bakar 연료
연륜
(TUA) tua-tua keladi berisi 오랜 연륜과 지식을 쌓은 (노인)
(TUA) tua-tua kelapa 오랜 연륜과 지식을 쌓은 (노인)
연마
ASAH 연마하다
연막
(ASAP) tabir asap 연막
연막탄
(BOM) bom asap 연막탄
연명
(SAMBUNG) menyambung umur 연명하다
연모
(KASIH) kasih mesra 연모(의 정)
연목구어
(LIMBAT) minta sisik pada limbat 연목구어(나무에 올라가서 물고기를 구한다)
(SISIK) minta sisik pada limbat 연목구어
(TANDUK) minta tanduk kepada kuda 연목구어
(TANDUK) minta tanduk pada kuda 연목구어
연못
KOLAM 연못
연민

BELAS 연민
(KASIH) kasih sayang 연민(의 정)
(RAWAN) merawankan hati 연민을 느끼게 하다
SAYANG 연민
(SAYANG) kasih sayang 연민
(TIMBANG) timbang rasa 연민

연보라색
(LEMBAYUNG) merah lembayung 연보라색
(MERAH) merah lembayung 연보라색

연봉
(GAJI) gaji tahunan 연봉

연분
(GARAM) sebagai garam dengan asam 천생연분

연설
(ANGKAT) angkat bicara 연설(강연)을 시작하다

연설가
(PENDEKAR) pendekar kata 연설가
(PENDEKAR) pendekar lidah 연설가

연속
(EKOR) ekor peristiwa 사건의 연속
(MALANG) malang timpa-menimpa 불행의 연속
(SILIH) silih berganti bagai ombak di tepi pantai 삶은 변화의 연속이다

연수
(LATIH) berlatih diri 연수하다
(LATIH) latih diri 연수하다

연습
(LATIH) latih tubi 반복연습
(LATIH) latihan asas 기본연습

ㅇ

연습탄
(PELURU) peluru bisu 연습탄

연애
(CINTA) bercinta-cintaan 연애하다
(PUTUS) putus cinta 연애에 실패하다
(PUTUS) putus kasih 연애에 실패하다

연약
LEMBEK 연약한

연월일
(HARI) hari kelahiran 출생 연월일
(HARI) hari lahir 출생 연월일

연이어
(TALI) bertali arus 연이어 계속되는

연인
HABIB 연인
(HATI) rangkai hati 연인
(HUBUNG) hubungan nyawa 연인
(KARANG) pengarang jantung 연인
(MAIN) permainan mata 연인
(MATA) mata air 연인
(OBAT/UBAT) obat hati 연인
(PUTIH) putih kuning 연인
(RANGKAI) rangkai hati 연인
(SAMBUNG) sambungan jiwa 연인
(SUNTING) sunting hati 연인

(TALI) tali jantung 연인
(TAMBAT) tambatan hati 연인
(TAMBAT) tambatan jiwa 연인
(TAMBAT) tambatan larat 연인
(TANGKAI) tangkai hati 연인
(TANGKAI) tangkai jantung 연인
(TIANG) tiang penghidupan 연인
(TIMBANG) timbangan badan 연인
(TIMBANG) timbangan nyawa 연인

연장
(CERMIN) buruk muka cermin dibelah 서툰 목수가 연장만 탓한다
(ULUR/HULUR) mengulur-ulur waktu 기한을 연장하다

연재소설
(CERITA) cerita bersambung 연재소설

연주
(BIOLA) berbiola 바이올린을 연주하다

연줄
(KILI/KILI-KILI) mengili layang-layang (연을 내리기 위해) 연줄을 감다
(ULUR/HULUR) mengulur tali layang-layang 연줄을 길게 풀어 늘리다

연초
TEMBAKAU 연초

연하다
EMPUK 연한
LUNAK 연한

열
BARIS 열
DEMAM 열
SUAM 열이 조금 있는

열기
(HANGAT) kehangatan suasana politik 정치적 열기

열다
BUKA 열다
(BUKA) buka mulut 입을 열다
(GERAK) menggerakkan bibir 입을 열다
(PANCANG) memancang gelanggang 잔치를 열다
(RETAS) meretas jalan 길을 열다

열대과실
(RAMBUT) rambutan 람부탄(털모양의 돌기가 덮여 있는 작은 달걀만 한 크기의 열대과실)

열대지방
(NEGERI) negeri panas 열대지방의 나라

열대지역
(DAERAH) daerah hawa panas 열대지역

열등감
(RENDAH) rendah diri 열등감

열등의식
(AKAL) akal tiga jengkal 열등의식이 있는

열렬
HANGAT 열렬한

열리다
(ADA) ada hajat 잔치가 열리다
(PINTU) pintu terbuka 문호가 열린

열매

BUAH 열매
(KAIT) mengait kelapa 야자 열매를 따다
(PINANG) pinang masak 너무 익은 빈랑 열매
(SAGU) sagu pisang 바나나 열매의 속
열병
(SAKIT) sakit panas 열병
열사
(PUTIH) putih tulang 열사
열쇠
KUNCI 열쇠
열쇠걸이
(GELANG) gelang kunci 열쇠걸이
열심히
(KUAT) berkuat tulang 열심히 일하다
(PELUH) berpeluh-peluh 열심히 일하다
(PELUH) peluh-peluh 열심히 일하다
(PENAT) berpenat-penat 열심히 일하다
(PERAH) memerah keringat 열심히 일하다
(PERAH) perah keringat 열심히 일하다
(PERAS/MEMERAS) memeras keringat 열심히 일하다
(SIMBAH) bersimbah peluh 열심히 일하다
(SINGSING) menyingsingkan lengan baju 소매를 걷어붙이고 열심히 일하다
열십자
SILANG 열십자
(SILANG) silang gunting 열십자 모양
열이 나다
RADANG 열이 나는
열차
(KILAT) kereta api kilat 급행열차
열흘
(TARIK) tarik puntung padamlah bara 열흘 붉은 꽃이 없다
엷다
MUDA 엷은
~염
(RADANG) radang busuk 임파선염
(RADANG) radang lidah 설염
(RADANG) radang limpa 임파선염
(RADANG) radang otak 뇌염
(RADANG) radang selaput bening 각막염
(RADANG) radang selaput dada 늑막염
(RADANG) radang selaput dada 흉막염
(RADANG) radang selaput jala 망막염
(RADANG) radang selaput mata 결막염
(RADANG) radang selaput otak 뇌막염
(RADANG) radang selaput otak 수막염
(RADANG) radang selaput paru 늑막염
(RADANG) radang selaput paru 흉막염
(RADANG) radang selaput perut 복막염
(RADANG) radang sendi 관절염
(RADANG) radang tenggorok 기관지염
(RADANG) radang tenggorokan 기관지염
염가

(HARGA) harganya dibanting 염가로 파는
염료
(CAT) cat batik 바틱염료
염산
(AIR) air api 염산
(AIR) air keras 염산
염색
BATIK 바틱 (말레이 세계의 전통 염색기법 및 그 천)
COLOK 염색(하다)
(LILIN) lilin batik 바틱 염색용 밀
염세주의
(SIKAP) sikap mudah putus harap 염세주의적인 관점
염소
KAMBING 염소
염소고기
(KAMBING) kambing guling 통째로 구운 염소고기
염소발톱
(KUKU) kuku kambing 염소발톱
염습
(AIR) air sembilan (시체를) 염습할 때 쓰는 물
(MANDI) mandi sudah 염습 때 행하는 시신 목욕
염전
(GARAM) ladang garam 염전
염증
RADANG 염증
(RADANG) radang lidah 혀의 염증
(RADANG) radang otak 뇌의 염증
염치
(KULIT) kulit badak 염치가 없고 뻔뻔한
(TEBAL) tebal kulit muka 염치가 없는 (사람)
염탐
INTAI 염탐하다
염탐꾼
(INTAI) pengintai 염탐꾼
(MATA) mata-mata gelap 염탐꾼
(POLISI/POLIS) polis rahsia 염탐꾼
(POLISI/POLIS) polisi rahasia 염탐꾼
(SAYAP) sayap kelima 염탐꾼
SULUH 염탐꾼
(SULUH) penyuluh rahasia 염탐꾼
(SULUH) penyuluh rahsia 염탐꾼
염탐질
(TALI) tali barut 염탐질을 하다
염통
JANTUNG 염통
(SAYANG) sayangkan titik, tak sayangkan tumpah 염통이 곪는 줄은 몰라도 손톱 곪는 줄은 안다
엽궐련
ROKOK 엽궐련
엽형
(DAUN) bentuk daun 엽형
엿보다
INTAI 엿보다

영(제로)
KOSONG 영(제로)
NOL 영
영감
(AKAL) akal melintas 영감
영겁
BAKA/BAQA 영겁의
영구차
(KERETA) kereta jenazah 영구차
(KERETA) kereta mati 영구차
(KERETA) kereta mayat 영구차
영구치
(GIGI) gigi benar 영구치
(GIGI) gigi sejati 영구치
영구히
(ABAD) abad alabid 영구히
(LAMA) selama air hilir 영구히
(LAMA) selama air mengalir 영구히
영리
(AKAL) berakal ubi 영리하지 못한
(BESAR) besar akal 영리한
(CAIR) cair otak 영리한
영리하다
(AKAL) akal kancil 매우 교활하고 영리한 (사람)
CENDEKIA 영리한
CERDIK 영리한
(KEPALA) berkepala ringan 영리한
(LANJUT) lanjut akal 영리한
(MASAK) masak akal 영리한
(PANJANG) panjang akal 영리한
(PANJANG) panjang ingatan 영리한
(PANJANG) panjang kira-kira 영리한
(PANJANG) panjang langkah 영리한
(RINGAN) ringan kepala 영리한
(TAJAM) tajam otak 영리한
(TERANG) terang akal 영리한
(TERANG) terang fikiran 영리한
(TERANG) terang hati 영리한
영면
(ADU) mangkat beradu 영면하다
(LAPANG) dilapangkan kuburnya 영면하다
(MANGKAT) mangkat beradu 영면하다
(TIDUR) tidur untuk selamanya 영면하다
영묘향
JEBAT 영묘향
KESTURI 영묘향
영물
(HANTU) *hantu* beliau 영물 호랑이
영사막
(LAYAR) layar perak 영사막
(LAYAR) layar putih 영사막
영세
(KAUM) kaum tani 영세농민들

영수증
(SURAT) surat resi 영수증
(SURAT) surat tanda penerimaan 영수증
(TANDA) tanda terima 영수증
영아유괴범
(CULIK) penculik bayi 영아유괴범
영악
(AKAL) akal kancil 영악한 속임수
영안실
(KAMAR) kamar mati 영안실
영양불량
(BURUK) buruk gizi 영양불량
영양실조
(BURUK) buruk gizi 영양실조
(KURANG) kekurangan gizi 영양실조
영역
BIDANG 영역
LARAS 영역
영웅
(AYAM) ayam jago 영웅
(BINTANG) bintang lapangan hijau 축구 영웅
(DARAH) berdarah merah 영웅
PAHLAWAN 영웅
(PAHLAWAN) pahlawan bangsa 민족의 영웅
(PAHLAWAN) pahlawan tanah air 조국의 영웅
영원
ABAD 영원
BAKA/BAQA 영원한
(BAKA/BAQA) alam baka 영원의 세계
(GAGAK) selama gagak hitam 영원한
영원토록
(SAMPAI) sampai akhir zaman 영원토록
(SAMPAI) sampai hari kiamat 영원토록
영원히
(ABAD) abad alabid 영원히
(LAMA) selama air hilir 영원히
(LAMA) selama air mengalir 영원히
(SAMPAI) sampai akhir zaman 영원히
(SAMPAI) sampai hari kiamat 영원히
영장
(SEMBELIH) sembelih ayam dengan pisau 사람은 만물의 영장이다
(SEMBELIH) sembelih orang dengan kapas 사람은 만물의 영장이다
(SURAT) surat kuasa 영장
(SURAT) surat perintah 영장
영재
(OTAK) otak berpilin-pilin 영재
영전
(NAIK) naik pangkat 영전하다
영토
DAERAH 영토
NEGERI 영토
영향
KESAN 영향

영향력
(BENTANG) membentangkan sayap 영향력을 넓히다
(PASAK) pasak negeri 영향력 있는 사람
영험하다
(TUAH) keris bertuah 영험한 커리스
영혼
(TUBUH) tubuh halus 영혼
영화
(BINTANG) bintang layar putih 영화배우
(FILM) film berwarna 총천연색 영화
(FILM) film bicara 유성영화
(FILM) film biru 성인영화
(FILM) film biru 포르노 영화
(FILM) film bisu 무성영화
(GAMBAR) gambar hidup 영화
(WAYANG) wayang gambar 영화
영화음악
(LAGU) lagu film 영화음악
옆
RUSUK 옆
SANDING 옆
SISI 옆
옆구리
IRING 옆구리
LAMBUNG 옆구리
(TEPI) tepi badan 옆구리
옆문
(PINTU) pintu maling 옆문
(PINTU) pintu rusuk 옆문
(RUSUK) pintu rusuk 옆문
옆으로 누워 자다
(ERENG) tidur mengereng 옆으로 누워 자는
예
(AMBIL) ambil contoh 예를 들다
IA 예
예감
(DEGUP) degupan hati 예감
(DETAK) detak hati 예감
FIRASAT 예감
(FIRASAT) firasat buruk 불길한 예감
(FIRASAT) memfirasatkan 예감하다
(GERAK) gerak rasa 예감
(LINTAS) lintasan hati 예감
(LINTAS) terlintas di hati 예감이 들다
(MATA) mata hati 예감
(SALAH) salah rasa 예감이 불길하다
(SALAH) salah rasa 예감이 좋지 않다
SYAK 불길한 예감
예리하다
(OTAK) berotak tajam (사고가)예리한
(OTAK) otak tajam (사고가)예리한
(PANDANG) berpandangan tajam 예리한
TAJAM 예리한

예물
(ISI) isi kawin 신랑이 신부에게 주는 결혼예물
(ISI) mas kawin 신랑이 신부에게 주는 결혼예물
(SILIH) silih mata 겉치레 (예물, 혼수)
예민
RANGSANG 예민한
예민하다
(PANCANG) pancang dirasa 감각이 예민한
(RASA) perasa angin 감정이 예민한
(SINGGUNG) tersinggung lebih bak kena 감정이 매우 예민한
(TELINGA) telinga tipis 감정이 아주 예민한
예보
(BERITA) berita udara 일기예보
(LESET) ramalan yang meleset 빗나간 예보
(RAMAL) ramalan cuaca 일기 예보
예쁘다
BAHARI 예쁜
ELOK 예쁜
(HITAM) hitam manis (얼굴이) 검지만 예쁜
MANIS 예쁜
(NAIK) naik marak (처녀가)한창 예쁘게 피어나는
(PALING) paling baik 가장 예쁜
(PALING) paling baik 제일 예쁜
RANCAK 예쁜
(SEDAP) sedap manis 상냥하고 예쁜 (소녀)
SENI 예쁜
예상
(LUAR) di luar dugaan 예상 밖의
(LUAR) luar dugaan 예상 밖의
(SALAH) salah sangka 예상이 빗나가다
예수
(NABI) nabi Isa 예수
예술
SENI 예술
(SENI) seni bahasa 언어예술
(SENI) seni budaya 문화 예술
(UKIR) seni ukir 조각 예술
예술가
(SENI) seniman 예술가
(SENI) seniwati 여성 예술가
예스맨
(IA) beria-ia 예스맨 노릇을 하다
(PAK) pak angguk 예스맨
(PAK) pak turut 예스맨
예식
(NASI) nasi besar 예식용 밥
예언
(BUKA) membuka faal 예언하다
예언서
(KITAB) kitab ramalan 예언서
예언자
NABI 예언자
예외

(HUJAN) hujan menimpa bumi 예외 없는
예외없이
(RATUS) seratus peratus 예외없이
예의
ADAB 예의
(ADAB) adab makan 식사 예의
(ADAB) tinggi adabnya 아주 예의 바른
(AJAR) berajar 예의범절이 있는
BAHASA 예의
(BAHASA) kurang bahasa 예의가 바르지 못한
(BAHASA) tak tahu bahasa 예의범절을 모르는
(BALIK) balik adab 예의를 모르는
(BUDI) berbudi bahasa 예의가 바른
(ELOK) elok bahasa 예의가 바른
(HALUS) halus budi bahasa 예의가 바른 사람
(HALUS) halus budi pekerti 예의가 바른 사람
(MAIN) main gila 예의에 벗어난 행동을 하다
(MANIS) manis budi bahasa 예의바른
MERDESA 예의가 바른
(SALAH) salah adat 예의가 없는
(TIADA) tiada adab 예의 없는
(TIDAK) tidak tahu bahasa 예의 없는
(TIDAK) tidak tahu basa-basi 예의 없는
예의범절
(AJAR) berajar 예의범절이 있는
(BAHASA) tak tahu bahasa 예의범절을 모르는
(BUDI) budi bahasa 예의범절
(BUSUK) busuk budi 예의범절이 없는
(KURANG) kurang ajar 예의범절을 모르는
(KURANG) kurang asin 예의범절을 모르는
(KURANG) kurang bahasa 예의범절을 모르는
(MASAK) masak ajar 예의범절을 아는
(ORANG) orang hutan 예의범절을 모르는 사람
(SALAH) salah adat 예의범절을 모르는
예의주시
(PASANG) pasang mata 예의주시하다
예전에
(TEMPOH) tempoh dulu 예전에
(TEMPOH) tempoh hari 예전에
예절
ADAB 예절
예정
(BUKU) buku acara 예정
예측
(LESET) ramalan yang meleset 빗나간 예측
(SALAH) salah sangka 예측이 어긋나다
옐로카드
(KARTU) kartu kuning 옐로카드
옛날
(DAHULU) dahulu kala 옛날에
(GAGAK) ketika gagak putih bangau hitam 옛날 옛적에
옛날에
(TEMPOH) tempoh dulu 옛날에

옛일
(GALI) menggali-gali perkara lama 옛일을 들추어내다
옛적
(DARI) sedari dulu 옛적부터
(GAGAK) ketika gagak putih bangau hitam 옛날 옛적에
오가다
(HILIR) hilir mudik 오가다
(SILANG) bersilang selisih (차량들이) 오가는
(SIMPANG) simpang siur (차량들이) 수없이 오가는
(SIMPANG) simpang-siur (차량들이) 수없이 오가는
오그라들다
CERUT 오그라들다
(LISUT) badannya terasa kecut lisut 사지가 바싹 오그라드는 느낌이 들다
오금
(LEKUK) lekuk lutut 다리오금
(LUTUT) lekuk lutut 다리오금
(LUTUT) lutut lekuk 다리오금
오냐오냐
(MAKAN) makan puji 오냐오냐해 주기만을 바라는
오뉴월
(MANIS) manis laksana gula Jawa 오뉴월 풋고추에 가을 피조개
(MANIS) manis seperti gula Jawa 오뉴월 풋고추에 가을 피조개
(NYAMUK) nyamuk mati, gatal tak lepas 계집의 곡한 마음 오뉴월에 서리 친다
오늘
(MALAM) malam ini 오늘 밤
(MALAM) malam karang 오늘 밤
(MALAM) malam sekarang 오늘 밤
오늘날
(MASA) masa ini 오늘날
오늘내일
(NAPAS/NAFAS) nafas Isnin Khamis 오늘내일하는(임종이 가까운)
(NAPAS/NAFAS) napas senen kemis 오늘내일하는(임종이 가까운)
오다
(BAWA) membawa mulut (잔치에) 빈손으로 오다
(BAWA) membawa perut (잔치에) 빈손으로 오다
DATANG 오다
오두막
GUBUK 오두막
오두막집
(GUBUK) gubuk liar 무허가 오두막집
오락
(RINTANG) perintang hati 오락
오락가락
(KURANG) kurang beres akalnya 정신이 오락가락하는
(KURANG) kurang beres otaknya 정신이 오락가락하는
오락프로그램
(PANGGUNG) panggung gembira 오락프로그램
오랑우탄
(ORANG) orang hutan 오랑우탄
오래
LAMA 오래
(PANJANG) panjang hidup 오래 사는

(PANJANG) panjang umur 오래 사는
(PANJANG) panjang usia 오래 사는
(SEDIKIT/DIKIT) sedikit hari 오래지 않아
오래되다
LAMA 오래된
LASAM 오래된
TUA 오래된
오랜 시간
LAMA 오랜 시간
오랜
LANJUT 오랜
PANJANG 오랜
오랫동안
(LAMA) selama enggang mengeram 아주 오랫동안
오류
SILAP 오류
오르내리다
(LEKANG) tak lekang di bibir 늘 입에 오르내리는
(NAIK) naik turun 오르내리다
(SELALU) selalu di hujung lidah 항상 입에 오르내리는
(SELALU) selalu di ujung lidah 항상 입에 오르내리는
(SENTIASA/SENANTIASA) sentiasa di hujung lidah 항상 입에 오르내리는
(TURUN) turun naik 오르내리다
오르다
(MATI) mati kertas 쥐가 오르는
NAIK 오르다
(NAIK) naik gaji 월급이 오르다
(SEKAM) seperti api di dalam sekam 점잖은 개가 부뚜막에 먼저 오른다
(SELERA) patah selera banyak makan 점잖은 개 부뚜막에 먼저 오른다
(TAMBAH) bertambah mahal 물가가 오르다
(TINGKAT) bertingkat (물가가) 점점 오르다
(TINGKAT) meningkat naik 갑자기 오르다
오르막
(BUKIT) bukit jadi paya 오르막이 있으면 내리막이 있다
(TIMBUL) timbul tenggelam 오르막이 있으면 내리막이 있다
오른손잡이
(TANGAN) tangan kanan 오른손잡이
오른쪽
KANAN 오른쪽
(KANAN) tangan kanan 오른쪽 손(팔)
(RUSUK) rusuk kanan 오른쪽
오른팔
(KANAN) tangan kanan 오른팔
(TANGAN) tangan kanan 오른팔(가장 가까이에서 중요한 역할을 맡아 도와주는 사람)
오른편
(RUSUK) rusuk kanan 오른편
오리
ITIK 오리
오리무중
(LINDUNG) terlindung awan gelap 오리무중(의)
오막살이

GUBUK 오막살이
(GUBUK) gubuk bambu 대나무 오막살이
오만
(BESAR) berbesar hati 오만하다
(BESAR) besar cakap 오만한
(BESAR) besar hati 오만한
(BESAR) besar hidung 오만한
(BESAR) besar kepala 오만한
(BESAR) membesarkan diri 오만한
(KEMBANG) berkembang lobang hidungnya 오만해 지다
(KEMBANG) mengembang cuping hidupnya 오만해 지다
오만방자
(CONGAK) mencongak rupa kerbau jantan kemudian 오만방자한 태도
오만불손
(LUPA) lupa daratan 오만불손한 (사람)
오명
(BUANG) membuang malu 오명을 씻다
(BUANG) membuang najis 오명을 씻다
(HILANG) kehilangan nama 오명을 얻다
(LUNTUR) luntur namanya 오명을 입다
(NAMA) nama buruk 오명
오목
(BULAT) bulat cekung 오목한
오목거울
(CERMIN) cermin cekung 오목거울
오목눈
(CENGKUNG) mata cengkung 오목눈
오목렌즈
(CEKUNG) lensa cekung 오목렌즈
오목하다
CAWAK 오목한 자리
CEKUNG 오목한
오물
HAJAT 오물
NAJIS 오물
오비이락
(ENGGANG) enggang lalu lanting patah 오비이락
오사리
UPIH (옥수수의) 오사리
오솔길
(JALAN) jalan setapak 오솔길
(JALAN) jalan tikus 오솔길
오십보백보
(KAYUH) pengayuh sama di tangan, perahu sama di air 오십보백보
(KERA) kera jadi monyet 오십보백보
(SAGA) diuji timbang lebih sesaga 오십보백보
오염
(CEMAR) pencemaran lingkungan 환경오염
(CEMAR) pencemaran udara 대기오염
오용
(SALAH) salah guna 오용
오이
MENTIMUN/KETIMUN 오이

MENTIMUN/KETIMUN 오이의 열매

오전

(GALAH) sepenggalah 오전 7-8시 사이
PAGI 오전
(PAGI) pagi hari 오전
(PAGI) pukul tujuh pagi 오전 7 시
(TENGAH) tengah naik 오전 9시경

오젝

OJEK 오젝(요금을 받고 손님이 원하는 곳까지 태워다 주는 오토바이)
(OJEK) tukang ojek 오젝 운전수

오주

(TIANG) tiang agama 이슬람의 오주(무슬림들이 실천해야 할 5가지 의무)

오줌

(AIR) air seni 오줌 누다
(BESAR) buang air kecil 오줌을 누다
(BUANG) buang air kecil 오줌 누다
KENCING 오줌(을 누다)
(NAJIS) najis kecil 오줌
(POTONG) potong hidung rosak muka 제 발등에 오줌 누기
(POTONG) potong hidung, rusak muka 제 발등에 오줌 누기
(SENI) air seni 오줌
(SESAK) sesak kencing 오줌이 마려운

오줌보

(PUNDI-PUNDI) pundi-pundi kencing 오줌보

오줌통

(KANDUNG) kandung kencing 오줌통

오징어

CUMI-CUMI 오징어
(CUMI-CUMI) cumi-cumi raksasa 대왕오징어

오탁오탁

(OTAK) otak-otak 오탁오탁(생선, 새우 등을 갈아 야자잎이나 바나나잎에 싸서 찌거나 구워 만든 음식)

오토바이

(SEPEDA/BASIKAL) motosikal 오토바이
(SEPEDA/BASIKAL) sepeda motor 오토바이

오한증

(SAKIT) sakit sejuk 오한증

오해

(BURUK) buruk ambil 오해하다
(BURUK) buruk sangka 오해하다
(SALAH) salah ambilan 오해하다
(SALAH) salah faham 오해하다
(SALAH) salah kira 오해하다
(SALAH) salah paham 오해하다
(SALAH) salah sangka 오해하다
(SALAH) salah tangkap 오해하다
(SALAH) salah terima 오해하다
(SELISIH) berselisih semat 오해하다
(SEMAT) salah semat 오해하다

오후

(KERBAU) kerbau turun berendam 대략 오후 5시경
(MATAHARI/MENTARI) matahari berayun 해가 기우는 때 (오후 4시경)

(MATAHARI/MENTARI) matahari gelincir 해가 뉘엿뉘엿 떨어지는 때 (오후 5시 경)
(MATAHARI/MENTARI) matahari lengser 해가 뉘엿뉘엿 떨어지는 때 (오후 5시 경)
(MATAHARI/MENTARI) matahari miring 해가 뉘엿뉘엿 떨어지는 때 (오후 5시 경)
(MATAHARI/MENTARI) matahari tengah turun 해가 기울기 시작하는 때 (오후 3시 경)
PETANG 오후(정오부터 해가 질 때까지의 동안)
(PETANG) besok petang 내일 오후
(PETANG) petang esok 내일 오후
(PETANG) petang semalam 어제 오후
(REMBANG) rembang petang 오후 3시가 지난 시간
(SALAT/SOLAT) salat asar 오후(그림자가 본체의 길이보다 길어져 해가 서편으로 기우는 시간)에 드리는 기도
(SELAMAT) selamat sore 오후 인사말
(SEMBAHYANG/SOLAT) sembahyang asar 오후(그림자가 본체의 길이보다 길어져 해가 서편으로 기우는 시간)에 드리는 기도
(TENGAH) tengah turun 오후 3시경
(TIGA) tiga tapak bayang-bayang 그림자 길이가 세 뼘 정도 되는 시각 (오후 2시경)

옥
(BATU) batu giok 옥
(RUMAH) rumah mana yang tidak bersampah 옥에 티

옥생각
(SALAH) salah terima 옥생각하다

옥수수
(JANGGUT) janggut jagung 옥수수수염
(TEPUNG) tepung jagung 옥수수 가루

옥수수수염
(RAMBUT) rambut jagung 옥수수수염

옥잠
(GONDOK) eceng gondok 부레옥잠

옥죄다
CEKIK 옥죄다
(CEKIK) mencekik leher 목을 옥죄다

온
SEGALA 온

온고지신
(JANJI) adat diisi, janji dilabuh 온고지신

온대지역
(DAERAH) daerah hawa sedang 온대지역

온도계
(SUKAT) penyukat suhu 온도계

온상
(SARANG) sarang penyakit 병원균의 온상

온 세상
(ALAM) alam raya 온 세상

온실
(BALAI) balai benih 온실

온전하다
(KURANG) kurang waras 정신이 온전치 않은
(SEHAT/SIHAT) sehat akal (생각이) 온전한

(SEHAT/SIHAT) sehat pikiran (생각이) 온전한
(SEHAT/SIHAT) sihat fikiran (생각이) 온전한

온종일
(PANJANG) sepanjang hari 온종일
(SUNTUK) sehari suntuk 온종일

온통
(DARI) dari ujung kaki sampai ke ujung rambut 온통
SERBA 온통

올가미
JERAT 올가미

올라갔다 내려갔다
(TURUN) turun naik 올라갔다 내려갔다 하다

올라앉다
(TENGGELAM) tenggelam dalam hutang 빚더미에 올라앉다
(TENGGELAM) tenggelam dalam utang 빚더미에 올라앉다

올라타다
KENDARA/KENDERA (차량에) 올라타다
(TAMBANG) menambang 올라타다
TUNGGANG 올라타다

올려다보다
(LIHAT) lihat ke atas 올려다보다
(LIHAT) melihat ke atas 올려다보다
TENGADAH 올려다보다

올리다
BONGKAR (닻을) 올리다
HIDANG (음식을) 올리다
(LETAK) letak di tanah (배를) 뭍으로 끌어 올리다
(SAUH) membongkar sauh 닻을 올리다
(TEGAK) tegakkan masjid 결혼식을 올리다
(TEGAK) tegakkan mesjid 결혼식을 올리다

올바르다
BENAR 올바른
(MAKAN) makan siku 올바른
(MERDESA) sikap merdesa 올바른 태도
(SERBA) serba salah 어느 것 하나 올바른 것이 없는
(SERBA) serbasalah 어느 것 하나 올바른 것이 없는

올빼미
(BURUNG) burung hantu 올빼미
(HANTU) burung hantu 올빼미

올챙이
(KACANG) kacang lupakan kulitnya 개구리가 올챙이 적 생각 못 한다
(SEPERTI) seperti ulat lupakan daun 개구리가 올챙이 적 생각 못 한다
(ULAT) ulat lupakan daun 개구리 올챙이 적 생각 못 한다

올챙이배
(PACAT) pacat kenyang 올챙이배의

옮기다
ALIH 옮기다
PINDAH 옮기다
(PINDAH) berpindah-randah 이리저리 옮겨 다니다
(PINDAH) berpindah-rendah 이리저리 옮겨 다니다
TUKAR 옮기다

옳고 그름
(MAKAN) makan masak mentah 옳고 그름을 판단 못하는

(TAHU) tahu di alif lempang 옳고 그름을 판단하는
옴
(KUDIS) berkudis 옴을 앓다
MIANG 옴
(UNTUNG) untung ada, tuah tiada 재수가 옴 붙은
옴(피부병)
KUDIS 옴(피부병)
옴짝달싹
(MATI) mati langkah 술수에 걸려 옴짝달싹도 못하는 (사람)
옴폭 패다
CEKUNG 옴폭 팬
CENGKUNG 옴폭 팬
옷
(ANAK) anak baju 속옷
(BAJU) baju kurung 바주 쿠룽 (앞부분이 터지지 않은 말레이인 고유의 웃옷)
(BAJU) baju mandi 욕실에서 입는 옷
(BEKAS) bekas tubuh 헌 옷
(GUNTING) seperti gunting makan di ujung 가랑비에 옷 젖는 줄 모르다
(MAKAN) dimakan keringat (옷의 색깔이)바랜
(MAKAN) makan dipakai 옷으로 치장하다
(MAKAN) makan dipakai 옷이 지나치게 큰
(MAKAN) makan pakaian 옷으로 치장하다
(MAKAN) makan pakaian 옷이 지나치게 큰
(SARUNG) sarung batik 바틱 문양을 넣은 고급 사룽천(옷)
(SEMAT) jarum penyemat (옷)핀
(TELAN) ditelan pakaian 입은 옷이 너무 헐렁한
(TELUK) teluk belanga 털룩블랑아(옷깃이 없는 말레이인 고유의 웃옷인 바주쿠룽의 한 가지)
(UPIH) mengupih (옷이) 몹시 낡은
옷감
(BAHAN) bahan pakaian 옷감
KAIN 옷감
옷깃
(LEHER) leher baju 옷깃
옷을 입지 않다
BUGIL/BOGEL 옷을 입지 않은
옷핀
(PAHA) paha belalang 옷핀
옹고집
(KERAS) keras hati 옹고집의
(TARIK) menarik urat leher 옹고집의
(TEBAL) tebal telinga 옹고집의
(TEGANG) bertegang leher 옹고집의
옹기장이
(TUKANG) tukang periuk belanga 옹기장이
옹이
(MATA) mata kayu (나무의)옹이
TERAS (나무의) 옹이
옹졸하다
(SEMPIT) sempit dada 옹졸한
(SEMPIT) sempit hati 옹졸한
(SEMPIT) sempit kening 옹졸한

~와 같은
MACAM ~와 같은
와양
WAYANG 와양(그림자 쇼)
와이셔츠
(KANJI) kemeja putih berkanji 풀 먹여 다린 흰 와이셔츠
(KEMEJA) kemeja putih 흰 와이셔츠
와이퍼
(KIPAS) kipas air (자동차 앞창에 붙어 있는) 와이퍼
왁자지껄
(BUNYI) bunyi perempuan di air 왁자지껄하는 (소리)
완강하다
(KERAS) berkeras hati 완강한
(KERAS) berkeras kepala 완강한
완결
(JAHIT) jahit sudah kelindan putus 완결된
(PERKARA) habis perkara 완결된
완고하다
(BESAR) besar kepala 완고한
(HATI) keras hati 완고한
(KEPALA) kepala batu 완고한
(KERAS) berkeras kepala 완고한
(KERAS) keras kepala 완고한
(LEHER) bertegang leher 완고한
완료
SEMPURNA 완료된
완벽
SEMPURNA 완벽한
ㅇ
완벽하다
(LENGKAP) lengkap genap 완벽한
(LENGKAP) lengkap sempurna 완벽한
(SUDAH) sudah seasam segaram 완벽한
완숙하다
(HATI) berhati tua 완숙한
완전
GENAP 완전한
LENGKAP 완전한
SEMPURNA 완전한
완전고용
(GUNA) guna tenaga penuh 완전고용
완전하다
(MASAK) masak air 완전한
(SUDAH) sudah seasam segaram 완전한
완제품
(BARANG) barang jadi 완제품
완패
(CUKUR) dicukur gundul 완패하다
왔다 갔다
(HILIR) hilir mudik 왔다 갔다 하다
(PULANG) pulang pergi 왔다 갔다 하는
왔다갔다
(LALU) lalu lalang 왔다갔다
(LALU) lalu landang 왔다갔다

(LINTAS) lintas pintas 왔다갔다
(ULANG) ulang-alik 왔다갔다
(ULANG) ulang-aling 왔다갔다

왕
DULI 왕
(HANTU) hantu raya 귀신의 왕
(MAHKOTA) mahkota negeri 왕
RAJA 왕
(SILSILAH/SALASILAH) silsilah raja-raja 왕들의 계보
(TIKUS) kucing pergi tikus menari 호랑이 없는 골에 토끼가 왕 노릇 한다

왕겨
ANTAH 왕겨

왕관
MAHKOTA 왕관

왕귤
(LIMAU) limau bali 왕귤

왕대
(BAMBU) bambu besar 왕대

왕도마뱀
BIAWAK 왕도마뱀

왕따
(PUTUS) putus sekolah 왕따를 당하다

왕래
(LINTAS) lintas pintas 왕래
(SURAT) surat-menyurat 서신 왕래

왕모기
(GAJAH) nyamuk gajah 왕모기

왕복
(PERGI) pergi balik 왕복
(PERGI) pergi datang 왕복
(PERGI) pulang pergi 왕복
(PULANG) pulang balik 왕복(하다)
(PULANG) pulang pergi 왕복(하다)
(TOLAK) tolak balik 왕복
(ULANG) berulang-alik Kuala Lumpur-Jakarta 쿠알아 룸푸르와 자카르타 간을 왕복하다
(ULANG) ulang-alik 왕복
(ULANG) ulang-aling 왕복

왕비
(PEREMPUAN) raja perempuan 왕비
(RAJA) raja perempuan 왕비

왕성하다
(DARAH) darah muda 혈기가 왕성한
(SELERA) selera tajam 식욕이 왕성한
(SEMANGAT) semangat muda 의욕이 왕성한

왕세자
(RAJA) raja muda 왕세자

왕손
(ANAK) anak gahara (왕비가 나은) 왕손

왕실
(JURU) juru kunci 왕실 묘지 관리인

왕자

PUTRA/PUTERA 왕자
왕족
(ORANG) orang atas 왕족
(ORANG) orang atasan 왕족
왕파리
LANGAU 왕파리
(LANGAU) lalat langau 왕파리
왕후
(RAJA) raja perempuan 왕후
왜
(SEBAB) sebab apa 왜
왜가리
(LEMBU) burung lembu 큰부리왜가리
왜곡
(PUSING) cakap pusing 말을 왜곡시키다
(PUSING) pusing keling 말을 왜곡시키다
(PUTAR) memutarbalikkan 왜곡시키다
(PUTAR) putar balik (말의) 왜곡
외가
(ANAK) anak pisang 외가에서 부양하는 전처의 자식
외간 남자
(DUA) menduai laki 외간 남자와 놀아나다
외간
(SUAMI) suami orang 외간 남자
외계
(ANGKASA) angkasa luar 외계
(RUANG) ruang angkasa 외계
외관
(POTONG) potongan badan 몸의 외관
외교전략
(SIASAT) siasat dunia 외교전략
외국
(ANAK) anak dagang 외국인
(ANGIN) atas angin 외국의
ASING 외국의
(LUAR) luar negeri 외국(의)
(NEGERI) negeri asing 외국
(NEGERI) negeri orang 외국
(TANAH) tanah asing 외국
외국어
(LUNAK) lunak lidah (외국어) 발음이 좋은
(TEBAL) tebal lidah (외국어의) 발음을 잘 못하는
외국인
(DAGANG) dagang piatu 외국인
(DAGANG) orang dagang 외국인
(ORANG) orang dagang 외국인
(RANTAU) anak rantau 외국인
(RANTAU) orang rantau 외국인
(WARGA) warganegara asing 외국인
외국자본
(MODAL) modal asing 외국자본
(MODAL) modal luar negeri 외국자본
(TANAM) penanaman modal asing 외국자본의 투자

외날 칼
LADING (칼등이 휘어진 말레이 토속) 외날 칼
외도
(JAJAN) jajan di luar 외도하다
외동딸
(TUNGGAL) anak perempuan tunggal 외동딸
외딴곳
(TEMPAT) tempat hantu bermain 외딴곳
외롭다
RINDU 외로운
외륜선
(KAPAL) kapal kincir 외륜선
외면
(ALIH) beralih muka 외면하다
(BALIK) membalikkan punggung 외면하다
(BUANG) membuang muka 외면하다
(PALING) memaling muka 외면하다
(PALING) memalingkan muka 외면하다
(PUSING) berpusing muka 외면하다
외모
TOKOH 외모
외무부장관
(MENTERI) menteri luar negeri 외무부장관
외부
LUAR 외부
외삼촌
(ANAK) anak pisang (부계의 측에서 보면) 외삼촌의 자식
MAMAK 외삼촌
외상
SAMBUT 외상으로 사다
(SAMBUT) menyambut lembu 외상으로 소를 사다
외설
LUCAH 외설적인
외설적
(JOLOK) menjolok mata 외설적인
(LUCAH) lucah melihatnya 너무 외설적인
(MULUT) mulut kotor 외설적인 말을 일삼는 사람
(MULUT) mulut lucah 외설적인 말을 일삼는 사람
외아들
(JERAT) jerat semata bunda kandung 애지중지하는 외아들
외양
WAJAH 외양
(WAJAH) wajah baru 새로운 외양
외양간
(CAKAK) cakak sudah, silat teringat 소 잃고 외양간 고친다
KANDANG 외양간
(KARAM) telah karam maka bertimba 소 잃고 외양간 고친다
(KELAHI) sehabis kelahi teringat silat 소 잃고 외양간 고친다
(MATA) mata telah rabun, bandar pun terbuka 소 잃고 외양간 고친다
(RUMAH) rumah sudah tukul berbunyi 소 잃고 외양간 고친다
(RUMAH) rumah sudah, pahat berbunyi 소 잃고 외양간 고친다
외언청이
(KEPITING) kepiting menyuruh anaknya berjalan betul 쌍언청이가 외언청

이 나무란다
외우다
(LUAR) di luar kepala 외워서
(LUAR) luar kepala 외워서
외유내강
(JINAK) jinak-jinak merpati 외유내강형의 여자
외지
(ANAK) anak dagang 외지인
외출
KELUAR 외출하다
(LARANG) larangan keluar malam 야간 외출 금지
외치다
SERU 외치다
(SERU) berseru-seru 큰 소리로 외치다
외침
JERIT 외침
PEKIK 외침
(SERU) kata seru 외침
SORAK 외침
외톨박이
(TAMU) tamu di negeri sendiri 외톨박이
외할머니
NENEK 외할머니
외환
(ALAT) alat pembayaran luar negeri 외환
외환시장
(PASAR) pasar uang 외환시장
(PASAR) pasaran wang 외환시장

왼손
(KIDAL) tangan kidal 왼손
왼손잡이
KIDAL 왼손잡이
(KIDAL) tangan kidal 왼손잡이
(TANGAN) tangan kiri 왼손잡이
왼쪽
KIDAL 왼쪽
KIRI 왼쪽
(RUSUK) rusuk kiri 왼쪽
왼편
(RUSUK) rusuk kiri 왼편
요
TILAM (누울 때 바닥에 까는)요
요구
GUGAT 요구하다
MINTA 요구하다
TUNTUT 요구하다
(TUNTUT) menuntut maaf 사과를 요구하다
요금
(PUNGUT) memungut bayaran 요금을 징수하다
TAMBANG (운송) 요금
(TARIK) menarik bayaran 요금을 징수하다
요대
(PINGGANG) ikat pinggang 요대

(PINGGANG) tali pinggang 요대
(TALI) tali pinggang 요대
요동치다
KOCAK 요동치다
(KOCAK) berkocak hati 마음이 요동치다
요란하다
(CONGAK) seperti padi hampa, kepalanya mencongak 빈 수레가 더 요란하다
(KOCAK) berkocak tanda tak dalam 빈 수레가 요란하다
(SUNGGUH) sungguh bersubang 치장만 요란하고 행실이 나쁜 여자
(SUNGGUH) tiada berdara 치장만 요란하고 행실이 나쁜 여자
요람
DONDANG 요람
요리
GORENG 요리하다
(TEKAK) umpan tekak 전채 요리
(UMPAN) umpan tekak (입맛을 돋우는) 전채 요리
요리법
MASAK 요리법
요리사
(JURU) juru dapur 요리사
(TUKANG) tukang masak 요리사
(TUKANG) tukang tanak 요리사
요망하다
(PANJANG) panjang mata 요망한
요새
KUBU 요새
(KUBU) kubu pertahanan 방어 요새
요술
(MAIN) main balik mata 요술
요약
(PANGKAS) memangkas cerita 요약하다
요오드팅크
(OBAT/UBAT) obat merah 요오드팅크
요원
(APARAT) aparat keamanan 군경요원
(APARAT) aparat keamanan 치안요원
요정
(ORANG) orang halus 요정
요즘
(AKHIR) akhir-akhir ini 요즘
(AKHIR) pada akhir ini 요즘
요지
(BUAH) buah pendapat 의견의 요지
요청
(JANJI) meminta janji empat bulan 4개월 연기를 요청하다
(MINTA) minta cuti 휴가를 요청하다
(MINTA) minta jalan 길을 비켜 달라고 요청하다
(MINTA) minta nyawa 목숨을 내놓을 것을 요청하다
(MINTA) minta tempoh 연기를 요청하다
(MINTA) minta tempoh 휴가를 요청하다
(MINTA) minta tolong 구조를 요청하다
(MINTA) minta tolong 도움을 요청하다

(MOHON) memohon beasiswa 장학금을 요청하다
(MOHON) memohon biasiswa 장학금을 요청하다
(PASANG) pasang kaki 원조를 요청하다
PINTA/MINTA 요청
(PINTA/MINTA) meminta izin 허락을 요청하다
(PINTA/MINTA) meminta tangguh 연기를 요청하다

요충
(CACING) cacing kerawit 요충
(CACING) cacing kermi 요충

요컨대
(PENDEK) pendek kata 요컨대
(SINGKAT) singkat kata 요컨대

요행수
(JATUH) kejatuhan bulan 요행수를 얻다
(LAUT) laut ditembak darat kena 요행수
(MALANG) malang mujur 요행수를 바라다
(SABUNG) menyabung untung 요행수를 바라다
(SABUNG) sabung selepas hari petang 마지막 요행수를 바라다
(SABUT) untung sabut timbul untung batu tenggelam 모든 일을 요행수에 맡기다
(TUNGGU) tunggu durian runtuh 요행수를 바라다

욕
(BERI) memberi aib 대중 앞에서 욕을 당하다
(CACI) mencaci maki 욕하다
(CAKAP) cakap belakang 욕하다
(ENTENG) enteng lidah 욕을 잘하는
(KENA) kena pukul 욕먹다
(KENA) kena sembur 욕을 먹다
KUTUK 욕
(MULUT) bermulut kotor 욕을 잘하는
(MULUT) bermulut rampus 욕을 잘하는
(MULUT) mulut kotor 욕을 잘하는 사람
(MULUT) mulut lucah 욕을 잘하는 사람

욕구
HAJAT 욕구
NAFSU 욕구
(TIMBUL) timbul nafsu 욕구가 생기다

욕망
(API) api berahi 욕망
(BATU) batu hati 욕망
(BATU) membatu hatinya 욕망이 강한
NAFSU 욕망
(SEPIT) menyepitkan lidah ke lantai (욕망을) 자제하다

욕먹다
(KUTUK) kena kutuk 욕먹다

욕보다
(CEMAR) tercemar kening 욕보다
(CEMAR) tercemar muka 욕보다
(CERMIN) bercermin bangkai 욕보다

욕보이다
(RENDAH) merendahkan nama (남을) 욕보이다

욕설
CACI 욕설

(CACI) bercaci-cacian 서로 욕설을 퍼붓다
(CARUT) bercarut bungkang 욕설을 퍼붓다
(CARUT) carut marut 온갖 욕설
(CARUT) mencarut-carut 욕설을 퍼붓다
(PUKI) puki mak 엄마의 음부 (아주 심한 욕설)
(SETAN) persetan 꺼져라(욕설)
(SETAN) persetan 나가 뒈져라(욕설)
(SIAL) sialan 빌어먹을(욕설)
(SIAL) sialan 제기랄(욕설)
UMPAT 욕설
(UMPAT) umpat-umpatan 온갖 욕설

욕심
(BESAR) besar perut 욕심이 많은
(BURUK) buruk selara 욕심이 많은
(KARUNG) karung bolong 욕심꾸러기(의)
(LADING) lading tajam sebelah 욕심 많은
(LAPAR) lapar sangat 욕심이 많은
(LEPAS) melepaskan hati 욕심을 채우다
(MATA) matanya hijau (욕심 때문에) 눈이 뒤집힌
(SELERA) buruk selera 욕심이 많은

욕심꾸러기
(SELERA) selera bagai cetus api 욕심꾸러기

욕심쟁이
(SELERA) selera bagai cetus api 욕심쟁이

욕쟁이
(BUSUK) busuk mulut 욕쟁이
(MULUT) mulut kotor 욕쟁이
(MULUT) mulut lucah 욕쟁이

욕정
(API) api berahi 욕정
(LEPAS) melepaskan hati 욕정을 채우다
(NAFSU) nafsu kuda 지나친 욕정
(NAIK) naik berahi 욕정

용
(CACING) cacing telah menjadi naga 개천에서 용 났다
(PIJAT-PIJAT) pijat-pijat menjadi kura-kura 개천에서 용 났다

용감무쌍
(DARAH) berdarah merah 용감무쌍한 (사람)
(ELANG) seperti elang menyongsong angin 용감무쌍한
(GAGAH) gagah berani 용감무쌍한
(GAGAH) gagah perkasa 용감무쌍한

용감하다
BERANI 용감한
(BERANI) berani lalat 용감한 체 하다
(CABAI) cabai rawit 작지만 용감한
GAGAH 용감한
(HATI) berhati jantan 용감한
JANTAN 용감한
(KERAS) keras tulang 용감한
(LAGAK) berlagak berani 용감한 체하다
(MERAH) merah darah 용감한

용기
(BAKAR) membakar semangat 용기를 북돋우다

(BANGKIT) bangkit hati 용기가 생기다
(BATU) batu hati 용기
(BERANI) berani cadang 무모한 용기
(BERANI) berani hilang tak hilang, berani mati tak mati 진정으로 용기있는 자는 신이 돕는다
(BERI) memberi hati 용기를 북돋우다
(CABAR) cabar hati 용기를 잃은
(CABAR) mencabarkan hati 용기를 잃게 만들다
(DATANG) datang hati 용기가 나다
(GAGAH) menggagahkan diri 용기를 내다
(GELI) menggeli induk ayam 용기를 북돋우다
(HATI) hatinya bangkit 용기가 나다
(HILANG) hilang semangat 용기를 잃다
(JATUH) jatuh semangat 용기를 잃다
(LALAT) berani lalat 쓸데없는 용기
(PATAH) patah hati 용기를 잃은
(PECAH) pecah hati 용기를 잃다
SEMANGAT 용기
(SEMANGAT) hilang semangat 용기를 잃다

용도
GUNA 용도

용돈
(UANG/WANG) uang jajan 용돈

용맹
(PILIN) memilin misai 용맹을 뽐내다

용맹성
(JANTAN) kejantanan 용맹성

용모
(KENING) berkilat keningnya 용모가 아름다운
(RUPA) rupa muka 용모
(SIRIH) bujur sirih (용모가) 구장 잎처럼 갸름한
TAMPAN 용모
(TAMPAN) tampan muka 용모
WAJAH 용모

용변
(KE) ke belakang 용변을 보러가다
(PANGGIL) panggilan alam 용변
(SUNGAI) ke sungai 용변을 보러 가다

용병
(MAKAN) makanan peluru 용병
(UMPAN) umpan peluru (전쟁) 용병

용사
(AYAM) ayam jago 용사
(JAGO) jago kapuk 역전의 용사

용서
(AMBIL) mengambil panjang (남의) 잘못을 용서하지 않다
HAPUS 용서하다
(HAPUS) menghapus dosa 죄를 용서하다
MAAF 용서(하다)
(MAAF) bermaaf-maafan 서로 용서하다
(MAAF) maaf kesalahan 잘못을 용서하다
(MAAF) memaafkan kesalahan 잘못을 용서하다
(MAAF) meminta maaf 용서를 빌다

(MINTA) minta maaf 용서를 구하다
(MINTA) minta maaf 용서를 빌다
(SAMPAI) sampaikan salam 용서를 구하다
(SAMPAI) sampaikan salam 용서를 빌다
(TEBUS) menebus dosa 용서를 빌다
용수철
(KASUR) kasur pegas 용수철 매트리스
용이
ENTENG 용이한
용이하다
SUANG 용이한
용품
ALAT 용품
우거지상
(CUKA) minum cuka pagi hari 우거지상
(MINUM) minum cuka pagi hari 우거지상을 하고 다니는 사람
(MUKA) bermuka asam 우거지상의
(MUKA) bermuka masam 우거지상의
우기
(HUJAN) musim hujan 우기
우두
(CACAR) cacar sapi 우두
우두머리
BIANG 우두머리
EMPU 우두머리
KEPALA 우두머리
(PEGANG) memegang kemudi 우두머리가 되다
(PEGANG) pegang kemudi 우두머리가 되다
PUCUK 우두머리
TAMPUK (권좌의) 최고 우두머리
(TAMPUK) tampuk kuasa 권력의 최고 우두머리
(TAMPUK) tampuk pimpinan 권력의 최고 우두머리
TUA 우두머리
(TUA) tua-tua 우두머리
TUAN 우두머리
우둔
(BEKU) beku otak 우둔한
(BENAK) benak hati 우둔한 (사람)
(BERAT) berat kepala 우둔한
(BISU) bisu tuli 우둔한
BONGKONG 우둔한
HODOH 우둔한
(KALI) bodoh sekali 몹시 우둔한
(KEPALA) berkepala kerbau 우둔한
(KEPALA) kepala udang 우둔한
(MATA) mata betung 우둔한
(SEMPIT) sempit akal 우둔한
(TELINGA) bertelinga lembut 우둔한
(TIDAK) tidak berbenak 우둔한
(TIDAK) tidak berotak 우둔한
우뚝 서다
CACAK 우뚝 선
(CACAK) mencacak tonggak 우뚝 서다

우러르다
CANGAK 우러러보다
CONGAK 우러러보다
DONGAK 우러르다
(TENGADAH) menengadahkan muka (하늘을) 우러러보다
(TENGADAH) menengadahkan muka (하늘을) 우러르다
우레
PETIR 우레
(PETIR) petir tunggal 우레와 같은 목소리
우려
(RISAU) merisaukan masa depan 앞날을 우려하다
(RISAU) risau hati 우려스러운
우리
KANDANG 우리
KITA (상대방을 포함한) 우리
KITA 우리들
(KITA) kita orang (상대방을 제외한) 우리들
KURUNG 우리
PASUNG 우리
우묵우묵
(KEROBAK) kerobak-kerabit 우묵우묵한
(KEROBAK) kerobak-kerobek 우묵우묵한
우묵하다
LEKUK 우묵한 (곳)
우문현답
(LUNAK) lunak tak bersudu, keras tak bertakik 우문현답
우물
(JAGO) jago kandang 우물 안 개구리
(KATAK) katak di bawah tempurung 우물 안 개구리
(MATA) mata air 우물
(PASAK) pasak kampung 우물 안 개구리
PERIGI 우물
(PERIGI) perigi buta 마른 우물
(SAKSI) bersaksi ke lutut 우물가서 숭늉 찾는다
(SEPERTI) seperti katak di bawah tempurung 우물 안 개구리
SUMUR 우물
(SUMUR) sumur buta 물이 말라 버린 우물
(SUMUR) sumur mati 물이 말라 버린 우물
우물가
(SUMUR) mandi di sumur 우물가에서 목욕하다
우물쩍
(SAMBIL) sambil lalu 우물쩍
(SAMBIL) sambil-sambil 우물쩍
우물쭈물하다
(MAU/MAHU) mau tak mau 우물쭈물하는
우박
(HUJAN) hujan batu 우박
(HUJAN) hujan beku 우박
우범지대
(DAERAH) daerah hitam 우범지대
(KANDANG) kandang buaya 우범지대
(KANDANG) kandang harimau 우범지대
(TEMPAT) tempat berbahaya 우범지대

우산
PAYUNG 우산
우산춤
(TARI) tari payung 우산춤
우선
(PERTAMA) pertama-tama 우선
우수리
TAMBAH 우수리
우스갯소리
LAWAK 우스갯소리
(LAWAK) lawak-lawak 우스갯소리
(PANDAI) pandai goreng 우스갯소리를 잘하는
(PANDAI) pandai jual minyak 우스갯소리를 잘하는
우습다
GELI 우스운
우신장
(GINJAL) ginjal kanan 우신장
우애
(TALI) tali silaturahim 우애 관계
(TALI) tali silaturahmi 우애 관계
우여곡절
(SIMPANG) simpang siur (인생 여정에) 많은 우여곡절이 있는
(SIMPANG) simpang-siur (인생 여정에) 많은 우여곡절이 있는
우연히
(TIBA) tiba-tiba berjumpa 우연히 마주치다
(TIBA) tiba-tiba berjumpa 우연히 만나다
우열
(REBUT) berebut tinggi 우열을 다투다
우왕좌왕
(HABIS) kehabisan daya 우왕좌왕하는
(HATI) hatinya bercabang 우왕좌왕하다
(PUTUS) putus akal 우왕좌왕하다
우울하다
(AIR) air mukanya keruh 우울해 보이는
(HATI) berhati rawan 우울한
KERUH 우울한
(KERUH) berkeruh air muka 우울한
(KUSUT) kusut muka 우울한
LAYU 우울한
(MUKA) bermuka masam 우울한
SURAM 우울한
(SUSAH) susah hati 우울한
(WARNA) warna gelap 우울해 보이는 표정
우월의식
(AKAL) akal sejengkal 우월의식이 있는
우유
DADIH 응고된 우유
SUSU 우유
우유부단
(KEPALA) berkepala dua 우유부단한
(MABUK) mabuk tahi telinga 우유부단한 (사람)
우윳빛
(KUNING) kuning langsat 우윳빛 노란색

(LANGSAT) kuning langsat 우윳빛 노란색
(PUTIH) putih kuning 우윳빛 노란색
(PUTIH) putih langsat 우윳빛 노란색
우의
(BAJU) baju hujan 우의
우익
(HALUAN) berhaluan kanan 우익의
(SAYAP) sayap kanan 우익
우정
(INAI) bagai inai dengan kuku 변치 않는 우정
(ISI) bagai isi dengan kuku 변치 않는 우정
(PUTUS) putus arang (우정이) 완전히 금이 가다
우주
(ALAM) alam semesta 우주
(ANGKASA) angkasa luar 우주
(ANGKASA) angkasawan (남성) 우주 비행사
(ANGKASA) angkasawati (여성) 우주 비행사
(JAGAT) jagat besar 대우주
(JAGAT) jagat kecil 소우주
(JAGAT) jagat raya 우주
(JAGAT) jagat semesta 우주
LANGIT 우주
(PROYEK/PROJEK) proyek angkasa luar 우주 계획
(RUANG) ruang angkasa 우주
(UDARA) udarawan (남성) 우주 비행사
(UDARA) udarawati (여성) 우주 비행사
우주선
(ANGKASA) pesawat angkasa luar 우주선
(KAPAL) kapal angkasa 우주선
우주인
(ANGKASA) angkasawan 우주인
(ANGKASA) angkasawati 우주인
우쭐거리다
(KAPLOK) kaplok dada 우쭐거리다
(LONJAK) lonjak bagai labu dibenam 우쭐거리는
(TEPUK) menepuk dada 우쭐거리다
(TINGGI) meninggikan diri 우쭐거리다
우쭐대다
(JUAL) menjual aksi 우쭐대다
(JUAL) menjual lagak 우쭐대다
우체국
(KANTOR) kantor pos 우체국
우체통
(KOTAK) kotak pos 우체통
(SURAT) peti surat 우체통
우측
KANAN 우측
우편
(ANTAR) pengantar surat 우편배달부
우편배달부
(SURAT) tukang pos 우편배달부
(SURAT) tukang surat 우편배달부
우편집배원

(SURAT) tukang pos 우편집배원
(SURAT) tukang surat 우편집배원

우편통
(SURAT) peti surat 우편통

우편함
(PETI) peti surat 우편함

우호
(TALI) tali silaturahim 우호 관계
(TALI) tali silaturahmi 우호 관계

우화
(CERITA) cerita ibarat 우화

우회로
(JALAN) jalan bentar 우회로

우후죽순
(CENDAWAN/JAMUR) sebagai cendawan tumbuh 우후죽순
(JAMUR) menjamur 우후죽순처럼 생겨나다

운
(ADA) berada di atas angin 운이 좋은
(BERAT) berat perut 운이 좋은
(BINTANG) berbintang terang 운이 좋다
(BINTANG) bintangnya mengabur 운이 나쁘다
(BULAN) bulan tua 운이 다한
(CABUT) tercabut di kartu mati 운이 없는
(CABUT) tercabut pada kertas mati 운이 없는
(CUMA) cuma mencemarkan tangan 운이 없는
(KANAN) langkah kanan 운이 좋은
(KARTU) kartunya sedang naik 운이 좋은
(KERONGKONGAN) kerongkongan berair juga 운이 따르는
KIRI 운이 나쁜
(LANGKAH) langkah kiri 운이 막힌
(LUNAK) lunak rezeki 운이 좋은
(NAIK) naik daun (도박에서) 항상 운이 따르는
(NASI) nasi di lutut 운이 좋은
(PANAS) panas tangan 운이 없는
(REZEKI) rezeki merendah 운이 좋은
(REZEKI) rezeki rendah 운이 좋은
(SABUNG) menyabung untung 운에 맡기다
SIAL 운이 없는
(SIAL) sial bercampur malang 억세게 운이 없는
(TANGAN) tangan panas 운이 안 따르는
(TANGAN) tangan sejuk 운이 따르는
(TANGAN) tangan turun 운이 다한
UNTUNG 운(이 좋은)

운동
GERAK 운동
(GERAK) gerakan bawah tanah 지하운동
(GERAK) gerakan buruh 노동운동
(GERAK) gerakan lempeng bumi 지각운동
(GERAK) gerakan wanita 여성운동
(GERAK) gerakan 운동
(GERAK) pergerakan wanita 여성운동
(GERAK) pergerakan 운동
(OLAH) olahraga 운동

운동선수
(OLAH) olahragawan 남자 운동선수
(OLAH) olahragawati 여자 운동선수
운동장
(OLAH) lapangan olahraga 운동장
운명
AJAL 운명
(GANTUNG) menggantungkan nasib 운명을 맡기다
(GARIS) garis hidup 운명
(HINA) sehina semalu 같은 운명
(JANJI) sudah sampai janjinya 운명하다
(KADAR) ala kadarnya 운명
(LAYANG) layang nyawa 운명하다
(LAYANG) melayang jiwa 운명하다
(LAYANG) melayang nyawa 운명하다
NASIB 운명
(NASIB) nasib Pak Kaduk 카둑 씨와 같은 운명(남에게 이용만 당하는 기구한 운명)
(NASIB) nasib-nasiban 운명에 맡긴 채
(RAJAH) rajah tangan 운명
(RATAP) meratapi nasib 기구한 운명을 한탄하다
(RETAK) retak tangan 운명
(RODA) roda hidup 운명
운송료
(TAMBANG) harga tambang 운송료
(TAMBANG) wang tambang 운송료
운수
(BINTANG) berbintang gelap 운수가 사납다
(BINTANG) berbintang terang 운수가 대통하다
(BINTANG) bintang gelap 운수가 사나운
(BINTANG) bintangnya mengabur 운수가 사납다
(CELAKA) celaka tiga belas 몹시 사나운 운수
(LANGKAH) langkah kanan 운수가 대통한
(NASIB) nasib baik 좋은 운수
(NASIB) nasib buruk 좋지 않은 운수
(NASIB) nasib malang 좋지 않은 운수
(SURAT) suratan hidup 운수
(SURAT) suratan takdir 운수
(SURAT) suratan tangan 운수
(TANGAN) tangan naik (도박에서) 운수가 좋은
(UNTUNG) untung batu 사나운 운수
운운
(IA) beria-ia 운운하다
운임
(TAMBANG) harga tambang 운임
(TAMBANG) wang tambang 운임
운전
(IZIN) izin mengemudi 운전면허
(PANDU) memandu kereta 차를 운전하다
(PANDU) pandu kereta 차를 운전하다
운전사
(PEGANG) memegang batang 운전사가 되다
(PEGANG) memegang kemudi 운전사로 일하다

ㅇ

(PEGANG) pegang batang 운전사가 되다
(PEGANG) pegang kemudi 운전사로 일하다
운전수
(OJEK) tukang ojek 오젝 운전수
운전자
(TABRAK) pelaku tabrak lari 뺑소니 운전자
울다
(CUCUR) mencucurkan air mata 슬피 울다
(LIMPAH) melimpahkan air mata 하염없이 울다
(MATA) mata merah 울다
(SIRAM) bersiram air mata 울다
(TANGAN) tangannya bertepuk sebelah 한 손뼉이 울지 못한다
TANGIS 울다
(TANGIS) menangis berpanjangan (어린애가) 징징거리며 울다
(TANGIS) menangis teresak-esak 흑흑 흐느껴 울다
(TANGIS) menangis tersedu-sedu 흑흑 흐느껴 울다
울대뼈
(RONGKONG) kerongkongan 울대뼈
(RONGKONG) rongkongan 울대뼈
울리다
(RUNTUH) meruntuhkan hati 심금을 울리다
울음
(CUCUR) cucuran air mata 울음
RATAP 울음
울음소리
CIAP 병아리 울음소리
울이
RATAP 울이
울타리
(GUNTING) gunting pagar 울타리용 가위
PAGAR 울타리
울퉁불퉁
(LEKUK) lekuk-lekak 울퉁불퉁한
(LEKUK) lekuk-lekik 울퉁불퉁한
울퉁불퉁하다
(NAIK) naik turun 울퉁불퉁한
움직이다
HIDUP 움직이는
(TEGANG) menegang layar (배가) 움직이기 시작하다
움직임
GERAK 움직임
움켜쥐다
PEGANG 움켜쥐다
움켜쥠
CENGKAM 움켜쥠
KEPAL 움켜쥠
움큼
GENGGAM 움큼
움푹 꺼지다
CENGKUNG 움푹 꺼진
움푹 들어가다
CEKUNG 움푹 들어간
CENGKUNG 움푹 들어간

움푹 팬 곳
CAWAK 움푹 팬 곳
웃기다
(BAWA) membawa gelak 웃기다
(GELI) geli hati 웃기는
(HATI) geli hati 웃기는
LUCU 웃기는
(SAKIT) sakit perut 매우 웃기는
웃다
(JUAL) menjual gigi 큰 소리로 껄껄 웃다
(TAWA/KETAWA) tertawa besar 큰 소리로 껄껄 웃다
(TAWA/KETAWA) tertawa gelak-gelak 큰 소리로 껄껄 웃다
(TAWA/KETAWA) tertawa kecil 작은 소리로 웃다
(TAWA/KETAWA) tertawa terpingkal-pingkal 큰 소리로 껄껄 웃다
(TAWA/KETAWA) tertawa 웃다
웃돈
(TUKAR) tukar tambah 웃돈을 주고 물건을 교환하다
웃어른
(ORANG) orang tua (현명한 지도자로서 신임을 받는 한 마을의) 웃어른
(ORANG) orang tua-tua (현명한 지도자로서 신임을 받는 한 마을의) 웃어른
웃옷
BAJU 웃옷
(LONGGAR) baju longgar 헐거운 웃옷
(TELUK) teluk belanga 털룩블랑아(옷깃이 없는 말레이인 고유의 웃옷인 바주쿠룽의 한 가지)
웃음
GELAK 웃음(소리)
(GELAK) gelak nabi 비웃음
(GELAK) gelak senyum 싱긋 웃음
(GELAK) gelak setan 큰소리 웃음
(GELAK) gelak sumbing 쓴웃음
(GELAK) gelak tertawa 함박웃음
(KERING) tak kering gusi 입가에서 웃음이 떠나지 않는
(SENYUM) senyum pahit 쓴웃음
(SENYUM) senyum raja 비웃음
(SENYUM) senyum raja 코웃음
(SENYUM) senyum sumbing 쓴웃음
TAWA/KETAWA 웃음
(TAWA/KETAWA) tawa orang-orang 사람들의 웃음
(TAWA/KETAWA) tertawa kecil 작은 웃음을 짓다
웃음거리
(TAWA/KETAWA) tertawaan 웃음거리
웃음소리
(TAWA/KETAWA) bunyi tawa 웃음소리
(TAWA/KETAWA) suara tawa 웃음소리
웅덩이
(SATU) satu ditetak, sepuluh rebah 미꾸라지 한 마리가 온 웅덩이 물 다 흐린다
웅변가
(PENDEKAR) pendekar kata 웅변가
(PENDEKAR) pendekar lidah 웅변가
웅얼거리는 소리

KULUM 웅얼거리는 소리
웅얼거리다
(KULUM) berkulum 들릴 듯 말 듯 웅얼거리다
웅얼웅얼
(TABUHAN/TEBUAN) seperti tabuhan di dalam tukil 웅얼웅얼 말하는 소리
워킹페이퍼
(KERTAS) kertas kerja 워킹페이퍼
원
BULAT 원
LINGKAR 원
원가
(HARGA) harga pokok 원가
원기둥
(BULAT) bulat buluh 원기둥모양(의)
(BULAT) bulat torak 원기둥모양(의)
원님
(KARENA/KERANA) karena sabut tebal, tempurung pun jadi kebal 원님 덕분에 나발 분다
(LAYAR) berlayar atas angin 원님덕분에 나팔 불다
(LAYAR) layar atas angin 원님덕분에 나팔 불다
(TARI) menari di ladang orang 원님 덕분에 나발 분다
원단
(DAGING) daging kain (직물)원단
원두
(CACAR) cacar monyet 원두
원로
(ORANG) orang tua 원로
(ORANG) orang tua-tua 원로
(PAYUNG) payung negara 원로
(TIANG) tiang kampung 마을의 원로
(TUA) tua-tua 원로
원료
BAHAN 원료
(BAHAN) bahan mentah 원료
원목
(KAYU) kayu balak 원목
(KAYU) kayu bulat 원목
원문
(ASLI) karangan asli 원문
원문서
(ASLI) naskah asli 원문서
원본
(TANGAN) tangan pertama 원본
원소유자
(TANGAN) tangan pertama 원소유자
원수
(PULANG) memulangkan balas 원수를 갚다
(TUNTUT) menuntut balas 원수를 갚다
원숭이
(BELUT) belut kena getah 원숭이도 나무에서 떨어진다
KERA 원숭이
MONYET 원숭이

(TUPAI) sepandai-pandai tupai melompat, sekali akan gawal juga 원숭이도 나무에서 떨어진다
(TUPAI) sepandai-pandai tupai meloncat, sekali terjatuh juga 원숭이도 나무에서 떨어진다

원시
(MATA) mata jauh 원시
(RABUN) rabun dekat 원시

원시시대
(MASIH) masih dalam kegelapan 여전히 원시시대의

원앙
(BUKU) bertemu ruas dengan buku 원앙이 녹수를 만난 격
(TEMU) bertemu ruas dengan buku 의좋은 원앙 같은 부부

원유
(MENTAH) minyak mentah 원유

원의 둘레
CEKAK (엄지손가락 끝과 다른 손가락 끝이 닿아 만든) 원의 둘레

원인
KARENA/KERANA 원인
(POKOK) pokok pangkal 근본 원인
(PUCUK) pucuk pangkal 근본 원인

원자량
(BOBOT) bobot atom 원자량

원자력
(KUASA) kuasa atom 원자력
(TENAGA) tenaga nuklear 원자력
(TENAGA) tenaga nuklir 원자력

원자재
(BAHAN) bahan baku 원자재
(BAKU) bahan baku 원자재

원자핵
NUKLIR/NUKLEAR 원자핵(의)

원장
(BUKU) buku kas 원장

원조
ASLI 원조의
(PASANG) pasang kaki 원조를 요청하다

원종
BIANG 원종

원주민
(ASLI) orang asli 원주민
(ASLI) penduduk asli 원주민
(BUMI) bumi putra 원주민
(ORANG) orang asli 원주민
(ORANG) orang dalam 원주민
(ORANG) orang hutan 원주민

원천
MATA 원천
MULA 원천
USUL 원천

원칙
(GARIS) garis besar 원칙

원품
(TANGAN) tangan pertama 원품

원하다
(HENDAK) hendak akan 원하다
(HENDAK) hendakkan 원하다
MAU/MAHU 원하다
원한
DENDAM 원한
KASEMAT/KESUMAT 원한
(LIPUR) lipur dendam 원한을 씻다
(LIPUR) melipur dendam 원한을 씻다
(RINDU) rindu jadi batasnya, maka manis tidak jadi cuka 사무친 그리움은 끝내 원한이 될 수 있다
월
BULAN 월
월경
(BAWA) membawa adat 월경하다
(BAWA) membawa bendera merah 월경하다
(BAWA) membawa bulan 월경하다
(BAWA) membawa kain kotor 월경하다
(BULAN) datang bulan 월경(하다)
(CEMAR) bercemar kain 월경하다
(CEMAR) tercemar kain 월경 중인
(DAPAT) mendapat bulan 월경하다
(DAPAT) mendapat kain cemar 월경하다
(DAPAT) mendapat kain kotor 월경하다
(DATANG) datang bulan 월경
(DATANG) datang kotor 월경
(DATANG) kedatangan bulan 월경
HAID 월경
(KAIN) kain cemur 월경(하다)
(KAIN) kain kotor 월경(하다)
(LIHAT) lihat bulan 월경하다
(LIHAT) melihat bulan 월경하다
(NAIK) menaikkan bendera merah 월경하다
(PASANG) memasang bendera merah 월경하다
(PASANG) pasang bendera merah 월경하다
월경불순
(BUSUNG) busung darah 월경불순으로 생기는 부종
월급
(AMPLOP) amplop kosong 빈 월급봉투
GAJI 월급
(GAJI) gaji bulanan 월급
(GAJI) makan gaji 월급
(MAKAN) makan gaji 월급
(NAIK) naik gaji 월급이 오르다
(TANGGUNG) tanggung bulan 월급이 바닥나다
월급명세서
(DAFTAR) daftar gaji 월급명세서
월말
(CUKUP) cukup bulan 월말
(HABIS) habis bulan 월말
(TANGGAL/TARIKH) tanggal tua 월말(그달의 끝 무렵)
UJUNG/HUJUNG (월)말
(UJUNG/HUJUNG) akhir bulan 월말

(UJUNG/HUJUNG) hujung bulan 월말
월식
GERHANA 월식
(GERHANA) gerhana bulan 월식
월요일
SENIN/ISNIN 월요일
월초
(BULAN) bulan muda 월초
(TANGGAL/TARIKH) tanggal muda 월초(그달의 처음 무렵)
위
ATAS 위
(CUCI) cuci perut 위 세척제
(MANA) mana lagi 그 위에
위(장)
(PERUT) perut besar 위(장)
(PERUT) perut tua 위(장)
위급
GAWAT 위급한
위급하다
(GAWAT) gawat darurat 아주 위급한
위기
DARURAT 위기
(DARURAT) keadaan darurat 위기 상황
GAWAT 위기의
(GAWAT) gawat ekonomi 경제적 위기
KEMELUT 위기
(KEMELUT) masa kemelut 위기 기간
(KEMELUT) masa kemelut 위기 시기
(MULUT) mulut buaya 위기
위기일발
(KUKU) bergantung di ujung kuku 위기일발의 상황
위대하다
AGUNG 위대한
AKBAR 위대한
위대함
(AGUNG) keagungan Tuhan 신의 위대함
위도
(GARIS) garis lintang 위도(선)
위로
(HIBUR) menghibur hati 위로하다
(HIBUR) menghiburkan hati 위로하다
(KUNCI) kunci hati 위로
(LAPANG) melapangkan dada 위로하다
(LEGA) melegakan dada 위로하다
(LEGA) melegakan hati 위로하다
(LEMBUT) melembutkan hati 위로하다
(LIPUR) melipur hati 위로하다
(LUNAK) melunakkan hati 위로하다
(OBAT/UBAT) obat hati 위로
위문품
(BUAH) buah tangan 위문품
위반
(KELUAR) keluar garis 규칙위반

(KELUAR) keluar rel 규칙위반

위법행위

(LAWAN) lawan hak 위법행위(의)

(LAWAN) lawan hukum 위법행위(의)

위병

(LAMBUNG) sakit lambung 위병

위병소

(KANDANG) kandang monyet 위병소

위선

(AIR) air mata buaya 위선의 눈물

(MULUT) mulut buaya 위선과 허위에 가득 찬 말

위선자

(SEMBAHYANG) sembahyang mencari akal, rukuk mencari kira-kira 위선자

(SERAMPANG) serampang dua mata 위선자

(TALAM) talam dua muka 위선자

(ULAR) ular berkepala dua 위선자

(ULAR) ular kepala dua 위선자

위선적

(SENYUM) senyum palsu 위선적인 미소

위성

SATELIT 위성

위성국가

(SATELIT) negara satelit 위성국가

위안

(KUNCI) kunci hati 위안

(LIPUR) lipur hati 위안

(LIPUR) melipur hati 위안을 주다

(LIPUR) pelipur hati 위안

(LIPUR) penglipur hati 위안

(OBAT/UBAT) obat hati 위안

위안자

(HIBUR) penghibur hati 위안자

위액

(GETAH) getah lambung 위액

위원회

BADAN 위원회

(BADAN) badan penasihat 자문위원회

(SURUH) suruhanjaya 위원회

위임장

(SURAT) surat kuasa 위임장

위장

LAMBUNG 위장

위장병

(LAMBUNG) sakit lambung 위장병

위조

PALSU 위조의

위조화폐

(PALSU) uang palsu 위조화폐

(PALSU) wang palsu 위조화폐

위증

(DENGKUL) saksi dengkul 위증

(SAKSI) saksi dengkul 위증

ㅇ

(SAKSI) saksi dusta 위증
(SAKSI) saksi palsu 위증
위축
(CIUT) semakin menciut 점점 더 위축되다
위층
(TINGKAT) tingkat atas 위층
위치
LETAK 위치
위통
(SAKIT) sakit perut 위통
위험
BAHAYA 위험
(CONDONG) condong akan menimpa 아주 위험한 행동
GENTING 위험한
KEMELUT 위험
(LANGKAH) melangkahi ular 위험천만한 짓을 하다
(MAIN) bermain api 위험한 짓을 하다
(MAIN) main api 위험한 짓을 하다
(MAIN) main-main dengan nyawa 아주 위험한 짓을 하다
(MAIN) mempermainkan nyawa 아주 위험한 짓을 하다
(MASUK) masuk mulut buaya 위험에 빠지다
(MASUK) masuk sarang harimau 위험에 빠지다
(MULUT) mulut harimau 큰 위험
(MULUT) mulut singa 큰 위험
(SABUNG) menyabung untung 위험을 무릅쓰다
위험지대
(DAERAH) daerah rawan 위험지대
위험지역
(KANDANG) kandang buaya 위험지역
(KANDANG) kandang harimau 위험지역
(TEMPAT) tempat berbahaya 위험지역
위험천만
(PINTU) bagai pintu tak berpasak, perahu tak berkemudi 위험천만한 일
(TANDUK) telur di hujung tanduk 위험천만한 (상황)
(TANDUK) telur di ujung tanduk 위험천만한 (상황)
(TELUR) telur di hujung tanduk 위험천만한 상황
(TELUR) telur di ujung tanduk 위험천만한 상황
위협
(BEDIL) bedil buluh 위협
(BERI) memberi dahsyat 위협하다
윗다리
(TUNGKAI) tungkai atas 윗다리
윗도리
(LABUH) baju labuh (둔부까지 덮는) 긴 윗도리
윗물
(GURU) guru kencing berdiri, murid kencing berlari 윗물이 맑아야 아랫물이 맑다
(KENCING) guru kencing berdiri, murid kencing berlari 윗물이 맑아야 아랫물이 맑다
윗사람
(ORANG) orang atas 윗사람
(ORANG) orang atasan 윗사람
(ORANG) orang besar 윗사람

(OTAK) otak batu kepala 윗사람
유가증권
(HARGA) surat berharga 유가증권
유공충
(GELANG) gelang raya 유공충
유괴
CULIK 유괴
유괴범
CULIK 유괴범
(CULIK) penculik bayi 영아유괴범
유능하다
PANDAI 유능한
유니폼
(RAGAM) pakaian seragam 유니폼
유도
KENDALI 유도
유도질문
(UMPAN) umpan balik 유도질문
유도탄
(KENDALI) peluru kendali 유도탄
(PANDU) peluru berpandu 유도탄
유동적
(PULANG) pulang pergi 유동적인
유람선
(KAPAL) kapal pesiar 유람선
유래
(USUL) asal usul 유래
(USUL) usul asal 유래
유럽
BARAT 유럽(의)
(NEGERI) negeri atas angin 유럽
(NEGERI) negeri di atas angin 유럽
유럽인
(BARAT) bangsa barat 유럽인
유령
HANTU 유령
유료
(JALAN) jalan bebas hambatan 유료(고속)도로
(JALAN) jalan tol 유료(고속)도로
유료(고속)도로
(JALAN) jalan bebas hambatan 유료(고속)도로
(JALAN) jalan tol 유료(고속)도로
유료도로
(JALAN) jalan tol 유료도로
유리
KACA 유리
유명
(AMBIL) mengambil nama 유명해지다
HARUM 유명한
(ORANG) orang besar 유명 인사
(TOKOH) tokoh ternama 유명 인사
유명하다
(OLEH) beroleh nama 유명한

(TIDAK) tidak asing 유명한
유명해지다
(DAPAT) mendapat nama 유명해지다
유모
(IBU) ibu susu 유모
유방
TETEK 유방
유배
(BUANG) membuang hidup 유배하다
(BUANG) pembuangan 유배
유배지
(BUANG) pembuangan 유배지
유배형
(HUKUM) hukuman buang 유배형
유별나다
(LUAR) luar biasa 유별난
(SATU) satu dalam seribu 유별난
유별하다
(SEMBELIH) sembelih ayam dengan pisau 인간과 짐승은 유별하다
(SEMBELIH) sembelih orang dengan kapas 인간과 짐승은 유별하다
(SISIH) bersisih antah dengan beras 신분의 높고 낮음이 유별하다
(SISIH) bersisih antah dengan beras 있는 자와 없는 자가 유별하다
유비무환
(SESAL) sesal dahulu pendapatan 유비무환
(SESAL) sesal kemudian tiada berguna 유비무환
유사
(BARANG) barang tiruan 유사품
유산
(AHLI) ahli waris 유산 상속자
(GUGAT) menggugat pusaka 유산문제로 소송하다
(GUGUR) gugur kandung 유산
(GUGUR) menggugurkan anak 아이를 유산하다
(HARTA) harta pusaka 유산
(JOLOK) menjolok anak 유산시키다
PUSAKA 유산
(PUSAKA) harta pusaka 유산
(PUSAKA) pusaka gantung 소유주가 불분명한 유산
WARIS 유산
(WARIS) warisan 유산
유서
(TINGGAL) bertinggal kata 유서를 남기다
유성
(CIRIT) cirit bintang 유성
유성영화
(FILM) film bicara 유성영화
유순하다
JINAK 유순한
유액
GETAH 유액
유언
PUSAKA 유언
(TINGGAL) bertinggal kata 유언을 남기다
유언비어

(CERITA) cerita burung 유언비어
유언장
(SURAT) surat wasiat 유언장
유연하다
(LEMBUT) lembut tulang (동작이) 유연한
유용학문
(ILMU) ilmu putih 유용학문
유원지
(TAMAN) taman hiburan 유원지
유유상종
(ENGGANG) pipit sama pipit, enggang sama enggang 유유상종
(PIPIT) pipit sama pipit, enggang sama enggang 유유상종
유의
(AMBIL) mengambil pusing 유의하다
유일하다
(SATU) satu-satunya 유일한
유적
(GALI) penggalian kesan-kesan lama 유적 발굴
유전
(SILIH) silih berganti bagai ombak di tepi pantai 인생 유전
유전적
(MULA) semula jadi 유전적으로
유조선
(KAPAL) kapal tangki 유조선
유종
(JALAN) berjalan sampai ke batas, berlayar sampai ke pulau 유종의 미
유창
FASIH 유창한
유창하다
(LINCIR) lincir lidah 말솜씨가 유창한
(LURUS) lurus lidah 유창한
PETAH 유창한
(RINGAN) ringan lidah 말이 유창한
유치
(GIGI) gigi anak 유치
유치원
(NOL) nol besar 유치원 2 년차 학급
(NOL) nol kecil 유치원 1 년차 학급
(TAMAN) taman kanak-kanak 유치원
유쾌
SUKA 유쾌한
유쾌하다
(RIANG) riang gembira 유쾌한
(RIANG) riang hati 유쾌한
(RIANG) riang rasa 유쾌한
(SEDAP) sedap hati 유쾌한
SENANG 유쾌한
(SINGKAP) tersingkap hati 유쾌한
(SUKA) suka ria 유쾌한
(SUKA) sukaria 유쾌한
유토피아
(ANTAH) negeri antah berantah 유토피아
유포

(SEBAR) menyebarluaskan 유포시키다
(SEBAR) sebar luas 유포
(SEBAR) sebar luaskan 유포시키다
(SEBAR) tersebar luas 유포되다

유행
(PINDAH) berpindah-pindah 유행하다

유혹
(BAYANG/BAYANG-BAYANG) bayang-bayang disangka tubuh 여자의 유혹에 놀아난 남자
(BUJUK) bujuk rayu 유혹
(BUJUK) bujukan setan 악마의 유혹
(GOYANG) menggoyangkan iman 유혹하다
(GUGUR) gugur iman 유혹에 빠진
(JATUH) jatuh iman 유혹에 넘어가다
(KURANG) kurang iman 유혹당하기 쉬운
(LEMAH) lemah iman 유혹에 잘 넘어가는
PIKAT 유혹
(PIKAT) terpikat hati 유혹당한
(RAPUH) rapuh iman 유혹에 잘 넘어가는
(RUNTUH) meruntuhkan iman 유혹하다
(RUSAK/ROSAK) merusakkan iman 유혹하다
SANGKUT 유혹에 빠진
(SANGKUT) tersangkut hati 유혹에 넘어간
(SANGKUT) tersangkut hati 유혹에 빠진
(SEMUT) semut mati karena gula 유혹에 넘어가 패가망신
(SEMUT) semut mati kerana gula 유혹에 넘어가 패가망신
(TAHAN) tahan gelombang 유혹을 뿌리치는
(TAHAN) tahan ombak 유혹을 뿌리치는
(TEGUH) teguh iman 유혹에 빠지지 않는

유화
(CAT) cat minyak 유화물감

유효
(HARI) hari berlakunya 유효기간
(KUAT) berkuat kuasa 유효하다
(MASIH) masih terus berlaku 지금도 유효한

유효기간
(JATUH) jatuh tempo 유효기간이 끝난

유흥장
(PASAR) pasar malam 유흥장

유흥지
(PUSAT) pusat hiburan 유흥지

육각
(SEGI) enam segi 육각(형의)

육각형
(ENAM) enam persegi 육각형

육계
(AYAM) ayam potong(an) 육계
(KULIT) kulit manis 육계

육면
(SEGI) enam segi 육면(체의)

육안
(MATA) mata kepala 육안
(SAYUP) sesayup-sayup 육안으로 보이는 (거리)

육지
DARAT 육지
TANAH 육지
(TELUK) teluk rantau 육지와 만
육지목화
(KAPAS) kapas belanda 육지목화
육체
AWAK 육체
BADAN 육체
DAGING 육체
TUBUH 육체
(TUBUH) batang tubuh 육체
(TUBUH) tubuh badan 육체
(TUBUH) tubuh kasar 육체
육체노동
(KERJA) kerja kasar 육체노동
육촌
(SAUDARA) saudara belahan 육촌 형제자매
(SAUDARA) saudara dua pupu 육촌 형제자매
윤택하다
(MUKA) bermuka licin 윤택해 보이는
율동
(SAJAK) sajak tari 율동
율법
(HALAL) makanan halal 이슬람 율법에 합치되는 음식
(HARAM) makanan haram 이슬람 율법에 어긋나는 음식
(KAWI) adat yang kawi, syarak yang lazim 강력한 관습은 곧 일상의 율법이다
으뜸
INDUK 으뜸
INDUNG 으뜸
으르렁
(GERAM) menggeram 으르렁 소리를 내다
(GERAM) menggeram 으르렁거리다
으르렁거리다
(TEGAK) tegak ekor 서로 으르렁거리다
으름장
(KATA) kata dua 으름장
으스대다
(GAGAH) menggagah pinggang 허리춤에 손을 얹고 으스대다
(GELENG) geleng seperti si patung kenyang 으스대며 걷다
은
PERAK 은
(PERAK) perak campur 순은이 아닌
은둔
(BUANG) membuang diri 은둔하다
(LINDUNG) lindung diri 은둔하다
(LINDUNG) melindungkan diri 은둔하다
(SISIH) menyisihkan diri 은둔하다
은막
(LAYAR) layar perak 은막
(LAYAR) layar putih 은막
은밀

(BISIK) berbisik-bisik 은밀하게
SAMAR 은밀한
SEMBUNYI 은밀한

은밀하다
(RANJAU) ranjau lapuk 은밀한 술책

은밀히
(CURI) curi-curi 은밀히
(DIAM) diam-diam 은밀히

은신
LINDUNG 은신하다

은어
(BAHASA) bahasa hantu 은어
(HANTU) bahasa hantu 사냥꾼의 은어

은종이
(KERTAS) kertas perak 은종이

은총
(BELAS) belas kasihan 은총
RAHIM 은총
(RAHIM) rahimakallah 너에게 신의 은총이 내려지길
(RAHIM) rahimakumullah 당신들 모두에게 신의 은총이 내려지길
RAHMAT 은총
(RAHMAT) berkat rahmat Allah 알라의 은총으로
(RAHMAT) rahmatullah 신의 은총
(REZEKI) rezeki Allah 신의 은총
(REZEKI) rezeki Tuhan 신의 은총
TUAH 은총

은폐
(JEJAK) menghilangkan jejak 잘못을 은폐하다
(MAIN) main tedeng 잘못을 은폐하다
(TEDENG) tedeng aling-aling (범행의) 은폐

은하수
(SAKTI) bimasakti 은하수

은행
(BUKA) membuka buku, membuka kartu (은행) 계좌를 개설하다

은혜
(BALAS) balas jasa 은혜를 갚다
(EMAS) utang emas dapat dibayar, hutang budi dibawa mati 은혜는 죽어서 도 다 갚을 수 없는 것
(HUJAN) hujan jatuh ke pasir 은혜를 모르는
(KURANG) kurang terima 은혜를 모르는
(LIMPAH) limpah kurnia 은혜를 입다
(MAKAN) termakan budi 은혜를 입은
(SEPERTI) seperti hujan jatuh ke pasir 은혜를 모르는 사람을 돌보아 주다
(TANGGUNG) menanggung budi 은혜를 입다
(TEBUS) menebus 은혜를 갚다
(TEBUS) menebusi 은혜를 갚다
(TIDAK) tidak tahu untung 은혜를 모르는
(UTANG/HUTANG) berutang budi 은혜를 입다
(UTANG/HUTANG) berutang nyawa 생명의 은혜를 입다
(UTANG/HUTANG) utang budi 은혜

읊다
DENDANG 읊다

(DENDANG) mendendang pantun 판툰(말레이 전통 4행시)을 읊다

음경

BURUNG 음경

(BURUNG) burung wilis 음경

음낭

(KANTONG/KANTUNG) kantong kemaluan 음낭

음담패설

(KOTOR) kotor mulut 음담패설을 즐기는

(KOTOR) mulut kotor 음담패설을 즐기는

(LATAH) latah mulut 음담패설을 늘어놓다

(MULUT) bermulut busuk 음담패설을 늘어놓는

(MULUT) mulut kotor 음담패설을 일삼는 사람

(MULUT) mulut lucah 음담패설을 일삼는 사람

음란

CABUL 음란한

CARUT 음란한

JANGAK 음란한

LUCAH 음란한

(MATA) mata keranjang 음란한

음료

(AIR) air belanda 탄산음료

음료수

(BOTOL) botol minuman 음료수 병

음모

(ADA) ada main 음모를 꾸미는

(RANJAU) ranjau lapuk 음모

음반

(PIRING) piring hitam 음반

음부

(LIANG) liang peranakan 여자의 음부

PUKI 여자 아이의 음부

(PUKI) puki mak 엄마의 음부 (아주 심한 욕설)

음색

NADA 음색

(NADA) nada suara 목소리(의 음색)

음식

(ANGKAT) mengangkat makanan 음식을 진상하다

(DULANG) dulang alas 음식 받침

(DULANG) dulang alas 음식소반

(HALAL) makanan halal 이슬람 율법에 합치되는 음식

(HARAM) makanan haram 이슬람 율법에 어긋나는 음식

HIDANG (음식을) 올리다

(HIDANG) hidang makanan 음식을 차려 올리다

(ISI) mengisi perut 음식을 먹다

(ISI) pengisi perut 음식

(LAMBUNG) besar lambung (음식을) 많이 먹는

(LAPANG) lapang perut 걸신스레 음식을 탐하는 (사람)

(MASUK) masuk angin 음식이 상한

(MASUK) masuk angin 음식이 쉰

(MERTUA/MENTUA) lupa mertua (음식이) 아주 맛있는

(MULUT) bermulut karung 음식을 많이 먹는

(OTAK) otak-otak 오탁오탁(생선, 새우 등을 갈아 야자잎이나 바나나잎에 싸서 찌거나 구워 만든 음식)

ㅇ

(PERIUK) periuk belanga 음식 그릇
(PINGGAN) pinggan besar 음식 그릇
(PINGGAN) pinggan makan 음식 그릇
(PINGGAN) sepinggan makanan 음식 일인분
(SALAH) salah makan 음식을 잘못 먹다
(SEDAP) menyedapkan tekak 맛있는 음식
(TANGSEL/SUMBAT) menangsel mulut (음식물을) 입 안에 가득히 넣다
(TANGSEL/SUMBAT) menangsel perut 음식을 먹다
(TAWAR) tawar mawar (음식의) 간이 전혀 안된
(TAWAR) tawar mawar (음식의) 맛이 아주 싱거운
(TEBAL) tebal lidah (음식의) 맛을 구별 못하는
(TEKAK) umpan tekak 입맛을 돋우는 음식
(TELAH) telah basi (음식이) 이미 쉰
(TIDAK) tidak sedap tekak (음식) 맛이 없는
(TIPIS) tipis lidah 반찬이나 음식 타박이 심한 (사람)
(TUKAR) menukar selera 평상시와는 다른 음식을 먹어 보다
(UBAH) berubah rasa (음식이) 맛이 변하다

음식물
(TUDUNG) tudung hidang 음식물 덮개
(TUDUNG) tudung saji 음식물 덮개

음식점
(KEDAI) kedai makan 음식점

음악
(LAGU) lagu film 영화음악
(SEDAP) sedap bunyi (음악이) 감미로운

음절
(SUKU) suku kata 음절

ㅇ

음지
(KALI) sekali di atas, sekali ke bawah 음지가 양지되고 양지가 음지된다

음탕
(MAIN) main gila 음탕한 짓을 하다
SUNDAL 음탕한

음탕하다
(MATA) mata keranjang 음탕한
(PANJANG) panjang mata 음탕한

음해
(TOHOK) menohok dari belakang (남을) 음해하다

음핵
PUTING 음핵
(TAMPUK) tampuk labu (여성의) 음핵

음흉
(DUA) dua tengah tiga 음흉한
(HITAM) hitam pahit 음흉한
(KELING) lidah keling 음흉한
(KOTOR) kotor pikiran 음흉한 생각을 하는
(LABAH-LABAH) sebesar labah-labah 음흉한
(MAIN) bermain komedi 음흉한
(MAIN) main komedi 음흉한
(NASI) nasi di balik kerak 음흉한 다른 속셈이 있는
(PANJANG) panjang langkah 음흉을 떠는
(POTONG) sepotong ikan sepotong ular 음흉한
(PUSING) pusing belit 음흉한
(PUTAR) putar balik 음흉한 술수

(PUTAR) putar belit 음흉한 술수
(TABIAT) bertabiat kucing 음흉한
(TIDAK) tidak siku-siku 음흉한
(UDANG) berudang di balik batu 음흉한 다른 속셈이 있는
읍장
LURAH 읍장
응급
(DARURAT) keadaan darurat 응급 상황
응급상황
(GAWAT) gawat darurat 응급상황의
응급실
(DARURAT) ruang gawat darurat 응급실
응답
BALAS 응답하다
(PULANG) memulangkan kata 응답하다
(TANYA) tanya jawab 질의응답
응시
(ANGKAT) mengangkat mata 응시하다
응어리
(JADI) menjadi buku dalam hati 가슴에 맺힌 응어리가 되다
(LIPUR) lipur dendam (마음 속) 응어리를 뽑다
(LIPUR) melipur dendam (마음 속) 응어리를 뽑다
응유
DADIH 응유
응접실
(RUANG) ruang tamu 응접실
(RUANG) ruangan tamu 응접실
응혈
(DADIH) dadih darah 응혈
(DARAH) darah mati 응혈
의견
(AKAL) akal melintas 갑자기 떠오른 생각 (의견)
(BAWA) membawa bulat 의견이 일치하다
(BAWA) membawa suara 의견을 내놓다
(BUAH) buah pendapat 의견의 요지
(BUAH) buah pikiran 의견
(BUKA) membuka suara 의견을 말하다
KAUL 의견
(MASUK) masuk mulut 의견을 개진하다
NASIHAT 의견
(POKOK) pokok fikiran 주요 의견
(POKOK) pokok pikiran 주요 의견
(PUTUS) putus bicara 의견이 일치하다
(PUTUS) putus kata 의견이 일치하다
(RUAH) meruahkan pendapat 의견을 개진하다
(SILANG) bersilang selisih 서로 의견이 다른
SUARA 의견
(SUARA) suara majoriti 대다수의 의견
(SUARA) suara mayoritas 대다수의 의견
(SUARA) suara ramai 대다수의 의견
(TUKAR) bertukar fikiran 의견을 교환하다
(TUKAR) bertukar pikiran 의견을 교환하다
의구심

(SANGKA) sangka buruk 의구심
WASANGKA 의구심

의기
(LUNTUR) luntur semangat 의기가 소침한

의기소침
(PUTUS) putus asa 의기소침하다
(PUTUS) putus bicara 의기소침하다
(PUTUS) putus kata 의기소침하다
(SURUT) tersurut hati 의기소침하다
(TAWAR) menawarkan hati 의기소침하게 만들다
(TAWAR) tawar hati 의기소침한

의기소침하다
(RETAK) retak hati 의기소침한

의도
AGAN 의도
(BAWA) membawa makna 의도를 내포하다
(KOTOR) kotor pikiran 나쁜 의도를 지닌
MAKSUD 의도
(MAKSUD) maksud hati 의도
(MASAK) masak niat 의도가 분명한
NIAT 의도
(NIAT) niat baik 좋은 의도
(NIAT) niat jahat 나쁜 의도
(PUNYA) mempunyai niat 의도를 가지다
TUJU 의도
(TUNJUK) menunjukkan belangnya 의도를 내비치다
(UJUNG/HUJUNG) ujung pangkal 의도

ㅇ

의무
(TIANG) tiang agama 이슬람의 오주(무슬림들이 실천해야 할 5가지 의무)
WAJIB (이슬람의 종교적) 의무
(WAJIB) wajib belajar 교육의 의무
(WAJIB) wajib pajak 납세의 의무

의미
(SARAT) sarat makna 의미가 매우 깊은

의미심장
(SARAT) sarat makna 의미심장한
(SENYUM) senyum sumbing 의미심장한 미소

의사록
(RENCANA) rencana rapat 의사록

의식
(BALIK) balik sadar 의식을 되찾다
(BASUH) basuh lantai 산후 40일 기념 목욕 의식
(GELAP) gelap pemandangan 의식을 잃은
(HILANG) hilang arwah 의식을 잃다
(HILANG) hilang ingatan 의식을 잃다
(HILANG) hilang pikiran 의식을 잃다
(HILANG) hilang semangat 의식을 잃다
(INAI) adat berinai (말레이인들의 결혼식 때) 헤너로 손톱을 물들이는 의식
(KABAR/KHABAR) kabarkan diri 의식을 되찾다
(MANDI) mandi balai 악령을 쫓기 위한 목욕의식
(MANDI) mandi basuh lantai 산후 40일 기념 목욕의식
(MANDI) mandi berhias 혼전 신부의 목욕 의식

(MANDI) mandi berlenggang perut 임신 7개월 기념 목욕의식
(MANDI) mandi bunting 임신 7개월 기념 목욕의식
(MANDI) mandi damai 신랑신부가 합방한 후 치르는 목욕의식
(MANDI) mandi tian 임신 7개월 기념 목욕의식
(PIJAK) pijak tanah 어린아이의 첫걸음마를 위한 의식
(PULANG) pulang ingatan 의식을 찾다
(PULANG) pulang semangat 의식을 회복하다
(SADAR/SEDAR) balik sadar 의식을 되찾다
(SADAR/SEDAR) sadar diri 의식이 돌아오다
(SADAR/SEDAR) sadar tak sadar 의식이 들락날락하는 가운데
(SADAR/SEDAR) sadarkan diri 의식이 돌아오다
(TURUN) turun ke air 아기의 첫 목욕 의식
(TURUN) turun tanah 아기의 첫걸음 의식

의심
(DETUS) berdetus hati 의심되는
SANGKA 의심
(SANGKA) sangka buruk 의심
SYAK 의심
(SYAK) syak hati 의심스러운
(SYAK) syak wasangka 의심스러운
(TARUH) menaruh syak 의심하다
(TARUH) menaruh waswas 의심하다
WASANGKA 의심
(WASANGKA) menaruh syak wasangka 의심하다
WASWAS 의심
(WASWAS) merasa waswas 의심이 들다

의아
(TANYA) tertanya-tanya 의아하다

의욕
(ACUH) acuh tak acuh 의욕이 없는
(BATU) membatu hatinya 의욕이 넘치는
(BESAR) membesarkan hati 의욕을 북돋우다
(BUKA) membuka hati 의욕을 돋우다
(HILANG) kehilangan akal 의욕을 잃다
(JAGA) jaga hati 의욕이 생기다
(KOSONG) kosong hati 아무 의욕이 없는
(KURANG) kurang hati 의욕이 없는
(LEMAH) lemah nafsu 의욕을 잃은
(LEMAH) lemah nafsu 의욕이 없는
(MATI) mati angin 의욕을 잃은
(PATAH) patah batu 의욕을 완전히 상실한
(PATAH) patah hati 의욕을 상실한
(PATAH) patah semangat 의욕을 상실하다
(PENDEK) pendek napas 일할 의욕을 상실한
(PENUH) penuh minat 의욕이 큰
(PENUH) penuh semangat 의욕이 넘치는
(PINTU) pintu hati 의욕
(PUTUS) putus asa 의욕을 잃다
(PUTUS) putus bicara 의욕을 잃다
(PUTUS) putus kata 의욕을 잃다
(RASA) serasa bayang-bayang 의욕을 잃은
(RETAK) retak hati 의욕을 잃은
SEMANGAT 의욕

(SEMANGAT) hilang semangat 의욕을 잃다
(SEMANGAT) semangat muda 의욕이 왕성한
(TAWAR) menawarkan hati 의욕을 상실시키다
(TAWAR) tawar hati 의욕을 상실한
(TEBAL) tebal semangat 의욕이 강한

의원
(RAKYAT) wakil rakyat 의원
SIDANG 의원 (전체)

의인
(GUNA) gunawan 의인

의인화
SI 명사의 앞에 놓여 의인화

의인화 또는 경멸
SANG 명사의 앞에 놓여 존경의 의미, 의인화 또는 경멸의 의미를 나타내는 단어

의자
(GOYANG) kursi goyang 흔들의자
KURSI 의자

의자매
(SAUDARA) saudara angkat 의자매

의장
(PUCUK) pucuk pimpinan 의장

의장대
(BARIS) barisan kehormatan 의장대

의존
(BAWAH) di bawah ketiak 남한테 의존해서
(BENDAR) berbendar langit 남에게 생계를 의존하는
(TIMBAL) bertimbal balik 상호의존관계이다
(TIMBAL) timbal balik 상호의존관계의

의중
(UJUNG/HUJUNG) ujung pangkal 의중

의지
(HATI) kurang hati 의지가 약한
IKHTIAR 의지
(KENTAL) semangat yang kental 강한 의지
(KUAT) kekuatan hati 불굴의 의지
(LEMAH) lemah jiwa 의지가 약한
(LEMAH) lemah semangat 의지가 약한
(PINTU) pintu hati 의지
(RAPUH) rapuh hati 의지가 약한
(RAPUH) rapuh jiwa 의지가 약한
(RAPUH) rapuh semangat 의지가 약한
SEMANGAT 의지
(SEMANGAT) semangat waja 강철 같은 의지
(SEMANGAT) semangat waja 굳건한 의지
(TEGUH) teguh hati 의지가 굳은
(TEGUH) teguh hati 의지가 확고한
(WAJA) semangat waja 강철 같은 의지

의치
(GIGI) gigi palsu 의치
(GIGI) gigi pasangan 의치

~의 편
(CENDERUNG) cenderung hati ~의 편을 드는

의형제
(SAUDARA) saudara angkat 의형제
의형제자매
(SAUDARA) saudara angkat 의형제자매
의혹
SYAK 의혹
WASANGKA 의혹
(WASANGKA) menaruh syak wasangka 의혹을 품다
WASWAS 의혹
(WASWAS) merasa waswas 의혹을 품다
의회
(RAKYAT) dewan rakyat 의회
SIDANG 의회
이
(CABUT) mencabut gigi 이를 뽑다
(GERTAK) menggertakkan gigi 이를 악물다
(GERTAK) menggertakkan gigi 자면서 이를 가는 (증상)
GIGI 이
(GOSOK) gosok gigi 이를 닦다
INI 이
KUTU 이
OMPONG 이가 빠진
OMPONG 이가 없는
(TAHAN) menahan hati 이를 악물다
(TELUR) telur kutu 이의 알
TUMA 이
이간질
(ADU) mengadu domba 이간질하다
(BIBIR) panjang bibir 이간질을 잘하는
이것
INI 이것
이것저것
(INI) ini-itu 이것저것
이견
(SUARA) suara sumbang 민의를 거스르는 이견
(TUJU) setuju-setuju saja 별 이견은 없다
이구동성
(IA) seia sekata 이구동성의
이국
(TANAH) tanah asing 이국
이기다
MENANG 이기다
(MENANG) menang suara 투표에서 이기다
(MENANG) menang undi 투표에서 이기다
이기주의자
ENAU 이기주의자
이끌어내다
(TOPANG) bertopang pangkal 합의를 이끌어 내는
~이다
(BUKAN) bukan tidak 사실은 ~이다
이다
JUNJUNG (머리에) 이다
이다음

(LAIN) lain kali 이다음에
이득
LABA 이득
이따가
NANTI 이따가
~이라면
(ASAL) asal saja ~이라면
이랑
(JADI) lubuk jadi pantai, pantai jadi lubuk 이랑이 고랑 되고 고랑이 이랑 된다
(KALI) sekali di atas, sekali ke bawah 이랑이 고랑 되고 고랑이 이랑 된다
(LUBUK) lubuk menjadi pantai, pantai menjadi lubuk 이랑이 고랑 되고 고랑이 이랑 된다
이래
SEJAK 이래
이랬다 저랬다
(KELADI) air di daun keladi 이랬다 저랬다 하는
(MAIN) bermain lidah 말을 이랬다 저랬다 하는
(MAIN) main lidah 말을 이랬다 저랬다 하는
이랬다 저랬다 하다
(AIR) air di daun talas 이랬다 저랬다 하는
이러지도 저러지도
(PARUH) separuh-separuh 이러지도 저러지도 못하는
이러쿵저러쿵
(IA) beria-ia 이러쿵저러쿵 말하다
이루다
(LALU) berlalu jarumnya 뜻을 이루다
(LEPAS) lepas niat 뜻을 이루다
(LEPAS) melepaskan angan-angan 꿈을 이루다
(LEPAS) melepaskan angan-angan 뜻을 이루다
(LEPAS) melepaskan niat 뜻을 이루다
(NADA) senada 조화를 이루는
(PUTUS) putus niat 뜻을 이룬
(SAMPAI) sampai hajat 뜻을 이루다
(SIKU) menyiku 직각을 이루다
(TALI) bertali arus 장사진을 이루다
이루어지다
(SAMPAI) sampai hajat 꿈이 이루어지다
이르다
(LALAT) belum terbang lalat 이른 아침시간
LEKAS 이른
(PAGI) pagi-pagi buta 아주 이른 아침
(PAGI) pagi-pagi hitam 아주 이른 아침
SAMPAI ~지경에 이르다
이름
(JUAL) menjual nama 남의 이름을 팔다
(MANUSIA) manusia mati meninggalkan nama 사람은 죽어서 이름을 남긴다
NAMA 이름
(NAMA) nama asal 본디 이름
(NAMA) nama batang tubuh 본이름
(NAMA) nama batang tubuh 진짜 이름

(NAMA) nama daging 본이름
(NAMA) nama daging 진짜 이름
(NAMA) nama depan (성에 대한)이름
(NAMA) nama kecil (서양 방식에 따른 성에 대한) 이름
(NAMA) nama kecil (성에 대한)이름
(NAMA) nama kecil 아이 때의 이름
(NODA) menodai nama 이름을 더럽히다
(RAYA) Indonesia Raya 인도네시아라야(인도네시아 공화국의 애국가 이름)
(RUSAK/ROSAK) merusakkan nama 이름을 더럽히다
(TINGGAL) tinggal nama 이름을 남기다

이마
DAHI 이마
(DAHI) dahi sehari bulan 예쁜 이마
KENING 이마

이모저모
(LEKUK) lekuk liku 이모저모
(LIKU) liku-liku hidup 인생의 이모저모
(LIKU) liku-liku kehidupan 인생의 이모저모

이목
(MASAM) masam kepala 이목을 끄는

이물
HALUAN 이물

이미
TELAH 이미

이미 지난
LEPAS 이미 지난

이민가다
(PINDAH) berpindah negeri 이민가다

이발
(GUNTING) gunting rambut 이발
(GUNTING) gunting rambut 이발용 가위
(PANGKAS) pangkas rambut 이발(하다)

이발사
(PANGKAS) tukang pangkas 이발사
(TUKANG) tukang gunting 이발사

이방인
(ORANG) orang dagang 이방인

이복자매
(SAUDARA) saudara tiri 이복자매

이복형제
(SAUDARA) saudara tiri 이복형제

이복형제자매
(SAUDARA) saudara tiri 이복형제자매

이부자리
(TIKAR) tikar bantal 침구(잠을 자는 데 쓰는 이부자리, 베개 따위를 통틀어 이르는 말)

이부자매
(SAUDARA) saudara anjing 이부자매
(SAUDARA) saudara tiri 이부자매

이부형제
(SAUDARA) saudara anjing 이부형제
(SAUDARA) saudara tiri 이부형제

이부형제자매
(SAUDARA) saudara anjing 이부형제자매
(SAUDARA) saudara tiri 이부형제자매
이불
SELIMUT 이불
이빨
(GIGI) tidak bergigi 이빨 빠진
(MACAN) macan ompong 이빨 빠진 호랑이
(OMPONG) harimau ompong 이빨 빠진 호랑이
(RONTOK) gigi rontok 이빨이 빠지다
이빨모양의 사물
GIGI 이빨모양의 사물
이사
PINDAH 이사하다
(PINDAH) pindah rumah 이사(하다)
(TUKAR) bertukar air 이사하다
(TUKAR) bertukar hawa 이사하다
이삭
(GABAH) gabah hampa 알맹이가 들지 않은 벼 이삭
이삼일
(SEJAK) sejak dua tiga hari yang lalu 이삼일 전부터
이삿짐
(PINDAH) barang pindahan 이삿짐
이상
(AKAL) akalnya kurang sempurna 정신이 약간 이상한
ANGAN-ANGAN 이상
(ANGAN-ANGAN) angan-angan mengikat tubuh 이상이 너무 높아 고민에 빠지다
(ASING) asing sekali 아주 이상한
CITA 이상
(CITA) cita-cita 이상
(TAJAM) tajam hati 이상이 높은
이상스럽다
(TANYA) tertanya-tanya 이상스럽다
이상하다
ANEH 이상한
(KURANG) kurang beres akalnya 정신이 약간 이상한
(KURANG) kurang beres otaknya 정신이 약간 이상한
(KURANG) kurang beres 정신이 약간 이상한
(KURANG) kurang ingatan 정신이 약간 이상한
(KURANG) kurang pikiran 정신이 약간 이상한
(LAKU) laku ganjil 이상한 행동(을 하다)
(OTAK) berotak miring 정신이 좀 이상한
(OTAK) otak kering 정신이 이상한 사람
(OTAK) otak miring 정신이 좀 이상한
(OTAK) otaknya terganggu 정신이 이상한
(TENGAH) setengah miring 정신이 약간 이상한
이상형
(IDAM) pasangan idaman 이상형 배우자
이성
(AKAL) akal budi 이성
(AKAL) akal sehat 이성
이성적

(DINGIN) dingin hati 이성적인
이슬
(BETINA) embun betina 잔이슬
EMBUN 이슬
(EMBUN) embun asap 밤이슬
(EMBUN) embun betina 작은 이슬 (방울)
(EMBUN) embun betina 잔이슬
(EMBUN) embun jantan 큰 이슬 (방울)
(EMBUN) embun lebat 큰 이슬 (방울)
(EMBUN) embun rintik 작은 이슬 (방울)
(EMBUN) embun rintik 잔이슬
이슬람
(BINTANG) bintang bulan 초승달과 별 (이슬람의 상징)
(BULAN) bulan bintang 초승달과 별 (이슬람의 상징)
(CINA) cina buta 이슬람 사회에서 이혼녀의 재결합을 위해 돈을 받고 형식적인 결혼을 해 주는 남자
(HALAL) makanan halal 이슬람 율법에 합치되는 음식
(HARAM) makanan haram 이슬람 율법에 어긋나는 음식
(MASUK) masuk Melayu 이슬람으로 개종하다
(MATI) mati syahid 이슬람을 위해 순교하다
(MELAYU) masuk Melayu 이슬람으로 개종하다
MESJID/MASJID 이슬람 사원
(MESJID/MASJID) Masjidilharam 메카에 있는 이슬람 대성전
(MUSLIM) memuslimkan 이슬람화 시키다
(MUSLIM) muslimat 여성 이슬람 신도
(MUSLIM) muslimin 이슬람 신도들
(ORANG) orang-orang Islam 이슬람 신도
(RUMAH) rumah Allah 이슬람 사원
(SAUDARA) saudara baru 이슬람으로 귀의한지 얼마 안 된 사람
(SEBAR) menyebarkan agama Islam 이슬람을 전파하다
(TAHUN) tahun kamariah (이슬람권에서 사용하는) 태음년
(TIANG) tiang agama 이슬람의 오주(무슬림들이 실천해야 할 5가지 의무)
(TUDUNG) tudung kepala (이슬람 여성들의) 머리 덮개
(TUTUP) tutup kepala (이슬람 여성의) 머리 가리개
(TUTUP) tutup kepala 투둥(이슬람 여성들의 머리 덮개)
이슬람교
(TALI) tali Allah 이슬람교
(TALI) tali Allah 코란과 하디스(이슬람교의 예언자 마호메트의 언행 기록)
(TANAH) tanah haram 메카(이슬람교의 창시자인 마호메트가 태어난 곳으로 이슬람교 최고의 성지이다)
이슬람력
(BULAN) bulan haji (이슬람력으로) 12번째 달
(BULAN) bulan puasa (이슬람력으로) 9번째 달
(RAYA) hari raya haji 라야하지(이슬람력으로 12월 10일에 지내는 명절)
(RAYA) hari raya puasa 샤왈 달(이슬람력으로 10월) 초하루
(RAYA) hari raya 샤왈 달(이슬람력으로 10월) 초하루
(RAYA) raya haji 라야하지(이슬람력으로 12월 10일에 지내는 명절)
(SADAR/SEDAR) menyadar arwah (이슬람력으로 매년 8월에 지내는) 고사
(TARIKH) tarikh Hijrah 히즈라력(이슬람력이라고도 하는 태음력)
이슬람 신도
MUSLIM (남성) 이슬람 신도

이슬람 율법
HALAL 이슬람 율법에 합치되는
HARAM 이슬람 율법에 어긋나는
이슬비
(HUJAN) hujan gerimis 이슬비
(HUJAN) hujan renai-renai 이슬비
(HUJAN) hujan rintik-rintik 이슬비
(RENIK) hujan renik-renik 이슬비
이승
(ALAM) alam fana 이승
(JALAN) berjalan dari dunia yang fana 이승을 하직하다
(KOLONG) kolong langit 이승
이심전심
(HATI) dari hati ke hati 이심전심
이십
(PULUH) dua puluh 이십
이쑤시개
(KOREK) korek gigi 이쑤시개
(TUSUK) tusuk gigi 이쑤시개
이야기
(BASI) cerita yang sudah basi 이미 지나간 이야기
(BUAL) berbual-bual kosong 쓸데없는 이야기를 늘어놓다
CAKAP 이야기
CERITA 이야기
(LAWAN) lawan kata 이야기
(POKOK) pokok cerita 이야기의 핵심 내용
(PUSAT) pusat cerita 이야기의 핵심
(RANTAI) rantai besi dimakan bubuk 터무니없는 이야기
(RANTAI) rantai besi dimakan bubuk 허무맹랑한 이야기
(SEDIH) cerita sedih 서글픈 이야기
(SEDIH) cerita sedih 슬픈 이야기
(TELAH) telah basi 케케묵은 (이야기)
이야기꾼
(LIPUR) pelipur lara 말레이 토속만담가 (이야기꾼)
(LIPUR) penglipur lara 말레이 토속만담가 (이야기꾼)
이야기하다
(RINGAN) ringan mulut 스스럼없이 이야기하는
이야깃거리
(PUTAR) memutar cakap 이야깃거리를 바꾸다
(PUTAR) memutar kecek 이야깃거리를 바꾸다
(SELALU) selalu di hujung lidah 이야깃거리의
(SELALU) selalu di ujung lidah 이야깃거리의
(TUTUR) buah tutur 이야깃거리
이어가다
(RUNDING) merentang runding (대화를) 길게 이어가다
이어달리기
(RANTAI) lari berantai 이어달리기
(SAMBUNG) lari bersambung 이어달리기
이어지다
(LARAT) berlarat-larat 끝없이 이어지다
(LARAT) larat-larat 끝없이 이어지다
(LARAT) melarat-larat 끝없이 이어지다
(LARUT) berlarut-larut 끝없이 이어지다

(LARUT) larut-larut 끝없이 이어지다
(SAMBUNG) sambung-menyambung 서로 이어지다
(TALI) bertali arus 줄줄이 이어지는

이역만리
(LANGIT) langit hijau 이역만리

이용
(PAK) Pak Kaduk 우매함 때문에 남에게 이용만 당하는 사람

이용당하다
(SEGALA) disegalaapakan 마음대로 이용당하다

이용하다
(MAKAN) makan kawan 친구를 이용해 먹는 사람
(MAKAN) makan teman 친구를 이용해 먹는 사람

이웃
JIRAN 이웃
(KIRI) orang kiri kanan 이웃(사람)
(NEGARA) negara jiran 이웃 국가
(NEGARA) negara tetangga 이웃 국가
(ORANG) orang sebelah 이웃 사람
(TANGGA) orang setangga 이웃 (사람)

이웃사촌
(JIRAN) jiran terdekat 이웃사촌
(JIRAN) jiran tetangga 이웃사촌

이원성
(SERBA) serba dua 이원성
(SERBA) serbadua 이원성

이유
KARENA/KERANA 이유
(KARENA/KERANA) karena itu 그 이유로
SEBAB 이유

이익
(DATANG) mendatangkan laba 이익을 내다
(GULA) ada gula ada semut 이익이 있는 곳에 사람들이 꼬이게 마련
(INGAT) ingat diri 자기의 이익을 챙기다
(KAIL) mengail di air keruh 어지러운 틈을 타 이익을 챙기다
LABA 이익
(LABA) laba rugi 이익과 손해
(PUCUK) pucuk dicinta ulam tiba 생각보다 큰 이익을 보다
(PUKUL) pukul besar 큰 이익
(PUKUL) pukulan besar 큰 이익
UNTUNG 이익

이자
(ANAK) anak duit 이자
(ANAK) anak uang 이자
BUNGA 이자
(BUNGA) berbunga 이자가 붙는
(BUNGA) bunga uang 이자
(BUNGA) membunga 이자를 주다
(BUNGA) membungakan 이자놀이를 하다
(BUNGA) membungakan 이자를 붙여 돈을 꾸어주다
(LEPAS) melepas uang 이자 놀이를 하다
(MAKAN) makan riba 이자로 먹고 살다
(SUKU) suku bunga 이자

이적행위

(BALIK) membalikkan senjata 이적행위를 하다
이전
ALIH 이전하다
(PINDAH) pindah hak milik 소유권이전
(PINDAH) pindah nama 소유권이전
(PINDAH) pindah tangan 소유권이전
이전에는
DAHULU 이전에는
이죽
IJUK 이죽 (사탕야자 잎자루에서 얻는 말총같이 생긴 섬유질)
(IJUK) atap ijuk 이죽으로 엮어 지은 지붕
(IJUK) atap ijuk 이죽지붕
이중성
(SERBA) serba dua 이중성
(SERBA) serbadua 이중성
이질
(BERAK) berak darah 이질
(BUANG) buang air darah 이질에 걸리다
이집트
(KAPAS) kapas benggala 이집트목화
이탤릭체
(CETAK) bercetak miring 이탤릭체 활자로 인쇄된
이팔청춘
(MUDA) muda semangat 마음만은 이팔청춘(의)
(RUMAH) rumah kata pergi, kubur kata mari 몸은 늙었지만 마음만은 이팔청춘
이해
CERNA 이해하다
(MELEK) belum melek 아직 이해를 못하는
(PIKIR/FIKIR) pikiran tajam 이해가 빠른
(SALAH) salah tangkap 잘못 이해하다
TAHU 이해하다
이해력
(BEKU) beku otak 이해력이 부족한
(GARAM) garam jatuh di air 이해력이 빠른
(KEPALA) berat kepala 이해력이 모자라는
(KEPALA) kepala berat 이해력이 모자라는
(KEPALA) kepala ringan 이해력이 뛰어난
(KEPALA) ringan kepala 이해력이 뛰어난
(OTAK) berotak tajam 이해력이 있는
(OTAK) otak tajam 이해력이 있는
(TAJAM) tajam hati 이해력이 뛰어난
이해심
(BUKA) buka otak 이해심이 많은
이해하다
(TAHU) tahu di alif lempang 학문의 기초를 이해하는
이행
(JANJI) sampai janji 약속을 이행하다
(KAUL) membayar kaul 약속을 이행하다
(SAMPAI) sampai janji 약속을 이행하다
(TUNAI) menunaikan tanggung jawab 책임을 이행하다
(TUNAI) menunaikan tanggungjawab 책임을 이행하다
이혼

CERAI 이혼하다
(HABIS) habis jodoh 이혼하다
(LEPAS) melepaskan isteri 이혼하다
LERAI 이혼한
(PINANG) pinang pulang ke tampuk 이혼했던 부부의 재결합
(PUTUS) putus tali perkawinan 이혼하다
(RANTAI) memutuskan rantai perkawinan 이혼하다
(SURUT) menyurutkan istri 이혼했던 아내와 다시 결혼하다
(SURUT) surut kepada bekas isterinya 이혼했던 아내와 다시 결혼하다
TALAK (이슬람 사회에서 남편에 의해 선언되는) 이혼
(TALAK) mentalakkan isteri 아내와 이혼하다
(TALAK) talak tiga (재혼이 불가능한) 이혼
(TEBUS) menebus talak (남편에게 예물을 돌려주고) 이혼을 청하다
(TELAH) telah rujuk 이혼했던 아내와 다시 결혼하다

이혼녀
(BUJANG) bujang bercerai 이혼녀
(CINA) cina buta 이슬람 사회에서 이혼녀의 재결합을 위해 돈을 받고 형식적인 결혼을 해 주는 남자
(PAUT) berpaut tidak bertali 정식 이혼 절차가 남아 있는 이혼녀

이혼장
(SURAT) surat cerai 이혼장
(SURAT) surat lepas 이혼장
(SURAT) surat talak 이혼장

익다
(DAGING) mendaging ayam 아주 잘 익은
(KUNING) padi menguning 벼가 익는다
(LALU) lalu masak 너무 익은
(LALU) terlalu masak 너무 익은
MASAK 익다
(MASAK) masak di dalam 아직 덜 익은
(MASAK) masak ranum 잘 익은
(MASAK) masak ranum 푹 익은

익명
(SURAT) surat buta 익명의 편지
(SURAT) surat gelap 익명의 편지
(SURAT) surat kaleng 익명의 편지
(SURAT) surat terbang 익명의 편지

익사
(MATI) mati lemas 익사하다
(TENGGELAM) mati tenggelam 익사하다
(TENGGELAM) tenggelam mati 익사하다

익살
(GELI) penggeli hati 익살
(LUCU) lucu-lucu 익살
(LUCU) lucu-lucuan 익살

익살꾼
(LAWAK) pelawak 익살꾼
(LUCU) pelucu 익살꾼

익살쟁이
(LUCU) pelucu 익살쟁이

익소라
(JARUM) jarum-jarum merah 익소라 (꼭두서니과의 관엽식물)
(JARUM) jejarum merah 익소라 (꼭두서니과의 관엽식물)

익숙하다
LALI 익숙한
(TELAH) telah basi 익숙한
익숙해지다
(JADI) menjadi air mandi 익숙해지다
익히다
(KAJI) mengaji batang (코란을) 암송하여 익히다
PANGGANG 불에 익히다
인간
(ANTAH) antah lemukut 사회에서 쓸모없는 인간
(BADAN) badan Adam 인간의 몸
(CENDANA) cendana kering 쓸모없는 인간
(HAMBA) hamba Allah 인간
MANUSIA 인간
(MONYET) monyet berkepala hitam 인간
(MUSANG) musang berjanggut 인면수심의 인간
(MUSUH) musuh jangan dicari-cari, bersua jangan dielakkan 인간 교제는 순리대로 행하라
ORANG 인간
(SEMBELIH) sembelih ayam dengan pisau 인간과 짐승은 유별하다
(SEMBELIH) sembelih orang dengan kapas 인간과 짐승은 유별하다
인간쓰레기
(SAMPAH) sampah dunia 인간쓰레기
(SAMPAH) sampah masyarakat 인간쓰레기
(SAPU) penyapu buruk 인간쓰레기
(SEPAH) sepah tembakau 인간쓰레기
(TELUR) telur di sarang burung unta 인간쓰레기
인격
(ASAH) mengasah budi 인격을 도야하다
(SEBAB) sebab buah dikenal pohonnya 말은 인격이다
인공수정
(KAWIN/KAHWIN) kawin suntik 인공수정
인공위성
SATELIT 인공위성
(SATELIT) satelit bumi 인공위성
인구
(PADAT) padat penduduknya 인구가 많은
(RAPAT) rapat penduduknya 인구가 조밀한
인구밀도
(PADAT) padat penduduknya 인구밀도가 높은
인구조사원
(CACAH) pencacah jiwa 인구조사원
인근
(TELUK) teluk rantau 인근 지역
인기
(BAIK) baik pasarannya 인기가 있는
LARIS 인기 있는
(*LARIS*) *paling laris* 가장 인기 있는
(SUKA) suka ramai 인기가 있는
인내심
(PADANG) berpadang lapang 인내심 있는
(PADANG) padang lapang 인내심 있는
(TABAH) tabah menanggung 인내심이 강한

(TEGUH) teguh hati 인내심이 있는
인도
(BAWA) membawa jalan 인도하다
(BAWAH) di bawah angin 인도의 동부지역
(RUSUK) rusuk jalan 인도
(TUNJUK) menunjukkan jalan 인도하다
인도 남부출신
KELING 인도 남부출신
인도네시아
(SANG) Sang Merah Putih 위대한 인도네시아 국기
인도네시아 공화국의 국시
(TUNGGAL) Bhinneka Tunggal Ika 빈네가퉁갈이카(다양성 속의 통일을 의미하는 인도네시아 공화국의 국시)
인도네시아인
(BELANDA) belanda tiga suku (화란 식민시대에) 화란국적을 가진 인도네시아인
인도네시아라야
(RAYA) Indonesia Raya 인도네시아라야(인도네시아 공화국의 애국가 이름)
인도네시아어
(KAMUS) kamus Indonesia-Korea 인도네시아어-한국어 사전
인도마마
PURU 인도마마
인두
KERONGKONGAN 인두
인두세
(PAJAK) pajak kepala 인두세
~인 듯
(OLAH) olah-olah 마치 ~인 듯
(OLAH) seolah-olah 마치 ~인 듯
인력
(TENAGA) tenaga kerja 인력
(TENAGA) tenaga pekerja 인력
인류
(ANAK) anak (cucu) Adam 인류
MANUSIA 인류
인륜
(TOMAN) toman makan anak 인륜에 어긋난 짓을 하는 사람
(TOMAN) toman makan anak 인륜을 저버린 짓을 하는 사람
인면수심
(MUSANG) musang berjanggut 인면수심의 인간
인명재천
(SINGKAT) panjang tidak terkerat 인명재천
(SINGKAT) singkat tidak terulas 인명재천
인사
(ORANG) orang atas 고위층 인사
(ORANG) orang atasan 고위층 인사
(ORANG) orang besar 고위층 인사
(ORANG) orang besar 유명 인사
(OTAK) otak batu kepala 고위층 인사
(PUCUK) pucuk bulat 최고위층 인사
(PUCUK) pucuk pimpinan 최고위층 인사
(SALAM) bersalam-salaman 서로 인사를 나누다

(SALAM) memberi salam 인사말을 건네다
(SALAM) memberi salam 인사말을 하다
(TAHUN) selamat tahun baru 신년을 축하합니다(새해 인사)
TOKOH (유명) 인사
(TOKOH) tokoh ternama 유명 인사

인사말

ASSALAMUALAIKUM 앗살라무알라이쿰 (무슬림들이 건네는 인사말)
(PATAH) sepatah dua patah kata 짤막한 인사말
(SALAM) salam sejahtera 살람스자트라(평안하십니까의 뜻을 지닌 말머리의 인사말)
(SALAM) salam takzim 살람탁짐(평화와 존경의 합성어로 편지의 말끝을 맺는 인사말)
(SAPA) sapaan salam 인사말
(SEJAHTERA) selamat sejahtera 안녕하시길 빕니다(인사말)
(SELAMAT) selamat malam 밤 인사말
(SELAMAT) selamat pagi 아침 인사말
(SELAMAT) selamat siang 낮 인사말
(SELAMAT) selamat sore 오후 인사말
(SELAMAT) selamat sore 저녁 인사말
(SELAMAT) selamat tahun baru 새해 축하드립니다(신년 축하 인사말)
(TANYA) tumpang bertanya 여쭤 봐도 되겠습니까?(길 따위를 물을 때 정중하게 건네는 인사말)
TEGUR 인사말(하다)
(TEGUR) bertegur sapa 서로 인사말을 나누다
(TERIMA) terima kasih 감사합니다 (감사의 뜻을 표하는 인사말)

인사불성

BIUS 인사불성의

인산인해

ㅇ

(LAUT) lautan manusia 인산인해

인상

FIRASAT 인상
(GAJI) kenaikan gaji 급여인상
(GAJI) kenaikan gaji 임금인상
KESAN 인상
(KESAN) kesan tetap 오래 기억되는 인상

인상되다

(NAIK) naik gaji 봉급이 인상되다

인색하다

(AIR) air digenggam tidak tiris 인색한
(BERAT) berat tangan 인색한
KIKIR 인색한
(GENGGAM) air digenggam diada tiris 매우 인색한
(GENGGAM) menggenggam tangan 매우 인색한
(KEJAI) kejai berlapis 매우 인색한
(KEPAL) mengepalkan tangan erat-erat 아주 인색한
(SELERA) buruk selera 대단히 인색한
(TANGAN) tangan singkat 몹시 인색한
(*TANGKAI*) tangkai jering 매우 인색한 (사람)
(TANGKAI) tangkai kering 매우 인색한 (사람)

인생

(ASAM) asam garam kehidupan 인생경험
(LIKU) liku-liku hidup 인생의 산전수전
(LIKU) liku-liku hidup 인생의 이모저모

(LIKU) liku-liku kehidupan 인생의 산전수전
(LIKU) liku-liku kehidupan 인생의 이모저모
(NASIB) nasib Pak Kaduk 바보 같은 인생
(PENDEK) pendek umur 죄 투성이의 인생을 살아 온
(RANJAU) ranjau hidup 인생의 역경
(RASA) merasai asam garam kehidupan 인생의 산전수전 다 겪은
(SILIH) silih berganti bagai ombak di tepi pantai 인생 유전
(TUA) masak pun gugur 늙고 젊고 인생은 어차피 스러지는 것
(TUA) tua pun gugur 늙고 젊고 인생은 어차피 스러지는 것
인생고초
(RANJAU) ranjau hidup 인생고초
인생관
(PANDANG) pandangan hidup 인생관
(SIKAP) sikap hidup 인생관
인솔
(PEGANG) berpegang tangan 인솔하다
인쇄
(BATIK) batik cap 인쇄 바틱
(BATIK) batik cetak 인쇄 바틱
(CETAK) bercetak miring 이탤릭체 활자로 인쇄된
(CETAK) pencetakan 인쇄
인쇄공
(CETAK) pencetak 인쇄공
인쇄기
(CETAK) pencetak 인쇄기
(MESIN) mesin cetak 인쇄기
인쇄비
(ONGKOS) ongkos cetak 인쇄비
인쇄소
(CETAK) percetakan 인쇄소
인쇄하다
CETAK 인쇄하다
인수인계
(TIMBANG) timbang terima 인수인계(식)
인수인계서
(SERAH) surat serah terima 인수인계서
인식
(BUKA) membuka mata 인식하다
(BUKA) membuka pintu hatinya 인식하다
TAHU 인식하다
인식하다
(MATA) mata terbuka 인식하는
인심
(TANGAN) tangan terbuka 인심이 후한
(TANGAN) tangannya ringan 인심이 후한
~인 양
(OLAH) olah-olah 마치 ~인 양
(OLAH) seolah-olah 마치 ~인 양
인용
(TANDA) tanda petik 인용 부호
인이 박히다
TAGIH 인이 박힌
인접

DEKAT 인접한
GANDENG 인접한
HAMPIR 인접한
(NEGARA) negara jiran 인접 국가
(NEGARA) negara tetangga 인접 국가
인정
(KEWALAHAN) mengaku kewalahan 역부족임을 인정하다
(LIMPA) berlimpa 인정 있는
(TERIMA) menerima baik 인정하다
인정머리
(LIMPA) tidak berlimpa 인정머리 없는
인정사정
(BATU) membatu hatinya 인정사정 보지 않는
(SAMPAI) sampai hati 인정사정을 두지 않다
(SAMPAI) sampai hemat 인정사정을 두지 않다
인중
(LEKUK) lekuk memanjang 인중
(LURAH) alur hidung 인중
(LURAH) lurah hidung 인중
~인지
(SAMA) sama ada 혹시 ~인지
(SAMA) sama hala 혹시 ~인지
인질
(TEBUS) uang tebusan (인질) 몸값
(TEBUS) wang tebusan (인질) 몸값
~인 척
(BUAT) membuat-buat ~인 척 하다
인척
(KULIT) kulit daging 인척
~인 체
(BUAT) membuat-buat ~인 체 하다
인터뷰
(TEMU) bertemu bual 인터뷰하다
(TEMU) bertemu duga 인터뷰하다
인한사전
(KAMUS) kamus Indonesia-Korea 인한사전
인후
TEKAK 인후
일 년
(TAHUN) sepanjang tahun 일 년 내내
(TAHUN) setahun-tahunan 일 년 내내
일
(ANJUR) menganjur langkah 일을 시작하다
(BANTING) membanting tulang 뼈 빠지게 일하다
(BESAR) memperbesar kerak nasi 쓸데없는 일을 벌리다
(BIAWAK) mendukung biawak hidup 매우 힘든 일을 수행하다
(CARI) mencari kutu dalam ijuk 아주 어려운 일
(CARI) mencari umbut dalam batu 불가능한 일
(CEBOL) si cebol hendak mencapai bulan 불가능한 일
(CEBOL) si cebol rindukan bulan 불가능한 일
(CENCANG) mencencang air 헛된 일
(CUNGKIL) mencungkil kuman dengan alu 헛된 일을 하다
(DAYUNG) berdayung ke hulu 까다로운 일

ㅇ

(DEKAP) berdekap tubuh 일을 전혀 안하다
(GANTANG) melukut di tepi gantang 사소한 일
(GANTANG) secupak tak jadi segantang 돌이킬 수 없는 일
(GERAK) menggerakkan tulang yang delapan kerat 일하다
(GULUNG) menggulung lengan baju 팔을 걷어 부치다 (일할 준비를 하다)
(GURUN) menaikkan air ke gurun 매우 힘든 일
HAL 일
(HAL) hal ahwal 여러 가지 일
(HAL) hal ihwal 여러 가지 일
(INJAK) menginjak gas 일을 시작하다
(KERINGAT) mandi keringat 열심히 일하다
KERJA 일
(KUAT) berkuat tulang 열심히 일하다
(LARI) melarikan untung (생계를 위해) 닥치는 대로 일하다
(LELAH) berlelah-lelah 지치도록 일하다
(LUMPUH) bagai si lumpuh pergi merantau 가당찮은 일
(MAHAL) mahal dibeli sukar dicari 아주 드문 (일)
(MAHAL) mahal dibeli sukar dicari 희귀한 (일)
(MAHAL) mahal tak dapat dibeli 아주 드문 (일)
(MAHAL) mahal tak dapat dibeli 희귀한 (일)
(MAHAL) murah tak dapat diminta 아주 드문 (일)
(MAHAL) murah tak dapat diminta 희귀한 (일)
(MAIN) main balik mata 나쁜 일을 꾀하다
(MAKAN) makan gaji 봉급생활자로 일하다
(MANDI) mandi bakal 시신을 목욕시키는 일
(MANDI) mandi cahaya matahari 뙤약볕 밑에서 일하다
(MANDI) mandi gubah 시신을 목욕시키는 일
(MANDI) mandi mayat 시신을 목욕시키는 일
(MINTA) minta nyawa 실현이 불가능한 일
(MINYAK) berminyak tak licin 일을 하는 둥 마는 둥 하다
(MUKA) bermuka-muka saja 건성으로 일하다
(NAIK) naik basuh kain 기쁜 마음으로 일하다
(NAIK) naik basuh kain 즐겁게 일하다
(NAIK) naik basuh kaki 기쁜 마음으로 일하다
(NAIK) naik basuh kaki 아주 손쉬운 일
(NAIK) naik basuh kaki 즐겁게 일하다
(ORAK) mengorak lingkar 일을 시작하다
(ORAK) orak lingkar 일을 시작하다
(PEGANG) memegang kemudi 운전사로 일하다
(PEGANG) pegang kemudi 운전사로 일하다
(PENAT) berpenat-penat 열심히 일하다
(PENDEK) memendekkan lengan baju 일할 준비를 하다
(PERAH) memerah keringat 열심히 일하다
(PERAH) perah keringat 열심히 일하다
(PERAS/MEMERAS) memeras keringat 열심히 일하다
PERKARA 일
(PERKARA) perkara lama 지나간 일
(PERKARA) perkara sudah basi 지나간 일
(PINTU) bagai pintu tak berpasak, perahu tak berkemudi 위험천만한 일
(PUNTUNG) puntung berasap 불가능한 일
(RAGA) raga menanti pecah 작은 일이 큰 일 된다
(RINGAN) ringan tangan 일을 척척 잘 해 내는
(SABUNG) angin berputar, ombak bersabung 해결하기 어려운 일

(SALAH) salah langkah 일이 시작부터 꼬이다
(SEGALA) segala mak nenek 여러 가지 사소한 일
(SEGALA) segala mak nenek 잡다한 일
(SEKANG) sekang mata 밤새워 일하다
(SIMBAH) bersimbah peluh 열심히 일하다
(SINGSING) menyingsingkan lengan baju 소매를 걷어붙이고 열심히 일하다
(SINGSING) menyingsingkan lengan baju 허리가 휘도록 일하다
(SUCI) menyucikan diri (무슬림들이) 기도하기 전 물로 몸을 닦는 일
(SULUH) bersuluh matahari 명백한 (일)
(SULUH) bersuluh matahari 확실한 (일)
(SULUH) bersuluh tengah hari 명백하고 분명한 (일)
(SURAT) menyurat di atas air 소용없는 (일)
(TAKIK/TAKUK) takik darah di batu 부질없는 일
(TANCAP) tancap gas 신속히 일을 끝내다
(TANDA) tanda tanya (내막을) 확실히 알 수 없는 일
(TANGGUNG) tanggung-tanggung (일을) 하나 마나 한
(TANGKAP) tangkap basah 변명의 여지가 없는 일
(TANGKAP) tangkap hidup-hidup 변명의 여지가 없는 일
(TARIK) menarik hati 재미있는 (일)
(TARIK) menarik hati 즐거운 (일)
(TEGAK) menegakkan benang basah 부질없는 일
(TENGAH) setengah jalan (일이) 반 쯤 끝난
(TENGAH) setengah jalan 아직 끝나지 않은 (일)
(TERANG) siang bagai hari 명명백백한 (일)
(TERANG) terang bagai bulan 명명백백한 (일)
(TERANG) terang kain 아직 알 수 없는 (일)
(TERANG) terang-terang kain 아직 알 수 없는 (일)
(TITI/TITIAN) titi buih 매우 힘든 일
(TITIK) titik berat 중요한 일
(TIUP) meniup api dalam air 매우 어려운 일
(TONGKAT) bertongkat jarum 불가능한 일
(TULIS) tulis di atas air 소용없는 (일)
(TUNGGU) menunggu laut kering 소용없는 일
(TUTUP) menutup asap 쓸데없는 일
(UAP/WAP) beruap nasi dingin 불가능한 일
(UAP/WAP) berwap nasi dingin 불가능한 일
(UPAH) makan upah 품삯을 받고 일하다
(URAT) urat nadi 아주 중요한 일
(URUS) urusan belakang 나중에 해도 되는일
(URUS) urusan kecil 사소한 일

일가붙이
(SAUDARA) sanak saudara 일가붙이
(SAUDARA) saudara daging 일가붙이
(SAUDARA) saudara mara 일가붙이

일가친척
(SANAK) sanak saudara 일가친척
(SAUDARA) saudara bau bacang 먼 일가친척
(SAUDARA) saudara bau bacang 왕래가 끊긴 일가친척
(SAUDARA) saudara bau embacang 먼 일가친척
(SAUDARA) saudara bau embacang 왕래가 끊긴 일가친척
(SAUDARA) saudara jauh 먼 일가친척
(SAUDARA) saudara renggang 먼 일가친척

일거양득
(GERGAJI) seperti gergaji dua mata 일거양득
(KALI) sekali cencang dua putus 일거양득
(KAYUH) berkayuh sambil ke hilir 일거양득
(PADI) padi masak, jagung mengupih 일거양득
(RAPAT) merapat sambil belayar 일거양득
(RAPAT) merapat sambil berlayar 일거양득
(SAMBIL) sambil berdendang, biduk hilir 일거양득
(SAMBIL) sambil berdiang, nasi masak 일거양득
(SAMBIL) sambil menyelam minum air 일거양득
(SAMBIL) sambil menyelam sambil minum 일거양득
(SATU) satu kali cencang dua putus 일거양득
(SEPERTI) seperti parang dua mata 일거양득
(SERAMPANG) serampang dua mata 일거양득
(SUNGAI) ke sungai sambil mandi 일거양득
(TONGKAT) lagi tongkat lagi senjata 일거양득

일곱
TUJUH 일곱(여섯에 하나를 더한 수)

일기
(RAMAL) ramalan cuaca 일기 예보

일기예보
(BERITA) berita udara 일기예보
(CUACA) ramalan cuaca 일기예보

일깨우다
(PULANG) memulangkan ingatan 일깨우다
(SADAR/SEDAR) menyadarkan bangsa 민족을 일깨우다

일꾼
(UPAH) orang upahan 일꾼

일년생식물
(TUMBUH) tumbuhan semusim 일년생식물

일다
MARAK (불꽃이) 일다
(MARAK) naik marak (불꽃이) 거세게 일다
MURUP (불꽃이) 일다

일당
(GAJI) gajian harian 일당

일등
(NOMOR/NOMBOR) nomor satu 일등(의)

일련
URUT 일련의

일련번호
(NOMOR/NOMBOR) nomor urut 일련번호
(URUT) nombor urut 일련번호
(URUT) nomor urut 일련번호

일리
(LINTAS) lintas akal 일리가 있는

일무리
(PUNYA) punya hajat 일무리를 치르다
(PUNYA) punya kerja 일무리를 치르다

일반
(CARA) secara umum 일반적으로

일반인
(ORANG) orang biasa 일반인

(SEMUT) semut merah 일반인
일반적
(PUKUL) pukul rata 일반적으로
UMUM 일반적인
일방
(CARA) secara sepihak 일방적으로
일백
RATUS 일백
일복
(KUDA) kuda beban 일복이 많은 사람
일본
(NEGERI) negeri Sakura 일본
일부다처제
(HARAM) mengharamkan poligami 일부다처제를 금하다
일부분
KERAT 일부분
SUKU 일부분
일부일처혼
(KAWIN/KAHWIN) kawin tunggal 일부일처혼
일사분기
(SUKU) suku tahun pertama 일사분기
일사천리
(BAK) bak cetus api 일사천리
(CETUS) bak cetus api 일사천리의
(IKAN) ikan terkilat 일사천리
(IKAN) jala tiba 일사천리
(LIPAS) lipas kudung 일사천리로 일을 해치우는 사람
(RINGAN) ringan tangan 일사천리로 일을 처리하는
일삼다
(GAPIL) gapil mulut 험담을 일삼는
(GAPIL) gapil tangan 참견을 일삼는
(GAPIL) mulut gapil 험담을 일삼는
(JANGAK) menjangak 추잡한 행동을 일삼다
(MULUT) bermulut gatal 험담을 일삼는
(MULUT) bermulut keras 입씨름을 일삼는
(MULUT) bermulut lebih 과장된 말을 일삼는
(MULUT) bermulut panjang 험담을 일삼는
(PANAS) panas tangan 주먹질을 일삼는
(PANJANG) panjang lidah 남의 흉보기를 일삼는
(PANJANG) panjang mulut 남의 흉보기를 일삼는
(PANTAS) pantas tangan 손찌검을 일삼는
(TAJAM) tajam lidah 독설을 일삼는
(TAJAM) tajam mulut 독설을 일삼는
(TEBAL) muka tebal 능청스러운 농담을 일삼는
(TEBAL) tebal muka 능청스러운 농담을 일삼는
일상
(HARI) sehari-hari 일상의
일석이조
(DAYUNG) sekali merengkuh dayung, dua tiga pulau terlampau 일석이조
일순간
(LAMA) selama sipatung mandi 일순간에
(LINTAS) selintas lalu 일순간
(SIRIH) sirih sekapur 일순간

(TAHUN) setahun jagung 일순간
일식
GERHANA 일식
(GERHANA) gerhana matahari 일식
일심동체
(CIAP) seciap bagai ayam, sedencing bagai besi 일심동체
(EMPEDU/HEMPEDU) empedu lekai di hati 일심동체
(SATU) satu nyawa dua badan 부부는 일심동체
일어나다
BANGKIT 일어나다
(BELUM) belum berbau telunjukku 일어나서는 안될
(SAKIT) sakit ular-ularan 경련(이 일어나다)
(SEMUT) semut-semutan 경련이 일어나다
일어서다
(ORAK) mengorak sila 앉은 자리에서 일어서다
(ORAK) orak sila 앉은 자리에서 일어서다
TEGAK 일어서다
일언반구
(KUNCI) mengunci mulut 일언반구도 없다
일으키다
(GANGGU) mengganggu gugat 문제를 일으키다
(GORES) menggores hati 감정을 일으키다
(TIMBA) bertimba karang 말썽을 일으키다
일인분
(PINGGAN) sepinggan makanan 음식 일인 분
일임
(SERAH) terserah kepada ~에게 일임된
일자
TANGGAL/TARIKH 일자
일자리
(BAWA) membawa nasib 일자리를 찾아 객지로 떠돌다
(RANTAU) merantau ke sudut dapur 주변에서 일자리를 찾다
(RANTAU) merantau ke ujung bendul 주변에서 일자리를 찾다
일자무식
(MATA) mata kayu 일자무식(의)
일정
(BUKU) buku acara 일정
(LUAR) luar acara 일정 밖의
(LUAR) luar acara 일정 외
RENCANA 일정
일주기
(PULANG) pulang pohon 일주기
일직선
LEMPANG 일직선의
일진
(LIHAT) melihat ketika 일진을 보다
일찍
(PAGI) pagi hari 아침 일찍
일천
RIBU 일천(백의 열 배가 되는 수)
(RIBU) seribu 일천
일체
(LUAR) luar dalam 일체

SEGALA 일체의
(SEGALA) segala apa 일체
일촉즉발
(GANTUNG) bergantung di rambut sehelai 일촉즉발의 상황
(KUKU) bergantung di ujung kuku 일촉즉발의 상황
일치
(ASAM) sudah seasam segaram 일치하는
(AYUN) seayun sebuaian 견해가 일치하는
(BAWA) membawa bulat 의견이 일치하다
(BELAH) seperti pinang belahan dua 일치하는
(MERIAM) meriam buluh 말과 행동이 일치하지 않는 사람
(PUTUS) putus bicara 의견이 일치하다
(PUTUS) putus kata 의견이 일치하다
일편단심
(PAKU) paku mati 일편단심(의)
(PEKAT) pekat hati 일편단심(의)
(REBUS) direbus tak empuk 일편단심의
(REBUS) direndam tak basah 일편단심의
(REBUS) merebus tak empuk 일편단심의
(REBUS) merebus tidak empuk 일편단심의
(TEGUH) teguh setia 일편단심의
일평생
(UMUR) seumur hidup 일평생
일하다
(CUCUR) mencucurkan keringat 열심히 일하다
(CUCUR) mencucurkan peluh 열심히 일하다
(GAJI) makan gaji 봉급생활자로 일하다
(PELUH) berpeluh-peluh 열심히 일하다
(PELUH) peluh-peluh 열심히 일하다
(TOHOR) tidak bertohor kaki 늘 바쁘게 일하는
(ULAT) ulat dalam batu pun dapat hidup 일하는 사람은 굶지 않는다
일회용품
(BARANG) barang sekali pakai 일회용품
읽다
(MELEK) melek aksara 읽고 쓸 줄 아는
(MELEK) melek huruf 읽고 쓸 줄 아는
(TAHU) tahu mata huruf 글을 읽고 쓸 줄 아는
(TAHU) tahu mata surat 글을 읽고 쓸 줄 아는
(TERBANG) terbang-terbang lalat (책을) 더듬더듬 읽는
잃다
KALAH 잃다
(LUPA) lupa akan dirinya 정신을 잃다
(LUPA) lupa diri 정신을 잃다
(MERIAM) meriam ompong 세력을 잃은
(PATAH) patah hati 용기를 잃은
(PATAH) patah kemudi 방향을 잃은
(PECAH) pecah hati 용기를 잃다
(PECAH) pecah periuk nasi 직업을 잃다
(PUTUS) putus asa 의욕을 잃다
(PUTUS) putus bicara 의욕을 잃다
(PUTUS) putus kata 의욕을 잃다
(PUTUS) putus rasa 관심을 잃다
(PUTUS) putus rezeki 직장을 잃다

(RASA) serasa bayang-bayang 의욕을 잃은
(RETAK) retak hati 의욕을 잃은
(RUSAK/ROSAK) merusakkan nama 명예를 잃다
(RUSAK/ROSAK) rusak nama 명예를 잃은
(SALAH) salah arah 길을 잃다
(SALAH) salah jalan 길을 잃다
(SEMANGAT) hilang semangat 용기를 잃다
(SEMANGAT) hilang semangat 의욕을 잃다
SESAT 길을 잃다
(SESAT) sesat di hujung jalan, balik ke pangkal jalan 매사에 초심을 잃지 말라
(SESAT) sesat di jalan 길을 잃다
(SESAT) sesat jalan 길을 잃다
(SILAP) tersilap jalan 길을 잃다
(TAWAR) tawar hati 희망을 잃은
(TAWAR) tawar rasa 흥미를 잃다
(TEBUK) ditebuk tikus 처녀성을 잃은

잃어버리다
(SESAT) sesat jalan 길을 잃어버리다

임
(KALI) sekali cencang dua putus 임도 보고 뽕도 따고
(SUNGAI) ke sungai sambil mandi 임도 보고 뽕도 따고

임금
(BURUH) buruhan 임금
GAJI 임금
(GAJI) gaji terendah 최저임금
(GAJI) kenaikan gaji 임금인상

임기응변
(AHLI) ahli bertimbang tunai 임기응변이 능한 사람
(OTAK) otak berjalan 임기응변이 능한
(OTAK) otak berpilin-pilin 임기응변이 능한
(PANDAI) pandai jatuh 임기응변에 능한
(SIASAT) siasat kura-kura 임기응변 전술

임명장
(SURAT) surat kuasa 임명장
(SURAT) surat perlantikan 임명장

임박하다
(SUNTUK) suntuk masa 시간이 임박한

임부
(MAK/EMAK) mak buyung 임부

임산부
(BUYUNG) mak buyung 임산부

임상시험
(KELINCI) kelinci percobaan 임상시험 대상자

임시
(ANTAR) antar waktu 임시의
(BURUH) buruh lepas 임시 근로자

임시근로
(KERJA) kerja sementara 임시근로

임시근로자
(KERJA) pekerja lepas 임시근로자

임시노동
(KERJA) kerja sementara 임시노동

임시노동자
(KERJA) pekerja lepas 임시노동자
임신
(BADAN) berbadan dua 임신하다
(BAWA) membawa berat 임신하다
(BESAR) besar perut 임신한
BUNTING 임신한
(BUNTING) bunting jolong 첫 임신
(BUNTING) bunting kerbau 임신 9개월이 넘은
(DALAM) dalam berat 임신 중인
(DALAM) dalam dua 임신 중인
(DALAM) dalam keadaan begitu 임신 중인
(DUDUK) duduk perut 임신한
HAMIL 임신한
(HAMIL) hamil lanjut 고령임신
(HAMIL) hamil lanjut 늦은 임신
(HAMIL) hamil palsu 상상임신
(HAMIL) hamil tua 임신 7개월이 지난
(LABU) mak labu 임신한 여자
(LEKAT) lekat perut 임신한
(LENGGANG) lenggang perut 임신 7개월째 하는 목욕의식
(MANDI) mandi berlenggang perut 임신 7개월 기념 목욕의식
(MANDI) mandi bunting 임신 7개월 기념 목욕의식
(MANDI) mandi tian 임신 7개월 기념 목욕의식
(PANGKU) memangku perut 임신 중인
(PUTIK) buahnya mabuk dimakan 결혼 전에 임신한 여자
(PUTIK) putik mendahului bunga 결혼 전에 임신한 여자
(TENGAH) tengah berat 임신 중인
임신부
(MAK/EMAK) mak buyung 임신부
임신초기
(HAMIL) hamil muda 임신초기
임신하다
(PERUT) perut besar 임신한
임자
(KENA) kena batunya 임자를 만나다
PUNYA 임자
(PUNYA) berpunya 임자가 있는
(SALAH) salah orang 임자를 잘못 만나다
임자말
(POKOK) pokok kalimat 임자말
임종
(AMBANG) di ambang kubur 임종이 가까운
(GENAP) genap hitungannya 임종에 이르다
(NANTI) menanti ajal 임종을 앞두다
(NANTI) menghadap ajal 임종을 앞두다
(NAPAS/NAFAS) nafas Isnin Khamis 오늘내일하는(임종이 가까운)
(NAPAS/NAFAS) napas satu-satu 임종이 가까운
(NAPAS/NAFAS) napas senen kemis 오늘내일하는(임종이 가까운)
(NYAWA) nyawa-nyawa ikan 임종 직전의
(ORANG) orang ombak 임종이 가까운 사람
(PUTUS) putus nyawa 임종
(REGANG) meregang jiwa 임종을 눈앞에 둔

(REGANG) meregang maut 임종을 눈앞에 둔
(REGANG) meregang nyawa 임종을 눈앞에 둔
(RENTANG) merentang jiwa 임종을 눈앞에 둔
(RENTANG) merentang jiwa 임종이 가까운
(TARIK) menarik jiwa 임종이 가까운
(TARIK) menarik nyawa 임종이 가까운

임질
(SAKIT) sakit kencing nanah 임질
(SAKIT) sakit sabun 임질

임파선염
(RADANG) radang busuk 임파선염
(RADANG) radang limpa 임파선염

입
(BIBIR) berbibir tipis 입이 가벼운
(BUKA) membuka kata 입을 떼기 시작하다
(BUKA) terbuka mulutnya 입이 딱 벌어진
(CEMPALA) cempala mulut 입이 싼
(DIAM) diam dalam seribu bahasa 입을 다물다
(ENTENG) enteng lidah 입이 거친
(GERAK) menggerakkan bibir 입을 열다
(GUNTING) menggunting ujung lidah 입을 틀어막다
(KAIN) kain basah kering di pinggang 입에 거미줄 치다
(KASAR) kasar mulut 입이 거친
(KASAR) kasar mulut 입이 험한
(KATUP) terkatup mulut 입 벙긋도 못하는
(KETAM) ketam mulut 입을 봉하다
(KULUM) kulum batu 입이 무거운
(KUNCI) terkunci mulutnya 입 벙긋도 할 수 없는
(LANCAR) lancar mulut 입이 싼
(LEKANG) tak lekang di bibir 늘 입에 오르내리는
(LEPAS) lepas mulut 입이 가벼운
(LIDAH) lidah berat 입이 무거운 (사람)
(LIDAH) lidah tergalang 입 벙긋도 못하는
(LIDAH) lidah terganjal 입 벙긋도 못하는
(LINCIR) lincir lidah 입이 가벼운
(LINCIR) lincir mulut 입이 가벼운
(LIPAT) tak berkelipat perut 입이 가벼운
(LIPAT) tak berkelipat perut 함부로 입을 나불대는
LITAH 입이 가벼운
(LITAH) litah mulut 함부로 입을 나불대는
(MAIN) main angin 한 입가지고 두말하는
(MALAS) malas bercakap 입이 무거운
MULUT 입
(MULUT) bermulut busuk 입이 지저분한
(MULUT) bermulut gatal 입을 나불대는
(MULUT) bermulut kotor 입이 거친
(MULUT) bermulut pinjaman 입을 나불대는
(MULUT) bermulut rampus 입이 거친
(MULUT) mulut bocor 입을 나불대는 사람
(MULUT) mulut tempayan 입을 나불거리는 사람
(MULUT) mulutnya muncung 입을 나불거리는 사람
(MULUT) mulutnya rapuh 입을 나불대는
(MULUT) mulutnya rapuh 입이 가벼운

ㅇ

(MULUT) mulutnya tajam 입이 거친
(PISAU) pisau senjata tiada bisa, bisa lagi mulut manusia 사람의 입은 칼보다 더 잔인하다
(PUTAR) berputar lidah 한 입으로 두 말하다
(PUTAR) memutar lidah 한 입으로 두 말하다
(RAPUH) rapuh mulut 입이 가벼운 (사람)
(REMAS/RAMAS) meremas bibir 입(술)을 주무르다
(REMAS/RAMAS) meremas mulut 입(술)을 주무르다
(RINGAN) ringan mulut, berat punggung 입으로만 부지런한 사람
(SELALU) selalu di hujung lidah 항상 입에 오르내리는
(SELALU) selalu di ujung lidah 항상 입에 오르내리는
(SENANG) senang cakap 입만 살다
(SENDOK/SENDUK) sendok besar tak mengenyang 입만 산
(SENDOK/SENDUK) senduk besar tak mengenyangkan 입만 산
(SENTIASA/SENANTIASA) sentiasa di hujung lidah 항상 입에 오르내리는
(SIMPAI) menyimpai mulut (비밀이 새나가지 않도록) 입을 틀어막다
(SINGKAT) singkat kata 입이 무거운
(SUDAH) sudah di hujung lidah 말이 입 안에서 맴돌다
(SUDAH) sudah di ujung lidah 말이 입 안에서 맴돌다
(TABUNG) tabung seruas 입이 가벼운 사람
(TAHAN) menahan mulut 입이 무거운
(TANGSEL/SUMBAT) menangsel mulut (음식물을) 입 안에 가득히 넣다
(TANGSEL/SUMBAT) menangsel mulut 입을 막다
(TANGSEL/SUMBAT) menangsel mulut 입을 봉하다
(TEBAL) tebal bibir 입이 무거운
(TIPIS) tipis bibir 입이 가벼운
(TUTUP) tutup mulut 입을 다물다

ㅇ

입가
(KERING) tak kering gusi 입가에서 웃음이 떠나지 않는
(SENYUM) senyum simpul 입가에 머금은 미소
(SENYUM) senyum siput 입가에 머금은 미소

입구
MULUT 입구

입다
(LIMPAH) limpah kurnia 은혜를 입다
(MAKAN) termakan budi 은혜를 입은
(PAKAI) memakai baju hitam 상복을 입다
(PUKUL) kena pukul (손해를) 입다
(TANGGUNG) menanggung budi 은혜를 입다
(TANGGUNG) menanggung rugi 손해를 입다
(UTANG/HUTANG) berutang budi 은혜를 입다
(UTANG/HUTANG) berutang nyawa 생명의 은혜를 입다

입덧
(HAMIL) hamil muda 입덧
IDAM 입덧

입말
LISAN 입말

입맛
(BUKA) membuka selera 입맛을 돋우다
(KERONGKONGAN) kerongkongan tersumbat 입맛이 없는
(LANGU) langu tekak 입맛이 없는
(MATI) mati lidah 입맛을 모르는

(MATI) mati lidah 입맛을 못 느끼는
(PAHIT) pahit lidah 입맛이 쓴
(PAHIT) pahit mulut 입맛이 쓴
(PAYAU) payau tekak 입맛이 쓴
(RANGSANG) merangsang selera 입맛을 당기게 하는
(RANGSANG) merangsang selera 입맛을 자극하는
(TEKAK) umpan tekak 입맛을 돋우는 음식
(TIDAK) tidak sedap tekak 입맛이 쓴

입맞춤
CIUM 입맞춤

입 벙긋
(DIAM) diam dalam seribu bahasa 입 벙긋도 하지 않다
(GANJAL) terganjal lidah 입 벙긋도 못하는
(HIMPIT) terhimpit lidahnya 입 벙긋도 못하는
(KALANG) terkalang lidah 입 벙긋도 못하다

입술
BIBIR 입술
(KERONCONG) mengeroncongkan bibir 입술을 뾰족이 내밀다
(MUNCUNG/MONCONG) memuncungkan bibir 입술을 뾰족이 내밀다
(MUNCUNG/MONCONG) muncung bibir 입술을 뾰족이 내밀다
(REMAS/RAMAS) meremas bibir 입(술)을 주무르다
(REMAS/RAMAS) meremas mulut 입(술)을 주무르다

입심
(BIBIR) tipis bibir 입심 좋은
FASIH 입심 좋은
(FASIH) fasih lidah 입심 좋은
(KERAS) keras mulut 입심이 좋은
(KERAS) keras rahang 입심이 좋은
(LINCIR) lincir lidah 입심이 좋은

입씨름
(ADU) beradu mulut 큰소리로 입씨름하다
(ANGGAR) beranggar lidah 입씨름하다
(KERAS) berkeras-kerasan mulut 격렬하게 입씨름을 하다
(LAWAN) lawan bicara 입씨름하다
(MULUT) bermulut keras 입씨름을 일삼는
(PERANG) perang bicara 입씨름
(PERANG) perang mulut 입씨름
(REBUT) berebut mulut 입씨름하다
(TEGANG) bertegang leher 서로 옳다고 입씨름하다
(TIKAM) bertikam lidah 입씨름을 하다
(TIMBANG) bertimbangan kata 거친 입씨름을 하다
(UJUNG/HUJUNG) mengadu ujung lidah 입씨름하다

입이 가볍다
LATAH 입이 가벼운

입장
(GARUK) menggaruk-garuk kepala 난처한 입장이 되다

입조심
(JAGA) menjaga mulut 입조심하다

입천장
(LANGIT) langit-langit 입천장

입추
(PENUH) penuh sudah bagai menggantung 입추의 여지가 없는

입추의 여지

(TEMU) bertemu bahu 입추의 여지가 없는
입학
(MASUK) masuk sekolah 입학하다
(UANG/WANG) uang bangku (입학)기부금
입학시험
(UJI) ujian masuk 입학시험
입향순속
(KANDANG) masuk kandang kambing mengembik 입향순속
(KANDANG) masuk kandang kerbau menguak 입향순속
(PADANG) lain padang lain belalang 입향순속
(RANTING) di mana ranting dipatahkan 입향순속
(RANTING) di situ air disauk 입향순속
(TANAH) di mana tanah dipijak di situ langit dijunjung 입향순속
잇다
(SAMBUNG) menyambung lidah (다른 사람의) 말을 잇다
(TURUN) menyambung keturunan 대를 잇다
(ULAS) mengulas bicara 말을 잇다
잇돌
(KARANG) karang gigi 잇돌
잇몸
GUSI 잇몸
(KARANG) pengarang gigi 잇몸
있다
ADA 있다
(SERBA) serbaada 모든 것이 다 있는
(TIDAK) tidak ada 있지 않다
(ULAS) berulas tangan 조력자가 있다
ㅇ
잉크
DAKWAT 잉크
(DAKWAT) dakwat merah 붉은 색 잉크
잉태
(MASIH) masih dalam telur 잉태된 상태의
(MASIH) masih di dalam telur 잉태된 상태의
잊다
LUPA 잊다
(SIANG) siang terkenang-kenang, malam termimpi-mimpi 잊으려야 잊을 수 없는
잊어버리다
(LUPA) lupa-lupa 잊어버린 척
(LUPA) lupa-lupaan 잊어버린 척
(LUPUT) luput dari hati 까맣게 잊어버리다
(LUPUT) luput di hati 까맣게 잊어버리다
잎
DAUN 잎
(SIRIH) daun sirih 구장 잎
잎사귀
DAUN 잎사귀
(GAMBIR) daun gambir 감비르 잎사귀

자
(SIKU) sesiku (제도용) 자
(SIKU) siku-siku (제도용) 자
자각
(TAHU) tahu diri 자각하다
자갈
(BATU) batu air 자갈
(BATU) batu kali 자갈
자국
BEKAS 자국
(CAKAR) cakar-balar 여기저기 할퀸 자국
(KEROBAK) kerobak-kerabit 얽은 자국이 있는
(KEROBAK) kerobak-kerobek 얽은 자국이 있는
KESAN 자국
(KESAN) kesan pukulan 때린 자국
(KESAN) kesan pukulan 매 맞은 자국
LUKA 자국
자궁
KANDUNG 자궁
(LEHER) leher rahim 자궁 경관
(PUNDI-PUNDI) pundi-pundi peranakan 자궁
RAHIM 자궁
자귀
BELIUNG 자귀
자극
(RANGSANG) merangsang hidung 코를 자극하는
(RANGSANG) merangsang selera 입맛을 자극하는
자극적
RANGSANG 자극적인
자기
AWAK 자기 자신
DIRI 자기
(RENDAH) rendah hati 자기를 내세우지 않는
자기류
(CANGKIR) cangkir piring 자기류
(CAWAN) cawan pinggan 자기류
자기제품
(CANGKIR) cangkir piring 자기제품
(CAWAN) cawan pinggan 자기제품
자녀

(SAMBUNG) sambungan jiwa 자녀
자다
(ERENG) tidur mengereng 옆으로 누워 자는
(LETAK) letak kepala 자다
(PULAU) berlayar di pulau kapuk 자다
(SELIMUT) berselimut embun 한데에서 자다
(SELIMUT) berselimut embun 한뎃잠을 자다
(SULUH) bersuluh bulan 한뎃잠을 자다
(TEGANG) bertegang lidah 지려고 하지 않는
TIDUR (잠을) 자다
(TIDUR) tidur ayam 선잠을 자다
(TIDUR) tidur ayam 얕은 잠을 자다
(TIDUR) tidur batang 세상모르게 곤한 잠을 자다
(TIDUR) tidur kesiangan 늦잠을 자다
(TIDUR) tidur lelap 단잠을 자다
(TIDUR) tidur lena 단잠을 자다
(TIDUR) tidur lenyak 단잠을 자다
(TIDUR) tidur mati 세상모르게 곤한 잠을 자다
(TIDUR) tidur membungkuk 새우잠을 자다
(TIDUR) tidur miring 칼잠을 자다
(TIDUR) tidur nyenyak 단잠을 자다
(TIDUR) tidur senyap 단잠을 자다
(TIDUR) tidur-tidur ayam 선잠을 자다
(TIDUR) tidur-tidur ayam 얕은 잠을 자다
자단
SAGA 자단(의 열매 씨앗)
자동차운전면허증
(LESEN) lesen memandu kereta 자동차운전면허증
자라
(KALI) sekali dipatuk ular, tali pun ditakutkannya lagi 자라 보고 놀란 가슴 솥뚜껑 보고 놀란다
자라나다
ULUR/HULUR 길게 자라나다
자라다
(NAIK) naik besar (어린애들이) 무럭무럭 자라는
TUMBUH (식물이) 자라다
자랑
(AGUNG) mengagungkan diri 자랑하다
(BESAR) besar perkataan 자랑하는
(HATI) besar hati 자랑스러운
(KEMBANG) kembang hidung 자랑하다
자랑스럽다
(GEMBUNG) bergembung dada 자랑스러운
자력갱생
(SAUK) sauk air mandikan diri 자력갱생
자루
KARUNG 자루
(KARUNG) karung goni 마대자루
LENGKIANG/RENGKIANG 자루
자르다
PINTAS 자르다
POTONG 자르다
자리

ㅈ

(BAWA) membawa duduk 앉을 자리를 권하다
CAWAK 오목한 자리
DAERAH 자리
(DAERAH) daerah basah 돈이 생기는 자리
(EMPUK) kursi empuk 좋은 자리
(EMPUK) kursi empuk 편한 자리
(KURSI) kursi empuk 편안한 자리
(ORAK) mengorak sila 앉은 자리에서 일어서다
(ORAK) orak sila 앉은 자리에서 일어서다
(REBUT) berebut kursi 자리를 놓고 다투다
(RINGAN) ringan mulut, berat punggung 앉은 자리가 무거운 사람
TIKAR 자리
(TIKAR) tikar rotan 등나무로 만든 자리

자립
(DIRI) berdiri sendiri 자립의
(MERDEKA) memerdekakan diri 자립하다

자릿자릿
NGILU 자릿자릿한
(NGILU) terasa ngilu 자릿자릿하게 느껴지는

자만
(AGUNG) mengagungkan diri 자만하다
(BUSUNG) membusungkan dada 자만하다
(GEMBUNG) menggembungkan dada 자만하다
(KAPLOK) kaplok dada 자만에 빠지다
(PANGGANG) terlalu panggang angus 지나친 자만은 금물
(PANGGANG) terlampau panggang jadi hangus 지나친 자만은 금물
(SANJUNG) menyanjung diri 자만하다

자매
(ADIK) beradik-berkakak 형제자매처럼

자매의 남편끼리의 관계
BIRAS 자매의 남편끼리의 관계

자멸
(HADAP) menghadapkan bedil ke dada 자멸하다

자모
(MATA) mata huruf (글자의) 자모
(MATA) mata surat (글자의) 자모

자문
(BADAN) badan penasihat 자문위원회

자문가
(NASIHAT) penasihat hukum 법률 자문가

자물쇠
KUNCI 자물쇠
(KUNCI) kunci gantung 맹꽁이자물쇠
(KUNCI) kunci kura-kura 맹꽁이자물쇠
(KURA-KURA) kunci kura-kura 맹꽁이자물쇠

자바문자
(KAWI) tulisan kawi 고대 자바문자

자바솜
KAPUK 자바솜

자바애기사슴
KANCIL 자바애기사슴

자발적
(SUKA) sukarela 자발적으로

자백
(BALIK) berbalik kata 자백을 번복하다
자본
(JADI) menjadi air 자본이 바닥나다
MODAL 자본
(MODAL) modal asing 외국자본
(MODAL) modal campuran 합작자본
(MODAL) modal gabungan 합작자본
(MODAL) modal luar negeri 외국자본
(MODAL) modal sambut 귀동냥한 것을 자본으로 삼는
(TELAH) telah menjadi air 자본이 바닥난
UANG/WANG 자본
(UANG/WANG) uang pangkal 자본
자비
(BELAS) belas kasihan 자비
RAHMAT 자비
자비롭다
(BUKA) terbuka tangan 자비로운
(MULIA) mulia hati 자비로운
(MURAH) bermurah hati 자비로운
자비심
(RASA) rasa belas kasihan 자비심
자산
(HARTA) harta tetap 고정자산
자살
(AGAN) mati agan 자살
(BUANG) membuang diri 자살하다
(HABIS) menghabisi nyawa 자살하다
(MATI) mati agan 자살
(MATI) mati beragan 자살
(MATI) mati samar 자살
(TAMAT) menamatkan riwayat 자살하다
자상
(LUKA) luka tikam 자상
TETAK 자상(의)
(TETAK) luka tetak 자상
자석
(BATU) batu berani 자석
(BESI) besi berani 자석
자선
(AIR) mengairi sawah orang 다른 사람에게 자선을 베풀다
(BAIK) berbaik hati 자선을 베풀다
(BUDI) budi baik 자선
(MURAH) murah tangan 자선을 좋아하는
(PASAR) pasar amal 자선 시장
(TANAM) bertanam budi 자선을 베풀다
(TANAM) menanam budi 자선을 베풀다
(TUANG) menuangkan air ke laut (도움이 필요하지 않은 사람에게 주는) 공연한 자선 행위
자선활동
(TABUR) tabur budi 자선활동을 많이 하는
자세
(CEKAK) bercekak pinggang 거만한 자세를 취한

LAGAK 자세
LAKU 자세
(LUNAK) lunak hati 수용적 자세
(MERDESA) sikap merdesa 성숙한 자세
PEKERTI 자세
(PEKERTI) budi pekerti 자세
RUPA 자세
(SEPAK) sepak terajang 자세
(SEPAK) sepak terjang 자세
(TALI) bagai menghela tali jala 신중한 자세
(TALI) bagai menghela tali jala 심사숙고하는 자세
(TEKAN) bertekan pinggang (양손을 허리에 얹고) 도도한 자세를 취하다

자손
(ANAK) anak cucu 자손
(ANAK) anak telinga 귀여운 자손
(CUCU) anak cucu 자손
(CUCU) cucu-cicit 자손

자수
(SENI) seni jarum 자수 공예

자수성가
(KUAT) kekuatan tulang sendiri 자수성가의
(MAKAN) makan darah 자수성가한 사람

자식
ANAK 자식
(ANAK) anak alang 세 번째 낳은 자식
(ANAK) anak bini 처자식
(ANAK) anak dapat 길에서 주워 온 자식
(ANAK) anak hitam 8번째 자식
(ANAK) anak istri 처자식
(ANAK) anak muda 6번째 자식
(ANAK) anak orang 남의 자식
(ANAK) anak pandak 5번째 자식
(ANAK) anak panjang 4번째 자식
(ANAK) anak pisang (부계의 측에서 보면) 외삼촌의 자식
(ANAK) anak pisang 외가에서 부양하는 전처의 자식
(ANAK) anak putih 7번째 자식
(ANAK) anak taruhan 아주 귀한 자식
(BADAK) badak makan anak 자기자식 잡아먹기
(BIAWAK) mendukung biawak hidup 힘겹게 처자식을 부양하다
(BUAH) buah hati cahaya mata 금지옥엽 같은 자식
(CAHAYA) cahaya mata 금지옥엽 같은 자식
(DAGING) daging darah 친자식
(DARAH) darah daging 자식
(KANDUNG) anak kandung 친자식
(KASIH) kasihkan anak tangan-tangankan 자식들은 사랑의 매로 키워라
(KAYA) kaya anak 자식이 많은
(SAMBUNG) sambungan jiwa 자식
(SAMBUNG) sambungan nyawa 자식
(SUNTING) sunting hati 사랑하는 자식

자신
AWAK 자기 자신
(BATANG) batang tubuh 자신
DIRI 자신

(HINA) berhina diri 자신을 낮추다
(MASA) masa bodoh 자기 자신만 생각하는
(PAGAR) memagar diri 자신을 돌보다
(RAJA) beraja di hati 자신만 생각하는
(RENDAH) merendahkan hati 자신을 낮추다
(RENDAH) merendahkan diri 자신을 낮추다
(SEMANGAT) semangat harimau 자신만을 믿는 (사람)
(TANGAN) di tangan awak 우리들 자신의 손에
자신감
(LEMAH) lemah hati 자신감이 부족한
자아내다
(SEDIH) menyedihkan hati 감동을 자아내다
(SEDIH) menyedihkan hati 동정심을 자아내다
자업자득
(CENCANG) tangan mencencang bahu memikul 자업자득
(CUBIT) siapa kena cubit, dialah yang berasa sakit 자업자득
(MAIN) main api akan hangus 자업자득
자연
ALAM 자연
JAGAT 자연
(RAHASIA/RAHSIA) rahasia alam 자연의 비밀
자연법
(HUKUM) hukum alam 자연법
자연사
(MATI) mati hukumullah 자연사
(MATI) mati kumlah 자연사
(MATI) mati seajal 자연사
(MATI) mati sudah tua 자연사
자연재해
(BENCANA) bencana alam 자연재해
자오선
(BUJUR) garis bujur 자오선
자원
(SUKA) sukarela 자원해서
자원봉사
(GUGUR) gugur gunung 자원봉사 (활동)
(KERJA) kerja bakti 자원봉사
자원봉사자
(SUKA) sukarelawan 자원봉사자
자위
JAWI 자위 (말레이인, 말레이어 그리고 말레이 문화를 통틀어 일컫는 용어)
자위문자
ALIF 알리프 (아랍문자 및 자위문자의 첫 글자)
자위책
(PAGAR) memagar diri 자위책을 강구하다
자유
(AYAM) merdeka ayam 자유로운
BEBAS 자유로운
(BERI) memberi bertali panjang (될수 있는 한) 자유를 주다
MERDEKA 자유
(MERDEKA) merdeka ayam 완전한 자유를 누리는
자유롭다

(LEPAS) lepas ayam 아주 자유로운
(LEPAS) lepas bebas 아주 자유로운
(LEPAS) lepas burung 아주 자유로운
(TALI) bertali panjang 아주 자유로운
자유복
(PAKAI) pakaian bebas 자유복
자유시
(SAJAK) sajak bebas 자유시
자유형
(GAYA) gaya bebas 자유형
자음문자
(HURUF) huruf mati 자음문자
자이언트 스네이크헤드
(TOMAN) ikan toman 레드 스네이크헤드 또는 자이언트스네이크헤드라 고 불리는 몸집이 매우 큰 가물치의 일종
자재
(BAHAN) bahan baku 원자재
(BAKU) bahan baku 원자재
자전
KISAR (천체의) 자전
(KISAR) kisar bumi 지구의 자전
자전거
(ANGIN) kereta angin 자전거
(DAYUNG) dayung sepeda 자전거 페달
(KERETA) kereta angin 자전거
(KERETA) kereta lereng 자전거
(RODA) roda angin 자전거
(RODA) roda basikal 자전거 바퀴
(RODA) roda sepeda 자전거 바퀴
SEPEDA/BASIKAL 자전거
(SEPEDA/BASIKAL) sepeda balap 경주용 자전거
(SEPEDA/BASIKAL) sepeda gunung 산악자전거
(SEPEDA/BASIKAL) sepeda kumbang 모토가 달린 자전거
자정
(TENGAH) tengah malam 자정
자제
(SEPIT) menyepitkan lidah ke lantai (욕망을) 자제하다
(TAHAN) menahan diri 자제하다
(TEKAN) menekan perasaan 자제하다
(TEKAN) menekan perut 자제하다
(TELAN) menelan ludah 자제하다
(USAP) mengusap dada 자제하다
자존심
(HARGA) harga diri 자존심
자주
(BANYAK) banyak kali 자주
SUKA 자주
ULANG 자주
자진
(BOMOH) bomoh mencari orang sakit 자진하여 나서는 사람
자초지종
(HILIR) tak tentu hilir mudiknya 자초지종이 불확실한
(HITAM) hitam putihnya 자초지종

(UJUNG/HUJUNG) ujung pangkal 자초지종
자취
JEJAK 자취
(TINGGAL) tinggal bekas 자취만 남다
자치지구
(DAERAH) daerah swatantra 자치지구
자카르타
(ULANG) berulang-alik Kuala Lumpur-Jakarta 쿠알아 룸푸르와 자카르타 간을 왕복하다
자캇
ZAKAT 자캇(이슬람의 오주 중에서 세 번째 의무로 남을 위한 헌금)
(ZAKAT) menunaikan zakat 자캇을 실천하다
자태
(SEPAK) sepak terajang 자태
(SEPAK) sepak terjang 자태
자학
(HADAP) menghadapkan bedil ke dada 자학하다
(HUJAN) memperhujankan garamnya 자학하다
(KALANG) mengalangkan batang leher 자학하다
자해
(KALANG) mengalangkan batang leher 자해하다
(TIKAM) menikam diri sendiri 자해하다
자화자찬
(ANGKAT) mengangkat hidung 자화자찬하는
(SANJUNG) menyanjung diri 자화자찬하다
(SIPUT) siput memuji buntut 자화자찬
(SOMBONG) menyombongkan diri 자화자찬하다
(SORONG) hidung tak mancung pipi tersorong-sorong 자화자찬하는 사람
작곡가
(SENI) seniman 작곡가
작년
(TAHUN) tahun lalu 작년
작다
KECIL 작은
(LUAS) seluas tapak tangan 작은
작두콩
(KACANG) kacang hantu 작두콩
(KACANG) kacang parang 작두콩
(KACANG) kacang polong 작두콩
작문
(GORES) goresan pena 작문
(KARANG) karang-mengarang 작문
작별
(MINTA) minta diri 작별을 고하다
(MINTA) minta izin 작별을 고하다
(MINTA) minta permisi 작별을 고하다
(MOHON) memohon diri 작별을 고하다
작사리
TOHOK 작사리
작살
SERAMPANG 작살
TOHOK 작살
작심

(CEKAL) mencekalkan hati 작심하다
작심삼일
(HANGAT) hangat-hangat tahi ayam 작심삼일
(KERAS) keras-keras kerak nasi 작심삼일
(LURUS) lurus-lurus telunjuk 작심삼일
(PANAS) panas-panas tahi ayam 작심삼일
작업
(RENCANA) rencana kerja 작업 계획
작업복
(BASAH) pakaian basahan 작업복
작업성과
(BUAH) buah tangan 작업성과
작은 배
BIDUK 작은 배
작은아버지
(BAPAK/BAPA) bapak cilik 작은아버지
(BAPAK/BAPA) bapak muda 작은아버지
(PAK) pak cik 작은아버지
(PAK) pak su 막내작은아버지
작전지역
(DAERAH) daerah operasi 작전지역
작품
(BUAH) buah karya (문학) 작품
(GORES) goresan pena 작품
잔
CANGKIR 잔
CAWAN 잔
(TADAH) tadah cangkir 잔 받침
(TAPAK) tapak cangkir 잔 받침
잔가지
RANTING (나무)잔가지
잔꾀
(TIPU) tipu belit 잔꾀
(TIPU) tipu daya 잔꾀
잔나비
MONYET 잔나비
잔돈
(DUIT) duit kecil 잔돈
잔등이
(NANTI) menantikan kucing bertanduk 거북이 잔등이에서 털을 긁는다
잔떨림
(JANTUNG) jantung mengipas 심장 잔떨림 (심장 질환)
잔물결
(OMBAK) ombak kecil 잔물결
잔소리
(BANYAK) banyak mulut 잔소리를 잘하는
잔솔밭
(BELALANG) bagai mencari belalang atas akar 잔솔밭에서 바늘 찾기
잔이슬
(BETINA) embun betina 잔이슬
(EMBUN) embun betina 잔이슬
(EMBUN) embun rintik 잔이슬
잔인

ㅈ

(BATU) membatu hatinya 잔인한
(BUTA) buta hati 잔인한
(CARA) secara kejam 잔인하게
LIAR 잔인한

잔인하다
(DARAH) berdarah dingin 잔인한
(JANGAT) tebal jangatnya 매우 잔인한
(PISAU) pisau senjata tiada bisa, bisa lagi mulut manusia 사람의 입은 칼보다 더 잔인하다
(TANGAN) tangan dingin 잔인하게 범행을 저지르다
(TEBAL) tebal hati 잔인한
(TEBAL) tebal jangat 잔인한
(TEBAL) tebal kulit 잔인한

잔잔하다
(SENYUM) senyum simpul 잔잔한 미소
(SENYUM) senyum siput 잔잔한 미소

잔치
(ADA) ada hajat 잔치가 열리다
(BAWA) membawa mulut (잔치에) 빈손으로 오다
(BAWA) membawa perut (잔치에) 빈손으로 오다
(BEBAS) bebas bidan 산후 40일 기념잔치
(DATANG) datang tanpa membawa makan 빈손으로 잔치에 오다
(DATANG) membawa perut 빈손으로 잔치에 오다
(JINAK) jinak-jinak lalat 남의 잔치에 감 놓아라 배 놓아라하는 사람
(LENGGANG) berlenggang kangkung 빈손으로 잔치에 참석하다
(MAKAN) makan besar 큰 잔치
(MAKAN) makan nasi minyak 결혼잔치
(NASI) nasi kunyit 잔치용 나시쿠닝
(PANCANG) memancang gelanggang 잔치를 열다
(POTONG) potong kambing 잔치를 벌이다
(POTONG) potong kerbau 잔치를 벌이다
(POTONG) potong lembu 잔치를 벌이다
(SELAMAT) selamatan pindah rumah 집들이 잔치
(SELAMAT) selamatan 잔치
(TABIR) tabir sudah tergantung 큰 잔치가 열릴 조짐
(TABIR) tikar sudah terbentang 큰 잔치가 열릴 조짐

잔털
(BULU) bulu kapas 잔털
(BULU) bulu roma 몸의 잔털
REMANG 잔털
ROMA 잔털

잔혹하다
(RENDAM) rendam tak basah 잔혹한
(RENDAM) rendam tidak basah 잔혹한

잘 가(요)
(JALAN) selamat jalan 잘 가(요)

잘나다
(OTAK) otak-otak 잘난 체 하는 사람

잘난 체
(ANGKAT) mengangkat hidung 잘난 체 하는
(BESAR) besar mulut 잘난 체 하는
(CAKAP) cakap besar 잘난 체하는 (사람)
(KEPALA) besar kepala 잘난 체 하는

ㅈ

(KEPALA) kepala besar 잘난 체 하는
(MULUT) mulut besar 잘난 체 하는
(TINGGI) tinggi cakap 잘난 체 하는

잘되다
(KANAN) langkah kanan (사업이) 잘돼 가는

잘리다
KUDUNG (수족이) 잘린
(LEMPAR) dilempar dari kursinya 모가지가 잘리다
PUNTUNG 잘린

잘못
(BASUH) membasuh muka dengan air liur 자신의 잘못을 과장하다
(BILANG) membilang langkah orang 남의 잘못을 트집잡다
(JEJAK) menghilangkan jejak 잘못을 은폐하다
(LANGGAR) langgar hukum 잘못을 저지르다
(MAAF) maaf kesalahan 잘못을 용서하다
(MAAF) memaafkan kesalahan 잘못을 용서하다
(MAIN) main tedeng 잘못을 은폐하다
(SALAH) salah-salah 잘못을 저질렀을지언정
(SALAH) salah-salah 잘못을 했더라도

잘못되다
SALAH 잘못된
(SERBA) serba salah 모든 것이 잘못된
(SERBA) serbasalah 모든 것이 잘못된

잘 생기다
TAMPAN 잘 생긴

잘 있다
(SEHAT/SIHAT) sehat-sehat saja 잘 있습니다
(SEHAT/SIHAT) sihat-sihat sahaja 잘 있습니다

잘 지내다
(KABAR/KHABAR) kabar baik 잘 지냅니다
(SEHAT/SIHAT) sehat-sehat saja 잘 지냅니다
(SEHAT/SIHAT) sihat-sihat sahaja 잘 지냅니다

잘 팔리다
LAKU 잘 팔리는
LARIS 잘 팔리는

잘하다
(LANCAR) lancar kaji 공부를 잘하는
(MASIN) masin lidah 말을 잘하는
(PANJANG) panjang lidah 고자질을 잘하는
(PANJANG) panjang lidah 아첨을 잘하는
(PANJANG) panjang mulut 고자질을 잘하는
(PANJANG) panjang mulut 아첨을 잘하는
(SILAT) bersilat lidah 발뺌을 그럴듯하게 잘하는

잘 해봐
(MASA) masa bodoh 잘 해봐!

잠
BANGUN (잠이) 깨다
(LAYAR) berlayar ke pulau kapuk 잠에 빠지다
(LENA) lena ayam 선잠이 든
(LENA) lena ayam 잠이 깊이 들지 않은
(MATA) mata terlayang 잠에 빠져들다
(MATA) mata terlayang-layang 잠에 빠져들다
(TENGAH) setengah tidur 잠에 취한

TIDUR 잠
(TIDUR) tidur ayam 선잠을 자다
(TIDUR) tidur ayam 얕은 잠을 자다
(TIDUR) tidur batang 세상모르게 곤한 잠을 자다
(TIDUR) tidur kesiangan 늦잠을 자다
(TIDUR) tidur lelap 단잠을 자다
(TIDUR) tidur lena 단잠을 자다
(TIDUR) tidur lenyak 단잠을 자다
(TIDUR) tidur mati 세상모르게 곤한 잠을 자다
(TIDUR) tidur membungkuk 새우잠을 자다
(TIDUR) tidur miring 칼잠을 자다
(TIDUR) tidur nyenyak 단잠을 자다
(TIDUR) tidur senyap 단잠을 자다
(TIDUR) tidur-tidur ayam 선잠을 자다
(TIDUR) tidur-tidur ayam 얕은 잠을 자다

잠기다
BENAM 잠기다
(TOPANG) bertopang dagu 멍하니 공상에 잠긴

잠깐
KEJAP 잠깐
(LAYANG) selayang pandang 잠깐
(SIRIH) sirih sekapur 잠깐 동안

잠꾸러기
(TUKANG) tukang tidur 잠꾸러기

잠들다
ADU 잠들다
(BANTAL) berbantal tanah 잠들다
(LAYAR) berlayar ke pulau kapuk 잠들다

잠수
RENDAM 잠수하다
TENGGELAM 잠수하다

ㅈ

잠수하다
SELAM 잠수하다

잠수함
(KAPAL) kapal selam 잠수함

잠옷
(BAJU) baju tidur 잠옷

잠자리
CAPUNG 잠자리
SIPATUNG/SEPATUNG 잠자리
(SISA) sisa lelaki 남자와 잠자리를 함께 한 적이 있는 여자

잠자리비행기
(CAPUNG) pesawat capung 잠자리비행기
(PESAWAT) pesawat capung 잠자리비행기

잠잠하다
TENANG 잠잠한

잡다
(AMBIL) mengambil kesempatan 기회를 잡다
JABAT/JAWAT 잡다
JAWAT 잡다
PEGANG 잡다
(RAJUT) merajut burung 그물로 새를 잡다
(RENGKUH) merengkuh untung 행운을 잡다

SEMBELIH (소, 닭을) 잡다
(SEMBELIH) sembelih ayam 닭을 잡다
(SEMBELIH) sembelih lembu 소를 잡다
(TAHAN) menahan jerat 좋은 기회를 잡다
(TANGGUK) menangguk udang 탕국으로 새우를 잡다
TANGKAP 잡다
(TANGKAP) menangkap ikan 물고기를 잡다
(TANGKAP) menangkap pencuri 도둑을 잡다
(TERANG) terang-terang daun kacang 감을 잡기 시작한

잡다하다
(SEGALA) segala mak nenek 잡다한 일

잡담
KECEK 잡담
(KOSONG) cakap kosong 잡담
(KOSONG) omong kosong 잡담
(MULUT) mulutnya muncung 잡담을 일삼는 사람
(OMONG) omong kosong 잡담
(OMONG) omong-omong 잡담

잡동사니
(TETEK) tetek-bengek 잡동사니

잡석
(BATU) batu cadas 잡석

잡아당기다
CABUT 잡아당기다
(PILIN) memilin telinga 귀를 잡아당기다
RAIH 잡아당기다
(REGANG) meregang telinga 귀를 잡아당기다
RENGKUH 잡아당기다

잡아먹기
(BADAK) badak makan anak 자기자식 잡아먹기

잡아먹히다
(MAKAN) makan masa 시간이 잡아먹히다
(MAKAN) makan tempo 시간이 잡아먹히다
(MAKAN) makan waktu 시간이 잡아먹히다

잡종
(ANJING) anjing kampung 잡종개
(JATI) bukan sejati 잡종의

잡지
(WARTA) wartawan (신문, 잡지, 방송)기자

잡히다
(TANGKAP) tangkap basah 불륜 현장에서 잡히다
(TANGKAP) tangkap hidup-hidup 불륜 현장에서 잡히다
(TANGKAP) tertangkap basah 불륜 행위를 하다가 현장에서 잡히다
(TANGKAP) tertangkap kain 불륜 행위를 하다가 현장에서 잡히다
(TANGKAP) tertangkap tangan 도둑질을 하다가 현장에서 잡히다

장
(CUCI) cuci perut 장 세척
(CUCI) cuci perut 장 청소
HELAI 장 (종이, 옷감 따위를 세는 수량사)
KEPALA (조직이나 집단의) 장
PERUT 장
(SUNGGUH) sungguh mati 손톱에 장을 지지겠다

장갑

KEBAL 장갑의
(SARUNG) sarung tangan 장갑
장갑차
(KEBAL) kereta kebal 장갑차
(KERETA) kereta baja 장갑차
(KERETA) kereta kebal 장갑차
(KERETA) kereta waja 장갑차
장고
GENDANG 장고
(TARI) tak pandai menari dikatakan lantai yang terjungkat 선무당이 장고만 탓한다
장고하다
(PIKIR/FIKIR) pikir dalam-dalam 장고하다
(PIKIR/FIKIR) pikir habis-habis 장고하다
(PIKIR/FIKIR) pikir panjang-panjang 장고하다
장관
(JABAT/JAWAT) menjabat menteri 장관직을 맡다
MENTERI 장관
(MENTERI) menteri agama 종교부장관
(MENTERI) menteri dalam negeri 내무부장관
(MENTERI) menteri kesehatan 보건부장관
(MENTERI) menteri luar negeri 외무부장관
(MENTERI) menteri negara pemuda dan olahraga 청소년체육부장관
(MENTERI) menteri pekerjaan umum 건설부장관
(MENTERI) menteri perdagangan 상공부장관
(MENTERI) menteri pertanian 농림부장관
장기
(MAIN) main gajah-gajahan 장기를 두다
(PINJAM) pinjaman jangka panjang 장기 대출
장난감
(SENAPAN/SENAPANG) senapan bambu 대나무로 만든 장난감 총
(SENAPAN/SENAPANG) senapan buluh 대나무로 만든 장난감 총
장난꾼
(ULAT) ulat bulu 장난꾼
장난치다
(GATAL) gatal tangan 쓸데없이 장난치기를 좋아하는
장님
BUTA 장님의
(BUTA) buta belakang 눈뜬장님
(KASIH) kasih itu semangat yang buta 사랑은 장님이다
장단
(LARAT) melarat manfaatnya 장단
장담
(BERAT) berat hati 장담컨대
장대
GALAH 장대
(GALAH) sepenggalah 장대높이 만큼
PACAK 장대
TONGGAK 장대
장대높이뛰기
(LONCAT) loncat galah putri 여자장대높이뛰기
장딴지
(BUAH) buah betis 장딴지

(JANTUNG) jantung betis 장딴지
(PERUT) perut betis 장딴지
(PERUT) perut kaki 장딴지
장래
(MASA) masa datang 장래
(MASA) masa hadapan 장래
장례
(MASIH) masih merah tanah kubur 장례를 치른 지 얼마 안 된
장마철
(MUSIM) musim tenggara 장마철
(TENGGARA) musim tenggara 장마철
장막
LAYAR 장막
TABIR 장막
(TABIR) di sebalik tabir 장막의 뒤편에
(TABIR) tabir besi 철의 장막
TIRAI 장막
(TIRAI) tirai besi 철의 장막
장모
(IBU) ibu mentua 장모
장물
TADAH 장물을 받다
장물아비
(TADAH) tukang tadah barang curian 장물아비
(TUKANG) tukang tadah 장물아비
장미과
MAWAR 장미과
장미꽃
(DURI) duri bunga mawar 장미꽃의 가시
MAWAR 장미꽃
(SUNTING) bersunting bunga mawar 장미꽃 장식을 달다
장부
(BUKU) buku besar 장부
(BUKU) buku kas 장부
SUAMI 장부
장뼘
JENGKAL 장뼘
장사
(ECER) niaga eceran 소매 (장사)
(NIAGA) niaga kecil 소매(장사)
PENDEKAR 장사
(SEMANG) induk semang 장사 밑천을 대 주는 사람
(TINGGAL) tinggal nadi 늘 밑지는 (장사)
장사진
(TALI) bertali arus 장사진을 이루다
(TALI) bertali arus 장사진을 치다
장소
LETAK 장소
(RUMAH) rumah hantu 비밀회담 장소
(SARANG) sarang cinta 밀회 장소
TEMPAT 장소
장수
(ABANG) abang sayur 야채장수

(LANJUT) lanjut usia 장수를 누리다
(LANJUT) lanjut usia 장수하다
(PAHIT) pahit darah 장수하는
(TUKANG) tukang botol 고물 장수
(UMUR) umur panjang 장수하다
장수하다
(PAHIT) pahit-pahit darah 장수하는
(PANJANG) panjang hidup 장수하는
(PANJANG) panjang umur 장수하는
(PANJANG) panjang usia 장수하는
장시간
(LAMA) selama enggang mengeram 장시간
장식
(BUNGA) berbunga 꽃으로 장식된
(BUNGA) membungai 꽃으로 장식하다
KARANG 장식(하다)
SUNTING (머리나 귀의 뒤쪽에 달기 위해) 꽃을 따서 만든 장식
(SUNTING) bersunting bunga mawar 장미꽃 장식을 달다
장식용
(SUNTING) menyunting 장식용으로 꽃을 따다
장식품
(BARANG) barang kemas (금반지, 금목걸이 따위의) 귀금속 장식품
장악
(AMBIL) mengambil alih 새로 들어서 장악하다
(GENGGAM) menggenggam negeri 국가권력을 장악하다
(HITAM) menghitamputihkan 장악하다
(INJAK) menginjakkan kaki 장악하다
(LAYANG) macam memegang tali layang-layang 전권을 장악하다
(PEGANG) memegang senjata 권력을 장악하다
(PEGANG) pegang senjata 권력을 장악하다
장애
(PINTU) pintu mati 큰 장애
장애물
(ARAL) aral gendela 예상치 못한 장애물
(ARAL) aral melintang 예상치 못한 장애물
(RINTANG) lomba lari rintangan 장애물 경주
장어
(PELANGI) ular pelangi 청리본 장어(관상어의 일종)
장인
(BAPAK/BAPA) bapak mertua 장인
TUKANG 장인
장자
(ANAK) anak sulung 장자
장작
(BAKAR) kayu bakar 장작
장점
(HARUM) harum menghilangkan bau 장점이 단점보다 많은
장치
(AMAN) pasak aman 안전장치
장터
PASAR 장터
장학
(BEASISWA/BIASISWA) yayasan beasiswa 장학 재단

장학금
BEASISWA/BIASISWA 장학금
(MOHON) memohon beasiswa 장학금을 요청하다
(MOHON) memohon biasiswa 장학금을 요청하다
(SUMBANG) sumbangan beasiswa 장학금 기부
(SUMBANG) sumbangan biasiswa 장학금 기부
잦다
(LEMAH) lemah semangat 병치레가 잦은
(PANAS) panas tangan 손찌검이 잦은
(SAKIT) bersakit-sakit 병치레가 잦은
잦아들다
TEDUH 잦아들다
(TEDUH) menunggu angin teduh 바람이 잦아들기를 기다리다
재
ABU 재
(BATU) batu dapur 재받이 돌
재간꾼
(MANUSIA) manusia berbakat 재간꾼
재갈
KEKANG 재갈
재결합
(BALIK) balik kerak 재결합
(PINANG) pinang pulang ke tampuk 이혼했던 부부의 재결합
(PUTUS) putus arang 재결합이 전혀 불가능하다
재기
(LANGIT) langit menimpa kepala, bumi memegang kaki 재기가 불가능한 상태
재난
BENCANA 재난
재다
AJUK 재다
(BUANG) buang aksi 폼 재다
재단
(BEASISWA/BIASISWA) yayasan beasiswa 장학 재단
YAYASAN 재단
재담꾼
(LIUR/AIR LIUR) liur masin 재담꾼
재력
(PEGANG) memegang uang 재력이 있는
(PEGANG) pegang uang 재력이 있는
(PENDEK) pendek tali 재력이 없는
재력가
(ORANG) orang berada 재력가
재료
BAHAN 재료
재무
(PEGANG) memegang uang 재무를 담당하다
(PEGANG) pegang uang 재무를 담당하다
재물
(CUCUP) mencucup benak 남의 재물을 악독하게 빼앗다
(DAKI) daki dunia 재물
(FOYA) berfoya-foya 재물을 탕진하다
(GOLOK) bergadai bergolok 재물을 탕진하다

(GOLOK) bergolok bergadai 재물을 탕진하다
(LAPAR) lapar mata (재물에) 눈이 먼

재미
LUCU 재미있는
(MEWAH) mewah di dunia 삶의 재미
(SURGA/SYURGA) surga dunia 세상살이의 재미
(SURGA/SYURGA) syurga dunia 세상살이의 재미
(UPAH) upah hati 재미

재미없다
(SEPERTI) seperti sayur tidak berbumbu 재미없는

재미있다
(RIANG) riang gembira 재미있는
(RIANG) riang hati 재미있는
(RIANG) riang rasa 재미있는
(TARIK) menarik hati 재미있는 (일)

재범
(RUNCING) runcing tanduk 재범

재빠르다
(JALA) ikan berkilat, jala tiba 아주 재빠른 행동
LICIN 재빠른

재빨리
(LANCAR) lancar-lancar 재빨리
SEGERA 재빨리
(SIPAT) sipat kuping 재빨리 달아나다
(TANGAN) tangan cepat 재빨리

재산
(BAKTI) membaktikan harta 재산을 헌납하다
(BANYAK) banyak minyaknya 재산이 많은
(CAMPUR) campur kaya (결혼 후 부부가 함께 모은) 공동재산
(EMAS) emas perak 재산
(GOLOK) bergadai bergolok 재산을 몽땅 저당 잡히다
(GOLOK) bergolok bergadai 재산을 몽땅 저당 잡히다
HARTA 재산
(HARTA) harta benda 재산
(HARTA) harta karun 불법으로 취득한 재산
(HARTA) harta karun 소유자 불명의 재산
(LEMAK) lemak penyelar daging 재산을 탕진하다
(PUSAKA) harta pusaka 상속재산
(PUTUS) keputusan wang 재산을 탕진하다
(WARIS) warisan 상속 재산

재수
(BURUK) buruk pinta 재수가 없는
(GELAP) gelap bintangnya 재수 없는
(KIRI) langkah kiri 재수 없는
(KUNYAH) terkunyah di nasi 재수가 좋은
(LALANG) padi ditanam tumbuh lalang 억세게 재수가 없는
(LANGKAH) langkah buruk 재수 없는
(LANGKAH) langkah kanan 재수가 좋은
(LANGKAH) langkah kiri 재수가 나쁜
(LUNAK) lunak rezeki 재수가 있는
MALANG 재수 없는
(MURAH) murah rezeki 재수가 좋은
(NASI) nasi di lutut 재수가 좋은

(PANAS) panas tangan 재수가 없는
(PEGANG) terpegang di bara hangat 재수 없는
(REZEKI) rezeki merendah 재수가 좋은
(REZEKI) rezeki rendah 재수가 좋은
SIAL 재수가 없는
UNTUNG 재수(가 있는)
(UNTUNG) untung ada, tuah tiada 재수가 옴 붙은

재스민
(GAJAH) gajah guling 올린머리 장식용 2줄의 재스민 꽃
(MELUR/MELATI) bunga melur 재스민(꽃)

재앙
BAHAYA 재앙

재정
(SEMPIT) kesempitan hidup 재정적 어려움

재주
(BIBIR) bibir bergetah (사람을) 꾀는데 재주가 있는
(GAGAK) gagak bersuara murai 굼벵이도 구르는 재주가 있다
(ISI) isi lemak dapat ke orang, tulang bulu pulang ke kita 재주는 곰이 넘고 돈은 되놈이 번다
(PINTU) satu pintu kalau tertutup, sepuluh pintu lagi terbuka 가진 재주가 많으면 밥 굶을 리 없다
(SAPI) kerbau sakit, sapi beroleh nama 재주는 곰이 넘고 돈은 되놈이 번다
(SAPI) lembu punya susu, sapi dapat nama 재주는 곰이 넘고 돈은 되놈이 번다
(SEPAT) bodoh-bodoh sepat, tak makan pancing emas 굼벵이도 구르는 재주가 있다
(TANAK) ditanaknya semua berasnya (신바람에) 온갖 재주를 다 부리다
(TANGAN) tangan penat memerah, pasu mendapat santannya 재주는 곰이 넘고 돈은 되놈이 번다

재촉
DORONG 재촉하다
(SURAT) surat paksa 재촉 서류
TUNTUT 재촉하다

재치
(AHLI) ahli bertimbang tunai 재치가 있는 사람
(KINCIR) berkincir alir 재치 있는
LANCAR 재치 있는
(PANDAI) pandai jatuh 재치 있는
(RINGAN) ringan kepala 재치 있는

재킷
(BAJU) baju pelampung 구명재킷
(LAMPUNG) jaket pelampung 구명재킷

재판
(SAMUN) samun sakal berdarah tangan 모든 범죄의 재판에는 증거가 핵심이다

재혼
(BALIK) balik kerak (전처와의) 재혼
(GANTI) berganti lapik 홀아비가 재혼하다
(GANTI) mengganti lapik 상처 후 즉시 재혼하다
(PULANG) memulangi isteri 전처와 재혼하다
(PULANG) memulangi istri 전처와 재혼하다
(TIKAR) lepas bantal berganti tikar 아내를 여읜 후 처제와 재혼하다

(TUKAR) bertukar kain 재혼하다
(TUKAR) tukar ranjang 재혼하다

재혼금지
(DALAM) dalam idah 재혼금지 기간 중에 있는

잽싸다
(TANGAN) tangan bagai lipas kudung 손놀림이 잽싼
(TANGAN) tangan cepat 잽싸게

쟁반
TALAM 쟁반

저
ITU 저
SAYA 저(일인칭 대명사)

저것
ITU 저것

저금통
(TABUNG) tabung pekak 저금통

저급
(KELAS) kelas tiga 저급의

저녁
(HARI) hari samar muka 어둑어둑한 저녁
(MATAHARI/MENTARI) matahari turun 해가 떨어지는 때 (저녁)
(PUKUL) pukul lima petang 저녁 다섯 시
(PUKUL) pukul lima sore 저녁 다섯 시
(SABTU) malam Sabtu 금요일 저녁
(SALAT/SOLAT) salat maghrib 저녁(해가 지고 땅거미가 젖어드는 시간)에 드리는 기도
(SALAT/SOLAT) salat magrib 저녁(해가 지고 땅거미가 젖어드는 시간)에 드리는 기도
(SELAMAT) selamat sore 저녁 인사말
(SEMBAHYANG/SOLAT) sembahyang maghrib 저녁(해가 지고 땅거미가 젖어드는 시간)에 드리는 기도
(SENJA) senja buta 땅거미가 져서 어둑어둑한 시간(저녁 8시 경)
(SENJA) senja kala 해질 녘(저녁 7시 경)
(SENJA) senja raya 땅거미가 져서 어둑어둑한 시간(저녁 8시 경)
SORE 저녁
(SORE) pada sore harinya 저녁때

저당
(BARANG) barang andalan 저당물
(GOLOK) bergadai bergolok 재산을 몽땅 저당 잡히다
(GOLOK) bergolok bergadai 재산을 몽땅 저당 잡히다

저당권
(HAK) hak hipotek 저당권

저당물
(GADAI) gadaian 저당물
TARUH 저당물
(TEBUS) menebus gadai 저당물을 찾기 위해 빚을 변제하다
(TEBUS) menebus 저당물을 찾기 위해 빚을 변제하다
(TEBUS) menebusi 저당물을 찾기 위해 빚을 변제하다

저렴
(MIRING) miring harganya 가격이 다소 저렴한

저리다
(KEJAR) dikejar bayangan 도둑이 제 발이 저린
(LADA) siapa makan lada ialah berasa pedas 도둑이 제 발 저리다

(RASA) berasa kaku (손발이) 저리다
(SEMUT) semut-semutan 저리다
저마다
(ASING) asing-asing 저마다
저물다
(BENAM) matahari terbenam 해가 저무는 (때)
(CONDONG) condong ke barat 날이 저물다
(LENGSER) matahari lengser 해가 저무는 (때)
(MATAHARI/MENTARI) matahari condong ke barat 해가 저무는 때
(MATAHARI/MENTARI) matahari jatuh 해가 저물다
(MATAHARI/MENTARI) matahari mati 해가 저물다
저미다
CACAH (고기 따위를) 저미다
(CACAH) mencacah daging (고기를) 저미다
CENCANG 저미다
(SAYAT) menyayat hati 가슴을 저미다
(SAYAT) menyayat hati 애간장을 저미다
저버리다
(LUPA) lupa daratan 처자식을 저버린 (사람)
(RUNTUH) meruntuhkan iman 믿음을 저버리게 만들다
(RUSAK/ROSAK) merusakkan iman 믿음을 저버리게 만들다
(SESAT) sesat iman 믿음을 저버리다
저승
(ALAM) alam akhirat 저승
저울
(JARUM) jarum-jarum 저울바늘
(SALAH) salah timbang 저울 눈금을 잘못 보다
저작권
(HAK) hak cipta 저작권
(HAK) hak pengarang 저작권
저절로
(JATUH) jatuh tidak berjolok 저절로 굴러들다
저주
(MAKAN) dimakan sumpah 저주받다
(SAPU) disapu Allah 신의 저주를 받은
TULAH 저주
저지르다
(JALAN) berjalan dari pintu belakang 불법을 저지르다
(KOYAK) koyak tak berbunyi 남몰래 나쁜 일을 저지르는
(LANGGAR) langgar hukum 범죄를 저지르다
(LANGGAR) langgar hukum 잘못을 저지르다
(LAWAN) melawan hak 불법을 저지르다
(LAWAN) melawan hukum 불법을 저지르다
(MAIN) main belakang 불법을 저지르다
(SALAH) salah-salah 잘못을 저질렀을지언정
(TANGAN) tangan dingin 잔인하게 범행을 저지르다
(TEDENG) main tedeng aling-aling 아무도 모르게 (범행을) 저지르다
저항
(BENDERA) bendera merah 용감히 저항하는 집단
(SUKAT) bersukat darah, bertimbang daging 죽도록 저항하다
(TADAH) menadah matahari 권력에 저항하다
(TENGADAH) menengadah matahari 권력 앞에 저항하다
(TENGADAH) menengadah matahari 권력자에게 저항하다

(TENTANG) menentang matahari 권력 앞에 저항하다
(TENTANG) menentang matahari 권력자에게 저항하다

저항하다
(KERAS) keras kepala 충고(제안, 지시)를 따르지 않고 저항하는

적
(ELANG) seperti elang menyongsong angin 적을 두려워하지 않는
MUSUH 적
(MUSUH) musuh dalam selimut 내부의 적

적갈색
(MERAH) merah kekuning-kuningan 적갈색

적기
(SALAH) salah waktu 적기가 아닌

적다
CATAT 적다
(DAPAT) dapat dihitung dengan jari (수량이) 극히 적은
KECIL 적은
KEPALANG 적은
(MULUT) mulutnya berat 말수가 적은
TULIS 적다

적도선
(GARIS) garis khatulistiwa 적도선

적법
(LEWAT) lewat pintu depan 적법하게 하다

적수
LAWAN 적수

적신호
(LAMPU) lampu merah 적신호

적용
(TERIMA) terima pakai 적용하다

적응
(BAWA) membawa diri 적응하다
(BAWA) membawa laku 적응하다
(SELAM) pandai menyelam di air dangkal 적응이 빠른 사람

적의
DENDAM 적의
KASEMAT/KESUMAT 적의

적자생존
(HAMPA) yang hampa biar terbang yang bernas biar tinggal 적자생존

적절하다
(ELOK) elok-elok cukup 적절한
(LANGKAH) langkah mengena 시의 적절한

적황색
(KUNING) kuning pinang masak 적황색

전가
(KAMBING) mengambinghitamkan 죄를 전가하다

전구
(BOLA) bola lampu 전구
(POKOK) pokok lampu 전구

전권
(LAYANG) macam memegang tali layang-layang 전권을 장악하다

전근허가(서)
(LOLOS) lolos butuh 전근허가(서)

전기

LISTRIK/ELEKTRIK 전기
전기난로
(DAPUR) dapur elektrik 전기난로
전낭
PUNDI-PUNDI 전낭
전단
(SEBAR) surat sebaran 전단(지)
전달
(ANTAR) mengantar sirih (결혼식 전에 신부 측에) 혼숫감을 전달하다
KIRIM 전달하다
(SIRIH) mengantar sirih 혼수품을 사돈댁에 전달하다
(SIRIH) menghantar sirih 혼수품을 사돈댁에 전달하다
전달속도
(LAJU) laju rambat 전달속도
전당
(MENARA) menara gading 학문의 전당
(PUSAT) pusat ilmu 학문의 전당
전당잡히다
(JUAL) menjual gantung 전당잡히다
전당포
(GADAI) pegadaian 전당포
(GADAI) rumah gadai 전당포
(PAJAK) pajak gadai 전당포
전등
(PADAM) padam lampu 전등을 끄다
전략
(MUSLIHAT) muslihat perang 전략
전력
(BUDI) sebudi akal 전력을 다해
(DAYA) berdaya upaya 전력을 다하다
(KUASA) kuasa elektrik 전력(의)
(KUASA) kuasa listrik 전력(의)
(LISTRIK/ELEKTRIK) tenaga elektrik 전력
(LISTRIK/ELEKTRIK) tenaga listrik 전력
(MANDI) mandi keringat 전력을 기울이다
(MANDI) mandi peluh 전력을 기울이다
(MATI) kemati-matian 전력을 다해서
(MATI) mati-mati 전력을 다해서
전령
(JURU) juru kaki 전령
전류
(ARUS) arus listrik 전류
전말
(UJUNG/HUJUNG) ujung pangkal (사건의) 전말
전면전
(PERANG) perang habis-habisan 전면전
(TOTAL) perang total 전면전
전문가
AHLI 전문가
BOMOH 전문가
JURU 전문가
(KELAS) kelas berat 노련한 전문가
PAWANG 전문가

전문기술자
PANDAI 전문기술자
전방
DEPAN 전방
(DEPAN) garis depan 전방
(GARIS) garis depan 전방
전방부대
(BARIS) barisan depan 전방부대
전보
(KETUK) mengetuk kawat 전보 치다
(PUKUL) memukul kawat 전보를 치다
(TOKOK) menokok kawat 전보를 치다
전부
(KALI) sekali gus 전부
(KALI) sekaligus 전부
(RATA) merata-rata 전부
(SAMA) sama sekali 전부
SERBA 전부
전사
(MATI) mati berdarah 성전에서의 전사
(PULANG) pulang nama 전사하다
전성기
(ABAD) abad keemasan 전성기
전성시대
(ABAD) abad keemasan 전성시대
전소
(HABIS) habis jadi abu 전소된
전수
(PINDAH) pindah ilmu 학문을 전수하다
전술
(MUSLIHAT) muslihat perang 전술
ㅈ 전심전력
(HABIS) sehabis-habis tenaga 전심전력하여
(PENAT) berpenat lelah 전심전력을 다하다
(PENAT) jerih penat 전심전력
(PENAT) penat jerih 전심전력
(PENAT) penat lelah 전심전력
(PERAH) perah tenaga 전심전력을 다하다
(PERAS/MEMERAS) memeras tenaga 전심전력을 다하다
(SAKIT) bersakit-sakit 전심전력하다
전야
(MALAM) malam inai 결혼전야
전에는
DAHULU 전에는
전염병
(RAJALELA) merajalela (전염병이)널리 퍼지다
전장
(KANCAH) kancah peperangan 전장
전쟁
PERANG 전쟁
(PERANG) perang paderi 파드리 전쟁(1821년 부터 1837년까지 계속된 수마트라 서부 지방의 무슬림들과 네덜란드의 지원을 받은 현지 토착제후들 사이의 전쟁)

(PERANG) perang padri 파드리 전쟁(1821년 부터 1837년까지 계속된 수마트라 서부 지방의 무슬림들과 네덜란드의 지원을 받은 현지 토착제후들 사이의 전쟁)
(SENJATA) mengangkat senjata 전쟁을 시작하다
(TAWAN) tawanan perang 전쟁 포로
(UMPAN) umpan peluru (전쟁) 용병
전쟁놀이
(PERANG) perang pupuh 전쟁놀이
전쟁터
(KANCAH) kancah peperangan 전쟁터
전전긍긍
(RASA) berasa takut 전전긍긍하다
전지가위
(GUNTING) gunting kebun 전지가위
전차
(KEBAL) kereta kebal 전차
(KERETA) kereta baja 전차
(KERETA) kereta kebal 전차
(KERETA) kereta waja 전차
전채
(TEKAK) umpan tekak 전채 요리
(UMPAN) umpan tekak (입맛을 돋우는) 전채 요리
전처
(ANAK) anak pisang 외가에서 부양하는 전처의 자식
(PULANG) memulangi isteri 전처와 재혼하다
(PULANG) memulangi istri 전처와 재혼하다
전체
(DARI) dari ujung kaki sampai ke ujung rambut 전체
(KALI) sekalian 전체
KOTOR 전체의
(RATA) merata-rata 전체
(SEGALA) segala apa 전체
TOTAL 전체의
전치사
(KATA) kata depan 전치사
(SENDI) sendi nama (문법의) 전치사
전통
(KATA) kata adat 전통 속담
(MASUK) masuk Melayu 말레이 전통 관습을 따르다
(MELAYU) masuk Melayu 말레이 전통 관습을 따르다
(PELIHARA) pelihara adat 전통관습을 지키다
(PUSAKA) adat pusaka 전통 관습
(SURAT) surat atas batu 전통 관습
전통사회
(MASYARAKAT) masyarakat tradisional 전통사회
전투
(PATAH) patah perang 전투에서 패하다
PERANG 전투
전투기
(PESAWAT) pesawat pemburu 전투기
전투대열
(IKAT) ikat perang 전투대열
전투사령관

(PANGLIMA) panglima perang 전투사령관
전파
(SEBAR) menyebarkan agama Islam 이슬람을 전파하다
SIAR 전파하다
전파속도
(LAJU) laju rambat 전파속도
전하다
(SAMPAI) sampaikan salam 소식을 전하다
(SAMPAI) sampaikan salam 안부를 전하다
전함
(BUAT) pembuatan kapal perang 전함제조
전향
(BALIK) berbalik hati 전향하다
(PUTAR) memutar jarum ke belakang 전향하다
전혀
(APA) tidak apa-apa 전혀 ~하지 않다
(APA) tidak mengapa 전혀 ~하지 않다
(SAMA) sama sekali 전혀
(TAHU) tidak tahu-menahu 전혀 모르는
전화
(PUKUL) memukul telefon 전화를 걸다
(PUKUL) memukul telepon 전화를 걸다
(TALI) tali bicara 전화
전화기
(PESAWAT) pesawat telefon 전화기
(PESAWAT) pesawat telepon 전화기
(TOMBOL) tombol telefon 단추전화기의 숫자 판
전환
PANCAROBA 전환
(PUTAR) memutar jarum 노선을 전환하다
전환기
(MASA) masa peralihan 전환기
(PANCAROBA) musim pancaroba 전환기
전횡
(HITAM) menghitamputihkan 전횡하다
절
(ANAK) anak kalimat 절
(JATUH) jatuh berjolok 엎드려서 절 받기
RUKUK (무슬림들이 기도할 때 바닥에 엎드려 하는) 절
(RUKUK) merukuk 엎드려 절하다
(SELAM) pandai menyelam di air dangkal 눈치가 빠르면 절에 가서도 젓국을 얻어먹는다
절교
(PUTUS) putus kawan 절교하다
절구
(ANAK) anak lumpang (나무로 된) 절구공이
(LESUNG) lesung pinang (빈랑열매 분쇄용)절구
TUMBUK 절구
절구(통)
LESUNG 절구(통)
절기
MUSIM 절기
PIAMA 절기

ㅈ

TAHUN 절기
절단
PUNTUNG 절단된
절대적
(HITAM) hitam putih 절대적인
절뚝거리다
(JALAN) berjalan pincang 절뚝거리며 걷다
(JALAN) berjalan timpang 절뚝거리며 걷다
(LOMPAT) lompat gagak 절뚝거리며 걷다
(MACAM) macam kepiring berjalan 절뚝거리며 걷는 (사람)
절룩거리다
(JALAN) berjalan pincang 다리를 절룩거리다
(JALAN) berjalan timpang 다리를 절룩거리다
절망
(ASA) putus asa 절망하다
(HATI) berhati baja 쉽게 절망하지 않은
(HATI) berhati mutu 절망한
(HILANG) hilang akal 절망하다
(IKHTIAR) kehabisan ikhtiar 절망하다
(LANGIT) langit runtuh, bumi cair 절망의 상황
(PADAM) padam cita-cita 절망하다
(PATAH) patah batu 절망한
(PUTUS) putus asa 절망하다
(RUAS) terhendak ruas ke buku 절망하다
절망적
(PATAH) patah kemudi 절망적인
(PATAH) patah lesu 절망적인
절망하다
(PENDEK) pendek napas 쉽게 절망하는
(TAWAR) tawar hati 절망한
절반
PARUH 절반
절벽
TEBING (강가의) 절벽
(TEBING) tebing laut 해안가 절벽
(TEBING) tebing sungai 강가 절벽
절상
(LUKA) luka tetak 절상
절약
(CERMAT) mencermatkan uang 돈을 절약하다
절이다
ASIN 소금에 절인
절정
PUNCAK 절정
절제
(LAMA) lama menanti 절제하다
(LAMA) lama menunggu 절제하다
절창
(LUKA) luka tetak 절창
절취선
(GARIS) garis cacah lubang 천공절취선
절친하다
(KUKU) bagai kuku dengan daging 매우 절친한 사이

ㅈ

(KUNYIT) bagai kunyit dengan kapur 절친한 사이
(LAPIK) selapik seketiduran 절친한
(LAUK) lauk senasi 절친한 (관계)
(PANTAS) pantas manis 매우 절친한
(TIKAR) setikar seketiduran 절친한 (관계)

절하기
(DARAH) minta darah pada dabung 남의 집 제사에 절하기
(DEDAK) minta dedak kepada orang mengubik 남의 집 제사에 절하기

절호
(LANGKAH) langkah mengena 절호의 시기
(LUANG) peluang emas 절호의 기회
(PELUANG) peluang keemasan 절호의 기회

젊다
BELIA 젊은
(BELIA) muda belia 매우 젊은
DARA 아직 젊은
MUDA 젊은
(MUDA) muda belia 아주 젊은
(MUDA) muda fikiran 나이에 비해 마음이 젊은
(MUDA) muda hati 나이에 비해 마음이 젊은
(MUDA) muda lela 젊고 멋진
(MUDA) muda mentah 매우 젊은
(MUDA) muda-muda 젊게 행동하는

젊은이
BELIA 젊은이
(BELIA) muda belia 젊은이
(RANCAK) rancak di labuh 시건방지고 버르장머리 없는 젊은이
(RANCAK) rancak di lebuh 시건방지고 버르장머리 없는 젊은이

점
(BUKA) membuka faal 점을 치다
(FIRASAT) memfirasatkan 점치다
(LALAT) tahi lalat (얼굴 또는 다른 신체 부위의) 점
(LIHAT) melihat untung malang 길흉을 점해 보다
(LIHAT) melihat untung malang 점을 보다
(TAHI) tahi lalat (얼굴, 몸의) 점
TITIK (작고 둥근) 점

점괘
(RAMAL) membaca ramal 점괘를 풀다
(RAMAL) membilang ramal 점괘를 풀다
(RAMAL) membuka ramal 점괘를 풀다

점액
LENDIR 점액

점원
(ANAK) anak semang (점포의) 점원

점유
(TANAH) tanah haram 불법으로 점유된 땅

점잖다
(BUDI) berbudi bahasa 점잖은
(LANGKAH) langkah sumbang 점잖지 않은
(MANIS) manis budi bahasa 점잖은
(SEKAM) seperti api di dalam sekam 점잖은 개가 부뚜막에 먼저 오른다
(SELERA) patah selera banyak makan 점잖은 개 부뚜막에 먼저 오른다
(TELUNJUK) telunjuk lurus, kelengking berkait 점잖은 개가 똥을 먹는다

ㅈ

점점
(LAMA) lama-lama 점점
점차
(ESOK) esok lusa 점차
점치다
(RAMAL) membaca ramal 점치다
(RAMAL) membilang ramal 점치다
(RAMAL) membuka ramal 점치다
접선
(GARIS) garis singgung 접선
접속사
(SENDI) sendi kata (문법의) 접속사
접수
(ALIH) mengambil alih 접수하다
접수원
(SAMBUT) penyambut tetamu 접수원
접시
(CANGKIR) cangkir piring 잔과 접시
PINGGAN 접시
PIRING 접시
접영
(GAYA) gaya dolfin 접영
(GAYA) gaya kupu-kupu 접영
접종
(CACAR) mencacar 천연두 면역접종을 하다
(CACAR) pencacaran 천연두 면역접종
접질리다
KESELEO 접질리다
(SALAH) salah urat (뼈마디가) 접질리다
접촉
(LINTAS) lintas budaya 문화 간 상호접촉
접촉하다
SENTUH 접촉하다
접힌
TEKUK 접힌
젓가락
SEPIT 젓가락
젓국
(SELAM) pandai menyelam di air dangkal 눈치가 빠르면 절에 가서도 젓국을 얻어먹는다
젓다
(DAYUNG) anak dayung 노 젓는 사람
(DAYUNG) pendayung 노 젓는 사람
GELENG 젓다
정
(GANTUNG) menggantungkan hati ~에게 정을 주다
(KASIH) kasih mesra 연모(의 정)
(KASIH) kasih sayang 연민(의 정)
PAHAT 정
SAYANG 정
정가
(BAKU) harga baku 정가
(HARGA) harga mati 정가

(HARGA) harga pas 정가
정강이뼈
(TULANG) tulang kering 정강이뼈
정객
(TOKOH) tokoh politik 정객
정거장
(TIBA) tiba di stasiun 정거장에 다다르다
(TIBA) tiba di stesen 정거장에 다다르다
정계
(KANCAH) kancah politik 정계
정교사
(GURU) guru tetap 정교사
정교수
(GURU) guru besar 정교수
정권
(RAMPAS) merampas kuasa 무력으로 정권을 쥐다
(REBUT) rebut kuasa 정권 탈취
정녀
MUKAH 정녀
정당하다
HAK 정당한
(JALAN) jalan lurus 정당한 방법
(JALAN) jalan terang 정당한 방법
(LALU) melalui pintu depan 정당한 방법으로
PATUT 정당한
정도
(BANYAK) banyak sedikitnya 정도
KADAR 정도
(LANGGAR) langgar batas 정도가 지나치다
(NAIK) naik muka 정도가 지나친
정돈
KEMAS 정돈된
(TIDAK) tidak kemas 정돈이 안 된
정략
POLITIK 정략
정력제
(PASAK) pasak bumi 정력제
정리
SELESAI 정리하다
(SUSUN) menyusun berlapis-lapis 차곡차곡 정리하다
(TERBANG) terbang ke langit biru (애인과 관계를) 완전히 정리하다
정말
(MATA) mata kepala 정말(의)
(SUNGGUH) sungguh hati 정말의
(SUNGGUH) sungguh mati 정말
(SUNGGUH) sungguh mati 정말로
정맥
(BULUH) pembuluh balik 정맥
정면
HADAP 정면
TENTANG 정면에
정문
(GERBANG) pintu gerbang 정문

(PINTU) pintu besar 정문
(PINTU) pintu gerbang 정문
(PINTU) pintu hadapan 정문
(PINTU) pintu muka 정문

정미소
(KINCIR) kincir padi 정미소

정박
(BUANG) membuang sauh 정박하다
(LABUH) kapal berlabuh 배가 정박하다

정보
(KEMAS) kemas kini 최신 정보로 바꾸기
(KEMAS) kemas kini 최신 정보로 바꾸다

정복
(PAKAI) pakaian seragam 정복
(TAPAK) menapakkan kaki 정복하다

정부
MUKAH 정부
NEGERI 정부
(POLITIK) politik meraba-raba 정치실험만 계속하는 정부 정책
(PUCUK) pucuk pimpinan 정부의 수반

정사각형
(BUJUR) bujur sangkar 정사각형
(EMPAT) empat persegi 정사각형
(SEGI) empat persegi 정사각형(의)

정상
(JAGAT) kepala negara sejagat 전 세계 정상들
MERCU 정상

정상회담
(SIDANG) sidang kemuncak 정상회담
(TEMU) pertemuan puncak 정상회담

정성
(HABIS) sehabis akal 온 정성을 다해

정수리
(HULU) hulu kepala 정수리
(MERCU) mercu kepala 정수리
UBUN-UBUN 정수리

정숙유지
(HARAP) harap tenang (실내) 정숙유지

정승
(RUMAH) rumah terbakar tikus habis lari 정승집 개 죽은 데는 가도 정승 죽은 데는 안 간다

정식
TETAP 정식의

정식교사
(BAKU) guru baku 정식교사

정신
(AKAL) akalnya kurang sempurna 정신이 약간 이상한
(BAHASA) gila-gila bahasa 정신이 나간
BATIN 정신
(CONDONG) condong ingatan 정신 나간
(EMPANG) empang-empang 정신 나간
(GANGGU) terganggu pikiran 정신 나간
(GILA) gila-gila air 정신이 좀 이상한

(GILA) gila-gila bahasa 제 정신이 아닌
(HANYUT) menghanyutkan pikiran 정신 팔리게 만들다
(HILANG) hilang pikiran 정신이 이상해지다
(KABAR/KHABAR) kabarkan diri 정신이 들다
(KOBAR) mengobarkan semangat 정신을 북돋우다
(KURANG) kurang akal 정신이 온전치 않은
(KURANG) kurang beres akalnya 정신이 약간 이상한
(KURANG) kurang beres akalnya 정신이 오락가락하는
(KURANG) kurang beres otaknya 정신이 약간 이상한
(KURANG) kurang beres otaknya 정신이 오락가락하는
(KURANG) kurang beres 정신이 들락날락하는
(KURANG) kurang beres 정신이 약간 이상한
(KURANG) kurang ingatan 정신이 들락날락하는
(KURANG) kurang ingatan 정신이 약간 이상한
(KURANG) kurang pikiran 정신이 들락날락하는
(KURANG) kurang pikiran 정신이 약간 이상한
(KURANG) kurang waras 정신이 온전치 않은
(LENA) terlena-lena 정신을 온통 빼앗긴
(LUPA) lupa akan dirinya 정신을 잃다
(LUPA) lupa diri 정신을 잃다
(LUSUH) melusuhkan jiwa 정신을 좀먹다
(MABUK) mabuk agak-agak 정신이 나간 듯한
(MABUK) mabuk kira-kira 정신이 나간 듯한
(MELEK) belum melek 아직 정신이 들지 않은
(OTAK) berotak miring 정신이 좀 이상한
(OTAK) otak kering 정신이 이상한 사람
(OTAK) otak miring 정신이 좀 이상한
(OTAK) otaknya terganggu 정신이 이상한
(PANTANG) pantang mundur 불굴의 정신
(PANTANG) pantang surut 불굴의 정신
SADAR/SEDAR 정신이 들다
(SADAR/SEDAR) sadar diri 정신이 들다
(SADAR/SEDAR) sadarkan diri 정신이 들다
(SANTAP) santapan rohani 정신적 양식
(SASAR) sasar bahasa 정신이 나간
SEMANGAT 정신
(SEMANGAT) semangat damai 평화의 정신
(SEMANGAT) semangat harimau 불요불굴의 정신을 지닌 (사람)
(TENGAH) setengah miring 정신이 약간 이상한
(TIGA) tiga suku 정신 나간 (사람)
(TUKAR) bertukar fikiran 정신이 돌다
(TUKAR) bertukar pikiran 정신이 돌다
(UBAH) berubah akal (정신이) 돌다
(WAJA) semangat waja 굳건한 정신

정신 나가다
GILA 정신 나간

정신력
(DAYA) daya batin 정신력

정신병
(SAKIT) sakit ingatan 정신병(의)
(SAKIT) sakit otak 정신병(의)

정신병원
(RUMAH) rumah sakit gila 정신병원

(RUMAH) rumah sakit jiwa 정신병원
정신이상
(CACAT) cacat akal 정신이상의
(MIRING) miring otaknya 정신이상의
(RUSAK/ROSAK) rusak ingatan 정신이상(의)
(RUSAK/ROSAK) rusak pikiran 정신이상(의)
정신적
(TEKAN) tekanan jiwa 정신적 압박
정액
(AIR) air mani 정액
정열
CINTA 정열
(GELORA) gelora hati 정열
정오
(BATANG) batang hari 정오
(BUNTAK) buntak bayang-bayang 정확한 정오
(PIJAK) matahari terpijak 정오
(PIJAK) terpijak bayang-bayang 정오
(REMBANG) matahari rembang 정오
(REMBANG) rembang tengah hari 정오
(TENGAH) tengah hari bolong 정오
(TENGAH) tengah tapak bayang-bayang 정오
정원
(KEBUN) kebun bunga 정원
정의
(BENAR) kebenaran di ujung lidah 정의가 없는
정자
(BENIH) benih jantan 정자
정장
(PAKAI) pakaian lengkap 정장
정점
REMBANG 정점
정정당당
(LEWAT) lewat pintu depan 정정당당하게 처리하다
정중히
(TANGAN) tangan terbuka 정중히
정직
(BENGKOK) bengkok hati 부정직한
(BENGKOK) bengkok hati 정직하지 않은
(BETUL) betul hati 정직한
(BETUNG) betung seruas 매우 정직한
(DARI) dari hati ke hati 정직하게
(HATI) berhati putih 정직한
(HATI) bulat hati 정직한
(HATI) lurus hati 정직한
IKHLAS 정직한
(IKHLAS) tulus ikhlas 매우 정직한
JERNIH 정직한
(JERNIH) hati jernih 정직한 마음
LURUS 정직한
(MAIN) bermain komedi 정직하지 못한
(MAIN) main komedi 정직하지 못한
(MAKAN) makan benang 정직한

(MUKA) bermuka dua 정직하지 못한
(SUKA) suka bermuka-muka 정직하지 않은
TULUS 정직한

정직하다
(HATI) berhati bersih 정직한
(KARTU) kartu terbuka 정직한
(LEMPANG) lempang hati 정직한
(LURUS) luruh hati 정직한
(LURUS) lurus akal 정직한
(LURUS) lurus bambu seruas 매우 정직한
(PINTU) pintu depan 정직한
(TULUS) tulus hati benar-benar 정직한

정찰
(HARGA) harga jadi 정찰가격

정찰가
(BAWAH) di bawah harga 정찰가 이하의

정찰기
(PESAWAT) pasawat peninjau 정찰기
(PESAWAT) pesawat pengintai 정찰기

정찰병
(INTAI) pengintai 정찰병

정책
(POLITIK) politik kampung 농촌진흥정책
(POLITIK) politik kampung 엉성한 정책
(POLITIK) politik meraba-raba 정치실험만 계속하는 정부 정책
(POLITIK) politik pintu terbuka 개방정책
PROYEK/PROJEK 정책
(PROYEK/PROJEK) proyek air minum 식수 정책
(PROYEK/PROJEK) proyek perumahan 주택 정책
(PUTAR) memutar jarum 정책을 바꾸다
SIASAT 정책

ㅈ

정처
(HADAP) tak tentu hadap 정처 없는
JALANG 정처없이 떠도는
(KUBU) berkubukan betis 정처 없는

정처없이
(BAWA) membawa kaki 정처없이 가다

정체
(BELANG) menunjukkan belangnya 정체를 드러내다
(LIHAT) kelihatan belangnya 정체가 탄로 나다
(LIHAT) memperlihatkan bulu 정체를 드러내다
(TUNJUK) menunjukkan belangnya 정체를 드러내다

정치
(DAGANG) dagang sapi 정치적 흥정
(DAGANG) politik dagang sapi 정치적 흥정
(HANGAT) kehangatan suasana politik 정치적 열기
(KANCAH) kancah politik 정치활동 무대
POLITIK 정치
(POLITIK) politik dagang sapi 정치적 흥정
(POLITIK) politik meraba-raba 정치실험만 계속하는 정부 정책
(POLITIK) politik sempit 구시대 정치
(POLITIK) politik sempit 수구 정치

정치가

(TOKOH) tokoh politik 직업정치가
정치활동
(GERAK) pergerakan politik 정치활동
정하다
(PUTUS) putus hati 마음을 굳게 정하다
(RAMBANG) rambang mata 마음을 정할 수 없는
(TARUH) menaruh hati (배우자로 삼기로) 마음을 정하다
정해지다
TENTU 정해진
정화
(BERSIH) membersihkan diri (자신을) 정화하다
(BERSIH) membersihkan hati 마음을 정화하다
정확
BETUL 정확한
정확하다
(SAMPAI) sampai jangka 정확한
젖
(CERAI) cerai susu 젖을 떼다
(HANYUT) malu berkayuh, perahu hanyut 울지 않는 아이 젖 안 준다
SUSU 젖
(SUSU) lapar susu 젖 달라고 보채는 (아이)
(TALI) sekenyang-kenyang banting 젖 먹은 힘까지 다 낸
(TALI) sepanjang-panjang tali 젖 먹은 힘까지 다 낸
(TANGGANG) menanggang anak 젖을 굶기다
젖가슴
(BUAH) buah dada 젖가슴
(DADA) buah dada 젖가슴
(DAPUR) dapur susu 젖가슴 아래부위
SUSU 젖가슴
TETEK 젖가슴
(TETEK) meraba tetek 젖가슴을 더듬다
(TETEK) meraba tetek 젖가슴을 주무르다
젖꼭지
(MATA) mata susu 젖꼭지
(PUTING) puting susu 젖꼭지
(SUSU) mata susu 젖꼭지
(SUSU) puting susu 젖꼭지
젖꽃판
(GELANGGANG) gelanggang susu (유방의) 젖꽃판
젖니
(GIGI) gigi sulung 젖니
젖다
BASAH 젖은
(BASAH) basah kuyup 흠뻑 젖은
(BASAH) basah lecap 흠뻑 젖은
(RENDAM) berendam air mata 눈물에 젖은
(RENDAM) terendam air mata 눈물에 젖은
(SEDAP) sedap hati 행복에 젖은
SIMBAH (피, 땀으로) 흠뻑 젖다
SIRAM (물에)젖다
(SIRAM) bersiram air mata 눈물에 젖다
젖혀지다
LENTIK 젖혀진

(LENTIK) lentik sedikit ke belakang 뒤로 조금 젖혀진
제각각
(LUMPUH) yang lumpuh penghini rumah 눈 먹던 토끼 얼음 먹던 토끼가 제각각
(RAMBUT) rambut sama hitam, hati lain-lain 사람들의 취향과 생각은 제각각이다
(RAMBUT) rambut sama hitam, hati masing-masing 사람들의 취향과 생각은 제각각이다
제거
(LURUH) meluruhkan lemak 지방을 제거하다
(SAPU) menyapu bersih 깨끗이 제거하다
제구덩이
(TEMU) ketemu batunya 스스로 제구덩이를 파다
제기랄
(SIAL) sialan 제기랄(욕설)
제대로 된
LENGKAP 제대로 된
제독
(RAJA) raja laut 해군 제독
제로
NOL 제로
제멋대로
(GAJAH) seperti gajah masuk kampung 제멋대로 행동하는
(LEPAS) lepas laku 제멋대로 행동하다
제물
KORBAN 제물
제발
HARAP 제발
(MINTA) minta-minta 제발
제방
EMPANG 제방
TAMBAK 제방
제복
(PAKAI) pakaian seragam 제복
(RAGAM) pakaian seragam 제복
제비
(BURUNG) burung layang-layang 제비
(LAYANG) layang-layang hijrah 제비
(LAYANG) layang-layang 제비
제비갈매기류
(BURUNG) burung dara laut 제비갈매기류
제사
(DARAH) minta darah pada dabung 남의 집 제사에 절하기
(DEDAK) minta dedak kepada orang mengubik 남의 집 제사에 절하기
(MAKAN) makan arwah 제사
(PULANG) pulang pohon 기제사(해마다 사람이 죽은 날에 지내는 제사)
SEDEKAH 제사
(SEDEKAH) sedekah kubur 시신을 매장하고 드리는 제사(의 공물)
(SELAMAT) selamatan 제사
제 살길만 찾다
(ENAU) enau dalam belukar 제 살길만 찾는
제시
USUL 제시

(USUL) mengusulkan harga 가격을 제시하다
제안
USUL 제안
제일
(NOMOR/NOMBOR) nomor satu 제일(의)
제자리
(PAUT) ayam pulang ke pautan 제자리를 찾은
제재목
(KAYU) kayu kasar 거친 제재목
제정신
(GELAP) gelap pikiran 화가 나서 제정신이 아닌
제쳐 놓다
(TOLAK) tolak sebelah 제쳐 놓다
(TOLAK) tolak tepi 제쳐 놓다
제쳐 두다
(TOLAK) tolak sebelah 제쳐 두다
(TOLAK) tolak tepi 제쳐 두다
제초기
(PANGKAS) pemangkas rumput 제초기
조각
IRIS/HIRIS (한) 조각
KERAT 조각
PENGGAL 조각
POTONG 조각
SAYAT 얇게 저민 조각
UKIR 조각
조각가
(PANDAI) pandai ukir 조각가
(UKIR) tukang ukir 조각가
조강지처
(SEPERTI) seperti garam hilang dalam air 조강지처보다 첩을 더 아끼는 남자
조개
(MUTIARA) indung mutiara 진주조개
조건
(ASAL) asal saja ~의 조건이라면
JANJI 조건
(JANJI) dengan janji 조건으로
조국
(NEGERI) negeri sendiri 조국
(PAHLAWAN) pahlawan tanah air 조국의 영웅
(TANAH) tanah air 조국
(TANAH) tanah tumpah darah 조국
(TEMPAT) tempat tumpah darah 조국
조그마하다
RENIK 조그마한
조금
(BARANG) barang sedikit 조금
(BELAH) sebelah mata 아주 조금
(BELUM) belum seujung kuku 아주 조금의
(KERAT) sekerat kuku 아주 조금
(KUTU) sekutu hitam 아주 조금
(UJUNG/HUJUNG) ujung kuku 아주 조금

조금도
(SAMA) sama sekali 조금도
조금씩
ANGSUR/ANSUR 조금씩
조금씩 (움직이다)
ANGSUR/ANSUR 조금씩 (움직이다)
조급하다
(CEPAT) cepat mulut 조급한
조기
(TENGAH) setengah tiang 조기(남의 죽음을 슬퍼하는 뜻을 나타내기 위해 다는 기)
조동사
(KATA) kata kerja bantu 조동사
조력자
(SAMBUNG) sambungan tangan 조력자
(ULAS) berulas tangan 조력자가 있다
조련사
(PAWANG) pawang gajah 코끼리 조련사
조롱 또는 경멸의 의미
SI 조롱 또는 경멸의 의미를 나타내는 단어
조롱
(EJEK) ejekan 조롱
SINDIR 조롱
조롱하다
EJEK 조롱하다
조류
ARUS 조류
BURUNG 조류
조류독감
(BURUNG) flu burung 조류독감
(SELESMA/SELESEMA) selesema burung 조류독감
(SELESMA/SELESEMA) selesma burung 조류독감
조마조마
(KEMBANG) kembang kempis dadaku 조마조마하다
(LONCAT) terloncat-loncat bagai ulat pinang 조마조마 마음을 졸이는
(ULAT) bagai ulat pinang 조마조마 마음을 졸이는
조마조마하다
(HARAP) harap-harap cemas 조마조마한
(JEJAK) berjejak di atas bara 조마조마하다
(RUSUH) rusuh hati 조마조마한
조망대
PANGGUNG 조망대
조망탑
(KOTA) kota duduk 조망탑
조문
LAWAT 조문하다
조문객
(LAWAT) pelawat 조문객
조미료
BUMBU 조미료
(BUMBU) berbumbu 향료(조미료)가 들어간
(BUMBU) berbumbu 향료(조미료)를 넣은
(BUMBU) membumbui 향료(조미료)를 넣다

조미식품
  BELACAN (새우가 주재료인 약간 역한 냄새가 나는) 조미식품
조밀
  JARANG 조밀하지 않은
  PADAT 조밀한
조밀하다
  (RAPAT) rapat penduduknya 인구가 조밀한
조반
  (ALAS) alas perut 조반
조사
  (CARI) mencari kutu 조사하다
  GALI 조사하다
  SIASAT 조사
  (SIASAT) badan siasat 조사 기구
  (SIASAT) badan siasat 조사위원회
  SIDIK 면밀히 조사하다
조사원
  (CACAH) pencacah jiwa 인구조사원
조산
  (LAHIR) lahir dini 조산(의)
  (LAHIR) lahir sebelum waktunya 조산(의)
조상
  (CIKAL) cikal bakal 조상
  (NENEK) nenek moyang 조상
  PUPU 조상
조생종
  (PADI) padi lekas 조생종 벼
  (PADI) padi ringan 조생종 벼
조선소
  (GALANG) galangan kapal 조선소
조소
  (GELAK) gelak nabi 조소
  (SENYUM) senyum kambing 조소
  (SENYUM) senyum raja 조소
조수
  (JURU) juru tangan 조수
  (KAKI) kaki tangan 조수
조심
  (HATI) hati-hati 조심스러운
  (HATI) hati-hati 조심하는
  INGAT 조심하다
  (INGAT) ingat-ingat 조심하다
  (JAGA) menjaga diri 몸조심하다
  (KENA) terkena buku buluh 너무 조심하다가 오히려 사고를 당하는 격
조심성
  LENGAH 조심성이 없는
  (PENDEKAR) pendekar elak jauh 조심성이 많은 사람
조아리다
  (DUDUK) duduk menukuk 머리를 조아리고 앉다
조야하다
  KASAR 조야한
조약
  (PUTUS) putus akad (조약이) 무효가 되다

조약돌
(BATU) batu air 조약돌
(BATU) batu kali 조약돌
조언
NASIHAT 조언
(NASIHAT) beroleh nasihat 조언을 받다
RUNDING 조언
조연
(PACAK) pak pacak (연극의) 조연
조용
DIAM 조용한
조용하다
(LALAT) tak ada lalat langau 쥐죽은 듯 조용한
TENANG 조용한
(TENANG) tenang-tenang 아주 조용한
조용히
(BISIK) berbisik-bisik 조용히
(HARAP) harap tenang 조용히 해 주세요
조우
(TANGKAP) tertangkap muka 조우하다
조음점
(DAERAH) daerah artikulasi 조음점
조의
(DUKA) berdukacita 조의를 표하다
조작
(GORENG) menggoreng saham 주가를 조작하다
조정
(DIRI) berdiri di belakang layar 배후조정하다
(UBAH) mengubahsuai 조정하다
(UBAH) ubahsuai 조정
조짐
(LAMPU) lampu hijau (일이) 잘될 조짐
(LAMPU) lampu hijau 좋은 조짐
(LAMPU) lampu kuning 심상치 않은 조짐
(LAMPU) lampu merah 불길한 조짐
(LANGKAH) langkah buruk 조짐이 불길한
(SINGKAT) singkat bayang 단명의 조짐
(SINGKAT) singkat bayang-bayang 단명의 조짐
(TABIR) tabir sudah tergantung 큰 잔치가 열릴 조짐
(TABIR) tikar sudah terbentang 큰 잔치가 열릴 조짐
(TITIK) titik hitam 불길한 조짐
조치
LANGKAH 조치
(TANGAN) bertangan besi 강경조치를 취하다
(TANGAN) bertangan kuat 강경조치를 취하다
조카(아들)
KEMENAKAN/KEMANAKAN 조카(아들)
조카딸
KEMENAKAN/KEMANAKAN 조카딸
조타수
(PAWANG) pawang kapal 조타수
조화
LARAS 조화 있는

(NADA) senada 조화를 이루는
족보
(ASAL) asal usul 족보
(BUKU) buku silsilah 족보
SILSILAH/SALASILAH 족보
(SILSILAH/SALASILAH) silsilah keluarga 가계 족보
족쇄
PASUNG 족쇄
(RANTAI) rantai kaki 족쇄
족장
(MAMAK) mamak nenek 족장
족적
(TAPAK) tapak kaki 족적
족집게
CATUT 족집게
존경
(ANGKAT) angkat topi 존경을 표하다
(BERAT) berat pada mata 존경하는
(JUNJUNG) menjunjung kaki 존경하다
SANG 명사의 앞에 놓여 존경의 의미, 의인화 또는 경멸의 의미를 나타내는 단어
(SUSUN) menyusun jari 존경하다
존경받다
(PANDANG) dipandang orang 존경받다
존경하다
(PENUH) penuh hormat 매우 존경하는
존대어
(BAHASA) bahasa halus 존대어
존재
(BATANG) batang hidung (사람의) 존재
존중
(JUNJUNG) menjunjung tinggi 존중하다
(MULIA) memuliakan janji 약속을 존중하다
졸다
(KALAH) kalah gertak 졸다
졸도
(MABUK) mabuk darah 피를 너무 많이 흘려 졸도하다
졸라매다
(IKAT) mengikat perut 허리띠를 졸라매다
(RAJUT) merajut perut 허리띠를 졸라매다
(TAHAN) tahan selera 허리띠를 졸라매다
졸리다
(LAYANG) matanya terlayang-layang 몹시 졸린 모양
(TENGAH) setengah tidur 매우 졸린
졸립다
(BERAT) berat mata 졸리운
졸업
(LEPAS) lepas sekolah 졸업하다
졸업생
(TAMAT) tamatan 졸업생
졸업장
(TANDA) tanda tamatan 졸업장
졸이다

(HARAP) harap-harap cemas 마음 졸이는
(LONCAT) terloncat-loncat bagai ulat pinang 조마조마 마음을 졸이는
(ULAT) bagai ulat pinang 조마조마 마음을 졸이는
졸장부
(KEMUDI) berkemudi ke rusuk 졸장부
(SABUNG) tersabung di itik 졸장부와 사귀다
졸중
(SAWAN) sawan bangkai 졸중
(SAWAN) sawan terjun 졸중
좀도둑
(KELAS) kelas teri 좀도둑(의)
좀먹다
(LUSUH) melusuhkan jiwa 정신을 좀먹다
좁다
KECIL 좁은
(KELOR) selebar daun kelor 아주 좁은
(KELOR) tak selebar daun kelor 좁지 않은
(LUAS) seluas daun kelor 아주 좁은
(PIKIR/FIKIR) pikiran pendek 속이 좁은
(PIKIR/FIKIR) pikiran sempit 속이 좁은
(SEMPIT) sempit mata 시야가 좁은
좁히다
(SIRAM) menyiram kobaran api dengan air 견해차를 좁히다
종
(ORANG) orang bawah 종
(ORANG) orang bawahan 종
(ORANG) orang gaji 종
(ORANG) orang gajian 종
종교
(MAKAN) makanan jiwa 종교
(MAKAN) makanan rohani 종교
(MASUK) masuk Islam 올바른 종교를 믿다
(MASUK) masuk Jawi 올바른 종교를 믿다
(MASUK) masuk Melayu 올바른 종교를 믿다
(PELUK) memeluk agama 종교를 가지다
(PELUK) peluk agama 종교를 가지다
(TAHU) tahu Tuhan 종교 생활을 하는
(TAHU) tahu Tuhan 종교가 있는
(TUHAN) tidak bertuhan 종교를 믿지 않는 (사람)
종교부장관
(MENTERI) menteri agama 종교부장관
종교인
(ORANG) orang beriman 종교인
종로
(HATI) hati gatal mata digaruk 종로에서 뺨 맞고 한강에서 눈 흘긴다
종료
(HABIS) habis perkara 종료된
(LALU) lalu waktu 시간종료
종류
MACAM 종류
RAGAM 종류
(RAGAM) seragam 같은 종류의
종말

(AKHIR) akhir zaman 종말의 시대
종신
(UMUR) seumur hidup 종신토록
종아리
BETIS 종아리
(BETIS) betis seperti perut padi 예쁘게 생긴 종아리
(BUNTING) bunting padi 종아리가 예쁜 (여자)
종아리뼈
(TULANG) tulang betis 종아리뼈
종양
(DAGING) daging tumbuh 종양
종업원
(ANAK) anak buah 종업원
(GAJI) orang gajian 종업원
종이
(CARIK) secarik kertas 종이 한 쪽
(CARIK) secarik kertas 한 쪽의 종이
(HELAI) dua helai kertas 종이 두 장
KERTAS 종이
(KERTAS) kertas perak 은종이
(KERTAS) kertas minyak 파라핀 종이
(KOSONG) kertas kosong 빈 종이
종이호랑이
(MACAN) macan kertas 종이호랑이
(RUPA) hati tikus 종이호랑이
(RUPA) rupa harimau 종이호랑이
(SENAPAN/SENAPANG) senapan bambu 종이호랑이
(SENAPAN/SENAPANG) senapan buluh 종이호랑이
종일
(HARI) sehari suntuk 하루 종일
(PANJANG) sepanjang hari 하루 종일
(SUNTUK) sehari suntuk 온종일
(SUNTUK) sehari suntuk 진종일
종자
BENIH 종자
BIJI 종자
(BIJI) biji benih 종자
종잡다
(TIDAK) tidak tentu hulu hilirnya 종잡을 수 없는
종잡을 수 없다
(BELIT) berbelit-belit 종잡을 수 없는
종적
(HILANG) hilang tidak berbekas 종적을 감추다
종점
STASIUN/STESEN 종점
종족
KAUM 종족
SUKU 종족
종종걸음
(LARI) berlari anjing 종종걸음을 치다
(LARI) lari anjing 종종걸음을 치다
종지뼈
(KUNCI) kunci lutut 종지뼈

(LUTUT) tempurung lutut 종지뼈
(TEMPURUNG) tempurung lutut 종지뼈
종합
(RENCANA) rencana induk 종합 계획
좇다
IRING 좇다
좋고 나쁨
(ELOK) elok buruknya 좋고 나쁨
좋다
(BAIK) baik buruknya 좋고 나쁨
(BINTANG) berbintang terang 운이 좋다
ELOK 좋은
(HANGAT) hangat hati 좋은
(JEMU) tidak jemunya 좋은
(LEMAH) lemah roman 보기에 좋은
(LEMBUT) lembut lidah (외국어의) 발음이 좋은
(LINCIR) lincir mulut 언변이 좋은
(MAKSUD) maksud baik 좋은 뜻
(MANIS) manis mulut 말주변이 좋은
(PALING) paling baik 가장 좋은
(PALING) paling baik 제일 좋은
(RASA) rasa lapang 기분 좋은
(RASA) rasa senang 기분 좋은
(RASA) serasa di balik awan 아주 기분 좋은
(SEDAP) sedap bunyi 듣기 좋은
(SEJUK) sejuk kuburnya 좋은 사람
(SEMPURNA) sempurna akal 머리가 좋은
(TERANG) terang akal 머리가 좋은
(TERANG) terang fikiran 머리가 좋은
(TERANG) terang hati 머리가 좋은
(TINGKAT) tingkat atas 아주 좋은
(TIPIS) tipis bibir 말주변이 좋은
좋아지다
(TAMBAH) bertambah baik 더욱 좋아지다
좋아하다
(CONDONG) condong hati ~을 좋아하다
(MURAH) murah tangan 자선을 좋아하는
SUKA 좋아하다
(SUKA) suka jalan di luar 바람피우기를 좋아하는
(SUKA) suka kahwin 여색을 좋아하는
(SUKA) suka kawin 여색을 좋아하는
(TAHU) tahu perempuan 여색을 좋아하는
좋은
BAIK 좋은
좋은 것 나쁜 것 구별하다
(BUTA) buta warna 좋은 것과 나쁜 것을 구별하지 못하는
좋은 일
(TANAM) bertanam budi 좋은 일을 하다
(TANAM) menanam budi 좋은 일을 하다
좌불안석
(PEGANG) memegang besi panas 좌불안석
(PEGANG) pegang besi panas 좌불안석
좌석

(KELAS) kelas kambing (극장에서 가장 싼) 좌석
좌신장
(GINJAL) ginjal kiri 좌신장
좌우되다
(RAPUH) rapuh hati 쉽게 기분에 좌우되는
(RASA) perasa angin 쉽게 기분에 좌우되는
좌우로 흔들다
GELENG (머리를) 좌우로 흔들다
좌익
(SAYAP) sayap kiri 좌익
좌절
(HATI) rapuh hati 쉽게 좌절하는
좌절하다
(RENTAN) merentan hati 쉽게 좌절하는
(RENTAN) rentan hati 쉽게 좌절하는
좌충우돌
(LUPA) lupa daratan 좌충우돌하는 (사람)
좌측
KIRI 좌측
좌표
(PELITA) pelita hati 삶의 좌표
죄
(HAPUS) menghapus dosa 죄를 용서하다
(KAMBING) mengambinghitamkan 죄를 대신 지우다
(KAMBING) mengambinghitamkan 죄를 전가하다
(KERBAU) kerbau menanduk, kerbau pergi 죄는 지은 데로 간다
(LUMPUR) berlumpur sampai kepalanya 수많은 죄를 저지른 (사람)
(LUMPUR) berlumpur sampai kepalanya 온통 죄로 뒤덮인
(LUNAS) melunasi dosa 죄를 씻다
(LUNAS) melunaskan dosa 죄를 씻다
(PENDEK) pendek umur 죄 투성이의 인생을 살아 온
(RUNCING) runcing tanduk 죄를 다시 범한 (자)
(TEBUS) menebus dosa 죄를 갚기 위해 선행을 행하다
(TEBUS) menebus 죄를 갚다
(TEBUS) menebusi 죄를 갚다
(TEBUS) tebus dosa 죄를 갚기 위해 선행을 행하는 사람
죄다
CEKIK (목을) 죄다
죄수
(ORANG) orang rantai 죄수
(ORANG) orang rantaian 죄수
(ORANG) orang tutupan 죄수
죄스럽다
SESAL 죄스러운 마음
(SESAL) bersesal hati 죄스럽다
죄인
(BAJU) baju biru 죄인
(TANGAN) tangan kotor 죄인
죗값
(TEBUS) menebus (선행으로) 죗값을 치르다
(TEBUS) menebusi (선행으로) 죗값을 치르다
주
NEGERI 주

주가
(GORENG) menggoreng saham 주가를 조작하다
주걱
SENDOK/SENDUK 주걱
(SENDOK/SENDUK) sendok air 물 주걱
(SENDOK/SENDUK) sendok bubur 죽을 푸는 데 사용하는 주걱
주걱치
SEPAT 주걱치
주고받다
(BUAL) berbual-bual 농담을 주고받다
(SURAT) surat-menyurat 서로 편지를 주고받다
(TIMBAL) bertimbal balik 서로 주고받다
(TIMBAL) timbal balik 서로 주고받는
주관
(PANCANG) pancangan hidup 주관
주권
(HAK) hak pertuanan 주권
주근깨
(TAHI) tahi lalat 주근깨
주글주글하다
(LIPAT) berlipat-lipat 주글주글한
주다
(ASAM) mengasami hati 마음에 상처를 주다
(BAWA) membawa untung 복을 주다
BERI 주다
(BERI) memberi bekas 도움을 주다
(BERI) memberi berkat 도움을 주다
(BERI) memberi bertali panjang (될수 있는 한) 자유를 주다
(BERI) memberi gula 기쁨을 주다
(BERI) memberi malu 창피를 주다
(BERI) memberi rezeki 복을 주다
(LETAK) letak tanda 약혼반지를 주다
(LIPUR) melipur hati 위안을 주다
(MERAH) memerahkan muka 창피를 주다
(PADAT) memadat perut 배불리 먹을 것을 주다
(PINJAM) meminjamkan uang 돈을 꾸어 주다
(PINJAM) meminjamkan uang 돈을 빌려 주다
(PINJAM) meminjamkan wang 돈을 꾸어 주다
(PINJAM) meminjamkan wang 돈을 빌려 주다
(PUTIH) memutihkan mata 창피를 주다
(RENDAH) merendahkan rezeki 생활비를 주다
(RUSUK) tumbuk rusuk 뇌물을 주다
(SAKIT) menyakiti hati 마음에 상처를 주다
(SAUH) melabuhkan sauh 닻을 주다
(SAUH) membuang sauh 닻을 주다
(SEDIH) menyedihkan hati 마음에 상처를 주다
(TANGAN) tangan di atas 주는 사람
(TANGAN) tangan di atas 주다
(TANGAN) tangan gatal 공연한 일을 저질러 남에게 피해를 주는
(TIMBANG) bertimbang tunai 즉시 답을 주다
(TUMBUK) menumbuk rusuk 뇌물을 주다
(TURUN) turun tangan (가난한 사람에게) 도움을 주다
(ULAS) berulas tangan dan lidah 물심양면의 도움을 주다

주도면밀
CERMAT 주도면밀한
주동자
(JELATANG) jelatang negeri 내란 주동자
(LAKU) laku pokok 주동자
주둥이
(CEMPALA) cempala mulut 주둥이를 함부로 놀리는
(CEPAT) cepat lidah 주둥이를 함부로 놀리는
(CEPAT) cepat mulut 주둥이를 함부로 놀리는
MUNCUNG/MONCONG 주둥이가 긴
(SALAH) salah mulut 주둥이를 함부로 놀리다
SUNGU 주둥이
(TEPUNG) menepung tiada berberas 주둥이만 산 사람
주례
(JURU) juru nikah 주례
주름
LIPAT 주름
(RENANG) mengajar itik berenang 번데기 앞에서 주름 잡기
주름(살)
KERUT 주름(살)
주름잡기
(DADIH) mengajar orang tua makan dadih 번데기 앞에서 주름잡기
(GIGI) mengunyahkan orang bergigi 번데기 앞에서 주름잡기
주름지다
TEKUK 주름진
주말
(AKHIR) akhir minggu 주말
(AKHIR) akhir pekan 주말
(AKHIR) berakhir pekan 주말을 보내다
(UJUNG/HUJUNG) berakhir minggu 주말을 즐기다
(UJUNG/HUJUNG) berhujung minggu 주말을 즐기다
주머니
(ANAK) anak limpa 쓸개주머니
(ANAK) anak saku 작은 주머니
KANDUNG 주머니
KANTONG/KANTUNG 주머니
(KANTONG/KANTUNG) kantong belakang 뒷주머니
(KOREK) mengorek dompet orang 남의 주머니를 털다
(KOREK) mengorek kantung orang 남의 주머니를 털다
RAJUT 주머니
(TEBAL) tebal kantong 주머니가 두둑한
(TEBAL) tebal kantung 주머니가 두둑한
주먹
(BUANG) membuang tangan 주먹을 휘두르다
(BUKU) buku lima 주먹
(JADI) menjadi hakim sendiri 법보다 주먹이 가까운 행위
KEPAL 주먹
(KEPAL) mengepalkan tinju 주먹을 불끈 쥐다
(KETUPAT) ketupat bangkahulu (큰) 주먹
(LEKAT) melekatkan tangan 주먹으로 때리다
(MAIN) main hakim sendiri 법보다 주먹을 앞세우다
(NAIK) naik tangan 항상 주먹이 앞서는 사람
(RINGAN) ringan tangan 주먹이 매우 빠른

(RINGAN) ringan tangan 주먹이 번개처럼 빠른
TINJU 주먹
(TINJU) meninju kuat-kuat 주먹으로 세게 치다
(TINJU) meninjukan tangan 주먹을 쥐다

주먹질
(ADU) mengadu buku jari 주먹질하며 싸우다
(ADU) mengadu buku lima 주먹질하며 싸우다
(ADU) mengadu buku tangan 주먹질하며 싸우다
(BUKU) mengadu buku jari 주먹질하며 싸우다
(PANAS) panas tangan 주먹질을 일삼는

주모자
(BIANG) biang keladi 주모자
(LAKU) laku pokok 주모자

주목
(AMBIL) mengambil berat 주목하다
(ANGGAP) dianggap angin 주목하지 않다
(BUKA) membuka telinga 주목하다
(BULAT) membulatkan pikiran 주목하다
(TARIK) menarik hati 주목을 끌다
(TITIK) menitikberatkan 주목하다

주목거리
(PUSAT) pusat perhatian 주목거리

주무르기
(RAMAH) ramah tangan 주무르기를 좋아하는

주무르다
PIJAT 주무르다
(PIJAT) memijat kaki 발을 주무르다
(RABA) meraba 주무르다
(RABA) meraba-raba 주무르다
RAMAS 주무르다
REMAS/RAMAS 주무르다
(REMAS/RAMAS) meremas bibir 입(술)을 주무르다
(REMAS/RAMAS) meremas mulut 입(술)을 주무르다
(TETEK) meraba tetek 젖가슴을 주무르다
URUT 주무르다

주문
(GUNA) guna-guna 주문
(MAKAN) termakan guna-guna 주문에 홀린
(OBAT/UBAT) guna-guna 주문
(OBAT/UBAT) obat guna 주문

주물럭
RABA 주물럭

주물럭거리다
(RABA) merabai 주물럭거리다

주민
(ISI) isi kampung 마을 주민
(RANTAU) anak rantau 바닷가 주민
(RANTAU) orang rantau 바닷가 주민

주방용품
(PERIUK) periuk belanga 주방용품

주변
(ALAM) alam sekeliling 주변세계
(ALAM) alam sekeliling 주변지역

주부
(ORANG) orang belakang 가정주부
(ORANG) orang dalam 가정주부
(ORANG) orang dapur 가정주부
(ORANG) orang rumah 가정주부
주사
(JARUM) jarum suntik 주사바늘
주사위
(BUAH) buah undi 주사위
(BUANG) membuang dadu 주사위를 던지다
DADU 주사위
(DADU) melempar dadu 주사위를 던지다
주상복합건물
(RUMAH) rumah kedai 주상복합건물
주석
(BESI) besi putih 주석
TIMAH 주석
(TIMAH) timah putih 주석
주석광산
(LOMBONG) lombong bijih timah 주석광산
주소
ALAMAT 주소
주소록
(BUKU) buku alamat 주소록
주술사
BOMOH 주술사
PAWANG 주술사
주스
(BUAH) air buah 주스
주시
(PANDANG) memandang berat 주시하다
(PANDANG) pandang berat 주시하다
주안점
(POKOK) pokok fikiran 주안점
(POKOK) pokok pikiran 주안점
주어
(POKOK) pokok kalimat 주어
주요
(PERKARA) perkara pokok 주요 사항
(PERKARA) perkara utama 주요 사항
(POKOK) pokok fikiran 주요 의견
(POKOK) pokok pikiran 주요 의견
주요수입원
(TIANG) tiang penghidupan 생계유지의 주요수입원
주위
TEPI 주위
주유소
(KEDAI) kedai minyak 주유소
주의
(AMBIL) mengambil pusing 주의를 기울이다
(HADAP) menghadapkan perhatian 주의를 기울이다
(HAL) ambil hal 주의를 기울이다
(IKAT) mengikat hati 주의를 끌다

주인
EMPU 주인
(GANTI) berganti tangan 주인이 바뀌다
(MILIK) pemilik tanah 땅 주인
(MILIK) pemilik 주인
(PINDAH) berpindah tangan 주인이 바뀌다
PUNYA 주인
(PUNYA) berpunya 주인이 있는
(SALAH) salah orang 주인을 잘못 만나다
(TUAH) tuah sebesar bukit, celaka menimpa badan 주인 많은 나그네 밥 굶는다
TUAN 주인
(TUAN) bertuan 주인이 있는
(TUAN) tanah bertuan 주인이 있는 땅
(TUAN) tuan rumah (손님맞이의) 주인
(TUAN) tuan tamu (손님맞이의) 주인
(TUAN) tuan tanah 땅 주인
주저
(ADA) berada di persimpangan jalan 주저하는
(BANYAK) berbanyak hati 주저하다
(BERAT) berat hati 주저하는
주저주저
(SUKA) suka tak suka 주저주저하는
주저주저하다
(LANGIT) ke langit tidak sampai ke bumi tidak nyata 주저주저하는
(TAKUT) takut-takut segan 주저주저하는
주저하다
(DIRI) berdiri di persimpangan jalan 주저하는
(DUA) mendua hati 주저하다
(DUA) menduakan hati 주저하게 만들다
(PERANG) berperang hati 주저하는
주전부리
JAJAN 주전부리
(MAKAN) makanan ringan (주전부리) 과자
(UANG/WANG) uang jajan 주전부리를 위한 돈
주절대다
(LATAH) latah latih 실없이 주절대는
주정뱅이
(TUKANG) tukang mabuk 술주정뱅이
주제
(BUAH) buah pembicaraan 대화의 주제
(BUAH) buah percakapan 대화의 주제
POKOK 주제
주제넘다
(TIDAK) tidak ingat diri 주제넘는
(TIDAK) tidak nasi di balik kerak 주제넘는
주차
(JAGA) jaga kereta 주차관리인
주차장
(TEMPAT) tempat letak kereta 주차장
(TEMPAT) tempat parkir 주차장
주책
(TUA) tua-tua keladi 주책이 심한 늙은이

주춤거리다
(SEGAN) segan tak segan 주춤거리지 않는
(SEGAN) segan-segan 주춤거리다
주택
(PROYEK/PROJEK) proyek perumahan 주택 정책
주파수
(JALUR) jalur asas (주파수의) 기저대역
(JALUR) jalur lebar (주파수의) 광대역
주판알
(TIMBANG) timbang-menimbang (열심히) 주판알을 튀기다
주행차선
(JALUR) jalur lambat 주행차선
죽
BUBUR 죽
(GULA) gula dalam mulut 식은 죽 먹기
(KAKI) naik basuh kaki sahaja 식은 죽 먹기
(KENTAL) bubur kental 진한 죽
(MASAK) masak malam, mentah pagi 변덕이 죽 끓는 듯하다
(SENANG) senang macam kacang 식은 죽 먹기
(SENDOK/SENDUK) sendok bubur 죽을 푸는 데 사용하는 주걱
죽다
(AJAL) ajalnya sampai 죽다
(AMBAR) ambar hati 기가 죽은
(AMBIL) mengambil napas penghabisan 죽다
(ANGKAT) berangkat ke negeri cacing 죽다
(BANTAL) berbantal tanah 죽다
(BUANG) membuang nyawa 죽다
(BUANG) membuang-buang nyawa 비참하게 죽다
(DAHULU) mendahului kita 죽다
(GALANG) bergalang tanah 죽다
(GELAK) bagai tergelak sedang kematian 죽을 상
(GELAK) bagai tergelak sedang kematian 죽을 지경
GUGUR 죽다
(HADAP) menghadap Tuhan 죽다
(HEMBUS) menghembuskan napas penghabisan 죽다
(HEMBUS) menghembuskan napas terakhir 죽다
(KALANG) berkalang tanah 죽다
(KE) ke liang kubur 죽다
(KE) ke negeri cacing 죽다
(KEMBALI) kembali ke asal 죽다
(KEMBALI) kembali pada asal 죽다
(KUBUR) sampai ke liang kubur 죽을 때까지
(LALU) berlalu 죽다
(LAYANG) layang nyawa 죽다
(LAYANG) melayang jiwa 죽다
(LAYANG) melayang nyawa 죽다
(LIANG) ke liang kubur 죽다
(MANUSIA) manusia mati meninggalkan nama 사람은 죽어서 이름을 남긴다
MATI 죽다
(MATI) kemati-matian 죽은 척하다
(MATI) kemati-matian 죽은 체하다
(MATI) mati-matian 죽은 척하다

ㅈ

(MATI) mati-matian 죽은 체하다
(MERTUA/MENTUA) lupa mertua 둘이 먹다 하나가 죽어도 모르겠다
(NYARIS) nyaris mati 죽을 뻔 (하다)
(PADAM) padam hayat 죽다
(PADAM) padam jiwa 죽다
(PADAM) padam nyawa 죽다
(PANJANG) panjang langkah singkat pinta 죽다
(PARUH) separuh mati 반 쯤 죽은
(PARUH) separuh mati 죽을 뻔한
(PERGI) pergi dahulu 죽다
(PINDAH) berpindah dari dunia yang fana 죽다
(PINDAH) berpindah ke negeri yang baka 죽다
(PINTU) ke pintu kubur 죽다
(PULANG) pulang ke alam baka 죽다
(PULANG) pulang ke rahmatullah 죽다
(PUTIH) berputih tulang 죽다
(PUTIH) putih tulang 죽다
(PUTIK) putik pun jatuh 사람은 죽게 마련
(PUTUS) putus jiwa 죽다
(PUTUS) putus nafas 죽다
(PUTUS) putus napas 죽다
(PUTUS) putus umur 죽다
(SAMPAI) sampai ajal 죽다
(SAMPAI) sampai janji 죽다
(SAMPAI) sampai ke liang kubur 죽을 때까지
(SAMPAI) sampai ke lubang kubur 죽을 때까지
(SAMPAI) sampai umur 죽다
(SEMPURNA) sempurna usia 죽다
(TAMAT) tamat riwayat 죽다
(TEMU) menemui ajal 죽다
(TENGAH) setengah mati 죽을 지경의
(TENGGELAM) mati tenggelam 물에 빠져 죽다
(TENGGELAM) tenggelam mati 물에 빠져 죽다
(TETES/TITIS) tetes darah penghabisan 죽을 때까지
(TIDUR) tidur untuk selamanya 죽다
(TINGGAL) meninggal dunia 죽다
(TINGGAL) meninggalkan zaman 죽다
(TINGGAL) tinggal bekas (죽어) 없어진
(TINGGAL) tinggal nama (이미 죽어) 없어진
(TUTUP) menutup mata 죽다
(TUTUP) tutup riwayat 죽다
(TUTUP) tutup usia 죽다
(UMUR) seumur hidup 죽을 때까지
(UPIH) upih jatuh 나이 든 사람이 먼저 죽게 마련이다

죽마고우
(KAIN) sekain sebaju 죽마고우
(SAHABAT) sahabat kandung 죽마고우
(SAHABAT) sahabat karib 죽마고우

죽물
KANJI 죽물

죽부인
(BANTAL) bantal guling 죽부인
(BANTAL) bantal peluk 죽부인

(PELUK) bantal peluk 죽부인
죽을 지경
(ULUR/HULUR) terulur lidah (생활이 힘들어서) 죽을 지경의
죽음
(BAWA) membawa maut 죽음에 이르게 만들다
(BONGKONG) mati bongkong 헛된 죽음
(HILANG) hilang nyawa 죽음
(KONYOL) mati konyol 개죽음
(KONYOL) mati konyol 헛된 죽음
(MATI) mati ayam 개죽음
(MATI) mati ayam 헛된 죽음
(MATI) mati bongkong 개죽음
(MATI) mati bongkong 헛된 죽음
(MATI) mati katak 개죽음
(MATI) mati katak 헛된 죽음
(MATI) mati konyol 개죽음
(MATI) mati konyol 헛된 죽음
(MATI) mati terbakar 타죽음
MAUT 죽음
(MAUT) maut tidak memandang umur 죽음에는 선후배가 없다
(MAUT) menemui maut 죽음을 맞이하다
(PANTANG) pantang mati sebelum ajal 죽음도 때가 있다
(REGANG) meregang jiwa 죽음이 가까운
(REGANG) meregang maut 죽음이 가까운
(REGANG) meregang nyawa 죽음이 가까운
죽이다
(CABUT) mencabut nyawa 죽이다
(PADAM) memadamkan nyawa 죽이다
(PUTUS) memutuskan nyawa 죽이다
(UMBUT) mengumbut nyawa 죽이다
죽죽
(CABIR) cabar-cabir 죽죽 찢다
죽창
(BAMBU) bambu runcing 죽창
준비
(ERAT) mempererat ikat pinggang 만반의 준비를 갖춘
(PENDEK) memendekkan lengan baju 일할 준비를 하다
SELESAI 준비되다
(SINGSING) singsing baju 만반의 준비가 된
준설선
(KAPAL) kapal keruk 준설선
(KAPAL) kapal korek 준설선
준수
(JALAN) berjalan di atas rel 준수하다
(JUNJUNG) menjunjung di atas batu kepala 준수하다
(PEGANG) memegang teguh 준수하다
(PEGANG) pegang teguh 준수하다
준치
(KALAH) kalah membeli menang memakai 썩어도 준치
(LASAM) batik lasam 썩어도 준치
(LAYU) layu bunga 썩어도 준치
줄
BARIS 줄

CALIT 줄
CONTENG 줄
CORAT 줄
CORENG 줄
(DAWAI) dawai duri 가시줄
GARIS 줄
GORES 줄
JALUR 줄
PARUT 줄
(SABUT) tali sabut 껍질 섬유로 만든 줄
TALI 줄
TAMBANG (짐승을 매어 놓는) 줄
(TAMBANG) menambang 줄로 붙들어 매다
(TAMBANG) menambang 줄에 매달다

줄걸음
(SIPAT) sipat kuping 줄걸음을 놓다

줄금
RAJAH 줄금

줄기
BATANG 줄기
(BATANG) batang kayu 나무줄기
RIMPANG 땅 속 줄기
(RIMPANG) akar rimpang 뿌리줄기
(TALAS) batang talas 타로 줄기
TANGKAI 줄기

줄담배
(PUNTUNG) berhubung puntung 줄담배를 피우는

줄무늬
(CORENG) coreng moreng 줄무늬가 가득한
JALUR 줄무늬
LORENG 줄무늬가 있는
(LORENG) harimau loreng 줄무늬 호랑이

줄이다
(POTONG) potong tahanan 형기를 줄이다

줄줄이
(TALI) bertali arus 줄줄이 이어지는
(TALI) bertali-tali 줄줄이

줄줄 흐르다
CUCUR 줄줄 흐르다

줄행랑
(ANGKAT) mengangkat langkah seribu 줄행랑치다
(BUKA) buka langkah seribu 줄행랑을 치다
(KAKI) berkaki seribu 줄행랑을 놓다
(LANGKAH) langkah seribu 혼비백산하여 줄행랑을 놓다
(LANGKAH) melangkah seribu 줄행랑을 놓다
(LARI) lari sipat kuping 혼비백산하여 줄행랑을 놓다
(PUTIH) putih tapak kakinya berlari 줄행랑을 치다
(TARIK) *menarik* langkah seribu 줄행랑을 치다
(UNGGAS) mengunggas puding 줄행랑을 치다

줌
GENGGAM 줌
KEPAL (한) 줌

줏대

(EKOR) mengekor pikiran orang 줏대 없는
(EMBUN) seperti embun di atas daun 줏대가 약한
(HATI) berhati baling-baling 줏대가 없는
(HIDUNG) seperti kerbau dicucuk hidungnya 줏대가 없는 사람
(KEPALA) berkepala dua 줏대 없는
(MATA) mata angin 줏대가 없는 (사람)
(MULUT) mulutnya berubah-ubah 줏대가 없는

중간
(ANTAR) antar waktu 중간의
TENGAH 중간

중개상
(DAGANG) pedagang perantara 중개상

중개인
TALANG 중개인

중국
CINA 중국

중국인
(KOLONG) Cina kolong 중국인 광부

중금속
(LOGAM) logam berat 중금속

중년
(PARUH) separuh umur 35-50세의 중년 나이
(TENGAH) setengah baya 중년(마흔 살 안팎의 나이)
(TENGAH) setengah tua 중년(마흔 살 안팎의 나이)
(TENGAH) setengah umur 중년(마흔 살 안팎의 나이)
(TENGAH) tengah tubuh 중년(오십 가까운 나이)

중단
GENCAT 중단되다
HENTI 중단하다
(HENTI) menghentikan tangan 일을 중단하다
(KELUAR) keluar sekolah 학업을 중단하다
PATAH 중단된
(PATAH) patah di tengah 중단된
(PUTUS) putus sekolah 학업을 중단하다
(TEMPOH) tidak tempohnya 중단 없이

중대
(BUKAN) bukan buatan 중대한
(BUKAN) bukan main 중대한

중대사
(TITIK) titik berat 중대사

중도
(JALAN) jalan tengah 중도

중독
(GADUNG) mabuk gadung 마에 중독된
TAGIH 중독된
TAHI (술에) 중독된
(UAP/WAP) menguap bagai orang mabuk (술 따위에) 중독된

중독자
(DADAH) penagih dadah 마약 중독자
(MADAT) pemadat 아편중독자
(MAYAT) mayat bernyawa 아편 중독자

중동
(TIMUR) timur tengah 중동

중동지역
(NEGERI) negeri ramal 중동지역의 국가
중량
BOBOT 중량
중량급
(KELAS) kelas berat 중량급
중력
(GAYA) gaya berat 중력
(GAYA) gaya bobot 중력
중립
(AMBIL) mengambil jalan tengah 중립을 지키다
(DIRI) berdiri sama tengah 중립의
(SAMA) sama tengah 완전 중립의
중병
(SAKIT) sakit berat 중병
(SAKIT) sakit payah 중병
(SAKIT) sakit teruk 중병
(TINGGAL) tinggal nadi 중병에 걸린
중상
FITNAH 중상
(FITNAH) memfitnah 중상하다
(LUKA) luka parah 중상
UMPAT 중상
(UMPAT) umpat-umpatan 온갖 중상
중상모략
(MASUK) masuk angin 중상모략을 받다
(MASUK) memasukkan minyak tanah 중상모략하다
(MIANG) miang jelatang 중상모략을 일삼는 사람
중세기
(ABAD) abad pertengahan 중세기
중시
(PANDANG) memandang berat 중시하다
(PANDANG) pandang berat 중시하다
중시하다
(MASUK) masuk bilangan 중시하다
(MASUK) masuk buku 중시하다
(MASUK) masuk hitung 중시하다
중심
(JANTUNG) jantung kota 시내 중심
(MATA) mata sasaran 과녁의 중심
POKOK 중심
(TITIK) titik berat 중심
(TULANG) tulang punggung (사물의) 중심
중심부
PUSAT 중심부
중압감
(RASA) merasa berat 중압감을 느끼다
중앙선
(MAKAN) makan jalan 중앙선을 침범하다
중얼거리다
(BUAH) buah ratap 통곡할 때 중얼거리는 말
(CAKAP) cakap mulut 혼자 중얼거리다
KULUM 중얼거리다

(KULUM) berkulum 중얼거리다
(SUARA) suara kulum 들릴 듯 말 듯 중얼거리는 소리
중요
AGUNG 중요한
(AMBIL) ambil berat 중요하게 여기다
PANTAS 중요한
중요하다
(PERKARA) perkara besar 중요한 문제
(PERKARA) perkara kecil 중요하지 않은
(TITIK) titik berat 중요한 일
(URAT) urat nadi 아주 중요한 일
중용
(SINGKAT) singkat diulas, panjang dikerat 중용의
중이염
(SAKIT) sakit torek 중이염
중재자
(LERAI) pelerai 중재자
중지
(HANTU) jari hantu 중지
(JARI) jari hantu 중지
(JARI) jari malang 중지
(JARI) jari mati 중지
(JARI) jari panjang 중지
(JARI) jari tengah 중지
TEMPOH 중지하다
중차대하다
(EMPANG) empang sampai ke seberang, dinding sampai ke langit 중차대한 일
중천
(HARI) hari sudah tinggi 해가 중천에 뜬
REMBANG 중천
중추
(TULANG) tulang punggung 중추
중퇴
(PUTUS) putus sekolah 중퇴하다
중풍환자
(ANGIN) angin duduk 중풍환자
~중 하나
(SALAH) salah satu 그 중 하나
(SALAH) salah satu 많은 것 중 하나
중환
(SAKIT) sakit berat 중환
(SAKIT) sakit payah 중환
(SAKIT) sakit teruk 중환
(TINGGAL) tinggal nadi 중환에 들은
쥐
(CENGKAM) cengkam kera 독 안에 든 쥐 신세
(GENGGAM) genggam kera 독 안에 든 쥐
(JATUH) busuk berbau, jatuh berdebuk 낮말은 새가 듣고 밤말은 쥐가 듣는다
(KERONCONG) ikan dalam keroncong 독 안에 든 쥐
(LALAT) tak ada lalat langau 쥐죽은 듯 조용한
(LANTAI) lantai dan dinding bertelinga belaka 낮말은 새가 듣고 밤말은

ㅈ

쥐가 듣는다
(MATI) mati kertas 쥐가 나는
(MATI) mati kertas 쥐가 오르는
(SEMUT) semut-semutan 쥐가 나다
TIKUS 쥐
(TIKUS) tikus buluh 대나무쥐
쥐구멍
(HANTU) takut di hantu, terpeluk ke bangkai 쥐구멍이 소구멍 된다
(HUJAN) selama hujan akan panas jua 쥐구멍에도 볕 들 날 있다
(PUCUK) pucuk layu ditimpa hujan 쥐구멍에도 볕 들 날 있다
쥐꼬리
(KUTU) sekutu hitam 쥐꼬리만큼
(UJUNG/HUJUNG) ujung kuku 쥐꼬리만큼
쥐다
(GENGGAM) menggenggam pisau 권력을 쥐다
JABAT/JAWAT 쥐다
JAWAT 쥐다
(KEPAL) mengepalkan tinju 주먹을 불끈 쥐다
(KOCOK) mengocok perut 배꼽 쥐다
(PECAH) pecah perut 배꼽을 쥐다
TANGKAP 쥐다
(TINJU) meninjukan tangan 주먹을 쥐다
쥐덫
(KUCING) kucing pekak 쥐덫
(KUCING) kucing tuli 쥐덫
쥐뿔
(UBUN-UBUN) ubun-ubun masih bergerak, sudah angkuh 쥐뿔이 나다
쥐새끼
(TIDAK) tidak ada lalat hijau 쥐새끼 한 마리 얼씬하지 않는다
(TIDAK) tidak ada lalat langau 쥐새끼 한 마리 얼씬하지 않는다
쥐색
(LEMAK) lemak ketam 쥐색
쥐약
(TIKUS) tuba tikus 쥐약
(TUBA) tuba tikus 쥐약(쥐를 잡을 때 사용하는 독약)
쥐어뜯다
(URUT) mengurut dada 가슴을 쥐어뜯다
쥐어짜다
PACUL 쥐어짜다
PERAH 쥐어짜다
PERAS/MEMERAS 쥐어짜다
즉사
(MATI) mati mampus 즉사
(MATI) mati modar 즉사
즉시
(BELUM) sebelum kering keringat di badan 즉시
(KETIKA) dengan seketika 즉시로
(KETIKA) dengan seketika 즉시에
(KONTAN) kontan keras 즉시
LANTAS 즉시
SEGERA 즉시
TERUS 즉시
즉시(불)

KONTAN 즉시(불)
즐거움
(RASA) rasa gembira 즐거움
즐거워
(BESAR) berbesar hati 즐거워하다
즐거워지다
(KEMBANG) berkembang hati 즐거워지다
즐거워하다
(NAIK) naik hati 즐거워하다
즐겁다
(BESAR) besar hati 즐거운
(ENAK) enak hati 즐거운
(HANGAT) hangat hati 즐거운
HIBUR 즐거운
(KOTOR) mengotorkan mulut 즐겁지 않은
(MINYAK) berminyak mukanya 즐거운
(MUKA) mukanya berkilat 매우 즐거워 보이는
(MUKA) mukanya berminyak 즐거운
(NAIK) naik basuh kain 즐겁게 일하다
(NAIK) naik basuh kaki 즐겁게 일하다
(PUTIH) putih muka 즐거운
(RASA) rasa lapang 즐거운
(RASA) rasa senang 즐거운
RIANG 즐거운
(RIANG) riang gembira 즐거운
(RIANG) riang hati 즐거운
(RIANG) riang rasa 즐거운
(SENANG) senang hati 아주 즐거운
(SIRAM) tersiram air bunga 즐거운
(SUKA) sukacita 즐거운
(TARIK) menarik hati 즐거운 (일)
(WARNA) warna terang 즐거운 표정
즐기다
(LENGAH) lengah hati 즐기다
(LENGAH) melengah hati 즐기다
(UJUNG/HUJUNG) berakhir minggu 주말을 즐기다
(UJUNG/HUJUNG) berhujung minggu 주말을 즐기다
즙
AIR 즙
증가
(TAMBAH) bertambah banyak 증가하다
(TAMBAH) bertambah-tambah 점점 더 증가하다
(TAMBAH) bertambah-tambah 차츰차츰 증가하다
(TERUS) terus bertambah 계속 증가하다
증거
(BARANG) barang bukti 물적 증거
BUKTI 증거
SAKSI 증거
(SAMUN) samun sakal berdarah tangan 모든 범죄의 재판에는 증거가 핵심이다
SYAHADAT 증거
(TAMPUK) bertampuk bertangkai 증거능력이 확실한
증거품

(SAKSI) saksi bisu (범죄 현장의) 증거품들
증권
(HARGA) surat berharga 유가증권
증권시장
(PASAR) pasaran saham 증권시장
증기
KUKUS 증기
UAP/WAP (수)증기
증명
(NAIK) naik saksi 증명하다
증명서
(BUKTI) bukti diri 신분증명서
(BUKTI) bukti pembayaran 지불증명서
(PALSU) ijazah palsu 가짜 증명서
SURAT 증명서
(SURAT) surat akuan 증명서
(SURAT) surat keterangan 증명서
(SURAT) surat pengakuan (합격, 졸업 등의) 증명서
(SURAT) surat tanda 증명서
증식
(KEMBANG) berkembang biak 증식하다
증오
(BULU) berbulu mata melihat 증오하다
KASEMAT/KESUMAT 증오
(LIHAT) lihat cacing 증오하다
(LIHAT) melihat cacing 증오하다
(PANTANG) pantang hati 증오
(RASA) merasa benci 증오하다
(SAKIT) sakit hati 증오하는
증인
(NAIK) naik saksi 증인이 되다
SAKSI 증인
(SAKSI) bersaksi ke lutut 친척을 증인으로 세우다
지각
(KEPALA) kepala angin 지각이 없는
(KERAK) kerak bumi 지각
(LEWAT) lewat sampai 지각하다
(MATA) mata kotak 지각없는 사람
(PAK) Pak Kaduk 지각없는 사람
지각운동
(GERAK) gerakan lempeng bumi 지각운동
지갑
DOMPET 지갑
(KANTONG/KANTUNG) kantong kempes 빈지갑의
(KANTONG/KANTUNG) kantong kering 빈지갑의
(KANTONG/KANTUNG) kantong kosong 빈지갑의
PUNDI-PUNDI 지갑
지겹다
JELAK 지겨운
(MUNTAH) muntah perut 지겨운
(PENUH) penuh perut 지겨운
(SAKIT) sakit perut 지겨운
지경

(TENGAH) setengah mati 죽을 지경의
지구
(BOLA) bola bumi 지구
BUMI 지구
(KISAR) kisar bumi 지구의 자전
지구둘레
(LILIT) lilit bumi 지구둘레
(LILIT) lilitan bumi 지구둘레
(LINGKAR) lingkar bumi 지구둘레
지국
(KANTOR) kantor cabang 지국
지극하다
(LABAH-LABAH) seperti labah-labah cinta kepada telurnya 지극한 사랑
지금
(MASA) masa ini 지금
지금도
MASIH 지금도
지긋지긋하다
(JELAK) jemu jelak 지긋지긋한
(JEMU) jemu jelak 지긋지긋한
지껄이다
(BUAL) berbual-bual kosong 헛소리를 지껄이다
(LATAH) latah mulut 헛소리를 지껄이다
(LEPAS) lepas-lepas saja cakapnya 마구 지껄이다
(PETAI) menjual petai hampa 실없는 말을 지껄이다
(TIDAK) tidak makan siku-siku 조리 없이 함부로 지껄이는
지나가다
BASI 지나간
(LALU) berlalu 지나가다
LAMPAU 지나간
(LEMBU) lembu punya susu, sapi dapat nama 거둥길 닦아 놓으니 깍쟁이가 먼저 지나간다
LINTAS 지나가다
(NASI) nasi sama ditanak, kerak dimakan seorang 거둥길 닦아 놓으니 깍쟁이가 먼저 지나간다
(PERKARA) perkara lama 지나간 일
(PERKARA) perkara sudah basi 지나간 일
(SELISIH) selisih basah (배가) 서로 엇갈려 지나가다
지나다
LALU 지나다
LEWAT 지나다
지나치다
LAMPAU 지나친
(LANGGAR) langgar batas 정도가 지나치다
(LEWAT) kelewat batas 너무 지나친
(NAIK) naik muka 정도가 지나친
(SINGKAT) singkat diulas, panjang dikerat 지나치거나 모자라지도 않는
(TEMAN) usahlah teman dimandikan pagi 지나친 친절은 금물
(TENGAH) menengah tulang punggung 지나치거나 모자라지도 않는
지난
LAMPAU 지난
SUDAH 지난
지난 해

(TAHUN) tahun lalu 지난 해
지내다
(BALAS) balas bidan (산파의 노고를 위해) 고사를 지내다
(HIDUP) hidup berbaur 어울려 지내다
(SEHAT/SIHAT) sehat-sehat saja 잘 지냅니다
지내보다
(NASI) nasi habis budi bersua 사람은 지내보아야 안다
지네
LIPAN 지네
지느러미
(SAYAP) sayap ikan (물고기의)지느러미
지능
(ASAH) mengasah otak 지능을 발달시키다
지니다
(BAWA) dibawa mati 죽을 때까지 지니다
지다
GUGUR 지다
JATUH 지다
KALAH 지다
MASUK (해가) 지다
(MATAHARI/MENTARI) matahari jatuh 땅거미가 지다
(MATAHARI/MENTARI) matahari mati 땅거미가 지다
(REBUT) berebut senja 땅거미가 지다
(SUSAH) menyusahkan orang (남의) 신세를 지다
지대
PADANG 지대
지도
AJAR 지도
(GAMBAR) gambar bumi 지도
PANDU 지도
지도자
(HILANG) kehilangan kemudi 지도자를 잃다
(PAYUNG) payung negara 지도자
지라
LIMPA 지라
지랄병
(PITAM) pitam babi 지랄병
지렁이
(CACING) cacing tanah 지렁이
(GELANG) gelang tanah 지렁이
지레
(TAKUT) takut akan bayang-bayang 지레 겁을 먹은
(TAKUT) takut bayang-bayang 지레 겁을 먹은
지뢰
RANJAU 지뢰
(RANJAU) meranjau jalan 지뢰를 매설하다
(RANJAU) ranjau darat 지뢰
지루하다
JEMU 지루한
(SEPERTI) seperti sayur tidak berbumbu 지루한
지류
(ANAK) anak sungai 지류
지르다

(JERIT) menjerit kuat-kuat 고래고래 소리를 지르다
PINTAS 지르다
(SORAK) bersorak-sorai 환성을 지르다
지름
(GARIS) garis tengah 지름
지름길
(JALAN) jalan memintas 지름길
(JALAN) jalan pintas 지름길
(PINTAS) jalan pintas 지름길
(PINTAS) memintas jalan 지름길로 가다
(PINTAS) memintasi jalan 지름길로 가다
지문
(SIDIK) menyidik jari 지문을 뜨다
(SIDIK) menyidik jari 지문을 채취하다
(SIDIK) sidik jari 지문
(SIDIK) sidik jari 지문 감식
지방
LEMAK 지방
(LURUH) meluruhkan lemak 지방을 제거하다
MINYAK 지방
지배
(INJAK) menginjakkan kaki 지배하다
(JATUH) jatuh ke tangan 지배하다
지불
(BUKTI) bukti pembayaran 지불증명서
(KONTAN) membayar kontan 현금(으로) 지불(하다)
(TUNAI) membayar tunai 현금으로 지불하다
지불하다
BAYAR 지불하다
지붕
ATAP 지붕
(ATAP) atap seng 함석지붕
GENTING 지붕
(IJUK) atap ijuk 이죽으로 엮어 지은 지붕
(IJUK) atap ijuk 이죽지붕
(IKAN) ikan gantung, kucing tunggu 닭 쫓던 개 지붕 쳐다보는 격
(JOLOK) penjolok tinggal di atas 닭 쫓던 개 지붕 쳐다보는 격
(PUTIH) putih dikejar, kuning tak dapat 닭 쫓던 개 지붕 쳐다보는 격
지붕틀
(KUDA) kuda-kuda 지붕틀
지사
CABANG 지사
(CABANG) kantor cabang 지사
(KANTOR) kantor cabang 지사
지상낙원
(SURGA/SYURGA) surga dunia 지상낙원
(SURGA/SYURGA) syurga dunia 지상낙원
지새우다
(JAGA) kejaga-jagaan 밤을 지새우다
(TANGGANG) menanggang mata 뜬눈으로 밤을 지새우다
지성인
(ORANG) orang berilmu 지성인
지시

SURUH 지시
TELUNJUK 지시

지식
(BANYAK) banyak minyaknya 지식이 많은
(CETEK) cetek pengetahuannya 지식이 단천한
(GALI) diam penggali berkarat 녹슨 지식
ILMU 지식
(ILMU) berilmu padi 겸손과 지식을 겸비한
(ISI) isi kepala 지식
(PENDEK) pendek akal 지식이 부족한
(SUNTUK) suntuk akal 지식이 부족한
(TUA) tua-tua keladi berisi 오랜 연륜과 지식을 쌓은 (노인)
(TUA) tua-tua kelapa 오랜 연륜과 지식을 쌓은 (노인)

지식인
(CENDEKIA) cendekiawan 지식인
(ORANG) orang berilmu 지식인
(TEPI) tepi ilmu 지식인

지식층
(CENDEKIA) cerdik cendekia 지식층
(CERDIK) cerdik cendekia 지식층
(CERDIK) cerdik pandai 지식층
(KAUM) cerdik pandai 지식층
(KAUM) kaum cerdik cendekia 지식층

지역
(ALAM) alam sekeliling 주변지역
DAERAH 지역
(LUAS) luas tanah 지역
(TELUK) teluk rantau 인근 지역

지우다
(KAMBING) mengambinghitamkan 죄를 대신 지우다

ㅈ

지원
(SAMBUNG) sambung tangan 지원

지원군
(BALA) bala bantuan 지원군

지위
(TURUN) turun harga 지위가 떨어지다

지저분
CABUL 지저분한

지저분하다
KOTOR 지저분한
(KUCING) kucing dapur 얼굴이 지저분한
(MULUT) bermulut busuk 입이 지저분한

지적
(LUNAK) lunak otak 지적인

지점
CABANG 지점
(CABANG) kantor cabang 지점
(KANTOR) *kantor* cabang 지점

지조
SETIA 지조가 있는
(SETIA) setiawan 지조가 아주 강한

지주
KALANG 지주

TOPANG 지주
지지
CAGAK 지지
(DIRI) berdiri di belakang 지지하다
지지다
(SUNGGUH) sungguh mati 손톱에 장을 지지겠다
지진
(TANAH) tanah goyang 지진
지진동
(GETAR) getaran bumi 지진동
지진파
(GETAR) getaran bumi 지진파
지참금
(EMAS) emas kawin 결혼지참금
(HARTA) harta pembawaan 결혼지참금
지출
BELANJA 지출
지층
(LAPIS) lapis bumi 지층
(LAPIS) lapisan bumi 지층
지치
(GERAHAM) geraham bungsu 지치
지치다
JERIH 지친
(KERING) berkering kerongkongan 지친
(LAYU) layu malap 매우 지친
(LEHER) leher sampai panjang 기다림에 지치다
(LEHER) leher terasa panjang 기다림에 지치다
LESU 지친
PENAT 지친
(PENAT) jerih penat 몹시 지친
(PENAT) penat jerih 몹시 지친
(PENAT) penat lelah 몹시 지친
지키다
(BAWA) membawa nama baik 명예를 지키다
(BAYAR) membayar janji 약속을 지키다
JAGA 지키다
(JANJI) sampai janji 약속을 지키다
(KULUM) kulum batu 침묵을 지키다
(LUAR) di luar garis 법규를 지키지 않는
(LUAR) luar garis 법규를 지키지 않는
(MASIN) masin mulut 약속을 꼭 지키는
(MULIA) memuliakan janji 약속을 지키다
(MULUT) bermulut asin 구두로 한 약속을 꼭 지키는
(MULUT) mulutnya bergetah 약속을 꼭 지키는
(PEGANG) memegang teguh 지키다
(PEGANG) pegang teguh 지키다
(PELIHARA) pelihara adat 전통관습을 지키다
(PELIHARA) pelihara nama 명예를 지키다
(SAMPAI) sampai janji 약속을 지키다
(TEGUH) teguh setia 충절을 지키는
(TONGKAT) tongkat membawa rebah 고양이 보고 반찬 가게 지키라는 격

TURUT (법을) 지키다
(TUTUP) menutup mulut 비밀을 지키다
(TUTUP) tutup mulut 비밀을 지키다
지킴이
(PAGAR) pagar desa (서부 자바의) 마을 지킴이
지팡이
TONGKAT (등나무)지팡이
지평선
(KAKI) kaki angkasa 지평선
(KAKI) kaki langit 지평선
(TEPI) tepi langit 지평선
지하실
(KOLONG) kolong rumah 지하실
지하운동
(GERAK) gerakan bawah tanah 지하운동
지혜
AKAL 지혜
(BESAR) besar akal 지혜로운
(BUTA) buta perut 지혜롭지 못한 (사람)
CENDEKIA 지혜로운
(HATI) terang hati 지혜로운
(LANJUT) lanjut akal 지혜로운
(LUAS) luas fikiran 지혜로운
(LUBUK) lubuk akal 지혜로운 (사람)
(LUNAK) lunak tak bersudu, keras tak bertakik 지혜로운
(PANJANG) panjang akal 지혜로운
(PANJANG) panjang ingatan 지혜로운
(PANJANG) panjang kira-kira 지혜로운
(PANJANG) panjang langkah 지혜로운
(PIKIR/FIKIR) fikiran sihat 지혜로운
(PIKIR/FIKIR) pikiran sehat 지혜로운
직각
(RASA) rasa di hati 직각
(SIKU) menyiku 직각을 이루다
(SIKU) sesiku 직각
(SIKU) siku-siku 직각
직관
(GERAK) gerak batin 직관
(GERAK) gerak hati 직관
(MATA) mata hati 직관
(RASA) rasa di hati 직관
(SUARA) suara batin 직관
직급
(TIMAH) dahulu timah sekarang besi (직급이) 강등되다
(TIMAH) timah jadi besi (직급이) 강등되다
직류
(ARUS) arus searah 직류
직무
(JABAT/JAWAT) jabatan 직무
(JABAT/JAWAT) jawatan 직무
직물
(DAGING) daging kain (직물)원단
직사각형

(BUJUR) bujur panjang 직사각형
(EMPAT) empat persegi panjang 직사각형
(SEGI) empat persegi panjang 직사각형(의)
(SEGI) persegi panjang 직사각형(의)

직언
(TABUNG) tabung seruas 직언을 서슴지 않는 사람

직업
(BAWA) membawa untung 직업을 구하러 떠나다
(HIDUP) hidup dua muara 두 가지 직업으로 생활하다
KERJA 직업
(LAPANG) lapangan hidup 직업
(MANDUR) mandur jalan 직업이 없는 사람
(MATA) mata air 직업
(PECAH) pecah periuk nasi 직업을 잃다
REZEKI 직업

직업정치가
(TOKOH) tokoh politik 직업정치가

직원
(ANAK) anak buah 직원
(GAJI) orang gajian 직원
(KAKI) kaki tangan 직원
(ORANG) orang bawah 부하 직원
(ORANG) orang bawahan 부하 직원
(ORANG) orang gaji 계약직 직원
(ORANG) orang gaji 비정규직 직원
(ORANG) orang gajian 계약직 직원
(ORANG) orang gajian 비정규직 직원
(ULAS) ulas tangan 직원
(URUS) urus setia 사무국의 직원

직위
(JABAT/JAWAT) jabatan 직위
(JABAT/JAWAT) jawatan 직위
PANGKAT 직위
(PANGKU) memangku jabatan 직위를 맡다

직장
(JAWAT) rakan sejawat 직장 동료
(JAWAT) rekan sejawat 직장 동료
(PAPA) tujuh kali pindah jadi papa 직장 일곱 번 옮겨 남은 것은 깡통 뿐
(POTONG) memotong leher 스스로 직장을 그만두다
(PUTUS) putus rezeki 직장을 잃다
(TEMAN) teman sejawat 직장 동료
(TEMAN) teman sekerja 직장 동료

직책
(JAWAT) jawatan 직책
KURSI 직책
(KURSI) kursi empuk 좋은 직책

진공
(HAMPA) hampa udara 진공의

진노랑
(KUNING) kuning tua 진노랑

진동
AYUN 진동하다

DETAK 진동
GEGAR 진동
GETAR 진동하다
(TUSUK) menusuk hidung (맛있는) 냄새가 진동하다
진로
(KISAR) berkisar angin 진로를 바꾸다
진료
(JAM) jam bicara 집무(진료) 시간
(JAM) jam praktik (의사의) 진료시간
진리
(GAYUNG) gayung tua, gayung memutus 어르신의 말씀이 진리이다
진면목
(TOKOH) tokoh sejati (사람의) 진면목
(TUNJUK) menunjukkan bulu 진면목을 드러내다
진상
(ANGKAT) mengangkat makanan 음식을 진상하다
(HITAM) hitam putihnya 진상
진솔
(PUTIH) putih hati 진솔한
진실
(HATI) hati bulat 진실한
(HATI) putih hati 진실한
(MAKAN) makan benang 진실된
SUNGGUH 진실한
(TULUS) tulus hati benar-benar 진실된
진심
(SUNGGUH) bersungguh-sungguh 진심으로
(SUNGGUH) sungguh hati 진심의
진인사대천명
(MANUSIA) Tuhan punya kuasa 진인사대천명
(MANUSIA) manusia punya asa 진인사대천명

진입로
(JALAN) jalan samping 진입로
진저리
(JELAK) jemu jelak 진저리가 나도록 싫은
(JEMU) jemu jelak 진저리가 나도록 싫은
진정
(TEKAN) menekan perasaan 진정하다
(TEKAN) menekan perut 진정하다
진정하다
(TENANG) menenangkan fikiran (마음을) 진정하다
(TENANG) menenangkan pikiran (마음을) 진정하다
진종일
(SUNTUK) sehari suntuk 진종일
진주
MUTIARA 진주
진주모
(INDUNG) *indung mutiara* 진주모
(MUTIARA) indung mutiara 진주모
진주목걸이
(MUTIARA) mutiara terkalung di leher babi 돼지 목에 진주목걸이
(SEPERTI) seperti kera mendapat bunga 돼지 목에 진주목걸이
진주조개

(MUTIARA) indung mutiara 진주조개
진중하다
(HANYUT) air tenang menghanyutkan 진중한 (사람)
진지하다
(HATI) bulat hati 진지한
(IA) beria-ia 진지하다
(PARUH) separuh hati 진지하지 않은
진짜
ASLI 진짜
JATI 진짜의
(JATI) sejati 진짜의
진창
LUMPUR 진창
진하다
(DARAH) darah ikan (커피가) 진한
(DARAH) darah lintah (커피가) 진한
KENTAL 진한
PEKAT 진한
진홍색
(MARAK) merah marak 진홍색
(MERAH) merah marak 진홍색
(MERAH) merah murup 진홍색
(MERAH) merah padam 진홍색
(MURUP) merah murup 진홍색
진흙탕
LUMPUR 진흙탕
진흥
(POLITIK) politik kampung 농촌진흥정책
질
MUTU 질
(MUTU) bermutu 질이 좋은
NILAI 질
질그릇
BELANGA 질그릇 냄비
(BELANGA) belanga besar 큰 질그릇 냄비
질기다
TABAH 질긴
질러가다
(POTONG) memotong jalan 질러가다
(PUTUS) putus jalan 질러가다
질러대다
(JERIT) jerit-jerit 마구 소리를 질러대다
(JERIT) menjerit-jerit 마구 소리를 질러대다
질문
TANYA 질문(하다)
질병
(KEMELUT) kemelut naik (질병의) 악화
(KEMELUT) kemelut turun (질병의) 호전
(MATI) mati hukumullah 질병사망
(MATI) mati kumlah 질병사망
질의권
(HAK) hak bertanya 질의권
질의응답

ㅈ

(TANYA) tanya jawab 질의응답
질질
(KETIAK) berketiak ular 질질 끄는
질투
CEMBURU 질투하는
DENDAM 질투
DENGKI 질투
(DENGKI) dengki hati 질투하는
(HATI) dengki hati 질투
(HATI) hatinya berbulu 질투하다
(HATI) iri hati 질투하는
(PANAS) panas hati 몹시 질투가 나는
(RASA) merasa cemburu 질투하다
(RASA) merasa dengki 질투하다
(RASA) merasa iri hati 질투하다
질투심
(CEMBURU) cemburu buta 지나 친 질투심
(RASA) rasa dengki 질투심
(RASA) rasa iri hati 질투심
질투장이
(DENGKI) pendengki 질투장이
질환
(JANTUNG) jantung mengipas 심장 잔떨림 (심장 질환)
짐
BONGKAR (짐을) 부리다
(PIKUL) berpikul-pikul 여러 꾸러미의 짐
짐꾼
(KULI) kuli panggul 짐꾼
짐말
(KUDA) kuda beban 짐말
짐승
HEWAN/HAIWAN 짐승
(LEMPAR) lempar bunga dibalas dengan lempar tahi 검은 머리 가진 짐승은 구제 말란다
(SEMBELIH) sembelih ayam dengan pisau 인간과 짐승은 유별하다
(SEMBELIH) sembelih orang dengan kapas 인간과 짐승은 유별하다
짐승 소리
SUARA 짐승 소리
집
(INDUK) induk rumah 집의 본채
JARING 집
(KELAMBU) kelambu gua 집 없는 사람
(PECAH) pecah rumah 집을 털다
(PINANG) pinang pulang ke tampuk 어디를 가나 집 만한 데 없다
RUMAH 집
SARANG (동물, 곤충의)집
(SETINGGAN) rumah setinggan 무허가로 지은 집
집게
SEPIT 집게
집게손가락
(JARI) jari syahadat 집게손가락
(JARI) jari telunjuk 집게손가락
TELUNJUK 집게손가락

TUNJUK 집게손가락

집단

(BENDERA) bendera merah 용감히 저항하는 집단

KAUM 집단

(KAUM) kaum pemberontak 반란군 집단

집들이

(SELAMAT) selamatan pindah rumah 집들이 고사

(SELAMAT) selamatan pindah rumah 집들이 잔치

집무

(JAM) jam bicara 집무(진료) 시간

집사람

(BERAS) induk beras 집사람

(ORANG) orang belakang 집사람

(ORANG) orang dapur 집사람

집안

(BULUH) menebus buluh serumpun 온 집안 망신을 시키다

(CUKUR) mencukur kepala 집안 망신을 시키다

집어 들다

JEMPUT 집어 들다

집어등

SUAR 집어등

집요하다

(KERAS) berkeras batang leher 집요한

(KERAS) berkeras urat leher 집요한

(KERAS) keras hati 집요한

집임자

(TUAN) tuan rumah 집임자

집주인

(SEMANG) induk semang 남의집살이의 집주인

(TUAN) tuan rumah 집주인

집중

(LEKAT) melekatkan pandangan 시선을 집중하다

(PUSAT) memusatkan perhatian 관심을 집중하다

집중시키다

(TARIK) menarik hati 시선을 집중시키다

집파리

(LALAT) lalat rumah 집파리

집행인

(HAMBA) hamba hukum 법집행인

집회

(RAPAT) rapat gelap 불법 집회

짓

(TUNGGU) menunggu laut kering 쓸데없는 짓

짓궂다

NAKAL 짓궂은

짓다

OLAH 짓다

(OLAH) mengolah kembali 고쳐서 다시 짓다

(OLAH) olah kembali 고쳐서 다시 짓다

(ORAK) mengorak senyum 미소를 짓다

(ORAK) orak senyum 미소를 짓다

TANAK (밥을) 짓다

(TANAK) menanak nasi 밥을 짓다

(TARIK) tarik muka panjang 낙심천만한 표정을 짓다
(TAWA/KETAWA) tertawa kecil 미소 짓다
(TAWA/KETAWA) tertawa kecil 작은 웃음을 짓다
(UKIR) mengukir senyuman 미소를 짓다
(WAJAH) berwajah sedih 서글픈 표정을 짓다
짓밟다
(INJAK) menginjak-injak 짓밟다
PIJAK 짓밟다
징
CANANG 작은 징
(CANANG) canang besar 징
징벌
(RUMAH) rumah siap, tukang dibunuh 엄한 징벌
징수
(AMBIL) mengambil upah 징수하다
(PUNGUT) memungut bayaran 요금을 징수하다
TARIK 징수하다
(TARIK) menarik bayaran 요금을 징수하다
징수하다
PUNGUT 징수하다
징역살이
(PASANG) memasang badan 징역살이하다
징조
(AWAN) awan hitam 불길한 징조
(BENDERA) bendera putri bertudung 좋은 징조
징징거리다
(TANGIS) menangis berpanjangan (어린애가) 징징거리며 울다
징후
TANDA 징후
짖겠다
(TABUHAN/TEBUAN) tabuhan meminang anak labah-labah 소가 짖겠다
짙다
TEBAL 짙은
짚다
(BIDUK) berbiduk ke hilir 땅 짚고 헤엄치기
짜내다
(IKHTIAR) mencari ikhtiar 묘안을 짜내다
PERAH 짜내다
PERAS/MEMERAS 짜내다
(PUTAR) memutar otak 묘안을 짜내다
짜다
MASIN 짠 (맛)
(MASIN) masin perak 너무 짠 (맛)
PAYAU (물이) 짠
PERAH 짜다
(PERAH) memerah susu lembu 소젖을 짜다
TEKAN 짜다
짜증
(HATI) rentan hati 짜증을 잘 내는
(HATI) sakit hati 짜증나는
(SAKIT) sakit hati 짜증나다
(SEKANG) menyekang mata 짜증나게 만들다
짜증스럽다

(HATI) rentan hati 짜증스러운

짝

LAWAN 짝
PASANG 짝
RANGKAP 짝
(SAMA) burung pipit sama enggang 어울리지 않는 짝

짝사랑

(BURUNG) satu sangkar dua burung 짝사랑
(KASIH) kasih tak sampai 짝사랑
(MABUK) dimabuk bayang-bayang 짝사랑에 빠지다
(PELUK) peluk bayang-bayang 짝사랑
(SEKAM) seperti api di dalam sekam 짝사랑
(TANGAN) tangannya bertepuk sebelah 짝사랑
(TEPUK) bertepuk sebelah tangan 짝사랑
(TEPUK) tepuk tangan sebelah tidak akan berbunyi 짝사랑
(TEPUK) tepuk tidak sebelah tangan 짝사랑

짝수

GENAP 짝수의
(NOMOR/NOMBOR) nomor genap 짝수 번호

짠

ASIN 짠

짧다

(LABA) belum tahu akan laba rugi 길고 짧은 것은 대봐야 안다
(LEKAS) lekas mati 수명이 짧은
PENDEK 짧은
(PENDEK) pendek permintaan 명이 짧은
(PENDEK) pendek pinta 명이 짧은
(PENDEK) pendek umur 명이 짧은
(PIKIR/FIKIR) pikiran buntu 생각이 짧은
(SINGKAT) singkat permintaan 목숨이 짧은
(SINGKAT) singkat pinta 목숨이 짧은
(SIPATUNG/SEPATUNG) bagai sepatung mandi 매우 짧은 순간
(SIPATUNG/SEPATUNG) bagai sipatung mandi 매우 짧은 순간
(TAHUN) setahun jagung 생각이 짧은
(TIDAK) tidak makan sekolah 가방끈이 짧은

짧은

SINGKAT 짧은

째다

(TAKIK/TAKUK) menakik pohon karet (고무액을 얻기 위해) 고무나무의 줄기를 째다
(TAKIK/TAKUK) menakik pokok getah (고무액을 얻기 위해) 고무나무의 줄기를 째다

쩔쩔매다

(KEMBANG) kembang kempis 쩔쩔매다
KEWALAHAN 쩔쩔매는
(RUSA) rusa kena tambat 쩔쩔매는

쪼개다

(URAI) menguraikan kecil-kecil 잘게 쪼개다

쪼그라들다

LISUT 쪼그라든

쪼그라지다

CERUT 쪼그라지다
(KERUT) kerut kering 까칠하고 쪼그라진

쪼그리다
(DUDUK) duduk bertinggung 쪼그려 앉다
쪼글쪼글
(KERUT) kerut merut 쪼글쪼글한
쪼다
(PARUH) memaruh 부리로 쪼다
쪼이다
DIANG 쪼이다
쪽
(MUKA) muka surat (책의) 쪽
(SISA) sisa nabi 생선 반 쪽
(TEMPURUNG) tempurung jantan 반으로 가른 야자 껍질의 윗 쪽
쪽박
(MURAH) makin murah, makin menawar 쪽박 빌려 주니 쌀 꿔 달란다
쫑긋
(KEJUT) berkejut telinga (놀란 말처럼) 귀를 쫑긋 세우다
(TEGAK) tegak lurus 쫑긋 선
쫓기다
(BURU) memburu-buru 시간에 쫓기다
(KEJAR) mengejar waktu 시간에 쫓기다
쫓다
KEJAR 쫓다
(SUAR) menyuar lebah (꿀을 모으기 위해) 횃불로 벌을 쫓다
쫓아다니다
(LANGAU) langau di ekor gajah 남의 뒤만 졸졸 쫓아다니는 사람
쬐다
DIANG (불을) 쬐다
쭈그러지다
KECUT 쭈그러진
쭈글쭈글
(KECUT) kecut-mecut 쭈글쭈글한
(KERUT) kerut merut 쭈글쭈글한
쭉정이
(GABAH) gabah hampa 벼쭉정이
(GABUK) padi gabuk 쭉정이 벼
(HAMPA) hampa beras 쭉정이 벼
찌꺼기
CIRIT 찌꺼기
KELADAK 찌꺼기
SEPAH (사탕수수의)찌꺼기
SISA 찌꺼기
TAHI 찌꺼기
(URI) sisa-sisa uri 태반 찌꺼기
찌다
(PANAS) panas terik 찌는 듯 더운
찌르다
JOLOK 찌르다
(SIKU) menyiku 팔꿈치로 꾹 찌르다
TANAM 찌르다
TANCAP 찌르다
(TOHOK) menohok dari belakang 뒤에서 찌르다
(TUSUK) menusuk hidung (냄새가 고약하여) 코를 찌르다
찌름

TIKAM (칼로) 찌름
찌뿌드드하다
(TIDAK) tidak enak badan 몸이 찌뿌드드한
(TIDAK) tidak sedap badan 몸이 찌뿌드드한
찌푸리다
(ANGKAT) angkat kening 눈살을 찌푸리다
(CUKA) minum cuka pagi hari 잔뜩 찌푸린 얼굴
(KERUT) berkerut keningnya 인상을 찌푸린
MASAM (얼굴을) 찌푸린
(MASAM) masam muka 찌푸린 얼굴
(MINUM) minum cuka pagi hari 잔뜩 찌푸린 얼굴
찍다
CETAK 찍다
(PUKUL) memukul gambar 사진을 찍다
(TANGKAP) tangkap gambar 사진을 찍다
찍히다
(BAJI) baji dahan membelah dahan 믿는 도끼에 발등 찍힌다
(LAYAR) layar menimpa tiang 믿는 도끼에 발등 찍힌다
(TELUNJUK) telunjuk merosak mata 믿던 발에 돌 찍힌다
찔끔찔끔 흘리다
ECER 찔끔찔끔 흘리다
찔러 박다
JOLOK 찔러 박다
찔리다
(LUKA) luka tikam 찔린 상처
(SISIR) kesisiran 가시에 찔리다
찡그리다
KECUT 찡그린
(KECUT) wajah kecut 찡그린 얼굴
(KERUH) berkeruh air muka (얼굴을) 찡그린
MASAM 찡그린
(MASAM) masam muka 찡그린 얼굴
(SENYUM) senyum kecut 찡그린 미소
(TARIK) tarik muka masam 얼굴을 찡그리다
(TARIK) tarik muka dua belas 얼굴을 찡그리다
찢다
CABIK (천, 종이를) 찢다
(CABIK) mencabik-cabik (천을) 북북 찢다
CABIR (천, 종이를) 세로로 찢다
(CABIR) cabar-cabir 갈기갈기 찢다
(CABIR) cabar-cabir 죽죽 찢다
CARIK (종이를) 찢다
찢어지다
KOYAK 찢어진
(MAKAN) makanan enggang hendak dimakan oleh pipit 뱁새가 황새걸음 걸으면 가랑이가 찢어진다
PECAH 찢어진
(PECAH) pecah belah 갈기갈기 찢어지다
(PECAH) pecah-pecah 갈기갈기 찢어지다
(PIPIT) pipit hendak jadi enggang 뱁새가 황새걸음하면 가랑이 찢어진다
(PISAH) berpisah-pisah 가리가리 찢어진
찧고 쓿는 일
SOSOH (곡식을) 찧고 쓿는 일

ㅊ

차
  (PANDU) memandu kereta 차를 운전하다
  (PANDU) pandu kereta 차를 운전하다
차갑다
  DINGIN 차가운
차고
  (KANDANG) kandang mobil 차고
차곡차곡
  (SUSUN) bersusun-susun 차곡차곡
  (SUSUN) menyusun berlapis-lapis 차곡차곡 쌓다
  (SUSUN) menyusun berlapis-lapis 차곡차곡 정리하다
  (TINDIH) bertindih-tindih 차곡차곡
차관
  (TIMBAL) menteri muda 차관
  (TIMBAL) timbalan menteri 차관
차다
  (LEKAT) melekatkan kaki 발로 차다
  (PUKUL) pukul dengan kaki 발로 차다
  (SAMPAI) sampai umur 나이가 찬
  SARAT 가득 찬
  SARAT 꽉 찬
  (SEMPURNA) sempurna umur 나이가 찬
  (SEPAK) sepak terajang 발로 차는 짓
  (SEPAK) sepak terjang 발로 차는 짓
차량
  (JEMBATAN/JAMBATAN) jembatan timbangan 과적차량 검문소
  (SIMPANG) simpang siur (차량들이) 수없이 오가는
  (SIMPANG) simpang-siur (차량들이) 수없이 오가는
차례차례
  (TAPAK) setapak demi setapak 차례차례
차로
  (JALUR) jalur jalan 차로
차림표
  (DAFTAR) daftar makanan 차림표
차마
  (BERAT) berat hati 차마 못하는
  (KUAT) kuat hati 차마 ~할 수 있는
차버리기
  (TOLAK) menolak tuah 굴러 온 호박 차버리기
  (TOLAK) tolak untung 굴러 온 호박 차버리기

차별
(PANDANG) memandang bulu 차별을 두다
(PANDANG) pandang bulu 차별을 두다
차별하다
(TIDAK) tidak pandang bulu 차별하지 않는
(TIDAK) tidak pilih bulu 차별하지 않는
(TIDAK) tidak pilih kasih 차별하지 않는
차분하다
(DADA) berdada lapang 차분한
(DADA) dadanya lapang 차분한
(DARAH) berdarah dingin 차분한 성격의
(KEPALA) dingin kepala 차분한
(KEPALA) kepala dingin 차분한
차석
(NOMOR/NOMBOR) nomor dua 차석(의)
차선
JALUR 차선
(JALUR) jalur cepat 추월차선
(JALUR) jalur jalan 차선
(JALUR) jalur lambat 주행차선
차세대
(ORANG) orang datang 차세대
차용어
(KATA) kata pinjaman 차용어
차용증서
(SURAT) surat hutang 차용증서
(SURAT) surat utang 차용증서
차이
BEDA/BEZA 차이
SELISIH 차이
(SEPERTI) seperti langit dengan bumi 하늘과 땅 차이
(TIDAK) tidak berbeda 차이가 없다
(TIDAK) tidak berbeza 차이가 없다
(TIKAM) bertikam jejak 별 차이가 없는
UBAH 차이(가 있는)
차일피일
(TANGGUH) bertangguh-tangguh 차일피일하다
차차
(LAMA) lama-lama 차차
차츰
(LAMA) lama-lama 차츰
차츰차츰
(TAPAK) setapak demi setapak 차츰차츰
착각
SILAP 착각
착복
(MASUK) masuk kilas 착복하다
(MASUK) masuk poket 착복하다
(MASUK) masuk saku 착복하다
착상
(PANCAR) pancaran cita 착상
착색제
(CAT) cat kuku 손발톱 착색제

착실
(PUTIH) putih hati 착실한
착오
SILAP 착오
착용
(KUDUNG) berkudung 머리가리개를 착용하다
PAKAI 착용하다
(SENGKELIT) bersengkelit 성컬릿을 착용하다
착잡하다
(WALANG) berhati walang 착잡한
(WALANG) walang hati 착잡한
착취
(CUCUP) mencucup benak 착취하다
(ISAP/HISAP) mengisap darah 착취하다
(MAKAN) makan keringat orang 착취하다
착하다
(HATI) baik hati 착한
(HATI) berhati berlian 마음이 아주 착한
(LAPANG) lapang hati 착한
(PERIGI) perigi di kaki bukit 어질고 착한 아내
(PUTIH) putih hati 마음씨가 착한
(SEJUK) sejuk hati ibu bapa 착한 아이
(SEJUK) sejuk kuburnya 착한 사람
(SUKA) suka memberi hati 마음이 착한
찬물때
(PURNAMA) pasang purnama 보름 찬물때
찬미
PUJI 찬미
(PUJI) memuji-muji 찬미하다
(PUJI) puji-pujian 찬미
찬밥
(INSANG) asal berinsang ikanlah 찬밥 더운밥 가리지 않는
찬양
(ALHAMDULILLAH) alhamdulillah 신을 찬양하라
(ALHAMDULILLAH) alhamdulillah 신을 찬양합시다
(ALHAMDULILLAH) alhamdulillahi 신을 찬양하라
(ALHAMDULILLAH) alhamdulillahi 신을 찬양합시다
(ALLAH) Allah subhanahu wa taala 최고의 신을 찬양하라
(PUJI) memuji-muji 찬양하다
(PUJI) puji-pujian 찬양
(SYUKUR) syukurlah 신을 찬양하라
(SYUKUR) syukurlah 신을 찬양합시다
찰나
FANA 찰나의
찰랑거리다
KOCAK (물이) 찰랑거리는
찰시루떡
(PANAS) panas setahun dihapuskan oleh hujan sehari 아닌 밤중에 찰시루떡
찰싹
CEBUR 찰싹
찰싹찰싹
(CEBUR) cebar-cebur 찰싹찰싹
참가

(TURUT) turut hadir 참가하다
참견
(CAMPUR) campur bicara 참견하다
(CAMPUR) campur mulut 참견하다
(CAMPUR) campur tangan 참견하다
GAPIL 참견하기 좋아하는
(MASUK) masuk campur 참견하다
(MASUK) masuk tangan 참견하다
(MULUT) bermulut gapil 참견 잘하는
(SORONG) hidung tak mancung pipi tersorong-sorong 남의 일에 참견하기를 일삼는 사람
(TURUT) turut campur 참견하다
(ULUR/HULUR) mengulurkan tangan 참견하다
참고서
(BUKU) buku referensi 참고서
참다
(RAJUT) merajut perut 배고픔을 참다
(SABAR) menyabarkan hati 참다
(SABAR) sabar penghilang penat, tekun pembawa dekat 참는 자에게 복이 온다
(SAPU) menyapu dada 참다
(SUKAT) menyukat penuh sudah 더 이상 참을 수 없는
(SUKAT) menyukat penuh sudah 참는 것도 한계가 있다
(SUKAT) telah penuh sebagai bersukat 더 이상 참을 수 없는
(SUKAT) telah penuh sebagai bersukat 참는 것도 한계가 있다
TAHAN 참다
(TAHAN) tahan lapar 배고픔을 잘 참는
(TAHAN) tahan makan 배고픔을 잘 참는
TANGGANG 참다
참담하다
(LANGIT) langit runtuh, bumi cair 오갈 데가 없는 참담한 상태
참되게
(SUNGGUH) bersungguh-sungguh 참되게
참되다
SUNGGUH 참된
(TAAT) taat setia 참된
참배
ZIARAH 참배
참새
(BURUNG) burung gereja 참새
CAK 참새
PIPIT 참새
(PIPIT) pipit rumah 참새
참새집
(SARANG) sarang pipit 참새집
참석
(LENGGANG) berlenggang kangkung 빈손으로 잔치에 참석하다
(TURUT) turut hadir 참석하다
참수형
(HUKUM) hukuman pancung 참수형
참아내다
(TAHAN) tahan hina 온갖 모욕을 참아내는
참을성

ㅊ

(HATI) berhati dingin 참을성 있는
(PANJANG) panjang usus 참을성이 있는
SABAR 참을성이 있는
(SABAR) bersabar hati 참을성이 있다
(TABAH) tabah menanggung 참을성이 많은
(TAHAN) tahan nafsu 참을성이 많은
(TEGUH) teguh hati 참을성 있는
(USUS) panjang usus 참을성이 많은

찹쌀
(BERAS) beras ketan 찹쌀
(BERAS) beras pulut 찹쌀
(NASI) nasi damai 찹쌀로 지은 노란 밥
(NASI) nasi ketan 찹쌀밥
(NASI) nasi kuning 찹쌀로 지은 노란 밥
(NASI) nasi pulut 찹쌀밥
(PADI) padi ketan 찹쌀 벼
(PADI) padi pulut 찹쌀 벼
PULUT 찹쌀
(PULUT) beras pulut 찹쌀

찹쌀밥
(NASI) nasi ketan 찹쌀밥
(NASI) nasi pulut 찹쌀밥
(PULUT) nasi pulut 찹쌀밥

창
LEMBING (투)창
(LEMBING) menohokkan lembing 창을 던지다
SERAMPANG 창
TOHOK 창

창고
GUDANG 창고
(GUDANG) gudang dingin 냉동 창고
(GUDANG) gudang surat 서류창고

창날
(LEMBING) mata lembing 창날

창녀
(BUJANG) bujang jalang 창녀
(CABUL) perempuan cabul 창녀
(COCOR) cocor merah 창녀
(GELADAK) perempuan geladak 창녀
(JALANG) perempuan jalang 창녀
(JANGAK) perempuan jangak 창녀
(JUAL) menjual diri 창녀로 일하다
(KUPU-KUPU) kupu-kupu malam 창녀
(MAKAN) makan hasil lendir 창녀
(NAKAL) perempuan nakal 창녀
(ORANG) orang nakal 창녀
(PEREMPUAN) perempuan cabul 창녀
(*SUMPAH*) sumpah dunia 창녀
(SUMUR) sumur di tepi jalan 창녀
SUNDAL 창녀
(SUNDAL) bersundal 창녀질을 하다
(SUNDAL) menyundal 창녀질을 하다

창녀촌

(RUMAH) rumah kuning 창녀촌
(RUMAH) rumah sundal 창녀촌
(RUMAH) rumah urut 창녀촌

창문
(BENDUL) bendul jendela 창문틀
(LUBANG) lubang angin 창문

창백하다
(BULAN) bulan disaput awan 창백한
(BULAN) bulan kesiangan 창백한
(CENDAWAN/JAMUR) sebagai cendawan dibasuh 창백한
(MABUK) mabuk gadung 매우 창백한
(MAYAT) pucat seperti mayat 몹시 창백한
(PUCAT) pucat kesi 몹시 창백한
(PUCAT) pucat lesi 몹시 창백한
(PUCAT) pucat lesu 몹시 창백한
(PUCAT) pucat pudar 몹시 창백한
PUDAR 창백한

창부
(ORANG) orang nakal 창부

창자
(PERUT) perut muda 창자
(PERUT) perut panjang 창자
(PERUT) tali perut 창자
(TALI) tali perut 창자
USUS 창자

창조주
ALLAH 창조주
TUHAN 창조주

창피
(ARANG) arang di dahi 창피스런
(ARANG) arang di kening 창피한
(ARANG) arang di muka 창피한
(BERI) memberi malu 창피를 주다
(COLOK) mencolok mata 창피를 주다
(CONTENG) menconteng arang di muka 창피를 주다
(CORENG) mencoreng arang di kening 창피를 주다
(CORENG) mencoreng arang di muka 창피를 주다
(DAPAT) mendapat hidung panjang 창피를 당하다
(DAPAT) mendapat panjang hidung 창피를 당하다
(HIDUNG) mendapat hidung panjang 창피당하다
(HILANG) kehilangan muka 창피당하다
(LEPAS) lepas malu 창피를 모면하다
MALU 창피한
(MERAH) memerahkan muka 창피를 주다
(MERAH) merah telinga 창피한
(OLEH) beroleh hidung panjang 창피를 당하다
(OLEH) beroleh telur busuk 창피를 당하다
(PERCIK) terpercik peluh 창피한
(PUTIH) memutihkan mata 창피를 주다
(RASA) rasa malu 창피
(RUSAK/ROSAK) merusakkan nama 창피를 당하다
(TELAH) telah mati kutu 창피한
(TIDAK) tidak berkepala 창피를 모르는

(TUTUP) tutup malu 창피를 모면하려 애쓰다
찾다
CARI 찾다
(ENTENG) enteng mata 잃어버린 물건을 금방 찾는
(PULANG) pulang ingatan 의식을 찾다
(RANTAU) merantau ke sudut dapur 주변에서 일자리를 찾다
(RANTAU) merantau ke ujung bendul 주변에서 일자리를 찾다
(SAKSI) bersaksi ke lutut 우물가서 숭늉 찾는다
(SILAP) silap alamat (장소를) 잘못 찾다
찾아뵙다
(TUNJUK) tunjuk diri 찾아뵙다
(TUNJUK) tunjuk muka 찾아뵙다
(ZIARAH) menziarahi ibu bapa di kampung 시골에 계신 부모님을 찾아뵙다
찾아오다
(MALANG) malang tidak berbau 불행은 예고 없이 찾아온다
(RINGAN) ringan kaki 툭하면 찾아오는
채광물
(GALI) barang galian 채광물
채굴
GALI 채굴하다
채권
(SURAT) surat hutang 채권
(SURAT) surat utang 채권
채다
(TERANG) terang-terang daun kacang 눈치를 채기 시작한
채무
(ANAK) anak semang (채무 변제를 위해) 남의 일을 하는 사람
(ANGSUR/ANSUR) mengangsur utang 채무를 조금씩 변제하다
(ANGSUR/ANSUR) mengansur hutang 채무를 조금씩 변제하다
UTANG/HUTANG 채무
(UTANG/HUTANG) utang piutang 여러 가지 채무
채무 관계
SEMANG 채무 관계
채소
SAYUR 채소
채우다
(LEPAS) melepaskan hati 욕심을 채우다
(LEPAS) melepaskan hati 욕정을 채우다
(SEKANG) menyekang perut 배를 채우다
(TANGSEL/SUMBAT) menangsel perut 배를 채우다
채찍
CEMETI 채찍
채취
(SIDIK) menyidik jari 지문을 채취하다
책
BUKU 책
KITAB 책
PUSTAKA 책
(SUNTING) menyunting (책, 논문을) 편집하다
(TERBANG) terbang-terbang lalat (책을) 더듬더듬 읽는
책략
HELAH 책략

TIPU 책략
책무
(PASANG) pasangan tiba di kodok 회피할 수 없는 책무
WAJIB 책무
책벌레
(KUTU) kutu buku 책벌레
책상
(ANAK) anak meja 책상 서랍
(LAMPU) lampu duduk 책상 등
(MEJA) meja tulis 책상
책상다리
SILA 책상다리하다
(SILA) duduk bersila 책상다리로 앉다
책임
(ANGKAT) angkat tangan 책임을 회피하다
(LEPAS) berlepas diri 책임을 회피하다
(LEPAS) lepas diri 책임을 회피하다
(LEPAS) melepaskan diri 책임을 회피하다
(TANGGUNG) tanggung jawab 책임
(TANGGUNG) tanggungjawab 책임
(TUNAI) menunaikan tanggung jawab 책임을 이행하다
(TUNAI) menunaikan tanggungjawab 책임을 이행하다
책임자
(PEGANG) memegang batang (부서의) 책임자가 되다
(PEGANG) pegang batang (부서의) 책임자가 되다
책임지다
(PIKUL) memikul beban 책임지다
챙기다
(INGAT) ingat diri 자기의 이익을 챙기다
(KAIL) mengail di air keruh 어지러운 틈을 타 이익을 챙기다
처
(ANAK) anak bini 처자식
(ANAK) anak istri 처자식
(BIAWAK) mendukung biawak hidup 힘겹게 처자식을 부양하다
BINI 처
처남
(ADIK) adik ipar 처남
처녀
(ANAK) anak gadis 처녀
(ANTAR) mengantarkan sirih pinang 처녀에게 구혼하다
(AYU) gadis ayu 어여쁜 처녀
(BAHARI) puteri bahari 예쁜 처녀
(CANTIK) si cantik manis 아름다운 처녀
(DABUNG) gadis belum berdabung 나어린 처녀
DARA 처녀
(DARA) dara tua 노처녀
GADIS 처녀
(GADIS) gadis tua 노처녀
(GADIS) kegadis-gadisan 처녀 같은
(KEMBANG) kembang idaman 꽃다운 처녀
(KEROBAK) dikerobak tikus 순결을 빼앗긴 (처녀)
(LABU) labu dikerobok tikus 순결을 잃은 처녀
(LEHER) leher bagai gading ditarik 곱고 예쁜 목을 지닌 처녀

(MAKAN) dimakan bulan 혼전에 순결을 잃은 처녀
(MAKAN) makan sudah terhidang, tetamu belum juga datang 천생배필을 만나지 못한 처녀
(NAIK) naik marak (처녀가)한창 예쁘게 피어나는
NONA 처녀
PERAWAN 처녀
(PERAWAN) perawan kencur 숫처녀
(PERAWAN) perawan tua 노처녀
(SAYANG) sayang bunga layu di pohon 노처녀
(TEBUK) ditebuk tikus 순결을 빼앗긴 (처녀)
(TEBUK) kepala ditebuk tupai 순결을 빼앗긴 처녀
(TERUNA) teruna dara 처녀 총각
(TETAP) tetap berorang di rumah 혼전에 남자와 성관계를 맺은 처녀
(TIADA) tiada berorang di air 혼전에 남자와 성관계를 맺은 처녀
(TUA) anak dara tua 노처녀
UPIK 처녀
(UPIK) si upik jantan 말괄량이 (처녀)

처녀림
(RIMBA) rimba dara 처녀림

처녀막
(SELAPUT) selaput dara 처녀막

처녀성
(TEBUK) ditebuk tikus 처녀성을 잃은

처량하다
(HATI) rawan hati 처량한

~처럼
BAK ~처럼
(GAYA) gaya-gayanya ~처럼
KAYAK/KAYA ~처럼
SAMA ~처럼
SEPERTI ~처럼

처리
(LEWAT) lewat pintu belakang 뒷구멍으로 처리하다
(LEWAT) lewat pintu depan 정정당당하게 처리하다
(MAIN) main belakang 불법적으로 일을 처리하다
(MASUK) masuk pintu belakang 불법적으로 (일을) 처리하다
(SEMBELIH) sembelih ayam dengan pisau 모든 일은 순리대로 처리해야 한다
(SEMBELIH) sembelih orang dengan kapas 모든 일은 순리대로 처리해야 한다

처리하다
(RINGAN) ringan tangan 일사천리로 일을 처리하는

처마
(CUCUR) cucuran atap 처마
(TUTUR) tuturan atap 처마

처부모
MERTUA/MENTUA 처부모
(SIRIH) sirih tanya 처부모께 드릴 시리 세트
(UANG/WANG) uang jujur 처부모 될 사람에게 신랑이 주는 돈

처음
BARU 처음의
(DARI) dari tangan pertama 처음부터
JOLONG 처음(의)

(JOLONG) jolong-jolong 맨 처음
(KELINDAN) lalu penjahit, lalu kelindan 처음이 좋아야 끝도 좋다
(MUKA) muka pertama 맨 처음
MULA 처음
(MULA) mula-mula 처음(으로)
PERTAMA 처음의
(PERTAMA) pertama kali 처음(으로)

처자
PERAWAN 처자

처자식
(ANAK) anak bini 처자식
(ANAK) anak istri 처자식
(DUKUNG) mendukung biawak hidup 골칫거리 처자식을 거느린
(ISI) seisi rumah 처자식
(LUPA) lupa daratan 처자식을 저버린 (사람)

처제
(ADIK) adik ipar 처제

처지
(JATUH) jatuh ke tanah lambuk 남을 비방하는 처지가 되다
(SADAR/SEDAR) sadar diri 자신의 처지를 깨닫다
(SADAR/SEDAR) sadarkan diri 자신의 처지를 깨닫다
(TIDAK) tidak ingat diri 자신의 처지를 모르고 날뛰는

처지다
(TUBA) bagai ikan kena tuba 축 처진
TURUN 처지다

처하다
(NAPAS/NAFAS) napas satu-satu 극도의 어려움에 처한

척
ECEK 척
(MATI) mati-mati 죽은 척하다

척추
(PUNGGUNG) tulang punggung 척추
(TULANG) tulang kelangkang 천골(5개의 천추가 융합해서 된 것, 척추 뼈의 일부)

척하다
(ECEK) ecek-ecek 척하는
(KERBAU) kerbau menanduk anak ~는(은) 척하다
(LAGAK) berlagak bodoh 멍청한 척하다
(MATI) kemati-matian 죽은 척하다
(MATI) mati-matian 죽은 척하다

척후병
(INTAI) pengintai 척후병

천
BATIK 바틱 (말레이 세계의 전통 염색기법 및 그 천)
(CABIK) mencabik-cabik (천을) 북북 찢다
KAIN 천
(KAIN) kain basahan 목욕용 천
(KAIN) kain kapur 풀을 먹인 흰 천
(KAIN) kain tulis 바띡천
RIBU 천
TIRAI (어떤 곳을 가리는)천

천골
(TULANG) tulang kelangkang 천골(5개의 천추가 융합해서 된 것 척추

뼈의 일부)
천공
(CACAH) cacah lubang 천공 넣기
천공기
(CACAH) pencacah lubang 천공기
천공절취선
(GARIS) garis cacah lubang 천공절취선
천국
SURGA/SYURGA 천국
천당
SURGA/SYURGA 천당
천대
(KUTU) pantang kutu dicukur, pantang manusia dihina 천대받기를 바라는 사람은 없다
천둥
GURUH 천둥 (소리)
(GURUH) mengguruh 천둥치는 소리가 나다
PETIR 천둥
천둥소리
GELEGAR 천둥소리
(PETIR) petir tunggal 엄청나게 큰 천둥소리
천만의 말씀
(KEMBALI) terima kasih kembali (감사의 인사에 대답하여) 천만의 말씀입니다
(SAMA) sama-sama (감사를 표시하는 상대방에게 당찮다는 뜻으로 이르는 인사말) 천만의 말씀입니다
천명
(SEMPURNA) sempurna usia 천명을 다하다
천박하다
(KAYU) kayu bongkok 가난하고 천박한 사람
천방지축
(GAJAH) seperti gajah masuk kampung 천방지축의
(TIDAK) tidak makan siku-siku 천방지축으로 행동하는 (아이)
천생배필
(MAKAN) makan sudah terhidang, tetamu belum juga datang 천생배필을 만나지 못한 처녀
천생연분
(CINCIN) seperti cincin dengan permata 천생연분
(GARAM) sebagai garam dengan asam 천생연분
(JODOH) jodoh pertemuan 천생연분
(SEPERTI) seperti bulan dengan matahari 천생연분
(TEMU) temuan janji 천생연분
천성
(ASLI) sifat asli 천성
천수
(JANJI) janji sampai bilangan genap, janji sampai sukatan penuh 천수를 다하다
천수답
(TADAH) sawah tadah hujan 천수답
천시
(RENDAH) merendahkan nama 천시하다
천식
(BATUK) batuk lelah 천식

(SAKIT) penyakit naik-naik 천식
(SAKIT) sakit nafas 천식
(SAKIT) sakit napas 천식
(SESAK) sesak nafas 천식의
(SESAK) sesak napas 천식의
천양지차
(LAIN) lain benar 천양지차의
(SEPERTI) seperti langit dengan bumi 천양지차
천연
ALAM 천연
천연가솔린
(BENSIN/BENZIN) bensin alam 천연가솔린
천연고무
(GETAH) getah alam 천연고무
천연동굴
(GUA) gua alam 천연동굴
천연두
CACAR 천연두
(CACAR) mencacar 천연두 면역접종을 하다
(CACAR) pencacaran 천연두 면역접종
천연림
RIMBA 천연림
천운
(SURAT) suratan hidup 천운
(SURAT) suratan takdir 천운
(SURAT) suratan tangan 천운
천장
(LANGIT) langit-langit rumah 집 천장
천재
(ANAK) anak ajaib 천재
천지
(EMPAT) empat penjuru alam 온 천지
천천히
ANGSUR/ANSUR 천천히
천치
(ORANG) orang tolol 천치
천하다
LETA 천한
천한
JANGAK 천한
철
BESI 철
MUSIM 철
(MUSIM) musim piama 모심기 철
(PELUANG) musim peluang 바람이 잦아드는 철
PIAMA 철
(PIAMA) musim piama 모내기 철
(TABIR) tabir besi 철의 장막
(TANAM) musim tanam 모내기 철
(TANAM) musim tanam 모심기 철
(TIRAI) tirai besi 철의 장막
WAJA 철
철갑

(KEBAL) kebal katak puru 철갑을 두른 것 같은
철강
(WAJA) besi waja 철강
철망
(KAWAT) kawat berduri 가시철망
(PAGAR) pagar dawai 가시철망
(PAGAR) pagar duri 가시철망
(PAGAR) pagar kawat 가시철망
철면피
(KULIT) kulit badak 철면피의
(KUPING) berkuping tebal 철면피
(MUKA) bermuka badak 철면피의
(MUKA) bermuka dinding 철면피의
(MUKA) bermuka papan 철면피의
(MUKA) bermuka tebal 철면피의
(MUKA) bermuka tembok 철면피의
(PAPAN) muka papan 철면피의
(TEBAL) muka tebal 철면피의
(TEBAL) tebal jangat 철면피의
(TEBAL) tebal kulit muka 철면피(의)
(TEBAL) tebal muka 철면피의
(TEBAL) tebal telinga 철면피의
(TIDAK) tidak berkepala 철면피의
철사
DAWAI 철사
(DAWAI) dawai duri 가시철사
KAWAT 철사
철선
DAWAI 철선
KAWAT 철선
철수
(ANJUR) menganjur surut 철수하다
(TARIK) menarik balik 철수하다
(TARIK) menarik mundur 철수하다
(UNDUR) berundur dengan segera 즉시 철수하다
(UNDUR) mengundurkan diri 철수하다
철썩
CEBUR 철썩
철썩철썩
(CEBUR) cebar-cebur 철썩철썩
철저히
(SAMPAI) sampai ke hujung rambut 철저히
(SAMPAI) sampai ke ujung rambut 철저히
철조망
(KAWAT) kawat berduri 가시철조망
(PAGAR) pagar dawai 가시철조망
(PAGAR) pagar duri 가시철조망
(PAGAR) pagar kawat 가시철조망
철학
(PANDANG) pandangan hidup 삶의 철학
(PEGANG) pegangan hidup 삶의 철학
철회
(UNDUR) mengundurkan diri 철회하다

첨벙
  CEBUR 첨벙
  CEMPUNG 첨벙
첩
  (BINI) bini muda 첩
  (GULA) gula-gula 첩
  GUNDIK 첩
  (GUNDIK) bergundik 첩을 들이다
  (GUNDIK) gundik-cantik 여러 명의 첩
  (SEPERTI) seperti garam hilang dalam air 조강지처보다 첩을 더 아끼는 남자
  (ULAM) ulam-ulam 첩
  (ULAM) ulaman 첩
첩경
  (PINTAS) jalan pintas 첩경
첩자
  (PASANG) pasang kaki 첩자
  (TALI) tali barut 첩자 노릇을 하다
첫걸음
  (TURUN) turun tanah 아기의 첫걸음 의식
첫걸음마
  (PIJAK) pijak tanah 어린아이의 첫걸음마를 위한 의식
첫날밤
  (MALAM) malam pertama 신혼 첫날밤
첫마디
  (TEBUS) tebus mulut (첫날밤) 신랑이 신부에게 건네는 첫마디
첫머리
  (BUKA) pembuka mulut 말의 첫머리
첫 번째
  PERTAMA 첫 번째의
첫새벽
  (FAJAR) fajar sidik 첫새벽
첫째
  SULUNG 첫째
  (SULUNG) anak sulung 첫째 아이
청년
  (ANAK) anak tanggung 청년
  TERUNA 청년
청년기
  (MASA) masa muda 청년기
  (MASA) masa remaja 청년기
청량음료
  (RINGAN) minuman ringan 청량음료
청력
  (TAJAM) tajam pendengaran 청력이 좋은
  (TAJAM) tajam telinga 청력이 좋은
  (TELINGA) telinga gajah 귀만 크지 청력이 안 좋은
청렴결백
  (IKHLAS) tulus ikhlas 청렴결백한
청록색
  (HIJAU) hijau laut 청록색
청리본
  (PELANGI) ular pelangi 청리본 장어(관상어의 일종)

청부업자
(MAKAN) makan upah 청부업자
청사진
(GAMBAR) gambar cetak biru 청사진
청산
(SELESAI) menyelesaikan hutang 빚을 청산하다
(SELESAI) menyelesaikan utang 빚을 청산하다
청산유수
(BIBIR) getah bibir (말이) 청산유수인
(LARAS) laras di muncung 청산유수 같은 말솜씨
(LUNCUR) meluncurkan kata-kata 청산유수로 말하다
(SAGA) saga di atas talam 말이 청산유수인
청소
(CUCI) cuci perut 장 청소
청소년
(ANAK) anak belasan 10대 청소년
(BELIA) muda belia 청소년
(BOCAH) bocah belasan tahun 10대 청소년
(KUSUMA/KESUMA) kusuma bangsa 청소년
(MUDA) muda belia 청소년
(NAKAL) kenakalan remaja 청소년들의 그릇된 행위
(ORANG) orang muda 청소년
(TENGAH) tengah naik 사춘기(육체적·정신적으로 왕성한 성장이 이루어지는 시기)의 청소년
TERUNA 청소년
(TERUNA) anak teruna 청소년
(TERUNA) teruna muda 청소년
청소년기
(MASA) masa muda 청소년기
(MASA) masa remaja 청소년기
청소년센터
(PUSAT) pusat belia 청소년센터
청소년체육부장관
(MENTERI) menteri negara pemuda dan olahraga 청소년체육부장관
청소년회관
(PUSAT) pusat belia 청소년회관
청순하다
(PUTIH) putih bersih 청순한
청와대
(GEDUNG) Gedung Biru 청와대
청원
MOHON 청원하다
청천백일
(TELAH) telah berbau bagai embacang 청천백일에 낱낱이 드러나다
(TELAH) telah berbau bagai embacang 청천백일은 소경이라도 밝게 안다
청천벽력
(PETIR) petir di hari terik 청천벽력
(PETIR) petir di siang bolong 청천벽력
청하다
MINTA 청하다
(SANGKUT) menyangkutkan paruh 도움을 청하다
SILA ~하도록 정중히 청하다
청혼

ㅊ

(ANTAR) mengantarkan sirih pinang 청혼하다
MINTA 청혼하다
PINANG 청혼하다

체
ECEK 체
(MATI) mati-mati 죽은 체하다

체격
(POTONG) potongan badan 체격
(RAUT/RAUTAN) raut badan 체격
(TAMPAN) tampan muka 체격
(TAMPAN) tampan rupa 체격
TOKOH 체격
(TOKOH) tokoh badan 체격

체골
(TAMPAN) tampan muka 체골
(TAMPAN) tampan rupa 체골

체내
(JAM) jam biologis 체내 시계

체득
(DAPAT) mendapat hayatnya 스스로 체득하다

체면
(HIDUNG) mendapat hidung panjang 체면을 구기다

체면치레
(DAPAT) dapat muka 체면치레

체온계
(SUKAT) penyukat suhu badan 체온계

체육
(OLAH) olahraga 체육

체인
RANTAI 체인
(RANTAI) rantai basikal 자전거 체인
(RANTAI) rantai sepeda 자전거 체인

체조
(GERAK) gerak badan (맨손) 체조

체포
(BEKUK) membekuk batang leher 체포하다
(PEGANG) memegang batang leher 체포하다
(PEGANG) pegang batang leher 체포하다
(TANGKAP) tangkap buta (특별한 조사과정 없이) 무조건 체포하다

체포하다
BEKUK 체포하다

체하다
(ECEK) ecek-ecek 체하는
(KERBAU) kerbau menanduk anak ~는(은) 체하다
(LAGAK) berlagak berani 용감한 체하다
(MATI) kemati-matian 죽은 체하다
(MATI) mati-matian 죽은 체하다

체험
(HAYAT) mendapat hayatnya 몸소 체험하다

체형
(RANUM) mongel ranum 아담하고 통통한 (체형)
(SIKAP) sikap badan 체형
(SIKAP) sikap tubuh 체형

쳐다보다
(ADU) beradu mata 쳐다보다
(LETAK) letak mata 쳐다보다
(LETAK) meletak mata 쳐다보다
LIHAT 쳐다보다
(MAIN) bermain mata 힐끔힐끔 쳐다보다
(MAIN) main mata 힐끔힐끔 쳐다보다
PANDANG 쳐다보다
(SABUNG) sabung mata 서로 쳐다보다
TENGADAH 쳐다보다
(TIMBANG) bertimbangan pandang 서로 쳐다보다
쳐들다
ANGKAT (쳐)들다
DONGAK 쳐들다
(DONGAK) mendongak kepala 고개를 쳐들다
(DONGAK) mendongak kepala 머리를 쳐들다
초
(DETIK) beberapa detik 몇 초(간)
LILIN (밀)초
초가삼간
(IKAN) ikan belum dapat, airnya sudah keruh 빈대 잡으려고 초가삼간 태운다
(MARAH) marahkan nyamuk kelambu dibakar 빈대 잡으려고 초가삼간 태운다
(MARAH) marahkan tikus 빈대 잡으려고 초가삼간 태운다
(MARAH) rengkiang dibakar 빈대 잡으려고 초가삼간 태운다
(TAKUT) takut akan tuma dibuang kain 빈대 잡으려고 초가삼간 태운다
(TUMA) takutkan tuma, dibuang kain 벼룩 잡으려다 초가삼간 다 태운다
초경
(HAID) haid pertama 초경
초고버섯
(JAMUR) jamur merang 초고버섯
초과근무
LEMBUR 초과근무
초과근무수당
(LEMBUR) uang lembur 초과근무수당
(LEMBUR) upah lembur 초과근무수당
초년과부
(JANDA) janda muda 초년과부
초능력
SAKTI 초능력의
초대
UNDANG 초대(하다)
(UNDANG) undangan 초대된 사람
초라해지다
(KAIN) kain jadi basahan 초라해지다
초래
(BAWA) membawa sial 불행을 초래하다
초록
HIJAU 초록(색)
초바늘 소리
DETIK 초바늘 소리
초법적

(JADI) menjadi hakim sendiri 초법적인 행위를 하다
(MAIN) main hakim sendiri 초법적인 행위를 하다

초상집
(RUMAH) rumah duka 초상집

초생달
(BULAN) bulan sabit 초생달

초석
(BATU) batu dasar 초석
(BATU) batu pertama 초석

초소
(KANDANG) kandang monyet 감시초소

초승(달)
(BULAN) bulan muda 초승(달)

초승달
(BINTANG) bintang bulan 초승달과 별 (이슬람의 상징)
(BULAN) bulan bintang 초승달과 별 (이슬람의 상징)
(SABIT) bulan sabit muda 초승달
(SABIT) bulan sabit 초승달

초심
(SESAT) sesat di hujung jalan, balik ke pangkal jalan 매사에 초심을 잃지 말라

초월하다
(TIDAK) tidak lalu di akal 상상을 초월하는

초자연
(DARAH) berdarah pahit 초자연적인

초조하다
(NANTI) menantikan laki pulang maling 몹시 초조한
(RUSUH) merusuhkan hati 초조하게 만들다

초청
JEMPUT 초청하다
(JEMPUT) jemputan 초청
(JEMPUT) jemputan 초청 받은 사람
(ORANG) orang jemputan 초청받은 사람
UNDANG 초청(하다)
(UNDANG) undangan 초청
(UNDANG) undangan 초청된 사람

초청장
(SURAT) surat jemputan 초청장
(SURAT) surat undangan 초청장

초췌하다
(MAYAT) seperti mayat ditegakkan 몹시 초췌한
(PUCAT) pucat cengkung 초췌한
SURAM 초췌한
(SURAM) bersuram muka (얼굴이) 초췌한

초토화
(BUMI) bumi hangus 초토화된 (땅)

초하루
(HARI) sehari bulan 초하루
(PUASA) hari raya puasa 샤왈 달(이슬람력으로 10월) 초하루
(RAYA) hari raya puasa 샤왈 달(이슬람력으로 10월) 초하루
(RAYA) hari raya 샤왈 달(이슬람력으로 10월) 초하루

촉
(MATA) mata panah 화살촉

촉수
(LENGAN) lengan peraba 촉수
촉촉하다
(KERING) kering-kering air 촉촉한
촌
DESA 촌
UDIK 촌
촌놈
(KAMPUNG) orang kampung 촌놈
(UDIK) orang udik 촌놈
촌사람
(KAMPUNG) orang kampung 촌사람
(ORANG) orang desa 촌사람
(ORANG) orang kampung 촌사람
(ORANG) orang udik 촌사람
(UDIK) orang udik 촌사람
촌장
LURAH 촌장
(TUA) tua kampung 촌장
(TUA) tua-tua kampung 촌장
촌충
(CACING) cacing pipih 촌충
(CACING) cacing pita 촌충
촘촘하다
RAPAT 촘촘한
촛불
(BULAN) bagai bulan akan habis 촛불처럼 꺼져가는
촛불춤
(TARI) tari piring 촛불춤(접시 위에 켠 촛불을 들고 하는 춤)
총
BEDIL 총
(SENAPAN/SENAPANG) senapan bambu 대나무로 만든 장난감 총
(SENAPAN/SENAPANG) senapan buluh 대나무로 만든 장난감 총
(TANGKAI) tangkai bedil 총의 개머리(판)
TOTAL 총
총각
BELIA 총각
TERUNA 총각
(TERUNA) teruna dara 처녀 총각
(TUA) bujang tua 노총각
총각무
(LOBAK) lobak cina 총각무
총계
BANYAK 총계
(BANYAK) banyak sedikitnya 총계
(TOTAL) total jeneral 총계
(TOTAL) total jenderal 총계
총급여
(GAJI) gaji kotor 총급여
총기류
(SENJATA) senjata api 총기류
총명하다
(OTAK) otak cair 총명한

(OTAK) otak minyak 총명한
총사령관
(PANGLIMA) panglima agung 총사령관
(PANGLIMA) panglima besar 총사령관
총생산
(HASIL) penghasilan kotor 총생산
총선거
(RAYA) pilihan raya 총선거
(UMUM) pilihan raya umum 총선거
총소득
(KOTOR) pendapatan kotor 총소득
총수입
(DAPAT) pendapatan kotor 총수입
(KOTOR) pendapatan kotor 총수입
총알
(ANAK) anak bedil 총알
PELURU 총알
총액
(DAPAT) pendapatan kotor 소득 총액
KOTOR 총액의
총이익
(KASAR) untung kasar 매출총이익
총장
(AGUNG) jaksa agung 검찰총장
총천연색 영화
(FILM) film berwarna 총천연색 영화
총총걸음
(KAMBING) kambing putus tali 총총걸음을 치다
총총히
(LARI) berlari anjing 총총히 뛰어가다
(LARI) lari anjing 총총히 뛰어가다
총회
(UMUM) rapat umum 총회
최고가
(HARGA) harga tertinggi 최고가
최고급
(KELAS) kelas satu 최고급(의)
최고위층
(PUCUK) pucuk bulat 최고위층 인사
(PUCUK) pucuk pimpinan 최고위층 인사
최근
(AKHIR) akhir-akhir ini 최근에
(AKHIR) pada akhir ini 최근에
(BARU) baru-baru ini 최근에
최근에
(TEMPOH) tempoh hari 최근에
최루가스
(ASAP) asap air mata 최루가스
(ASAP) asap tangis 최루가스
최선
(JEMBATAN/JAMBATAN) jembatan emas 최선의 방법
(MINYAK) berminyak sampai licin 최선을 다하다
(SEGALA) segala daya upaya 최선을 다해서

최신
(KEMAS) kemas kini 최신 정보로 바꾸기
(KEMAS) kemas kini 최신 정보로 바꾸다
(SERBA) serbabaru 최신의
최우선
(PERTAMA) pertama-tama 최우선적으로
최저
(GAJI) gaji terendah 최저임금
최저가
(HARGA) harga terendah 최저가
최종
(NASI) nasi masak 다시는 뒤집을 수 없는 최종 결정
(NASI) periuk pecah 다시는 뒤집을 수 없는 최종 결정
최초속도
(LAJU) laju mula 최초속도
최하급
(DAUN) daun kaki 최하급
최후
AKHIR 최후
(AKHIR) akhir zaman 최후의 심판일
(KATA) kata dua 최후의 통첩
최후통첩
(KATA) memberi kata dua 최후통첩을 하다
추
(BATU) batu timbang 추
추격하다
KEJAR 추격하다
추리다
KASAR 대강 추린
추박
CUPAK 추박
추수
(PADI) padi telah pulang semuanya 추수가 끝난
PANEN/PENUAIAN 추수
(POTONG) potong padi 추수하다
추수감사제
(SEDEKAH) sedekah bumi 추수감사제(의 공물)
추수기
(MUSIM) musim menuai 추수기
(MUSIM) musim panen 추수기
(PANEN/PENUAIAN) musim panen 추수기
(TUAI/PENUAI) musim menuai 추수기
추수철
(TUAI/PENUAI) musim menuai 추수철
추운
SEJUK 추운
추월차선
(JALUR) jalur cepat 추월차선
추위
(DINGIN) dingin hingga tulang 살을 에는 듯한 추위
(DINGIN) dingin tertulang 살을 에는 듯한 추위
추잡
JANGAK 추잡한

추잡하다
(JANGAK) menjangak 추잡한 행동을 일삼다
(LAKI) berlaki anak semang 추잡한 여자
(SALAH) salah tingkah 추잡한 짓을 하다
추적
BURU 추적
(TAPAK) menapak jejak (행방을) 추적하다
추종자
(LUNAK) lunak mulut 추종자
추진기
(RODA) roda kapal 배의 추진기
추진력
(GAYA) gaya pancargas 추진력
추천서
(SURAT) surat perakuan 추천서
(SURAT) surat rekomendasi 추천서
추천장
(SURAT) surat perakuan 추천장
(SURAT) surat rekomendasi 추천장
추첨
UNDI 추첨
추측
(AMBIL) mengambil buruk 좋지 않게 추측하다
(ISAP/HISAP) isapan jempol 풍문이나 추측에 근거한 허위기사
SANGKA 추측
(SANGKA) sangka-sangka 추측
추파
(LEMPAR) lempar senyuman 추파를 던지다
추하다
(HODOH) wajah hodoh 추한 얼굴
(SALAH) salah roman 추한
(SALAH) salah rupa 추한
축구
(BINTANG) bintang lapangan hijau 축구 영웅
(BOLA) bola kaki 축구 (경기)
(BOLA) sepak bola 축구 (경기)
(LAPANG) lapangan hijau 축구 경기장
(SEPAK) bola sepak 축구
(SEPAK) sepak bola 축구
축나다
(MAKAN) makan diri 몸이 축나다
축내다
(MAKAN) dimakan tikus 야금야금 축내다
(TIKUS) dimakan tikus 야금야금 축내다
축복
(HUJAN) hujan emas 축복
(TUAH) bumi bertuah 축복의 땅
~축에 못 끼다
(ADA) berada di luar garis ~축에 못 끼는
축우
LEMBU 축우
축이다
(BASAH) membasahi kerongkongan 목을 축이다

(RENGKUNG) membasahi rengkung 목을 축이다
축일
(HARI) hari baik 축일
축하
(ALAT) alat lauk 축하 행사와 같은 형태의
(KALUNG) sekalung bunga 축하 선물
(TAHUN) selamat tahun baru 신년을 축하합니다(새해 인사)
축하합니다
(SELAMAT) selamat hari jadi 생일을 축하합니다
(SELAMAT) selamat hari lahir 생일을 축하합니다
(SELAMAT) selamat hari ulang tahun 생일을 축하합니다
(SELAMAT) selamat ulang tahun 생일을 축하합니다
춘추시대
(SEMI) zaman musim semi dan gugur 춘추시대
출구
(JALAN) jalan keluar 출구
(PINTU) pintu keluar 출구
출근
(MASUK) masuk kerja 출근하다
출렁출렁
(OMBAK) ombak-ombak 출렁출렁(하다)
출발
(BONGKAR) bongkar sauh (배가) 출발하다
(ORAK) mengorak sila 출발하다
(ORAK) orak sila 출발하다
PERGI 출발하다
(TEGANG) menegang layar 출발하다
(TOLAK) bertolak punggang 출발하다
출발점
(TITIK) titik pangkal (논의의) 출발점
(TITIK) titik tolak (논의의) 출발점
출산
(CIRIT) menciritkan tunjang 출산하다
(JARANG) menjarangkan kelahiran anak 출산빈도를 낮추다
(LAHIR) lahir anak 출산하다
(MATI) mati beranak 출산 중 사망하는 (산모)
출산휴가
(CUTI) cuti melahirkan 출산휴가
출생지
(KAMPUNG) kampung halaman 출생지
(TUMPAH) tumpah darah 출생지(국)
출세
(ADU) mengadu nasib 출세를 노리다
(ADU) mengadu tuah 출세를 노리다
(ADU) mengadu untung 출세를 노리다
(BAWA) membawa untung 출세를 위해 떠나다
(GILA) gila pangkat 출세만을 생각하는
(MABUK) mabuk pangkat 출세에 눈이 먼
출신
(ASAL) asal ada kecil pun jadi 양반 가문 출신의
(SAUDARA) saudara sekampung 동고향 출신
출처
ASAL 출처

출판
(CETAK) bidang cetak-mencetak 출판 분야
(CETAK) pencetakan 출판
(IZIN) izin terbit 출판 면허
출판사
(CETAK) percetakan 출판사
출판인
(CETAK) pencetak 출판인
출현
(LIHAT) kelihatan batang hidungnya 출현하다
(LIHAT) kelihatan buntutnya 출현하다
출혈
(DARAH) darah nifas 산후출혈
(MABUK) mabuk darah 출혈을 본 뒤 눈이 뒤집히다
출혈열
(DEMAM) demam denggi berdarah 뎅기출혈열
춤
(BOGEL/BUGIL) tari bogel 나체 춤
(BUGIL/BOGEL) tari bugil 나체 춤
(KUDA) kuda kepang 말춤(말레이 토속 민속춤의 일종)
TARI 춤(추다)
(TARI) tari piring 촛불춤(접시 위에 켠 촛불을 들고 하는 춤)
(TARI) tari-menari 여러 가지 춤
(TARI) tari-tarian 여러 가지 춤
춥다
DINGIN 추운
(DINGIN) dingin hingga tulang 몹시 추운
(DINGIN) dingin tertulang 몹시 추운
(SAMPAI) sampai ke tulang sumsum 살을 에는 듯 (추운)
충격
(GEGAR) gegar budaya 문화충격
(KEJUT) kejutan budaya 문화적 충격
충견
(SAPI) sapi perahan 충견 같은 사람
충고
(BELOK) membelokkan hati 올바른 충고를 하다
(BIBIR) bibir diretak panas 쓸모없는 충고
(GARAM) garam kami tidak asin padanya 충고를 듣지 않는
(KERAS) keras kepala 충고(제안, 지시)를 따르지 않고 저항하는
(LALU) lalui nasehat 충고를 듣지 않다
NASIHAT 충고
(PASAK) pasak ke telinga 알아듣게 충고하다
(SEPERTI) seperti hujan jatuh ke pasir 충고를 받아들이지 않는 사람
TEGUR 충고(하다)
(TEGUR) tegur ajar 충고
(TOHOR) bertohor air liur 많은 충고를 했지만 보람이 없는
충돌
ANTUK 충돌하다
LANGGAR 충돌하다
(RETAK) retak menanti belah 충돌 직전의 대치 상황
(RETAK) retak mencari belah 충돌 직전의 대치 상황
TABRAK 충돌하다
TARUNG 충돌하다

충동
(GERAK) gerak batin 충동
(GERAK) gerak hati 충동
충만
KENYANG 충만한
충복
(UNTA) unta menyerahkan diri 충복
(UNTA) unta serah diri 충복
충분
PENUH 충분한
SUDAH 충분한
충분하다
CUKUP 충분한
(SAYAT) sesayat sebelanga juga 그런대로 충분한
(TAMPUK) tampuknya masih bergetah 아직 생활 능력이 충분한
충성
TAAT 충성스러운
충절
(TEGUH) teguh setia 충절을 지키는
충직하다
SETIA 충직한
(SETIA) setiawan 매우 충직한
(TAAT) taat setia 충직한
취기
(LALAT) pening lalat (취기가 돌아) 얼근한
(MABUK) mabuk bunga raya 취기가 돌아 얼굴이 붉어진
(MABUK) mabuk kepayang 약간 취기가 돈
취미
MINAT 취미
(MINAT) berminat 취미가 있는
취사장
DAPUR 취사장
(DAPUR) dapur umum 공동취사장
취업
(PINTU) pintu rezeki 취업의 기회
취재
(LIPUT) liputan berita 뉴스취재
취하다
(KUDA) naik kuda hijau 술에 취한
MABUK (술에)취하다
(MABUK) mabuk bunga selasih 술에 취해 비틀비틀하는
(TANGAN) bertangan besi 강경조치를 취하다
(TANGAN) bertangan kuat 강경조치를 취하다
(TELAH) telah dua kepalanya 몹시 취한
(TENGAH) setengah tidur 잠에 취한
취학
(BOCAH) bocah prasekolah 취학 전 아동
취향
(LAIN) lain orang, lain hati 취향이 서로 다른
(LAIN) lain orang, lain pendapat 취향이 서로 다른
(RAMBUT) rambut sama hitam, hati lain-lain 사람들의 취향과 생각은 제각각이다
(RAMBUT) rambut sama hitam, hati masing-masing 사람들의 취향과

생각은 제각각이다
측량 기계
UKUR 측량 기계
측량단위
BUNGKAL 금의 측량단위
측량학
(UKUR) ilmu ukur 측량학
측면
IRING 측면
LAMBUNG 측면
RUSUK 측면
측문
(RUSUK) pintu rusuk 측문
측실
(ULAM) ulam-ulam 측실
(ULAM) ulaman 측실
층
JENJANG 층
LAPIS 층
SAPUT 얇은 층
SUSUN 층
TINGKAT (건물의)층
층층
(LAPIS) lapis-lapis 층층
층층이
(JENJANG) berjenjang-jenjang 층층이
(PANGKAT) pangkat-pangkat 층층이
(SAWAH) sawah berjenjang 층층이 논
(TIMPA) bertimpa-timpa 층층이
(TIMPA) timpa-timpa 층층이
(TINDIH) bertindih-tindih 층층이
치고받다
(BAKU) baku pukul 서로 치고받다
(PUPUH) berpupuh bertinju 심하게 치고받고 싸우다
치다
BANTING 세게 치다
DABIK 치다
(GAYUNG) menggayung (상대를) 치다
(LARI) berlari anjing 종종걸음을 치다
(LARI) lari anjing 종종걸음을 치다
(PUKUL) memukul kawat 전보를 치다
(RAJALELA) merajalela 활개를 치다
SAKAL 치다
(TALI) bertali arus 장사진을 치다
(TAMPAR) bertampar tangan 손뼉을 치다
(TARIK) menarik langkah seribu 줄행랑을 치다
(TINJU) meninju kuat-kuat 주먹으로 세게 치다
(TIPU) menipu orang (남에게) 사기를 치다
TOKOK (망치로) 치다
(TOKOK) menokok kawat 전보를 치다
(TOKOK) menokok (망치로) 치다
(UNGGAS) mengunggas puding 줄행랑을 치다
치료

(OBAT/UBAT) berobat jalan 통원치료
치료사
DUKUN 말레이 토속신앙요법 치료사
치르다
(PUNYA) punya hajat 대사를 치르다
(PUNYA) punya hajat 일무리를 치르다
(PUNYA) punya hajat 큰일을 치르다
(PUNYA) punya kerja 대사를 치르다
(PUNYA) punya kerja 일무리를 치르다
(PUNYA) punya kerja 큰일을 치르다
(TEBUS) menebus (선행으로) 죗값을 치르다
(TEBUS) menebusi (선행으로) 죗값을 치르다
치매
(TUA) tua nyanyuk 치매 노인
(TUA) tua nyanyuk 치매가 걸린 (늙은이)
치밀다
(GELEGAK) menggelegak darah 화가 치밀다
(GIGIT) menggigit bibir 분노가 치미는
(NAIK) naik darah ke kepala 화가 머리끝까지 치밀다
(NAIK) naik marah 화가 치밀다
치밀하다
(PANDANG) berpandangan tajam 치밀한
치부
(CABIK) mencabik baju di dada (자신의) 치부를 들어내다
(KOYAK) mengoyak baju di dada 자신의 치부를 스스로 드러내다
(SEMBUNYI) menyembunyikan muka 치부를 감추다
치살리다
(LAMBUNG) melambungkan tinggi-tinggi 치살리다
치석
(KARANG) karang gigi 치석
치솟다
(GUNUNG) menggunung 하늘 높이 치솟다
(PUNCAK) memuncak naik (물가가) 치솟다
치아
GIGI 치아
(PALUT) memalut gigi dengan emas 치아에 금을 씌우다
치안
(APARAT) aparat keamanan 치안요원
치열하다
(TUMPAH) menumpahkan darah 치열한 싸움을 하다
치욕
CACI 치욕
(TEBUS) menebus malu 치욕을 씻다
치우치다
(MIRING) miring sebelah (한 쪽으로) 치우친
치우치지 않다
TIMBANG 치우치지 않는
치은
(KARANG) pengarang gigi 치은
치이다
(TARUNG) tertarung pada batu 돌에 치이다
치장
(MAKAN) makan dipakai 옷으로 치장하다

(MAKAN) makan pakaian 옷으로 치장하다
(PANTAS) memantas diri 치장하다
(PASANG) memasang badan 치장하다
(PASANG) pasang badan 치장하다
(PATUT) mematut-matut diri 치장하다
(PATUT) patut-patut diri 치장하다
(SUNGGUH) sungguh bersubang 치장만 요란하고 행실이 나쁜 여자
(SUNGGUH) tiada berdara 치장만 요란하고 행실이 나쁜 여자

치질
(PURU) puru sembilik 치질

치켜세우다
(LAMBUNG) melambungkan tinggi-tinggi 치켜세우다
(SANJUNG) sanjung-menyanjung 서로 치켜세우다

치한
(RAMBANG) rambang mata 치한

치핵
(PURU) puru sembilik 치핵

친구
(AKUAN) akuan yang kedua 둘도 없는 친구
HABIB 친구
(HABIB) habibi 내 친구
(JATI) kawan sejati 진정한 친구
(KARIB) kawan karib 친한 친구
KAWAN 친구
(LAWAN) lawan bercakap-cakap 친구
(MAKAN) makan kawan 친구를 이용해 먹는 사람
(MAKAN) makan teman 친구를 이용해 먹는 사람
(NASI) nasi habis budi bersua 곤궁하니 친구 생각난다
(PIJAT-PIJAT) karena pijat-pijat mati tuma 친구를 잘못 사귀면 큰 손해를 본다
(SABUNG) tersabung di itik 힘없는 사람과 친구가 되다
(SABUT) sabut tebal, tempurung pun menjadi kebal 친구가 많을수록 더욱 든든하다
SAHABAT 친구
(SAHABAT) sahabat kental 아주 친한 친구
(SAHABAT) sahabat sejati 진정한 친구
SAUDARA 친구
(SAUDARA) saudara sekampung 고향 친구
TEMAN 친구
(TEMAN) teman lelaki 남자 친구
(TEMAN) teman sejati 진정한 친구
(TEMAN) teman wanita 여자 친구
(TENTANG) menentang kawannya (친구를) 배신하다

친근하다
(RAMAH) ramah mesra 친근한
(RAMAH) ramah tamah 친근한

친부모
(ORANG) orang tua 친부모

친인척
(CARI) mencari hindu 친인척을 찾다
(DAGANG) dagang piatu 친인척이 없는 사람
(JADI) menjadi darah daging 친인척이 되다
(ORANG) orang sedapur 친인척

친자식
(DAGING) daging darah 친자식
(KANDUNG) anak kandung 친자식
친절
(HATI) baik hati 친절한
LEMBUT 친절한
(LEMBUT) lembut hati 친절한
(LUNAK) lunak gigi dari(pada) lidah 친절한
(MUKA) muka manis 친절한
(MURAH) murah hati 친절한
(MURAH) murah mulut 친절한
(RAMAH) ramah mesra 친절한
(RAMAH) ramah tamah 친절한
(TEMAN) usahlah teman dimandikan pagi 지나친 친절은 금물
친족
(SAMA) air sama air 친족들의 분쟁에 끼어들면 득보다 실이 크게 마련
(SAMA) sama nenek moyang 친족 관계의
(SAMA) sampah ke tepi juga 친족들의 분쟁에 끼어들면 득보다 실이 크게 마련
SANAK 친족
SAUDARA 친족
(TALI) bertali darah 친족 관계의
(TUNGGAL) setunggal darah 친족
친척
(AHLI) ahli famili 친척
(BATANG) sebatang kacang 형제나 친척이 없는
(BATANG) sebatang kara 형제나 친척이 없는
(KAPUR) kapur di ujung telunjuk 혈연이나 친척에게 도움을 줄 수 없는
KARIB 친척
KERABAT 친척
(KERABAT) kaum kerabat 친척
(KERABAT) kekerabatan 친척 관계
(KULIT) kulit daging 친척
(SAKSI) bersaksi ke lutut 친척을 증인으로 세우다
(SAMA) sama nenek moyang 친척 관계의

친하다
DEKAT 친한
(DEKAT) dekat-dekat 서로 친한
ERAT 친한
KARIB 친한
KENAL 친하다
KENTAL 친한
(LAPIK) selapik seketiduran 더할 나위 없이 아주 친한
(TIKAR) setikar seketiduran 더할 나위 없이 아주 친한
친한
RAMAH 친한
친해지다
(MAU/MAHU) mau berbaik-baik 친해지길 원하다
친형제
(KANDUNG) saudara kandung 친형제
(SATU) satu bapa 친형제
(SATU) satu emak 친형제
(SATU) satu ibu 친형제

SAUDARA 친형제
친형제자매
(SAUDARA) saudara kandung 친형제자매
칠면조
(AYAM) ayam belanda 칠면조
칠전팔기
(REBAH) rebah bangun 칠전팔기의
칠판
(PAPAN) papan hitam 칠판
(PAPAN) papan tulis 칠판
칠흑
(MALAM) malam boleh 칠흑같이 어두운 밤
(MALAM) malam buta 칠흑같이 어두운 밤
칠흑같이
(BUTA) malam buta 칠흑같이 어두운 밤
칡
(SAGU) sagu belanda 애로루트(칡의 일종)
침
(AIR) air liur 침
(BANGKAI) menjemur bangkai ke atas bukit 제 얼굴에 침 뱉기
(BEKAS) bekas tangan 때려 침
LIUR/AIR LIUR 침
LUDAH 침
(LUDAH) meludah ke langit 제 얼굴에 침 뱉기
(PAHA) cubit paha kanan, paha kiri sakit juga 누워서 침 뱉기
(PERCIK) tepuk air di dulang terpercik muka sendiri juga 누워서 침 뱉기
(POTONG) potong hidung rosak muka 제 얼굴에 침 뱉기
(POTONG) potong hidung, rusak muka 제 얼굴에 침 뱉기
(SELERA) air selera 침
(TENGADAH) menengadah matahari 누워서 침 뱉기
침구
(BANTAL) tikar bantal 침구
(TIKAR) tikar bantal 침구(잠을 자는 데 쓰는 이부자리, 베개 따위를 통틀어 이르는 말)
침구용 깔개
KASUR 침구용 깔개
침대
RANJANG 침대
(RANJANG) di atas ranjang 침대 위
(RANJANG) ranjang pengantin 신혼 침대
침략
(CENGKAM) mencengkamkan kuku 침략의 손길을 뻗치다
침묵
(BISU) bisu seribu bahasa 침묵으로 일관하는
(DIAM) berdiam diri 침묵을 지키다
(KULUM) kulum batu 침묵을 지키다
침범
(MAKAN) makan jalan 중앙선을 침범하다
침소
(ADU) peraduan (왕의) 침소
침수되다
KARAM 침수되다
침술

(TUSUK) tusuk jarum 침술
침울하다
(SUSAH) susah hati 침울한
침입
(MASUK) masuk diam-diam 침입하다
침전물
KELADAK 침전물
침착
(AYAM) ayam termakan rambut 침착하지 않은
(DINGIN) dingin kepala 침착한
(LEMBUT) lembut hati 침착한
SABAR 침착한
(SABAR) bersabar hati 침착하다
(SEJUK) sejuk hati 침착한
(SEPERTI) seperti air dalam kolam 매우 침착한 사람
(SIKAP) sikap tenang 침착한 태도
(TELINGA) telinga putih 침착한 사람
(TENANG) tenang-tenang 매우 침착한
침침하다
(GELAP) kegelap-gelapan 침침한
(MATA) bular mata 눈이 (피로하여) 침침한
RABUN 침침한
(RABUN) buta ayam 눈이 침침한
(RABUN) rabun ayam 눈이 침침한
(RABUN) rabun senja 눈이 침침한
침통하다
(PELITA) pelita kehabisan minyak 침통한 표정(의)
침해
(MAKAN) makan hak (남의) 권리를 침해하다
침향목
GAHARU 침향목
(KAYU) kayu gaharu 침향목
칩거
(BENAM) berbenam diri 칩거하다
(KUNCI) berkunci diri 칩거하다
(LINDUNG) lindung diri 칩거하다
(LINDUNG) melindungkan diri 칩거하다
(PASUNG) memasungkan diri 칩거하다
(PISAH) memisahkan diri 칩거하다
칭송
PUJI 칭송
SANJUNG 칭송
칭찬
(MAKAN) makan puji 칭찬만을 바라는
PUJI 칭찬
SANJUNG 칭찬
(SANJUNG) sanjung-menyanjung 서로 칭찬하다
(TEPUK) tepuk kuduk 칭찬

카둑
(NASIB) nasib Pak Kaduk 카둑 씨와 같은 운명(남에게 이용만 당하는 기구한 운명)
카드
(KARTU) kartu kuning 옐로카드
(KARTU) kartu merah 레드카드
KARTU 카드
카본지
(KERTAS) kertas karbon 카본지
카폭솜
KAPUK 카폭솜
칸
RUANG 칸
칼
(CABIK) cabik-cabik bulu ayam, lama-lama bercantum pula 칼로 물 베기
(CANTUM) cabik-cabik bulu ayam, lama-lama bercantum pula 칼로 물 베기
(PARANG) parang panjang 긴 칼
(PARANG) parang pendek 짧은 칼
PASUNG 칼
PISAU 칼
(PISAU) pisau besar 큰 칼
(PISAU) pisau dapur 부엌칼
(PISAU) pisau dapur 식칼
(PISAU) pisau senjata tiada bisa, bisa lagi mulut manusia 사람의 입은 칼보다 더 잔인하다
(RETAK) retak-retak bulu ayam 칼로 물 베기
(TETAK) luka tetak 칼로 베인 상처
(TIADA) tiada buruk yang tiada elok 칼로 물 베기
칼끝
PUTING 칼끝
칼날
(MATA) mata pisau 칼날
칼새
(LAYANG) layang-layang 칼새
칼싸움
ANGGAR 칼싸움
칼자루
TANGKAI (칼)자루
칼잠

(TIDUR) tidur miring 칼잠을 자다
칼집
SARUNG 커리스의 칼집
(SARUNG) sarung keris 커리스 칼집
캄캄하다
GELAP 캄캄한
(MALAM) malam boleh 아주 캄캄한 밤
(MALAM) malam buta 아주 캄캄한 밤
(PEKAT) gelap pekat 캄캄한
PITAM 눈앞이 캄캄한
캐내다
(BALIK) membalik-balik kaji 해묵은 사건을 다시 캐내다
캔
(KALENG) makanan dalam kaleng 캔 포장 식품
캘리포니아강치
(SINGA) singa laut 캘리포니아강치
커리스
KERIS 커리스(말레이인들 고유의 양면날 손칼)
(KERIS) keris pandak 칼날이 짧은 커리스(비수)
(KERIS) keris panjang 칼날이 긴 커리스(비수)
(KERIS) keris pendek 칼날이 짧은 커리스(비수)
(PUSAKA) keris pusaka 국보급 커리스
(PUSAKA) keris pusaka 대대로 내려 온 커리스
(SAKTI) keris yang sakti 마법의 커리스
(SARUNG) sarung keris 커리스 칼집
(TARIK) menarik keris 커리스를 뽑다
(TUAH) keris bertuah 영험한 커리스
(UMPAN) umpan keris 커리스에 찔려 희생된 것
(UMPAN) umpan keris 커리스의 희생자(물)
커브
LIKU 커브
(LIPAT) lipat kajang 급커브
커투팟
KETUPAT 커투팟(야자잎을 엮어 만든 껍질에 쌀을 넣어 찌어 낸 밥)
(KETUPAT) ketupat bangkahulu 큰 모양의 커투팟
(KETUPAT) ketupat daun palas 부채야자잎으로 만든 커투팟
(NASI) nasi ketupat 커투팟(야자잎을 엮어 만든 껍질에 쌀을 넣어 찌어 낸 밥)
커파양 나무
KEPAYANG 커파양 나무(따먹으면 취하는 열매를 맺음)
커피
(DARAH) darah ikan (커피가) 진한
(DARAH) darah lintah (커피가) 진한
KOPI 커피
컨테이너선
(KAPAL) kapal peti kemas 컨테이너선
컴맹
(BUTA) buta komputer 컴맹
컴퓨터
(BUTA) buta komputer 컴퓨터를 이용하지 못하는 (사람)
컴퓨터시대
(ABAD) abad komputer 컴퓨터시대
케케묵다

(TELAH) telah basi 케케묵은 (이야기)
켕키다
REGANG 켕긴
코
(AMBANG) di ambang pintu 코앞에 닥친
HIDUNG 코
(JUAL) dijual tegak-tegak 눈 뜨고 코 베인 격
(MATA) mata jala 그물코
(OLEH) beroleh lumpur di tempat kering 뒤로 넘어져도 코가 깨지는 격
(RANGSANG) merangsang hidung 코를 자극하는
(TABRAK) menabrak hidung 엎드리면 코 닿을 곳
(TUSUK) menusuk hidung (냄새가 고약하여) 코를 찌르다
코감기
SELESMA/SELESEMA 코감기
코끼리
GAJAH 코끼리
(GAJAH) gajah ladang 길들인 코끼리
(PAWANG) pawang gajah 코끼리 조련사
코딱지
(KERAT) sekerat kuku 코딱지만큼
(RAMBUT) rambut dibelah seribu 코딱지만 한
(RAMBUT) serambut dibelah tujuh 코딱지만 한
(TAHI) tahi hidung 코딱지
코딱지만큼
(MIANG) semiang kalam 코딱지만큼(도)
코뚜레
(CUCUK/COCOK) cucuk hidung (소의) 코뚜레
KILI/KILI-KILI 코뚜레
코란
(KAJI) kaji menurun 코란을 암송하기 시작하다
(KAJI) mengaji batang (코란을) 암송하여 익히다
(TALI) tali Allah 코란과 하디스(이슬람교의 예언자 마호메트의 언행 기록)
코밑
(PUNCAK) di puncak hidung 코밑에
코브라
(ULAR) ular sendok 코브라
(ULAR) ular senduk 코브라
(ULAR) ular tedung 코브라
코빼기
(TIDAK) tidak kelihatan batang hidungnya 코빼기도 내밀지 않는
(TIDAK) tidak kelihatan buntutnya 코빼기도 내밀지 않는
(TIDAK) tidak tampak batang hidungnya 코빼기도 내밀지 않는
코뿔새
ENGGANG 코뿔새
코뿔소
BADAK 코뿔소
(GAJAH) badak gajah 큰 코뿔소
(KULIT) kulit badak 코뿔소 가죽
(SUNGU) sungu badak 코뿔소의 뿔
코앞
(BIBIR) di bibir mata 코앞에 있는

(DEPAN) di depan hidung 코앞(의)
(DEPAN) di depan mata 코앞(의)
(MUKA) di muka hidung 코앞에
(PUNCAK) di puncak hidung 코앞에
(SUDAH) sudah di depan hidung 이미 코앞에 닥친
(SUDAH) sudah di depan mata 이미 코앞에 닥친
(TEPI) tepi hidung 코앞
(UJUNG/HUJUNG) ujung hidung 바로 코앞
코웃음
(SENYUM) senyum raja 코웃음
코코넛
KELAPA 코코넛
코트
(BAJU) baju jas 코트
콜레라
(SAKIT) penyakit taun 콜레라
콧구멍
(LUBANG) lubang hidung 콧구멍
콧노래
(DENDANG) berdendang-dendang 흥얼흥얼 콧노래를 부르다
(NYANYI) nyanyi kecil 콧노래(를 부르다)
콧대
(BATANG) batang hidung 콧대
(JUAL) jual mahal 콧대가 센
(TINGGI) tinggi hidung 콧대가 높은
콧물
SELESMA/SELESEMA 콧물
콧물감기
SELESMA/SELESEMA 콧물감기
콩
KACANG 콩
(KACANG) kacang hantu 작두콩
(KACANG) kacang parang 작두콩
(KACANG) kacang polong 작두콩
(REBUS) kacang rebus 삶은 콩
(RENDANG) merendang kacang 콩을 튀기다
(TAHI) tahi kucinglah (콩으로 메주를 쑨다고 해도) 믿지 않는다
(TANAM) tanam lalang takkan tumbuh padi 콩 심은 데 콩 나고 팥 심은 데 팥 난다
ㅋ
콩팥
(BUAH) buah geli 콩팥
(BUAH) buah pinggang 콩팥
(BUAH) buah punggung 콩팥
(GELI) buah geli 콩팥
GINJAL 콩팥
(GINJAL) ginjal kanan 오른쪽 콩팥
(GINJAL) ginjal kiri 왼쪽 콩팥
(GINJAL) *sepasang ginjal* 콩팥 한 쌍
(PUNGGUNG) buah punggung 콩팥
쾌활하다
(MUKA) muka manis 쾌활한
쿠데타
(PUTAR) putar negeri 쿠데타

MPAS) rampasan kuasa 쿠데타
BUT) rebut kuasa 쿠데타

UDUNG 쿠둥
KUDUNG) berkudung 쿠둥을 쓰다
알아 룸푸르
(ULANG) berulang-alik Kuala Lumpur-Jakarta 쿠알아 룸푸르와 자카르타 간을 왕복하다
크다
(BESAR) sebesar gajah 아주 큰
(HARAP) penuh harapan 기대가 큰
(MAKAN) makan dipakai 옷이 지나치게 큰
(MAKAN) makan pakaian 옷이 지나치게 큰
(TANGAN) tangannya selalu terulur 손이 큰
(TIGA) masuk tiga keluar empat 배보다 배꼽이 더 크다
(UNGGAS) lepas unggas 매우 큰
크레용
(KAPUR) kapur berwarna 크레용
큰
BESAR 큰
RAYA 큰
큰돈
(PUKUL) pukul besar 큰돈
(PUKUL) pukulan besar 큰돈
큰모기
(NYAMUK) nyamuk gajah 큰모기
큰부리까마귀
(GAGAK) gagak paruh besar 큰부리까마귀
큰부리왜가리
(LEMBU) burung lembu 큰부리왜가리
큰북
TABUH 큰북 (소리)
(TABUH) tabuh larangan (특정한 때에만 울리는) 큰북
(TABUH) terdengar tabuh 큰북 소리가 들리다
큰소리
(BELIUNG) beliung yang besar ayun, kecil makanannya 큰소리만 치고 소득은 없는 (사람)
(BUAH) buah gembar-gembor 큰소리
(LEMBU) dongkol 큰소리만 치는 사람
(LEMBU) lembu dogol 큰소리만 치는 사람
(TANGIS) menangis keras-keras 큰소리로 통곡하다
큰 솥
KANCAH 큰 솥
큰아버지
(BAPAK/BAPA) bapak gede 큰아버지
(PAK) pak long 큰아버지
큰일
(PUNYA) punya hajat 큰일을 치르다
(PUNYA) punya kerja 큰일을 치르다
클럽
(UANG/WANG) uang pangkal (클럽) 회비
클레로덴드럼
(NONA) nona makan sirih 클레로덴드럼(마편초과의 덩굴식물)

키
KEMUDI 키
(MONYET) kera menjadi monyet 도토리 키 재기
PENDEK 키가 작은
(TEGAK) tegak setinggi 사람 키 만한
키가 작다
CEBOL 유난히 키가 작은
키가 크다
TINGGI 키가 큰
키스
CIUM 키스
키우다
(ASAH) mengasah pikiran 사고력을 키우다
키잡이
(PAWANG) pawang kapal 키잡이
키 재기
(SAGA) diuji timbang lebih sesaga 도토리 키 재기

ㅌ

타격
(BEKAS) bekas tangan 타격
GAYUNG 타격
(KESAN) kesan pukulan 타격 흔적
타고나다
(SIFAT) sifat semula jadi 타고난 성격
타국
(NEGERI) negeri asing 타국
(NEGERI) negeri orang 타국
타다
BAKAR 타다
(BUSUR/BUSAR) membusur 솜을 타다
(HABIS) habis jadi abu 완전히 타 없어진
(JADI) menjadi abu 타서 없어지다
(KERING) berkering tekak 목이 타는
(KERONGKONGAN) kerongkongan kering 목이 타는
(LAYAR) belayar 배를 타다
(LAYAR) berlayar 배를 타다
(MAKAN) dimakan panas 햇빛에 탄
NAIK 타다
PANJAT 타다
(SENTUH) tersentuh tangan (사람들의) 손을 타다
(TUNGGANG) menunggang kuda 말을 타다
타당
(LINTAS) melintas di akal 타당하다
타당하다
(LINTAS) lintas akal 타당한
(MAKAN) dimakan akal 타당한
(MASUK) masuk akal 타당한
(MASUK) masuk angan 타당한
타락
(HATI) hati berkarat 타락한
타로(감자)
KELADI 타로(감자)
TALAS 타로(감자)
(TALAS) batang talas 타로 줄기
(TALAS) menanam talas di sawah 논에 타로를 심다
타르
(GALA) gala lembut 타르
타박

(TIPIS) tipis lidah 반찬이나 음식 타박이 심한 (사람)
타산지석
(RAIH) menarik pangkur ke dada 타산지석으로 삼다
(RAIH) meraih pangkur ke dada 타산지석으로 삼다
(TARIK) menarik pangkur ke dada 타산지석으로 삼다
타액
LIUR/AIR LIUR 타액
LUDAH 타액
타원형
(BUJUR) bujur sirih 타원형
(BULAT) bulat bujur 타원형(의)
타일
(BATU) batu ubin 타일
타조
(BURUNG) burung unta 타조
(UNTA) burung unta 타조
타죽음
(MATI) mati terbakar 타죽음
타피오카
(UBI) ubi kayu 타피오카
탁상공론
(KUSIR) debat kusir 탁상공론
탁월
KUAT 탁월한
탁월하다
(CIUM) penciumannya tajam 수사능력이 탁월한
탁자
MEJA 탁자
탁탁
(RENDANG) merendang garam 탁탁 소리가 나다
탁하다
KERUH 탁한
탄광
(BURUH) buruh tambang 탄광 근로자
탄력
(GAYA) gaya pegas 탄력
탄로
(LIHAT) kelihatan belangnya 본색이 탄로 나다
(LIHAT) kelihatan belangnya 정체가 탄로 나다
탄산
(AIR) air belanda 탄산음료
(ARANG) asam arang 탄산가스
탄산지
(KERTAS) kertas karbon 탄산지
탄수화물
(KANJI) makanan berkanji 탄수화물
탄식
(HELA) menghela napas 탄식하다
(TARIK) menarik nafas dalam-dalam 탄식하다
(TARIK) menarik nafas panjang 탄식하다
(TARIK) menarik napas dalam-dalam 탄식하다
(TARIK) menarik napas panjang 탄식하다
탄알

PELURU 탄알
(SASAR) peluru kesasar 빗나간 탄알
(TIMAH) timah panas 탄알
탄약
(BEDIL) obat bedil 탄약
(BEDIL) ubat bedil 탄약
탄환
(ANAK) anak bedil 탄환
(TIMAH) timah panas 탄환
(UMPAN) umpan peluru 탄환의 희생자
탈것
KERETA 탈것
탈모증
(RONTOK) penyakit rontok rambut 탈모증
탈선
GELINCIR 탈선하다
탈장
(SAKIT) sakit pasang-pasang 탈장
(SAKIT) sakit ulur-ulur 탈장
탈취
(REBUT) rebut kuasa 정권 탈취
탈퇴
(TARIK) menarik diri 탈퇴하다
탐구
(PERAH) perah otak 탐구
탐내다
(TINGGI) tinggi sahamnya (많은 사람들이) 탐내는
탐닉
RINTANG 탐닉하다
탐욕
(BESAR) besar perut 탐욕스러운
(BURUK) buruk selara 탐욕스러운
(LALAT) lalat mencari puru 탐욕에 눈이 먼
(LALAT) lalat mencari puru 탐욕에 빠진
(LAPAR) lapar sangat 탐욕스러운
(NAFSU) nafsu amarah 탐욕
탐욕스럽다
(LADING) lading tajam sebelah 탐욕스러운
(LAPAR) lapar mata 탐욕스러운
탐정
(MATA) mata-mata gelap 사설탐정
탐하다
(MABUK) mabuk kecubung 여색을 탐하는
(TUA) tua-tua keladi 늙은 나이에도 여전히 여색을 탐하는
탑
MENARA 탑
MERCU 탑
(PANAS) panas setahun dihapuskan oleh hujan sehari 개미구멍으로 공든 탑 무너진다
탑승
(TAMBANG) menambang 탑승하다
TUMPANG 탑승하다
탑승비

(ONGKOS) ongkos ojek 오젝 탑승비
탑승하다
KENDARA/KENDERA 탑승하다
탓하다
(CARI) mencari lantai terjungkat 남의 허물을 탓하다
탕국
TANGGUK 탕국(등나무를 엮어 만든 어구)
(TANGGUK) menangguk udang 탕국으로 새우를 잡다
탕아
(LEMAK) lemak penyelar daging 탕아
탕진
FOYA 탕진하는
(FOYA) berfoya-foya 재물을 탕진하다
(GALAH) bagai galah dijual 가산을 탕진한
(GIGI) tinggal gigi dengan lidah sahaja 가산을 탕진한
(GOLOK) bergadai bergolok 재물을 탕진하다
(GOLOK) bergolok bergadai 재물을 탕진하다
(LEMAK) lemak penyelar daging 재산을 탕진하다
(LICIN) licin tandas 탕진하다
(LICIN) licin-licau 탕진하다
(PUTUS) keputusan wang 재산을 탕진하다
태도
(ANGKUH) sikap angkuh 거만한 태도
(CONGAK) mencongak rupa kerbau jantan kemudian 오만방자한 태도
(GANTI) berganti bulu 태도를 바꾸다
GAYA 태도
(HALUAN) berpaling haluan 태도가 바뀐
LAKU 태도
(LUNAK) lunak hati 수용적인 태도
(MERDESA) sikap merdesa 올바른 태도
OLAH 태도
PEKERTI 태도
(PEKERTI) budi pekerti 태도
RAGAM 태도
SIFAT 태도
SIKAP 태도
(SIKAP) sikap berterus terang 솔직한 태도
(SIKAP) sikap tenang 침착한 태도
(SURAT) suratan hidup 생활 태도
TABIAT 태도
(TIMBANG) timbangan berat sebelah 공정하지 못한 (태도)
태반
URI (모체 내의) 태반
(URI) sisa-sisa uri 태반 찌꺼기
태산
(HATI) berhati walang 걱정이 태산 같은
(KEPAL) sekepal menjadi gunung 티끌 모아 태산
(KEPAL) setitik menjadi laut 티끌 모아 태산
(SEDIKIT/DIKIT) berdikit-dikit, lama-lama menjadi bukit 티끌 모아 태산
태세
(GULUNG) menggulung celana (일할) 태세를 갖추다
태아
(LAHIR) lahir mati 죽은 태아를 분만하는 일

LEMBAGA 태아
(LEMBAGA) lembaga manusia 태아
태양
(BOLA) bola langit 태양
(LAMPU) lampu dunia 태양
MATAHARI/MENTARI 태양
(NODA) noda matahari 태양의 흑점
(TENTANG) menentang matahari 태양을 마주 보다
태양년
(TAHUN) tahun syamsiah 태양년
태양조
(SEPAH) sepah raja 태양조(새의 이름)
태어나다
LAHIR 태어나다
(LAHIR) hari jadi 태어난 날
(LAHIR) hari lahir 태어난 날
태우다
(MARAH) marahkan nyamuk kelambu dibakar 빈대 잡으려고 초가삼간 태운다
(MARAH) marahkan tikus 빈대 잡으려고 초가삼간 태운다
(MARAH) rengkiang dibakar 빈대 잡으려고 초가삼간 태운다
(PUSING) pusing-pusing 애를 태우다
(TAKUT) takut akan tuma dibuang kain 빈대 잡으려고 초가삼간 태운다
(TUMA) takutkan tuma, dibuang kain 벼룩 잡으려다 초가삼간 다 태운다
태음년
(TAHUN) tahun kamariah (이슬람권에서 사용하는) 태음년
태음력
(PIAMA) bulan piama (농사 절기에 따른) 말레이 전통 태음력
(TARIKH) tarikh Hijrah 히즈라력(이슬람력이라고도 하는 태음력)
태초
(ASAL) asal mula 태초
태풍
(ANGIN) angin badai 태풍
(ANGIN) angin ribut 태풍
(PUSAR) pusaran angin kencang 태풍
RIBUT 태풍
택시
TAKSI/TEKSI 택시
택시비
(ONGKOS) ongkos taksi 택시비
(TAKSI/TEKSI) ongkos taksi 택시비
택일
(LIHAT) melihat ketika 택일하다
(PACAK) memacak hari 택일을 하다
탯줄
(TALI) tali ari 탯줄
(TALI) tali ari-ari 탯줄
(TALI) tali pusat 탯줄
탱크
(KEBAL) kereta kebal 탱크
(KERETA) kereta baja 탱크
(KERETA) kereta kebal 탱크
(KERETA) kereta waja 탱크

터
(AKAR) berurat akar 터를 잡다
터무니
(RANTAI) rantai besi dimakan bubuk 터무니없는 이야기
터무니없이
(TARIK) tarik harga 부르는 가격이 터무니없이 비싼
터미널
STASIUN/STESEN 터미널
(STASIUN/STESEN) stasiun bus 버스 터미널
(STASIUN/STESEN) stesen bas 버스 터미널
(TIBA) tiba di stasiun 터미널에 도착하다
(TIBA) tiba di stesen 터미널에 도착하다
터지다
LEKANG 터진
LETUP 터지는 소리
(PUKUL) pukul untung 대박이 터지다
RETAS 터지다
턱
DAGU 턱
(DAGU) dagunya lebah bergantung 예쁜 턱
(LEBAH) lebah bergantung 예쁜 턱
(TOPANG) bertopang dagu (일 안하고) 팔꿈치로 턱을 괴고 있는
턱수염
JANGGUT 턱수염
털
BULU 털
(BULU) bulu ayam 닭털
(BULU) bulu ayam 닭털로 만든 먼지떨이
(BULU) bulu bumbu (엄지손과 발에 난) 솜털
(BULU) bulu jagung 솜털
(BULU) bulu kalong 솜털
(BULU) bulu kapas 잔털
(BULU) bulu kemaluan 음부의 털
(BULU) bulu kemaluan 치부의 털
(BULU) bulu kuduk 목덜미의 털
(BULU) bulu roma 몸의 잔털
(BULU) bulu roma 솜털
(BULU) bulu sua 목덜미의 털
(BULU) bulu tengkuk 목덜미의 털
(BULU) membului 털을 뽑다
(KUDUK) bulu kuduk 목덜미의 털
(NANTI) menantikan kucing bertanduk 거북이 잔등이에서 털을 긁는다
(REMANG) meremang (털이) 곤두서다
털갈이
(BULU) berganti bulu 털갈이를 하다
(GANTI) pergantian kulit 털갈이
(LURUH) luruh bulu 털갈이
털구멍
(MULUT) mulut kulit (솜)털구멍
털다
(CURI) mencuri bongkar (남의 재물을) 털다
(KOREK) mengorek dompet orang 남의 주머니를 털다
(KOREK) mengorek kantung orang 남의 주머니를 털다

(PECAH) pecah rumah 집을 털다
털룩블랑아
(TELUK) teluk belanga 털룩블랑아(옷깃이 없는 말레이인 고유의 웃옷인 바주쿠룽의 한 가지)
털어놓다
(BAWA) membawa hati ~에게 속마음을 털어놓다
(KUNCI) mengeluarkan kunci hati 속마음을 털어놓다
(SINGKAP) singkap daun ambil buah 솔직하게 털어놓다
털이범
(RAMPOK/ROMPAK) perampok 털이범
(RAMPOK/ROMPAK) perompak 털이범
텅 빈
DENGKUL 텅 빈
테
LINGKAR 테
테이블
MEJA 테이블
테이블보
(TUDUNG) tudung meja 테이블보
(TUTUP) tutup meja 테이블보
텔레비전
(SIAR) siaran televisi 텔레비전 방송
(SIAR) siaran televisyen 텔레비전 방송
토끼
ARNAB 토끼
(ARNAB) arnab gunung 눈토끼
(ARNAB) arnab gunung 북극토끼
(KEJAR) putih dikejar, hitam tak dapat 두 마리 토끼 잡으려다 다 놓친다
KELINCI 토끼
(KUCING) kucing tapai 토끼
(LUMPUH) yang lumpuh penghini rumah 눈 먹던 토끼 얼음 먹던 토끼가 제각각
(SAUK) tersauk ikan suka, tersauk batang masam 토끼 다 잡으면 사냥개를 삶는다
(TIKUS) kucing pergi tikus menari 호랑이 없는 골에 토끼가 왕 노릇 한다
토끼다
(LARI) berlari kencang 토끼다
(LARI) lari kencang 토끼다
(UNGGAS) mengunggas puding (혼비백산하여) 토끼다
토대
KALANG 토대
토라지다
(AMBIL) mengambil di hati 토라지다
(AMBIL) mengambil ke hati 토라지다
(KANDUNG) mengandung hati 토라지다
(KECIL) berkecil hati 토라지다
(KECIL) kecil hati 토라진
(PEGAL) memegalkan hati 토라지게 하다
(PEGAL) pegal hati 토라진
(RASA) merasa hati 토라지다
토란
(BIANG) biang keladi 토란

토란감자
(TUKIL) tukil ditutup dengan daun keladi 대나무통을 토란감자 잎으로 봉하다
토론
(ANGGAR) beranggar pikiran 토론하다
DEBAT 토론
(DEBAT) debat terbuka 공개토론
(DEBAT) perdebatan hangat 열띤 토론
(KALANG) berkalang lidah 토론하다
(PENDEKAR) pendekar kata 토론의 달인
(PENDEKAR) pendekar lidah 토론의 달인
RUNDING 토론
토마토
(RANTAI) rantai merah 토마토
토막
(CENCANG) mencencang 잔악하게 토막을 쳐 살해하다
(CENCANG) mencencang 토막 내다
(CENCANG) mencencang 토막 치다
토만
TOMAN 토만(민물고기 이름)
토사구팽
(SAUK) tersauk ikan suka, tersauk batang masam 토사구팽
토실토실
(KACANG) bagai kacang tengah dua bulan 토실토실한
토요일
(MALAM) Sabtu malam 토요일 밤
(MALAM) malam panjang 토요일 밤
SABTU 토요일
(SABTU) hari Sabtu 토요일
토종
(AYAM) ayam kampung 토종닭
JATI 토종의
토지
(MILIK) pemilik tanah 토지 소유주
(PAJAK) pajak bumi dan bangunan 토지 및 건물세
(PAJAK) pajak tanah dan rumah 토지 및 건물세
TANAH 토지
(TUAN) tanah bertuan 소유주가 있는 토지
(TUAN) tuan tanah 토지 소유주
토착민
(ORANG) orang bumi 토착민
(PUTRA/PUTERA) bumiputra 토착민
(PUTRA/PUTERA) putra bumi 토착민
토착어
(ASLI) kata asli 토착어
토착인
(BUMI) bumi putra 토착인
토하다
MUNTAH 토하다
톱
GERGAJI 톱
(GERGAJI) gergaji bundar 둥근톱
(GERGAJI) gergaji pita 띠톱

(GERGAJI) gergaji tarik 가로켜기 톱
톱날
(MATA) mata gergaji 톱날
톱밥
(TAHI) tahi ketam 톱밥
통
KANDUNG 통
(KOLAM) kolam air 물을 담아 두는 큰 통
TABUNG 통
통곡
(BUAH) buah ratap 통곡할 때 중얼거리는 말
(CABIK) mencabik mulut 통곡하다
(RATAP) ratap tangis 통곡
TANGIS 통곡하다
(TANGIS) menangis keras-keras 큰소리로 통곡하다
통과
LALU 통과하다
LEWAT 통과하다
(LOLOS) lolos sensor 검열을 통과하다
LULUS 통과하다
통과하다
LINTAS 통과하다
통관세
(LALU) lalu bea 통관세
통금
(JAM) jam malam 야간 통금
통나무
BALOK/BALAK 통나무
(BALOK/BALAK) kayu balok 통나무
(KAYU) kayu balak 통나무
(KAYU) kayu bulat 통나무
통달하다
(TAHU) tahu di asin garam 통달한
통목
BALOK/BALAK 통목
통바지
(CELANA/SELUAR) celana pangsi 통바지
통발의 안쪽
KERONCONG 통발의 안쪽
통보
PANDU 통보
통신위성
(SATELIT) satelit komunikasi 통신위성
통역사
(JURU) juru bahasa 통역사
통원치료
(OBAT/UBAT) berobat jalan 통원치료
통장
(BUKU) buku simpanan (저금) 통장
(BUKU) buku tabungan (저금) 통장
통제
KAWAL 통제
(KAWAL) kawalan 통제

(KAWAL) mengawal harga barang 물가를 통제하다
통조림
(BUAH) buah kalengan 과일통조림
통증
(RASA) rasa sakit 통증
(TENGGELAM) tenggelam timbul (통증이) 나타났다 사라졌다 하는
(TIMBUL) timbul tenggelam (통증이) 나타났다 사라졌다 하는
통증이 없다
LALI 통증이 없는
통지서
(SURAT) surat berhenti 해고 통지서
통째로
(JUAL) dijual lepas 통째로 넘어가다
통찰력
(TAJAM) tajam penglihatan 통찰력이 있는
통첩
(KATA) kata dua 최후의 통첩
(KATA) memberi kata dua 최후통첩을 하다
통치자
(ALAM) syah alam 세상의 통치자
MAHKOTA 통치자
(MAHKOTA) mahkota negeri 통치자
통캇알리
(TONGKAT) tongkat ali 통캇알리(말레이시아의 정글에서 서식하는 관목의 일종으로 그 뿌리는 민방 치료제로 주로 사용된다. 혹간에서는 통캇알리를 정력제로 선전하기도 한다)
통통하다
(PENUH) penuh berisi 통통한
(RANUM) mongel ranum 아담하고 통통한 (체형)
통풍구
(LUBANG) lubang angin 통풍구
통풍기
(KIPAS) kipas angin 통풍기
통행
(BEBAS) bebas becak 베착의 통행이 금지된 (지역)
(LALU) lalu lintas 통행
TRAFIK 통행
통화
(ALAT) alat pembayaran 통화
퇴각
(TARIK) menarik mundur 퇴각하다
퇴마사
(HANTU) pengusir hantu 퇴마사
퇴보
(JATUH) jatuh ke bawah 퇴보하다
퇴적암
(BATU) batu endapan 퇴적암
퇴직
(CUTI) cuti panjang 퇴직시키다
(UNDUR) mengundurkan diri 퇴직하다
투계
(SABUNG) ayam bersabung 투계
(TAJI) taji ayam (날카로운 쇠칼 모양의) 투계용 인조 며느리발톱

투기
(MAIN) bermain nasib 투기하다
(REDUP) redup keras 투기(하다)
투둥
TUDUNG 투둥(이슬람 여성들의 머리 덮개)
(TUTUP) tutup kepala 투둥(이슬람 여성들의 머리 덮개)
투명
HENING 투명한
투명하다
(TERANG) terang terus (유리처럼)투명하고 깨끗한
투바
TUBA 투바(독성이 있는 덩굴식물)
투사
(DARAH) berdarah merah 투사
(TOKOH) tokoh politik (민주)투사
투석
(CUCI) cuci darah 혈액투석
투신
(CEBUR) menceburkan diri 투신하다
(CEMPLUNG/CEMPELUNG) mencemplungkan diri 투신하다
(CEMPUNG) mencempungkan diri 투신하다
투안
TUAN 투안(상대편 남성을 높여 이르는 이인칭 대명사)
투자
(TANAM) menanam modal (돈을) 투자하다
(TANAM) menanam uang (돈을) 투자하다
(TANAM) menanam wang (돈을) 투자하다
(TANAM) penanaman modal asing 외국자본의 투자
투쟁
(KANCAH) kancah perjuangan 투쟁의 현장
투쟁가
(LAGU) lagu perjuangan 투쟁가
투척거리
(LONTAR) sepelontar 투척거리
(LONTAR) sepelontaran 투척거리
투파이
TUPAI 투파이(청서번티기)
투표
(BERI) memberi suara 투표하다
(MENANG) menang suara 투표에서 이기다
(MENANG) menang undi 투표에서 이기다
(PERCAYA) undi tidak percaya 불신임투표
(PUNGUT) memungut suara 투표하다
SUARA (선거의) 투표
(SUARA) memberikan suara (선거에서) 투표하다
UNDI 투표
(UNDI) membuang undi 투표하다
투표용지
(KERTAS) kertas suara 투표용지
(SURAT) surat suara 투표용지
(SURAT) surat undian 투표용지
(UNDI) kertas undian 투표용지
투표지

(KERTAS) kertas suara 투표지
(SURAT) surat suara 투표지
(UNDI) kertas undian 투표지

투항
SERAH 투항하다
(SERAH) menyerah diri 투항하다
(SERAH) menyerah kalah 투항하다
(SERAH) menyerahkan diri 투항하다

튀기다
GORENG 튀기다
RENDANG 튀기다
(RENDANG) merendang kacang 콩을 튀기다
(TIMBANG) timbang-menimbang (열심히) 주판알을 튀기다

튀김
(BAYAM) bayam goreng 비름 튀김
(BAYAM) bayam goreng 시금치 튀김
(GORENG) ikan goreng 생선튀김
(GORENG) minyak goreng 튀김용 기름
(RENDANG) pisang rendang 바나나 튀김

튀어나오다
(LOMPAT) lompat lidah 말이 튀어나오다
(LOMPAT) terlompat lidah 말이 튀어나오다

튀어 오르다
LAMBUNG 튀어 오르다

트다
(FAJAR) fajar menyingsing 동이 트다
(FAJAR) fajar merekah 동이 트다
(LURUS) lurus jalan 길을 트다
(LURUS) meluruskan jalan 길을 트다
(MATAHARI/MENTARI) matahari hidup 동이 트다
(MATAHARI/MENTARI) matahari naik 동이 트다
(MATAHARI/MENTARI) matahari terbit 동이 트다
(RETAS) meretas dinding 벽을 트다

트럭
(RAJA) raja jalan 대형 화물 트럭

트레이너
(JURU) juru latih 트레이너

트림
(BAK) bak rasa ubi pula gadung 냉수 먹고 갈비 트림한다

트이다
LUAS 탁 트인
TERANG 탁 트인

트집
(BILANG) membilang langkah orang 남의 잘못을 트집잡다
(CARI) mencari gara-gara 트집 잡다
GAPIL 트집 잡기 좋아하는

트집쟁이
(BUKU) *orang bertemu buku* 트집쟁이

특권
(HAK) hak khusus 특권

특별나다
(SATU) satu dalam seribu 특별난

특별하다

(LUAR) luar biasa 특별한
(TENTU) orang tertentu 특별한
(TIDAK) tidak kepalang 특별한
(TIDAK) tidak tanggung-tanggung 특별한

특성
(BUDI) budi pekerti 특성

특정인
(TENTU) orang tertentu 특정인

튼튼하다
KUAT 튼튼한
TAHAN 튼튼한
TEGUH 튼튼한

틀
(BENDUL) bendul jendela 창문틀

틀리다
(BELIT) berbelit-belit 비비 틀린
(PUSING) pusing belit 비비 틀린
(SALAH) salah kata 어휘의 사용이 틀리다
(SALAH) salah kira 계산이 틀리다
(SALAH) salah kira 셈이 틀리다

틀린
SALAH 틀린

틀림없다
BETUL 틀림없는
TANGGUNG 틀림없는
TENTU 틀림없는

틀어막다
(GUNTING) menggunting ujung lidah 입을 틀어막다
(SIMPAI) menyimpai mulut (비밀이 새나가지 않도록) 입을 틀어막다

틀어박히다
(KUNCI) berkunci diri 집 안에만 틀어박히다

틈
BELAH (갈라진) 틈
(LUANG) luang waktu 틈을 내다
(LUANG) meluangkan waktu 틈을 내다
(LUANG) waktu terluang 틈
(MASA) masa lapang 틈
(MASA) masa lega 틈
PELUANG 틈
(PELUANG) mengambil peluang 틈을 내다
RENGGANG 틈이 있는
(RENGGANG) renggang waktu 틈
RETAK 틈
TEMPOH 틈

티
(BEKAS) membekas ke luar 티가 역력하다
(RUMAH) rumah mana yang tidak bersampah 옥에 티

티격태격
(ROMA) tak boleh bertemu roma 항상 티격태격하는

티끌
(KEPAL) sekepal menjadi gunung 티끌모아 태산
(KEPAL) setitik menjadi laut 티끌모아 태산
(SEDIKIT/DIKIT) berdikit-dikit, lama-lama menjadi bukit 티끌 모아 태산

티눈
(MATA) mata ikan 티눈
팁
(UANG/WANG) uang rokok 팁
(UANG/WANG) uang sirih 팁

ㅍ

파
  BAWANG 파
  (BAWANG) bawang cina 파
파경
  (EMPANG) empang sampai ke seberang, dinding sampai ke langit 돌이킬 수 없는 파경
파괴
  (ABU) abu rokok 파괴되어 흔적도 없이 사라진
  HANCUR 파괴된
  (HANCUR) hancur lebur 완전히 파괴된
  (HANCUR) hancur mumur 완전히 파괴된
  (KERKAH) mengerkah batu kepala 파괴하다
파내다
  KOREK 파내다
파다
  GALI 파다
  (TAMBANG) menambang 광산의 굴을 파다
  (TEMU) ketemu batunya 스스로 제구덩이를 파다
파도
  GELORA 높은 파도
  OMBAK 파도
  (OMBAK) ombak besar 큰 파도
  (OMBAK) ombak setinggi gunung 산더미 같이 높은 파도
파도타기
  (LUNCUR) papan luncur 파도타기 널
파두
  (LIDAH) lidah ombak 파두
파드리
  (PERANG) perang paderi 파드리 전쟁(1821년부터 1837년까지 계속된 수마트라 서부 지방의 무슬림들과 네덜란드의 지원을 받은 현지 토착제후들 사이의 전쟁)
  (PERANG) perang padri 파드리 전쟁(1821년부터 1837년까지 계속된 수마트라 서부 지방의 무슬림들과 네덜란드의 지원을 받은 현지 토착제후들 사이의 전쟁)
파라핀
  (KERTAS) kertas minyak 파라핀 종이
파랑
  PARANG 파랑(말레이인들의 다용도 칼)
파랑나뭇잎새
  (MURAI) murai gajah 파랑나뭇잎새

파리
LALAT 파리
(LALAT) lalat hijau 금파리
(LALAT) lalat hijau 쉬파리
(LALAT) lalat kuda 말파리
(LALAT) lalat rumah 집파리
(LANGAU) lalat langau 쉬파리
(LANGAU) lalat langau 왕파리
파리하다
(MAYAT) pucat seperti mayat 파리한
(MAYAT) seperti mayat ditegakkan 몹시 해쓱하고 파리한
(PUCAT) pucat kesi 몹시 파리한
(PUCAT) pucat lesi 몹시 파리한
(PUCAT) pucat lesu 몹시 파리한
(PUCAT) pucat pudar 몹시 파리한
PUDAR 파리한
(PUDAR) air muka yang pudar 파리한 얼굴
파면
(LEMPAR) dilempar dari kursinya (직책에서)파면되다
파산
(GULUNG) gulung tikar 파산하다
(GULUNG) menggulung tikar 파산하다
파상풍
(KANCING) pengancing gigi 파상풍
파수꾼
JAGA 파수꾼
파수대
(KOTA) kota duduk 파수대
파악
(HINA) ketahuan hina mulianya 상황을 파악하다
파열음
(BUNYI) bunyi letupan 파열음
파이다
TEBUK 움푹 파인 (구멍)
파이프
(BULUH) buluh-buluh 파이프
(BULUH) pembuluh 파이프
파헤치다
(CAKAR) mencakar 파헤치다
파혼
(PUTUS) putus tunang 파혼하다
판
KATUP 판
판결
(ANGKAT) angkat hakim 판결
(BUNGKAL) bungkal yang betul 공정한 판결
(HABIS) habis perkara 판결이 난
(JATUH) menjatuhkan tangan 판결을 내리다
(SALAH) salah timbang 편향적인 판결(을 내리다)
판단
(BELUM) belum berakal 어른스런 판단을 못하는
(LINTAS) lintasan hati 판단
(MAKAN) makan masak mentah 옳고 그름을 판단 못하는

판단하다
(TAHU) tahu di alif lempang 옳고 그름을 판단하는
판돈
TARUH 판돈
판막
(KATUP) katup jantung 심장판막
판매권
(HAK) hak jual 판매권
판매세
(PAJAK) pajak penjualan 판매세
판잣집
(GUBUK) gubuk kayu 판잣집
(PAPAN) rumah papan 판잣집
판정승
(MENANG) menang angka 득점에서 앞서 판정승하다
판툰
(DENDANG) mendendang pantun 판툰(말레이 전통 4행시)을 읊다
PANTUN 판툰(말레이 전통 4행시)
(PANTUN) pantun Melayu 말레이 판툰
(RANGKAP) serangkap pantun 판툰의 1연(4행)
판판하다
RATA 판판한
팔
(GULUNG) menggulung lengan baju 팔을 걷어 부치다 (일할 준비를 하다)
(KANAN) tangan kanan 오른쪽 손(팔)
(KERAT) tulang empat kerat 두 팔과 두 다리
LENGAN 팔
(LENGAN) lengan seperti lilin dituang 여인의 곱고 예쁜 팔
(PENDEK) memendekkan lengan baju 팔을 걷어붙이다
(SAMA) tak sama getah batang dengan getah daun 팔은 안으로 굽는다
(SAYA) saya getah daun, dia getah batang 팔은 안으로 굽는다
TANGAN 팔
(TULANG) tulang yang delapan kerat 두 팔과 두 다리
팔꿈치
SIKU 팔꿈치
(SIKU) menyiku 팔꿈치로 꾹 찌르다
(SIKU) menyiku 팔꿈치로 툭 건드리다
(TONGKAT) bertongkat ruas 팔꿈치로 괴다
(TONGKAT) bertongkat tangan 팔꿈치로 괴다
(TOPANG) bertopang dagu (일 안하고) 팔꿈치로 턱을 괴고 있는
팔다
(BANTING) banting harga 헐값에 팔다
(HARGA) harganya dibanting 염가로 파는
(JANGAK) menjangak 몸을 팔다
JUAL 팔다
(JUAL) menjual berduit-duit 소매가격으로 팔다
(JUAL) menjual diri 몸을 팔다
(JUAL) menjual nama 남의 이름을 팔다
(PELIHARA) pelihara mata 한눈을 팔지 않다
(SUNDAL) bersundal 몸을 팔다
(SUNDAL) menyundal 몸을 팔다
팔뚝
(LENGAN) lengan bawah 팔뚝

팔리다
(LAKU) laku sekali 아주 잘 팔리는
(LAKU) laku seperti goreng pisang 날개 돋친 듯이 팔리는
(LARIS) paling laris 가장 잘 팔리는
(PINDAH) dipindahtangankan 팔리다
팔목
(GELANG) pergelangan tangan 팔목
팔방미인
(LEPAS) lepas laku 팔방미인
팔자
NASIB 팔자
(NASIB) nasib badan 팔자
(RAJAH) rajah tangan 팔자
(RETAK) retak tangan 팔자
(RODA) roda hidup 팔자
(TUAH) tuah ayam boleh dilihat, tuah manusia siapa tahu 사람 팔자 시간문제
팔자대로
(NASIB) nasib-nasiban 팔자대로
팔자타령
(MABUK) dimabuk nasib 팔자타령(을 하는)
팔짝팔짝
(LOMPAT) lompat-lompat kegirangan 기뻐서 팔짝팔짝 뛰다
팔짱
(PEGANG) berpegang tangan 팔짱을 끼다
(PELUK) berpeluk tangan 팔짱을 끼고 보는
(PELUK) berpeluk tubuh 팔짱을 끼고 보는
(TEKUK) bertekuk tangan 팔짱을 끼다
팔찌
GELANG 팔찌
(GELANG) gelang tangan 팔찌
팝송
(LAGU) lagu pop 팝송
팥
(TANAM) tanam lalang takkan tumbuh padi 콩 심은 데 콩 나고 팥 심은 데 팥 난다
패가망신
(KARENA/KERANA) karena mulut, badan binada 주둥이 때문에 패가망신
(MATI) mati semut karena gula 감언이설에 패가망신한 (사람)
(RUSAK/ROSAK) rosak badan kerana mulut 말 잘 못하면 패가망신한다
(RUSAK/ROSAK) rusak badan karena mulut 말 잘 못하면 패가망신한다
(SEMUT) semut mati karena gula 유혹에 넘어가 패가망신
(SEMUT) semut mati kerana gula 유혹에 넘어가 패가망신
(TUAH) menghijau tuah, najis keluar 명예욕 때문에 패가망신하다
패다
(TENGKUK) lubang tengkuk 목덜미의 움푹 팬 곳
ㅍ
패륜
(RENDAH) kerendahan *budi* 패륜
패륜아
(LUPA) lupa daratan 패륜아
(RISAU) orang risau 패륜아
패전
(PATAH) patah perang 패전하다

패퇴시키다
(PUKUL) memukul mundur 패퇴시키다
패하다
(PATAH) patah perang 전투에서 패하다
팬티
(CELANA/SELUAR) celana dalam 팬티
팽개치다
CAMPAK 팽개치다
LONTAR 팽개치다
팽팽하다
KENCANG 팽팽한
REGANG 팽팽한
TEGANG 팽팽한
퍼뜨리다
(CANANG) memukul canang ke luar kota 소문을 퍼뜨리다
SEBAR 퍼뜨리다
(SEBAR) menyebarluaskan 널리 퍼뜨리다
(SEBAR) sebar luaskan 널리 퍼뜨리다
SIAR 퍼뜨리다
퍼즐
(SILANG) silang kata 가로세로 퍼즐
퍼지다
(PECAH) buruk berita 동네방네 소문이 퍼지다
(PECAH) pecah bau 냄새가 퍼지다
(PECAH) pecah bunyi 동네방네 소문이 퍼지다
(RAJALELA) merajalela (전염병이)널리 퍼지다
(RATA) merata-rata (소문이) 여기저기로 퍼지다
(SEBAR) tersebar luas 널리 퍼지다
퍼짐
(SEBAR) sebar luas 널리 퍼짐
퍽치기
(PUKUL) pukul curi 퍽치기
펀치
(CACAH) pencacah lubang 펀치
펄럭이다
KIBAR 펄럭이다
페달
DAYUNG 페달
(DAYUNG) dayung sepeda 자전거 페달
INJAK 페달
KAYUH 페달
(TANCAP) tancap gas 가속 페달을 밟다
페더급
(KELAS) kelas bulu 페더급
페이지
(MUKA) muka hadapan 첫 페이지
(MUKA) muka surat 페이지
페인트
CAT 페인트
펠리컨
(BURUNG) burung undan 펠리컨
펴다
HAMPAR 펴다

편
(AMBIL) mengambil jalan tengah 편들지 않다
(BERAT) berat sebelah ~의 편을 드는
IRIS/HIRIS (한) 편
PENGGAL 편
편도선(염)
(DAGING) daging lebih 편도선(염)
편들다
(MIRING) miring sebelah (한 쪽을) 편드는
(PANDANG) memandang bulu 편들다
(PANDANG) pandang bulu 편들다
편발
(TAPAK) tapak rata 편발
편안
(BUANG) terbuang sisir 편안해 지다
(DADA) dada lega 편안한
(HATI) sejuk hati 편안한
(KURSI) kursi empuk 편안한 자리
(LAPANG) lapang dada 편안한
(LAPANG) lapang kira-kira 편안한
LEGA 편안한
(LEGA) lega dada (마음이) 편안한
(LEGA) lega hati (마음이) 편안한
NYAMAN 편안한
(SEJUK) sejuk hati 마음이 편안한
(TIDAK) tidak risau (마음이) 편안한
편애
(ANAK) anak emas 편애를 받는 사람
(ANAK) anak mas 편애를 받는 사람
편지
(FOTOKOPI) memfotokopi surat 편지를 복사하다
(SARUNG) sarung surat 편지 봉투
SURAT 편지
(SURAT) surat buta 익명의 편지
(SURAT) surat gelap 익명의 편지
(SURAT) surat kaleng 익명의 편지
(SURAT) surat terbang 익명의 편지
(SURAT) surat-menyurat 서로 편지를 주고받다
(TARIKH) surat bertarikh 15 Disember 12월 15일자 편지
(TARIKH) surat tertanggal 15 Desember 12월 15일자 편지
편지지
(KERTAS) kertas tulis 편지지
편집
(SUNTING) menyunting (책, 논문을) 편집하다
편집실
(DAPUR) dapur berita 신문편집실
편집위원
(SIDANG) sidang pengarang 편집위원
편찬자
(SUSUN) penyusun kamus 사전 편찬자
편찮다
(SEHAT/SIHAT) kurang sehat 몸이 편찮은
편충

(CACING) cacing cambuk 편충
편향
(PILIH) pilih kasih 편향된
(PILIH) pilih pihak 편향된
편향적
(SALAH) salah timbang 편향적인 판결(을 내리다)
(SAMA) sama tengah 편향적이 아닌
편협
(KERAS) berkeras hidung 편협한
(LUAS) seluas tapak tangan 편협한
(PANDANG) berpandangan sempit 편협한
(PIKIR/FIKIR) pikiran pendek 편협한
(PIKIR/FIKIR) pikiran sempit 편협한
SEMPIT 편협한
(SEMPIT) sempit mata (사고가) 편협한
SINGKAT 편협한
SUNTUK 편협한
펼치다
BENTANG 펼치다
(BUNTANG) membuntangkan 펼치다
HAMPAR 펼치다
ORAK 펼치다
평균
(RATA) rata-rata 평균(의)
평균소득
(DAPAT) pendapatan rata-rata 평균소득
평균수명
(HARAP) harapan hidup 평균수명
평균수입
(DAPAT) pendapatan rata-rata 평균수입
평균적
(PUKUL) pukul rata 평균적으로
(RATA) rata-rata 평균적(으로)
평등
(AKAL) akal dua jengkal 평등의식이 있는
(DIRI) berdiri sama tegak 평등한
(SAMA) sama rata 평등한
평면
BIDANG 평면
(BIDANG) bidang datar 평면
LATAR 평면
PARAS 평면
평민
(ORANG) orang bawah 평민
(ORANG) orang bawahan 평민
평발
(TAPAK) tapak rata 평발
평방
BUJUR 평방
평복
(PAKAI) pakaian sehari-hari 평복
평상복
(PAKAI) pakaian sehari-hari 평상복

평안
(ASSALAMUALAIKUM) alaikum assalam 평안하시길 (기원합니다)
(ASSALAMUALAIKUM) alaikum salam 평안하시길 (기원합니다)
(ASSALAMUALAIKUM) assalamualaikum 평안하시길 (기원합니다)
(LEGA) lega dada 평안한
(LEGA) lega hati 평안한
(NYAMAN) nyaman hati 평안한
SALAM 평안(인사말)
(SEHAT/SIHAT) sehat dan alfiat 건강하고 평안한
(SEHAT/SIHAT) sehat walafiat 건강하고 평안한
(SEJAHTERA) kesejahteraan 평안
(SEJAHTERA) selamat sejahtera 평안하십시오
SELAMAT 평안한
(SENANG) senang hati (마음이) 평안한
(TALAM) seperti air dalam talam 평안한
평영
(KODOK) berenang kodok 평영(수영법)
평온
AMAN 평온한
(AMAN) aman dan sentosa 아주 평온한
(AMAN) aman hati 평온한
(AMAN) aman sejahtera 평온한
DAMAI 평온한
(DAMAI) hidup damai 평온한 삶
(NYAMAN) nyaman hati 평온한
SEJUK (마음이) 평온한
(TALAM) seperti air dalam talam 평온한
TENANG 평온한
(TENANG) tenang-tenang 아주 평온한
평원
PADANG 평원
평일
(HARI) hari kerja 평일
평판
(BAIK) baik pasarannya 평판이 좋은
평평하다
LEBAR 평평한
(PANGKAS) memangkas rata-rata 평평하게 다듬다
PARAS 평평한
(PARAS) memaras 평평하게 다듬다
RATA 평평한
평행선
(GARIS) garis sejajar 평행선
(GARIS) garis selari 평행선
평형
TIMBAL 평형
평화
(CARA) secara damai 평화적으로
DAMAI 평화의
SALAM 평화
(SEMANGAT) semangat damai 평화의 정신
평화회담
(DAMAI) rundingan damai 평화회담

폐
PARU-PARU 폐
(SUSAH) menyusahkan orang (다른 사람에게) 폐를 끼치다
폐경
(MATI) mati haid 폐경(기가 된)
폐경기
(HAID) mati haid 폐경기의
(HAID) putus haid 폐경기의
폐기물
SAMPAH 폐기물
폐렴
(PARU-PARU) radang paru-paru 폐렴
(RADANG) radang paru-paru 폐렴
폐문
(PINTU) pintu mati 폐문
폐병
(PARU-PARU) penyakit paru-paru 폐병
폐쇄
(JALAN) jalan mati 폐쇄된 길
폐쇄적
(PINTU) pintu tertutup 폐쇄적인
(TUTUP) tutup pintu (마음이) 폐쇄적인
폐정
(SUMUR) sumur buta 폐정
(SUMUR) sumur mati 폐정
폐포
(PUNDI-PUNDI) pundi udara 폐포
(PUNDI-PUNDI) pundi-pundi udara 폐포
폐허
(HANCUR) hancur rembas 폐허가 된
포
MERIAM 포
포개다
(SILA) duduk bersila 다리를 포개고 앉다
(SILA) menyilakan kaki 다리를 포개다
(SILANG) menyilangkan kaki 다리를 포개다
TINDIH 포개다
포기
(HATI) berhati baja 포기하지 않는
(PUTUS) putus ikhtiar 포기한
포니테일
(BUNTUT) buntut kuda 포니테일
포대기
BARUT 포대기
(BARUT) barut gantung 아기 포대기
포도주
(MERAH) merah hati 잘 익은 포도주 색
포드재단
(YAYASAN) Yayasan Ford 포드재단
포로
(TAWAN) tawanan perang 전쟁 포로
포복절도
(KOCOK) mengocok perut 포복절도하다

포부
(CITA) cita-cita 포부
(GUNUNG) rendah gunung tinggi harapan 지나치게 큰 포부
포섭
(PASANG) pasang kaki 내통자를 포섭하다
포스터
(GAMBAR) gambar tempel 포스터
포악하다
(NAFSU) nafsu binatang 포악한
(NAFSU) nafsu setan 몹시 포악한 기질
포옹
DEKAP 포옹하다
PELUK 포옹
포용력
(LAPANG) lapang dada 포용력이 있는
포장
BUNGKUS 포장
(KALENG) makanan dalam kaleng 캔 포장 식품
PALUT 포장하다
포장지
(KERTAS) kertas bungkus 포장지
(KERTAS) kertas kado 선물용 포장지
(KERTAS) kertas pembungkus 포장지
포주
(LALAT) lalat hijau 포주
(MAK/EMAK) mak buyung 포주
(PINANG) pinang muda 포주
포진
KAYAP 포진
포획
TAWAN 포획하다
폭격기
(PESAWAT) pesawat pelempar bom 폭격기
(PESAWAT) pesawat pengebom 폭격기
폭군
RAJALELA 폭군
폭력
(SAMUN) samun sakal 폭력을 사용해 강취하는 것
폭로
(BUKA) membuka warna 비밀을 폭로하다
폭리
(CARAK) mencarak benak 폭리를 취하다
(CEKIK) mencekik darah 폭리를 취하다
(CEKIK) mencekik leher 폭리를 취하다
(ISAP/HISAP) mengisap benak 폭리를 취하다
(PASANG) pasang jerat 폭리를 취하다
(POTONG) potong kepala 폭리를 취하다
폭발
LETUP 폭발하는 소리
폭죽
(DETUS) detus-detus 폭죽이 연달아 터지는 소리
폭탄
BOM 폭탄

(PERIUK) periuk api (육상과 해상에서 사용하는) 폭탄
폭포
(AIR) air melata 폭포
(AIR) air terjun 폭포
폭풍
(ANGIN) angin ribut 폭풍
(PUSAR) pusaran angin kencang 폭풍
(RIBUT) angin ribut 폭풍
폭풍우
(HUJAN) hujan ribut 폭풍우
폴짝폴짝
(LONCAT) berloncat-loncatan 폴짝폴짝 뛰다
(LONCAT) loncat-loncat 폴짝폴짝 뛰다
(LONCAT) meloncat-loncat 폴짝폴짝 뛰다
(LONJAK) lonjak-lonjak 폴짝폴짝 뛰다
(LONJAK) melonjak-lonjak 폴짝폴짝 뛰다
폼
(BUANG) buang aksi 폼 재다
표
DAFTAR 표
(MENANG) memenangi suara 표를 따내다
표랑
(TERBANG) terbang-terbang hinggap 표랑의 (나그네)
표리부동
(BUAH) buah manis berulat di dalamnya 표리부동한
(KATA) berkata dua 표리부동한 말(을 하다)
(MANIS) manis di luar, busuk di dalam 표리부동(한 사람)
(MASAK) masak di luar, mentah di dalam 표리부동(한 사람)
(MURAI) murai berbulu merak 표리부동한 사람
(MUSANG) musang berbulu ayam 표리부동한 사람
(MUSANG) musang berjanggut 표리부동한 사람
표범
(HARIMAU) harimau akar 구름무늬표범
(HARIMAU) harimau bintang 표범
(HARIMAU) harimau dahan 구름무늬표범
(HARIMAU) harimau kumbang 표범
표시
(ANGKAT) mengangkat bahu 모른다는 뜻을 표시하다
(ANGKAT) mengangkat pundak 모른다는 뜻을 표시하다
(CAHAYA) cahaya iman 신에 대한 믿음의 표시
TANDA 표시
(TANDA) tanda berdukacita 애도 표시
(TANDA) tanda harga 가격 표시
(TENGAH) setengah tiang 애도를표시하다
(TUNGGUL) tunggul putih 항복의 표시
표적
SASAR 표적
표정
(CAHAYA) cahaya muka 표정
(PELITA) pelita kehabisan minyak 서러운 표정(의)
(PELITA) pelita kehabisan minyak 침통한 표정(의)
(SERI) berseri muka 얼굴 표정이 밝은
(SERI) seri muka 얼굴 (표정)

(SURAM) bersuram muka (표정이) 어두운
(TARIK) tarik muka panjang 낙심천만한 표정을 짓다
(UBAH) berubah muka 표정이 바뀌다
WAJAH 표정
(WAJAH) berwajah sedih 서글픈 표정을 짓다
(WARNA) warna gelap 슬퍼 보이는 표정
(WARNA) warna gelap 어두운 표정
(WARNA) warna gelap 우울해 보이는 표정
(WARNA) warna terang 명랑해 보이는 표정
(WARNA) warna terang 밝은 표정
(WARNA) warna terang 즐거운 표정

표제어
(KATA) kata masukan 표제어

표준
BAKU 표준

표준어
(BAKU) bahasa baku 표준어

표지
KULIT 표지

표지그림
(GAMBAR) gambar sampul 표지그림

표피
(KULIT) kulit ari 표피

표현
(MAIN) bermain mata 눈짓으로 사랑을 표현하다
(MAIN) main mata 눈짓으로 사랑을 표현하다

푸다
(GAYUNG) menggayung 바가지로 물을 푸다

푸대접
(MAKAN) makan nasi sejuk 푸대접을 받다
(TANDANG) bertandang ke surau 푸대접을 받다

푸석푸석
LAMBUK 푸석푸석한

푸안
PUAN 푸안(상대편 여성을 높여 이르는 이인칭 대명사)

푼
(KANTONG/KANTUNG) kantong kempes 한 푼도 없는
(KANTONG/KANTUNG) kantong kering 한 푼도 없는
(KANTONG/KANTUNG) kantong kosong 한 푼도 없는

풀
(ANGKAT) angkat rumput 풀을 뽑다
KANJI (세탁용) 풀
RUMPUT 풀
(SABIT) menyabit rumput 낫으로 풀을 베다

풀다
(KENDUR) mengendurkan urat 근육을 풀다
ORAK 풀다
(RAMAL) membaca ramal 점괘를 풀다
(RAMAL) membilang ramal 점괘를 풀다
(RAMAL) membuka ramal 점괘를 풀다
(REBAH) rebah belakang 피로를 풀다
(RINTANG) merintang-rintang lelah 피로를 풀다
(SAUH) melabuhkan sauh 닻을 풀다

(SAUH) membuang sauh 닻을 풀다
(SURUT) menyurutkan darah 화를 풀다
풀려나다
LEPAS 풀려난
풀리다
(KARTU) kartunya sedang naik 잘 풀리는
LIPUR 풀리다
풀무질
(TAJAM) mempertajam sanding 불난 데 풀무질하는 사람
풀어주다
(LULUH) meluluhkan hati 마음을 풀어주다
풀어지다
URAI 풀어진
풀칠
(SAMBUNG) menyambung hidup 목구멍에 풀칠하다
(SAMBUNG) menyambung nyawa 목구멍에 풀칠하다
(SUAP) sesuap pagi dan sesuap petang 겨우 입에 풀칠을 하는 (생활 형편)
풀칠하다
(CUKUP) secukup hidup 입에 풀칠하는
품다
(WASANGKA) menaruh syak wasangka 의혹을 품다
(WASWAS) merasa waswas 의혹을 품다
품삯
(BASUH) pembasuh tangan 품삯
(BURUH) buruhan 품삯
(ROKOK) duit rokok 품삯
(ROKOK) uang rokok 품삯
(ROKOK) wang rokok 품삯
UPAH 품삯
(UPAH) makan upah 품삯을 받고 일하다
품성
BUDI 품성
TABIAT 품성
품질
(TINGKAT) tingkat atas (품질이) 고급인
품질검사부
(KENDALI) kendali mutu 품질검사부
품행
(KURANG) kurang adab 품행이 좋지 않은
(KURANG) kurang adat 품행이 좋지 않은
(KURANG) kurang asem 품행이 좋지 않은
풋(과일)
JOLONG 풋(과일)
풋고추
(MANIS) manis laksana gula Jawa 오뉴월 풋고추에 가을 피조개
(MANIS) manis seperti gula Jawa 오뉴월 풋고추에 가을 피조개
풋내기
(DARAH) darah setampuk pinang 풋내기의
(KANAK-KANAK) kanak-kanak anyir 풋내기
(KANAK-KANAK) kanak-kanak hanyir 풋내기
풋사랑
(CINTA) cinta monyet 풋사랑

풍덩
CEBUR 풍덩
풍문
(CERITA) cerita angin lalu 풍문
(ISAP/HISAP) isapan jempol 풍문이나 추측에 근거한 허위기사
(KABAR/KHABAR) kabar angin 풍문
(KABAR/KHABAR) kabar burung 풍문
(RADIO) radio dengkul 풍문
(RADIO) radio karat 풍문
(WARTA) warta di bawah pikat dan langau 풍문
풍부하다
KAYA 풍부한
LIMPAH 풍부한
(MEWAH) limpah mewah 엄청나게 풍부한
(RASA) merasai asam garam kehidupan 인생 경험이 풍부한
풍속
(ASING) asing lubuk asing ikannya 각 지방마다 풍속이 다르게 마련
(ASING) asing padang asing belalang 각 지방마다 풍속이 다르게 마련
풍요롭다
(LIMPAH) berlimpah-limpah 풍요로운
(LIMPAH) limpah-limpah 풍요로운
(MEWAH) limpah mewah 매우 풍요로운
(RUAH) limpah ruah 풍요로운
(RUAH) penuh ruah 풍요로운
(RUAH) tumpah ruah 풍요로운
(SENANG) senang lenang (생활이) 풍요로운
(SEPERTI) seperti tikus jatuh ke beras (생활이) 풍요로운
(TUMPAH) bertumpah ruah 풍요로운
풍자
(SINDIR) sindiran halus 풍자
풍전등화
(NYAWA) nyawa bergantung di ujung rambut 풍전등화
풍족하다
(ASAP) berasap dapurnya 풍족한
(AWANG/AWANG-AWANG) hidup di awang-awang 풍족한 삶
(AYAM) ayam bertelur di padi 풍족한
MAKMUR 풍족한
(TUMPAH) bertumpah ruah 풍족한
풍향
(ANGIN) mata angin 풍향
(MATA) mata angin 풍향
풍향계
(AYAM) ayam-ayaman 풍향계
(BURUNG) burung-burungan 풍향계
프로펠러
BALING-BALING 프로펠러
KIPAS 프로펠러
(RODA) roda *kapal* 선박의 프로펠러
프로펠러기
(PESAWAT) pesawat baling-baling 프로펠러기
프타이
PETAI 프타이 콩
PETAI 프타이(콩과 식물의 일종)

피
(ANYIR/HANYIR) bau anyir darah 피비린내
DARAH 피
(DIDIH) mendidih darahnya 피가 끓는
(JALAN) jalan darah 피의 흐름
(KENTAL) darah kental 굳은 피
(MABUK) mabuk darah 피를 너무 많이 흘려 졸도하다
(MABUK) mabuk darah 피를 보고 현기증을 느끼다
(TURUN) turun darah 피를 많이 쏟다
(UBUN-UBUN) ubun-ubun lembut 머리에 피도 안 마른
피고소인
(DAKWA) terdakwa 피고소인
(GUGAT) tergugat 피고소인
피고인석
(KANDANG) kandang orang salah (법정의) 피고인석
피곤
JERIH 피곤한
(LAYU) layu malap 몹시 피곤한
LELAH 피곤한
(TULANG) bertulang itik 몹시 피곤한
피골
(BALUT) tinggal jangat pembalut tulang 피골이 상접한
(BALUT) tinggal kulit pembalut tulang 피골이 상접한
(MERSIK) kurus mersik 피골이 상접한
(MERSIK) kurus mersik 피골이 앙상한
(PALUT) tinggal jangat pemalut tulang 피골이 상접한
(PALUT) tinggal kulit pemalut tulang 피골이 상접한
(TINGGAL) tinggal tulang dengan kulit 피골이 상접한
피난민
(TAMPUNG) menampung (피난민을) 수용하다
피눈물
(TANGIS) menangis dengan air mata darah 피눈물로 애원하다
피다
KEMBANG 피다
피땀
(MANDI) mandi keringat 피땀을 흘리다
(MANDI) mandi peluh 피땀을 흘리다
(SIMBAH) bersimbah peluh 피땀을 흘리다
(SUSAH) bersusah payah 피땀 흘려 노력하다
(SUSAH) bersusah-susah 피땀 흘려 노력하다
(TITIK) titik peluh 스스로 피땀 흘린 노력의 결과
피로
(BELUM) belum kering keringat di badan 피로가 가시지 않은
(MASIH) masih basah badannya 여전히 피로가 풀리지 않은
PENAT 피로한
(PENAT) jerih penat 몹시 피로한
(PENAT) penat jerih 몹시 피로한
(PENAT) penat lelah 몹시 피로한
(REBAH) rebah belakang 피로를 풀다
(RINTANG) merintang-rintang lelah 피로를 가시게 하다
(RINTANG) merintang-rintang lelah 피로를 풀다
피리
(BULUH) buluh perindu 대나무 피리

피멍
  (MEMAR) luka memar pada dada 가슴 부위의 (피)멍이 든 상처
피바다
  (BANJIR) banjir darah (전쟁으로) 피바다가 되다
피부
  JANGAT 피부
  KULIT 피부
  (PUTIH) putih pucat (피부가) 백옥같이 고운
  (PUTRI/PUTERI) putri yang seni 피부가 고운 여자
피부궤양
  TOKAK 피부궤양
  (TOKAK) bertokak 피부궤양을 앓다
피붙이
  (DARAH) darah daging 피붙이
피상속인
  (WARIS) pewaris 피상속인
피새
  (SEMPIT) sempit alam 피새를 잘 부리는
  (SEMPIT) sempit hati 피새를 잘 부리는
피선거권
  (HAK) hak dipilih 피선거권
피소
  (DAKWA) kena dakwa 피소되다
피신
  (BAWA) membawa nyawa 피신하다
  (ELAK) mengelakkan diri 피신하다
  (LENYAP) lenyap diri 피신하다
  (LENYAP) melenyapkan diri 피신하다
피어나다
  (NAIK) naik marak (처녀가)한창 예쁘게 피어나는
피우다
  (ISAP/HISAP) mengisap madat 아편을 피우다
  (MINUM) mengisap madat 아편을 피우다
  (MINUM) minum madat 아편을 피우다
  (PUNTUNG) berhubung puntung 줄담배를 피우는
  (ROKOK) menghisap rokok 담배를 피우다
  (ROKOK) merokok 담배를 피우다
  (TIMBA) bertimba karang 소란을 피우다
피조개
  (MANIS) manis laksana gula Jawa 오뉴월 풋고추에 가을 피조개
  (MANIS) manis seperti gula Jawa 오뉴월 풋고추에 가을 피조개
피지 않다
  KUNCUP 피지 않은
피쿨
  PIKUL 피쿨(무게 단위로 약 62.5킬로그램)
ㅍ 피하다
  ELAK 피하다
  (ELAK) *tidak dapat dielakkan* 피할 수 없는
  LINDUNG 피하다
  SISIH 피하다
피해
  (TANGAN) tangan gatal 공연한 일을 저질러 남에게 피해를 주는
핀

M) jarum biku (평행) 핀
UM) jarum bundel (평행) 핀
UM) jarum cantel 안전핀
HA) paha belalang 핀
MAT) jarum penyemat (옷)핀

ATUT 핀셋
필기구
  KALAM 필기구
필기시험
  (UJI) ujian tertulis 필기시험
필름
  (CUCI) mencuci film 필름을 현상하다
  FILM 필름
필리핀
  (NEGERI) negeri Mabuhay 필리핀
필지
  (BIDANG) sawah tiga bidang 세 필지의 논
필체
  (CARA) cara menulis 필체
핏기
  (CENDAWAN/JAMUR) sebagai cendawan dibasuh 핏기가 가신
  (MABUK) mabuk gadung 핏기가 전혀 없는
핏대
  (SAKIT) sakit dada 핏대가 선
  (TIPIS) tipis telinga (남의 핀잔에) 금방 핏대를 세우는 (사람)
핑계
  (ALAS) alasan kusir 핑계
  (CARI) mencari helah 핑계를 대다
  HELAH 핑계
  (KILI/KILI-KILI) panjang kekili 핑계를 잘 대는
  (KILI/KILI-KILI) panjang kili-kili 핑계를 잘 대는
  (PANJANG) panjang kili-kili 핑계를 잘 대는

ㅎ

하구
(MULUT) mulut sungai 강 하구
하급
(KELAS) kelas tiga 하급의
하급자
(ORANG) orang bawah 하급자
(ORANG) orang bawahan 하급자
(ORANG) orang di bawah 하급자
(ORANG) orang rendah 하급자
하나
SATU 하나
(SATU) satu-satunya 단 하나의
(SATU) satu-satunya 오직 하나 밖에 없는
TUNGGAL 단 하나의
하나 마나
(TANGGUNG) tanggung-tanggung (일을) 하나 마나 한
하나씩
(SATU) satu demi satu 하나씩
(SATU) satu-satu 하나씩
하나하나
(SATU) satu demi satu 하나하나
(SATU) satu-satu 하나하나
TIAP 하나하나의
(TIAP) tiap-tiap 하나하나
하눌타리
(RANCAK) rancak di labuh 허울 좋은 하눌타리
(RANCAK) rancak di lebuh 허울 좋은 하눌타리
하느님
(SYAHADAT) bersyahadat (무슬림들이) '하느님 외에는 신이 없고 무하맛은 하느님의 사도이다'라고 말하다
~하는 동안
SAMBIL ~하는 동안
하는 둥 마는 둥
(GENGGAM) genggam-genggam bara (일을) 하는 둥 마는 둥 하는
(MAIN) main gila 하는 둥 마는 둥
(MAU/MAHU) mau *tak mau* ~을 하는 둥 마는 둥 하는
(MINYAK) *berminyak* tak licin 일을 하는 둥 마는 둥 하다
(POTONG) sepotong jalan 하는 둥 마는 둥 하는
하는 척
(MUKA) bermuka-muka saja 하는 척만 하다

하는 체
(MAIN) bermain di belakang layar ~하는 체 하다
하늘
ANGKASA 하늘
AWANG/AWANG-AWANG 하늘
(GUNUNG) menggunung 하늘 높이 치솟다
(IKHTIAR) ikhtiar menjalani, untung menyudahi 하늘은 스스로 돕는 자를 돕는다
(JANGKAU) menjangkau langit 하늘 높이
LANGIT 하늘
(LINGKAR) lingkaran langit 하늘
(MANUSIA) Tuhan punya kuasa 세상만사 하늘의 뜻에 달렸다
(MANUSIA) manusia punya asa 세상만사 하늘의 뜻에 달렸다
(SEPERTI) seperti langit dengan bumi 하늘과 땅 차이
(TENGADAH) menengadahkan muka (하늘을) 우러러 보다
(TENGADAH) menengadahkan muka (하늘을) 우러르다
(TERIMA) terima nasib 하늘의 뜻에 따르다
하늘나라
LANGIT 하늘나라
하늘 높은 줄
(TINGGI) tinggi lawak-lawak 하늘 높은 줄 모른다
~하다
BUAT ~하다
하디스
(TALI) tali Allah 코란과 하디스(이슬람교의 예언자 마호메트의 언행 기록)
하라는 대로
(TURUT) turut kata (남이) 하라는 대로 하다
하루
HARI 하루
(PANJANG) sepanjang hari 하루 종일
(SUNTUK) sehari suntuk 하루 내내
하루살이
(KAIS) kais pagi makan pagi, kais petang makan petang 하루살이 신세
하류
HILIR 하류
하류지역
HILIR 하류지역
하마
(BADAK) badak sungai 하마
(BADAK) kuda nil 하마
(KUDA) kuda nil 하마
하마터면
(CEMAS) cemas-cemas 하마터면
(HAMPIR) hampir-hampir 하마터면
하부
BAWAH 하부
하수
(BUANG) air buangan 하수
하숙집
(RUMAH) rumah tumpangan 하숙집
하양
PUTIH 하양

ㅎ

하얗다
(KAPAS) seperti kapas dibusar 매우 하얀
(KAPAS) seperti kapas dibusar 새하얀
(PUTIH) putih bersih 매우 하얀
(PUTIH) putih seperti kapas dibusar 매우 하얀
하위직
(PANGKAT) berpangkat rendah 하위직에 있는
(PANGKAT) pangkat rendah 하위직에 있는
하이드로포일
(KAPAL) kapal bersayap 하이드로포일
하이픈
(TANDA) tanda sempang 하이픈
(TANDA) tanda sengkang 하이픈
하이힐
(HAK) hak tinggi 하이힐
하인
(KEMENAKAN/KEMANAKAN) kemenakan di bawah lutut 하인
(ORANG) orang gaji 하인
(ORANG) orang gajian 하인
하자
(HAJI) hajah 하자 (성지 순례를 다녀 온 여자를 부르는 호칭어)
(HAJI) haji perempuan 하자 (성지 순례를 다녀 온 여자를 부르는 호칭어)
하지
HAJI 성지 순례를 다녀 온 남자를 부르는 호칭어
HAJI 하지 (이슬람의 오주 중에서 다섯 번째인 성지순례의 의무)
하직
(JALAN) berjalan dari dunia yang fana 이승을 하직하다
(LALU) berlalu dari dunia 세상을 하직하다
(TINGGAL) meninggalkan zaman 세상을 하직하다
하천
SUNGAI 하천
(TALI) tali air 하천
하청
(KERJA) kerja borong 하청
하층
JELATA 하층의
하층민
(PAPAN) papan bawah 하층민
하품
(UAP/WAP) menguap 하품하다
학과목
(BUAH) buah pelajaran 학과목
(MATA) mata pelajaran 학과목
학교
SEKOLAH 학교
(SEKOLAH) sekolah atap 시골 학교
(SEKOLAH) sekolah kampung 시골 학교
(TIDAK) tidak makan sekolah 학교 구경도 못한
학급
(NOL) nol besar 유치원 2 년차 학급
(NOL) nol kecil 유치원 1 년차 학급
학기
MUSIM 학기

PENGGAL 학기
(PENGGAL) penggal kedua 2 학기
학년
KELAS 학년
학대
(TIMBA) timba buruk 학대받는 사람
학문
(CARI) mencari ilmu 학문을 닦다
ILMU 학문
(ILMU) ilmiah 학문적인
(ILMU) ilmu bantu 보조학문
(ILMU) ilmu putih 유용학문
(ILMU) mencari ilmu 학문을 닦다
(ISI) isi kepala 학문
KAJI 학문
(KAYU) laksana pohon kayu tidak berbuah 실용성이 없는 학문
(MENARA) menara gading 학문의 전당
(MUTIARA) mutiara tidak dimuntahkan oleh laut 학문은 고행 끝에 얻는 것
(PELITA) pelita hidup 학문
(PINDAH) pindah ilmu 학문을 전수하다
(PUSAT) pusat ilmu 학문의 전당
(TAHU) tahu di alif lempang 학문의 기초를 이해하는
학비
(UANG/WANG) uang sekolah 학비
학생
(AJAR) pelajar 학생
(TUNTUT) penuntut sekolah 학생
학수고대
(BALIK) terbalik mata 학수고대
(LEHER) leher sampai panjang 학수고대하다
(LEHER) leher terasa panjang 학수고대하다
(NANTI) bernanti-nanti 학수고대하다
(NANTI) menanti-nanti 학수고대하다
(NANTI) nanti-nanti 학수고대하다
학술
(ILMU) ilmiah 학술적인
(RENCANA) rencana ilmiah 학술 논문
학습능력
(LANCAR) lancar kaji 학습능력이 뛰어난
학습자
(AJAR) pelajar 학습자
학식
(CENDEKIA) cerdik cendekia 학식이 있는
(CERDIK) cerdik cendekia 학식이 있는
(CERDIK) cerdik pandai 학식이 있는
(KEMENYAN) kemenyan sebesar lutut, jika tiada dibakar manakan berbau 학식은 실천하지 않으면 아무 소용없다
(PADANG) berpadang lapang 학식이 있는
(PADANG) padang lapang 학식이 있는
학업
(KELUAR) keluar sekolah 학업을 중단하다
(MATA) mata betung 학업이 부진한

(PUTUS) putus sekolah 학업을 중단하다
학업성과
(BUAH) buah pelajaran 학업성과
학용품
(ALAT) alat-alat tulis sekolah 학용품
학자
(ORANG) orang berilmu 학자
(TEPI) tepi ilmu 학자
한가로이
(LENA) berlena-lena 한가로이 시간을 보내다
한가롭게
(LENGGANG) berlenggang kangkung 한가롭게 거닐다
한가하다
LAPANG 한가한
LEGA 한가한
LUANG 한가한
(LUANG) waktu terluang 한가한 시간
한강
(HATI) hati gatal mata digaruk 종로에서 빰 맞고 한강에서 눈 흘긴다
한 개
TUNGGAL 단 한 개의
~한 것
YANG ~한 것
한결같다
(TUNGGANG) tunggang hati 한결같은
한계
(SUKAT) menyukat penuh sudah 참는 것도 한계가 있다
(SUKAT) telah penuh sebagai bersukat 참는 것도 한계가 있다
한국
(NEGERI) negeri di Pagi Hari Nan Tenang 한국
한국어
(KAMUS) kamus Indonesia-Korea 인도네시아어-한국어 사전
(KAMUS) kamus Melayu-Korea 말레이어-한국어 사전
한길
(RAYA) jalan raya 한길
한꺼번에
(KALI) sekali gus 한꺼번에
(KALI) sekali lalu 한꺼번에
(KALI) sekaligus 한꺼번에
(KALI) sepintas lalu 한꺼번에
(SAMA) sama sekali 한꺼번에
(SAMBIL) sambil lalu 한꺼번에
(SAMBIL) sambil-sambil 한꺼번에
한낮
(BUNTAR) buntar bayang-bayang 한낮
(BUNTAR) buntar membayang 한낮
(MATAHARI/MENTARI) matahari sedang rembang 한낮
(SALAT/SOLAT) salat lohor 한낮(해가 중천에 떠서 그림자가 본체의 길이와 같아질 때까지의 시간)에 드리는 기도
(SALAT/SOLAT) salat zuhur 한낮(해가 중천에 떠서 그림자가 본체의 길이와 같아질 때까지의 시간)에 드리는 기도
(SEMBAHYANG/SOLAT) sembahyang zuhur 한낮(해가 중천에 떠서 그림자가 본체의 길이와 같아질 때까지의 시간)에 드리는 기도

(TENGAH) tengah hari bolong 한낮(낮 열두 시를 전후한 때)
(TENGAH) tengah tapak bayang-bayang 한낮(낮 열두 시를 전후한 때)

한눈
(PANJANG) panjang mata 한눈을 파는
(PELIHARA) pelihara mata 한눈을 팔지 않다

한눈에
(PANDANG) sekali pandang 한눈에
(PANDANG) selayang pandang 한눈에

한 달
PURNAMA 한 달(30일)

한대지역
(DAERAH) daerah hawa dingin 한대지역

한데
(ATAP) beratap langit 한데
(SELIMUT) berselimut embun 한데에서 자다

한데에서
(BAWAH) di bawah langit 한데에서

한뎃잠
(SELIMUT) berselimut embun 한뎃잠을 자다
(SULUH) bersuluh bulan 한뎃잠을 자다

한도
(BANYAK) banyak sedikitnya 한도
(LAMPAU) lampau batas 한도를 넘은
(LANGGAR) langgar batas 한도를 넘다

한뜻
(IKAT) seikat bagai sirih 한마음 한뜻
(IRING) seiring sejalan 한마음 한뜻의
(RAGAM) seragam 한뜻의
(SATU) bersatu hati 한마음 한뜻이 되다
(SATU) satu hati 한마음 한뜻

한마디
(PENDEK) pendek kata 한마디로 말하면

한마디로
(SINGKAT) singkat kata 한마디로 말하면

한마음
(IKAT) seikat bagai sirih 한마음 한뜻
(IRING) seiring sejalan 한마음 한뜻의
(RAGAM) seragam 한마음의
(SATU) bersatu hati 한마음 한뜻이 되다
(SATU) satu hati 한마음 한뜻

한 몸
(TUBUH) bersetubuh 한 몸이 되다

한밤중
(MALAM) jauh malam 한밤중
(MALAM) malan jauh 한밤중
(TENGAH) tengah malam 한밤중

한 방
(KALI) sekali pukul 한 방에

한방약
(OBAT/UBAT) obat sinse 한방약

한 사람
(TIDAK) tidak ada lalat hijau 한 사람도 없다
(TIDAK) tidak ada lalat langau 한 사람도 없다

ㅎ

한사리
(PASANG) pasang besar 한사리
한센병
(SAKIT) penyakit kusta 한센병
한 술
SUAP (밥 한) 술
한숨
(AMBIL) mengambil napas panjang 한숨 쉬다
(HELA) menghela napas 한숨 쉬다
(NAPAS/NAFAS) bernapas dengan lapang 한숨을 돌리다
(NAPAS/NAFAS) napas kuda 한숨
(NAPAS/NAFAS) napas panjang 한숨
(TARIK) menarik nafas dalam-dalam 깊은 한숨을 몰아쉬다
(TARIK) menarik nafas panjang 긴 한숨을 몰아쉬다
(TARIK) menarik napas dalam-dalam 깊은 한숨을 몰아쉬다
(TARIK) menarik napas panjang 긴 한숨을 몰아쉬다
한 쌍
(JODOH) sejodoh lelaki perempuan 남녀 한 쌍
(TALAS) bagai air di daun talas 어울리지 않는 한 쌍
(TANDUK) tanduk bersendi gading 어울리지 않는 한 쌍
(TUMBUK) orang setumbuk bagai gelang 아주 잘 어울리는 (부부) 한 쌍
한 쌍씩
(SERBA) serba dua (품목마다) 모두 한 쌍씩의
(SERBA) serbadua (품목마다) 모두 한 쌍씩의
한없이
(LARUT) berlarut-larut 한없이 계속되다
(LARUT) larut-larut 한없이 계속되다
한입
(CABANG) bercabang lidah 한입으로 두말하는
한 점
SAYAT (고기) 한 점
한지
LADANG 한지
한탄
(AMBIL) mengambil napas panjang 한탄하다
(KATAK) katak ditimpa kemarau 한탄하다
(RATAP) meratapi nasib 기구한 신세를 한탄하다
(RATAP) meratapi nasib 기구한 운명을 한탄하다
(RUSA) rusa kena tambat 한탄하는
(TARIK) menarik nafas dalam-dalam 한탄하다
(TARIK) menarik nafas panjang 한탄하다
(TARIK) menarik napas dalam-dalam 한탄하다
(TARIK) menarik napas panjang 한탄하다
한탕
(MAIN) bermain nasib 한탕을 노리다
한 푼
(KANTONG/KANTUNG) kantong kempes 한 푼도 없는
(KANTONG/KANTUNG) kantong kering 한 푼도 없는
(KANTONG/KANTUNG) kantong kosong 한 푼도 없는
한 해
(TAHUN) sepanjang tahun 한 해 내내
(TAHUN) setahun-tahunan 한 해 내내

할딱거리다
(NAPAS/NAFAS) nafas Isnin Khamis 숨을 할딱거리는
(NAPAS/NAFAS) napas pendek 숨을 할딱거리는
(NAPAS/NAFAS) napas senen kemis 숨을 할딱거리는
(SENIN/ISNIN) Senin Kamis (숨을) 할딱거리다
(SENIN/ISNIN) senen kemis (숨을) 할딱거리다
(SESAK) sesak nafas (숨을) 할딱거리다
(SESAK) sesak napas (숨을) 할딱거리다
할딱할딱
(SENIN/ISNIN) Senin Kamis 할딱할딱 가쁜 숨을 몰아쉬다
(SENIN/ISNIN) senen kemis 할딱할딱 가쁜 숨을 몰아쉬다
(SESAK) sesak nafas (숨을) 할딱할딱하다
(SESAK) sesak napas (숨을) 할딱할딱하다
할례
(BAWA) membawa ke air 할례를 받도록 하다
(HAPUS) menghapus malu 할례 시키다
(JAWI) masuk jawi 할례 받다
(LEPAS) lepas malu 할례를 받다
(MASUK) masuk Jawa 할례를 받다
(MASUK) masuk jawi 할례를 받다
할머니
(MAK/EMAK) mak tua 할머니
NENEK 할머니
할머니마술사
(NENEK) nenek sihir 할머니마술사
할미새
PIPIT 할미새
~할 뻔
NYARIS ~할 뻔
할 수 없이
(MAU/MAHU) mau tak mau 할 수 없이
(SUKA) suka tak suka 할 수 없이
~할 수 있는
BISA ~할 수 있는
할 수 있다
DAPAT 할 수 있는
할아버지
(NENEK) nenek laki-laki 할아버지
할퀴다
(CAKAR) bercakar-cakaran 서로 할퀴다
(CAKAR) cakar-balar 여기저기 할퀸 자국
핥다
JILAT 핥다
함
PETI 함
함께
SAMA 함께
함박웃음
(GELAK) gelak tertawa 함박웃음
함부로
(LANCANG) lancang mulut 함부로 말하는
(PELIHARA) pelihara lidah 함부로 말하지 않다
(PELIHARA) pelihara mulut 함부로 말하지 않다

(SAMPAI) sampai hati 함부로 행동하다
(SAMPAI) sampai hemat 함부로 행동하다
함석
(ATAP) atap seng 함석지붕
(BESI) besi putih 함석
함정
KAIT 함정
(MASUK) masuk sarang labah-labah 함정에 들다
(MASUK) masuk sarang labah-labah 함정에 빠지다
(PASANG) pasang ranjau 함정을 놓다
RANJAU 함정
TANGGUK 함정
합당
COCOK 합당한
PANTAS 합당한
합당하다
(EKOR) bagai lintah dipotong ekor 아주 합당한
(KENA) mengena di hati 합당한
(PAUT) ayam pulang ke pautan 합당한
TAMPAN 합당한
합리적
(LALU) lalu di angan 합리적인
(PIKIR/FIKIR) fikiran sihat 합리적인 생각
(PIKIR/FIKIR) pikiran sehat 합리적인 생각
(RUPA) terupa di akal 합리적인
(SAMPAI) sampai akal 합리적인
(SAMPAI) sampai di akal 합리적인
(SAMPAI) sampai pada akal 합리적인
합방
(MANDI) mandi damai 신랑신부가 합방한 후 치르는 목욕의식
합산
TOTAL 합산의
합심
(SETIA) setia kawan 합심
합의
(AMBIL) mengambil jalan damai 합의하다
(BULAT) membulatkan mufakat 합의하다
(JALAN) jalan damai 합의
(KAIT) tali jangan putus, kaitan jangan serkah 정당한 합의
(KATA) kata bulat 만장일치의 합의
MUFAKAT/MUAFAKAT 합의
(MUFAKAT/MUAFAKAT) bermufakat 합의하다
(NAN/YANG) nan digalikan dalam, nan digantungkan tinggi 심사숙고 끝에 합의를 이룸
(PADU) padu hati 합의(하다)
(PADU) padu kata 합의(하다)
(PUTUS) putus bicara 합의하다
(PUTUS) putus kata 합의하다
(TOPANG) bertopang pangkal 합의를 이끌어 내는
(TUJU) bersetuju 합의하다
합의점
(BUNTU) buntu pikiran 합의점을 찾지 못한
(TITIK) titik pertemuan 합의점

합작자본
(MODAL) modal campuran 합작자본
(MODAL) modal gabungan 합작자본
합치
(LARAS) laras dengan ~에 합치되는
(LARAS) selaras dengan ~에 합치되는
(SUA) bersua alur 합치하다
합치다
(PADU) padu tenaga 힘을 합치다
합판
(KAYU) kayu lapis 합판
핫뉴스
(HANGAT) berita hangat 핫뉴스
항고
(NAIK) naik apel 항고하다
(NAIK) naik banding 항고하다
항공교통관제
(TRAFIK) kawalan trafik udara 항공교통관제
항공노선
(JARING) jaring penerbangan tetap 정기 항공노선
(LINTAS) lintas udara 항공노선
항공편
(LINTAS) lintas udara 항공편으로
항구
BANDAR 항구 (도시)
(PANGKAL) pangkalan kapal 항구
항문
(PINTU) pintu belakang 항문
항복
(ANGKAT) angkat tangan 항복하다
(CIUM) mencium telapak kaki 항복하다
(CIUM) mencium telapak tangan 항복하다
(KIBAR) mengibarkan bendera putih 항복하다
(LETAK) meletakkan senjata 항복하다
(NAIK) menaikkan bendera putih 항복하다
(PASANG) memasang bendera putih 항복하다
(PASANG) pasang bendera putih 항복하다
(SERAH) menyerah diri 항복하다
(SERAH) menyerah kalah 항복하다
(SERAH) menyerahkan diri 항복하다
(TEKUK) bertekuk lutut 항복하다
(TUNGGUL) tunggul putih 항복의 표시
항상
(LEKANG) tidak lekang 항상
SELALU 항상
SENTIASA/SENANTIASA 항상
(TIAP) setiap waktu 항상
항아리
GUCI 항아리
TEMPAYAN 항아리
(TEMPAYAN) tempayan besar 큰 항아리
(TEMPAYAN) tempayan kecil 작은 항아리
항해

(BAHARI) ilmu bahari 항해술
(ILMU) ilmu bahari 항해술
(LAYAR) belayar 항해하다
(LAYAR) berlayar 항해하다
항해술
(BAHARI) ilmu bahari 항해술
해
(BENAM) matahari terbenam 해가 저무는 (때)
(CONDONG) condong ke barat 해가 기울다
(HARI) hari sudah tinggi 해가 중천에 뜬
(HUJAN) hujan berbalik ke langit 서편에서 해가 뜨는 격
(LAMPU) lampu dunia 해
(LENGSER) matahari lengser 해가 기우는 (때)
(LENGSER) matahari lengser 해가 저무는 (때)
MATAHARI/MENTARI 해
(MATAHARI/MENTARI) matahari berayun 해가 기우는 때 (오후 4시 경)
(MATAHARI/MENTARI) matahari condong ke barat 해가 저무는 때
(MATAHARI/MENTARI) matahari gelincir 해가 뉘엿뉘엿 떨어지는 때 (오후 5시 경)
(MATAHARI/MENTARI) matahari hidup 해가 뜨다
(MATAHARI/MENTARI) matahari jatuh 해가 저물다
(MATAHARI/MENTARI) matahari lengser 해가 뉘엿뉘엿 떨어지는 때 (오후 5시 경)
(MATAHARI/MENTARI) matahari mati 해가 저물다
(MATAHARI/MENTARI) matahari miring 해가 뉘엿뉘엿 떨어지는 때 (오후 5시 경)
(MATAHARI/MENTARI) matahari naik 해가 뜨다
(MATAHARI/MENTARI) matahari sepenggalah tingginya 해가 장대 높이 만큼 뜬 때 (아침 7시에서 8시 경)
(MATAHARI/MENTARI) matahari tegak 해가 하늘 한 가운데 떠 있는 때 (낮 12시 경)
(MATAHARI/MENTARI) matahari tengah turun 해가 기울기 시작하는 때 (오후 3시 경)
(MATAHARI/MENTARI) matahari terbit 해가 뜨다
(MATAHARI/MENTARI) matahari terpacak 해가 하늘 한 가운데 떠 있는 때 (낮 12시 경)
(MATAHARI/MENTARI) matahari terpijak 해가 하늘 한 가운데 떠 있는 때 (낮 12시 경)
(MATAHARI/MENTARI) matahari turun 해가 떨어지는 때 (저녁)
(RUMPUT) rumput mencari kuda 서쪽에서 해가 뜬다
(TUNGGANG) tunggang gunung 해가 서산에 기우는 무렵
해결
(BALIK) terbalik kalang 해결방안을 찾지 못하다
(SELESAI) menyelesaikan benang kusut 난제를 해결하다
(TIDAK) tidak tentu hulu hilirnya 해결하기 힘든
해결책
(JALAN) *jalan keluar* 해결책
(JALAN) jalan lepas 해결책
(PINTU) pintu keluar 해결책
해고
(BUANG) membuang kerja 해고하다
(GANTUNG) gantung kerja 해고(하다)

(LUCUT) lucut jawatan 해고하다
(LUCUT) melucutkan jawatan 해고하다
(SURAT) surat berhenti 해고 통지서
해군
(RAJA) raja laut 해군 사령관
(RAJA) raja laut 해군 제독
해난
(KAPAL) kapal pengemas 해난 구조선
해님
(SANG) sang suria 해님
해론벌레
(SERANGGA) serangga perosak 해론벌레
해마
(GAJAH) gajah laut 해마
(KUDA) kuda laut 해마
해변
RANTAU 해변
SISIR 해변
(TEPI) tepi pasir 해변
해변가
(SUSUR) susur pantai 해변가
해부학
(ILMU) ilmu urai 해부학
해산
(CUKUP) cukup bulan 해산할 달
해설
ULAS 해설하다
해소
(BASAH) membasahi kerongkongan 갈증을 해소하다
해쓱하다
(MAYAT) mayat bernyawa 해쓱한
(MAYAT) seperti mayat ditegakkan 몹시 해쓱하고 파리한
(PUCAT) pucat cengkung 해쓱한
해안
RANTAU 해안
해안가
(RANTAU) anak rantau 해안가 거주민
(RANTAU) orang rantau 해안가 거주민
(TEBING) tebing laut 해안가 절벽
(TEPI) tepi pasir 해안가
해안경비정
(KAPAL) kapal peronda pantai 해안경비정
해외
(JEJAK) menjejak negeri orang (돈 벌러) 해외에 나가다
(JEJAK) menjejak negeri orang 해외 곳곳을 떠돌다
(LARAT) larat ke negeri orang 해외에서 떠돌다
RANTAU 해외
(RENANG) merenangi laut lepas 목적도 없이 해외로 떠도는
해우
(BABI) babi laut 해우
해이
KENDUR 해이된
(KENDUR) mengendurkan sekrup (정신상태가) 해이되다

해임
(LUCUT) lucut jawatan 해임하다
(LUCUT) melucutkan jawatan 해임하다
해임장
(SURAT) surat berhenti 해임장
해적
(RAMPOK/ROMPAK) perampok laut 해적
(RAMPOK/ROMPAK) perompak laut 해적
해적선
(PERAHU) perahu perompak 해적선
해질 녘
SENJA 해질 녘
(SENJA) senja kala 해질 녘(저녁 7시 경)
해충
(SERANGGA) serangga perosak 해충
해협
SELAT 해협(양쪽이 넓은 바다로 통하는 육지 사이의 좁고 긴 바다)
(SELAT) Selat Melaka 말라카해협(말레이 반도와 수마트라 섬 사이에 있는 해협)
핵
NUKLIR/NUKLEAR 핵(의)
핵무기
(NUKLIR/NUKLEAR) senjata nuklear 핵무기
(NUKLIR/NUKLEAR) senjata nuklir 핵무기
핵실험
(UJI) ujian nuklir 핵실험
(UJI) ujian nuklear 핵실험
핵심
IBU 핵심
ISI 핵심
MATA 핵심
(POKOK) pokok cerita 이야기의 핵심 내용
PUSAT 핵심
(PUSAT) pusat cerita 이야기의 핵심
(SAMUN) samun sakal berdarah tangan 모든 범죄의 재판에는 증거가 핵심이다
TERAS 핵심
(TIANG) tiang negara 국가 권력의 핵심
(TULANG) tulang punggung (사물의) 핵심
(URAT) urat nadi 핵심
핵전쟁
(PERANG) perang nuklear 핵전쟁
(PERANG) perang nuklir 핵전쟁
핸들
KEMUDI 핸들
핼쑥하다
(PUCAT) pucat cengkung 핼쑥한
햇무리
(GELANGGANG) gelanggang matahari 햇무리
햇병아리
(BELUM) belum masak 아직 햇병아리의
(DARAH) darah setampuk pinang 햇병아리의
(MASIH) masih bergerak ubun-ubunnya 아직 햇병아리의

햇빛
(MAKAN) dimakan panas 햇빛에 그을린
(MAKAN) dimakan panas 햇빛에 탄
햇살
(PANAH) panah matahari 햇살
행각
(KAIL) bungkuk kail hendak mengena 사기 행각을 벌이다
(MAIN) main siku 사방팔방에서 사기 행각을 벌이다
행동
(AMBIL) mengambil langkah 행동을 개시하다
(BABI) membabi buta 닥치는 대로 행동하다
(BUANG) membuang tabiat 보통 때와는 다른 행동을 보이다
(BUANG) membuang tabiat 특이한 행동을 하다
(BUNGKUK/BONGKOK) bungkuk baru betul 벼락부자의 몰지각한 행동
(CONDONG) condong akan menimpa 아주 위험한 행동
(JAGA) menjaga langkah 살피어 행동하다
(JALA) ikan berkilat, jala tiba 아주 재빠른 행동
(LAKU) laku ganjil 이상한 행동(을 하다)
(LANGKAH) langkah laku 행동
(LEPAS) lepas laku 마음대로 행동하다
(LEPAS) lepas laku 제멋대로 행동하다
(MERIAM) meriam buluh 말과 행동이 일치하지 않는 사람
(MUDA) muda-muda 젊게 행동하는
(PELIHARA) pelihara tangan 마음대로 행동하지 않다
(PELIHARA) pelihara tangan 행동을 삼가다
(RAJALELA) merajalela 제 멋대로 행동하다
(RENDAH) merendahkan hati 겸손히 행동하다
(RENDAH) merendahkan diri 겸손히 행동하다
(SAMPAI) sampai hati 스스럽지 않게 행동하다
(SAMPAI) sampai hati 함부로 행동하다
(SAMPAI) sampai hemat 스스럽지 않게 행동하다
(SAMPAI) sampai hemat 함부로 행동하다
(SESAT) sesat langkah 그릇된 행동을 하다
(SUMBANG) sumbang di mata, binasa di hati 무례한 행동은 악행을 수반한다
(SUMBANG) sumbang langkah 무례한 (행동)
(TIDAK) tidak tinggal diam 행동을 취하다
(TINGKAH) bertingkah 부산한 행동을 하다
(TINGKAH) salah tingkah 망측한 행동(을 하다)
행동거지
(GERAK) gerak langkah 행동거지
(TINGKAH) tingkah laku 행동거지
(TURUT) turut jejak (남의 행동거지를) 본받다
행렬
ARAK 행렬
행방불명
(HILANG) hilang tidak tentu rimbanya 행방불명되다
행복
(AWANG/AWANG-AWANG) hidup di awang-awang 행복한 삶
(KEMBANG) berkembang hati 행복해지다
(LAPANG) dilapangkan kuburnya 내세에서 행복하다
(LEZAT) kelezatan hidup 행복
(MASYARAKAT) masyarakat adil dan makmur 행복한 세상

(PANJANG) panjang untung 백년해로의 행복
(SEDAP) sedap hati 행복에 젖은
SELAMAT 행복한
SENANG 행복한
(SENTIASA/SENANTIASA) sentiasa senang 늘 행복이 가득한
(SENTIASA/SENANTIASA) sentiasa senang 매우 행복한
(SUKA) suka hati 행복한
(TUAH) tuah anjing, celaka kuda 당신의 불행은 나의 행복
(TUAH) tuah badan 각자의 행복

행사
(ALAT) alat lauk 축하 행사와 같은 형태의

행색
LAGAK 행색

행성
(EDAR) bintang beredar 행성

행실
(AWAK) awak buruk disangka bagus 허울은 좋은데 행실이 좋지 않은
(LAHIR) yang lahir menunjukkan yang batin 행실은 마음의 거울이다
(LAKI) berlaki anak semang 행실이 나쁜 여자
(RENDAH) rendah budi 행실이 나쁜
SUNDAL 행실이 나쁜
(SUNGGUH) sungguh bersubang 치장만 요란하고 행실이 나쁜 여자
(SUNGGUH) tiada berdara 치장만 요란하고 행실이 나쁜 여자

행운
(ADA) berada di atas angin 행운의
(ANTUK) terantuk dompet 예상치 못한 행운을 얻다
(BINTANG) berbintang naik 행운의
(BINTANG) bintang terang 행운
(BULAN) bulan jatuh ke riba 큰 행운을 얻다
(DAPAT) mendapat durian runtah 행운을 얻다
(DAPAT) mendapat pisang berkubak 행운이 굴러들다
(DAPAT) mendapat rezeki 행운을 얻다
(GIGIT) menggigit pangsa 행운을 얻다
(HATI) hati gajah 큰행운
(INTAN) intan berlian jangan dipijakkan 행운의 기회를 놓치지 말라
(JATUH) jatuh di atas tilam 행운을 얻다
(JATUH) jatuh di kasur 행운을 얻다
(JATUH) jatuh ke kasur 행운을 얻다
(JATUH) jatuh ke tilam 행운을 얻다
(MAKAN) makan tangan 뜻밖의 행운을 얻다
(NAIK) naik pangkat 행운을 얻다
(NAIK) naik tangan 행운을 얻다
(RENGKUH) merengkuh untung 행운을 잡다
(TANGAN) tangan dingin 행운이 따르는
TUAH 행운
(UNTUNG) untung sabut 계속되는 행운

행위
(LANGKAH) langkah laku 행위
(MAIN) main hakim sendiri 초법적인 행위를 하다
(NAKAL) kenakalan remaja 청소년들의 그릇된 행위
OLAH 행위
(SEPAK) sepak terajang 행위
(SEPAK) sepak terjang 행위

(SUMBANG) sumbang langkah 불손한 (행위)
(TUANG) menuangkan air ke laut (도움이 필요하지 않은 사람에게 주는) 공연한 자선 행위
(TUMBUK) tumbuk rusuk 뇌물 행위

행적
(JEJAK) jejaknya keruh 과거 행적

행정법
(HUKUM) hukum tatanegara 행정법

행진
ARAK 행진
(GERAK) gerak jalan 걷기 행진

행차
(DULI) bercemar duli 행차하시다

행하다
(BIBIR) berbibir di bibir orang 남이 말한대로 행하다

향기
HARUM 향기
HARUM 향기로운

향락
FOYA 향락에 빠진
(FOYA) berfoya-foya 향락에 빠지다

향료
BUMBU 향료
(BUMBU) berbumbu 향료(조미료)가 들어간
(BUMBU) berbumbu 향료(조미료)를 넣은
(BUMBU) membumbui 향료(조미료)를 넣다

허가
IZIN 허가
(LAMPU) lampu hijau 허가를 얻다
(LAMPU) lampu merah 허가가 나지 않다

허가(서)
LESEN 허가(서)

허가증
(SURAT) surat izin 허가증

허겁지겁
(TUNGGANG) tunggang langgang 허겁지겁 도망치다

허기지다
(LAPAR) lapar dahaga 허기진

허깨비
(SAYUR) sayur bayam 허깨비

허둥지둥
(TUNGGANG) tunggang langgang 허둥지둥 도망치다

허락
(PINTA/MINTA) meminta izin 허락을 요청하다
(TERIMA) menerima baik 허락하다

허리
(CEKAK) pinggang secekak jari manis 개미허리 (같은)
PINGGANG 허리
(PINGGANG) pinggang biola 날씬한 허리
(PINGGANG) tidak berpinggang 허리가 없는
(SINGSING) menyingsingkan lengan baju 허리가 휘도록 일하다

허리둘레
(LINGKAR) lingkar pinggang 허리둘레

허리띠
(IKAT) ikat pinggang 허리띠
(IKAT) mengikat perut 허리띠를 졸라매다
(PINGGANG) ikat pinggang 허리띠
(PINGGANG) tali pinggang 허리띠
(RAJUT) merajut perut 허리띠를 졸라매다
(TAHAN) tahan selera 허리띠를 졸라매다
(TALI) tali pinggang 허리띠
허무맹랑
(RANTAI) rantai besi dimakan bubuk 허무맹랑한 이야기
허물
(BUNGKUK/BONGKOK) udang tak tahu bungkuknya 자신의 허물을 모르는
(BUSUK) busuk tak tahu dibaunya 자신의 허물을 모르는
(CARI) mencari lantai terjungkat 남의 허물을 탓하다
(MENTIMUN/KETIMUN) mentimun tidak tahu di bongkoknya 자신의 허물을 모르는 사람
허물어지다
RUNTUH 허물어지다
허벅지
(JANTUNG) jantung paha 허벅지
허세
(DABIK) mendabik dada 허세를 부리다
(GERTAK) gertak kosong 허세
(MERIAM) meriam buluh 허세를 부리는 사람
허송세월
(HABIS) menghabiskan umur 허송세월하다
허수아비
(DAUN) daun rampas 허수아비
허심탄회
(DARI) dari hati ke hati 허심탄회하게
(HATI) hati terbuka 허심탄회
(IA) beria berbukan 허심탄회하게 논의하다
(KULIT) buka kulit ambil isi 허심탄회
(SINGKAP) singkap daun ambil buah 허심탄회하게 말하다
(TERANG) terus terang 허심탄회하게
(TERUS) berterus terang 허심탄회하다
(TERUS) terus terang 허심탄회하게
허약하다
(LEMAH) lemah semangat 몸이 허약한
(LEMAH) lemah sendi 허약한
(LEMBEK) lembek tulang 허약한
(SAYUR) sayur bayam 겉보기와는 달리 아주 허약한 사람
허용
HALAL 허용되는
허울
(PROYEK/PROJEK) proyek gajah putih 허울 좋은 사업
(PROYEK/PROJEK) *proyek mercu suar* 허울뿐인 사업
(RANCAK) rancak di labuh 허울 좋은 과부
(RANCAK) rancak di labuh 허울 좋은 하늘타리
(RANCAK) rancak di lebuh 허울 좋은 과부
(RANCAK) rancak di lebuh 허울 좋은 하늘타리
(TERAS) berteras ke luar 허울뿐인 사람

(TERAS) berteras keluar 허울뿐인 사람
허위
BOHONG 허위
DUSTA 허위
(MULUT) mulut buaya 위선과 허위에 가득 찬 말
허위기사
(ISAP/HISAP) isapan jempol 풍문이나 추측에 근거한 허위기사
(KABAR/KHABAR) kabar dengkul 허위기사
허탕
(MAKAN) makan angin 허탕 치다
(TANGKAP) menangkap angin 허탕 치다
허튼소리
(OMONG) omong kosong 허튼소리
허파
PARU-PARU 허파
(PUNDI-PUNDI) pundi udara 허파 꽈리
(PUNDI-PUNDI) pundi-pundi udara 허파 꽈리
허풍
(BESAR) besar cakap 허풍 잘 떠는
(BUAH) buah gembar-gembor 허풍
BUAL 허풍 (떨다)
(CAKAP) cakap angin 허풍
(CAKAP) cakap besar 허풍이 심한 (사람)
(KECEK) kecek ular 허풍을 치다
허풍선이
(DAUN) daun terap 허풍선이
허풍장이
(AKUAN) harimau akuan 허풍장이
허풍쟁이
(JAGO) jago kertas 허풍쟁이
(LEMBU) dongkol 허풍쟁이
(LEMBU) lembu dogol 허풍쟁이
(LIDAH) lidah tidak bertulang 허풍쟁이
(MULUT) mulut besar 허풍쟁이
(NAIK) naik daun 허풍쟁이
허황
(BAYANG/BAYANG-BAYANG) bayang-bayang disangka tubuh 허황된 꿈
(MABUK) dimabuk angan-angan 허황한 꿈에 사로잡히다
(MABUK) dimabuk bayang-bayang 허황한 꿈을 꾸다
(MABUK) mabuk di angan-angan 허황한 꿈에 사로잡히다
(RAMAS) meramas santan di kuku 허황된 꿈을 꾸다
허황되다
(GILA) gila bayang-bayang 허황된 꿈을 꾸는
헌납
(BAKTI) membaktikan harta 재산을 헌납하다
헌법
(LEMBAGA) lembaga negara 헌법
(LEMBAGA) perlembagaan negara 헌법
헌신
(BAKTI) bakti ikhlas 헌신
(SAKIT) menyakiti diri 헌신하다
헐값

(BANTING) pembantingan harga 헐값거래
헐겁다
LONGGAR 헐거운
(LONGGAR) baju longgar 헐거운 웃옷
(LONGGAR) terlalu longgar 너무 헐거운
헐떡이다
(DADA) dada menampi 숨을 헐떡이다
(KEMBANG) kembang kempis 헐떡이다
(KEMBUNG) kembung kempis 헐떡이다
헐뜯다
(CACI) mencaci maki 헐뜯다
(CAKAP) cakap belakang 헐뜯다
(FITNAH) memfitnah 헐뜯다
헐렁하다
LONGGAR 헐렁한
(LONGGAR) terlalu longgar 너무 헐렁한
(TELAN) ditelan pakaian 입은 옷이 너무 헐렁한
험담
(BURUK) memburuk-burukkan (남의) 험담을 늘어놓다
(ENTENG) enteng mulut 험담을 좋아하는
(KOBAR) mulut kobar-kabir 험담을 일삼는 (사람)
(MULUT) bermulut gatal 험담을 일삼는
(MULUT) bermulut panjang 험담을 일삼는
(MULUT) mulut hodoh 험담을 함부로 하는 사람
험상궂다
(HANTU) rupanya seperti hantu 험상궂은
험하다
(KASAR) kasar mulut 입이 험한
헛가시거북
(KURA-KURA) kura-kura daun 헛가시거북
헛간
LENGKIANG/RENGKIANG 헛간
RENGKIANG 헛간
헛걸음
(TUNGGU) menunggu angin lalu 상대가 약속을 지키지 아니하여 헛걸음하다
헛것
(MABUK) dimabuk bayang-bayang 헛것을 바라다
헛고생
(BAKAR) membakar air 헛고생
(BIJI) tertanam di biji hampa 헛고생
(BUANG) membuang garam ke laut 헛고생하다
(CARI) mencari jejak di air 헛고생을 하다
(DARAH) minta darah pada dabung 헛고생
(EMPAS/HEMPAS) empas kepala ke batu 헛고생하다
(GANTANG) menggantang anak ayam 헛고생하다
(LAUT) memberi garam kepada laut 헛고생
(PUNTUNG) puntung berasap 헛고생
헛기침
(BATUK) batuk kecil 헛기침
(BATUK) batuk-batuk kambing 헛기침하다
헛나가다
(SALAH) salah kata 말이 헛나가다

헛되다
(BONGKONG) mati bongkong 헛된 죽음
(BUKAN) bukan-bukan 헛된
(CUMA) cuma-cuma 헛된
(CUMA) percuma 헛된
(GARAM) membuang garam ke laut 헛된 짓
(KUTUK) sekutuk beras basah 헛된
(MATI) mati ayam 헛된 죽음
(MATI) mati katak 헛된 죽음
(MATI) mati konyol 헛된 죽음
(PERCAYA) percaya angin 헛된 기대
(UMBUT) mencari umbut di batu 헛된 짓을 하다
헛된 일
(CUNGKIL) mencungkil kuman dengan alu 헛된 일을 하다
헛디디다
(SALAH) salah langkah 발을 헛디디다
헛소리
(BUAL) berbual-bual kosong 헛소리를 지껄이다
(CAKAP) cakap angin 헛소리
(CAKAP) cakap besar 헛소리
(JUAL) menjual petai hampa 헛소리하다
LATAH 헛소리를 하는
(LATAH) latah mulut 헛소리를 지껄이다
(PETAI) menjual petai hampa 헛소리를 늘어놓다
헛소문
(BERITA) berita burung 헛소문
(BERITA) berita dengkul 헛소문
(BERITA) kabar burung 헛소문
(OBAT/UBAT) obat basah 헛소문
(RADIO) radio dengkul 헛소문
(RADIO) radio karat 헛소문
헛손질
(CEMAR) mencemarkan tangan 헛손질하다
(TAMPAR) menampar angin 헛손질하다
헛수고
(BANDAR) membandarkan air ke bukit 헛수고
(BANDAR) membandarkan air ke sawah 헛수고
(CEMAR) mencemarkan tangan 헛수고하다
(CENCANG) mencencang air 헛수고
(DIANG) berdiang di abu dingin 헛수고
(EMPAS/HEMPAS) empas kepala ke batu 헛수고하다
(GANTANG) mengisi gantang pesuk 헛수고하다
(GARUK) menggaruk-garuk kepala yang tidak gatal 헛수고(하다)
(GERGAJI) menggergaji angin 헛수고하다
(HANYA) hanya mencemarkan tangan 헛수고만 하다
(HITUNG) menghitung bulu kambing 헛수고하다
(ILMU) menunjukkan ilmu kepada orang menetek 헛수고
(JARING) menjaring angin 헛수고하다
(JEJAK) mencari jejak dalam air 헛수고하다
(KELAHI) berkelahi dalam mimpi 헛수고하다
(KERING) berkering air liur 헛수고(하다)
(KERINGAT) membuang keringat 헛수고하다
(LAUT) memberi garam kepada laut 헛수고

(MASUK) masuk angin keluar asap 헛수고
(MASUK) masuk angin 헛수고
(SEPAK) sepak angin 헛수고
(SUKAT) menyukat belut 헛수고
(SULUH) bersuluh tengah hari 헛수고하다
(SURAT) menyurat di atas air 헛수고
(TABUR) menabur biji di atas batu 헛수고
(TAMBAK) menambak ke laut 헛수고
(TANAM) bertanam di biji hampa 헛수고
(TEGAK) menegakkan benang basah 헛수고
(TITIK) titik darah di batu 헛수고
(TOHOK) menohokkan lembing ke semak 헛수고
(TUBA) tuba binasa ikan tak dapat 헛수고
(TULIS) tulis di atas air 헛수고
(TUTUP) menutup asap 헛수고
(UMPAN) umpan habis, ikan tak dapat 헛수고

헛일
(DIANG) berdiang di abu dingin 헛일
(GERGAJI) menggergaji angin 헛일하다
(KERING) berkering air liur 헛일(하다)
(KERINGAT) membuang keringat 헛일하다
(MASUK) masuk angin keluar asap 헛일
(MASUK) masuk angin 헛일
(SEPAK) sepak angin 헛일
(TUBA) tuba binasa ikan tak dapat 헛일

헛치다
(TAMPAR) menampar angin 헛치다

헝클어지다
KUSUT 헝클어진
(RAMBUT) rambut dijalin hantu 마구 헝클어진 머리

헤너
INAI 헤너 (부처꽃과의 관목)
(INAI) adat berinai (말레이인들의 결혼식 때) 헤너로 손톱을 물들이는 의식

헤드라이트
(LAMPU) lampu besar (자동차의) 헤드라이트

헤르니아
(SAKIT) sakit pasang-pasang 헤르니아
(SAKIT) sakit ulur-ulur 헤르니아

헤아리다
AJUK 헤아리다
HITUNG 헤아리다
(HITUNG) tak terhitung 헤아릴 수 없는
(JAGA) menjaga telinga 헤아리다
(TENGGANG) tenggang hati 남의 마음을 헤아리다
(TENGGANG) tenggang rasa 남의 마음을 헤아리다

헤어지다
CERAI 헤어지다
(JAUH) berjauhan mata 아주 멀리 헤어지다
(LEPAS) melepaskan isteri 부인과 헤어지다
PISAH 헤어지다
(PISAH) berpisah jauh 멀리 헤어지다
(PISAH) berpisah-pisah 쪽쪽이 헤어진

(SIMPANG) bersimpang jalan 헤어지다
(TERBANG) terbang ke langit biru 완전히 헤어지다

헤엄치기
(BIDUK) berbiduk ke hilir 땅 짚고 헤엄치기
(DAYUNG) berdayung ke hilir 땅 짚고 헤엄치기

헤치다
(SAKIT) menyakiti hati 가슴을 헤쳐 놓다
(TUSUK) menusuk hati 가슴을 헤쳐 놓다

헬리콥터
(CAPUNG) pesawat capung 헬리콥터

헬멧
(JALUR) jalur helm 헬멧착용 의무화 도로

헷갈리다
(PIKIR/FIKIR) pikiran kacau 헷갈리는

혀
(KAKU) kaku lidah 혀가 잘 돌아가지 않는
(KERAS) keras lidah 혀가 잘 안 돌아가는
(LEMBUT) lembut lidah 혀가 잘 도는
LIDAH 혀
(LIDAH) berlidah lembut 혀가 잘 도는
(LIDAH) lidah lembut 혀가 잘 도는
LISAN 혀
(LUKA) luka di tangan karena pisau, luka di hati karena kata 혀 밑에 도끼 들었다
(LUNAK) lunak lidah 혀가 잘 도는
(RADANG) radang lidah 혀의 염증
(TEBAL) tebal lidah 혀가 잘 안 돌아가는

혀끝
(UJUNG/HUJUNG) ujung lidah 혀끝

혁명
(PUTAR) putar negeri 혁명

현금
KONTAN 현금
(KONTAN) membayar kontan 현금(으로) 지불(하다)
TUNAI 현금
(TUNAI) membayar tunai 현금으로 지불하다
(TUNAI) uang tunai 현금
(TUNAI) wang tunai 현금

현기증
(MABUK) mabuk darah 피를 보고 현기증을 느끼다
(NAIK) naik pitam 현기증이 나는
(PANAS) panas kepala 현기증이 나는
(RIANG) meriang semangat 현기증이 나는
(RIANG) riang semangat 현기증이 나는
(SAKIT) sakit kepala 현기증이 나는

현란
(KILAU) kilauan lampu neon 네온사인 불빛의 현란함
(MANDI) bermandikan cahaya 현란하게 빛나는

현명
(AKAL) panjang akal 현명한
(LUAS) luas fikiran 현명한
(LUBUK) lubuk akal 현명한 (사람)
(OTAK) berotak tajam 현명한

(OTAK) berotak terang 현명한
(OTAK) otak tajam 현명한
(OTAK) otak terang 현명한
(PANDAI) pandai jatuh 현명한
(PENDEK) pendek akal 현명하지 못한
(PENDEK) pendek ingatan 현명하지 못한
(PENDEK) pendek kira-kira 현명하지 못한
(PENDEK) pendek pikiran 현명하지 못한
(SEMPURNA) sempurna akal 현명한
(SUNTUK) suntuk akal 현명하지 못한
현모양처
(PERIGI) perigi di kaki bukit 현모양처
현상
(CUCI) mencuci film 필름을 현상하다
현세
FANA 현세의
(FANA) dunia yang fana 현세
현실
(IKAN) seperti ikan pulang ke lubuk 현실에 안주하다
현옹수
(TEKAK) anak tekak 현옹수
현자
(TUKANG) tukang tidak membuang kayu 현자는 사람을 알아본다
현장
(KANCAH) kancah perjuangan 투쟁의 현장
(PANDANG) pandangan mata 현장 보도
현재
(MASA) masa ini 현재
현찰
TUNAI 현찰
(TUNAI) uang tunai 현찰
(TUNAI) wang tunai 현찰
현찰로 바꾸다
TEBUS 현찰로 바꾸다
현혹
(GUGUR) gugur hati 현혹된
(LEMAH) lemah iman 현혹되기 쉬운
혈관
(BULUH) pembuluh darah 혈관
(URAT) urat darah 혈관
혈기
(DARAH) darah muda 혈기가 넘치는
(DARAH) darah muda 혈기가 왕성한
(SEMANGAT) semangat muda 혈기가 넘치는
혈뇨
(KENCING) kencing darah 혈뇨(증)
혈류
(JALAN) jalan darah 혈류
혈맥
NADI 혈맥
(NADI) urat nadi 혈맥
(URAT) urat nadi 혈맥
혈액

DARAH 혈액
(TABUNG) tabung darah 혈액 보관소
혈액순환
(EDAR) peredaran darah 혈액순환
혈액원
(TABUNG) tabung darah 혈액원
혈액투석
(CUCI) cuci darah 혈액투석
혈연
(KAPUR) kapur di ujung telunjuk 혈연이나 친척에게 도움을 줄 수 없는
혈육
(DAGING) daging darah 혈육
(PUTUS) putus benang boleh dihubung, putus arang bercerai lalu 아내보다 혈육이 더 소중하다
혈전
(MANDI) mandi darah 혈전
혈족
SANAK 혈족
혈통
(DARAH) berdarah keruh 혈통이 불확실한
혈투
(MANDI) mandi darah 혈투
혈혈단신
(BATANG) sebatang kacang 혈혈단신
(BATANG) sebatang kara 혈혈단신
(LULUS) hilang tidak bercari 혈혈단신
(LULUS) lulus tidak berselam 혈혈단신
PIATU 혈혈단신
(PINANG) pinang sebatang 혈혈단신의
혐오
(LIHAT) lihat cacing 혐오하다
(LIHAT) melihat cacing 혐오하다
협곡
ALUR 협곡
협동
(GANDENG) bergandengan tangan 협동하다
(KERJA) kerja sama 협동
(PEGANG) berpegang tangan 협동하다
협력
(GENGGAM) bergenggam tangan 협력하다
(KERJA) kerja sama 협력
(MUFAKAT/MUAFAKAT) bermufakat 협력하다
(PADU) padu tenaga 협력하다
(PEGANG) berpegang tangan 협력하다
(RAPAT) kerjasama yang rapat 긴밀한 협력
(SANDING) bersanding bahu 협력하다
협박
(BERI) memberi dahsyat 협박하다
GERTAK 협박
(GERTAK) gertak gerantang 공갈협박
(GERTAK) gertak sambal 공갈협박
(GERTAK) kalah gertak 공갈협박에 넘어가다
(GERTAK) main gertak 공갈협박을 일삼는

(GERTAK) menggertak 협박하다
(GERTAK) penggertak 협박꾼
(KANJI) menganji hati 협박하다
(KATA) memberi kata dua 협박하다

협박꾼
(GERTAK) penggertak 협박꾼

협상
(BELAKANG) di belakang layar 비밀 협상
(MENTAH) mentah kaji 실패한 협상
(MUFAKAT/MUAFAKAT) bermufakat 협상하다
(TEMU) menemui jalan buntu (협상이) 교착 상태에 빠지다

협소
SESAK 협소한

협심증
(JANTUNG) kejang jantung 협심증

협의
MUFAKAT/MUAFAKAT 협의

형
ABANG 형
(KUDA) kuda-kuda (무술수련의) 형

형기
(POTONG) potong tahanan 형기를 줄이다

형님
ABANG 형님

형무소
(ASRAMA) asrama pordeo 형무소
(ASRAMA) hotel pordeo 형무소

형벌
(RUMAH) rumah siap, tukang dibunuh 몹시 잔인한 형벌

형사
(HUKUM) hukum acara pidana 형사소송법
(POLISI/POLIS) polis rahsia 형사
(POLISI/POLIS) polisi rahasia 형사

형사법
(HUKUM) hukum pidana 형사법

형식적
(ASAL) asal saja 형식적인

형언하다
(KIRA) tidak terkirakan 형언할 수 없는

형언할 수 없다
(GAMBAR) tak tergambarkan 형언할 수 없는

형용사
(KATA) kata sifat 형용사

형제
(ADIK) adik seibu seayah 친형제
(ADIK) adik-beradik 형제지간(처럼 행동하다)
(ADIK) beradik-berkakak 형제자매처럼
(ADIK) beradik-berkakak 형제지간
(ANJING) saudara anjing 배다른 형제
(BATANG) sebatang kacang 형제나 친척이 없는
(BATANG) sebatang kara 형제나 친척이 없는
(NENEK) saudara senenek 사촌 형제
(NENEK) saudara sepupu 사촌 형제

ㅎ

(PUPU) saudara sepupu 사촌형제
(SATU) satu bapa 친형제
(SATU) satu emak 친형제
(SATU) satu ibu 친형제
(SAUDARA) saudari 여자 형제
형제의 아내끼리의 관계
BIRAS 형제의 아내끼리의 관계
형제자매
(ADIK) beradik-berkakak 형제자매처럼
(SAUDARA) saudara belahan 육촌 형제자매
(SAUDARA) saudara dekat 가까운 형제자매
(SAUDARA) saudara dua pupu 육촌 형제자매
(SAUDARA) saudara rapat 가까운 형제자매
(SAUDARA) saudara sepupu 사촌 형제자매
형제지간
(ADIK) adik-beradik 형제지간(처럼 행동하다)
(ADIK) beradik-berkakak 형제지간
형태
(GARIS) garis wajah 얼굴 형태
(RAGAM) seragam 같은 형태의
RAUT/RAUTAN 형태
RUPA 형태
SIFAT 형태
형틀
PASUNG (죄인에게 씌우는) 형틀
형편
(DALAM) dalam kekeringan 형편이 어려운
(INGAT) ingat diri 자신의 형편을 깨닫다
(SEMPIT) sempit hidup 형편이 어려운
(SUAP) sesuap pagi dan sesuap petang 겨우 입에 풀칠을 하는 (생활 형편)
혜성
(BINTANG) bintang berasap 혜성
(BINTANG) bintang berekor 혜성
호가
(TARIK) tarik harga 호가가 너무 비싼
호걸
PAHLAWAN 호걸
호기심
MINAT 호기심
호랑이
(HANTU) hantu beliau 영물 호랑이
HARIMAU 호랑이
(HARIMAU) harimau belang 호랑이
(HARIMAU) harimau tanpa gigi 이빨 빠진 호랑이
(LORENG) harimau loreng 줄무늬 호랑이
MACAN 호랑이
(MACAN) macan kertas 종이호랑이
(MACAN) macan ompong 이빨 빠진 호랑이
(NENEK) nenek loreng 호랑이
(OMPONG) harimau ompong 이빨 빠진 호랑이
(RAJA) raja hutan 호랑이
(RUPA) hati tikus 종이호랑이

(RUPA) rupa harimau 종이호랑이
(SENAPAN/SENAPANG) senapan bambu 종이호랑이
(SENAPAN/SENAPANG) senapan buluh 종이호랑이
(TIKUS) kucing pergi tikus menari 호랑이 없는 골에 토끼가 왕 노릇 한다
(ZAMAN) zaman kuda gigit besi 호랑이 담배 먹던 시절
호랑이님
(SANG) sang harimau 호랑이님
호리병(박)
LABU 호리병(박)
호리병박
(LABU) labu air 호리병박
(LABU) labu putih 호리병박
호미
(HANTU) takut di hantu, terpeluk ke bangkai 호미로 막을 데 가래로 막는다
(KUDIS) kudis menjadi tokak 호미로 막을 것 가래로 막는다
(KUKU) kuku kambing 염소발호미(농기구의 일종)
(PELUK) takut di hantu, terpeluk ke bangkai 호미로 막을 데 가래로 막는다
(RETAK) retak menanti belah 호미로 막을 데 가래로 막는다
(RETAK) retak mencari belah 호미로 막을 데 가래로 막는다
호박
(AMBAR) ambar kuning (보석의 일종) 호박
(AMBAR) ambar kuning 호박
(AMBAR) batu ambar 호박
LABU 호박
(TAMPUK) tampuk labu 호박의 꽃부리
(TOLAK) menolak tuah 굴러 온 호박 차버리기
(TOLAK) tolak untung 굴러 온 호박 차버리기
호박씨
(BAKAR) bakar tidak berbau 뒷구멍으로 호박씨 까기
(KAIN) kain dalam lipatan 뒷구멍으로 호박씨 까는 여자
(LEMPAR) lempar batu sembunyi tangan 뒷구멍으로 호박씨 깐다
(MANIS) manis di luar, busuk di dalam 속으로 호박씨 깐다
(SAKIT) sakit kepala panjang rambut 뒷구멍으로 호박씨 까는
호봉
(TANGGA) tangga gaji 호봉
호사다마
(RUSA) mati rusa karena tanduknya 호사다마
호색꾼
(MIANG) miang gatal 호색꾼
호색한
BANDOT 호색한
(BANDOT) bandot tua (나이 먹은) 호색한
(BANYAK) banyak mata 호색한
(HIDUNG) hidung belang 호색한
(HIDUNG) hidung putih 호색한
(MAIN) bermain muda 호색한
(MAIN) main muda 호색한
(MATA) mata keranjang 호색한(의)
(RAMBANG) rambang mata 호색한
(REMBANG) rembang mata 호색한
호우

(HUJAN) hujan deras 호우
호저
LANDAK 호저
호적수
(TEMU) ketemu batunya 호적수를 만나다
(TERAS) bertemu teras dengan beliungnya 호적수를 만나다
호전
(ANGSUR/ANSUR) berangsur sembuh (병세가) 차츰 호전되다
(ANGSUR/ANSUR) beransur sembuh (병세가) 차츰 호전되다
(KEMELUT) kemelut turun (질병의) 호전
호주
(NEGERI) negeri Kangguru 호주
호주머니
(MASUK) masuk kilas 호주머니에 넣다
(MASUK) masuk poket 호주머니에 넣다
(MASUK) masuk saku 호주머니에 넣다
(SAKIT) sakit kantong 호주머니가 텅 빈
(SAKIT) sakit kantung 호주머니가 텅 빈
호출
PANGGIL 호출하다
호칭어
HAJI 성지 순례를 다녀 온 남자를 부르는 호칭어
(HAJI) hajah 하자 (성지 순례를 다녀 온 여자를 부르는 호칭어)
(HAJI) haji perempuan 하자 (성지 순례를 다녀 온 여자를 부르는 호칭어)
(UPIK) si upik 아가씨(처녀를 부르는 호칭어)
호텔
HOTEL 호텔
(HOTEL) hotel melati 싸구려 호텔
(TIGA) tiga bintang 삼류 호텔
호화롭다
MEWAH 호화로운
(MEWAH) hidup mewah 호화로운 삶
(MEWAH) hidup mewah 호화로운 생활
호흡
(AMBIL) mengambil napas 호흡하다
NAPAS/NAFAS 호흡
(NAPAS/NAFAS) napas lelah 호흡이 곤란한
(SESAK) sesak bernafas 호흡이 곤란한
(SESAK) sesak bernapas 호흡이 곤란한
(SESAK) sesak dada 호흡이 곤란한
혹
(HENDAK) hendak untung menjadi buntung 혹 떼러 갔다 혹 붙여 온다
(TANGGUK) hendak tanggung ikan, tertangguk akan batang 혹 떼러 갔다 혹 붙여 온다
(UMBUT) cari umbut kena batu 혹 떼러 갔다 혹 붙여 온다
혹시
(SAMA) sama ada 혹시 ~인지
혼
SEMANGAT 혼
(SEMANGAT) semangat bangsa Melayu 말레이 민족의 혼
혼동되다
(SESAT) sesat pusat 혼동되는
혼란

HARU 혼란한
KACAU 혼란한
(KACAU) kacau-balau 아주 혼란스러운
(KACAU) kacau-bilau 아주 혼란스러운
KALANG 혼란한
(KALANG) kalang kabut 혼란한
(PIKIR/FIKIR) pikiran kacau 혼란스러운
RISAU 혼란한
RUSUH 혼란한
혼비백산
(HILANG) hilang semangat 혼비백산하다
(LANGKAH) langkah seribu 혼비백산하여 줄행랑을 놓다
(LANGKAH) melangkah seribu 혼비백산하여 도망치다
(LARI) lari semangatnya 혼비백산(하다)
(LARI) lari sipat kuping 혼비백산하여 줄행랑을 놓다
혼수
(SILIH) silih mata 겉치레 (예물, 혼수)
혼수품
(SIRIH) mengantar sirih 혼수품을 사돈댁에 전달하다
(SIRIH) menghantar sirih 혼수품을 사돈댁에 전달하다
혼숫감
(ANTAR) mengantar sirih (결혼식 전에 신부 측에) 혼숫감을 전달하다
혼약
(DALAM) dalam telangkai 혼약을 맺은
NIKAH 혼약
혼외
(HUBUNG) hubungan luar nikah 혼외관계
혼인
KAWIN/KAHWIN 혼인(하다)
(PUNYA) berpunya 혼인한
(RIBA) meriba puan kosong 숫처녀가 아닌 여자와 혼인하다
혼인서약
(NIKAH) akad nikah 혼인서약
혼자
(KUAT) kekuatan tulang sendiri 자기 혼자의 힘으로
혼잡
(JAM) jam sibuk 혼잡 시간
혼잣말
(KATA) berkata-kata dalam hati 혼잣말을 하다
혼전
(MAKAN) dimakan bulan 혼전에 순결을 잃은 처녀
(MANDI) mandi berhias 혼전 신부의 목욕 의식
(MATI) mati bujang 혼전 사망
혼절
(MASUK) masuk hantu 혼절하다
(TERBANG) terbang semangat 혼절하다
혼합
CAMPUR 혼합하다
(CAMPUR) mencampuradukkan 혼합하다
(CAMPUR) mencampurbaurkan 혼합하다
혼혈
(DARAH) berdarah campuran 혼혈의
홀

BALAI 홀
RUANG 홀
홀가분하다
(KUDA) kuda lepas pingitan 홀가분한
홀대
(TANDANG) bertandang ke surau 홀대를 받다
홀리다
(KENA) kena rasuk 홀리다
(MABUK) dimabuk cinta 사랑에 홀린
(MABUK) mabuk gadung 사랑에 홀린
(MAKAN) termakan guna-guna 주문에 홀린
(MASUK) kemasukan setan 악마에게 홀리다
(TEGUR) ditegur hantu 귀신에게 홀린
(TURUN) keturunan setan 악마에 홀리다
홀몸
(PINANG) pinang sebatang 홀몸의
홀수
(NOMOR/NOMBOR) nomor ganjil 홀수 번호
홀아비
(BUJANG) bujang talang 자식 없는 홀아비
(GANTI) berganti lapik 홀아비가 재혼하다
홀쭉하다
(PINANG) pinang sebatang 홀쭉한
홈
ALUR 홈
LURAH 홈
홍등가
(DAERAH) daerah lampu merah 홍등가
홍수
(AIR) air besar 홍수
BANJIR 홍수
(BESAR) air besar 홍수
홍수림
(PAYA) paya bakau 홍수림 늪지
(PAYA) paya bakau 홍수림 숲
홍수철
(MUSIM) musim air bah 홍수철
(MUSIM) musim banjir 홍수철
홍역
(SAKIT) penyakit campak 홍역
(SAKIT) sakit tampak 홍역
홍채
(SELAPUT) selaput pelangi 홍채
홍해
(LAUT) Laut Merah 홍해
(LAUT) laut kalzum 홍해
홑으로 볼 수 없다
(ABAI) tidak terabaikan 홑으로 볼 수 없는
화
(AMBIL) ambil marah 화가 나다
(ASAH) mengasah hati 화나게 하다
(BAKAR) membakar hati 화를 돋우다
(BAWANG) makan bawang (속으로) 잔뜩 화가 난

(BURU) terburu nafsu 화를 못 참는
(CUPING) rasa pedih cuping telinga 몹시 화난
(DARAH) berdarah dingin 화를 잘 내지 않는
(DARAH) berdarah panas 화를 잘 내는
(DARAH) darah naik ke kepala 화나다
(DARAH) darah panas 화를 잘 내는
(DARAH) darahnya mendidih 몹시 화가 난
(DIDIH) mendidih darahnya 몹시 화난
(GELAP) gelap pikiran 화가 나서 제정신이 아닌
(GELEGAK) menggelegak darah 화가 치밀다
(HANGUS) hangus hati 매우 화난
(HATI) hangat hati 매우 화난
(HATI) hatinya panas 화나다
(HATI) panas hati 화난
(HATI) sempit hati 화를 잘 내는
(HITAM) berhitam muka 화나다
(KALANG) sempit kalang 화를 잘 내는
(KANDUNG) mengandung hati 화나다
(KECIL) kekecilan hati 화
(KELUAR) keluar tanduknya 화가 나다
(KENA) kena hati 화나다
(KENING) berkening sempit 화를 잘 내는 (사람)
(KENING) keningnya berkerut 화가 난
(LEKAS) lekas marah 화를 잘 내는
(MAKAN) makan bawang 화나다
(MAKAN) makan darah 몹시 화가 난
(MAKAN) pemakan bawang 툭하면 화를 내는 사람
MARAH 화나다
(MARAH) marah berapi-api 크게 화가 난 (사람)
(MATA) mata gelap (화가 나서) 눈에 보이는 것이 없는
(MATA) mata merah seperti saga 몹시 화가 난 사람
(MERAH) memerahkan muka 화를 돋우다
(MERAH) merah marak 몹시 화가 난
(MERAH) merah marak 크게 화가 난
(MERAH) merah muka 화난
(MERAH) merah murup 몹시 화가 난
(MERAH) merah murup 크게 화가 난
(MERAH) merah padam 몹시 화가 난
(MERAH) merah padam 크게 화가 난
(MERAH) merah telinga 화난
(NAIK) menaikkan darah 화나게 만들다
(NAIK) menaikkan darah 화를 돋우다
(NAIK) naik darah ke kepala 화가 머리끝까지 치밀다
(NAIK) naik darah 화가 나다
(NAIK) naik marah 화가 치밀다
(PANAS) memanaskan hati 화를 돋우다
(PANAS) memanaskan telinga 화를 돋우다
(PANAS) *panas bara* 화를 잘 내는
(PANAS) panas darah 화를 잘 내는
(PANAS) panas hati 몹시 화가 난
(PANAS) panas telinga 화난
(RADANG) naik radang 몹시 화가 나다
(RANGSANG) merangsang hati 화가 난

(RENTAN) merentan hati 화를 잘 내는
(SAKIT) sakit dada 매우 화가 난
(SEMPIT) sempit alam 걸핏하면 화를 내는 (사람)
(SEMPIT) sempit dada 걸핏하면 화를 내는 (사람)
(SEMPIT) sempit hati 걸핏하면 화를 내는 (사람)
(SEMPIT) sempit kening 걸핏하면 화를 내는 (사람)
(SENANG) senang di balik senang 화난
(SILAP) silap mata, pecah kepala 부주의는 화를 부른다
(SINGKAT) singkat sungu 걸핏하면 화를 내는 (사람)
(SURUT) menyurutkan darah 화를 풀다
(TELINGA) bertelinga merah 화난
(TELINGA) telinga terbakar muka menyala 남의 말에 금방 화를 내는
(TELINGA) telinga tipis 걸핏하면 화를 내는
(TIMBUL) timbul marah 화나다
(TIPIS) tipis telinga (남의 말에) 쉽게 화를 내거나 흥분하는 (사람)
(TURUN) turun darah (화가) 가라앉다
(ULAR) ular berbelit-belit 잔뜩 화가 난

화가
(GAMBAR) tukang gambar 화가
(JURU) juru gambar 화가
(SENI) seniman 화가

화강암
(BATU) batu besi 화강암

화기
(SENJATA) senjata api 화기

화란
(BELANDA) belanda tiga suku (화란 식민시대에) 화란국적을 가진 인도네시아인

화륜
(KARANG) karangan bunga 화륜

화물
(RAJA) raja jalan 대형 화물 트럭

화물선
(KAPAL) kapal angkutan 화물선
(KAPAL) kapal liar 부정기 화물선
(KAPAL) kapal muatan 화물선
(KAPAL) kapal pengangkut 화물선

화병
PASU 화병

화분
PASU 화분
(PASU) pasu bunga 화분

화산
(GUNUNG) gunung berapi 화산
(MULUT) mulut gunung 화산의 분화구

화살
(BUSUR/BUSAR) anak busur 화살
(DERAS) deras seperti anak panah 화살과 같이 빠른
PANAH 화살
(PANAH) anak panah 화살

화살촉
(MATA) mata panah 화살촉

화상

(BAKAR) luka bakar 화상
(LUKA) luka bakar 화상
화염
(BUNGA) bunga api 화염
(CETUS) cetusan api 화염
(KOBAR) kobaran api 화염
(LIDAH) lidah api 화염
화음
NADA 화음
(NADA) nada dasar 기본화음
(NADA) nada utama 기본화음
화이트메탈
(LOGAM) logam putih 화이트메탈
화장
(CANTIK) bercantik-cantik 화장하다
화장수
(AIR) air pembersih 화장수
화장실
(BELAKANG) ke belakang 화장실 가다
(KAMAR) WC 화장실
(KAMAR) kamar kecil 화장실
(TEMPAT) tempat buang air 화장실
(TEMPAT) tempat membuang air 화장실
화장품
CELAK (여성용) 눈썹 화장품
(CELAK) celak mata 아이라이너 (눈의 윤곽을 그리는 화장품)
(CELAK) sipat mata 아이라이너 (눈의 윤곽을 그리는 화장품)
SIPAT 눈썹 화장품
(SIPAT) sipat mata 아이라이너(눈의 윤곽을 그리는 화장품)
화재
(BAHAYA) bahaya api 화재 사고
(JAGO) jago merah 화재
화제
(BUAH) buah bibir 화제
(BUAH) buah cakap 화제
(BUAH) buah mulut 화제
(PUTAR) berputar cakap 화제가 바뀌다
(PUTAR) memutar cakap 화제를 바꾸다
(PUTAR) memutar kecek 화제를 바꾸다
(PUTAR) putar cakap 화제가 바뀌다
(SELALU) selalu di hujung lidah 화제의
(SELALU) selalu di ujung lidah 화제의
(SENTIASA/SENANTIASA) sentiasa di hujung lidah 늘 화제가 되는
(TUTUR) buah tutur 화제
화젯거리
(BUNGA) bunga bibir 화젯거리
(BUNGA) bunga mulut 화젯거리
(TIDAK) tidak lepas dari bibir 끊임없이 화젯거리가 되는
화폐
(MATA) mata uang 화폐
(MATA) mata uang 화폐종류
(MATA) mata wang 화폐
(MATA) mata wang 화폐종류

ㅎ

(NILAI) nilai uang 화폐 가치
(NILAI) nilai wang 화폐 가치
(PALSU) uang palsu 위조화폐
(PALSU) wang palsu 위조화폐
UANG/WANG 화폐

화학
KIMIA 화학(의)
(KIMIA) ilmu kimia 화학
(SENJATA) senjata kimia 화학무기
(SIFAT) sifat kimia 화학적 성질

화학식초
(CUKA) cuka belanda 화학식초

화학자
(KIMIA) ahli kimia 화학자

화해
(AMBIL) mengambil jalan damai 화해하다
(PUTUS) putus langsung 다시 화해할 수 없는
(ULUR/HULUR) mengulurkan tangan 화해할 생각을 갖다

화환
(KARANG) karangan bunga 화환

확고부동
(KUAT) kekuatan hati 확고부동
(TETAP) tetap hati (결심이) 확고부동한

확고부동하다
(SEKRUP/SKRU) disekrup mati 확고부동한

확고하다
(BALING-BALING) baling-baling di atas bukit 확고한 신념이 없는
(BULAT) bulat tekad 견해가 확고한
(KUAT) kuat hati 확고한
TEGUH 확고한
(TEGUH) teguh hati 의지가 확고한

확신
(MUNDUR) mundur maju 확신이 없는
PERCAYA 확신하다

확실
(BULAN) terang bagai bulan 아주 확실한

확실하다
(COLOK) mencolok mata 확실한
(GELANGGANG) bergelanggang di mata orang banyak 아주 확실한
(HITAM) hitam di atas putih 서면으로 작성하여 확실한
(PULAU) berlayar menuju pulau 목표가 확실한
(PUTUS) putus niat 확실한 결심
(SULUH) bersuluh matahari 확실한 (일)
(TAMPUK) bertampuk bertangkai 증거능력이 확실한
TENTU 확실한
TERANG 확실한

확장
(BENTANG) membentangkan sayap 사업을 확장하다
(KEMBANG) mengembangkan sayap 사업을 확장하다

확정
(PULANG) pulang pergi 확정되지 않은
(PUTUS) putus kaji 확정하다
TETAP 확정된

환경오염
(CEMAR) pencemaran lingkungan 환경오염
환담
(TEGUR) tegur sapa 환담
환상
BAYANG/BAYANG-BAYANG 환상
환성
(SORAK) bersorak-sorai 환성을 지르다
(SORAK) sorak-sorai 환성
환심
(GAHARU) gaharu dibakar kemenyan berbau 환심을 사다
(JUAL) jual tampang 환심을 사다
(JUAL) menjual muka 환심을 사다
(JUAL) menjual rupa 환심을 사다
환영
(TERIMA) menerima baik 환영하다
환자
(ANAK) anak obat 환자
환장
(GILA) gila wanita 여자에 환장한
환장하다
(MATA) mata duitan 돈에 환장한
환절기
(MUSIM) musim pancaroba 환절기
(MUSIM) musim susah 환절기
(PANCAROBA) musim pancaroba 환절기
환하다
(SERI) berseri-seri (얼굴이) 환하게 빛나는
환호
(BATU) membatu runtuh 우레와 같은 환호소리가 나는
환희
(BESAR) besar cita 환희
(GELORA) gelora semangat 환희
활
BUSUR/BUSAR 활
(BUSUR/BUSAR) membusur 활을 쏘다
(BUSUR/BUSAR) membusur 활처럼 휜
PANAH 활
(PANAH) ibu panah 활
활개
(RAJALELA) merajalela 활개를 치다
활동
(GERAK) gerakan 활동
(GERAK) pergerakan politik 정치활동
(GERAK) pergerakan 활동
활동적
(RINGAN) ringan tulang 활동적인
활발
RAJIN 활발한
RANCAK 활발한
활시위
(BUSUR/BUSAR) tali busur 활시위
활자공

(SUSUN) penyusun huruf 활자공
황금
EMAS 황금
황급히
(BURU) buru-buru 황급히
(CACAK) mencacak lari 황급히
(LANCAR) lancar-lancar 황급히
황당무계
(BERITA) berita lutut 황당무계한 소식
황모
(KAMBING) anak kambing tak akan jadi anak harimau 개꼬리 삼 년 묻어도 황모 되지 못한다
(TANAH) bukan tanah menjadi padi 개 꼬리 삼 년 두어도 황모 되지 않는다
황무지
(PADANG) padang belantara 황무지
(PADANG) padang tekukur 황무지
(SEMAK) semak belukar 황무지
황새
(KATAK) katak hendak jadi lembu 뱁새가 황새걸음
황새걸음
(CACING) cacing hendak menjadi naga 뱁새가 황새걸음
(ENGGANG) pipit meminang anak enggang 뱁새가 황새걸음 한다
(MAKAN) makanan enggang hendak dimakan oleh pipit 뱁새가 황새걸음 걸으면 가랑이가 찢어진다
(PACAT) pacat hendak menjadi ular 뱁새가 황새걸음 한다
(PIPIT) pipit hendak jadi enggang 뱁새가 황새걸음하면 가랑이 찢어진다
황색
KUNING 황색
황소고집
(KEPALA) keras kepala 황소고집
황적색
(PINANG) pinang masak 황적색
황태자
(PUTRA/PUTERA) putra mahkota 황태자
황혼
(PADAM) padam matahari 황혼
(RABUN) buta ayam 황혼
(RABUN) rabun ayam 황혼
(RABUN) rabun senja 황혼
SENJA 황혼
황홀
(BESAR) besar cita 황홀
횃불
COLOK 횃불
LAMPU 횃불
PELITA 횃불
SUAR 횃불
(SUAR) memberi suar 횃불로 신호하다
(SUAR) menyuar lebah (꿀을 모으기 위해) 횃불로 벌을 쫓다
SULUH 횃불
회견
(JUMPA) jumpa pers 기자회견

(TEMU) bertemu bual (기자)회견하다
(TEMU) bertemu duga (기자)회견하다
(TEMU) temu bual 기자회견
(TEMU) temu ramah 기자회견
회계
(BUKU) buku besar (회계)원장
(BUKU) buku kas (회계)원장
회계담당자
(PEGANG) pemegang buku 회계담당자
회계사
(KIRA) juru kira 회계사
회계연도
(TAHUN) tahun buku 회계연도
회관
(BALAI) balai desa 마을회관
(GELANGGANG) gelanggang remaja 청소년 회관
회귀선
(GARIS) garis balik selatan 남회귀선
(GARIS) garis balik utara 북회귀선
회담
(BICARA) bicara empat mata 양자 간 비밀회담
(BUKA) buka kulit, ambil isi 허심탄회한 회담
(DAMAI) rundingan damai 평화회담
(EMPAT) empat mata 양자회담
(MEJA) meja perundingan 공식회담(장)
(MEJA) meja rundingan 공식회담(장)
(RAPAT) rapat empat mata 단 두 사람 간의 회담
(SAMBUNG) menyambung pembicaraan 회담을 계속하다
(SAMBUNG) menyambung perkataan 회담을 계속하다
(TEMU) menemui jalan buntu (회담이) 실패하다
(TUMBUK) tertumbuk kata 회담이 교착상태에 빠지다
회람
(EDAR) surat edaran 회람
회모
(PUSAR) pusar kepala 회모
(PUSAR) pusar-pusar 회모
회반죽
(KAPUR) kapur tembok 회반죽
회복
(BERSIH) membersihkan nama 명예를 회복하다
(HAPUS) menghapus arang di muka 명예를 회복하다
(PULANG) pulang semangat 의식을 회복하다
회비
(UANG/WANG) uang pangkal (클럽) 회비
회색
(LEMAK) lemak ketam 회색
회오리
(ANGIN) angin beliung 회오리바람
(ANGIN) angin langkisau 회오리바람
(ANGIN) angin puting beliung 회오리바람
(ANGIN) angin puyuh 회오리바람
(PUSAR) berpusar-pusar 회오리치다
PUYUH/PUYU 회오리

리바람
USAR) pusaran angin 회오리바람
PUYUH/PUYU) angin puyu 회오리바람
(PUYUH/PUYU) angin puyuh 회오리바람
회원
(ORANG) orang dalam 회원
WARGA 회원
회의
(BULAT) bulat kata di mufakat 회의의 결론
RAPAT 회의
(RAPAT) rapat kilat 긴급회의
(RUNDING) merentang runding (회의를) 길게 끌다
SIDANG 회의
(SIDANG) sidang tertutup 비공개회의
회의록
(CATAT) catatan rapat 회의록
(RENCANA) rencana rapat 회의록
회의실
(BALAI) balai sidang 회의실
회장
(PUCUK) pucuk pimpinan 회장
회전
KISAR 회전
PUSAR 회전하다
PUSING 회전하다
PUTAR 회전하다
회초리
(JARI) jari ampai (등나무 줄기로 만든) 회초리
회충
(CACING) cacing gelang 회충
회충병
(CACING) penyakit cacing gelang 회충병
회충증
(CACING) penyakit cacing gelang 회충증
회피
(ANGKAT) angkat tangan 책임을 회피하다
(LEPAS) berlepas diri 책임을 회피하다
(LEPAS) lepas diri 책임을 회피하다
(LEPAS) melepaskan diri 책임을 회피하다
(LUPUT) luput diri 회피하다
(LUPUT) meluputkan diri 회피하다
(PASANG) pasangan tiba di kodok 회피할 수 없는 책무
횟수
KALI 횟수
횡단도로
(JEMBATAN/JAMBATAN) jembatan layang 고가 횡단도로
횡단보도
(JALUR) jalur penyeberangan 횡단보도
(JALUR) zebra cross 횡단보도
횡령
(MAKAN) makan duit (공금을) 횡령하다
횡목
BENDUL 횡목

SILANG 횡목
횡사
(AGAN) mati agan 횡사
(MATI) mati agan 횡사
(MATI) mati beragan 횡사
(MATI) mati bersebab 횡사
(MATI) mati samar 횡사
횡설수설
(ARAH) bercakap tidak tentu arah 횡설수설하다
(TIDAK) tidak makan siku-siku 횡설수설하는
횡재
(BELALANG) belalang dapat menuai 횡재하다
(BULAN) bulan jatuh ke riba 횡재하다
(BULAN) kejatuhan bulan 횡재(하다)
(JATUH) kejatuhan bulan 뜻밖의 횡재를 얻다
(LAUT) laut ditembak darat kena 뜻밖의 횡재
(MAKAN) makan benak 큰 횡재를 하다
(MAKAN) makan besar 횡재하다
(NAIK) naik pangkat 횡재하다
(PISANG) mendapat pisang terbuka 횡재하다
(REZEKI) rezeki terpijak 횡재하다
(REZEKI) rezekinya meninggi 횡재하다
(SEPERTI) seperti mendapat gagak putih 뜻밖의 횡재
(TEBU) dapat tebu rebah 횡재하다
(TIKUS) tikus jatuh di beras 남에게 공개할 수 없는 횡재를 하다
(TIKUS) tikus jatuh ke beras 남에게 공개할 수 없는 횡재를 하다
(TILAM) jatuh di atas tilam 횡재하다
효력
(KUAT) berkuat kuasa 효력이 있다
효모
(BIANG) biang roti 효모
후견인
(JADI) jadi bumi langit 후견인
후려치다
EMPAS/HEMPAS 후려치다
후려침
TAMPAR 후려침
후문
(PINTU) pintu belakang 후문
후미지다
CERUK 후미진 곳
(TEMPAT) tempat hantu bermain 후미진 곳
후방
(GARIS) garis belakang 후방
후방부대
(BARIS) barisan belakang 후방부대
후보
(ANAK) anak bawang(an) 후보 (선수)
(ANAK) anak gawang 후보 (선수)
ㅎ
후비다
(CAKAR) mencakar 발톱으로 후비다
CUNGKIL 후비다
KAIS 후비다

KOREK 후비다
후손
(ANAK) anak cucu 후손
(CUCU) anak cucu 후손
(CUCU) cucu-cicit 후손
후식
(BASUH) pembasuh mulut 후식
(BERSIH) membersihkan mulut 후식을 먹다
(BERSIH) mencuci mulut 후식을 먹다
(CUCI) cuci mulut 후식을 먹다
(CUCI) pencuci mulut 후식
(KUNCI) pengunci hidangan 후식
후원
(DIRI) berdiri di belakang 후원하다
(HENTI) menghentikan tangan 후원의 손길을 끊다
후임자
(ORANG) orang belakang 후임자
(ORANG) orang datang 후임자
후진국
(NEGARA) negara mundur 후진국
(NEGERI) negeri terbelakang 후진국
후추
LADA 후추
(LADA) lada hitam 후추
후춧가루
(LADA) lada tumbuk 후춧가루
후퇴
(HELA) menghela surut 후퇴하다
MUNDUR 후퇴하다
UNDUR 후퇴하다
후하다
(KAYA) kaya hati 후한
(TANGAN) tangan terbuka 인심이 후한
(TANGAN) tangannya ringan 인심이 후한
(TANGAN) tangannya selalu terulur 씀씀이가 후한
후회
KESAL 후회하는
(KODOK) laksana kodok ditimpa kemarau 몹시 후회하는
(PEDIH) pedih hati 후회가 되는
(REMAS/RAMAS) meremas jantung 매우 후회하는
(REMAS/RAMAS) meremas perut 매우 후회하는
(RUSA) rusa kena tambat 몹시 후회하는
SESAL 후회
(SESAL) bersesal hati 후회스럽다
훈계
(REGANG) meregang telinga 훈계하다
(TEGUR) tegur ajar 훈계
훈련
LATIH 훈련된
(LATIH) latihan asas 기초훈련
훈육
PANDU 훈육
(REMAS/RAMAS) meremas bibir 훈육하다

(REMAS/RAMAS) meremas mulut 훈육하다
훈제
SALAI 훈제한
(SALAI) ikan salai 훈제한 생선
훈제육
(ASAP) daging asap 훈제육
훔쳐보다
(CURI) mencuri pandang 훔쳐보다
훔치다
(BUSUK) busuk tangan (남의 물건을) 훔치는
CURI 훔치다
(PANJANG) panjang tangan 남의 물건을 훔치는 버릇이 있는
RAMPAS 훔치다
REBUT 훔치다
(SALAH) salah ambil (남의 물건을) 훔치는
SAMUN 훔치다
훼손
(KENA) kena lecah 명예가 훼손되다
휘감다
BELIT 휘감다
휘날리다
KIBAR 휘날리다
(KIBAR) berkibar-kibar (좌우로) 휘날리다
(KIBAR) berkibaran (좌우로) 휘날리다
휘다
BUNGKUK/BONGKOK 휜
(BUSUR/BUSAR) membusur 활처럼 휜
LENTIK 휜
휘두르다
(BUANG) membuang tangan 주먹을 휘두르다
휘발유
BENSIN/BENZIN 휘발유
휘젓다
(PUKUL) memukul telur 계란을 휘젓다
휘파람
SIUL 휘파람 소리
(SIUL) bunyi orang bersiul 사람이 휘파람 부는 소리
휘황찬란
(MANDI) bermandikan cahaya 휘황찬란하게 빛나는
(TERANG) terang-benderang 휘황찬란한
휩싸이다
(REMANG) meremang bulu kuduk 공포에 휩싸이다
(REMANG) meremang bulu roma 공포에 휩싸이다
(REMANG) meremang bulu tengkuk 공포에 휩싸이다
휩쓸리다
(BAWA) terbawa arus 휩쓸리다
HANYUT 휩쓸리다
휩쓸어가다
(HILANG) hilang kikis 휩쓸어간

휴가
CUTI 휴가
(CUTI) cuti melahirkan 출산휴가
(CUTI) cuti panjang 긴 휴가

(MINTA) minta cuti 휴가를 요청하다
(MINTA) minta tempoh 휴가를 요청하다
휴식
(HAPUS) menghapus keringat 휴식을 취하다
ISTIRAHAT 휴식하다
(LELAH) melepaskan lelah 휴식을 취하다
(LEPAS) berlepas lelah 휴식을 취하다
(LEPAS) lepas lelah 휴식을 취하다
(LEPAS) melepaskan lelah 휴식을 취하다
(LEPAS) melepaskan lelah 휴식하다
(LURUS) lurus kaki 휴식을 취하다
(LURUS) meluruskan kaki 휴식을 취하다
(PULANG) memulangkan nafas 휴식을 취하다
(REBAH) rebah belakang 휴식하다
휴식시간
(TURUN) turun minum 휴식시간
휴양도시
(KOTA) kota berlibur 휴양도시
휴일
(HARI) hari tempo 휴일
휴전
(GENCAT) gencatan senjata 휴전
(LETAK) gencatan senjata 휴전(하다)
(LETAK) letak senjata 휴전(하다)
(LETAK) meletakkan senjata 휴전하다
(LUCUT) lucut senjata 휴전하다
(LUCUT) melucutkan senjata 휴전하다
(SENJATA) meletakkan senjata 휴전하다
흉막염
(RADANG) radang selaput dada 흉막염
(RADANG) radang selaput paru 흉막염
흉보
(KABAR/KHABAR) kabar buruk 흉보
흉보기
(PANJANG) panjang bibir 남의 흉보기를 좋아하는
(PANJANG) panjang lidah 남의 흉보기를 일삼는
(PANJANG) panjang mulut 남의 흉보기를 일삼는
흉악하다
(NAFSU) nafsu binatang 흉악한
흉중
(TAHU) tahu di dalam lubuk 흉중을 꿰뚫는
흉하다
SUMBANG 흉한
흐느끼다
(SEDU) bersedu-sedu 흑흑 흐느끼다
(TANGIS) menangis teresak-esak 흑흑 흐느껴 울다
(TANGIS) menangis tersedu-sedu 흑흑 흐느껴 울다
흐느낌
SEDU 흐느낌
(SEDU) sedu sedan 흑흑 흐느낌
흐려지다
TEDUH 흐려지다
흐르다

(ANAK) menganak sungai (눈물 따위가) 줄줄 흐르다
흐름
ARUS (물의) 흐름
(JALAN) jalan darah 피의 흐름
(RINTANG) merintangi arus lalu lintas 교통 흐름을 방해하다
흐리다
(BUANG) membuang mulut 말꼬리를 흐리다
KERUH 흐린
REDUP 흐린
SAMAR 흐린
(SATU) satu ditetak, sepuluh rebah 미꾸라지 한 마리가 온 웅덩이 물 다 흐린다
SURAM 흐린
흐리마리하다
(SAMAR) samar-samar 흐리마리한
흐리멍덩
(MATA) mata kotak 흐리멍덩한 사람
흐린
RABUN 흐린
흐릿하다
(RABUN) buta ayam 흐릿하게 보이는
(RABUN) rabun ayam 흐릿하게 보이는
(RABUN) rabun senja 흐릿하게 보이는
흑단
(KAYU) kayu hitam 흑단
흑백
(HITAM) hitam putih 흑백이 분명한
흑심
(NAFSU) nafsu amarah 흑심
흑야
(MALAM) malam boleh 흑야
(MALAM) malam buta 흑야
흑점
(NODA) noda matahari 태양의 흑점
흔들
AYUN 흔들거리다
흔들다
(GETAR) menggetarkan jala 골망을 흔들다
(GOYANG) menggoyangkan iman 마음을 흔들다
KOCOK (약병을) 흔들다
(KOCOK) kocok dulu sebelum dipakai 흔들어서 사용하세요
LENGGANG (손을) 흔들다
흔들리다
(EMBUN) seperti embun di atas daun 흔들리는
GOYANG 흔들리는
(KOCAK) berkocak hati 마음이 흔들리다
(TETAP) tetap teguh 흔들리지 않는
흔들림
GEGAR 흔들림
흔들의자
(GOYANG) kursi goyang 흔들의자
흔적
BEKAS 흔적

ㅎ

(HILANG) hilang jejak 흔적이 사라지다
(HILANG) hilang kikis 흔적도 없이 사라진
(HILANG) menghilangkan jejak 흔적을 없애다
JEJAK 흔적
KESAN 흔적
(KESAN) kesan pukulan 타격 흔적
(RIMBA) hilang tak tentu rimbanya 흔적도 없이 사라지다
(TINGGAL) tinggal bekas 흔적만 남다
(TUKUL) tapak tukul 일한 흔적

흔하다
(SUSAH) susah cari 흔하지 않은

흘기다
(HATI) hati gatal mata digaruk 종로에서 뺨 맞고 한강에서 눈 흘긴다
(KETUK) berketuk di luar sangkar 종로에서 뺨 맞고 한강에서 눈 흘긴다
(LETUP) meletup di sana, bunyi di sini 종로에서 뺨 맞고 한강에서 눈 흘긴다

흘러나오다
TUMPAH 흘러나오다

흘러내리다
(LINCIR) lincir turun (바지가) 흘러내리다
(LINCIR) melincir turun (바지가) 흘러내리다
(URAI) berurai air mata 눈물이 줄줄 흘러내리다

흘러들다
SIRAP 흘러들다

흘러 들어가다
(HANYUT) hanyut serantau 낯선 땅에 흘러 들어가다

흘리다
(CUCUR) mencucurkan air mata 눈물을 줄줄 흘리다
(HILIR) berhiliran air mata 눈물을 하염없이 흘리다
(HILIR) berhiliran keringat 땀을 줄줄 흘리다
(KERINGAT) mandi keringat 땀 흘리다
LUCUT 흘리다
(MANDI) mandi keringat 피땀을 흘리다
(MANDI) mandi peluh 피땀을 흘리다
(MASUK) masuk telinga kanan, keluar telinga kiri 한 귀로 듣고 한 귀로 흘린다
(SIMBAH) bersimbah peluh 피땀을 흘리다
(SIRAM) bersiram air mata 눈물을 흘리다
(TILAM) bertilam air mata (사랑 때문에) 눈물을 흘리다

흠
(ASAM) sudah seasam segaram 흠이 없는
BELANG 흠이 있는
CALIT 흠
CONTENG 흠
(NODA) noda hitam 흠

흡연
(ROKOK) dilarang merokok 흡연금지

흡입
ISAP/HISAP 흡입하다

흥망성쇠
(JATUH) jatuh bangun 흥망성쇠

흥미
(TARUH) menaruh di bawah paha 흥미를 못 느끼는

(TAWAR) tawar rasa 흥미를 잃다
흥분
(TIPIS) tipis telinga (남의 말에) 쉽게 화를 내거나 흥분하는 (사람)
흥분시키다
(OJA/UJA) menguja orang ramai 군중을 흥분시키다
흥얼
DENDANG 흥얼거리다
DENDANG 흥얼대다
흥정
(DAGANG) dagang sapi 정치적 흥정
(DAGANG) politik dagang sapi 정치적 흥정
(HARGA) harga jadi 흥정가격
(POLITIK) politik dagang sapi 정치적 흥정
TAWAR (값을) 흥정하다
(TAWAR) tawar-menawar 흥정하다
흥청망청
(TIMBA) bertimba uang 돈을 흥청망청 마음껏 쓰다
(TIMBA) bertimba wang 돈을 흥청망청 마음껏 쓰다
(TINGGI) tinggi lawak-lawak 흥청망청 낭비를 일삼는 (생활)
흩뿌리다
TABUR 흩뿌리다
흩어지다
(CERAI) cerai berai 산산이 흩어진
희귀하다
(MAHAL) mahal dibeli sukar dicari 희귀한 (일)
(MAHAL) mahal tak dapat dibeli 희귀한 (일)
(MAHAL) murah tak dapat diminta 희귀한 (일)
희극
(ANAK) anak bangsawan 희극배우
희끄무레하다
PUCAT 희끄무레한
희끗희끗
(RAMBUT) rambut sudah menjarum 머리털이 희끗희끗한
(RAMBUT) rambut telah berwarna dua 머리털이 희끗희끗한
희다
PUCAT 조금 흰
(PUTIH) putih pucat 매우 흰
(PUTIH) putih pucat 백옥같이 흰
희로애락
(SUKA) suka duka 희로애락
희망
ASA 희망
(CAHAYA) cahaya hidup 삶의 희망
(DUNIA) dunia masih lebar 희망이 남아있는
(FAJAR) fajar menyingsing 희망이 보이다
(FAJAR) fajar merekah 희망이 보이다
(GANTUNG) bergantung di ujung rambut 실낱같은 희망을 안고
(GANTUNG) menggantungkan hati ~에게 희망을 걸다
(PENUH) penuh harapan 희망에 찬
(PULAU) pulau harapan 희망
(SEDAP) sedap hati 희망이 넘치는
(TAWAR) tawar hati 희망을 잃은
(TEBU) tebu masuk mulut gajah 희망이 전혀 없는

(TIPIS) tipis harapan 희망이 없는
(UMPAN) umpan seekor, kail sebentuk 실낱같은 희망

희미하다
BENAK 희미한
PUCAT 희미한
REDUP 희미한
SAMAR 희미한
SAYUP 희미한
SURAM 희미한
(TANGKAP) tertangkap-tangkap tiada 희미한

희미해지다
(REDUP) mulai redup 희미해지기 시작하다

희뿌옇다
(BULAN) bulan disaput awan 희뿌연

희색
(AIR) air mukanya berminyak 희색의

희생
(BAYAR) membayar dengan darah 희생하다
(BAYAR) membayar nyawa 희생하다
KORBAN 희생
(PENAT) jerih penat 희생
(PENAT) penat jerih 희생
(PENAT) penat lelah 희생
(UMPAN) umpan keris 커리스에 찔려 희생된 것

희생양
(ALAS) alas kubur 희생양
KORBAN 희생양

희생자
(KORBAN) korban jiwa 희생자
(KORBAN) korban manusia 희생자
(UMPAN) umpan peluru 탄환의 희생자

희생자(물)
(UMPAN) umpan keris 커리스의 희생자(물)

희소식
(KABAR/KHABAR) kabar baik 희소식

희어지다
(ATAP) beratap seng 머리가 희어진

흰
PUTIH 흰

흰머리
(RAMBUT) rambut putih 흰머리

흰머리납부리새
(PIPIT) pipit haji 흰머리납부리새

흰머리샤마까치울새
(MURAI) murai batu 흰머리샤마까치울새
(MURAI) murai hutan 흰머리샤마까치울새

히즈라력
(TARIKH) tarikh Hijrah 히즈라력(이슬람력이라고도 하는 태음력)

힐끔힐끔
(MAIN) bermain mata 힐끔힐끔 쳐다보다
(MAIN) main mata 힐끔힐끔 쳐다보다

힐끗
(PANDANG) sekali pandang 힐끗 보고

(PANDANG) selayang pandang 힐끗 보고
힘
(APA) apa daya 힘이 없는
(BESAR) besar lengan 힘센
(BUDI) sebudi akal 있는 힘을 다해
(DARAH) berdarah pahit 신비한 힘을 지닌
DAYA 힘
(GAGAH) bergagah-gagahan 서로 힘을 겨루다
(GAIB/GHAIB) kuasa gaib 불가사의한 힘
GAYA 힘
(IKAN) ikan kena tuba 힘이 빠진
KADAR 힘
KUASA 힘
LARAT 힘이 있는
LELAH 힘이 빠진
LEMAH 힘이 없는
(LUMPUH) lemah lumpuh 힘을 전혀 못쓰는
(MANDI) mandi keringat 온 힘을 다하다
(MANDI) mandi peluh 온 힘을 다하다
(MATI) kemati-matian 온 힘을 다해서
(MATI) mati-mati 온 힘을 다해서
(PADU) padu tenaga 힘을 합치다
(PATAH) patah pucuk 힘이 닿지 않는
(PENAT) berpenat lelah 온 힘을 다하다
(PENAT) berpenat-penat 온 힘을 다하다
(PERAH) perah tenaga 온 힘을 다하다
(PERAS/MEMERAS) memeras tenaga 온 힘을 다하다
(SAKIT) bersakit-sakit 온 힘을 다해 노력하다
(SAYAP) sayap singkat 힘에 부치는
(TALI) sekenyang-kenyang banting 젖 먹은 힘까지 다 낸
(TALI) sepanjang-panjang tali 젖 먹은 힘까지 다 낸
(TELAH) telah mati kutu 힘이 다 빠진
(TELUK) adat teluk timbunan kapal 힘 있는 곳에 도움을 청하는 사람들이 꼬이게 마련
TENAGA 힘
(TENAGA) tenaga kuda (힘이) 대단히 강한
(TENAGA) tenaga rakyat 국민의 힘
(TITIK) menitikberatkan 힘을 쏟다
(TUBA) bagai ikan kena tuba 힘이 하나도 없는
(TULANG) bertulang itik 힘이 없는
힘겨루기
(ADU) beradu lengan 힘겨루기를 하다
힘겹다
(LAMPU) seperti lampu kekurangan minyak 힘겨운 삶
힘껏
(KADAR) ala kadarnya 힘껏
(KUAT) sekuat hati 있는 힘껏
(SEGALA) segala daya upaya 있는 힘껏
힘들다
(KERINGAT) keluar keringat kering 아주 힘든
MAHAL 힘든
PAHIT 힘든
(PARUH) separuh mati 몹시 힘든

(SERBA) serba susah 전부 다 힘든
(SERBA) serbasusah 전부 다 힘든
(SESAK) sesak bernafas 숨쉬기가 힘든
(SESAK) sesak bernapas 숨쉬기가 힘든
(SESAK) sesak dada 숨쉬기가 힘든
(TAHAN) tahan banting 힘든 일을 도맡아 하는
(TENGAH) setengah mati 매우 힘든
(TIDAK) tidak tentu hulu hilirnya 해결하기 힘든
(TITI/TITIAN) titi buih 매우 힘든 일

힘살
OTOT 힘살

힘세다
GAGAH 힘센
KUAT 힘센

힘쓰다
(PENAT) berpenat-penat 힘쓰다
(TENGGANG) tenggang daya 힘쓸 겨를

힘자랑
(TEGAK) tegak ekor 서로 힘자랑을 하다

힘줄
(DAGING) daging kancing 힘줄
URAT 힘줄

전태현

한국외국어대학교 말레이-인도네시아어과 졸업
한국외국어대학교 대학원 아주지역연구학과 졸업
Universiti Malaya (말라야 국립대학교) 언어학 박사
Persatuan Bahasa Moden Malaysia (현대말레이시아 언어학회) 종신회원
국제한국언어문화학회 부회장
훈민정음학회 부회장
현재 한국외국어대학교 통번역대학 학장, 교수

말레이 · 인도네시아어–한국어 활용사전
Kamus Praktikal Bahasa Melayu · Indonesia – Korea

초판 인쇄 2008년 4월 8일
초판 발행 2008년 4월 11일
편저자 : 전 태 현
발행자 : 박 철
발행처 : 한국외국어대학교 출판부
130-791 서울시 동대문구 이문동 270
전화 : (02)2173-2495, 2496
팩스 : (02)2173-3363
홈페이지 : http://press.hufs.ac.kr
전자우편 : press@hufs.ac.kr
출판등록 : 제6-6호(1969. 4. 30)
편집 : 리앤정디자인그룹(02)2677-8694
제작 : 네오프린텍(주)(02)718-3111
ISBN 978-89-7464-488-8 11790 정가 30,000원